“十三五”国家重点出版物出版规划项目

ECONOMICS

行为和实验经济学经典译丛

行为金融学：投资者、企业和市场

H. 肯特·贝克（H. Kent Baker）
约翰·R. 诺夫辛格（John R. Nofsinger） 编著

贺京同　高　林　贺　坤　李宝伟　等 译
贺京同　校

Behavioral Finance:
Investors, Corporations, and Markets

中国人民大学出版社
·北京·

行为和实验经济学经典译丛

总 序

经济学作为一门经世致用之学，从其诞生之日起，就与复杂的社会经济现实发生着持续的碰撞与融合，并不断实现着自我的内省与创新。尤其在进入20世纪后，经济学前期一百多年的发展，使得它此时已逐步具备了较为完整的逻辑体系和精湛的分析方法——一座宏伟而不失精妙的新古典经济学大厦灿然呈现于世人面前。这座美轮美奂的大厦，巧妙地构筑于经济理性与均衡分析两块假定基石之上，而经济学有赖于此，也正式步入了规范化的研究轨道，从而开创了它对现实世界进行解释与预测的新时代。

然而近几十年来，随着人类经济活动的日趋复杂与多样化，对经济世界认识的深化自然亦伴随其中，以新古典理论为核心的主流经济学正受到来自现实经济世界的各种冲击与挑战，并在对许多经济现象的分析上丧失了传统优势。这些“异象”的存在构成了对主流经济理论进行质疑的最初“标靶”。正是在这样的背景下，行为经济学应运而生，这也许是过去二十年内经济学领域最有意义的创新之一。

什么是行为经济学？人们往往喜欢从事物发展的本

源来对其进行定义。行为经济学最初的产生动机是为了满足解释异象的目的，即从心理学中借用若干成熟结论和概念来增强经济理论的解释力。因而一种流行的观点认为，与主流经济学相比，行为经济学不过是在经济学中引入心理学基本原理后的边缘学科或分支流派。然而，行为经济学近年来的一系列进展似乎正在昭示它与心理学的关系并不像人们初始所理解的那样。如果把它简单地定位为区别于主流理论的所谓“心理学的经济学”，则与它内在的深刻变化不相对应。为了能够对它与主流经济学的关系做出科学准确的判断，首先必须了解它是如何解决主流经济学所无法解答的问题的。

主流经济理论丧失优势的原因在于，它所基于的理性选择假定暗示着决策个体或群体具有行为的同质性（homogeneity）。这种假定由于忽略了真实世界普遍存在的事物之间的差异特征和不同条件下认识的差异性，导致了主流理论的适用性大打折扣，这也是它不能将“异象”纳入解释范围的根本原因。为了解决这个根本性的问题，行为经济学在历经二十多年的发展后，已逐渐明晰了它对主流经济学进行解构与重组的基本方向，那就是把个体行为的异质性（heterogeneity）纳入经济学的分析框架，并将理性假定下个体行为的同质性作为异质性行为的一种特例情形，从而在不失主流经济学基本分析范式的前提下，增强其对新问题和新现象的解释与预测能力。那么，行为经济学究竟是怎样定义行为的异质性的？根据凯莫勒（Colin F. Camerer）2006年发表于《科学》杂志上的一篇文章中的观点，我们认为，行为经济学通过长期的探索，已经逐渐把行为的异质性浓缩为两个基本假定：其一，认为个体是有限理性（bounded rationality）的；其二，认为个体不完全是利己主义（self-regarding）的，还具有一定的利他主义（other-regarding）。前者是指，个体可能无法对外部事件与他人行为形成完全正确的信念，或可能无法做出与信念相一致的正确选择，而这将导致不同的个体或群体会形成异质的外部信念和行动；后者是指，个体在一定程度上会对他人的行为与行为结果进行评估，这意味着不同的个体或群体会对他人行为产生异质的价值判断。在这两个基本假定下，异质性行为可较好地被融入经济分析体系之中。但是，任何基本假定都不可能是无本之木，它必须具有一定的客观理论支持，而心理学恰恰为行为经济学实现其异质性行为分析提供了这种理论跳板。这里还要说明一点，心理学的成果是揭示异质经济行为较为成熟的理论与工具，但不是唯一的，我们也注意到神经科学、生态学等对经济学的渗透。

经济学家对行为心理的关注由来已久，早在斯密时代，就已注意到了人类心理在经济学研究中的重要性。在其《道德情操论》中，斯密描述了个体行为的心理学渊源，并且展示了对人类心理学的深刻思考。然而，其后的经济学研究虽然也宣称其理论对心理学存在依赖关系，但其对心理学原则的遵从却逐渐浓缩为抽象的经济理性，这就把所有个体都看成了具有同质心理特征的研究对象。而实际上心理学对人类异质心理的研究成果却更应是对经济行为异质性的良好佐证。因此，我们所看到的将心理学原理纳入经济学分析的现状，实际上是对开展异质经济行为分析的诉求。但需要留意的是，经济学对心理学更多的是思想性的借鉴，而不是对其理论的机械移植，并且经济学家也正不断淡化着行为经济理论的心理学色彩，因此不能简单地将行为经济学视为主流经济学与心理学的结合形式，也不能将行为经济学打上心理学的“标签”。心理学的引入不是目的，只是手段，它自始至终都是为主流经济学不断实现自我创新服务的。

我们还想着重强调的一点是，行为经济学对心理学原则的引入和采用与实验经济学的兴起和发展密不可分。在行为经济学的早期研究中，来自心理学的实验方法扮演了十分重要的角色，许多重大的理论发现均得益于对心理学实验的借鉴，甚至许多行为经济学家如卡尼曼（Daniel Kahneman）等人本身就是心理学家。然而，实验经济学与行为经济学在范畴上有着根本性的不同之处。罗文斯坦（George Loewenstein）认为，行为经济学家是方法论上的折中学派，他们并不强调基本研究工具的重要性，而是强调得自这些工具的研究成果在经济学上的应用。而实验经济学家却更强调对实验方法作为分析工具的认可和使用。类似于计量经济学可理解为经济计量学，实验经济学也可理解为经济实验学，它是经济学实验方法的总称，并且是行为经济学的重要实证基础来源。只有当来自实验经济学的实验结果被凝练为行为经济理论，才完成了经济研究从实验层面向理论层面的抽象与升华。与行为经济学相比，实验经济学似乎更接近经济学与心理学之间的边缘学科，它具有更为浓厚的工具性色彩。

现在，我们可以初步对行为经济学与主流经济学的相对关系做一评判了。纵观行为经济学的发展简史和其近年来的前沿动态，我们大胆地认为，近二十年来逐渐兴起的行为经济学不是区别于主流经济学的分支流派，而是对主流经济学的历史顺承与演进，是主流经济学在21世纪的前沿发展理论。行为经济学的产生、发展乃至日益成熟，正体现了它对主流经济学从内涵到外延上所作的量变调整与质变突破——它通过借鉴心理学的相关理论，并从实验经济学中获取实证支持，而将个体的异质性行为纳入了经济学的理论体系并涵盖了以往的同质性分析。同时，这也意味着行为经济学并未把主流经济学排除于它的理论体系之外而否定其理论逻辑，而是使主流经济理论退化为它的特例情形。故而凯莫勒曾畅言：“行为经济学最终将不再需要‘行为’一词的修饰。”然而，这并不意味着主流经济学将会退出历史舞台。事实上，新古典理论仍然是行为经济学重要的理论基础来源和方法论来源。以新古典理论为核心的主流经济学作为更广范畴下的行为经济学的一个特例，将成为经济学研究不可或缺的参照理论。

鉴于行为与实验经济学近年在国外的迅猛发展及其对经济学科的重要意义，以及国内该领域相对滞后的研究现状，我们为国内读者献上了这套经过慎重选译的丛书。这套丛书囊括了近年来国外长期从事行为与实验经济学研究的学者的主要论著，读者从中既可了解到行为经济学各种思想发端和演进的历史踪迹，又可获得翔实丰富的实验方法论述及其成果介绍。同时，我们还专门为读者遴选了一些反映行为与实验经济学最新前沿动态的著作——这些著作涉及了宏观经济学、微观经济学、金融学、博弈论、劳动经济学、制度经济学、产业组织理论等领域。它们由于经受验证的时间较短，也许并不成熟完善，但却能使我们的研究视野更具有前瞻性。我们衷心地希望海内外读者同仁能够不吝赐教，惠荐佳作，以使得我们的出版工作臻于完善。

贺京同　汪丁丁　周业安

2009 年仲夏

译者序

行为金融学是一个相对新颖同时发展十分迅速的领域。在经历了传统金融学者最初的抵制之后，行为金融学正逐渐融入主流金融学，并成为主流金融学的重要组成部分。在传统金融学的有效市场框架中，遵循期望效用最大化的理性投资者假设难以解释很多实证问题，这些难题构成了金融领域的众多“异象”。而行为金融学通过将行为和认知心理学的理论与传统的经济学、金融学理论相结合，创造了“包容”解释乃至预测这些异象的可能。

根据译者理解，行为金融学克服了传统金融学将参与人强化为一个标准化的同质“参数”——理性人——的局限性，使金融学具有了“人气”。简单地说，行为金融学在经典的以“钱”和“物”为主体的金融学研究中，结合刻画人类主观思维的科学理论，特别是认知心理学理论，解决了金融系统本不应该忽视的另一主体——金融活动参与人——加入其中后的金融现象的解释与预测问题，并在此背景下研究了人们是如何进行决策的。同时，快速发展的行为金融学研究发现，在有效市场框架下，传统理性投资者的期望效用最大化理论不能解释许多现实问题。行为金融学理论致力于协调人类行为（包括个体行为和群体行为）与经典理论之间的矛盾。例如，行为金融学有助于解释市场无效的表现和原因。

《行为金融学：投资者、企业和市场》从综述行为金融学研究现状的角度，展现了行为金融学的理论全貌，并为理论在现实中的实际应用提供了指导；本书实现了与传统金融学各领域的相互联系，是目前涵盖最广泛的行为金融著作，适合作为金融、经济类大学本科或研究生的独立或增补教材，同时亦可作为对行为金融学感兴趣的学者和从业者的案头读物。此外，本书可以说是对译者先前翻译出版的《行为金融学新进展》（适合研究生、相关领域的学者和研究者）的一个绝好的呼应，二者共同构建了行为金融学从博到精、由浅入深的较为完善的研究、教学或文献体系。

《行为金融学：投资者、企业和市场》沿着行为对投资者、企业和市场的潜在影响的脉络，诠释了行为金融学的全貌。在《行为金融学：投资者、企业和市场》中，直觉推断（heuristics）、框架（framing）、情绪（emotions）和市场冲击（market impact）构成四个关键主题。以这些主题为核心应用于投资者行为、公司、市场、规则与政策以及教育等方面即为本书的逻辑结构。在此结构下，本书讨论了若干个专题，也就是本书的各章节：第1章“行为金融学：概述”，第2章“传统金融学与行为金融学”，第3章“行为金融学：在商科教育及培训中的应用与教学法”，第4章“直觉推断或经验法则”，第5章“神经经济学和神经金融学”，第6章“情绪金融学：潜意识在金融决策中的作用”，第7章“实验金融学”，第8章“风险心理学”，第9章“心理因素对金融监管和政策的影响”，第10章“意向效应”，第11章“前景理论与行为金融学”，第12章“累积前景理论：使用随机占优方法的检验”，第13章“过度自信”，第14章“代表性直觉推断”，第15章“熟悉偏向”，第16章“有限注意力”，第17章“其他行为偏向”，第18章“市场无效”，第19章“基于信念和偏好的模型”，第20章“基于采访研究对公司决策行为的解释”，第21章“融资决策”，第22章“资本预算和其他投资决策”，第23章“股息政策的决策”，第24章“忠诚、代理冲突与公司治理”，第25章“首次公开募股”，第26章“兼并与收购”，第27章“信任行为：证券市场的重要基础”，第28章“个人投资者交易”，第29章“个人投资者投资组合”，第30章“认知能力和金融决策”，第31章“养老金参与行为”，第32章“机构投资者”，第33章“衍生品市场”，第34章“文化在金融中的作用”，第35章“社会互动与投资”，第36章“心情”。

本书是由贺京同教授主持翻译的。《行为金融学：投资者、企业和市场》的中译本得以付梓，凝聚了其科研团队和学生的辛勤劳动。具体翻译工作如下：第1章由贺京同译；第2章由贺京同、陈紫薇译；第3章由贺京同、王晔琦译；第4章由贺京同译；第5章由贺京同、付婷婷译；第6章由贺京同、赵子沐译；第7章由贺京同、付婷婷译；第 8 章由贺京同、赵子沐译；第 9 章由贺京同、付婷婷译；第 10—15 章由高林译；第 16—17 章由高林、贺京同译；第 18 章由贺京同、王晔琦译；第 19 章由贺京同、徐彦豪译；第 20 章由田仁杰、王璐清译；第 21 章由王晔琦、王璐清译；第 22 章由赵子沐、王璐清译；第 23 章由徐彦豪、何蕾、王璐清译；第 24 章由贺京同、赵子沐、王璐清译；第 25 章由贺京同、徐彦豪译；第 26 章由王璐清译；第 27 章由贺京同、陈紫薇、赵子沐译；第 28—29 章由高林、李宝伟译；第 30 章由贺京同、刘佩榕译；第 31 章由高林译；第 32—33 章由高林、李宝伟译；第 34—35 章由贺坤、杨垚立译；第 36 章由贺坤译；各章讨论题的答案、索引由贺京同译。最终，贺京同教授对全书做了全面校对。翻译过程中也得到了其他有关人员的支持，他们是：那艺、刘倩、张云、鲁达非、邱玥、李文斌、祝永庆、周灵安、魏向、林鸿阳、王辉、王宇等，顾晓波、刘兴坤、马牧野校对了部分书稿，在此表示感谢。

在本书的翻译过程中，虽然我们付出了艰辛的努力，但限于译者的学识和文笔，翻译过程中可能存在一些不当甚至错误之处，还请读者谅解并指正。此外，在本书翻译过程中，中国人民大学出版社一如既往地给予了我们支持与鼓励，在这里我们深表感谢。

本书在翻译过程中，还得到了中国特色社会主义经济建设协同创新中心、国家社会科学基金重大项目“经济稳定增长前提下优化投资与消费的动态关系研究”（项目号 12&ZD088）的支持，在此一并致以谢忱。

贺京同

2017 年孟春于南开八里台园

目录

第三篇　资产定价的行为方面的因素

第四篇　行为公司金融

第五篇　投资者行为

第六篇　社会影响

第1章 行为金融学：概述 3

H. 肯特·贝克（H. Kent Baker）
美利坚大学金融学大学教授和柯格德研究教授

约翰·R. 诺夫辛格（John R. Nofsinger）
华盛顿州立大学金融学副教授和尼奥尔金融学研究员

引　言

行为金融学是一个相对新颖但发展迅速的领域，它将行为和认知心理学理论与传统的经济学和金融学相结合，旨在为人们的经济决策提供解释。传统的有效市场框架中的理性投资者期望效用最大化理论无法解释许多实证问题，快速发展的行为金融学研究弥补了这个空白。行为金融学理论旨在通过对人类行为——包括个体行为和群体行为——做出解释来解决这些矛盾。例如，行为金融学有助于解释市场可能无效率的原因和机制。在经历了来自传统主义学者的最初的抵抗之后，行为金融学正逐渐成为主流金融学的一部分。

行为金融学的一个潜在假设是：信息结构和市场参与者的特征会系统地影响个体的投资决策与市场结果。人类思考的过程并不像计算机运算那样。相反，人类的大脑在处理信息的过程中经常使用捷径和情绪（emotional）过滤器。这些过程会对金融决策者产生影响，使得人们以一种看似非理性的方式行事，从而常常违反传统的风险厌恶概念，并且，他们的预测中存在可预知的误差。这些问题在投资者决策、金融市场以及公司管理者行为中普遍存在。而这些次优金融决策的影响已波及资本市场的有效性、个人财富和公司的绩效。

本书的目的是在行为金融学的现有研究状态下，对心理学基础及其在金融领域中的应用进行综述。本书囊括了所有相关方面的文献，为读者提供了前所未有的深度和广度，因此，可以说是独一无二的。它的目标读者包括专业学者、从业者、监
4 管者、学生以及其他对行为金融学感兴趣的人。例如，对行为金融学感兴趣的研究者和从业者会发现本书在他们的工作领域中十分有用。本书可以作为行为金融学领域大学本科生或研究生的独立教材或增补教材。

从本章的第二节开始，我们将对行为金融学从标准金融学中演化而来的来龙去脉进行简明的讨论。行为金融学的四个关键主题直觉推断、框架、情绪和市场冲击将在下文进行讨论。这些主题随后将应用于投资者行为、公司、市场、规则与政策以及教育等方面。最后将对本书的结构进行概述，罗列出本书余下 35 章的摘要。

行为金融学

在行为金融学出现之前，只存在标准的或传统的金融学理论。这一节讨论了构成标准金融学理论并且在行为金融学理论中也会涉及的一些关键概念。

标准（传统）金融学理论

标准金融学假设金融市场参与者、机构甚至市场都是理性的。平均而言，人们做出无偏的决策，并使个人利益最大化。任何做出次优决策的个体都将被不利的结果所惩罚。随着时间流逝，人们要么学会做出更好的决策，要么离开市场。而且，市场参与者犯下的任何错误都与其他参与者不相关，因此，这些错误是不足以影响市场定价的。

市场参与者的理性被包含在标准金融学经典理论之一——有效市场假说（EMH）——中。理性的市场参与者在评估现行价格时，考虑到了所有已知的信息以及将来可能出现的不确定性。因此，市场价格通常是正确的，而价格变化是由对信息的短期认识引起的。在长期中，这些价格变化或收益反映了对承受风险的补偿。另外一个传统而基础的概念是期望风险与期望收益之间的关系。对于拥有更高风险的投资，风险厌恶的理性市场参与者需要得到更高的期望收益。几十

年来，金融学研究者试图用资产定价模型来描述这种风险—收益关系，而这种尝试是从使用资本资产定价模型（CAPM）开始的。在第2章中，本书会对传统金融学范式（paradigms）进行详细说明。而第8章则总结了行为金融学视角下的风险厌恶问题。

行为金融学的演变过程

尽管从市场层面来看，传统金融学范式是非常有吸引力的，但它在人类行为方面的假设是不现实的，这是它不可推卸的责任。毕竟，心理学家们对直觉推断决策的研究已经长达几十年，已经发现了许多偏向以及认知的局限性。在20世纪60年 5
代到70年代，一些心理学家开始检验经济决策。斯洛维奇（1969，1972）研究了股票经纪人和投资者。特维斯基和卡尼曼（1974）详细说明了在不确定性条件下做决策的过程中会出现直觉推断和偏误。他们之后发表的关于前景理论的论文（见Kahneman and Tversky，1979）最终使卡尼曼获得了2002年的诺贝尔经济学奖(分别参见第11章和第12章关于前景理论和累积前景理论的讨论)。

在这本书中，谢弗林（2000）阐述了早期的心理学文献是如何影响金融学领域的。美国金融协会（The American Finance Association）在它1984年的年会上首次举办了行为金融学分会。在随后一年中，德邦特和塞勒（1985）发表了一篇基于行为视角的关于投资者对消息过度反应的论文，而谢弗林和斯塔特曼（1985）发表了著名的关于意向效应的论文。第10章将对意向效应进行深入的讨论。

在这种以心理学为基础的金融分析兴起的同时，许多实证发现也相继出现（由小公司效应开始），这些实证发现都对标准金融学理论的关键基础——EMH和CAPM——提出了质疑。第18章讨论了这些异象以及市场无效率。早期关于异象的研究是对证券价格进行检验，并发现这种异象的产生要么是因为市场不像先前声称的一样有效，要么是因为资产定价模型是不充分的（存在联合检验问题）。然而，随后的研究切中了这个问题的潜在根源，并且检验了市场参与者的行为和决策。例如，奥丁（1998，1999）以及巴尔伯和奥丁（2000）发现个人投资者是损失厌恶的，显示出意向效应，并且表现出过度交易。研究者还发现公司雇员在做关于养老基金的决策（比如是否参加（Madrian and Shea，2001）、资产配置（Benartzi，2001；Benartzi and Thaler，2001）和交易（Choi，Laibson，and Metrick，2002））时，在很大程度上受到心理偏向和认知偏误的影响。有证据表明，即使专业的从业人员——例如分析师——的行为也符合心理学家关于人类行为的观点（DeBondt and Thaler，1990；Easterwood and Nutt，1999；Hilary and Menzly，2006）。

现在，关于行为金融学的研究和出版物的数量是令人吃惊的。尽管心理学研究者已经在过去几十年中检验了经济和金融决策，但心理学研究和金融学研究的研究方法在根本上是不一样的。心理学研究要设计详尽的调查或实验，从而按照研究者想要观察或控制的方向来改变被试者的行为。这种方法的优点是研究者可以将待检

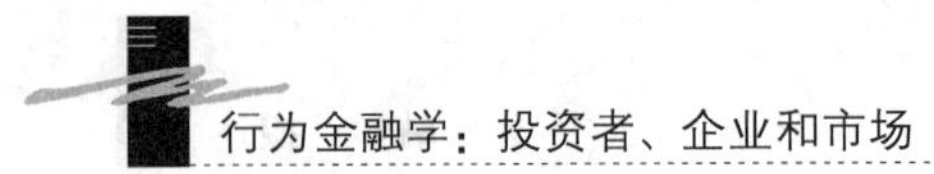

验的直觉推断隔离出来。这种方法的缺点包括难以判断人们在现实生活环境中是否会做出同样的选择，以及将大学生当成最常见的被试者。此外，金融学研究者使用的数据来自人们在真实经济环境下做出的实际选择。尽管这种方法可以更加确信人们在现实情况中的行为方式与在研究中是一致的，但是将行为隔离出来检验却是困难的。第 7 章将对实验金融学进行讨论。

行为金融学的关键主题

为了更好地概括行为金融学广泛且不断扩大的研究范围，我们可以用四个关键
6 主题总结行为金融学的特征：直觉推断、框架、情绪和市场冲击。

直觉推断

直觉推断通常指的是经验法则[①]，即一种减少必需的认知资源去寻找问题的答案的方法，也是在决策过程中通常使用的将复杂问题简单化的一条心理捷径。决策者经常面临一系列选择，这些选择具有很大的不确定性，而人们量化判断出现每一种结果的概率的能力是有限的。研究者不断地判断、协调，并理解所有可能影响金融决策的直觉推断。不管怎样，一些熟悉的直觉推断术语包括情感、代表性、有效性、锚定与调整、熟悉、过度自信、维持现状、损失和后悔厌恶、模糊厌恶、保守主义和心理核算（mental accounting）。直觉推断非常适合帮助大脑在这种环境下做出决策。第 4 章对直觉推断进行了一个综述，而其他章节则分别关注特定的直觉推断。这些直觉推断实际上可能会植入人们的大脑。第 5 章探索了不断发展的神经经济学和神经金融学领域，在这里研究者检验了大脑的物理特征，并将其与金融或经济决策的制定联系起来。

框架

做出选择的框架会强烈地影响人们对这些选择的看法。换句话说，当问题以不同的方式被表述（框定）时，尽管目标事实不变，但人们所做出的选择通常却是不同的。心理学家把这种行为称为框架依赖。例如，格莱泽、朗格、雷恩德斯和韦伯（2007）说明了投资者对股票市场的预测会随着他们是自愿还是被要求去预测未来价格或未来收益而变化。邹里、莱布森、马德里恩和梅特里克（2004）认为养老金选择严重地依赖于选项和过程是如何被表述（框定）的。最后，塞勒和桑斯坦（2008）的著作《助推》（*Nudge*）认为框架在决策过程中的重要性在于它可以"助推"人们向更好的选择趋近。第 31 章详细阐述了差劲的框架会反向影响人们对

---

① 有时也被直译为"拇指法则"。——译者注

养老金计划的选择。

情绪

人们的情绪和与之相联系的普遍的人类潜意识需求、想象和恐惧会左右他们所作的许多决策。这些需求、想象和恐惧是怎样影响金融决策（financial decisions）的呢？行为金融学在这一方面的研究认可了凯恩斯提出的“动物精神”在解释投资者选择和由此形成金融市场（Akerlof and Shiller，2009）中发挥的作用。潜在的前提条件是：我们的感情以一种微妙而复杂的方式决定着心理现实对投资判断的影响，并且能够解释市场周期性崩溃的机制。第 6 章阐述了情绪依赖在投资活动中的作用和加入一个必然可以让投资者失望的模糊关系后的结果。第 36 章通过阳光、天气和体育赛事来检验投资者心情与投资决策之间的关系。

市场冲击 7

认知偏误、个体偏向和社会群体可以影响市场和市场价格吗？事实上，最初在行为金融学领域中，最具原始吸引力的一部分是“市场价格似乎并不是公平的”。换句话说，它引起了人们对用心理学解释市场异象的可能性的兴趣。标准金融学认为投资者的错误不可能影响市场价格，这是因为当价格偏离基本价值时，理性的交易者会利用这种错误定价获利。但是这些保持市场有效性的套利者是谁？第 32 章研究了机构类投资者，它们是保持市场有效性的最佳人选，因为它们拥有必要的知识与财富。然而，它们经常具有进行特殊交易的动机，这种特殊交易有造成错误定价的趋势。因而，机构投资者经常加剧市场的无效率。其他的套利限制（Shleifer and Vishny，1997；Barberis and Thaler，2003）是大多数套利活动都会遇到的，包括：（1）基本风险，因为多头和空头并不是完美匹配的；（2）噪声交易者风险，因为错误定价会变得更严重，并且在错误定价被修正之前，套利者会破产；（3）履行成本。因此，套利限制会阻止理性投资者修正偏离基本价值的市场价格。这使得与投资者相关的认知偏误有可能会影响市场价格。第 35 章检验了投资者之间交易的相关程度，而第 19 章介绍了试图囊括资产定价这些影响因素的模型。

应　用

早期的行为金融学研究专注于发现、理解并记录投资者和管理者的行为，以及它们对市场的影响。这些认知偏误可以被克服吗？人们可以学着去做出更好的决策吗？最近的一些行为金融学研究讨论了这些问题。从认识到这些偏误到了解如何去避免这些偏误，还有很长一段路要走。

投资者

相当大一部分研究讨论了个人投资者交易和资产组合分配过程中的偏误以及相关的问题（见第 28、29 章）。个人投资者怎样才能改进他们的金融决策？其中一些问题源于投资者的认知能力、经验和学习情况。第 30 章研究了学习以及认知老化在金融决策中的作用。这一章为处理老年投资者的局限性问题提供了建议。其他问题会从做出投资决策的从业人员面临的决策框架中产生。对养老金选择的重新框定将有助于专业从业人员做出更好的决策。这个主题将在第 31 章进行讨论。

8

公司

传统金融学认为套利者在交易中会将投资者所犯的错误消除，因而这些错误不会影响市场价格。套利限制使得套利者修正错误定价的实际能力变得令人生疑。然而，套利理论在公司的背景下变得更加没有说服力。在公司中，一个人或少数人做出涉及数百万（甚至数十亿）美元的决策。因而，他们的偏误会对公司行为产生直接冲击，且不易受到套利修正的影响。因此，行为金融学在公司金融学领域中似乎比在投资和市场领域更为重要。谢弗林（2007，p. 3）认为，“像代理成本一样，行为现象可以导致管理者采取不利于股东利益的行动”。知识渊博的管理者可以在融资（第 21 章）、资本预算（第 22 章）、股息政策（第 23 章）、公司治理（第 24 章）、首次公开募股（第 25 章）、兼并与收购（第 26 章）等方面避免这些错误，并做出能使公司价值增加的决定。

市场

市场参与者带有认知偏误的行事风格会影响市场，这是行为金融学研究的一个关键主题。在资本主义社会中，市场是金融配置的决定性机制。因此，市场运行会直接影响经济的健康状况。第 33 章提供了一个关于在这些市场中（尤其是衍生品市场）进入者的偏误问题的例子。正如第 27 章所阐述的，行为金融学还考虑了参与者和市场之间的信任问题。信任是一个运行良好的市场的重要组成部分。

规则

行为金融学对规则和政策环境还有着多方面的潜在影响。首先，直觉推断不仅能够影响投资者和管理者，而且能够影响制定法律和政策的政治家。新的规则和政策对金融事件有过度反应的趋势。其次，精心设计的政策有助于人们克服他们自身的偏向，从而做出更好的决策。第 9 章讨论了心理学对规则和政策的影响。第 34 章阐述了包括宗教在内的文化因素对金融法律和发展的影响。

教育

从业人员、投资者、机构、管理者、政治家以及其他人的心理偏误会给个体和社会的金融状况带来明显的负面影响。作为一个新的领域，行为金融学并没有系统地在商学院中开展教学。但是，行为金融学的知识和对其的理解仍为本科生和研究生的商科课程提供了潜在的附加价值。本书在未来商学院学生的教育中，以及在现有管理者的培训中将会十分有用。第 3 章提供了开设行为金融学课程或培训项目的思路。

本书的结构 9

本书共有六篇。以下是每章的简明梗概。

第一篇　基础和关键概念

随后的 8 章（第 2 章到第 9 章）是本书的第一篇，这篇提供了一个关于行为金融学的综述。这些章节奠定了本书的基础，并阐述了对理解后五篇有所助益的概念。

第 2 章　传统金融学与行为金融学（罗伯特·布卢姆菲尔德（Robert Bloomfield））

这一章阐述了传统金融学和行为金融学之间的紧张关系，二者的区别仅仅在于，传统金融学认为人们的行为符合期望效用最大化的假设，而行为金融学在此基础上包含了行为力量。行为主义者认为他们的方法可以解释市场无效率，还可以解释与传统金融学不一致的其他结果，然而传统金融学家却由于新范式过于复杂和不可证伪而拒绝这个新范式。金融领域的行为主义研究历史表明了在建立可接受的行为金融学理论的过程中社会学因素的重要性。行为主义研究者应该加倍努力地去论证行为力量的影响会被制度的能力（例如竞争市场）所中和，其中制度的能力可以消除总体结果中的个人特质。这些研究将会在传统金融学家和行为金融学家之间建立共同的基础，同时也会识别出可能使行为主义研究更具预测力的设置。

第 3 章　行为金融学：在商科教育及培训中的应用与教学法（罗苏尔·雅扎迪波（Rassoul Yazdipour）和詹姆斯·A. 霍华德（James A. Howard））

当行为金融学在 20 世纪 70 年代早期开始兴起的时候，它还没有被高等教育的金融学课程完全地、系统地接受。心理学的研究发现和神经科学的最新进展现在已经完全融入了解释投资者和管理者如何进行决策的研究框架内。这个理论框架还可以解释为什么一些——并不是所有的——决策持续地偏离由一价定律和期望效用理论等经济学理论所预测的结果。更重要的是，面对由行为现象引起的代价高昂的错误，这样一种框架还可以制定出避免这些错误的策略。本章认为，现在已经是高等教育培养方案发展和开设行为金融学课程的合适时机。这样的课程应该以最新的、正在发展的范式为基础，该范式主要植根于认知心理学领域，并依靠神经科学领域的成果不断丰富自身。

第 4 章　直觉推断或经验法则（休·施瓦茨（Hugh Schwartz））

直觉推断或经验法则为决策者提供了一条充分计算的捷径，并且该捷径通常指示出正确的方向，但是它存在一定的偏误。关于一般的直觉推断，存在充分的证据——显著的代表性、可获得性、锚定与自适应性调整以及情感（涉及情绪），但
10 是在决策制定过程中使用特定的直觉推断的例子很少。直觉推断偏误的方向几乎总是可以预测的。人们有理由在出现不确定性的时候使用直觉推断，但是还没有合适的理论可以解释这种情况。这就产生了许多问题，尤其是运用不同直觉推断得到了相互冲突的结果。情感式直觉推断通常会影响判断，有时候会引起认知推理，但是在其他时候也会对抗认知推理。一般的直觉推断产生偏误的原因包括对基本比率缺乏重视、用太小的样本推导、不允许趋均势回归、过度自信、非完美记忆、依靠不正确的统计应用以及框架效应。

第 5 章　神经经济学和神经金融学（理查德·L. 彼得森（Richard L. Peterson））

通过观察金融行为与神经活动之间可预测的相关关系，研究者们获得了关于情绪、思想、信念和生理因素在推动经济决策和经济行为中的作用的新颖观点。包括功能性核磁共振成像、血清研究、基因检测以及脑电图在内的神经科学实验技术在经济实验研究领域中被广泛应用，这些实验技术也成为连接神经科学领域与经济学领域的桥梁。这些技术在经济决策的调查研究中的应用导致了诸如“神经经济学”和“神经金融学”（特别是与金融市场相关时）等名词的产生。行为金融学的典型研究是识别和描述个人投资者或市场价格（通常是对集体行为的推断）中的非最优金融行为。神经经济学从生物学视角探讨非最优经济行为的起因，从而通过个人教育和培训、生物干预和公共政策来同时达到改进非确定性行为和促进最优化决策这两个目的。

第 6 章　情绪金融学：潜意识在金融决策中的作用（理查德·J. 泰弗勒（Richard J. Taffler）和戴维·A. 塔克特（David A. Tuckett））

这一章探究情绪在金融活动中所起的作用。情绪金融学是行为金融学的一个新的研究领域，它主要探究潜意识需求、幻想和恐惧是如何影响个人投资者和市场行为的。该理论通过分析情绪对市场参与者的影响，形成了一个最初的框架。这些概念被进一步应用于实践当中。它的特殊理论贡献包括研究投资决策中出现的不同精神状态、市场如何随着群体心理的变动而变动、不确定性导致焦虑的途径以及金融资产在潜意识中如何成为“幻想对象”的代表。情绪金融学的应用涵盖了风险的“真实”含义、市场异象、不愿意储蓄、包含网络公司热潮在内的市场价格泡沫、对冲基金与伯纳德·麦道夫难题以及当前的信贷危机等领域。这一章认为所有投资活动都涉及认知和情绪需要，所以我们在分析问题时必须将它们考虑进去。

第 7 章 实验金融学（罗伯特·布卢姆菲尔德（Robert Bloomfield）和阿莉莎·安德森（Alyssa Anderson））

这一章为那些对金融领域中的实验研究感兴趣的读者提供了一个指导，主要强调了在这个几乎被建模和档案数据分析所统治的领域中实验所起的作用；讨论了实验金融学的基本方法以及它所面临的挑战；探索了实验和行为金融学之间的紧密联系；说明了如何构思实验设计。首先，本章从讨论实验和档案数据分析之间的关系 11
开始一系列的介绍。实验之所以是有用的，是因为它可以让研究者规避一般的计量经济学问题，例如遗漏变量、未观测到的变量和自我选择。其次，本章讨论了实验在理论模型之外的贡献，包括放松确定性假设或处理那些因为过于复杂而不易进行建模分析的环境。最后，本章说明了实验和演示的区别，并强调了受控的操作的关键作用。

第 8 章 风险心理学（维克多·里恰尔迪（Victor Ricciardi））

不同领域对风险的定义不尽相同，譬如心理学、社会学、金融学和工程学。在理论金融学中，对风险的分析存在两个主要的视角，即标准（传统）金融学和行为金融学。标准金融学主要关注风险的客观方面，利用诸多统计学工具（如 β、标准差和方差）来分析风险。标准金融学中与风险关系密切的内容包括经典决策理论、理性人假设、风险厌恶行为、现代投资组合理论和资本资产定价模型。行为金融学观点则致力于从定性（主观）和定量（客观）两方面解释风险。行为金融学的主观成分包括认知和情绪因素。其中与风险问题联系最紧密的是行为决策理论、有限理性、前景理论和损失厌恶这些概念。总之，评估风险是一个多维度的过程，且需要视金融产品或服务的具体属性而论。

第 9 章 心理因素对金融监管和政策的影响（大卫·赫什莱佛（David Hirshleifer）和张肖宏（Siew Hong Teoh））

这一章回顾了金融监管和会计准则是如何部分地反映政策参与者（例如选举人、政治家、监管者和媒体评论员）和会计系统设计者（管理者、审计师等）的心理学偏误的。规则制定过程中主要的心理学吸引元素是有限关注、遗漏偏误、内部人偏误、公平和互惠主义准则、过度自信和情绪效应。监管的结果受到心理偏误对个体的作用方式的影响，造成注意力级联（attention cascades）和倾向于利用心理脆弱性的监管体系。一些关于金融监管和会计流程的程式化的事实就符合这个原理。为了有助于解释会计学，本章还讨论了保守主义、集体主义、历史成本的使用，以及风险披露的缺点。本章还解释了报告和披露管制中的非正式转变，以及关于经济和股票市场中的平行波动的政策。

第二篇 心理学概念和行为偏向

第 10 章到第 17 章是本书的第二部分，阐述了影响金融决策的基础性直觉推断、认知偏误和心理偏向。

第 10 章　意向效应（马尔库·考斯蒂亚（Markku Kaustia））

12 许多投资者倾向于迅速售出盈利投资而持有亏损投资。金融经济学家们用“意向效应”一词来描述这种倾向。对股票和其他资产进行的实证研究强有力地证明了意向效应的存在。该效应的大小会随投资者类型的不同而变化。相比职业投资者，家庭投资者更容易受到意向效应的影响。投资者也可以通过学习来避免意向效应。意向效应构成了市场交易模式的基础并且在一定程度上造成了股票市场反应不足，进而导致价格波动。除了股票的初始购买价格之外，投资者也可以根据其他显著的价格水平（例如历史高点）来阐释他们的收益。本章还讨论了意向效应可能的潜在成因——似乎与心理有关。

第 11 章　前景理论与行为金融学（莫里斯·阿特曼（Morris Altman））

相比传统模型，前景理论对选择行为进行了更好的描述。在一个充满不确定性的世界里确实如此，而不确定性是在金融市场进行决策的特征。最重要的是，该理论引入和发展了以下观点，即对损失与收益区别对待，其中情绪考量、损失厌恶和参考点是关键的决策变量。前景理论对决策过程中的理性提出了质疑。本章认为前景理论式的行为可以是理性的，虽然是非新古典的，但这对潜在的公共政策制定有着重要意义。

第 12 章　累积前景理论：使用随机占优方法的检验（哈伊姆·莱威（Haim Levy））

前景理论和它的修正版累积前景理论（CPT）是行为经济学范式的基石。利用确定性等价方法获取效用中位数的实验证据都强有力地支持了 CPT。在这两种方法中，所有的前景都最多拥有两个结果。最近提出的前景随机占优法则允许使用更加符合现实的前景来检验 CPT——前景结果的数量和符号不再受限制。就计量上很重要的均匀概率分布这种情况而言，结果并不支持“S”形值函数和 CPT 理论的决策权重。然而，损失厌恶、心理核算和在非均匀概率情况下使用决策权重（它们是 CPT 理论的重要特征）仍然对期望效用范式构成了挑战。

第 13 章　过度自信（马库斯·格莱泽（Markus Glaser）和马丁·韦伯（Martin Weber））

过度自信是最普遍的判断偏向。一些研究发现过度自信会导致投资者、管理者或政治家做出次优决策。本章阐明了什么样的现象通常被称为过度自信，说明了如何度量这种现象，并讨论了影响人们过度自信的程度的几个因素。此外，本章还阐
13 明了在金融领域如何对过度自信进行建模，并阐明了其主要假设——投资者是错误校准的，其会低估股票方差或高估自身知识的精确性——在建模时的合理性。本章还介绍了过度自信在理论和实证金融文献中的应用。

第 14 章　代表性直觉推断（理查德·J. 泰弗勒（Richard J. Taffler））

本章探索了代表性直觉推断在投资者判断中的重要作用，以及它对市场定价的潜在影响。本章首先概述了代表性直觉推断的理论基础，然后描述了代表性直觉推断涉及的各个方面。本章强调了对直觉推断有效性的检验通常是基于简单的、与情

境无关的实验室实验，通常使用天真的被试者，随后讨论了在真实金融环境下直接检验直觉推断时出现的问题。这一章还描述了一系列基于金融市场的“自然实验”。本章的结论部分还指出了行为金融领域的一种趋势，即事后使用代表性直觉推断来描述其他理论难以解释的异常市场行为。无论如何，尽管对直觉推断的科学基础的质疑仍然存在，但是如果投资者意识到他们有可能根据代表性推断法则进行决策，那么他们就能够减少判断错误的产生。

第 15 章　熟悉偏向（希沙姆·弗德（Hisham Foad））

虽然更广范围的分散化投资会增加收益，但当投资者持有的投资组合仍然偏向于本地资产时，熟悉偏向就会出现。为什么这种偏向会出现？本章讨论了包括测度方法问题、制度摩擦和行为因素在内的各种不同解释。在度量方面，本章讨论了基于模型和基于数据的方法对熟悉偏向程度进行的估计，并讨论了每种方法的优点。对本国偏向的制度解释包括分散化投资的成本，比如汇率风险、交易成本、信息不对称和隐含风险。行为解释包括过度自信、爱国主义、懊悔和社会认同。本章对涉及这些解释的现有文献进行了评价，并且在结尾部分讨论了熟悉偏向的成本。

第 16 章　有限注意力（索尼娅·S. 利姆（Sonya S. Lim）和张肖宏（Siew Hong Teoh））

本章对关于有限注意力问题的理论和实证研究作了一个综述。本章提供了一个模型，用以捕捉资本市场上有限注意力的影响，并且回顾了与模型预测（即会对公共信息反应不足）相关的证据。本章还讨论了有限注意力如何影响投资者交易、市场价格和公司决策，并对有关注意力有限的个体分配注意力的文献进行了回顾。最后，本章讨论了有限注意力如何与其他众所周知的心理学偏向（如窄框架与使用直觉推断）相关联。

第 17 章　其他行为偏向（迈克尔·道林（Michael Dowling）和布莱恩·卢西（Brian Lucey））

这一章讨论了一系列行为偏向，都假定它们会对投资者决策产生重要影响。虽然这些偏向对行为有着重要影响，但它们单独发挥作用的范围却是有限的，所以本章将许多这样的偏向一并讨论。本章的一个主要目的是强调这些偏向之间的相互作用，并阐明这些相互作用，从而对投资者心理有更深刻的理解。这些偏向可以被分成三类：惯性、自我欺骗和情感。

第三篇　资产定价的行为方面的因素

第三篇由两章（第 18 章和第 19 章）组成，讨论了市场无效与基于信念和偏好的模型。 14

第 18 章　市场无效（拉夫海文达·罗（Raghavendra Rau））

许多股票市场模式似乎都偏离了有效市场范式，从而为构造可获利的交易策略提供了机会——这种策略通过预测市场模式而获利。这些异象包括日历效应、短期和长期动量、企业特征效应（例如账面值市值比率）、市场对消息的反应，甚至投资者的情绪。尽管投资者偏误是系统的且可预测的，但市场仍然是无效率的，因为套利限制意味着套利者无法从这些偏误中获利从而恢复市场有效性。噪声交易者风险和套利限制解释了有效市场中的一些异象。

第 19 章　基于信念和偏好的模型（亚当·斯茨卡（Adam Szyszka））

这一章介绍了关于资本市场行为建模的尝试，首先回顾了早期的模型，这些模型可以很好地契合市场特征，但是不能解释其他重要的异象。然而这些模型通常被认为是不完全的、片面的和存在先验条件的，所以只能符合一些特定的实证观察结果。然后，新的广义行为模型被构造出来了。它发展了广义的资产定价模型，使之可以用于解释在市场上观察到的许多现象。广义行为模型吸收了心理学的驱动因素，并描述了这些因素是怎样影响收益的形成过程的。该模型能够解释很多市场异象，包括市场反应不足和过度反应、股票收益的持续与反转、高波动性之谜、公司规模效应和账面值对市值价值效应、日历异象等。

第四篇　行为公司金融

本书的第四篇由 7 章组成（第 20 章到第 26 章），将直觉推断与公司行为、经营者行为相关联。这 7 章关注行为对投资、融资决策和公司管理的影响。

第 20 章　基于采访研究对公司决策行为的解释（休·施瓦茨（Hugh Schwartz））

大部分关于公司决策的分析都是以数据为基础的，这些数据反映了已发生事件的结果。基于采访的研究试图揭示决策背后的原因，这是那些传统分析或实验室实验所不能做到的。这种研究方法允许开放式回答（open-ended responses），并且形成了一套合理的实证技术。这些研究可以为商业和从业人员的行为（包括疑似异象
15 的结果，例如向下的工资刚性）的许多方面提供更加合理的解释。使用这种方法可以使关键因素变得更加清晰，比如士气（morale）的重要性、对信息的不完美感知能力。（但是）基于采访的分析在金融方面的应用才刚刚起步。

第 21 章　融资决策（贾思明·吉代尔（Jasmin Gider）和德克·哈克巴特（Dirk Hackbarth））

这一章在有效资本市场环境下，探究了有据可查的管理者特质对公司财务政策的影响。乐观的和（或）过度自信的管理者会选择更高的债务水平且更加频繁地举借债务，亦不遵循优序。令人意外的是，这些管理者特质在股东利益方面可以起到积极的作用。有偏误的管理者更高的债务水平限制了他们挪用资金，从而通过减少“管理者—股东”冲突来提高公司价值。尽管较高的债务水平会延迟投资，但适度偏误的管理者所做出的投资决策会通过减少“债券持有人—股东”冲突来提高公司价值。除了现有的理论研究，本章还回顾了一些最新的实证研究，并提出了一些开放的研究课题。

第 22 章　资本预算和其他投资决策（西蒙·热尔韦（Simon Gervais））

这一章研究行为偏误对资本预算的影响，并回顾相关文献。大量的心理学研究发现人们倾向于过度自信和过度乐观。由于自我选择现象的存在，这些偏误对公司管理者比对一般人的影响更大。事实上，这些文献发现有偏误的管理者会对公司过度投入自由现金流，发起更多的兼并，创办更多的新公司和投资更多的新项目，并且在一个不盈利的投资政策上坚持更长时间。降低管理者偏误的影响的方法包括学习、提高最低资本回报率和实施合同激励等，但是这些措施对过度投资的约束能力似乎仍是有限的。

第 23 章　股息政策的决策（伊扎克·本—戴维德（Itzhak Ben-David））

公司派发股息的历史已经长达四个世纪之久，但是派发股息的动机在学术文献中仍存在争论。本章回顾了以行为金融学相关理论为基础，试图解释股息派发政策的相关文献，也就是说这些文献认识到了市场不一定是有效的或者投资者和管理者不一定是理性的。总体上，这些研究证据表明，行为理论对于理解公司为什么派发股息有非凡的贡献。

第 24 章　忠诚、代理冲突与公司治理（兰达尔·默克（Randall Morck））

经济学中的代理问题关注的是自利的代理人对委托人的不完全忠诚。社会心理学家也研究代理问题，但他们考虑的是过度忠诚——一种“代理人转变”现象，即人们为了忠诚甚至抛弃其关于法律准则的理性，就像“忠诚”的士兵服从命令去做出暴行一样。这些文献认为人类可以从忠诚行为中获得内心深处的满足（实质上是一种“忠诚的效用”），这是人类的一种本性，它巩固了类似于阶级制度的机构组织形式，并且可以解释人类的许多不幸。正如当董事会向偏离正路的首席执行官或控股股东卑躬屈膝时一样，在经济学中，过度忠诚的代理问题与我们熟悉的公司内部人对股东的不完全忠诚问题一样重要。

第 25 章　首次公开募股（弗朗西斯·德里安（François Derrien））

研究首次公开募股（IPO）的文献定义和分析了三个谜题：高首日收益率、以
某段时间 IPO 聚集为特点的热点发行市场以及 IPO 后的长期表现不佳。行为学的
解释有助于理解这些现象吗？本章介绍了用于解释这些现象的主要行为理论，并讨 16
论了它们的实证有效性。特别地，本章还探讨了不能由标准理论进行简单解释的典
型事实，例如 20 世纪 90 年代后期观察到的极高的 IPO 首日收益率。本章还批判
性地评价了行为解释的有效性，以及其相对于传统理论的解释力。

第 26 章　兼并与收购（Mergers and Acquisition）（董明（Ming Dong））

近期的研究表明，市场上的错误估价与管理者的行为偏误对兼并和收购有着重要的影响。无论是非理性投资者还是非理性管理者的研究方法，都对新古典的收购理论提供了有用的补充。特别是在一些案例中，结合了代理因素的非理性投资者的研究方法，有助于以下方面的研究发现成为一体：主并公司和目标公司股票的相对价格、要约特征、管理者视野、主并公司的长期表现和兼并浪潮。行为方法还可以

为包括未上市公司在内的收购活动提供独到的见解。

第五篇　投资者行为

行为金融学领域的许多学者关注个体和机构投资者在持有和交易过程中的行为。这些问题在第五篇将被详细阐述，这一部分由 7 章（第 27 章到第 33 章）组成。

第 27 章　信任行为：证券市场的重要基础（林恩·A. 斯托特（Lynn A. Stout））

随着投资决策方面的证据不断积累，许多投资者在分析其他人的激励和约束，从而预测其未来行为时，不再使用“理性预期”的方法，而是依赖于信任。事实上，信任可能是一个发展成熟的证券市场的必要因素。越来越多的实证文献研究了为什么且什么时候人们信任，并且提供了许多有用的经验。特别地，多数人似乎令人意外地愿意相信他人，甚至相信制度，譬如“市场”。但是，信任行为服从“历史效应”。当信任变得不可信，并且被滥用的时候，信任就会趋于消失。这些教训对我们理解现代证券市场有着重要的启示。

第 28 章　个人投资者交易（朱宁（Ning Zhu））

个人投资者用一种不同于主流金融经济理论预测的方法交易股票：投资者产生的交易量过大，然而获得低于基准水平的业绩。这一章提供了一个关于个人投资者
17 交易主要“谜题”的概述。现有的文献认为观察到的个人投资者交易模式可以在很大程度上用行为偏向和心理学解释。本章还讨论了个人投资者交易的三个方面：意向效应、本土偏向、了解自己过度交易的能力，并讨论了有关个人投资者交易的成本。

第 29 章　个人投资者投资组合（瓦莱丽·博科夫尼申科（Valery Polkovnichenko））

这一章主要讨论了个人投资组合选择的两个方面：分散化和股市参与。从消费者金融状况调查（the Survey of Consumer Finances）获得的证据表明，许多投资者既利用基金进行分散化投资，同时其投资组合中也会有相当大的份额配置在少数几只不同的股票上。此外，一些投资者（即使有大量的财富）也会选择不持有任何股票（无论是直接持有还是通过共同基金的形式持有）。本章提出了一个论点，即基于期望效用的新古典投资组合模型不仅不能解释个人投资组合配置数据，而且不能评估投资组合潜在的无效率以及相关偏向。此外，本章表明排序依赖型效用函数可以解释观察到的投资组合。根据这些效用函数，投资者的决策受两种相反力量的驱动：标准的风险厌恶以及获得成功的渴望——希望通过非多样化投资来获得更高但是不太可能的收益。另外，一阶风险厌恶解释了有限的股票市场参与。

第 30 章　认知能力和金融决策（乔治·M. 科尔尼奥蒂斯（George M. Korniotis）和阿洛克·库马尔（Alok Kumar））

这一章指出了认知能力是影响人们金融决策的一个重要因素。认知能力强的家庭比认知能力弱的家庭更多地参与股票市场，并积累更多的金融财富。在参与过程

中，投资组合的绩效会随着经验的积累而提高，但是由于认知老化的负面影响，资产组合的绩效与年龄呈现出负相关关系。这一章建立了一个能够引入认知能力的投资组合选择模型，为散户投资者的多样化不足的投资组合、活跃的交易频率以及本地股票偏好等现象提供了一个简明的解释。特别地，聪明的投资者的投资组合扭曲是他们自身信息优势的反映，可以带来较高的风险调整回报率；相反，能力弱的投资者的扭曲更多地是心理学偏误所造成的，其风险调整绩效自然也较差。

第 31 章 养老金参与行为（朱莉·理查森·阿格纽（Julie Richardson Agnew））

在过去的 25 年中，美国的养老金计划的覆盖范围发生了剧烈的变化。相比若干年前，现在个人对自己退休后的经济保障负有更多的责任。这种变化为学术研究提供了丰富的资源以检验行为金融学理论。这一章总结了这个领域中最重要的发现以及由此产生的退休计划设计的改变。另外，本章讨论了金融盲与缺乏金融兴趣的人如何在决策过程中受到偏向和直觉推断的影响。

第 32 章 机构投资者（塔伦·拉马杜拉伊（Tarun Ramadorai））

这一章研究了关于机构投资者的文献。首先，对于机构投资管理者（尤其是对冲基金和共同基金）是否为外部的投资者带来较高的风险调整收益率问题，本章有选择地进行了综述。早期研究对投资管理者获得 α 的能力表示怀疑，但是新计量技 18
术的运用以及对冲基金的出现提供了新的证据，表明投资管理者能持续性地获得正的风险调整业绩。随后，本章讨论了使用低频和高频数据对机构投资者的持股和交易行为进行分析的文献。有证据表明在收益公告日前后，机构投资者能及时获悉与现金流相关的消息，并能够持续地在正确方向上进行交易。本章讨论的内容还包括机构投资者面临的约束（这些约束由外部投资者的申购和赎回行为带来）以及机构有激励加剧而不是修正资产市场上的错误定价。

第 33 章 衍生品市场（彼得·洛克（Peter Locke））

衍生品市场尤其是期货市场，是一个研究行为驱动型市场异象的理想环境。衍生品交易者（尤其是场内交易者）交易频繁，并在多头寸和空头寸的持有成本上存在近乎完美的对称性。对场内交易者而言，典型交易模式是在一天开始和结束的时候保持头寸不变，这样会使每一个交易日成为与过去的头寸没有直接关系的新的一天。许多研究使用这些市场上交易者产生的数据进行行为研究。毫不奇怪，对这些职业交易者的行为的研究结果是矛盾的。其他的研究考察了后悔厌恶和过度自信对均衡对冲的影响，以及投机策略对期货价格的现货溢价或期货溢价的影响。

第六篇 社会影响

第六篇，也就是本书最后一篇，包含了 3 章（第 34 章到第 36 章），这一部分主要讲述了文化因素和社会看法是如何影响市场的。

第 34 章　文化在金融中的作用（罗翰·威廉姆森（Rohan Williamson））

文化在金融中的影响是不能被忽略的。不同国家在资本市场重要性、公司获得外部融资的途径，以及上市公司所有权方面具有显著差异。另外，经济发展和公司、投资者决策在不同社会之间的差异也十分明显。其中的一些差异不能被金融和经济领域中的常规方法所简单解释。本章证明了文化在金融决策以及从经济发展到跨国贸易和国外直接投资领域的成果中都起着重要作用。本章认为，文化价值和信仰会影响制度发展、价值和资源分配。宗教、语言、民族和战争可以影
19 响一个社会的文化。文化还能影响公司投资决策、公司管理和投资者的资产组合决策。

第 35 章　社会互动与投资（马克· S. 希豪斯（Mark S. Seasholes））

社会互动是怎样对投资行为产生影响的？回答类似于这样的问题涉及行为金融学研究领域的广泛性和多样性。这一章对已出版的研究著作进行了综述，强调了包含关联交易（羊群效应）、邻居/同事的影响、信息扩散，以及社会资本和金融发展之间的联系等内容在内的最新实证研究论文。本章的最后一部分讨论了识别社会互动与投资行为之间的因果关系的难点。可用于识别策略的文献是稀少的。本章介绍了现在被使用的四个策略范例：（1）实验室实验；（2）现场实验；（3）工具变量方法；（4）市场结构的利用。

第 36 章　心情（泰勒·沙姆韦（Tyler Shumway））

心理学家描述心情的一些变量也与股票市场收益有关。阳光灿烂的天气、长日照和体育比赛获胜的队都能与相对较高的股票市场收益联系起来。心情变量不太可能被市场或同时造成市场收益波动的其他因素所影响。心情变量与市场回报之间的相关性特别强有力地证明了，超越期望折现现金流的某事物影响了价格。虽然心情效应的影响通常很小，以至于不能促使交易者获得大量套利利润，但是它的存在意味着，至少有一部分交易者会根据他们的短期心情来进行交易。

概要和结论

尽管行为金融学是一个相对年轻的领域，但是，它似乎正以指数趋势不断发展。这种发展并不令人惊奇，因为，行为金融学不仅有潜力解释人们是怎样做出金融决策的，而且可以说明市场运作的方式以及提高的方法。这个领域以四个关键主题为特征——直觉推断、框架、情绪和市场冲击。这些主题被整合到学术报告、投资应用、公司、市场、规则和教育中。顶尖的学者们为读者提供了一个对行为金融学领域中每一个主题当前研究状况的综述性介绍，并对未来的发展方向做出了预测。现在，让我们进入行为金融学这一迷人的领域吧！

参考文献

Akerlof, George E., and Robert J. Shiller. 2009. *Animal spirits: How human psychology drives the economy, and why it matters for global capitalism*. Princeton, NJ: Princeton University Press. 20

Barber, Brad, and Terrance Odean. 2000. Trading is hazardous to your wealth: The common stock investment performance of individual investors. *Journal of Finance* 55: 2, 773 - 806.

Barberis, Nicholas, and Richard Thaler. 2003. A survey of behavioral finance. In *Financial markets and asset pricing: Handbook of the economics and finance*, ed. George Constantinides, Milton Harris, and René Stulz, 1053 - 1128. Amsterdam: Elsevier.

Benartzi, Shlomo. 2001. Excessive extrapolation and the allocation of 401 (k) accounts to company stock. *Journal of Finance* 56: 5, 1747 - 1764.

——, and Richard Thaler. 2001. Naïve diversification strategies in retirement savings plans. *American Economic Review* 91: 1, 79 - 98.

Choi, James J., David Laibson, Brigitte C. Madrian, and Andrew Metrick. 2004. For better or for worse: Default effects and 401 (k) savings behavior. In *Perspectives on the economics of aging*, ed. David A. Wise, 81 - 121. Chicago: University of Chicago Press.

Choi, James J., David Laibson, and Andrew Metrick. 2002. How does the Internet affect trading? Evidence from investor behavior in 401 (k) plans. *Journal of Financial Economics* 64: 3, 397 - 421.

DeBondt, Werner, and Richard Thaler. 1985. Does the stock market overreact? *Journal of Finance* 40: 3, 793 - 805.

DeBondt, Werner, and Richard Thaler. 1990. Do security analysts overreact? *American Economic Review* 80: 2, 52 - 77.

Easterwood, John, and Stacey R. Nutt. 1999. Inefficiency in analysts' earnings forecasts: "Systematic misreaction or systematic optimism." *Journal of Finance* 54: 5, 1777 - 1797.

Glaser, Markus, Thomas Langer, Jens Reynders, and Martin Weber. 2007. Framing effects in stock market forecasts: The difference between asking for prices and asking for returns. *Review of Finance* 11: 2, 325 - 357.

Hilary, Gilles, and Lior Menzly. 2006. Does past success lead analysts to become overconfident? *Management Science* 52：4，489 - 500.

Kahneman，Daniel，and Amos Tversky. 1979. Prospect theory：An analysis of decision making under risk. *Econometrica* 47：2，263 - 291.

Madrian，Brigitte C.，and Dennis F. Shea. 2001. The power of suggestion：Inertia in 401（k）participation and savings behavior. *Quarterly Journal of Economics* 116：4，1149 - 1187.

Odean，Terrance. 1998. Are investors reluctant to realize their losses? *Journal of Finance* 53：5，1775 - 1798.

Odean，Terrance. 1999. Do investors trade too much? *American Economic Review* 89：5，1279 - 98.

Shefrin，Hersh. 2000. *Beyond greed and fear：Understanding behavioral finance and the psychology of investing*. Boston，MA：Harvard Business School Press.

Shefrin，Hersh. 2007. *Behavioral corporate finance：Decisions that create value*. New York：McGraw-Hill/Irwin.

Shefrin，Hersh，and Meir Statman. 1985. The disposition to sell winners too early and ride losers too long：Theory and evidence. *Journal of Finance* 40：3，777 - 790.

Shleifer，Andrei，and Robert Vishny. 1997. The limits of arbitrage. *Journal of Finance* 52：1，35 - 55.

Slovic，Paul. 1969. Analyzing the expert judge：A study of a stockbroker's decision process. *Journal of Applied Psychology* 53：1，255 - 263.

Slovic，Paul. 1972. Psychological study of human judgment：Implications for investment decision making. *Journal of Finance* 21：3，61 - 74.

Thaler，Richard H.，and Cass R. Sunstein. 2008. *Nudge：Improving decisions about health，wealth，and happiness*. New Haven，CT：Yale University Press.

Tversky，Amos，and Daniel Kahneman. 1974. Judgment under uncertainty：Heuristics and biases. *Science* 185：4157，1124 - 1131.

21 # 作者简介

H. 肯特·贝克（H. Kent Baker）是美利坚大学金融学教授和柯格德研究（讲席）教授。他曾在乔治城大学和马里兰大学担任教师和行政职务。贝克教授已经撰写或编辑了10本著作，包括《公司金融的调查研究：架起理论和实践之间的桥梁》（*Survey Research in Corporate Finance：Bridging the Gap between Theory and Practice*）（牛津大学出版社，2010）、《公司治理：一个关于理论、研究和实践的综述》。（*Corporate Governance*：*A Synthesis of Theory*，*Research and Practice*）（Wiley，2010）、《股息和股息政策》（*Dividends and Dividend Policy*）（Wiley，2009），以及《理解金融管理：实用指南》。（*Understanding Financial Management*：*A Practical Guide*）（Blackwell，2005）。他在学术和专业实践领域已发表的成果超过240项，其发表学术成果的刊物包括《金融学期刊》（*Journal of Finance*）、《金融分析和定量分析杂志》（*Journal of Financial and Quantitative Analysis*）、《金融管理》（*Financial Management*）、《金融分析师杂志》（*Financial Analysts Journal*）、《资产组合管理杂志》。（*Journal of Portfolio Management*）、《哈佛商业评论》（*Harvard Business Review*）等。在过去的半个世纪内，贝克教授还是金融领域最多产的作者之一。他为超过100个组织提供过咨询和培训，并在美国、加拿大和欧洲一些国家参与了超过750个培训项目。他拥有乔治城大学的BSBA学位，马里兰大学的Med、MBA和BDA学位，以及美利坚大学的两个博士学位、一个MA学位、一个MS学位。他还拥有CFA和CMA的任职资格。

约翰·R. 诺夫辛格（John R. Nofsinger）是华盛顿州立大学金融学副教授和尼奥尔金融学研究员。他是世界上行为金融学领域的主要专家之一，也是在这个领域内经常发表言论的学者。他的著作《投资心理学》（*The Psychology of Investing*）（第4版，2010）在投资行业和学术界非常受欢迎。其他著作包括《投资：分析和行为》（*Investments*：*Analysis and Behavior*）与Mark Hirschey合著，第2版）、《金融学：应用与理论》（*Finance*：*Applications & Theory*）（与Marcia Cornet和Troy Adair合著，2009）、《公司治理》（*Corporate Governance*）（与Ken Kim和Derek Mohr合著，第3版，2009）。他是一位成功的学者，已经在学术和专业期刊上发表了超过40篇论文，这些期刊包括《金融学期刊》（*Journal of Finance*）、《商业期刊》（*Journal of Business*）、《金融分析和定量分析杂志》（*Journal of Financial and Quantitative Analysis*）、《公司金融期刊》（*Journal of Corporate Finance*）、《银行和金融期刊》（*Journal of Banking and Finance*）、《金融管理》（*Financial Management*）、《金融分析师杂志》（*Financial Analysts Journal*）、《行为决策期刊》（*Journal of Behavioral Decision Making*）、《行为金融学期刊》（*Journal of Behavioral Finance*）等。

第一篇　基础和关键概念

第2章　传统金融学与行为金融学

罗伯特·布卢姆菲尔德（Robert Bloomfield）
康奈尔大学尼古拉斯·H. 诺伊斯（Nicholas H. Noyes）
讲座管理学教授和会计学教授

引　言

传统金融学的研究者认为，金融环境中的参与者不是易出错且情绪化的人类（Homo sapiens），而是完美的经济人（Homo economicus）。后者所作的决策是完全理性的，对任何可得信息都有着无限的处理能力，且其偏好完全符合标准期望效用理论。

任何有配偶、小孩、上司或者稍微有点自我洞察力的人都知道，经济人的假设是不真实的。金融学中的行为主义学者试图用更切合实际的金融行为人模型来代替经济人假设。理查德·塞勒（Richard Thaler）是行为金融学的创始人之一，他在（美国）国家经济研究局（NBER）一次富有纪念意义的会议上陷入了冲突之中，并对传统主义者罗伯特·巴罗（Robert Barro）作出了如下评论："我们之间的差别在于，你假定人们都像你一样聪明，而我则假定人们都像我一样愚蠢。"塞勒这一戏谑的对比巧妙地阐明了传统主义者和行为主义者之间观点上适度实质性的差异是如何因为框架和侧重点方面更大的差异而被放大的。这让人想起了有关英国人和美国人的古老的嘲讽："同一语言，割裂了两个民族。"（据说，在确认对这一交流的记述时，塞勒认为巴罗是同意他的说法的）。

这一章的目的在于通过关于人类行为的基本假设的争论来引导读者，并指明行为主义者可能追求的一些方向。下一节给出了对金融学研究的总体定位，并描述了行为金融学与传统金融学之间更多的相似点和不同点的细节。紧接着，又列出了两个阵营在科学哲学背景下的分歧：行为主义者认为，根据托马斯·库恩（Thomas Kuhn）的观点，行为理论可以解释传统理论无法解释的经济异象。同样，传统主义者用工具实证主义哲学作为手段，认为金融竞争制度使得对经济人
24 假设的偏离变得无关紧要，只要简化假设就足以预测可观测变量之间是如何相互联系的。

在财务报告中，行为研究的简短历史表明，虽然这两种哲学观点都是强有力的，但它们都不完备。行为财务报告的成功也在很大程度上依赖于社会学因素，尤其是在相似部门中行为主义与传统主义研究者们的并合。而由于大部分的金融部门之间缺少这一非正式的交往，行为主义者们必须付出加倍的努力去提出能够说服传统主义者的研究议题。最后一节提出了一个研究议题，行为主义者可以用它来应对来自事实和社会学的挑战：建立一个模型，这个模型可以解释行为因素的影响力是如何受市场制度（如竞争市场）调节的，其中，市场制度的功能是消除总体结果中的人类个体特质，最后检验这个模型。这一研究需要建立传统主义者与行为主义者的共同基础，当然，也需要识别出能使行为主义研究最具预测力的设置。

金融研究的三维模型

阐明传统金融学与行为金融学之间的相似点与不同点的一个有效方法，是在一个三维（制度、方法和理论）矩阵中对金融研究进行定位，如表 2—1 所示。

表 2—1　　金融研究的三维矩阵

制　度	方　法	理　论
·高频交易	·经济计量学	·宏观经济学
·资本结构	·实验	·微观经济学
·高管薪酬	·数学模型	·心理学
·管理投资	·模拟	

续前表

制　度	方　法	理　论
·银行业务 ·货币政策 ……	·问卷调查 ·案例分析 ……	·随机过程 ……

注：每个金融研究都可置于三维矩阵中，该三维矩阵描述了需要研究的制度、被假说所描述的理论和用以阐明结论的方法。

制度可被认为是金融研究者的研究主题。正如布卢姆菲尔德和伦内坎普 25
(Bloomfield and Rennekamp，2009，p. 143) 所描述的：

诺斯 (North，1990) 强调了"制度概念不断变化的意义和用法。作为社会思潮中最古老且运用最频繁的观点之一，它随着时间的推移，像船外壳上附着的藤壶一样，不用脱落老的部分就已经持续呈现出新且多样化的意义"。我们用制度这一术语来指持续存在很长时间的法律、惯例和组织形态。因此，会计研究中的制度就包括了资本市场和财务报告、管理报告的技术、税法以及审计。注意，具体的组织并不是制度，而组织的形态是。例如，贝尔斯登 (Bear Sterns) 和雷曼兄弟 (Lehman Brothers) 永远不是制度，而"银行"才是制度。社会学家强调，制度包括了影响社会行为的规范和信念 (Scott，2007)。因此，我们还将管理预测行为 (management forecasting behavior) 或电话会议 (conference calls) 的本质，以及商业安排 (commercial arrangements) 或"最佳方案"的普遍形式 (例如长期合约、相对业绩评估和债务契约) 列入制度惯例中。

最常见的研究方法是经济建模和对数据档案的计量分析，而由于人们对现场研究、调查和模拟一知半解，实验位居第三。即使没有明确表述，在经同行评审过的金融期刊里，几乎所有发表过的调查研究也都会受到某一理论的激励或指引。目前，最主流的理论来自经济学。这包括有效市场和无套利理论 (无套利理论对资产价格和市场行为的研究至关重要)、代理理论 (企业管理的核心)、货币理论 (用于银行业务) 和随机过程 (用于金融工程)。越来越多的研究在构建其理论时至少会部分地运用心理学。心理学研究在过去的三十年取得了重大的进展，建立了有关人们如何行为的坚实理论。这些理论已经被归纳为如下几类：推动力 (马斯洛 (Maslow) 的需求层次理论中描述的根本动机)、认知 (人们如何分析数据和得出结论)，以及影响 (对环境刺激的情绪反应以及这些反应如何影响行为)。

金融研究的三维模型阐明了传统金融学与行为金融学之间相当微小的差别。两者都主要针对相同的制度，且运用相似的方法。两者间的差别完全在于其理论基础。很多研究虽然使用经济计量方法，但是检验的是心理学理论，因此，被恰当地称为行为主义。其他则是用实验方法去检验诸如第 7 章中所讨论的经济学理论，因此，称其为传统主义较恰当。

然而，即使是理论上的差别也不应被夸大。虽然传统金融学并没有包含人类心理学的成分，但行为金融学通常来讲也几乎没有包含这些成分，主要还是依赖经济理论。原因是直观的：金融制度将人们置于复杂的设置（settings）下，这种设置极佳地描述了信息、激励和人们可能采取的行动，是经济理论的基石。因此，行为主义研究通常只包含了心理学的一小部分，这一小部分被整合到那些用来理解制度本身的经济理论中。这样，行为金融学只是在传统金融学上增加了一些微小的细节，这将改变
26 经济理论中基础假定的一个或几个方面，这个细节就是个人是如何做出行为的。

假设方面的争论：科学哲学的入门

有关基础假设的分歧会导致各种哲学上的辩论。接下来的讨论为金融学中的行为和传统研究者所主要依赖的科学哲学（philosophies of science）提供了简要的入门介绍。

行为主义者经常通过引用库恩（Kuhn，1962）那本流行且颇具影响力的《科学革命的结构》来为他们反传统的方法进行辩护。库恩认为科学是通过“范式转移”（paradigm-shiftting）和“常规科学”来进步的。一个范式（paradigm）会通过库恩所谓的“常规科学”（normal science）来为研究者们提供检验和支撑（或修改）的理论框架。虽然“常规科学”建立起了范式的合理性，但是其也可能揭露出异象（与范式不一致的观察结果）。新的范式只有能用有效简单的方式来解释足够多和足够重要的异象时才算是成功的。

哥白尼（Copernicus）和爱因斯坦（Einstein）是引入新的成功范式的科学家的典型代表。在哥白尼时代，在一些圈子里被认为是现代天文学之父的第谷·布雷赫（Tycho Brahe）提出了极其详细的观测，这些观测表明，行星的实际运动与以地球为中心的简单太阳系模型是不一致的。从地心说（geocentric theory）来看，行星是绕地球运行的，但数据表明它们必须在自身轨道的某些点上向后运动。哥白尼论证了一个不同的范式，认为所有行星（包括地球）都是绕太阳运行的，且该范式对布雷赫的观测有更合理的解释：所有行星都绕太阳作椭圆形运动，因此导致了从地球上观测到的倒退运动。

爱因斯坦同样提出了一个替代牛顿力学的崭新范式。简单而言，爱因斯坦的特殊相对论（Einstein，1920）部分地受实验观察的启发。该观察得出，在真空中光的速度在每个方向上都是相同的，这一结论难以与牛顿力学一致。

库恩对于行为主义者的吸引力是很明显的。库恩使得行为主义者能够用越来越明显的异象将传统主义者刻画成现代版托勒密（Ptolemy），而将他们自己描绘成哥白尼，甚至是爱因斯坦。

传统主义者往往表现出对工具性实证主义（Instrumental positivism）（一套密

切相关的哲学理论的变体）的喜爱。实证主义的所有变体都强调了预测力的重要性：科学是这样一个过程，它从理论中产生可证伪的假说，并进一步检验这些假说，同时摒弃得不到支持的理论。一个相当极端的变体是波普尔（Popper）的严格的逻辑实证主义（Newton-Smith，1981），这种严格的逻辑实证主义认为，理论永远不能被证据证实，只能被证伪，严格的逻辑实证主义在身体力行的科学家（practicing scientist）中不受欢迎的原因有两个：第一，大多数人发现，对理论的实证证实是对理论有利的、具有说服力的证据；第二，实证主义在理论的起源上无法提供指导，对于科学家们如何在两个得到实证证实的理论中做出选择也无法提供指导，同时实证主义还有一些与经验相违背的预测。然而，实证主义的较弱形式被 27
大多数金融学传统主义者所共同使用。

实证主义与工具主义（instrumentalism）紧密联系，工具主义将科学看成识别可观测变量间的联系的方法，但并不认为这些变量本身或者描述这些变量间关系的理论一定是对现实的描述（能够做到这一点的哲学被称为“实在主义”）。相反，变量和理论都仅仅是让理论得到检验的手段或工具。工具实证主义对于传统主义者而言有着天然的吸引力，是因为经济人的假设显然是不合实际的。然而，正如弗里德曼（1953）在他经典的《实证经济学论文集》一书中所认为的那样，经济理论有着很强的预测力，并且这一预测力与其假设是否符合实际无关。关键的只是经济变量是否会像假设中所设定的那样运作，好像所有决策都是由“经济人”做出的一样。即使在物理学中，研究者们也往往做出明知是错误的假设，例如假设原子没有体积，或假设速度是线性加速的。这些假设都是不真实的，但数据表明，只有在非常小的尺度或高速度的情况下，世界才会像这些假设都是真实的一样运作。实证主义也给传统主义者提供了另一个反对行为主义者的论点：在实证主义提出对经济人假设的独一无二的替代之前，行为金融学都是不可证伪的，因为在行为金融学中，任何明显的异常都可以被解释——只要再提出一个事后的心理倾向（post hoc psychological tendency）来进行解释即可。尽管几乎没有传统主义者是严格的实证主义者（严格的实证主义者从不重视所有用于支持一个理论的实证结果），但如果行为金融学不能被证伪，那么证实的价值明显更小。

库恩（Kuhn，1962）的观点与工具实证主义并不是直接对立的。但是，行为主义者仍倾向于用库恩来反对传统主义者，而传统主义者则用工具实证主义来答复。虽然两方观点都是有实物基础的，但它们还包含了比较有争议的个人因素。通过采纳库恩的观点，行为主义者含蓄地讥讽他们的对手为守旧、衰弱的勒德分子（Luddites）。（比较著名的观点是，库恩认为个别科学家从不改变其观点；相反，科学领域之所以改变，是因为老的科学家逝世、退休或者被那些坚持新范式的新一代科学家所取代。）通过强调工具实证主义，传统主义者暗指行为主义者是在现实性的基础上而非预测力的基础上争论他们的例子，并且认为行为主义者甚至不是真正的科学家，因为他们提出的是不可证伪的理论，这种理论在事后能够适应几乎所有的观察。

以下是从一个对行为金融学最尖锐的批评中选取的一些主要段落，由现代（传统）金融学的奠基人尤金·法玛（Eugene Fama）所写。该论文是对巴贝尔斯、施莱弗和维斯尼（Barberis，Shleifer and Vishny，1998）以及鸿和斯坦（Hong and Stein，1999）这两篇建模论文的回应，这两篇论文用不同的行为主义假设得出价格反应不足和反应过度，正如在计量经济研究中所观察到的那样。法玛给自己提出了这样一个问题：经验证据与这些事后模型能否一起说服他“抛弃市场效率”？法玛（1998，第 284 页）的回答是：不能。原因如下：

第一，有效市场会产生各种类型的事件，这些事件各自单独表明，价格会对消息产生过度反应。但在有效市场中，显著的反应不足将会像反应过度一样频繁出现。如果异象在反应不足和反应过度之间随机分布的话，那么这些异象将与市场有效性一致。我们会发现，在显著反应过度和反应不足之间有一个大致平均的分布，这能够对现有异象进行较好的描述。

28 第二，更为重要的是，如果长期收益异象相当大且不能归因于偶然情况，那么在反应过度和反应不足间的平均分布对于市场有效性而言将是一场损失惨重的胜利。然而，我们会发现，长期收益异象对方法论是很敏感的。当这些异象接触到不同的预期（正常）收益模型时，或当用不同统计方法来衡量这些异象时，异象都可能会变得微小甚至消失。因此，即使是一个一个地来看，大部分长期收益异象也能合理地被归因于偶然。

在构建长期收益研究的整体视角时存在的一个困难是，这类研究几乎不考察一个对市场有效的具体替代物。相反，市场有效的替代假说——市场无效（market inefficiency）——是含糊不清的。这不能让人接受。像所有模型一样，市场有效（价格充分反映可得信息的假设）是对价格形成的有缺陷的描述，然而，根据标准科学准则，市场有效只能被更好的有关价格信息的具体模型所替代，这个模型本身有被实证检验证伪的潜在可能。

任何替代模型都有令人气馁的任务要完成。信息处理过程中的偏见导致了相同的投资者对一些类型的事件反应不足，对另一些则反应过度，这个替代的模型必须将这些偏见具体化。同时，替代模型还必须解释，各种观察到的结果比简单的市场有效理论（的结果）更优，也就是说，非正常收益的预期价值为零，但有可能产生从零（或者说异象）向两个方向的偏离。

法玛（1998）前两个观点质疑了所谓异象的稳健性和可靠性。他后两个观点则是，一个人只有在这样的情况下才必须抛弃像市场有效这样相当成功的理论，即，存在一个理论，它不仅能解释现有理论所能解释的，而且能解释得更深入并不会太复杂，同时还是可证伪的。

虽然这些论点大部分都是人们可以期望从工具实证主义者身上获得的，但法玛的论点表明了他对不以数据为基础的行为研究的憎恶。在金融学中，无论是行为学研究者还是别的研究者，没有一个严肃的研究者会乐于“抛弃市场效率假说”。相反，他们将会放松有关个人行为的特定假设，这有可能会引起对市场有效假说微小但重要的偏离。此外，对于市场有效意味着什么这一问题，法玛（1998）的陈述是错误的。如果研究者能可靠地预测出对十种事件的过度反应，以及对另外十种事件的反应不足，那么市场可能会适当平均地反应（而不以何种类型的事件发生为条件）这一事实就几乎不能算是市场有效的。套利者可以简单地对来自前十种事件的反应过度下注，同时对后十种事件的反应不足下注，从而获得非正常收益。（法玛的观点）就像是在说盈余公告发布后的价格漂移现象是不存在的，因为即便可预测收益会在好消息公布后上升、在坏消息公布后下降，但如果我们不能区分消息是好的还是坏的，那么非正常收益也不存在。

第三个哲学流派认为，法玛（1998）的观点被科学界中的社会学力量大大地丰富了。社会学家们，如费耶拉本德（Feyerabend）和拉卡托斯（Lakatos）（有时还有库恩）往往用激进的方式来表达他们的观点：客观的成功和预测真实世界的能力与被其他科学家所认可的成功是完全没有关系的，科学“进步”只是一个假象，而科学之路
完全是政治性的和社会性的。尽管很少有从业的科学家会接受如此极端的观点，但更 *29*
少会有人去怀疑社会和政治因素对金融研究的影响，无论是财政支持（例如，来自联邦储备银行的）的直接影响，还是与主要机构合作所赋予的社会威望。

社会学观点表明，行为主义者在让数量明显更多的传统主义者接受他们的观点时，将面临严峻的挑战。在最高级别的机构中，几乎没有成员是行为主义者。同样，金融部门几乎缺乏接受过行为科学基础规范（例如心理学和实验方法）训练的人员。这些事情解释了金融学方面的行为主义观点只是最近才在金融领域里出现的原因。对于那些可能认为传统持续时间更长的人，有两点需要强调：第一，理查德·塞勒——常被称为行为金融学之父——在康奈尔大学时是经济学家，现在是芝加哥大学行为科学与经济学方面的专家，而不是金融学方面的专家。第二，塞勒在金融学方面（而不是在经济学或决策理论方面）的工作几乎完全是缺乏行为内容的。一些论文，比如德邦特和塞勒（DeBondt and Thaler，1985，1987）等提供了有关市场无效率的激烈的争辩证据。然而，虽然作者们可能主张无效率的原因是行为主义的，但是心理学的解释在说明错误定价时仍然更为次要。

行为主义者们对于他们在金融学方面的未来会有多悲观呢？下一部分将通过研究应用金融学的一个子领域来给出答案，这个领域已经有了多年的关于传统主义者和行为主义者的观点的争论，并且是面临着不同社会力量的领域：财务报告。

行为主义研究在财务报告中的地位的起伏变化

我们通过说明行为主义研究在财务报告中的历史演变来看行为金融学可能有的

未来。财务报告可以被看成金融学的一个子领域，其主要研究会计数据以及其他的财务公开资料在市场行为、管理决策、高管薪酬、相关机构中所扮演的角色，以及这些机构对财务报告决策的影响。本节叙述了财务报告中的行为主义是如何以及为什么在 19 世纪 60 年代被看成合理方式，而在 70 年代失去了主流支持，在 90 年代又重新崭露头角。

行为主义研究在会计学中的地位的上升

财务会计中的经验研究可以追溯到瑞·伯（Ray Ball）和菲尔·布朗（Phil Brown）的一篇论文，接着是芝加哥大学的会计学系。伯和布朗（1968）通过一个简单的时间序列模型，展示了当公司报告的收益比预期高（低）时股票价格会上升（下降）。他们的结论震惊了金融学专家们，因为会计收益（accounting earnings）比财务业绩表现要滞后很多，并且会计收益包括了应计盈余，而应计盈余往往被看成对现金流的粗略衡量，这种衡量为大多数的财务估计模型提供了基础。

伯和布朗（1968）的论文中包含着另一个让人震惊的内容：不仅市场对盈余公告反应强烈，而且这种反应会持续很多个月。盈余公告发布后的价格漂移还直接与法玛
30 在 1970 年予以正式化的有效市场假说相违背，并最终反映了法玛（1998，p. 304）提到的唯一“不受怀疑”的市场异象。然而，那些使用股票价格数据档案的会计学研究者们直到 19 世纪 80 年代仍沉浸在传统的经济人观点中，而几乎不关注价格漂移，他们认为，价格漂移极有可能是错误的预期收益模型或统计方法的产物。

虽然档案研究者们是坚定的传统主义者，但是他们也会与沉浸于行为主义方法的人一起工作，甚至在芝加哥大学里也是这样。尤其是像罗伯特·利比（Robert Libby）这样的研究者，从有关医生、陪审员及其他专业环境下的工作人员的丰富的理论检验中获取方法，并将这些方法应用在审计师身上（想了解优秀的评论和介绍，可参考利比（1981））。这导致了长达几十年的对审计师们的研究检验，即当证明账户余额的精确性时，审计师是如何权衡证据的，以及信息展示的顺序或信息中无关细节的有无会如何影响他们的判断。

对审计师行为的研究带来了大量的“决策辅助工具”，而运用这些简单的技术可通过限制对最优决策的偏离来改善审计结果。由于社会学方面的原因，行为主义研究还形成了行为金融学的早期模式：行为主义审计研究者和传统主义档案研究者在教学、招聘、研讨会以及其他部门活动中共同合作。当以下两点对于行为主义者而言变得清晰时，他们就开始在财务报告中进行实验：（1）个人投资者的决策使得市场对会计信息做出反应；（2）个人投资者的决策可能受到与推动陪审员、医生和审计师相同的行为力量的推动。

很多这些研究都提供财务报告，这些财务报告包含了以不同会计方法呈现出来的相似信息。在一个典型实验中（如 Dyckman，1964），一些财务报表报告了很高的收益，而在注释上报告显示库存是按先进先出法（FIFO）入账的；另一些被试

者则发现财务报表报告低收益，但注释显示库存是按后进先出法（LIFO）入账的。对注释的分析表明，两种版本的业绩表现是相同的，但在价格上升时期，LIFO 核算法比起 FIFO 核算法会造成更低的收益和更小的期末存货。然而，对信息处理的限制和对所报告盈余的“功能锁定”将使得个人投资者在评估业绩时，情况更有利于使用 FIFO 法的公司。

会计学中行为主义研究的衰落

金融学中的传统主义者们很快就让这一研究进程停止了。在一篇影响力很大的论文中，格尼德和道普齐（Gonedes and Dopuch，1974）提出了两个论点来反对将行为主义视角应用到投资者和市场行为中去。第一个论点是，投资者可能会为了理 *31*
解他们觉得更为重要的信息而投入其他的资源，而实验并不允许这样一种关于资源分配的选择。第二个论点直接指出，金融制度的存在使得投资者的个人局限毫无意义。正如格尼德和道普齐（1974，p. 106）所评论的：

> 即使这些研究以明确的个人资源配置理论为基础，但对资本市场主体而言，这些研究的结果与财务报告的问题也并不明显相关。为了认识这一点，就要考虑资本市场效率的含义以及市场中以信息为目的的竞争。

回顾一下，此处所考虑的有效市场类型仅仅是一个竞争市场，在这个市场中每个人都是价格接受者。给定这一市场类型，任何基于实验室/现场研究结论的对资本市场参与者的总体行为的概括都是极度脆弱的。尤其是，给定一个有效资本市场，对特定类型投资者（如，“平均”投资者或“金融分析师”）的行为进行的研究不太可能得到对会计信息与资本市场均衡间关系的可靠概括。为了认识这一点，回想一下，在竞争市场中，市场行为是关于互相竞争的价格接受者们之间相互作用的函数。在这样一个市场中，均衡的实现是由系统作为一个整体或集体的市场行为促成的，而不是由特定个体的行动促成的。由于实验室/现场研究主要关注个人行为而不是竞争市场现象，因此其与眼前问题的相关性似乎并不存在。

同样值得注意的是，可实施的实验室/现场研究对信息资源间的竞争所进行的模拟并不成功。事实上，可得的信息通常都会被有意地限制在会计领域。这种限制使得这些研究的设置（setting）离使公司所有权股票价格达到均衡的设置更远了。的确，原则上讲，实验室/现场研究指出的缺陷是可以克服的。但据我们所知，这样做的尝试几乎（如果有的话）没有已经完成的，甚至连正在进行的也没有。

格尼德和道普齐（1974）几乎没有给会计学中的行为主义研究完全画上句号。正如他们在对上述引文所作的注释中所言：“这个说法并不意味着实验室/现场方法与所有会计问题无关。事实上，这些方法在解决一些管理会计学的问题时可能会很有用。”但是由于格尼德和道普齐的观点在传统主义者的研究阵营中获得了广泛的共鸣，受过行为方法训练的研究者们开始将他们的目光从财务报告上移开，因为他们理性地估计到，这一研究能在顶级杂志上发表的可能性很小。（在该论文发表时，道普齐是《会计研究》杂志的编辑。）相反，他们将精力集中于经理人个人尤其是审计师个人的行为上，因为对后者的研究开始接受来自公共会计事务所的资助。

行为主义研究在会计学中的地位（再次）上升

直到20世纪90年代中期前，会计学的顶级杂志还在避免发表财务报告方面的行为主义研究论文。利比、布卢姆菲尔德和纳尔逊（Libby，Bloomfield and Nelson，2002）认为，导致这一研究复兴的关键动力有两个。第一个是关于金融市场实际上并非信息有效的越来越多的证据。伯纳德和托马斯（Bernard and Thomas，1990），以及阿巴尔伯内尔和伯纳德（Abarbanell and Bernard，1992）
32 在会计学中提出了特别有说服力的证据来支持他们的观点，即由伯和布朗（Ball and Brown，1968）确定的盈余公告发布后的价格漂移极有可能反映了市场无效。

第二个导致行为财务会计研究复兴的动力是技术进步，它使得实验研究者能够致力于解决格尼德和道普齐（Gonedes and Dopuch，1974）在上面其引文结尾处所指出的缺陷，这个进步就是：在竞争市场中建立均衡价格。正如本书第7章所讨论的，里面的研究几乎没有展现市场定价下偏误的证据。

利比等（Libby et al.，2002）低估了可能是复兴中最为重要的一个方面：很多会计学系包含了这样的研究者，他们在其他领域的行为主义研究中表现很活跃。虽然很多声望高的大学（包括芝加哥大学、斯坦福大学、宾夕法尼亚大学（沃顿商学院）、密歇根大学）已经清除了行为主义者们的队伍，但是行为主义研究在很多顶级国家机构（尤其是伊利诺伊州立大学、伊利诺伊大学、得克萨斯大学和华盛顿大学）仍然很活跃。这种活跃对行为财务报告研究的复兴有两方面的积极影响。第一，这意味着受过训练的行为主义者们一旦认为研究成果可能发表在顶级杂志上（现在已经是常见的事情），他们就能够快速将主题转回到财务报告上来。第二，这意味着很多传统主义研究者们已经接触并接受了行为主义研究的观点，且在他们的部门与行为研究者们建立了和睦的工作关系。

这一段关于财务报告研究的历史对于金融学的行为主义者而言预示着什么呢？从乐观的角度来看，这一历史表明，有证据可以克服法玛（1998）的反对观点，正如克服格尼德和道普齐（1974）的观点一样。然而，金融学系缺少能运用金融领域中的行为主义理论来论证更低强制性的市场制度约束的研究者。下一部分提出了一个研究规划，这个规划既能解决这一社会学方面的挑战，又能解决法玛提出的事实上的异议。

有关行为金融学的研究规划

金融学中的行为主义者们为了解决法玛（1998）的批判付出了巨大的努力。

大部分行为金融研究中仍包含着这样的经验研究，其表明市场或公司以相对于传统模型而言异常的方式支配行为，但这种方式却与心理学研究发现的个体行为倾向相符。这种研究的最大好处在于可运用心理学研究来预测和论证之前未曾论证过的异象。传统主义者本能地反驳个体研究，这导致了关于实证方法的反复辩论，以及相关诠释，这些诠释按照库恩式常规科学的最优传统创新出研究文献。累积的大量证据在说服新的金融研究者们相信行为主义观点能提高预测能力这一点上取得了进展，但仍不能解决法玛（1998）对于简单的、统一的、可证伪的理论的需求。 33

通过论证行为力量能被别的传统模型吸收，建模者们已经在简单性和可证伪性方面取得了一些进步。一些建模者，如巴贝尔斯等（Barberis et al.，1998）、鸿和斯坦（Hong and Stein，1999）试图建立能产生明显不相容的结论的简单模型（这些论文企图协调短期的反应不足与长期的反应过度）。另一些则试图鉴别出关于已知行为力量的违反直觉的结论，例如巴贝尔斯和黄（Barberis and Huang，2008）的模型在资产定价中结合损失厌恶和框架效应来理解股权溢价之谜。当到了随后的证据可以支持这些预测的程度时，行为主义者们就能反击那些认为他们的替代方案完全是事后诸葛亮的人。

建模者们能否解决法玛（1998）对于简单性和可证伪性的要求是难以预料的。个体行为天生就是复杂的，并且其对经济人假设的偏离不计其数，以至于传统主义者们往往能提出大量的模型作为行为金融学不简单或不可推翻的证据。

那么行为主义者们应当做什么呢？一个提供给金融学中的行为主义者们的答案是，他们要努力论证行为力量与制度特征之间的相互影响。矛盾最为尖锐的领域是那些约束机制（disciplinary institutions）看似最牢固的领域：竞争性和流动性证券市场。然而，传统主义者很少认为那些不受市场机制约束的个体仍能像经济人那样行动。很多传统主义者们甚至愿意接受这样的观点，认为作用于个体经理人的行为力量会影响大公司的行为，甚至在没有劳动市场、薪酬计划和公司治理机制的情况下也会影响。这表明，在行为主义者和传统主义者之间存在可能的共同点。两个阵营的研究者都可能会同意以下观点：在制度的约束性力量更弱时，行为力量对市场和公司行为有着更大的影响力。该观点能通过如图 2—1 所示的研究设计得到检验。

简单而言，考虑一个假想的实验研究，其使用的市场设置与布卢姆菲尔德、奥 34
哈拉和萨尔（Bloomfield，O'Hara，and Saar，2009）所使用的相类似，但其中一些交易者知道资产价值信息的同时另一些交易者并不知道。那些在单元格 3 和单元格 4 中的不知情的交易者们被注射了睾丸激素，但在单元格 1 和单元格 2 中的交易者则是被注射了安慰剂。行为研究表明，睾丸激素将会使得不知情的交易者们表现得更为激进，损失更多的钱，并推动价格过度波动。然而，假设在单元格 2 和单元格 4 中的市场里允许知情的交易者们借保证金，并约束市场价格，而单元格 1 和单

		行为力量弱	行为力量强
机制	制度约束性强	（单元1）	（单元2）
	制度约束性弱	（单元3）	（单元4）

图 2—1　针对行为金融的研究设计

注：该研究设计阐明了行为力量对个体决策制定的影响强度与个体做出决策所在的金融制度在总体现象中消除行为力量的能力之间的相互作用。

元格 3 中的市场里则不允许。

如图 2—2 所示，上述观点预测了曲线 B 将比曲线 A 更为平缓，因为当知情的投资者们用他们额外借来的资本推动价格向基本价值靠近时，约束性力量会限制睾丸激素对市场价格的影响。最坚定的传统主义者会认为，即便是最弱的制度（例如劳动力市场）也仍能消除个体行为力量，从而使得在所有 4 个单元中观测到的过度波动均为 0。市场中坚定的行为主义者则认为，即便是最强的制度（例如包括了财富 100 强企业的全球股票市场），仍不足以约束偏误，从而使得在所有 4 个单元中观测到的偏误大于 0——但是他们可能仍然同意曲线 B 会比曲线 A 更为平坦。

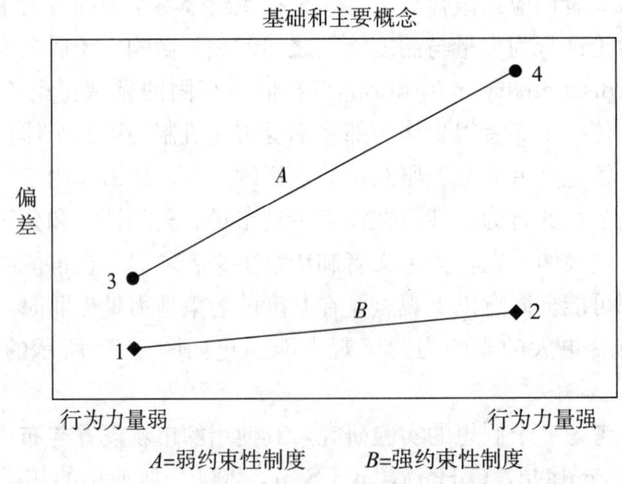

图 2—2　结合行为力量与制度约束力的研究的假设结论

注：比起强约束性制度，强化引起个体决策偏见的行为力量，会对弱约束性制度中的总体现象产生更大的影响。

关注制度与行为力量之间的相互作用对于行为主义者而言有三个关键优势。第一，它将传统主义者与行为主义者之间的差别从质的差别转化成量的差别：问题

不在于行为力量是否经常或者从来没起过作用，而在于哪一个制度在约束这些力量时更为有效。当问题以这种方式被提出来时，传统主义者在保持一个绝对的立场（行为力量的影响总是被所有制度完全消除）时就会很困难。

第二，对约束力量的关注能帮助行为主义者应对关于简单性的要求（法玛所说 35
的）。人类行为永远不能由简单的理论来解释。然而，简单且传统的理论也许可以决定何种金融制度会消除群体行为中的个人特质。用物理学类比，牛顿物理学在描述运动速度较低、大小适中的物体的行为时有着很好的预测能力，而除此之外，仍需要复杂得多的相对论和量子理论。与之相似的是，若制度是高度竞争的，那么传统金融学会有很好的预测能力，并且可以对群体行为中个人特质的消除进行制衡。然而，还是需要复杂得多的行为理论。

第三个好处是社会学方面的。如前面所讨论的，会计学系一直存在行为主义研究者，他们研究弱约束制度的设置。这些研究者们可以在没有额外障碍的情况下发展行为主义理论（这个障碍就是说服传统研究者在对新范式而言最具挑战性的设置（高度竞争的金融市场）中接受新范式）。由于那些市场中的证据开始支持行为主义假设，行为主义研究者们做好了应对这一主题的准备。同样，尤其是对那些试图解决竞争程度最高的制度的人而言，行为金融学的整体前景，将通过由研究者将行为主义理论应用到公司经理人的行为中以及约束力相对较弱的制度的其他运作中得到加强。

这些努力将需要行为研究者们仔细思考金融制度的自然属性，同时以既强调人类决策制定的作用又强调制度约束力的方式描述金融制度。大部分金融市场模型由于忽略了大多数的决策点和制度因而都在这方面表现得不够完善。例如，巴贝尔斯等（Barberis et al.，1998）的模型主要关注单个代表性投资者服从行为力量的情况，而很少提及约束这些力量的制度（例如竞争）。在其他极端情况下，例如德朗、施莱弗、萨默斯和瓦尔德曼（DeLong，Shleifer，Summers，and Waldmann，1991）的模型则展现了市场制度是如何在对定价误差（pricing errors）进行约束时失败的，但是这种误差只是一般性的误差，而非行为力量的结果。

通过将行为主义视角应用到市场微观结构模型上，这些模型在一个清晰的制度背景下阐述了具体的决策。例如，格洛斯顿和米尔格罗姆（Glosten and Milgrom，1985）、凯尔（Kyle，1985）的季度模型在交易者和做市商所做的决策方面有着明显的差别。格洛斯顿和米尔格罗姆假设首先是做市商报出具有竞争性的价格，然后是投资者决定是否在该价格上买入或卖出。价格在每笔交易后都会改变，最终使交易者的信息完全公开。凯尔则假设首先是投资者输入其买入或卖出的订单，然后是做市商尽力满足订单的竞争性价格。

凯尔和王（Kyle and Wang，1997）指出在凯尔式模型（Kyle-type mode）中，过度自信的交易者能使价格扭曲，并且能在长期情况下存活，这是由于他们的激进性使得其他人的订单显得更为温和，尽管他们有偏见，但过度自信的交易者仍有能从中获利的“施展空间”。该结论在格洛斯顿—米尔格罗姆（Glosten-Milgrom，1985）的模型中是不能得到的，过度自信的交易者在其不明智的交易中仅仅会损失财富，而不知情且无偏见的交易者则可以从中获利。这些模型能够清晰地识别有偏
36 见的决策制定者和约束性制度，也可以识别一个制度（格洛斯顿—米尔格罗姆市场）会提供更多约束的原因。

概要和结论

在接下来的 20 年金融学领域将会怎样？理查德·塞勒（1999，p. 17）在其《行为金融学和结局》一文中，做出了如下预测：

行为金融学不再是曾经那个有争议的学科。随着金融经济学家开始习惯于思考人类行为在推动股票价格上的作用，人们将回顾在过去 15 年中发表的文章并且好奇为什么这些文章要大惊小怪。我预测在不远的将来，“行为金融学”一词将会被看成一个多余的词组。还有什么其他类型的金融学？在它们的启蒙下，经济学家们将会习以为常地把同他们在真实世界中所观测到的一样多的“行为”与模型相结合。毕竟，除此以外的其他做法都将是非理性的。

塞勒的观点可能过于乐观了。很多（或者说是大部分）金融研究者可能更倾向于研究规模大、高度竞争的资产市场，而忽略对传统理论的行为主义调整。金融制度中存在可能造成行为力量减弱的改变，只要研究者们将精力集中于这种改变的一阶效应上，传统理论对这些研究者来说就会很好地发挥作用。即便没有这些好处，研究趋势也不会简单地允许太快偏离现状的改变。

传统研究者中可能会加入三组行为主义者。其中那些吸引大部分争论的人会认为，即便是在最具竞争性和约束性的制度中，行为主义的调整也能提供有用的观点与渐强的预测力。其他一些人则认为，在约束个体与经济人假设间的偏误这一方面，一些制度比另一些制度效率更低。这些研究者们将会做重要的基础性工作，以进一步识别行为金融学能最大限度地发挥作用的设置。同样重要的是，这些研究者还将提出令传统主义者难以反驳的观点：行为主义方法在一些金融设置下比别的方法更有用。最后一组研究者则会识别出这样的金融设置，在该设置下行为力量被广泛地认为仅会受到较弱的约束，例如在运行状况差的劳动市场中个体经纪人所做的决策就受到较弱的约束。这些研究者们几乎不产生争论，这是因为他们并不直接与传统主义者交战。然而，他们能为金融部门提供连续的受过良好行为金融训练的研究者。随着传统主义者在其他领域对行为主义方法失去了反抗能力并被新理论和新证据说服，或（如库恩所说的）仅是退休并被其他愿意接受行为主义范式的人们所替代，行为主义研究者会将其注意力转移到其他领域。

讨论题

1. 如果一门科学建立在明显错误的假设（例如，人们总是理性地最大化其期望效用的假设）之上，它如何可以成功？

2. 社会学因素是如何影响本应以理论预测力为基础的科学领域的发展的？ 37

3. 金融学中的行为主义者会“完胜”传统主义者吗？这两大阵营会简单地并肩共存吗？或者，行为金融学会消失吗？

4. 在人类行为原本就复杂的情况下，行为主义者如何在其领域实现简单化？

参考文献

Abarbanell, Jeffery S., and Victor L. Bernard. 1992. Tests of analysts' overreaction/underreaction to earnings information as an explanation for anomalous stock price behavior. *Journal of Finance* 47: 3, 1181 - 1207.

Ball, Ray, and Phillip Brown. 1968. An empirical evaluation of accounting income numbers. *Journal of Accounting Research* 6: 2, 159 - 178.

Barberis, Nicholas, and Ming Huang. 2008. The loss aversion/narrow framing approach to the equity premium puzzle. NBER Working Paper No. W12378.

Barberis, Nicholas, Andrei Shleifer, and Robert Vishny. 1998. A model of investor sentiment. *Journal of Financial Economics* 49: 3, 307 - 343.

Bernard, Victor L., and Jacob K. Thomas. 1990. Evidence that stock prices do not fully reflect the implications of current earnings for future earnings. *Journal of Accounting and Economics* 13: 4, 305 - 340.

Bloomfield, Robert J., and Kristina Rennekamp. 2009. Experimental research on financial reporting: From the laboratory to the virtual world. *Foundations and Trends in Accounting* 3: 2, 135 - 221.

Bloomfield, Robert J., Maureen O'Hara, and Gideon Saar. 2009. How noise trading affects markets: An experimental analysis. *Review of Financial Studies* 22: 6, 2275 - 2302.

DeBondt, Werner F. M., and Richard H. Thaler. 1985. Does the stock market overreact? *Journal of Finance* 40: 3, 793 - 805.

DeBondt, Werner F. M., and Richard H. Thaler. 1987. Further evidence on investor overreaction and stock market seasonality. *Journal of Finance* 42: 3, 557 - 581.

DeLong, J. Bradford, Andrei Shleifer, Lawrence H. Summers, and Robert J. Waldmann. 1991.

The survival of noise traders in financial markets. *Journal of Business*, 64: 1, 1-19.

Dyckman, Thomas. 1964. The effects of alternative accounting techniques on certain management decisions. *Journal of Accounting Research* 2: 1, 91-107.

Einstein, Albert. 1920. *Relativity: The special and general theory*. New York: Henry Holt. Available at www. bartleby. com/173/.

Fama, Eugene F. 1970. Efficient capital markets: A review of theory and empirical work. *Journal of Finance* 25: 2, 383-417.

Fama, Eugene F. 1998. Market efficiency, long-term returns, and behavioral finance. *Journal of Financial Economics* 49: 3, 283-306.

Friedman, Milton. 1953. *Essays in positive economics*. Chicago: University of Chicago Press.

Glosten, Lawrence R., and Paul R. Milgrom. 1985. Bid, ask, and transaction prices in a specialist market with heterogeneously informed traders. *Journal of Financial Economics* 14: 1, 71-100.

Gonedes, Nicholas, and Nicholas Dopuch. 1974. Capital market equilibrium, information production, and selecting accounting techniques: Theoretical framework and review of empirical work. *Journal of Accounting Research* 12 (Supplement): 48-129.

Hong, Harrison, and Jeremy C. Stein. 1999. A unified theory of underreaction, momentum trading and overreaction in asset markets. *Journal of Finance* 54: 6, 2143-2184.

Kuhn, Thomas S. 1962. *The structure of scientific revolutions*. Chicago: University of Chicago Press.

38 Kyle, Albert S. 1985. Continuous auctions and insider trading. *Econometrica* 53: 6, 1315-36.

Kyle, Albert S., and F. AlbertWang. 1997. Speculation duopoly with agreement to disagree: Can overconfidence survive the market test? *Journal of Finance* 52: 5, 2073-2090.

Libby, Robert. 1981. *Accounting and human information processing: Theory and applications*. Upper Saddle River, NJ: Prentice Hall.

Libby, Robert, Robert J. Bloomfield, and Mark W. Nelson. 2002. Experimental research in financial accounting. *Accounting, Organizations and Society* 27: 8, 775-811.

Newton-Smith, William H. 1981. *The rationality of science*. New York: Routledge.

North, Douglass C. 1990. *Institutions, institutional change and economic performance*. Cambridge: Cambridge University Press.

Scott, W. Richard. 2007. *Institutions and organizations: Ideas and interests*. 3d ed. Thousand Oaks, CA: Sage.

Thaler, Richard. 1999. The end of behavioral finance. *Financial Analysts Journal* 56: 6, 12-17.

作者简介

罗伯特·布卢姆菲尔德（Robert Bloomfield）是康奈尔大学约翰逊管理学研究生院的管理学和会计学的尼古拉斯·H. 诺伊斯（Nicholas H. Noyes）讲座教授。他在《金融学杂志》《金融经济学杂志》《金融研究评论》以及会计学、经济学和心理学的顶级刊物上都有关于实验研究的文章发表。他是财务会计标准研究创新项目（一个财务会计标准委员会项目）的主任。

39 第3章 行为金融学：在商科教育及培训中的应用与教学法

罗苏尔·雅扎迪波（Rassoul Yazdipour）
美国加州州立大学弗雷斯诺分校克雷格商学院金融学教授，美国创业金融协会首任主席

詹姆斯·A. 霍华德（James A. Howard）
马里兰大学书院金融学教授和管理与技术研究生项目主管

引 言

斯洛维奇（Slovic，1972，P. 779）在其于1972年发表的一篇文章中引用了亚当·斯密《金钱游戏》（*The Money Game*）中的一段话：

其实说实话，人只不过是一种得意时会快乐、失意时会痛苦、情感丰富却又对诸多事物抱有偏见的动物罢了，但是很多人却并没有意识到这一点。就拿那些成功的投机者来说，他们可能并不完全了解自己的优缺点，但是一旦察觉到情况有所不妙，他们却能够从险境中及

时抽身。如果一个并不了解自己的人想要在这个游戏场中找到自我，那么，游戏的筹码则是相当之高的。

传统金融学理论完全围绕“理性人”这个概念展开，而“理性人”相比詹森（Jansen）和梅克林（Meckling）在 1994 年的研究中所讨论的个人则有很大的不同。理性构架中所假定的个体——无论投资者还是经理人——都“能够理解极其复杂的难题并对问题进行无休止的即时优化”（Montier，2002，P. xiii）。这种观念直接导致了诸如市场效率及套利等概念的产生，这些概念对于投资者和企业财务决策者来说具有重要的理论及实际意义。

“理性人”这一假设长期以来都是现代金融理论及美国国内外金融课程的基础，但自从卡尼曼和特维斯基具有开创意义的论文（Tversky and Kahneman，1971；Kahneman and Tversky，1979）及斯洛维奇（Slovic，1972）1972 年的文章发表后，人们开始针对“理性人”这一假设提出诸多质疑。质疑的声音来自行为金融学领域的学者
及践行者（practitioners），他们坚持认为那些存在于传统金融学中的理论与实证构架 40
并不能够对金融市场和企业中所发生的种种金融现象做出解释和/或预测。他们认为，如果一个模型想要令人信服，那么它就应该能够对事物的发展做出准确预测，并且对现实生活中的现象做出合理的解释。同时，主流金融期刊也在不断地刊发行为金融理论与实证方面的文章，这些文章均是以反驳期望效用理论（expected utility，EU）和有效市场假说（efficient market hypothesis，EMH）为核心的。

如果这一情况来自理论前沿与经验/从业者前沿，那么金融教育者们就应该开始将行为金融主义者的观点系统地纳入学校课程的范畴中。从培养未来的职业经理人和投资专家的角度来看，如果一所大学的金融系所开设的课程不能将一些现实中对金融学和管理市场最具影响力的要素教授给学生，那么我们是否还能说该学校在专业方面是贴切而真实的呢？行为金融学至少能够对传统的金融学进行补充。行为金融学能够为金融专业人士提供一系列崭新的视角，使得他们能够理解并避免许多已经证实的存在于人类认知及情绪层面的心理陷阱。这些金融专业人士包括企业董事会成员和经理、个人或机构投资者、投资组合经理、分析人员、顾问甚至决策者。由于直觉推断（heuristics）与偏向（biases）等心理现象的存在，行为陷阱几乎存在于所有的决策过程中。这些现象和因素在本质上是系统的，而且会对市场造成持久的影响。

与过去相比，当今的金融行业更有能力对一些投资者和企业决策者始终面临的问题做出解答。行为金融学质疑一些基本的观点，如风险和不确定性，或者奥尔森（Olsen，2009）提出的“感质”（qualia），以及其他一些专门用于处理估价、企业并购、资本预算、资本结构、股息政策、企业管理和代理冲突等企业金融核心问题的观点。

本章主要有两个目的。第一，鉴于行为金融学研究的快速发展，本章强调了开设该领域课程及培训项目的必要性。这些课程的开设要以现有传统金融学文本和行

为金融学文献为基础。同时，其所具备的指导性意义是那些指导上述管理、投资任务的现有思想所缺乏的。第二，基于作者们在行为金融学的课程设置、发展及教学等方面的经验，本章讨论了在研究生或本科阶段开设一门互动性强的行为金融学课程所应具备的主要条件和资源。

本章剩下的内容主要由三部分构成。第一部分有选择性地对行为金融学领域的文献著作做了一个简短的评述，其中包括了对金融学中那些来源于心理学的重要概念、理论及工具的讨论。第二部分就如何组织和构建行为金融学的教学计划及课程进行了研究。第三部分对本章进行了总结，并且对行为金融学这一发展迅猛的领域今后的工作提出了建议。

41 对行为金融学相关文献著作的评述

该部分对行为金融学的一些理论及实证基础做了简单的评述。这一讨论涵盖了主要来自认知心理学的理论的基础特点，主要涉及以下四个理论的研究：前景理论、框架效应、直觉推断与偏向以及情感理论。

前景理论（Prospect Theory）

作为前景理论发展过程中的参照点，卡尼曼和特维斯基（Kahneman and Tversky，1979）借用了伯努利（Bernoulli）1738年提出的经典著述——期望效用理论。其理论框架与马科维茨（Markowitz，1952）提出的基于均值—方差的现代投资组合理论的基本理论框架是一致的。

卡尼曼和特维斯基（Kahneman and Tversky，1979）依据其在认知心理学方面所进行的实验工作认为，对决策结果的评估是具有参照依赖性的（这里的“参照”指的是对当下财富状况的参照），而这一观点是与期望效用理论框架和现代投资组合理论相矛盾的。期望效用理论之所以丢失了依据参照点，是因为不论是决策过程还是对决策结果的评估过程都忽略了决策者的初始财富状况。相反，期望效用理论认为决策结果对投资者最终财富状况所产生的效用才是最重要的。这就相当于说期望效用的理论家们对决策结果直接产生的效用丝毫不感兴趣，而最吸引他们的是决策结果对于投资者最终消费或最终财富总体状况的间接效用。这显然与上文斯洛维奇（Slovic，1972）引用的“人只不过是一种得意时会快乐、失意时会痛苦、情感丰富却又对诸多事物抱有偏见的动物罢了”这一人类本质相违背。

为了证明这一点，让我们以赌博可能出现的两种结果为例：设出现第一种结果 x 的概率为 p，出现第二种结果 y 的概率为 $1-p$（$x\geqslant 0\geqslant y$）。同时，设初始财富 W 为参照点。根据期望效用理论，则这场赌博的价值（或期望价值）为

$$V = pu(W + x) + (1 - p)u(W + y)$$

然而，依据前景理论，这场赌博的价值（或期望价值）为

$$V = \pi(p)u(x) + \pi(1 - p)u(y)$$

在上述公式中，π 是一个概率权重函数。卡尼曼和特维斯基（1979）提出的值函数见图 3—1。 42

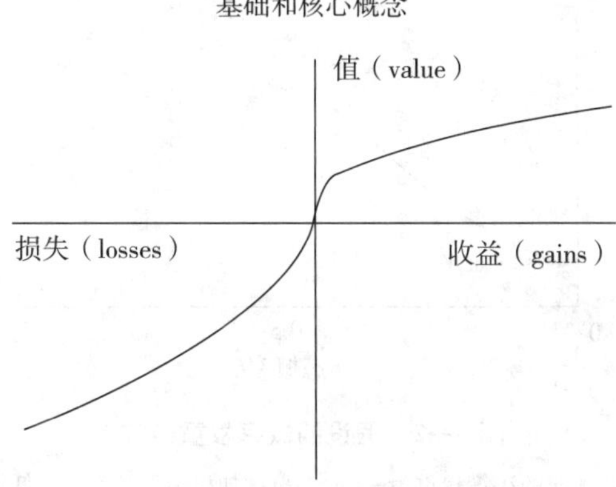

图 3—1　假设的值函数

注：值函数由收益和损失与参照点的偏误来限定。收益的函数是凹的，而损失的函数是凸的。损失函数相比收益函数更为陡峭（损失厌恶），这意味着，同等损失造成的痛苦比同等收益带来的快乐给人的冲击力更大。

在前景理论中，值是以预期的收益或损失而非预期的最终财富状况来进行衡量的。同样，从图 3—2 中我们也可以看出，概率权重函数 $\pi(p)$ 与函数 p 也是有区别的。

前景理论的主要特征

前景理论主要有五个基本特征，在下文中我们将它们与现代投资组合理论的基本特征进行了对比。

均值—方差理论（即期望效用理论或投资组合理论）下的人基于决策结果对其最终财富状况，即上文公式中的 $u(W + x)$ 的影响而做出选择。而依据前景理论，人们则是基于决策结果对现有财富状况的变化，也就是说，与他们的参考点（或者说现有财富）相关的变化，即上文中的 $u(x)$ 所产生的影响而做出选择。也就是说，在前景理论下，人们基于收益和损失来做出选择。

依照均值—方差理论，无论何时人们做出的选择都属于风险厌恶的选择。然而，根据前景理论，人们在获益时是风险厌恶的，而在蒙受损失时则成了风险偏好的。

前景理论认为，等量的损失带给人的痛苦比等量的收益带给人的快乐要大得多（痛苦几乎是快乐的两倍），这一点我们从图 3—3 中曲线原点处的弯折也可以看出。

这种情况被称为“损失厌恶”。

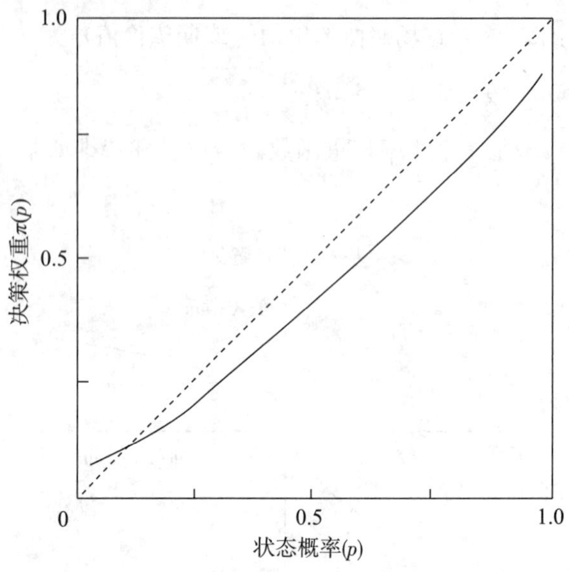

图 3—2　假设的概率权重函数

注：前景理论认为，概率 p 的决策权重为 $\pi(p)$。概率加权函数过度加权低概率而对高概率加权不足。

资料来源：卡尼曼和特维斯基（1979）论文中的第四幅图。在国际计量学会（The Econometric
43 Society）的许可下，该图又被重新绘制。

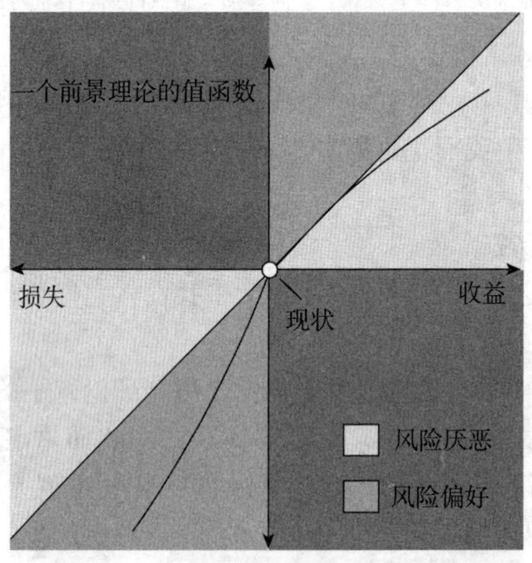

图 3—3　卡尼曼和特维斯基的值函数

注：图 3—3 表明，人们在收益区域往往是风险厌恶的，然而在损失区域却是损失厌恶的。而且，同等损失造成的痛苦比同等收益带来的快乐给人的冲击力更大。（以上观点的引用已征得拉尔夫·伯恩斯教授（Ralph Byrns）的许可。）

均值—方差理论认为人们总是能够根据风险概率客观地应对风险。而前景理论则认为人们倾向于高估小概率，从人们在买彩票的同时又买保险的做法中我们就能

够看出这一点。

均值—方差理论是具有参照独立性的，换句话说，该理论认为选择框架并不会影响选择本身。相反，在前景理论中，选择框架会对选择产生影响，在接下来的部分我们会详细谈到这一点。

前景理论的影响及例证

由于行为金融学本质上是一门实验性的学科，因此，其大部分理论内涵都具有实验及实际意义。

对个人冒险行为的影响。个人投资者往往既想要冒险又想要规避风险。这一点在他们的投资行为中体现得尤为明显。比如，他们不仅会买债券、共同基金和保险（如同他们在规避风险），而且会同时购买单只股票、期权和彩票（如同他们在追求风险）。

对持有股票或投资组合的影响。不论是个人投资者还是专业投资者都会过早地抛售势头大好的股票而过长时间地存留势头疲软的股票，这一现象主要归因于“损失厌恶”行为。等量的损失带给人的痛苦要比等量的收益带给人的快乐大得多（痛苦几乎是快乐的两倍）。这也被称为“意向效应”（disposition effect），谢弗林和斯塔特曼（Shefrin and Statman，1985）1985 年首先提出了这一观点。

此种行为与规范性的或传统意义上的投资手段，比如基于纳税损失的投资手段，有所不同。

上述影响所导致的附带结果如下：个人投资者不会选择多样化的投资组合。事实上，人们往往忽视证券收益之间所存在的协方差而随机地选择一些普通的投资组合，而这些组合却低于有效边界。

对股票溢价的影响。依照传统的金融理论，股票的年收益率应至多比债券的年收益率高出 1～2 个百分点，但是美国的股票年收益率却比债券高出了大约 7 个百分点，前景理论中的损失厌恶可以对此做出合理的解释。

对资本结构债务（或负债厌恶（debt aversion））的影响。资本结构理论主要基于两个重要因素之间的权衡：税务优惠和违约风险。前景理论认为，财务危机给某些企业带来的潜在损失可能会比税收优惠为其带来的潜在收益还要大，比如那些无形资产在公司总资产中所占比率较高的公司，例如研发公司、负担沉重的制药及生物科技公司，甚至其他高科技公司也在此之列。

框架效应（Framing Effects）

框架效应根植于卡尼曼和特维斯基（1979）的前景理论之中，它在本质上是一系列其他的重要心理因素，这些因素对传统金融理论的理性假设（rationality assumption）提出了严肃的质疑。在卡尼曼和特维斯基看来，当同一问题的不同意象与描述强调结果的不同方面时，框架效应会在决策环境中出现。因此，选择的做出常常取决于提出（或描述）和阐释不同选择的方法，而这一点在期望效用理论和有效市场假说理论中是不存在的。正如卡尼曼和特维斯基（1981，p.453）所说：“决策者所采用的选择框架一方面会受到对问题的描述的影响，另一方面还会受到规范、习惯以及决策者自身性格特点的影响。”

卡尼曼和特维斯基（1981）认为每个决策选择都包括两个明显的阶段：（1）初始阶段。在此阶段，人们构建具体行动、可能出现的突发情况以及决策可能会产生的结果等。（2）第二阶段。在此阶段，人们会对提出的具体行动、可能出现的突发情况以及决策可能会产生的结果等进行评估。在卡尼曼和特维斯基看来，现实世界中许多同时做出的决定实际上是各不相干的。所以，在大多数情况中，如果将诸多决定掺杂到一起，那么各个决定间的优劣顺序就常常会被颠倒。人们通常会选定一个中性结果作为参考的依据进而对诸多结果的优劣进行判定。所以，一旦参考点发生改变，对结果优劣的评估就将随之改变，最终各个选择之间的偏好顺序也会改变。

框架效应的影响、应用及例证

现实世界中许多同时做出的决定实际上是各不相干的，所以如果将诸多决定掺杂到一起，那么各个决定间的优劣顺序就常常会被颠倒。框架效应对投资行为的一个直接影响是人们会依据自身所掌握的信息和数据来改变其关于投资及市场的观
45 点，但是这些信息和数据可能根本就与人们的投资及市场基础要素等毫无关联。事实上，人们往往忽视证券收益之间所存在的协方差而随机地选择一些强势的投资组合，而这些组合却低于有效边界（Shefrin and Statman，2003）。

人们总是依据行为的直接结果（如盈利或亏损）来对某种行为进行评判。也就是说，人们依照自己的心理账户（mental account）来对事件本身进行评估，而心理账户的标准却只有一条——行为本身所带来的直接结果。例如，在接受一个赌局的决策方面，心理账户涵盖了在那场赌局中赢钱或输钱的情况，而排除了其他资产或者先前赌局的结果。人们采用心理账户是基于以下这种框架模型：（1）简化评估，缓解认知压力；（2）对行为和结果是有因果联系的这一直觉的反映；（3）与享乐式体验相一致，相比稳定的状态来说，享乐式体验对无论积极的还是消极的改变都更加敏感。

直觉推断与偏向

直觉推断与偏向可以被看成一个与标准金融理论中资产定价模型相对应的理论。当面临大量的数据、信息以及一系列的决策问题时，人们往往不能像预期的那样依据标准金融理论进行复杂的优化计算。相反，在决策之时，人们依靠的仅仅是数量很少且能够将复杂情况简单化的认知策略或直觉推断。直觉推断是信息处理的快捷办法，主要来源于个人从事某领域工作的经验。毋庸置疑，这种快捷方法卓有成效，而且又能保证人们在平日里的正常工作和生活。但是从本质上看，直觉推断并非完美，因此它必定会导致偏误和错误的产生。

传统理论认为，非系统性的偏向会在市场层面上相抵，最终不会对资产价格产生任何影响。然而行为学派学者则认为，直觉推断与偏向都具有一定的系统性，因此它们能够潜在地延续很长时间并对资产价格造成相应的影响。特维斯基和卡尼曼（1974）与其他学者一道指出了许多系统性的偏向，其中就包括我们下面要谈到的这几种。

代表性（相似性）（Representativeness（Similarity））

特维斯基和卡尼曼（1974，p.1124）认为，人们所关心的许多概率性问题都可以归结为以下两类："物体A属于B类的概率有多大？事件A源于过程B的概率有多大？"为了找到问题的答案，人们诉诸代表性直觉推断（representative heuristics），通过评估A与B的相似度来判断事物概率的大小。例如，如果A高度代表了B，那么人们就会认为A源于B的可能性非常大。

在这种情况下，代表性直觉推断能够帮助判断物体A和B或过程A和B之间存在关系的可能性的大小。例如，如果A高度代表了B，那么人们就会认为A源于B的可能性非常大。但问题在于，代表性或（相似性）不应该对可能性的判断产生影响。在判断可能性的大小的过程中我们应当考虑的是"先验概率"或"基础比率"。但人们在实践中往往不会按照第二种做法去做，而且往往会与贝叶斯法则相违背。

总而言之，代表性直觉推断是人类大脑中的一种固有特性，它能够对事件的可 46
能性做出迅速的判断，但它并非人们有意识地去采用的方法。然而，人们却并没有意识到自己用代表性判断替代了可能性判断。

可得性（Availability）

如果想要理解可得性直觉推断，那么我们就必须要认识到，当回忆已经发生的事情时，人们往往更多地回想起的是一些突出的事，即刚发生不久的事或投入自身感情的事，尤其是那些新近发生的事情。一件事越突出，人们回忆起这件事的可能性就会越大。这种偏向阻止了人们去考虑其他潜在的或相关的结果。比如，一个人会联系其亲友和家人中这类事件的发生率来判断在纽约遭到抢劫的可能性的大小。依照可得性直觉推断（availability heuristic），人们会在其记忆中搜寻相关信息。

但问题在于并非所有记忆都是能够被重新获取或得到的，这就会导致判断中出现错误。例如，发生时间距现在较近的事情或者比较突出的事情（如在纽约遭到抢劫）会对个人的判断造成更大的影响，导致预测偏误的出现，从而歪曲个人的判断或估测。所以，隐藏在可得性直觉推断中的偏向会影响对风险的估计。

锚定、调整和沾染（Anchoring，Adjustment，and Contamination）

特维斯基和卡尼曼（1974）认为，在对事情进行估计和预测时，人们往往会有一个先入为主的初始值，进而参照此标准对估计和预测做出调整，找到问题的答案。该初始值可能来自对问题本身的阐述，也可能来自对问题的部分估算。不论如何，特维斯基和卡尼曼（p. 1128）都认为“调整通常是不足的”，“不同的出发点会产生不同的估计结果，而这些结果皆因受到初始值的影响而产生偏误”。这就是锚定。一旦对某件事情存在预设的出发点，或者一旦对事情的估计是基于一些不完整的估算，锚定情形就会出现。

根据锚定推断，即便是那些明显毫不相干的信息也会对判断及估计产生负面影响。如果人们明知信息是毫不相干的却依然以此信息作为出发点而对判断加以调整，并最终得出一个冠冕堂皇的答案，那么，他们是调整不足的。当人们处于认知繁忙的情况中或是进行了其他处理使得问题本身更加复杂时，其调整不足变得更为严重。但是，人们往往会否认这一点，即便有实验证明他们确实在判断方面被锚定了或是被沾染了他们也仍不愿承认。即使是财政激励、明确的指导和真实情境也无法减弱或仅能轻微地减弱其影响。

沾染效应（Contamination Effects）

几乎任何信息都会或多或少地对认知判断产生一定的影响（Chapman and Johnson，2002）。锚定效应或沾染效应无法减弱（Tversky and Kahneman，1974；Wansink，Kent，and Hoch，1998）。有几个例证很好地阐明了这种沾染效应。在第一个例子中，人们对自己在过度自信的情况下所做出的判断深信不疑。例如，人们判定发生概率为 2%的事件在当时发生的概率实际上为 42.6%（Alpert and Raiffa，1982）。

第二个例子就是后见之名偏误，即事先知晓了最终结果的人会比那些事先并不
47 知晓最终结果的人对结果的可预测性做出更高的估计。后见之名偏误有时候也被称为“我自始至终知晓效应”（I-knew-it-all-along effect）。后见之名偏误（Hindsight bias）在法律案件受理中具有重要的作用，因为在受理案件时，法官或陪审团必须判定被告是否因无视法律而未能预判到其行为可能带来的危害（Sanchirico，2003）。

第三个例子是黑天鹅现象（black swan phenomenon）（Taleb，2007），即有时候过程中的大部分方差的产生都是那些异常罕见的或较大的事件所致。例如，假设某种金融工具收益为 10 美元的概率为 98%，损失为 1 000 美元的概率仅为 2%，虽然从表面看起来它能够持续盈利，但是这一投资存在糟糕的净风险。

直觉推断和偏向的影响及例证

这些直觉推断和偏向会产生多重影响，我们对其中的一些在下文进行了讨论。

对绩效管理合同的影响。通常情况下，相对于标准理论所做出的预测，经理人都更喜欢绩效激励机制。导致这种情况产生的原因是经理人过度自信。出于过度自信，经理人倾向于选择风险较大的项目，因为他们觉得自己可以获得出乎意料的成功，这与标准理论是相违背的。依据标准理论，随着产出差异的增加，委托人应当向代理人提供产出敏感性更低的合同，因为标准理论认为代理人是厌恶

风险的。在凯默勒和洛瓦罗（Camerer and Lovallo，1999）看来，一些证据可以验证上述现象。

对出于可得性偏向做出的股票选择的影响。人们能够轻松地回忆起自己新近接收的信息，尤其是媒体和企业发布的信息，因为人们对经纪人或投资顾问所提出的建议仍然记忆犹新。巴尔伯和奥丁（Barber and Odean，2008）发现，那些媒体频繁报道的股票往往在两年后都会表现不佳。

对出于锚定偏向做出的资产评估的影响。在一个试验中，诺斯克拉夫特和尼尔（Northcraft and Neale，1987）让被试者将自己想象成房产销售商，带领他们参观了一座房子，并给每个人提供了详细的且相同的信息，随后要求这些人给出自己对房子的估价、上市价格以及其所能承受的最低价格。在提供给每个人的信息中，唯一不同的就是房子的要价（即锚定因素）。结果表明，这些人对房子的估价都直接受到了各自所掌握的要价的影响。

情感理论（The Affect Theory）

菲纽肯、艾尔哈米、斯洛维奇和约翰逊（Finucane，Alhakami，Slovic and Johnson，2000）认为，情感性直觉推断（affect heuristic）指个体对“好”或“坏”的主观印象会作为某种启示帮助个人对情况做出迅速的感性判断并导致系统性偏误的产生。例如，甘扎赫（Ganzach，2001）认为，在人们的主观意识中，股票分为“好”和“坏”两种，人们倾向于认为那些“好”的股票风险低而回报高，那些“坏”的股票回报低且风险高。情感直觉推断预言，对于不熟悉的股票，人们的感知风险与感知回报呈负相关关系。传统经济理论预言，对于熟悉的股票，感知风险与感知回报呈正相关关系，而且人们认为风险较高的股票能够带来较高的回报。

教授行为金融学：方法与例证 48

在开始讨论课程设置之前，思考一下行为金融学课程与传统金融学课程有哪些不同是很有必要的。在进行公司金融、投资和国际金融等领域的课程设置时，包含所需技能的知识体系已经被合理地构建了起来。例如，如果想要开设投资方面的课程，那么就会有许多应用了相同的金融概念、理论及原则的教材可供选择。

行为金融学主要在以下两个方面区别于传统金融学：一方面，行为金融学是一个学科高度交叉的研究领域。决策心理学及大脑/神经科学方面的研究和发现为人们提供了一个大致框架，有助于人们理解行为金融学的决策基础及其对个人或组织的影响。另一方面，作为一个新兴研究领域，行为金融学仍处在发展过程中。也正是出于这两个原因，标准的行为金融学教学大纲和教学方法也尚处于发展与完善阶段。鉴于以上考虑，下一部分的内容大致勾勒出了在行为金融学的课程设置及教学方法方面应遵循的几个步骤。

目标受众的定位

鉴于行为金融学跨学科的本质，认清目标受众的特点是至关重要的。简单来说，我们可以将潜在的目标受众分为三类。第一类是那些缺乏公司工作经验的个人。对于这类人，课程应该重点强调适合于从个人或投资者角度进行决策的方法（该部分内容应占课程全部内容的75%），而较少强调如何站在公司的立场上来进行决策（这部分内容应占课程全部内容的25%）。第二类人是那些有一定公司工作经验（五年或五年以内）的个人。对于这类人，个人或投资者决策和公司金融管理决策两方面的内容所占的比例应当均衡，各占50%。第三类人则是那些经验丰富的成人学习者。对于这类人，课程的重点应转向公司层面，应将课程中25%的内容用来讲授个人或投资者决策，而75%的内容用来讲授公司金融管理决策。

由于其主题具有体验性的本质且与经济学、金融学、神经科学及心理学等多个学科有密切联系，行为金融学尤为重要的一点就是要将资料、例证及案例与学生的亲身体验相联系。例如，缺乏实际工作经验的人虽然能够看到行为金融学与个人投资者决策之间的关联，但是他们却很难看到其与公司金融管理决策之间的关系。个人投资者的优势在于，尽管他们对有效市场假说了解甚少，但是他们却对市场异象了解较深。所以，如果受众群体都是一些想要到华尔街工作或是想要成为专业投资者的专业人士，那么这样一种主次分明的课程设置是非常重要的。

认清目标受众的学习需要

在这一步，我们需要认清学生所需的能力和技能，并以此作为制定课程目标的基础。例如，假设目标受众由经验丰富的成人学习者组成，那么将课程设置的
49 重点放在公司层面上有助于受众群体理解直觉推断、偏向以及框架效应对一系列的金融决策所产生的影响，比如战略规划、资本投资、资本结构、股息政策和并购等。

下面一个例子具体说明了在课程描述及学习目标中需要让学生明白什么。

课程描述

此门课程站在金融决策者的角度，指出了影响价值最大化行为的主要心理障碍，同时提出了能够减轻其影响的具体措施。

学生能够学会如何使传统的公司金融工具最大限度地为自己所用，同时也能够学会如何减轻心理障碍，降低价值的负面影响。

涵盖的主题包括以下领域内的金融决策：估价、资本预算、对风险及回报的感知、资本结构、股息政策、代理冲突、公司治理以及并购。

课程主题由相关阅读和练习来进行补充，这些补充材料从个人投资者的优势出发，对非最优决策的心理基础进行了探索。

学习目标

解释为什么依赖直觉推断及框架效应易使得经理人做出会降低公司价值的错误决策。

将运用估值式推断所产生的潜在偏误的影响应用到现实情境中来。

将那些适用于解决代理冲突的补救措施与那些适用于解决金融决策过程中出现的行为偏误的补救措施加以区分，因为金融决策可能涉及估价、资本预算、对风险及回报的感知、资本结构、股息政策、代理冲突、公司治理以及并购等诸多不同领域。

分析代表性直觉推断如何使得经理人、投资者及市场战略家对市场风险溢价产生了有偏的判断。

分析基于股票期权的补偿如何在损失厌恶及过度自信的情况下加剧代理冲突。

课程框架的构建

以下策略的提出是用来对教授的不同主题进行评估。策略的一开始提供了帮助理解行为金融学的背景信息。例如，该策略可能包含以下几部分：(1) 对神经科学和心理学中影响金融决策的研究进行描述；(2) 对课程中所涉及的不同种类的偏向、推断及框架效应进行描述；(3) 使学生参与心理实验的实例，用以阐述不同心理因素的系统性影响，给学生提供一些简单的公司决策情境，并让学生指出其中发挥作用的特定偏向、推断或框架效应。

在下面一个阶段，课程剩下的部分应围绕公司决策（如战略规划、资本投资、资本结构、股息政策及并购等）和投资者决策（如资产配置、估价、投资组合管
理、风险管理及套利策略等）展开。这一方法包含以下几部分：(1) 回顾与金融管 50
理或投资者决策相关的金融理论；(2) 考虑偏向、推断及框架效应等心理因素，并思考它们会对价值产生怎样的负面影响；(3) 提供实例或具体情境，并让学生们思考什么样的心理因素显露出来了；(4) 利用案例分析将材料的使用与具体的决策过程相结合。

在构建课程框架的过程中，尤其应通过具体任务的设计鼓励学生之间的互动与交流。例如，可以找若干篇对涉及相关研究的文章进行了总结的论文，并对其在学生们所了解或调查的现实例证中的应用加以讨论。如果是网络课堂，那么可以将这些论文上传到网上作为网络课堂环境的一部分，学生和老师可以在网络课堂上就这些文章进行讨论。如果是现实的课堂，那么可以将这些论文上传到老师的网络主页或相应的教学平台上。除现实课堂之外，许多学校都在网络教学平台（如 WebCT 和 Blackboard）上开设了本学校的课堂空间。另外一种做法就是让学生将他们的论文复印之后发给其他同学，并让他们在进行完一个简短的展示后回答他人的提问。

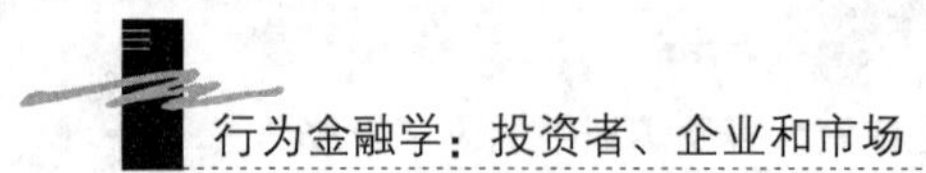

另外一种能够提高学生的积极性并将诸多课程资料相结合的方法就是让学生定位一种情境，并对其进行研究。在此情景中，企业决策应体现出管理金融偏向、推断及框架效应的多种不同情况。最终该研究应缩小为一个迷你案例分析，由全班同学共同回顾和讨论。又或者老师可以指定一个案例，然后将全班同学分成几组，要求各组进行案例分析并就分析结果进行汇报。

课程资料的选取

选择一些将课程的整个知识体系都涵盖在内的资料并非易事，因为能够真正切合该课程设置的教科书的数量实在是少之又少，解释公司金融非最优化决策方面的资料尤其少。就算到现在，这一重要领域不论是在教科书中还是在已出版的论文中都没有得到应有的重视，究其原因则是，当今更为流行的一种教学方法是将行为金融学看做有效市场假说出现的一种异常现象或将其看做卡尼曼和特维斯基（1979）理论中非金融方面的例证。除了使用课本之外，选择一些适当的对神经科学或决策心理学中那些最新的研究发现进行描述的文章也是大有裨益的，因为这些文章也是与行为金融学紧密相关的。本书中就引用了许多这样的文章。此外，社会科学研究网（Social Science Research Network，SSRN）每个月都会提供许多行为金融或实验金融方面的新工作论文。

下面所建议的计划表提供了一个基于公司财务经理所面临的主要决策的课程框架，因而课程较少地将重点放在了有效市场假说的异常现象或卡尼曼和特维斯基理论中那些为人所熟知的例证方面。该课程设置的一个主要特点就是它与传统的公司金融课程中所涉及的主题紧密相关。事实上，课程设置的另一种方法就是将行为金融学的影响与公司金融课程中所强调的传统概念、原则及理论等紧密地结合到一
51 起。然而这种方法具有一定的风险，因为学生们可能会感到迷惑并且无法对传统金融学的理论基础有一个很好的掌握，而当站在行为金融学的角度去考虑问题的复杂性时，学生是需要以传统金融学的理论来作为依托的。因此，应在学生对公司金融有了扎实的基础之后，再让他们接受行为金融学的概念。

行为金融学是一门不断发展的学科，所以如果不对行为金融学的批评进行研究，那么对行为金融学的学习就难以说是完整的。最好将对行为金融学的批评放在课程的后半部分加以学习，这样一来，它就可以起到整合工具的作用。例如，培森德佛（Pesendorfer，2006）在一个经济模型中描述了一类问题分析偏误。他指出，一种典型的方法就是先借助一个“自由变量”来证实优化过程中的某个方面是错误的，随后对问题加以解决，这样就可以表明预期效用假设是站不住脚的。随后他又对不同结果进行了研究。这种前后矛盾或前后不一也恰好能够证实为什么人类总是不嫌麻烦地将目标函数最大化，同时得出许多复杂的理念，而最终却总是犯错误。培森德佛提出的另外一个批评就是想要在非实验性的情形下找到参照点几乎是不可能的。

里特（Ritter，2003）对行为金融学提出了另外一种批评。有充足的实验证据

可以证实在参与人决策过程中确实存在不同的偏向、推断和框架效应，现有的各种模型也能够依据不同的偏向类型来预测反应不足或反应过度。因此，有充足的证据能够表明不同类型的偏向、推断和框架效应似乎系统性地出现在了人们的决策过程中，但是迄今为止，仍然没有一种全面的理论能够对这一行为作出有力的解释。

任务的指定

再次向学生强调行为金融学是一门体验性极强的学科是非常重要的。学生可以通过体验由偏向、推断及框架效应造成的困境来进行学习。正如这一章前面所说，我们可以通过以下方法来将体验性这一重要的组成部分加入课程中：对描述有效市场假说的异象、决策心理的研究文章中的例证及神经科学最新著作中的例证进行总结归纳。例如，课程中可以重现心理研究方面的实验和"游戏"，并通过框架效应、偏向及直觉推断等来证明实验参与者或"游戏"参与者违背了期望效用理论，除此之外，还可以将案例分析应用到课程中。

案例分析在帮助学生理解企业决策过程中的复杂性及培养个人品格、形成具体策略避免心理陷阱方面能够发挥非常重要的作用。可以有效地借助学生亲身体验过的文章或示范中的例证来激发他们的求知欲。然而，案例分析相较示范能够给学生们提供更为丰富的例证，这是因为具体案例中包含了现实中的诸多复杂问题而且更贴近学生们步入职场后可能会遇到的情况。

具体的案例分析有几种途径可以获得。一些教科书就包含了基于现实中公司所面临的情境的实例。哈佛商学院出版社（Harvard Business Publishing）和达顿商学院出版社（Darden Business Publishing）也同样出版了许多有关具体案例的书籍。此外，老师自己也可以设定迷你案例和具体情境。

下面是行为金融学和公司金融学中的几个例子。例如，一个资本投资提议可以体现出信息的代表性或可得性。由于金融分析师的背景知识不同，他们对项目分析中的现金流的估计很有可能过于乐观。在设定去除了正净现值之后的最低预期资本回报率时，项目选择可能会受到损失厌恶的影响。没能及时收回一笔失败的投资可能是决策者为了规避一笔必然的损失而造成的，而决策者本人也对该项目有情感投入。

另外一个例子是关于并购的。当人们冲动地达成一桩交易或对交易的成本节省和协同效应进行估计的时候，就会受到过度自信及过度乐观的影响。许多在书中出现的并购案例都为自行开发案例分析奠定了基础。这种方法的另外一种形式就是要求学生能够判断出来哪些公司是因其决策过程中出现了偏向、直觉推断及框架效应等典型的决策性失误而遭受了财富损失。

完整的课程设置

如果老师完成了上文所说的几个步骤，那么最后一步就是完成全部的课程设置。表 3—1 给出了一个课程设置的参考。

52 **表 3—1** **课程设置参考**

	主题和阅读	可交付成果	资源及链接
第一部分 阅读	金融学的行为基础	参与讨论 心理情境介绍 分成小组进行案例分析	
第二部分 阅读	风险及回报：心理考量	讲解作业中的问题 参与讨论	
第三部分 阅读	公司估价	讲解作业中的问题 参与讨论	
第四部分 阅读	资本预算	讲解作业中的问题 参与讨论 会议讨论 完成小组项目 1（报告或展示/发布到公共区域）	
第五部分 阅读	投资及股票估价	讲解作业中的问题 参与讨论	
第六部分 阅读	无效市场及公司决策	讲解作业中的问题 参与讨论 期中考试	PPT、网站、课堂笔记、视频（如果提供的话）
第七部分 阅读	资本结构	讲解作业中的问题 参与讨论 完成小组项目 2（报告或展示/发布到公共区域）	
第八部分 阅读	股息政策	讲解作业中的问题 参与讨论	
第九部分 阅读	代理冲突及公司治理	讲解作业中的问题 参与讨论 提交短篇论文（进行讨论）	
第十部分 阅读	小组决策：行为缺陷	讲解作业中的问题 参与讨论 完成小组项目 3（报告或展示/发布到公共区域）	
第十一部分 阅读	兼并和收购	讲解作业中的问题 参与讨论	
第十二部分 阅读	资本预算	讲解作业中的问题 参与讨论	

续前表

主题和阅读		可交付成果	资源及链接
第十三部分	资本结构	讲解作业中的问题	
阅读		参与讨论	
第十四部分	公司金融启示：对行为金融学若干主题的批评	讲解作业中的问题 参与讨论 期末考试	PPT、网站、课堂笔记、视频 （如果提供的话）
阅读			

注：课程设置和作业是针对研究生阶段的行为金融学课程，课时长为 14 周。

概要和总结 53

行为金融学能够给从事金融的专业人士提供一系列崭新的视角，使得他们能够理解并克服许多人类行为和情绪层面的心理或行为陷阱。行为金融学同许多人群相关，包括公司董事会董事、公司经理、个人及机构投资者、投资组合经理、金融分析师、金融顾问以及政策制定者等。由于直觉推断和偏好等行为现象的存在，心理陷阱存在于大大小小的决策过程中。这些行为现象从本质上来看具有一定的系统性，而且它们对市场的影响能够延续很长时间，这一点从当今美国国内外的市场环境中就可以看出。

行为金融学并非一个新生概念，在斯洛维奇（1972）的论文及特维斯基和卡尼曼（1971，1979）关于前景理论的开创性文章中就可以找到其理论根源。随后很多年中，行为金融学领域的著作大多专注于研究和发现有悖于有效市场假说的异象(anomalies)。因此，在很长一段时间内，行为金融学都处于孕育期，而且人们也普遍不愿将金融决策的认知基础看成一个完全属于金融学科的正式研究领域，而是只将其视为既定理论框架之外的一些异常现象。即便是到了现在，行为金融学也依旧徘徊于高校开设的金融学课程之外，而且仍然被普遍用于解释有效市场假说的异常现象。

行为金融学领域发展迅速，塞勒（Thaler，1993，2005）和其他人所出版的相关书籍、2000 年《行为金融学期刊》（*Journal of Behavioral Finance*）的发行以及 2008 年行为金融学和经济学研究院（Academy of Behavioral Finance and Economics）的建立都可以证明这一点。近期大脑研究领域的一些发现提供了更加有力的证据，进一步证明了出于神经方面的原因，人们在决策过程中容易受到偏向、直觉推断、框架效应及自身情绪的影响。同时，越来越多的心理学家及神经学家开始在自己的论文中征引这些科学发现，并以此作为手段对金融决策过程进行解释。

54 直到不久之前，金融学课本中的讨论才开始大量关注异象及将市场无效作为有限套利的结果。现在，随着认知心理学对投资者的影响越来越大，人们开始更多地站在企业和市场的角度关注金融决策的心理学基础。在这一领域我们仍有很长的路要走，我们应在不断努力进行研究的同时为金融学科注入更多新的知识。

更多地去了解这一领域并找出相应的策略来减轻偏向、直觉推断、个人情绪及框架效应在公司金融决策中所产生的负面影响能够给社会带来巨大的潜在回报。股东的利益、员工的养老金 401K 计划以及经济的正常运转都取决于金融决策的质量。是时候将行为金融学系统地纳入高校金融课程当中了。课程中应包含认知心理学和神经科学方面的研究发现、有限套利以及透过市场异象及市场无效来看待对预期效用的违背等方面的内容。随着行为金融学这一学科的日臻成熟，老师们也能够在推出第二代课程方面汲取更多的经验，同时在教授这一交叉学科时更有效率。

最后，为了促进行为金融学的发展和成熟，我们需要在其内容开发及传递方面做出更多的努力。这一机会尤其为所有涉及的人群的专业发展所需要，包括教育者、管理者、出版商以及商界人士。尤其需要指出的是，除了进一步促进行为金融学的理论发展外，当务之急便是要不断完善其教学内容及学习内容。我们需要内容新颖、方便学习者使用且适用于投资及公司金融的教科书。书中的内容应该像传统的金融课程所使用的教材内容一样，不仅涉及概念和理论层面，而且涉及数量层面。此外，案例的开发也同样重要，应保证所选取的案例既包含行为金融学理论方面的内容又包含其数量方面的内容。

讨论题

1. 教授行为金融学课程与教授传统的金融学课程之间有哪些不同？

2. 能否将行为金融学作为传统金融学的补充教授给学生？为什么？

3. 行为金融学中的案例是怎样的？这些案例可能会涉及金融学的哪些领域？

4. 在传统的金融学课本中，行为金融学常常被视为金融学中概念、原则及理论的延伸。这种观点是否正确？如果在金融学课程中加入一节甚至更多节行为金融学的课程，那么对金融学的课程会产生有利的影响吗？

参考文献

Alpert, Marc, and Howard Raiffa. 1982. A progress report on the training of probability assessors. In *Judgment under uncertainty*: *Heuristics and biases*, ed. Daniel Kahneman, Paul Slovic, and Amos Tversky, 294 - 305. New York: Cam-

bridge University Press.

Barber, Brad, and Terrance Odean. 2008. All that glitters: The effect of at- 55
tention and news on the buying behavior of individual and institutional investors. *Review of Financial Studies* 21: 2, 785-818.

Camerer, Colin, and Dan Lovallo. 1999. Overconfidence and excess entry: An experimental approach. *American Economic Review* 89: 1, 306-18.

Chapman, Gretchen, and Eric Johnson. 2002. Incorporating the irrelevant: Anchors in judgments of belief and value. In *Heuristics and biases: The psychology of intuitive judgment*, ed. Thomas Gilovich, Dale Griffin, and Daniel Kahneman, 120-138. Cambridge, England: Cambridge University Press.

Finucane, Melissa, Ali Alhakami, Paul Slovic, and Stephen Johnson. 2000. The affect heuristic in judgments of risks and benefits. *Journal of Behavioral Decision Making* 13: 1, 1-17.

Ganzach, Yoav. 2001. Judging risk and return of financial assets. *Organizational Behavior and Human Decision Processes* 83: 2, 353-70.

Jensne, Michael C., and William H. Meckling. 1994. The nature of man. *Journal of Applied Corporate Finance* 7: 2, 4-19.

Kahneman, Daniel, and Amos Tversky. 1979. Prospect theory: An analysis of decision under risk. *Econometrica* 47: 2, 263-91.

Markowitz, Harry. 1952. Portfolio selection. *Journal of Finance* 7: 1, 77-91.

Montier, James. 2002. *Behavioural finance: Insights into irrational minds and markets*. West Susses, England: John Wiley & Sons Ltd.

Northcraft, Gregory, and Margaret Neale. 1987. Experts, amateurs and real estate: An anchoring-and-adjustment perspective on property pricing decisions. *Organizational Behavior and Human Decision Processes* 39: 1, 84-97.

Olsen, Robert. 2009. Toward a theory of behavioral finance: Implications from the natural sciences. Working Paper, Decision Research.

Pesendorfer, Wolfgang. 2006. Behavioral economics comes of age: A review essay on advances in economics. *Journal of Economic Literature* 44: 3, 712-721.

Ritter, Jay. 2003. Behavioral finance. *Pacific-Basin Finance Journal* 11: 4, 429-437.

Sanchirico, Chris. 2003. Finding error. *Michigan State Law Review* 102: 5, 1189.

Shefrin, Hersh, and Meir Statman. 1985. The disposition to sell winners too early and ride losers too long: Theory and evidence. *Journal of Finance* 40: 3,

777－790.

Shefrin，Hersh，and Meir Statman. 2003. Editorial commentary：The contributions of Daniel Kahneman and Amos Tversky. *Journal of Behavioral Finance* 4：2，54－58.

Slovic，Paul. 1972. Psychological study of human judgment：Implications for investment decision making. *Journal of Finance* 27：4，779－799.

Taleb，Nassim. 2007. *The black swan：The impact of the highly improbable*. New York：Random House.

Thaler，Richard，ed. 1993. *Advances in behavioral finance*. New York：Russell Sage Foundation.

Thaler，Richard，ed. 2005. *Advances in behavioral finance：Volume II*. Princeton，NJ：Princeton University Press.

Tversky，Amos，and Daniel Kahneman. 1971. Belief in the law of small numbers. *Psychological Bulletin* 76：2，101－110.

Tversky，Amos，and Daniel Kahneman. 1974. Judgment under uncertainty：Heuristics and biases. *Science* 185：4157，1124－1131.

Tversky，Amos，and Daniel Kahneman. 1981. The framing of decisions and the psychology of choice. *Science*，*New Series* 211：4481，453－458.

Wansink，Brian，Robert Kent，and Stephen Hoch. 1998. An anchoring and adjustment model of purchase quantity decisions. *Journal of Marketing Research* 35：1，71－81.

56 作者简介

罗苏尔·雅扎迪波（Rassoul Yazdipour）是美国加州州立大学弗雷斯诺分校克雷格商学院（Craig School of Business，California State University，Fresno）金融学教授，他已经在该校工作了20多年。同时，他还是美国创业金融协会的首任主席，并任职于行为金融学和经济学研究院（Academy of Behavioral Finance and Economics）。他于德黑兰大学获得工商管理学学士学位，于印第安纳大学获得工商管理硕士学位，并于俄亥俄州立大学获得工商管理博士学位。他对行为金融学的兴趣源于其早期对创业金融的热爱。雅扎迪波教授于多家公司担任董事会成员或顾问，在他的指导下，多家公司都从尚处于起步阶段的小公司发展为了中型公司。他最近出版了一本名为《创业金融新进展：行为金融学与行为经济学应用》（*Advances in Entrepreneurial Finance：With Applications from Behavioral Finance & Economics*）（Springer，2010）的专著，该书被视为其早先出版的《小型商业金融新进展》(*Advances in Small Business Finance*）的续篇。

詹姆斯·A. 霍华德（James A. Howard）目前是马里兰大学书院的金融学教授和管理与技术研究生院项目主管。霍华德教授于内布拉斯加大学获得数学学士学位，并于雪城大学获得工商管理硕士学位，随后于 1991 年在乔治·华盛顿大学获得金融学博士学位。在经历了一段成功的政府工作生涯之后，他于 1999 年进入了大学书院，全身心地投入到学术研究中。因其在会计及金融学科的课程开发方面所发挥的指导性作用及创新精神，他在 2007 年被授予了马里兰大学系统评议奖(University of Maryland System Regents Award)。他是乔治·华盛顿大学中国研究院以及行为金融学学院的董事会成员。他的研究兴趣是公司治理及行为金融学。

57 第4章 直觉推断[①]或经验法则

休·施瓦茨（Hugh Schwartz）
乌拉圭共和国大学客座讲师

引 言

直觉推断法则，通常被称为经验法则，是在求解复杂问题时减少必要的搜寻步骤的一种方法。在决策者做判断时，它们的应用简化了通常需要通过评估概率和收益来进行判断的复杂方法，并且省去了大量计算。直觉推断法则提供了主观上令人信服的方法，同时也反映出人们对可能性与风险的主观评估通常并不会精确地符合概率分布。人们通常将事件发生的概率同对事件的描述联系起来，而不是同事件本身联系起来（Tversky and

① 国内文献之前多将“Heuristic”翻译为“启发式”。“启发式”作为一个动词短语，并不能准确地表达“Heuristic”这一概念的内涵。在已有行为经济学文献中，“Heuristic”多指一种基于经验的、偏直觉的决策方式，故我们将其译为“直觉推断”或“直觉推断法则”。其与“直觉式”判断（Intuitive Judgments）的区别详见后文的讨论——译者注

Kochler，2002)。尽管人们可以使用直觉推断来简化偏好或数据集，但它最好还是被视作简化选择过程的工具。不确定性的存在，降低了复杂的逻辑计算的有效性，直觉推断法则就变得特别重要。

在 20 世纪 50 年代末，西蒙和纽厄尔（Simon and Newell，1982）为解决特定问题开发出了一种详细的算法，它最初被作为一种近似最优化的方法。在 20 世纪 60 年代末和 70 年代初，随着被俗称为行为决策学家（behavioral decision theorists）的认知心理学家们（cognitive psychologists）的研究工作的快速发展，直觉推断作为一种简捷的计算方法得到了越来越多的关注，特维斯基、卡尼曼等人的贡献使这一研究达到了顶峰。这些成果收录在卡尼曼、斯洛维奇和特维斯基 1982 年出版的专著中（Kahneman，Slovic，and Tversky，1982)。这本专著与卡尼曼和特维斯基（Kahneman and Tversky，2000a）以及格里维茨、格里芬和卡尼曼（Gilovic，Griffin and Kahneman，2002）编辑的两本专著的贡献就是研究了直觉推断和存在偏误的直觉推断。它们主要讨论的是普遍存在的经验法则及完全理性计算下的偏误程度。最初对直觉推断法则的研究只明确处理认知过程，现在则已经公开地吸纳了非理性因素。实际上，非理性因素早就内含在卡尼曼和特维斯基（Kahneman and Tversky，2000b）最初的研究中。这是显而易见的，因为他们的研究中提出了一种完全不同于严格理性选择模型中的行为，即直觉判断。在突破传统的理性选择模型范式时，卡尼曼和特维斯基并不力求在更广泛的意义上重新定义理性，而是试图构建能够更好地描述人们在现实世界中所做出的选择的模型。

研究直觉推断和其存在的偏误的一个主要目标是将背离理性选择模型导致的偏误分类，并且可能的话，通过调整直觉推断来减少这些偏误。首先，最重要的是，58
该研究试图验证小群体的直觉推断，从而得到以大多数决策为基础的普遍应用的直觉推断法则。那些继续支持完全理性计算的心理分析学家现在也已经承认实践中决策者会在判断时犯错，行为分析研究则进一步表明：同研究者的一般预期相反，这些错误并不是随机的，而是系统性的并且可预测的。随着特定的直觉推断法则的阐述开始受到更多的关注，盖格瑞泽（Gigerenzer）和其他研究者对偏误的强调产生了疑问。基于西蒙“有限理性”的核心精神（Simon，1957，1982，1986)，盖格瑞泽和他的研究伙伴坚持认为：决策者的判断只需符合满意度法则，并且应该在评估该判断时充分考虑以下事实，即人类只拥有有限的搜寻和计算能力。普遍流行的时间约束的观点突出强调了这一事实。出于必要，人们使用近似的方法来处理大多数任务，发展出很多他们称之为“快速且简单”（fast and frugal）的直觉推断法则（Gigerenzer and Selten，2001；Gigerenzer、Czerlinski and Martignon，2002)。本章的目的是解释直觉推断的本质，概述其优势与不足。本章的其余部分由四节组成。第二节探讨了应用直觉推断的原因，第三节介绍了直觉推断的使用指南。第四节则具体介绍了不同形式的直觉推断法，包括代表性方法、可获得性方法、锚定和自适应性式调整法、过度自信、记忆式等。此外，第四节还讨论了直觉推断的偏误和情感式直觉推断。第五节则对全章的论述进行了总结，并给出了相关结论。

应用直觉推断的原因

直觉推断法则的广泛应用有很多原因，下面列出了其中一些：

• 决策者可能不知道解决问题的最佳途径，甚至当存在理想的解决方案时也是如此。此外，他们可能没有资源（或是渠道）获得别人的帮助，或是因为选择最优方案所涉及的思考和审议成本太高，超过了应有的限度。

• 决策者可能没有能力搜集到做出最优化选择所必需的全部信息，或到必须做出决策的时候无法获得全部的必要信息。即便决策者能够获取所有信息，他们也可能无法及时完成找到最优的决策所需的计算。

• 即使最优化的方案从技术上说是可行的，决策者也可能无法解决某些特定类型的问题。

• 当存在多个目标时，唯一的最优解是不可能存在的。

• 决策者能快速应用的经验法则可以帮助他们长久对某些特定事项保密，直到他们决定公开自己的决策过程。

• 实现最优化的困难可能并不在于如何获取足够的信息，而是在于如何正确理解这些信息，以及如何避免尝试解决当前所考虑的问题的变种。

• 海量的信息会使决策者不知所措。决策者可能不熟悉处理这些数据所必需的方法和程序。此外，至少在处理这一问题前后，情感因素可能会诱导决策者做出非
59 理性的决定。最后，决策者在处理这一问题时的心理状态或者这一问题的特殊结构，也会引起决策的偏误。

• 有些表面上看起来帮助一些市场参与者获利的秘籍会诱使一些决策者放弃通常需经全面考虑后做出决策的习惯，即便只是暂时的。不幸的是，这些秘籍通常都存在很多常规的理性分析所没有的额外的风险和不确定性。

• 如果采取最优的决策所需的计算无法实现，那么直觉推断便是可行的替代方法。

• 当决策存在明显的不确定性时，直觉推断或许是唯一可行的方法。格拉斯曼和哈塞特（Glassman and Hasset，1999）合作出版的热销书籍《道琼斯指数：36000》（*Dow* 36000），揭示了人们低估市场不确定性的程度。这两位作者表示由于股票具有风险溢价，因此过去的一个时代中，股票的回报率远远高于债券。他们认为现在市场的风险和不确定性水平已经下降，因此道琼斯工业股票价格平均指数很可能将显著上涨，在可预期的未来将达到36 000点的高位。

• 当直觉推断的结果与最优化计算的结果极其近似时，使用其来简化计算则是最合适的方法。“快速且简单”的直觉推断法则特别适用于“平行最大值”情形，

即几个不同的选择方案将带来相似的高回报率的情形。

主流经济学为决策者处理一个通常很小、定义良好的备选项集合提供了一系列合适的工具。然而，正如纳尔逊和温特（Nelson and Winter，1982）所指出的，决策者面临的备选项集合通常都是定义不明确的，因此需要一种与从一些明确阐述的选项中做出最优选择的方法完全不同的方法或工具。这有助于阐明经常涉及直觉的措施——例如直觉推断——的作用。此外，正如西蒙（Simon，1982）观察到的，决策过程中的第一个重大挑战，可能会出现在搜寻所有可行的或最重要的备选项的过程中。甚至当决策者搜集到全部备选项时，他们也不可能预先充分掌握每项选择的可能结果。在这种情形下，斯洛维奇（Slovic，2000）认为，决策者可能需要构建决策所需的偏好集。对基于进化技术做出的决定来说，直觉推断可能比其他任何一种计算都有用，这受到了成功的创新者们的支持。上述讨论并没有否认决策者有时会使用过度简单或不正确的直觉推断。事实上，即使当传统的最优化计算方法可行并且具有明显优势时，他们也可能会使用直觉推断。此外，不论决策者是否使用直觉推断，他们都有可能忽视对直觉推断的相关偏误的充分考虑。

直觉推断的使用指南

在理想情况下，应用直觉推断搜寻信息时应该有明确的指南，如搜寻行为应该在哪一点终止（停止规则），制定决策时应该采取什么方法来运用已获得的信息等 60
（Rieskamp，Hertweg and Todd，2006）。行为经济学家目前并没有给出直觉推断一般化的应用指南，但研究者越来越关注针对具体问题（例如在行为金融学领域中）制定特定的直觉推断的使用指南。

直觉推断的分类及其偏向

特维斯基和卡尼曼（Tversky and Kahneman，1982a）论证了三种最流行的通用的直觉推断形式：代表性直觉推断、可获得性直觉推断，以及锚定和自适应性调整式直觉推断。之后，斯洛维奇、菲纽肯、彼得斯和麦格雷戈（Slovic，Finucane，Petersand and MacGregor，2002）总结了其他研究者的众多观点，并且在X情感式直觉推断（或经验法则“affect heuristic”）这一概念里明确指出情感因素也是直觉推断的一种常见形式。格里维茨和格里芬（Gilovich and Griffin，2002）列出了六种通用的直觉推断形式：情感式直觉推断、可获得式直觉推断、因果式直觉推断、流畅式直觉推断、相似式直觉推断和惊喜式直觉推断。

本章主要介绍特维斯基、斯洛维奇和卡尼曼（Tversky、Slovic and Kahneman，1982）与斯洛维奇等（Slovic et al.，2002）论文中提到的直觉推断的四种形式，即代表性直觉推断、可获得性直觉推断、锚定和自适应性调整式直觉推断、情感式直觉推断。本章将在浅层次上考察被称作双体系或双处理的方法。这一方法包括一个从直觉出发、拥有快速联想功能及自动评估功能的决策体系和一个通常决策更加审慎、更加理性但相对较慢的决策体系。在决策过程中，既可能是前者压制后者，也可能是后者压倒前者（Sloman，2002）。很多研究者曾经研究过一些长期使用的具有特定用途的直觉推断形式，但上述这些只是最近才成为学者们关注的主要焦点。

决策者在获取信息时可能会出现问题，其需要考虑信息的可获得性、可观察性、数据出现的频率、信息是否具体而生动以及数据呈现的顺序。人们回忆某些事件细节的难易程度可能会使决策出现可获得性偏向。而这些细节的具体内容也可能会影响到对它们的相对重要性的评估。可获得性偏向可能会导致过高地估计一些众所周知的或戏剧性事件发生的可能性，特别具有代表性的是最近的一个热门研究话题，即被称为“可获得性级联”（Availability cascades）的研究主题。可获得性偏向的一个突出例子是大多数人都认为凶杀案比自杀案更常见，因为凶杀案经常被媒体广泛报道，但真实情况则恰恰相反。可获得性级联将引发代价高昂的过度反应，特别是在决策者面临很重要的问题时。这种情形似乎已经发生过，例如在 20 世纪 70 年代发生的纽约州爱运河污染悲剧（New York State’s Love Canal pollution tragedy）中，孩子们的患病和死亡情况在报刊和电视新闻中得到了密集但带有误导性的报道。不完全的观察数据也可能会带来严重的后果，并且这一效应会因为决策者的教育背景、生活经验、基本的个性以及所处环境因素的不同而得到加强。有时在解决某些问题的过程中，对所观察到的不正确的数据的过度依赖，会导致决策者做出的决策偏离实际中应处理的问题，他们做出的努力是不成功的，也是不必要的。

在信息处理过程中，偏向可能源于对信息的错误理解和组合，例如对盈利和股息的理解。人们倾向于高估确定性的价值，甚至当确定性仅仅有条件地出现在一些二阶序列的第二阶段时，也是如此（Tversky and Kahneman，2002）。另一个常见
61 的事实是人们倾向于忽略小概率事件的发生，特别是未来的自然灾害。但一旦发生小概率事件，决策者就会暂时误认为其发生的概率高于实际概率。长期资本管理公司（LTCM）是 20 世纪 90 年代一家大型对冲基金公司，它的相关经历就是另一个典型的案例。LTCM 聘请了两位获得诺贝尔经济学奖的顶级经济学家担任顾问，从事具有很高投机性和赌博性的投资活动。它的管理者假设某些潜在的不利事件根本不可能发生，并且这些事件之间都是独立不相关的，以此来制定自己的投资决策。在一定程度上，这表明决策者无法利用短时间内搜集的数据识别出事件发生的真实概率。大多数证券分析师也有同样的缺点，他们也总是基于最近几年的财务数据做出过度乐观的预测。特维斯基和卡尼曼（Tversky and Kahneman，1982b）、卡尼曼和特维斯基（Kahneman and Tversky，2000b）的研究不仅强调了人们倾向

于高估小概率事件发生的可能性，而且注意到人们往往会忽略小概率事件的发生。这两种情形反映了正确评估小概率事件的难度。

在评估事件间的统计关系时所犯的错误，将导致决策者选择不适当的直觉推断。这些错误大致有虚假的相关关系、将相关关系误认为是因果关系、不恰当地使用线性外推法、错误地使用非线性推断估计法。此外，在估计事件发生的概率时，决策者通常不能正确地结合新信息进行分析（这被称为保守主义），有时甚至不能和新信息保持一致。决策者经常倾向于寻找那些可以证实其先前结果的反馈信息，而不是去寻找与之相反的证据。最后，人们发现很难找到一个始终如一的评价标准。正如斯洛维奇（Slovic，1972）所揭示的，在一些情况下，基于专家阐述的标准建立的模型通常是这些专家之前所做的成功预言，而不是其正在做的判断。

直觉推断的一个研究分支是强调其特征。例如，一些人们不太重视或没有意识到的特征，依然能影响具体的决策。对特征的研究涉及补偿和非补偿的决策法则。卡尼曼和弗雷德里克（Kahneman and Frederick，2005）研究过特征替代，人们使用相关的具有替代性的概念或含义来理解原问题，从而可以更简单地处理原先非常复杂的问题，这种方法也更具实用性。当货币的名义价值在低通胀时期可以被合理地评估时，这一估计就是典型的特征替代，也是一种直觉推断。而另一种简化分析的研究路径是分析通用的直觉推断形式，即代表性直觉推断、可获得性直觉推断、锚定和自适应性调整式直觉推断，以及情感式直觉推断。

代表性直觉推断

代表性直觉推断是决策者基于一些相似的事件或个人的信息来评判目标事件发生的可能性或目标人物的特征（第 14 章更详细地讨论了代表性方法的偏误）。与其他通用的直觉推断形式一样，没有衡量代表性方法对判断目标事件发生的可能性的影响程度的一致标准。代表性直觉推断的使用有时反映出决策者没能正确分析和使用相关的“基本比率”（base-rate）信息，而是依据小样本数据进行了统计学意义上无效的论证（即所谓的小数定律）。在早期的实验中（Kahneman and Tversky，
1982a，1982b），从收回的调查问卷看，无论被试者是工程师还是律师，他们在制 62
定决策时，似乎都已经存在忽略事件的基本比率而将注意力集中在一些千篇一律的特征上的倾向。然而，在决策时忽略基本比率的相关信息也有其正当理由。例如在选择股票时，与其他因素相比，投资者很少考虑一个行业的基本利率信息。因此，正如瓦纳里德（Wärneryd，2001）所说，在金融学中这种偏误似乎并不常见。此外，一家公司过去的收益情况，尽管作为代表性数据被正式公布，但并不具有更多的指导意义，因为这些收益数据都是用小号字体书写并以附件形式公布的。这有些类似于“小数定律”偏误，代表性直觉推断似乎更像是类比推理的基础。

不允许“趋均势回归”（regression toward the mean）（即最终结果趋向于计算的平均值），是代表性方法可能具有的另一种偏向。这种偏向在很多场合都存在，

格里维茨、瓦隆和特维斯基（Gilovich，Vallone，and Tversky，2002）的研究显示，大多数的观察者和参与者都相信在篮球比赛中存在“热手效应”（hot hand）。对“热手效应”存在的迷信一直持续到 2006 年，在当年的 NCAA 疯狂三月（NCAA March Madness）比赛中，一支弱到几乎连排名都没有的球队——乔治梅森大学（GMU）篮球队，打败了几支全国排名很靠前的强队。GMU 最终输掉了半决赛，因为其在半决赛中的投篮命中率下降严重，回归到其赛季平均水平。

代表性方法的另一种主要偏向是结合取偏误（conjunction bias），即某些事件或个人从属于规模较小的群体的概率要高于从属于规模更大的群体的概率。也许最具有代表性的例子是卡尼曼和特维斯基（Kahneman and Tversky，1982a、1982b、2000b）所做的实验，其结果是更多的参与者认为琳达（Linda）是一个具有女权主义的银行出纳，而不单单是一个银行出纳。

在代表性和可获得性直觉推断的案例中，反应相容性提高了刺激或联合的权重。缺乏反应相容性似乎是解释偏好反转的一个主要因素，它反映了缺乏偏好传递性的后果。有关这个问题的一个典型例子是，当决策者面临的一个选项的结果是由概率所决定而其备择选项的结果是由价格而不是概率决定时，如何正确描述其偏好（Tversky，Sattath，and Slovic，2000；Slovic，Griffin，and Tversky，2002）。列支敦士登和斯洛维奇（Lichtenstein and Slovic，1971，1973）曾经针对这样的例子分别在实验室里和真实生活里组织过实验。实验结果显示，很多人自身更偏好于用冒险去博取低概率下的高收益，而不愿意轻松获取高概率下的低收益。但当他们有机会为两种选择定价，并且这种选择的权利可以转让时，他们反而会给在实验中自己更偏好的选项制定相对更低的价格。基于概率的直觉推断的选择结果和基于价格的直觉推断的结果并不总是完全一致。目前这种现象存在的普遍程度还不是很明确。

可获得性直觉推断

可获得性直觉推断，在上文中曾作为一种获取信息的方法被讨论过，它是通过直觉来反映或评判给定信息的权重，用以代替其真实的概率或频率的一种推断方法。权重的大小是由决策者回忆给定信息的难易程度以及回忆的内容所决定的。可
63 获得性可能深受最近发生的一些引人注目的新闻事件的影响。一般来说，正如瓦纳里德（Wärneryd，2001）注意到的，可获得性法则可以是基于经验的、基于记忆的或者是基于想象的。不幸的是，对于究竟是什么构成了不同程度上的可获得性或者对于这种差别应被赋予的权重的大小，学者们并没有一个一致的意见。通过观察一个成功的共同基金经理的行为可以得到一种对可获得性法则的重要性的认识。他们倾向于避免购买那些被大多数分析师和经理人所赞扬的股票，因为他确信这种“可得性”信息提高了这些公司资产份额被高估的可能性。此外，投资者倾向于更加关注国内的股票产品而忽略国外的股票产品，特别是 20 世纪 90 年代中期以前，

这种倾向使投资者错过了国外很多赚钱的机会，这些都可能反映了投资者对可获得性直觉推断法的依赖。或许造成可获得性方法出现较大偏误的原因是其极度缺乏对样本量大小的敏感性。就其性质而言，那些显著获得的信息可能反映的是一个小样本的情况。

锚定和自适应性调整

锚定和自适应性调整是指从一些起始点开始、不断进行自适应性调整的直觉推断方法。起始点也许是最近的经济数据如当前的通胀率或经济增长率，但更常见的情况则是，与决策相关的起始点很少被决策者知晓。实际上，锚定点还可能涉及随机数据，甚至人为加入的一些虚假数据，实验的组织者将之作为“plants”以回应那些毫不相关的数字。这种情况是影响孤立的实验结果的主要途径，但目前还不清楚实验结果是否真实反映了现实生活。与之相反的是，大多数人都表现出相当大的从经验中学习的潜力。现场试验在这个问题上只能提供有限的帮助，它更适合于分析总体而不是个体的行为特征。在现实生活中，更有可能将不相关的数据作为决策的起始点。尽管没有统一的指导准则来考虑调整锚定点的程度，但各行各业的人士都经常使用锚定和自适应性调整式直觉推断，特别是在处理一些特殊的事情时。

过度自信

很多坚持使用直觉推断的分析师，尤其是使用代表性方法的人，往往会有毫无根据的过度自信（Kahneman，Slovic and Tversky，1982；Kahneman and Tversky，2000a；Gilovich et al.，2002）。过度自信似乎是人类反应行为的一种普遍现象，甚至也表现在对一些数据例如决策问题的构成要素等基本事实的假设上。过度自信会使人们自我感觉良好，并驱使他们去做一些之前不会做的事。引起过度自信的原因，有时是控制幻觉，有时是夸大对自身能力和表现的预期（认为其会高于平均水平）。

过度自信似乎是一种普遍存在的现象。例如，有证据表明大多数人都认为自己是优于平均水平的优秀驾驶员和优秀市民，并且认为他们的孩子在许多方面也比普通孩子优秀很多。但在一些情形下，有些人也会表现出信心不足的问题。过度自信和信心不足都会导致不完全理性的决策，无论这种不完全理性是不是“可预测的非 64
理性”（predictably irrational）（关于可预测的非理性，请参见 Ariely，2008）。很多学者都写过关于过度自信的论文，但是伯诺瓦和杜布拉（Benoît and Dubra，2008）认为这些主张和所谓的过度自信的证据都是不充分的。而只有基于对个人的开放式的深度访谈的研究，才可能充分支持与解释过度自信的存在。本书第 13 章对过度自信问题进行了更加深入的讨论分析，本书第 20 章则介绍了基于对个人的开放式的深度访谈的相关研究。

记忆式直觉推断

记忆中的问题也会导致偏向直觉推断。获得精确回忆是很困难的，这就削弱了卡尼曼和特维斯基（Kahneman and Tversky，2002）所谓的“外延性”（extensionality），这也包括某些情况，例如上文中提到的琳达，她被大多数人认为是一个赞成女权主义的银行出纳，实际上这种归类只是另一个更大的分类的组成部分。对于某些人来说或在某些情况下，这些问题可能会频繁发生。相关研究（如 Kahneman，2000a、2000b）表明，人们倾向于给对一次经历的开始和结束时刻的回忆赋予一个更大的权重，而轻视其余部分。这更多地体现的是一种情感式反应而非认知评估。他们并不是高估了结束时刻的重要性，而是相对于其他东西来说，更重视事件的结束。所有这些回忆的偏向都是记忆式直觉推断法内生的，考虑到记忆自身存在的问题，这体现了一种准统计但并不完美的记忆联合。

有些时候大脑会同时持有两种相互矛盾的想法。例如，一个人可能会坚信自己是个优秀的投资者，却不得不面对自己投资业绩很差的窘境。这种心理上的不适便是所谓的认知失调（cognitive dissonance）。为了消除这种心理不适，大脑会随着时间的流逝逐渐改变其态度、信念，甚至是关于一些事件的记忆。此外，人们还倾向于关注那些可以消除心理不适的新闻和信息，漠视那些可能加重其心理不适的信息。在心理学文献中，一个典型案例是吸烟（Aronson，Wilson and Akert，2006），一种被广泛接受的假说是“吸烟会引发肺癌、缩短人的寿命、降低其生活质量”，为了消除这种知识与维护自身理智的形象之间的冲突，吸烟者通常会忽略这种信息，或者试图使其变得更加合理。

那些认为自己是优秀投资者的人，倾向于更加关注那些可以确认其想法的信息，而漠视那些否认其想法的信息。这可能会导致投资者高估其过去投资的收益，因为相比失败，他们更清楚地记得自己的成功。高兹曼和佩莱斯（Goetzmann and Peles，1997）询问了两组投资者（一组是美国个人投资者协会（AAII）的会员，另外一组是建筑师）过去的共同基金投资收益状况。这两位学者比较了两组投资者的回答，发现 AAII 会员将其收益率平均高估了 3.4%，而建筑师那组则平均高估了 6.2%。显然，他们对自身投资表现的记忆都比实际情形要好得多。此外，同市场基准相比，他们也明显高估了自身的实际表现。格莱泽和韦伯（Glaser and Weber，2007）发现德国投资者自身估算的收益和真实收益相差超过 10%。他们的结论是：如果投资者不知道或不记得自身所犯的错误，那么他们将很难从中学到有益
65 的经验教训。

其他形式的直觉推断

决策者维持现状的决策引起的偏误导致了不完全的计算（Kahneman，Knetsch and Thaler，1991）。涉及的计算量相互独立，这也同样适用于存在大量不

确定性时的理性决策。这种因维持现状而引致的偏误在金融投资中尤其重要。即使是在市场趋势发生重大变化，投资组合内部相对份额发生了戏剧性改变之后，投资者仍会继续持有旧的投资组合，而不做任何调整。这种现象不仅是一种偏误，而且现在已被公认为是一种依靠自动选择的直觉推断——默认选择（Frederick，2002）。现场试验表明默认式直觉推断被应用在众多领域，尤其是影响到汽车保险的选择（Levitt and List，2009）。此外，雇主们发现，可以通过设置一个默认选项，即虽然普遍存在但大多数人都不会主动去选择的那个选项，就可以促使个人增加其自身储蓄（Choi，Laibson，Madrian and Metrick，2004）。塞勒和本纳兹（Thaler and Benartzi，2004）认为，个人推迟履行已经接受的关于“未来储蓄更多”（Save More Tomorrow）的承诺，可能会使其当前储蓄大幅增加。很多公司现在已经采取了这种方法。塞勒和本纳兹将这种贡献自动升级的方案定义为一种选择架构方案。这种选择架构方案是基于心理学中五条潜在的人类行为准则而构建的（也可参考 Thaler and Sunstein，2008）。默认选择式直觉推断和选择架构直觉推断代表了极富特色和创新精神的决策方法。本书的第 31 章提供了另外一些与退休金账户储蓄相关的信息。

心理学家和经济学家也已经注意到一些普遍存在的其他形式的直觉推断。也许最受关注的是损失厌恶。损失厌恶最开始被认为是一种异象，即投资者在面对收益和损失的不同情形时，对风险的态度会发生转变。它表明，决策者倾向于更加看重严重的消极后果（例如破产）的影响，而不是反映了各种可能结果的预期价值（也可参见本书第 11 章）。另外也必须提到模糊厌恶，即与简单地忽略未知信息相比，决策者倾向于避免选择模糊性选项，尽管模糊厌恶更多地被视为在阐明所有可选项时存在的偏向。

后悔理论是另一种常见的直觉推断法（Loomes and Sugden，1982），但它却有混合的实证结果的支持。这种理论涉及反事实思维和内省思维。它可以帮助决策者避免一些由类似“也许之前做一个完全不同的决定会使得自身当前的情形变得更好”的想法所引起的强烈的负面情绪。后悔理论在某种程度上使得投资者倾向于被动地做出决策。本书第 17 章介绍了更多后悔理论的相关内容。

研究者通常都认为，使用直觉推断或寻找解决问题的捷径会产生很大的偏误，通常这种偏误变化很大并且互不相同。一个例外是盖格瑞泽和马克思·普朗克研究所（the Max Planck Institute）的研究（参见 Gigerenzer et al.，2002；Rieskamp et al.，2006；Gigerenzer and Selten，2001），他们重新强调了西蒙（Simon，1957，1982，1986）的贡献，肯定了其始终坚持的有限理性下的程序理性观点以及满意度法则。他们认为强调偏误是错误的。他们主张：当前的背景和环境决定了直觉推断法的性质；人们在不停搜寻和回应相关的线索。最好的“快速且简单”的直觉推断形式是由他们发展的（简单的直觉推断法需要相对较少的计算量），并且经 66
过比较相关性、多元分析以及其他各种客观评价之后，在实际应用中表现优异。

"快速且简单"的方法为在金融领域中使用特定的直觉推断法提供了可能，特别是在决策者面临巨大的时间压力时，但它并没有解决偏误的问题。实际上，"快速且简单"的方法容易受到决策者选择过于熟悉的要素所带来的偏误的影响，并且除非替代选项具有大致相似的收益率，否则使用"快速且简单"的方法可能并不能做出正确的选择。

很多问题的解决只使用一种形式的直觉推断是远远不够的。选择所使用的直觉推断形式可能要考虑所涉及的决策的类型（有时指理性的范围）、特定的背景环境（来自背景环境的线索，以及使用"快速且简单"的直觉推断法所涉及的专业术语），以及可能遗漏的信息的重要性。直觉推断法的使用及其造成的偏误（或者是在使用"快速且简单"的方法时，解决相应问题的替代方案的缺乏程度）等相关数据应该被记录下来，以便确认这些问题是否在决策时被恰当地考虑和分析过，并且这也为进一步改进直觉法提供了较好的基础。不幸的是，决策者很少记录这些数据。

目前几乎没有针对如何处理确定的偏误公开发表的指南。菲斯卡霍夫（Fischoff，2002）的概述是目前最优秀的可利用的指南，他强调了后见之明和过度自信的评估的重要性。他列举了三类处理偏误的假设和方法。他将偏误按成因分为以下三类：(1) 错误的任务（分为不公平任务和被误解的任务）；(2) 错误的判断（分为可使之变完美的和屡教不改的个人）；(3) 判断和任务之间的不匹配（可分为需重新组合的和可调整的）。对行为金融学而言，第一类可能是最有价值的。

对于如何应对不公平任务带来的偏误，菲斯卡霍夫（Fischoff，2002）提出了提高风险（raising stakes）、明确指示/激励、阻止事后诸葛亮（discouraging secondguessing）、使用更好的反应模式以及减少提问次数等措施。针对误解任务，他提出了表明替代目标、语义分歧、任务的不可能性，以及忽略差别。此外，他还概述了处理错误判断和判断与任务之间的不匹配等所导致的偏误的方法。菲斯卡霍夫（Fischoff，2002）和塔特洛克（Tetlock，2002）都艰难地探索了如何将直觉推断应用到预测上，他们强调当预测没有被很好地证实时，需要考虑已经变化了的情形。这对某些从良好的业绩记录中获利的金融从业者来说，是应该加以特别关注的。然而，金融界人士经常是悄悄修改或用其他方法来替换其所使用的直觉推断。

有些非常复杂的问题不可能在可利用的时间内以合理有效的方式加以解决。针对这种问题，最好的解决方法是一种非正式的和非结构化的方法：使用纯直觉或者一种被称为"模式识别"（pattern recognition）的技术。后者很像国际象棋大师们在比赛中所使用的一种方法。他们在比赛中面临的选择，没有商业或政治领导人所面临的预期和不确定性的变化那样复杂。然而，即便是金融专家，也混合记录了很多还没有在实践中得到证实的感觉到的经济模式。

对认知式直觉推断偏向的最后讨论

在信息处理过程中，一个主要问题是人们如何提炼信息的主体框架。框架的不同将改变特定因素的重要程度，并可能吸引人们去关注结果的不同方面。除此之外，同一信息的积极描述与消极描述的不同，可能会引发人们差异巨大的反应，这 67
同特维斯基和卡尼曼（Tversky and Kahneman，1982a，2000a）描述的情形是一致的。辩护律师和市场营销经理们早就意识到不同的描述所具有的巨大潜力。传统的经济学和金融学课堂教学中，都假设根本不存在这种潜力。现在这种情形已经开始发生改变，特别是在结合了众多研究者的发现之后（Kahneman et al.，1982；Gilovich et al.，2002）。

对信息不可靠的回忆与不完美的反馈可能影响对判断的评估，以及决策者将来使用同一方法的程度。大量选项甚至无关选项的存在，都会阻碍或扭曲决策者的判断（Chapman and Johnson，2002），特别是在只使用特定的直觉推断法时，这一问题更加严重。事后聪明偏向（Hindsight bias）在很多领域，如金融投资领域非常重要。然而，其他因素也有很重要的影响，例如信息反馈的可靠性和推理过程的错误回忆。另一种重要的偏误是对机会波动（chance fluctuations）的错误理解，如赌徒谬误（gambler's fallacy）。这种谬误是指，参与者提高了对出现某一相反事件的预期（例如在抛硬币实验中，连续出现几次“背面”之后，出现正面的事件），尽管出现某一结果的概率并没有发生任何变化。赌徒谬误可能会和上面提到的模式识别倾向发生冲突。

情感式直觉推断

情感式直觉推断提供了第一个针对刺激因素的、近似自动的反应机制，它通常是无意识的。它直接面向信息处理和做出判断的过程。这是心理学中所谓的经验式系统的特征，该系统借鉴了过去的经验。基于对大量研究证据的分析，斯洛维奇等人（Slovic et al.，2002）提出：情感式直觉推断吸收了很多由积极和消极感觉塑造的印象，这种印象对决策者制定决策有很重要的暗示作用。这些印象影响到人们的偏好，例如游览特定的城市、对特定技术的反应以及对有利于促进健康的行为的看法。斯洛维奇等人（Slovic et al.，2002）引用了一个我们特别感兴趣的行为金融学方面的证据，即情感式直觉推断表现在与已有的公司相比，人们倾向于投资那些新的公司和处在“成长期”的股票。情感式直觉推断的精确性深刻影响着决策者的判断。实验结果表明，受访者通常都更看重中乐透奖的可能性，而不是其实际的货币收益。一般来说，当一个事实的后果具有很强的情感意义时，决策者就很少关心其发生的概率。此外，在表达相似结果时，使用比例形式（例如4/5）通常比使用概率形式（例如0.8）在情感上更能影响人们的判断。最后，考虑那些拯救生命的情形，在所登记的数据中，被成功拯救的人数所占的比例似乎比实际被救的人数更大。

人们对风险的感知同其对危险的恐惧程度密切相关。这是影响有关监管必要性决策的重要因素。在对风险和收益的判断之间，存在一种负相关关系，特别是在短期内。在金融活动中，这种关系明显存在于那些新上市的而非旧有的公司股票投资中。相对于事件发生的真实概率，决策者更看重对经常发生的事件和个案的情感上
68 的印象。此外，人们在评估对死亡风险的认知时，相比那些很少得到公开报道的因素，如糖尿病、哮喘、肺结核和中风等疾病，通常更看重那些被媒体广泛报道的不幸事件，例如意外的事故、凶杀案、火灾和龙卷风。在解释人们对那些由陪审团裁定的公共利益或惩罚性赔偿的金钱支付意愿时，态度比经济和金融指标具有更重要的意义。

情感反应可能引发认知推理分析，但也有可能削弱它。例如，一些普通产品的广告中频繁出现的笑脸，会改变消费者对该商品的价值评估。好的背景音乐也会提升一部非常普通的电影对观众的吸引力。情感式反应在有些情形下会使理性分析能力减弱，特别是那些因为缺乏个人经验从而决策者很难充分识别对其未来健康可能产生的影响的情形，例如吸烟。最后，斯洛维奇等人（Slovic et al.，2002）提供的证据表明愉快的情绪会提高决策者使用直觉推断处理信息的可能性，而糟糕的情绪则会提升其使用系统式处理的可能性。斯塔特曼、菲舍尔和安吉纳（Statman、Fisher and Anginer，2008）发现，情感在资产定价中发挥着重要的作用。他们选取了 587 家被《财富》杂志分别作为“钦佩”或“摈弃”的例子加以报道的公司，比较分析了这些公司投资组合之间回报率的差异。本书第 6 章对情绪金融学以及第 36 章对心情的研究，为情感式直觉推断提供了一些额外的材料。

概要和结论

直觉推断是更加方便的解决问题的捷径。它们的使用简化了计算，避免了使用那些需要很多概率信息的更复杂、更正式的方法。直觉推断描述了人们在生活中真实采用的、将情绪因素与认知过程结合分析的决策过程。事实上，所有的直觉推断都存在偏误。

通用的直觉推断法则受到了最多的关注，其中包括代表性直觉推断、可获得性直觉推断、锚定和自适应性调整式直觉推断，以及情感式直觉推断。此外，大多数日常活动则需要应用一些有着特殊用途的直觉推断。在处理很多决策时，通常需要不止一种形式的直觉推断法则。

偏向问题可能出现在获取和处理信息的过程中，以及解释说明使用直觉推断决策造成的后果时。随着时间的流逝，决策者的经验可能会有助于减少偏向，但相关研究表明偏向是相对可预测的，并且在决策时是可以考虑到的。最常见的一些偏向的成因是损失厌恶、对样本量大小不够敏感、不允许趋均势回归、结合偏向的情形、过度自信、不适当的锚定、提炼信息框架以及忽略先验概率（基本比率数据）。在金融决策中，最后一项并不如在其他领域的决策中那么重要。此外，记忆的问题

导致的偏向在所有形式的直觉推断中都存在。

损失厌恶，首先被视为一种主要的偏向，也可以被当成一种通用的直觉推断形式。现状偏向也已被当成一种直觉推断形式——默认式直觉推断。后者的使用已经成功提高了大多数雇员正常情况下的储蓄率，并且已经导致了一种基于几条心理学公理所构建的与“自动升级”相关的直觉推断方法的兴起。这种自动升级的直觉推断在作为一种提升雇员储蓄率的手段时，已经被证明是一种比默认式直觉推断更成功的方法。它的成功也强调了直觉推断法在行为金融和宏观经济政策中所具有的光辉前景。公共和私人机构已经找到很多其他形式的通用直觉推断法则。越来越多的 69
针对特定活动的直觉推断法被设计出来，其中包括一些有着最小偏误的“快速且简单”的直觉推断法则。

由于最大化计算所需成本很高，且有时可能无法进行，因此产生了一些简捷的决策方法。通用的直觉推断法则通常被视为一种策略手段，被应用在很多分析之中。考虑到在特殊背景下使用直觉推断法时，对其可能存在的偏误等情况的分析会影响到决策，决策者经常需要使用两种不同形式的直觉推断解决一些领域中的问题，例如金融投资领域。

缺乏一个令人满意的直觉推断理论表现在，不同形式的直觉推断有时存在相互抵消的趋势和偏误，如之前分析中提到的会导致偏好反转的认知的直觉推断。当必须使用两种以上的直觉推断来做决策，并且决策的背景环境经常变动时，问题则会变得更加复杂。不幸的是，不同的直觉推断通常会导致不同的结果。即使在对背景环境特别熟悉的情况下，决策时如何考虑这些因素目前仍然是一个有待解决的任务。此外，对历史细节的熟悉也非常有意义，因为一些形式的直觉推断将自身的存在归因于进化理论的解释。举一个熟悉背景重要性的例子，对一些金融分析师的观测表明，按市值计价模型（mark-to-market models），每类资产的影响是彼此不同的。

构建直觉推断法则而不是长期被动接受的重要性在于，大多数直觉推断法则都来自这样一个事实，即人们对自身没有深入了解的领域做出快速的直觉判断。在一些情况下，这些人承认自己犯了错。在某种程度上，直觉推断方法的构建需要得到更多的关注，这表明设定消除偏误标准（debiasing criteria）有重要意义。除此之外，它还表明我们应该增加概率论与数理统计方面的训练和进修课程，以加强对潜在的直觉倾向的推理。

讨论题

1. 解释直觉推断式判断与直觉判断是否相同？

2. 为什么今天的人们如此关注计算的快捷方法，例如直觉推断（经验法则），特别是考虑到它们已经存在了很久的情况下？

3. 在决策时考虑情绪因素，例如情感式直觉推断，优于理性标准多少？

4. 既然偏向的性质是如此重要，那么为什么只有有限的几条指南可以用来处理偏向问题？特别是针对那些在日常判断和决策时经常使用的特殊形式的直觉推断法则，存在解决其偏向问题的指南么？为什么几乎没有研究者关注这个问题？

参考文献

Ariely, Dan. 2008. *Predictably irrational: The hidden forces that shape our decisions*. New York: Harper.

Aronson, Elliot, Timothy D. Wilson, and Robin M. Akert. 2006. *Social psychology*. 6th ed. Upper Saddle River, NJ: Prentice Hall.

70 Benoît, Jean-Pierre, and Juan Dubra. 2008. Overconfidence. Unpublished SSRN manuscript 1088746.

Chapman, Gretchen B., and Erich J. Johnson. 2002. Incorporating the irrational: Anchors in judgments of belief and value. In *Heuristics and biases: The psychology of intuitive judgment*, ed. Thomas Gilovich, Dale Griffin, and Daniel Kahneman, 120 - 138. New York and Cambridge, England: Cambridge University Press.

Choi, James J., David Laibson, Brigitte Madrian, and Andrew Metrick. 2004. For better or for worse: Default effects and 401 (k) savings behavior. In *Perspectives in the economics of aging*, ed. David Wise, 81 - 121. Chicago: University of Chicago Press.

Fischoff, Baruch. 2002. Heuristics and biases In application. In *Heuristics and biases: The psychology of intuitive judgment*, ed. Thomas Gilovich, Dale Griffin, and Daniel Kahneman, 730 - 748. New York and Cambridge, England: Cambridge University Press.

Frederick, Shane. 2002. Automated choice heuristics. In *Heuristics and biases: The psychology of intuitive judgment*, ed. Thomas Gilovich, Dale Griffin, and Daniel Kahneman, 548 - 558. New York and Cambridge, England: Cambridge University Press.

Gigerenzer, Gerd, and Reinhard Selten, eds. 2001. *Bounded rationality: The adaptive toolbox*. Cambridge, MA: MIT Press.

Gigerenzer, Gerd, Jean Czerlinski, and Laura Martignon. 2002. How good are fast and frugal heuristics? In *Heuristics and biases: The psychology of intuitive judgment*, ed. Thomas Gilovich, Dale Griffin, and Daniel Kahneman, 559–581. New York and Cambridge, England: Cambridge University Press.

Gilovich, Thomas, and Dale Griffin. 2002. Introduction—Heuristics and biases: Then and now. In *Heuristics and biases: The psychology of intuitive judgment*, ed. Thomas Gilovich, Dale Griffin, and Daniel Kahneman, 1–18. New York and Cambridge, England: Cambridge University Press.

Gilovich, Thomas, Dale Griffin, and Daniel Kahneman, eds. 2002. *Heuristics and biases: The psychology of intuitive judgment*. New York and Cambridge, England: Cambridge University Press.

Gilovich, Thomas, Robert Vallone, and Amos Tversky. 2002. The hot hand in basketball: On the misperception of random sequences. In *Heuristics and biases: The psychology of intuitive judgment*, ed. Thomas Gilovich, Dale Griffin, and Daniel Kahneman, 601–616. New York and Cambridge, England: Cambridge University Press.

Glassman, James, and Kevin Hasset. 1999. *Dow 3600: The new strategy for profiting from the coming rise in the stock market*. New York: Times Books.

Glaser, Markus, and Martin Weber. 2007. Why inexperienced investors do not learn: They do not know their past portfolio performance. *Finance Research Letters* 4: 4, 203–216.

Goetzmann, William N., and Nadav Peles. 1997. Cognitive dissonance and mutual fund investors. *Journal of Financial Research* 20: 2, 145–58.

Kahneman, Daniel. 2000a. Experience utility and objective happiness: A moment-based approach. In *Choices, values, and frames*, ed. Daniel Kahneman and 71
Amos Tversky, 673–692. New York and Cambridge, England: Russell Sage Foundation and Cambridge University Press.

Kahneman, Daniel. 2000b. Evaluation by moments: Past and future. In *Choices, values, and frames*, ed. Daniel Kahneman and Amos Tversky, 693–708. New York and Cambridge, England: Russell Sage Foundation and Cambridge University Press.

Kahneman, Daniel, and Shane Frederick. 2005. A model of heuristic judgment. In *The Cambridge handbook of thinking and reasoning*, ed. Keith J. Holyoak and Robert G. Morrison, 267–293. Cambridge, England: Cambridge University Press.

Kahneman, Daniel, Jack L. Knetsch, and Richard H. Thaler. 1991. The endowment effect, loss aversion, and status quo bias. *Journal of Economic Perspectives* 5: 1, 193–206.

Kahneman, Daniel, Paul Slovic, and Amos Tversky, eds. 1982. *Judgment un-*

der uncertainty：*Heuristics and biases*. New York and Cambridge，England：Cambridge University Press.

Kahneman，Daniel，and Amos Tversky. 1982a. Subjective probability：A judgment of representativeness. In *Judgment under uncertainty*：*Heuristics and biases*，ed. Daniel Kahneman，Paul Slovic，and Amos Tversky，32－47. New York and Cambridge，England：Cambridge University Press.

Kahneman，Daniel，and Amos Tversky. 1982b. On the study of statistical intuition. In *Judgment under uncertainty*：*Heuristics and biases*，ed. Daniel Kahneman，Paul Slovic，and Amos Tversky，493－508. New York and Cambridge，England：Cambridge University Press.

Kahneman，Daniel，and Amos Tversky，eds. 2000a. *Choices*，*values*，*and frames*. New York and Cambridge，England：Cambridge University Press.

Kahneman，Daniel，and Amos Tversky. 2000b. Prospect theory：An analysis of decision under risk. In *Choices*，*values*，*and frames*，ed. Daniel Kahneman and Amos Tversky，17－43. New York and Cambridge，England：Cambridge University Press.

Levitt，Stephen D.，and John A. List. 2009. Field experiments in economics：The past，the present，and the future. *European Economic Review* 53：1，1－18.

Lichtenstein，Sarah，and Paul Slovic. 1971. Reversals of preference between bids and choices in gambling decisions. *Journal of Experimental Psychology* 89：1，46－55.

Lichtenstein，Sarah，and Paul Slovic. 1973. Response-induced reversals of preference in gambling：An extended replication in Las Vegas. *Journal of Experimental Psychology* 101：1，16－20.

Loomes，Graham，and Robert Sugden. 1982. Regret theory：An alternative theory of rational choice under uncertainty. *Economic Journal* 92：368，805－824.

Nelson，Richard R.，and Sidney G. Winter. 1982. *An evolutionary theory of economic change*. Cambridge，MA and London：Belknap Press of Harvard University Press.

Rieskamp，Jörg，Ralph Hertweg，and Peter M. Todd. 2006. Bounded rationality：Two views from psychology. In *Handbook of contemporary behavioral economics*，ed. Morris Altman，218－237. Armonk，NY：M. E. Sharpe.

Simon，Herbert A. 1957. A behavioral model of rational choice. In *Models of man*：*Social and rational*，ed. Herbert A. Simon，24－60. New York：John Wiley & Sons，Inc.

Simon，Herbert. 1982. *Models of bounded rationality*：*Behavioral economics and business organization*, Vol. 2, 84 - 121, 408 - 494. Cambridge, MA: MIT Press.

Simon, Herbert. 1986. Rationality in psychology and economics. In *Rational choice: The contrast between economics and psychology*, ed. Robin M. Hogarth and Melvin W. Reder, 25 - 40. Chicago: University of Chicago Press.

Simon, Herbert. 1998. Personal communication to Hugh Schwartz, cited in Hugh Schwartz, *Rationality gone awry? Decision making inconsistent with economic and financial theory*, 43. Westport, CT and London: Praeger.

Simon, Herbert, and Allen Newell. 1982. Heuristic problem solving: The next advance in operations research. In *Models of bounded rationality: Economic analysis*, Vol. 1, ed. Herbert A. Simon, 380 - 389. Cambridge, MA: MIT Press.

Sloman, Steven A. 2002. Two systems of reasoning. In *Heuristics and biases: The psychology of intuitive judgment*, ed. Thomas Gilovich, Dale Griffin, and Daniel Kahneman, 379 - 396. New York and Cambridge, England: Cambridge University Press.

Slovic, Paul. 1972. Psychological study of human judgment: implications for investment decision making. *Journal of Finance* 27: 4, 779 - 799.

Slovic, Paul, 2000. The construction of preference. In *Choices, values, and frames*, ed. Daniel Kahneman and Amos Tversky, 489 - 502. New York and Cambridge, England: Cambridge University Press.

Slovic, Paul, Melissa Finucane, Ellen Peters and Donald G. MacGregor, 2002. The affect heuristic. In *Heuristics and biases: The psychology of intuitive judgment*, ed. Thomas Gilovich, Dale Griffin, and Daniel Kahneman, 397 - 420. New York and Cambridge, England: Cambridge University Press.

Slovic, Paul, Dale Griffin, and Amos Tversky, 2002. Compatibility effects 72
in judgment and choice. In *Heuristics and biases: The psychology of intuitive judgment*, ed. Thomas Gilovich, Dale Griffin, and Daniel Kahneman, 217 - 229. New York and Cambridge, England: Cambridge University Press.

Statman, Meir, Kenneth L. Fisher, and Deniz Anginer. 2008. Affect in a behavioral asset-pricing model. *Financial Analysts Journal* 64: 2, 20 - 26.

Tetlock, Philip E. 2002. Theory-driven reasoning about plausible pasts and probable futures in world politics. In *Heuristics and biases: The psychology of intuitive judgment*, ed. Thomas Gilovich, Dale Griffin, and Daniel Kahneman, 749 - 762. New York and Cambridge, England: Cambridge University Press.

Thaler, Richard H., and Shlomo Benartzi. 2004. Save more tomorrow: Using behavioral economics to increase employee saving. *Journal of Political Economy* 112: S,

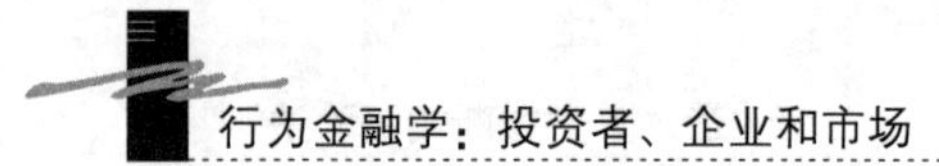

164 - 187.

Thaler，Richard H.，and CassR. Sunstein. 2008. Nudge：*Improving decisions about health，wealth，and happiness*. New Haven and London：Yale University Press.

Tversky，Amos，and Daniel Kahneman. 1982a. Judgment under uncertainty：Heuristics and biases. In *Judgment under uncertainty：Heuristics and biases*，ed. Daniel Kahneman，PaulSlovic，and Amos Tversky，3 - 20. New York and Cambridge，England：Cambridge University Press.

Tversky，Amos，and Daniel Kahneman. 1982b. Belief in the law of small numbers. In *Judgment under uncertainty：Heuristics and biases*，ed. Daniel Kahneman，Paul Slovic，and Amos Tversky，23 - 31. New York and Cambridge，England：Cambridge University Press.

Tversky，Amos，and Daniel Kahneman. 2002. Extensional versus intuitive reasoning：The conjunction fallacy in probability judgment. In *Heuristics and biases：The psychology of intuitive judgment*，ed. Thomas Gilovich，Dale Griffin，and Daniel Kahneman，19 - 48. New York and Cambridge，England：Cambridge University Press.

Tversky，Amos，and Derek J. Kochler. 2002. Support theory：A nonextensional representation of subjective probability. In *Heuristics and biases：The psychology of intuitive judgment*，ed. Thomas Gilovich，Dale Griffin，and Daniel Kahneman，441 - 473. New York and Cambridge，England：Cambridge University Press.

Tversky，Amos，Shmuel Sattath，and Paul Slovic. 2000. Contingent weighting in judgment and choice. In *Choices，values，and frames*，ed. Daniel Kahneman and Amos Tversky，503 - 517. New York and Cambridge，England：Cambridge University Press.

Wärneryd，Karl-Erik. 2001. *Stock market psychology：How people value and trade stocks*. Cheltenham，England，and Northampton，MA：Edward Elgar.

作者简介

休·施瓦茨（Hugh Schwartz）在耶鲁大学获得经济学博士学位，并且曾经执教过堪萨斯大学、耶鲁大学以及凯斯西储大学。他是美洲开发银行（IDB）的一名经济学家，曾经是乌拉圭和巴西的富布莱特学者，也是上述两国及墨西哥蒙特雷科技大学金融学院的访问教授。施瓦茨负责为 IDB 编辑成本收益分析及制造业出口方面的研究报告。他发表了很多论文以及三部专著。其中两部专著研究行为经济学，最近一本是《行为经济学导论》(2008)，由弗吉尼亚州福斯彻奇高等教育出版社出版。2009 年 7 月，他作为评审参加了由行为经济学发展学会（SABE）以及国际经济心理学研究协会（IAREP）在加拿大新斯科舍省哈利法克斯市所举办的学术研讨会议。

73 第5章　神经经济学和神经金融学

理查德·L. 彼得森（Richard L. Peterson）
市场心理咨询资本有限责任公司总经理

引　言

行为金融学通常对市场价格的异常情形和个体决策的偏好进行识别和描述。然而，对行为本身的描述并不能解释行为产生的原因，也难以一般化或被用于建构预测模型。神经经济学研究的是阐述引起决策偏误、非理性行为和集体买卖决策的生理学和心理学机制。通过使用从神经科学领域借鉴来的研究工具和技术，神经经济学家们正在获取必要的思想启示来建立人类经济行为和决策的完整经济模型。

包括神经科学、经济学、心理学、决策科学、神经病学、社会学、进化生物学、法学和伦理学在内的若干个学科领域与神经经济学在发展上是互为补益的。神经经济学不只是一门单独的学科，还是其他许多领域从业者研究该领域核心问题可采用的一套实验技术和工具。

神经经济学实验被定义为用科学的方法识别决策行为的驱动因素和修正因素。包括神经影像学和行为检测仪在内的实验装置在这类研究中是常被选择的工具。这些神经科学研究工具的应用使得经济学家们能够观测决策背后的生物驱动机制。特别是，许多经济学家热衷于对其中的非最优决策的根源进行调查研究。

神经经济学解决了经济学和金融学的许多问题，小到顾客日常消费行为的细节，大到道德和规范这样的核心问题。最近的研究使得我们在以下心理过程的理解方面取得了进展：(1) 金融风险承受；(2) 效用函数和效用评价；(3) 预期形成；(4) 学习过程；(5) 信息解读，例如在框架效应、参考点和情感负荷条件下；(6)[1] 概率估计；(7) 选择的社会效应；(8) 互惠、利他主义和道德。从上面所列的内容可以看出，神经经济学家的研究范围甚广，涵盖范围从实践领域到哲学领 74
域。但正是因为神经经济学的新颖性及研究范围的广泛性，其研究成果的可信性就不那么确定了。只有在一个可控的实验环境下，将复杂的概率问题还原到可验证的假说中，可重复的实验研究才是可行的，然而这是一个复杂且耗时的过程。因而神经经济学家通过巧妙的实验设计和对已有假说的仔细验证来推动经济科学和决策理论逐步发展。

本章主要描述神经经济学家的工作取得的相关进展，这些进展将有助于我们理解金融风险（包括效用的概念、情绪启动、概率评估和参考点）和金融选择的社会影响（包括道德观念，例如互惠、合作、信任和报复）。因此，本章的其余内容由四部分组成：神经科学入门、研究方法、决策与偏误、概要和结论。

神经科学入门

人类的大脑结构已经进化上千年了，通过自我保护和自我更新的机制，人类已经胜过其祖先了。大脑精妙的结构设计能高效地感知和解读信息，由此在社会阶级的竞争中获得成功，并且能做到趋利避害。人类大脑在石器时代进化为最佳的形态，这个时代的危险和机遇大多是立即发生的，社会成员之间的交流仅限于同族内部。石器时代人类的大脑并不适用于处理包含复杂信息的现代经济决策。在行为金融学研究中发现的决策偏误可以在大脑的生物演化中找到生理基础。

大脑的运转可分为不同的层次，从单个分子的极小的运动到脑叶间的广泛联系。在分子层面，神经活动是由神经化学物质、微小的电流、基因（蛋白）转录和遗传的细胞环境所驱动的。在结构层面，存在跨大脑区域的神经回路，人类的复杂思考和行为正是由此而产生的。大脑活动的微观机制和宏观机制之间复杂的相互依存关系是我们从神经系统层面完整地理解大脑的基础。

① 原书为 7，疑误。——译者注

在神经经济学文献中，很多有意思的发现通常都表现为参考主体的生物特性（比如基因禀赋、神经激活和个性特征）和主体行为（比如显示偏好、买卖决策和行为观察）在统计上显著的相关性。对于神经经济学家来说，神经生理学（比如血流的波动、电生理活动、神经递质活动和细胞的新陈代谢）和神经解剖学（比如大脑的损伤或结构、激素水平、神经递质受体）的进化都专注于其与经济学和策略决策之间的关系。只有在对神经生物学进行认知的基础上，才能更好地理解神经经济学的研究。

75 三位一体的大脑

从概念上可以把大脑分为三个解剖分区。每个分区就像洋葱的一层，最外面一层负责分析决策这类复杂程序。刺激、情感和动机来自中间一层，维持生命的生理过程就依靠最里面一层了。这一概念化的模式就被称为三位一体的大脑（MacLean，1990）。

最外面的一层叫皮层，是大脑的逻辑中心。它是执行控制操作和运动控制的管理者。被称为前额皮层（prefrontal cortex）的这部分皮层是本章最有趣的部分。前额皮层与抽象思维、规划能力、计算学习的能力和战略决策相关（Prabhakaran，Rypma and Gabrieli，2001）。皮层的另一部分，即岛页皮层（insular cortex），直接由新皮层进化而来。但我们本章提到皮层时，基本是指新皮层和前额皮层，并不包括岛页皮层，因为它被认为是由更老的皮层的一部分进化而来的，而且结构上是大脑的边缘系统中的一部分。

大脑的边缘系统是情感的引发器。边缘系统是类似恐惧和兴奋等最原始的刺激和情绪的源头。图 5—1 中展示了皮层和边缘系统。大脑的第三部分被称为中脑（也就是“爬虫类脑”）。中脑管理身体最基本的生理运动，包括呼吸、觉醒、心跳，在这章中，我们不会再进一步讨论。

通过大脑的这三层的是神经通路，其功用是传递、合并和处理信息。特别是，有两条路径被发现和金融决策高度相关。从亚里士多德时代开始，科学家们和哲学家们就简单地假设大脑存在两种主要功能，这两种功能对几乎所有人类的行为都是非常重要的，分别是奖赏（追求快乐）系统和风险厌恶（远离痛苦）系统（Spencer，
76 1880）。这两个激发系统可以被独立地激发或抑制。当人们面临潜在的金融收益或损失时，这两个机制中的一个单独或两个同时在决策过程中发挥着作用。本章将展示大脑的两个特定系统，以及情感（情绪上和感觉上）状态和金融决策之间直接相关的经验证据。

奖赏系统

当感知到环境中存在潜在收益时，大脑的奖赏系统就会开始工作。总的来说，奖赏系统主要是协调对潜在收益的搜寻、评价和追逐。在奖赏系统中，携有信息的

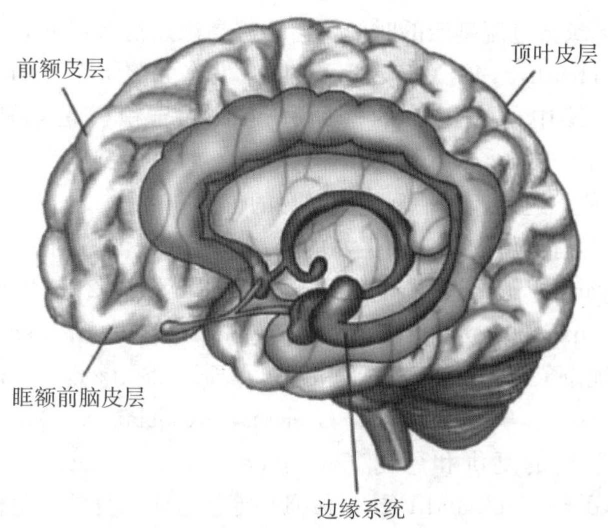

图 5—1　整个大脑的描述

注：边缘系统位于皮层的下面，前额皮层位于前额的后面，眶额前脑皮层（OFC）位于双眼的后部和鼻窦上方，顶叶皮层位于大脑的后部。

神经元主要通过神经递质多巴胺传递信号。奖赏系统位于大脑五条主要多巴胺通路之一——中间边缘通路（见图 5—2），它从大脑底部通过在边缘系统中的伏隔核（Nacc）一直延伸到正面突起（MPFC）的灰白质和带状前回（ACG）（Bozarth，1994）。

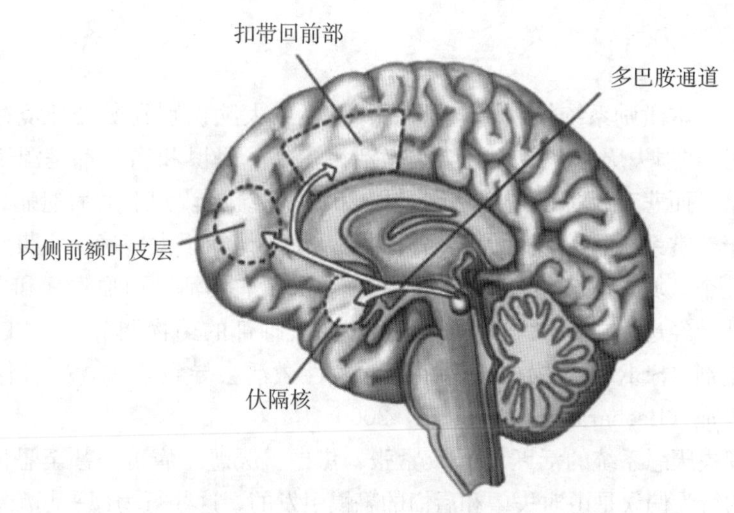

图 5—2　大脑的奖赏系统

注：中脑内的一组多巴胺神经元在整个前额皮层中发送信息。

多巴胺在历史上曾被叫做大脑的快乐化学物质。最近的发现表明，多巴胺在注意力、情绪、学习、刺激和奖赏的评价以及追求方面都发挥着重要作用（许多功能 77

之一）。当大脑区域被电流刺激的时候，会分泌高浓度的多巴胺，而其外在表现为强烈的幸福感（Heath，1964）。吸毒也可以激发有关奖赏系统的多巴胺，使其活跃起来。奖赏系统中的多巴胺的活跃程度似乎与积极情绪相关（Knutson，Adams，Fong and Hommer，2001）。

奖赏系统方便、迅速地评估环境中潜在的价值和威胁。当然，许多物品和目标被感知的时候就是有价值的，比如美妙的味道（尤其是油腻的、甜的和咸的食物，O'Doherty，Dayan，Friston，Critchley and Walter，2002）、性吸引（Karama，Lecours and Leroux，2002）、慷慨（Rilling，Gutman，Zeh，Pagnoni，Berns and Kilts，2002）、地位象征（例如奢侈品和跑车，Erk，Spitzer，Wunderlich，Galley and Walter，2002）、笑（Mobbs，Greicius，Abdelazim，Menon and Reiss，2003）、对离经叛道的复仇和惩罚（de Quervain，Fischbacher，Treyer，Schellhammer，Scgbyder，Buck and Fehr，2004）等。这些本身就有价值的事件都会激活大脑的奖赏系统。

奖赏追求和善于社交（比如合群性）是外向的人的性格特征。神经科学学者发现大脑奖赏系统的活跃和外向性正相关（Cohen，Young，Baek，Kessler and Ranganath，2005）。同时，科恩（Cohen）等报告说当接受经济奖赏时，多巴胺 D2 受体 A1 等位基因的出现与性格外向性特征和奖赏系统活跃的强度是相关的。

对奖赏系统反应差或不敏感容易导致人精神萎靡、缺少活力，并因此为了寻求代偿兴奋感，而沉迷于类似病态赌博或消费上瘾的猎奇性的金融行为。短期的获得可以激活多巴胺进入奖赏系统中。

损失厌恶

另一个基本激励系统控制着“损失厌恶”。当大脑识别到所处环境存在潜在威胁或危险时，“损失厌恶”系统就会被激活。焦虑、恐惧和痛苦都是源于损失厌恶系统的情绪，而悲观及抑郁的想法则是损失厌恶系统在认知上的后遗症。

相较于奖赏系统，人们对大脑损失厌恶系统的认知不太精确。它贯穿于大脑边缘系统的几个区域，尤其是大脑杏仁核和前脑岛，它的活动由血清素和去甲肾上腺素（在其他神经递质中）调节，同时也可以由抗抑郁的药物调节，比如 5—羟色胺再摄取抑制剂（SSRIs）。损失厌恶系统的急性激活会导致焦虑，并且伴有主观体验和生理表征（Bechara and Damasio，2000）。

大脑损失厌恶系统的活跃会导致紧张、焦虑、厌恶、痛苦，甚至恐慌。损失厌恶所导致的行为偏误是由对失望和后悔的恐惧引发的，这些行为似乎起源于杏仁核的活跃（DeMartino，Kumaran，Holt and Dolan，2009）。前脑岛是原始皮层的一部分，控制着恶心、痛苦和损失的体验（Wright，Shapira，Goodman and Liu，2004）。在投资实验中，前脑岛的活跃导致对风险的过度厌恶。损失厌恶系统中的激素和化学通路是心理压力和生理压力产生的源头。

损失厌恶系统的激活，通过血流激素和神经递质的释放，影响着整个躯体。对威胁的感知激活下丘脑—脑垂体—肾上腺轴（HPA轴），导致压力激素及肾上腺素（adrenaline）被分泌到血流中。面对危险时，躯体的交感神经系统（SNS）将神经信号传送至每个主要器官系统，使得整个躯体处于“战斗或逃避”的准备中。如果存在威胁或正在经历恐惧，那么交感神经系统激活的征兆包括战栗、排汗、心跳速 78
率加快、呼吸短浅以及瞳孔放大，SNS还会引起物理症状和体征的恐慌。就像我们在接下来一章将要讨论的一样，对市场波动的感知会引起交易者皮质醇（一种压力荷尔蒙）含量的升高（Coates and Herbert，2008）。

损失厌恶系统的慢性激活体现在一个人神经过敏的性格上（Flory，Manuck，Mattews and Muldoon，2004）。神经过敏表现为具有风险厌恶的特点。神经过敏的发病率与5—羟色胺（S等位基因）的运输基因的缺少存在弱相关性，这也导致了5—羟色胺敏感性的降低（Arnold，Zai and Richter，2004）。

对厌恶情绪的预感、有毒物质的刺激（Simmons，Matthews，Stein and Paulus，2004）以及对选择性厌恶的处理（Wright et al.，2004）都涉及大脑的前脑岛。保卢斯、罗加尔斯基、西蒙斯、范斯坦和斯坦（Paulus，Rogalsky，Simmons，Feinstein，and Stein，2003）的研究表明，前脑岛的活跃与风险规避决策有关。保卢斯等指出，第一，在实验中，被实验者选择一个“危险的”的回应与选择一个“安全的”回应相比，前者前脑岛的活跃度明显强于后者。第二，研究者发现前脑岛的活跃度与被实验者选择一个“安全的”回答会受到惩罚性回应的概率相关。第三，前脑岛的活跃度与被实验者对伤害的回避程度以及通过个人性格问卷测度出的神经过敏程度相关。

由于奖赏系统和损失厌恶系统影响人们思考，并且处于其潜意识之中，它们通常通过对判断、思维和行为的微妙的（或明显的）情绪影响，自动引导着人类的行为。所幸，调查者拥有一系列的工具来评估大脑的奖赏系统与损失厌恶系统的健康状况。

研究方法

研究人员采用了许多复杂的工具来研究大脑是如何工作的。在大多数情况下，神经经济学家都是在识别总体（群组）效应和决策过程中个体关键差异的基础上，通过对决策任务的信息及其框架的操作，来取得重要发现的。

对于神经经济学家而言，神经影像也许是在理解决策过程方面应用得最广泛的工具。本章所引用的大部分神经影像学使用的是功能性核磁共振成像（fMRI）。充氧的血液流是大脑新陈代谢的代理变量，而研究者可以利用fMRI使其成像。在每秒间隔时间段内，fMRI可以对大脑形成小至1×1×1毫米的成像点。除fMRI

外，另一种神经影像技术是正电子放射层扫描术（PET）。PET 可以形成比 fMRI 大一些的成像点（3 × 3 × 3 毫米），并且只有在向被试者注射放射性示踪剂的条件下才可以识别出葡萄糖代谢和血流的变化。其他一些较少使用的影像技术还包括核磁共振谱（MRS）、脑电图（EEG）和光学层析成像（一种用红外线监测大脑活动的技术）。自 20 世纪 90 年代中期以来，fMRI 由于低侵入性、少辐射曝光和相对广泛的可用性，已经成为最为常见的神经影像技术。

79 其他一些调查性的技术包括基因测试、行为测量、主观报告、心理学检测、激素测验和电生理学。电生理学包括对心率、血压、电皮反应（汗液）和其他物理变量的测量，其中大部分是关于大脑边缘和中部地区反应性全脑激活的指示变量。对眼睛瞳孔的测量使得研究者可以直接监测交感神经（SNS）的活动。在“攻击或逃避”恐慌反应中，交感神经（SNS）也发挥着作用。

肌电图（EMG）可以测量肌肉收缩时的脑电活动。当对面部肌肉使用 EMG 时，高兴和关注等状态的一些微小变化都可以被测量到。例如，如果分析师对某项投资计划很感兴趣，那么当他谈论该项投资时，其颧骨面部肌肉会有较大幅度的震动，所以说颧骨肌肉控制笑容。额头的肌肉会因关注而活跃，表现出紧缩眉头的行为，并且在市场激烈波动时期的交易员身上表现得更明显。

在 20 世纪 70—80 年代，EEG 被大量应用于决策行为研究的实验当中。EEG 同时也可检测大脑皮层表面电流活动的波动。除此之外，在临床实践中，EEG 可对癫痫病发作做出诊断。一些心理咨询师也将 EEG 应用于情绪的生物反馈（即所谓的“脑电生物反馈”）。

单神经元记录技术有生理上的侵入性，主要用于对猴子和小鼠的实验。这项技术允许实验者模拟微小神经束的活动，包括那些计算不同决策选择所具有的预期价值的神经活动（Glimcher，2003）。类似聚合酶链式反应（PCR）这样的基因测序技术反映了基因与显著的个人特征及行为特点（如金融风险行为）的关联性。研究者对血液、唾液和脑脊髓液的分析可以测量激素（例如对中介人的信任程度、攻击性行为，以及对压力的反应）和神经递质（包括冲动行为），尽管按目前的技术唾液仅仅能够被用来测量应激激素和基因集合。

神经病专科医生所经常使用的一项技术是对有特殊脑部损伤的病人的研究。这项技术在 20 世纪 90 年代中期引起了行为经济学家的兴趣。严重程度仅次于中风或脑瘤的小脑部病变会导致孤立脑的症状。通过这些症状，我们可以获取大脑中某些特定区域的功能信息。

对饮食的控制，包括节食治疗（例如通过某一族氨基酸来内生地降低色氨酸水平）和外源化学药物的服用——如医用药物、食品、维生素、荷尔蒙及麻醉品（苯二氮卓类药物、安非他明、可卡因、四氢大麻酚和酒精饮料）——可以通过已知的神经机制显著地影响金融决策。

标准的心理学研究工具，例如自我分析报告、行为观测（大部分神经经济学实

验试图将行为观测与神经或荷尔蒙的活动联系起来）、个性测试及其他特殊的心理测量工具，包括感动、抑郁、焦虑、神经质、冲动及直觉评分量表在神经经济学研究中有广泛应用。此外，类似预期、思索、学习、校正以及计算等心理状态可以通过 fMRI 这样的神经影像技术进行检测和观察。

一种新的对个人激励状态进行监测的方法是测量声音强度的深层语音分析 80
（LVA）。在书面文件和录音记录当中，对既定偏好或情绪反应的文本分析或许是测量和量化态度、信念及情感状态的一种有用的技术工具。神经经济学实验经常试图通过建立已经观察到的生理标记和行为结果之间的联系得出有关决策过程的结论。为了应对有关“相关性不等于因果性”的批判，许多神经经济学家开始致力于从事行为预测的研究，本章中所引用的许多研究就采用了预测技术。

神经经济学研究所依赖的实验设计可以得出基于价值的决策。货币因其既可以用做奖赏也可以用做惩罚，以及具有可计量的特性和普遍价值而成为一种有用的实验工具。除货币外，许多实验也使用消费品作为绩效奖励。在前瞻性研究中，可以通过对主体的实际支出、购买、借贷和资产组合行为的长期监控，来考察短期影响和长期效果。

决策与偏误

在脑功能的每一解剖层次上，都存在诸多因素会引起个体财务决策的偏误。遗传因素对金融风险行为具有重要且深远的影响。在分子层面上，摄入诸如医用药品等化学药品，将会改造细胞内环境从而改变金融决策。在解剖学层面上，fMRI 研究已经证明，信息的提供形式、参考点的建立以及框架效应都会改变财务决策，这可以通过大脑边缘系统中脑血流所带氧气的变化预测出来。本节将回顾一些重要的神经经济学研究成果。

医用药品和非法药物的滥用会改变对金融风险的偏好

如果决策行为在某种程度上依赖于大脑中潜在的神经化学环境，那么饮食变化、医用药品与非法药物的使用、锻炼以及其他改变大脑中神经化学物质活性的技术都可以影响决策。医用药品已经应用于许多研究之中，我们可以很容易地进行管理和监测。通过行为实验，实验者已经识别出能够直接改变人们风险/收益认知的医用药品。考虑到焦虑症，这一结论便不令人惊讶：作为一种对风险认知的失调，焦虑症可以通过多种药物得到有效根治。

罗杰斯、兰开斯特、韦克利和巴格瓦（Rogers，Lancaster，Wakeley，and Bhagwagar，2004）报告了在β—受体阻滞剂类医用药品中常用的高血压药可以使被实验者减轻对风险任务中潜在金融损失的忽视。

滥用药物同样被证明会影响人们的金融决策。斯科特·得·莱恩（Scott D. Lane）研究员设计了一个实验，被实验者被给予一种确定的但价值较低的正期望值选择（0.01 美元），或者不确定性较高的零期望值选择（风险选项）。四氢大麻酚中毒的被实验者相较于服用安慰剂的参照组明显更偏好风险选择（Lane,
81 Cherek, Tscheremissine, Lieving and Pietras, 2005）。如果他们因接受风险选择而输钱，那么四氢大麻酚中毒的被实验者会明显更偏好坚持风险选择，而参照组则更愿意转向正期望值的选择。莱恩、切列克、彼得拉斯和切梅森（Lane, Cherek, Pietras, and Tcheremissine, 2004）报告了与之相似的实验结果：酒精中毒的被实验者相较于参照组更多且持续地偏好风险选择。

迪肯、艾德肯、道森、罗宾斯和萨哈金（Deakin, Aitken, Dowson, Robbins, and Sahakian, 2004）报告了一次剂量的苯二氮卓类镇静剂只会在那些有最低赢率和最高潜在赔付的实验中增加风险赌注的数量。莱恩、切梅森、里夫、努维永和切列克（Lane, Tcheremissine, Lieving, Nouvion, and Cherek, 2005）报告了在实验室条件下服用苯二氮卓类药物阿普唑仑会增加风险选择的几率。有意思的是，被实验者追逐风险的性格特征的强度可以通过考察急性药物对冒险行为的影响来预测。上述研究表明，常见的化学合成物，如医用药品和麻醉品，可以改变个人对风险选择的倾向。

金融风险承受和回报，以及损失厌恶体系

神经经济学家在改变风险决策的概念共识方面有所进展，尤其是已经发现了某些可以提升“过度”风险决策可能性的生理或心理状态。

库恩和克鲁森（Kuhnen and Knutson, 2005）2005 年发表的一项研究表明了奖励系统和损失厌恶系统在资产组合与投资失误中的作用。他们研究的目的有两个：（1）确定在 NAcc 和前脑岛部位的大脑预测活动对风险追逐和风险厌恶选择的预测是否会有所不同；（2）检查这些区域的活动是否会影响次优和最优选择。库恩和克鲁森（Kuhnen and Knutson, 2005）的研究发现 NAcc 的活跃会导致风险选择和风险追逐的错误，而前脑岛活跃则会导致无风险选择和风险厌恶的错误。这些发现与 NAcc 活跃代表收益预期（Knutson, Fong, Adams and Hommer, 2001）而前脑岛激活则代表损失预期（Paulus et al., 2003）的假说是一致的。因此，这些结果表明：先行的神经活动不仅会导致理性的选择，而且可以预测即将发生的非理性选择。由此，理性的金融决策需要一种微妙的平衡——产生差异化情绪的预期机制对于风险承担行为和风险规避行为来说可能都是必需的，然而某个机制的过分活跃则会导致错误。

总之，作者们的发现认为风险追逐选择（如在赌场赌博）和风险厌恶选择（如购买保险）可以通过 NAcc 和前脑岛两种不同的神经机制来驱动。这一发现与如下观念是一致的：NAcc 和前脑岛的活跃分别导向积极的和消极的预期情绪状态，而

刺激二者中的一种则会导致风险偏好的转变。这也许解释了为什么在赌场里赌客周围会有各种各样的赢利暗示（如价格低廉的食品、免费饮料、惊喜的礼物和潜在的高额奖金）——因为对回报的预期会激活 NAcc，而这将提高个人从风险厌恶行为转向风险偏好行为的可能性。 82

研究者发现这种"生动"的环境的确增加了金融风险。看一张性感图片会刺激 NAcc，并使被实验者更容易参与一个低期望值的赌博（Knutson，Wimmer，Kuhnen and Winkielman，2008a）。此外，与贝叶斯理性决策相比，在投资模拟中一次近期的"胜利"经验会让被实验者更倾向于采取"非理性"的风险行为（Kuhnen and Knutson，2005）。在近期风险参与中获利或个体兴奋情绪的"刺激"都会激活奖赏系统，进而导致风险参与行为进一步增加。

克鲁森、威默、里克、霍伦、普雷莱茨和罗文斯坦（Knutson，Wimmer，Rick，Hollon，Prelec，and Loewenstein，2008b）明确识别出了两种能够预示购买行为的因素。NAcc 的活跃表明了对某种消费品的"偏好"，可预测出购买行为。毫无疑问，消费者会为其喜好的物品支付更多。然而，当感觉到一件消费品"便宜"或正在进行"促销"时，MPFC 会得到刺激，这也会预示购买行为（Knutson，Rick，Wimmer，Prelec and Loewenstein，2007）。因此，如果消费者认为某件商品"很划算"，那么他们也会被驱动去购买这些他们并不真正喜欢的商品。

有研究发现，在金融市场中，某些基因标志会使得参与个体倾向于做出风险更高的金融决策，同时对框架效应也变得更为敏感。在一项基因学研究中，拥有 DRD4 基因 7—重复等位基因的被实验者在投资任务中选择比其他人高 25%的风险，而那些拥有两个短血清素运输基因（5—HTTLPR s/s）副本的被实验者选择多于其他人 28%的无风险投资（Kuhnen and Chiao，2009）。神经经济学家还发现了随着个体年龄的相对变化，其风险偏好也会随之发生变化（Mohr，Li and Heekeren，2009）。例如，一种推测认为，个体早期的生活经验与其多巴胺和血清子在一生中的生理变化是相关的，经历过经济困难时期（例如，大萧条或周期性的低资本回报时期）的人们和没有这些经历的人们在投资和储蓄的行为模式上是有所区别的（Malmendier and Nagel，2009）。

尽管遗传因素似乎对个体有终身的影响，但是后天的成长过程（如家庭和幼时经验）也会对其一生的行为产生显著的效用。研究发现，如果人们会从其一生的投资经验中学习，那么成长过程的影响会变小。

损失厌恶

很多神经经济学家通过对损失厌恶、参考点设置以及禀赋效应与神经的相关性的检测，研究了前景理论的原理（详见第 11 章）。

神经经济学家发现很多投资者更易受到意向效应（在损失情形下更易产生过度风险行为，见第 8 章）的影响，而这种更强烈的易感性可以追溯到特定的神经活

83 动。性格研究发现神经质分值高的个体在体验损失时其前脑岛反应更为强烈。如果同时进行个性测试和神经成像研究，那么对在损失条件下哪一部分会显示出风险偏好的预测会更加准确。

伦敦的神经学家的实验设计使用框架效应来研究损失厌恶情形下的神经行为。在伦敦大学学院（University College London）的一项核磁共振成像研究中，贝内代托·德·马蒂诺（Benedetto De Martino）将 10 个被实验者分为三组进行了 17 分钟的脑扫描。在每一次实验开始时，赋予被实验者约 95 英镑，并要求其在接受确定结果（获利或损失）或者进行一次赌博中选择一项。赌博输赢的结果是 50—50，并且下注的货币数量是预先给定的。最终结论是赌局的期望值与特定选择的结果是一致的，因此没有任何经济原因表明被实验者偏好确定结果还是一次赌博（De Martino，Kumaran，Seymour and Dolan，2006）。

当实验被设计为在保留现有的钱和进行赌博间做出抉择时，大部分被实验者选择保留现有的钱。比如，告诉他们如果不进行赌博那么将保留 40%的钱（保留 38 英镑），而且被实验者可以稳定地持有，结果只有 43%的被实验者选择进行输赢结果为 50—50 的赌博。如果告诉他们不进行赌博将损失 60%的钱，那么被实验者有 62%的可能愿意承担风险，即使二者的期望收益是相等的。有趣的是，德·马蒂诺的实验结果表明，损失厌恶是受描述风险时所选择的语言的诱导的。

在实验前，被实验者已经知晓实验的细节，他们知道每种情况下的可能性是相等的。然而，语言改变了他们的选择："保留 38 英镑"使其处于一种获利的框架当中，而"损失 38 英镑"则会产生损失的框架效应。当面对损失厌恶时，被实验者的扁桃腺（受到危险刺激）会被猛烈地激活。当被实验者反抗框架效应时，眶额皮层（有关理智和情感的整合）和前扣带皮层（参与整理内部矛盾）会被激活。维加诺（Vegano，2006，p. D4）的记录表明，德·马蒂诺曾指出过"我们发现每个人或多或少都存在情绪偏好，无一例外"。四名被实验者承认了其决策时的易变性。其选择行为往往依赖于框架而非收益概率，并解释道："我明白，但是无法控制自己。"

在随后的核磁共振研究中，德·马蒂诺、库玛、霍尔特和多兰（De Martino，Kumaran，Holt，and Dolan，2009）证明了存在两条不同的神经回路分别响应期望价值计算（与参考点无关的价值）和受参考点（在此实验中，指所有权，也即禀赋效应）影响的价值计算。他们的研究结果表明眼窝前额皮层和背侧纹状体的活跃度与期望值等参数一一对应。相反，腹侧的纹状体的活跃度则代表了报价相对于参考点的扭曲程度。

克鲁森等（Knutson et al.，2008b）识别出在大脑结构中的右前脑岛活化是最有可能预示禀赋效应的（见图 5—3）。当人们对失去一个本就拥有的物品（卖出该物品）所带来的潜在痛苦感觉更为敏锐时（右前脑岛的活动强烈），他们更容易表现出禀赋效应（要求更高的价格）。

正如所料，如果人类的大脑是从其他灵长类的大脑进化而来的话，那么卷尾猴更易受到损失厌恶和禀赋效应的影响（Chen，Lakshminarayana and Santos，2006）。此外，损失厌恶并不依赖于年龄。儿童虽然因为无法进行价值预期而不会投机，但也被证明存在损失厌恶，而且这种厌恶并不会因为年龄小而减轻（Harbaugh，Krause and Vesterlund，2002）。 84

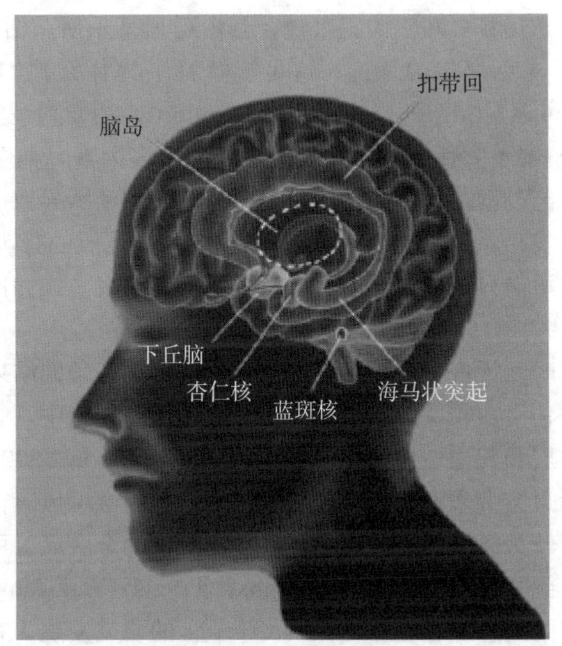

图 5—3　图解大脑损失厌恶系统的几个组成部分

注：损失厌恶系统遍布在大脑的几个结构中。这些结构与探测、处理、学习和应对潜在的威胁相关。

跨期选择和冲动

在实验中，大部分被实验者倾向于低估未来的收益，宁愿选择小且快的而非大且慢的收益，因此，他们的收益比平均投资回报率要低许多。大部分人都偏好“将钱攥在手头上”来寻求立即的回报，而非等待，这一事实引发了神经经济学家的疑问，并促使其研究此类折扣发生的行为机制。

来自普林斯顿大学的神经学家塞缪尔·麦克卢尔（Samuel McClure）和他的同事对参与折现任务的志愿者进行了脑部扫描。被实验者被要求根据自己的偏好做出一些选择。比如，他们可以通过亚马逊网站在今日获得价值 20.28 美元的礼品券或者一个月获得价值 23.32 美元的礼品券之间做出选择。更长期的实验包括选择两周获得 30 美元还是六周获得 40 美元（McClure，Laibson，Loewenstein and Cohen，2004）。

麦克卢尔等（McClure et al.，2004）发现时间贴现受两个神经系统的共同影响。边缘系统倾向于做出可获得即期收益的选择。前叶和顶叶皮层则负责所有的决

85 策。这两个神经系统分别与大脑的情绪行为和认知行为相关，在贴现型决策当中似乎这两个神经系统之间存在竞争，较高的边缘活性表明追求及时满足的可能性更大。

麦克卢尔等（McClure et al.，2004）还发现当被实验者选择大而慢的奖励时，包括侧皮层和前额皮层在内的皮层区活性增强。这些大脑区域具有高水平的认知功能，包括计划和数学运算。对于囚犯来说，其由延迟享乐所激活的皮层区域更薄，这一发现也支持了麦克卢尔的理论。这可能解释了为什么他们的决策更加短视（Yang，Raine，Lencz，Bihrle，LaCasse and Colletti，2005）。麦克卢尔等还指出："我们的研究结果解释了为什么除暂时接触之外的很多因素，如看到、闻到或触摸到所渴望的物品也与冲动行为有关。如果是边缘系统的活跃导致了急躁行为，那么可以推断出任何激发该系统的要素都可能引发与紧迫类似的行为。麦克卢尔等指出，时间上的紧迫可能只是通过激活边缘系统，从而引发急躁和冲动行为的众多因素之一。

研究人员发现时间折现可能是大脑内双重价值机制竞争的结果。在一种大脑回路中，奖赏系统评估潜在收益的数量，而在另一种大脑回路中，必然发生的延迟导致了背外侧前额皮层和其他结构钝化（Ballard and Knutson，2009）。

潜在奖励的延迟会带来不确定性，不确定性会抑制金融风险行为，特别是当支出概率和产出数量较为模糊的时候，不确定性和模糊的金融风险可以通过神经系统的活跃模式被观察到（Hsu，Bhatt，Adolphs，Tranel，and Camerer，2005）。

除了对财政奖励的急躁心理外，一项关于节食的研究发现，有关美食的脉冲控制似乎与审慎理财共用同一神经回路。对节食者的研究发现，自我控制在生物学上似乎是由腹正中前额皮层所编码的信号所控制的。锻炼自我控制能力由背外侧前额皮层（DLPFC）发出的信号调节（Hare，Camerer and Rangel，2009）。

信任、道德和利他主义

独裁者实验、信任博弈和囚徒困境都对信任和互惠问题进行了探讨。这些研究清楚地阐明了在金融决策中个体道德的天性（比如公平、慷慨、利他和惩罚等行为）。

最后通牒博弈通常被用来研究慷慨、公平和惩罚。克莱尔蒙特研究生大学（Claremont Graduate University ）的保罗·萨克（Paul Zak）使用最后通牒博弈、生物实验（血液内激素监测）、人格测验和用药管理（催产素）进行了大量的实验。在最后通牒博弈中，给予一名被实验者（提议人）一定量的货币，其可以选择分给
86 或者不分给第二名被实验者（响应人）。在提议人提出分配方案给响应人后，响应人可以选择接受或者拒绝：如果选择拒绝，那么双方都不能得到钱；如果接受，那么每名被实验者可以拿到按照之前分配方案所决定的份额。

在最后通牒博弈中，可以检测到几种氨基酸、神经递质和激素会改变人的慷慨

行为或拒绝行为。慷慨行为的关键蛋白调节因子可能是催产素。在一项研究中，萨克、斯坦顿和艾哈迈迪（Zak，Stanton，and Ahmadi，2007）发现在最后通牒博弈中通过对鼻内催产素进行控制可以提高慷慨行为的几率。在另一项相关研究中，莫亨、帕克、派普和萨克（Morhenn，Park，Piper，and Zak，2008）发现在最后通牒博弈前进行按摩可以导致更慷慨的分配方案，因为类似按摩的身体接触可以提高血液中催产素的含量。在随后由巴拉萨和萨克（Barraza and Zak，2009）进行的研究中，参与者评估他们所感受的情绪并随后进行一个 40 美元的最后通牒博弈来测度他们的慷慨程度。研究者发现移情作用导致催产素相比基线升高了 47%。他们还指出，移情作用—催产素这一作用过程在女性中更为明显。拥有更高水平同情心的人在最后通牒实验中倾向于给予陌生人更为慷慨的货币支付。催产素可能是移情作用的生理指标，而移情作用可能会调节慷慨行为。

除了催产素，神经递质血清素似乎在慷慨行为中也发挥作用，通过饮食控制氨基酸的摄取可以降低大脑中血清素的水平。克罗克特、克拉克、塔比博纳、雷伯曼和罗宾斯（Crockett，Clark，Tabibnia，Lieberman，and Robbins，2008）发现，通过饮食控制使得血清素水平得以降低的被实验者更倾向于拒绝不平等分配方案，而非平等分配方案，而且在个体情绪、公平判断以及基本报酬的处理上，抑或在反应抑制上并没有表现出明显的差异。

结构上的改变也影响慷慨和拒绝，对调节情绪反应的关键区域——腹正中前额皮层——的破坏会导致不合理的经济决策。柯尼希斯和特瑞纳（Koenigs and Tranel，2007）发现在最后通牒博弈中，腹正中前额皮层区域有所损坏的组别中对不公平的分配方案（7 美元/3 美元，8 美元/2 美元，9 美元/1 美元）的拒绝比例更高。

饮食的成分比如脂肪的摄取量也影响慷慨和拒绝。埃马努埃莱、布朗迪诺、莱、贝尔托纳和杰罗尔迪（Emanuele，Brondino，Re，Bertona，and Geroldi，2009）发现在最后通牒博弈中拒绝不平等的分配方案的被实验者明显缺乏 ALA、EPA 和 DHA。而且，拒绝不平等分配方案的被实验者的血清中 omega3 和 omega6 脂肪酸的比例明显低于不拒绝的被实验者。激素（如催产素）、神经递质（如血清素）、膳食脂肪（如 omega3 脂肪）和身体操控（如按摩）都会改变最后通牒博弈中的财务决策（对不公平分配方案的接纳或拒绝）。

从神经影像学的角度看，得・凯尔万等（de Quervain et al.，2004）报告说，当被实验者对他们觉得应该接受惩罚的人进行惩罚时（当他们进行复仇行为时），奖赏系统会被激活。因此，复仇可能是对复仇者的奖励，而这一主观的愉悦是复仇行为的动机之一。

在交易场所内的情绪和薪酬

有些研究者直接从金融市场交易者当中收集神经经济学数据，罗和列宾（Lo and Repin，2002）在交易日内对 10 名交易员进行了实时的心理生理测度，发现当

87 市场出现波动时，交易员会经历生理反应。研究还发现，缺少经验的交易员相较有经验的交易员而言更容易因为市场波动而产生生理反应。罗和列宾（p332）总结道："与一般所认为的个体情绪并不影响金融决策过程相反的是，与自主神经系统有关的生理变量同市场活动具有高度相关性，即使是经验丰富的交易员也不例外。"

科茨和霍伯特（Coates and Herbert，2008）在真实的工作条件下，从一组在伦敦城市工作的男性交易员中抽取样本。他们报告说，一个交易员早上的睾酮水平预示了其一天的盈利能力。他们还发现一个交易员的皮质醇水平随着其交易结果的变化以及市场波动而上升。他们的研究结果表明，较高的睾酮水平可能会提高交易员的经济回报，而在感知风险增加的情形下，皮质醇似乎也有所增加。由于睾酮和皮质醇被认为对个体的认知和行为有影响，作者接着假设其可能改变风险偏好甚至会影响交易员在市场条件改变时做出理性选择的能力。

有证据显示产前接触性激素特别是雄性激素会影响未来的行为，科茨、科内尔和鲁思蒂奇尼（Coates，Gurnell，and Rustichini，2009）进行了一项关于食指和无名指长度比例的随访研究，无名指较长意味着产前的雄性激素较高。在一组从事高频率交易的男性交易员中，作者发现食指和无名指的比例预示着交易员的长期收益率，他们从事交易行业的年数，以及其盈利能力对循环睾酮和市场波动提升的敏感性。

上述研究结果表明，无论是市场事件实时导致的还是子宫内本就有的激素含量，都会显著影响盈利能力和风险行为。这项激素证据也有助于理解我们的神经成像数据，睾酮可能会促进多巴胺分泌，比如说，其被认为会提高上述核磁共振实验中 NAcc 的活跃程度，从而通过神经机制提高对财务风险的评估结果。

概要和结论

神经经济学和神经金融学作为新兴学科，其主要发现仍需要进行重复实验和建构完整的模型（综合建模）。本章所展示的生物学范畴内对个体决策有影响的例子有医用药品、滥用药物、激素、饮食控制、膳食补充、业内的金融建议、按摩、最近的损益、早期的生活经验、选择的框架等。

评论

88 对神经经济学的一个重要的批评就是其很多早期的发现缺乏实验的可重复性。神经经济学研究一般都耗资巨大，所以很多学者致力于拓宽现有决策科学的边界，而不是重复他们同行的研究。

另一个批评集中在样本的大小和构成上。因为 fMRI 和其他的技术都非常昂贵，而且这类新奇研究的经费是很难获得的，所以许多 fMRI 研究局限在 20 个样

本之内甚至更少，而且这些研究对象基本都是学生。如果不同年龄段的群体在有关决策的生物机制上存在显著的差异，那么通过年轻样本所得出来的结论并不一定适用于老年群体。同时，由于大部分的样本来自大学生群体，这或许并不能反映真实世界当中的决策者的知识和经验。

另一个被关注的问题是神经经济学研究的最终效果。在非常特定的条件下所得到的研究成果并不能反映复杂的真实世界里的决策行为。此外，人们担心神经经济学的思维太过“简化”。这种批评认为神经经济学家们试图依靠少量的片段数据和解剖发现来解释和模拟人类行为，却没有将其中的冲突、矛盾以及不纯的动机考量进来，因而缺乏对复杂个体的整体性研究。只有将这些批评都纳入考虑范围，才能使金融从业者确实能够从神经经济学家那里获得益处。

对金融从业者的影响

金融从业者从神经经济学中学到的最主要的经验就是个体情绪影响其金融决策。我们不能在工作时间观察我们的“生物性”，但是我们可以留意微小的生物信号，例如感觉和情绪。为了使从业者优化他们的金融决策，有效的方法应该是找到在前面提到过的那些生物层面上影响个体决策的因素（经常是通过对个体情感过程的理解）。如果缺乏自我意识，那么对个体金融决策产生影响的生理或情绪因素就不会被有条不紊地解决。

随着人们开始意识到生理因素会影响人们的金融决策（不管是血液研究、基因调查，还是对决策情绪化的自我意识），能够最大化自己的优势、最小化自己的缺陷的计划便可得到实行。为了提高在金融决策上的情绪平衡，三种技术手段或许是有帮助的。第一，从业者可以在他们的工作中观察和注意最优的和非最优的决策。为此，强烈建议从业者坚持写决策日记。第二，最优的和非最优的决策的情绪征兆——是否与一个人的教养、基因、荷尔蒙、食谱、睡眠方式、最近的金融收益或情绪刺激相关——都需要被认定。除了基因和血液测试之外，沉思练习可以使得个体对其稍纵即逝的情绪以及它对决策的影响有更为清晰的认识。第三，最小化已知错误的行为规划必须得到落实。当我们第一次对某件事情产生情绪化的反应，并且决定制订一个计划去处理这种不良反应时，上面所述的行动计划便产生了。比如，当一个长期投资者在一天内看到股价一直波动，就可能会产生强烈的情绪反应（并 89
且卷入不适应的交易行为之中）。因此，这个决策者应该限制自己的查询价格的行为，并遵循（并在行为上强制）只在必要的和提前计划好的时间段查询价格。

在金融决策中，中立的信念和灵活的预期是一种能够减少偏见的心理学“重构”手段。从业者尤其不能以绝对完美的标准来要求他们的决策。索罗斯（Soros，1995）在他的众所周知的“不可靠的信念”中提供了一个绝妙的例子。索罗斯解释说，对于其他人来说，犯错误是可耻的，但他认为他自己的错误是骄傲之源。索罗斯认为由于对事物的不完全理解是人类社会的常态，因此犯错误并不是耻辱，不能

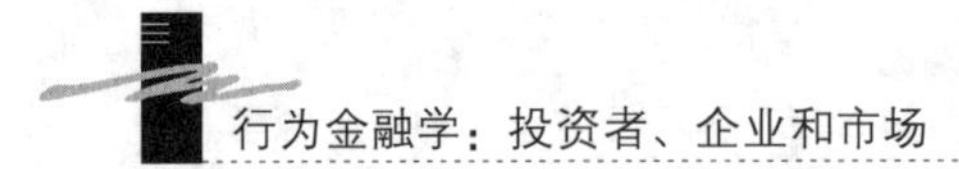

更正错误才是耻辱。

比艾斯、希尔顿、马祖里奥和波格（Biais，Hilton，Mazurier，and Pouge，2002，p. 3）发现“高水平的自我监控”的交易员在实验中的表现比他们的同事要好。意识到自身的情绪状态是重要的，而避免对其进行任何价值判断更是至关重要的。例如，“我不应该感觉这样”或者“我确实擅长这个”的评价在未来会干扰决策。价值判断本身会引起进一步的情绪反应，比如烦恼、厌恶、愤怒、沮丧和自得。

冥想、平和地反思，以及沉思是人类几千年来提高自我意识的方法。金融从业者应该学会关注其决策背后的想法、感觉和态度。在这种自我反省过程中，他们可能会注意到自己的感觉、信念和行动的模式以及其间隐含的相互关系。在冥思过程中注意到的情绪性反应、冲动和过敏性反应需要被记录下来，因为当一个人处在压力之下时，它们经常会发展到严重影响其金融决策的地步。

成功的金融从业者尽量使他们的决策过程系统化。作为对意外事件随时做好准备的专业人士，他们对未被预料到的事物保持好奇的心态，而不是像新手那样忧虑、恐惧和回避。就像 罗和列宾（Lo and Repin，2002）以及科茨和霍伯特（Coates and Herbert，2008）认为的那样，专业人士在面对市场波动时，生理学上的反应就是释放压力荷尔蒙（皮质醇），所以为了改善从业者的决策，这样的反应应当被进一步监测和管控。通过各种条件和经验来调节市场压力，可以预防凌驾于理性决策过程之上的压倒性情绪的出现。此外，提前预防潜在危机可以增强一个人对危机的防范、应对及可控能力。当危机确实发生时，便可更好地做出决策。

更加有争议的是，本章的一些数据表明，一些人在生物学上被认为可以在特定的金融决策环境中表现得更好，所以生物测试可以指导公司招聘，从而提升公司业绩。人力资源部门利用心理学来测试求职者也是出于相似的考虑。我自己的公司，一直热衷于类似的认知和情感方面的技术发展。

正如本章所回顾的，存在许多不同的生理因素可以预示个人在经济环境中所做的经济决策。对于从业者来说，努力提高自己的金融决策能力仍然是一个持久的但同时也是可以完成的挑战。

90

讨论题

1. 与行为金融的描述性研究相比较，神经经济学如何探索非最优金融决策和行为？

2. 从生物学角度来说，哪些大脑结构和化学物质影响着金融决策？

3. 神经经济学被证明可以教给金融从业者（交易员、投资经理及其他）怎样的经验？

4. 对神经经济学的最主要的批判是什么？

参考文献

Arnold，Paul D.，GwynethZai，and Margaret A. Richter. 2004. Genetics and anxiety disorders. *Current Psychiatry Reports* 6：4，243－254.

Ballard，Kacey，and Brian Knutson. 2009. Dissociable neural representations of future reward magnitude and delay during temporal discounting. *NeuroImage* 45：1，143－150.

Barraza，Jorge A.，and Paul J. Zak. 2009. Empathy toward strangers triggers oxytocin release and subsequent generosity. In *Annals of the New York Academy of Sciences. Values，empathy，and fairness across social barriers*，182－189. New York：New York Academy of Sciences.

Bechara，Antoine，Hannah Damasio，and Antonio R. Damasio. 2000. Emotion，decision making and the orbitofrontal cortex. *Cerebral Cortex* 10：3，295－307.

Biais，Bruno，Denis Hilton，KarineMazurier，and S'ebastien Pouge. 2002. Psychological traits and trading strategies. Center for Economic Policy Research (CEPR) Discussion Paper No. 3195. Available at http://papers.ssrn.com/sol3/papers.cfm? abstract id=302026.

Bozarth，Michael A. 1994. Pleasure systems in the brain. In *Pleasure：The politics and the reality*，ed. David M. Warburton，5－14. New York：John Wiley & Sons，Inc.

Chen，M. Keith，Venkat Lakshminarayanan，and Laurie R. Santos. 2006. How basic are behavioral biases? Evidence from capuchin monkey trading behavior. *Journal of Political Economy* 114：3，517－537.

Coates，John M.，and Joe Herbert. 2008. Endogenous steroids and financial risk-taking on a London trading floor. *Proceedings of the National Academy of Sciences* 105：16，6167－6172.

Coates，John M.，MarkGurnell，and Aldo Rustichini. 2009. Second-to-fourth digit ratio predicts success among high-frequency financial traders. *Proceedings of the National Academy of Sciences* 106：2，623－628.

Cohen，Michael X.，Jennifer Young，Jong-MinBaek，Christopher Kessler，and Charan Ranganath. 2005. Individual differences in extraversion and dopamine genetics predict neural reward responses. *Brain Research. Cognitive Brain Research* 25：3，851－861.

Crockett, Molly J., Luke Clark, Golnaz Tabibnia, Matthew D. Lieberman, and Trevor W. Robbins. 2008. Serotonin modulates behavioral reactions to unfairness. *Science* 320: 5884, 1739.

Deakin Julia B., Michael Aitken, Jonathon Dowson, Trevor Robbins, and BarbaraSahakian. 2004. Diazepam produces disinhibitory cognitive effects in male volunteers. *Psychopharmacology* 173: 1-2, 88-97.

De Martino, Benedetto, Dharshan Kumaran, Ben Seymour, and Raymond J. Dolan. 2006. Biases and rational decision-making in the human brain. *Science* 313: 5787, 684-687.

De Martino, Benedetto, Dharshan Kumaran, Beatrice Holt, and Raymond J. Dolan. 2009. The neurobiology of reference-dependent value computation. *Journal of Neuroscience* 29: 12, 3833-3842.

de Quervain, Dominique J.-F, Urs Fischbacher, Valerie Treyer, Melanie
91 Schellhammer, Ulrich Schnyder, Alfred Buck, and Ernst Fehr. 2004. The neural
basis of altruistic punishment. *Science* 305: 5688, 1254-1258.

Emanuele, Enzo, Natascia Brondino, Simona Re, Marco Bertona, and Diego Geroldi. 2009. Serumomega-3 fatty acids are associated with ultimatum bargaining behavior. *Physiology & Behavior* 96: 1, 180-183.

Erk, Susanne, Manfred Spitzer, Arthur P. Wunderlich, Lars Galley, and HenrikWalter. 2002. Cultural objects modulate reward circuitry. *Neuroreport* 13: 18, 499-503.

Flory, Janine D., Stephen B. Manuck, Karen A. Matthews, and Matthew F. Muldoon. 2004. Serotonergic function in the central nervous system is associated with daily ratings of positive mood. *Psychiatry Research* 129: 1, 11-19.

Glimcher, Paul W. 2003. *Decisions, uncertainty, and the brain: The science of neuroeconomics*. Cambridge, MA: MIT Press.

Harbaugh, William, Kate Krause, and Lise Vesterlund. 2002. Prospect theory in choice and pricing tasks. Working Paper, Economics Department, University of Oregon.

Hare, Todd A., Colin F. Camerer, and Antonio Rangel. 2009. Self-control in decision-making involves modulation of the vmPFC valuation system. *Science*. 324: 5927, 646-648.

Heath, Robert Galbraith. 1964. Pleasure response of human subjects to direct stimulation of the brain: Physiologic and psychodynamic considerations. In *The role of pleasure in human behavior*, ed. Robert Galbraith Heath, 219-243. New

York：Hoeber.

Hsu，Ming，Meghana Bhatt，Ralph Adolphs，Daniel Tranel，and Colin F. Camerer. 2005.

Neural systems responding to degrees of uncertainty in human decision-making. *Science* 310：5754，1680－1683.

Karama，Sherif，Andr'e Roch Lecours，and Jean-Maxime Leroux，2002. Areas of brain activation in males and females during viewing of erotic film excerpts. *Human Brain Mapping* 16：1，1－13.

Knutson，Brian，Christopher Adams，Grace W. Fong，and Daniel Hommer. 2001. Anticipation of increasing monetary reward selectively recruits nucleus accumbens. *Journal of Neuroscience* 21：RC159，1－5.

Knutson，Brian，Grace Fong，Christopher S. Adams，and Daniel Hommer. 2001. Dissociation of reward anticipation versus outcome with event-related FMRI. *Neuro Report* 12：174，3683－3687.

Knutson，Brian，Scott Rick，G. Elliott Wimmer，Drazen Prelec，and George Loewenstein. 2007. Neural predictors of purchases. *Neuron* 53：1，147－57.

Knutson，Brian，G. Elliott Wimmer，Camelia M. Kuhnen，and Piotr Winkielman. 2008a. Nucleus accumbens activation mediates the influence of reward cues on financial risk taking. *Neuro Report* 19：5，509－513.

Knutson，Brian，G. ElliottWimmer，Scott Rick，Nick G. Hollon，Drazen Prelec，and George Loewenstein. 2008b. Neural antecedents of the endowment effect. *Neuron* 58：5，814－822.

Koenigs，Michael. and Daniel Tranel. 2007. Irrational economic decision-making after ventromedial prefrontal damage：Evidence from the ultimatum game. *Journal of Neuroscience* 27：4，951－956.

Kuhnen，Camelia M.，and Brian Knutson. 2005. The neural basis of financial risk-taking. *Neuron* 47：5，763－770.

Kuhnen，Camelia M.，and Joan Y. Chiao. 2009. Genetic determinants of financial risk taking. Available at *PLoS ONE* 4：2，e4362. doi：10. 1371/journal. pone. 0004362.

Lane，Scott D.，Don R. Cherek，Cynthia J Pietras，and Oleg V Tcheremissine. 2004. Alcohol effects on human risk taking. *Psychopharmacology* 172：1，68－77.

Lane，Scott D.，Don R. Cherek，Oleg V. Tcheremissine，Lori M. Lieving，and Cynthia J. Pietras. 2005. Acute marijuana effects on human risk taking. *Neuropsychopharmacology* 30：4，800－809.

92 Lane, Scott D., Oleg V. Tscheremissine, Lori M. Lieving, Sylvain Nouvion, and Don R. Cherek. 2005. Acute effects of alprazolam on risky decision making in humans. *Psychopharmacology* 181: 2, 364 - 373.

Lo, Andrew, and Dmitry Repin. 2002. The psychophysiology of real-time financial risk processing. *Journal of Cognitive Neuroscience* 14: 3, 323 - 339.

MacLean, Paul D. 1990. *The triune brain in evolution: Role in paleocerebral functions*. NewYork: Plenum Press.

Malmendier, Ulrike, and Stefan Nagel. 2009. Depression babies: Do macroeconomic experiences affect risk-taking? NBER Working Paper Series, Volume 14813. Available at SSRN: http://ssrn.com/abstract=1369049.

McClure, Sam M., David I. Laibson, George Loewenstein, and Jonathan D. Cohen. 2004. Separate neural systems value immediate and delayed monetary rewards. *Science* 306: 5695, 503 - 507.

Mobbs, Dean, Michael D Greicius, Eiman Abdel-Azim, Vinod Menon, and Allan L Reiss. 2003. Humor modulates the mesolimbic reward centers. *Neuron* 40: 5, 1041 - 1048.

Mohr, Peter N. C., Shu-Chen Li, and Hauke R. Heekeren. 2009. Neuroeconomics and aging: Neuromodulation of economic decision making in old age. *Neuroscience & Biobehavioral Reviews*, forthcoming.

Morhenn, Vera B., Jang Woo Park, Elisabeth Piper, and Paul J. Zak. 2008. Monetary sacrifice among strangers is mediated by endogenous oxytocin release after physical contact. *Evolution and Human Behavior* 29: 6, 375 - 383.

O'Doherty, John R., Peter Dayan, Karl Friston, Hugo Critchley, and Raymond J. Dolan. 2003. Temporal difference models and reward-related learning in the human brain. *Neuron* 38: 2, 329 - 337.

Paulus, Martin P., Corianne Rogalsky, Alan Simmons, Justin S Feinstein, and Murray B. Stein. 2003. Increased activation in the right insula during risk-taking decision making is related to harm avoidance and neuroticism. *NeuroImage* 19: 4, 1439 - 1448.

Prabhakaran, Vivek, Bart Rypma, and John Gabrieli. 2001. Neural substrates of mathematical reasoning: A functional magnetic resonance imaging study of neocortical activation during performance of the necessary arithmetic operations test. *Neuropsychology* 15: 1, 115 - 127.

Rilling, James K., David A. Gutman, Thorsten R. Zeh, Giuseppe Pagnoni, Gregory S. Berns, and Clinton D. Kilts. 2002. A neural basis for social cooperation. *Neuron* 35: 2, 395 - 405.

Rogers，R. D，M. Lancaster，J. Wakeley，and Z. Bhagwagar. 2004. Effects of betaadrenoceptor blockade on components of human decision-making. *Psychopharmacology* 172：2，157 - 164.

Simmons Alan，Scott C. Matthews，Murray B. Stein，and Martin P. Paulus. 2004. Anticipation of emotionally aversive visual stimuli activates right insula. *Neuroreport* 15：14，2261 - 2265.

Soros，George. 1995. *Soros on Soros*. New York：JohnWiley & Sons.

Spencer，Herbert. 1880. *Principles of psychology*. New York：Appleton Press.

Vergano，Dan. 2006. Study：Ask with care：Emotion rules the brain's decisions. *USA Today*，August 7，p. D4.

Wright Paul，G. He，Nathan A. Shapira，Wayne K. Goodman，and Yijun Liu. 2004. Disgust and the insula：fMRI responses to pictures of mutilation and contamination. *Neuroreport* 15：15，2347 - 2351.

Yang，Yaling，Adrian Raine，Todd Lencz，Susan Bihrle，Lori LaCasse，and Patrick Colletti. 2005. Volume reduction in prefrontal gray matter in unsuccessful criminal psychopaths. *Biological Psychiatry* 57：10，1103 - 1108.

Zak，Paul. J.，Angela Stanton，and Sheila Ahmadi. 2007. Oxytocin increases generosity in humans. Available at http://thesciencenetwork.org/docs/BB3/Zak Oxytocin.pdf.

作者简介 93

理查德·L. 彼得森（Richard L. Peterson），作为证券投资组合的经理和顾问，其研究一直着重于心理学和金融市场的交叉领域。他是市场心理咨询资本有限责任公司的总经理，该公司是一个基于心理学的量化资本管理公司。通过该公司的咨询业务，他训练金融从业人士从心理学的视角来改善其决策，因此增强了与客户之间的联系，同时也使自己在市场波动中学习、成长。彼得森博士的金融心理学研究成果已经多次发表在国际领先的学术期刊以及诸多财经媒体上，美国全国广播公司财经频道（CNBC）、美国国家公共电台（NPR）、英国广播公司（BBC）都曾报道过他。他的著作《在投资者的大脑中》（Wiley，2007）被《巴伦周刊》杂志誉为“不同凡响”和“有开创性的主题”。他的另外一本书《市场心理：如何应对恐惧并建立投资者身份》在 2010 年秋季由威利出版社出版。彼得森博士以优异成绩获得了得克萨斯大学的电气工程（BS）、艺术学（BA）和医学（MD）等专业的学位。他在斯坦福大学开展了神经经济学的研究生工作，并且成了一名具有执业资格证书的精神病学家。目前，他同妻子和两个女儿生活在洛杉矶。

第6章 情绪金融学：潜意识在金融决策中的作用

95

理查德·J. 泰弗勒（Richard J. Taffler）
英国曼彻斯特商学院财务和会计学教授

戴维·A. 塔克特（David A. Tuckett）
精神分析学会会员和伦敦大学学院精神分析学客座教授

引 言

传统金融学发源自新古典经济学理论，假设世界是由经济人（homo economicus）——“理性的”效用最大化者——所主导的。相反，行为金融学以实验认知心理学家的认识为基础。它将人视为“普通人”（“normal”），即不完美的人，由于信息处理能力有限，人们在决策时容易做出有偏误的判断。虽然行为金融学认识到了情感（感受）在金融决策中起的重要作用，但这往往只体现在情感型直觉推断法（affect heuristic）这一方面。情感型直觉推断法是指，在决策时针对行为、事物的特性是“好”还是“坏”、积极还是消极，相应地做迅速的、自发的判断（Slovic，Finucane，Peters，and MacGregor，2002）。与其他直觉推断法一样，这一心理捷径方便人们快速而简单地做出决策（Gigerenzer，2004），但是这些决策有很大概率与人们深思熟虑后的决定相背。

然而，尽管情绪视角有开拓新的研究思路的潜力，而且理论界普遍承认凯恩斯的“动物精神”在解释企业和投资者的行为以及金融市场的形成方面的重要地位，金融学者在研究过程中还是很大程度上忽视了情绪以及与之相联系的人类普遍的潜意识需求、幻想和恐惧感对金融决策的驱动作用。

情绪金融学是行为金融学中的一个新领域。它依靠精神分析（psychoanalysis）方法理解人类的思维，借助最早由西格蒙德·弗洛伊德（Sigmund Freud）加以解释（并且由之后的梅兰妮·克莱恩（Melanie Klein）和威尔弗雷德·比昂（Wilfred Bion）等精神分析思想家进一步发展）的动态心理状态（dynamic mental state）来描述潜意识如何驱动投资决策和金融活动。特别是，情绪金融理论认识到，一个高度复杂、模糊、无法预期和充满竞争性的市场环境将如何导致投资者普遍地受到情绪的绑架。因此，情绪金融理论认为投资判断可能是在或强或弱的潜意识力量的影 96
响下所做出的，而潜意识力量的影响往往不会被意识到。此外，情绪金融理论提出，如果对这些问题能够有更充分的理解，使潜意识被“意识”到的话，那么将有助于缓解市场参与者的焦虑和压力（Cass，Lewis，and Simco，2008），并进一步提高投资决策的质量。

本章接下来的部分将会概述情绪金融学的基本理论，并对其在实际投资中的运用加以解释说明。之后，本章将继续探讨情绪金融学在解释资产价格泡沫（如网络公司热潮）以及传统经济学理论难以充分认识的市场现象（如最近发生的次贷危机）方面的潜力。最后，本章结尾将对整章的内容做出总结，并强调情绪金融学这一行为金融学的新兴分支目前所处的萌芽阶段。

什么是情绪金融学？

现代神经生物学的研究已经开始肯定弗洛伊德的观点，包括情绪和潜意识心理进程在为人处世过程中的重要作用，以及幼儿时期的人际关系和经历对成人心理的塑造作用等方面（Kandel，1999；Sohms，2004；Bechara and Damasio，2005；Wolozin and Wolozin，2007）。情绪金融学从潜意识的视角来认识金融市场。借助精神分析法对人类心理的丰富认识来阐释情绪和感受如何在人们的投资行为中发挥驱动作用。

“精神分析”这一概念往往容易让人联想到心理疾病的治疗。然而，本章更重要的目的是利用它来提供关于人类心理如何运作的系统理论。事实上，正如获得2000年理学或医学诺贝尔奖的精神病学家和神经学家埃里克·肯德尔（Eric

Kandel，1999，p. 505）所指出的，“在认识人类心理的众多学说中，精神分析学是最合乎逻辑和理性的一门”。它关注个体的主观体验和感受，并承认情绪在人类的发展、思想和行为中的核心地位。精神分析学致力于解释感受、认知、思维和信念之间的潜在关系，特别是感受和认知促使人们信念中的事物与现实发生偏误这一现象。在主观的潜意识之中，人们感觉（feel）上真实发生的事或物，往往与现实存在偏误。

简言之，弗洛伊德的精神分析理论假设思考产生的感受归根结底有两种：愉快的（pleasurable（兴奋））感受和不愉快的（unpleasurable（painful，anxiety-generating，or loss-provoking（痛苦、焦虑、因损失而恼怒））感受（Freud，1911）。心理功能（mental functioning）反映了趋乐避苦原则（pleasure principle）与现实原则（reality principle）之间展开斗争的结果。趋乐避苦原则从字面上不难理解，而所谓现实原则指的是，即便伴随着不愉快的感受，也依然敢于承认现实、无粉饰地认识现实的心理机制。两者之间的争斗永无休止，就像弗洛伊德（Freud，1908，p. 144）所指出的，“任何了解人类心智的人都知道，没有什么比让一个人放弃他所体验过的快乐更难的事情。事实上，我们从来不会放弃任何东西，而仅是用一件代替另一件”。

97 此外，多数人生是内在冲突的，其中一些经历会唤起矛盾心理（ambivalence），即同时包含快乐与痛苦两种感受的心理状态。例如，许多专业投资者都意识得到，持有股票会唤起模棱两可的感受，两方面相互交织——一方面是太痴迷而持有过长时间的危险，另一方面是潜在的因卖出过早而带来的痛苦。人类通过否定和压制痛苦的感受并把它们潜意识化来“简单地”处理感受上的冲突，就好像他们从来没有考虑或感受到过这些他们不喜欢的事情一样。由于精神分析重视而非忽视那些被潜意识化的因素的作用，因此它是一种动态而非静态的心理学理论。

潜意识包括人们在直观认识的基础上受到想法、冲突和感受等因素驱动的各种途径。弗洛伊德并不是第一个提出潜意识这一概念的人，然而他却是第一个为其建立系统性模型的人。其模型反驳了过去的观点（冲突的想法和感受可以共存于个人的心理中），并结合新的情绪环境加以改进。未被意识到的情绪，或者说幻想（phantasies），被精神分析学视为潜意识心理活动中最主要的组成部分，因此也是驱动人们做出判断的深层因素。因为处于未被意识到的状态而不受相应的有意识思考的制约，所以幻想对人有很大的影响。按照惯例，“*ph*”是为了将潜意识的幻想与有意识构建的白日梦或希冀（*fantasy*）区分开来（Moore and Fin，1990）。

克莱恩（Klein，1935，p. 290）提出，个人的整个精神生活都是由在其情绪发展初期形成的幻想所主导的，“幼儿时期的感受和幻想，能够给个人的精神留下深刻且难以磨灭的烙印，并将在其情绪和智力生活中持续发挥有力的影响”。

一个熟悉的例子是，人们可以同时喜爱和憎恨那些亲近的或者他们所依靠的人。而后他们往往倾向于通过分离（splitting）（心理上将好的和不好的感受分离，

并抑制（repress）不好的感受使之潜意识化）和理想化（idealization）（对某些特征的不切实际的夸大）来解决这一潜意识冲突（Moore and Fine，1990）。他们会将他们所爱的人身上的错误剥离，将他们理想化，并将他们的错误投射到别人身上。这种机制并不仅仅体现在人们和亲近的人的关系上，还有很多直观的类比，例如，支持的棒球队或橄榄球队，以及对本章的写作目的来说至关重要的实际持有的资产。一旦人们觉得失望且无法再否认那些不好的感受，这一机制就会反转，他们将开始只关注那些缺点。这一精神上的动态机制可以为金融市场参与者的一些行为和某些情况下的金融资产定价提供重要的见解。

精神状态

所有判断都是在一定的精神状态下做出的。克莱恩（Klein，1935）描述了伴随人一生的相互交替的两种最基本的精神状态——抑郁的精神状态（depressive state of mind）和偏执—分裂的精神状态（paranoid-schizoid state of mind）。在抑郁的精神状态下，人们客观而全面地审视自己和他人。尽管如此，由于人是独特的 98
优缺点的集合体，因此这仍然可能存在一定的偏误。而在偏执—分裂的精神状态下，人们“非黑即白”地看待问题，将好的感受与不好的感受分割开。“分裂”（Schizoid）指的是一个分离和投射的过程——人们否认好的或不好的感受与自身的关系并将其归因于或爱或憎或畏惧的其他人。“偏执”（paranoid）则指当个体被当下所憎恨的人困扰时，这种分离所带来的后果。比昂（Bion）将克莱恩描述的这两种精神状态分别简称为 PS 和 D，并进一步发展了这一理论，加深了对两者以及两者之间的摇摆关系的认识，明确了这一过程在矛盾心理（ambivalence）中发挥的作用。塔克特和泰弗勒（Tuckett and Taffler，2008，p. 400）对 D 和 PS 的区别做出以下总结：“D 状态包含：对放弃那种‘自己全知全能’的自信感……将会为过去行为的结果感到一定程度的后悔，当考虑到失败可能重演或者某些带来痛苦的行为时，将会感受到抑郁的焦虑或愧疚感。在 PS 状态下，通过从认知上抹去的方式，所有这些（不好的）感受都将被回避。”

正如我们将会观察到的，个体处于在 D 状态下做出的基于现实的判断和在 PS 状态下做出的带有幻想性的判断的持续拉锯战中。塔克特（Tuckett，2009）用分离的（divided）和整合的（integrated）精神状态这两个概念来代表个体在 PS 状态和 D 状态下的运作方式，这样表达具有更强的描述性。在本章余下的部分，相较 PS 和 D 这种术语，将更多地采用分离的和整合的这两种表达方式。

群体思维

精神分析法在理解金融市场中个人投资者与群体之间的关系上，同样有很大的潜力。吸收借鉴弗洛伊德（Freud，1921）的理论，比昂（Bion，1952）将群体划分为工作群体（workgroup）和基本假设群体（basic assumption group）。工作群体有明确的任务和目标，能够促进成员间的合作。而基本假设群体中的个体不再独立思考，转而进入了一种群体思维（groupthink）中（Janis，1982）。成员潜意识地将所在群体视为一个整体，建立起群体思维并放弃以现实为基础分析问题的思维，以此达到共同抵御焦虑等不好的感受的目的，因此群体思维为团体成员提供了舒适感和好的感受。

这两种类型的群体以不同的方式处理信息：在工作群体中，个体利用积极和消极两方面的信息来为全面地思考和分析问题服务；在基本假设群体中，人们不再为了思考而利用积累的信息，而是为了好的自我感受而利用信息。为了达到这一目的，个体会回避那些作为团体成员最好不知道的信息（因为会产生不好的感受）。因此，分离（PS）的精神状态取代了基于现实的思考，而且信息的消极方面被从意识中分离，以此增强兴奋等好的感受。在金融市场的情境下，基本假设群体的这种表现，一些情况下可能体现为“羊群效应”，有时甚至会占据市场上的主导地位。这不仅仅体现在资产价格泡沫上，还体现在投资者受金融创新和新观念的引导而陷入幻想，以及潜意识的一厢情愿（unconscious wishful thinking）等现象上。在这些情况下，投资者将潜在的风险分离开（split off）并加以否认（denied）。

99 不确定性所带来的一些情绪上的后果

金融市场是基本的社会情境，人们在其中参与资产定价。资产价格反映了对未来的预期，而包含了这些预期的市场本身具有内生的不可预知性。这种不确定性会生成神经和心理层面的情绪反应，主要表现为带来压力的焦虑感。此外，资产评估的实际过程是复杂和不确定的，因此人们被迫回归到利用直觉分析市场，这将进一步提高他们所感受到的压力。投资行为依赖于利用可得信息解决两种不同次序的不确定性：一种是由决策时无法避免的信息不对称引发的不确定性；另一种是由未来不可知所决定的不确定性。由于焦虑感会迅速地蔓延且带来心理上的痛苦，因此必须通过某些方法加以解决。

焦虑可以被视为投资者的典型情绪（prototypical emotion）。在个人的潜意识中，不存在“有点焦虑”的状态，只有完全（total）焦虑的状态。因此，投资决策会同时引发兴奋感和焦虑感，这将引导投资者将痛苦的对损失的思考与兴奋等好的感受分离。依据精神分析理论，个体若在一段时间内处于这种状态，那么将面临进入分离的而非整合的精神状态的风险。投资者要么保持基于现实的整合的精神状态并忍受不确定性带来的焦虑，要么将痛苦的感受分离并进入兴奋偏执的分离的精神状态。而在不利于投资的事件发生时前者将变得非常困难。[①]

依照以上这些想法，有关情绪金融的一个重要的观点是对以下关系的正式承认：

① 因为要忍受的焦虑感非常强烈。——译者注

投资→不确定性→焦虑→压力

投资所引发的这一心理过程表明，其具有内生的不确定性。与此同时，不管是否意识到，投资者与很容易令他们失望的投资物之间都会建立一种必要且矛盾的情绪联系。如果投资者在整合的（抑郁的）精神状态下做出投资决策，那么他将意识到投资的有利和不利因素及其高度的不确定性。反之，如果是在分离的（偏执—分裂的）精神状态下，那么投资者会潜意识地将疑虑分离出去，将投资理想化，认为前途一片大好。如果这笔投资“向错误的方向发展”，在处于分离的（偏执—分裂的）精神状态下的投资者眼中它将变得一无是处，投资者将产生诋毁和厌恶它的倾向，就如同一个失恋的人一样。情绪金融学告诉我们，如果人们更充分地意识到投资时面对不确定性所产生的内生的疑惑和相应的潜意识的衍生物，那么他们将能够在处理相应的焦虑和压力方面表现得更有效率。

“幻想对象”

投资在本质上是令人兴奋且不确定的。因此，在对金融行为的研究中更正式地承认兴奋感的地位，将会有一定的帮助。在某种意义上，所有行为都包含了一种潜
意识的信念——拥有幻想对象（phantastic object）是可能的。幻想对象这个概念 100
强调任何投资在潜意识的心理现实中都可能被赋予额外的兴奋和革命性。对这种潜意识的处置有可能在相熟的市场参与者之间引发激动乃至狂喜的感受，甚至进一步引导市场进入分离的精神状态。

幻想对象这一术语由两个概念组成（Tuckett and Taffler，2008）——对象（object）以及幻想（phantasy）。在弗洛伊德的理论体系中，对象表示的是一种心理上的象征物，即某些事物在人们精神中的象征，而非现实中的事物本身。幻想，就像前文介绍过的，是精神分析中用来描述个人潜意识层面的信念和愿望的专业概念，其在婴儿心理发育的最初阶段就已经开始形成。因此，幻想对象是某些能够满足个人内心最深处的（也是最早的）愿望的事物（人、想法）的心理象征。拥有幻想对象可以使人们在潜意识中感觉自己无所不能，就好像手握神灯的阿拉丁，亦如同虚构的债券经纪人谢尔曼·麦考伊（Sherman McCoy）以为自己是宇宙之主宰[①]（Wolfe，1987）。正如泰弗勒和塔克特（Tuckett and Taffler，2008，p.396）指出的，幻想对象是令人兴奋且具有革命性的，“（幻想对象）似乎要打破通常的规则，并颠覆‘平常的’现实”。

在投资者的主观或者说心理现实中，任何投资都具有成为幻想对象的潜力。而幻想对象本身能够唤起投资者极端的“爱”，也能在表现不甚如意时令投资者由爱生恨。这一点不难从分析师对他们买入的股票的评价（Fogarty and Rogers，2005）以及对基金经理的访谈（Smith，1999；Tuckett，2009）中得到验证。资产价格泡

① 美国影片《虚荣的篝火》（*The Bonfire of the Vanities*）中汤姆·汉克斯饰演的角色。——译者注

沫，比如后文要讨论的网络公司热潮，为某些情况下幻想对象的作用提供了生动的例证并展示了其难以避免的后果。具体而言，投资者即便一定程度上意识到自己难以从泡沫中幸免，也仍然强迫性地认为自己属于例外。

幻想对象的作用及诱惑性在金额高达650亿美金的麦道夫庞氏骗局中同样有直观的体现。伯尼·麦道夫（Bernie Madoff）成功地利用了投资者在潜意识中对投资的幻想——对看似永久的年回报率高达8%～12%的投资计划的渴求。由此，不管是缺乏经验的投资者还是富有经验的投资者都没能幸免。投资者往往习惯性地将经理人视为“奇迹创造者”，进而忽视了“无所不能”的基金经理及对其子虚乌有的投资策略的幻想所应面对的质疑。这种现象在对麦道夫众多支线基金的尽职调查中被证实（Eshraghi and Taffler，2009），监管机构的报告也支持这种观点（Langevoort，2009）。在分离的精神状态下，因为个人在情绪上渴望幻想能够继续存在，所以任何与幻想对象相关的疑问都将被压制并潜意识化。对幻想对象的信念可能导致基本假设群体的形成，对其中每个个体构成潜意识的压力，消除和排斥打破群体行动的愿望。当幻想最终被证明仅仅是一个幻想时，先前的渴望将被愤怒和责难所取代。即使是那些在麦道夫骗局中受益最大的人也同样将自己视为骗局的受害者（Eshraghi and Taffler，2009），而不是去承认他们被潜意识的幻想所裹挟。

总而言之，情绪金融学理论显示：所有的投资在投资者的主观或者说心理现实
101 中，都具有成为幻想对象的潜力。这不仅仅体现在资产价格泡沫和麦道夫式的金融诈骗行径中，还体现在正常的市场条件下及日常的交易行为中。了解这方面并认识相应的潜意识情绪如何驱动投资行为，无论对投资专家还是对其他市场参与者来说都是非常有帮助的。

现实中的情绪金融学

前文概述了情绪金融学的一些理论知识，然而这些理论与现实中的资本市场的相关性到底如何呢？本节将探讨情绪金融学理论可能实现其价值的领域：风险的情绪意义、某些市场异象，以及退休金储蓄等问题。下一节内容还将更加广泛地探讨情绪金融理论对理解资产价格泡沫和相关市场异象的潜在贡献。

情绪金融学和风险

传统金融学理论将风险视为一种客观存在，并致力于寻找将其量化的方法，例如β、回报率标准差、风险价值（VaR）以及资本资产定价模型（CAPM）等。其中潜在的含义是在风险和回报间存在权衡取舍。关于这方面，里恰尔迪（Ricciardi，2008）做了很好的总结，一共涵盖了不少于63种不同的传统金融学的风险计量方法。这些方法在统计学上通常是利用很长时间维度的历史数据，或使用复杂的风险

模拟方法，并强调回溯测试和压力测试的结果。其中隐含的假设是，通过过去的事件可以估计未来事件发生的可能性。

然而，风险（risk）和不确定性（uncertainty）存在明显区别。风险是可辨认的、可衡量的和已知的；不确定性是无法辨认的、不可估量的和未知的（Ricciardi，2008）。风险以统计或主观概率估计的形式表达，其合理的微积分学解释可以产生安慰情绪，相反，不确定性和不可预测性则产生极度的焦虑感。用这种方式，情绪金融理论有助于人们理解风险对于市场参与者的真正意义。尽管有大量传统的衡量和控制风险的方法，但对于金融市场，仍然不妨从情绪金融的视角，将真正的风险视为对不确定性的潜意识的伪防御（unconscious pseudo-defenses against uncertainty）。而这才是真正的（real）风险所在。尝试去测算风险的大小，在一定程度上，可以视为在承认现实内在的不可预测性之外，一种处理“世事难料”带来的潜意识的恐惧感的方法。这是一种迥异于传统金融学中的风险与收益范式的认识。

情绪金融学与动量（效应）

基金经理往往声称可以依据对股票价值的基本面分析，辨别出估值过低的股票。但是有证据表明，这些股票的市价其实大多已经因风险投资的实际承诺而上涨过了。证明一只股票是“好”的股票的报道受到投资者的热捧，有助于减轻有可能让自己失望的资产所牵涉的焦虑情绪。有意思的是，潜意识中的兴奋情绪本身是具 102
有动量效应的。情绪体验有无限地以指数级增长的趋势（Rayner and Tuckett，1988）。人们想要的会越来越多，通俗地讲就是贪婪（greed），这一点有时也可以更广泛地解释投资者的行为（Shefrin，2002）。在情绪金融学的视角下，动量效应与人们将表现好（最近上涨）的股票理想化并将表现不好（最近贬值）的股票妖魔化的潜意识需求密切相关。

有与之平行的研究显示，投资分析师和许多基金经理对成长型股票（令人兴奋的、富有魅力的、能实现抱负的）相较于价值型股票（无聊的、乏味的）有显著的偏好（Jegadeesh，Kim，Krische，and Lee，2004）。唯一的问题是，“账面市值比”异象显示，价值型股票相较于成长型股票有更好的表现，或至少与之持平（Lakonishok，Shleifer，and Vishny，1994；Chan and Lakonishok，2004）。

情绪金融与负面信息异象

尽管违反市场效率，然而对负面信息的反应不足现象仍然是市场异象中最明显和最活跃的一类，并且具有多种表现形式。例如，关于股票评级变动带来的市场反应的研究中，沃马克（Womack，1996）以及莫科莱利—莫科塔利、泰弗勒和阿加瓦尔（Mokoaleli-Mokoteli，Taffler，and Agarwal，2009）均指出，新的买入建议与股票价格只呈现短期的弱相关性，而卖出建议将会导致股票在长达一年的时间内贬值。此外，迪切夫和彼得罗斯基（Dichev and Piotroski，2001）发现，在穆迪公司①降低某种债券的评级后，该债券将会出现持续一年以上的高额的负的超额回报，若提高评级则没有显著反应。考萨尔、泰弗勒和坦（Kausar，Taffler，and Tan，2009），以及泰弗勒、卢和考萨尔（Taffler，Lu，and Kausar，2004）利用英国的数据进行了分析，结果显示：对于公司公布的持续经营改进审计报告（going-concern modified audit reports）②，相应股票价格会做出与上述事例相同的反应。类似地，迪切夫（Dichev，1998）的研究显示，在随后的几年时间里，破产风险最大的股票的表现不如破产风险相对较小的股票。

很多情况下，套利限制有助于解释市场对负面信息做出充分反应所需要的时间（Lesmond，Schill，and Zhou，2004），然而情绪金融学理论为我们理解这一市场异象提供了另一种视角。依据情绪金融学理论，在一定的情绪环境下，人们有将好的感受与不好的感受分离的倾向。在这一前提下，负面信息充分参与资产定价存在延迟在所难免。在分离的精神状态下，人们采取一系列的潜意识防御，拒绝承认他们先前理想化的投资在现在看来是“错误的”（随之带来经济上和情绪上的双重痛苦）。这种心理防御可能会是非常强大且根深蒂固的。这将占用一定的时间直到它们最终被克服，从而导致市场在定价上对负面消息做出充分反应时存在延迟。

而且负面消息与焦虑情绪及压力联系在一起，都是人们潜意识中想要回避的。相反，正面消息唤起人们的兴奋和喜悦情绪，始终是人们所追求的。这可能有助于解释为什么市场倾向于对正面消息做出迅速且恰当的反应。除此之外，情绪金融学
103 理论还显示，这一潜意识过程在人们的精神中根深蒂固。因此，即便投资者能够在理智上意识到，负面消息异象还是会持续存在，就像认知行为金融学中的前景理论所指出的，“损失比收益更令人担忧”（Kahneman and Tversky，1979）。

情绪金融学与养老金规划

情绪金融学在理解退休金储蓄不足问题上同样很有帮助。关于储蓄的传统经济学理论（例如生命周期模型和永久性收入模型）均假设，储蓄者以某些明确的效用函数最大化为目的，理性地做出是否储蓄的选择。然而在现实中，有证据表明人们并非如此（Benartzi and Thaler，2007）。认知行为金融学在解释这类“非理性”行为方面作出了重要贡献，它通过描述在退休金储蓄决策中可能会出现的一系列直觉推断法和偏误来解释这一现象，并据此提出现实中的解决方案（Thaler and Benartzi，2004）。

通过明确地识别潜在的通常也是潜意识的恐惧情绪，以及与退休联系在一起的幻想（如疾病、衰老和死亡），情绪金融学理论可以为解释储蓄者的认知局限做一些补充。退休金的这些潜意识“含义”（疾病、衰老和死亡），可能导致人们潜意识

① 穆迪公司（Moody's）1900年成立于美国曼哈顿，该公司是著名的债券评级机构。——译者注

② 一种负面消息源。——译者注

地压制暗示年老与死亡的老年阶段，并将其与当前的健康的、满足的中年分裂开来。这将导致严重的后果，即不同程度的储蓄不足。有趣的是，共同基金（mutual fund）似乎意识到了这些因素的影响，它们往往在展示它们的养老金产品时附带理想化的老年生活的图片。而依照情绪金融学的观点，这同样存在风险。因为其有可能引致分离的精神状态，鼓励人们否定潜在的恐惧和紧张感，不为其做出相应的储蓄，以“回避”不想要的现实。只有在整合的精神状态下，个人才可能充分承认年老和死亡的暗示作用（并做充分储蓄），因此应该引导人们在整合的精神状态下做出储蓄决策。情绪金融学的观点暗示我们，由于潜意识动态过程根深蒂固，对养老金准备不足现象的一个现实的解决办法是，规定一个合适的强制养老金储蓄水平，而且如果可行的话，制订相应的固定收益计划。

资产价格泡沫和相关的市场现象

粗略阅读一下麦凯（Mackay，1995）或者金德尔伯格和阿利贝尔（Kindleberger and Aliber，2005）的那些经典文章，就足以让我们了解频繁发生的投机狂热，及其支配金融市场的一般模式。由“后浪推前浪”（创新、变革）或者改变投资领域、预期、获利机会或行为的外部事件触发，情绪有可能接管市场，进一步发展成为一种狂喜（euphoria）状态。即便是最精明的市场参与者最终也难以幸免（Tuckett and Taffler，2008）。金德尔伯格和阿利贝尔（Kindleberger and Aliber，p. 24）指出，尽管留意到早期的狂热现象，然而当局往往还是会针对为什么“今朝不同往昔”做出大量的解释（而不是去抑制狂热现象）。然而，现实无法被无限期地否定，人们终究要认清经济过热这一现实。泡沫破裂、狂喜转为恐慌以及如此
窘境和损失引发了大家的相互指责。通常情况下，人们并不会得到教训，危机重演 104
的风险将一直存在。

借助对潜意识幻想关系、精神状态以及潜意识的群体运行机制的精神分析，情绪金融学理论有助于解释一些有关资本价格泡沫的突出问题和相关的似乎无法用主流金融学理论充分解释的市场行为。以下讨论的重点是关于网络公司热潮的案例研究。此外，包括幻想对象这一关键角色在内的情绪金融相关概念，在理解对冲基金行业以及最近的金融危机方面，同样大有裨益。

网络公司热潮：来自情绪金融学的解释

道琼斯互联网指数在 18 个月内上升了 500%，在 2000 年 3 月达到峰值，行业总市值达到 1 万亿美元。而此时，大多数企业正面临巨大亏损，且具有持续亏损的趋势。在六周之后，道琼斯互联网指数下跌了一半，截至 2002 年年底，其水平只相当于峰值的 8%。情绪金融学将这一现象总结为：就像其他投机泡沫一样，投资

者在情绪上（emotionally）被以潜意识幻想为核心的戏剧性事件所带来的兴奋情绪所裹挟，进而引发了热潮及其崩溃（Tuckett and Taffler，2008）。

正如卡西迪（Cassidy，2002）在关于那个时期的著作《网络公司》中所指出的，随着互联网股票开始在金融媒体、电视以及大众传媒上被大肆报道，它们成了拥有神力的明日之星。这类股票作为一个令人兴奋的、新兴的和不断壮大的事物，拥有幻想对象所需要的全部特征。拥有网络公司的股票向投资者的心理隐含地传达了这样一种观点：他们内心最深处的潜意识愿望是可以实现的。这类资产在人们的心理现实中表现为新生的幻想对象。网络公司股票为持有者带来神奇的期望——这种期望使持有者在潜意识的幻想中（in unconscious phantasy），感觉自己由平凡的存在变为全知全能的“神”。在此基础上，无须感到惊讶的是，正常的定价基本原理被认为不适用于这类资产，相反，是无聊而缺乏想象力的。例如被《巴伦周刊》称为“互联网女皇”的摩根斯坦勒明星分析师玛丽·米克（Mary Meeker）在1997年9月为亚马逊所做的分析报告中指出：“……我们相信我们已经进入了资产定价的新时代……（互联网）打开了资产定价方法论的新世界的大门。”（Cassidy，2002，p. 164）。在如此环境下，对主观现实的认识方面，整个市场痴迷于这样一套有吸引力的定价理论以及正在变为“现实”（在分离状态下的心理现实中，针对网络公司股票分裂出的理想化的部分）的幻想对象。

无须多言，在这种情况下，市场对那些能够提供至少表面上可信的流行理论或者醒目的封面故事（manifest cover story）的新的思想有很大的需求，以期为脱离现实的幻想提供合理解释，从而实现从枯燥而现实的“旧经济”向“新经济”的跨越。简单来讲，旧的经济形式在人们的心中已经“死了”（Tuckett and Taffler，2008）。认为互联网超越传统商业模式的豪言壮语以及相关联的兴奋情绪，还标志着市场正处于一种代际（新旧两代间的）竞争以及俄狄浦斯式胜利①的状态（Moore and Fine，1990）。新的经济模式试图推翻旧的经济模式，而与之相联系的
105 愧疚与恐惧感被潜意识地否定。就像初出茅庐的网络电视公司 Pseudo. com 的创始人乔希·哈里斯（Josh Harris）在接受 CBS 的采访时，声称自己“要抢走你们（CBS）的业务。我目前正处在一场瓜分 CBS 的比赛中”（Cassidy，2002，p. 276）。

原本在整合的精神状态下，投资者能够做出现实导向的思考，并且会因潜在的风险和损失而担忧。而在前文所述的情况下，这些都受到了抑制。关于群体思维方面，现实原则被基于趋乐避苦原则的判断所支配，投资者与其他追求相同幻想的人一起将网络公司理想化，使得群体形式由工作群体转化为基本假设群体。在这样一种分离的精神状态下，任何怀疑、诋毁幻想对象以及破坏（基本假设）团体统一的评论都被轻蔑地加以否定（Cassidy，2002），令人不悦的思考以及恐惧感也都被压制或者分离出去。

---

① 俄狄浦斯式胜利（Oedipal triumph），借用俄狄浦斯杀父娶母，意指新事物取代其前辈。——译者注

情绪金融学还指出，放弃对幻想对象的革命性的信念，将会带来心理上的痛苦。当针对不如意的现实所做出的潜意识防御、否定、投射以及分离无以为继的时候，焦虑感将会进一步转化为更痛苦的感受，比如羞耻和愧疚。最终，到了 2000 年 3 月，先前被分离出去的可获得信息产生的焦虑感再也无法被潜意识化，互联网市场崩溃了（Tuckett and Taffler，2008）。泡沫几乎在一夜之间破灭。恐慌袭来，投资者与幻想对象（网络公司股票）之间的矛盾关系发生了戏剧性的反转。

此时网络公司股票成为人们憎恨的对象。失望、窘迫、恐惧、无助、羞愧等感受以及相伴随的沉重经济损失，引发了猛烈的怒火。类似地，被卷入的投资者感觉到自己受到了伤害，因此需要将被幻想所绑架的责任归咎在他人头上。例如，在很长一段时间里，《纽约时报》对华尔街研究分析师（Morgenson，2000）、公司和分析师的定价机制（Morgenson，2001a）、投资银行（Sorkin，2001）以及首次公开发行（IPO）的利益冲突（Morgenson，2001b）口诛笔伐。且在当时其他金融出版物上也出现了很多相似的文章。高调的互联网投资分析师们在暴跌发生后多数受到了起诉，而且全球分析师研究协议（Global Analyst Research Settlements）针对 2003 年网络公司泡沫期间的弄权行为，给 10 家华尔街的银行开出了高达 14 亿美元的罚款。有趣的是，一般股票市场也受到了传染，标准普尔 500 指数在网络公司泡沫爆发后的三年间下跌了超过 40%。即便与互联网并无几分瓜葛，整个市场还是受到了牵连。

情绪金融学理论进一步指出，市场参与者往往不愿承认自己曾被分离的精神状态所裹挟。所以，他们继续将为自己行为负责的痛苦感受分离开来，把责任推卸给别人。在投资过程中，投资者需要敢于承认对损失的责任，并且分辨出具有愿望性质的幻想与现实的差距。虽然这在潜意识中需要一个痛苦的过程，但只有放弃这些已经失去的幻想对象才能帮助投资者走出分离的精神状态，回归金融市场的本性并整合地认识现实。

不断发生的资产价格泡沫在一定程度上可以视为投资者潜意识中追求革命性的
幻想对象的必然结果。除非政府及市场管理者意识到泡沫究竟代表什么并加以治理， 106
否则这类问题将一直存在。例如，最近发生在中国的投机性股票市场泡沫（Yao and Luo，2009）几乎与前些年的网络公司热潮拥有完全相同的发展轨迹。这告诉我们，由于强大的潜意识的主导性驱动作用，投资者很难从这类问题中获得经验教训。

情绪金融学与对冲基金

对冲基金同样具有唤起极端情绪的能力。管理下的基金总额在 1998 年到 2008 年间以每年 25%的速度高速增长，并在 2008 年 6 月达到峰值，其中有几乎 2 万亿美元是由超过 10 000 家的对冲基金及对冲组合所管理的。然而，在接下来的六个月里，由于巨额亏损、投资者大量撤资以及众多基金倒闭等原因，基金资产总额下跌了大约 30%。对冲基金在投资者的潜意识中象征了一种与其他资产不甚相关的绝对收益来源。对冲基金的吸引力在多大程度上是利用这一心理上的象征地位通过主导投资者的原始投资决策所得来的？这一点值得探讨。

高调的对冲基金和它们富有的、被媒体视为名人的经理人，与网络公司股票及网络公司本身有很多的相似之处。许多对冲基金都宣称自己是金融创新的代表，加之它们有限的管理、通常情况下复杂且不透明的交易策略及排他性，对冲基金很容易在投资者的心中成为令人兴奋的幻想对象的代表。其中还隐含着一点，即投资者主观上认为自己的额外回报是有保证的，并且将潜在的风险否定或者分离出去。对冲基金与网络公司热潮的其他共通之处还体现在，对冲基金也是通过媒体宣扬的“新型投资形式”之类的封面故事而进入投资者潜意识的心理现实中的。这类报道为投资者脱离现实并进入潜意识的幻想提供了一个“合理的”解释。在潜意识的幻想中，分离的精神状态和基本假设群体思维占据主导地位。

同样，当对冲基金的收益暴跌，大量对冲基金锁定、倒闭，并从内部出现很多问题的时候，市场的狂喜状态迅速转变为因被潜意识幻想所裹挟而产生的集体性的愤怒、困窘和羞愧。在这种情况下，同行之间责备导向的指控非常之多，而回应往往是同样愤怒的否认（Eshraghi and Taffler，2009）。最近这些对冲基金市场上发生的事，再一次向我们展示了金融市场有这样一种倾向：在兴奋、一厢情愿和理想化情绪的主导之下，具有潜在革新性的投资工具有可能在投资者的潜意识中升格为幻想对象，而最终往往会导致不受欢迎的结果（泡沫、危机等）。

最近的金融危机

尽管最近的金融危机的原因是非常复杂的，但是针对潜意识幻想在所有市场行为和金融活动中的作用做有条理的分析，将有助于我们理解在金融危机中究竟是哪些地方出了问题。兴奋情绪的传染性可能并没有得到充分的认识。这种一直持续到最近的兴奋情绪鼓动投资者在低收益率的金融环境下形成关于额外无风险收入的预
107 期。政府、中央银行以及监管部门受到投资银行和其他市场参与者带动，进入一种基本假设群体的狂喜状态，潜在地认为投机并没有任何不利因素。所有人都否定和压制与投资相联系的不确定性和焦虑感。由于处在分离的精神状态，抵押支持债券（MBSs）以及相关的金融产品在投资者的心理现实中成了潜意识幻想对象的代表，投机性的贷款在潜意识中被“安全地”分离出去，并在现实中证券化为复杂的投资工具，例如担保债务凭证（CDOs）。对资产价格可能下跌的恐惧被“否定”，而且因为风险的“分散”或者出于逃避的心态，将资金借给次级贷款人的风险也遭到无视。

关于“金融新纪元”的封面故事，在整个市场投资者对未来的幻想之下被合理化了。通过表面上神奇的“花招”（如复杂且不透明的金融衍生产品），“万能的”金融业从业者——一些拥有数学或核物理博士学位的人，计划永远地征服投资的风险和不可预见性。即使在一定程度上市场参与者清楚地知道自己在做什么，但他们

还是只对好的感受（投资带来的兴奋感）保持有意识的状态，而将不好的（潜在的损失）压制和分离。就如花旗银行前任首席执行官查克·普林斯（Chuck Prince）的那句如今臭名昭著的话："……当音乐停止时，流动性方面的问题将爆发，但只要音乐继续，你就必须站起来接着跳舞，而我们目前还没停下。"（Nakamoto and Ighton，2007。）

当人们无法再为自己始终知道的那些事情（风险等不利因素）辩护并忽视它们的时候，狂喜状态下产生的泡沫势必破灭（Tuckett，2009）。伴随着主要金融机构的破产、政府的紧急援助，恐慌情绪无可避免地产生并蔓延到其他市场，投资者已经无法分辨"好的"与"不好的"感受。对证券市场的信心崩溃，导致市场参与者偏执地相信银行拒绝向任何人借贷。显然，经济活动可能将需要许多年的时间来恢复。同样，不必惊讶的是，那些被控告的个人或机构大多拒绝为自己的过失负责，并且将自己的责任推卸给他人，以回避"内疚感"。雷曼兄弟公司的前任 CEO 迪克·富尔德（Dick Fuld）于 2008 年 10 月 6 日在国会监督委员会面前的说辞（Kirchgaessner and Farrell，2008）就是很好的例证。他将雷曼兄弟公司的破产归咎于卖空情绪的蔓延，以及美国的市场管理者没有像对待 AIG（美国国际集团）一样给予雷曼兄弟公司联邦救助。富尔德甚至声称自己并非酿成这一历史最大破产惨剧的祸首之一，反而是一名受害者。

当市场被幻想对象主导时，人们潜意识的愿望得到满足，进而进入一种狂喜状态。而当幻想烟消云散的时候，市场上将会出现恐慌，参与者对幻想对象的态度迅速由期待转向责难。甚至连之前一直备受尊敬的艾伦·格林斯潘（Alan Greenspan）都受到了舆论的强烈批评（其本人曾多方面地批评人们越来越贪婪、"国会的意志"以及导致了长达 20 年的"狂喜时期"的有缺陷的银行流程（Beattie and Politi，2008））。与他一起受到责备的包括政府、联邦准备制度、证券交易委员会以及其他监管部门、信用评级机构、对冲基金和做空者、银行家和投资银行、会计人员以及金融媒体。而在被谴责的市场参与者的黑名单中，却不包括他们自己，要知道其实他们同整个市场一起陷入了分离的精神状态。

从情绪金融学的视角来看，为了预防未来发生同样的金融危机，政府、金融监 108
管机构和投资者需要理解市场存在内生的不稳定性——偏执—分裂的精神状态有时候会占据上风。市场需要整合的（抑郁的）精神状态，以保证其正常运行。只有这样，内生的不确定性才会被正确看待并为市场参与者的决策提供参考。

概要和结论

这一章旨在告诉读者，除了在理解金融市场方面作出主要贡献的传统金融学和由心理学主导的认知行为金融学之外，情绪金融学理论作为一种补充观点是很有帮助的，其建立在对潜意识幻想、恐惧及其他主导情绪在投资行为中发挥的作用的理解上。

依靠精神分析理论，本章描述了情绪在投资中发挥的作用，以及投资者与某些可能令他们失望的事物之间必然的矛盾关系所引发的结果。此外，本章还描述了两种基本的精神状态（整合的以及分离的精神状态）下投资决策是如何做出的，并指出所有金融资产都具有在投资者的心理现实中扮演令人兴奋且具革命性的幻想对象的潜力。之后，借助精神分析学中关于群体的理论，本章介绍了群体思维是如何支配市场的。群体思维是一种兴奋的思维模式，其中的成员更关心好的感受而不是现实中的信息。

应用这些观点，本章试图帮助解释某些特定的投资者行为以及整个市场范围内的资产价格泡沫和相关现象。尤其是，本章介绍了传统的风险衡量方法的潜意识意义，即面对不可预知的现实提供某种安慰和心理上的舒适感。这种对现实的不可预知性的抵触态度，才是真正的风险所在。接着，本章针对股票的动量效应和对负面消息反应不足等著名的金融市场异象，利用情绪金融理论在旧理论基础上做了一定补充，并阐明了退休储蓄在人们的潜意识中的具体含义，以解释退休金投资不足现象的存在。

接下来，本章为网络公司热潮提供了一个情绪金融学视角的解释。相关的思路在解释投资者对对冲基金的动态情绪变化和最近金融危机的爆发原因时同样适用。特别是，本章重点介绍了网络公司股票具有幻想对象的一切特征，以及因此引发的种种市场后果。同样，为了解释迅速成长起来并在最近崩溃的对冲基金及其在投资者潜意识中的地位，本章采用了相似的逻辑，再一次分析了对冲基金所具有的幻想对象特征。

最后，本章又分析了潜意识幻想对金融危机的诱发作用。由于市场群体中焦虑和风险已经被代表“金融新纪元”的幻想对象所征服，政府、中央银行和监管机构
109 看上去欣然地（willingly）被投资银行和其他市场参与者裹挟，形成共同的群体思维，进而相信投机没有任何隐患。情绪金融学理论预测：一个分离的精神状态有可能占据上风，甚至间接地得到鼓励的市场，具有内生的不稳定性。

情绪金融学的隐含假设是，认识到我们的感受影响心理现实的微妙且复杂的方式，将有利于我们理解资产定价和投资判断是如何做出的，以及为什么在一些情况下会出现市场失灵现象。由于资产定价是由认知和情绪共同驱使的，因此我们需要把它们结合起来加以分析。

尽管如此，但这一行为金融学的新分支目前仍处于其发展的萌芽阶段，离形成完整的知识范式还存在一定的差距。我们最终的目的是将对情绪的认识正式地整合到对金融市场和投资者行为的分析之中。而到目前为止我们所做的，仅仅是这万里长征的第一步。

讨论题

1. 情绪金融学理论与行为金融学有什么不同？

2. 情绪金融学理论在解释投资行为方面有哪些主要的理论成就？

3. 情绪金融学理论与现实有哪些具体的联系？

4. 情绪金融学理论是如何阐明对冲基金对投资者的吸引力，并解释伯尼·麦道夫（Bernie Madoff）的骗局的？

5. 情绪金融学理论在理解网络公司热潮方面有什么帮助？

参考文献

Akerlof，George E.，and Robert J. Shiller. 2009. *Animal spirits：How human psychology drives the economy，and why it matters for global capitalism*. Princeton，NJ：Princeton University Press.

Beattie，Alan，and JamesPoliti. 2008. “I made a mistake” admits Greenspan. *Financial Times*，October 24.

Bechara，Antoine A.，and Antonio R. Damasio. 2005. The somatic marker hypothesis：A neural theory of economic decision. *Games and Economic Behavior* 52：2，336 - 72.

Benartzi，Shlomo，and Richard H. Thaler. 2007. Heuristics and biases in retirement savings behavior. *Journal of Economic Perspectives* 21：3，81 - 108.

Bion，Wilfred R. 1952. Group dynamics：A re-review. *International Journal of Psychoanalysis* 33：235 - 47.

Bion，Wilfred R. 1970. *Attention and interpretation：A scientific approach to insight in psychoanalysis in groups*. London：Tavistock.

Cass，Alden，John Lewis，and EdSimco. 2008. Casualties on Wall Street：An assessment of the walking wounded. In *Bullish Thinking*，ed. Alden Cass，Brian F. Shaw，and Sydney LeBlank，Appendix A，151 - 165. Hoboken，NJ：John Wiley & Sons.

Cassidy，John. 2002. *Dot.con：The greatest story ever sold*. New York：Harper Collins.

Chan，Louis K.C.，and Josef Lakonishok. 2004. Value and growth investing：Review and update. *Financial Analysts Journal* 60：2，71 - 86.

110 Dichev, Ilia D. 1998. Is the risk of bankruptcy a systematic risk? *Journal of Finance* 53: 3, 1131 - 47.

Dichev, Ilia D., and Joseph D. Piotroski. 2001. The long-run returns following bond rating changes. *Journal of Finance* 56: 1, 173 - 203.

Eshraghi, Arman, and Richard J. Taffler. 2009. Hedge funds and unconscious fantasy. Working Paper, University of Edinburgh Business School. Available at: http://ssrn.com/abstract=1522486.

Fogarty, Timothy J., and Rodney K. Rogers. 2005. Financial analysts' reports: An extended institutional theory evaluation. *Accounting, Organizations, and Society* 30: 4, 331 - 56.

Freud, Sigmund. 1908. *Creative writers and day dreaming*. Standard Edition 9, 141 - 153. London: Hogarth Press.

Freud, Sigmund. 1911. *Formulations regarding the principles of mental functioning*. Standard Edition 12, 212 - 226. London: Hogarth Press.

Freud, Sigmund. 1921. *Group psychology and the analysis of the ego*. Standard Edition 18, 65 - 144. London: Hogarth Press.

Gigerenzer, Gerd. 2004. Fast and frugal heuristics: The tools of bounded rationality. In *Blackwell handbook of judgment and decision making*, ed. Derek J. Koehler and Nigel Harvey, 62 - 88. Malden, MA: Blackwell.

Janis, Irving L. 1982. *Groupthink*, 2d ed. Boston, MA: Houghton Mifflin.

Jegadeesh, Narasimhan, Joonghyuk Kim, Susan D. Krische, and Charles M. C. Lee. 2004. Analyzing the analysts: When do recommendations add value? *Journal of Finance* 59: 3, 1083 - 124.

Kahneman, Daniel, and Amos Tversky. 1979. Prospect theory: An analysis of decision making under risk. *Econometrica* 47: 2, 263 - 91.

Kandel, Eric R. 1999. Biology and the future of psychoanalysis: Anew intellectual framework for psychiatry revisited. *American Journal of Psychiatry* 156: 4, 505 - 24.

Kausar, Asad, Richard J. Taffler, and Christine Tan. 2009. The going-concern market anomaly. *Journal of Accounting Research* 47: 1, 213 - 39.

Kindleberger, Charles P., and Robert Z. Aliber. 2005. *Manias, panics and crashes*, 5th ed. New York: Palgrave Macmillan.

Kirchgaessner, Stephanie, and Greg Farrell. 2008. Fuld breaks silence on Lehman collapse. *Financial Times*, October 7.

Klein, Melanie. 1935. A contribution to the psychogenesis of manic-depressive states. *International Journal of Psychoanalysis* 16, 145 - 74.

Klein, Melanie. 1998. *Weaning*. Reprinted in *Love, guilt and reparation and other works*, 290–305.

London: Vintage. Originally published in John Rickman, ed., *On the bringing up of children* (London: Kegan Paul, 1936).

Lakonishok, Josef, Andrei Shleifer, and Robert W. Vishny. 1994. Contrarian investment, extrapolation, and risk. *Journal of Finance* 49: 5, 1541–78.

Langevoort, Donald C. 2009. The SEC and Madoff scandal: Three narratives in search of a story. Working Paper, Georgetown University Law Faculty. Available at http://ssrn.com/abstract=1475433.

Lesmond, David A., Michael J. Schill, and Chunsheng Zhou. 2004. The illusory nature of momentum profits. *Journal of Financial Economics* 74: 2, 349–80.

Mackay, Charles. 1852. *Extraordinary popular delusions and the madness of crowds*, 2d ed. London: Office of the National Illustrated Library. Reprinted 1995. Ware, Herts: Wordsworth Editions.

Mokoaleli-Mokoteli, Thabang, Richard J. Taffler, and Vineet Agarwal. 2009. Behavioural bias and conflicts of interest in analyst stock recommendations. *Journal of Business Finance and Accounting* 36: 3–4, 384–418.

Moore, Burness E., and Bernard D. Fine. 1990. *Psychoanalytic terms and concepts*. New Haven, CT: Yale University Press.

Morgenson, Gretchen. 2000. How did so many get it wrong? *New York Times*, December 31.

Morgenson, Gretchen. 2001a. Those lofty "New Economy" Measures Fizzle. 111
NewYork Times, March 18.

Morgenson, Gretchen. 2001b. I.P.O. conflicts bedevil analysts. *New York Times*, May 27.

Nakamoto, Michiyo, and David Wighton. 2007. Bullish Citigroup is "still dancing" to the beat of the buy-out drum. *Financial Times*, July 10.

Rayner, Eric, and David A. Tuckett. 1988. An introduction to Matte-Blanco's reformulation of the Freudian unconscious and his conceptualization of the internal world. In *Thinking, feeling, and being*, ed. Ignacio Matte-Blanco, Chapters 1, 3–42. London: Routledge.

Ricciardi, Victor. 2008. Risk: Traditional finance versus behavioral finance. In *Handbook of finance*, 3: *Valuation, financial modeling and quantitative tools*, ed. Frank J. Fabozzi, 11–38. Hoboken, NJ: JohnWiley & Sons.

Shefrin, Hersh. 2002. *Beyond greed and fear: Understanding behavioral finance and the psychology of investing*. New York: Oxford University Press.

Shiller，Robert J. 2005. *Irrational exuberance*，2d ed. Princeton，NJ：Princeton University Press.

Slovic，Paul，Melissa Finucane，Ellen Peters，and Donald G. McGregor. 2002. The affect heuristic. In *Heuristics and biases：The psychology of intuitive judgment*，ed. Thomas Gilovich，Dale Griffin，and Daniel Kahneman，397 - 420. New York：Cambridge University Press.

Smith，Charles W. 1999. *Success and survival on Wall Street：Understanding the mind of the market*，2d ed. Lanham，MD：Rowman and Littlechild.

Sohms，Mark. 2004. Freud returns. *Scientific American* 290：5，82 - 8.

Sorkin，Andrew R. 2001. Just who brought those duds to market? *New York Times*，April 15.

Taffler，Richard J.，Jeffrey Lu，and Asad Kausar. 2004. In denial? Market underreaction to going-concern audit report disclosures. *Journal of Accounting and Economics* 38，260 - 96.

Thaler，Richard H.，and Shlomo Benartzi. 2004. Save more tomorrow：Using behavioral economics to increase employee savings. *Journal of Political Economy* 112：1 pt. 2，S164 - S181.

Tuckett，David A. 2009. Addressing the psychology of financial markets. Economics Discussion Papers 2009 - 37. Available at http://www.economics-ejournal.org/economics/discussionpapers/2009 - 37.

Tuckett，David A.，and Richard J. Taffler. 2008. Phantastic objects and the financial market's sense of reality：A psychoanalytic contribution to the understanding of stock market instability. *International Journal of Psychoanalysis* 89：2，389 - 412.

Wolfe，Tom. 1987. *The bonfire of the vanities*. London：Picador.

Wolozin，Harold，and Benjamin Wolozin. 2007. The unconscious in economic decisionmaking：Convergent voices. *Journal of Socio-Economics* 36：6，856 - 64.

Womack，Kent L. 1996. Do brokerage analysts' recommendations have investment value? *Journal of Finance* 51：1，137 - 67.

Yao，Shujie，and Dan Luo. 2009. The economic psychology of stock market bubbles in China. *The World Economy* 32：5，667 - 91.

作者简介

理查德·J. 泰弗勒（Richard J. Taffler）现任英国曼彻斯特商学院财务和会计

学教授，曾任爱丁堡商学院（本章的写作在此完成）金融和投资学马丁·可利（Martin Currie，位于爱丁堡的一家国际投资管理公司）讲座教授。泰弗勒教授是行为金融学领域的权威学者，已发表超过一百篇学术和专业论文，且这些论文在媒体上经常被引用。泰弗勒教授同样有志于对股票市场异象（如市场无法对负面消息
做出合适的反应）的识别和分析。他研究的其他领域包括卖方分析师的判断、基金 112
管理、财务困境以及 CEO 自恋心理对公司表现的影响。他与戴维·A. 塔克特在情绪金融学这一新领域以及补充完善传统金融学观点和认知金融学观点这两方面有密切的合作。他们目前正处于准备阶段的新书以对世界各地超过五十位基金经理人的访谈为基础，以探讨人性因素和情绪在投资中的地位。

戴维·A. 塔克特（David A. Tuckett）是精神分析学会（伦敦）的会员，同时还是伦敦大学学院临床研究系精神分析科以及教育和健康心理学的客座教授，目前被选为国际精神分析协会董事会成员，同时担任其下属的精神分析实践和科学活动委员会的主席。曾任欧洲精神分析联合会主席和《国际精神分析期刊》（*International Journal of Psychoanalysis*）的总编。塔克特教授曾荣获在精神分析领域颇有名望的西戈尼（Sigourney）奖，并且在医疗社会学和精神分析领域有颇多著述。他目前正为全球经济研讨会（Global Economic Symposium）的准备工作和世界经济论坛（World Economic Forum）建立全球风险网络（Global Risk Network）一事贡献力量。同时，最近他和泰弗勒合著的以对基金经理的访谈为基础的新书已经排上日程。此外塔克特教授目前还在独立编写另一本新书。这本书探讨了最近的金融危机及其给予有关金融市场的经济学启示，书名是《无法说“不”的时候》。

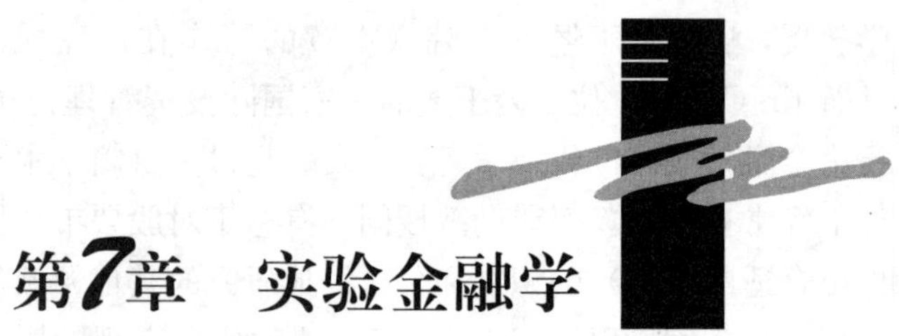

113 # 第7章　实验金融学

罗伯特·布卢姆菲尔德（Robert Bloomfield）
康奈尔大学尼古拉斯·H. 诺伊斯（Nicholas H. Noyes）讲座管理学教授和会计学教授

阿莉莎·安德森（Alyssa Anderson）
康奈尔大学金融学博士生

引　言

因为实验允许研究人员每次隔离并控制一个变量，这样研究人员无须依靠复杂和不完善的计量经济学技术来过滤掉其他变量的影响，从而可以证明该变量的因果关系，所以实验对金融学研究的帮助是非常大的。实验还使得研究人员能够观察到那些在实验室环境外可能难以察觉到的自变量和因变量。通过将被试者随机分配到不同的实验局，研究人员还能避免自我选择（self-selection）的问题。

实验金融学面临的一个关键挑战是构建实验，以使得我们可以用该实验在符合模型假设的设置下检验经济模型（而不是在符合备择假设的设置下进行检验，因为当备择假设充分可信时实验结果就不再是可预知的）。构建实验的一种方法是放松被检验模型所依赖的结构假设、行为假设或均衡假设；另一种方法是检验那些过于复杂而无法明确建模的设置。

金融学和经济学的实验学者们必须更仔细地区分实验和证明（demonstrations）之间的区别。真正的“实验”需要在保持所有其他变量不变的同时，能够可控地操纵一个特定变量。而“证明”仅仅是在一个单一的环境设置内对行为进行检验。由于“证明”中缺乏可控的操纵处理，“证明”很容易受到批评，批评者认为在“证明”的环境设置中的任何特征（比如实验说明的言语措辞、策略的标签，甚至实验室的颜色）都可能会影响观察到的行为。对于此类批评，实验就更为稳健，因为环境设置中的所有特征在各个实验局中都保持不变，所以这些环境特征就不可能引起不同实验局中的行为差异。研究人员只有在无法进行实验（这种情况很少发生）的时候，才应该进行证明。

本章的结构安排如下：第二节我们将讨论实验是如何补充金融学理论研究和档案（计量经济学）研究的。在第三节中，我们会介绍实验经济学的基本方法，并讨论为什么实验所作出的贡献会超出被检验的模型本身。第四节会探讨实验金融学中最重要的研究方向之一，该方向与行为金融学直接相关：市场聚合信息 114
（aggregate information）和消除个体偏向（individual biases）的能力。第五节对比了实验经济学和实验心理学的方法。最后一节是总结和结论。

理论、计量和实验

金融经济学建立在解析模型（analytical modeling）的基础上，对于一些关于个体行为和群体行为的基本假设，解析模型使用数学方法推导出这些基本假设背后的含义。许多解析模型都得出了关于市场、企业和投资者行为的可检验的预测。

档案数据分析（archival data analysis）使用那些为了其他目的而生成并收集的数据来检验金融理论。例如，资产定价检验通常使用的是证券价格研究中心（CRSP，Center for Research in Security Prices）的数据，该数据来源于大型证券交易所的交易结果，或许也结合了证券交易委员会（SEC，Securities and Exchange Commission）生成的电子计算机会计数据库中的会计数据。档案数据分析中的一个关键挑战是生成这些数据的环境是为了另一个目的而设置的，并不是为了研究者目前所要研究的这个问题而设置的。因此，几乎任何对结果的解释都会因为忽略了已经变化的其他因素而受到挑战。与之相关的主要问题包括遗漏变量偏误、自我选择偏误、无法观测的自变量以及无法观测的因变量。

下面将给出一些例子，以说明精心设计的实验是如何避免这些问题的。

• 通过保持实验设置中的所有其他变量不变，每次仅改变一个自变量来构造不同的实验设置，实验人员可以排除对观察到的因变量间差异的其他可能解释，从而避免遗漏变量偏误。例如，布卢姆菲尔德和奥哈拉（Bloomfield and O'Hara，1999）让交易员与做市商在三种不同的市场设置中进行交易，来研究透明的条例规则在实验设置中所起的作用。在“透明”的实验局设置中，所有报价和交易都是公开的。在“半透明”的实验局设置中，报价是公开的，但不会将个人交易透露给任何参与者。在“不透明”的实验局设置中，交易仍然是不公开的，报价只会被透漏给交易员。交易员会按随机的顺序被分配到每一个不同的市场设置中进行交易。除了市场的透明程度外，这些市场设置在其他所有方面都完全相同。因此，不同实验局设置中的行为差异都应完全归因于透明度的差异。布卢姆菲尔德和奥哈拉（Bloomfield and O'Hara，2000），以及弗拉德、休斯曼、蔻迪克和马尤（Flood，Huisman，Koedijk，and Mahieu，1999）也使用了类似的方法。

• 通过将被试者随机地分配到各个实验局中，实验人员能够避免自我选择的问题。例如，托西、卡茨和戈麦斯—梅吉亚（Tosi，Katz，and Gomez-Mejia，1997）进行了一个实验，研究监督机制和激励相容机制是如何影响公司决策的。被试者被随机分配到六个实验局中的一个，这六个实验局包括高度激励相容（CEO 的薪酬
115 与利润最大化策略挂钩）、低度激励相容（CEO 的薪酬与销售增长策略挂钩）、高度监督、低度监督、长期的 CEO（被试者一直担任 CEO，因此被试者要对之前的投资决策负责），以及短期的 CEO（被试者刚刚被任命为 CEO，因此不用对以前的投资决策负责）。然后，被试者将担任一个公司的 CEO，并在已知公司过去的投资决策不佳的情况下，进行投资分配决策。作者发现，激励相容机制比监督机制更有效地确保了管理者的行为有利于股东利益。通过将被试者随机分配到这些不同的实验局中，作者避免了自我选择引起的问题，并能直接观察到不同管理措施对盈利的影响。

• 通过亲自构建实验中的环境设置，实验者可以观察到所有变量，从而避免无法观测的自变量难题。例如，研究者在档案数据集中无法观测到投资者的风险厌恶程度。在实验环境中也无法观测到风险厌恶程度，因为实验者无法直接从被试者那里得到该信息。然而，巴塞茨和普洛特（Bossaerts and Plott，2004）研究大型金融市场的均衡问题时，展示了良好的实验设计如何避免这个问题。通过使用资本资产定价模型（CAPM，Capital Asset Pricing Model）框架，巴塞茨和普洛特可以在未直接知道被试者的风险厌恶程度的情况下，衡量市场在每一个点上距离均衡状态有多远。他们只需要知道真实的预期回报就可以了，而在实验设置中真实的预期回报是可观测的。他们预测，风险资产和市场组合间的协方差将与风险溢价成比例（正如 CAPM 所预测的那样），他们还使用夏普指数检验了这个预测。因为在实验设置中预期收益和方差都是可以直接测量的，夏普指数也可以通过计算得出，所以可以避免无法观测的自变量问题。

• 通过在实验中设计能得出某特定因变量的任务，实验者可以避免无法观测的因变量难题。例如，布卢姆菲尔德和哈耶（Bloomfield and Hales，2006）进行了一项实验，研究相互观察（mutual observation）对分析师所做的预测的影响。他们发现，当分析师能够看到彼此的预测时，共识预测（consensus forecast）会更为极端，但也更加准确。通过用实验的方法进行这项研究，布卢姆菲尔德和哈耶能够观察到分析师先前的想法。此外，他们在实验中所使用的结构能够消除基于绩效的激励，并使分析师能够灵活调整他们的预测。因此，对于他们正在研究的这个问题——相互观察是否会使得分析师搭便车或过度极端化，该实验研究可以得出更精确的结果。在传统的档案数据研究中，我们难以提取出相互观察的作用，且很难区分分析师们改变其预测的潜在原因。

最常见的实验形式是在实验室中构建一个高度可控的环境设置。实验室实验允许极其简单的环境设置，以便实验者进行清晰明确的推论。例如，可以将证券价值设置得简单明了且分布简单。研究者在实验中控制变量的这种能力使其能够更大程度地评估因果关系。实验室设置使得研究者可以对实验内的因果关系做出非常明确 116
的推论（内部有效性），但也有人质疑实验室内的行为可以在多大程度上推广到外面的世界（外部有效性）。

最近，实地实验（field experiments）[1] 在经济学中越来越流行。在实地实验中，研究人员进入一个自然的环境中，保持自然环境中的杂乱无章，但是会每次操纵一个变量（一般是通过与具有适当权限的人合作）。例如，塞勒和本纳兹（Thaler and Benartzi，2004）使用实地实验研究了“为明天积蓄更多项目”（Save More Tomorrow plan），该项目为真实公司中的员工提供机会，使得他们可以致力于奉献更多的未来收入以增加退休储蓄。塞勒和本纳兹的目的是通过增加储蓄（只有当员工提高缴纳额时）来避免损失厌恶，然后利用惯性和现状偏向（status quo bias）让人们留在该项目中，从而逐渐提高储蓄率。塞勒和本纳兹在几个不同的公司实施这一项目，尽管在这几次实施的过程中存在一些无法控制的差异，但作者还是在所有案例中都获得了类似且积极的结果。虽然实地实验是一个很有前途的研究方向，但实地实验还很少被应用于金融学，本章的余下部分仅关注实验室实验。

实验金融学中的基本方法和挑战

实验经济学的基本方法是构造一个环境设置（该设置中包含一些关于利率的制度特征），然后给予参与者激励使得参与者在该设置中尽力最大化其效用。史密斯

① “field experiments”又被译为“田野实验”，但是，译者认为无论从原词“常”意还是内涵而言，译为“实地实验”都更妥。——译者注

(Smith，1982) 凭借其在实验经济学领域的成就获得了诺贝尔经济学奖，他重点强调了给予参与者的激励要像经济学家建模的那样（无须做任何不必要的变形）。例如，史密斯要求实验中提供参与者可以努力追求的有实际价值的报酬。史密斯还要求，追求该报酬的激励应该是永远无法被满足的（激励没有上限），报酬应是完全私密的（这是为了避免可能的社会压力，社会压力是超出经济模型之外的），并且货币报酬应足够大，使得该货币报酬占优于任何非货币报酬。这最后一个要求被称为“占优”(dominance) 原则。

在史密斯的观点中，实验的目的是通过尽可能忠实地实现理论假设来检验经济理论。然而，史密斯关于经济学实验的观点却向研究人员提出了一个严峻的挑战——要保证实验数据实际能作出的贡献超出被检验的经济模型本身，这是很困难的。为了阐明此挑战，我们设想在一个典型的定价实验中，一个交易员面对两项资产 A 和 B，每一项资产会分别支付一份清算股息。这两份股息都呈正态分布，均值相同，但是 A 资产股息的方差低于 B 资产股息的方差。实验者引入了一个基于贝尔格、戴利、狄克亨特和奥布勒恩（Berg，Daley，Dickhaut，and O'Brien，1986）原理的负指数效用函数，用彩票的形式进行支付，每增加一张彩票，就相比之前稍微提高了一些支付的概率。经济理论清楚地预测了最优选择：如果 A 和 B 的成本
117 相同，那么每位参与者都应该偏好 A 而非 B。在有许多交易员的大型市场中，假设无风险利率是零，根据以下公式，B 的价格应该更低：

$$S=\frac{E(R_A)}{\sqrt{Var(R_A)}}=\frac{E(R_B)}{\sqrt{Var(R_B)}} \tag{7—1}$$

$$\frac{\dfrac{D}{P_A}}{\sqrt{Var(R_A)}}=\frac{\dfrac{D}{P_B}}{\sqrt{Var(R_B)}} \tag{7—2}$$

$$P_B=\frac{\sqrt{Var(D_A)}}{\sqrt{Var(D_B)}}\cdot P_A \tag{7—3}$$

鉴于模型和实验的这些描述，人们会问：我们可以从实验中学到什么呢？正如坎丘麦尔（Kachelmeier，1996，p. 83）所说的：

> 如果观察到的行为与预测出引致价值（induced values）的模型相一致，怀疑者可能会问，除了证明人们偏好更多钱而不是更少钱的策略偏好之外，我们从中还学习到了哪些关于行为的深刻见解呢？但是，如果观察到的行为与模型相矛盾，怀疑者将迅速提出常见的反对观点，每当人们没有观察到假设的行为结果时，怀疑者都会提出此类反对观点。

什么是常见的异议呢？通常，这意味着无法确保理论的基础假设（例如预期效用最大化、负指数效用函数和完全竞争市场）在实际环境中确实能够成立。但如果实验者这样做了，那么他们就只是将经济模型视为实验无法反驳的同义反复。

解决这个难题的方法是要更清楚地思考经济模型中假设的本质。在布卢姆菲尔德、塞勒和周（Bloomfield，Tayler，and Zhou，2009）的后续研究中，实验者在对模型进行分类时将模型假设分为三类：结构假设描述了参与者之间可以相互影响（包括信息的分布、可能采取的行动以及激励）的体系；行为假设强调参与者的偏好和决策能力（如预期效用最大化和效用函数的形式）；均衡假设描述了用于预测行为的解概念（如贝叶斯纳什均衡、理性预期或无套利定价）。

因为上文所述的定价实验使用了行为假设，且（在单人案例中）没有提供可信的假设来替代均衡假设，所以该实验所作的贡献并没有超出被检验的这个模型本身。然而我们不难想象，只要对假设稍加放松，实验就会更加有趣。本节的余下部分将集中讨论各种放松假设的研究实例，用不同的方式放松结构假设、行为假设和均衡假设以使得实验能够作出新的贡献。

检验行为假设 118

本纳兹和塞勒（Benartzi and Thaler，1999）进行了一个实验，放松了（从而也检验了）人们能够完美处理风险信息的行为假设。实验人员会告诉参与者债券和股权投资的历史业绩信息，并对此信息内容进行控制（告诉参与者过去 30 年内每年的回报率，或只告诉参与者过去 30 年内的汇总收益信息）。研究结果表明，每年的业绩信息使得那些波动较大的股权投资看起来似乎风险更大，然而汇总信息减少了参与者对波动的担忧并突出了更高的预期回报。因此，获得汇总信息的参与者更有可能进行股权投资。本纳兹和塞勒通过检验模型中关于完美信息处理的行为假设，证明了人们实际上还存在短视的损失厌恶倾向，因此他们作出的贡献超越了简单的定价实验。

福赛思、伦德霍尔姆和赖茨（Forsythe，Lundholm，and Reitz，1999）用不同的实验设置检验了行为假设。他们在研究中采用自愿信息披露——卖家将报告一个股息的范围（该范围中必须包含真实的股息值），潜在买家从中获知关于股息的可能值。在均衡状态下，因为卖家会试图在范围域中引入一个较高的股息值以抬高价格，所以买家应该假设真实值其实是报告范围域中的最低值，以保护自己免受那些卖家的影响。这项研究通常被称为“每分钟出生半个笨蛋”（Half a sucker is born every minute），因为卖家确实会这样抬高价格，而且这确实有效（即使是同样的参与者在交替扮演买家和卖家的角色）。因此，在大部分明显违背廉价谈判模型（cheap-talk models）的行为假设的例子中，人们在报告股息的范围时似乎是精明的，但在解读他人报告时又容易轻信以致受骗。

均衡假设：多重均衡

许多实验研究都放松了均衡假设。最自然的趋势是检验存在多重均衡（multiple equilibria）的环境。大多数建模者对他们的均衡假设都相当自信。在包含异质信息（Heterogeneous Information）的理性预期模型中，一个标准推测是"需求是一个关于预期的线性函数"，但事实上有可能存在其他均衡。因此，通过实验室市场来检验信息聚合模型（models of information aggregation）是有帮助的——实验数据可以证明均衡假设实际上是精确的，无须使用真实市场进行检验。

在信号模型中均衡假设尤为重要。凯兹比、弗兰克和马卡斯莫维奇（Cadsby，Frank，and Maksimovic，1990）使用了一系列实验来检验迈尔斯和迈基里夫（Myers and Majluf，1984）关于寻找投资者的公司信号的理论预测。参与者被分成两组：公司和投资者。告诉公司组的参与者他们是 H 型或 L 型，然后要求他们决定是否承接一个新项目。然后告知投资者公司的决定，但不告诉他们公司的类型，再让投资者参加该项目投资的拍卖。当理论预测出唯一的均衡解时，被试者在所有案例中都会达到这个均衡。但是，如果理论预测出的是多重均衡，那么参与者
119 是应该联营还是独立就不太清楚了。作者认为，实验提供了一个重要的工具来解决
这些模棱两可的情况。在所有版本的实验中，理论预测出多重均衡（即被试者联营）可能是因为混同均衡（pooling equilibrium）总是帕累托优于分离均衡和半分离均衡。因此，当理论分析方法不足时，实验方法也可以进行预测。

均衡假设：收敛

即使是在只有唯一均衡解的环境设置中，也不能保证可以达到均衡。这个均衡是一个固定点——如果达到该点，那么将没有任何参与者希望偏离该结果。尽管如此，实验者很快就会思考当参与者还没有达到均衡点时使他们趋于均衡（收敛）的方法，并且也会思考当已经达到均衡时使参与者极小地偏离均衡点（不稳定）的方法。

信息聚合的实验室研究就是研究趋向均衡的动力的自然设置。普洛特和散德（Plott and Sunder，1982，1988）的研究提供了一个经典的例子。在他们的研究中，自然发生的状态决定了证券价值，并且告诉了每一个交易员一种未发生过的状态。如果集合起大家的信息，那么交易员就会知道必定发生过的状态。例如，在某些市场，可能的状态是 X、Y 和 Z，一些交易员知道状态不是 X，而同时其他交易员知道状态不是 Z，因此，交易员集体知道状态是 Y。

均衡分析的预测是价格充分反映了全体持有的信息。普洛特和散德（Plott and Sunder，1982）表明，在部分交易员被告知真实状态的简单一期市场中，这个预测确实是正确的。在这个实验中，债券支付的股息是取决于状态的，所以不同个体交易员间的股息也不同。一些交易员知道已实现的状态，但我们不知道哪些交易员知情以及哪些交易员不知情。在这种环境设置下，交易员间的双边口头拍卖（double oral auctions）应该能得到完全信息聚合。然而，通过另一组实验，普洛特和散德（Plott and Sunder，1988）证明在更复杂的环境设置中，结果并非总是如此。当证券是阿罗—德布鲁证券（Arrow Debreu securities）时（也就是

说，市场中包含三种证券，第一种证券只有在状态 X 时才有回报，第二种证券只有在状态 Y 时才有回报，第三种证券只有在状态 Z 时才有回报），市场能更有效地聚合信息。显然，这种设置使得参与者更容易从他们观察到的交易中获取信息。此外，如果所有交易员都具有相同的偏好，那么即使只存在一种证券，信息也可以被完全聚合。但是，在只有一种证券但存在不同偏好的市场中，信息聚合是不完全的。

布卢姆菲尔德（Bloomfield，1996）为信息聚合过程提供了新的观点。在他的研究中，每种证券的价值是四个随机数字的总和。在一种实验设置中，每位交易员仅能看到一个数字，每个随机数字仅会被其中两位交易员看到。在另一个实验设置中，每位交易员都能看到两个数字，每个随机数字会被其中四位交易员看到。

虽然传统理论预测出的是一个完全显露的均衡（a fully revealing equilibrium），但布卢姆菲尔德（Bloomfield，1996）预测并发现，市场会不完全地扣留部分信息，当信息分布得越不广泛时信息扣留得越不完全，因为交易员在做出购买或出售决策时，主要是基于他们个人持有的信息、他们从市场中获取的信息，以及他们的偏好。与此同时，交易员由此及彼反向进行该决策过程以推断他人交易中的信息。而当每个交易员被单独告知的信息较少时，即使所有人加总的信息总数是相同 120
的，这个反向推断过程也会变得更加困难。因此，市场可能无法完全聚合所有的可用信息；当然，收敛程度取决于信息在个体交易员间的分散程度。

最后给出一个没有收敛到均衡的例子。博杰瑞吉、布卢姆菲尔德和塞勒（Bhojraj，Bloomfield，and Tayler，2009）构造了一个只包含一种证券的模型，所有的人类参与者都被告知该证券将支付 500 实验代币的清算股息。市场使用一个机器人专家，它将价格设置为 $500+k(D-S)$，其中 $D-S$ 是证券的累积净需求。市场中还包括一个机器人买家，买家在每个交易期都稳定地购买股份（直到一个已知的最终期为止），因而会推动价格上涨。博杰瑞吉等人假设市场价格构成了一个纳什均衡，并表明只要交易员有足够的资本，简单的逆向归纳法应该在每个交易期都将价格保持在 500 实验代币。

博杰瑞吉等人（Bhojraj et al.，2009）通过在实验设置中引入社会困境形成了另一个备择假设。参与者如果使用超前交易（front-running）的策略，就可以集体赚更多的钱，该策略是：在交易初期购买股票来迫使机器人以更高的价格买入，并且在机器人推动价格上涨后才卖出这些股票。对囚徒困境的大量研究表明，人们最初会选择非均衡策略（如果每个人都选择这种非均衡策略，那么将达到社会最优），而只有在人们获得经验后，他们才开始学会均衡策略。在博杰瑞吉等人的实验设置中，这意味着交易员最初将进行超前交易以利用机器人交易员的乐观情绪。当投资者拥有小额的原始股禀赋时，这尤其正确。此外，作者发现，如果交易员违背众人并试图过早地偏离均衡来套利，那么他会面临被追加保证金的风险，所以宽松的保证金限制和由此引起的更多卖空都将导致延迟收敛到均衡。

检验无解的模型

对于没有合理的备择假说的问题，最后一种避免该问题的方法是构建一个实验设置，在该设置中理论不能简单地给出一个唯一的预测。这个方法与市场的微观结构密切相关，市场微观结构可以处理极其复杂的设置和战略问题。实验室设置中最常使用的市场是双边拍卖，双边拍卖在执行上较为简单，但极难建模（Friedman，1984）。微观结构的建模者通常着眼于更简单的实验设置，比如凯尔型（Kylety-pe）或者格罗斯顿—米尔格罗姆型（Glosten-Milgrom-type）实验。例如，布卢姆菲尔德（Bloomfield，1996）使用了罗斯顿—米尔格罗姆型设置，投资者和做市商同时提交他们愿意交易的最高买价和最低卖价。然后，最高买价和最低卖价之间能交叉匹配的那些交易会被执行，而所有其他的订单都会被取消，交易继续进入下一期。那些没有立即进行交易的订单此时不会对交易产生任何影响，它们只在限价订单市场中产生影响。但当今大多数的交易都发生在电子限价订单市场中，所以报价驱动市场或指令驱动市场（quote-or order-driven markets）的模型类型已经不太重
121 要了。

布卢姆菲尔德、奥哈拉和萨尔（Bloomfield，O'Hara，and Saar，2005，2009）检验了电子限价订单市场中知情的噪声交易员们的行为，这是第一项针对不同类型交易员的流动性供应策略的研究。该实验中的市场包含实际电子市场的许多特征，知情交易者和有特定交易目标的不知情流动性交易者在此进行交易。这使得作者能够确定市场特征（如限价指令单的深度）和证券特征（如波动）如何影响不同类型交易员的策略，而这在严格的理论框架内是不可能做到的。因此，与该领域内典型的理论研究相比，这个实验设置更加稳健并且限制约束更少。结果表明，提交订单的策略取决于交易员的类型，并且会在交易期内逐步发展形成。虽然知情交易员可以利用自己的信息优势开始交易市场订单，但随着交易期的持续进行，他们会转为交易限价订单。这样，因为知情交易员知道证券的真正价值，所以他们可以担任经销商的角色，并且为市场提供流动性。知情交易员通过从买卖价差中获利而得益于这种策略。

布卢姆菲尔德等人（Bloomfield et al.，2009）后续的论文研究了电子限价订单市场上的噪声交易员的行为，噪声交易员的交易行为没有外生因素。在这些实验的市场中存在拥有不完全信息的知情交易员，虽然每个交易员拥有不完全信息，但所有交易员作为总体时拥有完全信息；市场中还存在有固定交易目标的流动性交易员，并且在某些情况下还存在不知情的噪声交易员。通过比较包含噪声交易员的市场和不包含噪声交易员的市场，我们可以更好地理解噪声交易员的作用。作者发现，噪声交易员可以通过反向策略（contrarian strategies）增加市场容量和流动性，从而有利于市场，但是也削弱了市场吸收新信息的能力。

个体偏向和总体市场行为

心理学中的许多文献都显示出个体在判断决策中的错误。特维斯基和卡尼曼（Tversky and Kahneman，1974）概述了一些与金融领域最相关的偏向。这些偏向包括代表性（representativeness）偏向（倾向于假设相似的被试者间存在共性）、可获得性（availability）偏向（它使得概率分布是基于相似例子让人想起的容易程度）、锚定（anchoring）偏向（对单一信息的依赖或者做估计时的起始点）。

传统金融学的一个关键信条是市场能消除这些偏向。一些学者认为，人们可以通过经验和激励来学会避免这些错误。随着人们的学习，无论是从投资专业人士那里直接学习还是通过自己的经验进行间接学习，不理性的投资者都将被驱逐出市场。此外，即使市场上存在个体偏向，这些个体偏向也可能会相互抵消掉，以至于作为整体的市场仍是无偏的。然而，实验研究已经表明市场消除偏向的能力是比较有限的。

凯默勒（Camerer，1987）针对市场消除个体偏向的能力进行了初步的实验研究。他报告了15个实验，在实验中他要求人们预测3个小球是从哪个瓮中抽取的。首先，从第三个瓮中随机抽取一个数字（1到10之间），据此选择一个瓮（X或 122
Y）。有60%的概率选择瓮X，40%的概率选择瓮Y。被试者知道这些概率，但是不知道被选择的是哪个瓮。然后从X或者Y中可重复地选择三个球。X中包含1个红球和2个黑球，Y中包含2个红球和1个黑球。参与者被归为I型或者II型，然后在双边口头拍卖中交易一项资产，该资产支付的股息是取决于状态的。凯默勒发现，资产价格确实趋向于贝叶斯理论预测的价值，但也有证据显示代表性偏向在统计上显著。随着参与者获得经验，以及实验设置增加激励，这种偏向会减轻。这项研究也许不能推广到现实世界的金融市场，但在证明市场消除个体偏向的能力可能不足时，这项研究仍然是有用的。

甘古力、卡格尔和莫泽（Ganguly，Kagel，and Moser，1994）指出信息聚合取决于市场结构。他们进行了两种版本的实验以检验基本比率谬误（Base-rate fallacy）形式的个体偏向的持久性；在一个版本的市场中，无偏交易员有最高的预期收益，在另一个版本的市场中，有偏交易员有最高的预期收益。基本比率谬误就是，相比最初的基本比率，人们过度重视现行信息。按照他们的假设，一方面当有偏交易员有最高的预期收益时，价格是有偏的；另一方面，当无偏交易员有最高的预期收益时，价格会趋向于无偏的水平，但仍然是有偏的。这是因为很少有交易员实际上是无偏的，大多数交易员成了基本比率谬误的受害者。当有卖空的约束限制时，因为在这个市场上不能卖空，拥有无偏观点的人们就不能将价格推回到真实值的位置。当交易员有偏的概率很高时，如果市场结构限制了某些类型的交易，那么即使是完全竞争市场也不能消除个体偏向。

戈德和散德（Gode and Sunder，1993）指出巧妙的制度可以弥补愚蠢的交易员（即使在市场上没有一个交易员是精明的）。戈德和散德进行了“零智力”（ZI，Zero-Intelligence）项目，在该项目中提交随机的订单并报告他们模拟的结果。这些基于机器的交易员提交随机的、独立的、均匀分布的订单；他们并不会试图实现利润最大化，并且他们不会记得过去的订单，也不会从过去的订单中学习经验。人类交易员的行为和无约束ZI交易员的行为之间明显存在巨大的差异。戈德和散德试图确定这个差异中有多少是由学习和利润激励所导致的，又有多少可以简单地归因于市场约束。为了解决这个问题，他们在每个市场中都进行了三个版本的实验：一个版本使用人类交易员，一个版本使用无约束的ZI交易员，一个版本使用有预算约束的ZI交易员。作者发现，虽然有预算约束的ZI交易员不存在学习行为，但相比无约束的ZI交易员的价格序列，有预算约束的ZI交易员的价格序列的波动大幅度减小并且会在每个交易阶段内收敛到均衡。在这种情况下，尽管交易员的策略是随机的，但市场仍能够消除个体非理性并收敛到均衡。而在稍微复杂的设置中，这些方法并不是很有效。

更复杂的信息结构也会干扰人类交易员市场中的信息聚合。正如上面所讨论的，普洛特和散德（Plott and Sunder，1988）以及布卢姆菲尔德（Bloomfield，1996）证明了信息分布如何阻碍完全揭露。福赛思和伦德霍尔姆（Forsythe and Lundholm，1990）指出，信息聚合既需要经验丰富的交易员也需要关于股息结构的共同
123 知识。奥布勒恩和斯里瓦斯塔瓦（O'Brien and Srivastava，1991）也进行了一系列实验，在实验中信息不能完全聚合。他们认为，市场越复杂（以证券数量及交易期数来衡量），信息聚合就越困难。在这些复杂的设置中，无法通过充分套利交易来消除这些低效率。伦德霍尔姆（Lundholm，1991）指出，当交易员面临不确定性时，即使他们知道市场上的所有可用信息，信息聚合也会更不完全。

当交易员的信息是来源于他们自己的知识而不是来源于实验者给予的一个事实时，聚合会更加困难。布卢姆菲尔德、莉比和纳尔逊（Bloomfield，Libby，and Nelson，1996）构造了一个市场，在该市场中证券的价值基于一道“年鉴型”商业相关问题（“almanac-style” business-related question）的答案。该实验有两个实验局：在一个实验局中，参与者可以看到以高于、低于和等于公布股价的价格进行交易的交易员数量；在另一个实验局中，参与者可以看到以高于、低于和等于公布股价的价格进行交易的股票数量。他们发现，能更精确地评估证券价格的参与者交易的股票数量更多。这隐含地允许交易员确定彼此的置信水平。因此，当交易员看到股票的数量而不是只看到交易员的数量时，市场价格会更精确。在现实金融市场中，由于众所周知的校准限制，这个过程可能是不完全的。本章并没有证明人们通常意识不到他们自己的偏向，所以即使在他们有偏时他们也会积极地交易。因此，对市场价格的有偏判断仍然是很普遍的。

最后，一些研究检验了市场造成另一种偏向（在个体层面上不存在这种偏向）的可能性。西伯特和布卢姆菲尔德（Seybert and Bloomfield，2009）在愿望式思维（wishful thinking）的环境中检验了这个问题。人们经常基于乐观的偏向进行交易，又因为人们常常根据他人的行为推断他人的信念，所以这可能反过来使得他人高估这些概率。在这项研究中，参与者可以同时交易多种资产，并且他们被赋予的禀赋都是一半资产为多头，另一半资产为空头。资产价格是关于累积需求的函数，所以如果交易员购买股份，价格就会上涨，反之亦然。每个交易员都有关于资产价值的不完美信息。西伯特和布卢姆菲尔德发现，虽然交易员最初并没有进行愿望式思考（他们的信念是无偏的），但他们确实在进行愿望式对赌。他们更有可能购买他们最初拥有的多头禀赋的那类资产。这会导致愿望式思维的蔓延，因为其他交易员无法区分愿望式对赌和关于证券价值的真实信息。因此，尽管其他研究表明市场可以消除一些个体偏向，但是西伯特和布卢姆菲尔德证明市场也可以产生并放大偏向。

对比实验心理学和实验经济学后的见解

实验在心理学研究中有着悠久的传统，但是在经济学中还比较新。事实上，张伯伦在1948年进行了第一次实验，史密斯于1976年提出了实验经济学的原则。凯默勒（Camerer，1997）描述了经济学（E）实验者和心理学（P）实验者间的许多 *124*
风格差异。凯默勒指出了经济学实验和心理学实验的许多关键差异，其中最重要的一些是：

• 经济学实验认为参与者应获得激励报酬，而心理学实验中很少这样做。

• 在经济学实验中参与者们通常可以相互影响，而心理学实验通常关注的是个体参与者的信念和决策。

• 经济学实验通常重点关注会影响总体结果（例如，市场价格）的参与者行为，而心理学实验通常重点关注参与者报告的信念。

• 经济学实验通常从他们的实验设置中除去背景环境，而心理学实验中很少这样做。例如，经济学实验中的概率评估检验会被描述为从一个瓮中可重复地随机抽取小球这种形式，而心理学实验更可能会提出这样的问题，比如“迈阿密的人口多于巴黎人口的概率有多大”。

• 经济学实验通常包括极其复杂的原始数据表格和参数的计量估计，而心理学实验通常仅提供概括的统计数据（如均值、方差、F 统计量、t 统计量和 p 值）。

演示与实验

理解了产生这些差异的原因，能帮助我们理解如何更好地进行金融学实验。凯默勒（Camerer，1997）认为，心理学和经济学实验中的一些差异源于心理学和经济学理论上的差异。特别是，因为经济学的理论假设是收益最大化，所以报酬在经济学研究中发挥了很大的作用。许多心理学实验只需要确保参与者重视任务并认真对待，因此只需要最低的报酬甚至不需要报酬。同样，经济学理论通常避免背景环境（context），因此大部分经济学家认为在不相关的背景环境下扩大数值设置是没有太大益处的，并且事实上，许多经济学家看到了这样做的成本（由于某些未知原因，背景环境可能会产生影响）。与此相反，做决策的背景环境通常在很大程度上推动了心理学模型的发展。一般来说，经济学偏好关于现实的简单抽象的精确数学公式，而心理学偏好能阐述全局的口头描述。虽然它们在文体上存在明显差异，但凯默勒认为在实质上它们是非常相似的。

虽然经济学和心理学理论之间的差异会引起心理学和经济学实验中的一些差异，但引起实验差异的一个更重要的原因可能是经济学中的许多实验实际上并不是真正的实验——它们是演示。实验的一个定义性特征是，研究者在保持设置中所有其他方面不变的情况下控制一个单一变量。顶级心理学期刊中的实验很少有不控制变量的。相比之下，经济学领域发表的许多论文（甚至在顶尖期刊发表的论文）都不包含控制变量。

这些文章中最有名的也许是史密斯、苏查内克和威廉姆斯（Smith，Suchanek，and Williams，1988）的，他们为一种证券构造了一系列市场，该证券在 N 个周期中的每一期都支付固定股息 D。尽管在整个周期内价值会从 ND 减少到 0，但史密斯等人推测，参与者希望在未来以更高的价格转售证券，从而以超出基本价值的价格
125 购买该证券，那么市场价格就可能会形成泡沫。史密斯等人（Smith et al.，p.1129）报告了他们的“成功”，具体如下：“我们观察到第一个完整的泡沫——市场繁荣后的崩溃。使用经验丰富的被试者重新进行这个实验（19x）也不能消除繁荣—萧条的交易模式。”

这一段文字表明，此研究更像是一种对行为的演示，而不是一个实验。作者已经表明他们构造的实验设置中会产生泡沫。在自然科学中，演示有着悠久的传统。例如，化学研究人员通常会在发表的论文中描述他们如何创造了一种以前没有合成过的分子。作者需要做一些生成分子所必需的工作，通过几个月或几年的试错法反复试验，直到找到正确方法为止，然后汇报正确方法。试错法通常采取受控实验的形式，但是研究者很少报告这些试错法中的实验结果。虽然演示的成功可能与已有理论相一致并且提炼了已有理论的推测，但演示并未专门强调要使用受控操纵（controlled manipulations）去检验特定理论。

与此相反，真正的实验要先识别并确定一个在理论预测中会改变行为的变量，然后操纵该变量以检验这个理论。例如，史密斯等人（Smith et al.，1988）推测，即使交易员都是理性的并且对资产价值有共同的初始信念，他们也可能不确定其他交易员将如何对相同信息做出反应。因此，如果交易员认为他们可以通过与其他人

（一些从不同角度理解市场信息的人）交易而获利，那么就可能出现投机，并因此出现泡沫和崩溃。心理学家可能会建议，在实验中一半的参与者被随机分配到允许投机的市场中，而其余的参与者被分配到另一个不可能产生投机行为的市场中（在该市场中参与者只能是单纯的买方或卖方）。雷、尼塞尔和普洛特（Lei，Noussair，and Plott，2001）进行了一个这样的实验，实验表明即使在不允许投机的情况下也可能会出现泡沫。事实上交易员确实会做出错误判断，"交易员都是理性的并且泡沫是完全由投机引起的"这套理论并不能解释整个故事。通过使用受控操纵而不是仅仅演示一个市场特征来进行实验，可以更好地确定关于该特征的因果关系的真正来源。受控操纵的引入极大地改变了设计和分析中多种选择的成本和收益。考虑一下，比如说，背景环境的作用。对于心理学家来说，背景环境的优点是提供了一个做决策的自然环境，该环境类似于参与者在现实生活中做决策的环境。

实验经济学家们经常担忧背景环境中含有超出理论的暗示。然而我们必须承认，对于那些不包含专门的操纵处理的研究，对这类"负担"（baggage）的担忧会更为严重。如果不做任何操纵处理，环境设置中的任何方面都可能是推动泡沫形成的重要原因。因此，背景环境的存在使得人们很难将泡沫的存在与否归因于经济因素。虽然对"负担"的担忧是一个问题，但背景环境是唯一可能导致该结果的相对明显的非经济因素。房间的颜色和温度、参与者的背景和智力水平、交易界面的细节、交易产生的噪音等，都可以影响价格。此外，研究中没有考虑到的经济因素可能也会产生影响，如交易周期的长度、名义价格水平或价格机制（例如，双边拍卖与票据交换所市场）的性质。简单地说，对于他们为什么观察到泡沫，史密斯等人 126
（Smith et al.，1988）只提供了一些推测，并且对他们的实验设置的任何偏离都会改变他们的结果。

与此相反，想象史密斯等人（Smith et al.，1988）实际上操纵了一个变量，例如市场上的现金数额。事实上，凯吉诺普、波特和史密斯（Caginalp，Porter，and Smith，2001）进行了一项与此类似的研究，证明大额现金禀赋确实更容易产生泡沫。因此，假设史密斯等人的这项类似的研究会产生相似的结果。假若这样，实验局间的结果差异就几乎不可能是由两组保持不变的设置特征导致的。因此，没有理由担忧背景环境和有意义的标签会有损于人们从研究中得出的推论。毕竟，当现金禀赋很低时，背景环境和标签都没有推动泡沫的产生。因此，背景环境和标签本身不大可能推动泡沫的产生。背景环境和标签的存在也不大可能造成两个实验局间的差异。这需要背景环境和现金禀赋的相互作用，所以至少在乍看之下这似乎并不合理。

受控操纵的能力也保护实验者免遭常见的批评，比如研究中参与者的类型和报酬水平。虽然更多的培训和更大的激励可能会减少泡沫的形成，但这个特定实验中的培训和激励水平不太可能解释培训和激励相同的实验设置间的差异。因此，实验评论者在批评实验参与者经验太少或没有获得足够的报酬时就应该非常谨慎，除非

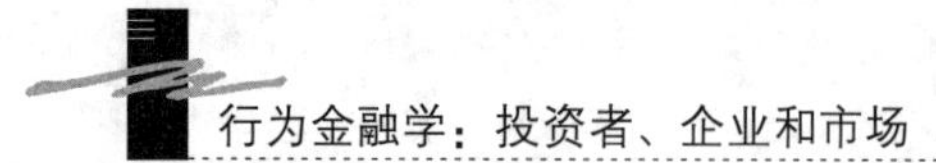

他们有明确的理由相信经验或激励会影响被控变量。

分析

受控操纵的使用也部分解释了为什么经济学和心理学研究之间统计检验的差异如此之大。实验分析比档案数据分析要简单得多，原因很简单，实验设计消除了许多计量经济学家使用非受控环境数据时会面临的那类问题。上文讨论过的史密斯等人（Smith et al.，1988）的另一个研究可以有力地证明现金禀赋和泡沫之间的联系。例如，人们可以根据每个市场中价格超过基本价值的时间平均值来度量泡沫，然后对两个实验设置的均值的差异进行 t 检验。无疑，通常强调的注意事项都是关于因变量的正态性和组间差异的相似性，所以使用非参数检验可能会更好。但是，检验当前这个理论不需要复杂的计量经济学分析——好的实验设计通常伴随的是简单的分析。这是因为研究人员设计整个实验就是为了能以简单干净的方式做特定检验。

因为演示无法依赖受控操纵进行分析，所以他们必须遵循以下两种分析方法之
127 一。第一种方法是评定他们设置中的行为在多大程度上捕捉到了理论预测。这也引起了对参数估计的广泛关注。理论预测每个时期的价格都应该等于基本价值，所以超额价格的平均度量值应该等于0。请注意，参数检验在此是必需的，所以，对偏离正态和异常值的担忧比在差值符号检验中的担忧要更加严重。因此，这类研究一般会提供表格和图以允许审查原始数据。

演示的第二种数据分析方法是在各种因变量之间寻找关联。例如，史密斯等人（Smith et al.，1988）对价格的适应性本质做了多种检验，主要使用以下形式的回归：

$$P_t - P_{t-1} = \alpha + \beta(B_{t-1} - O_{t-1}), \beta > 0 \qquad (7—4)$$

这里，P_t 是在时间 t 时的价格，$B_{t-1} - O_{t-1}$ 是在时间 $t-1$ 时的超额需求。与使用自然市场数据的传统计量经济学研究相比，这种分析有一定的优势，因为它们可以体现实验室外观测不到的自变量和因变量（如投资者的信念和基本价值）。他们面临的挑战是，他们依赖的是可度量的自变量，而不是可操纵的自变量。因此，这种分析很容易因为相关的遗漏变量和自我选择的偏误而受到批评。

实验者不应该避免使用可度量的自变量进行分析。当分析人们在实验设置中与其他人重复互动时的行为时，这种方法是非常有用的。研究人员应该依靠这些计量经济学方法，将其作为次要分析以支持处理效应（这也应该是实验首要的关注点）。

概要和结论

在金融学中，实验是一种未被充分利用的方法，并且对于行为金融学而言，实

验具有天然的优势。实验可以提供一种有用的方法来规避一些常见的计量经济学问题，例如遗漏变量、未观察到的变量，以及自我选择。通过放松各种假设或检验过于复杂而无法通过解析方法解决的设置，实验可以扩展它们所检验的那个理论模型。无论事先是否清楚地知道理论预测，当实验依赖可控的操纵（这也是实验推理的来源）时，实验所提供的信息是最丰富的。

讨论题

1. 对在非常简单的环境下进行的实验检验，如何能够阐明更为复杂的金融环境中的行为呢？

2. 假设一个经济模型预测在一组给定的假设下操纵自变量 X 将增加因变量 Y。通过在实验中引入一组假设并且确认实验的预测，我们可以从中学到什么呢？

3. 假设没有一个易处理的经济模型能清楚地预测出操纵自变量 X 将增加因变 128
量 Y。对于能揭示这种影响的实验，由于它不能被说成是证实或反驳一个预测，人们该如何解释实验结果呢？

4. 为什么本章作者认为，经济学和金融学领域的实验者太过担忧与经济模型无关的实验任务特征的影响，比如用于描述参与者和行动的标签？

参考文献

Benartzi，Shlomo，and Richard H. Thaler. 1999. Risk aversion or myopia? Choices in repeated gambles and retirement investments. *Management Science* 45：3，364－381.

Berg，Joyce E.，Lane A. Daley，John W. Dickhaut，and John R. O'Brien. 1986. Controlling preferences for lotteries on units of experimental exchange. *Quarterly Journal of Economics* 101：2，281－306.

Bhojraj，Sanjeev，Robert J. Bloomfield，and William B. Tayler. 2009. Margin trading，overpricing，and synchronization risk. *Review of Financial Studies* 22：5，2059－2085.

Bloomfield，Robert J. 1996. Quotes，prices and estimates in a laboratory market. *Journal of Finance* 51：5，1791－1808.

Bloomfield，Robert J.，and Jeffrey W. Hales. 2006. Should analysts act alone? Johnson School Research Paper No. 39－06. Available at http://ssrn.com/abstract＝941494.

Bloomfield, Robert J., Robert Libby, and Mark W. Nelson. 1996. Communication of confidence as a determinant of group judgment accuracy. *Organizational Behavior and Human Decision Processes* 68: 3, 287-300.

Bloomfield, Robert J., and Maureen O'Hara. 1999. Market transparency: Who wins and who loses. *Review of Financial Studies* 12: 1, 5-35.

Bloomfield, Robert J., and Maureen O'Hara. 2000. Can transparent markets survive? *Journal of Financial Economics* 55: 3, 425-459.

Bloomfield, Robert J., Maureen O'Hara, and Gideon Saar. 2005. The "make or take" decision in an electronic market: Evidence on the evolution of liquidity. *Journal of Financial Economics* 75: 1, 165-200.

Bloomfield, Robert J., Maureen O'Hara, and Gideon Saar. 2009. How noise trading affects markets: An experimental analysis. *Review of Financial Studies* 22: 6, 2275-2302.

Bloomfield, Robert J., William B. Tayler, and Flora H. Zhou. 2009. Momentum, reversal, and uninformed traders in laboratory markets. *Journal of Finance*, forthcoming.

Bossaerts, Peter, and Charles R. Plott. 2004. Basic principles of asset pricing theory: Evidence from large-scale experimental financial markets. *Review of Finance* 8: 2, 135-169.

Cadsby, Charles B., Murray Z. Frank, and Vojislav Maksimovic. 1990. Pooling, separating, and semiseparating equilibria in financial markets: Some experimental evidence. *Review of Financial Studies* 3: 3, 315-342.

Caginalp, Gunduz, David Porter, and Vernon L. Smith. 2001. Financial bubbles: Excess cash, momentum, and incomplete information. *Journal of Behavioral Finance* 2: 2, 80-99.

Camerer, Colin F. 1987. Do biases in probability judgment matter in markets? Experimental evidence. *American Economic Review* 77: 5, 981-997.

Camerer, Colin F. 1997. Rules for experimenting in psychology and economics, and why they differ. In *Understanding strategic interaction: Essays in honor of Reinhard Selten*, ed.

Wulf Albers, WernerGüth, Peter Hammerstein, Benny Molduvanu, and Eric van Damme, 313-327. Berlin and New York: Springer-Verlag.

Flood, Mark D., Ronald Huisman, Kees G. Koedijk, and Ronald J. Mahieu. 1999. Quote disclosure and price discovery in multiple-dealer financial markets. *Review of Financial Studies* 12: 1, 37-59.

Forsythe, Robert, and Russell J. Lundholm. 1990. Information aggregation in an experimental market. *Econometrica* 58: 2, 309 - 347. 129

Forsythe, Robert, Russell Lundholm, and Thomas Reitz. 1999. Cheap talk, fraud, and adverse selection in financial markets: Some experimental evidence. *Review of Financial Studies* 12: 3, 481 - 518.

Friedman, Daniel. 1984. On the efficiency of experimental double auction markets. *American Economic Review* 74: 1, 60 - 72.

Ganguly, Ananda R., John H. Kagel, and Donald V. Moser. 1994. The effects of biases in probability judgments on market prices. *Accounting, Organizations and Society* 19: 8, 675 - 700.

Gode, Dhananjay K., and Shyam Sunder. 1993. Allocative efficiency of markets with zerointelligence traders: Market as a partial substitute for individual rationality. *Journal of Political Economy* 101: 1, 119 - 137.

Kachelmeier, Steven J. 1996. Discussion of "Tax advice and reporting under uncertainty: Theory and experimental evidence." *Contemporary Accounting Research* 13: 1, 81 - 89.

Lei, Vivian, Charles N. Noussair, and Charles R. Plott. 2001. Nonspeculative bubbles in experimental asset markets: Lack of common knowledge of rationality vs. actual irrationality. *Econometrica* 69: 4, 831 - 859.

Lundholm, Russell J. 1991. What affects the efficiency of a market? Some answers from the laboratory. *Accounting Review* 66: 3, 486 - 515.

Myers, Stewart C., and Nicholas S. Majluf. 1984. Corporate financing and investment decisions when firms have information that investors do not have. *Journal of Financial Economics* 13: 2, 187 - 221.

O'Brien, John, and Sanjay Srivastava. 1991. Dynamic stock markets with multiple assets: An experimental analysis. *Journal of Finance* 46: 5, 1811 - 1838.

Plott, Charles R., and Shyam Sunder. 1982. Efficiency of experimental security markets with insider information: An application of rational-expectations models. *Journal of Political Economy* 90: 4, 663 - 698.

Plott, Charles R., and Shyam Sunder. 1988. Rational expectations and the aggregation of diverse information in laboratory security markets. *Econometrica* 56: 5, 1085 - 118.

Seybert, Nicholas, and Robert J. Bloomfield. 2009. Contagion of wishful thinking in markets. *Management Science* 55: 5, 738 - 751.

Smith, Vernon L. 1982. Microeconomic systems as an experimental science. *American Economic Review* 72: 5, 923 - 955.

Smith, Vernon L., Gerry L. Suchanek, and Arlington W. Williams. 1988.

Bubbles, crashes, and endogenous expectations in experimental spot asset markets. *Econometrica* 56：5，1119 - 1151.

Thaler，Richard H.，and Shlomo Benartzi. 2004. Save more tomorrow™：Using behavioral economics to increase employee saving. *Journal of Political Economy* 112：S1，S164 - S187.

Tosi，Henry L.，Jeffrey P. Katz，and Luis R. Gomez-Mejia. 1997. Disaggregating the agency contract：The effects of monitoring，incentive alignment，and term in office on agent decision making. *Academy of Management Journal* 40：3，584 - 602.

Tversky，Amos，and Daniel Kahneman. 1974. Judgment under uncertainty：Heuristics and biases. *Science* 185：4157，1124 - 31.

130 作者简介

罗伯特·布卢姆菲尔德（Robert Bloomfield）是康奈尔大学约翰逊管理学研究生院的尼古拉斯·H. 诺伊斯管理学和会计学教授。他的实验研究成果发表于《金融学杂志》（the *Journal of Finance*）、《金融经济学杂志》（*Journal of Financial Economics*）、《金融研究评论》（*Review of Financial Studies*），以及会计学、经济学和心理学的顶级期刊上。他主管着财务会计准则委员会的一个项目——财务会计准则研究计划。

阿莉莎·安德森（Alyssa Anderson）是康奈尔大学约翰逊管理学研究生院的金融学博士研究生。她拥有达特茅斯学院的学士学位。她的研究兴趣包括市场微观结构、实验金融学，以及行为金融学。

第8章　风险心理学 131

维克多·里恰尔迪（Victor Ricciardi）
社会科学研究网（SSRN）行为和实验金融电子期刊编辑

引　言

风险这一概念被广泛地应用于多种场合。对于不同的个人、机构和领域，它具有不同的含义和表述方式。本章的目的是向读者综合展示有关风险问题的学术见解，其中，包括标准金融学和行为金融学在这方面的主要原理。无论是对投资从业者来说，还是对金融教育工作者来说，这两种学术思想间的讨论都有助于增进对过去、现在的风险问题及其发展趋势的理解。

个人和集体的风险承担行为已经在社会科学、商业（Ricciardi，2008a，2008b）、行为金融学、经济学以及会计学领域（Ricciardi，2004）得到了广泛的验证和研究。当下，个人（如个人理财）、商业（如公司治理）、政府（如会计法规的制定）以及各种社会性问题（如经济问题）都会使用“风险”（risk）这一术语。然而，正如里恰尔迪（Ricciardi，2008a）所言，虽然风险是如此重要的一个概念，但是各界对其含义目前仍没有达成共识。

风险的本质以及不同的理解，使其成了个人评估和决策时所要考虑的一个重要方面，而这些会影响人们在日常生活中的行为方式。学术文献显示，不同学科的研究者就如何定义、描述、计算和分析风险，有很多不同的见解。对风险的分析，包括不同备选项的集合以及由损失（下行风险）和收益（上行风险）所组成的统计学结果。沙雷特（Charette，1990，p. 456）指出："一个人的风险常常是另一个人的机会，并且，我们很难区分出哪一边才是建立分析基础的合适视角。"

传统意义上，风险往往被定义为一个不受欢迎的结果（如股票市场市值下跌）发生的可能性及其后果的严重程度。在许多领域里，风险既不是现在的组成部分，
132 也不是过去的组成部分，而是模糊的未来独有的特征。根据普瑞查德（Pritchard，1997，p. 7）的说法，"传统观点将风险定义为这样一种情况：最终结果受到服从已知概率分布的不可控的随机事件的支配"。然而，绝大多数的决策都涉及风险的另一个组成部分——模糊（不确定性）的因素。它包含了那些未知的且无法预期的后果，这些在决策时既未被考虑也未被预期到。

从风险管理的角度，可以依据不确定性对风险做出划分。纯粹风险（pure risk）是那些只能带来损失的不确定情况和灾难性事件（如地震或恐怖袭击）。而投机风险（speculative risk）则同时包含潜在的收益（上行风险）和损失（下行风险），例如，对股票型共同基金的投资、衍生金融交易、一场赌博实验或者一项体育赛事的结果。当运用风险管理原则时，个体只关注如何减少有关灾难性损失的风险（即下行风险）。在金融风险管理的背景下，格雷（Gray，2000）提出了"元风险"（meta-risks）的概念，即个体必须考虑超出精确地量化风险的能力之外的主观固有风险。班克斯（Banks，2008a，p. 71）对风险管理过程的概述是对此很好的总结：

> 在21世纪复杂的经济环境中，公司和政府必须面对广泛的风险。一些人当风险出现时才做出应急性的反应，而另一些人则主动地提前规划希望承担的风险以及如何实现最优管理。在过去几年时间里，忽视风险造成的经济损失已经得到普遍承认……经验证据表明，机构越来越多地选择正式的规范化的流程去管理那些可能导致损失的不确定性。

依据《韦氏在线词典》（*Merriam-Webster Online Dictionary*），风险可定义为：(1) 损失或受伤的可能性；(2) 一些带来或暗示着危害的人或事物；(3) 一项投资贬值的可能性。沙雷特（Charette，1990）在描述风险这一概念的支配成分时，认为其由三部分组成：(1) 相联系的损失；(2) 机会或不确定性；(3) 在不同备选项之间的选择。在社会科学中，研究的焦点在于人们或组织用来评估和应对风险的方法。

风险评估与不同环境、情况或者事件下的不确定性相关联。古特曼（Gutman，

2002）将风险分为两组：健康风险与不健康风险。健康风险（即积极行为）包括参与体育活动和志愿工作，而不健康风险（即消极行为）则集中于滥用毒品和犯罪活动。耶茨和斯东（Yates and Stone，1992）将风险划分为三个方面：损失的严重性、损失的可能性以及损失的不确定性。损失的严重性（重要性）取决于个体的自身情况。例如，5 000美元的损失对亿万富翁来说无关痛痒，但对于一个中产阶级家庭则相当不利。损失的可能性通常用统计概率（即客观的统计）衡量，其往往是基于主观的预测。损失的不确定性涵盖风险的主观方面（即定性因素），也被称为模糊性。

在判断和决策制定层面，风险和不确定性之间存在差别（Ricciardi，2008a）。风险能够计算或至少能够基于统计规则或概率来预测，而不确定性则被认为是不能精确衡量的非定量成分。两者的主要区别在于：面对风险，个人能够通过统计概率 133
来实现客观的评价；面对不确定性，在评估潜在的结果时，无法用数值化的概率来衡量。个体在为潜在的结果制订计划时将会表现出很强的主观性，未来将变得高度不可预期。决策时如果面对的是风险，个体会清楚地知道分布曲线的形状，而分布曲线决定了所有最终可观测到的结果。

面对风险的决策其判断过程是标准化的，其中个体预期结果的各个备选项是众所周知的（例如养老基金持有的公司债券）。相比之下，因为不知道结果所形成的分布曲线的形状，个人在面对不确定性做出判断时，对预期的结果并没有清晰的备选项。由于没有历史先例可供比较，不确定性下的每一个决策都是独特的。就如里恰尔迪（2008a，p. 17）所指出的："与不确定性相关的每个决策，就某种方式而言都是独特的，特定结果的统计概率并不是客观现实所决定的。"从本质上讲，风险是可识别的、可预测的和可知的，而不确定性是不可识别的、不可计算的和未知的。最后，因为关于风险这个概念有着多种多样的解释、描述和评估方式，因而它对于所有类型的个体以及在不同的学科中有着不同的含义（Ricciardi，2008a）。

本章的其余部分结构如下。下一节将介绍关于风险的标准（传统）金融学观点及其主要理论和工具。接下来，本章的关注点将转向对行为金融学视角下关于风险的主要概念和原理的讨论。最后一节则概括本章的内容，并结合从20世纪90年代一直到2008年金融危机爆发之前的实际情况，考察了冒险行为的企图。

关于风险的标准（传统）金融学观点

哈林顿、法博齐和福格勒（Harrington，Fabozzi，and Fogler，1990，p. 4）指出，纵观金融史，"不管对投资者来说，还是对学者来说，风险的公平价格都已成为最重要、最有争议、最困难的一个问题"。在金融学术界，在风险问题上的两个主流学派分别是历史悠久的标准（传统）金融学派和被称为行为金融学的新兴学科。

标准金融学派的视角以风险的客观方面（如标准差、β 和方差）为核心，包含了对风险的定量分析，其基础是对市场中的所有投资者的风险的宏观（累积）评估（Ricciardi，2008a）。弗拉尼耶和沙利文（Fragnie're and Sullivan，2007，p. 21）在描述标准金融学的客观本质时说道："（标准金融学认为）通过使用为交易实质量身定做的数据库和计算机程序，金融风险能够得到缓和及解决……同样，风险也能通过保险或金融工具套期保值实现转移。"

134 对风险、风险评估和风险度量的理解和应用是金融决策中非常重要的一环。这是因为，金融决策中的个人都面临着这样一个问题：投资的回报是否能够为投资者所承担的风险带来足够多的补偿（奖励、收益）。标准金融学关于投资风险的观点建立在实际收益低于预期收益的可能性之上。戴维斯和斯泰尔（Davis and Steil，2001，p. 452）将标准金融学视角下的风险定义为"有一定可能性将会发生的危险，常常被应用于易归纳出客观概率的未来事件"。标准金融学派的学者常常依照收益的标准差、收益的范围和普通股的 β 值去衡量风险。

根据标准金融学，与一项投资相关的风险将其预期收益的不确定性作为基础。例如，一个投资者通过一只普通股而实现（获得）的收益是不确定的，因为它将来的股息支付未得到保证且在卖出时的售价也不确定。卡尔普（Culp，2008，p. 54）展示了看待风险的另一个角度：

> 风险可以定义为任何可能对公司的资产净值、收入或现金流造成负面影响的随机性的来源。在概念层面，要对术语"风险"的含义达成共识并不容易。实际上，简单地列出一个公司各种亏损方式的清单并不难——但也没有太多用处。相反，我们需要列出的是风险的清单，以帮助公司管理它们。

关于风险的标准金融学视角建立在古典决策（即规范决策模型）和个体作为效用最大化者（utility maximizers）的理性假设（即最优决策）的基础上。（这个方法最初在经济学、数学和统计学领域得到发展。）正如申德勒（Schindler，2007，p. 22）所指出的，在某些特定的假设和环境下，"古典金融学理论中，理性的概念已经被视作一种目标明确的行为方式"。实际上，正如韦内吕德（Wärneryd，2001，pp. 102－103）所说："（标准金融学认为）决策者所面临的备选项，都与概率已知的结果相对应。"其中的核心假设是，个人应当基于不同备选项对应的结果排列自己偏好的顺序。

规范决策模型以及不确定性下理性的决策制定都有赖于预期效用理论。该理论假设个人是风险厌恶的，且在面对等价赌局时能够做出最优决策。换句话说，也就是假设个人投资者都会努力实现自身期望效用的最大化。标准金融学模型假设风险厌恶行为和不同的风险承受能力是能够在效用函数的曲率中得到预测的。里恰尔迪（Ricciardi，2008a，p. 21）观察到，这一重要原则为"更高风险（即更低的成功概率）带来更高收益（即风险收益权衡）”提供了前提条件。

投资在风险和收益间的权衡（即两个变量之间的正相关关系）是投资决策过程中的一个核心问题，多数投资者是风险厌恶的，且因此期望额外的风险能够带来额外的奖励。一个投资者面临两种具有相同预期收益率的选择（二选一）时，将会选择风险较小的那个。在一个由风险厌恶个体主导的金融市场中，高风险金融产品必须比风险更低的产品提供更高的预期收益。如果市场环境偏离以上情况，那么买卖 135
行为也将迫使市场调整到位。大多数情况下，由于具有更大的标准差，股票的风险比债券和货币市场更大。标准差代表着在长期历史平均水平附近波动的实际收益的波动。班克斯（Banks，2008b，p. 40）指出，投资者“要求的收益与公司的固有风险相联系：公司风险越大，投资者要求的收益（或风险溢价）越高。无论一个公司是否有风险，投资者都总是寻求可能性最大的收益”。

里恰尔迪（Ricciardi，2008a）注意到，标准金融学派的风险理论的主要基础是现代投资组合理论（MPT）和资本资产定价模型（CAPM）。例如，库利和赫克（Cooley and Heck，1981）做了这样一个调查，邀请了一些金融学教授，从诸多金融学术文献中评选出贡献最卓著的几篇。调查所选出的三篇论文中的两篇分别是马科维茨（Markowitz，1952）关于MPT的奠基之作和夏普（Sharpe，1964）关于CAPM的开创性研究的文章。在接受调查的296名金融学教授中，有超过三分之二的人同时选择了以上两篇。

MPT不仅认为理性个体会利用资产组合多样化的方法来实现投资组合的最优化，而且提供了一种给投资组合中的风险资产定价的方法。其发展要归功于马科维茨（Markowitz，1952，1959）关于投资组合选择理论的研究成果。MPT的一个主要贡献在于，它在金融学研究中集成并运用了科学和统计技术，将投资组合多样化的影响和组合中证券（如股票）的数量以及资产的协方差这两者联系起来，这是马科维茨的理论中非常重要的一个方面。马科维茨（Markowitz，1999，p. 5）在谈到MPT诞生的历史背景时说，在1952年以前，没有“足够完善的投资理论（theory）能够厘清在涉及风险时资产组合多样性的作用，区分高效和低效的资产组合，或者在视投资组合为一个整体时分析风险与收益的权衡关系”。

MPT的目标是构造一个充分多样化的投资组合，而不是一个相互之间高度相关的个别证券的组合。合适的多样化水平的基本理念是消除或降低单一投资的固有风险，这种风险也被称为股票特定风险（stock-specific risk），指的是对一家公司的股票价格具有不利影响的信息（如对公司收入的负面新闻报道）所带来的风险。然而，多样化的投资组合在整个股票市场出现贬值趋势时无法规避风险，这种风险被定义为系统性风险（systematic risk），即与整个市场相关联的内在风险。里恰尔迪（2008a，p. 21）阐述道：“依据MPT，投资者选择的最有利的投资组合，能够实现在确定期望收益水平下的风险（收益的离差）最小化或在任何风险水平下的收益最大化。”实际上，MPT的假设条件是，投资者可以构造一个投资组合，来实现在给定预期收益水平下，基于正态分布的风险的最小化（Rachev，Menn，and Fabozzi，2008）。米格（Mieg，2001，p. 98）指出："马科维茨建立了均值—方差模型（mean-variance model）。该模型中的均值指的是（投资组合的）预期收益，这一点和期望效用模型相同。"

136 MPT 的另一个重要方面是利用方差去评估投资组合的变化，以此作为衡量预期收益离散程度的手段（Ricciardi，2008a）。有趣的是，哈达德和雷德曼（Haddad and Redman，2005）组织金融学、经济学和会计学领域的学者所做的一个调查显示，受访者中的绝大多数拥护标准金融学的原则，表现出风险厌恶行为并拥有多样化的投资组合。

根据哈林顿（Harrington，1983，p. 12）的观点，"马科维茨的投资组合模型在机制上的复杂性，使得不论是从业者还是学者在实际应用中都存在困难"。在 20 世纪 60 年代，在夏普（Sharpe，1963，1964）、林特纳（Lintner，1965）和莫辛（Mossin，1966）的著作中，CAPM 成了一种 MPT 理论下的基本投资工具。作为一个数学模型，CAPM 认为应该将一项资产的风险与无风险资产的收益相联系，以此为基础来进行资产定价。依据 CAPM，一项资产的期望收益等于无风险资产的收益和与这项资产的市场风险相一致的收益之和。CAPM 致力于评估特定股票的价格变动和整个股票市场波动之间的关系。换句话说，正如希里夫（Shirreff，2004，p. 22）所指出的："CAPM 依靠两件事来衡量一个投资组合的风险：整个市场的波动、单个股票由于其公司信息而引发的价格波动。"该模型利用股票的 β 值，结合平均风险厌恶水平，计算人们对某只股票要求的收益。β 是金融领域衡量市场风险的指标，β 越大，表示股票收益对市场收益率的变化越敏感。

作为一种风险（如股票市场波动）衡量手段的 β 和 CAPM 受到了大量的批评。尽管如此，这两者仍被认为是现代投资组合和投资理论下的重要投资工具（Ricciardi，2008a）。从 20 世纪 70 年代开始，β 值作为衡量投资组合的风险的代理变量，其重要性越来越受到投资界的重视。然而，专家学者很快就开始注意到，针对有效（竞争）市场的预期值和经验数据之间存在较大差异（Harrington and Korajczyk，1993）。曼杰罗（Mangiero，2005，p. 69）在描述金融市场中对 β 值的基本估计方法时指出："β 的估计值，会随着时间和估计者的不同而变化，而且对选择的市场指数极其敏感。尽管在这些方面广受质疑，但是 β 值仍然被广泛地应用于投资和风险管理领域。"里恰尔迪（Ricciardi，2008a）、法玛和弗伦奇（Fama and French，1992）列举了那些对 β 和 CAPM 的可靠性最为不利的实证结果。该结果显示，CAPM 并没能为 1941—1990 年这 50 年间的股票平均收益率波动提供合理的解释，因此推论 β 并不能被作为测度风险的合适手段。哈瓦维尼和凯姆（Hawawini and Keim，1998，p. 2）阐述道，作为补充，法玛和弗伦奇"加入了两个实证导向的解释变量：规模（总市值）和财务困境（账面市值比）"。换句话说，法玛和弗伦奇认为估计未来收益的最佳指标是公司大小和账面市值比。此后，很多金融专家将这两个代理变量视为至关重要的基本风险衡量指标。总而言之，就如同布卢姆（Blume，1993，p. 8）的观点："关于 CAPM 的争论，观点繁多，良莠不齐。CAPM 就好像一张菜单：想要美餐一顿并不需要喜欢上面的每一道菜。"

依据邀请金融学教授们所做的关于学科当前发展状况的调查，弗拉纳金和拉德（Flanegin and Rudd，2005，p. 28）指出："作为专业人士，我们相信并致力于教授这 137
些基础的投资学理论——如 CAPM 和 EMH（efficient market hypothesis，有效市场假说），但我们同样需要去研究基础理论所不能解释的那 80%的股票收益的波动性。"多兰和赖特（Doran and Wright，2007）所做的另一项针对金融学教授的调查显示，即使是标准金融学的拥护者，在现实生活中也并不会完全按照他们在课堂上所教授的那些投资理念行事。基于共 642 份回执，作者确定了金融学教授们在投资判断过程中所使用的策略和工具。多兰和赖特（Doran and Wright，p. 1）指出：

> 来自投资者的所有这些回复表明，传统的估值方法……在针对一只股票做出买/卖决策时并未得到重视。相反，金融学教授们……承认他们试图战胜市场，他们会采信公司的某些特征（特别是一个公司的市盈率和市值）作为参考，在考虑股票买卖时将和动量相关的信息（一个公司在过去 6 个月和过去一年的收益以及股价在 52 周之内的低点和高点）视为主要的参考对象。

弗拉纳金和拉德（Flanegin and Rudd，2005）及多兰和赖特（Doran and Wright，2007）所做的这两项调查研究质疑了大部分金融学教授所支持的标准金融学方法及其工具的适用性。下一节将进一步讨论关于风险的行为金融学视角及其所涵盖的心理和主观因素，从而和标准金融学的观点进行对比。

行为金融学视角下的风险

行为经济学专家蒙捷（Montier，2007，p. 445）曾评论道："风险可能是所有金融学概念中，受到误解最深的一个。"在评估一项投资成功与否时，大部分个体有只关心收益的倾向，并且很少考虑风险是如何影响他们的整体财务目标的。事实上，在 20 世纪 90 年代，大部分面向新手投资者的共同基金交易指导书籍甚至未能涉及关于风险的话题（Ricciardi and Tomic，2004）。伯恩斯坦（Bernstein，2006，p. 5）在他的关于风险的综述性文章中写到，投资领域"由于深深植根的风险，与其他领域大不相同，努力并不一定能够带来回报。当我们觉得自己洞悉未来的时候，往往已身陷险境"。在实践中，投资者在制订和实施投资计划时，需要了解投资品潜在的价格变动情况（如与股票或共同基金相关联的风险的大小）。

学术文献方面，对不同类型的个体（如新手和专业投资者），风险的意义也不尽相同，甚至连定义也多种多样（Ricciardi，2008a）。在金融学界，风险的一个典型含义是，对金融资产或投资服务而言，在当下或未来出现负面影响或有害结果的可能性。标准金融学主要考虑风险的客观（定量）方面，而行为金融学则额外考虑
138 了主观（定性）因素。此外，感知到的风险与预期回报（感知到的回报）之间的负相关关系，作为一个有前途的研究方向，也已经得到行为金融学者的注意，相关的调查研究层出不穷。里恰尔迪（Ricciardi，2008a）对这一方面的研究做出了深刻的总结。事实上，该观点与建立在风险收益正相关关系的基础上的标准金融学在一定程度上背道而驰。

接下来，本章将会讨论行为金融学倡导者关于风险问题的见解，并介绍他们是如何批评标准金融学的观点的。亚当斯和芬恩（Adams and Finn，2006，p. 45）指出，标准金融学关于风险的种种见解是建立在期望效用的基础上的，而期望效用理论“充满矛盾，并且不能充分解释人们是如何承担风险的”。普劳斯（Plous，1993，p. 95）认为，期望效用的假设条件只在规范（normative）决策模型（关于一定假设被满足时理性人如何行动的模型）下适用。此外，普劳斯（Plous，p. 95）还指出，规范决策模型作为一个“描述性（descriptive）模型”是不合格的。

另一些人展示了大量与标准金融学的风险理论相悖的案例。例如，奥尔森（Olsen，2008a，p. 3）批判了（标准金融学中）风险具有客观性的观点，他写道：“（标准金融学中）人们如何感知或‘感觉’不确定性的种种假设条件，并不能够视作收益波动的来源。”曼德尔布罗特和赫德森（Mandelbrot and Hudson，2004，p. 230）也对标准金融学给出失望的评价，因为在他们看来，标准金融学“假设金融系统是线性的、连续的、理性的机器。这种想法在逻辑上束缚了传统经济学家的思路”。斯塔特曼（Statman，1999，p. 20）同样对标准金融学的风险观点提出了批评：“风险代表着很多东西……我们每个人都有对风险内涵的独特见解。所以，关于风险的讨论往往好似一群聋而不哑的人在相互争论（各执己见，不在意别人的观点）。”本质上，β 和标准差这些客观衡量（风险）手段，只能作为对未来波动性的不准确预测，因而，在应用上受到了很多限制（Ricciardi，2004，2008a，2008b）。例如，麦克唐纳和施特勒（McDonald and Stehle，1975）做了一项研究，通过邮件访问的形式获得了 225 名投资经理的风险预期数据。结果显示，β 和非市场风险共同解释了其中 84%的差异。然而，其中 β 只解释了 15%，而非市场风险的解释力高达 69%。

行为金融学派针对风险的主观和客观基础，都做了非常广泛的研究和分析。也就是说，行为金融学派认为定量和定性的因素共同影响了个体关于购买、出售、持有、抛弃某一金融服务或投资产品的决策。就风险的客观方面而言，里恰尔迪（Ricciardi，2008a）从有关风险感知的学术文献中总结出了超过 150 个会计和金融指标，在行为金融学、经济学和会计学中，这些指标作为潜在的风险衡量指标出现。除了寻找客观的衡量指标之外，行为金融学的研究同样涵盖了风险的主观成分（如，认知和情绪所起的作用），并且将个人行为视作定义、评价和认识风险的核心

特征。里恰尔迪（Ricciardi，2008b）列举了在金融和投资领域的研究中涉及的行为（主观）风险指标，其中涵盖了1969—2002年出自71篇行为金融学著作的共111种行为（主观）风险指标。奥尔森（Olsen，2007，p.53）介绍了行为金融学关于主观风险的观点："最近的实证研究表明，感知风险同时具有情感和认知两个维度，因为人类都是感性和理性的结合体。"

在20世纪70年代，斯洛维奇（Slovic，2000）曾调查、检验了风险活动及其 139
相关的潜在危险（如，环境危害、健康问题或新兴技术）。在他与别人合作的这项关于社会科学的研究中，记录了大量在个体做出非金融决策时将会影响他们的风险感知的认知和情感因素。示例8.1总结了这些行为风险特征以及社会科学中关于风险感知的研究成果。

示例8.1 影响风险感知的行为因素（特征）：来自社会科学的关于风险行为和风险活动的主要问题和研究结果

获益：

从潜在的高风险活动中感知到收益的人越多，他们对风险活动（事件或情况）的接受程度也就越高，焦虑（恐惧）感也会越轻。

灾难化倾向：

对于那些可能立即造成大量伤亡的事件，个人有高估感知风险的倾向，而对那些慢性风险（发生在很长一段时间内，而不是一个特定的事件或场合的风险）则伴随着较轻的焦虑感。

可控性：

在参与危险活动时，人们往往更相信自己的能力，所以当人们察觉到自己正单独掌控着某件事/物时，会乐于承担更大的风险。

恐惧感：

当个人判断风险的严重程度已经超出自己的控制范围时，焦虑和恐惧感会相应增强。这类风险包括灾难性的、致命的、无法避免的、不公平的、威胁到子孙后代的以及非自愿的风险。

熟悉感：

个人在面对熟悉的活动、情况或事件时，会更能适应和忍受风险。

频率：

风险活动发生的频率（出现的概率）会影响个人的风险感知。如果人们不认为风险活动将会发生，那么他们会更容易接受风险。

知识：

某一活动对个人来说越难理解（相关知识越薄弱），它所带来的焦虑（恐惧）感也就越强烈。

对媒体的关注：

当涉及那些公众敏感、重视且相信的事件时，人们往往表现出更高程度的焦虑

(恐惧)，而媒体关于一些话题的报道会增加公众对其可信性的认可程度。

个人与社会：

个人只愿意承担事关自己的那部分风险（如个人基础风险）。当涉及公众利益（如社会问题）——保护大众不受潜在风险或危险活动的伤害时，人们往往采用更高的标准（相比之下更加不愿为其承担风险）。

信任：

在专家向公众告知有关风险活动的信息时，个体对其越信任，其对相应的风险活动的焦虑（恐惧）感也就越轻。

自愿：

与被迫承担的风险相比，面对自愿承担的风险时，个人感知到的焦虑或恐惧相对较轻。

示例 8.1 展示了社会科学中关于“风险心理学”的重要问题和发现，这些内容
140 在个人如何做出金融判断和决策方面有着广泛的应用。

社会科学尤其是心理学在风险感知方面的文献，为行为金融学学者开展新的调查研究提供了强大的学术和理论支撑。奥博莱克纳（Oberlechner，2004，p. 72）指出：“心理学为金融市场中的一些风险承担问题给出了答案。”自从 20 世纪 90 年代末以来，由斯洛维奇（Slovic）组建的决策研究组织（Decision Research Group）所开展的工作，富有创新性地将这方面的研究延伸到行为金融学、会计学和经济学等诸多学科。尤其是，他们在研究中将行为金融学特征（指标）与金融和投资决策问题相结合，其中包括奥尔森（Olsen，1997，1998，2001，2004，2007，2008a，2008b，2009），麦格雷戈、斯洛维奇、贝里和艾文斯基（MacGregor，Slovic，Berry and Evensky，1999），麦格雷戈、斯洛维奇、卓曼和贝里（MacGregor，Slovic，Dreman，and Berry，2000），斯洛维奇（Slovic，2001），菲纽肯（Finucane，2002）和麦格雷戈（MacGregor，2002）等人的诸多著作。在该组织的研究成果的基础上，其他风险领域的专家更进一步，将其拓展到了行为金融学和金融心理学等领域（这方面完整的学术成果，见 Ricciardi，2008b）。此外，里恰尔迪（Ricciardi，2004）指出，风险感知这一问题具有完备的历史成果，并在行为会计学、消费者行为、营销、管理和行为经济学等学科领域有着良好的应用前景。

个体的判断过程其实就是收集信息的过程，其中包括了对种种结果的评估，而这将影响到最终的投资决策，所以风险感知的主观因素一直是行为金融学的研究重点。此外，意识到在对风险的分析和衡量过程中包含着主观（定性）成分这一点同样非常重要。例如，金融决策（如购买共同基金）所涉及的风险，在投资者个人的感知之中，可能与现实并没有多少联系。一个人感知到的投资风险的强弱程度由两方面决定：(1) 消极结果发生将引致的痛苦程度；(2) 消极结果发生的可能性。布雷默（Brehmer，1987，p. 26）对风险感知做出了如下描述：

“风险感知”这一术语，一定程度上并不恰当。“感知”一词似乎在暗示，有些

风险“就在那”，等着被人们注意到。但是“客观风险”本不该被视作实际存在之物，其仅仅是依据公式计算出的数字而已。我们并不是去感知风险，而是感知决策问题中所包含的诸多因素，并以此为基础引发了对风险的感觉。

风险心理学横跨了心理学和行为金融学两个学科，在关于它的诸多成果中，麦格雷戈等人（MacGregor et al.，1999）的调查研究是一个非常著名的案例。这是一个针对金融学导师所做的调查，实验者共收到了265个有效回复，对受访者提出的问题涉及专业决策制定以及投资风险分析等方面，涵盖了一共由19种资产组成的集合与14个不同的风险变量。在这14个变量中，有一些是关于行为因素（如担忧、注意力和认识）的检验变量，而另一些则与投资判断相关联，例如感知到的风险、感知到的收益和投资的可能性。通过使用多元回归分析并将感知风险作为因变量，他们发现，受试专家的风险感知中，有98%可以归因于如下三个指标：担心、波动性和认识。菲纽肯（Finucane，2002，p. 238）提出了关于这项研究的一种补充观点，她写道：“感知风险被判定为比导师担忧的投资意义更为广泛，即投资市值随着时间的推移存在更大的方差，且不论导师对于投资选择是何等地知识渊博。”

戈什琴斯卡和戈瓦—列斯尼（Goszczynska and Guewa-Lesny，2000）的一项 141
研究拓展了早先决策研究组织在风险行为和投资决策制定方面的成果。类似于斯洛维奇、菲施霍夫和利希滕施泰因（Slovic，Fishhoff and Lichtenstein，1980）涉及技术和生态风险的研究，该研究中的金融风险感知的组成成分检验了对金融资产的评价是否以定性因素为基础。戈什琴斯卡和戈瓦—列斯尼（在斯洛维奇等人的研究的基础上）选择了来自3家波兰银行的研究样本（其中包括113名专业投资者和108名新手投资者），检验了11个定性的风险指标。被试者被要求针对10种金融投资品（如股票和债券），通过一个七级李克特量表①（Likert scales）做出评价。

戈什琴斯卡和戈瓦—列斯尼（Goszczynska and Guewa-Lesny，2000）提出了一个关键问题：“专家和新手为不同类别的金融资产所做出的风险评估真的存在显著差异吗?”两组被试者的回应证明相当大的分歧来自以下几种风险特征：利润的多少、利润的确定性、判断的独立性和对该类别投资的熟悉程度。戈什琴斯卡和戈瓦—列斯尼在此基础上总结出三个风险维度（因素）：利润的确定性、对风险的熟悉程度以及对即时损失的恐惧。这三个风险维度可以解释超过60%的总方差。第一个变量称为“利润的确定性”，由信任、利润的多少、收入的确定性和判断的独立程度等几个定性因素构成。第二个变量“对风险的熟悉程度”则包含可控性、知识、信息可获得性等风险指标。第三个变量“对即时损失的恐惧”涉及损失延期和

① 李克特量表（Likert scale）是评分加总式量表中最常用的一种，属同一构念的项目用加总方式来计分，单独或个别项目是无意义的。它是由美国社会心理学家李克特于1932年在原有的总加量表基础上改进而成的。以最常见的五级李克特量表为例：该量表由一组陈述组成，每一陈述有“非常同意”“同意”“不一定”“不同意”“非常不同意”五种回答，分别记为5、4、3、2、1，每个被调查者的态度总分就是他对各道题的回答所得分数的加总，这一总分可说明他的态度强弱或他在这一量表上的不同状态。——译者注

损失焦虑（这种行为可被归因于损失厌恶）。

行为金融学视角下的风险评估是一个多因素的、横跨广泛的投资类别和金融产品的决策过程。艾文斯基（Evensky，1997，p. 24）对金融风险心理学做出了如下评论：“一般来说，个人以及委托方，特别是后者，很难区分有专业知识做基础的投机和鲁莽的投机。”以心理学众多有关风险感知的文献为基础，奥博莱克纳（Oberlechner，2004，pp. 28 - 29）指出：“人们形成决策的实际过程驳斥（contradict）了期望效用理论，这一点在实验室条件下可控的系统性研究以及现实生活中都得到了证明。”行为金融学的实验和理论研究结果表明，人们往往表现出非理性，且会使用心理学中的描述性方法[1]（descriptive approach）。关于个人如何评估风险以及做出决策（Ricciardi，2008b），该方法认为，个体会受到个人经历、价值观、认知问题、情感因素、信息的表述形式以及不同领域中的信息准确性的影响（Kahneman，Slovic and Tversky，1982；Slovic，2000）。

根据对这种描述性方法的认识，投资者在评估风险时之所以依据其行动，是因为有限理性、损失厌恶和前景理论这些概念。正如里恰尔迪（Ricciardi，2008b，p. 93）所说的：“在有限理性理论的前提下，表现出其局限性，特别是在面对风险和不确定性的决策过程中。”有限理性是这样一个假设条件，即，个体会自发地缩
142 减备选项的数量，形成一个更精简的集合，即使这样可能造成决策的过度简化。此外，有限理性理论认为个人特性、本能反应、技能和惯例会影响决策过程。在这些情况下，依据行为决策理论，个人将会选择自己认为最满意的选项，尽管这也许并不是最佳的备选方案。实际上，有限理性意味着个体在判断和决策过程中表现出“正常行为”。“正常行为是指人们现实中的做法，而不是经济学的规范化假设下人们应该做的事，”贝克、洛格和雷达（Baker，Logue and Radar，2005，p. 257）记录道。

依据前景理论，一个人以一个按美元计算的参考点为基准，评估备选方案的得与失，并表现出损失厌恶行为。巴苏、拉杰和特查利安（Basu，Raj，and Tchalian，2008，p. 53）将前景理论描述为“投资者的实际行动方式，而不是关于他们应该如何（理性地、风险厌恶地）行动的规范理论”。里恰尔迪（Ricciardi，2008a，2008b）则对这些行为金融学的概念进行了更广泛的讨论。

奥尔森（Olsen，1997）进一步强调了有限理性、损失厌恶和前景理论在行为金融学中的重要作用。他向 630 名专业投资者和 740 名受过训练的新手投资者发放了一张两阶段问卷。第一项调查向受访者展示了一个投资的开放性的定义，以此来获知受访者心目中影响风险感知的特定因素；接下来的第二项调查则是关

① 描述性方法（descriptive approach）与规范性方法（prescriptive approach）相对应。前者指的是研究者进行调查，然后把调查到的事物或现象描述出来。后者则倾向于通过调查研究对事物或现象给出定义和概念，即事物或现象运行的标准模式。心理学在研究分享问题时使用的是描述性方法，即寻找与风险问题相关的变量，而非给出人们应对风险的标准模式。——译者注

于这些特定因素如何影响受访者的决策制定的。结果显示，这两组中的专业投资者和个人投资者对待风险的态度似乎相差不大。投资者们将其风险感知归因于四个主要的风险要素：对大额损失的担忧、控制感、低于目标的回报潜力以及感知到的认识水平。这四个风险感知的主观元素能够解释 1965 年到 1990 年间证券收益波动（高水平的 r^2）的大约 77%。而且，奥尔森在报告中说，只有 58%的受访者使用了客观的风险衡量方式，即标准差。在问卷中给出的 10 种不同资产的评估中，最受重视的因素是在短时间内出售资产而不承担重大投资损失的能力（控制变量）。菲纽肯（Finucane，2002，p. 238）对奥尔森的研究结果做出了更进一步的解释："（风险感知问题的）关键维度包括恐惧风险（低于目标的收益、大额损失的可能性、投资者的控制感）和未知风险（对一项投资的模糊感或相关的知识水平）。"

行为金融学文献揭示了许多认知（精神）和情感（情绪）风险指标，这些指标可以广泛应用于决策制定过程中，而如何在种类繁多的金融服务和投资工具中理解感知风险又是决策制定的重要环节。例如，里恰尔迪（Ricciardi，2008b）进一步探讨了 12 个影响个体对不同类型的金融服务和投资产品的风险感知的重要因素。这些因素包括过度自信、损失厌恶、前景理论、直觉推断法、代表性、锚定效应、熟悉偏见、框架效应、专家意见、感知控制、担心和情感（情绪）。投资者基于其信念、过往经历以及在不同的行动阶段可获得的信息，评价潜在的投资机会，而后利用主观判断来做出最终的选择。最后要指出的是，风险是一种情
景性的、多维的过程，它取决于投资服务或金融产品的特征（Ricciardi，2008a， 143
2008b）。

概要和结论

本章探讨了在心理学、金融学和投资学等不同学科的视角下，对风险和风险承担行为问题的多种观点。如里恰尔迪（Ricciardi，2008a，2008b）所说，众多的学术文献显示，风险方面的专家在如何解释、量化、衡量以及评估风险方面，观点各异，缺乏共识。自 20 世纪 70 年代起，研究者在社会科学下辖的风险心理学领域有颇多建树。风险感知是个体用以评估风险的主观（定性）决策过程。目前，在行为金融学、会计学和经济学中，行为方面的对风险感知问题的研究，多源于先前心理学领域中关于风险活动和危险行为的成果（Ricciardi，2008b）。在关于风险问题的文献中，有一个突出的话题，即一个人如何处理信息以及认识多样化的行为金融概念和理论。这些概念和理论可能会影响一个人对不同投资证券（如开立银行账户和投资于普通股）和金融服务（如解雇你当前的税务会计和选择一个投资顾问）的风险感知。

对风险的分析有两种主要的学术观点，分别来自标准金融学和行为金融学。根据标准金融学，风险以客观或定量测量为基础，例如标准差、方差和 β。标准金融学在风险衡量上的主要原则包括古典决策、风险厌恶、规范模型、理性人假设、现代投资组合理论（MPT）、β 系数和资本资产定价模型（CAPM）。而依照行为金融学的观点，详尽的风险分析应同时包含主观或定性方面（如认知和情感问题）和客观因素（如数学和统计测量）。行为金融学关于风险评估的主要理论是有限理性、描述性模型、行为决策理论、前景理论和损失厌恶。

从历史的角度认识人类的行为是理解风险这一概念的重要视角。例如，伯恩斯坦（Bernstein，1996，2007）记录了历史上风险理论的自然发展和观点的变迁。伯恩斯坦（Bernstein，1999，p. 10）还指出，随着“定义风险的数学方法变得越来越复杂，风险的维度、轮廓和限制也相应变得模糊”。洛（Lo，1999b，p. 13）评论道：“实际的风险管理几乎完全聚焦于统计学（Statistical）层面的风险。”洛（Lo，1999a）将此类风险管理方式称为统计的风险管理。克劳伊、加莱和马克（Crouhy，Galai and Mark，2006，p. 3）批评说，从历史数据来看，传统金融学的风险管理理论在抵御市场干扰方面效果很差，并指出：“对衍生品市场更容易引发大量风险的严重担忧，以及风险经理在危机之后的‘羊群行为’……实际上加剧了市场波动。”

自 20 世纪 90 年代以来，标准金融学阵营接受了复杂的金融创新和外来的金融风险管理工具（如金融衍生品），这导致了 2008 年 9 月和 10 月金融危机的蔓延
144 （即次贷危机、信贷市场冻结和股票市场的崩溃）。尽管金融衍生品在保值和对冲（最小化）潜在损失方面有很大作用，但是金融机构过度地使用这些工具进行交易和投机，最终导致了巨大的损失。依据塔利布（Taleb，2008）的观点，由银行体系定量风险管理失败所造成的损失，似乎超过了银行过去冒着风险获得的收益。洛尔（Lohr，2008）将金融工程及其所严格依赖的数学计算机模型认定为造成金融危机的主要原因之一。近年来，金融风险管理方面的文献开始更加注重个体决策者（人为元素）和风险的行为（主观）层面（示例详见 Merton，2003；Celati，2004，2008；Shefrin，2006，2009；Goto，2007；Kloman，2008；McConnell，2008；Power，2008）。

从本质上来说，莱昂、西勒和莱恩（Leong，Seiler，and Lane，2002，p. 9）认为金融“环境对经典理论来说太过复杂，以至于无法得到充分的描述。世界的变化快于我们认知的进度，在这样的环境下对风险的理解和控制也都更加困难”。2008 年 8 月进行的一项针对投资经理的调查显示，人们缺少金融衍生品和风险管理的相关知识。特别是，这份研究显示，40%的基金经理购买了那些他们无法评估风险的投资产品（Pengelly，2008）。奥尔森（Olsen，2008b，p. 72）展示了关于风险评估问题的研究现状的另一视角：“没有心理学的相关知识和投资思想的限制，规范化流程将无法确保更好的投资结果。”

标准金融学和行为金融学两者对风险评估都作出了有价值的贡献，两者是互补的，而非相互排斥的。标准金融学一直是众多如今广泛应用于金融界的创新风险管理产品的理论基础。与此同时，行为金融学的观点认为，对风险的分析是因投资人与环境而异的、多维度的决策制定过程，且需要视金融产品和投资服务的具体情况而定（McDonald and Stehle，1975；MacGregor et al.，1999；Swisher and Kasten，2005；Ricciard，2006，2008a，2008b；Olsen，2008a，2009）。内文斯（Nevins，2004，p. 9）指出金融学的这两大学派都具有无可替代的重要性，并提出应该寻找“融合传统投资理论与行为理论学家的观察结果”的方法。最后，个人应该建立起自己关于标准和行为金融学的观点，这些投资概念有助于他们获得做出更好决策所需要的认识和能力。

讨论题

1. 风险和不确定性的区别有哪些？请分别定义、描述并举例。

2. 请概述关于风险问题的标准金融学视角，包括客观风险、风险厌恶行为、现代投资组合理论、β 系数和资本资产定价模型。

3. 请概述关于风险问题的行为金融学视角，包括主观风险、行为决策理论、 145
有限理性、前景理论和损失厌恶。

4. 在第2个问题和第3个问题的基础上，你更认同标准金融学和行为金融学中的哪一方？解释你的观点。此外，如果你有投资股票或者共同基金的经历，请结合这些经历谈谈你所认同的观点。

参考文献

Adams，Brandon，and Brian Finn. 2006. *The story of behavioral finance*. Lincoln，NE：iUniverse.

Baker，August J.，Dennis E. Logue，and Jack S. Rader. 2005. *Managing pension and retirement plans：A guide for employers，administrators，and other fiduciaries*. New York：Oxford University Press.

Banks，Erik. 2008a. Catastrophe and risk. In *The handbook of finance，Volume 3：Valuation，financial modeling，and quantitative tools*，ed. Frank J. Fabozzi，71-79. Hoboken，NJ：John Wiley & Sons.

Banks，Erik. 2008b. Overview of risk management and alternative risk transfer. In *The handbook of finance，Volume 3：Valuation，financial modeling， and quantitative tools*, ed. Frank J. Fabozzi, 39－52. Hoboken, NJ: John Wiley & Sons.

Basu, Somnath, Mahendra Raj, and Hovig Tchalian. 2008. A comprehensive study of behavioral finance." *Journal of Financial Service Professionals* 62: 4, 51－62.

Bernstein, Peter L. 1995. Risk as a history of ideas. *Financial Analysts Journal* 51: 1, 7－11.

Bernstein, Peter L. 1996. *Against the gods: The remarkable story of risk*. New York: John Wiley & Sons, Inc.

Bernstein, Peter L. 2007. *Capital ideas evolving*. Hoboken, NJ: John Wiley & Sons, Inc.

Blume, Marshall E. 1993. The capital asset pricing model and the CAPM literature. In *The CAPM controversy: Policy and strategy implications for investment management*, ed. Diana R. Harrington and Robert A. Korajczyk, 5－10. Charlottesville, VA: Research Foundation of the Institute of Chartered Financial Analysts (CFA Institute).

Brehmer, Berndt. 1987. The psychology of risk. In *Risk and Decisions*, ed. W. T. Singleton and Jan Howden, 25－39. New York: John Wiley & Sons.

Celati, Luca. 2004. *The dark side of risk management: How people frame decisions in financial markets*. Harlow, U. K.: Prentice Hall.

Celati, Luca. 2008. Back-to-basics on the defensive: Now what for the risk profession? *Journal of Risk Management in Financial Institutions* 1: 4, 452－457.

Charette, Robert N. 1990. *Applications strategies for risk analysis*. New York: McGraw-Hill Book Company.

Cooley, Philip L., and Jean L. Heck. 1981. Significant contributions to finance literature. *Financial Management* 10: 2, 23－33.

Crouhy, Michel, Dan Galai, and Robert Mark. 2006. *The essentials of risk management*. New York: McGraw-Hill.

Culp, Christopher L. 2008. Risk and risk management. In *The handbook of finance, Volume 3: Valuation, financial modeling, and quantitative tools*, ed. Frank. J. Fabozzi, 53－62. Hoboken, NJ: John Wiley & Sons.

Davis, E. Philip, and Benn Steil. 2001. *Institutional investors*. Cambridge, MA: The MIT Press.

Doran, James S., and Colbrin Wright. 2007. What really matters when buying and selling stocks? *Social Science Research Network (SSRN) Working Paper*

Series. Available at: http://papers.ssrn.com/sol3/papers.cfm?abstract_id=980291.

Evensky, Harold R. 1997. *Wealth management: The financial advisor's guide to investing and managing client assets*. New York: McGraw-Hill Companies.

Fama, Eugene F., and Kenneth R. French. 1992. The cross-section of ex- 146
pected stock returns. *Journal of Finance* 47: 2, 427 – 465.

Finucane, Melissa L. 2002. Mad cows, mad corn, & mad money: Applying what we know about the perceived risk of technologies to the perceived risk of securities. *Journal of Behavioral Finance* 3: 4, 236 – 243.

Flanegin, Frank R., and Denis P. Rudd. 2005. Should investments professors join the "crowd"? *Managerial Finance* 31: 5, 28 – 35.

Fragnière, Emmanuel, and George Sullivan. 2007. *Risk management: Safeguarding company assets*. Boston: Thomson Learning.

Goszczynska, Maryla, and Ewa Guewa-Lesny. 2000. General and specific characteristics of risk perception in financial investment. *Polish Psychological Bulletin* 31: 4, 301 – 313.

Goto, Shigeyuki. 2007. The bounds of classical risk management and the importance of a behavioral approach. *Risk Management & Insurance Review* 10: 2: 267 – 282.

Gray, Jack. 2000. Meta-risks: Beyond the scope of explicit financial risks. *Journal of Portfolio Management* 26: 3, 18 – 25.

Gutman, Bill. 2002. *Being extreme: Thrills and dangers in the world of high-risk sports*. New York: Kensington Publishing.

Haddad, Mahmoud M., and Arnold L. Redman. 2005. Ivory tower versus the real world: Do we practice what we teach? *Financial Decisions* 17: 1, 1 – 19.

Harrington, Diana R. 1983. *Modern portfolio theory and capital asset pricing model: A user's guide*. Englewood Cliffs, NJ: Prentice Hall, Inc.

Harrington, Diana R., Frank J. Fabozzi, and H. Russell Fogler. 1990. *The new stock market*. Chicago: Probus Publishing Company.

Harrington, Diana R., and Robert A. Korajczyk, eds. 1993. *The CAPM controversy: Policy and strategy implications for investment management*. Charlottesville, VA: Research Foundation of the Institute of Chartered Financial Analysts (CFA Institute).

Hawawini, Gabriel, and Donald B. Keim. 1998. Beta, size and price/book: Three risk measures or one? In *The complete finance companion: The latest in fi-*

nancial principles and practices from the world's best finance schools, ed. Tim Dickson and George Bickerstaff, 36 - 43. London: Financial Times Pitman Publishing.

Kahneman, Daniel, Paul Slovic, and Amos Tversky, eds. 1982. *Judgment under uncertainty: Heuristics and biases*. New York: Cambridge University Press.

Kloman, Felix. 2008. What are we missing in risk management? *Journal of Risk Management in Financial Institutions* 1: 4, 354 - 359.

Leong, Clint T. C., Michael J. Seiler, and Mark Lane. 2002. Explaining apparent stock market anomalies: Irrational exuberance or archetypal human psychology. *Journal of Wealth Management* 4: 4, 8 - 23.

Lintner, John. 1965. Valuation of risk assets and the selection of risky investments in stock portfolios and capital budgets. *Review of Economics and Statistics* 47: 1, 13 - 37.

Lo, Andrew W. 1999a. A behavioral perspective on risk management. *AIMR Conference Proceedings* 3: 5, 32 - 37.

Lo, Andrew W. 1999b. The three P's of total risk management. *Financial Analysts Journal* 55: 1, 13 - 26.

Lohr, Steve. 2008. In modeling risk, the human factor was left out. *New York Times*. November 28, 2008: Available at http://www.nytimes.com/2008/11/05/business/05risk.html.

MacGregor, Donald G. 2002. Imagery and financial judgment. *Journal of Behavioral Finance*, 3: 1, 15 - 22.

147 MacGregor, Donald G., Paul Slovic, Michael Berry, and Harold R. Evensky. 1999. Perception of financial risk: A survey study of advisors and planners. *Journal of Financial Planning* 12: 8, 68 - 86.

MacGregor, Donald G., Paul Slovic, David Dreman, and Michael Berry. 2000. Imagery, affect, and financial judgment. *Journal of Behavioral Finance* 1: 2, 104 - 110.

Mandelbrot, Benoit, and Richard L. Hudson. 2004. *The (mis) behavior of markets: A fractal view of risk, ruin and reward*. New York: Basic Books.

Mangiero, Susan M. 2005. *Risk management for pensions, endowments, and foundations*. Hoboken, NJ: John Wiley & Sons.

Markowitz, Harry M. 1952. Portfolio selection. *Journal of Finance* 1: 7, 77 - 91.

Markowitz, Harry M. 1959. *Portfolio selection: Efficient diversification of investments*, 2nd edition. Malden, MA: Basil Blackwell, Inc.

Markowitz, Harry M. 1999. The early history of portfolio theory: 1600－1960. *Financial Analysts Journal* 55: 4, 5－16.

McConnell, Patrick. 2008. People risk: Where are the boundaries? *Journal of Risk Management in Financial Institutions* 1: 4, 370－81.

McDonald, John G., and Richard E. Stehle. 1975. How do institutional investors perceive risk? *Journal of Portfolio Management* 2: 1, 11－16.

Merton, Robert C. 2003. Thoughts on the future: Theory and practice in investment management. *Financial Analysts Journal* 59: 1, 17－23.

Mieg, Harald A. 2001. *The social psychology of expertise: Case studies in research, professional domains, and expert roles*. Mahwah, NJ: Lawrence Erlbaum Associates, Publishers.

Montier, James. 2007. *Behavioural investing: A practitioner's guide to applying behavioural finance*. Chichester, U.K.: John Wiley & Sons.

Mossin, Jan. 1966. Equilibrium in a capital asset market. *Econometrica* 34: 4, 768－783.

Nevins, Dan. 2004. Goals-based investing: Integrating traditional and behavioral finance. *Journal of Wealth Management* 6: 4, 8－23.

Oberlechner, Thomas. 2004. *The psychology of the foreign exchange market*. Chichester, U.K.: John Wiley & Sons.

Olsen, Robert A. 1997. Investment risk: The experts' perspective. *Financial Analysts Journal* 53: 2, 62－66.

Olsen, Robert A. 1998. Behavioral finance and its implication for stock-price volatility. *Financial Analysts Journal* 54: 2, 10－17.

Olsen, Robert A. 2001. Behavioral finance as science: Implications from the research of Paul Slovic. *Journal of Behavioral Finance* 2: 3, 157－159.

Olsen, Robert A. 2004. Trust, complexity and the 1990s market bubble [Editorial commentary]. *Journal of Behavioral Finance* 5: 4, 186－91.

Olsen, Robert A. 2007. Investors' predisposition for annuities: A psychological perspective. *Journal of Financial Service Professionals* 61: 5, 51－57.

Olsen, Robert A. 2008a. Cognitive dissonance: The problem facing behavioral finance. *Journal of Behavioral Finance* 9: 1, 1－4.

Olsen, Robert A. 2008b. Perceptions of financial risk: Axioms and affect. *The ICFAI University Journal of Behavioral Finance* 5: 4, 58－80.

Olsen, Robert A. 2009. Animal foraging and investors' portfolios: Why the decision similarity? *Journal of Investing* 18: 1, 7－14.

Pengelly, Mark. 2008. Survey reveals funds' lack of derivative expertise. *Risk* 21: 8, 17.

Plous, Scott. 1993. *The psychology of judgment and decision making*. New York: McGraw-Hill, Inc.

Power, Michael. 2008. *Organized uncertainty: Designing a world of risk management*. New York: Oxford University Press.

Pritchard, Carl. 1997. *Risk management concepts and guidance*. Arlington, VA: ESI International.

Rachev, Svetlozar T., Christian Menn, and Frank J. Fabozzi. 2008. Risk measures and portfolio selection. In *The handbook of finance, Volume 3: Valuation, financial modeling, and quantitative tools*, ed. Frank J. Fabozzi, 101-108. Hoboken, NJ: John Wiley & Sons.

148 Ricciardi, Victor. 2004. A risk perception primer: A narrative research review of the risk perception literature in behavioral accounting and behavioral finance. *Social Science Research Network (SSRN) Working Paper Series*. Available at: http://papers.ssrn.com/sol3/papers.cfm? abstract id=566802.

Ricciardi, Victor. 2006. A research starting point for the new scholar: A unique perspective of behavioral finance. *ICFAI Journal of Behavioral Finance* 3: 3, 6-23. Available at: http://papers.ssrn.com/sol3/papers.cfm? abstract id=928251.

Ricciardi, Victor. 2008a. Risk: Traditional finance versus behavioral finance. In *The handbook of finance, Volume 3: Valuation, financial modeling, and quantitative tools*, ed. Frank J. Fabozzi, 11-38. Hoboken, NJ: John Wiley & Sons. Available at http://www.mrw.interscience.wiley.com/emrw/9780470404324/hof/article/hof003002/current/abstract.

Ricciardi, Victor. 2008b. The psychology of risk: The behavioral finance perspective. In *The handbook of finance, Volume 2: Investment management and financial management*, ed. Frank J. Fabozzi, 85-111. Hoboken, NJ: John Wiley & Sons. Available at http://www.mrw.interscience.wiley.com/emrw/9780470404324/hof/article/hof002010/current/abstract.

Ricciardi, Victor, and Igor Tomic. 2004. *An introduction to mutual fund investing: A practical approach for busy people*. Unpublished book.

Schindler, Mark. 2007. *Rumors in financial markets: Insights into behavioral finance*. West Sussex, U.K.: John Wiley & Sons.

Sharpe, William F. 1963. A simplified model for portfolio analysis. *Management Science* 9: 2, 277-293.

Sharpe, William F. 1964. Capital asset prices: A theory of market equilibrium under condition of risk. *Journal of Finance* 19：3，425－442.

Shefrin，Hersh. 2006. The role of behavioral finance in risk management. In *Risk management：A modern perspective*，ed. Michael K. Ong，653－676. Burlington，MA：Academic Press.

Shefrin，Hersh. 2009. Ending the management illusion：Preventing another financial crisis. *Ivey Business Journal* 73：1，7.

Shirreff，David. 2004. *Dealing with financial risk*. Princeton，NJ：Bloomberg Press.

Slovic，Paul. 2000. *The perception of risk*. London：Earthscan Publications Ltd.

Slovic，Paul. 2001. Psychological study of human judgment：Implications for investment decision making. *Journal of Behavioral Finance* 2：3，160－172.

Slovic，Paul，Baruch Fischhoff，and Sarah Lichtenstein. 1980. Facts and fears：Understanding perceived risk. In *Societal risk assessment：How safe is safe enough?*，ed. Richard C. Schwing and Walter A. Albers，181－214. New York：Plenum Press.

Statman，Meir. 1999. The psychology of risk and taxes. *AIMR Conference Proceedings：Investment counseling for taxable clients*. Charlottesville，VA：Association for Investment Management and Research，18－27.

Swisher，Pete，and Gregory W. Kasten. 2005. Post-modern portfolio theory. *Journal of Financial Planning* 19：9，74－85.

Taleb，Nassim N. 2008. The fourth quadrant：A map of the limits of statistics. Edge：The third culture，September 15，2008. www. edge. org/3rd culture/taleb08/taleb08 index. html.

Wärneryd，Karl-Erik. 2001. *Stock market psychology：How people value and trade stocks*. Cheltenham，U. K.：Edward Elgar Publishing.

Yates，J. Frank，and Eric R. Stone. 1992. The risk construct. In *Risk-taking behavior*，ed. J. Frank Yates，1－25. Chichester，U. K.：John Wiley & Sons.

作者简介

149

维克多·里恰尔迪（Victor Ricciardi）曾在肯塔基州立大学任助理教授，教过财务规划、企业融资、投资学、行为金融学等课程。里恰尔迪现任社会科学研究网（SSRN，http://www. ssrn. com）旗下的多本电子期刊的编辑，涉及领域包括行为金融学、金融史、行为经济学、会计史、行为会计学以及风险和不确定条件下的决策问题。他曾是（美国）金门大学的金融学博士研究生（ABD status）。他的论文调查了金融专家和金融规划师在评估普通股的感知风险时的决策制定过程。里恰尔迪还获得了圣约翰大学的工商管理学硕士学位（MBA）和经济学硕士水平的高级专业证书（APC）以及霍夫斯特拉大学（Hofstra University）的工商管理学学士学位（会计和管理方向）。他的职业生涯始于德莱弗斯公司和安联资本管理控股公司的投资基金会计岗位。

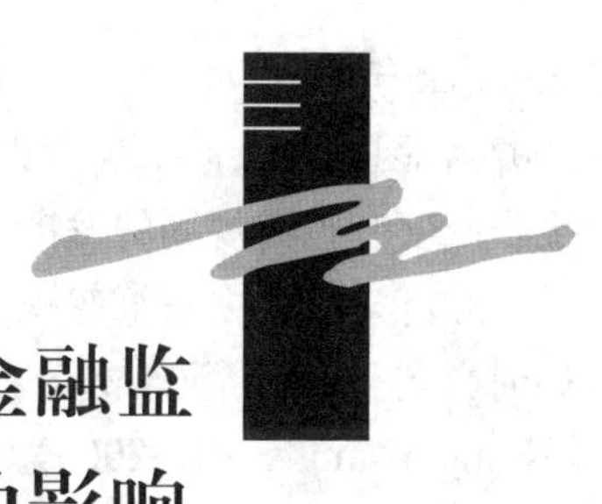

第9章　心理因素对金融监管和政策的影响

151

大卫·赫什莱佛（David Hirshleifer）
加州大学欧文分校企业成长梅拉吉讲座教授和金融学教授

张肖宏（Siew Hong Teoh）
加州大学欧文分校会计学教授

引　言

本章回顾了心理因素对会计和金融条例与监管的影响。行为会计学和行为金融学通常将监管体系视为既定的，认为对监管的执行大多也是规范地——通常在监管者是仁慈且理性的隐含假设下（Waymire and Basu，2008）——去调查该如何保护天真的投资者（如 Hodder，Koonce，and McAnally，2001；Kachelmeier and King，2002；Sunstein and Thaler，2003）。至于对会计和金融监管的实证研究，与经济学中的公共选择研究一样，主要关注理性自私的施压集团和政治参与者间的相互作用（如 Watts and Zimmerman，1979；Kroszner and Stratmann，1998；Rajan and Zingales，2003；Benmelech and Moskowitz，2007）。因而，人们很少考虑政策制定者和公司利益相关者的心理偏向会如何影响报告制度和披露规则的发展。

经济学家过去一直忽视了在政治进程（political process）中参与者的非理性会如何影响金融监管，最近才开始对这个问题有所关注。比如，克拉伯和扎伊迪（Klapper and Zaidi，2005）在研究中并没有提到这个问题。在法律和经济学领域的广泛研究中几乎没有提到过心理学（Mcnollgast，2007），著名行为经济学家对监管问题的综述中也没有包含心理学的方法（Shleifer，2005）。尽管在其他领域已有许多学者研究心理偏向对政治判断和决策的影响（例如，Baron，1998，2009），但直到最近，经济学家才开始关注心理偏向对会计和金融监管的影响（如 Daniel，Hirshleifer，and Teoh，2002；McCaffery and Slemrod，2006；Hirshleifer，2008；Hirshleifer and Teoh，2009）。

最新的研究进展是把心理学应用到了法律和政治中（例如，Kuran and Sunstein，
152 1999；Caplan，2001；Murphy and Shleifer，2004；Jolls，Sunstein，and Thaler，1998）。卡普兰（Caplan，2007）给出了选民非理性的证据，并提供了一组证明选民的政治偏向的证据。因为评论员和监管者的偏向也会影响监管和会计政策，所以我们这里讨论的范畴不限于选民问题。本章并没有直接给出政治偏向的形式，而是在探讨来自心理学和其他领域的观点将如何提高我们对政治决策和监管的理解。

这样的分析能让人们认识到会计和金融政策的设计者（监管者、政客、选民和用户）也会存在系统偏向。因为某些关于监管和会计的主张非常善于利用心理偏向来获得关注和支持，所以赫什莱佛（Hirshleifer，2008）以及赫什莱佛和张（Hirshleifer and Teoh，2009）将这个方法称为在监管、会计政策和更一般的政治经济中的心理吸引法（psychological attraction approach）。

最早将心理学融入政治学分析的研究是选民对政治事件的理性的无知（Downs，1957）。但是这个理论中的“理性”部分指的是不存在系统偏误。因此，这个理论不能解释为什么选民会在长期中反复地做出错误决定，比如赞成贸易保护制度和农产品补贴。只要一个人是理性的，即使他有些无知，他也该明白施压集团有动机去操纵所有可用信息以促使自己支持的政策通过。

本章进一步论证了，向民众阐述问题的方式（情绪用语和立场定位）是至关重要的。理性框架中没有考虑这些影响。经济学家经常疑惑，为什么那些已经被他们证明无效的政策还会继续执行下去。无知（缺乏信息）也不能解释为什么当公众讨论尖锐地指向某个不好的政策时这个政策仍然被采纳了。心理吸引法可以告诉我们哪种信息是显著的，能吸引选民和决策者并能引起关于公共政策的观点的社会蔓延。本章回顾了一些构成会计和金融监管基础的心理因素和社会因素。

本章重点关注有限注意力（limited attention）、不作为偏向（omission bias）、内群体偏向（in-group bias）、公平和互惠规范、过度自信、注意力级联（attention cascades）和情绪蔓延、意识形态的文化演进。上述几点既包括个人偏误，也涵盖了放大个人偏误的社会过程。

有限注意力

因为人们的注意力是有限的，所以经济政策的吸引力不仅取决于它们的成本和它们给不同方面带来的收益，而且取决于它们带来的这些影响的显著性。相比显性的税收，人们对隐性税收的容忍度更高（McCaffery and Baron，2006）。由于增值税或代扣所得税降低了人们支付的所得税的显著性，因此公民可以容忍更高的税收水平。根据麦卡弗里和巴伦的研究，有限注意力也会使得人们误解所得税的累进制。注意力效应导致的一个后果是，政治斗争常常通过辩论来吸引公众关注，使自己的立场看似是合理的、可以理解的，并且是令人难忘的。

心理学研究已经分析了是什么使得刺激更易编码和检索。与环境中其他刺激形成对比的显著刺激能吸引注意力，如个人经历和能引起情感共鸣的这类生动的刺激
也能吸引注意力（Nisbett and Ross，1980）。人们更愿意花费精力去拯救某个可识 153
别的特定个体的生命，而非统计上的群体生命，这被称为“可识别受害者效应”（identifiable victim effect）（Small and Loewenstein，2003）。正如那句被误以为是斯大林所说的名言：“一位俄罗斯士兵的死亡是一个悲剧。一百万人的死亡就是一个统计数字”（http://en.wikiquote.org/wiki/Joseph Stalin）。

令人们悲痛的特殊个案会严重影响关于监管的争论。例如，安然丑闻以及世界通讯公司的财务欺诈事件直接导致了 2002 年《萨班斯—奥克斯利法案》的颁布，这是美国报告监管制度的一个重要变革。这一事件之所以如此触动人心，是因为此事件的受害者是广大的无辜员工，这些员工将大部分退休金都投资给了安然股票。管理层卖出自己公司的股票，却将安然股票定为员工的退休金投资标的。虽然颁布该法案的动机远远不只保护投资自己公司股票的员工，但还是有一些证据显示这两者之间存在关联（Hirshleifer，2008）。安然的名字已经成了无耻贪婪的象征。安然和其他财务欺诈事件掀起了反思监管制度的浪潮。

对于众多的中小股东而言，那些异常的违规行为往往看似更为显著，而相比之下金融监管的成本就不那么显著了。在安然丑闻中，人们更加关注的是失去毕生积蓄的家庭，而非《萨班斯—奥克斯利法案》向全体股东征收的进行披露监管的可能成本。此外，因为监管所需付出的时间和精力都是无形的，所以这也会降低在规划者心中这类成本的显著性。批评者还指出，《萨班斯—奥克斯利法案》的倡议者低估了该法案的另一个负面影响，它改变了管理者关注的焦点。

有限注意力为会计整合这一基本事实提供了另一个可能的解释。整合会有损信息内容的完整性，但在现代信息技术下，彻底拆分也是可行的。然而，整合能使得

报告简洁且易懂（Hirshleifer and Teoh，2009）。

以任何参考点进行衡量，人们都是损失厌恶的（Kahneman and Tversky，1979）。人们可以重新组织语言来叙述某个决策问题，将预期收益转述为预期损失（反之亦然），进而影响他人的决策。将此延伸至社会领域时，我们称之为损失显著（loss salience），表示相比他人的经济收益，人们会更关注经济损失。有限的认知处理能力有助于解释为什么人们会倾向于关注收益或损失（相对于参考点而言）。所以，损失厌恶和损失显著可能有更根本的原因，比如人们倾向于使用二分法评估作为认知捷径（Hirshleifer，2001）。由于访谈或新闻媒体都倾向于报道负面的且富有感情色彩的新闻，因此个人对损失的关注会在社会层面上被放大（Heath，Bell，and Sternberg，2001）。

在期望效用理论中，并没有特别区分相对于任意基准点的收益或损失，也没有特别分析超过某些临界值的损失。但是风险认知却着眼于分析师和投资者发生损失的可能性（Koonce，McAnally，and Mercer，2005）。在实践中，金融风险分析通
154 常关注不良案例的情景或最糟糕案例的情景，而不是关注方差或其他反映整体收益分布的风险度量值。损失显著解释了在风险管理方面风险价值（Value-at-Risk，VAR）方法的吸引力，此时使用最大可能损失来衡量风险。

心理核算（mental accounting）这一术语（Thaler，1985）描述了一种心理现象，它将收益划分到几个区别对待的独立账户中（尽管金钱是可互换的）。正如在前景理论中，我们相对于任意参考点（如历史购买价格）衡量收益或损失。心理核算指出，人们认为感知到的收益或损失比账面收益或损失更为真实或重要。他们认为账面利润不那么重要，除非平仓或是发生了其他事情（比如对未实现利润进行逐日盯市的精力是有限的）需要他们重新进行评估。同样的心理因素也支持收入确认原则（Hirshleifer and Teoh，2009）。只有当交易确实完成时才能认定这笔交易，这似乎是很自然的事，在心理学上也被广泛接受。

损失厌恶有助于解释会计实务中的保守主义——推迟了利润的认定（直到利润被确定为止），但预期了损失。为什么用户和监管机构都认为保守主义具有吸引力呢？利润或资产的认定都涉及对未来的预测。很讨厌失望前景的用户也许认为（不论对错）保守主义能降低未来失望的可能性（Hirshleifer and Teoh，2009）。人们在今天没有意识到收益，当前并不会感到非常痛苦，却有利于减少在未来经历痛苦损失的风险。虽然过早意识到损失会让人感到很糟，但对此的补偿是它至少降低了未来损失的风险。

不作为偏向

瑞多分和巴伦（Ritov and Baron，1990）提出的不作为偏向是指人们更愿意选

择不作为（如放任某人死去）而不愿主动采取等效的行动（如主动杀人）。例如，即使接种疫苗能大大降低孩子死于疾病的可能性（并且这种可能性要远大于死于疫苗的可能性），但仍有人不建议孩子接种疫苗。

企业套期保值经常会产生不良的副作用（损失），但只要消极地不进行套期保值就完全可以避免这个问题。有不作为偏向的观察者们特别讨厌这样的损失，因此他们可能认为降低风险的套期保值策略仍是很冒险的。简单来说，对于不了解套期保值概念的观察者而言，在听到衍生品亏损时就会在直觉上认为它们是高风险的。

同样，不作为偏向可以避免多元化投资全部购买看似高风险的资产，比如加纳股票或房地产等。购入加纳股票是一种主动的行为，所以，由此行为带来的损失让人尤其痛苦。也有其他可能的原因会导致多元性的缺乏，如熟悉度偏向（Huberman，2001；Massa and Simonov，2006；Cao，Han，Hirshleifer，and Zhang，2007）和孤立效应或聚焦效应（或窄框定，即当某资产被孤立审视时，不稳定的资产就看似是有风险的（Barberis and Huang，2008）。

政府或其他机构的监管能够保护那些缺乏经验的投资者，帮助其防范可能的危险证券或资产类别，但这些监管也会阻碍能降低风险的多样化（Del Guercio，1996）。不作为偏向有助于解释在某些时期某些国家的养老金规则为何将多样化限
制在了几个主要的资产类别（如国际部门）中，也有助于解释限制私人控股公司股 155
票交易的规则和仅仅允许“有资格的”投资者参与对冲基金的规则。

不作为偏向也为历史成本会计提供了另一种解释（Hirshleifer and Teoh，2009）。对过去所购资产进行重新估值是一种主动行为，而坚持历史成本是一种消极的不作为。任何一种方法都可能无法在事后很好地估计出资产最终产生的收益。但是因为逐日盯市是一种主动行为，所以这一行为导致的错误就会显得尤其应受谴责。

内群体偏向

人们通常更偏好自己团体内的成员，而非团体外的人，这一现象被称为内群体偏向（Brewer，1979）或狭隘主义（Schwartz-Shea and Simmons，1991；Baron，2001，2009）。亲缘选择理论（Hamilton，1964）从进化论的角度为内群体偏向和排外心理提供了理论基础。

人类冲突的深层来源是自私自利的归因偏向；在与他人的互动中，人们认为自己是对的，别人是错的。这种偏向也能延伸到对利群行为的解释（Taylor and Doria，1981），有助于解释群体对抗性。在交谈时人们为了迎合群体而进行的自我审查会进一步加剧排外（Kuran，1995）。有证据表明，这种偏向会影响金融决策。例如，欧洲公民不太信任那些包含不同宗教的和遗传相似性较低的国家，较低的信任水平与较少的贸易（特别是那些需要信任的商品）、较低的组合投资以及直接投

资相关（Guiso，Sapienza，and Zingales，2009）。部分也是出于爱国的原因，许多国家都是政府拥有某些特定行业的所有权。排外心理也有助于解释为什么要限制外国对国内企业的股权和控制权。

当事情出错的时候，人们急切地寻找一个责备对象，责备那些可见的、不喜欢的且相对较弱的外群体，这一现象被称为寻找推诿对象（scapegoating，Aronson，Wilson，and Akert，2006）。这就亟须监管去阻止这些不良群体的不端行为。

根据安然公司的案例，一种能帮助后续投资者的重要的前瞻性方法是鼓励他们多元化投资，不要仅投资自己公司的股票。表面上看，要求公司加强信息披露与引起公众关注的问题几乎是不相关的。但是换个角度，让未来可能的坏人去承担变动的责任，而不是让受害者去承担责任，这样看就更直观了。

美国股票市场的大部分监管规程是在市场低迷后才颁布的。例如，美国1933年和1934年的证券法案，以及2000年科技泡沫之后的《萨班斯—奥克斯利法案》。

心理吸引法给出的解释是人们会寻找一个责备的对象，然后支持监管以防止这样的坏人在未来犯类似的错误。大多数学者更加重视另一种不同的解释——由于受到投资者预期和偏误的影响，泡沫会通过一个正反馈过程自发地形成。这个解释过于抽象且复杂，对非专业学者没有吸引力。人们也不愿意把自己的损失归因于个人的无能。

156 一个更令人满意的解释是，崩盘是由不端行为引起的，特别是由那些不受欢迎的团体的不端行为引起的，如富人、放贷人、官僚、资本家、外国人、犹太人或投机者。无疑，在任何一个金融市场中都可以找到行为不端的实际案例，这会使得这个解释看似更为可信，而无论这一不端行为是否真的在宏观水平上起了重要作用。这种解释还有一个吸引人的地方，那就是，它们给出了一种简单的解决方法——通过监管来阻止不端行为。

公平和互惠规范

有三个很重要的行为规范，分别是互惠互利、平等和善良。互惠互利（或公平交易）要求没有给予就不能索取。平等要求资源的平均分配。善良要求人们采取行动去减轻他人的苦难。而且，这个苦难往往指的是近期遭受的损失，而不是贫穷本身。所以我们看到，相比那些贫穷、饥饿且买不起房子的人，人们会更加同情那些在自然灾害中房屋受损的人。这些行为规范都拥有进化人类心理学的基础，并通过文化传播并实践着。

善良这一行为规范会谴责卖家收取高昂的价格，谴责银行对穷人或最近陷入困境的人征收高利率。这导致了总体上的价格管制以及反高利贷法的出台。在这两种情况下互利交易都会受阻。例如，反高利贷法会阻碍穷人和陷入困境的人获得贷款，对哄抬物价的监管会导致在灾难时期必需品的短缺。监管的作用之一是阻止欺诈，这通常是为了保护穷人和陷入困境的人。然而，基于善良规范的监管并不是仅仅为了阻止欺诈而设的，而该监管也是无效率的。对高利贷立法并不是帮助穷人和解决困难的唯一方法。

累进所得税以及在资源转移博弈实验中人们平均分配的倾向都反映出了平均分配的行为规范（Camerer and Thaler，1995；Hoffman，McCabe，and Smith，1996）。当一个群体做了让人不愉快的事时，平等规范的显著性和嫉妒都会加剧，这有助于解释为何解雇蓝领工人的富有 CEO 会引起愤怒。人们经常对企业管理层的较高薪酬水平表示愤怒。例如，美国的监管条例就包括累进所得税以及当管理人员工资大于 100 万美元时征收的企业税。

“信任博弈”实验证明人们之间的信任和互惠要远远大于理性自利模型的预测，大脑释放的刺激神经组织的荷尔蒙催生素会调停互惠行为（Zak，Kurzban and Matzner，2004）。麦克亚当斯和拉斯缪森（McAdams and Rasmusen，2007）证明了互惠规范（特别是守信规范）对市场交易是至关重要的。互惠规范要求对违规者进行惩罚。无法抑制的愤怒也可以作为一种督促人们遵守承诺的手段，且非常具有战略价值（Hirshleifer，1987；Frank，1988；Nesse，2001）。但利用愤怒也会产生沉重的社会成本，就像美国陪审团为企业犯罪的举报者所设的“奖金池中累积的”诉讼奖金一样。

互惠规范导致了人们对投机者和贷款方的仇恨。人们很难知道中间活动的附加价值。例如，当一种资源跨地区或跨时期转移后，它仍然看起来是“相同”的产品，这就意味着它的价格应该是相同的。中间商通常被视为寄生虫。例如，根据中世纪时期公平价格的概念，价格应该等于卖家的成本（Southern，1968）。因此， 157
人们经常指责商人价格欺骗，部分原因是买家并没有清楚地意识到由中间商引起的那部分费用。

至少在追溯到中世纪时，中间商、投机者和贷款方的概念并没有什么实际价值。平等规范提出了一个针对贷款方的直接观点，即，那些足够有钱进行出借的贷款者们因此就应该出于慷慨而帮助穷人。如果借款者决定不偿还贷款，那么诋毁贷款者就有助于保护贫穷借款者的自尊。当一个人很穷或者最近陷入困境时，善良规范也会谴责高物价和高利率。

天真的经济学分析和互惠规范都为反对高利贷提供了基础。相同数量的钱在不同时间的价值是不同的，但当人们忽略了这一事实时，零利率就看似是公平的。这种混淆影响了中世纪时期基督教对高利贷的看法。而现代反高利贷法和反价格欺骗法的另一个可能起源就是人们不愿背离惯例或“参考价格”（Jolls et al.，1998）。

虽然经济学家发现了投机活动中的社会利益（Hirshleifer，1971），但公众并没有理解这一点。在公众的认知中，投机者以别人的损失为代价来获取利润。投机的一些社会成本是很显著的。投机者能从商品价格的极端变动中获利，这种变动往往与生产者（如农民）或消费者的困难有关。这种获利方式以及当证券大幅波动时投机者的频繁活动往往都会导致投机者为了自己的目的去操纵市场。当关于价格的坏消息由买空型投资者持有时，情况尤其如此。当然，虽然操纵行为经常发生，也确实会产生影响，但心理力量使得人们过高估计了它的重要性。

许多国家旨在限制投机行为的证券制度都包括对短期资本收益征收较高的税、课征证券交易税以及限制或禁止卖空。对投机者的仇恨也负面影响了人们对衍生品的看法。人们认为衍生品是赌博和操纵行为的主要载体，这种观念使得衍生品成了监管的主要目标。

过度自信

人们很尊重那些能完美解决自己所遇到的问题的人。但将这种观点扩展到解决社会问题的人时就不总是成立的，因为要代表数百万的陌生人（这些人相互影响，且有着不同的偏好和信息）做出好的决策是很困难的。“看不见的手”（Smith，1776）或自发秩序（Hayek，1978）所实现的功能是中央计划者永远也无法清楚了解的。

随着各种问题的出现与创造性的解决方案的逐渐积累，市场机构和技术应对措施也逐步发展起来。这些解决方案通常都是精心设计的，但经常（就如在生物进化中）也是随机试验，并且是碰巧有效的。然而，人类的大脑并不是旨在依照进化过程思考社会平衡的。如果认为该结果是源于世界简化模型中的特定个体的故意行为，那
158 么人们将会更容易理解它。人们自几千年前就开始从事商业活动，但“看不见的手”这个概念直到18世纪才出现。从此，人们也开始不断批判降低效率的市场干预。

与个人层面的自由行为不同，强制干预有效的先决条件是市场失灵。这就使得政府的增值干预更少。由于人们未能完全掌握“看不见的手”的思想，而且普遍存在注意力限制，因此针对已察觉到的问题的监管对策乍看之下就是很有吸引力的。即使干预会带来净损失，人们也仍然希望政府来解决问题。因而当政治企业家提出貌似合理且稳健的解决方案时，已经有了现成的观众。

过度自信（overconfidence）指的是对个人能力的自我感知高于其实际能力。过度自信的政策分析家总是倾向于认为，一个已察觉到的尚未被市场解决的社会问题能很轻易地被我们提出的对策所解决。赫什莱佛和张（Hirshleifer and Teoh，2009）将过度自信的这种后果称为干预偏误（intervention bias）。纵观所有可能的对策，如果对经济的平均提高幅度（平均而言）是负的，那么过度自信会导致更加频繁地尝试新对策。因为有许多可能的政策可供尝试，所以随着时间的推移，这会导致过多的监管政策（Hirshleifer，2008）。

即使是理解自发秩序这一概念的经济学家也无法总是完全内在化（特定情况下的）市场制度的全部功能。一个相关的例证是旨在抑制投机的资产市场上的交易税。乍看之下，故意压制流动性似乎是违反直觉的。但是，旨在抑制投机的证券交

易税在国际上是非常普遍的。在美国既有综合形式的证券交易税，也有针对衍生证券的证券交易税（Hakkio，1994）。交易税的支持者包括著名经济学家，如约翰·梅纳德·凯恩斯和詹姆斯·托宾，在 1987 年股市崩盘之后一些名人也开始支持交易税，如约瑟夫·斯蒂格利茨和洛克伦斯·萨默斯（Stiglitz，1989；Summers and Summers，1989）。

现在我们开始用证据证明支持交易税的原因——过度投机会导致过度反应、过度波动和资本配置不当。在分析证券交易税时，人们通常忘了分析市场如何能够处理过度交易问题（Hirshleifer，2008）。这有许多可能的机制，明显的例子包括共同基金佣金和基金的封闭式特点。证券交易政策能通过许多途径影响流动性。公司也可以通过私下保留剩余或走向私有化选择非流动性。一些上市公司（如沃伦·巴菲特的伯克希尔·哈撒韦公司）选择不分割其股票，这会导致较高的股票价格，并且会减少交易。公司也能通过选择上市的交易所和披露政策来影响其流动性。

有很多方法能内部化过度交易的外部性，即便如此，外部性问题也并没有在很大程度上被消除。但是，在学术讨论中对这些方法的忽视表明，人们并没有意识到也许市场的适应能力至少可以在某种程度上解决非理性投机交易的潜在社会成本。

过度自信的另一个可能例子是，政府官员或评论家倾向于认为他们知道如何通过各种政策工具来有效地管理市场波动。过度自信的监管者也许会认为，相比市场中成千上万的参与者（包括致力于资产评估的专业人员），自己能够更好地评估基 159
本价值。过度自信的另一个表现是控制的错觉，这使得观察者认为他们知道如何防止泡沫和崩盘。在崩盘后，评论家往往谴责现有的监管不足和监管不力，并呼吁更积极的干预。

市场观察者之所以会呼吁限制管理者的盈利预测（指引），也可能是因为他们过度自信地重视市场机制。一个可能的动机是，代理问题和无效率的证据与收益预测和收益管理相关（Richardson，Teoh，and Wysocki，2004）。然而，企业透明度能带来明显的好处。在指责市场错误前，试图理解什么“使预测最终成为市场结果”似乎是重要的。一个简单的可能解释是，投资者将季度收益指引作为预期长期前景时的重要参考信息。此外，与批评者的一个主张相反，证据并不支持市场对季度收益信息反应过度的观点（Bernard and Thomas，1989）。

注意力级联和情绪蔓延

心理学家区分了快速的、直观的、情感主导的认知系统与缓慢的、受控的分析系统（Kahneman，2003）。大脑也会用直觉推断进行决策，但是直觉推断决策不适用于需要仔细分析的领域。天真理论的蔓延，以及乐观或悲观心情的蔓延都会导致社会群体在政治和其他领域犯下大错。

由于信息级联，即使是由理性决策者组成的社会最终也可能做出不正确的决策。当人们看到支持监管计划立项的早期证据时，他就会合理地推断，可能有很好的理由在支持这项监管。这进一步鼓励其他人支持最初的选择，还会使得反面信息被人们默默地忽视（Bikhchandani，Hirshleifer，and Welch，1992；Banerjee，1992）。墨守成规的本能会进一步加强和稳固对最初选择的支持，即使最初选择是不好的。

现实中总会发生一些插曲，让人们非常恐惧实质的危害或别人的敌对行为，正如对股票的狂热似乎在突然间就变成了剧烈的泡沫。人们倾向于根据他们对相关例子的记忆来判断一种现象的频率或重要性（Tversky and Kahneman，1973）。这种可用的直觉推断使得人们会突然关注某种危害。库兰和桑斯坦（Kuran and Sunstein，1999）指出，当个人和新闻媒体开始讨论某种危险时，它就似乎变得更为常见和重要了。这种自我加强的效应会导致所谓的注意力级联。由于存在个人偏误，因此注意力级联是异质的，且容易产生错误。例如，与车祸相比，环境污染等隐藏的危险却得到了不成比例的关注。

理性观察者如果知道他只被告知了辩论中一方的观点，那么他通常不会止步于这种有偏见的观点。然而实验证据表明，人们并没有充分地调整片面证据（Brenner，Koehler，and Tversky，1996）。在注意力级联中，人们关注到的证据会越来
160 越有利于问题的其中一面。如果当前面临的问题是一个人们已经感知到的威胁，那么防范该风险的监管就会有自我放大的压力。这有助于解释为什么在市场严重低迷后通常会实施会计和金融监管。

心理吸引法意味着在金融危机期间将会出现赫什莱佛和张（Hirshleifer and Teoh，2009）称之为评价驱动的过度调整现象。证据表明，经历消极情绪的人们倾向于进行更具批判性的评价，且会变得更为悲观。这一发现表明，在坏消息出现后预防性监管的压力会增加。这一发现反映出的对立面是，在经济繁荣时期非正式标准有松懈的趋势。这导致了非正式监管的兴衰交替。正反馈还会放大这些效应。在萧条时期，公司陷入困境，操纵活动也会被揭露出来。公众的注意力会集中到不端行为上，由此产生诉讼的压力以及加强监管和会计监督的压力。积极打击所谓不端行为的政客和检察官将从中受益。随着越来越多的不法行为被发现，公众会认为腐败现象在普遍增加。在经济繁荣时期，发展过程则正好相反。在大牛市之后颁布的一些法规不仅限制了投资者的权利，而且允许银行从事更多有风险的活动，例如1927年允许商业银行发行证券的政府政策、1995年的《私人证券诉讼改革法案》、1998年的《证券诉讼统一标准法案》、1998年的《金融服务现代化法案》。

意识形态的文化演进

关于经济监管的两个典型事实是过剩和无效率（至少相对于理想的基准水平而

言）。无效率的一个例子是，经济学家普遍认为价格管制是无效率的，然而在现实中却反复使用价格管制。

对这些典型事实的一个解释是，广义的意识形态包括宗教以及与经济决策相关的道德信仰，而这种意识形态推动了金融监管的出现。文化复制基因是思想或思想的集合，这些思想一起抓住了我们的注意力、我们的认知以及蔓延至所有人情绪的敏感性，理查德·道金斯（Richard Dawkins，1989）称之为文化基因（memes）。意识形态就是一种文化基因，这种文化基因包含关于社会应该如何组织的道德观念。

宗教的意识形态对金融监管的直接影响包括禁止高利贷，间接影响包括对平等和善良规范的强调。早期基督徒和有影响力的思想家（如柏拉图、亚里士多德、孔子和托马斯·阿奎那）都质疑私有财产并鄙视贸易。

反市场的意识形态仍然很受欢迎，并且是推动监管的基础。反对金融商业的文化基因认为追求利润是邪恶的。例如，好莱坞经常将商人描绘为骗子或有阴谋的杀手。

但是，是什么让人们接受这些观点的呢？贸易是互利的这个想法竟然出人意料地难以被内在化。将贸易看成零和博弈，这对人们而言更为容易（Rubin，2002）。

心理吸引法预测，在经济繁荣时期会盛行自由主义，在经济萧条时期反市场情 161
绪会蔓延；在经济低迷时期，将利润视为盗窃的观点更具吸引力；人们想将自己的苦难怪罪给别人，而资本家就是一个很方便的目标。乌托邦式的运动往往是反市场的，它在混乱时期很有吸引力，因为当人们自我感觉不好时可以通过认同一个更大的目标来逃脱这种不好的感觉（Hoffer，1963）。

阴谋论是另一种推动监管形成的意识形态。人们尤其恐惧那些隐藏的或复杂的危险，与交通事故相比，人们更害怕杀虫剂、转基因食品以及核能。隐藏的威胁是阴谋论的关键组成部分，阴谋论将社会问题归咎于一些局外人或被鄙视的群体。在萧条时期阴谋论会获得支持。历史上有很多阴谋论，大多是关于外国人、犹太人、或控制金融体系并致使市场崩溃的投机者（Pipes，1997；Chancellor，2001）。人们很难完全理解金融体系，这使得他们乐于接受这样的理论。虽然不是很直观，但很多人认为，市场崩溃是源于许多个体之间的相互作用，而其中没有任何一个个体在独自发挥决定性的作用。人类的思维倾向于将社会结果归因于许多个体深思熟虑的行为。因此在解释泡沫和崩溃时，阴谋论比没有人情味的市场更为直观。

赫什莱佛（Hirshleifer，2008）提出，反短视主义的意识形态利用心理偏误强化了自己的观点。这种意识形态认为市场和上市公司都过于关注短期结果。这些指控在 20 世纪 80 年代非常流行。短视主义的批评者则强调收购、举债经营和急躁的投资者带给公司的过大压力，并断言其不良后果是投资不足和缺乏创新。许多美国人都羡慕并害怕日本的长期企业导向。

在接下来的二十年里，美国经济却比日本要好得多。值得注意的是，这并没有催生一般的明确批判短视主义的论文。赫什莱佛（Hirshleifer，2008）认为，心理偏误推动了反短视主义意识形态的演化和成功。

为了实现一种意识形态的成功，它的主张（文化基因）应该在感情上是强烈的且兼容的。存在逻辑缺陷或缺乏支持证据也无关紧要（除非它的缺陷尤为明显）。赫什莱佛（Hirshleifer，2008）认为，短视主义的批评者通常会结合五个不同的命题：公司过多地关注短期股票价格；公司投资不足；公司创新不足；公司过度负债；股票市场无效率地过度关注短期信号（如季度收益信息）。

从逻辑上讲，这些观点并不完全令人信服，它们甚至不是完全一致的。试图提高短期股价的行为会导致企业过度投资（因为股票价格往往对投资增加做出正反馈）（Trueman，1986）并优先开展创新项目而非常规项目（Chordia，Hirshleifer，and Lim，2001）。从经验上讲，股市并非总是过度关注短期信号。相反，增长机会被高估了（价值效应）。比如说，市场对关于短期利润的信息反应不足（正如伯纳德和托马斯（Bernard and Thomas，1989）讨论的盈余公告发布后的价格漂移异象）。此外，尚不清楚公司是否是整体过度负债。

162 证据表明，市场确实过度关注某些季度收益信息——权责发生额（会计调整）特别是其可自由支配的部分（Sloan，1996；Teoh，Welch，and Wong，1998a，1998b）。总的来说，有一些数据和逻辑点反驳反短视主义意识形态的原理。但是上述五个命题在情感上互为补充，形成了一种更强大且更有感染力的意识形态。将“短视主义”的标签应用于这些不同的概念，会引起人们对远见和纪律的普遍关注，意识形态从而唤起了人们早已存在的愚蠢和罪恶的心理禀赋。通过将这些不同的概念结合在一起，有更多的外部事件能使人们想起这种意识形态。也就是说，它的“思想栖息地”被扩展了（Berger and Heath，2005）。

几乎没有人试图整理反短视主义意识形态的不同观点以使其连贯一致。那些尖刻地批评公司和投资者沉迷于短期收益的评论员们通常也会蔑视 20 世纪 90 年代末期的投资者们，因为这些投资者忽视了网络公司的负利润，这也是在抱怨过度的长期主义。

道德主义的解释主导了对短视主义的公共讨论。这也解释了表面上的矛盾，那些在 20 世纪 80 年代批评企业短视主义的评论家们又在 20 世纪 90 年代末的科技泡沫期间批评天真的过度刺激。

在认知上，人们认为企业举债经营类似于挥霍无度者的过度借贷。拥有这种意识形态的人喜欢听到这样的故事——罪恶和愚蠢招致了惩罚（公司失败），并享受着优越的感觉。总的来说，这种意识形态提供了一个示例，告诉我们金融思想是如何普及的，因为它们的心理属性与它们的现实主义和有效性形成了对比。

对比理性压力集团的方法

基于压力集团间竞争的理性利己主义监管方法面临两个难题。第一，个人的政

治立场往往是基于原则的，而不是基于经济利益的（Sears and Funk，1991）。确实，人们会无私地为自己支持的压力集团付出时间和金钱。因此，通常被政治经济学家解释为理性利己主义的游说行为实际上是自私和无私动机的更有趣的结合，或是由于认识到了集团福利中自己的个人福利。第二，成功的压力集团往往在很长一段时间内有组织地愚弄其他选民。心理吸引法可以明确分析压力集团是如何利用心理偏误的。

心理吸引法意味着，对感知到的问题所实施的监管通常会失败。例如，人们预期保护投资者的监管往往会伤害投资者。这也可以解释为什么监管错误一直存在。理性压力集团理论没有捕捉到这种影响，因为这种结果意味着在长期中政治参与者实施监管的真正意图和结果都是被系统性地误解的。

概要和结论 163

本章回顾了心理偏误（向）如何影响监管和报告政策。在心理吸引法则中，监管是源于监管者和参与者在政治进程中的心理偏误，是源于意识形态的发展，因为心理偏误会动摇易受影响的个人。心理吸引理论意味着，即使所有政治参与者的目的都是无私的，也会出现糟糕的监管结果，而监管会加剧个体层面的偏误。因为吸引人的可能的监管组合是无限的，所以理论预测的总体趋势是过度监管，并且积累的监管规则会越来越拖累经济增长。理论还预测，应对市场低迷或市场紊乱的监管有增加的趋势。

监管的心理吸引理论也可以帮助人们理解监管政策。人们通常假定，行为方法的观点会辅助政策和监管以保护投资者免受自己的心理偏误影响。这确实是行为思考的一个方面（Thaler and Sunstein，2008）。不过，行为方法也在某种程度上强化了放任政策，因为行为方法认为心理偏误导致了监管。正如一些作者（Caplan，2001；Daniel et al.，2002；Hirshleifer，2008）提出的，当人们在做个人资源投资决策时会有更强的动机去克服偏误，而在做关于税收或监管他人的政治选择时克服偏误的激励较弱。行为方法表明，政治进程的运作效率往往低于市场。

要弄清楚为什么心理偏误倾向于过度喜爱或过度反对一种特定的监管并不困难。一些人认为某些根本性的原因导致了整体结果往往倾向于偏向不良监管和过度监管。

对不良监管的非理性压力往往是短暂的，正如注意力级联的例子一样。政治体系的惯性有助于限制心理偏误对未来政策的影响。这也意味着法规限制（比如三权分立、不可剥夺的权利、多数规则和默认的落日条款）是有好处的。在提议这些法规时，心理吸引法并不是唯一的理由。更一般地，了解心理因素如何影响政治进程可以为我们提供新的见解，让我们知道是什么使得有害的意识形态成功地蔓延。这样也许有助于提高政治和监管决策中的理性。

讨论题

1. 会计准则、披露制度和报告监管的“心理吸引法则”是什么？
2. 为什么说有限处理能力为会计信息整合提供了一个可能的解释？
3. 衍生证券的风险披露规则如何反映心理偏误？
4. 有许多因素推动了金融监管中的心理偏误，其中媒体的作用是什么？
5. 在应对负面经济事件的监管行为中，过度自信和寻找推诿对象的作用是什么？
6. 收益和成本的显著性和可见性将如何影响金融监管？

164 参考文献

Aronson，Elliot，Timothy D. Wilson，and Robin M. Akert. 2006. *Social psychology*. Upper Saddle River，NJ：Pearson-Prentice Hall.

Banerjee，Abhijit V. 1992. A simple model of herd behavior. *Quarterly Journal of Economics* 107：3，797 - 817.

Barberis，Nicholas，and Ming Huang. 2008. The loss aversion/narrow framing approach to the equity premium puzzle. In *Handbook of the equity risk premium*，ed. Raj Mehra，201 - 228. Amsterdam：North Holland.

Baron，Jonathan. 1998. *Judgment misguided*：*Intuition and error in public decision making*. New York：Oxford University Press.

Baron，Jonathan. 2001. Confusion of group-interest and self-interest in parochial cooperation on behalf of a group. *Journal of Conflict Resolution* 45：3，283 - 296.

Baron，Jonathan. 2009. Cognitive biases in moral judgments that affect political behavior. *Synthese*，forthcoming.

Baron，Jonathan，and Edward J. McCaffery. 2006. Unmasking redistribution (and its absence). In *Behavioral Public Finance*，ed. Edward J. McCaffery and Joel Slemrod，85 - 112. New York：Russell Sage Foundation.

Benmelech，Efraim，and Tobias Moskowitz. 2007. The political economy of financial regulation：Evidence from U. S. state usury laws in the 19th century. NBER Working Paper 12851.

Berger，Jonah，and Chip Heath. 2005. Idea habitats：How the prevalence of environmental cues influences the success of ideas. *Cognitive Science* 29：2，195 - 221.

Bernard，Victor，and Jacob Thomas. 1989. Post-earnings-announcement drift：

Delayed price response or risk premium? *Journal of Accounting Research* 27：Supplement，1 – 48.

Bikhchandani，Sushil，David Hirshleifer，and Ivo Welch. 1992. A theory of fads，custom，and cultural change as informational cascades. *Journal of Political Economy* 100：5，992 – 1026.

Brenner，Lyle，Derek J. Koehler，and Amos Tversky. 1996. On the evaluation of one-sided evidence. *Journal of Behavioral Decision Making* 9：1，59 – 70.

Brewer，Marilyn. 1979. In-group bias in the minimal intergroup situation：A cognitivemotivational analysis. *Psychological Bulletin* 86：2，307 – 324.

Camerer，Colin，and Richard Thaler. 1995. Anomalies：Ultimatums，dictators and manners. *Journal of Economic Perspectives* 9：2，209 – 19.

Cao，Henry，Bing Han，David Hirshleifer，and Harold Zhang. 2007. Fear of the unknown：Familiarity and economic decisions. Working Paper，Merage School of Business，University of California，Irvine.

Caplan，Bryan. 2001. Rational ignorance versus rational irrationality. *Kyklos* 54：1，3 – 26.

Caplan，Bryan. 2007. *The myth of the rational voter：Why democracies choose bad policies*. Princeton，NJ：Princeton University Press.

Chancellor，Edward. 2001. A short history of the bear. Available at http://www. prudentbear. com，Guest Commentary，October 29，page 6.

Chordia，Tarun，David Hirshleifer，and Sonya Lim. 2001. Firm and managerial incentives to manipulate the timing of project resolution. Working Paper，Merage School of Business，University of California，Irvine.

Daniel，Kent，David Hirshleifer，and Siew Hong Teoh. 2002. Investor psychology in capital markets：Evidence and policy implications. *Journal of Monetary Economics* 49：1，139 – 209.

Dawkins，Richard. 1989. *The selfish gene*. Oxford：Oxford University Press.

Del Guercio，Diane. 1996. The distorting effect of the prudent-man laws on institutional equity investments. *Journal of Financial Economics* 40：1，31 – 62.

Downs，Anthony. 1957. *An economic theory of democracy*. New York：Harper.

Frank，Robert H. 1988. *Passions within reason*. New York：Norton.

Guiso，Luigi，Paolo Sapienza，and Luigi Zingales. 2009. Cultural biases in economic exchange. *Quarterly Journal of Economics*，forthcoming.

Hakkio，Craig S. 1994. Should we throw sand in the gears of financial mar- 165
kets? *Federal Reserve Bank of Kansas City-Economic Review*，Second Quarter II，17 – 30.

Hamilton，William D. 1964. The genetical evolution of social behaviour I and II. *Journal of Theoretical Biology* 7：1，1－52.

Hayek，Friedrich A. 1978. *Law，legislation and liberty，Volume 1：Rules and order*. Chicago：University of Chicago Press.

Hayek，Friedrich. 1988. *The fatal conceit：The errors of socialism*. Chicago：University of Chicago Press.

Heath，Chip，Chris Bell，and Emily Sternberg. 2001. Emotional selection in memes：The case of urban legends. *Journal of Personality and Social Psychology* 81：6，1028－1041.

Hirshleifer，David. 2001. Investor psychology and asset pricing. *Journal of Finance* 56：4，1533－1597.

Hirshleifer，David. 2008. Psychological bias as a driver of financial regulation. *European Financial Management* 14：5，856－874.

Hirshleifer，David，and Siew Hong Teoh. 2009. The psychological attraction approach to accounting and disclosure policy. *Contemporary Accounting Research*，forthcoming.

Hirshleifer，Jack. 1971. The private and social value of information and the reward to inventive activity. *American Economic Review* 61：4，561－574.

Hirshleifer，Jack. 1987. On the emotions as guarantors of threats and promises. In *The latest on the best*. ed. John Dupré，Cambridge，MA：MIT Press.

Hodder，Leslie，Lisa Koonce，and Mary McAnally. 2001. SEC market risk disclosures：Implications for judgment and decision making. *Accounting Horizons* 15：1，49－70.

Hoffer，Eric. 1963. *The ordeal of change*. New York：Harper and Row.

Hoffman，Elizabeth，Kevin McCabe，and Vernon Smith. 1996. On expectations and the monetary stakes in ultimatum games. *International Journal of Game Theory* 25：3，289－301.

Huberman，Gur. 2001. Familiarity breeds investment. *Review of Financial Studies* 14：3，659－680.

Jolls，Christina，Cass R. Sunstein，and Richard Thaler. 1998. A behavioral approach to law and economics. *Stanford Law Review* 50－5，1471－1550.

Kachelmeier，Steven，and Ron King. 2002. Using laboratory experiments to evaluate accounting policy issues. *Accounting Horizons* 16：3，219－232.

Kahneman，Daniel. 2003. Maps of bounded rationality：Psychology for behavioral economics. *American Economic Review* 93：5，1449－1475.

Kahneman，Daniel，and Amos Tversky. 1979. Prospect theory：An analysis

of decision under risk. *Econometrica* 47：2，263－291.

Klapper，Leora，and RidaZaidi. 2005. A survey of government regulation and intervention in financial markets. In *World development report* 2005：*A better investment climate for everyone*，ed. Warrick Smith. Washington，D. C.：World Bank.

Koonce，Lisa，Mary McAnally，and Molly Mercer. 2005. How do investors judge the risk of financial and derivative instruments? *Accounting Review* 80：1，221－241.

Kroszner，Randall S.，and Thomas Stratmann. 1998. Interest group competition and the organization of Congress：Theory and evidence from financial services' political action committees. *American Economic Review* 88：5，1163－1187.

Kuran，Timur. 1995. *Private truths，public lies：The social consequences of preference falsification*. Cambridge：Harvard University Press.

Kuran，Timur，and Cass Sunstein. 1999. Availability cascades and risk regulation. *Stanford Law Review* 51－4，683－768.

Massa，Massimo，and Andrei Simonov. 2006. Hedging，familiarity and portfolio choice. *Review of Financial Studies* 19：2，633－685.

McAdams，Richard H.，and Eric Rasmusen. 2007. Norms in law and eco- 166
nomics. In *Handbook of law and economics* 2：2，ed. A. Mitchell Polinsky and Steven Shavell，1573－1618. North Holland：Elsevier.

McCaffery，Edward，and Jonathan Baron. 2006. Isolation effects and the neglect of indirect effects of fiscal policies. *Journal of Behavioral Decision Making* 19：4，289－302.

McCaffery，Edward and Joel Slemrod. 2006. *Behavioral public finance：Toward a new agenda*. New York：Russell Sage Foundation.

Mcnollgast，2007. The political economy of law. In *Handbook of law and economics* 2：2，ed. A. Mitchell Polinsky and Steven Shavell，1651－1738. North Holland：Elsevier.

Murphy，Kevin M.，and Andrei Shleifer. 2004. Persuasion in politics. *American Economic Review* 94：2，435－9.

Nesse，Randolph M. 2001. The evolution of subjective commitment. In *Evolution and the capacity for commitment*，ed. Randolph M. Nesse，1－44. New York：Russell Sage Press.

Nisbett，Richard E.，and Lee Ross. 1980. *Human inference：Strategies and shortcomings of social judgment*. Englewood Cliffs，NJ：Prentice-Hall.

Pipes, Daniel. 1997. *Conspiracy: How the paranoid style flourishes and where it comes from*. New York: Free Press.

Rajan, Raghuram G., and Luigi Zingales. 2003. The great reversals: The politics of financial development in the 20th century. *Journal of Financial Economics* 69: 1, 5–50.

Richardson, Scott, Siew Hong Teoh, and Peter Wysocki. 2004. The walk-down to beatable analyst forecasts: The role of equity issuance and insider trading incentives. *Contemporary Accounting Research* 21: 4, 885–924.

Ritov, Ilana, and Jonathan Baron. 1990. Reluctance to vaccinate: Omission bias and ambiguity. *Journal of Behavioral Decision Making* 3: 4, 263–277.

Rubin, Paul H. 2002. *The evolutionary origin of freedom*. New Brunswick, NJ: Rutgers University Press.

Schwartz-Shea, Peregrine, and Randy T. Simmons. 1991. Egoism, parochialism, and universalism. *Rationality and Society* 3: 1, 106–132.

Sears, David O., and Carolyn. L. Funk. 1991. The role of self-interest in social and political attitudes. *Advances in Experimental Social Psychology* 24–1, 1–81.

Shleifer, Andrei. 2005. Understanding regulation. *European Financial Management* 11: 4, 439–451.

Sloan, Richard. 1996. Do stock prices fully reflect information in accruals and cash flows about future earnings? *Accounting Review* 71: 3, 289–315.

Small, Deborah A., and George Loewenstein. 2003. Helping *a* victim or helping *the* victim: Altruism and identifiability. *Journal of Risk and Uncertainty* 26: 1, 5–16.

Smith, Adam. 1776. *The wealth of nations*. London: W. Strahan and T. Cadell.

Southern, Richard W. 1968. Aquinas, Thomas. In *The International Encyclopedia of the Social Sciences*, ed. David L. Sills, Volume 1, 374–377. New York: Crowell Collier and Macmillan.

Stiglitz, Joseph E. 1989. Using tax policy to curb speculative short-term trading. *Journal of Financial Services Research* 3: 2–3, 101–115.

Summers, Lawrence H., and Victoria P. Summers. 1989. When financial markets work too well: A cautious case for a securities transactions tax. *Journal of Financial Services Research* 3: 2–3, 261–296.

Sunstein, Cass R., and Richard H. Thaler. 2003. Libertarian paternalism is not an oxymoron. *University of Chicago Law Review* 70: 4, 1159–1202.

Taylor, Daniel M., and Janet R. Doria. 1981. Self-serving bias and group-

serving bias in attribution, *Journal of Social Psychology* 113 - 2, 201 - 211.

Teoh, Siew Hong, Ivo Welch, and T. J. Wong. 1998a. Earnings management and the post-issue performance of seasoned equity offerings. *Journal of Financial Economics* 50: 1, 63 - 99.

Teoh, Siew Hong, Ivo Welch, and T. J. Wong. 1998b. Earnings management and the long-term market performance of initial public offerings. *Journal of Finance* 53: 6, 1935 - 1974.

Thaler, Richard. 1985. Mental accounting and consumer choice. *Marketing Science* 4: 3, 199 - 214.

Thaler, Richard, and Cass R. Sunstein. 2008. *Nudge: Improving decisions* 167
about health, wealth, and happiness. New Haven, CT: Yale University Press.

Trueman, Brett. 1986. The relationship between the level of capital expenditures and firm value. *Journal of Financial and Quantitative Analysis* 21: 2, 115 - 129.

Tversky, Amos, and Daniel Kahneman. 1973. Availability: A heuristic for judging frequency and probability. *Cognitive Psychology* 5: 4, 207 - 232.

Watts, Ross, and Jerald Zimmerman. 1979. The demand for and supply of accounting theories: The market for excuses. *Accounting Review* 54: 2, 273 - 305.

Waymire, Greg, and Sudipta Basu. 2008. Accounting is an evolved economic institution. *Foundations and Trends in Accounting* 2: 1 - 2, 1 - 174.

Zak, Paul J., Robert Kurzban, and William T. Matzner. 2004. The neurobiology of trust. *Annals of the New York Academy of Sciences* 1032: 1, 224 - 227.

作者简介

大卫·赫什莱佛（David Hirshleifer）曾担任俄亥俄州立大学的库尔茨讲座教授、密歇根大学的沃特曼讲座教授，于加州大学洛杉矶分校（UCLA）获得终身教职，现在就职于加州大学欧文分校梅拉吉学院。他近期的研究关注心理学与证券市场、管理决策偏误、社会互动与市场，以及企业如何利用市场的无效率。他的其他研究领域包括公司金融、经济决策中的流行趋势和监管心理学。他的研究不仅被国际新闻媒体报道，而且获得了许多奖项，他发表在《金融学杂志》上的优秀论文令他获得了史密斯—布里登奖。赫什莱佛教授还担任证券和资金管理公司的顾问、《金融学研究评论》的编辑、《金融学杂志》的副主编，其他几本金融学、经济学和

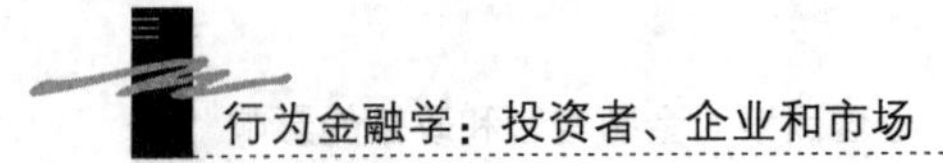

策略期刊的编辑职务，以及美国金融学协会和西方金融协会的主任。

张肖宏（Siew Hong Teoh）已经在会计、金融和经济学的顶级期刊上发表了许多文章。她证明了市场似乎无法有效地将管理活动限制在证券价格之中，会计学和金融学领域的学者们都广泛引用了她对盈余管理的研究，该研究也被国际新闻媒体和国会证言提及。她在社会投资论坛上获得了社会责任投资主题的 Moskowitz 最佳论文奖，并被《金融学杂志》提名 Brattle 奖。她的研究被《金融经济学杂志》经典论文系列收录，且是 2000—2006 年金融学领域 300 篇最常被引用的论文之一。她最近的研究主要关注心理因素对资本市场会计信息、分析师盈利预测的影响，以及投资者如何利用市场的无效率。她之前曾在加州大学洛杉矶分校、密歇根大学和俄亥俄州立大学任教。

致　谢

作者感谢陈柏宇（Jason Chan）和梅杰·科尔曼（Major Coleman）在研究中给予的帮助，并感谢陈柏宇完成了讨论题及答案部分。

第二篇　心理学概念和行为偏向

第10章　意向效应 171

马尔库·考斯蒂亚（Markku Kaustia）
阿尔托大学金融学教授

引　言

及时止损，利润奔涌！这是股市交易手册中最常给出的建议。仅在2008年出版的个人财务与投资建议书籍中，就有19本给出了相同或相似的建议。就2008年而言，随着股市的急剧下跌，及时止损被证明是金玉良言，但在此前几年这一建议同样流行。这一格言源于早期股票市场。它也构成了英国经济学家大卫·李嘉图（1772—1823）三条股市交易铁则中的两条，大卫·李嘉图同时也是一位成功的股票经纪人和交易者。

许多投资者似乎很难遵循这一建议。相反，他们倾向于快速卖出购买后升值的股票，继续持有亏损的股票。金融经济学家将这种倾向称为意向效应。意向效应是交易行为研究文献发现的最稳健的行为规律之一。意向效应给投资者带来了相当高的成本。首先，有这种倾向的投资者支付了更多本无必要的资本收益税。假定某个投资者急需现金且需要卖出部分股票，但他并不清楚所购股票中哪只未来表现最差。这时，投资者应该以最小化赋税的方式变现股票。这通常意味着要尽可能卖出亏损的股票或同时卖出亏损和盈利的股票组合。不能最小化赋税意味着财富从投资者向社会其他人的转移。因此，没有投资者愿意受意向效应影响。其次，将注意力集中在购买价格上会干扰理性的前瞻性决策，进而导致较低的收益。因此，即使没有资本利得税，意向效应也是有害无益的。

如果投资者面对收益和损失时以相似的方式行事，则整个市场都会受到影响。众多投资者的意向行为会影响交易量，导致股票市场价格偏离基本价值。了解意向效应及其最有可能出现的时间对理解市场行为是很有好处的。这会为理财顾问教导客户以及资产管理者制定交易策略提供非常有价值的信息。

本章回顾了交易行为中与意向效应相关的经验证据。其中大部分研究是针对股
172 票市场的，但也有针对其他资产市场的研究。接下来我们首先讨论与意向效应相关的经验结论，然后考察意向效应的含义，接着讨论意向效应产生的原因，最后进行总结。

经验结论

此部分探讨与意向效应相关的经验结论。

发现

谢弗林和斯塔特曼（Shefrin and Statman，1985）首次对意向效应进行了正式分析。为了说明意向效应的存在，他们引用了莎拉鲍姆、卢埃林和里斯（Schlarbaum，Lewellen，and Lease，1978）的研究结果。莎拉鲍姆等人使用 1964—1970 年证券公司的 2 500 名散户的交易数据，通过计算这些投资者买进后又卖出的股票的收益来分析他们的转手交易实现的收益率。他们没有考虑研究期内买进但未卖出的股票的表现。从这些散户实现的收益来看，他们每年的收益率比市场收益率高出 5 个百分点，并且大约有 60%的交易是盈利的。如此良好的表现并非由于对市场时机的把握，也并非由于承受了更高的风险。可以与其他研究进行一个比较，比如夏普（Sharpe，1966）、格鲁伯（Gruber，1996）、法玛和弗伦奇（Fama and French，2010）发现共同基金管理者的平均收益要差于市场，即使最优秀的职业投资者，其在筛选股票时的成功率也才能勉强达到 60%。基于这些证据，莎拉鲍姆等人认为散户们拥有令人称道的股票筛选技能。

谢弗林和斯塔特曼（1985）对此结论提出了质疑。他们认为上例中实现的收益过多地来自最终盈利的筛选，而那些亏损的筛选继续保留在投资者的资产组合中。

在达到长期税收优惠状态之后（当时美国要求持有至少 6 个月），理性且有避税意识的投资者会更多地售出亏损股票，而避免售出盈利股票。相反，莎拉鲍姆等（Schlarbaum et al.，1978）的数据表明，不管持有期有多长，售出后盈利股票和亏损股票的比例都为 60∶40。尤其是对于持有期短于和长于 6 个月的股票而言同样如此。

谢弗林和斯塔特曼（1985）还对共同基金的总体购买和赎回行为进行了分析。他们发现股票市场表现好的月份比表现差的月份出现了更多的赎回。总之，这些事实与意向效应是相符的。谢弗林和斯塔特曼的主要贡献在于正式提出了意向效应假设及其理论框架（稍后再进行讨论）。但利用现有的证据还不能得出令人信服的结论。因此，康斯坦丁尼德斯（Constantinides，1985，p. 791）在讨论谢弗林和斯塔特曼的研究时指出："（这些证据）既不能否定理性模型以支持行为模型，也不能否定行为模型以支持理性模型。"

奇怪的是，莎拉鲍姆等人（Schlarbaum et al.，1978，p. 323）也提出了这种可能性，即投资者的优异表现可能是由"售赢持损的意向"导致的。但是他们很快就拒绝了这种假说，转而接受了基于股票筛选技能的解释。此后，许多研究令人信 173
服地表明散户并没有多高的股票筛选技能，相反他们明显表现欠佳（Odean，1999；Barber and Odean，2000；Grinblatt and Keloharju，2000；Barber，Lee，Liu，and Odean，2009），并且确实存在意向效应（可以参见奥丁（1998）和下一部分讨论的其他研究）。

确凿证据

除了上述研究外（Schlarbaum et al.，1978），莎拉鲍姆等人在 20 世纪 70 年代还发表了几篇使用证券公司客户的交易数据进行研究的论文。接下来的 20 年里使用散户交易数据进行的研究相对较少。这部分是由于缺乏类似数据，但也反映出 20 世纪 80 年代以及 90 年代初金融经济学家的价值观，即研究散户的行为被认为是无趣的。20 世纪 90 年代中期，特伦斯·奥丁获取了一系列低佣金券商的客户交易数据，此后形势发生了改观。奥丁与其合作者使用这些数据发表了一系列有影响力的文章，其中奥丁（Odean，1998）对意向效应假设进行了非常严谨的检验。此数据集包含了 1987—1993 年美国低佣金券商 10 000 个账户的股票市场投资情况。

奥丁（1998）提出了一种测度意向效应的方法，其后的几项研究都使用了该方法。在该方法中，研究者在投资者卖出股票的时点记录其股票仓位（资产组合中不同公司的股票）中四类股票的数量：（1）售出后盈利的股票；（2）售出后亏损的股票；（3）未售出且账面显示盈利的股票；（4）未售出且账面显示亏损的股票。奥丁以股票最初购买价为基础计算盈亏状况。实现盈利（类型 1）和实现亏损（类型 2）的股票是实际交易的股票，即投资者实现了盈利或亏损。那些未售出的股票被分为账面盈利（类型3）和账面亏损（类型4）的股票，此类股票的盈亏状况也根据购买价格判断，并使用当天的收盘价作为其假设售价。所有四类股票的仓位变动决定了投资者财富的实际变动。

将实现盈利和账面盈利相加可以得到可实现的盈利总量。将实现亏损和账面亏损相加可以相应得到可实现的亏损总量。意向效应预测实现的盈利与可实现的盈利总量之比应该较大，而实现的亏损与可实现的亏损总量之比应该较小。将实现的盈利或亏损与相应的可实现的盈利或亏损相除，就排除了市场状况的影响。例如，在股市繁荣时，投资者的资产组合中盈利的股票的数量可能要大大多于亏损的股票的数量，毫无疑问，此时投资者实现的盈利绝对量会高很多。

奥丁（1998）给每一位投资者计算上述数字，然后按月将所有交易日和投资者的数据进行加总。他使用加总的数据计算了以下比例：

实现盈利/(实现盈利＋账面盈利)＝实现盈利份额(PGR)

实现亏损/(实现亏损＋账面亏损)＝实现亏损份额(PLR)　　(10—1)

174 若PGR与PLR之间存在显著差异，则表明投资者平均而言更愿意售出盈利或亏损的股票。特别地，若PGR大于PLR，则意味着存在意向效应。

奥丁（1998）发现意向效应得到了强有力的证据支持。平均而言，14.8%的可实现盈利被真正实现（PGR），而仅有9.8%的可实现亏损被真正实现（PLR）。投资者售出盈利股票的概率要比售出亏损股票的概率高出50%。支持谢弗林和斯塔特曼的（Shefrin and Statman，1985）行为理论的进一步的证据来自对意向效应的季节变动特征的考察。谢弗林和斯塔特曼的模型预测，由于投资者出于自身利益的考虑进行自我克制，意向效应在年末时应该较弱。投资者决策过程的“理性部分”意识到售出亏损的股票对减少税赋而言是有利的。然而，受实现盈利带来的正面情绪驱动或为回避实现亏损所带来的负面情绪，决策过程的“非理性部分”却不再考虑税赋。随着纳税年度末截止时间的临近，投资者发现对亏损的股票“割肉”变得相对容易。确实，与其他月份相比，奥丁发现在12月份投资者会更多地售出亏损股票而较少地售出盈利股票，此时意向效应消失了。

关于意向效应的另外一项重要研究是格林巴特和凯洛哈留（Grinblatt and Keloharju，2001）。他们使用回归方法估计意向效应。这允许他们控制投资者特征与市场状况。不同类型投资者对过去收益做出反应的方式也不尽相同。许多机构属于动量风格投资者，即他们更愿意买前期表现好的股票（Grinblatt，Titman，and Wermers，1995；Badrinath and Wahal，2002），而散户多是逆向风格投资者，即他们更愿意买过去表现差于平均水平的股票（Grinblatt and Keloharju，2000）。

盈利和亏损的计算方法类似于奥丁（1998），即当投资者售出某只股票时，其持有的其他股票被看做当天的账面售出。格林巴特和凯洛哈留（Grinblatt and Keloharju，2001）用1和0分别表示实际售出和账面售出，以其作为因变量进行

logit 回归。自变量包括与股票（例如，过去的收益）、投资者（例如，资产组合价值）、时间（代表各个月份的虚拟变量）以及市场状况（例如，市场收益）相关的控制变量。意向效应用一个虚拟变量来反映，若售出后亏损或账面显示亏损则该变量为 1，否则为 0。数据涵盖了芬兰所有股市投资者。结果表明在分析中控制了许多其他因素后仍然存在强烈的意向效应。

韦伯和凯默勒（Weber and Camerer，1998）对意向效应进行了实验室实验，该实验涉及 14 轮针对 6 只假想股票的买卖交易。他们发现被试者卖出盈利股票的概率要比卖出亏损股票的概率高出约 50%。这在受控环境下进一步证实了利用实地数据得出的结论。

职业投资者

格林巴特和凯洛哈留（Grinblatt and Keloharju，2001）发现所有类型的投资者，包括家庭、非金融企业、政府机构、非营利机构和金融机构，都存在意向效应。在其研究的不同类型的投资者中，金融机构被认为是最专业的。但令人惊讶的是，不同类型的投资者之间意向效应的大小差异很小。对所有类型的投资者而言，售出中度亏损（亏损小于 30%）股票的概率是售出盈利股票的一半。

一些研究发现职业期货交易者也存在类似意向效应的行为。海斯勒（Heisler，
1994）研究了国债期货市场的一组小额投机者，发现他们持有亏损投资的时间显著长 175
于盈利投资。洛克和曼（Locke and Mann，2005）对芝加哥商品交易所的 300 名职业期货交易者的研究也得出了相似的结果。在科沃尔和沙姆韦（Coval and Shumway，2005）对芝加哥期货交易所 426 名国债期货自有资金交易者的研究中，他们分析了交易者在下午交易时段冒险的倾向与上午时段的交易表现之间的联系并分析了这种联系是否会影响市场价格。他们还对交易持续时间进行了考察，发现到下午时段仍然持有亏损头寸的交易者平仓所需时间要长于持有盈利头寸的交易者。周和珠荣（Choe and Eom，2009）使用韩国所有市场参与者的股票指数期货交易数据进行了研究。他们发现各种类型的投资者，包括散户、机构和外国投资者，都存在意向效应。

巴尔伯、李、刘和奥丁（Barber，Lee，Liu，and Odean，2007）对 1994—1999 年台湾股票交易所的所有交易活动进行了研究。总体上，投资者售出盈利股票的概率是售出亏损股票的概率的大约 2 倍。他们发现散户、公司和券商存在意向效应，而共同基金和外国投资者没有意向效应。弗拉齐尼（Frazzini，2006）构建了一个 1980—2003 年美国共同基金各季度股票持有量的数据集。平均而言，共同基金售出盈利股票的概率比售出亏损股票的概率高 20%。根据过去的收益率对基金进行排序，发现 1/3 的基金（收益率较低的基金）售出盈利股票的概率比售出亏损股票的概率高 50%，散户也大致如此。施尔比亚和金（Scherbina and Jin，2010）分析了共同基金的管理者更换后的交易行为。他们发现新基金经理倾向于廉价售出其资产组合中的亏损股票。即使控制了管理者未更换并持有相同股票的其他

基金的交易后，这种倾向依然很强烈。同时这些由新管理者管理的基金的效益也得到了改善。奥康纳和张（O'Co-nnell and Teo，2009）对外汇交易市场中大型机构的研究没有发现意向效应。相反，这些投资者更愿意卖出亏损的货币。

共同基金份额会不一样吗？

卡尔韦、坎贝尔和索迪尼（Calvet，Campbell，and Sodini，2009）的研究使用了瑞典家庭数据，其中大约有30%的家庭同时持有公司股票和共同基金。他们发现，一方面，当股票投资组合盈利后，人们更愿意退出股票市场（卖出全部股票），这与意向效应一致。退出共同基金市场的概率也与共同基金投资组合的收益率正相关。其概率大约是股票市场的2/3，但这种正相关关系并不显著。另一方
176 面，亏损后，卖出共同基金的概率显著增加。显然，对于持有的共同基金份额而言，不存在意向效应。

伊科维奇和韦斯本纳（Ivkovi'c and Weisbenner，2009）也得出了类似的研究结果。他们发现人们不愿意卖出升值的共同基金而更愿意卖出亏损的基金，这与人们的节税动机相符。他们使用的证券公司数据与巴尔伯和奥丁（Barber and Odean，2004）相同，后者对这些投资者的普通股股票交易进行的研究发现存在意向效应。但两个研究使用的家庭样本并不完全相同。该数据集包括了78 000个家庭，其中66 500个家庭持有普通股（Barber and Odean，2000）。伊科维奇和韦斯本纳的研究称在样本期有32 400个家庭持有至少一种基金。据此推断，大部分基金投资者应该也持有某些股票，但反过来未必如此。此外，伊科维奇和韦斯本纳的结果仅限于一月份购买的共同基金。虽然如此，但是两者研究的时间段和投资者子集是完全相同的，这就引出了以下问题：控制了投资者特征后，在共同基金份额上还存在意向效应吗？如果不存在，为什么？

贝利、库马尔和恩吉（Bailey，Kumar，and Ng，2009）使用相同的数据集计算了每个投资者的几种行为偏向，并将其与投资者的共同基金买卖行为联系在一起。他们发现在普通股交易中有意向效应的投资者较少投资于共同基金。投资于共同基金时，有意向效应的投资者购买基金的成本更高，把握不好购买和售出基金的时机。这些结论表明，平均而言，共同基金投资者或许比普通股股票投资者更老练。进而投资者的异质性或许可以部分解释观察到的股票和基金投资行为的差异，但这并不能完全解释。

投资者异质性与学习

夏皮罗和威尼斯（Shapira and Venezia，2001）发现以色列的独立股票投资者和接受经纪人建议的投资者都有意向效应。但对接受建议的投资者而言，意向效应的强度较小。达尔和朱（Dhar and Zhu，2006）发现并非所有的投资者都受意向效应影响。大约20%的投资者表现出反向意向效应。也就是说，他们更倾向于售出

亏损的股票而非盈利的股票。在可测度的投资者特征中，收入、财富、职业以及投资者年龄与意向效应的逐渐消失存在相关关系。他们还发现交易频率较高的投资者更愿意售出亏损的股票。

冯和希豪斯（Feng and Seasholes，2005）发现在中国投资者中也存在意向效应。使用多种渠道（比如，网络和电话）进行交易的投资者，以超过一只股票开始交易生涯的投资者、青年投资者和男性投资者的意向效应较弱。他们认为这些特征与投资者的老练程度正相关。冯和希豪斯还发现交易经验会弱化意向效应。此外，上述投资者特征与交易经验相结合会消除意向效应。陈、金、诺夫辛格和瑞（Chen，Kim，Nofsinger，and Rui，2007）也在中国投资者身上发现了意向效应并且机构投资者和交易经验丰富的散户的意向效应较弱。 177

周和珠荣（Choe and Eom，2009）在对韩国所有股指期货交易的研究中发现，在控制了投资者类型（机构和散户）后，交易频率和交易额越大，意向效应就越弱。

上述研究表明在意向效应方面，不同投资者之间是存在差异的，其与貌似反映投资者老练程度的投资者特征相关。然而，基于这些证据还不能判断投资者是否会通过学习学会避免意向效应。这种结果可能是由自选择问题导致的，偏向程度更高的投资者或许意识到一辈子不再交易是更好的选择。即使对每一个投资者而言意向效应倾向保持不变，这也会导致交易经验和意向效应之间的负相关关系。塞鲁、沙姆韦和斯托夫曼（Seru，Shumway，and Stoffman，2010）提供的证据显示，此种自选择性是家庭交易行为中的一个重要特征。老练程度与绩效之间的正相关关系大部分是自选择问题导致的。虽然存在某种程度的“交易中学习”现象，但学习得相当缓慢。例如，10 年的交易经验会使实现收益与实现亏损之间的似然比率降低大约 30 个百分点，但此后的中位数投资者售出盈利股票的概率仍然是售出亏损股票的概率的近 2 倍。

进一步的典型事实

伊科维奇、波特巴和韦斯本纳（Ivkovi'c，Poterba，and Weisbenner，2005）发现所购股票原值超过 10 000 美元的散户投资者会表现出意向效应。然而，当股票持有期超过 1 年后意向效应消失，而资本收益税的锁定效应开始主导交易。

库马尔（Kumar，2009）研究了股票层面意向效应的决定因素。在大部分股票上，散户投资者的交易行为表现出意向效应，但在约 20%的股票上不存在意向效应或表现出反向意向效应。那些非系统性波动较大、总市值较低、换手率较高、价格惯性较弱、机构持有较少、价格较低以及买卖价差较大的股票意向效应较强。库马尔认为这种结果与越难定价的股票意向效应越强的认识是一致的。总体上，对于此类股票而言，行为偏向更强。

库马尔和利姆（Kumar and Lim，2008）发现每天进行多次交易的投资者表现出较弱的意向效应。此结果是在控制了整体交易活动和资产组合规模后得出的。他们认为此种投资者更倾向于从股票组合综合收益角度考虑，而非仅关注单只股票。

含　义

此部分讨论金融市场以及房地产市场中意向效应的含义以及相关的福利损失。

交易量

兰考尼肖科和施密特（Lakonishok and Smidt，1986）比较了价格上涨股票（盈利股票）与价格下跌股票（亏损股票）的换手率。他们发现盈利股票的换手率
178 更高。但在 12 月份，亏损股票的交易量会增加。费里斯、豪根和马奎加（Ferris，Haugen，and Makhija，1988）发现某一价格区间的历史交易量预测了未来在该价格水平的交易量。然而这一结论是基于总市值很低的较小股票样本得出的。斯塔特曼、索利和沃琴科（Statman，Thorley，and Vorkink，2006）发现股票交易量与股票的前期收益率存在强正相关关系。这些研究结果与意向效应会影响交易量的推论相符。

考斯蒂亚（Kaustia，2004）所做的研究比较独特。他注意到在首次公开发行（IPOs）时，所有投资者最初都面临相同的购买价格，即新股在上市时的发行价。他对一些特殊的美国 IPO 股票上市后的价格变动和交易量进行了跟踪研究，这些股票的特殊之处在于它们开盘后的交易价格低于发行价，且此后至少在一个月的时间里其交易价格一直低于发行价。在控制了影响交易量的各种因素后，他发现这些股票在高于发行价时的交易量会显著大于在低于发行价时的交易量。当股票的价格第一次超过发行价时，股票交易量的提高尤其明显。在交易量方面的这些表现很难用意向效应之外的其他理论来解释。

股票的历史最高价和最低价也与意向效应相关。在此之前，我们将股票的购买价格作为投资者判断收益和亏损的基准。投资者也可以有其他的判断标准。假定某个投资者正在考虑是否卖出某只盈利的股票，但最终未卖出。如果此后股价下跌，那么投资者可能会根据上次可能的售价判断亏损和盈利。一些研究也支持此类观点。希斯、哈达特和郎（Heath，Huddart，and Lang，1999）发现当股价达到新高时，雇员会更多地行使股票期权。波斯特曼和瑟宾（Poteshman and Serbin，2003）对规范化的交易所交易的股票期权进行的研究也发现了同样的现象。格林巴特和凯洛哈留（Grinblatt and Keloharju，2001）发现月度股价新高和新低会提高投资者售出股票的概率。考斯蒂亚（Kaustia，2004）发现当 IPO 股票达到新的最高价或最低价时，交易量会显著增加。哈达特、郎和耶特曼（Huddart，Lang，and Yetman，2009）发现此结论也适用于普通股票。

资产定价

“收益惯性”，即之前第 3 到第 12 个月的股票收益状况会持续的倾向，由杰伽迪斯和蒂特曼（Jegadeesh and Titman，1993）首次提出，其也是资产定价领域内最主要的异象之一。格林巴特和韩（Grinblatt and Han，2005）发现这种动量效应可能与意向效应相关。他们建立了一个有两类投资者的模型：意向投资者和理性投资者。模型中对新信息的反应不足可能导致动量效应。特别地，当许多投资者在某只股票上都获利时，其中一些投资者由于意向效应更愿意卖出该股票。 179
当市场出现利好消息时，股票价格上涨，但意向投资者的卖出压力阻止了价格上涨。类似地，考虑许多投资者都被“套”的股票。当市场出现利空消息时，意向投资者不会在亏损状态卖出，进而价格下跌速度放缓。长期来看，市场价格最终会等于其内在的基本价值。短期内，在市场对新信息产生初始反应的方向上会产生动量。相反，如果大部分投资者被“套”而新信息是利好消息，或大部分投资者盈利而新信息是利空消息，则在该只股票上不会产生反应不足现象。在此情况下，意向投资者没有动机对信息反其道而行。格林巴特和韩发现实证结果支持了他们的模型，与未实现的资本亏损总额较大的股票相比，未实现的资本收益总额较大的股票的收益率更高。测度的未实现盈利和亏损是产生动量收益的关键因素：当它们进入收益预测方程后，传统的动量预测指标（过去第 12 个月的收益率）变得不再显著。

弗拉齐尼（Frazzini，2006）对意向效应是否会导致对新信息反应不足进行了具体检验。他使用共同基金的股票持有量数据来测度不同股票上未实现盈利和未实现亏损的数量。他发现对未实现资本收益较大的股票而言，市场需要花费更长的时间才能完全消化利好消息并反映到股价上。更一般地，当意外收益与未实现收益符号相同时，即两者同时为正或为负时，收益公告发布后价格的漂移幅度更大。漂移的幅度与未实现的盈利和亏损的数量直接相关。如意向效应所预测的那样，市场反应是非对称的。特别地，未实现盈利数量较大的股票对意外利好反应不足，但对意外利空反应正常。同样，未实现亏损数量较大的股票对意外利空反应不足，但对意外利好反应正常。

高兹曼和马萨（Goetzmann and Massa，2008）利用格林巴特和韩（Grinblatt and Han，2005）的模型得出了一些额外的结论。他们在个体股票层面发现较强的意向效应与较低的收益率、较小的交易量和较弱的波动性相联系。他们的证据也表明存在一个一般意向效应因子。受此因子影响的股票的收益率较低。

在某个价格水平上的密集购买会产生技术分析者所谓的阻力位和支撑位。技术分析认为市场价格很难突破这些价位，但是一旦突破，形成的趋势在短期内会延续。例如，布罗克、兰考尼肖科和黎巴让（Brock，Lakonishok，and LeBaron，1992）基于道琼斯指数达到的新低点和新高点记录发现该指数具有某种程度上的可预测性。奥斯勒（Osler，2000）确定了外汇市场上的阻力位和支撑位。奥斯勒（2003）发现了外汇市场止损和止赢命令的集聚现象。但如瑞艾迪（Ready，2002）和其他一些人认为的那样，在投资者是否能利用这些交易规则获利方面仍然存在争论。

对于典型的股票市场的季节性异象——一月效应，意向效应也在起作用。有证据表明，一月份股票的平均收益率要高于其他月份，尤其是对于上年收益率为负的股票而言更是如此。是机构的节税售出行为而非粉饰业绩行为导致了这种现象(Poterba and Weisbenner，2001；Grinblatt and Moskowitz，2004)。如果投资者在心理上不愿售出亏损股票，但意识到可获得减少税赋的好处，那么就会导致节税售出行为在年底集中，而非在整个年度都出现。此类行为与资产定价模式相符。

180

福利损失

意向效应增加了投资者缴纳的资本收益税。波特巴（Poterba，1987）发现1982—1983年在投资者的纳税申报单中大约有2/3的投资者仅售出了盈利股票。基于这些信息并不能准确地计算出这些投资者多缴纳了多少税。该数量还与能用来抵消盈利的亏损数量以及是否本应延迟售出股票等相关。但不管怎样，其中很多投资者未能做到最小化税赋。

巴尔伯和奥丁（Barber and Odean，2004）对一家低佣金券商和一家大型散户经纪公司的客户（涉及近50万个家庭）的普通应纳税账户以及延迟纳税账户中的股票交易进行了分析。盈利股票与亏损股票的售出模式与奥丁（1998）对券商客户的研究结果类似，表明存在很强的意向效应。除了年末，整个年度应纳税账户和延迟纳税账户中的交易模式高度类似。对应纳税账户而言，在12月份两公司的客户会售出更多亏损的股票，交易模式发生了反转。但延迟纳税账户中的交易行为在12月份未发生改变。

除了增加税赋之外，意向效应还会通过其他途径造成投资者损失。股票收益存在某种程度的动量，意向投资者过早售出股票会损失此部分利润。奥丁（1988）发现投资者继续持有的亏损股票的年收益要比售出的盈利股票低3.4%。塞鲁等(Seru et al.，2010）发现对于易受意向效应影响的投资者而言，这种不利影响的作用更强。而那些没有意向偏向的投资者不会产生此类损失。他们以盈利状态售出的股票的实际表现要劣于持有的本可以在亏损状态售出的股票。

海斯勒（Heisler，1994）发现，若根据每笔交易合约实现的利润衡量成功程度，则越是成功的期货交易者越不易受意向效应影响。洛克和曼（Locke and Mann，2005）发现对职业期货交易者而言，一个重要的成功因素是具有快速平仓的能力。持有亏损的头寸会减少收益，但洛克和曼发现持有盈利头寸太久也会对未来收益产生负面影响。新任基金经理多会处理掉前任经理“遗留”下来的亏损股票，这会改善基金未来的盈利状况（Scherbina and Jin，2008，2010）。这也表明意向效应可能会通过降低交易决策的质量给职业投资管理者造成损失。

塞鲁等（Seru et al.，2010）发现意向效应是一种相对稳定的个体特质。这一发现与投资者学习过程缓慢结合，表明意向效应会产生长期的负面后果。意向投资者必须首先意识到这种倾向。当然，投资者可以卖掉所有可交易资产并投资于银行账户，进而消除意向效应。这不是最优的解决方案，然而经历过亏损痛苦的投资者却很可能会这样做。投资者往往会过度夸大个人经历（Kaustia and Knüpfer，2008）。因此，如何在纠正投资者行为偏向的同时又让他们总体上不太厌恶投资，这是一个挑战。

房地产市场 181

有证据表明在房地产市场也存在意向效应。这会对福利产生非常重要的影响。首先，住房是家庭财富中不可分割的组成部分，对许多人而言，其重要性远大于股票。其次，房地产市场的运作会对经济的其他部分产生重要的溢出效应。最后，金融经济学家一般认为房地产市场的有效性要远低于股票市场。

金索夫和迈尔（Genesove and Mayer，2001）首次在个体房产所有者中发现了意向效应。他们发现面临损失的售房者会确定一个高于类似房产的价格的要价，售出房产要花费更长的时间，并且达成交易的可能性也较小。艾纽、考斯蒂亚和普托宁（Einiö，Kaustia，and Puttonen，2008）利用更大的样本提供了进一步的证据，他们对 1987—2003 年芬兰（大赫尔辛基地区）公寓市场 79 483 次重复交易进行了分析。控制房地产市场的整体趋势以及地区性趋势后，艾纽等发现卖者卖出获利公寓的概率是卖出亏损公寓的概率的两倍多。房屋价值过低（相对于抵押贷款额而言）会阻碍房屋的售出，即使最优（不受约束的）决策是售出（Stein，1995）。然而金索夫和迈尔发现，即使考虑了此类权益约束后，不愿实现亏损的倾向仍然很强烈。艾纽等也发现当此类约束非紧约束时，仍然存在不愿实现亏损的倾向。

在房地产市场，交易量和价格水平之间表现出强相关关系。意向效应可能是导致此种强相关关系的很大一部分原因。意向效应会导致房地产市场的次优决策，进而导致劳动市场的次优决策。在经济衰退时，房地产市场的流动性可能急剧下降。这会妨碍劳动力的流动，而此时经济恰恰最需要其流动。在 2007—2009 年出现的房地产市场严重衰退的过程中，抵押贷款额超出房屋价值会产生极强的锁定效应，但在较温和的衰退中，意向效应可能会起到最为重要的作用。

什么导致了意向效应?

本节考察导致意向效应的可能原因。

谢弗林和斯塔特曼的理论框架

谢弗林和斯塔特曼（Shefrin and Statman，1985）构建了一个理论框架来解释意向效应的成因，其包括四个组成部分。第一个组成部分为前景理论（可以参见本书第 11 章和第 12 章的综述）。前景理论认为投资者在盈利之后变得更加厌恶风险，而在亏损之后更加偏好风险。这意味着若某项投资的价值下降，那么持有该投资比售出该投资更具吸引力，因为投资者愿意承受更大的风险。

第二个组成部分为心理核算，这个概念是由塞勒（Thaler，1980，1985）、特维斯基和卡尼曼（Tversky and Kahneman，1981）提出的。心理核算认为人们倾
182 向于按资金的来源和用途将其安排到头脑中形成的不同心理账户中。例如，人们对以工资形式获得的货币和为采购而储蓄的货币的处理方式不同，这往往是无害的。然而，当人们分开看待这些心理账户时，他们会时不时地忽视对整体财务状况而言最优的方案。谢弗林和斯塔特曼（1985）认为，在投资者购买某只股票时，他们会为该股票创建一个新的心理账户，然后，投资者会分开考虑各只股票的价值，并将其与购买价格进行比较。

谢弗林和斯塔特曼（1985）认为第三个组成部分是后悔厌恶。"割肉"平仓某只股票意味着不得不承认犯错，这会导致投资者后悔当初购买了股票。这种想法也与自我辩护动机相关，稍后我们将对此进行讨论。

第四个组成部分为自我控制。自我控制解释了为什么在年末时意向效应较弱。当明显的自我控制机制出现时，例如在纳税年度末，投资者会发现卖掉亏损的股票更容易些。

理性的解释

是否存在理性的原因使得投资者售出盈利股票而持有亏损股票呢？如前所述，意向效应不仅让许多投资者多缴了税款，而且在不考虑税赋的情况下使得投资业绩恶化。如果意向效应能带来某些收益，或避免承担某些成本，则其存在是理性的。

考虑到某些交易费用的固定特征，费用比例会随着投资价值的上升而下降。更有价值的股票头寸可能是那些购买后升值的股票，因而交易成本的考虑会促使投资者交易升值的股票。然而，奥丁（Odean，1998）没有找到支持此种假设的证据。对于那些具有较低名义价格的股票，交易成本应该较高，但这些股票并不总是有很强的意向效应。

投资组合重置是解释售出盈利股票倾向的另外一个交易依据（Lakonishok and Smidt，1986）。致力于维持各证券在投资组合中的权重不超出某些范围的投资者必须卖出权重超限的股票。相应地，投资者也会买进更多贬值的股票。奥丁（1998）认为部分售出（也就是并非卖出某只股票的所有头寸）更有可能是出于重置的动机。剔除部分售出，奥丁仍然发现了基本类似的结果：投资者售出的盈

利股票要远多于亏损股票。要进行投资组合重置，投资者也必须买入股票，因此若卖出后没有任何买入，则卖出就不太可能是出于重置动机。奥丁剔除了投资者卖出后三个星期没有任何买入的交易后仍然发现了意向效应。这些发现并未支持重置假设。

上述对重置动机的讨论也忽略了税赋。若存在资本收益税，则重置和最小化赋税两个目标是相互冲突的。假定交易和卖空成本都为 0，康斯坦丁尼德斯（Constantinides，1983）表明最优策略是全部售出出现亏损的资产，而延迟售出所有盈利的资产。当存在卖空限制时，戴文、斯巴特和张（Dammon，Spatt，and Zhang， 183
2001）表明最优决策是售出某些盈利资产，且售出所有亏损资产。这意味着若考虑税赋，则使用投资组合重置很难解释意向效应。

要想获得售出亏损资产的所有好处，投资者必须能够买回售出的资产。税法会对此类行为进行限制。例如，在美国所谓的“虚假交易条例”禁止投资者在售出证券后 30 天内大量回购同一证券。在虚假交易条例限制下，理性的反应不再是立即售出亏损的证券，因为此时要在获得退税和不亏损太多之间进行权衡抉择（Jensen and Marekwica，2009）。虚假交易条例的存在虽然会促使投资者持有部分亏损证券，但一般而言，不会导致投资者售出盈利证券。

某种类型的股票收益预期也可能导致意向效应。人们或许会认为收益率具有均值回归特性，进而认为已下跌投资的预期收益会更高（Andreassen，1988；Odean，1998）。若近期有账面亏损的股票表现较好，则根据均值回归法则进行投资的投资者倾向于卖出这些股票。相应地，若近期有账面盈利的股票表现较差，则此类投资者会继续持有这些股票。于是在这些股票上会产生反向意向效应。然而，考斯蒂亚（2010）发现情况并非如此。他发现近期亏损头寸的价格上涨实际上会导致其售出量的下降，这与均值回归假设恰恰相反。

最后，投资者可能会基于私人信息买入股票，一旦市场价格融合了这些信息，投资者就会卖出该股票（Lakonishok and Smidt，1986）。这种策略会产生与意向效应相似的交易模式。然而这一假设与现实并不符合，因为在无法获得有价值的私人信息的散户身上存在较普遍的意向效应，并且对于不成熟的投资者意向效应更强烈。考斯蒂亚（Kaustia，2010）也发现了与此假设不符的进一步的证据。总之，在标准的投资者偏好假设下，意向效应很难用理性来解释。

前景理论

对意向效应的研究通常都会将卡尼曼和特维斯基（1979）的前景理论（参见本书第 11 章和第 12 章的综述）作为导致意向效应的根本原因。前景理论意味着使用参考点（投资者根据参考点来衡量收益和亏损），但反之则不一定正确，因为在前景理论之外参考点也可能会起作用。具有前景理论偏好的投资者在盈利之后会更加厌恶风险，而在经历亏损之后会更偏好风险。此种对风险感知的变化会导致意向效应。

巴贝尔斯和熊（Barberis and Xiong，2009）、考斯蒂亚（2010）对该论点进行了仔细的研究，他们发现用前景理论也不太容易解释意向效应。考斯蒂亚认为，前景理论预测投资者会持有亏损的投资，但同样也预测其会持有盈利的投资。因此，当股票价格偏离购买价格时，无论是高于还是低于购买价格，都会导致实际售出股
184 票的可能性下降。然而，考斯蒂亚的实证结果表明随着盈利或亏损数量的增加，售出股票的倾向并未减弱。相反在盈利时，售出股票的倾向增强或保持不变，而亏损时（不论亏损多与少），售出股票的倾向对收益变化不敏感。在利润为零时售出股票的倾向出现跳跃式增强。在合理的参数范围内，前景理论无法预测此种模式。巴贝尔斯和熊在一个多期模型中表明，在预测实证研究得出的实现盈利与实现亏损之间的比例方面，前景理论遇到了很大的困难。他们提出了一种新的理论，在该理论中投资者仅从实现盈利和实现亏损上获得前景理论效用，并且他们会忽略账面盈利和账面亏损。巴贝尔斯和熊发现这种设定更容易预测意向效应。

自我辩护

由于要承认犯了错误，因此，对投资者而言在亏损状态售出股票并不令人愉快。心理学上的认知失调理论认为，人们行为和态度之间的不一致会导致不适感，并且改变态度涉及心理成本（Festinger，1957）。将该理论应用到意向效应上就是，投资者对自己进行投资决策的能力愿持一种肯定态度，并且会使行动与态度相一致。当可以进行某些自我欺骗时这很容易做到，即根据实现的盈利来判断过去投资的价值。此种处理认知失调的机制被称为自我辩护。一些研究使用了不同的术语来表示此类观点（Shefrin and Statman，1985；Hirshleifer，2001）。巴尔伯等(Bar-ber et al.，2007，p.425）谈道："对某些投资者而言，持有亏损投资的倾向并非仅由盈利或亏损的概率决定，而是要追溯到更加基本的层面。我们生活在这样一个世界中——大部分决策要事后评判并且大部分人发现承认错误会造成心理上的痛苦。"巴贝尔斯和熊（2009）提出的新模型假定投资者仅从实现的利润上获得效用，这与自我辩护的思想是一致的。

现有文献的研究结果支持了自我辩护假说，并且某些事实很难用其他假说进行解释。作为一个例子，让我们看看韦伯和凯默勒（Weber and Camerer，1998）所做的实验室实验。该实验允许一组实验对象在所有时段自由交易，而要求另外一组实验对象在交易时段结束时自动售出所有股票。然后，允许处于自动售出状态的被试者自由购回任意数量其希望购回的股票。由于交易成本为零，标准经济理论预测两组被试者的行为应该没有差异。然而韦伯和凯默勒却发现二者存在显著差异。对于不自动售出的被试者而言，69%的售出命令是在股价上涨后执行的。对于自动售出的被试者而言，股价上涨后仅出现了54%的净售出。在自动售出情况下，被试者本应积极回购亏损股票以使其投资组合与自由交易组相似。他们回购了某些亏损

股票，但回购的数量要远远低于使两组资产组合趋同的数量。韦伯和凯默勒（p. 177）得出的结论是："被试者看似是不愿意使自己重新赚回损失的希望破灭，实际上是不愿破灭带有自己意愿的希望。"

对共同基金份额的研究结果为自我辩护提供了一个有趣的解释。虽然相对于普
通股票而言对共同基金份额的研究数量有限，但现有的研究证据表明，在共同基金 185
份额上不存在意向效应。自我辩护意味着逃避投资不当的个人责任。对共同基金投资而言，这很容易做到，因为可以将亏损完全归罪于共同基金的管理者。这使得在变现基金份额的同时也不会导致自我形象破灭。

概要和结论

意向效应是指卖出盈利投资而延迟卖出亏损投资的倾向，其会增加投资者支付的资本收益税，甚至会减少税前收益。这种效应能够解释市场的交易模式，例如，其能解释房地产市场的流动性和价格水平之间的正相关关系。意向效应在某种程度上会导致股票市场反应不足，进而导致价格动量。

研究者们记录了很多关于意向效应的经典事实，其中有四个是最为稳健的。首先，从 1 月到 11 月，散户投资者有一种一致的倾向，售出盈利股票的概率要比售出亏损股票的概率高出 50%。其次，在 12 月份（接近纳税年度末）这种模式消失甚至反转。再次，相对于小额亏损而言，非常小的盈利会导致售出倾向极大地增强。最后，投资者是异质的，投资者越成熟，意向效应越弱。成功的意向效应理论模型应该考虑到这些关键行为模式。

关注实现的收益而非投资组合的总体收益会造成对投资业绩的错误印象。意向效应可以帮助解释为什么投资者会对未来的投资业绩过度乐观（Barber and Odean，2001），但他们似乎并不了解其过去的实际投资业绩（Goetzmann and Peles，1997；Glaser and Weber，2007）。投资者或许是在根据实现的利润来评判他们的投资业绩。然而，其中的因果关系相当复杂。实现的收益率高于投资组合整体收益率也可能恰恰是因为投资者希望对他们的投资业绩有一个过度乐观的印象，而售出更多盈利投资允许他们实现此种自我辩护。

这对于财务操作建议而言意味着什么？当投资收益恶化时，人们需要某些慰藉。他们会试图通过将其所持投资中实际价值的亏损归类为"账面亏损"来安慰自己。他们应该如此做吗？某些人认为承认现实是理性决策过程的第一步。一方面，在多数情况下，经济学意义上的账面亏损与实现的亏损并无二致。另一方面，坚持持有亏损的投资也可以看做具有一种百折不挠的精神，这种精神在投资过程中往往被认为是一个优点。如在本章开始所讨论的，"及时止损，利润奔涌"的建议旨在帮助投资者进行严谨的投资管理。但如果投资者

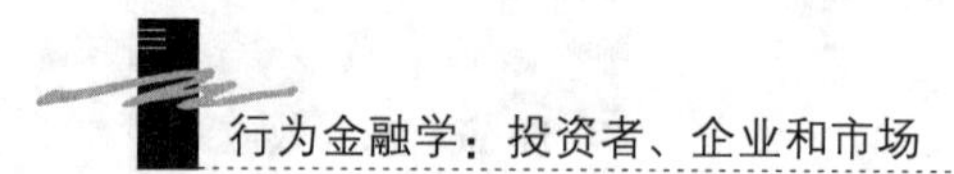

未能及时止损该怎么办？此时，“那仅仅是账面亏损——还会赚回来的”也许会是最合适的建议？然而，即使有时候投资亏损确实会赚回来，这种信心也意味着以干预真实预期、妨碍用适度前瞻性的方法投资为代价换回慰藉。这会提高作出糟糕决策的可能性。

186

讨论题

1. 为什么意向效应对投资者不利？
2. 请解释意向效应导致股票价格动量的原因。
3. 投资者是否应该依据实现的收益判断投资业绩？请说明原因。

参考文献

Andreassen，Paul. 1988. Explaining the price-volume relationship：The difference between price changes and changing prices. *Organizational Behavior and Human Decision Processes* 41：3，371－389.

Badrinath，Swaminathan G.，and Sunil Wahal. 2002. Momentum trading by institutions. *Journal of Finance* 57：6，2449－2478.

Bailey，Warren，Alok Kumar，and David Ng. 2009. Behavioral biases and mutual fund clienteles. Working paper，Cornell University.

Barber，Brad M.，and Terrance Odean. 2000. Trading is hazardous to your wealth：The common stock investment performance of individual investors. *Journal of Finance* 55：2，773－806.

Barber，Brad M.，and Terrance Odean. 2001. Boys will be boys：Gender，overconfidence，and common stock investment. *Quarterly Journal of Economics* 141：1，261－292.

Barber，Brad M.，and Terrance Odean. 2004. Are individual investors tax savvy? Evidence from retail and discount brokerage accounts. *Journal of Public Economics* 88：1－2，419－442.

Barber，Brad M.，Yi-Tsung Lee，Yu-Jane Liu，and Terrance Odean. 2007. Is the aggregate investor reluctant to realise losses? Evidence from Taiwan. *European Financial Management* 13：3，423－447.

Barber，Brad M.，Yi-Tsung Lee，Yu-Jane Liu，and Terrance Odean. 2009. Just how much do individual investors lose by trading? *Review of Financial Studies*

22：2，609－632.

Barberis，Nicholas，and Wei Xiong. 2009. What drives the disposition effect? An analysis of a long-standing preference-based explanation. *Journal of Finance* 64：2，751－784.

Brock，William，Josef Lakonishok，and Blake LeBaron. 1992. Simple technical trading rules and the stochastic properties of stock returns. *Journal of Finance* 47：5，1731－1764.

Calvet，Laurent E.，John Y. Campbell，and Paolo Sodini. 2009. Fight or flight? Portfolio rebalancing by individual investors. *Quarterly Journal of Economics* 124：1，301－348.

Chen，Gongmeng，Kenneth A. Kim，John R. Nofsinger，and Oliver M. Rui. 2007. Trading performance，disposition effect，overconfidence，representativeness bias，and experience of emerging market investors. *Journal of Behavioral Decision Making* 20：4，425－451.

Choe，Hyuk，and Yunsung Eom. 2009. The disposition effect and investment performance in the futures market. *Journal of Futures Markets* 29：6，496－522.

Constantinides，George. 1983. Capital market equilibrium with personal taxes. *Econometrica*. 51：3，611－636.

Constantinides，George. 1985. Discussion of Shefrin and Statman. *Journal of Finance* 40：3，791－792.

Coval，Joshua D.，and Tyler Shumway. 2005. Do behavioral biases affect prices? *Journal of Finance* 60：1，1－34.

Dammon，Robert M.，Chester S. Spatt，and Harold H. Zhang. 2001. Optimal consumption and investment with capital gains taxes. *Review of Financial Studies* 14：3，583－616.

Dhar，Ravi，and Ning Zhu. 2006. Up close and personal? An individual level analysis of the disposition effect. *Management Science* 52：5，726－740.

Einiö，Mikko，Markku Kaustia，and Vesa Puttonen. 2008. Price setting and the reluctance to realize losses in apartment markets. *Journal of Economic Psychology* 29：1，19－34.

Fama，Eugene F.，and Kenneth R. French. 2010. Luck versus skill in the 187
cross section of mutual fund returns. *Journal of Finance*，forthcoming.

Feng，Lei，and Mark Seasholes. 2005. Do investor sophistication and trading experience eliminate behavioral biases in financial markets? *Review of Finance* 9：3，305－351.

Ferris，Stephen，Robert A. Haugen，and Anil K. Makhija. 1988. Predicting contemporary volume with historic volume at differential price levels: Evidence supporting the disposition effect. *Journal of Finance* 43: 3, 677-697.

Festinger, Leon. 1957. *A theory of cognitive dissonance*. Stanford, CA: Stanford University Press.

Frazzini, Andrea. 2006. The disposition effect and under-reaction to news. *Journal of Finance* 61: 4, 2017-2046.

Genesove, David, and Christopher Mayer. 2001. Loss aversion and seller behavior: Evidence from the housing market. *Quarterly Journal of Economics* 116: 4, 1233-1260.

Glaser, Markus, and Martin Weber. 2007. Why inexperienced investors do not learn: They do not know their past portfolio performance. *Finance Research Letters* 4: 4, 203-216.

Goetzmann, William N., and Massimo Massa. 2008. Disposition matters: Volume, volatility and price impact of a behavioral bias. *Journal of Portfolio Management* 34: 2, 103-125.

Goetzmann, William N., and Nadav Peles. 1997. Cognitive dissonance and mutual fund investors. *Journal of Financial Research* 20: 2, 145-158.

Grinblatt, Mark, and Bing Han. 2005. Prospect theory, mental accounting, and momentum. *Journal of Financial Economics* 78: 2, 311-339.

Grinblatt, Mark, and Matti Keloharju. 2000. The investment behavior and performance of various investor types: A study of Finland's unique data set. *Journal of Financial Economics* 55: 1, 43-67.

Grinblatt, Mark, and Matti Keloharju. 2001. What makes investors trade? *Journal of Finance* 56: 2, 589-616.

Grinblatt, Mark, and Tobias J. Moskowitz. 2004. Predicting stock price movements from past returns: The role of consistency and tax-loss selling. *Journal of Financial Economics* 71: 3, 541-579.

Grinblatt, Mark, Sheridan Titman, and Russ Wermers. 1995. Momentum investment strategies, portfolio performance and herding. *American Economic Review* 85: 5, 1088-1105.

Gruber, Martin J. 1996. Another puzzle: The growth in actively managed mutual funds. *Journal of Finance* 51: 3, 783-810.

Heath, Chip, Steven Huddart, and Mark Lang. 1999. Psychological factors and stock option exercise. *Quarterly Journal of Economics* 114: 2, 601-627.

Heisler, Jeffrey. 1994. Loss aversion in a futures market: An empirical test. *Review of Futures Markets* 13: 3, 793-822.

Hirshleifer, David. 2001. Investor psychology and asset pricing. *Journal of Finance* 56: 4, 1533 - 1597.

Huddart, Steven, Mark Lang, and Michelle Yetman. 2009. Volume and price patterns around a stock's 52-week highs and lows: Theory and evidence. *Management Science* 55: 1, 16 - 31.

Ivkovic, Zoran, and Scott Weisbenner. 2009. Individual investor mutual fund flows. *Journal of Financial Economics* 92: 2, 223 - 237.

Ivkovic, Zoran, James Poterba, and Scott Weisbenner. 2005. Tax-motivated trading by individual investors. *American Economic Review* 95: 5, 1605 - 1630.

Jegadeesh, Narasimhan, and Sheridan Titman. 1993. Returns to buying winners and selling losers: Implications for stock market efficiency. *Journal of Finance* 48: 1, 65 - 91.

Jensen, Bjarne Astrup, and Marcel Marekwica. 2009. Optimal portfolio choice with wash sale constraints. Working Paper, Copenhagen Business School, Department of Finance.

Kahneman, Daniel, and Amos Tversky. 1979. Prospect theory: An analysis of decision under risk. *Econometrica* 47: 2, 263 - 291.

Kaustia, Markku. 2004. Market-wide impact of the disposition effect: Evidence 188
from IPO trading volume. *Journal of Financial Markets* 7: 2, 207 - 235.

Kaustia, Markku. 2010. Prospect theory and the disposition effect. *Journal of Financial and Quantitative Analysis*, forthcoming (June issue).

Kaustia, Markku, and Samuli Knüpfer. 2008. Do investors overweight personal experience? Evidence from IPO subscriptions. *Journal of Finance* 63: 6, 2679 - 2702.

Kumar, Alok. 2009. Hard-to-value stocks, behavioral biases, and informed trading. *Journal of Financial and Quantitative Analysis*, 44: 6, 1375 - 1401.

Kumar, Alok, and Sonya S. Lim. 2008. How do decision frames influence the stock investment decisions of individual investors? *Management Science* 54: 6, 1052 - 1064.

Lakonishok, Josef, and Seymour Smidt. 1986. Volume for winners and losers: Taxation and other motives for stock trading. *Journal of Finance* 41: 4, 951 - 974.

Locke, Peter R., and Steven C. Mann. 2005. Professional trader discipline and trade disposition. *Journal of Financial Economics* 76: 2, 401 - 444.

O'Connell, Paul G. J., and Melvyn Teo. 2009. Institutional investors, past performance, and dynamic loss aversion. *Journal of Financial and Quantitative*

Analysis 44：1，155－188.

Odean，Terrance. 1998. Are investors reluctant to realize their losses? *Journal of Finance* 53：5，1775－1798.

Odean，Terrance. 1999. Do investors trade too much? *American Economic Review* 89：5，1279－1298.

Osler，Carol. 2000. Support for resistance：Technical analysis and intraday exchange rates. *Federal Reserve Bank of New York Economic Policy Review*，July，53－68.

Osler，Carol. 2003. Currency orders and exchange-rate dynamics：Explaining the success of technical analysis. *Journal of Finance* 58：5，1791－1819.

Poterba，James M. 1987. How burdensome are capital gains taxes? Evidence from the United States. *Journal of Public Economics* 33：2，157－172.

Poterba，James M.，and Scott Weisbenner. 2001. Capital gains tax rules，tax-loss trading，and turn-of-the-year returns. *Journal of Finance* 56：1，353－368.

Poteshman，Allen M.，and Vitaly Serbin. 2003. Clearly irrational financial market behavior：Evidence from the early exercise of exchange traded stock options. *Journal of Finance* 58：1，37－70.

Ready，Mark J. 2002. Profits from technical trading rules. *Financial Management* 31：3，43－61.

Scherbina，Anna，and Li Jin. 2010. Inheriting losers. *Review of Financial Studies*，forthcoming.

Scherbina，Anna，and Li Jin. 2008. Inheriting Losers. Working Paper，Harvard Business School and University of California，Davis.

Schlarbaum，Gary G.，Wilber G. Lewellen，and Ronald C. Lease. 1978. Realized returns on common stock investments：The experience of individual investors. *Journal of Business* 51：2，299－325.

Seru，Amit，Tyler Shumway，and Noah Stoffman. 2010. Learning by trading. *Review of Financial Studies* 23：2，705－739.

Shapira，Zur，and Itzhak Venezia. 2001. Patterns of behavior of professionally managed and independent investors. *Journal of Banking and Finance* 25：8，1573－1587.

Sharpe，William F. 1966. Mutual fund performance. *Journal of Business* 39：1 (Part 2)，119－138.

Shefrin，Hersh，and Meir Statman. 1985. The disposition to sell winners too early and ride losers too long. *Journal of Finance* 40：3，777－790.

Statman, Meir, Steven Thorley, and Keith Vorkink. 2006. Investor overconfidence and trading volume. *Review of Financial Studies*, 19: 4, 1531 - 1565.

Stein, Jeremy C. 1995. Prices and trading volume in the housing market: A model with down-payment effects. *Quarterly Journal of Economics* 110: 2, 379 - 406.

Thaler, Richard H. 1980. Toward a positive theory of consumer choice. *Journal* 189
of Economic Behavior and Organization 1: 1, 39 - 60.

Thaler, Richard H. 1985. Mental accounting and consumer choice. *Marketing Science* 4: 3, 199 - 214.

Tversky, Amos, and Daniel Kahneman. 1981. The framing of decisions and the psychology of choice. *Science* 211: 4481, 453 - 458.

Weber, Martin, and Colin F. Camerer. 1998. The disposition effect in securities trading: An experimental analysis. *Journal of Economic Behavior and Organization* 33: 2, 167 - 184.

作者简介

马尔库·考斯蒂亚（Markku Kaustia），博士，阿尔托大学经济学院（前身为赫尔辛基经济学院）金融学教授。他是股票市场交易行为以及散户和职业投资者行为偏向领域的专家。他的研究成果发表在了高水平的金融类期刊上，比如《金融杂志》《金融与数量分析杂志》等。考斯蒂亚教授同时也积极参与银行高级职员和财务顾问的培训，并开发了一些工具来弥补其在金融方面的无知。他还经常在投资研讨会上演讲、阐述观点。

191

第11章　前景理论与行为金融学

莫里斯·阿特曼（Morris Altman）
惠灵顿维多利亚大学经济与金融学院院长、教授

引　言

在探讨公司金融、投资、股票市场、金融市场有效性时，行为金融学变得越来越重要。由卡尼曼和特维斯基（Kahneman and Tversky，1979；Tversky and Kahneman，1974，1981）提出的前景理论被认为是替代传统智慧的最好的现实选择。前景理论是一种关于普遍行为的理论。它对处于不确定世界中的单个或一组个体的行为方式进行理论阐释。行为金融学的一个基本前提是个体的行为选择会系统性地偏离传统观点的预测（Fama，1970，1991；Shleifer，2000；Malkiel，2003）。传统观点的典型例证是有效市场假说（EMH）和主观期望效用（SEU）理论。传统金融理论假设个体按照上述理论的规定行事，在此情况下，个体扮演理性人的角色。即使某些个体不愿意按照标准理论行事，市场力

量也会迫使他们那样做。至少总体上，市场行为会与传统观点的预测相符。因此，传统理论也不应被简单地看成一种个体行为理论（Malkiel，2003）。与前景理论一样，传统理论中的一些重要部分也研究普遍的而非个体的行为。

传统观点的一个关键的基本假设是经济主体如EMH和SEU理论的标准结构所定义的那样是理性的。其他非理性行为被定义所排除，或被认为没有多少分析价值，因为这些行为很快会被市场力量消除。传统模型被认为提供了最为准确的分析预测，而这也验证了模型简化假设的有效性。行为金融学的一个重要组成部分（其中包括前景理论）就是接受传统智慧的观点，即如果行为偏离EMH和SEU理论所确定的理想行为准则，那么行为就是非理性的或至少是次优的。但行为金融学者 192
认为非理性的行为选择是有代表性的，因而需要更好地描述和模型化。当此类行为被正确模型化后，利用它就会得到更准确的分析预测（Schwartz，1998；Shiller，1999，2000；Barberis and Thaler，2003；Kahneman，2003；Altman，2004，2008）。此外，基于大量的实证证据，行为经济学认为，模型的行为和制度假设对因果分析及其分析预测的准确性而言是很关键的。

作为站在行为金融领域前沿的人物，塞勒进行了以下阐述（Barberis and Thaler，2003，pp. 1053－1054）：

> ……一种金融市场的新方法……出现了，至少部分是为了克服传统范式所面临的困难。宽泛地说，此方法认为使用部分经济主体并非完全理性的模型能够更好地理解一些金融现象。具体而言，此方法分析了在放松构成个体理性基础的两个原理后会发生什么。在一些行为金融模型中，经济主体不能正确更新其信念。另外一些模型中，经济主体能正确使用贝叶斯法则，但由于其做出的选择与SEU不符，所以存在规范性问题……为了做出准确的预测，行为模型往往需要确定经济主体非理性的形式。人们在多大程度上错误地使用贝叶斯法则或偏离SEU？为对此问题提供一个参考答案，行为经济学家通常会求助于认知心理学家积累的大量实验证据，这些证据多与人们形成信念时出现的行为偏向、人们的偏好或给定信念条件下人们如何决策等方面有关。

塞勒对仍居于主导地位的EMH进行了如下阐释（Barberis and Thaler，2003，p. 1054）：

> 在有效市场中，没有“免费午餐”：任何投资策略的收益率都不会超过经风险调整后的平均收益率，或者说其平均收益率不会大于由其风险保证的平均收益率。行为金融学理论认为资产价格的某些特征可以由对基本价值的偏离来很好地解释，并且这些偏离是由不完全理性的交易者的出现导致的。

塞勒认为不完全理性的经济行为（不符合传统观点规定的行为规范）的出现是至关重要的，其会导致金融市场中出现对基本价值的较大偏离。

前景理论仅触及了行为金融学文献所提出的问题的一部分。但其关注的问题是一个关键问题：个体如何评估有风险的投机或前景，并且如何进行有风险的行为选择。有风险的选择行为是参与金融市场的核心。一些学者认为前景理论的价值在于其能够更好地解释不确定世界中人类行为的谜团。这些谜团包括：偏好确定性的结果（阿莱悖论）；股票相对于债券而言出乎意料地高的平均收益率（从传统理论角度来看），也被称为股票溢价之谜；多付保险并进行期望收益较低的冒险活动；与盈利相比，个体倾向于更加看重损失（被称为损失厌恶）；明显过度看重小错误
193 （与后悔理论相关），这会使得个体持有低收益资产的时间过长，寄希望于通过以后“翻盘”来避免因接受亏损而导致的悔恨；参考点对决策的重要性。参考点的重要意义在于，其表明投资行为中存在羊群效应和重复投资行为且有助于对这些现象进行解释（Shiller，1999；Fromlet，2001；Zaleskiewicz，2006）。

前景理论提出了这样一个问题，金融市场中的个体是否如主流行为主义者所认为的那样是非理性的？如果是，那么这种非理性意味着有必要制定政策促使个体按传统认知设定的理性行为方式行事。此类政策通常涉及施展计谋使人们按期望的方式行事或改变个体的态度或偏好。

前景理论指出，给定个体面临的约束，个体的非传统行为可能是明智的进而是理性的。理性的非传统行为或许与不完全或非对称的信息以及金融市场的博弈规则相关。此类非传统行为或许符合经济效率。在此情况下，这意味着要通过改变决策者面临的约束而非改变个体的行为来矫正这些问题。在行为经济学的这个方向上，行为金融学者还未深入涉足，但与非理性角度的研究方向相比，这个方向在分析方法和公共政策方面会带来更多收获。无论是从解析角度看，还是从实证角度看，改变约束或许是最合理的方法。行为金融学保留了传统金融理论的核心元素，包括决策者在行为选择方面是明智的这一假设，同时它也允许对金融理论进行重大修改。

史密斯（Smith，2005）对显示性选择行为和传统认知之间的关系进行了清晰的阐述。他发现个体并不倾向于按符合传统认知的方式行事。史密斯认为在个体选择行为或次优行为中这并不意味着非理性。非传统行为甚至会产生优于一般水平的经济结果。史密斯（Smith，2005，pp. 145－150；Smith，2003）写道：

> 研究表明，选择最大化预期利润（折现总收益）的投资者在有限期内总是失败。然而存在多种非利润最大化行为，其永不失败的概率为正。实际上，研究表明最大化利润的企业很少有可能成为市场幸存者。我的观点很简单：当实验结果与标准的理性概念相矛盾时，不要简单地臆断人是非理性的，很有可能是你没有正确的理性行为模型。要仔细倾听你的实验对象的心声。可以这样考虑，如果你能选择你的祖先，那你希望他们是生存主义者还是预期财富最大化者呢？

本章的后续部分考察构成行为金融学基础的关于行为和制度的假设，这些假设是前景理论特有的并且与传统金融理论相背。我们将重点放在了前景理论和 SEU 理论两者之间的矛盾上。对前景理论尤为重要的是其简化的建模假设建立在对实际

人类行为的理解的基础上，这为金融市场中人们的选择行为提供了令人信服的分析性预测。此外，还讨论了前景理论替代 SEU 理论的一些细节问题，详细阐述了前景理论的实证和规范属性。关于传统金融学选择理论中存在的一些重要谜团和异象，本章进一步考察了前景理论对它们的解释能力问题。最后，探讨了前景理论对公共政策的含义。 194

行为金融学与行为假设

前景理论属于行为经济学的方法论范畴。西蒙（Simon，1959，1978，1987a，1987b）的研究为行为经济学的发展奠定了基础。西蒙强调，一个模型的假设与经验证据相符与否对因果分析的质量以及假说或模型的预测能力都非常重要。这并不是说假设不应简化社会经济现实。相反，他认为简化在本质上是至关重要的。西蒙（Simon，1987a）指出：

> 行为经济学关注人类行为的新古典假设与经验证据是否相符，以及其在什么地方被证明是无效的，致力于发现正确且尽可能精确描述行为的经验规律。作为第二项日程安排，行为经济学致力于得出实际行为偏离新古典假设对经济系统及其体制运行以及对公共政策的含义。其第三项日程安排是为效用函数（或在符合经验证据的行为理论中能替代它的任何其他构想）的形状和内容提供经验证据，进而加强对人类经济行为的预测。

总体上与行为经济学尤其是与西蒙的观点相似，行为金融学和前景理论尝试找出传统认知提出的某些在经验和分析上存在缺陷的假设。当代行为金融学者，比如巴贝尔斯和塞勒（Barberis and Thaler，2003），回应并反复强调这些观点。此类批判性的文献关注效用函数的形式、效用最大化的偏好以及在不同可选方案中做出选择的方式。这些文献不仅研究决策者在多大程度上了解相关可选方案以及选择的后果，而且研究这些结果的确定性程度以及人们赋予不确定事件概率权重的能力。风险往往是无法测度的。如西蒙（Simon，1987a）所指出的那样，传统的推理过程往往假定拥有完备知识、决策过程零成本，并假定个体可以确定地知道不同选择的后果和最终选择结果或有能力对其赋予概率权重。

就前景理论的核心——不确定性和风险可测度条件下的决策——而言，西蒙（Simon，1987a）认为，个体在生理上没有能力（认知局限性）按传统认知规定的 195
优化和效用最大化方式行事，虽然他们也想那样做。出于这一原因，聪明人采用另一种决策方法进行行为选择。西蒙写道（Simon，1987b）：

> “有限理性”这一术语被用来表示人们在知识和计算方面的局限性，它们妨碍了现实世界中的经济个体按照与古典和新古典理论的预测相近的方式行事，这包

括：缺少具有完备性和一致性的效用函数来对所有可能的选择进行排序；除了一小部分潜在相关选择外，无法形成更多的选择方案；无法预见选择其他方案的后果，包括无法为未来不确定的事件确定一致且符合现实的概率。

最后，传统认知假定制度会以透明和对称的方式为个体提供准确和可靠的信息。因此，个体可以（如传统认知定义的那样）按效用最大化的方式进行理性决策。传统认知的一个假设为制度在很大程度上是理性的并且会促进个体和社会的理性选择行为。前景理论并没有质疑这个传统认知假设（通常是隐含的）。诺斯（North，1994，p. 360）——新制度经济学的一个重要代表人物，指出了传统理论的一个根本缺陷，即，传统理论假设“……不仅制度设计要达到有效率的结果，而且制度在经济分析中可以被忽略，因为其不能在经济运行中独立发挥作用”。传统认知天真地认为环境力量会促进和推动有效率的制度的发展。根据诺斯的研究，经济史清楚地表明，符合个体效用最大化原则但导致经济上无效率的制度会长期持续存在。对效用最大化的无效率行为有益的制度是稳定的。因此，即使严格假定个体是利己的效用最大化个体，制度也会造成经济结果的巨大差异。就行为经济学而言，西蒙（Simon，1978）指出建模时应该考虑确定约束条件的制度现实，因为选择行为发生在现实制度之中并且在推动行为选择方面扮演着重要的角色。

具体到前景理论或更一般化到行为金融而言，传统金融理论的失败之处在于制度参数的设定，而不是 SEU 理论在本质上的某些特定缺陷。这些制度参数包括错误的和非对称的信息以及反常的个体激励（比如与道德风险相关的委托—代理问题），它们会诱发无效率和次优行为。例如，在一个信息非对称的世界里，如果基金管理者进行高风险投资时不必或很少承担使自身经济收益受损的风险，能够隐瞒此类行为并避开投资者的监管，则道德风险问题就会出现，进而可能产生经济上无效率的结果。给定面临的约束条件（包括环境激励），可以假设所有的个体都是理性的。因此，讨论前景理论时引入制度参数是非常重要的。

196

前景理论的特征

前景理论被认为是对 SEU 理论的一种替代，其最适合在风险和不确定性条件下预测和描述选择行为，对不确定性条件下的选择有重要意义。卡尼曼和特维斯基（Kahneman and Tversky，1979）指出，与 SEU 理论相比，他们的理论并非规范性的，不在任何层面上规范行为。SEU 仍然是理性选择行为的规范。因此，前景理论并非替代 SEU 理论的一种规范性理论。就 SEU 而言，特维斯基和卡尼曼（Tversky and Kahneman，1974，p. 1130）写道：

现代决策理论将主观概率看成理想化人的数量化判断。具体而言，对特定事件

的主观概率由个人愿意接受的该事件的可能性集合来定义。如果个体在各种可能性之间的选择符合某些原则（也被称为理论上的公理），则可以获得个体具有内心一致性的主观概率测度。得到的概率是主观的，因为对同一事件不同的个体可以有不同的概率。此种方法的一个主要贡献在于它提供了一种严谨的对概率的主观解释，其可以应用于唯一性事件并且深植于一般理性决策理论之中。

最终，个体做出的选择会系统性地偏离理想化人应做出的选择。此类行为是运用能产生认知误差的判断法则导致的。这些认知误差既不是缺乏激励的结果也不是痴心妄想的结果，并且不能通过学习克服，进而实际选择行为会持续偏离 SEU 理论建立的传统标准。

前景理论反映的是个体行为的统计平均值，因而会存在对均值的偏离。理论上的分析预测值仅与群体行为相关，其被定义为个体选择行为结果的统计平均值。统计上的群体行为并非意味着个体行为是协调一致的。个体的选择行为可能与前景理论相矛盾，但对于理解群体（更精确地说是样本）平均值很重要。这引出了反常行为（对均值的偏离）对理解经济结果和选择行为的重要性问题。例如，一直按反常方式行事的子样本个体能够帮助解释选择行为的很多重要方面，而无论此类行为是否符合传统认知或前景理论。构成前景理论基础的关于平均选择行为的经验证据非常丰富。特维斯基和卡尼曼（Tversky and Kahneman，1981，p. 454）写道：

> 前景理论和［该理论使用的］测量标准应该被看成对风险机会评估过程的一种近似的、不完善的和简化的描述。虽然 v 和 n 的属性概括了选择的一般模式，但它们并不是放之四海而皆准的：某些个体的偏好并不能由“S”形值函数以及一致的决策权重集来很好地描述。

虽然基于严格行为假设的 SEU 理论在预测力方面被证明很失败，但它在文献中仍然占据了主导地位。而卡尼曼和特维斯基（Kahneman and Tversky，1979） 197
关于前景理论的论文在《计量经济学》杂志上作为被引用次数排名第二的文章，往往令主流理论学者生厌。

行为金融学者中的领军人物席勒（Shiller，1999，p. 3）指出：

> 前景理论可能要比其他行为理论对经济研究的影响更大。虽然总体上仍然有很多经济学专业人士认为期望效用理论要比它重要得多，但前景理论的影响力也很大。在经济学家看来，前景理论的地位虽然很显赫，但大部分研究仍将其置于期望效用理论之后……期望效用理论在经济学工具的神殿中仍然保持着最高的声誉，长期以来其一直在众多经济理论中居于主导地位，因为该理论对不确定性条件下真正的理性行为提供了一种简约的表示。

前景理论的一个重要贡献是其对选择行为的描述（尤其是在实验环境下），而这些行为往往与 SEU 理论不符。因此，个体表现出对理想的规范选择行为的偏离。

因而，可以说前景理论可描述人类行为选择过程中的偏向和认知幻觉，其中偏向是所使用的各类推断法则的函数。这些非传统的选择行为是有偏的进而是次优的。在风险和不确定性条件下存在一系列关于持续性决策偏向的描述性命题，而前景理论是它们的基础。

卡尼曼和特维斯基（Kahneman and Tversky，1979）关于选择行为偏向和认知幻觉的研究方法现在已成为多数行为经济学家的传统认知。传统经济学家认为这是行为经济学研究领域的本质。卡尼曼和特维斯基认为前景理论反映的非传统行为是有偏的和次优的，但此观点却受到了质疑，其中最具代表性的文献是史密斯（Smith，2003，2005）、托德和吉仁泽（Todd and Gigerenzer，2003）、吉仁泽（Gigerenzer，2007）以及马奇（March，1978）和阿特曼（Altman，2004，2008）。但这些学者同样也认同卡尼曼和特维斯基的观点，即典型的选择行为并非如传统认知所规定的那样。

除了将前景理论看成对 SEU 理论的一种替代外，卡尼曼和特维斯基还把前景理论看成对西蒙（Simon，1978）提出的人类决策的有限理性方法的一种替代。他们认为前景理论比 SEU 理论和有限理性理论都要严谨。如前所述，西蒙认为 SEU 理论和更一般的新古典理论的一个关键缺陷是，假设人类主体具有按传统认知建议和预测的方式行事的心理能力和知识。在缺乏此种能力的情况下，个体在进行决策时会采用某些推断法则作为替代（西蒙认为其是理性的）。西蒙将这种决策称为有限理性，其构成了行为经济学的基础。西蒙（1987b，p. 226）写道：

放松 SEU 理论的一个或更多假设就可以产生有限理性理论。与假定决策者可以在一个固定的可选方案集合中进行选择相反，我们可以为产生可选方案假定一个
198 过程。与假定知晓结果的概率分布相反，我们可以引入一个估计它们的程序，也可以寻求某些处理不确定性问题的策略并假定不知晓概率。与假定效用函数最大化相反，我们可以假定一种满意策略。行为经济学家引入了对 SEU 理论全局最大化假设的某些偏离，这些偏离源于经验上对人类思考和选择过程的了解，尤其是对人类在发现替代方案、计算不同方案在确定性和不确定性条件下产生的后果以及进行比较的过程中认知能力的局限性的了解。

特维斯基和卡尼曼（Tversky and Kahneman，1981）利用前景理论来更好地描述人们的决策，测度判断过程中的错误大小。相反，西蒙（Simon，1987b）并不将有限理性形式的选择行为等同于判断错误，进而等同于次优选择行为。选择由各种各样的约束来决定，包括心理和环境约束。因此，即使没有遵守新古典准则，选择行为也可能是明智的。前景理论的分析及预测不依赖于有限理性概念。实际上，在有限理性范式中很难引入决策偏向和错误的概念或与此相关的认知幻觉。特维斯基和卡尼曼（Tversky and Kahneman，1981，p. 458）认为：

和西蒙在"有限理性"部分所讨论的其他智力方面的局限性相似，考虑到要花

费精力探究不同的方案以及要避免可能出现的前后矛盾，按照最易得的方案行事的实践有些时候被证明是正确的。然而我们认为本文所描述的现象的细节能够更好地用前景理论以及对方案措辞的分析来解释，而没有必要专门求助于思考的成本这一概念。

西蒙（Simon，1959，1978，1987b）同样认为知识的可得性及其质量也是决策过程的关键决定因素。卡尼曼和特维斯基（Kahneman and Tversky，1979）以及特维斯基和卡尼曼（Tversky and Kahneman，1974，1981）认为人类大脑决定情绪和认知幻觉的部分在建模描述人类决策方面起着至关重要的作用。这表明即使个体拥有新古典的认知能力，选择行为也会与 SEU 理论的预测和规定存在很大差异。

一方面，卡尼曼（Kahneman，2003）认为前景理论的一个关键部分是引入了短期情绪因素并将其作为选择行为的决定因素。同样至关重要的是短期财富和地位的状况及其变化。卡尼曼认为在 SEU 理论中，情绪因素被屏蔽在决策过程之外，并且重要的仅是基于财富或地位的最终状态的长期结果。卡尼曼（Kahneman，2003，p. 1457）写道：

合理决策的文化标准赞同长期的视角而不关注暂时的情绪。实际上，在日常用语中理性的含义在某些方面也采用了广义和长期视角。因此，对效用结果的最终状态的解释与理性人模型很吻合。在规范和传统上，这些方面的考虑支持对结果的伯努利定义。

另一方面，卡尼曼和特维斯基（Kahneman and Tversky，1979）认为前景理 199
论建立在将决策看成一个实际过程（虽然存在缺陷）而非一个理想过程（如 SEU 理论所设定的那样）的基础之上。此实际决策过程涉及效用最大化。此外，在前景理论中决策基本上与西蒙的有限理性无关，进而与生理决定的计算能力的局限性以及信息和知识的局限性无关。即使假定完全理性，决策仍然会与 SEU 理论不一致。最终，决策明显要受到情绪和直觉因素以及个体财富或地位的相对状态的影响。这能更好的描述选择行为。相比 SEU 理论，前景理论是一种更好的描述性理论，但与 SEU 理论不同的是，其并不是规范性理论。卡尼曼（Kahneman，2003，p. 1457）认为 SEU 理论蕴含着长期世界观：

……在规范上或许是无效果的，因为我们并非生活在一个长期世界中。效用不能脱离情绪，而情绪由变化引发。完全忽视感觉的选择理论，比如忽视损失造成的痛苦和犯错造成的悔恨，不仅在描述上是不切实际的，而且会产生一些非效用（实际体验到的效用，即边沁所认为的效用）最大化的规则。

前景理论和选择行为

虽然前景理论反映了心理变量在决策中的重要性以及短期考虑在决策中的主导

作用，但卡尼曼和特维斯基（Kahneman and Tversky，1979）一般将选择理论的规范分析任务归为 SEU 理论。虽然两者都可以用来描述和预测选择行为，但他们认为区分两者的关键特征为，在 SEU 理论中假定选择不依赖于参考点而在前景理论中选择依赖于参考点。前景理论中，效用由个体对收益和损失的态度（其与偏好函数相关）决定，而收益和损失的确定与参考点相关。也就是说，效用要受到个体财富状况相对于某个参考点的变化的影响。在 SEU 理论中没有参考点。个体的财富状况以及对此财富状况的主观评价影响效用。在前景理论中，财富的变化而不是给定时点的财富水平，是影响个体效用的关键。本质上，个体并不是作为一个财富最大化者进入模型的。其他一些变量，比如情绪——心理变量，对个体的决策而言开始变得越来越重要。

卡尼曼（Kahneman，2003，p. 1455）对上述观点进行了如下总结：

> 从学生感知的角度来看，在标准经济分析中假定决策结果产生的效用完全由禀赋的最终状态决定，进而不依赖于参考水平，这是很令人吃惊的。在风险选择环境下，这一假定可以追溯到率先定义期望效用理论的一篇经典文献（Daniel Bernoulli，1738）。伯努利假定财富状态会产生具体的效用，他提出在风险条件下进行选择的决策规则应该是最大化财富带来的期望效用（精神期望）。从语言措辞上来看，伯努利的文章是规范性的——其讨论的是明智和合理的做法应该是什么，
> 200 但该理论同样希望描述理智个体的选择。和近代大部分对决策过程的处理方法相似，伯努利的文章没有注意到规范和描述之间的差异。然而决策者通过最终资产状态产生的效用来对结果进行评价的主张却在近 300 年的经济分析过程中保留了下来。这是非常值得注意的，因为很容易证明这种思想是错误的，其也被称为伯努利错误。

在接受《福布斯》杂志采访时（Ackman，2002），卡尼曼详细阐述了他对伯努利（Bernoulli，1738）的错误的解释以及其与选择行为的关系。他指出，伯努利关于决策过程的文章以阿姆斯特丹的香料贸易为基础，其考察了一种赌局产生的结果以及该结果的效用，引入了期望效用理论。该赌局为：对一条商船及其货物进行投资，其或许不会安全返航；若该船成功返航，则会获得巨大的利润，相反则会产生巨额亏损。伯努利考察了赌局结束后的财富状态带来的效用，但卡尼曼认为人们并不是这样考虑问题的。相反，个体根据收益和损失考虑问题，而不考虑个人的财富状况。根据阿克曼（Ackman，2002，p. 1），卡尼曼给出了一个例子以说明该观点：

> 有两个人，他们都从其股票资产组合中获得了季度收益。其中一个发现其财富从 100 万美元增加到了 120 万美元，而另外一个发现其财富从 400 万美元减少到了 350 万美元。我可以问你两个问题。第一个问题是，谁更高兴？毫无疑问第一个人要比第二个人更高兴。接着我问你，谁在财务上的境况更好？第二个人的境况更

好。伯努利的分析根据的是谁在财务上的境况更好——基本上根据的是财富。但当人们考虑其决策的结果时，其考虑的时期要短得多。他们根据收益和损失考虑问题。这是前景理论的基本观点。

在阿克曼（Ackman，2002，p. 1）的记录中，卡尼曼阐明了以下观点："与根据收益和损失考虑问题相比，当你根据财富（最终状态）考虑问题时，你会更接近风险中性。这是前景理论偏离效用理论的基本方式。"此外，卡尼曼认为按最终状态考虑问题（伯努利的方式）是更加理性的，其要比按偏离参考点的程度行事更加理性，而卡尼曼发现后者往往是个体进行选择时的行事方式。

前景理论独特的分析性预测是从卡尼曼和特维斯基（Kahneman and Tversky，1979）所谓的值函数的形状中得出来的，参见图 11—1。在前景理论中，存在一个值函数，其典型特征是有正负两个定义域。值函数反映了财富状态相对于某个外生给定的（主观）参考点的变化。相反，在 SEU 理论中存在一个效用函数，其仅有一个正的定义域，并且假定收益和损失对效用而言是等同的。此外，假定个体根据财富状态估计他们的效用（加式效用函数），其中财富边际增量的收益是递减的。在 SEU 理论中参考点在"客观"给定的原点，即财富状态位于 0 处。与 SEU 理论相反，值函数存在一个拐点，此外，在值函数上，损失的斜率是收益的斜率的 2 到 2.5 倍。因此，在前景理论中损失相比收益被赋予了更大的权重。1 美元的损失和 1 美元的收益相加得到一个负值或负效用，而在 SEU 理论中得到的值为 0。 201

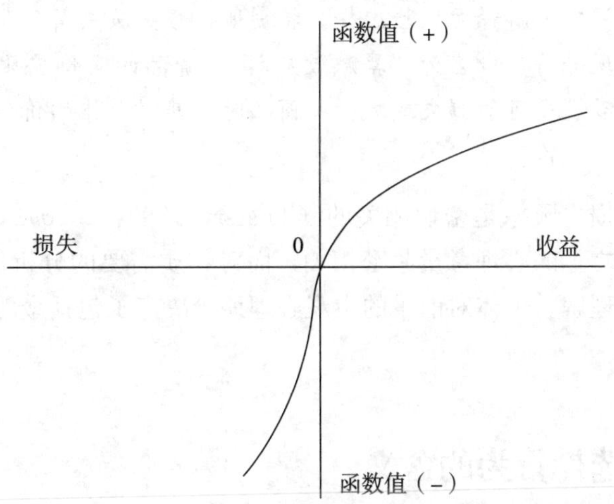

图 11—1　卡尼曼—特维斯基值函数

注：该图对前景理论及其"S"形值函数进行了直观展示。

参考点成为决策参数的分水岭，因而收益和损失的评价是分离的（在不同的心理账户中）和相对的，这不同于 SEU 理论，其按绝对值或财富状态对收益和损失一起评价。同时在前景理论中，SEU 理论赋予各种机会的概率权重被决策权重代替，决策权重对 SEU 理论的概率进行过滤进而重新校准。极小概率事件被赋予的

权重为 0 而极大概率事件被赋予的权重为 1。因此，个体使用的推断法则是对称处理极端事件，假定极小概率事件不可能发生而假定极大概率事件肯定发生。此外，个体会过度重视小概率事件（个体会夸大此类事件发生的可能性）而过度轻视中等概率事件和大概率事件。当前景不明朗时，个体会低估某一机会出现的可能性。总之，在 SEU 理论中，理性个体选择的前景应该最大化期望效用而非前景理论值函数的期望值。

在 SEU 理论中，效用通过个体对其财富最终状态的主观评价给出，并且假定财富的边际收益递减，这进而又反映了风险厌恶的假设。前景理论的值函数在其正定义域是凹的（这与 SEU 理论相同）而在其负定义域是凸的，最终得到一个“S”形值函数。因此，至少在其正定义域，值函数保留了 SEU 理论财富边际收益递减和风险厌恶的假设。然而，就损失而言，个体被假定是风险偏好（损失厌恶）的。值函数两部分的斜率也反映了一个基于实验证据的假设，即平均而言，损失某个给定值（收入或财富）带来的负效用总是大于获得等值收益带来的正效用。在此模型中，货币收益超过货币损失仍有可能产生效用的净损失，导致个体拒绝此类机会，而在 SEU 理论中其不会被拒绝。因此，在某些特定环境下，其预测个体不会理性
202 行事，其中理性被定义为财富最大化。

卡尼曼（Kahneman，2003，p. 1457）认为前景理论的核心思想是：

> ……值函数在参考点处有一个拐点，并且其是损失厌恶的。这对经济学是非常有益的，塞勒就用它来解释无风险选择。特别地，损失厌恶解释了对消费理论的一种背离，塞勒发现并将其命名为“禀赋效应”：消费品的卖价要比买价高很多，往往高出 2 倍或更多。当可能损失或放弃某商品时，其对个体的价值要高于作为潜在收益时对该商品的估价。

禀赋效应和损失厌恶是密切相关的（Thaler，1980，2000）。这两个概念都与凌驾于物质需要之上的心理考量紧密相关，而对物质需要的分析促进了对 SEU 理论中选择行为的理解。个体对前景的主观心理评价决定了包括金融市场行为在内的选择行为。

前景理论对选择行为的含义

在前景理论中，个体或许会因为潜在损失造成的精神痛苦而拒绝某个净实物价值为正的机会。因此，个体并非简单地按财富最大化的原则行事。这一相当准确的对不同个体的普遍行为的预测与 SEU 理论的分析预测恰好相反，这也是前景理论的主要贡献之一。虽然卡尼曼和特维斯基（Kahneman and Tversky，1979）的观点（以及传统认知的观点）认为非财富最大化导向的选择是非理性的，但如果个体

尝试最大化他或她的效用（或获得满足感），则人们可能认为这种选择并不是非理性的。在现实世界中，当存在损失的可能时，尤其是在一个风险不能计算的不确定性的世界里，增加财富未必是理性个体首要的目标和动机。

前景理论认为在一个充满不确定性的世界里个体行为并不倾向于实现财富最大化，这是其基于现实的一个假设。与此紧密相关，卡尼曼和特维斯基讨论了确定性效应，其中对确定性的结果（特别是确定性的财富状态）的偏好程度要高于有相同或更高期望货币收益的赌局（不确定的结果）。例如，如果确定性的收益是 700 美元（选择 1），而赌局的期望值是 0.90×1 000＋0.10×0＝900 美元（选择 2），则 203
风险厌恶的个体会选择确定性结果，虽然从该结果得到的货币收益值较低。确定性结果（不用冒险）的效用超出了货币收益值更高的不确定性结果的效用。接受赌局要求获得更高的收益来补偿从事风险投机产生的负效用。同时，如果两个机会的收益都减少相同的概率，则其会从选择 1 转向选择 2。考虑到个体赋予确定性结果较高水平的效用，从确定性到不确定性的微小变动会产生非常大的影响。相反，风险偏好行为指的是拒绝确定性结果而接受赌局的情况，并且从该赌局中可以获得等量或较小的期望货币收益值。因此，如果在确定性的 700 美元的损失和 0.90×(－1 000)＋0.10×0＝－900 美元的赌局之间选择，个体会选择后者，因为后者有可能不会产生损失。这种行为再次被认为是非理性的，但从个体效用最大化或获得满足感的角度而言或者考虑潜在（可能的）损失导致的精神成本，这也未必是非理性的。

卡尼曼和特维斯基（Kahneman and Tversky，1979）还认为对确定性的偏好使得个体易受措辞效应影响，产生确定性幻觉，进而做出与 SEU 理性不符的选择。史密斯（Smith，1985）和阿特曼（Altman，2004）都认为个体会受骗，但这主要发生在短期。考虑到大脑结构、不完全信息以及不确定性，我们会预期（这也被实验证据所证实）个体会学会（适应性预期）什么是而什么不是特定表述方式产生的认知幻觉。因此，个体基于其偏好进行选择，而这些偏好包括 SEU 对某些事件的理性偏好。

个体在其决策过程中也会使用正面或负面的措辞方案。卡尼曼和特维斯基(Kahneman and Tversky，1979）发现当事件从正面表述时，个体倾向于选择确定性的方案而非赌局，即使该赌局会产生相等甚至更多的期望收益。他们会选择从正面表述的赌局而非从负面表述的赌局，即使两者产生相同的预期收益。这本不应发生，因为不同的表述方式对事件并没有实质性的影响。因此，个体易受感知或认知幻觉的影响。当各前景之间存在较大差异时，对于不同的表述方式是否会影响选择还缺乏一致意见。吉仁泽（2007）认为在一个有限理性的世界（现实世界）里，不能指望理性个体使用非新古典的推断法则进行选择。对事件的表述能够传达事件的相关信息，这在一个信息不完全和不确定的世界里是非常重要的。当从正面或负面表述某一事件时，个体会认真阅读这些表述并尝试从这些表述中提取更多信息。他们将从正面表述的事件看成比从负面表述的事件更好的选择。这是一种主观判断，它可能被证明是错误的，但它在一个有限理性的世界里又是理性的。考虑到这些尤其需要注意的地方，措辞效应会影响金融资产的投资与负投资。不同的表述方式会产生不同的金融市场行为。由于这些不同的表述方式扭曲了金融资产的实际状况，因此，投资行为可能是无效率的。

与前景理论和确定性效应的概念相关，卡尼曼和特维斯基还引入了损失厌恶和厌恶确定性损失的概念。相对于等量收益，由于个体对损失更加敏感，他们更有可能从事高风险行为以避免确定的或可能性较大的损失。这导致个体过度关注沉没成本，进而在经历亏损之后会持有失败的企业股票以及贬值的金融证券过长时间（与传统认知的预测相比），导致丧失好的投资机会。此种行为与理性人会忽略沉没成本的传统标准相违背。但传统智慧假设了一个无限理性的世界。一个需要研究的重要问题是：在一个有限理性的世界里，理智的个体应该在什么时候考虑沉没成本？

204 与行为金融学相关的某些含义

与传统认知相比，前景理论可以更清楚地解释金融市场的某些特定方面和行为，这种潜在能力主要基于该理论三个独一无二的特征：

（1）前景理论假设选择决策基于主观决定的参考点，而不依赖于决策者的财富状况。

（2）主观参考点引入了框架（或措辞）效应，而这会影响选择行为。

（3）在前景理论值函数的参考点处存在一个拐点，假定个体赋予损失的权重是收益的 2 倍以上。

接下来要讨论的两个重要领域与股票市场行为直接相关。应将这些领域置于这样一个大背景下，即行为经济学对金融经济学提出了重大挑战：金融资产的估价（当前资产价格）并不反映这些金融资产的基本价值。个体并未根据新古典原则行事，即个体的行为并未使市场价格与所考察的资产的基本价值迅速趋同。

行为经济学家认为前景理论帮助解释了投资者持有亏损股票时间过长而售出盈利股票过快的倾向。这被称为意向效应（Shefrin and Statman，1985；Shiller，1999）。这种效应的产生源于这样一种假设，即平均而言，个体在遭受损失后会更偏好风险而在获利后更厌恶风险。考虑到选择是在不确定的世界里做出的，许多人会持续持有亏损的股票，寄希望于这些股票的价值会出现反弹并回到购买时的价格水平（风险追逐）。由于害怕资产价格会下跌，许多人会过快卖出价值相对较高的金融资产。从传统观点来看，在一个没有资本所得税的世界里，个体更加理性的决策应该是继续持有盈利的股票以获得更多收益，而售出亏损股票以阻止亏损扩大。然而在一个未来风险难以测度的世界里（奈特的不确定性），由于很难预测金融资产的未来价格以及价格变动的时间，因此应何时售出或保留股票是不清楚的。因此，在这样的背景下，根据前景理论行事或许是真正的理性行为（效用最大化）。此外，考虑到这种不确定性以及信息不对称的存在，许多个体会基于羊群效应进行投资决策，这会进一步强化意向效应。预期个体在买卖或持有金融资产方面会随大流或遵循市场趋势。这种行为会导致金融资产价格更大幅地波动，进而产生金融泡沫，甚至引起泡沫的破裂。对此类行为的理性解释基于这样一个假设，即在信息不完 205
全和不对称的世界里，个体将遵循市场趋势看成一种快速且省时省力的推断法则——考虑到个体知之甚少，群体或市场或许拥有比个体更充分的信息。

德邦特和塞勒（DeBondt and Thaler，1985，1987）以及本纳兹和塞勒（Benartzi and Thaler，1995）对前景理论进行了进一步完善并用其来解释“股票溢价之谜”，此后前景理论的解释能力得到了很大的关注。该谜团使得很多现代理论学者感到困惑，其指的是股票相对于债券而言较高的历史平均收益率（Shiller，1999）。股票溢价指的是股票市场与债券或短期国库券的历史平均收益率之差。据估计，1926—1992 年美国股票对短期政府债券的溢价平均每年要超过 6%。此外，1871—1993 年，美国股票的收益率高出债券和短期国库券也是确定无疑的（Barberis and Thaler，2003）。

上述投资在经济上的机会成本是非常巨大的。例如，如果债券在 30 年内的平均年收益率是 2%而股票是 8%，那么股票对债券的溢价是 6 个百分点。在此例子中，100 美元的债券投资在 30 年后获得的收入是 181 美元，而等量的股票投资获得的收入是 1 006 美元。考虑到这些证据，学者们提出了以下问题：为什么股票和短期国库券这些传统的金融工具吸引了理性决策者投入数量如此之大的资金？为什么人们明显愿意付出如此大的代价以进行风险较低的投资？人们是否如此厌恶风险？席勒（Shiller，1999）认为在假定投资者在长期内最大化效用的条件下，风险厌恶不太可能解释股票溢价。两类金融资产之间风险的相对差异并不是太大，也不能解释历史上普遍存在的股票溢价。

本纳兹和塞勒（Benartzi and Thaler，1995）利用前景理论的值函数以及短视型损失厌恶的假设来解释（用传统标准衡量）较高的股票溢价。个体通过对其参考点的偏离来评估未来可能的收益和损失并尝试最大化效用，假定个体赋予损失的权重要大大高于盈利。如果个体损失厌恶的程度与卡尼曼和特维斯基（Kahneman and Tversky，1979）的估计一致，并且如果投资股票遭受损失的风险要比债券高很多，那么他们会要求一个相对较高的溢价以进行股票投资。

本纳兹和塞勒（Benartzi and Thaler，1995）还认为，长期来看在股票上遭受损失的客观风险相对较低，因此损失厌恶不能完全解释较高水平的股票溢价。例如，如果个体每 10 年对其投资进行一次评估，在不售出股票资产组合的条件下亏钱的风险会很小。于是本纳兹和塞勒接下来要问的问题就是个体必须间隔多久对其投资组合进行评估才能使历史上较高的股票溢价行得通。如果个体经常或在较短的时间间隔，比如一年，就进行评估，则股票价格的波动就会非常剧烈。在任意给定的年份，如果个体很看重亏损的预期值，那么售出则意味着其投资开始承担亏损。即使亏损 50 美元的概率是 50%而盈利 300 美元的概率也是 50%，收益的期望值为 125 美元（=－25＋150），也仍然存在 50%的可能性会亏损 25 美元。使问题更加复杂的是，即使个体不售出，那些损失厌恶的个体也可能由于前期投资决策在评估
206 期间的贬值而后悔。

本纳兹和塞勒（Benartzi and Thaler，1995）发现，如果个体的损失厌恶程度足够高并且如果他们每年对投资进行一次评估，则他们的行为能够解释现今的和历史上的股票溢价。前景理论有助于解释不同金融资产收益率之间不同寻常的“均衡”差异。此外，考虑到年度报告和税法等制度现实，每年对投资进行评估在经济上是合理的。以上分析的一个含义就是，给定损失厌恶程度，与评估期相关的相对收益的表示方法会极大地影响所要求的“均衡”股票溢价。较长时段内收益率的不同表示方法，比如 30 年内每年的收益率与 30 年的收益率，会导致收入在股票和债券之间不同的配置，后者会使更大比例的收入被配置在股票上，而前者会产生短视型损失厌恶。这引出了以下问题：短视型损失厌恶行为是否是非理性的和次优的？是否应该改变收益的表示方法？

在上例中，前景理论的一个重要贡献是它能更好地描述和预测金融市场的平均选择行为。虽然某些行为经济学家将短视型损失厌恶行为看成是非理性的，但这种观点可能是不正确的。对预期有可能不得不临时售出部分金融资产的个体而言，以年为基础对收益进行评价是合理的。也就是说，他们通过判断赋予此类事件一个较高的正概率，虽然其客观概率较低。实际上，这些个体或许 10 年、20 年甚至 30 年内也不用售出股票。但恰恰是此类售出可能性的存在说明了以年为单位对金融收益进行评估的合理性。每年评价一次还是多年才评价一次，两者之间存在很大的差异。如果损失厌恶以及按年评估是非理性的，则选择参数或许会有很强的误导性。

上述前景理论对行为金融学含义的两个例证表明了前景表述方式对决策过程以及其最终结果的重要性。参照点对决策者而言至关重要。决策者从损失还是盈利角度表述某个前景也同样重要。此外，当情绪变量进入决策过程时，其也会对决策结果产生重要影响。这些结果未必是财富最大化的，但它们与决策者效用最大化一致。

概要和结论

前景理论考察了行为金融学所考察的问题的一个重要子集，将偏离传统标准的选择行为置于显著地位。特别地，前景理论是建立在典型事实的基础上的，而这些

事实又建立在经济和心理实验得出的证据之上。这些典型事实为：(1) 普通个体将损失看得比收益重；(2) 普通个体基于主观确定的基准点来评估损失和收益；(3) 普通个体感兴趣的是边际上的变化而不受数量水平影响；(4) 普通个体受前景的表述方式的影响，即使这些表述并未对其期望值产生显著或实际的影响。这些结论在一个不确定的世界中是尤为重要的。对当代很多行为经济学家而言，这些行为意味着 207
非理性或行为的偏离，其中理性和无偏行为的标准建立在 SEU 理论中的新古典行为之上。与西蒙（Simon，1978，1987a，1978b）、史密斯（Smith，2003，2005）、托德和吉仁泽（Todd and Gigerenzer，2003）、吉仁泽（Gigerenzer，2007）的观点一致，当损失厌恶以及基于理性的短期时间偏好被引入个体偏好函数后，符合前景理论的行为即使与 SEU 标准进而与财富最大化不一致也可能是理性的。

在为符合前景理论的行为提供可能的“理性”解释方面，一个重要的研究方法是在确定损失厌恶程度以及决策时间跨度（或时间偏好率）时，关注不完全和非对称信息以及制度上给定的表述方式所起的作用。例如，信息集的改善及其质量可信度的提高会影响个体持有金融资产的时间以及损失厌恶的程度。在行为金融学的理性研究方法中，改变个体的信息和激励环境会改变选择行为。同样，SEU 标准未必是理性和最优个体行为的基准。

讨论题

1. 前景理论和主观期望效用（SEU）理论的区别是什么？

2. 卡尼曼和特维斯基（Kahneman and Tversky，1979）为什么将前景理论看成与西蒙（Simon，1987b）的有限理性方法根本不同且更好的理论？

3. 前景理论是如何解释股票溢价之谜的？

4. 赋予损失和收益的不同权重是如何影响投资决策的？

5. 为什么符合前景理论的行为可能是理性的？为什么许多行为经济学家认为此类行为是非理性的？

参考文献

Ackman，Dan. 2002. Nobel laureate debunks economic theory. Forbes. com. Available at http://www. forbes. com/2002/11/06/cx da 1106nobel1. html.

Altman，Morris. 2004. The Nobel Prize in behavioral and experimental economics：A contextual and critical appraisal of the contributions of Daniel Kahneman and Vernon Smith. *Review of Political Economy* 16：1，3-41.

Altman, Morris. 2008. Behavioral economics. In *International Encyclopedia of the Social Sciences*, ed. William A. Darity, 499－502. 2d ed. Detroit: Macmillan Reference.

Barberis, Nicholas C., and Richard H. Thaler. 2003. A survey of behavioral finance. In *Handbook of the economics of finance*, ed. George Constantinides, Milton Harris, and Rene Stulz, 1052－1121. Amsterdam: North-Holland.

Benartzi, Shlomo, and Richard H. Thaler. 1995. Myopic loss aversion and the equity premium puzzle. *Quarterly Journal of Economics* 110: 1, 75－92.

Bernoulli, Daniel. 1954 [1738]. Exposition of a new theory on the measurement of risk. *Econometrica* 22: 1, 23－36.

DeBondt, Werner, and Richard H. Thaler. 1985. Does the stock market overreact? *Journal of Finance* 40: 3, 793－808.

DeBondt, Werner, and Richard H. Thaler. 1987. Further evidence on investor overreaction and stock market seasonality. *Journal of Finance* 42: 3, 557－581.

208 Fama, Eugene F. 1970. Efficient capital markets: A review of theory and empirical work. *Journal of Finance* 25: 2, 383－417.

Fama, Eugene F. 1991. Efficient capital markets II. *Journal of Finance* 46: 7, 1575－1618.

Fromlet, Hubert. 2001. Behavioral finance—Theory and practical application—Statistical data included. Available at http://findarticles.com/p/articles/mi m1094/is 3 36/ai 78177931/.

Gigerenzer, Gerd. 2007. *Gut feelings: The intelligence of the unconscious*. New York: Viking Press.

Kahneman, Daniel. 2003. Maps of bounded rationality: Psychology for behavioral economics. *American Economic Review* 93: 5, 1449－1475.

Kahneman, Daniel, and Amos Tversky. 1979. Prospect theory: An analysis of decision under risk. *Econometrica* 47: 2, 263－291.

Malkiel, Burton G. 2003. The efficient market hypothesis and its critics. CEPS Working Paper No. 91.

March, James G. 1978. Bounded rationality, ambiguity, and the engineering of choice. *Bell Journal of Economics* 9: 2, 587－608.

North, Douglas C. 1994. Economic performance through time. *American Economic Review* 84: 3, 359－368.

Schwartz, Hugh. 1998. *Rationality gone awry? Decision making inconsistent with economic and financial theory*. Westport, CT: Praeger Publishers.

Shefrin, Hersh, and Meir Statman. 1985. The disposition to sell winners too early and ride losers too long. *Journal of Finance* 40: 3, 777 - 792.

Shiller, Robert J. 1999. Human behavior and the efficiency of the financial system. In *Handbook of macroeconomics*, vol. 1 c, ed. John B. Taylor and Michael Woodford, 1305 - 1334. Amsterdam: Elsevier.

Shiller, Robert. 2000. *Irrational exuberance*. Princeton: Princeton University Press.

Shleifer, Andrei. 2000. *Inefficient markets: An introduction to behavioral finance*. New York/Oxford: Oxford University Press.

Simon, Herbert A. 1959. Theories of decision making in economics and behavioral science. *American Economic Review* 49: 3, 252 - 283.

Simon, Herbert A. 1978. Rationality as a process and as a product of thought. *American Economic Review* 70: 1, 1 - 16.

Simon, Herbert A. 1987a. Behavioral economics. In *The new Palgrave: Adictionary of economics*, ed. John Eatwell, Murray Millgate, and Peter Newman, 221 - 225. London: Macmillan.

Simon, Herbert A. 1987b. Bounded rationality. In *The new Palgrave: A dictionary of economics*, ed. John Eatwell, Murray Millgate, and Peter Newman, 267 - 268. London: Macmillan.

Smith, Vernon. 1985. Experimental economics reply. *American Economic Review* 71: 1, 264 - 272.

Smith, Vernon L. 2003. Constructivist and ecological rationality in economics. *American Economic Review* 93: 3, 465 - 508.

Smith, Vernon L. 2005. Behavioral economics research and the foundations of economics. *Journal of Socio-Economics* 34: 2, 135 - 150.

Thaler, Richard H. 1980. Towards a positive theory of consumer choice. *Journal of Economic Behavior and Organization* 1: 1, 39 - 60.

Thaler, Richard H. 2000. Mental accounting matters. In *Choice, values, and frames*, ed. Daniel Kahneman and Amos Tversky, 241 - 268. Cambridge, U. K.: Cambridge University Press.

Todd, Peter M., and Gerd Gigerenzer. 2003. Bounding rationality to the world. *Journal of Economic Psychology* 24: 2, 143 - 165.

Tversky, Amos, and Daniel Kahneman. 1974. Judgment under uncertainty: Heuristics and biases. *Science*, New Series 185: 4157, 1124 - 1131.

Tversky, Amos, and Daniel Kahneman. 1981. The framing of decisions and the psychology of choice. *Science* 211: 4481, 453 - 458.

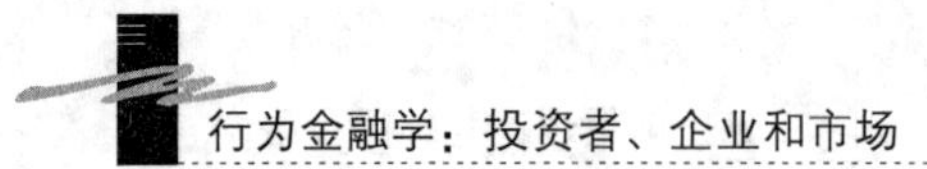

209 Zaleskiewicz，Tomasz. 2006. Behavioral finance. In *Handbook of contemporary behavioral economics：Foundations and developments*，ed. Morris Altman，706－728. Armonk，NY：M. E. Sharpe.

作者简介

莫里斯·阿特曼（Morris Altman）曾是坎特伯雷大学、康奈尔大学、杜克大学、希伯来大学、斯特灵大学以及斯坦福大学的访问学者，英国剑桥圣艾德蒙学院客座教授。他曾是加拿大萨省大学的经济学教授，1994—2009 年任该校校长。阿特曼现在是惠灵顿维多利亚大学经济与金融学院院长，同时也是该校行为和制度经济学教授。阿特曼教授于 2003—2006 年任行为经济学发展学会（SABE）主席，2009 年当选为社会经济协会（ASE）主席，他也是《社会经济学杂志》（*Elsevier Science*）的编辑。此外他还入选了马奎斯世界名人录。阿特曼教授发表的关于行为经济学、经济史以及实证宏观经济学的论文超过 70 篇。他还出版了 3 本关于经济理论和公共政策的专著，在上百次的国际会议上做过相关问题的报告，其在行为经济学领域的研究非常活跃，主要关注选择行为和制度方案等方面的理论和应用研究。

第12章 累积前景理论：使用随机占优方法的检验

211

哈伊姆·莱威（Haim Levy）
耶路撒冷希伯来大学和拉马特甘法律与企业研究中心金融学迈尔斯·鲁滨逊讲座教授

引 言

除了少数众所周知的模型（Friedman and Savage，1948；Markowitz，1952b）外，大部分经济模型都明确或隐含地存在以下假定：期望效用最大化，且在整个结果域是风险厌恶的（von Neuman and Morgenstern，1944；Markowitz，1952a，1959，1987；Tobin，1958；Pratt，1964；Sharpe，1964；Arrow，1965；Lintner，1965；Roll，1977）。前景理论（PT）（Kahneman and Tversky，1979）及其改进形式累积前景理论（CPT）（Tversky and Kahneman，1992）对这些基于期望效用及相关实证研究的理论模型的有效性提出了质疑。

CPT 支持遭受损失时偏好风险的“S”形效用（或值）函数，其中决策权重代替了客观概率。虽然 CPT

的一个重要特征是在负定义域存在风险偏好，但一些研究发现在负定义域风险偏好的程度很低，其中几项研究甚至发现在该定义域存在线性偏好（Fennema and van Assen，1998；Abdellaoui，2000；Booij and van de Kuilen，2009）。但这些在负定义域无风险偏好的发现和论断与支持 CPT 的实验研究之间并不存在尖锐的矛盾。

在 CPT 中，在任何情况下都应该使用决策权重而非客观概率，因此在均匀概率（比如，风险资产的每一次观测（收益率）都具有相同的概率）条件下也应该使用决策权重。因为大部分经济和金融实证研究对每次实际观测的结果都会赋予相同的概率，因此在均匀概率条件下检验 CPT 便很有意义。在 CPT 中，均匀概率条件下对每次观测也应赋予不同的决策权重。如果这得到了证据支持，那么大部分经济和金融实证研究的有效性就会面临挑战。

212 检验决策权重在等概率条件下是否适用非常有必要，为了说明其重要性，考虑一个使用历史收益率估计股票风险溢价的例子。使用标准普尔指数 20 年（1989—2008 年）的历史收益率并赋予每次观测相同的概率（也就是说，未使用决策权重），则估计出的股票风险溢价为每年 7.9%。使用 CPT 的决策权重，在不对决策权重标准化的条件下（应该知道，决策权重之和一般是不等于 1 的），估计出的风险溢价仅为 4.9%。标准化后（使决策权重之和为 1）估计出的风险溢价为 5.7%。因此，在等概率条件下，投资者是否使用决策权重的问题对进行经济和财务决策是至关重要的。

CPT 对期望效用范式，包括基于货币边际效用递减假设的经济模型以及赋予每次观测相同概率的实证研究，提出了挑战。因此，在均匀概率以及每个相关前景有两个以上结果的条件下，使用正确的方法检验 CPT 的有效性是至关重要的。拉宾（Rabin，2000）从一个不同的角度对期望效用理论提出了批评。本章对这个问题进行了讨论。

本章根据随机占优标准对 CPT 进行了一个实验检验。我们构建了一个实验场景，在该场景中，根据 CPT 前景 F 要随机占优于前景 G。在 F 和 G 两个前景中，都有两个以上的结果，并且每个结果都被赋予相同的概率。因此，对于所有具有任意“S”形值函数和 CPT 反“S”形概率加权函数（参数取值范围较大）的个体而言，他们应该更偏好 F 而非 G。如果大部分人选择 G，则可以拒绝具有 CPT 决策权重的“S”形偏好。

然而，虽然存在上述结论，但在非均匀概率条件下，尤其是涉及小概率时，并不能拒绝 CPT。这很可能是因为与均匀概率条件相比，决策权重在非均匀概率条件下扮演着更为关键的角色。实际上，在非均匀概率以及每个前景只有两个结果的条件下，若重复以前的实验研究，则得到的结果与前期研究公布的结果几乎相同，这强有力地支持了前景理论。这表明 CPT 在某些情况下有效，但在均匀概率条件（其是金融和经济中的典型情况）下无效。也可以这样解释，即在某些情况下决策权重很重要，但在其他情况下不起作用或其作用可以忽略。

需要注意的是，在本研究中，仅关注均匀概率条件下 CPT 的某些属性。当然也有一些研究表明 CPT 的其他一些属性并未得到支持。此外，众所周知的 CPT 的损失厌恶属性得到了强有力的支持。这种支持既包括理论上的（Markowitz，1952b；Rabin，2000），也包括实证和实验上的（Benartzi and Thaler，1995；Abdellaoui，Bleichrodt，and Paraschiv，2007）。

CPT 是一个内容丰富的理论范式，其有几个关键要素。本章关注 CPT 的以下三个主要组成部分：

a. 偏好是“S”形的。 213

b. 使用决策权重而非概率。决策加权函数是反“S”形的。

c. 实验对象根据财富的变化而非总财富进行决策。

要素 b 和 c 与期望效用理论（EUT）相背。要素 a 与 EUT 之间并无矛盾，但其与大部分经济模型相背，这些模型大多假设风险厌恶。

本研究并未对心理核算（Thaler，1999）和损失厌恶进行检验。损失厌恶与期望效用并不矛盾，但心理核算总体上与期望效用尤其是与资产选择模型相背。因此，在本研究中，在允许“S”形偏好的同时，其他显示出损失厌恶的偏好——例如卡尼曼和特维斯基（Kahneman and Tversky，1979）、特维斯基和卡尼曼（Tversky and Kahneman，1992）、马科维茨（Markowitz，1952b）以及本纳兹和塞勒（Benartzi and Thaler，1995）类型的偏好——也是被允许的。也就是说，拒绝“S”形值函数并不意味着拒绝损失厌恶，在分段线性效用函数上也可能存在损失厌恶。

使用确定性等价（CE）方法，特维斯基和卡尼曼（Tversky and Kahneman，1992）以及追随其开创性研究的某些其他研究者对上述要素 a 和 b 给出的函数进行了估计。检验 CPT 有两种极端方法。

1. 对所有“S”形效用函数和所有反“S”形加权函数进行检验，这项任务就算不是不可能完成的，也会是相当复杂的。

2. 与上述方法相反，仅对具体的“S”形效用函数和具体的反“S”形加权函数进行检验，特维斯基和卡尼曼或后续的其他研究者都是如此。

本章检验 CPT 的方法对上述两种极端情况进行了折中，同时对“S”形偏好和反“S”形加权函数进行了检验，其中考虑了所有可能的“S”形偏好，考虑了几种反“S”形加权函数，其中加权函数使用了特维斯基和卡尼曼（Tversky and Kahneman，1992）以及其他研究者估计得出的参数。因此，该方法接近上述第一种一般方法，但仍然不尽相同，因为并没有考虑所有可能的反“S”形加权函数，而是仅考虑了几种。最后，本章使用了随机占优（SD）规则，其不随初始财富水平的变化而变化，因此也考虑到了前述 CPT 的要素 c。

大部分支持 CPT 的实验研究都使用了确定性等价（CE）方法，即一个前景的结果是确定的，而另一个前景有两个结果，是不确定的（参见后文表 12—2 中的任务Ⅰ和Ⅱ）。更多最近的实验研究使用效用中位数方法（Abdellaoui et al.，2007）。

此外，在两类方法中，不确定的选择都仅由两个结果构成——总体上，一个结果以相对较小的概率出现而另一个结果以相对较大的概率出现。在此框架下，当 $x<0$ 时，大部分研究都拒绝了风险厌恶，实验证据驳斥了 EUT。特别地，实验对象的选择具有不一致性并且使用决策权重 $w(p)$，这也与 EUT 相矛盾。

214 CE 方法在数学上很方便，但它易受众所周知的“确定性效应”的影响，当考虑的两个前景都是不确定的时候则不存在该效应。在 CE 框架下得到的证据强烈地支持了 CPT，在此方面也不存在质疑之声。然而，在另一个场景下也对 CPT 进行了检验，至少对大部分情况而言，这个场景更适合经济学和金融领域，投资者面临两个或更多不确定的选择并且概率都不是特别小。每个不确定的选择都可以有超过两个的结果，此时可以使用 SD 标准对 CPT 进行检验，CE 方法不再适用（该方法适用于仅有两个不确定结果的情况）。最后，需要注意的是，在结果超过两个的情况下也能使用确定性等价方法，但此时不能对偏好的曲率进行推断。

CPT 的决策权重对金融和经济学理论模型具有重要意义。例如，夏普—林特纳 CAPM 模型会假定收益服从某个特定的分布（例如，正态分布），当使用决策权重 $w(p)$ 而非客观概率 p 时，该资产定价模型会产生完全不同的结果，甚至导致模型在理论上失效。此外，接受 CPT 实际上对所有的实证研究也具有重要意义。在以测度风险（例如 β）、资产组合绩效和最优资产组合构成为目标的实证研究中以及在大部分计量研究中（例如检验 CAPM 的研究），事前分布往往通过取 n 次历史观测并赋予每次观测 $1/n$ 的概率来估计（Fama and French，1992，1993；Fama and MacBeth，1973）。也就是说，假定分布是离散的且对每次观测赋予相同的概率。

然而，若投资者如 CPT 所主张的那样赋予每次观测的决策权重 $w(1/n)\neq 1/n$，则市场价格就要由这些决策权重决定，因此，为了解释某个特定的现象，比如风险与收益之间的关系，所有的实证检验应该使用 $w(p)$（而非 p）重新做一遍。例如，使用 $w(p)\neq 1/n$ 和 $p=1/n$ 测得的 β 之间一般存在很大的差异。因此，在有 n 次观测且赋予每次观测的概率为 $p=1/n$ 的情况下，检验 CPT 的有效性对经济学和金融实证研究的设计具有重要意义。

本章的检验表明，在大部分 $p=1/n$ 的重要经济学和金融场景中，CPT 并未得到支持；因此，没有必要怀疑此类实证研究结果。在极端情况下，即每个前景有两个结果且其中一个结果被赋予极小概率的情况下，尤其是在其中一个前景具有确定性的情况下，大量 CPT 实验结果明显偏离 EUT 并强烈支持 CPT。但这种极端情况并不是经济学和金融实证研究中的典型情况（典型情况往往赋予每次观测相同的概率）。因此，虽然 CPT 对期望效用的批评总体上有效，但这并不意味着其批评适用于所有经济学和金融实证研究以及所有与 CAPM 一样的均衡定价模型。

本章不是使用随机占优方法研究此问题的首篇文章。莱威和莱威（Levy and Levy，2002b）使用SD方法拒绝了“S”形值函数，其研究假设n次观测中每次观测的概率为$p=1/n$，并未使用决策权重。一旦放松该假设，使用决策权重，那么在上述研究结果的基础上就不能拒绝CPT。实际上，莱威和莱威（Levy and Levy，2002b）由于没有考虑决策权重而受到了批评（Wakker，2003），因为CPT认为在 215
均匀概率条件下也应该使用决策权重。博塔森、波斯特和范·弗里特（Baltussen，Post，and van Vliet，2006）对莱威和莱威（Levy and Levy，2002b）以及韦克尔（Wakker，2003）之间的争论进行了评析。

考虑到这种批评，本研究放松了莱威和莱威（Levy and Levy，2002b）的假设并设计了一个实验，在该实验中上述CPT的三个组成部分可以同时被检验。特别地，根据CPT的主张，即使在$p=1/n$的情况下，也假定使用$w(p)$而不是p。出于简洁考虑，本研究将每次观测被赋予相等概率的情况称为“均匀概率情况”。

在本章的后续部分你会发现，在均匀概率情况下，CPT未得到支持。主张值函数为“S”形以及使用CPT决策权重的联合假设被拒绝了。然而，到底是“S”形函数站不住脚，还是加权函数站不住脚，或是两者都站不住脚，还无法厘清。然而在非均匀概率情况下CPT得到了强有力的支持。此外，CPT还有一些其他重要的与决策相关的特征（例如，心理核算和损失厌恶），而本章并未对其进行检验。

本研究实验使用的实验对象包括商学院的研究生和本科生以及一些金融从业人员，共有216名被试者。某些实验进行时被试者会得到真实的金融收益，其多少依赖于被试者的选择。对于不同的被试者群体和不同的实验设计，实验结果基本相同。结果显示，在均匀概率条件下，不论是对结果为正的前景而言还是对结果为负的前景而言，都有明确的证据可以拒绝上述对CPT的联合假设。

本研究的安排如下：首先简单回顾了PT、CPT以及SD标准。其次，进行了三个实验并展示了实验结果。最后为总结和评论。

PT、CPT以及随机占优（SD）方法

本部分比较了三种主要理论：前景理论、累积前景理论和随机占优方法。

PT和CPT决策权重

在PT和CPT中决策权重的决定是不同的。在PT中，概率被直接加权，即$p^{*}=w(p)$，其中p^{*}为决策权重（Edwards，1962；Quiggin，1982；Prelec，1998）。使用PT建议的决策权重可能导致违反一阶随机占优（FSD），这一属性令

人难以接受（Fishburn，1978；Machina，1982）。PT 的这一严重缺陷产生了几种关于概率加权方法的改进建议。为了避免违反 FSD，奎金（Quiggin）首次建议概率加权应该基于累积概率函数而非单独的概率。也就是说，对给定的累积分布 F，应对其进行转换，即 $F^* \equiv T(F)$，其中 T 是一个单调变换：

$$T'(\cdot) \geqslant 0 \text{ 且 } T(0)=0, T(1)=1$$

由定义可知，F^* 总是一个合适的累积概率函数（Machina，1982，1994）。

216 特维斯基和卡尼曼（Tversky and Kahneman，1992）基于累积概率分布对正负结果使用不同的变换进而提出了累积前景理论，除了决策权重根据奎金（Quiggin，1982）的思想决定从而不会违背 FSD 外，该理论基本上与 PT 相似。但 CPT 的决策权重一般不具备累积概率函数的特征，其和甚至可以不为 1。然而本研究使用了仅有负结果的前景或仅有正结果的前景。在两种情况下，CPT 的决策权重之和为 1，进而可以作为（主观）累积概率函数使用（见后面）。

“确定性效应”

在效用函数的任意两点之间到底是风险厌恶占优势还是风险偏好占优势？与卡尼曼和特维斯基（Kahneman and Tversky，1979）最初所做的研究相似，为了得出结论，一般采用确定性等价（CE）方法。自从阿莱（Allais，1953）悖论被提出之后，很多证据表明，若一个选择是确定性的，那么投资者会违背期望效用范式，或者在面临一系列选择时做出相反的决策。因此，若一个前景是确定的，而另一个前景是不确定的并且该前景的某个结果被赋予一个相对较小的概率，则决策权重的作用就会变得很重要，这就是所谓的“确定性效应”。实际上，卡尼曼和特维斯基（Kahneman and Tversky，1979）、特维斯基和卡尼曼（Tversky and Kahneman，1992）的实验主要依赖对两个选择的比较，其中一个选择是确定的而另一个是不确定的。因此，决策权重起到了非常重要的作用并且可以解释他们的结论。吴和冈萨雷斯（Wu and Gonzalez，1996）也使用了 CE 方法，结果发现实验证据支持了特维斯基和卡尼曼的决策加权函数。最近的研究（Abdellaoui et al.，2007）使用了效用中位数方法，其在非均匀概率情况下考察了具有两个结果的前景。

CE 方法和中位数方法都支持 CPT。接下来的实验表明，当考虑的结果多于两个且每次观测都具有相同的概率时，情况就会发生变化。

随机占优方法

SD 标准

认识到 CE 方法的缺陷后，莱威和莱威（Levy and Levy，2001，2002b）首次提出使用随机占优标准来分析实验研究中被试者的选择以及暗示的偏好。SD 方法相对于 CE 方法的优势在于它可以比较两个不确定的选择，每个选择可以随心所欲地设置多个结果（因此也就克服了效用中位数方法要求仅有两个结果的限制），并且结果可以都为正、都为负或正负混合。但为了能与 CE 方法的研究结果进行比较，本研究并未使用正负混合的前景。使用 CE 方法时，我们不能对混合前景偏好的曲率进行推断（Levy and Levy，2002b）。总之，SD 规则不受“确定性效应”的 217
影响，其也不像 CE 方法或中位数方法那样将风险选择的结果限定为两个。

最后要注意的是，虽然在此我们使用了均匀概率前景，但后面给出的 SD 规则也可以推广到对概率不加限制的情况。而且我们之所以仍然使用了均匀概率前景，是因为均匀概率前景对经济学和金融学模型异常重要，也是因为我们怀疑在此情况下决策权重所起的作用很小或不起作用（而这与 CPT 的观点相反）。不管在均匀概率条件下使用决策权重是否恰当，本研究对使用和不使用决策权重的情况都进行了分析。

对研究中使用的各种投资标准进行简要的回顾有利于我们对本研究结果的理解。首先讨论的是各类偏好，它们与本研究相关且与各种 SD 标准相对应。图 12—1 中（a）—（d）四幅图展示了四种可能的一般偏好形式。

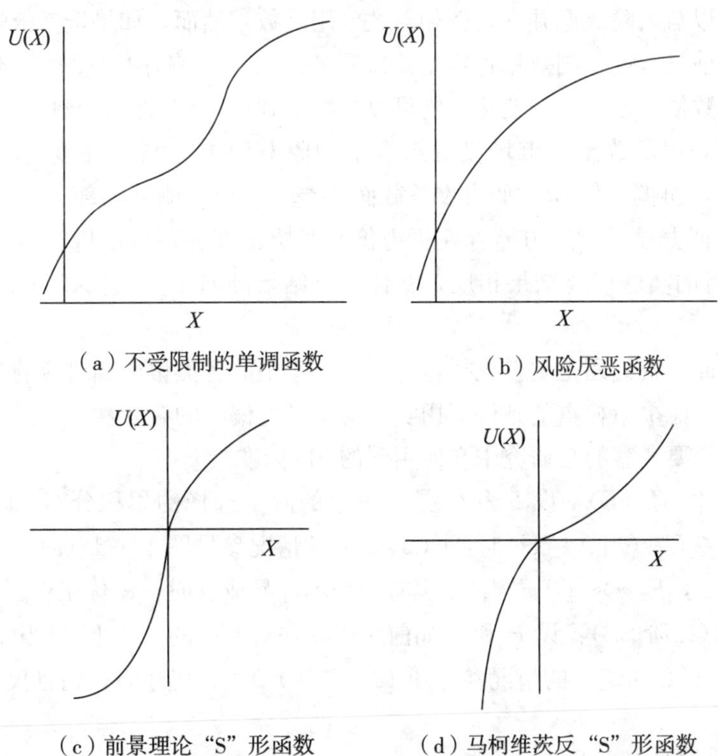

（a）不受限制的单调函数　（b）风险厌恶函数

（c）前景理论“S”形函数　（d）马柯维茨反“S”形函数

图 12—1　不同的效用函数

注：图（a）描述了仅满足单调性的不受约束的偏好 $u(x)$，即 $u'(x)>0$。图（b）描述的是经济学和金融学中最常用的风险厌恶偏好 $u(x)$，$u'(x)\geqslant 0$，$u''(x)\leqslant 0$。图（c）描述的是 PT 和 CPT 的“S”形函数，在 $x=0$ 处为拐点，$u'(x)\geqslant 0$，且当 $x<0$ 时（风险偏好），$u''(x)>0$，当 $x>0$ 时（风险厌恶），$u''(x)\leqslant 0$。图（d）描述的是反“S”形函数，当 $x<0$ 时是风险厌恶的，而当 $x>0$ 时是风险偏好的。

218 图 12—1（a）描述了仅满足单调性的不受约束的偏好 $u(x)$，即 $u'(x)>0$。图 12—1（b）描述的是经济学和金融学中最常用的风险厌恶偏好 $u(x)$，其中 $u'(x)\geqslant 0$，$u''(x)\leqslant 0$。

图 12—1（c）描述的是 PT 和 CPT 的“S”形函数，拐点在 $x=0$ 处，$u'(x)\geqslant 0$，且当 $x<0$ 时 $u''(x)>0$（风险偏好），当 $x>0$ 时 $u''(x)\leqslant 0$（风险厌恶）。

在一个对弗里德曼和萨维奇（Friedman and Savage，1948）的扩展分析中，马科维茨早在 1952 年就提出了反“S”形函数（见图 12—1（d）），当 $x<0$ 时是风险厌恶的，而当 $x>0$ 时是风险偏好的。

虽然使用 CE 方法的实验证据支持了“S”形偏好，但实证证据（忽略决策权重）倾向于支持反“S”形效用函数（见图 12—1（d））。在大部分实证研究中，有证据表明在资产定价过程中，仅收益率分布的前三阶矩会发挥重要作用。尤其是偏度在资产定价过程中发挥了重要作用，不能被忽视（Arditti，1967；Kraus and Litzenberger，1976；Friend and Westerfield，1980；Harvey and Siddique，2000）。偏度偏好可以与风险厌恶并存，例如对数效用函数。然而，如果选择依赖于且仅依赖于分布的前三阶矩，则效用肯定是三次幂的。三次幂偏好是反“S”形偏好。如果假定值函数依赖于财富的变化，则可以再次得到反“S”形值函数。

三次幂效用函数预测市场投资组合平均收益协方差与协偏度之间是线性关系。实际上，协偏度解释了平均收益截面方差（未由 β 测度的部分）的相当大的部分。实证证据显示对协方差存在正溢价而对协偏度存在负溢价。因此，与使用 CE 方法进行的实验研究结果相反，实证研究结果倾向于支持偏好为反“S”形的假设。

尽管如此，我们还是要首先描述与图 12—1 中的各类偏好相对应的投资决策标准，然后在考虑决策权重的条件下用实验检验各类偏好的有效性。

现在我们要考察的是研究中会使用到的 SD 标准。

• FSD（一阶 SD）：设 F 和 G 是要考察的两个选择的累积分布，则对所有的效用函数 $u\in U_1$（当 $u\in U_1$ 时，$u'(x)>0$ 的情况参见图 12—1（a）），当且仅当对于所有的 x，$F(x)\leqslant G(x)$ 且至少有一个不等号成立时，F 优于 G。 (12—1)

219 • SSD（二阶 SD）：设 F 和 G 如前所述，则对所有的 $u\in U_2$（当 $u\in U_2$ 时，$u'(x)\geqslant 0$，$u''(x)\leqslant 0$ 的情况参见图 12—1（b）），F 优于 G，当且仅当

$$\int_{-\infty}^{x}[G(t)-F(t)]\mathrm{d}t\geqslant 0 \qquad (12\text{—}2)$$

对于所有的 x 都成立且至少有一个不等号成立。

• PSD（前景 SD）：设 F 和 G 如前所述，则对所有的 $u\in U_S$（U_s 表示所有“S”形函数的集合，当 $u\in U_S$ 时，$u'(x)\geqslant 0$，且当 $x<0$ 时 $u''(x)>0$，当 $x>0$ 时 $u''(x)\leqslant 0$ 的情况参见图 12—1（c）），F 优于 G，当且仅当

$$\left.\begin{aligned}&\int_{y}^{0}[G(t)-F(t)]\mathrm{d}t\geqslant 0, y\leqslant 0\\&\int_{0}^{x}[G(t)-F(t)]\mathrm{d}t\geqslant 0, x\geqslant 0\end{aligned}\right\}\qquad(12—3)$$

且至少有一个不等号成立。

• MSD（马科维茨 SD）：设 F 和 G 如前所述，则对所有的 $u\in U_M$（U_M 表示所有"S"形函数的集合，当 $u\in U_M$ 时，$u'(x)\geqslant 0$，且当 $x<0$ 时 $u''(x)\leqslant 0$，当 $x>0$ 时 $u''(x)>0$ 的情况参见图 12—1（d）），F 优于 G，当且仅当

$$\left.\begin{aligned}&\int_{-\infty}^{y}[G(t)-F(t)]\mathrm{d}t\geqslant 0, y\leqslant 0\\&\int_{x}^{\infty}[G(t)-F(t)]\mathrm{d}t\geqslant 0, x\geqslant 0\end{aligned}\right\}\qquad(12—4)$$

且至少有一个不等号成立。

要注意的是，PSD 看似 MSD 的镜像，然而尽管 PSD 和 MSD 标准很相似，但如果由 PSD 标准得出 F 优于 G，一般不意味着在 MSD 标准下 G 优于 F，反之亦然。哈达和罗塞尔（Hadar and Russell，1969）以及哈诺赫和莱威（Hanoch and Levy，1969）证明了 FSD。菲什伯恩（Fishburn，1964）、哈达和罗塞尔（Hadar and Russell，1969）、哈诺赫和莱威（Hanoch and Levy，1969）以及罗特希尔德和斯蒂格利茨（Rothschild and Stiglitz，1970）证明了 SSD。莱威和莱威（Levy and Levy，2002a）证明了 PSD 和 MSD。莱威（Levy，2006）对 SD 方法进行了一个综合分析。

决策权重条件下的随机占优

SD 标准的定义依据的是对客观概率的累积分布 F 和 G。根据 PT 和 CPT，应该使用决策权重，这就限制了 SD 标准的使用，因为权重之和可能大于或小于 1。 220
因此，主观分布（$w(x)$，x）未必是一种概率测度。然而在以下四种情况下，可以在使用决策权重的同时放心地使用 SD 投资标准。

1. 在序列依赖期望效用转换的条件下，即 $F^*=T(F)$，其中 $T'(\cdot)>0$，$T(0)=0$，$T(1)=1$，也就是说，转换后的分布也是累积概率函数。

2. 在各前景具有相同数量的等可能结果并且使用 PT 概率加权（而非 CPT 加权）的情况下。莱威和莱威（Levy and Levy，2002b）发现，在此情况下，占优关系不受 PT 的决策权重的影响。因而在此特殊情况下决策权重在 SD 分析中可以被忽略，尽管仍然不能将决策权重看做概率。

3. 在使用 CPT 决策权重且当所有的结果都为正或所有的结果都为负的情况下（此时 $\sum w_i=1$，见式（12—5））。

4. 在 $\sum_F w_i=\sum_G w_i$ 的情况下（即使它们的和不为 1）。

由于 CPT 是 PT 的改进形式，本研究主要考察 CPT 的决策权重。此外，由于

CPT 的研究结果主要使用 CE 方法，用其来分别对正结果的偏好和负结果的偏好进行分析，因此，我们对这两个定义域进行了 SD 检验。在此情况下，$\sum w_i = 1$（参见上面的情况 3），可以放心地使用 SD 方法，此时可以将具有决策权重的累积分布看成主观累积分布。然而将该分析扩展到混合前景也是有可能的（Levy and Levy，2002b）。

CPT 概率加权和均匀概率时的情况

特维斯基和卡尼曼（Tversky and Kahneman，1992）根据其实验结果建议使用如下 CPT 累积概率转换公式：

$$\left.\begin{aligned} w^{*-}(p) &= \frac{p^{\delta}}{[p^{\delta}+(1-p)^{\delta}]^{1/\delta}} \\ w^{*+}(p) &= \frac{p^{\gamma}}{[p^{\gamma}+(1-p)^{\gamma}]^{1/\gamma}} \end{aligned}\right\} \tag{12—5}$$

其中，实验得出的参数估计值为 $\gamma = 0.61$，$\delta = 0.69$，p 是累积（客观）概率，$w^{*}(p)$是累积决策权重，$w^{*-}(p)$ 适用于负结果，$w^{*+}(p)$ 适用于正结果。

在某些情况下，尤其是对于“风险较大的赌注”，直觉和实验支持使用主观加权概率。实际上，方程（12—5）主要是通过对小概率赌注的估计得出的，例如 0.1。需要问的一个基本问题是此概率加权公式是否可以无差别地应用于其他前景，例如概率相对较大的前景（$p \geqslant 0.25$），尤其是具有等可能结果的前景（$p_i = 1/n$，其中 $n=2, 3, 4, \cdots\cdots$）。此类情况在经济学和金融实证研究中很重要。要注意的是，对
221 于等可能结果的情况，方程（12—5）意味着每一个结果的决策权重是完全不同的。一些研究者对上述加权公式的普适性提出了质疑，认为其并不适用于所有的情况。例如奎金（Quiggin，1982，p. 328）提到：“一个输赢各为 50%的赌局的概率不应被主观扭曲，这种观点是合理的，如前所述，这也被证明为实际工作提供了令人满意的基础。”

虽然奎金（Quiggin，1982）没有将其论断扩展到 $n>2$ 的一般等概率情况，但在维斯库西（Viscusi，1989）的前景参照理论中，对一般的对称均匀概率情况未使用概率加权。为了描述均匀概率情况下方程（12—5）表明的概率加权过程，理解不加分析就将其应用于所有情况时产生的缺陷，考虑表 12—1 所描述的一个均匀概率赌局。在案例 1 中，结果为 $-1\ 000$ 美元的决策权重是结果为 $-2\ 000$ 美元的决策权重的 2 倍多。在所有结果为正的案例 2 中情况更加极端，赋予结果为 1 000 美元的决策权重是结果为 3 000 美元的决策权重的 3.3 倍多！

显然我们并不能仅仅基于决策权重违反了直觉就拒绝式（12—5）。因此，本研究对 CPT 概率加权函数以及“S”形值函数的联合假设进行检验，而不考虑决策权重在直觉上是否可以被接受。

表 12—1　概率为 p_i 的假想赌局以及由 CPT 方程（12—5）得出的决策权重 $w(p_i)$

案例 1			案例 2		
结果（美元）	概率（p）	CPT 决策权重 $w(p)$	结果（美元）	概率（p）	CPT 决策权重 $w(p)$
−4 000	1/4	0.293 5	1 000	1/4	0.431 7
−3 000	1/4	0.160 5	2 000	1/4	0.147 6
−2 000	1/4	0.172 4	3 000	1/4	0.129 9
−1 000	1/4	0.373 6	4 000	1/4	0.290 8

注：该表展示了均匀概率情况下由特维斯基和卡尼曼 CPT 累积概率转换公式得出的概率权重。$w(p)$ 使用方程（12—5）计算得出，通过对扭曲的累积分布求解可以得到个别决策权重。要注意的是 $\sum w(p)=1$。在混合结果赌局中未必如此。

对其他决策加权函数的估计

本研究主要考察由方程（12—5）给出的 CPT 决策权重。凯默勒和霍（Camerer and Ho，1994）、吴和冈萨雷斯（Wu and Gonzalez，1996）以及普雷莱茨（Prelec，1998）都曾经提出和估计过决策加权函数，对这些决策加权函数也进行了检验。因此，文献中提到的所有的偏好 $u\in U_s$ 以及各种决策加权函数在实验检验中都有所涉及。

实验及结果 222

下面实验检验的原假设为 CPT 是无效的。检验的基本思想如下：假设被试者必须在两个不确定的前景 F 和 G 之间进行选择，其中按具有 CPT 决策权重的 PSD 标准，F 优于 G。因此，如果 CPT 是有效的，则被试者会选择 F，因为 G 要劣于 F。也就是说，对所有的 $u_s\in U_s$，

$$\sum_F w(x)u_s(x)\geqslant\sum_G w(x)u_s(x)$$

其中，$w(x)$ 为根据 CPT 方程（12—5）计算得出的决策权重（后面的检验会扩展到其他的决策权重）。如果上式中不等号成立，则按 PSD 标准 F 优于 G，即对于大部分 CPT 投资者都是如此（见方程 12—3）。如果按 PSD 标准 F 确实优于 G，但大部分被试者选择 G，则拒绝 CPT。然而在联合检验中，这有可能是概率加权函数被拒绝，或“S”形偏好被拒绝，或两者均被拒绝。

现在假设某个比例（$\alpha\%$）的被试者选择了 G，则可以说至少 $\alpha\%$的被试者拒绝了 CPT。使用“至少”是因为那些选择 F 的被试者未必具有 CPT 偏好：他们或许具有特殊的效用函数 $u\notin U_s$，且 $E_F u(x)>E_G u(x)$。虽然 $1-\alpha\%$的被试者选择

F 符合 CPT，但在多种可能的效用函数条件下（例如，凹函数），选择 F 也可能会符合 EUT。因此，如果相当大比例的被试者选择 G，则在很大程度上说明 CPT 无效。然而，若相当大比例的被试者选择 F，则我们的检验结果符合 CPT 但并不能证明 CPT。在下面报告的所有实验中，在 CPT 框架下一个前景要优于另一个。因此，我们设立了一个可以检验 CPT 原假设的案例。

实验 1

实验 1 包括 4 个任务。表 12—2 给出了实验 1 的任务，表 12—3 报告了结果。此实验的实验对象是 26 个耶路撒冷希伯来大学二年级的 MBA 学生。所有人都学习过金融、经济学和统计学的基础课程，但都没有接触过 PT，（在他们学习的此阶段）也不知道 SD 标准，更不必说相对较新的 PSD 和 MSD 投资标准了。

为了突出 CE 方法和 SD 方法之间的差别，验证对本实验的被试者而言标准的
223 PT 检验是否会产生相同的结果，我们重复了卡尼曼和特维斯基（Kahneman and Tversky，1979）的著名实验。任务Ⅰ和任务Ⅱ仅仅是对卡尼曼和特维斯基基于 CE 方法的任务的重复。我们也得出了与卡尼曼和特维斯基的研究相似的结果：在任务Ⅰ中 77%选择 F，而在任务Ⅱ中 81%选择 G。卡尼曼和特维斯基对此结果的解释为实验对象在遭受损失时（$x<0$）是风险偏好的，而在获得收益时（$x>0$）是风险厌恶的，因此他们主张“S”形偏好（Kahneman and Tversky，1979）。

表 12—2　　实验 1 的任务

	F		*G*	
	收益（美元）	概率	收益（美元）	概率
任务Ⅰ	−4 000	0.8	−3 000	1
	0	0.2		
任务Ⅱ	4 000	0.8	3 000	1
	0	0.2		
任务Ⅲ	−4 000	1/2	−5 000	1/2
	−2 000	1/2	−1 000	1/2
任务Ⅳ	4 000	1/2	5 000	1/2
	8 000	1/2	7 000	1/2

注：任务Ⅰ：如果你必须在投资 F 和 G 之间做出选择（两者给出了从现在开始一个月以后可能的损失数量），你会选择哪一个？任务Ⅱ：如果从现在开始一个月以后的收益如表中所示，那么 F 和 G 你会选哪一个？任务Ⅲ：如果你必须在投资 F 和 G 之间做出选择（两者给出了从现在开始一个月以后可能的损失数量），你会选择哪一个？任务Ⅳ：如果从现在开始一个月以后的收益如表中所示，那么 F 和 G 你会选哪一个？任务Ⅰ和任务Ⅱ重复了卡尼曼和特维斯基（Kahneman and Tversky，1979）基于 CE 方法的两个任务。任务Ⅲ和任务Ⅳ检验消除确定性效应后任务Ⅰ和任务Ⅱ的结论。负的收益代表损失。

表 12—3　　　实验 1 的选择结果

	F（%）	G（%）	无差异（%）	总计（%）
任务Ⅰ	77	23	—	100
任务Ⅱ	19	81	—	100
任务Ⅲ	73	23	4	100
任务Ⅳ	42	50	8	100

注：该表给出了实验 1 的选择结果。参加实验的被试者数量 $n=26$。表中的数字为经过四舍五入后的百分数。在任务Ⅲ中，无论是否概率加权，按 PSD 标准 G 都优于 F。在任务Ⅳ中，无论是否概率加权，按 PSD 标准 G 都优于 F。

因此，若一个为确定性前景而另外一个为有风险的前景，则 CE 方法的结果
表明卡尼曼和特维斯基关于"S"形函数的结论是稳健的，其在不同的被试者群 224
体中变化不大。然而，如前所述，出现此类结果可能是由于确定性效应，即其可能是由于受到了决策权重的影响，这在卡尼曼和特维斯基 1979 年的研究中并未涉及。也就是说，在两个任务中有可能 $w(0.2)>0.2$，即使被试者在两种情况下都是风险厌恶的，这也可以解释观测到的结果。任务Ⅲ和任务Ⅳ的目的是在消除确定性效应后，也就是说，当要考察的两个前景都不确定时，检验任务Ⅰ和任务Ⅱ的结论。

在任务Ⅲ和任务Ⅳ中，对所有的结果都有 $p=1/2$，因此，首先考察的是在非概率加权条件下的 SD 规则，卡尼曼和特维斯基（Khaneman and Tversky，1979）就是对此进行考察的。此后，CPT（Tversky and Kahneman，1992）和其他实验研究建议要考虑决策权重，使用前节讨论的 SD 规则，在任务Ⅲ中按 PSD 标准 G 优于 F，而按 SSD 和 MSD 标准 F 优于 G（见图 12—2（a））。表 12—3 显示，在任务Ⅲ中，73%的被试者选择 F，而仅有 23%的被试者选择 G（4%选择无差异）。如果按 PSD 标准 G 优于 F，则每一个具有"S"形值函数的投资者都应该更偏好 G（而不管此种偏好的斜率到底有多大，见方程 12—3）。73%的被试者选择 F 的事实表明至少有 73%的被试者的值函数并不是"S"形的。如前所述，使用"至少"是因为在 23%的选择 G 的学生中，也有证据表明其选择符合"S"形函数，但我们也可以设定很多其他非"S"形的效用函数，在这些效用函数上 G 的期望效用要比 F 高。

因此，任务Ⅰ显示 77%的实验对象在负定义域是风险偏好者，但任务Ⅲ表明对于相同实验对象至少有 73%在此定义域不是风险偏好者，这是一对明显的矛盾。对此矛盾最合理的解释是在任务Ⅰ中存在确定性效应，$w(0.2)>0.2$。实际上，大部分实验对象明显是风险厌恶者，并且由于在任务Ⅰ中使用决策权重（确定性效应），77%的实验对象选择了 F。因此，对上述结果的解释是，在任务Ⅰ中选择反映了决策权重的使用，而不能反映对风险是偏好的。

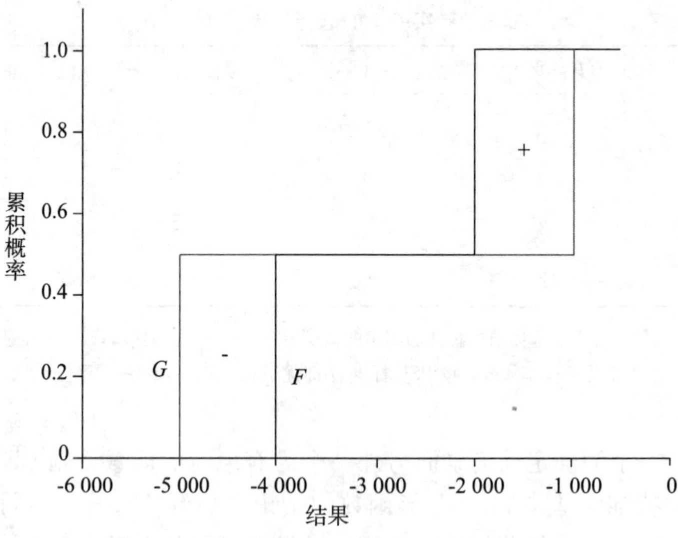

(a) 客观概率条件下，
按PSD标准G优于F，
按SSD和MSD标准F优于G

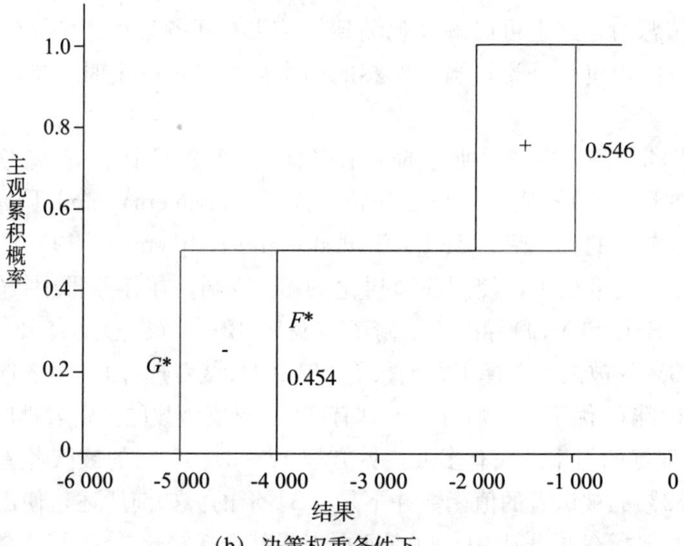

(b) 决策权重条件下，
按PSD标准G优于F，
无SSD或MSD占优

图 12—2　实验 1 中任务Ⅲ的累积分布

注：使用 SD 规则，任务Ⅲ中按 PSD 标准 G 优于 F，而按 SSD 和 MSD 标准 F 优于 G。

225 卡尼曼和特维斯基（Khaneman and Tversky，1979）在其上述的实验中未考虑决策权重，有人或许会质疑上述结论，因为上述 G 选项 PSD 占优于 F 选项的结论仅仅是在客观概率条件下得出的，如果实验对象使用 CPT 概率加权，则或许不会得出 PSD 占优的结论。对于在对称的输赢各为 50%的情况下 CPT 概率加权是否

适用的问题，这里未做讨论（Quiggin，1982）。此外，在任务Ⅲ中（下面将证明），即使在 CPT 概率加权条件下，按 PSD 标准 G 也会优于 F。也就是说，G 不仅按 PSD 标准优于 F，而且 G^* 按 PSD 标准也优于 F^*，其中 F 和 G 是客观分布，F^* 和 G^* 是根据方程（12—5）利用 CPT 决策权重得出的累积分布。

图 12—2（a）和 12—2（b）展示了 F 和 G 的累积分布。从图 12—2（a）中可以看出，按 PSD 标准 G 优于 F，因为

$$\left.\begin{aligned}&\int_{y}^{0}[F(t)-G(t)]\mathrm{d}t\geqslant 0, y\leqslant 0\\&\int_{0}^{x}[F(t)-G(t)]\mathrm{d}t=0, x>0\end{aligned}\right\}$$

根据特维斯基和卡尼曼的公式（见方程 12—5），两个结果都为负值时：

$$w_F(-4\ 000)=w_G(-5\ 000)=0.454$$
$$w_F(-2\ 000)=w_G(-1\ 000)=0.546$$

具体可参见本章后续报告的表 12—6 中根据 CPT 决策权重计算出的数字。

图 12—2（b）中为 F^* 和 G^* 给出了加权累积概率函数。在决策权重条件下，能够更加明显地看出 G^* 选项 *PSD* 占优于 F^* 选项，因为符号为正的区域要比前面符号为负的区域更大。因此，PSD 积分条件成立，这进一步证实了 G^* 优于 F^*。 226
尽管按 PSD 标准 G^*（在决策权重条件下）优于 F^*，但 73%的实验对象仍然选择了 F，因此即使考虑了概率加权，“S”形值函数的假设也会被拒绝。所以在 $p=1/2$ 的条件下，即在此特殊的均匀概率条件下，不管是否使用决策权重，都拒绝了 CPT。实验中强烈偏好前景 F 的原因可能是在 $p=1/2$ 的条件下被试者未（如 CPT 所主张的那样）进行概率加权，他们的选择反映出其在客观概率条件下按 SSD（和 MSD）标准进行选择，此时 F 优于 G。

特维斯基和卡尼曼（Tversky and Kahneman，1992）估计了“S”形值函数的参数以及加权函数的参数（见方程（12—5））。上述均匀概率条件下的实验不仅拒绝了特维斯基和卡尼曼估计的特定“S”形偏好，而且拒绝了所有可能的“S”形函数，这是一个非常强的结论。然而就加权函数而言，在实验中继续使用了特维斯基和卡尼曼估计出的参数，因而拒绝了他们对 CPT 的构想。为了对此分析进行扩展，本章进一步检验了“S”形偏好与其他加权函数结合的有效性。

让我们看一下后文表 12—6 中实验 1 的任务Ⅲ使用的决策权重，可知 G^* 按 PSD 标准优于 F^*，使用凯默勒和霍（Camerer and Ho，1994）、吴和冈萨雷斯（Wu and Gonzalez，1996）以及普雷莱茨（Prelec，1998）方法估计的决策权重也会得出相同的结论。此外，只要 $w(1/2)<1/2$ 且 $w(1)=1$（见表 12—6 中与任务Ⅲ相对应的数字），则上述占优关系就适用于任何反“S”形加权函数。因此，任务Ⅲ的结果是相当稳健的，因为它涵盖了所有的 $u\in U_s$ 以及一系列建议的决策加

权函数（包括 CPT 决策加权函数）。

总之，在负定义域，任务Ⅲ的 SD 结论与任务Ⅰ使用 CE 方法得到的经典 PT 结论相矛盾。在 $x<0$ 时，无论是否使用 CPT 概率加权，都至少有 73%的选择拒绝了风险偏好假设。此外，对文献中估计和公布的所有其他决策权重而言，也得出了相同的结论，后文表 12—6 报告了相关结果。矛盾的结论反映了 CE 方法的缺陷，其被错误地解释为当 $x<0$ 时是偏好风险的，而非解释为（当一个前景是确定的的时候）使用决策权重 $w(0.2)$ 的结果。

现在我们转向结果的正定义域，即比较任务Ⅱ和任务Ⅳ，两者分别使用了 CE 方法和 SD 方法。图 12—3 画出了使用和不使用概率加权时 F 和 G 的分布。要注意的是，在客观概率条件下

$$(a)\int_0^x [F(t)-G(t)]\mathrm{d}t \geqslant 0, x\geqslant 0$$

$$(b)\int_x^\infty [G(t)-F(t)]\mathrm{d}t \geqslant 0, x\geqslant 0$$

（且在负定义域两个积分为 0，见图 12—3）。因此按 PSD（和 SSD）G 优于 F，但
227 按 MSD 标准 F 优于 G（关于这些 SD 标准，参见前节）。融合 CPT 概率加权后可得（见后文表 12—6 与任务Ⅳ相对应的最右列）：

$$w_F(4\ 000)=w_G(5\ 000)\approx 0.579$$
$$w_F(8\ 000)=w_G(7\ 000)\approx 0.421$$

使用这些概率权重，我们可以得到 F^* 和 G^*，见图 12—3。根据这两个分布，我们可以得到以下结论：

$$\int_0^x [F^*(t)-G^*(t)]\mathrm{d}t \geqslant 0, x\geqslant 0$$

但对于某些 x 值（例如 $x=4\ 000$），有

$$\int_x^\infty [G^*(t)-F^*(t)]\mathrm{d}t < 0$$

因此，在 CPT 概率加权条件下，按 PSD 标准 G 占优于 F 的结论未改变（G^* 优于 F^*），但得不出 F^* MSD 占优于 G^* 的结论。所以融合决策权重再次强化了 PSD 占优但违反了 MSD 占优（在无概率加权条件下 MSD 占优是成立的）。

让我们看看任务Ⅳ中的选择，42%选择了 F（8%选择了无差异），也就是说，至少 42%的选择拒绝了 CPT（当选择被局限在 $x>0$ 的范围内时，PSD 和 SSD 同时成立，至少 42%的选择也拒绝了风险厌恶）。50%选择了 G，这符合 CPT 但不能证明 CPT，因为任何风险厌恶的效用函数都会表现出对 G 的偏好，这是由于按 SSD 标准 G 优于 F。因此，50%选择 G 这一结果既符合 CPT 也符合风险厌恶的 EU 范式。使用凯默勒和霍（Camerer and Ho，1994）、吴和冈萨雷斯（Wu and Gonzalez，1996）

以及普雷莱茨（Prelec，1998）估计和建议的决策权重（见表 12—6 的任务Ⅳ）不会改变得出的结论，因为在这些决策权重条件下 G^* 仍然 PSD 占优于 F^*。 228

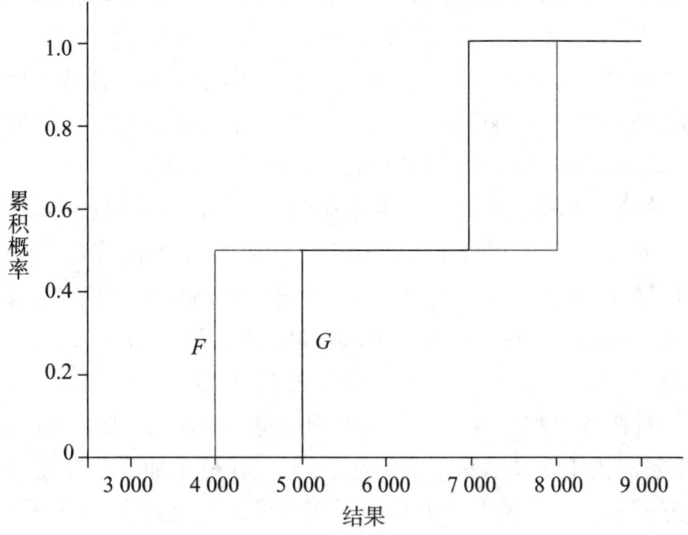

(a) 客观概率条件下，
按SSD和PSD标准，G优于F，
按MSD标准，F优于G

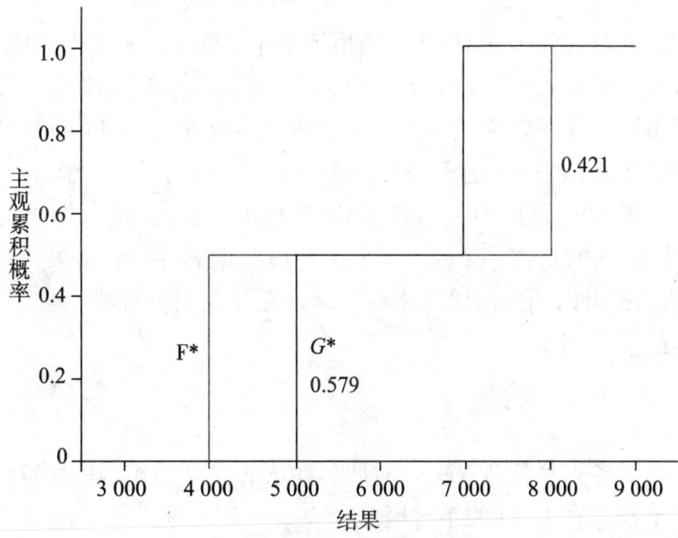

(b) 决策权重条件下，
按SSD和PSD标准，G优于F，
无MSD占优

图 12—3 实验 1 中任务Ⅳ的累积分布

注：图（a）绘出了客观概率条件下 F 和 G 的分布。此时，按 PSD（和 SSD）标准 G 优于 F，但按 MSD 标准 F 优于 G。在图（b）中，在 CPT 概率加权条件下，按 PSD 标准 G 优于 F 的结论未改变（G^* 优于 F^*），但得不出 F^* MSD 占优于 G^* 的结论。

总结一下实验 1，任务Ⅰ和任务Ⅱ是对卡尼曼和特维斯基（Kahneman and Tversky，1979）的重复，它们强烈地支持了“S”形值函数假设，而在任务Ⅲ和Ⅳ中有 42%～73%的实验对象拒绝了“S”形值函数（不论是否使用 CPT 概率加权或建议的其他决策加权函数）。对上述矛盾结果的可能解释如下：在任务Ⅰ和Ⅱ中，概率是非均匀概率并且其中一个的前景是确定的。因此，有充分的理由在这两个任务中融合概率加权。在这两个任务中选择或许主要反映了确定性效应（即与确定收益相对应的概率 1 未被扭曲，但其他概率会被扭曲），而不能说明偏好是“S”形的。

实际上，融合决策权重后，例如像方程 12—5 那样，可以很容易证明卡尼曼和特维斯基（Kahneman and Tversky，1979）的选择结果不仅符合“S”形偏好，而且同时也符合风险厌恶、线性甚至反“S”形偏好，马科维茨也持此观点。莱威和莱威（Levy and Levy，2000b）对卡尼曼和特维斯基（Kahneman and Tversky，1979）概率加权后的结果进行了分析。因此在 CPT 概率加权条件下，卡尼曼和特维斯基 1979 年对任务Ⅰ和任务Ⅱ的研究并不能得出“S”形偏好的结论。

然而，任务Ⅲ和任务Ⅳ消除了确定性效应，（在概率加权和非概率加权条件下）对“S”形偏好假设进行了检验，并拒绝了该假设。因此，在 CPT 框架下各任务的结果之间并不存在矛盾。决策权重条件下的任务Ⅰ和任务Ⅱ未能拒绝“S”形偏好假设，但它们也未能证明“S”形偏好假设，因为它不能拒绝其他很多类型的非“S”形偏好，而在任务Ⅲ和任务Ⅳ中有 42%～73%的被试者选择拒绝 CPT。

229 最后要注意的是，任务Ⅳ对 CPT 的拒绝要相对弱于任务Ⅲ对 CPT 的拒绝。原因在于任务Ⅳ中 50%的选择在符合 PSD 标准的同时也符合 EU 框架中的 SSD 标准，因为它们被限定在正定义域，但在任务Ⅲ中不存在 SSD 和 PSD 最优选择之间的一致性。对任务Ⅳ结果的一个可能的解释是当 $x>0$ 时，至少有 42%的被试者不是风险厌恶者，而 50%是风险厌恶者（8%选择无差异）。这一结果与莱威和莱威（Levy and Levy，2001）在一个完全不同的环境设定下得出的结果是一致的，即仅仅约有 50%的选择可以用风险厌恶来解释。现在让我们来看看实验 2 和实验 3，它们更强烈地拒绝了 CPT。

实验 2

在实验 1 的任务Ⅲ和任务Ⅳ中，对四类建议的决策加权函数而言，在概率加权和非加权条件下都存在 PSD 关系。因此，在 $p=1/2$ 的情况下，不论概率是否加权，“S”形偏好假设均被拒绝。实验 2 和实验 3 对 CPT 进行了更全面的检验。在这些实验中每个前景均有两个以上的结果，并且根据 CPT 一个选项要优于另一个选项，也就是说，当使用 CPT 概率加权时存在 PSD 占优。在大部分情况下，使用文献中建议的其他概率加权函数也同样存在 PSD 占优。因此，在本实验以及实验 3 中，针对有两个以上结果的前景，对所有的“S”形函数以及 CPT 概率加权函数（和其他加权函数）进行了联合检验。

在实验 2 中有 25 名实验对象，全部为 MBA 学生。表 12—4 列出了两个任务，表 12—5 报告了结果。表 12—6 给出了根据方程 12—5 得出的决策权重（即 CPT 决策权重）以及根据文献中建议的其他三个加权函数得出的决策权重。实验结果强有力地拒绝了“S”形函数以及 CPT 决策权重，同时在多数情况下拒绝了“S”形函数以及其他决策加权函数。

在任务Ⅰ中，在决策权重条件下按 PSD 标准 G^* 优于 F^*（见图 12—4）。其中不同盒状区域的面积按表 12—6 给出的 CPT 决策权重计算。因此，所有偏好可能为“S”形以及决策权重由方程 12—5 给出的被试者都应该更偏好 G，因为根据 CPT，G 优于 F。然而 100%的人会选择 F，这强有力地拒绝了前述 CPT 的两个基本要素。

使用表 12—6 中报告的其他决策权重作类似于图 12—4 的图，也可以发现使用其他三种决策加权方法按 PSD 标准计算 G^* 优于 F^*。因此，当对所有可能的“S”形函数进行联合检验时，100%选择 F 这一结果是非常强有力的证据，它表明拒绝了“S”形函数和 CPT 决策权重以及其他决策加权函数。

任务Ⅱ也得出了相似的结果，虽然强度不如任务Ⅰ。此时根据 CPT，F^* 优于 G^*（见图 12—5），但 76%的选择为 G^*，这表明“S”形函数和 CPT 决策权重对至少 76%的被试者是无效的。在任务Ⅱ中，根据 CPT，F^* 优于 G^*，并且按凯默勒和霍（Camerer and Ho，1994）建议的决策权重 F^* 同样优于 G^*（见表 12—6），230
但在普雷莱茨（Prelec，1998）以及吴和冈萨雷斯（Wu and Gonzalez，1996）建议的决策权重条件下不存在此种占优关系。因此，可以有把握地认为，在使用 CPT 以及凯默勒和侯（Camerer and Ho，1994）的决策加权函数的条件下，所有可能的“S”形偏好均被拒绝，但在使用表 12—6 给出的其他两个决策加权函数的条件下不能拒绝“S”形值函数。

表 12—4　　实验 2 的任务

	F		G	
	收益（美元）	概率	收益（美元）	概率
任务Ⅰ	−5 000	1/4	−5 800	1/4
	−4 000	1/4	−4 200	1/4
	−3 000	1/4	−3 500	1/4
	−2 000	1/4	−1 000	1/4
任务Ⅱ	1 800	1/4	1 000	1/4
	1 900	1/4	2 000	1/4
	2 500	1/4	3 000	1/4
	3 100	1/4	4 000	1/4

注：任务Ⅰ：如果你必须在投资 F 和 G 之间做出选择（两者给出了从现在开始一个月以后可能的美元损失数量），你会选择哪一个？任务Ⅱ：如果从现在开始一个月以后的美元收益如表中所示，那么 F 和 G 你会选哪一个？两个任务在各前景有两个以上结果以及概率为均匀分布的条件下，检验“S”形值函数和 CPT 概率加权函数（以及其他加权函数）。任务Ⅰ考虑的是负定义域，而任务Ⅱ考虑的是正定义域。

表 12—5　　　　实验 2 的选择结果

	F（%）	G（%）	总计（%）
任务Ⅰ：根据 PSD，G^* 优于 F^*（无 SSD 和 MSD）	77	23	100
任务Ⅱ：根据 PSD 和 SSD，F^* 优于 G^*（无 MSD）	19	81	100

231 注：该表给出了实验 2 中任务Ⅰ和任务Ⅱ的选择结果。参加实验的被试者数量 $n=25$。表中的数字为经过四舍五入后的百分数。

表 12—6　　　　不同的决策加权函数

	F	G	普雷莱茨的决策权重	吴和冈萨雷斯的决策权重	凯默勒和霍的决策权重	CPT 决策权重
实验 1 的结果						
任务Ⅲ	−4 000	−5 000	0.454 7	0.460 6	0.393 5	0.454
	−2 000	−1 000	0.545 3	0.539 4	0.606 5	0.546
任务Ⅳ	4 000	5 000	0.545 3	0.539 4	0.606 5	0.579 4
	8 000	7 000	0.454 7	0.460 6	0.393 5	0.420 6
实验 2 的结果						
任务Ⅰ	−5 000	−5 800	0.290 4	0.292 9	0.283 6	0.293 5
	−4 000	−4 200	0.164 3	0.167 7	0.109 9	0.160 5
	−3 000	−3 500	0.186 2	0.178 3	0.131 1	0.172 4
	−2 000	−1 000	0.359 1	0.361 1	0.475 4	0.373 6
任务Ⅱ	1 800	1 000	0.359 1	0.361 1	0.475 4	0.431 7
	1 900	2 000	0.186 2	0.178 3	0.131 1	0.147 6
	2 500	3 000	0.164 3	0.167 7	0.109 9	0.129 9
	3 100	4 000	0.290 4	0.292 9	0.283 6	0.290 8

注：该表列出了不同的决策权重，其通过特维斯基和卡尼曼的 CPT 累积概率转换公式（见方程 12—5）以及文献中建议的其他三个加权函数得出。

实验 3

在实验 3 中同样使用了表 12—4 中列出的两个任务。然而在实验 3 中，有几组异质的实验对象，其在该实验中可以获得货币收益，也可以不获得货币收益。相应的累积分布函数图与实验 2 的图 12—4 和图 12—5 相同。实验 3 有下列特征：

• 在实验 3 的五组实验对象中，有三组可以获得货币收益，该收益与其选择直接相关。这使得我们可以对有货币收益和无货币收益的实验结果进行比较和检验，并且可以对实验中真实货币收益的重要性进行分析。

• 实验 3 有四组商学院的学生，其中两组接触过均值—方差决策规则，但未学习过期望效用和 SD 标准。其他两组学习过复杂的投资标准，也了解均值—方差决策规则的局限性。其中一组实验对象是高年级的 MBA 学生，某些还是经济学和金融学方面的在校博士生。此外，第五组由共同基金经理和金融分析人员等从业者构成。

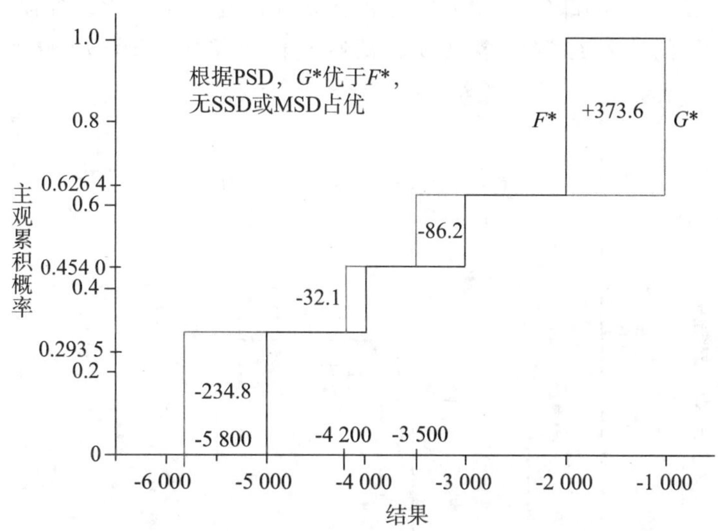

图 12—4　实验 2 中任务Ⅰ的主观累积分布

注：盒状区域面积根据表 12—6 给出的 CPT 决策权重计算得出。

收益

每个实验对象开始时会收到 75 以色列谢克尔（IS）（大约 17 美元）。然后，给他们一份问卷，告诉他们填完问卷并上交后，会当着他们的面进行一次抽奖以确定每个任务中实现的前景结果。对每个任务以及每个前景而言，抽奖是独立的。如果在被试者选择的前景中结果 X 被实现，则被试者获得（或正或负）的现金流为 $X/100$ IS。在被试者做出选择并抽出相应结果后，他们会立即得到收益。要注意的是，对被试者而言，在最坏的情况下，他们也不会损失自己的钱。他们至多损失实验开始时给他们的钱。在最坏的情况下，被试者会获得 150IS，大约 33 美元。在 10 到 15 分钟的实验中，大部分被试者会赢 20 到 30 美元。 232

结果

表 12—7 展示了研究结果，接下来我们主要对研究结果进行一个详细的阐述。

与实验 2 的结果相同，任务Ⅰ的被试者偏好 F，而任务Ⅱ的被试者大部分选择了 G。现金报酬存在与否未改变选择结果，与实验 2 以及实验 1 中的任务Ⅲ和任务Ⅳ一样，结果都强烈地拒绝了 CPT 联合假设。此外，与实验 2 中的结果相似，任务Ⅰ的结果拒绝了所有可能的“S”形值函数与表 12—6 给出的其他决策加权函数的联合假设。然而，与实验 2 相似，不能拒绝普雷莱茨（Prelec，1998）

以及吴和冈萨雷斯（Wu and Gonzalez，1996）的决策加权函数（参见对实验 2 的结果的讨论）。

五个组别的选择非常近似。基金经理和金融分析人员组别和学生组别之间的选择差异非常小。同时，至少在此不允许杠杆的特殊情况下，有无现金报酬的选择结果也非常相似。因此，可以对结果进行加总，将研究重点集中在表 12—7 中有 165 个实验对象的最下面的部分。从这些结果中得出的结论是，CPT 所有可能的“S”形偏好和 CPT 的决策加权函数（以及某些其他决策加权函数）的联合假设被 87.9%～89.6%的实验对象所拒绝。

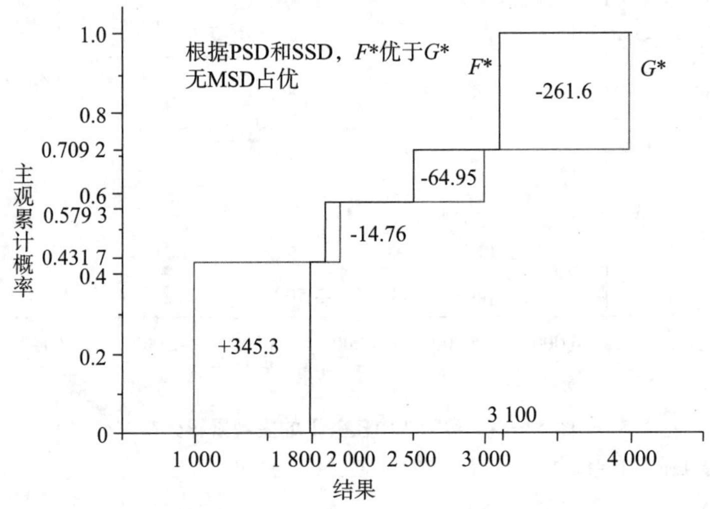

图 12—5　实验 2 中任务Ⅱ的主观累积分布

233 注：根据 CPT，F^* 优于 G^*，然而 76%的选择为 G^*，这意味着对至少 76%的被试者而言，CPT 的“S”形函数和决策权重是无效的。

表 12—7　　实验 3 中的选择

（%）

	任务	*F*	*G*	总百分比
组 1	任务Ⅰ	94.8	5.2	100
	任务Ⅱ	12.1	87.9	100
组 2	任务Ⅰ	92.8	7.2	100
	任务Ⅱ	9.5	90.5	100
组 3	任务Ⅰ	95.6	4.4	100
	任务Ⅱ	8.7	91.3	100
组 4	任务Ⅰ	77.8	22.2	100
	任务Ⅱ	7.4	92.6	100

续前表 234

	任务	F	G	总百分比
组 5	任务Ⅰ	80.0	20.0	100
	任务Ⅱ	13.3	86.7	100
	任务Ⅰ	87.9	12.1	100
	任务Ⅱ	10.4	89.6	100

注：组 1：$n=58$，商学院的本科学生；无货币报酬。组 2：$n=42$，共同基金经理和金融分析人员；无货币报酬。组 3：$n=23$，2 年级 MBA 学生；未接触过 SD 标准，有货币报酬。组 4：$n=27$，2 年级 MBA 学生；学习过 SD 标准以及期望效用理论，有货币报酬。组 5：$n=15$，高年级 MBA 学生（某些为博士生）；学习过 SD 标准、期望效用和前景理论。五组实验对象加总结果，$n=165$。本表显示了不同组的实验对象对表 12—4中任务Ⅰ和任务Ⅱ的选择结果，有些可获得货币收益，有些无货币收益。

PSD（或 CPT）占优：任务Ⅰ中 G 优于 F；任务Ⅱ中 F 优于 G。

概要和结论

自卡尼曼和特维斯基的前景理论（PT）（Kahneman and Tversky，1979）以及其完善形式累积前景理论（Tversky and Kahneman，1992）等开创性理论问世以来，期望效用理论（EUT）受到了严峻的挑战，因为实验研究发现实验对象根据 PT 和 CPT 进行选择，这违反了 EUT。由于大部分金融和经济学模型都是基于 EUT 的，因此 CPT 意味着这些模型存在问题。

更特别的是，CPT 认为实验对象基于财富的变化而非总财富进行选择（这并不影响马科维茨以及夏普—林特纳 CAPM 提出的投资组合有效集分析）。实验对象会使用决策权重，这在总体上违反了 EUT，尤其是违反了 CAPM，他们的典型特征是拥有“S”形值函数，这违反了所有假设风险厌恶的模型，但并不违反期望效用。此外，如果像 CPT 所主张的那样，在均匀概率条件下概率也被加权，则在经济学和金融学领域，所有通过赋予 n 次事后观测中每一次 $1/n$ 概率来估计事前分布的实证研究结果都是有问题的。

在本研究中，使用随机占优标准检验了 CPT 的有效性。虽然 CPT 还有许多更重要的要素（比如损失厌恶和心理核算），但本研究主要关注决策权重，财富的变化以及“S”形值函数，这些都是 CPT 的重要特征。然而，就有很多证据支持的损失厌恶而言，其并不违背期望效用模型，也不违背均值—方差模型以及 CAPM。

当前对 PT 和 CPT 进行检验的实验研究主要使用确定性等价方法以及效用中位数方法。使用确定性等价（CE）方法的实验研究将一个有两个结果的选择（一

235 般而言，其中一个结果出现的概率非常低）与一个确定性的选择进行比较。因此，存在普遍的确定性效应，这意味着决策权重会强烈地影响选择。效用中位数方法也可对两个选择进行比较，其中每个选择都至多有两个结果，且各结果出现的概率不等。这两种检验 CPT 的方法并不能反映大部分实际选择情况，实际情况是投资者往往不得不在两个有风险的前景之间进行选择，例如两只基金、两种仓位、杠杆化的投资组合和非杠杆化的投资组合。

为了克服确定性效应和两结果的限制，莱威和莱威（Levy and Levy，2001，2002a）提出了随机占优标准（可以用其来检验 CPT 和其他备择假设），然后在实验中使用了这些标准。SD 标准相对于 CE 方法的优势在于我们可以对两个风险选择进行比较，且每个选择可以有多个结果，因此被比较的前景与实际观察到的前景更相近，同时也避免了确定性效应。在此之前，研究者们在 CPT 实验中从未使用过此类 SD 标准，因为与所有“S”形偏好和所有反“S”形偏好相对应的 SD 标准仅仅是在近几年才发展起来的。

本研究的原假设为具有任意可能的“S”形偏好以及 CPT 决策权重（见方程 12—5）的实验对象基于财富的变化进行决策。同时我们也对任意可能的“S”形偏好与文献中提出的其他决策加权函数的联合假设进行了检验。本章主要研究结果具有相同可能概率的情况，这是一种典型情况，且对经济学和金融学领域的实证研究意义重大。因此，本研究的结果和结论仅限于对均匀概率情况的研究。然而均匀概率情况对经济模型而言，特别是对于这些模型的实证检验而言尤为重要。

本研究总共使用了 216 个实验对象，每个实验对象要做出几项选择。有些实验对象是学生（二年级 MBA 学生、高年级金融专业学生以及本科生），有些是金融领域的分析人员和共同基金经理。在某些实验中可以获得真实货币收益，收益的大小与实验对象的选择直接相关。主要研究结果如下。

重复了卡尼曼和特维斯基 1979 年使用确定性等价方法进行的实验。结果与卡尼曼和特维斯基的结果非常相似，即支持了在负定义域存在风险偏好的“S”形值函数。然而在使用 SD 投资标准以及选择为两个不确定性前景（不存在“确定性效应”）的其他实验任务中，相同的实验对象却有 42%～73%拒绝了非决策加权以及 CPT 决策加权条件下任意可能的“S”形偏好。

因此，使用 CE 方法，发现大约有 75%的实验对象在负定义域是风险偏好者，但使用 SD 方法发现同样的实验对象却有 75%在负定义域不是风险偏好者，这是明显互相矛盾的结论（在正定义域也存在相同的矛盾之处）。这种看似矛盾的选择是卡尼曼和特维斯基在其 1979 年的论文中未考虑概率加权导致的。因此，在概率加权条件下，他们的研究结果以及本研究重复其实验所得的结果不仅符合“S”形函
236 数，而且可能符合风险厌恶型、线性甚至反“S”形偏好函数。也就是说，在任务Ⅰ和任务Ⅱ中，存在由 $w(0.2)>0.2$ 导致的确定性效应，因此选择仅仅反映了此决策权重而非卡尼曼和特维斯基（Kahneman and Tversky，1979）推断得出的风

险偏好。

实验 2 和实验 3 对更一般的情况进行了检验，实验考虑了有两个以上结果的前景。在这些任务中，对负定义域偏好的凸性以及正定义域偏好的凹性分别进行了检验。在这两个实验中，CPT 概率加权的结果如下：88％～100％的被试者选择拒绝负定义域的风险偏好。76％～90％的被试者选择拒绝正定义域的风险厌恶。

总之，在均匀概率情况下，“S”形偏好以及 CPT 提出的决策加权函数被拒绝。然而要区分出是 CPT 概率加权不正确还是“S”形偏好不正确或者还是两者均不正确，基本上是不可能完成的任务。多数情况下，文献中提出的其他加权函数与“S”形偏好的联合假设也被拒绝了。尽管各组实验对象的特征有所不同，也不管实验中是否会获得实际货币收益，实验结果都非常相似。

本研究的结论并不是说 CPT 是无效的，这主要出于以下几方面的原因。首先 CPT 包含的几个重要特征并未在本研究中进行检验。其次，在一个为确定性前景而另一个为有两个结果（一个结果出现的概率相对较小而另一个出现的概率相对较大）的不确定性前景的极端情况下，CPT 可以解释选择行为。

然而，对经济学和金融学领域遇到的大部分情况而言，即在有 n 次观测且每次观测被赋予 $1/n$ 概率的不确定性前景的条件下，所有的“S”形偏好与较广范围内的反“S”形加权函数的联合假设被拒绝。因此，CPT 的有效性及其在某些情况下对人类决策行为的有力解释实际上对所有经济学和金融学领域最常使用的实证检验以及 CAPM 等理论均衡模型的意义有限。因此，CPT 虽然在很多情况下有很强的解释力，但在特别而重要的均匀概率条件下没有解释力。

本章得出的结果可能令人感到吃惊。毕竟很多研究都曾对 CPT 进行过检验和验证。然而，这些研究大部分使用了 CE 或中位数方法而非更具一般性的 SD 方法，而在实验中的前景与投资者在真实世界面对的前景相同时，可以使用后一种方法。重复本研究所需的所有数据在本章都可获得。重做该实验也很容易，欢迎存有疑虑的读者进行类似的实验以验证上述结果。

讨论题

1. 假设卡尼曼和特维斯基的决策权重函数是可以接受的，并且现在的任务是估计某只股票的 β 值。在此条件下如何对 β 进行测度？

2. 假设按 PSD 标准 F 优于 G，那么在两个随机变量上都增加 10 000 美元后 PSD 占优是否仍然成立？

3. 使用确定性等价方法和有两个以上结果的风险前景不能得出关于效用函数 237
曲率的结论，试解释原因。

4. 本研究表明，在等概率权重条件下，CPT 被违反。试提出一种研究方法在

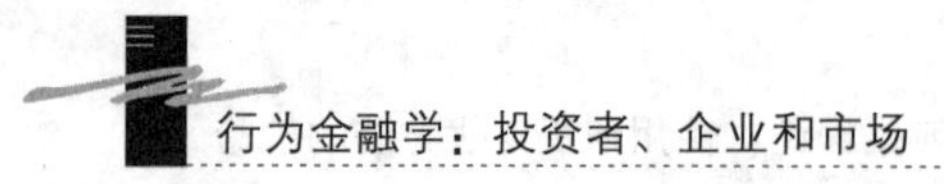

非相同和小概率条件下检验 CPT。

参考文献

Abdellaoui，Mohammed. 2000. Parameter-free elicitation of utilities and probability weighting functions. *Management Science* 46：11，1497－1512.

Abdellaoui，Mohammed，Han Bleichrodt，and Corina Paraschiv. 2007. Loss aversion under prospect theory：A parameter-free measurement. *Management Science* 53：10，1536－1674.

Allais，Maurice. 1953. Le comportement de l'homme rationnel devant le risque：Critique des postulats et axiomes de l' 'ecole am' ericaine. *Econometrica* 21：4，503－546.

Arditti，Fred D. 1967. Risk and the required return on equity. *Journal of Finance* 22：1，19－36.

Arrow，Kenneth. 1965. *Aspects of the theory of risk bearing*. Helsinki：Yrjö Hahnsson Foundation.

Baltussen，Guido，Thierry Post，and Pim van Vliet. 2006. Violations of cumulative prospect theory in mixed gambles with moderate probabilities. *Management Science* 52：8，1288－1290.

Benartzi，Shlomo，and RichardH. Thaler. 1995. Myopic loss aversion and the equity premium puzzle. *Quarterly Journal of Economics* 110：1，73－92.

Booij，Adam S.，and Gijs van de Kuilen. 2009. A parameter-free analysis of the utility of money for the general population under prospect theory. *Journal of Economic Psychology*，forthcoming.

Brinbaum，Michael，H. Kathleen Johnson，and Jay-Lee Longbottom. 2008. Tests of cumulative prospect theory with graphical displays of probability. *Judgment and DecisionMaking* 3：7，528－546.

Camerer，Colin F.，and Teck-Hua Ho. 1994. Violations of the betweenness axiom and nonlinearity in probability. *Journal of Risk and Uncertainty* 8：2，167－196.

Edwards，Ward. 1962. Subjective probabilities inferred from decisions. *Psychology Review* 69：2，109－135.

Fama，Eugene F.，and Kenneth R. French. 1992. The cross-section of expected stock returns. *Journal of Finance* 47：2，427－465.

Fama，Eugene F.，and Kenneth R. French. 1993. Common risk factors in the returns on stocks and bonds. *Journal of Financial Economics* 33：1，3－56.

Fama, Eugene F., and James D. Macbeth. 1973. Risk, return and equilibrium: Empirical tests. *Journal of Political Economy* 81: 3, 607-636.

Fennema, Hein, and Marcel van Assen. 1998. Measuring the utility of losses by means of the tradeoff method. *Journal of Risk and Uncertainty* 17: 3, 277-295.

Fishburn, Peter C. 1964. *Decisions and value theory*. New York: John Wiley & Sons, Inc.

Fishburn, Peter C. 1978. On Handa's "new theory of cardinal utility" and the maximization of expected return. *Journal of Political Economy* 86: 2, 321-324.

Friedman, Milton, and Leonard J. Savage. 1948. The utility analysis of choices involving risk. *Journal of Political Economy* 56: 4, 279-304.

Friend, Irwin, and Randolph Westerfield. 1980. Co-skewness and capital asset pricing. *Journal of Finance* 35: 4, 897-913.

Hadar, Joseph, and William R. Russell. 1969. Rules for ordering uncertain prospects. *American Economic Review* 59: 1, 25-34.

Hanoch, Giora, and Haim Levy. 1969. The efficiency analysis of choices involving risk. *Review of Economic Studies* 36: 3, 335-346.

Harvey, Campbell, and Akhtar Siddique. 2000. Conditional skewness in 238
asset pricing tests. *Journal of Finance* 55: 3, 1263-1295.

Kahneman, Daniel, and Amos Tversky. 1979. Prospect theory: An analysis of decision under risk. *Econometrica* 47: 2, 263-291.

Kraus, Alan, and Robert H. Litzenberger. 1976. Skewness preference and the valuation of risk assets. *Journal of Finance* 31: 4, 1085-1100.

Levy, Haim. 2006. *Stochastic dominance: Investment decision making under uncertainty*. Boston: Kluwer Academic Press.

Levy, Moshe, and Haim Levy. 2001. Testing for risk-aversion: A stochastic dominance approach. *Economics Letters* 71: 2, 233-240.

Levy, Moshe, and Haim Levy. 2002a. Prospect theory: Much ado about nothing. *Management Science* 48: 10, 1334-1349.

Levy, Haim, and Moshe Levy. 2002b. Experimental test of the prospect theory value function. *Organizational Behavior and Human Decision Processes* 89: 2, 1058-1081.

Lintner, John. 1965. Security prices, risk, and the maximal gains from diversification. *Journal of Finance* 20: 4, 587-615.

Machina, Mark J. 1982. Expected utility analysis without the independence axiom. *Econometrica* 50: 2, 277-323.

Machina, Mark J. 1994. Review of generalized expected utility theory: The rank-dependent model. *Journal of Economic Literature* 32：3，1237－1238.

Markowitz，Harry M. 1952a. Portfolio selection. *Journal of Finance* 7：1，77－91.

Markowitz，Harry M. 1952b. The utility of wealth. *Journal of Political Economy* 60：2，151－156.

Markowitz，Harry M. 1959. *Portfolio selection*. New York：John Wiley and Sons.

Markowitz，Harry M. 1987. *Mean variance analysis，portfolio choice and capital markets*. New York：Basil Blackwell.

Pratt，John W. 1964. Risk aversion in the small and in the large. *Econometrica* 32：1/2，122－136.

Prelec，Drazen. 1998. The probability weighting function. *Econometrica* 66：3，497－527.

Quiggin，John C. 1982. A theory of anticipated utility. *Journal of Economic Behavior and Organization* 3：4，323－343.

Rabin，Matthew. 2000. Risk aversion and expected-utility：A calibration theorem. *Econometrica* 68：5，1281－1292.

Roll，Richard. 1977. A critique of asset pricing theory's test：Part I：On past and potential testability of the theory. *Journal of Financial Economics* 4：2，129－176.

Rothschild，Michael，and Joseph Stiglitz. 1970. Increasing risk：I. A definition. *Journal of Economic Theory* 2：3，225－243.

Sharpe，William F. 1964. Capital asset prices：A theory of market equilibrium. *Journal of Finance* 19：3，425－442.

Thaler，Richard H. 1999. Mental accounting matters. *Journal of Behavioral Decision Making* 12：3，183－206.

Tobin，James. 1958. Liquidity preferences as behavior toward risk. *Review of Economic Studies* 25：2，65－86.

Tversky，Amos，and Daniel Kahneman. 1992. Advances in prospect theory：Cumulative representation of uncertainty. *Journal of Risk and Uncertainty* 5：4，297－323.

Viscusi，Kip W. 1989. Prospective reference theory：Toward an explanation of the paradoxes. *Journal of Risk and Uncertainty* 2：3，235－264.

von Neuman，John，and Oskar Morgenstern. 1944. *Theory of games and economic behavior*. Princeton，NJ：Princeton University Press.

Wakker，Peter P. 2003. The data of Levy and Levy (2002) "Prospect theory：Much ado about nothing?" actually support prospect theory. *Management Science* 49：7，979－981.

Wu, George, and Richard Gonzalez. 1996. Curvature of the probability weighting function. *Management Science* 42：12，1676－1690.

作者简介 239

哈伊姆·莱威（Haim Levy）于 1969 年在耶路撒冷希伯来大学获得博士学位，1976 年被聘为企业管理学院教授。在过去的 50 多年里，莱威教授出版了几部专著，在高水平金融类杂志上发表了上百篇文章，其中有几篇文章是与诺贝尔经济学奖获得者哈里·马科维茨以及保罗·萨缪尔森合作完成的。莱威教授的创新性工作为他赢得了很多学术荣誉和奖项。1988 年和 2005 年，他分别被评为 1945—1986 年以及 1952—2002 年金融领域最多产的研究者。2006 年，莱威教授因其研究在现代金融理论形成和发展过程中所起的重要作用而获得 EMET 奖。他对金融和其他领域的两项主要贡献包括发展了随机占优标准（它是在不确定条件下进行决策时使用的规则），以及发展了风险管理的经济学模型。

致　谢

作者感谢什贵·莱威（Shiki Levy）和迈克尔·奥卡恩（MiChal Orkan）的有益评论。同时也感谢克鲁格金融研究中心的资金支持。

241 第13章 过度自信

马库斯·格莱泽（Markus Glaser）
康斯坦茨大学企业管理学院教授

马丁·韦伯（Martin Weber）
曼海姆大学企业管理学院教授

引 言

过度自信是一种普遍现象，它可以造成严重的后果。研究者发现过度自信能够在一定程度上解释战争、罢工、法律诉讼、企业破产以及股市泡沫等（Glaser，Nöth，and Weber，2004；Moore and Healy，2008）。普劳斯（Plous，1993，p. 217）写道：“在决策和判断过程中，没有什么问题比过度自信更普遍、更有可能造成灾难性的后果。”

此外，过度自信也是一个非常活跃的研究领域，(2009 年中期）按关键词“过度自信”对两个文献数据库的搜索结果表明：

• EBSCO 商业资源全文库发现 2008 年发表的同行评审期刊论文有 144 篇，从 2000 年到搜索日发表的有 1 189 篇。

• ScienceDirect 发现 2008 年发表的同行评审期刊论文有 250 篇，从 2000 年到搜索日发表的有 1 556 篇。

由于关于过度自信有如此巨量的资料，因此，本章的一个主要目的是对过度自信的基本方面进行解释，而不是对整个领域进行综述。许多不同的现象被归类为过度自信，这往往使人们产生困惑——在特定环境下过度自信到底指的是什么呢？本章会讨论金融领域最重要的一个方面：判断区间错误校准。本章特别关注来自心理和决策分析领域的最新文献，以确定其在金融方面的某些应用。

本章结构如下：第二部分描述了过度自信的某些基本方面，展示了为获得调查对象的自信程度而向他们提出的问题。第三部分讨论了在金融学中如何对过度自信建模。第四部分讨论了影响过度自信的程度的因素，包括过度自信在时间上的稳定性以及对过度自信的可能的解释。第五部分回顾了一些最新的研究成果，它们对金融中过度自信的影响效果进行了分析。本章还特别描述了一些现象，这些现象可以用投资者行为、资产定价和公司金融领域内融合过度自信的行为金融模型予以解释。实证和实验研究发现过度自信可以解释诸如投资者的过度交易、股市异象或企业过度投资等现象。最后我们对本章进行了简短的总结并对未来的研究方向提出了建议。

过度自信的基本方面

过度自信的两个基本方面是错误校准和优于常人效应。错误校准出现在对可知
的数量估计（例如尼罗河的长度）和对未知的数量估计方面（例如未来股票价格或 242
股票指数值）。可以用下述分位数方法来测度区间估计的错误校准程度：

请给出您预测的下述估计值。该问题（例如尼罗河的长度问题或一周后道琼斯欧盟 STOXX50 指数值问题）的正确答案应该

• 以较高概率（95%）不低于下限。

• 以较高概率（95%）不高出上限。

有研究分析了用此种分位数方法对不确定数量的估计，它们通常发现估计值的概率分布过于集中（Lichtenstein，Fischhoff and Phillips，1982；Keren，1991）。例如，有研究让人们给出某些不确定数量 90%的置信区间（例如尼罗河长度的区间），结果研究发现意外比率（即实际值落在置信区间之外的百分比）要高于 10%，而在估计 95%上限和下限时，10%是无偏个体的意外比率。

此种对概率分布的分位数估计往往用在对不确定的连续量的估计上，提出的问题多是常识性问题（Juslin，Wennerholm and Olsson，1999；Klayman，Soll，

Gonzalez-Vallejo and Barlas，1999；Soll and Klayman，2004；Cesarini，Sandewall and Johannesson，2006；Juslin，Winman and Hansson，2007)。许多使用90%置信区间的研究的命中率要低于50%，导致50%或更高的意外比率而非校准正确时预期的10%（参见Hilton，2001；Klayman et al.，1999；Russo and Schoemaker，1992)。

此种置信区间估计也被用来对时间序列进行预测，比如股价走势等（Budescu and Du，2007；Glaser and Weber，2007)。通过询问未来指数值/收益或股票价格/
243 收益的置信区间（例如一周后道琼斯欧盟STOXX50指数值的前述区间）来获得投资者对波动性估计的问卷研究通常会发现得出的区间过窄。因此，过去的波动性被低估了（Hilton，2001；Glaser et al.，2004)。其中一个例子是格雷厄姆和哈维（Graham and Harvey，2001）的研究。其在对固定对象的多次调查中研究了他们对股票市场风险溢价的预期以及对相关波动性的估计。调查每季度进行一次，调查中要求美国公司的财务总监（CFO）们给出他们对市场风险溢价以及该溢价90%置信区间上限和下限的估计。相对于一年期股票收益的实际标准差，格雷厄姆和哈维发现CFO们低估了股票收益的方差，并且对他们的估计非常自信。德邦特（DeBondt，1998）对46个个人投资者进行了研究。其中一个重要的发现是置信区间相对于价格的实际波动过窄。格莱泽、朗格和韦伯（Glaser，Langer，and Weber，2009）对学生和职业股票交易者的研究也得到了相同的结果。希尔顿（Hilton）对分析汇率和股票价格预测的问卷调查研究进行了综述，在该综述中，相关研究也发现存在置信区间过窄的问题。

在上述研究中，经常会如布代斯库和杜（Budescu and Du，2007）那样计算命中率。当对特定时间窗口的实际金融时间序列进行预测时，此类命中率指标存在很大的问题，因为不同公司股票价格的变动并非独立的（Glaser，Langer，and Weber，2007)。考虑如下投资者，其在2001年7月预测一组股票会小幅上涨到年底，预测误差围绕根据股票价格历史波动得出的预测中位数上下波动。虽然其事前预测看似非常合理，但2001年11月11日后，该投资者会被归入极端过度自信投资者那一类。这就是一些研究要比较由陈述的置信区间得出的波动性预期与诸如历史波动性或期权市场波动性等合理基准的原因（Graham and Harvey，2001；Glaser and Weber，2007)。当预测金融时间序列时，金融计量学者从不主张根据一个简单的“正确”波动性估计来判断被试者陈述的置信区间的适当性。几乎不存在“最优”的波动性预测（Poon and Granger，2004)。然而不同的波动性基准仅会影响研究者测度的过度自信的数值，而不会影响人们过度自信的程度的排序。

过度自信的一个方面是，一些研究让被试者回答有两个选项的问题以测度错误校准程度，如要求被试者说出他们的答案为正确答案的概率，见下述例子（直接概率判断)：

• 谁最先出生，达尔文还是狄更斯？

• 你对上述答案的正确性有多肯定（请说出一个介于 50%到 100%的值）？

通常的结果是答案为正确的比例要低于赋予的概率（Lichtenstein et al.，1982）。

过度自信的另一个方面是优于常人效应。为引导出该效应而设计的典型问题是：

• 考虑一下你的驾驶技术。与本房间的其他人相比，你认为你的驾驶技术要好于一般水平吗？

研究的主要发现是人们认为他们的技能要高于一般水平。泰洛和布朗（Taylor and Brown，1988）发现人们对自己有不现实的正评价。此种迹象的一个重要表现 244
就是人们认为自己有优于他人的技能和个性品质。一个经常被引用的例子是一组学生中有 82%的人认为自己属于驾驶安全性最高的那部分（30%）驾驶员（Svenson，1981）。最近的文献中的一个争论关注优于常人效应能否按理性来解释（Merkle and Weber，2009）。

至此，我们对错误校准和优于常人效应都做了讨论。然而也有人使用其他术语来表示此类行为。穆尔和希利（Moore and Healy，2008）建议使用下面的表述：

• “信念的过度精确”，也被称为错误校准。

• “相对于他人，对自己的表现定位过高”，也被称为优于常人效应。

下面一部分解释如何将过度自信融合到金融模型中。

金融模型中的过度自信

过度自信通常被建模表示为高估私人信息的精确性（Glaser et al.，2004）。在投资者交易模型中，风险资产不确定的变现价值被建模表示为随机变量的实现。假设变现价值 v 是正态分布的一次实现，其均值为 0，方差为 $\sigma_{\tilde{v}}^2$，即 $\tilde{v}\sim N(0,\sigma_{\tilde{v}}^2)$。投资者收到的私人信息信号 s 是有噪声的，即它们含有随机误差 ε。假定随机变量（变现价值 $\tilde{v}$ 的分布以及误差项 $\tilde{\varepsilon}\sim N(0,\sigma_{\tilde{\varepsilon}}^2)$ 的分布）是独立的，信号 s 往往被表示为随机变量 $\tilde{s}$ 的实现，该随机变量为随机变量 $\tilde{v}$ 与 $\tilde{\varepsilon}$ 之和，即 $\tilde{s}=(\tilde{v}+k\cdot\tilde{\varepsilon})\sim N(0,\sigma_{\tilde{v}}^2+k^2\cdot\sigma_{\tilde{\varepsilon}}^2)$。参数 k 反映过度自信是否出现。如果参数 k 的取值区间为（0，1），则投资者低估了信号 s 的方差，也就是说投资者低估了误差项的方差。如果 $k=0$，则投资者认为他确定地知道风险资产的价值。因此，此种过度自信的建模方式反映了投资者低估信号的方差或不确定的资产变现价值的方差的思想。造成的后果就是他们的置信区间过窄。这种建模过度自信的方式与上述定义的错误校准密切相关。因此，此种解释主要关注的是区间估计的错误校准。穆尔和希利（Moore and Healy，2008）还提供了关于过度自信的其他方面的证据。

一些模型假定过度自信的程度，即低估信号方差的程度，是一种稳定的个体特征，也就是说其不随时间而变化。然而其他模型假定过度自信随时间而动态变化。

此种假设的提出得益于心理学研究发现存在有偏自我归因（Wolosin，Sherman，and Till，1973；Langer and Roth，1975；Miller and Ross，1975；Schneider，Hastorf，and Ellsworth，1979）。人们过度估计了自身在其成功中所起的作用。在金融学文献中，过度自信及有偏自我归因有时被看成对等的静态和动态组成部分
245 （Hirshleifer，2001）。在带有有偏自我归因的过度自信模型中，过度自信的程度，也就是高估私人信息的精确性的程度，是过去投资的成功程度的函数。

在这点上，应该强调理论金融学在建模过度自信时的下述显性和隐性假设。静态模型或过度自信的程度不随时间变化的模型假设过度自信的程度即错误校准存在稳定的个体差异。一些论文如布宜诺斯（Benos，1998）甚至将投资者间不同的过度自信程度称为不同的投资者“类型”。

与这些显性和隐性的假设相反，关于错误校准是否是领域或任务依赖的问题，在心理学文献中存在极大争论。某些研究甚至认为错误校准是一种统计假象（Gigerenzer，Hoffrage，and Kleinbolting，1991；Erev，Wallsten，and Budescu，1994；Klayman et al.，1999；Juslin，Winman，and Olson，2000）。其他研究质疑在推理或决策能力方面存在稳定的个体差异（Stanovich and West，1998，2000；Parker and Fischhoff，2005）。本章的下一部分将对这些问题进行深入讨论。

影响过度自信的程度的因素、个体差异及其解释

随被试者与时间的变化，人们过度自信的程度也会有所不同，本部分讨论解释过度自信的程度差异的因素。特别地，我们提供了一些分析特定获取方法、问题难易程度、性别、文化、被试者可得信息数量、货币激励以及专业知识等方面影响的研究。此外，我们讨论了过度自信程度在时间上具有稳定性的证据并尝试论证了过度自信的出现是否符合理性。

获取方法

与分位数方法相比，直接概率判断仅会导致中等程度的偏误。一些使用直接概率判断的研究甚至发现中等程度的信心不足。使用分位数估计得出极端过度自信而使用概率估计得到较好的校准结果，尤斯林等（Juslin et al.，1999）将这种模式称为“过度自信的获取方式依赖”。

在获取区间估计时，实验工作者可以在前述基本问题的几种变形之间进行选择：

• 请给出以下估计。该问题（例如，第一个问题是尼罗河的长度；第二个问题是一周后道琼斯欧盟 STOXX 50 指数值）的正确答案应该是……

索尔和柯雷曼（Soll and Klayman，2004）区分了范围法、两点法和三点法。

使用范围法时，要求做出类似90%置信区间的判断，不要求给出更精确的数值。 246
两点法将任务分成两个独立问题，例如上面给出（上限和下限）的例子。在三点法中，要求被试者在给出区间上限和下限的同时给出估计的中位数。因此，利用分位数方法测度错误校准程度可以有三种方式：(1) 询问一个区间，被试者以90%的概率确信该区间包含正确答案；(2) 分别询问两个点，其中一个以5%的概率低于该点，另一个以5%的概率高于该点；(3) 询问上述两个估计值再加上一个中位数估计值。索尔和柯雷曼还记录了过度自信获取方式依赖的另外一种情况。他们发现获取主观区间的方式对得出的过度自信的程度有极大影响，通过获取90%的置信区间的方式得出的过度自信的程度最高而通过询问中位数以及上限和下限方式得出的过度自信的程度最低。

布代斯库和杜（Budescu and Du，2007）让被试者提供股价预测的上限和下限。更特别的是，他们让被试者提供未来股价的中位数值及其50%、70%和90%的置信区间。使用被试者组内实验方法，布代斯库和杜发现70%的置信区间校准良好。当让被试者给出90%的置信区间时他们发现存在过度自信，而当让被试者给出50%置信区间时他们发现存在信心不足。

关于股市预测，格莱泽等（Glaser et al.，2009）发现随着预测期的延长，过度自信的程度会增强。对于较短的预测期例如一周，他们发现存在轻微的信心不足。格莱泽、朗格、雷恩德斯和韦伯（Glaser，Langer，Reynders，and Weber，2008）发现股票市场预测中，过度自信效应的强度显著依赖于是否让被试者提供价格或收益预测。当要求被试者提供与预测价格相比所得收益时，波动性估计值会较小（因而过度自信偏向更强烈）。总之，测度错误校准程度的方式对获得的错误校准程度会产生重大影响。

问题的难易程度

过度自信并不是无处不在的。对于非常简单的问题，过度自信的程度往往会降低，甚至出现反转，该现象一般被称为难易效应。当难易效应出现时，人们对较难的问题会表现出过度自信而对较容易的问题会表现出较低程度的过度自信甚至信心不足（Lichtenstein and Fischhoff，1977）。

一些研究记录了此种难易效应（Lichtenstein and Fischhoff，1977；Soll，1996；Brenner，Koehler，Liberman，and Tversky，1996；Juslin et al.，2000；Stone and Opel，2000；Brenner，2003），并且发现此效应广泛存在于不同种类的问题中（Brenner，2003）。此外，有证据表明对于特别难的问题过度自信偏向最为普遍（Erev et al.，1994；Dawes and Mulford，1996；Soll，1996）。

在实验研究中，任务的难度由得出正确答案的人所占的比例或被试者对问题难度的主观评价测度（Soll，1996；Klayman et al.，1999；Brenner，2003）。例如，在二选项的常识问题研究中，那些回答正确的次数小于70%的问题被看成“难题”

247 (Lichtenstein and Fischhoff，1977；Suantak，Bolger，and Ferrell，1996；Stone and Opel，2000)。

研究者对这些结论进行了多种解释。例如，某些研究者认为难易效应是被试者在估计较难问题时犯错误导致的。因此，被试者有可能认为难题比表面上看起来要容易，从而导致遇到难题时过度自信的程度更高（Pulford and Colman，1997）。然而，艾利夫等（Erev et al.，1994）认为观察到的过度自信和信心不足可能源于不同模型的回归效应。此外，其他学者强调实验者选择的没有代表性的问题的重要性，同时强调在直接概率估计中要求给出频率会减少或消除过度自信（Gigerenzer et al.，1991；Juslin，1994）。

性别

与吴、约翰逊和宋（Wu，Johnson，and Sung，2008）以及巴尔伯和奥丁（Barber and Odean，2001）的研究相似，一些研究分析了性别对过度自信的程度的影响。例如，卢德伯格、福克斯和蓬乔哈日（Lundeberg，Fox，and Puncochar，1994）发现虽然男性和女性都表现出过度自信，但男性过度自信的程度一般要强于女性。性别间过度自信的程度的差异有很强的任务依赖性。卢德伯格等发现在传统文化上被男性主导的任务或话题中，校准的差异最明显。帕尔福德和科尔曼（Pulford and Colman，1997）也发现男性比女性更加过度自信。总之，性别似乎影响过度自信的程度，男性一般比女性更加过度自信。帕尔福德和科尔曼认为面对的社会压力更大让女性表现出信心不足，其也是解释观测到的性别间差异的原因之一。

文化

虽然本章讨论的大部分研究仅涉及西方社会尤其是北美的被试者（Wu et al.，2008），但一些研究也对过度自信的程度是否存在国别差异进行了考察。文化会影响个体的认知过程，其会影响个体的信心判断以及个体处理信息或知识的方式。耶茨、李和布什（Yates，Lee，and Bush，1997）以及耶茨、李、筱冢、帕塔拉诺和西克（Yates，Lee，Shinotsuka，Patalano，and Sieck，1998）进行了几项跨国研究。他们的研究结果表明，在常识问题研究中，中国被试者比美国被试者更加过度自信，而美国被试者比日本被试者更加过度自信。韦伯和海斯（Weber and Hsee，2000，p. 38）认为美国人不如中国人过度自信是因为“（美国人）被鼓励挑战其他人和他们自己的观点”，并且“此种批判性的思考方式削弱了其过度自信倾向”。在最近的一项研究中，埃克和达克（Acker and Duck，2008）发现亚洲人始终要比英国人更加过度自信。

信息量和货币激励

本部分根据经济推理考察影响过度自信的程度的因素。蔡、柯雷曼和黑斯蒂

（Tsai，Klayman，and Hastie，2008）进行了三项研究，结果表明若推断时能够得 248
到更多信息，则人们的自信程度要比准确程度提高得更多，导致自信程度与准确程度之间的差距非常大。他们的研究结果表明，认知局限性会降低人们有效利用额外信息的能力，但推断并不会因认知的局限性而调整。塞萨里尼等（Cesarini et al.，2006）对货币激励条件下置信区间估计任务所得结果的稳健性进行了考察。使用货币激励时，置信区间方法测度的过度自信的程度降低了65%。

专业知识对判断的影响

关于专业知识对金融市场推断性预测和行为的影响的分析已经引起了广泛关注。例如凯伦（Keren，1991），柯勒、布伦纳和格里芬（Koehler，Brenner，and Griffin，2002），安德森、埃德曼和埃克曼（Andersson，Edman，and Ekman，2005）以及洛克伦斯、古德温、奥康纳和昂克尔（Lawrence，Goodwin，O'Connor，and O'nkal，2006）提供了较广泛的文献综述。

大部分研究表明，多数领域的专家都会出现错误校准（Koehler et al.，2002）。然而也存在一些例外，例如天气预报的校准（Murphy and Brown，1984；Murphy and Winkler，1984）。专家的预测区间也过窄，表明存在过度自信（Russo and Schoemaker，1992；Graham and Harvey，2001；Deaves，Luders，and Schroder，2005）。相比学生组，格莱泽等（Glaser et al.，2007，2009）发现专业交易者提供的区间更窄。麦肯齐、利尔施和亚尼夫（McKenzie，Liersch，and Yaniv，2008）考察了信息技术（IT）专家和加利福尼亚大学圣地亚哥分校（UCSD）学生对IT产业和UCSD方面相关题目的区间估计。被试者组内试验表明专家和非专家的过度自信的程度相当。专家组报告的区间中位数接近真实值，这提高了命中率，且区间更窄（即信息更充分），这降低了命中率。净效应是未改变命中率和过度自信的程度。

总之，与非专业人士相比专业人士的偏向强度是一个很难回答的问题。到目前为止，研究结果给出了以下解释。金融教育以及通过交易经验或其他学习手段获得的金融知识（也被称为“金融扫盲”）在完成用到此类知识的任务时有利于改善行为和减轻偏向。阿格纽和塞克曼（Agnew and Szykman，2005）以及艾略特、霍奇和杰克逊（Elliott，Hodge，and Jackson，2008）为此推断提供了进一步的支持证据。

个体差异与时间上的稳定性

对行为金融模型建模假设的一个主要检验是分析在错误校准程度方面是否存在稳定的个体差异。更一般地，最近的研究考察不同的判断偏误是否相关，在推断或决策能力方面（Stanovich and West，1998，2000；Parker and Fischhoff，2005；Schunk and Betsch，2006）或错误校准方面（Klayman et al.，1999；Jonsson and

Allwood，2003；Budescu and Du，2007；Glaser and Weber，2007；Glaser et al.，2009）是否存在稳定的个体差异。

许多研究发现在错误校准程度方面存在个体差异（Klayman et al.，1999；
249 Soll，1996；Stanovich and West，1998；Alba and Hutchinson，2000；Pallier，Wilkinson，Danthiir，Kleitman，Knezevic，Stankov，and Roberts，2002；Soll and Klayman，2004；Glaser et al.，2009）。这些实证证据与一般金融建模假设，即不同的过度自信程度可以被看成不同的投资者"类型"，是一致的（Benos，1998）。通常，与二项选择任务相比，当要求被试者给出主观置信区间时个体间的差异尤其明显（Klayman et al.，1999）。

此外，在不同的任务或领域人们往往表现出不同的过度自信程度，但在不同的任务或领域会有相同的排序（Jonsson and Allwood，2003；Glaser et al.，2009）。这些学者同样证实人们的过度自信程度和排序在时间上是稳定的。

偏向、理性或统计假象

近些年，一些研究对过度自信现象提出了质疑。驳斥过度自信的论据一般分为两类：生态有效性和统计假象。生态有效性论据（Gigerenzer et al.，1991；Juslin，1994）多强调实验者会（有意或无意地）选择问题，对某个分类或领域内所有可能的问题而言，这些问题没有代表性。此类观点认为如果实验中有大量冷僻问题，判断上就会出现过度自信，因为他们在测试领域的前期经验会与选出的问题产生冲突。其他观点认为过度自信至少部分可以被看成一种统计假象（Erev et al.，1994；Pfeifer，1994）。这些研究者发现实证结果会受分析方法的影响，或者随机误差的存在会导致相似的结果。总之，生态和统计有效性论据意味着，在置信度获取过程中不存在系统性的认知偏向，之所以观察到过度自信仅仅是因为随机误差或有偏的测试问题。

然而，默克勒等（Merkle et al.，2008）的研究表明，随机误差不太可能完全解释过度自信。他们发现即使过度自信是由其他因素导致，随机误差也能解释测度类研究中发现的过度自信的程度。因此，根据这些学者的观点，误差模型并不能说清楚置信度获取过程中是否存在认知偏向。

格莱泽等（Glaser et al.，2009）对上述争议给出了下述解决办法。他们对知识类问题、实际金融时间序列以及人工制作的图表的区间估计进行了广泛分析。此外，他们根据陈述预测区间得到的概率分布提出了一种利用区间估计测度过度自信程度的新方法。更特别的是，他们发现当可获得股市预测的客观基准（例如实现的波动以及暗示出的波动）时，则不太可能深入了解被试者。对于人工图表预测而言，也可获得客观基准，因而也不太可能深入了解被试者。他们还发现过度自信很难与个体的理性相调和，也不能用知识加随机误差来解释。此外，为了评估不同任务间的可比性（例如不同领域的区间估计），格莱泽等展示了上述测度与错误校准

标准分数（该分数基于对知识类问题的区间估计得出）之间存在的显著正相关关 250
系。为此，他们对具有不同专业知识水平的被试者（包括学生和超过 100 名的职业交易者和投资银行高级职员）以及具有生态有效性的任务先后进行了两次现场实验。

金融应用：过度自信对行为和市场结果的影响

在本部分，我们对融入过度自信的投资者的金融市场行为模型进行了总结。这些模型对市场交易者的行为以及市场结果进行了预测。讨论完这些理论文献，我们接着讨论了检验这些预测的实证和实验文献。最后，我们简要地概括了如何使用过度自信来解释公司金融领域的典型事实。

金融市场模型

过度自信的投资者会低估风险资产的方差或高估其精确度。换句话说，他们给出的风险资产价值的置信区间过窄。布宜诺斯（Benos，1998）、凯尔和王（Kyle and Wang，1997）、奥丁（Odean，1998）、王（Wang，1998）、卡芭叶和沙科维奇（Caballé and Sakovics，2003）在黑尔维希（Hellwig，1980）、格罗斯曼和斯蒂格利茨（Grossman and Stiglitz，1980）、戴蒙德和维瑞茨亚（Diamond and Verrecchia，1981）、凯尔（Kyle，1985，1988）最初提出的交易模型的基础上按此种建模方式融入了过度自信。大部分过度自信模型预测过度自信的交易者的存在会导致高交易量。此外，在个体层面，过度自信的投资者的交易更激进，即投资者的过度自信程度越高，投资者的交易量越大。奥丁（p. 1888）称此发现为“最稳健的过度自信效应”。德邦特和塞勒（DeBondt and Thaler，1995，pp. 392 - 393）写到，在金融市场观察到的高交易量“可能是最令标准金融范式尴尬的事实”，并且“理解该交易谜团的关键行为因素是过度自信”。

除了能够解释高交易量，布宜诺斯（Benos，1998）、凯尔和王（Kyle and Wang，1997）、奥丁（Odean，1998）、王（Wang，1998）、卡芭叶和沙科维奇（Caballé and Sakovics，2003）的模型还做了进一步的预测。奥丁发现过度自信的交易者比理性交易者获得的期望效用更低，他们会持有非多元化的投资组合。相反，凯尔和王发现过度自信的交易者比理性交易者获得的预期利润或预期效用更高，因为过度自信所起的作用就如同一种承诺机制。布宜诺斯也发现了类似的结果。然而，在其模型中过度自信的交易者的更高利润是先行者优势的结果。布宜诺斯、卡芭叶和沙科维奇以及奥丁都认为过度自信的交易者的存在帮助解释了资产价格的过度波动，即资产价格的波动要高于其基本价值的波动。总之，某些预测是所有模型的共同结果（过度自信对交易量的影响），而有些预测则依赖进一步的假设

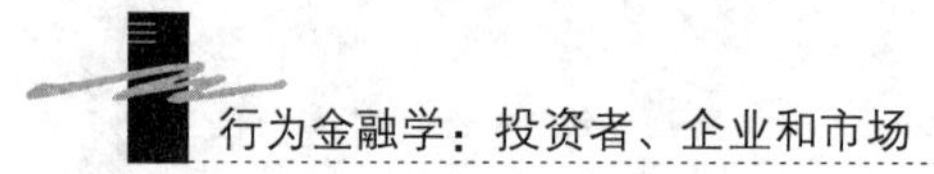

(例如过度自信对预期效用的影响)。

251 凯尔和王（Kyle and Wang，1997）、赫什莱佛和罗（Hirshleifer and Luo，2001）、王（Wang，2001）发现过度自信的交易者能够在证券市场生存。丹尼尔、赫什莱佛和苏布拉玛尼亚姆（Daniel，Hirshleifer，and Subrahmanyam，1998）发现过度自信可以解释动量效应，即过去 3 到 12 个月盈利的股票在随后时段仍会保持盈利状态，过去 3 到 12 个月亏损的股票在随后时段仍会保持亏损状态的经验事实。热尔韦和奥丁（Gervais and Odean，2001）分析了由于自我归因偏向过度自信作为过去投资的成功程度的函数如何随时间动态变化。施肯曼和熊（Scheinkman and Xiong，2003）为过度自信解释金融市场泡沫提供了证据。

对模型预测的投资者行为的实证和实验检验

对投资者行为过度自信模型的纯理论上的检验是测度被试者的过度自信的程度并尽量使用此偏向测度来解释行为（Glaser et al.，2004）。显然，在实验室之外使用前述题目测度过度自信的程度并建立这些测度与行为之间的关系是很困难的。

在巴尔伯和奥丁（Barber and Odean，2001）的研究中，过度自信的代理变量是性别。他们对心理学的研究成果进行总结后发现男性的过度自信程度要比女性高。因此他们将一套来自某大型低佣金券商的 35 000 户家庭的数据集按性别进行了分类，并且发现男性要比女性的交易量大，这与过度自信模型相符。

格莱泽和韦伯（Glaser and Weber，2007）通过建立个人投资者的过度自信程度与交易量测度之间的相关关系直接检验了该假设。他们让大约 3 000 名证券投资者填写网络问卷以测度过度自信的各个方面（错误校准、波动性估计以及优于常人效应）。他们计算了 215 名回答问卷的个体交易者的交易量。格莱泽和韦伯发现那些认为自己的投资技能或过去的投资表现优于一般水平的投资者（但其过去的投资表现实际上并不优于一般水平）的交易量更大，此外他们发现低估股票收益波动性的投资者会有更高的股票组合换手率。然而，优于常人效应对个人投资者交易活动的影响更强烈。

比艾斯、希尔顿、玛兹瑞尔和普热（Biais，Hilton，Mazurier，and Pouget，2005）通过实验分析了心理特征和认知偏向是否会影响交易。他们基于 184 名学生被试者对心理问卷的回答通过校准任务测度了过度自信的程度以及其他心理特征，随后还对被试者进行了资本市场试验。比艾斯等发现过度自信的被试者更有可能进行无利可图的投资。

对模型预测的市场结果的实证检验

上述几个过度自信模型对金融市场结果的预测与理性模型相背。可以使用总量市场数据对这些预测进行检验。例如，在丹尼尔等（Daniel et al.，1998）的模型

252 中动量效应是过度自信的交易者的交易活动的结果。他们模型的一个含义是投资者

难以估值的股票的动量最强。此类股票的一个例子是未来有难以估值的增长期权的成长股。丹尼尔和塔特曼（Daniel and Titman，1999）证实了这一含义，发现成长股的动量更强。如果投资者对难以估值的股票的未来表现存在争议，并且如果交易量能够测度这种争议，则丹尼尔等的模型的进一步的含义为高交易量股票的动量效应更强。李和斯瓦米纳坦（Lee and Swaminathan，2000）以及格莱泽和韦伯（Glaser and Weber，2003）使用换手率（股票交易数量与发行数量之比）来测度交易量，由此证实了该模型。他们发现高换手率股票的动量效应更强。

行为公司金融学

最近，在理解公司金融领域管理者的过度自信的影响方面取得了一些理论进展。本书的其他章节广泛涉及了该研究领域。

本—戴维、格雷厄姆和哈维（Ben-David，Graham，and Harvey，2007）对此类行为公司金融模型进行了清晰的验证，他们对公司高层主管是否存在错误校准以及其错误校准是否会影响公司的投资和融资决策进行了检验。他们使用前述测度过度自信的方法用 6 年时间搜集高层财务主管对未来股票市场发展的看法，该面板数据有近 7 000 次相关概率的观测值。他们的第一个发现是财务主管存在错误校准——实现的市场收益率处于主管们 80%置信区间的概率仅为 38%。接着，本—戴维等发现 CFO 过度自信的公司有如下特征：使用更低的贴现率来估价现金流、进行更多投资、背负更多债务、较少支付红利、更愿回购股票、使用更多的长期借款而非短期借款。

概要和结论

许多人将过度自信看成最普遍的判断偏向。一些研究表明，对投资者、管理者和政治家而言过度自信会导致次优决策。理论经济学及金融文献将过度自信模型化为低估信号方差的程度。过度自信的程度不同的行为人被看成不同“类型”的行为人。此种建模选择背后隐含的假设为过度自信的程度存在稳定的个体差异。然而，最近的研究对是否应该将过度自信看成一种偏向提出了质疑。某些研究强调研究者测度过度自信的方式导致不存在过度自信时也会产生过度自信。这些研究表明行为人不同程度的知识加上预测随机误差能够很容易地解释“过度自信”。

本章通过对心理学和决策理论文献的全面回顾发现，过度自信的程度随获取方法的不同而不同，但人们过度自信的程度的排序保持不变。过窄的置信区间也不太 253
可能完全被理性所解释。

本章还传递了另外一个信息，即使用术语“过度自信”时需要格外当心。有几个不同的概念，例如优于常人效应或错误校准往往被归入过度自信的范围之内。本章也表明错误校准是过度自信的一个方面，其与金融模型表示过度自信的方式紧密相关。前述提到的研究表明合理的模型假设是投资者存在错误校准，他们会低估股票方差或者会高估其所得知识的精确性。

过度自信的某些方面仍未被深入理解。分析过度自信的动态变化看似是未来研究的一个成果丰硕的领域。到目前为止，关于结果反馈对错误校准的影响方面的证据还未形成一致意见（Lichtenstein and Fischhoff，1980；Subbotin，1996；Stankov and Crawford，1997；Stone and Opel，2000）。现在，反馈如何与个人经验相互作用或过去的成功的影响问题仍未得到解答。这些方面的发现针对了解如何通过对金融市场专业人士的行为金融训练或者通过尝试增加金融知识纠正偏向是非常重要的，其可能会弱化过度自信的不利影响。企业如何才能消除管理者过度自信对企业决策的影响呢？如何纠正管理者的行为偏向呢？未来的研究也应该分析正确设计的管理会计制度、奖酬契约、公司治理对消除这些偏向的影响以及它们对企业决策的影响。

讨论题

1. 解释研究者如何测度一组人的过度自信的程度。
2. 金融中往往用模型表示过度自信的哪些方面？
3. 描述过度自信模型的预测如何被实证检验。
4. 在个人投资者行为、资产定价以及公司金融领域，哪些市场现象可以用过度自信来解释？

参考文献

Acker，Daniella，and Nigel W. Duck. 2008. Cross-cultural overconfidence and biased selfattribution. *Journal of Socio-Economics* 37：5，1815 - 1824.

Agnew，Julie R.，and Lisa R. Szykman. 2005. Asset allocation and information overload：The influence of information display，asset choice，and investor experience. *Journal of Behavioral Finance* 6：2，57 - 70.

Alba，Joseph W.，and J. Wesley Hutchinson. 2000. Knowledge calibration：What consumers know and what they think they know. *Journal of Consumer Research* 27：2，123 - 156.

Andersson，Patric，Jan Edman，and Mattias Ekman. 2005. Predicting the-World Cup 2002 in soccer：Performance and confidence of experts and non-experts.

International Journal of Forecasting 21: 3, 565 - 576.

Barber, Brad M., and Terrance Odean. 2001. Boys will be boys: Gender, overconfidence, and common stock investment. *Quarterly Journal of Economics* 116: 1, 261 - 292.

Ben-David, Itzhak, John R. Graham, and Campbell R. Harvey. 2007. Managerial 254
overconfidence and corporate policies. NBER Working Paper No. 13711.

Benos, Alexandros V. 1998. Aggressiveness and survival of overconfident traders. *Journal of Financial Markets* 1: 3 - 4, 353 - 383.

Biais, Bruno, Denis Hilton, Karine Mazurier, and Sébastien Pouget. 2005. Judgemental overconfidence, self-monitoring, and trading performance in an experimental financial market. *Review of Economic Studies* 72: 2, 287 - 312.

Brenner, Lyle A. 2003. Arandom support model of the calibration of subjective probabilities. *Organizational Behavior and Human Decision Processes* 90: 1, 87 - 110.

Brenner, Lyle A., Derek J. Koehler, Varda Liberman, and Amos Tversky. 1996. Overconfidence in probability and frequency judgments: A critical exam-ination. *Organizational Behavior and Human Decision Processes* 65: 3, 212 - 219.

Budescu, David V., and Ning Du. 2007. Coherence and consistency of investors' probability judgments. *Management Science* 53: 11, 1731 - 1744.

Caballé, Jordi, and József S'akovics. 2003. Speculating against an overconfident market. *Journal of Financial Markets* 6: 2, 199 - 225.

Cesarini, David, Örjan Sandewall, and Magnus Johannesson. 2006. Confidence interval estimation tasks and the economics of overconfidence. *Journal of Economic Behavior & Organization* 61: 3, 453 - 470.

Daniel, Kent, David Hirshleifer, and Avanidhar Subrahmanyam. 1998. Investor psychology and security market under-and overreactions. *Journal of Finance* 53: 6, 1839 - 1885.

Daniel, Kent, and Sheridan Titman. 1999. Market efficiency in an irrational world. *Financial Analysts Journal* 55: 6, 28 - 40.

Dawes, Robyn M., and Matthew Mulford 1996. The false consensus effect and overconfidence: Flaws in judgment or flaws in how we study judgment? *Organizational Behavior and Human Decision Processes* 65: 3, 201 - 211.

Deaves, Richard, Erik Lüders, and Michael Schröder. 2005. The dynamics of overconfidence: Evidence fromstock market forecasters. Discussion Paper, Centre for European Economic Research No. 05 - 83.

DeBondt, Werner F. M. 1998. A portrait of the individual investor. *European*

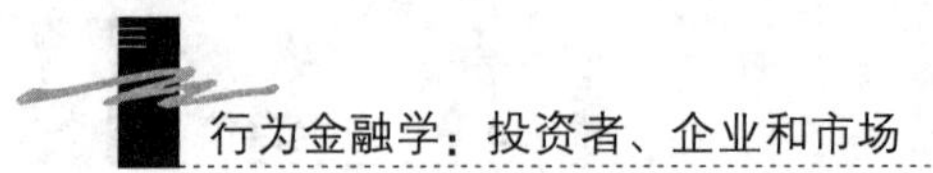

Economic Review 42：3-5，831-844.

DeBondt，Werner F. M.，and Richard H. Thaler. 1995. Financial decision making in markets and firms：A behavioral perspective. In *Handbooks in operations research and management science*，ed. Robert A. Jarrow，Vojislav Maksimovic，andWilliam T. Ziemba. Vol. 9，385-410. Amsterdam：Elsevier.

Diamond，Douglas W.，and Robert E. Verrecchia. 1981. Information aggregation in a noisy rational expectations economy. *Journal of Financial Economics* 9：3，221-235.

Elliott，W. Brooke，Frank D. Hodge，and Kevin E. Jackson. 2008. The association between nonprofessional investors' information choices and their portfolio returns：The importance of investing experience. *Contemporary Accounting Research* 25：2，473-498.

Erev，Ido，Thomas S. Wallsten，and David V. Budescu. 1994. Simultaneous over-and underconfidence：The role of error in judgment processes. *Psychological Review* 101：33，519-528.

Gervais，Simon，and Terrance Odean. 2001. Learning to be overconfident. *Review of Financial Studies* 14：1，1-27.

Gigerenzer，Gerd，Ulrich Hoffrage，and Heinz Kleinbölting. 1991. Probabilistic mental models：A Brunswikian theory of confidence. *Psychological Review* 98：4，506-528.

Glaser，Markus，Thomas Langer，Jens Reynders，and Martin Weber. 2008. Scale dependence of overconfidence in stock market volatility forecasts. Working Paper，University of Mannheim.

Glaser，Markus，Thomas Langer，and Martin Weber. 2007. On the trend recognition and forecasting ability of professional traders. *Decision Analysis* 4：4，176-193.

255 Glaser，Markus，Thomas Langer，and Martin Weber. 2009. Overconfidence of professionals and laymen：Individual differences within and between tasks? Working Paper，University of Mannheim.

Glaser，Markus，Markus Nöth，and Martin Weber. 2004. Behavioral finance. In *Blackwell handbook of judgment and decision making*，ed. Derek J. Koehler and Nigel Harvey，527-546，Oxford，U. K.：Blackwell Publishing.

Glaser，Markus，and Martin Weber. 2003. Momentum and turnover：Evidence from the German stock market. *Schmalenbach Business Review* 55：2，108-135.

Glaser，Markus，and Martin Weber. 2007. Overconfidence and trading volume. *Geneva Risk and Insurance Review* 32：1，1－36.

Graham，John R.，and Campbell R. Harvey. 2001. Expectations of equity risk premia，volatility，and asymmetry. NBER Working Paper No. 8678.

Grossman，Sanford J.，and Joseph E. Stiglitz. 1980. On the impossibility of informationally efficient markets. *American Economic Review* 70：3，393－408.

Hellwig，Martin F. 1980. On the aggregation of information in competitive markets. *Journal of Economic Theory* 22：3，477－498.

Hilton，Denis J. 2001. The psychology of financial decision-making：Applications to trading，dealing，and investment analysis. *Journal of Psychology and Financial Markets* 2：1，37－53.

Hirshleifer，David. 2001. Investor psychology and asset pricing. *Journal of Finance* 56：4，1533－1597.

Hirshleifer，David，and Guo Y. Luo. 2001. On the survival of overconfident traders in a competitive securities market. *Journal of Financial Markets* 4：1，73－84.

Jonsson，Anna-Carin，and Carl M. Allwood. 2003. Stability and variability in the realism of confidence judgments over time，content domain，and gender. *Personality and Individual Differences* 34：4，559－574.

Juslin，Peter. 1994. The overconfidence phenomenon as a consequence of informal experimenter-guided selection of almanac items. *Organizational Behavior and Human Decision Processes* 57：2，226－246.

Juslin，Peter，Pia Wennerholm，and Henrik Olsson. 1999. Format dependence in subjective probability calibration. *Journal of Experimental Psychology：Learning，Memory，and Cognition* 25：4，1038－1052.

Juslin，Peter，Anders Winman，and Henrik Olson. 2000. Naive empiricism and dogmatism in confidence research：A critical examination of the hard-easy effect. *Psychological Review* 107：2，384－396.

Juslin，Peter，Anders Winman，and Patrik Hansson. 2007. The naïve intuitive statistician：A naïve sampling model of intuitive confidence intervals. *Psychological Review* 114：3，678－703.

Keren，Gideon. 1991. Calibration and probability judgements：Conceptual and methodological issues. *Acta Psychologica* 77：3，217－273.

Klayman，Joshua，Jack B. Soll，Claudia Gonz'alez-Vallejo，and Sema Barlas. 1999. Overconfidence：It depends on how，what，and whom you ask. *Organizational Behavior and Human Decision Processes* 79：3，216－247.

Koehler，Derek J.，Lyle Brenner，and Dale Griffin. 2002. The calibration of expert judgment：Heuristics and biases beyond the laboratory. In *Heuristics and biases*: *The psychology of intuitive judgment*, ed. Thomas Gilovich, Dale Griffin, and Daniel Kahneman, 686 – 715. Cambridge, U. K.: Cambridge University Press.

Kyle, Albert S. 1985. Continuous auctions and insider trading. *Econometrica* 53: 6, 1315 – 1336.

Kyle, Albert S. 1989. Informed speculation with imperfect competition. *Review of Economic Studies* 56: 3, 317 – 356.

Kyle, Albert S., and F. Albert Wang. 1997. Speculation duopoly with agreement to disagree: Can overconfidence survive the market test? *Journal of Finance* 52: 5, 2073 – 2090.

256 Langer, Ellen J., and Jane Roth. 1975. Heads I win, tails it's chance: The illusion of control as a function of the sequence of outcomes in a purely chance task. *Journal of Personality and Social Psychology* 32: 6, 951 – 955.

Lawrence, Michael, Paul Goodwin, Marcus O'Connor, and Dilek Önkal. 2006. Judgmental forecasting: A review of progress over the last 25 years. *International Journal of Forecasting* 22: 3, 493 – 518.

Lee, Charles M. C., and Bhaskaran Swaminathan. 2000. Price momentum and trading volume. *Journal of Finance* 55: 5, 2017 – 2069.

Lichtenstein, Sarah, and Baruch Fischhoff 1977. Do those who know more also know more about how much they know? *Organizational Behavior and Human Performance* 20: 2, 159 – 183.

Lichtenstein, Sarah, and Baruch Fischhoff. 1980. Training for calibration. *Organizational Behavior and Human Performance* 26: 2, 149 – 171.

Lichtenstein, Sarah, Baruch Fischhoff, and Lawrence D. Phillips. 1982. Calibration of probabilities: The state of the art to 1980. In *Judgment under uncertainty*: *Heuristics and biases*, ed. Daniel Kahneman, Paul Slovic, andAmos-Tversky, 306 – 334. Cambridge, U. K.: Cambridge University Press.

Lundeberg, Mary A., Paul W. Fox, and Judith Puncochar. 1994. Highly confident but wrong: Gender differences and similarities in confidence judgments. *Journal of Educational Psychology* 86: 1, 114 – 121.

McKenzie, Craig R. M., Michael J. Liersch, and Ilan Yaniv. 2008. Overconfidence in interval estimates: What does expertise buy you? *Organizational Behavior and Human Decision Processes* 107: 2, 179 – 191.

Merkle, Christoph, and Martin Weber. 2009. True overconfidence: The inability of rational information processing to account for apparent overconfidence. Working Paper, University of Mannheim.

Merkle, Edgar C., Winston R. Sieck, and Trisha van Zandt. 2008. Response error and processing biases in confidence judgment. *Journal of Behavioral Decision Making* 21: 4, 428-448.

Miller, Dale T., and Michael Ross. 1975. Self-serving biases in attribution of causality: Fact or fiction? *Psychological Bulletin* 82: 2, 213-25.

Moore, Don A., and Paul J. Healy. 2008. The trouble with overconfidence. *Psychological Review* 115: 2, 502-17.

Murphy, Allan H., and Barbara G. Brown. 1984. A comparative evaluation of objective and subjective weather forecasts in the United States. *Journal of Forecasting* 3: 4, 369-393.

Murphy, Allan H., and Robert L. Winkler. 1984. Probability forecasting in meteorology. *Journal of the American Statistical Association* 79: 387, 489-500.

Odean, Terrance. 1998. Volume, volatility, price, and profit when all traders are above average. *Journal of Finance* 53: 6, 1887-1934.

Pallier, Gerry, Rebecca Wilkinson, Vanessa Danthiir, Sabina Kleitman, Goran Knezevic, Lazar Stankov, and Richard D. Roberts. 2002. The role of individual differences in the accuracy of confidence judgments. *Journal of General Psychology* 129: 3, 257-299.

Parker, Andrew M., and Baruch Fischhoff. 2005. Decision-making competence: External validation through an individual-differences approach. *Journal of Behavioral DecisionMaking* 18: 1, 1-27.

Pfeifer, Phillip E. 1994. Are we overconfident in the belief that probability forecasters are overconfident? *Organizational Behavior and Human Decision Processes* 58: 2, 203-213.

Plous, Scott. 1993. *The psychology of judgment and decision making*. New York: McGraw-Hill.

Poon, Ser-Huang, and Clive Granger. 2004. Practical issues in forecasting volatility. *Financial Analysts Journal* 61: 1, 45-56.

Pulford, Briony D., and Andrew M. Colman. 1997. Overconfidence: Feedback and item difficulty effects. *Personality and Individual Differences* 23: 1, 125-133.

Russo, J. Edward, and Paul J. H. Schoemaker. 1992. Managing overconfi- 257
dence. *Sloan Management Review* 33: 2, 7-17.

Scheinkman, Jose A., and Wei Xiong. 2003. Overconfidence and speculative bubbles. *Journal of Political Economy* 111: 6, 1183-1219.

Schneider, David J., Albert H. Hastorf, and Phoebe C. Ellsworth. 1979. *Person perception*. Reading, MA: Addison-Wesley.

Schunk, Daniel, and Cornelia Betsch. 2006. Explaining heterogeneity in utility functions by individual differences in decision modes. *Journal of Economic Psychology* 27: 3, 386 - 401.

Soll, Jack B. 1996. Determinants of overconfidence and miscalibration: The roles of random error and ecological structure. *Organizational Behavior and Human Decision Processes* 65: 2, 117 - 137.

Soll, Jack B., and Joshua Klayman. 2004. Overconfidence in interval estimates. *Journal of Experimental Psychology: Learning, Memory, and Cognition* 30: 2, 299 - 314.

Stankov, Lazar, and John D. Crawford. 1997. Self-confidence and performance on tests of cognitive abilities. *Intelligence* 25: 2, 93 - 109.

Stanovich, Keith E., and Richard F. West. 1998. Individual differences in rational thought. *Journal of Experimental Psychology: General* 127: 2, 161 - 188.

Stanovich, Keith E., and Richard F. West. 2000. Individual differences in reasoning: Implications for the rationality debate. *Behavioral and Brain Sciences* 23: 5, 645 - 726.

Stone, Eric R., and Ryan B. Opel. 2000. Training to improve calibration and discrimination: The effects of performance and environmental feedback. *Organizational Behavior and Human Decision Processes* 83: 2, 282 - 309.

Suantak, Liana, Fergus Bolger, and William R. Ferrell. 1996. The hard-easy effect in subjective probability calibration. *Organizational Behavior and Human Decision Processes* 67: 2, 201 - 221.

Subbotin, Vadim. 1996. Outcome feedback effects on under-and overconfident judgments (general knowledge tasks). *Organizational Behavior and Human Decision Processes* 66: 3, 268 - 76.

Svenson, Ola. 1981. Are we all less risky and more skillful than our fellow drivers? *Acta Psychologica* 47: 2, 143 - 148.

Taylor, Shelley E., and Jonathon D. Brown. 1988. Illusion and well-being: Asocial psychology perspective on mental health. *Psychological Bulletin* 103: 2, 193 - 210.

Tsai, Claire I., Joshua Klayman, and Reid Hastie. 2008. Effects of amount of information on judgment accuracy and confidence. *Organizational Behavior and Human Decision Processes* 107: 2, 97 - 105.

Wang, F. Albert. 1998. Strategic trading, asymmetric information and heterogeneous prior beliefs. *Journal of Financial Markets* 1: 3-4, 321-352.

Wang, F. Albert. 2001. Overconfidence, investor sentiment, and evolution. *Journal of Financial Intermediation* 10: 2, 138-170.

Weber, Elke, and Christopher K. Hsee. 2000. Culture and individual judgment and decision making. *Applied Psychology: An International Review* 49: 1, 32-61.

Wolosin, Robert J., Steven J. Sherman, and Amnon Till. 1973. Effects of cooperation and competition on responsibility attribution after success and failure. *Journal of Experimental Social Psychology* 9: 3, 220-235.

Wu, Shih-Wie, Johnnie E. V. Johnson, and Ming-Chien Sung. 2008. Overconfidence in judgements: The evidence, the implications and the limitations. *Journal of Prediction Markets* 2: 1, 73-90.

Yates, J. Frank, Ju-Wei Lee, and Julie G. G. Bush. 1997. General knowledge overconfidence: Cross national variations, response style, and "Reality." *Organizational Behavior and Human Decision Processes* 70: 2, 87-94.

Yates, J. Frank, Ju-Wei Lee, Hiromi Shinotsuka, Andrea L. Patalano, and Winston R. Sieck. 1998. Cross-cultural variations in probability judgment accuracy: Beyond general knowledge overconfidence? *Organizational Behavior and Human Decision Processes* 74: 2, 89-117.

作者简介 258

马库斯·格莱泽（Markus Glaser）是康斯坦茨大学企业管理学院的教授。在来康斯坦茨大学之前，其是曼海姆大学企业管理、金融和银行方面的助理教授。他的主要研究领域是实证公司金融学、行为金融学和投资者行为。他 2004 年是杜克大学福库商学院金融系的访问学者，2005 年是瑞典金融研究所（SIFR）的访问学者。2003 年他获得曼海姆大学金融学博士学位。在攻读博士之前他研究经济学（1996—1999 年），获萨尔布吕肯大学硕士学位。

马丁·韦伯（Martin Weber）是曼海姆大学企业管理学院的教授，尤其擅长银行和金融领域。他在亚琛大学学习数学和企业管理并获得博士学位以及企业管理教师资格。在来曼海姆大学之前，他是科隆和基尔大学的教授。他曾在 UCLA、沃顿商学院、斯坦福大学和杜克大学做过三年的访问学者。他的主要研究兴趣是银行和行为金融学及其心理基础方面。韦伯教授在这些领域著述颇丰，他也曾与人合作编写过关于决策分析和银行方面的教科书。韦伯教授现在是曼海姆大学企业管理学院院长。

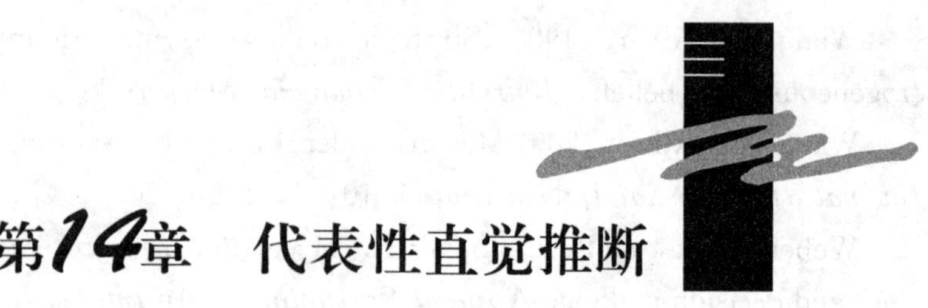

259 第14章 代表性直觉推断

理查德·J. 泰弗勒（Richard J. Taffler）
英国曼彻斯特商学院金融和会计学教授

引 言

投资者要求基金经理做什么呢？当然是希望基金经理们能给他们赚钱了。但投资者如何从基金经理们的业绩记录中推断未来赚钱的可能性呢？让我们看看比尔·米勒（Bill Miller）——莱格曼森价值信托基金的传奇首席经理人，该基金是1991—2005年各年唯一一只击败S&P 500的基金。对米勒的一系列赞誉于2006年达到顶峰，截至该年度他连续第四年赢得《标准普尔/商业周刊》基金管理人优秀奖，同时也被《财富》杂志选为“当代最伟大的基金管理者”（Serwer，2006）。按照塞瓦（Serwer）所说，因有一双“辣手”或“连续命中”，米勒经常被比作扬基队的强击手乔·迪马吉奥（Joe DiMaggio）——他在连续56场扬基赛事中命中目标。莱格曼森价值信托基金令人瞩目的业绩在多大程度上归功于杰出的管理者技能？是不是有很大的运气成分？此种情况是否与对可能性和随机性的误解（也被称为小数定理，其是代表性直觉推断的一个方面）有关？或者米勒是否如其独一无二的业绩记录所表明的那样是基金经理中的一个例外？

代表性是指人们根据与典型模式的相似性进行主观概率判断的方法。然而，认识代表性直觉推断要比定义它容易得多。格里维茨（Gilovich，1991，p. 18）非常详细地描述了直觉推断的特征："代表性是一种根据相对明显甚至肤浅的特征评价结果、事例和类别相似性的一种倾向，然后使用这些评价和相似性作为判断的基础。人们通常会假设物以类聚。"因为代表性不受某些会影响概率判断的因素的影响，所以有时判断会出错。

本章首先描述了代表性直觉推断以及相关的研究证据，其中大部分证据来自认知心理学家进行的简单实验室实验。然后本章讨论了这些实验结果在多大程度上能 260
够应用于复杂的现实金融环境。结论部分对行为金融学处理代表性的方式进行了批判并且讨论了其他某些关于心理影响的基本过程的观点。

代表性直觉推断

代表性涉及对概率的主观评价。特维斯基和卡尼曼将代表性直觉推断定义为"根据 A 代表 B 的程度，即 A 与 B 的相似程度"来估计概率的方式。A 和 B 代表什么依赖于要做什么判断。人的大脑假定有相似品质的事物是非常类似的。

一些说明

考虑下面五个问题：

1. （Nofsinger，2008，p. 63）"玛丽很文静，很勤奋并且关心社会问题。在伯克利上大学期间，她主修英国文学和环境研究。"给定这些信息，请指出下面三种情况哪一个最有可能：

（a）玛丽是一名图书馆管理员。

（b）玛丽是一名图书馆管理员，同时也是西拉俱乐部会员（美国最大和最有影响力的环境保护组织，有 1 300 000 名会员）。

（c）玛丽在银行业工作。

2. 彼得是一个有抱负的、精明世故的纽约人，他说话很快，衣着讲究。虽然年轻、聪明、有活力，但朋友们认为他过于自以为是。他在一个大型投资银行工作。彼得是一个衍生品交易者的概率有多大？

3. 有两只具有相同 β 的基金 A 和 B，在过去五年里其业绩都超过 S&P 500 相同的数量。如果按月对基金业绩进行监测，并且 A 基金平均持有 100 只股票而 B 基金平均持有 25 只股票，那么在此期间哪只基金胜过 S&P 500 指数 1%的月份数量更多？

(a) 基金 A

(b) 基金 B

(c) 两只基金相同

4. 对啤酒生产商产品的需求在很大程度上受到机会因素的影响，比如天气以及体育赛事观看者的数量。在七月份的第一个星期某啤酒生产商的销售量罕见地达到了 1 200 000 罐。在缺少其他信息的条件下，预测下周的销售量可能是多少？

(a) 更高

(b) 相同

(c) 低于 1 200 000 罐

5. 某顾问正在向养老金管理者推荐能被雇用的基金经理。其中某个基金经理
261 在过去三年中每一年的排名都在前 1/4 内。你估计在下一年度他再次进入前 1/4 的可能性有多大？

上述例子说明了代表性直觉推断的不同方面。

在理论和抽象层面，特维斯基和卡尼曼（Tversky and Kahneman，1974）描述了人们的行为违反统计规律的不同方式，此时人们的概率判断依赖于代表性直觉推断：

• 对先验信息的不敏感性或基础概率的忽视。忽视先验概率或基础概率，仅依靠事件的代表性。

• 对样本量大小的不敏感性。基于得到的样本统计量（该统计量不受样本大小影响）的代表性进行推理和概率判断。

• 对可能性和随机性的误解。这包括人们看待事件结果的方式，比如基金经理每年的业绩，更简单一点的例子是一系列的硬币抛掷，以及人们理解本质上为一系列随机结果的方式。与此类行为相关的一个方面是“小数定理”，它指的是人们过度相信少数观测值的代表性。这与“赌徒谬误”密切相关，其中可能性被看做一个自我修正过程，比如希望一连串的较差的公司业绩之后是一个好年景，或者希望赌场的轮盘赌轮盘出现一系列红色后出现黑色。

• 对可预测性的不敏感。基于所给信息的代表性进行判断，而不考虑证据的可靠性以及预测的预期准确度。

• 对回归现象的误解。错误理解了“回归均值”现象，为普通过程编造虚假的解释。希望突出业绩之后是更加突出而非更加一般的业绩。

• 有效性幻觉。将信心看成环境代表性程度而非决策任务基础特征的函数。卡尼曼和特维斯基（Tversky and Kahneman，1973，p. 249）指出：

> 对于比较容易犯错的判断，人们往往更加自信，这种现象可以被称为有效性幻觉。同其他感知和判断错误一样，即使认识到其欺骗性特征，有效性幻觉也往往会持续存在。例如，当对求职者进行面试时，虽然我们知道面试非常容易犯错，但是

我们很多人对预测其未来表现都会很有信心。

卡尼曼和特维斯基同样阐明了信心会成为一系列相关冗余输入变量的函数，进而导致预测结果与实际结果的背离。

评论 262

问题 1。玛丽的例子描述了代表性直觉推断的基本原则。很明显，答案（a）（玛丽是一名图书馆管理员）要好于答案（b），因为只有一部分图书馆管理员有可能直接关注环境问题。然而，玛丽更有可能在银行业工作，即答案（c），因为银行职员要比图书馆管理员多得多。根据投资专业本科学生、MBA 研究生和理财顾问的回答，诺夫辛格（Nofsinger，2008）发现超过一半的被试者选择答案（b），1/4 至 1/3 的被试者选择（a），剩下的选择（c）。对玛丽的个性描述符合或代表了人们对西拉俱乐部会员的印象，而这种相似性似乎掩盖了其他信息。这既会导致联合谬误，即同时为图书馆管理员和西拉俱乐部会员的可能性要比仅为图书馆管理员大，也会导致忽略银行工作要比图书馆工作多很多这一事实（基础概率忽视）。该“故事”在判断过程中的显著性和影响力与决策者对其判断的确信程度密切相关。表面含义拟合度而非基本信息成为其中的关键（有效性幻觉）。人们对其决策的确信度 $=f$(代表性程度)，很少或不关注影响预测准确度的因素。

问题 2。彼得是一个衍生品交易者的概率同样考察的是对先验概率不敏感的问题。对投资者和 MBA 金融专业学生被试者而言，他们给出的概率往往在 5%到 15%之间，但由于仅有少数的投资银行职员会交易衍生品，因此实际概率大约是 1%。基础概率证据再次被忽视了，因为对彼得的描述符合人们对衍生品交易者的典型印象。实际上，对彼得的简要描述在很大程度上没有提供多少信息（Kahneman and Tversky，1973）。对该问题的回答也说明了有效性幻觉问题，人物描述表面含义的有效性使答题者相信彼得是一个衍生品交易者。

问题 3。在资产组合业绩的例子中，通常会有超过 50%的答题者认为两个资产组合超过 S&P 500 指数 1%的月份数量是相同的，即答案（c）。正确答案（b）很少出现，这可以用答题者对样本大小不敏感来解释。相对于有 100 只股票的基金 A，抽样理论表明有 25 只股票的基金 B 各月份的波动更加剧烈，因而具有更大的标准差。因此，基金 B 战胜市场指数的月份数量会比基金 A 多，同样，其低于市场收益率的月份数量也会较多。

问题 4。在啤酒的例子中，通常会有超过一半的答题者认为下周的销售量有可能同样是 1 200 000 罐，即答案（b）。由于回归均值过程的存在，极端结果很少会重复，而这种回答忽略了此种事实。正确答案是（c），即低于 1 200 000 罐。有趣的是，当过好或过差的结果之后是接近中间趋势的结果时，人们往往会捏造看似合理的伪因果关系来解释结论。如果投资分析者希望在获得极好收益后仍然获得同样好的收益，并且如果接下来的收益低于上年，则认为公司管理出了问题，在此情况 263

下也可以用对回归的误解来解释。卡尼曼和特维斯基（Kahneman and Tversky，1973）描述了一个（非金融的）例子，飞行学校的教练们发现对受训飞行员好的降落表现进行表扬会导致下一次试飞差的降落表现。这是否意味着教练们应该停止赞扬好的表现呢？根本不必如此：基于回归效应，优异的表现之后很有可能是接近平均水平的表现，而不论责备是否真的有效，较差的表现都会改善。

问题5。最后一个问题涉及对基金经理的业绩的评价，它说明了“小数定理”的作用，即人们过度相信根据小样本得出的结果。平均而言，基金经理们的业绩每年都会低于他们设定的基准，并且他们每年的业绩都有很大不同（Dash and Pane，2009）。因此，如果有证据表明某个基金经理的业绩连续三年都好于其设立的基准，则这似乎不符合随机收益产生过程，因而好的业绩是由于或代表了基金经理的技能。然而考虑到较好业绩的时间很短，该收益模式非常有可能是偶然的。因此正确答案是大约25%，因为无论投资者怎样看，过去三年的业绩都无法告诉我们明年可能的业绩表现。然而，对该问题的回答往往是介于40%至60%之间。

在心理学实验室之外对小数定理的一个有趣的说明是认为经过一系列的胜出后运动员的成绩会临时改善，虽然在实践中此种模式缺乏科学支持。如问题5的回答所表明的一样，看待基金经理业绩的方式也明显如此。就篮球运动而言，存在这样一种倾向，即将偶然出现的结果解释为篮球技艺的好坏而非运气。格里维茨、范罗尔和特维斯基（Gilovich，Vallone，and Tversky，1985）讨论了篮球运动中存在的热手现象，即认为与失误一次相比，运动员在一次或多次投篮成功后更有可能命中篮筐。他们阐明了运动员下一次投篮命中的可能性与总体投篮命中的概率并没有显著差异，与上一次是否命中毫无关系。热手，也被称为“连续命中”或者运动员在“超常发挥”，其仅仅是小数定理导致的幻觉。

现实金融世界中的代表性直觉推断

由于在股票市场上不能被传统资产定价模型解释的异象不断增多，因此行为金融领域获得了发展（Shiller，2003）。然而，如陈、弗兰克尔和科塔里（Chan，Frankel，and Kothari，2004，p. 3）所指出的那样：“可能存在的无尽的心理偏向构成了对证券价格变动的行为解释的基础，它们也可能导致理论对数据的过度拟
264 合。”重要的是，最初的直觉推断和偏向研究文献是在使用抽象的实验室认知实验的基础上发展起来的。这些实验多使用在统计上较天真的高中和大学本科学生被试者，多关注某些假设问题和本质上与情境无关的问题（例如Kahneman，Slovic，and Tversky，1982；Gilovich，Griffin，and Kahneman，2002）。这些实验与现实世界的情况相差很远，并且被试者作为决策人往往缺乏必要的技能和经验。此外，被试者仅在个体层面上进行判断。相反，金融学往往更加关注市场价格行为的（异

常）模式。没有多少技能的个体在与现实金融环境不相关的假想推断任务中进行直觉的、程式化的主观概率判断，有什么理由相信市场会按照他们的推断运行呢？

实际上，没有多少研究尝试验证各种行为金融命题在现实金融市场中的有效性。就代表性直觉推断而言，陈等（Chan et al.，2004）是一个例外。他们（p.4）开始尝试“基于投资者对公司财务信息的有偏处理模式检验市场无效理论（也被称为行为金融理论）的预测”。特别地，他们使用理财业绩的趋势和一致性测度检验了两种相关的心理偏向——代表性和守旧主义——产生的市场后果。在这里，守旧主义是指投资者在面对新证据时信念更新缓慢的倾向，在概念上它是代表性的对立面。该论文也是对著名的巴贝尔斯、施莱弗和维斯尼（Barberis，Shleifer，and Vishny，1998）理论行为金融模型有效性的一次明确的实证检验。

然而，陈等（Chan et al.，2004）发现投资者在解释收益信息时的代表性和守旧主义偏向似乎都不能影响普通股票的价格和未来收益，但巴贝尔斯等（Barberis，1998）预测它们应该会产生影响。陈等的证据也表明市场的行为方式也不会与按代表性理论那样出现判断偏向的个人投资者相似。当对行为假说和理性资产定价理论进行比较时，此类样本外实证检验就显得很重要（Barberis and Thaler，2005）。

席勒（Shiller，2003）对“自然实验”和“实验室实验”进行了区分。按席勒（Shiller，2003，p.94）的说法，自然实验“是实时出现的，有真实的货币，有实际的社会网络以及相关的人际支持和情绪，有对朋友投资成功的真实和本能的羡慕，有传播媒介”，其有很强的说服力。市场上有很多技能熟练、经验丰富的交易者，他们在一个信息异常丰富而复杂的环境中竞争，按照极其不同的方式进行决策。希望在高度抽象的实验室环境中证实的简单且错误的主观概率判断同样适用于现实世界环境，是不恰当的。在金融学中，需要有能力在解释市场异象的事后故事以及投资者实际上如何进行决策之间进行区分，即使这些故事由于其代表性表面上看起来很有道理。

然而，在考虑金融市场上发生了什么事情以及市场参与者的决策特点时，这些
认知心理学文献还是非常有用的，它们描述了个体在缺乏弹性的设计环境中如何使 265
用“自动的”或“直觉的”判断过程得出错误的概率。下一部分描述了一系列的自然实验，它们与实践中代表性直觉推断的应用有关。

金融市场中的代表性：一些自然实验

用自然实验来验证现实金融市场中代表性直觉推断的有效性，从而直接说明此类有偏投资者行为是否会影响市场价格是非常困难的。金融市场是极端复杂的，并且有大量的因素会影响企业的估值，这些都会使此类正规检验失败。然而，一些研

究提供的证据至少部分表明市场价格反映了代表性行为。本部分对探索各种因素的不同研究进行了总结，其中包括网络股的定价，投资者对基金的选择，好股票是否是好公司的股票，如何解释成长股/价值股市场异象，分析师的股票推荐偏向，基金经理的筛选过程，无价值的华尔街分析师和CEO超级明星排序，以及对代表性的理解为什么有助于解释技术分析或“图表分析主义”的流行，虽然它们在实证上缺乏经验值。

代表性和网络股定价

库珀、季米特洛夫和劳尔（Cooper，Dimitrov，and Rau，2001）以及库珀、科拉纳、奥索波夫、帕特尔和劳尔（Cooper，Khorana，Osobov，Patel，and Rau，2005）的研究清楚地表明了在网络泡沫期间和之后代表性偏向影响投资者对与网络相关的公司的估值的过程。库珀等（Cooper et al.，2001）发现在1998年6月至1999年7月网络泡沫期间，公司名称加上.COM就可以获得平均53%的非正常收益。有趣的是，这种影响与公司业务是否真正涉及网络无关。投资者似乎仅仅是对公司名称的变更公告产生反应，将这些公司的股票看成网络股票的代表并据此对它们重新定价。此种表面上与网络相关但没有明显的直接现金流入的特点却导致了公司价值较大幅且永久性的增加。投资者愿意和网络公司产生联系的愿望似乎仅仅是对装点门面的名称变更产生反应。此种股票的重新评级明显与按代表性直觉推断进行投资决策相符。

库珀等（Cooper et al.，2005）研究了网络泡沫破裂之后反向更名对股票价格的影响。可以预期，现在投资者对名称去掉.COM的公司会产生相似的正向反应。实际上，2000年2月以后，在公司更名公告日前后60天左右，这些公司会获得平均64%的非正常收益。进一步地，与网络公司获得42%的非正常收益相比，那些以前名称与.COM相关但实际上并非网络公司的企业获得了98%的非正常收益。对于后一种情况，投资者似乎被这些企业让自己看上去不是一个网络公司的尝试所
266 蒙骗，这再次说明了代表性直觉推断所起的作用。然而在两项研究中，网络股所占比例很小且主要在场外进行柜台交易，因此主要是没有经验的投资者和短线交易者对其感兴趣。此外，网络泡沫毕竟是一个异常事件。因此希望从这些研究中得出关于投资者如何被企业的装点门面行为所影响的一般性结论时需要谨慎。

代表性与共同基金投资者

库珀、葛兰和劳尔（Cooper，Gulen，and Rau，2005）研究了共同基金投资者对基金的名称类型变化产生的行为反应，例如从“价值型”变为“增长型”，从“小型”变为“大型”。名称变化一般是从当前的“冷门”（低收益）类型转为当前的“热门”（高收益）类型。在此之前，这些更名的基金往往面临资金流出，业绩也差于其他基金。如果共同基金投资者存在代表性偏向，则他们有可能混淆表面类

型变动与实际投资策略变动，会基于特定类型基金过去的收益来判断其未来可能的收益。

相对于控制组的名称未变动的基金，他们发现在下一年名称变更的基金（仅关注名称变为当前“热门”的类型）的资金流入量增加了 20%。投资者似乎被名称的变更所“蒙骗”，因为更名基金随后的业绩并不比匹配基金好。实际上，基金更名后的业绩要显著差于更名前。由于基金的平均转换成本大约为 3.75%，因此共同基金投资者是否利用代表性直觉推断进行决策意义重大。

杰恩和吴（Jain and Wu，2000）研究了基金广告对投资者行为的影响。他们考察了共同基金在《巴伦》周刊或《货币》杂志上做广告是否会改善随后的业绩。广告是用来表明高超的投资技能还是仅仅利用投资者的代表性偏向来增加基金的资金流入量呢？实际上，虽然在杰恩和吴的研究中，做广告的基金在广告之前一年的业绩要比类似基金高出 6%，但在广告后一年的平均收益要比类似基金低 0.8%，这符合均值回归效应。此外，做广告的基金接下来的资金流入要比类似不做广告的基金高出 20%。虽然过去的业绩与未来收益无关，但投资者似乎相信两者是相关的。更一般地，斯瑞和图法诺（Sirri and Tufano，1998）发现，投资者似乎在根据过去的价格趋势进行外推。对于前三年业绩突出的前 1/5 的基金而言，虽然没有证据表明其随后的业绩也会较好，但它们会有不成比例的资金流入。这就是所谓的外推偏向，即预测基于对过去趋势的毫无根据的外推，其是代表性直觉推断的一个方面，与对随机过程的误解有关。同样，邦杰（Bange，2000）发现个人投资者在市场走牛时会增加股票持有量而在市场走熊时会减少股票持有量，因为他们相信近期市场的变化预示着未来市场的方向。本纳兹（Benartzi，2001）也发现雇员会根 267
据其所在公司股票过去十年的历史业绩来使用 401（k）退休储蓄账户的自由缴纳部分资金购买本公司股票。

好股票来自好公司吗？

挑选好的股票，即那些未来表现较好的股票，即使不是不可能的，也是非常困难的。那么投资者是如何解决这个难题的呢？一种方法就是使用代理法，比如“好公司（好的管理），好股票”偏向，这是代表性直觉推断的一个方面。这种观点认为，如果股票表现好，那么公司肯定经营得很好。因此，管理较好的公司被认为是那些此后股票表现较好的公司，投资者没有认识到管理与随后价格的无关性，因为好的管理已经反映到了市场价格中。基于此种原因，管理较差的企业与管理较好的企业一样，其未来业绩可好可坏。

谢弗林和斯塔特曼（Shefrin and Statman，1995）发现，《财富》杂志美国最受尊敬的企业声誉调查评选的高管们普遍相信管理水平与股票长期投资价值之间高度相关（$R^2=0.86$）。类似地，认为未来投资业绩与感知的公司管理水平密切相关。谢弗林（2007）发现公司管理水平与财务稳健性评级之间存在类似的高度相关关系，即好公司被认为是安全的公司；长期投资价值与财务稳健性之间存在高度相关关系，即高管们也认为好的股票是那些财务上安全的公司的股票。将好股票看做好公司的股票、将好公司看做安全的公司再次反映出代表性直觉推断在起作用。然而高管们的这种信念明显与传统金融理论相矛盾，因为它告诉我们风险与收益是正相关的。但从本质上讲，安全的（即低风险的）股票应该获得较低的收益，而非较高的收益。毫不奇怪，有证据表明好的管理与随后的股票表现是不相关的（Shefrin and Statman，2003；Agarwal，Taffler，and Brown，2008）。阿格沃尔（Agarwal）等指出由于管理良好比管理不善会获得更低的权益融资成本，所以好的声誉或许与价值相关，但是好的管理并不能预测股票收益。

价值股与成长股

兰考尼肖科、施莱弗和维斯尼（Lakonishok，Shleifer and Vishny，1994）以及陈和兰考尼肖科（Chan and Lakonishok，2004）阐明了价值股是如何胜过成长股或“魅力”股的，其中价值股被定义为市场价格与账面资产之比较低的股票。如何解释这种明显的“账面/市价异象”呢？兰考尼肖科等认为此异象部分是投资者对“魅力”股的过度乐观以及对价值股的过度悲观导致的，因为他们根据过去的增长率来外推未来的增长率，也就是说，他们忽略了向均值的回归。与此种观点相符的是，兰考尼肖科等发现前五年增长股所属企业的利润、现金流和销售额增长要显著快于价值股所属企业。相应地，前 1/10 股票组合（“魅力”股）前三年的收益率
268 为 145%，而后 1/10 股票组合（价值股）的收益率为 −12%。然而在后五年，利润增长率发生了极大的反转，价值股所属企业的利润增长迅速而成长股所属企业的利润几乎没有增长。兰考尼肖科等（Lakonishok，1994，p. 1575）指出：“在股票市场上，过度看重近期历史，而未对前期历史进行理性分析是一种普遍存在的错误。”兰考尼肖科等也同样用“好公司，好股票 ”来解释投资者偏好“魅力”股的现象。

代表性偏向和分析师的股票推荐

分析人员同样容易受到外推偏向的影响或者相信热手效应。杰加迪西、金、克里舍和李（Jegadeesh，Kim，Krische，and Lee，2004）发现卖方分析师一般也更加偏好“魅力”股而非价值股。那些获得分析师较强买入推荐的股票以及买入推荐级别提高的股票会有更强的价格和收益惯性、更高的市场/账面比率和交易量、更高的历史销售增长率，并且预期未来收益增长率更高。然而，遵循此种股票推荐成本可能很高，因为高增长的“魅力”股往往会被市场高估。杰加迪西等（Jegadeesh，2004，p. 1119）认为分析人员“过度迷恋成长股和‘魅力’股”的现象再次表明代表性直觉推断在起作用。

莫卡莱利—莫卡泰利、塔夫勒和阿格沃尔（Mokoaleli-Mokoteli，Taffler，and

Agarwal，2009）检验了卖方分析师在进行股票推荐时是否会出现各种行为误差。他们对美国十大券商投资分析师新买入和卖出建议的股票一年后的收益率进行了研究。莫卡莱利—莫卡泰利等得出的结论是分析师们也会受到各种认知偏向的影响，这包括代表性以及新买入推荐（而非新卖出推荐）中的利己行为。他们认为这帮助解释了为什么超过一半的推荐买入的新股票在接下来的 12 个月里会出现卖单超过买单的情况和持有异常收益，不到 1/3 的股票可以被看做“成功的”，也就是说，经过产业调整后的收益率会超过 10%。相反，3/5 的推荐卖出的股票可以看做成功的。对于推荐买入的股票而言，分析师判断出错的企业的规模要显著比判断不出错的企业大，这些企业有成长特征而非价值特征，它们的股票近期获得了较高的收益率（而且和分析师所在投行有较强的企业间联系）。分析师们似乎按照“好公司，好股票”的代表性直觉推断偏向选择具有“最佳”投资特征的股票，即使这会导致糟糕的股票推荐。

布雷顿和泰弗勒（Breton and Taffler，2001）在分析证券公司分析师报告以分析影响买入和卖出推荐的因素时也发现了类似的结果。与卖出推荐相比，他们发现与买入推荐相联系的关键信息和线索多具有非财务的定性特征。特别地，分析师们的判断主要集中在公司管理的质量和战略上。分析师们推荐那些他们认为管理良好
的公司的股票。布雷顿和泰弗勒（Breton and Taffler，2001，p. 99）得出了这样的 269
结论：“对公司管理和战略的考量虽然只占据了分析师报告的很少一部分，但它们是（买入推荐）的关键决定因素。”这再次显示出分析师们似乎直接受到了以“好管理，好股票”形式出现的代表性偏向的影响。

基金经理选择和小数定理

如前所述，在选择基金时，散户投资者的投资行为容易受到代表性直觉推断的影响，投资分析师们在进行股票推荐决策时同样如此。但是职业投资者受影响的程度相同吗？或者说他们的技能和所受的训练会弱化这种信息处理偏向吗？戈雅尔和瓦哈尔（Goyal and Wahal，2008）研究了投资管理公司投资计划负责人的聘用习惯。他们发现被雇用的基金经理在被雇用的前三年会获得正的超额收益，但这种追求收益的行为此后并不能带来相似的较好收益。实际上被雇用后的异常收益与零并无显著差异。相反，如果基金经理任期结束前投资业绩较差，则被解聘后三年的超额收益显著为正，并且超过解雇他们的公司。由于变更基金经理的成本为资产组合价值的 2%～5%，因此，此种决策对基金收益会产生重大影响。投资计划负责人明显会雇用前期获得较好业绩的投资经理，这说明存在外推偏向，但平均而言被雇用后的超额收益为零，这反映了向均值的回归。相反，如果基金经理由于较差的业绩被解聘，则解聘后的超额收益显著为正。如果投资计划负责人继续使用被解雇的投资经理，则他们的整体收益最差也不会低于新雇用的基金经理带来的收益，并且不会产生高昂的经理变更成本。这些自然实验说明在职业投资者的判断中代表性直

觉推断在起作用。

基金经理的聘用过程也会受到代表性偏向的影响。通常投资顾问会提供给计划负责人一份简短的公司会晤名单，除了其他因素外，这份名单主要是基于前期业绩选出的。多数情况下对这份名单的筛选过程由“选美比赛”和非结构化面试组成，以选出未来业绩可能胜出的基金经理。这些过程很容易受到认知偏向的影响。特别地，计划负责人会对他们是否“喜欢”基金经理申请人进行直觉上的判断，将“喜欢”与未来收益混淆，这类似于“好管理，好股票”偏向。波斯楚马、摩根生和坎皮恩（Posthuma，Morgeson，and Campion，2002）以及马坎（Macan，2009）对近期的关于类似求职面试缺乏有效性的研究进行了总结，阐明了面试时容易出现的各类代表性偏向。例如有大量的证据表明面试者的魅力、外貌以及个性在决定面试成功与否的过程中发挥着关键性的作用。然而这些因素是否必然与随后的工作业绩相关联是不清楚的。在基金经理的角逐过程中同样如此。因此，计划负责人似乎面临着根据对随机过程的误解、对可预测性的不敏感以及有效性幻觉挑选基金经理的风险。这些问题有助于解释戈雅尔和瓦哈尔（Goyal and Wahal，2008）得出的结论。

270 一个类似的自然实验与众所周知的华尔街分析师排名是否有效有关。埃默里和李（Emery and Li，2009）研究了决定《机构投资者》（*II*）和《华尔街杂志》（*WSJ*）超级明星分析师排名的因素。他们得出的结论是两个受欢迎的竞争性排名存在很大程度上的偏误。对 *II* 排名而言尤其如此，该排名似乎反映了分析师的个人声誉，但并未反映出他们推荐的股票的业绩。

被评为明星分析师后他们的投资业绩也很令人感兴趣。在被授予明星称号后一年，*II* 超级明星推荐的股票的表现平均而言与非明星推荐的并没有差异，然而他们中仍然有 70%保留了明星称号。*WSJ* 明星的业绩实际上要显著差于非明星，并且第二年仅有 1/5 获得了同样的赞誉。埃默里和李（Emery and Li，2009）的结论与代表性直觉推断起作用时的预测恰好吻合。在 *II* 排名情况下，赞誉度是明星称号的主要决定因素，此时有效性幻觉对评级起到了关键作用。就 *WSJ* 排名而言，前期推荐的股票的业绩决定了是否会获得明星称号，获得明星称号后业绩的恶化反映了向均值的回归。虽然基金行业对这些分析师评级系统的评价结果很关注，但这些结果却没有多少价值，两者之间形成了一对矛盾。

对获得最佳经理人（《商业周刊》）、年度 CEO（《金融世界》）以及最佳业绩 CEO（《福布斯》）等明星称号的首席执行官们而言，代表性直觉推断似乎也会起作用。马尔门迪尔和塔特（Malmendier and Tate，2009）发现在近期股票市场上表现抢眼的大型成长类公司的 CEO 以及在该职位上工作时间较长的 CEO 更有可能获此殊荣。然而，与未获此殊荣的未来赢家相比，他们在接下来的三年里的业绩大约要下滑 20%，虽然 CEO 们的酬金增加了 44%。这再次说明了这种殊荣似乎与对随机性的误解和有效性幻觉有关。

图表分析主义与代表性直觉推断

本章最后讨论的自然实验与技术分析或“图表分析主义”（使用过去的价格和交易量来预测未来价格变化）相关。这种方法在各种投机性市场上都获得了广泛应用（Park and Irwin，2007）。这种理论认为价格变化是存在趋势的，该趋势由经济因素、货币因素、政治因素和投资者心理因素决定。与很多从业者的观点不同，学者们对技术分析是否起作用持高度怀疑的态度，因为它违背了弱形式的有效市场假说。帕克和欧文（Park and Irwin，2007）对技术分析盈利可能性的相关实证证据进行了较广泛的综述。虽然他们报告说有 60％近期发表的研究声称技术交易策略会获得正利润，但这些研究中大部分存在各种各样的方法论问题，比如资料探查偏误、交易规则或搜寻策略的事后选择、风险和交易成本的估计困难等。因此，这种投资策略是否有价值仍然是一个有待讨论的问题。高度复杂的技术以及要检验的大 271
量的规则所起到的作用或许仅仅是掩盖了数据在本质上的不可预测性。技术分析者和图表分析者或许具有利用机会获利、按模式解读随机事件、易受有效性幻觉影响的倾向。图表分析主义虽然流行但实际上对投资又没有多少价值，这种现象可以用代表性直觉推断在起作用来解释。

概要和结论

尼斯伯特、克朗兹、吉普森和孔达（Nisbett，Krantz，Jepson，and Kunda，2002，p. 511）写道：“代表性直觉推断是研究最深入并且有可能是最重要的推断法则。”代表性描述的是人们基于所感知的事件或类别之间的相似性程度来进行判断这样一个过程。该过程对客体和事件之间的“拟合”程度进行估计，按照“物以类聚”的思路进行组织。但是代表性直觉推断毕竟是一种直觉推断，据此得出的判断会让人误入歧途。格里维茨和沙维斯基（Gilovich and Savitsky，2002）甚至认为它会让人产生迷信心理，就像掷双骰子的人若想得到一个小数就轻掷骰子，若想得到一个大数就用力掷骰子一样。

利伯曼、冈特、吉尔伯特和崔普（Lieberman，Gaunt，Gilbert，and Trope，2002）描述了大脑对输入数据进行中性并行处理以及根据相似性进行模式匹配操作的过程，这或许构成了代表性直觉推断发挥作用的基础。利伯曼等（Lieberman et al.，2002，p. 218）称之为反射性或 X—系统，“它是大脑的一部分，其自动提供我们认为（或错误认为）是现实的一系列知觉体验”。相反，C—系统是一个符号处理系统，本质上具有反省性。当 X—系统遇到通过直觉无法解决的问题时就会求助于 C—系统。卡尼曼和弗雷德里克（Kahneman and Frederick，2002）同样将认知过程分为两个系统，他们称之为系统 1（直觉性）和系统 2（反省性）。前者是一个自

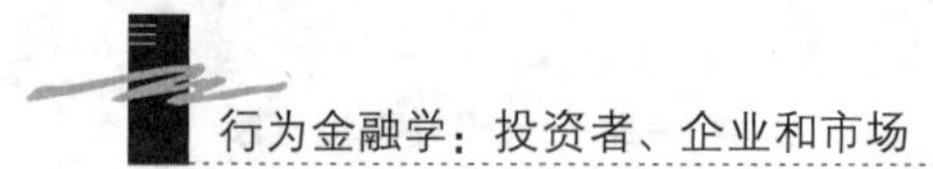

动的、毫不费力的、联想的、受感情影响的过程，而后者是一个可控的、费力的、推理的、统计的过程。模式匹配也是系统 1 处理过程的一个关键特征。然而如本章所指出的那样，大部分对代表性直觉推断的心理学研究具有高度抽象并且与情境无关的特征。因此，需要提出的一个重要问题是简单实验室研究得出的结论是否适用于复杂的现实金融市场，是否适用于专业化的基金管理者等拥有复杂技能的决策者。

卡尼曼和弗雷德里克（Kahneman and Frederick，2002）描述了一个早期研究计划（名为直觉推断与偏向方法）的研究过程，它以参加数学心理学会和美国心理学协会 1969 年会议的 84 名与会者作为调查对象。特维斯基和卡尼曼（Tversky and Kahneman，1971）报告了该研究计划的结果。该调查提出了关于总体中样本的统计显著性、估计结果的稳健性以及研究结果的可复制性等一系列问题。虽然答
272 题者中有几个统计学教科书作者，结果仍然有做出错误的概率判断和其他统计判断的总体倾向，比如过度相信通过小样本得出的结果。卡尼曼和弗雷德里克认为这些科学家不仅应该知道而且确实知道他们本可以很容易地计算出正确答案。但是在此类实验中，即使对于非常现实的问题以及非常老练的被试者，他们也会给出“非理性的答案”，然而这并不能说明这些就验证了代表性直觉推断的有效性。如果让这些专家在实际研究中进行真正的统计判断，则他们会根据反省性认知系统而非直觉认知系统进行正确的统计判断。

类似地，吉仁泽（Gigerenzer，2008a）说明了典型的特维斯基和卡尼曼（Tversky and Kahneman，1983）的琳达问题（本章开头玛丽的例子（问题 1）就是以它为基础的）也不能用来说明人类在根本上是缺乏逻辑性的。对该问题的典型回答会产生联合谬误（玛丽是一个图书馆管理员同时也是西拉俱乐部会员），也就是说，集合的一部分不可能比集合大。吉仁泽指出之所以出现此种明显的悖论是因为提出的问题的表述方式存在问题。他认为诸如联合谬误此类具有“内容未知”特征的逻辑规则忽略了这样一个事实，即人的头脑是在一个不确定的世界中思考，而不是在一个人造的确定的逻辑系统中运行，它需要超越给定的信息。在此例子中，不确定性的主要来源在于“可能”与“且”两个词的模糊使用，它们有多种含义。例如，就“可能”这个词而言，一种是按照交谈过程中用到的切题准则来解释——被试者会无意识地按照实验者所希望的那样理解提出的问题。这与数学上的概率有很大的不同。因此，切题准则表明“可能”这个词的意思是使描述能够切题且中肯，例如其是否合理。实际上，当吉仁泽用频率对琳达问题重新进行表述后，几乎所有的答题者都能够给出正确答案，这支持了他的观点。问题不是人们的直觉是否遵循逻辑规律，而是何种无意识的经验法则构成了对概念的直觉解释的基础。

吉仁泽（Gigerenzer，2008b，p. 24）强调：“直觉推断模型需要区分不同的类型。比如代表性和易得性是常用的类型，它们都没有说明直觉推断成功或失败的过程和条件。这些都需要形成可检验的模型，否则事后他们就能够解释任何事情。”

特别地，行为金融反对拟人化的观点，即认为市场的行为方式类似于个体，因此任何可能的个体认知偏向都会反映在市场价格中。很明显，这种论点是站不住脚的。然而，如果投资者更好地意识到他们的判断中可能存在的认知偏向，则他们就可以较少地根据自动或反射系统进行投资决策，进而减少犯错的可能性。

现存的某些证据表明金融市场的参与者容易根据相似性进行判断，本章描述的金融领域的自然实验充分说明了这一点，这符合代表性理论。这或许是由市场环境的异常复杂性导致的，投资者需要在此环境中进行操作并且需要弄清楚发生了什么事情。由于金融决策者的反省性认知系统可能受到抑制，因此他们会转而求助于反射性认知系统。尽管如此，根据市场影响来说明因果关系是很困难的。前面讨论的大部分例子事后都可以用代表性来解释，用其来描述某些异常的难以合理解释的市 273
场行为。

最后，投资者如何改善他们的判断和决策技能以避免代表性直觉推断呢？普劳斯（Plous，1993，pp. 119－120）给出了如下建议：

• 不要被高度翔实的情境所误导。一般而言，情境越特殊，其出现的可能性就越小——即使该情境似乎非常完美地代表了最有可能的结果。

• 尽可能地留意基础概率。当事件非常罕见或者非常普遍时，基础概率就变得非常重要。

• 记住时运是不会自我纠正的。一系列的坏运气仅仅是一系列的坏运气。

• 不要误解向均值的回归。虽然一系列的坏运气未必伴随着一系列的好运气（或者相反），但极端的业绩之后往往伴随着非常普通的业绩。

将这些建议记在脑子里可以让投资者避免根据代表性直觉推断得出的多种偏向。

乔·迪马吉奥（Joe DiMaggio）怎么样了？问的不是那位扬基队的强击手，而是他四岁的小儿子小乔。蒙洛迪诺（Joe Jr. Mlodinow，2009）提到了自 1945 年夏天退役后迪马吉奥带着他的小儿子来到扬基体育场时的情景。随着一位接一位的球迷发现这位棒球明星，整个体育馆的人们开始大喊："乔·迪马吉奥！""看，老爸？"小迪马吉奥说道："每个人都认识我！"显然，即使四岁的小孩也会受到代表性偏向的影响。

讨论题

1. 随机选出一只交易活跃的股票，考察其每日价格相对于市场指数的变化。在过去的六个交易日里，下面三个序列中哪一个最有可能出现？其中正号表示股价变化大于市场指数，负号表示股价变化小于市场指数。

序列	第1天	第2天	第3天	第4天	第5天	第6天
(a)	−	+	−	+	−	+
(b)	−	−	−	+	+	+
(c)	+	+	−	+	−	−

2. 简要描述代表性直觉推断以及它的主要特征。

3. 认知心理学家通过实验室实验检验代表性直觉推断的有效性时得出的结论对投资者和金融市场的适用性如何？

274 4. 给出现实金融市场上的一些简单例子说明在实践中代表性直觉推断在起作用。这些“自然实验”能够证明金融市场易受代表性偏向影响吗？

5. 了解代表性直觉推断会如何帮助投资者减少有偏决策？

参考文献

Agarwal, Vineet, Richard J. Taffler, and Michael Brown. 2008. Is management quality value relevant? Working Paper, University of Edinburgh Business School. Available at: http://ssrn.com/abstract=1102584.

Bange, Mary. 2000. Do the portfolios of small investors reflect positive feedback trading? *Journal of Financial and Quantitative Analysis* 35: 2, 239－255.

Barberis, Nicholas, Andrei Shleifer, and Robert W. Vishny. 1998. A model of investor sentiment. *Journal of Financial Economics* 49: 3, 307－343.

Barberis, Nicholas, and Richard H. Thaler. 2005. A survey of behavioral finance. In *Advances in behavioral finance*, ed. Richard H. Thaler, Volume II, 1－78. Princeton, NJ: Princeton University Press.

Benartzi, Shlomo. 2001. Excessive extrapolation and the allocation of 401 (k) accounts to company stock. *Journal of Finance* 55: 5, 1747－1764.

Breton, Gaetan, and Richard J. Taffler. 2001. Accounting information and analyst stock recommendation decisions: Acontent analysis approach. *Accounting and Business Research* 31: 2, 91－101.

Chan, Louis K.C., and Josef Lakonishok. 2004. Value and growth investing: Review and update. *Financial Analysts Journal* 60: 1, 71－86.

Chan, Wesley S., Richard Frankel, and S.P. Kothari. 2004. Testing behavioral finance theories using trends and consistency in financial performance. *Journal of Accounting and Economics* 38: December, 3－50.

Cooper, Michael J., Orlin Dimitrov, and P. Raghavendra Rau. 2001. A rose. com by any other name. *Journal of Finance* 56: 6, 2371 - 2388.

Cooper, Michael J., Huseyin Gulen, and P. Raghavendra Rau. 2005. Changing names with style: Mutual fund name changes and their effects on fund flows. *Journal of Finance* 60: 6, 2825 - 2858.

Cooper, Michael J., Ajay Khorana, Igor Osobov, Ajay Patel, and P. Raghavendra Rau. 2005. Managerial actions in response to a market downturn: Valuation effects of name changes in the dot. com decline. *Journal of Corporate Finance* 11: 1 - 2, 319 - 335.

Dash, Srikent, and Rosanne Pane. 2009. *Standard and Poor's indices versus active funds scorecard. Year end* 2008. Available at www. standardpoors. com.

Emery, Douglas R., and Xi Li. 2009. Are the Wall Street analyst rankings popularity contests? *Journal of Financial and Qualitative Analysis* 44: 2, 411 - 437.

Gigerenzer, Gerd. 2008a. *Gut feelings, short cuts to better decision making*. London: Penguin Books.

Gigerenzer, Gerd. 2008b. *Rationality for mortals*. New York: Oxford University Press.

Gilovich, Thomas. 1991. *How we know what isn't so*. New York: The Free Press.

Gilovich, Thomas, and Kenneth Savitsky. 2002. Like goes with like: The role of representativeness in erroneous and pseudo-scientific beliefs. In *Heuristics and biases: The psychology of intuitive judgment*, ed. Thomas Gilovich, Dale Griffin, and Daniel Kahneman, 617 - 624. New York: Cambridge University Press.

Gilovich, Thomas, Dale Griffin, and Daniel Kahneman (eds.). 2002. *Heuristics and biases: The psychology of intuitive judgment*. New York: Cambridge University Press.

Gilovich, Thomas, Robert Vallone, and Amos Tversky. 1985. The hot hand 275
in basketball: On the misspecification of random sequences. *Cognitive Psychology* 17: 3, 295 - 314.

Goyal, Amit, and Sunil Wahal. 2008. The selection and termination of investment management firms by plan sponsors. *Journal of Finance* 63: 4, 1805 - 1847.

Jain, Prem C., and Joanna Shuang Wu. 2000. Truth in mutual fund advertising: Evidence on future performance and fund flows. *Journal of Finance* 55: 2, 937 - 958.

Jegadeesh, Narasimhan, Joonghyuk Kim, Susan D. Krische, and Charles

M. C. Lee. 2004. Analyzing the analysts: When do recommendations add value? *Journal of Finance* 59: 3, 1083 - 1124.

Kahneman, Daniel, and Shane Frederick. 2002. Representativeness revisited: Attitude substitution in intuitive judgment. In *Heuristics and biases: The psychology of intuitive judgment*, ed. Thomas Gilovich, Dale Griffin, and Daniel Kahneman, 49 - 81. New York: Cambridge University Press.

Kahneman, Daniel, and Amos Tversky. 1973. On the psychology of prediction. *Psychological Review* 80: 4, 237 - 251.

Kahneman, Daniel, Paul Slovic, and Amos Tversky (eds.). 1982. *Judgment under uncertainty: Heuristics and biases*. New York: Cambridge University Press.

Lakonishok, Josef, Andrei Shleifer, and Robert W. Vishny. 1994. Contrarian investment, extrapolation, and risk. *Journal of Finance* 49: 5, 1541 - 1578.

Lieberman, Matthew D., Ruth Gaunt, Daniel T. Gilbert, and Yaacov Trope. 2002. Reflexion and reflection: A social cognitive neuroscience approach to attributional inference. *Advances in Experimental Social Psychology* 34, 199 - 249.

Macan, Therese. 2009. The employment interview: A review of current studies and direction for future research. *Human Resource Management Review* 19: 3, 203 - 218.

Malmendier, Ulrike, and Geoffrey Tate. 2009. Superstar CEOs. *Quarterly Journal of Economics* 124: 4, 1593 - 1638.

Mokoaleli-Mokoteli, Thabang, Richard Taffler, and Vineet Agarwal. 2009. Behavioral bias and conflicts of interest in analyst stock recommendations. *Journal of Business Finance and Accounting* 36: 3 - 4, 384 - 418.

Mlodinow, Leonard. 2009. The triumph of the random. *Wall Street Journal*, July 16, W10.

Nisbett, Richard E., David H. Krantz, Christopher Jepson, and Ziva Kunda. 2002. The use of statistical heuristics in everyday inductive reasoning. In *Heuristics and biases: The psychology of intuitive judgment*, ed. Thomas Gilovich, Dale Griffin, and Daniel Kahneman, 510 - 533. New York: Cambridge University Press.

Nofsinger, John R. 2008. *The psychology of investing*. 3rd ed. Upper Saddle River, NJ: Pearson Education.

Park, Cheol-Ho, and Scott H. Irwin. 2007. What do we know about technical analysis? *Journal of Economic Surveys* 21: 4, 786 - 826.

Plous, Scott. 1993. *The psychology of judgment and decision making*. New York: McGraw-Hill Inc.

Posthuma, Richard A., Frederick P. Morgeson, and Michael A. Campion. 2002.

Beyond employment interview validity: A comprehensive narrative review of recent research and trends over time. *Personnel Psychology* 55: 1, 1-81.

Serwer, Andy. 2006. The greatest money manager of our time. *Fortune* November 28.

Shefrin, Hersh. 2007. *Behavioral corporate finance*. New York: McGraw-Hill Irwin.

Shefrin, Hersh, and Meir Statman. 1995. Making sense of beta, size and book-to-market. *Journal of Portfolio Management* 21: 2, 26-34.

Shefrin, Hersh, and Meir Statman. 2003. The style of investor expectations. In *The handbook of equity style management*, ed. T. Daniel Coggin, Frank J. Fabozzi, and Robert Arnott. 3rd ed., 195-218. Hoboken, NJ: John Wiley & Sons.

Shiller, Robert J. 2003. From efficient markets theory to behavioral finance. *Journal of Economic Perspectives* 17: 1, 83-104.

Sirri, Erik R., and Peter Tufano. 1998. Costly search and mutual fund flows. 276
Journal of Finance 53: 5, 1589-1622.

Tversky, Amos, and Daniel Kahneman. 1971. Belief in the law of small numbers. *Psychological Bulletin* 76: 2, 105-110.

Tversky, Amos, and Daniel Kahneman. 1974. Judgment under uncertainty: Heuristics and biases. *Science* 185: 4157, 1124-1131.

Tversky, Amos, and Daniel Kahneman. 1983. Extensional versus intuitive reasoning: The conjunction fallacy in probability judgment. *Psychological Review* 90: 4, 293-315.

作者简介

理查德·J. 泰弗勒（Richard J. Taffler）现在是英国曼彻斯特商学院金融和会计学教授，在撰写本章时他是爱丁堡大学商学院金融和投资方向的马丁·可利荣誉教授。作为行为金融领域的权威学者，他发表的专业学术论文以及专著超过百篇/部，在媒体上他也被经常提及。泰弗勒教授对股票市场异象（其中包括市场价格不能正确地反映利空消息）的识别和研究也非常感兴趣。其他研究领域包括卖方分析师判断、基金管理、财务困境，以及CEO自恋对公司业绩的影响等。他与戴维·A. 塔克特紧密合作，发展了情绪金融学这一新领域，对传统和认知行为视角起到了补充作用。他们基于对全世界范围内超过50名基金经理的访谈，正准备出版一本关于人的因素和情绪在投资中所起作用的新书。

277 第15章　熟悉偏向

希沙姆·弗德（Hisham Foad）
圣地亚哥州立大学经济学助理教授

引　言

一句华尔街流行的格言是“投资你所熟悉的”。但是如果投资于“你所熟悉的”意味着放弃“你不熟悉的”收益更高且风险更低的资产，那么该怎么办呢？在出现不太熟悉的收益更高且风险更低的资产时如果仍显示出对熟悉资产的偏好，则存在熟悉偏向。

偏好熟悉的资产意味着欠缺分散化的投资。2001年安然公司破产或许是再明显不过的例子了。在安然公司401（k）计划中，60%的资产是安然公司的股票。当公司破产时，雇员们不仅损失了收入，而且发现他们的退休储蓄消耗殆尽。分散化投资于不太熟悉的资产本可以更好地使消费与收入风险相隔离。

虽然分散化投资会获得明显的收益，但为什么投资者仍然愿意将投资组合集中在熟悉的资产上呢？本章回顾了以回答此问题为目的的理论和实证文献。本章的余下内容由五部分构成。第一部分尝试定义熟悉偏向，表明了投资者通过分散化投资于不熟悉的资产可以获得收益。

剩下的部分回顾了导致熟悉偏向的可能的原因。第二部分关注熟悉偏向的测度。对熟悉偏向的解释可以分为三个类别。一些研究认为熟悉偏向与测度方法相关。一种测度本国偏向的方法是比较观察到的资产组合比重与通过国际资本资产定价模型（ICAPM）得出的比重。然而，在实践中 ICAPM 表现较差。因此，最优的资产组合比重和观测的资产组合比重之间的差异或许仅仅反映了基础模型的设定错误。另外一种测度熟悉偏向的方法是根据过去的资产收益来计算最优资产组合比重。对该方法的批评是过去收益是预期未来收益的一个较差的代理变量。第二部分深入探讨了这些测度问题。

第三部分考察制度摩擦。投资者或许会偏向于本地资产，因为这些资产能够更好地对冲本地风险，比如通货膨胀和收入风险。在国际层面，汇率风险和交易成本 278
可能会阻止投资者进行分散化的国际投资。此外，通过投资于总部设于本国的跨国公司，投资者也可以达到分散化国际投资的效果。最后，当面对不熟悉的资产时，投资者会面临信息不对称。由于语言障碍或会计报告准则的差异，在考虑外国资产时这种信息不对称尤其明显。

制度摩擦只能解释部分偏向。因此，第四部分考察了行为金融对熟悉偏向的解释。例如，雇员们会过多地投资于自己所属公司的股票，总是低估将财富集中在单一股票上的风险。对此现象的一个可能的解释是，投资者在预测熟悉资产的收益时会表现出过度自信，虽然对于这些资产他们也缺乏优质信息。第四部分考察的其他行为解释包括风险规避、爱国主义和社会认同。第五部分对本章进行了总结并讨论了熟悉偏向给个人投资者和社会福利带来的成本。

定义熟悉偏向

研究者们在国内（本地偏向）和国际（本国偏向）背景下都对熟悉偏向进行过研究。在这两种情况下，与从理论模型或实证数据中得出的无偏向的资产组合相比，当投资者持有的资产组合偏向“熟悉的”资产时，我们称出现了熟悉偏向。

本地偏向

虽然分散化投资于“未知”资产会增加收益，但带有本地偏向的投资者会表现出对熟悉的本地资产的偏好。在一国范围内投资者也会偏好本地资产说明国际市场摩擦，比如与外国股票相关的汇率风险和交易成本，并不能完全解释熟悉偏向。科沃尔和莫斯卡维兹（Coval and Moskowitz，1999）对共同基金经理们进行了调查，并且发现他们表现出对总部位于本地的企业的偏好。在另外一个偏好本地资产的例子中，休伯曼（Huberman，2001）发现地区性贝尔营运公司（RBOC）的客户持有的本地 ROBC 的股票份额要多于持有的其他地区 ROBC 的股票份额。[①] 一个企业的雇员往往会投资于本公司股票，这样做的代价是不能分散收入风险。比如，本纳兹（Benartzi，2001）发现在可口可乐公司雇员的可自由支配投资资金中有 3/4 用来购买本公司的股票。若可口可乐公司利润下滑，其员工的股票收益和劳动收入就会双双下降。对于这些员工而言，他们最好投资于其他地方。

如果投资者偏好本地企业，则这些投资者应该会使这些公司的股票价格产生一个溢价。只要企业的地理分布与投资资金的地理分布不匹配，本地偏好就会影响股价。鸿、库比克和斯坦（Hong，Kubik，and Stein，2008）发现若其他因素保持
279 不变，则位于最南部地区（这些地区的上市公司数量与投资资金之间的比例相对较低）的企业的价格几乎要比位于中大西洋地区（这些地区的上市公司数量与投资资金之间的比例相对较高）的企业高 8%。

一些研究认为本地偏向或许是一种理性反应，因为在熟悉的资产上可以获得更多的信息。伊科维奇和韦斯本纳（Ivković and Weisbenner，2005）发现相对于持有非本地资产，个人投资者在本地资产上可以获得 3.5%的超额收益，这说明这些投资者利用了了解本地的优势。马萨和西蒙诺夫（Massa and Simonov，2006）发现受到“熟悉冲击”，比如职业变动或迁徙后，熟悉偏向对资产组合的影响会变小，这支持了本地知识假说。波德纳鲁克（Bodnaruk，2009）提供了进一步的证据表明，当投资者搬家时，他们的本地偏向也会随之变化，他们往往会卖出旧家附近的公司的股票而买入新家附近的公司的股票。

本国偏向

在国际层面熟悉偏向更加明显，虽然通过分散化的国际投资可以获得更大收益，但是投资组合仍然过度偏向于国内股票。例如，弗伦奇和波特巴（French and Poterba，1991）根据 ICAPM 得出了最优的资产组合比例，并且发现观察到的国内股票所占比例只能用不合理的风险厌恶程度或者比任何合理的估计都要高得多的交易成本来解释。

一种测度熟悉偏向的方法是比较投资者资产组合中持有的“本地”资产所占的比例与无偏向的资产组合中此类资产所占的比例。在国际层面，一种方法是比较一国国内持有的本国股票所占的比例与该国股票市值在世界股票市场总值中所占的比例（也就是说，比较一国持有的本国股票所占的比例与其股票占“全球”资产组合的比例）。表 15—1 列出了占世界市场总市值 90%的 28 个国家股票的国内持有比例以及其占世界市场总市值的比例，该数据来自国际货币基金组织公布的股票国际

① 1984 年，美国电话电报公司（AT&T）被强制拆分成 7 个贝尔（Bell）公司（各自负责某一区域的业务），例如南方贝尔公司（BellSouth）负责美国东南部地区的业务。——译者注

持有调查资料。几乎在所有情况下，本国持有的本国股票所占的比例要大大超出该国股票市值占世界市场总市值的比例。例如，美国投资者持有的投资组合中有 87.2%是国内股票，虽然实际上美国股票仅占世界市场总市值的 43.1%。对其他国家而言，这种差距甚至更大。 280

表 15—1　　本国股票的国内持有比例和占世界市场总市值的比例　　（%）

	国内持有比例	占世界市场的比例
澳大利亚	86.5	2.0
奥地利	59.5	0.2
比利时	88.4	2.0
加拿大	76.3	3.1
捷克	91.1	0.1
丹麦	66.1	0.4
芬兰	68.8	0.5
法国	79.1	4.9
德国	72.3	3.2
希腊	96.5	0.3
匈牙利	95.9	0.1
爱尔兰	—27.7	0.3
意大利	78.0	2.1
日本	90.5	9.7
韩国	98.8	1.1
墨西哥	98.2	0.5
荷兰	42.4	1.6
新西兰	68.6	0.1
挪威	55.1	0.4
波兰	99.4	0.2
葡萄牙	85.0	0.2
斯洛伐克	85.9	0.0
西班牙	91.2	2.5
瑞典	67.1	1.0
瑞士	78.7	2.2
土耳其	99.9	0.3
英国	72.0	7.4
美国	87.2	43.1

注：本表显示了本国股票的国内持有比例以及占世界市场总市值的比例（%）。国内持有比例根据国际货币基金组织 2005 年证券投资调查资料进行计算。国内持有比例被定义为一国股票投资组合中国内股票所占比例。占世界市场总市值的比例是一国国内发行的股票占世界市场总市值的比例。爱尔兰的数值并没有出错，仅仅是由于外国持有爱尔兰股票的比例过大。

观察到的国内持有比例是理性的吗？只有在投资者能够通过更大范围的分散化

投资改善福利时，观测到的比例才能代表一种偏向。图 15—1 显示了对一系列资产组合（从全部持有美国股票到全部持有外国股票）的均值—方差分析。横轴表示不同资产组合的月平均标准差，纵轴表示年度平均收益。如果投资者仅关注风险和收益，则随着它们向左（风险更低）和向上（收益更高）移动，福利会得到改善。如图 15—1 所示，表现最差的资产组合是全部持有美国股票。全球范围的资产组合带来更高的收益同时也带来更大的风险。

281

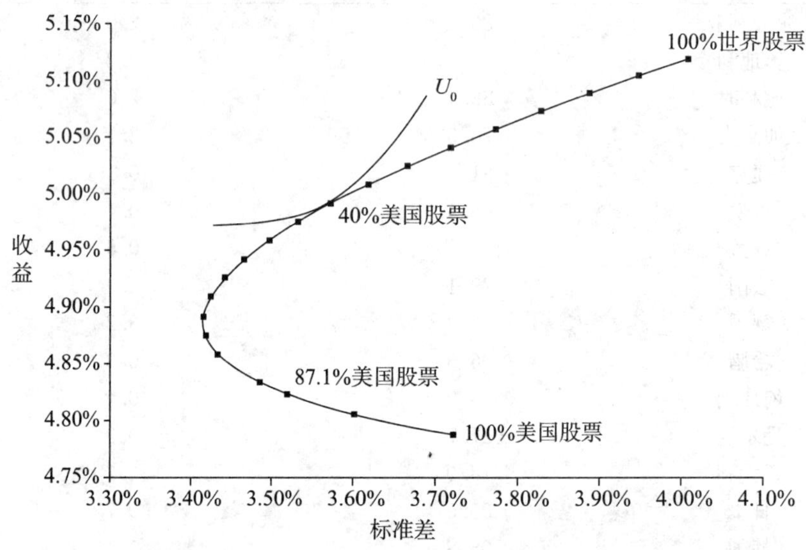

图 15—1　美国的均值—方差图

注：资产组合收益和标准差根据 MSCI 美国和世界（美国除外）指数计算。收益计算的是 1970 年 1 月到 2009 年 7 月的年度平均收益率，而标准差计算的是此时期月收益的平均年度标准差。资产组合从 100％的美国股票到 100％的全球（无美国）股票，增加单位是 5％。在美国观察到的 87.1％的国内持有比例也显示在图中。

要确定最优资产组合需要知道投资者对风险和收益的相对偏好。例如，如果投资者的偏好由无差异曲线 U_0 表示，则其效用最大化的资产组合是持有 40％的美国股票，约等于美国占世界市场总市值的比例。一个更加厌恶风险的投资者会选择持有更多的美国股票，而一个更加偏好风险的投资者更愿意持有分散化的国际资产。无论怎样，观察到的 87.1％的国内持有比例要明显劣于持有更多的外国股票。图 15—2显示了英国更加极端的偏向，持有全球化的资产组合严格优于其他组合，这反映出在此期间英国股票收益相对较低而风险较高。尽管有明显的收益，但投资者们仍然显示出对熟悉资产的偏好。本章下面的部分关注对此种现象的解释。

测度熟悉偏向

如何测度熟悉偏向呢？现有文献描述了两种主要方法：（1）根据 ICAPM 的基

于模型的方法；(2) 基于数据的方法，此方法根据均值—方差优化程序得出最优的资产组合权重。虽然这两种方法各有优缺点，但它们都得出了相同的结论，即超出本地资产之外进行更广泛的分散化投资会获得收益。

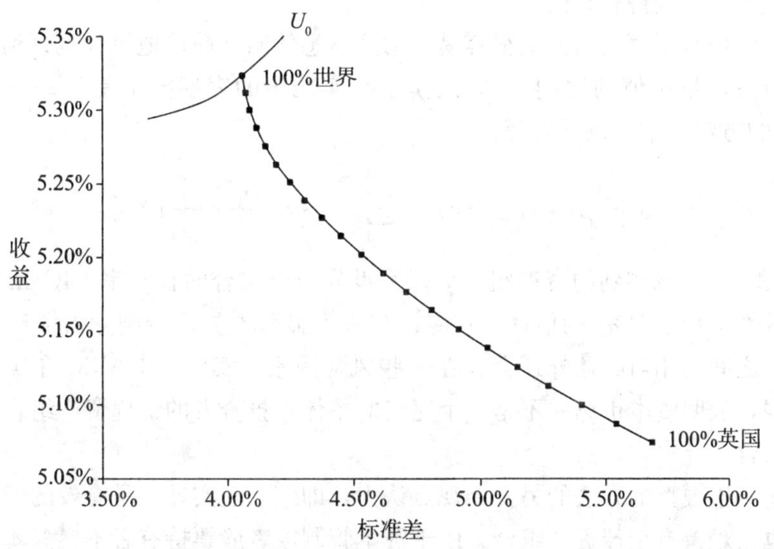

图 15—2　英国的均值—方差图

注：资产组合收益和标准差根据 MSCI 英国和世界（英国除外）指数计算。收益计算的是 1970 年 1 月到 2009 年 5 月的年度平均收益率，而标准差计算的是此时期月收益的平均年度标准差。资产组合从 100%的英国股票到 100%的全球股票，增加单位是 5%。

基于模型的方法 282

基于模型的方法使用 ICAPM，它假设完全信息，不存在诸如交易成本或税赋等资本流动障碍，并且所有投资者对收益的信念和偏好是同质的。利用该模型可以得出以下关系：

$$E(r_j)-r=\beta_j\cdot[E(r_w)-r] \tag{15—1}$$

其中 $E(r_j)$ 和 $E(r_w)$ 分别是资产 j 和世界资产组合的预期收益，r 是无风险收益率（不同地区是相等的），$\beta=\text{cov}(r_j,r_w)/\text{var}(r_w)$。给定上述假设，当所有投资者持有世界市场资产组合（其中每种资产的权重是其占世界市场总市值的比例）时，等式成立。因此，如果法国资产占世界市场总市值的比例为 5%，并且法国投资者持有 79%的法国资产，则这些投资者存在偏向。

沙尔古（Sercu，1980）在考虑汇率的基础上对方程（15—1）进行了修正。上述表达式现在变为

$$E(r_j)-r=\beta_j\cdot[E(r_w)-r]+\sum_{i=1}^{N-1}\delta_{j,i}[E(s_i+r_i)-r] \tag{15—2}$$

其中 N 是世界上的国家数量，s_i 是名义汇率的变动，r_i 是国家 i 的无风险收益率，r 是世界的无风险收益率。假定投资者可以利用自己的无风险资产对冲汇率风险，则该模型会得出和前面相似的结论。也就是说，每个投资者应该按照各资产占世界市场总市值的比例持有它们。

虽然使用基于模型的方法很容易观测到熟悉偏向（简单地比较观察到的资产组合权重与占市场市值的比例），但该模型在实践中的表现并不是很好。一种检验 ICAPM 的方法是估计以下方程：

$$r_j - r = \alpha_j + \beta_j \cdot (r_w - r) + \sum_{i=1}^{N-1} \delta_{j,i} \cdot (s_i + r_i - r) + \varepsilon_j \tag{15—3}$$

其中 r_j 和 r_w 为观测到的资产组合 j 以及世界资产组合的收益率。ICAPM 在实证上的有效性依赖于对 α_j 的估计，它应该与零无显著差异，否则除去资产 j 和世界
283 资产组合之间的相对收益外还会存在一些风险因素。实际上 CAPM 在实证上的有效性很弱，表明资本市场并不是一个完美的整体，投资者的最优资产组合未必是世界资产组合。

驳斥基于模型的方法的另一个观点认为，即使它在实证上是有效的，对于投资者而言也很难持有全球资产组合。由于资本管制或者股票持有者不愿意卖出，因此世界资产组合中含有一些无法自由交易的资产。由于这些无法获得的资产比例因地而异，使用包括所有股票（包括可获得和不可获得的部分）的世界资产组合作为标准会夸大观察到的熟悉偏向。达尔奎斯特、平克维茨、斯塔茨和威廉森（Dahlquist，Pinkowitz，Stulz，and Williamson，2003）认为正确的基准应该是由可自由流通的股票组成的世界“流通”资产组合。使用此基准可以降低但并不能消除熟悉偏向。

基于数据的方法

考虑到 ICAPM 的缺陷，其他研究者开始倡导使用基于数据的方法求得最优资产组合权重。与马科维茨（Markowitz，1952）和夏普（Sharpe，1963）一样，这种方法假设投资者关注均值和方差，他们选择资产组合权重以最大化效用，而效用是平均收益的增函数、风险（方差）的减函数。让 γ 表示某个典型投资者的相对风险厌恶系数，$\boldsymbol{\mu}$ 是 N 种风险资产的收益率超出无风险收益率的 $N\times1$ 预期收益向量，$\boldsymbol{\Omega}$ 是 N 种风险资产的 $N\times N$ 协方差矩阵。假定投资者不存在资金约束并且金融市场是完全一体化的，则最优资产组合权重可由下式给出：

$$w^* = \frac{1}{\gamma}\Omega^{-1}\mu \tag{15—4}$$

其中 $\boldsymbol{w}^*$ 代表 $N\times1$ 最优资产组合权重向量。假定风险厌恶程度不变，则最优权重仅随资产超额收益预期（$\boldsymbol{\mu}$）或者对资产组合整体风险（$\boldsymbol{\Omega}$）的贡献的变化而变

化。随着资产预期超额收益的增加或者对整体风险的贡献的下降，该项资产的最优权重会增加。

因此，测度熟悉偏向涉及比较根据方程（15—4）得出的最优投资组合权重与观察到的本地资产权重。然而根据方程（15—4）估计最优投资组合权重需要预期超额收益以及测度协方差矩阵。莫顿（Merton，1980）提出，虽然可以高度精确地估计协方差矩阵，但使用历史数据很难预测预期收益。例如，按摩根士丹利市值指数（MSCI）计算，1970—2009 年英国的月度平均收益是 0.43%，但是在此期间收益的标准差为 6.3%。不同市场收益的高度相关性几乎产生了一个奇异协方差矩阵。因此，$\boldsymbol{\mu}$ 的很小的变化也会导致最优权重的很大的变化。考虑到 $\boldsymbol{\mu}$ 的估计非常不精确，必须审慎地看待按照基于数据的方法估计出的最优投资组合权重。

因此，使用基于数据的方法进行的研究将观察到的投资组合权重看成是给定 284
的，然后估计使这些权重合理化的预期收益。这些估计表明投资者对本地资产过度乐观，说明存在偏向。例如捷斯克（Jeske，2001）根据观察到的意大利投资者的国内持有份额估计了预期收益率，结果是这些投资者不得不相信意大利资产能够超过无风险收益率 11.83%，而外国资产收益率要比无风险收益率低 2.83%。考虑到意大利资产的收益不可能接近这种预期，因此肯定是某些其他的原因导致了观察到的投资组合比例。

估计熟悉偏向的第三种方法对基于模型和基于数据的方法进行了折中。帕斯特（P'astor，2000）建立了一个贝叶斯模型，其既不强迫投资者无条件接受 ICAPM 权重，也不会为了支持数据方法而完全剔除它们。相反，投资者可以使用过去的信息更新他们对 ICAPM 的“怀疑”。随着怀疑的加剧，权重越来越接近于数据方法给出的权重。葛莱比、厄普尔和王（Garlappi，Uppal，and Wang，2007）通过允许多个先验信念对这种方法进行了改进。这种方法得出了更现实的最优投资组合权重，但是并不能驳斥熟悉偏向的存在。

制度解释

基于模型和基于数据的测度熟悉偏向的方法都要进行某些不符合现实的假设。在现实中，由于交易成本、汇率风险、不对称信息以及公司治理和标准的差异，市场并不是完全一体化的。很多研究尝试通过在不同程度上质疑一体化资本市场假设来解释熟悉偏向。本部分对这些解释以及它们对熟悉偏向之谜的解释能力进行深入探讨。

对冲本地风险

如果本地资产能够更好地对冲风险，比如通货膨胀或收入下降，则投资者会选择比预测的持有更多的本地资产。例如，如果本国资产与国内通货膨胀高度相关，则投资者会偏好投资于本国资产。通过这样做，投资者可以防止通货膨胀对财富购买力的侵蚀。虽然在理论上这很具有吸引力，但仅当本地收益与通货膨胀高度相关时，这种解释才成立。阿德勒和仲马（Adler and Dumas，1983）、库珀和卡普莱尼斯（Cooper and Kaplanis，1994）发现了相反的证据。

本地资产在对冲劳动收入风险方面可能做得更好。假定本地资产与本地收入之间负相关，则持有本地资产以避免消费随劳动收入波动是合理的。恩格尔和松本（Engel and Matsumoto，2006）认为，如果在商品市场上存在价格黏性，则这种负相关关系成立。此时，劳动收入的下降会导致企业利润（进而收益）临时增加，因为企业成本下降了。然而，实证证据表明本地资产收益率和本地收入或许是正相关
285 的。例如，巴克斯和耶尔曼（Baxter and Jermann，1997）认为，在受到生产率冲击时，人力和物质资本（即劳动收入和资产收益率）是正相关的。减少劳动力需求的生产率冲击也会侵蚀企业利润，导致收入和收益率的双双下降。实际上，地方性的冲击是更广范围分散化投资的关键论据之一。

汇率风险

当比较国际和国内资产持有量时，熟悉偏向或许更加明显。由于外国资产的有效收益率是本币收益和外币升值两者的函数，因此外国资产会带来额外的汇率风险。虽然投资者可以使用远期合约来对冲汇率风险，但这种对冲不是没有成本的，它会阻止小额投资者进行更分散的投资。德·桑蒂斯（De Santis，2006）和弗德（Foad，2008a）发现自从采用欧元后，在欧元区熟悉偏向减轻了，这支持了汇率风险的解释。然而汇率风险并不能解释全部的风险偏向，因为在欧元区内仍然存在明显的对本国股票的偏好。在一个相关研究中，费朵拉、弗拉兹切和蒂曼（Fidora，Fratzscher，and Thimann，2007）发现汇率风险只能解释不同国家本国偏向方差的 20%～30%。因此，汇率风险仅仅是几个重要因素中的一个。

交易成本

另外一个对熟悉偏向的制度解释是本地资产的交易成本更低。基于模型和基于数据的测度熟悉偏向的方法都假设不存在资本流动障碍。现实中，却存在各种诸如税率差异、限制资产流动性的法律、货币兑换费用等显性障碍以及在远距离市场进行投资时的被侵占风险等隐性障碍。马丁和雷伊（Martin and Rey，2004）认为，由于收益协方差矩阵的近乎奇异性，即使非常小的交易成本也会导致最优投资组合偏向本地资产。

使用前述的基于数据的方法，格拉斯曼和瑞迪克（Glassman and Riddick，2001）计算了使观察到的国内持有份额看起来合理的交易成本。他们发现对法国、德国、日本和英国而言，1985—1990 年的外国投资成本每年介于 14%至 19%之

间。这些成本高于任何合理的估计并且超过了实际的资产收益率。使用更加保守的风险厌恶测度，捷斯克（Jeske，2001）估计出了更加适度的交易成本，美国为 1.5%，德国为 4.5%，西班牙为 7.6%，意大利为 14.7%。然而这些成本仍然高于任何合理的对外国股票交易成本的估计。

泰萨和韦尔纳（Tesar and Werner，1995）给出的证据驳斥了交易成本解释，他们发现外国资产的换手率实际上要高于国内资产。如果交易成本限制了国际性的分散化投资，则外国资产的交易量应该较小而不是较大（其他条件相同）。阿马迪和伯金（Amadi and Bergin，2006）指出这忽略了进入外国金融市场可能存在的较高固定成本。对于那些已经“冒险进入”外国市场的投资者而言交易成本可能很 286
低，但是进入的固定成本会阻止一部分投资者进行国外投资。

诸如被侵占风险等隐性成本也会限制分散化投资。斯塔茨（Stulz，2005）认为双重代理问题会导致熟悉偏向。一方面，存在公司内部人自由裁量权，内部人投资者通过榨取外部人投资者获取个人利益。因此，对一项资产越不熟悉，越有可能成为外部人投资者。另一方面，政府可以使用政府自由裁量权通过规章和税收在外国投资者身上攫取收益。因此，为证明观察到的国内持有份额的合理性所需的看似不合理的交易成本似乎又是合理的。为了支持这一理论，斯塔茨发现国内持有比例最高（即外国投资者较少）的国家是那些对小股东保护较弱和/或有较高被侵占风险的国家。拉·博塔、洛配兹·西拉内斯和施莱弗（La Porta，Lopezde-Silanes，and Shleifer，1999）发现随着小股东保护力度的增强，外国持有比例会增加，这提供了进一步的支持证据。

通过跨国公司进行分散化投资

对熟悉偏向的另外一个解释是投资者可以通过投资于本地的跨国公司、美国证券存托凭证（ADRs）、国家封闭式基金、交易型开放式指数基金（ETFs）进行国际性的多元投资。例如，投资于芯片制造商英特尔的美国投资者理论上会受到英特尔所有运营市场的影响，因为英特尔的股价部分是由这些市场的利润率决定的。然而，贾奎拉和索尔尼克（Jacquillat and Solnik，1978）认为跨国公司是外国资产的较差的替代物，跨国公司收益方差中只有 2%是由其运营的外国市场导致的。罗兰德和泰萨（Rowland and Tesar，2004）以及蔡和沃诺克（Cai and Warnock，2006）最近的研究发现了更多的支持通过跨国公司进行分散化投资的证据。然而即使可以通过跨国公司对冲风险，通过进一步的国际性分散化投资也仍然可以获得收益。通过封闭式基金或者 ETFs 对冲风险向投资者提出了挑战，就像封闭式基金之谜所认为的那样，这些基金是按照资产净值的折让价进行交易的。此外，这些类别的资产的交易量还远未达到基于模型和数据方法建议的进行分散化国际投资的水平。

不对称信息

或许最流行的对熟悉偏向的解释是不对称信息。投资者之所以会选择投资于熟悉的股票仅仅是因为他们更了解它。因为预测的外国资产收益更不精确，所以感觉外国资产风险更大。布伦南和曹（Brennan and Cao，1997）发现投资者倾向于在收益高的时候购买外国资产而在收益低的时候卖出它们。这种追求收益的行为意味着环境是信息受限的。布伦南、曹、斯特朗和徐（Brennan，Cao，Strong，and Xu，2005）发现了这种结论的进一步的支持证据，随着市场走牛，投资者会“更加看好”市场行情。投资者仅仅基于过去收益来预测未来收益（适应性预期）
287 而没有使用所有可获得的信息（理性预期），这表明了信息不对称的存在。

经济和文化距离成为信息流动的障碍。波茨和雷伊（Portes and Rey，2005）发现随着外国银行分支机构的增加、双向电话业务量的增加、股票交易市场同时交易的时间的延长，本国偏向会减轻。李、燕和法如克（Li，Yan，and Faruqee，2004）发现，由于信息更容易获得，因此较大的国家的资产更多地为外国人所持有。其他研究发现语言也是是否持有外国资产的重要决定因素。格林巴特和凯洛哈留（Grinblatt and Keloharju，2001）发现芬兰投资者更愿意投资于总经理为芬兰人的国内和国外公司。其他很多研究也发现具有相同语言的国家有更多的跨国投资，这表明语言可能是一个重要的跨国信息流动障碍。郝（Hau，2001）支持了这一结论，他对德国证券交易所 756 名职业交易者的业绩进行了考察。他发现位于德国之外的非德语城市的交易者的业绩要差于德语城市（即使它们位于德国之外也是如此）。

经济和文化距离对于不是特别老练的投资者而言似乎更重要。乔弗里（Giofré，2008）发现相对于机构投资者而言，信息代理变量例如语言、距离和资产市场透明度对家庭投资者持有的外国资产有更强烈的影响。家庭更多地依靠与国家相关的因素而非与公司相关的因素选择资产，这说明信息不对称会限制分散化投资。

信息不对称也会影响业绩。科沃尔和莫斯卡维兹（Coval and Moskowitz，2001）发现在位于基金总部方圆 100 公里内的投资上，共同基金经理们可以获得接近 3%的超额收益。格罗特和艾姆博（Grote and Umber，2006）发现最成功的兼并和收购是对地理位置上临近的企业进行的。周、高和斯塔茨（Choe，Kho，and Stulz，2005）研究了韩国数据并且发现外国基金经理买入韩国资产的价格要比卖出它们贵很多。德沃夏克（Dvorak，2005）在印度尼西亚发现了类似的结果，外国投资者倾向于在即将获得较高收益之前卖出资产。

熟悉偏向在本质上是一种资本不自由流动的谜团。利用信息不对称来解释这种偏向，投资者是否是在简单地用更不合理的信息不流动之谜来代替资本不流动之谜呢？如果投资者确实能够通过更广范围的分散化投资获得很大的收益，则面向国外的本地信息交易市场会发展起来。

范・纽沃波夫和威尔得坎普（Van Nieuwerburgh and Veldkamp，2009）认为关于外国市场的信息并没有受到限制，相反是投资者吸收信息的能力存在约束。考虑到这种能力约束，投资者会选择最大化他们在本地信息方面的比较优势。在此情况下他们应该更多地投资于本国资产。所以，信息并不是在本质上而是在选择上具有不对称性。

对有限信息解释的一个批评是，仅当投资者预测国内资产收益要高于外国资产时，此解释才会和数据相符。相对于国外投资者而言，如果国内投资者基于不同的信息集合形成预期，则肯定有这样的时候，即国内投资者预测的国内收益比国外投资者预测的国内收益低。在此期间，国内投资应该偏向于外国资产。然而本国偏向 288
在不同时期持续保持稳定。这表明投资者总是高估本地收益，这是一种行为解释而非制度解释，关于行为解释我们将在下一部分探讨。

考察熟悉偏向的制度解释的文献总体上否定了对冲国内风险、通过跨国公司分散风险以及外国资产具有更高的显性交易成本等解释。虽然诸如汇率风险、被侵占风险以及不对称信息等解释得到了更多的支持，但它们仍然有很大的局限性。下一部分将考察熟悉偏向的某些行为金融解释。

行为解释

对熟悉偏向的理性解释仅能解释观察到的偏向本地资产的一部分。一些研究开始用行为金融来解释该谜团的剩下部分。这些解释包括以下行为偏向，例如投资于自己所属公司的股票、过度自信、懊悔、爱国主义以及社会认同，它们令人信服地解释了为什么投资者会为了投资于熟悉的资产而甘愿“放弃获利机会”。

对自己所属公司股票的过度投资

姆尔布洛克（Muelbroek，2005）的研究认为，与分散的投资组合相比，长期持有自己所属公司的股票的大量头寸最终只能收回 50%。大量投资于自己所属公司的股票不仅会带来由持有单一资产导致的个体风险，而且还会带来由公司破产导致的劳动收入和财富缩减的风险。尽管投资于本公司的股票存在极大的风险，但米切尔和乌特库斯（Mitchell and Utkus，2004）发现参与自定退休计划的 1 100 万参与人持有的本公司股票仍超过其资产的 20%。在此群体中，有 500 万人持有的本公司股票超过其资产的 60%。为什么雇员们会如此大量地投资于此类资产呢？虽然很熟悉它们，但是它们带来的风险要比分散化投资大得多。

本纳兹、塞勒、乌特库斯和桑斯坦（Benartzi，Thaler，Utkus，and Sunstein，2007）对 500 名参与 401（*k*）计划的员工进行了调查，询问大量投资于自己所属公司的股票是否是理性的。虽然投资于本公司股票可以获得税收上的优惠[1]，但本纳兹等发现只有10%的员工注意到了这一点。实际上，他们发现有更高比例的员工认为投资于本公司股票会使自己在税收上处于不利地位。员工们普遍认为本公司股票要比充分分散化的投资组合更安全，虽然实证证据认为恰好相反。雇主根据雇员对公司的贡献大小给予公司股票这一事实可以看成对公司股票的一种隐式担保，这导致了更多的雇员投资于自己所属公司的股票。

员工过度投资于自己所属公司的股票是因为他们不能正确地估计这样做的风险。本纳兹（Benartzi，2001）发现仅有16%的员工认为投资于本公司的股票比范围更广泛的市场指数风险大。邹里、莱布森和马德里恩（Choi，Laibson，and Madrian，2005）认为之所以出现这种风险估计错误不是因为缺乏信息，而是因为
289 行为的偏向。他们研究了安然公司、世通公司、环球电讯公司的破产会如何影响其他公司雇员持有本公司股票。即使在媒体对公司破产报道最多的安然总部所在地得克萨斯州休斯敦，虽然拥有本公司的股票面临风险的例子活生生地摆在眼前，但员工们也没有显著改变他们的投资模式。

过度自信

过度投资于自己所属公司的股票的倾向表明，即使不存在信息不对称，投资者对他们预测国内收益的能力也非常有信心。奇尔卡和韦伯（Kilka and Weber，2000）使用实验数据（因而可以控制信息对称程度）发现，在预测资产收益率方面，德国投资者在预测德国资产方面要比预测美国资产更有信心，而美国投资者在预测美国资产方面更有信心。由于在可控的实验环境下投资者可以获得同样的德国和美国公司信息，因此这种结果表明在预测国内收益率时存在行为上的过度自信。巴尔伯和奥丁（Barber and Odean，2001）发现过度自信的投资者倾向于更多地投资在他们熟悉的资产上，这表明过度自信可以帮助解释熟悉偏向。

高兹曼和库马尔（Goetzmann and Kumar，2008）为该理论提供了进一步的证据。他们研究了40 000名美国个人投资者的证券账户，发现年轻的、低收入的、受教育程度较低的、不够老练的投资者的熟悉偏向程度更高。郝和雷伊（Hau and Rey，2008）发现了类似的结果，相比个人投资者，共同基金的本国偏向程度较低。例如，美国本国股票的国内持有比例是87%，但对于基金而言该比例仅为68%。该证据表明不够老练的投资者对预测自己熟悉的资产的收益率更有信心，这在一定程度上会导致熟悉偏向。

卡尔森和诺顿（Karlsson and Nordén，2007）记录了过度自信方面的性别偏

---

① 1984年美国国会通过的《1984年税收改革法》规定：参加员工持股计划的员工，其股本和红利在提取使用前免交个人收入所得税，出售股份的收入转入退休基金也免交个人收入所得税。文后习题答案还提到对此类“收益按照资本利得税率征税而非按普通收入所得税率征税”。——译者注

向。他们使用瑞典的养老金数据发现熟悉偏向程度最高的是那些受教育程度较低的老年单身男性。该结果与巴尔伯和奥丁（Barber and Odean，2001）的结论相符，他们发现男性比女性更加过度自信。虽然这些研究表明投资者的老练程度与本国偏向负相关，但即使对专业投资者而言，他们也不可避免地存在对本地收益率过度乐观的倾向。斯特朗和徐（Strong and Xu，2003）对欧洲、日本和美国的共同基金经理们进行了调查。他们发现基金经理们对本国市场的表现最乐观，对所有的基金经理而言这种预测不可能全部是正确的。

懊悔

对熟悉偏向的另一种可能的解释是投资者更关心损失的最小化，而不是如本章开始讨论的基于数据和基于模型的方法假设的在风险和收益之间进行最佳的权衡抉择。如果投资者持有的外国资产的表现不如国内股票，那么投资者也会关心由此可 *290*
能产生的懊悔。当然如果他们持有的外国股票的事后收益率高于国内股票，那么这些投资者也会得意洋洋，但是卢姆斯和萨基恩（Loomes and Sugden，1982）以及贝尔（Bell，1982）的懊悔理论的估计发现，与收益相比，投资者更加看重相对于某个基准的潜在损失。

索尔尼克（Solnik，2006）建立了一个模型，其中在决定外国股票在投资组合中所占的比例时，投资者会考虑收益、风险以及懊悔。仅当外国资产能够带来“懊悔溢价”时，投资者才愿意持有它们，该溢价随投资者的懊悔厌恶程度的提高而增加。索尔尼克认为在不同国家懊悔厌恶程度对称的条件下，投资者仍然会表现出熟悉偏向。即使仅一个国家表现出懊悔厌恶，这也足以产生全球性的本国偏向。虽然这种理论缺乏实证支持，但它为未来研究提供了一种方法。

爱国主义和社会认同

其他一些研究将爱国主义和社会认同作为熟悉偏向的行为解释。摩尔斯和沙伊（Morse and Shive，2006）发现，控制了资本、分散化收益、信息优势以及熟悉度等其他因素后，爱国主义测度（用关于国家自豪感等问卷问题来反映）与本国偏向显著相关。因此投资者通过投资于本地资产或许会获得某些正效用，虽然分散化会获得货币收益。

使用可控的实验室实验，费尔纳和马西捷沃斯基（Fellner and Maciejovsky，2003）提供了进一步的支持证据，他们发现社会认同会影响资产选择。他们随机地将参与者和资产分成两组进行实验，实验中既有信息对称组又有信息非对称组。他们发现社会认同至少与非对称信息具有相同的解释力。这导致关于文化、信任以及经济交易方面的文献不断增加，可以参见圭索、萨皮恩泽尔和津加莱斯（Guiso，Sapienza，and Zingales，2006）对此的综述。由于投资者对本国和本地区发行的资产的社会认同，他们可以更好地测度此类熟悉资产的风险，因此他们更愿意持有这些熟悉资产。

另一个支持社会认同与投资之间的关系的研究是弗德（Foad，2008b），他研究了入境迁徙对外国资产持有的影响。虽然入境移民或许对母国和迁入国都有社会认同感，但他们与母国的联系要比迁入国的普通投资者强。因此，入境移民投资于外国（即母国）资产时所感知的风险或许会很低。入境移民在投资于母国资产时还会觉得具有信息优势，因此就像本国投资者对本国资产一样，他们也容易受到过度自信的影响。弗德发现接收移民入境的国家会增加该国对移民母国的投资。然而，移民母国对迁入国的投资并没有相应增加。这表明移民入境后仍然具有原来的熟悉偏向。

概要与结论

本章考察了对熟悉偏向的多种解释的有效性。证据表明对该偏向并没有唯一的
291 解释。相反，本章回顾的各种理论都可能影响投资者的投资配置决策。在制度方面，汇率风险、非对称信息、公司治理以及较弱的产权都会限制投资者分散投资于不熟悉的资产。一个新的正在发展的研究领域是对熟悉偏向进行行为解释，人们发现投资者不能正确地估计自己所属公司的股票的风险，这或许是由于在预测熟悉资产的收益率时过度自信，或许是为了避免懊悔才更加偏好本地资产，或许是由于社会认同而更加看重熟悉资产。

熟悉偏向表明投资者会持有次优的投资组合。更分散化的投资既会产生较高的收益又会产生较低的风险。此外，投资者通过分散化投资能够更好地隔离消费风险与收入风险。刘易斯（Lewis，1999）通过估计认为，有效的投资组合能够使投资者的财富增加10%～28%，这些收益随投资者风险厌恶程度的增加而增加。减轻熟悉偏向有利于金融市场进一步一体化。庞古莱斯库（Pungulescu，2008）发现在控制了大量因素后，熟悉偏向程度较低的国家有更高的经济增长率。考虑到减轻熟悉偏向带来的潜在福利，寻找此类偏向的可行解释进而得出解决方案仍然会是未来研究的一个成果丰硕的领域。

讨论题

1. 试述使用基于模型的方法估计熟悉偏向存在的问题。使用基于数据的方法存在的问题是什么？

2. 一些人认为外国资产较高的交易成本可以用来解释投资者看重国内资产的原因。请举出两项不支持此种观点的研究成果，即认为交易成本不能解释熟悉偏向。对于外国资产而言，还有什么难以观察到的成本会限制持有它们？

3. 为什么有限的关于不熟悉资产的信息可以解释熟悉偏向？有什么证据支持这种理论？有什么理由怀疑非对称信息是导致熟悉偏向的关键原因这种观点？

4. 为什么投资于自己所属公司的股票比投资于分散化的资产风险更大？虽然具有较高的风险，但许多员工 401（*k*）计划中仍然有很大部分投资于本公司的股票。为什么这种现象会存在？大量投资于自己所属公司的股票能用理性来解释吗？如果能，该怎样解释？

5. 为什么受教育程度较低的男性投资者比受教育程度较高的女性投资者表现出更高程度的熟悉偏向？

6. 与金融市场信息充分时相比，为什么在金融市场信息不充分时，社会认同对投资模式有更大的影响？

参考文献

Adler，Michael，and Bernard Dumas. 1983. International portfolio choice and corporate finance：A synthesis. *Journal of Finance* 38：3，925 - 984.

Amadi，Amir，and Paul Bergin. 2006. Understanding international portfolio diversification and turnover rates. NBER Working Paper No. 12473.

Barber，Brad，and Terrance Odean. 2001. Boys will be boys：Gender，overconfidence，and common stock investment. *Quarterly Journal of Economics* 116：1，261 - 292.

Baxter，Marianne，and Urban J. Jermann. 1997. The international diversifi- 292
cation puzzle is worse than you think. *American Economic Review* 87：1，170 -
180.

Bell，David E. 1982. Regret in decision making under uncertainty. *Operations Research* 30：5，961 - 981.

Benartzi，Shlomo. 2001. Excessive extrapolation and the allocation of 401 (k) accounts to company stock. *Journal of Finance* 56：5，1747 - 1764.

Benartzi，Shlomo，Richard H. Thaler，Stephen P. Utkus，and Cass R. Sunstein. 2007. The law and economics of company stock in 401 (k) plans. *Journal of Law and Economics* 50：1，45 - 79.

Bodnaruk，Andiry. 2009. Proximity always matters：Local bias when the set of local companies change. *Review of Finance*，forthcoming.

Brennan，Michael J.，and H. Henry Cao. 1997. International portfolio investment flows. *Journal of Finance* 52：5，1851 - 1880.

Brennan，Michael. J.，H. Henry Cao，Norman Strong，and Xinzhong Xu.

2005. The dynamics of international equity market expectations. *Journal of Financial Economics* 77：2，257－288.

Cai，Fang，and Francis E. Warnock. 2006. International diversification at home and abroad. NBER Working Paper No. 12220.

Choe，Hyuk，Bong-Chan Kho，and Ren'e M. Stulz. 2005. Do domestic investors have an edge? The trading experience of foreign investors in Korea. *Review of Financial Studies* 18：3，795－829.

Choi，James，David Laibson，and Brigitte C. Madrian. 2005. Are empowerment and education enough? Under-diversification in 401（k）plans. *Brookings Papers on Economic Activity* 36：2，151－198.

Cooper，Ian，and Evi Kaplanis. 1994. Home bias in equity portfolios，inflation hedging，and international capital market equilibrium. *Review of Financial Studies* 7：1，45－60.

Coval，Joshua，and Tobias Moskowitz. 1999. Home bias at home：Local equity preferences in domestic portfolios. *Journal of Finance* 54：6，2045－2073.

Coval，Joshua，and TobiasMoskowitz. 2001. The geography of investment：Informed trading and asset pricing. *Journal of Political Economy* 109：4，811－841.

Dahlquist，Magnus，Lee Pinkowitz，Ren'e M. Stulz，and Rohan Williamson. 2003. Corporate governance and the home bias. *Journal of Financial and Quantitative Analysis* 38：1，87－110.

De Santis，Roberto A. 2006. The geography of international portfolio flows，international CAPM，and the role of monetary policy. European Central Bank-Working Paper No. 678.

Dvorak，Tomas. 2005. Do domestic investors have an information advantage? Evidence from Indonesia. *Journal of Finance* 60：2，817－839.

Engel，Charles，and Akito Matsumoto. 2006. Portfolio choice in a monetary open-economy DSGE model. NBER Working Paper No. 12214.

Fellner，Gerlinde，and Boris Maciejovsky. 2003. The equity home bias：Contrasting an institutional with a behavioral explanation. Max Planck Institute Discussion Papers on Strategic Interaction No. 2003/03，Max Planck Institute of Economics.

Fidora，Michael，Marcel Fratzscher，and Christian Thimann. 2007. Home bias in global bond and equity markets：The role of real exchange rate Volatility. *Journal of International Money and Finance* 26：4，222－225.

Foad，Hisham. 2008a. Equity home bias and the euro. Working Paper，San Diego State University. Available at http://papers. ssrn. com/sol3/papers. cfm? abstract id=959270.

Foad, Hisham. 2008b. Familiarity breeds investment: Immigration and equity home bias. Working Paper, San Diego State University. Available at http://papers.ssrn.com/sol3/papers.cfm? abstract id=1092305.

French, Kenneth, and James Poterba. 1991. Investor diversification and international equity markets. *American Economic Review* 81: 2, 222 - 226.

Garlappi, Lorenzo, Raman Uppal, and Tan Wang. 2007 Portfolio selection with parameter and model uncertainty: A multi-prior approach. *Review of Financial Studies* 20: 1, 41 - 81.

Giofré, Maela. 2008. Bias in foreign equity portfolios: Households vs. pro- 293
fessional investors. MPRA Working Paper No. 13929.

Glassman, Debra A., and Leigh A. Riddick. 2001. What causes home asset bias and how should it be measured? *Journal of Empirical Finance* 8: 1, 35 - 54.

Goetzmann, William N., and Alok Kumar. 2008. Equity portfolio diversification. *Review of Finance* 12: 3, 433 - 463.

Grinblatt, Mark, and Matti Keloharju. 2001. How distance, language, and culture influence stock holdings and trades. *Journal of Finance*, 56: 3, 1053 - 1073.

Grote, Michael H., and Marc Umber. 2006. Home biased? A spatial analysis of the domestic merging behavior of U.S. firms. Working Paper 161, Goethe University Frankfurt am Main.

Guiso, Luigi, Paola Sapienza, and Luigi Zingales. 2006. Does culture affect economic outcomes? *Journal of Economic Perspectives* 20: 2, 23 - 48.

Hau, Harald. 2001. Location matters: An examination of trading profits. *Journal of Finance* 56: 5, 1959 - 1983.

Hau, Harald, and Héléne Rey. 2008. Home bias at the fund level. *American Economic Review*, 98: 2, 333 - 338.

Hong, Harrison, Jeffrey D. Kubik, and Jeremy C. Stein. 2008. The only game in town: Stock price consequences of bias. *Journal of Financial Economics* 90: 1, 20 - 37.

Huberman, Gur. 2001. Familiarity breeds investment. *Review of Financial Studies* 14: 3, 659 - 680.

Ivković, Zoran, and Scott Weisbenner. 2005. Local does as local is: Information content of the geography of individual investors' common stock investments. *Journal of Finance* 60: 1, 267 - 306.

Jacquillat, Bertrand, and Bruno Solnik. 1978. Multinationals are poor tools for diversification. *Journal of Portfolio Management* 4: 2, 8 - 12.

Jeske, Karsten. 2001. Equity home bias: Can information cost explain the puzzle? *Economic Review—Federal Reserve Bank of Atlanta* 86：3，31－42.

Karlsson，Anders，and Lars Nordén. 2007. Home sweet home：Home bias and international diversification among individual investors. *Journal of Banking & Finance* 31：2，317－333.

Kilka，Michael，and Martin Weber. 2000. Home bias in international stock return expectation. *Journal of Behavioral Finance* 1：3，176－192.

La Porta，Rafael，Florencio Lopez-de-Silanes，and Andrei Shleifer. 1999. Corporate ownership around the world. *Journal of Finance* 58：2，471－517.

Lewis，Karen. 1999. Trying to explain home bias in equities and consu-mption. *Journal of Economic Literature* 37：2，571－608.

Li，Shujing，Isabel K. Yan，and Hamid Faruqee. 2004. The determinants of international portfolio holdings and home bias. IMF Working Paper No. 04/34.

Loomes，Graham，and Robert Sugden. 1982. Regret theory：An alternative theory of rational choice under uncertainty. *Economic Journal* 92：368，805－824.

Markowitz，Harry M. 1952. Portfolio selection. *Journal of Finance* 7：1，77－91.

Martin，Philippe，and Héléne Rey. 2004. Financial super-markets：Size matters for asset trade. *Journal of International Economics* 64：2，335－361.

Massa，Massimo and Andrei Simonov. 2006. Hedging，familiarity and portfolio choice. *Review of Financial Studies* 19：1，633－686.

Merton，Robert C. 1980. On estimating the expected return on the market. *Journal of Financial Economics* 8：4，323－361.

Meulbroek，Lisa. 2005. Company stock in pension plans：How costly is it? *Journal of Law and Economics* 48：2，443－474.

Mitchell，Olivia S.，and Stephen P. Utkus. 2004. The role of company stock in defined contribution plans. In *The pension challenge：Risk transfers and retirement income security*，ed. Olivia Mitchell and Kent Smetters，33－70. Oxford：Oxford University Press.

294 Morse，Adair，and Sophie Shive. 2006. Patriotism in your portfolio. Available at http://ssrn.com/abstract=406200.

Pástor，Lubos. 2000. Portfolio selection and asset pricing models. *Journal of Finance* 55：1，179－223.

Portes，Richard，and Héléne Rey. 2005. The determinants of cross-border equity flows. *Journal of International Economics* 65：2，269－296.

Pungulescu，Crina. 2008. Real effects of financial market integration：Does lower home bias lead to welfare benefits? Mimeo，Tilburg University. Available at http://papers.ssrn.com/sol3/papers.cfm? abstract id=1271894.

Rowland, Patrick F., and Linda Tesar. 2004. Multinationals and the gains from international diversification. *Review of Economic Dynamics* 7: 4, 789 - 826.

Sercu, Piet. 1980. A generalization of the international asset pricing model. *Revue de l'Association Franc, aise de Finance* 1: 1, 91 - 135.

Sharpe, William. 1963. A simplified model for portfolio analysis. *Management Science* 9: 2, 277 - 293.

Solnik, Bruno. 2006. Home bias and regret: An international equilibrium model. Available at http://ssrn.com/abstract=828405.

Strong, Norman, and Xinzhong Xu. 2003. Understanding the equity home bias: Evidence from survey data. *Review of Economics and Statistics* 85: 2, 307 - 312.

Stulz, Ren'e M. 2005. The limits of financial globalization. *Journal of Finance* 60: 4, 1595 - 1638.

Tesar, Linda, and Ingrid Werner. 1995. Home bias and high turnover. *Journal of International Money and Finance* 14: 4, 467 - 492.

Van Nieuwerburgh, Stijn, and Laura Veldkamp. 2009. Information immobility and the home bias puzzle. *Journal of Finance*, forthcoming.

作者简介

希沙姆·弗德（Hisham Foad）是圣地亚哥州立大学经济学助理教授。弗德博士在艾莫利大学获得经济学硕士和博士学位。在熟悉偏向方面，他发表了几篇论文，主要研究汇率风险和入境移民的影响。他的研究成果发表在了《国际区域科学评论》上，在多次欧洲和北美国际会议上，他提交过关于熟悉偏向制度和行为解释的研究成果。

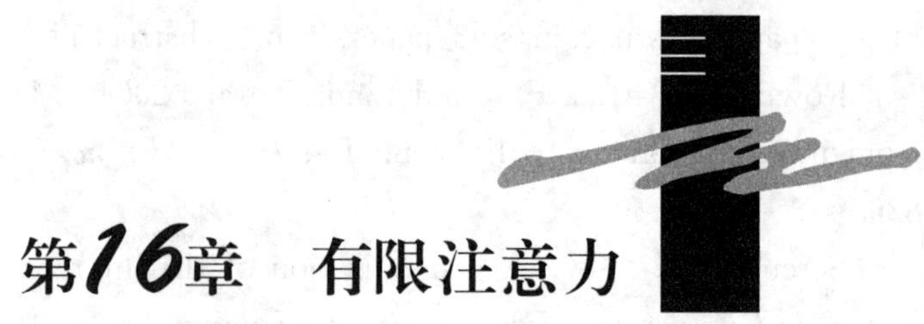

295

第16章　有限注意力

索尼娅·S. 利姆（Sonya S. Lim）
德保尔大学金融学副教授

张肖宏（Siew Hong Teoh）
加州大学欧文分校会计学教授

引　言

会计学和金融学标准理论模型假设个体使用所有可获得的信息进行决策。但是来自心理学的证据和偶然观测发现人们进行决策时并不能全面考虑所有相关信息。休伯曼和雷格夫（Huberman and Regev，2001）以英创远达（ENMD）为例说明了投资者注意力的有限性。1998年5月3日（星期日）的《纽约时报》头版报道了癌症研究领域的一项新突破，其中特别提到了一家小型生物科技公司——英创远达——有发放该治疗过程许可证的权力。该报道的影响非常大，该公司股票当天的收益达到了330%。在接下来的半年多时间里，该股票的价格一直高于新闻报道前的水平。然而，该新闻报道并未包含新信息，因为在此之前的 1997 年 11 月，《自然》杂志和其他一些流行报刊包括《纽约时报》已经对该内容进行了报道。

有限注意力是认知局限和环境中可得信息数量庞大两者综合作用的必然结果。评估特定公司涉及的信息数量庞大，并且处理这些信息需要花费大量时间和精力。此外，投资者需要评价的公司也很多。虽然个人投资者更有可能受注意力有限的影响，但是，证据表明，诸如分析师和基金经理等专业人士也会疏漏某些相关信息。例如，阿芭班尼尔和布希（Abarbanell and Bushee，1997）发现分析师并未有效利用各种财务分析比率中包含的信息，张和王（Teoh and Wong，2002）发现分析师们并未充分扣减新上市公司的操纵性应计利润。

本章对有限注意力方面的理论和实证研究成果进行了综述。近期的研究认为有限注意力能够解释对公共消息的反应不足、股票收益的联动以及公司经理的策略行为等程式化经验事实。我们提供了一个简单的模型，用以阐明在资本市场上如何反映有限注意力的影响。该模型表明若某些投资者的注意力有限，则股票价格不能充 296
分反映相关信息，该模型对收益的预测程度与投资者的注意力的有限程度正相关。本章同时也对近段时期模型预测方面的相关证据进行了回顾。接着我们讨论了有限注意力如何影响投资者的交易决策、市场价格以及公司决策。本章回顾了考察注意力有限的个体如何在不同的相关信号上配置注意力的研究成果，还回顾了此种注意力配置策略的相关经验证据。最后对有限注意力与其他众所周知的心理偏向之间的关系进行了讨论，比如窄框架和使用直觉推断。

有限注意力与收益的可预测性：理论

如果投资者具有有限的注意力，那么他们仅使用一部分可获得的公共信息对股票进行估价。被这些投资者忽略的信息仅仅在晚些时候——其与股票价值的相关性更加明显时——才会反映到价格上。许多研究发现的这一方面比较稳健的两种异象是盈余公告发布后的价格漂移（PEAD）异象和应计项目异象。就 PEAD 而言，伯纳德和托马斯（Bernard and Thomas，1989）认为价格会对盈利消息反应不足，如果某些市场投资者未注意到盈利公告就会出现这种现象。应计项目异象指的是有较多应计项目的企业的股票会获得负的异常收益，这说明投资者对应计项目（会计盈余的组成部分）存在过度反应（Sloan，1996；Teoh，Welch，and Wong，1998a，1998b；Xie，2001）。

赫什莱佛、林和张（Hirshleifer，Lim，and Zhang，2009b）给出了一个模型，对上述看似矛盾的反应进行了调和。在仅有一部分投资者关注盈利消息的市场上，存在对盈利消息的反应不足。对于关注盈利的那部分投资者而言，其中有一部分未注意到会计盈余的两个主要组成部分（即应计项目和营运现金流量项目）带来的未来现金流量持续性方面的差异。如果盈余主要来自应计项目而非营运现金流量项目，则未来现金流量的持续性较差。这可能是由于应计项目要比非营运现金流量项目更容易操纵。赫什莱佛等的研究表明上述两种异象都可以得到，这依赖于投资者类型的相对比例。

本章在修订赫什莱佛和张（Hirshleifer and Zhang，2003）、赫什莱佛（Hirshleifer，2009b）的模型的基础上给出了一个简单的有限注意力模型。假定投资者具有均值—方差偏好并且是同质的，但其中某些投资者注意力有限，他们仅仅使用所有可得信息的一部分形成信念。虽然建模时常用疏漏某些信息信号来表示投资者的有限注意力，但广义而言，我们在建模时可以通过使用直觉推断或简化模型形成预期表示投资者的有限注意力。注意力有限的投资者所占的比例用 f 表示。则比例为 $1-f$ 的投资者对信息非常留意，他们基于所有可得信息形成完全理性的预期。或者也可以这样，假定所有的投资者是同质的，而 f 是投资者疏漏某些信息信号的概率。

来自心理学的证据表明，f 可以表示为信息显明性程度、投资者搜集信息所花
297 费的资源、处理信息的难易程度的函数。投资者花费资源的多少依赖于吸引投资者注意力的竞争性信息的数量。

假设经济中有一项风险资产（股票）和现金资产。第一天投资者获得了关于股票的最终价值的公共信息。第二天投资者实现了股票的最终收益。假定股票的净供给为零。赫什莱佛和张（Hirshleifer and Zhang，2003）表明不存在风险溢价，第一天的均衡股价可以表示为两个投资者组别信念的加权平均，

$$P_1=\kappa E^I[P_2]+(1-\kappa)E^A[P_2] \tag{16—1}$$

其中，上标 I 和 A 分别表示疏漏信息和关注信息的投资者，κ 是疏漏信息投资者的比例 f 的增函数。

$$\kappa=\frac{\dfrac{f}{\mathrm{var}^I(P_2)}}{\dfrac{f}{\mathrm{var}^I(P_2)}+\dfrac{1-f}{\mathrm{var}^A(P_2)}} \tag{16—2}$$

为了简化分析，假定疏漏和关注信息的投资者对未来股价方差的看法一致（$\mathrm{var}^I(P_2)=\mathrm{var}^A(P_2)$），但对未来价格的预期存在差异。在此假设条件下，在第一天的股价公式中疏漏信息的投资者信念的权重 κ 等于疏漏信息投资者的比例 f。

在方程（16—1）中用 f 替代 κ，基于信息集 φ 的预期价格变动可以表示为如下形式：

$$E[P_2-P_1\mid\varphi]=f(E^A[P_2\mid\varphi]-E^I[P_2\mid\varphi]) \tag{16—3}$$

方程（16—3）表明当疏漏信息的投资者对未来股价缺乏完全理性的预期时，基于可得信息可以预测价格变动。举一个简单的例子，假定关注信息的投资者在收到信号 θ 后，更新了他们对第二天股价的预期（从 V 到 $V+\theta$），但疏漏信息的投资者不更新预期（仍然持有原来的信念 V）。在此情况下，基于 θ 可以预测预期价格变动，并且其可预测程度随投资者的疏漏程度（f）的提高而增强：

$$E\left[P_2-P_1 \mid \varphi\right]=f(V+\theta-V)=f\theta$$

例如，在盈利信息发布后，关注信息的投资者会向上修正对未来股价的预期，而疏漏信息的投资者不更新预期。在此情况下，盈利信息发布后未来的异常收益应该为正，因为相比疏漏信息的投资者，关注信息的投资者对未来价格有更高的预期：

$$E^A\left[P_2 \mid \varphi\right]>E^I\left[P_2 \mid \varphi\right]$$ 298

此外，当应计利润较高时，相比关注信息的投资者，疏漏信息的投资者对未来股价有更高的预期：

$$E^A\left[P_2 \mid \varphi\right]<E^I\left[P_2 \mid \varphi\right]$$

疏漏信息的投资者没有意识到这样一个事实，即应计利润在未来可能会发生反转。这意味着应计利润较高的股票其未来异常收益较低。

有限注意力和收益的可预测性：证据

金融学和经济学文献提供了大量的证据表明投资者对影响证券价格的公共信息的注意力是有限的，这些证据包括盈余公告发布后的价格漂移、应计项目异象以及股票收益动量（参见 Daniel，Hirshleifer，and Teoh，2002）。有很多会计指标可以预测未来异常收益，比如净营业资产（Hirshleifer，Hou，Teoh，and Zhang，2004）、内在价值价格比（Frankel and Lee，1988）、测度会计经营业绩和经营困境的一系列财务比率（Lev and Thiagarajan，1993），以及现金流与价格比（Desai，Rajgopal，and Venkatachalam，2004）。

若投资者的注意力有限，那么当竞争性刺激较少（分心的东西较少）和/或信息显明且容易处理时，他们对特定信息的关注程度或在股票估值时对信息的利用程度可能会更高一些。为了检验有限注意力对市场价格的影响，近期研究使用某些实证代理变量来反映投资者的注意力，这些代理变量主要基于以下信息：（1）使注意力不能集中在相关信息上的竞争性刺激；（2）信息的显明和易处理程度；（3）能够表明投资者关注程度的变量，比如交易量和互联网搜索量。下面根据研究确定投资者注意力程度的方式对它们进行分类。

竞争性刺激作为投资者疏漏的测度

当其他刺激分散投资者的注意力时，他们就很难注意到相关信息。卡尼曼和特维斯基（Kahneman and Tversky，1973）指出，对某一任务的注意力会分散对其他任务的注意力。例如，在双耳分听研究中（Cherry，1953；Broadbent，1958；Moray，1959），一条信息进入被试者的左耳，而一条不同的信息同时进入被试者的右耳。指导被试者仅关注两条信息中的一条，有时候要求他们口述信息内容。当被问及未注意到的信息时，他们记住的信息很少，尤其是当要求重复信息内容需要付出额外的注意力时更是如此。这些证据表明，当投资者被其他任务或吸引注意力的信息信号分散了注意力时，他们很难消化吸收公司的相关信息。

黛拉·维格纳和波莱特（Della Vigna and Pollet，2009）发现在星期五投资者
299 的注意力更容易偏离股票估值任务，因此对收益公告的关注程度要小。与其他工作日的收益公告相比，他们发现股票市场对星期五收益公告的即时反应越弱，随后的股价漂移程度越强。同样，弗朗西斯、帕格奇和斯蒂芬（Francis，Pagach，and Stephan，1992）以及贝格诺利、克莱门特和瓦茨（Bagnoli，Clement，and Watts，2005）也发现对非交易时段发布的盈利消息反应不足的程度更高。

赫什莱佛、林和张（Hirshleifer，Lim and Teoh，2009a）用每天发布的收益公告数量来测度信息超载程度。他们发现如果收益公告发布日有很多竞争性的公告，则市场在公告发布日的反应较弱且价格漂移程度更强，他们还发现与相关产业公告相比，在同一天发布的来自无关产业的收益公告更容易使人分散注意力。

信息的显明性和处理难易度

对于某些刺激，人们更容易感知和处理。刺激越突出（显眼）或者与环境中的其他刺激对比越鲜明，刺激就越显明。因此，人们更有可能处理显明信息而忽略非显明信息。最明显的证据可能是股价会对已经是公共信息的显明消息做出反应（Ho and Michaely，1988；Hand，1990；Klibanoff，Lamont，and Wizman，1998；Huberman and Regev，2001）。同样，注意力更有可能指向那些容易获得和处理的信息。个体根据他们记住证实性事例的难易程度确定留意程度并估计事件概率（特维斯基和卡尼曼（Tversky and Kahneman，1973）所说的易得性直觉推断）。他们也容易记住那些易总结出规律的信息。按照尼斯伯特和罗斯（Nisbett and Ross，1980，p. 45）的观点，刺激“在时间上、空间上和感知上越接近”，就越显明，越容易处理。根据心理学文献，显明效应是稳健且普遍的（Fiske and Taylor，1991）。这些文献表明，当信息不显明且难以处理时，投资者在留意和处理信息方面就有可能面临更大的困难。

黛拉·维格纳和波莱特（Della Vigna and Pollet，2007）考察了人口统计因素对不同部门的收益的影响。人口统计信息预测需求会发生变动，与年龄密切相关的

商品未来利润会变动。如果投资者充分关注这些信息，则这些可以预测的变化会完全反映到股价上。黛拉·维格纳和波莱特发现，根据人口统计因素预测出的需求长期增速能够预测产业的异常收益，这表明与人口统计因素变化的短期影响相比，投资者并不关注不显明和难以处理的人口因素变化的长期影响。

科恩和弗拉齐尼（Cohen and Frazzini，2008）发现市场对经济上相关联的公司（使用客户—供应商联系指标确定）的消息反应不足。他们还发现收益的可预测性随投资者注意力强度的变化而变化。可以预测，如果投资者同时持有作为供应商和客户的企业的股票，那么他们更容易注意它们之间的经济联系。科恩和弗拉齐尼使用共同基金持有数据研究得出，某一企业的投资者投资其经济关联企业的比例越小，其收益的可预测性就越强。

恩格尔伯格（Engelberg，2008）将收益信息分为硬（定量）信息和软（定性）
信息两类并考察了它们与盈余公告发布后的价格漂移之间的关系。他发现随着软信 300
息的处理难度（用盈利新闻稿中负面词汇的数量作为代理变量）提高，价格的可预测性增强，并且与定量信息相比其可以预测到更长的时期。同样，佩瑞斯（Peress，2008）发现相比未被《华尔街日报》报道的季度盈利公告，市场对被其报道（更显明）的公告反应更强烈且其随后的价格漂移较小。

来自实验和档案研究的会计研究证据表明，财务报表的布局、分类以及标记会影响使用者包括专业人士的感知。显明性影响对信息因果性和重要性的判断。因此，同样的公司信息用不同的方式披露会影响投资者对股票的估值和交易。

与脚注披露的信息相比，投资者更加看重财务报表正文报告的会计信息。在油气产业中，投资者对易识别的减记信息（在计算净收入过程中涉及）的看重程度要高于脚注中披露的减记信息（Aboody，1996）。埃米尔（Amir，1993）发现，在20世纪90年代早期要求企业报告退休后福利（财务会计准则声明（SFAS）106）之前，投资者未给予这些在脚注中披露的成本足够的重视，直到政策变化使得这些长期福利成本变得显明时，情况才发生变化。戴维斯—弗莱迪、弗莱米、刘和米特尔泰德特（Davis-Friday，Folami，Liu，and Mittelstaedt，1999）发现，就SFAS 106的采纳者而言，投资者对这些易识别的非养老金退休福利的看重程度要高于披露的债务。

实验研究也发现了类似的结果，即根据会计项目展示或者分类方式的不同，投资者感知的重要性程度也存在差异。霍普金斯（Hopkins，1996）指出，实验对象对相同的混合融资工具的处理方法是不同的，这要依赖于其在资产负债表中的分类是债务、权益还是夹层融资。他们还发现财务报表使用者在处理企业并购时更喜欢权益合并法而不是购买法（Hopkins，Houston，and Peters，2000）。后一种核算方法经常导致较低的盈余，因为合并溢价被分散到未来多期。最后，对其他综合收入项目而言，相对于以不显明的方式在脚注或不常使用的股东权益变化表中报告，如果它们在损益表中报告则财务报表使用者会更加重视（Hirst and Hopkins，

1998；Dietrich，Kachelmeier，Kleinmuntz，and Linsmeier，2001）。在最近的一项研究中，蔡、加维和米伯恩（Cai，Garvey，and Milbourn，2008）认为，只有在行权后，股价才能反映期权激励的成本。他们还发现在执行修订后的会计准则（要求企业报告股票期权激励公平市场价值与企业盈余之比）后，收益的可预测性减弱了。

投资者注意力的其他代理变量

一些研究使用交易量作为投资者注意力的代理变量（Hou，Peng，and Xiong，2008），因为投资者越是留意股票市场，越有可能进行交易，高交易量或许意味着投资者的注意力程度更高。达、恩格尔伯格和高（Da，Engelberg，and Gao，2009）提出Google搜索量能够直接测度投资者的注意力。前面两种测度注意力的方法——
301 竞争性刺激以及显明性/处理难易度——关注的是投资者注意力的决定因素，而交易量和网络搜索量可以被认为是投资者注意力的结果。

侯、彭和熊（Hou，Peng，and Xiong，2008）使用交易量和市场状态作为投资者注意力的代理变量考察了投资者注意力在市场反应不足和反应过度中所起的作用。卡尔森、罗文斯坦和塞比（Karlsson，Loewenstein，and Seppi，2005）的研究结果（相比下行行情，投资者在上升行情下更加关注股票市场）促使他们使用市场状态代理变量。他们发现股票交易量较小时以及在下行行情中，对盈利消息反应不足的程度更高，这表明投资者的注意力程度越高，市场对盈利消息的反应越快。

陆（Loh，2009）考察了投资者注意力如何影响市场对股票推荐的反应。价格漂移往往在分析师推荐股票之后出现，这意味着对股票推荐反应不足。研究过程中他使用交易量作为投资者注意力的主要代理变量，同时也使用了其他一些代理变量例如分析师提及次数、机构持有比例以及同一天发布的盈余公告的数量等。其结果表明对换手率较低、分析师提及较少、机构持有比例较低以及同一天发布的盈余公告数量较多的股票而言，推荐后价格漂移较大。

注意力、投资者偏向和市场不完善之间的相互作用

一些人或许认为投资者越留意市场信息，股票市场就越有效率，因为股价更快地反映了市场信息。然而，一些研究认为，投资者的关注度较高可能会加剧投资者行为偏向对市场价格的影响。非理性的投资者要影响市场价格，必须关注股票市场并且参与交易。

一种众所周知的投资者偏向是过度自信。当投资者过度自信时，他们会对私人信息产生过度反应，因为他们认为自己的信息要比实际更精确。丹尼尔、赫什莱佛和苏布拉玛尼亚姆（Daniel，Hirshleifer，and Subrahmanyam，1998）指出，由过

度自信诱发的对私人信息的过度反应会导致价格惯性和随后的逆转。过度自信的投资者的关注程度较高会放大过度自信的影响，因为当他们关注股票市场并且参与交易时，他们的预期对均衡价格会产生很大影响。侯等（Hou et al.，2008）使用交易量和市场状态作为投资者注意力的代理变量对该种预测进行了检验并且发现对高交易量股票和上升行情而言价格惯性更强。

达等（Da et al.，2009）提出在 Google 上对某一股票的搜索量较大表明很多人关注该股票并且在搜寻其信息。他们发现搜索量变动与投资者交易之间存在正相关关系，对于不熟练的投资者而言更是如此。他们的证据还表明提高投资者的注意力会导致 IPO 股票发行第一天收益较高但长期表现较差。此外，具有较高搜索量的 302
股票的价格惯性较强。侯等（Hou et al.，2008）和达等认为投资者的注意力水平更高有时候会导致市场效率降低，因为不熟练的投资者的关注程度提高会加剧投资者偏向对市场价格的影响。

由于卖空约束，注意力对买卖交易的影响可能是非对称的，因此，对向上和向下价格变动的影响也可能是非对称的。巴尔伯和奥丁（Barber and Odean，2008）认为，与卖出决策相比，注意力在个人投资者买入决策中起到了更重要的作用。当买股票时，投资者需要在上千只股票中搜寻，而卖股票时由于卖空约束他们往往仅关注持有的少数股票。因此，对受卖空约束的个人投资者而言，吸引注意力的事件会更多地增加股票购买而不是股票售出。

巴尔伯和奥丁（Barber and Odean，2008）考虑了三种类型的吸引注意力的事件——关于股票的新闻、异常交易量以及极端收益。他们发现在交易量较大的交易日，或者获得极端日收益（正负均可）后，或者股票被新闻报道时，个人投资者会净买入。此外，机构投资者不会表现出注意力驱动的购买行为。不像个人投资者，机构投资者会花费更多的时间和资源进行股票搜寻。此外，机构投资者在买卖时都会面临严重的搜寻问题，因为它们拥有大量的股票并且面临较少的卖空约束。

其他一些研究也观察到个人投资者存在注意力驱动的购买行为。李（Lee，1992）发现在或正或负的盈利冲击之后，小额交易者（交易额小于 10 000 美元）会净买入。赫什莱佛、迈尔斯和张（Hirshleifer，Myers，and Zhang，2008）使用来自低佣金券商的个人投资者的交易记录数据，研究发现在利好或利空的极端收益消息之后，个人投资者会净买入。他们也发现，相比极端利好盈利冲击，在极端利空盈利冲击之后异常交易数量更多，这也表明坏消息可能要比好消息更显明。希豪斯和吴（Seasholes and Wu，2007）发现在上海证券交易所，个人投资者会在股价涨停后一天净买入该股票。哈达特、郎和耶特曼（Huddart，Lang and Yetman，2009）发现当价格突破前一年的最高或最低价（前 52 周最高和最低价）时，交易量会显著增加，并且主动买单要比主动卖单多，对于小额交易尤其如此。因为极端盈利冲击和涨停事件通常会被媒体报道，其更有可能吸引投资者

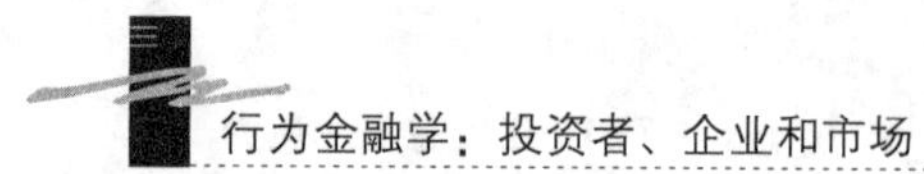

的注意力，这些发现进一步说明注意力对个人投资者买入决策的影响要强于对卖出决策的影响。

由于卖空限制和搜寻成本的存在，注意力提高可能导致股票买入量高于卖出量，如果事实真的如此，则当股票吸引投资者注意力时股票价格会上涨。热尔韦、卡尼尔和明戈尔格林（Gervais，Kaniel，and Mingelgrin，2001）发现股票异乎寻常的高交易量往往会导致下一个月价格上涨。他们认为，这说明高交易量招致的股票可见性的提高会导致对股票的需求增加进而拉高其价格。齐马娜和严（Chemmanur and Yan，2009）发现，更多的广告数量与更高的当期收益和更低的下一期
303 收益相关。对套利成本较高的股票（流动性较差且特有波动较剧烈）而言，广告对股票收益的影响更大。这些证据说明注意力对买入和卖出的非对称影响是卖空限制导致的。

弗拉齐尼和拉蒙特（Frazzini and Lamont，2006）发现，一般而言，股价会在盈利公告发布日前后上涨。对于交易活动高度集中在盈利公告发布日前后的股票而言，盈利公告溢价较高，并且小投资者会更多地购买这些高溢价股票。这些结果表明投资者关注度的提高会导致投资者购买和股价上涨。

注意力的分配

虽然注意力程度受外部因素和信息特征的影响，但投资者也会有意识地决定他们对某项信息的注意力程度。本部分回顾了近期考察个人投资者分配其有限注意力过程的理论和实证研究成果。

彭（Peng，2005）对具有注意力约束的代表性投资者的学习过程进行了建模。在该模型中，投资者对有限的注意力进行最优分配，以处理经济基本面信息并根据对基本面信息的推断进行消费和资产选择决策。彭认为，投资者会将更多的注意力分配在基本面波动更剧烈的资产上。因此，这些股票的价格会更快地反映基本面冲击，进而对外生性公告表现出较小的波动性。

彭和熊（Peng and Xiong，2006）与彭（Peng，2005）一样，也设置了相似的注意力约束，他们考察了有限注意力和过度自信对资产价格动态变化的影响。他们的模型表明由于注意力有限，投资者表现出归类学习行为，即他们会把更多的注意力分配到市场和行业层面的信息上而非公司特有信息上。该模型为近期关于资产联动的经验证据提供了解释，即解释了为什么股票收益的相关性要比它们基本面的相关性强，为什么行业内企业平均收益相关度与它们股价的信息含量之间负相关，以及为什么美国股票收益相关性呈减弱趋势。

彭（Peng，2005）与彭和熊（Peng and Xiong，2006）认为投资者在处理资产特有信息之前会首先处理与市场因素相关的信息。因此在宏观经济波动之后，市场

层面的不确定性增加，随着投资者对市场信息的关注，当期资产联动程度提高。但是随着投资者将注意力重新转向资产特有信息，联动程度随之下降。彭、熊和博勒斯莱文（Peng，Xiong，and Bollerslev，2007）使用 30 年期国债期货每日实现的波动来代理宏观经济冲击，对上述预测进行了检验。和预测相一致，他们发现随着市场整体宏观经济冲击的出现，市场波动性与单只股票间市场联动程度两者同时提高，但在下一个交易日它们会显著降低。

卡帕茨克、纽沃波夫和威尔得坎普（Kacperczyk，Nieuwerburgh，and Veldkamp，2009）对投资经理在处理市场和股票特有信息信号时如何分配有限的注意力进行了建模。在他们的模型中，具有较高技能的经理能够观察固定数量的信号，304
能够确定这些信号中包含多少市场总体信息以及股票特有信息。包含市场总体信息的信号在整体股票市场具有较高波动性时更有价值，而市场在衰退时其波动性要比扩张时高。因为技能熟练的投资者更有可能通过获取信号来更新信念，他们的资产持有状况在衰退期对市场总体信息会更加敏感，所以，技能熟练和不熟练的投资者之间的资产持有状况差异在衰退期要比在扩张期大很多。此外，在衰退期投资经理们的通过风险调整后的平均业绩会更好，因为在衰退期具有较高技能的经理们获得的信息更有价值。使用美国积极管理型基金的资产持有和收益数据，他们发现证据支持了他们模型的预测。

柯文和考芬诺尔（Corwin and Coughenour，2008）以及查克拉巴蒂和莫尔顿（Chakrabarty and Moulton，2009）检验了有限注意力对纽约证券交易所（NYSE）庄家活动的影响。一名庄家至少负责一只在 NYSE 交易的股票，大部分庄家会负责多只股票。因此，这些庄家需要将注意力分配到他们负责的一组股票上。有限注意力意味着庄家为某只特定股票提供流动性的能力与其资产组合中其他股票对注意力的要求负相关。柯文和考芬诺尔假设庄家将注意力更多地分配到最大的和最活跃的股票上，因为它们对庄家的风险和利润影响最大。他们的结论表明，在交易活动增加的时期以及注意力约束是紧约束的时候，庄家将更多的注意力分配到最活跃的股票上。随着庄家将更多的注意力放在最活跃的股票上，其资产组合中其他股票价格上涨的频率下降，交易成本增加。查克拉巴蒂和莫尔顿也发现注意力约束会给庄家带来限制。当庄家负责的某些股票发布盈利公告时，他们发现同一庄家负责的其他未发布盈利公告的股票的流动性下降。

加贝克斯和莱布森（Gabaix and Laibson，2005）对消费者在不同消费品之间进行选择时如何分配认知资源进行了建模。在他们的模型中，行为人不断地进行短视的选择计算，以评价认知活动带来的好处以及何时停止认知活动并进行消费何种商品的最终决策。加贝克斯、莱布森、摩洛奇和温伯格（Gabaix，Laibson，Moloche，and Weinberg，2006）对加贝克斯和莱布森定向认知模型的预测进行了检验，结果发现与理性模型相比被试者的行为更符合定向认知模型。

投资者有限注意力对公司决策的影响

到此为止回顾的证据表明，投资者注意力的有限性会显著影响股价。因此，关注自己公司的股票的价值的经理们在决策过程中应该考虑投资者注意力的有限性。

在一次关于盈利数字游戏的著名演讲中，证券交易委员会（SEC）主席莱威特（Levitt，1998）表达了对20世纪90年代后期股票市场繁荣时期众多误导性的会计
305 实务的担心。其中之一就是公司在新闻公告中会有意披露超出分析师预测的预估盈利（而非提交给SEC的10K报表中的盈利数字），进而努力让投资者产生对公司有利的感知。SEC的首席会计师林恩·特纳（Lynn Turner，2000）将这种现象称为剔除不利因素后的盈利（EBS）发布。在不同的时期，对于此类应剔除的项目都缺乏标准和一致性。

赫什莱佛和张（Hirshleifer and Teoh，2003）提出了一个有限注意力投资者模型，该模型预测，平均而言，预估盈利虽然要比GAAP盈利更适合用于评估，但它是上偏的，并且上偏程度能够预测未来异常收益。实证证据对这些预测提供了支持。布拉德肖和斯隆（Bradshaw and Sloan，2002）发现预估盈利往往不扣除GAAP规则要求扣除的费用。多伊尔、兰德赫尔姆和索利曼（Doyle，Lundholm，and Soliman，2003）发现市场会对预估盈利产生反应，并且预估盈利超出GAAP盈利的部分能够预测随后的股票异常收益。最后SEC强制实施了G规则，要求企业在其新闻公告中给予预估盈利和GAAP盈利同样显著的地位并且提供两种盈利测度的调节过程。

赫什莱佛、林和张（Hirshleifer，Lim and Teoh，2004）考察了有限注意力对披露的影响。在他们的模型中，信息充分的参与者（例如经理）决定是否向注意力有限的公众（例如投资者）披露某一信息。由于注意力有限，投资者不会将全部注意力放在被披露的信息或者隐含的未披露信息上。因为发生的事件要比未发生的事件更显明，所以，对披露的信息的关注程度要高于对未披露的信息的关注程度。在此情况下，他们表明信息提供者会公布超过某个临界值的信息，而保留坏消息。由于投资者并未充分关注那些未披露的信息，因此平均而言，他们的信念会比较乐观。当投资者将注意力更多地放在被披露的信息上时，披露的信息会减少，而当投资者将注意力更多地放在隐含的未被披露的信息上时，披露的信息会增加。赫什莱佛等还表明要求披露更多信息的规则会降低信念的准确性和投资者的福利。

黛拉·维格纳和波莱特（Della Vigna and Pollet，2009）发现，当投资者的关注程度较低时，最大化短期股价的经理人会选择披露坏消息，因为当投资者的关注程度较低时负面消息对股价的影响较小。这能够解释很多研究的实证发现，即星期五发布的公告要比其他工作日发布的公告包含更多的公司负面信息（e.g.，Bagnoli et al.，2005；Damodaran，1989），公司倾向于在股市将收盘时（Patell and Wolfson，1982）和收盘后（Bagnoli et al.，2005）发布利坏消息。

有限注意力导致的其他心理偏向

许多众所周知的决策偏向起源于注意力和处理能力的有限性，或者受其影响，或者与其相关。这些偏向包括显明性效应、窄框架、损失厌恶、心理核算以及易得性直觉推断。

窄框架、损失厌恶和心理核算 306

个体倾向于在范围较窄的情况或者特殊的背景下表述决策，而忽视在更广的范围内考虑问题（Tversky and Kahneman，1981）。注意力有限的投资者并不会去估计结果的完整概率分布，他们往往将决策问题简化为离散选择，通常二分为两个选项，并且使用参考点（Hirshleifer，2001）。相对于某个任意的参考点，他们对损失的敏感性要高于对收益的敏感性（Kahneman and Tversky，1979），这可能是因为损失要比收益更显明。根据问题是被表述为预期收益还是损失，人们会进行不同的决策。这种损失显明性效应同样适用于金融决策问题，这意味着相比金融收益人们更加关注金融损失。在社会层面这种损失被放大了，人们的谈话和媒体报道偏向于传递不利的以及影响情绪的消息（Heath，Bell，and Sternberg，2001）。因为投资者和分析师们关注潜在的损失，所以对风险的感觉也会受到影响（Koonce，McAnally，and Mercer，2005）。在实践中，风险管理的风险值（VAR）方法关注最差情况下的最大可能损失，而非影响总收益分布的方差或其他风险测度。

塞勒（Thaler，1985）的心理核算描述了这样一种心理现象，即个体将交易归入不同的账户，并且对这些账户中的收益区别对待，尽管货币之间是完全可替换的。和前景理论相似，收益或损失根据任意的参考点进行测量，例如，历史购买价格。当存在心理核算时，未实现的收益或损失被认为不如实现的重要。在平仓之前利润被认为是不重要的。这样的心理也构成了收入确认原则的基础（Hirshleifer and Teoh，2009）。仅当交易真正完成时才确认利润是自然的并且在心理上是具有吸引力的。

财务报告会表现出保守主义倾向。一般公认会计原则要求企业预计损失，但是，要等到损失确定后才能确认利润。赫什莱佛和张（2003）解释了使用者和监管者认为保守主义具有吸引力的原因。通过延迟确认利润，保守主义降低了未来产生令人失望的结果的可能性（Hirshleifer and Teoh，2009）。提前确认损失使得当时感觉糟糕，但当损失没有实现时却可以获得收益的快乐。

投资者经常使用过去的业绩作为参考点来判断未来业绩。在会计学和金融学研

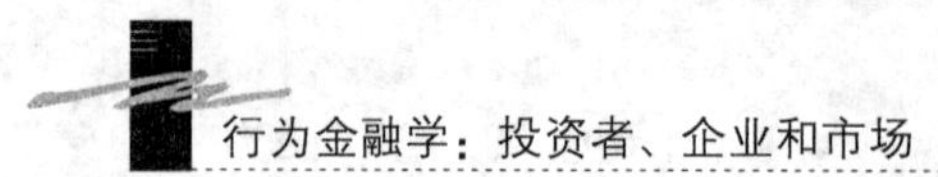

究中有大量关于股票市场基准的重要性的文献。斯敕兰德和沃尔特（Schrand and Walther，2000）发现在宣布盈利时，经理们策略性地选择前期盈利作为基准。他们的证据表明经理们更愿意提及前期特殊收益而非前期特殊亏损，以达到降低现期评估的基准的目的。米勒（Miller，2002）发现企业在连续盈利增长即将结束时会将长期预测变为短期预测，进而推迟做出不利的预测。德乔治、帕特尔和泽克豪瑟（Degeorge，Patel，and Zeckhauser，1999）发现企业会避免报告亏损、相比上年同季度盈利的下降，以及如果没有达到分析师们一致的预测目标等情况。在盈利数字游戏中，企业会通过操纵盈利或者引导预测目标转向可超越的水平，努力尝试超
307 越分析师们的一致预测目标（Teoh，Yang，and Zhang，2009）。而当企业中断赢利模式后它们会受到严厉的惩罚（Myers，Myers，and Skinner，2007）。

功能锁定和推断型决策

因为处理能力有限，个体会依赖直觉推断（Kahneman and Tversky，1973），或者运算法则（Simon，1955），或者心理模块（Cosmides and Tooby，1992）进行决策，它们都依赖线索子集。在股票市场中某些以价格为基础的比率得到了广泛使用。例如，新成立的高科技企业通常盈利为负值，因此，投资者使用价格/收入或者价格/“点击数”来评估这些公司。利用直觉推断减少了处理成本，但会产生处理错误，例如功能锁定。

当注意力有限的投资者仅仅关注报表底部的盈利数字时，他们就无法了解盈利的不同会计处理方法的影响。因此，他们在评估企业时往往会犯系统性偏向型错误。在对会计信息使用方面的实验文献的综述中，利比、布卢姆菲尔德和纳尔逊（Libby，Bloomfield，and Nelson，2002，p. 783）写道：“几乎每一项此类研究中的一些被试者都表现出某种程度的功能锁定，对于不同会计方法造成的盈利差异他们不能进行充分的调整。”

档案数据研究表明，就不同会计核算方法对净收入的影响而言，市场会进行某种程度的调整。例如，一些研究证据表明，相对于用先进先出法（FIFO）计算的盈利，市场对后进先出法（LIFO）计算出的盈利的调整并不充分，并且这种差异也不能完全反映与 LIFO 相关的节税金额。汉德（Hand，1990）发现对 1981—1984 年的样本公司而言，债转股会使当季报告盈利增加大约 20%。他发现市场并未对这种纯粹的不会带来真正的现金流的会计核算效应进行贴水。此外，当企业的投资者集合中没有多少机构投资者时这种效应会更强。

概要和结论

本章的理论和实证研究回顾表明，有限注意力对资本市场有广泛的影响。证据

表明，当某些股票市场参与者疏漏了某些公共信息时，股价会对公共信息反应不
足，并且，这些信息能够预测未来股票收益模式。通过多种不同环境下使用不同的
投资者注意力代理变量，研究还发现，反应不足程度随疏漏程度的上升而上升。有
限注意力影响投资者的交易行为以及公司决策。有限注意力也帮助解释了会计原则
和制度的某些特点（而无须从政治或者合同约束方面来解释）。会计信息通常是高
度汇总的；财务报表的布局、分类以及标记会影响使用者如何利用这些信息。最后
本章讨论了有限注意力如何与心理偏向相关联，这些心理偏向包括显明性效应、窄 308
框架、损失厌恶、心理核算以及易得性直觉推断。

讨论题

1. 影响个体对某一信息的注意力程度的心理因素有哪些？
2. 讨论表明投资者的疏漏导致市场反应不足的实证证据。
3. 讨论公司经理们如何利用投资者的疏漏。
4. 讨论有限注意力如何与其他心理偏向相关联，例如窄框架和使用直觉推断。

参考文献

Abarbanell，Jeffery，and Brian Bushee. 1997. Fundamental analysis，future earnings，and stock prices. *Journal of Accounting Research* 35：1，1 - 24.

Aboody，David，1996. Recognition versus disclosure in the oil and gas industry. *Journal of Accounting Research* Supplement 34：3，21 - 32.

Amir，Eli. 1993. The market valuation of accounting information：The case of postretirement benefits other than pensions. *Accounting Review* 68：4，703 - 724.

Bagnoli，Mark，Michael B. Clement，and Susan G. Watts. 2005. Around-the-clock media coverage and the timing of earnings announcements. Working Paper，Purdue University.

Barber，Brad，and Terrance Odean. 2008. All that glitters：The effect of attention and news on the buying behavior of individual and institutional investors. *Review of Financial Studies* 21：2，785 - 818.

Bernard，Victor L.，and Jacob K. Thomas. 1989. Post-earnings-announcement drift：Delayed price response or risk premium? *Journal of Accounting Research*，Supplement 27：3，1 - 48.

Biddle，Gary，and William E. Ricks. 1988. Analyst forecast errors and stock price behavior near the earnings announcement dates of LIFO Adopters. *Journal of Accounting Research* 26：2，169－194.

Bradshaw，Mark，and Richard Sloan. 2002. GAAP versus the street：An empirical assessment of two alternative definitions of earnings. *Journal of Accounting Research* 40：1，41－66.

Broadbent，Donald E. 1958*Perception and communication*. New York：Pergamon Press.

Cai，Jian，Gerald T. Garvey，and Todd T. Milbourn. 2008. Howwell do investors process（more subtle）information? The case of employee stock options. Working Paper，Washington University，St. Louis.

Chakrabarty，Bidisha，and Pamela C. Moulton. 2009. Earning more attention：The impact of market design on attention constraints. Working Paper，Fordham University.

Chemmanur，Thomas，and An Yan. 2009. Advertising，attention，and stock returns. Working Paper，Boston College.

Cherry，E. Colin. 1953. Some experiments on the recognition of speech，with one and two ears. *Journal of the Acoustical Society of America* 25：5，975－979.

Cohen，Lauren，and Andrea Frazzini. 2008. Economic links and predictable returns. *Journal of Finance* 63：4，1977－2011.

Corwin，Shane A. and Jay Coughenour. 2008. Limited attention and the allocation of effort in securities trading. *Journal of Finance* 63：6，3031－3067.

Cosmides，Leda，and John Tooby. 1992. Cognitive Adaptations for Social Exchange. In Jerome H. Barkow，Leda Cosmides，and John Tooby（eds.）. *The Adapted Mind*，121－228. New York：Oxford University Press.

309 Da，Zhi，Joseph Engelberg，and Pengjie Gao，2009. In search of attention. Working Paper，University of North Carolina，Chapel Hill.

Damodaran，Aswath. 1989. The weekend effect in information releases：A study of earnings and dividend announcements. *Review of Financial Studies* 2：4，607－623.

Daniel，Kent，DavidHirshleifer，and Avanidhar Subrahmanyam. 1998. Investor psychology and security market under-and overreactions. *Journal of Finance* 53：6，1839－1885.

Daniel，Kent，DavidHirshleifer，and Siew Hong Teoh. 2002. Investor psychology in capital markets：Evidence and policy implications. *Journal of Monetary Economics* 49：1，139－209.

Davis-Friday，Paquita，Buky Folami，Chao-shin Liu，and Fred Mittelstaedt.

1999. The value relevance of financial statement recognition versus. Disclosure: Evidence from SFAS No. 106. *Accounting Review* 74: 4, 403-423.

Degeorge, Francois, Jayendu Patel, and Richard Zeckhauser. 1999. Earnings management to exceed thresholds. *Journal of Business* 72: 1, 1-33.

DellaVigna, Stefano, and Joshua M. Pollet. 2007. Demographics and industry returns. *American Economic Review* 97: 5, 1167-1702.

DellaVigna, Stefano, and Joshua Pollet. 2009. Investor inattention and Friday earnings announcements. *Journal of Finance* 64: 2, 709-749.

Desai, Hemang, Shivarajam Rajgopal, and Mohan Venkatachalam. 2004. Value-glamour and accruals mispricing: One anomaly or two. *Accounting Review* 79: 2, 355-385.

Dietrich, Richard, Steven Kachelmeier, Donald Kleinmuntz, and Thomas Linsmeier. 2001. Market efficiency, bounded rationality and supplemental business reporting disclosures. *Journal of Accounting Research* 39: 2, 243-268.

Doyle, James, Russell Lundholm, and Mark Soliman. 2003. The predictive value of expenses excluded from pro forma earnings. *Review of Accounting Studies* 8: 2-3, 145-174.

Engelberg, Joseph. 2008. Costly information processing: Evidence from earnings announcements. Working Paper, University of North Carolina.

Fiske, Susan, and Shelley Taylor. 1991. *Social cognition*. New York: McGraw-Hill. Frankel, Richard, and Charles Lee. 1988. Accounting valuation, market expectation, and cross-sectional stock returns. *Journal of Accounting and Economics* 25: 3, 283-319.

Francis, Jennifer, Donald Pagach, and Jens Stephan. 1992. The stock market response to earnings announcements released during trading versus nontrading periods. *Journal of Accounting Research* 30: 2, 165-184.

Frazzini, Andrea, and Owen Lamont. 2006. The earnings announcement premium and trading volume. NBER Working Paper w13090, Cambridge.

Gabaix, Xavier, and David Laibson. 2005. Bounded Rationality and directed cognition. Working Paper, Harvard University.

Gabaix, Xavier, David Laibson, Guillermo Moloche, and Stephen Weinberg. 2006. Costly information acquisition: Experimental analysis of a boundedly rational model. *American Economic Review* 96: 4, 1043-1068.

Gervais, Simon, Ron Kaniel, and Dan H. Mingelgrin. 2001. The highvolume return premium. *Journal of Finance* 56: 3, 877-919.

Hand, John. 1990. A test of the extended functional fixation hypothesis. *Ac-*

counting Review 65：4，740－763.

Heath，Chip，Chris Bell，and Emily Sternberg. 2001. Emotional selection in memes：The case of urban legends. *Journal of Personality and Social Psychology* 81：6，1028－1041.

310 Hirshleifer，David. 2001. Investor psychology and asset pricing. *Journal of Finance* 64：4，1533－1597.

Hirshleifer，David，and Siew Hong Teoh. 2003. Limited attention，information disclosure，and financial reporting. *Journal of Accounting and Economics* 36：1－3，337－386.

Hirshleifer，David，and Siew Hong Teoh. 2009. The psychological attraction approach to accounting and disclosure policy. *Contemporary Accounting Research* 6：4，forthcoming.

Hirshleifer，David，Kewei Hou，Siew Hong Teoh，and Yinglei Zhang. 2004. Do investors value balance sheet bloat? *Journal of Accounting and Economics* 38：1，297－331.

Hirshleifer，David，Sonya S. Lim，and Siew Hong Teoh. 2004. Disclosure to a credulous audience：The role of limited attention. Working Paper，The Ohio State University.

Hirshleifer，David，Sonya S. Lim，and Siew Hong Teoh. 2009a. Driven to distraction：Extraneous events and underreaction to earnings news. *Journal of Finance* 64：5，2287－2323.

Hirshleifer，David，Sonya S. Lim，and Siew Hong Teoh. 2009b. Limited investor attention and stock market misreactions to accounting information，Working Paper，University of California，Irvine.

Hirshleifer，David，James Myers，Linda Myers，and Siew Hong Teoh. 2008. Do individual investors drive post-earnings announcement drift? Direct evidence from personal trades. *Accounting Review* 83：6，1521－1550.

Hirst，Eric，and Patrick Hopkins. 1998. Comprehensive income reporting and analysts'valuation judgments. *Journal of Accounting Research* 36：Supplement，47－75.

Ho，Thomas，and Roni Michaely. 1988. Information quality and market efficiency. *Journal of Financial and Quantitative Analysis* 5：3，357－386.

Hopkins，Patrick. 1996. The effect of financial statement classification of hybrid financial instruments on financial analysts' stock price judgments. *Journal of Accounting Research* 34：Supplement，33－50.

Hopkins，Patrick，Richard Houston，and Michael Peters. 2000. Purchase，pooling， and equity analysts' valuation judgments. *Accounting Review* 75: 3, 257 - 281.

Hou, Kewei, Lin Peng, and Wei Xiong. 2008. A tale of two anomalies: The implication of investor attention for price and earnings momentum. Working Paper, The Ohio State University.

Huberman, Gur, and Tomer Regev. 2001. Contagious speculation and a cure for cancer. *Journal of Finance* 56: 1, 387 - 396.

Huddart, Steven, Mark Lang, and Michelle Yetman. 2009. Volume and price patterns around a stock's 52-week highs and lows: Theory and evidence. *Management Science* 55: 1, 16 - 31.

Kacperczyk, Marcin, Stijn Van Nieuwerburgh, and Laura Veldkamp. 2009. Attention allocation over the business cycle: Evidence from the mutual fund industry. Working Paper, New York University.

Kahneman, Daniel, and Amos Tversky. 1973. On the psychology of prediction. *Psychological Review* 80: 4, 237 - 251.

Kahneman, Daniel, and Amos Tversky. 1979. Prospect theory: An analysis of decision under risk. *Econometrica* 47: 2, 263 - 291.

Karlsson, Niklas, George Loewenstein, and Duane Seppi. 2005. The "ostrich effect": Selective attention to information about investments. Working Paper, Carnegie Mellon University.

Klibanoff, Peter, Owen Lamont, and Thierry Wizman, 1998. Investor reaction to salient news in closed-end country funds. *Journal of Finance* 53: 2, 673 - 699.

Koonce, Lisa, Mary McAnally, and Molly Mercer. 2005. How do investors judge the risk of financial and derivative instruments? *Accounting Review* 80: 1, 221 - 241.

Lee, Charles M. C. 1992. Earnings news and small traders. *Journal of Accounting and Economics* 15: 2 - 3, 265 - 302.

Lev, Baruch, and Ramu Thiagarajan. 1993. Fundamental information analysis. *Journal of Accounting Research* 31: 2, 190 - 215.

Levitt, Arthur. 1998. The numbers game. Remarks by the chairman of the Securities and Exchange Commission delivered at New York University Center for Law and Business, New York, September 28, 1998.

Libby, Robert, Robert Bloomfield, and Mark Nelson. 2002. Experimental 311
research in financial accounting. *Accounting, Organizations and Society* 27: 8, 775 - 810.

Libby, Robert, and HunTong Tan. 1999. Analysts' reactions to warnings of negative earnings. *Journal of Accounting Research* 37：2，415－436.

Loh，Roger. 2009. Investor inattention and the underreaction to stock recommendations. Working Paper，Singapore Management University.

Miller，Gregory. 2002. Earnings performance and discretionary disclosure. *Journal of Accounting Research* 40：1，173－204.

Myers，James，Linda Myers，and Douglas Skinner. 2007. Earnings momentum and earnings management. *Journal of Accounting*，*Auditing & Finance* 22：2，249－284.

Moray，Neville. 1959. Attention in dichotic listening：Affective cues and the influence of instructions. *Quarterly Journal of Experimental Psychology* 11：1，56－60.

Nisbett，Richard，and Lee Ross. 1980. *Human inference*：*Strategies and shortcomings of social judgment*. Englewood Cliffs，NJ：Prentice-Hall.

Patell，James，M.，and Mark A. Wolfson. 1982. Good news，bad news，and the intraday timing of corporate disclosures. *Accounting Review* 57：3，509－527.

Peng，Lin. 2005. Learning with information capacity constraints. *Journal of Financial and Quantitative Analysis* 40：2，307－329.

Peng，Lin，and WeiXiong. 2006. Investor attention，overconfidence，and category learning. *Journal of Financial Economics* 80：3，563－602.

Peng，Lin，Wei Xiong，and Tim Bollerslev. 2007. Investor attention and time-varying comovements. *European Financial Management* 13：3，394－422.

Peress，Joel. 2008. Media coverage and investors' attention to earnings announcements. Working Paper，INSEAD.

Schrand，Catherine，and Beverly Walther. 2000. Strategic benchmarks in earnings announcements：The selective disclosure of prior-period earnings components. *Accounting Review* 75：2，151－177.

Seasholes，Mark S.，and GuojunWu. 2007. Predictable behavior，profits，and attention. *Journal of Empirical Finance* 14：5，590－610.

Simon，Herbert. 1955. A behavioral model of rational choice. *Quarterly Journal of Economics* 69：1，99－118.

Sloan，Richard. 1996. Do stock prices fully reflect information in accruals and cashflows about future earnings? *Accounting Review* 71：3，289－315.

Teoh，Siew Hong，and T. J. Wong. 2002. Why do new issues and high accrual firms underperform? The role of analysts' credulity. *Review of Financial Studies* 15：3，869－900.

Teoh，Siew Hong，Ivo Welch，and T. J. Wong. 1998a. Earnings management and the long run market performance of initial public offerings. *Journal of Finance* 53：6，1935－1974.

Teoh，Siew Hong，Ivo Welch and，T. J. Wong. 1998b. Earnings management and the underperformance of seasoned equity offerings. *Journal of Financial Economics* 50：1，63－99.

Teoh，Siew Hong，George Yang，and Yinglei Zhang. 2009. The earnings numbers game：Rewards to walk down and penalties to walk up of analysts' forecasts of earnings. Working Paper，University of California，Irvine.

Thaler，Richard. 1985. Mental accounting and consumer choice. *Marketing Science* 4：3，199－214.

Turner，Lynn. 2000. Opportunities for improving quality. Remarks before the Colorado Society of CPAs，December 15. Available at http://www.sec.gov/news/speech/spch451.htm.

Tversky，Amos，and Daniel Kahneman. 1973. Availability：A heuristic for judging frequency and probability. *Cognitive Psychology* 5：2，207－232.

Tversky，Amos，and Daniel Kahneman. 1981. The framing of decisions and the psychology of choice. *Science* 211：4481，453－458.

Xie，Hong. 2001. The mispricing of abnormal accruals. *Accounting Review* 76：3，357－373.

作者简介 312

索尼娅·S. 利姆（Sonya S. Lim）是德保尔大学金融学副教授。她的研究集中在心理因素诸如心理核算和有限注意力对投资者交易行为和市场价格的影响方面。其研究成果发表在金融学、管理学和心理学一流学术期刊上。她对分析师预测行为的研究获得了Panagora资产管理公司纪念克罗威尔竞赛一等奖。她在2003年获得俄亥俄州立大学金融学博士学位后进入德保尔大学。她在韩国科学技术高级研究院获得电子工程学士学位和管理工程硕士学位。

张肖宏（Siew Hong Teoh）是加州大学欧文分校会计学教授。其研究成果发表在会计学、金融学和经济学一流期刊上。她的关于盈余管理的研究成果曾经被国际新闻媒体报道并在国会证词中提及，她关于市场不会有效地将管理者的行动反映到证券价格中的重要发现，被会计学和金融学领域的学者们广泛引用。张教授获得过社会投资论坛关于社会责任投资的Moskowitz最佳论文奖，以及《金融学杂志》Brattle奖提名。她的研究成果是*JFE*全明星论文，并且是金融领域2000—2006年引用最广泛的300篇论文之一。她最近的研究关注资本市场心理因素对会计信息的影响、分析师们的盈利预测以及投资者无效率地开拓市场的过程等方面。张教授以前是加州大学洛杉矶分校、密歇根大学以及俄亥俄州立大学的教师。

致　谢

我们感谢塞布丽娜·柴（Sabrina Chi）和黄轩（Xuan Huang）出色的助理研究工作。

第17章　其他行为偏向 313

迈克尔·道林（Michael Dowling）
中央兰开夏大学金融学讲师

布莱恩·卢西（Brian Lucey）
都柏林三一学院金融学副教授

引　言

本章讨论三类偏向：惯性、自我欺骗和情感。惯性是指信念更新缓慢（保守主义）对投资者决策的影响，当面临一系列的选择时会选择默认选项（现状偏向），以及不愿放弃商品的倾向（禀赋效应）。自我欺骗指的是人们将成功归因于自我选择而将失败归因于他人（有偏自我归因），以及“过度乐观”。情感指的是某些情绪类影响因素，包括情绪（喜欢或者厌恶）对投资者、对风险—收益的感知（情感直觉推断）的影响，以及懊悔厌恶对决策的影响。接下来的三个部分讨论这三类偏向，结论部分评述形成一个关于偏向影响投资者决策的

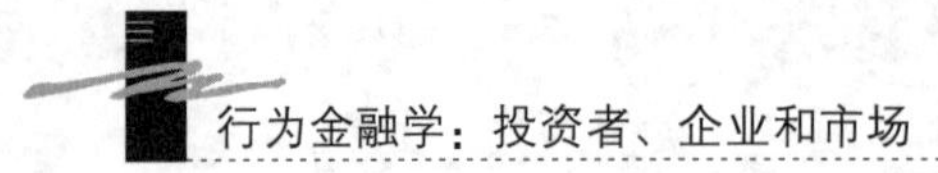

整体性框架的重要性。

惯　性

对惯性偏向的最佳描述是经济主体未能更新其经济状况的偏向，尽管更新可能会获得收益。相反，他们“坚持”某种状态（例如不售出某只股票）或者以次优的方式行事。主要发现了三种偏向：保守主义、禀赋效应以及现状偏向。

保守主义

保守主义本质上是代表性偏向的对立面。代表性偏向描述了人们是如何低估基
314 础概率的，比如根据较小数据集的模式外推趋势（Kahneman and Tversky，1973）。在保守性直觉推断中，人们高估基础概率而低估新信息，当新信息出现时这会导致缓慢的基础概率调整（Edwards，1968）。洛德、罗斯和莱普尔（Lord，Ross and Lepper，1979）也提出了相似的直觉推断，他们发现即使证据表明人们应该转变信念，他们也仍然转变得很缓慢。

保守主义的原则似乎与代表性相冲突。法玛（Fama，1998）认为这是行为金融的一个基本缺陷。然而，他们这种观点不是基于对相关心理学文献的分析，而是基于对声称存在反应不足（保守主义）或者反应过度（代表性）的金融研究的再考察。

格里芬和特维斯基（Griffin and Tversky，1992）对保守主义与代表性之间表面上的冲突进行了分析。他们认为新信息要么具有“强度”，要么具有“权重”。当然，新信息也可能同时具有上述两个特征。高强度的信息具有极端性和较强的显明性，而大权重的信息对总体或者数据产生过程建模而言有更强的代表性。根据贝叶斯法则，处理信息的决策者会将大部分注意力放在大权重的信息上，因为它为总体和数据产生过程建模提供了最多的额外知识。然而，基于直觉推断进行决策的人会将很少的注意力放在大权重信息上，因为它是统计性的，因而显明性程度较低，这导致了保守主义和基础概率的缓慢更新。此类决策者还会将过多的注意力放在高强度信息上，因为它较显明，这会导致基础概率被忽视。

作为一种短期决策法则，保守主义是尤为重要的。洛德等（Lord et al.，1979）发现人们缓慢地改变他们的信念。这部分是由于评估新信息以更新概率估计会产生认知成本、时间成本以及可能的财务成本。

这种短期内更新信念时的踌躇和不情愿，被认为是导致多种金融定价异象的原因。这些一般被归类为反应不足异象，一个例子是盈余公告发布后的价格漂移，即股票价格对盈余公告产生缓慢的反应（Bernard and Thomas，1990）。其他例子包括股份分割（Desai and Jain，1997）、股权回购招标（Lakonishok and Vermaelen，

1990）、股息遗漏和首发（Michaely，Thaler，and Womack，1995）以及兼并和收购（Agrawal，Jaffe，and Mandelker，1992）等，这些例子也表明来自这些事件的信息更新缓慢。

研究者们尝试整合代表性（基础概率低估和小样本疏忽）和保守主义，以建立一个所谓的金融市场定价的“统一理论”，即尝试解释看似矛盾的反应过度和反应不足两种发现。巴贝尔斯、施莱弗和维斯尼（Barberis，Shleifer，and Vishny，1998）提出了一个模型，其中投资者假定市场在两种状态之间波动，即均值回归状态和趋势状态。均值回归状态起因于投资者假定盈余要比实际上更静态化（保守主义），趋势状态起因于投资者根据多个或正或负的盈利冲击外推的趋势。

鸿和斯坦（Hong and Stein，1999）提出了另外一个模型，该模型涉及两组有
限理性的投资者——信息观察者和惯性交易者。信息观察者主要关注关于未来基本
面的私人信息而不是尝试从价格趋势中获取信息，而惯性交易者主要关注从价格趋 315
势中获取的信息。他们还假定关于未来基本面的信息逐渐在信息观察者组中扩散。由于信息逐渐扩散，股价对基本面信息会反应不足。鸿和斯坦认为，遵循趋势的惯性交易者导致过度反应。惯性交易者加快了由信息观察者导致的价格趋势，而信息观察者最先得到关于未来基本面变化的信息。

禀赋效应

禀赋效应是指行为人售出商品时索要的价格要比购买该商品时愿意支付的价格高的倾向。塞勒（Thaler，1980）首先将禀赋效应表述为损失厌恶的一种特定表现。后来，卡尼曼、尼奇和塞勒（Kahnman，Knetsch，and Thaler，1990）对此概念进行了扩展。这些作者提供了大量的实例来说明行为人买卖意愿的非对称性。塞勒发现要让行为人接受风险的小幅增加，就要让他们获得一个溢价，该溢价的大小要比减少同量的风险时行为人愿意付出的价格高很多。卡尼曼等从一系列的实验中发现这种差距不是由交易成本造成的。

有证据表明，从股票交易到首次公开发行（IPOs）、从交换商品到公共品等一系列环境下都存在禀赋效应。洛克伦和里特（Loughran and Ritter，2002）认为禀赋效应可以揭示 IPO 过程中的“将钱放在桌上”现象，即 IPO 第一天的收益往往非常高。他们强调投资者认为将钱放在桌上（也就是他们未获得的钱）的机会成本要高于①为获得“更真实的”价格而支付的直接费用。张（Zhang，2004）也对 IPO 市场中的禀赋效应进行了考察，他认为 IPO 的过度配发会导致二级市场通过该效应进行更多的配置。贝克、科沃尔和斯坦（Baker，Coval，and Stein，2007）在一篇关于公司控制权市场的论文中强调了禀赋效应通过对惯性的影响对兼并的重

① 疑有误，此处“高于”应为“低于”。“将钱放在桌上”是指这样一种现象——你把一大笔钱放在桌子上，然后躲在暗处偷偷观察。过了很久却发现，虽然人来人往，但是没有人拿走桌子上的钱。——译者注

要作用。在企业使用股票作为支付手段的兼并中，投资者倾向于保留合并后企业的股票，即使他们本来没有购买收购发起企业股票的意愿。方德万、基林伯格和冯·戴伊克（van de Ven，Zeelenberg，and van Dijk，2005）的研究表明禀赋效应存在于“交换”商品中，即仅仅为了便利交易而持有的商品和铸币中；比肖夫（Bischoff，2008）发现公共品中同样如此，但在理论上这些领域应该不存在禀赋效应。尤其是对公共品而言，这是一个重要的发现，它表明行为人将公共品看成他们的禀赋的一部分。

一些学者对禀赋效应的起源提出了质疑。有证据表明禀赋效应并不是源自对禀赋资产的系统性高估，而是源自舍弃这些禀赋导致的精神痛苦，要让行为人忍受这些痛苦就必须给予他们溢价（Zhu，Chen，and Dasgupta，2008）。这种观点与决策的精神层面相联系，在决策中痛苦导致负面的情绪状态。一些研究认为当交易在积极的情绪情境下发生时，禀赋效应更强烈（Lin，Chuang，Kao，and Kung，2006）。勒纳、斯冒和罗文斯坦（Lerner，Small，and Loewenstein，2004）认为，虽然大部分负面情绪状态会使禀赋效应发生反转，但某种特定的负面情绪（厌恶）会增强该效应。

一些其他情况也会减轻或改变禀赋效应。研究表明经验和投资者的老练程度是
316 非常重要的（List，2004；Nicolosi，Peng，and Zhu，2009）。虽然经验和老练程度是相关的，但二者并不相同。用分散化程度测度的老练程度（Feng and Seasholes，2005）表明经验要比老练程度更重要，两者结合即经验丰富且老练的投资者可以在很大程度上减轻禀赋效应。最近索科尔—海斯尼、徐、科里、德尔加多、凯默勒和费尔普斯（Sokol-Hessne，Hsu，Curley，Delgado，Camerer，and Phelps，2009）的研究证据表明这种收益来自经验/老练提供的思维框架和表述问题的方式。当要求被试者模仿专业交易者采用他们的内心思维框架时，在实验中测度的禀赋效应会减轻。最后，某些民族文化特点会减轻禀赋效应（Feng and Seasholes，2005）。有一种假说认为，这些民族文化特点是一国投资者平均经验的代理变量。

禀赋效应的存在和起源也被认为依赖于参照和表述方式的设定。科斯奇和瑞宾（Koszegi and Rabin，2006）认为禀赋效应依赖于表述方式和参照环境。林等（Lin et al.，2006）认为参考点的设定是禀赋效应强弱的重要影响因素。尼奇和王（Knetsch and Wong，2009）提出在评估禀赋效应时需要仔细考虑个体的先验信念、市场中信念的异质性以及授权和赋予之间的差异。

现状偏向

在萨缪尔森和泽克豪瑟（Samuelson and Zeckhauser，1998）的重要研究中首次出现了对现状偏向的讨论。他们对健康保险和养老金规划等众多经济决策过程进行了研究，他们发现大部分投资者（在经济方面）错误地保持/坚持现状。现状偏向与禀赋效应相似，在某种程度上可以看成该效应的一种表现。两者高度重叠，并

且前述的大部分关于禀赋效应的研究也会围绕现状偏向问题进行研究。

大部分关于现状偏向的金融研究主要关注三个问题：养老金和个人财务规划、健康决策以及保险决策。在关于养老金和个人规划的文献中，现状偏向被阐释为以下现象，一旦“确立”诸如养老金配置等个人财务策略，投资者就有可能保持他们的初始状态。

马德里恩和谢伊（Madrian and Shea，2001）、塞勒和本纳兹（Thaler and Benartzi，2004）以及布朗、梁和韦斯本纳（Brown，Liang and Weisbenner，2007）考察了养老金规划中存在的现状偏向的各个方面。塞勒和本纳兹以及随后研究的主要发现是自动加入会导致明显较高的 401（k）和相关计划的参与率。塞勒和桑斯坦（Thaler and Sunstein，2009）最近关于决策制定的流行专著《助推》部分基于现状偏向讨论了改善养老金规划的各种策略。

健康产业也对这种效应进行了研究（例如 Marquis and Holmer，1996；Loewenstein，Brennan，and Volpp，2007），这些研究发现现状偏向会影响推定同意法则和健康保险设计。弗兰克和拉米罗德（Frank and Lamiraud，2009）研究了瑞士健康保险市场，他们发现随着消费者可得的保险计划的增加，在给定价格差异的条件下，其转换意愿减弱。他们发现，与其他解释相比，现状偏向的解释力更强。布南、舒特和库尔曼（Boonen，Schut，and Koolman，2008）对荷兰药品消费者的 317
研究也发现了类似的结果。他们发现总体上，对于有大量可替代选择的决策者而言，现状偏向的程度非常强。这种结果也适用于肯普夫和茹恩子（Kempf and Ruenzi，2006）对共同基金行业的研究，还适用于一般的经济决策情况（Fox，Bizman，and Huberman，2009），其中，现状偏向会导致“承诺升级”现象，为了挽回损失反而损失了更多。

自我欺骗

自我欺骗偏向，考察人们希望对自己有一个正面的自我评价影响推理和决策，进而产生错误的过程。正面的自我评价可以通俗地描述为“自我感觉良好”，并且可以被看成一种有益的个性品质。例如，对于将对自己的内在信心外化的人们而言，良好的自尊心具有自我应验效应，有利于说服他人相信自己的能力和观点。这种自然的愿望同样也具有负面影响。当人们为了获得或者保持正面的自我评价而欺骗自己时，自我欺骗偏向就会出现。

最普遍的自我欺骗偏向是过度自信，其中一个方面是过度相信自己的能力（Kruger，1999）。因为第 13 章对这种偏向进行了讨论，所以，除非它与其他自我欺骗偏向发生相互作用，这里不会详细讨论它。本部分尤其感兴趣的是考察自我归因偏向和过度乐观的概念。这两种偏向也能够反映过度自信，即有偏的自我归因会导致过度自信，进而导致过度乐观。后续部分重点考察有偏的自我归因，因为在心理学文献中可以更好地定义它。

有偏自我归因

有偏自我归因理论源自海德（Heider，1958），他观察到人们倾向于将成功的结果归因于自己的决断和行为，而将失败的结果归因于外部因素。这种类型的自我归因往往是有偏的，它源自两种重要的人类品性：自我保护（希望对自己有一个正面的自我评价）和自我提升（希望他人正面地看待自己）。对良好的自我评价和他人评价的愿望有时会导致人们在决策产生较差的结果时欺骗自己。

祖克曼（Zuckerman，1979）、米勒和罗斯（Miller and Ross，1975）的荟萃分析方法为自我归因偏向的存在提供了支持，并且描述了检验这种偏向的一般方法。训练中要求被试者完成一项任务，然后随机地赋予这些任务或“赢”或“输”的结果。随后要求被试者解释他们认为的赢或输的原因。被试者在赢的时候通常会描述他们自己为了赢而采取的行动，相反，当输的时候他们一般会强调导致其亏输的外部因素。

318 心理实验室之外的研究也为自我归因偏向的存在提供了支持。例如，马伦和瑞奥丹（Mullen and Riordan，1988）发现在体育背景下存在有偏的自我归因；斯卡尔维克（Skaalvik，1994）发现学生使用它来解释学习某门课程的成绩；斯图尔特（Stewart，2005）发现出现交通事故的驾驶员爱将事故归因于外部因素，将侥幸脱险的原因归因于自己的驾驶技能。

人们并不是对所有的任务都进行有偏的自我归因，并且有偏的程度也不尽相同。许多研究尝试确定有偏自我归因的原因。坎贝尔和塞迪基德斯（Campbell and Sedikides，1999）对有偏自我归因的影响因素进行了荟萃分析。下面是与金融相关的一些重要的影响因素。

• 从事的任务的重要性。参与者认为任务越重要，他们就越有可能使用有偏自我归因来解释结果。

• 自尊心。自尊心越强的人也越有可能进行有偏自我归因。

• 前期表现和经验。对以前所从事的任务有较好的完成记录的人，更有可能寻找外部原因来解释失败，而将成功归因于自己的行为。同样，那些将自己也描述为“精英”的人更有可能将任务的失败看成前期良好记录的污点，进而将失败归因于外部因素。

• 竞争性环境。相比非竞争性环境，在竞争性环境中执行任务的参与者（也就是可能会比较参与者的成绩）倾向于进行更加有偏的自我归因。

• 性别。或许是由于男性比女性有更强的自尊心（Harter，1993），他们比女性更有可能进行有偏的自我归因。

• 文化差异。坎贝尔和塞迪基德斯（Campbell and Sedikides，1999）未提到的一些其他研究发现自我归因的程度存在显著的文化差异。在西方文化中，有偏自我归因的程度要比东方文化（儒家文化，例如中国、韩国和日本）更强（Heine and Hamamura，2007）。这可能是因为在东方文化中个体任务的成功或者失败与自尊心之间的相关性较弱，在东方文化中人们会更加强调集体成功或失败，而在西方文化中个体任务的成功与自尊心之间的联系更强。因此，在美国投资者身上发现的自我归因偏向未必有助于理解日本投资者的行为。

• 反馈延迟。艾因霍恩（Einhorn，1980）发现相对于即时反馈的任务，延迟反馈的任务中更有可能出现自我归因偏向。

有很多研究将有偏的自我归因理论应用到金融环境中。这些研究主要关注个人投资者或者其他金融市场参与者的行为，但是，其中一些研究考察的是股票总体市场的定价。例如，热尔韦和奥丁（Gervais and Odean，2001）基于使投资者变得过度自信的有偏自我归因建立了一个理论模型（相似的模型请参见 Daniel，Hir- 319
shleifer，and Subrahmanyam，1998）。他们的多期模型始于某些投资者成功地预测下一期的股息支付率。这些投资者将他们的成功归因于个人技能而忽略诸如运气等外部原因。这导致他们变得过度自信。仅当投资者做更多的决策后他们才能够了解其在投资方面的真实能力。热尔韦和奥丁认为在一个大部分由仅经历过牛市的年轻或者新交易者构成的市场中，由于有偏自我归因，过度自信程度往往很高。对偏向的心理学研究发现，前期经验和业绩降低了有偏自我归因的强度，这证明了上述观点。

比里特和钱（Billett and Qian，2008）、迈尔曼迪拉和塔特（Malmendiera and Tate，2008）将这一概念应用到美国的兼并和收购研究中。这些研究者发现当发起收购的公司的首席执行官（CEO）们第一次收购成功时，他们会将成功的大部分原因归于自己的行动进而变得过度自信。就结果而言，这会对 CEO 们从事其他收购活动产生不利影响。

其他关注职业和个人投资者的有偏自我归因的研究也进一步证实了这种偏向的存在。与上面描述的关于 CEO 们收购的研究相似，这些研究也主要考察前期经验对有偏自我归因出现的影响。邹里和卢（Choi and Lou，2007）对基金经理进行研究后发现较差的经理们（例如那些业绩最差的 25%）表现出自我归因偏向。这些经理们在市场波动程度增加后，更有可能增加资产组合的“积极”部分（即与基准指数不同的资产组合部分）。他们还注意到在高波动时期盈亏次数都会增加。邹里和卢认为，业绩较差的经理们与热尔韦和奥丁（Gervais and Odean，2001）模型中还没有学会克服自我归因偏向的行为人相似。因此，在高波动时期这些经理们将盈利次数的增加归因于自己的行动而将亏损次数的增加归因于外部因素，这会导致过度自信程度的提高进而增加以后积极性资产组合投资的比例。

科沃尔和沙姆韦（Coval and Shumway，2005）发现了与自我归因相反的证据。他们认为，对于芝加哥证券交易所的职业期货交易者在交易日如何交易而言，自我归因偏向与损失厌恶是两种相对的理论。如果自我归因偏向是“正确的”，那么盈利的交易者（被定义为交易日的上半段获得盈利的交易者）会变得过度自信并且增加下午交易时段愿意承担的风险。如果出现损失厌恶，则盈利的交易者在下午为了以盈利状态结束交易日会不愿承担风险。科沃尔和沙姆韦发现上午盈利的职业交易者在下午倾向于承担低于平均水平的风险，这种行为支持了损失厌恶理论。然而，这种发现未必与自我归因偏向相矛盾，因为这并不能很好地检验自我归因。这是由于上文讨论的艾因霍恩（Einhorn，1980）的心理学研究发现，当决策的反馈非常快时偏向程度很低，而期货交易的特点意味着反馈几乎是即时的。希拉里和曼斯利（Hilary and Menzly，2006）发现对一年后收益预测最为成功的股票分析师随后的业绩要低于中位数水平。作者认为出现这种情况的原因是自我归因偏向导致的过度自信。

320 在对个人投资者的研究中，巴尔伯和奥丁（Barber and Odean，2002）发现以前电话交易时投资业绩良好的交易者在转入网上交易时业绩下滑。他们认为前期优良业绩导致的有偏自我归因是此后这些投资者网上过度交易和业绩下滑的原因。更直接的证据来自徐和邵（Hsu and Shiu，2007），他们对台湾 IPO 拍卖时的个体和机构投标者进行了研究。他们的证据表明，初始业绩优于其他投标者的投标者倾向于以更高的价格进行更频繁的投标，因此此后的业绩要低于普通投标者。

到此为止，我们讨论的金融文献集中研究前期经验和业绩以及自尊在决定有偏自我归因时所起的作用。这是被研究得最多的自我归因决定因素。然而，也有一部分有限的文献考察性别和文化在决定这种偏向时所起的作用。对投资决策过程中性别差异的研究，主要在过度自信而非自我归因偏向背景下进行。这使得理解有偏自我归因在影响投资决策的整体作用时更加困难。在这一领域，引用得最为普遍的论文是巴尔伯和奥丁（Barber and Odean，2001）。该研究对实际交易记录进行了研究，并且发现男性比女性的交易量更大，因此，男性的投资业绩往往较差。他们将这种结果归因于男性的自我归因偏向程度要高于女性。然而，迪福斯、吕德斯和罗（Deaves，Lüders，and Luo，2009）在一项实验性交易研究中未能得出相同的结果。

只有少数研究考察文化、自我归因和投资者决策之间的关系。这可能是因为文化和有偏自我归因之间的心理联系是一个新概念。崔、塔特曼和魏（Chui，Titman，and Wei，2009）在霍夫斯泰德（Hofstede，2001）的研究的基础上考察了集体主义文化（例如东方文化）与个人主义文化（例如西方文化）中投资者行为之间的差异。他们假设归因偏向在个人主义文化中更普遍，个人主义文化国家的过度自信程度和交易量更高。他们的研究结果证实了交易量和波动性在个人主义文化国家中正相关。此外，崔等发现在西方个人主义文化社会惯性交易更为普遍。该发现与鸿和斯坦（Hong and Stein，1999）的研究相关联，该研究假设惯性与正反馈交易相关，交易者会变得越来越自信，并且将过去的成功过度归因于自己的行为。或许西方社会个人主义文化中更强的自我归因是金融市场惯性的原因之一。这些发现也与上面讨论的巴尔伯和奥丁（Barber and Odean，2002）、徐和邵（Hsu and Shiu，2007）的研究相关，他们发现相比不成功的交易者，成功的投资者更有可能增加交易量。

过度乐观

过度乐观与过度自信紧密相关，但它们是两种截然不同的心理偏向。过度自信
是指赋予私人信息准确性过高的权重并且过度相信个人技能。过度乐观由过度自信 321
产生，它指的是相信未来会比实际上更好。

维恩斯坦（Weinstein，1980）提供了一个过度乐观存在的早期案例。他的实验是让大学生评价相对于同学而言更有可能发生在自己身上的一系列事件的概率。这一系列事件包括好的事件（例如毕业后喜欢自己获得的工作）和坏的事件（例如在 40 岁以前得心脏病）。学生们判断未来在自己身上发生好事件的概率要比同学高，而发生坏事件的概率要比同学低。维恩斯坦得出的结论是人们关注与他人相比自己在遭遇正向事件方面的长处，但未能充分注意到这一事实，即他人也可以采取行动提高他们获得相同结果的可能性。邓宁、希斯和萨尔斯（Dunning，Heath，and Suls，2004）进行了一个综合分析，确定了某些环境下例如健康方面和工作场所的过度乐观程度。

在金融环境下也有一些对过度乐观的研究。热尔韦、希顿和奥丁（Gervais，Heaton，and Odean，2002）的理论文章考察了过度乐观和过度自信对经理人决策的影响。作者发现过度自信通常会产生正向影响，因为它鼓励经理人进行投资。这种影响是正向的，因为风险厌恶通常会对公司价值产生负向影响。然而，过度乐观会产生负向影响，因为它会导致企业进行净现值（NPV）为负的决策。这是因为经理人的乐观使得他们相信其决策实际上会带来正的 NPV。

林、胡和陈（Lin，Hu，and Chen，2005）以此理论成果为基础发现过度乐观的经理人（那些对未来企业财务盈余做出高于平均水平并且最终被证明是过高的预测的经理人）往往会遭遇现金短缺，因为当企业内部资金耗尽时他们往往不愿意筹集新的股权资金。他们认为这种结果部分是由于乐观的经理人相信股市低估了他们的公司。

情　感

最近对情绪和投资者决策动态关系的研究是金融研究中一个成果丰硕的领域。这些研究通常会找一个关于心情的测度指标，假定它会以相对一致的方式影响所有投资者（例如天气），并检验它是否与股票总体价格存在相关关系（例如，Hir-

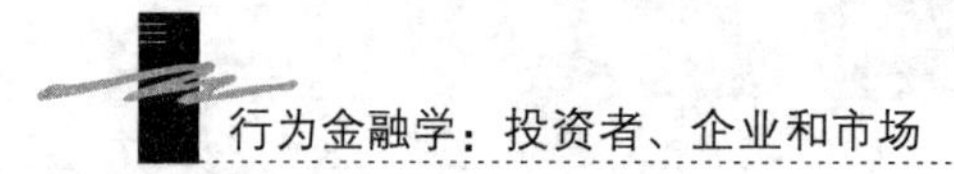

shleifer and Shumway，2003；Kamstra，Kramer，and Levi，2003）。这是本书第7章的研究主题。

本部分对情感的研究考察一种不同类型的情绪影响。第7章中讨论的研究考察决策时的心情是否影响投资者，而本部分主要关注先验情绪和情绪过程是否对投资者决策产生影响。描述和分析的先验情绪包括懊悔厌恶（不想经历亏损、不想输掉盈利）以及情感直觉推断（喜欢或者不喜欢某事物如何影响人们分析与决策相关的风险和收益的方式）。

322 懊悔厌恶

懊悔厌恶是这样一个术语，它描述的是做出选择之后体验到的后悔情绪，此选择事后被证明是一个糟糕的选择或者至少是一个次优的选择。懊悔厌恶关注的主要是后悔可能出现的先验预期如何影响决策。卢姆斯和萨基恩（Loomes and Sugden，1982）、贝尔（Bell，1982）最早提出了该理论，将其看成替代期望效用理论的一种正式理论。与本章中其他偏向相比，该偏向在某种程度上是唯一一个主要由经济学家而非心理学家提出的偏向。

后悔，尤其是预期到的后悔会影响决策。一项重要发现是预期到的后悔会促使人们承担较少的风险，因为这样会降低糟糕结果出现的可能性（Simonson，1992；Connolly and Reb，2003）。然而，懊悔厌恶不仅在减少人们承担的风险方面起作用，而且能够鼓励他们承担风险。兹林伯格（Zeelenberg，1999）对这种表面上的悖论进行了解释，认为其是由决策后收到的反馈的类型决定的。例如，在进行是否接种疫苗的决策时，预期可能出现的后悔主要是因不接种疫苗而生病。因此，预期的后悔几乎全部集中在与不接种疫苗此种风险选择相关的负面结果上。这会导致人们做出接种疫苗的决策。在某些情况下，预期到的后悔可能与安全选择相关。兹林伯格给出了一个玩彩票的例子，其中安全的选择是不玩彩票，这样可以保证财富水平不变。风险选择是玩彩票，这样做（通常）会面临糟糕的结果，但也有可能获得巨大的收益。在这种情况下，预期的后悔可能是不玩彩票这种安全选择导致错失巨大收益，这会鼓励人们进行有风险的选择。

许多金融研究将懊悔厌恶作为解释投资者行为的工具。例如谢弗林和斯塔特曼（Shefrin and Statman，1985）使用懊悔厌恶来解释为什么投资者不愿意卖出“亏损”股票，他们认为这是因为卖出行为给出了这样一个“无可争辩的”反馈，即他们做出了糟糕的决策。奥丁（Odean，1998）对投资者不愿意卖出亏损的投资也给出了相似的解释。

这些对投资者行为的解释是有价值的（进一步的讨论参见第10章），但更有价值的研究可能是阐明后悔预期如何影响初始投资选择。不幸的是，在金融环境中，这种形式的懊悔厌恶研究还不普遍。

多多诺瓦和考什拉夫（Dodonova and Khoroshilov，2005）提出了一个模型，阐明了懊悔厌恶影响投资者决策和总体股票价格的过程。他们的模型建立在后悔预期会导致投资者选择过去“盈利的”股票（过去的胜出者）这一基础之上。他们认为之所以出现这种情况是因为投资者会为以前错失这些股票的收益感到后悔，并且，如果这些股票在未来表现一直很优异但他们未能投资于这些股票，那么投资者预期他们会更加后悔。其他一些在保险（Braun and Muermann，2004）以及货币风险套期保值（Michenaud and Solnik，2008）领域的投资者行为和后悔模型也认为，后悔会反常地导致投资者冒更大的风险。

情感直觉推断 323

保罗·斯洛维奇和他的同事们（Slovic，1987，2000；Slovic，Peters，Finucane，and MacGregor，2005）将情感直觉推断发展为一种理论，该理论认可人们对决策的初始情绪反应或情感以各种方式对决策的风险和收益的随后评价产生影响。这种理论不同于懊悔厌恶理论，因为人们往往会进行有意识的努力以避免后悔，但是情感直觉推断描述的情绪影响通常是下意识的。

对情感直觉推断的最初研究起源于美国核工业对斯洛维奇的资助研究，其研究公众对核能的高风险感知和专家持有的更加客观的低风险评估之间为什么存在巨大的差异。对核工业的研究得出的理论后来被广泛地应用于理解很多领域，包括金融中的风险/收益评估。

斯洛维奇（Slovic，1987，2000）发现公众害怕未知的和核能相关的风险（他们将其称为“恐惧”风险），并且，媒体对核能的报道制造出了不公正的负面风险形象。人们将核能与核能武器联系起来，因此，他们也将与核能武器相关的负面风险印象和核能联系在一起。该发现并不局限于核能领域。斯洛维奇（Slovic，1987）还发现实际上公众和专家之间的风险评估差异适用于 30 种被分析的活动和技术。斯洛维奇认为公众与客观的风险评估之间（专家对风险的意见倾向于更接近客观风险）总是存在偏误。在“恐惧”风险较高的领域这种偏误就会出现，在这些领域中：(1) 存在出现重大事故的可能；(2) 死亡是一种易识别的来自技术的风险；(3) 存在对技术缺乏控制的感知。“未知的风险”作为情感水平的决定因素在决策过程中同样重要。斯洛维奇（Slovic，1987，p. 226）指出，未知风险是指人们认为该风险“在伤害形式上是无法观测的、未知的、新型的和具有延迟性的”。

与之相对的是，人们倾向于低估他们认为有益的活动和技术的风险。例如，在 X 射线的例子中，公众对风险的评估较低（对 30 种活动和技术进行评估，1 表示风险最大，30 表示风险最小，公众对 X 射线的评分为 22），但更客观的专家意见认为 X 射线是最危险的活动或者技术之一（30 种活动和技术中排名第 7）。

在另外一些研究成果中，斯洛维奇和他的同事们在风险和收益/回报关系方面进一步拓展了他们的发现。他们发现情感似乎同时控制着感知的风险和感知的收益（Alhakami and Slovic，1994；Finucane，Alhakami，Slovic，and Johnson，2000）。

菲纽肯等（Finucane et al.，p.4）通过一系列的实验研究发现："如果人们喜欢某种活动，则他们倾向于低估风险、高估收益。如果人们不喜欢某种活动，则判断恰好相反——高估风险、低估收益。"这一发现与规范理论相矛盾，其认为高风险的活动和技术应该具有较高的收益，否则，其对整个社会而言是无法接受的。同样，低收益活动应该具有较低的风险。

对情感直觉推断的研究在理解情绪在投资者决策中的作用方面有重要意义。首
324 先，它确认了情绪或者情感在涉及风险和不确定性的决策方面的重要作用，实际上它能够左右与决策结果相关的风险和收益的评估结果。其次，该理论发现未知风险是决定情感影响水平的因素之一。该证据表明相对于低不确定性的投资决策，在高不确定性的投资决策过程中情绪的影响会更大。

将情感直觉推断应用到金融领域的研究，主要是情感直觉推断的最初提出者进行的，即斯洛维奇及其同事们（MacGregor，Slovic，Dreman，and Berry，2000；Dreman，Johnson，MacGregor，and Slovic，2001；MacGregor，2002）。例如，麦格雷戈（MacGregor）认为股市投资者面临众多图像，包括年度报告和广告中展示的股票所属公司的形象，鼓励参与股票市场的经纪公司广告，以及金融媒体创造的形象。理解这些形象的影响力的大小是重要的，因为麦格雷戈发现投资者对股票市场的印象与他们对股票市场未来运行的判断密切相关，这表明这些印象会影响投资者。

在一项检验投资者印象是否会影响决策的研究中，麦格雷戈等（MacGregor et al.，2000）以57名参与者为样本收集了他们对不同产业的印象评分。每个参与者要对20个产业进行印象评分。除了找出每个产业的印象评分之外，他们还让参与者对前一年和明年各个产业的表现进行评估，让他们说明是否愿意买入该产业IPO公司股票。结果表明存在所谓的"内部一致性"现象，即情感评价与对过去和未来表现的判断以及是否愿意投资于IPO密切相关。因此，喜欢某个产业与将该产业看成一个好投资相关联。例如，喜欢制药公司的参与者认为对它们的投资是好投资。对不喜欢的产业相似，例如，因为参与者不喜欢军事电子工业，所以他们认为该产业明年表现会较差，他们不愿意购买该产业的IPO公司股票。

艾克特和丘奇（Ackert and Church，2006）进行了进一步的实验研究，考察了实验参与者是否会基于情感配置假想投资组合。为了得到参与者正面、中性或者负面的情感，会给予他们相关公司的非财务历史信息。作者发现参与者明显更加喜欢将资金配置到有正面情感的公司。肯普夫、默克勒和尼尔逊（Kempf，Merkle，and Niessen，2009）在考察对德国股票的态度的研究中也发现了相似的结果。

因为这些实验参与者实际上没有进行真正的投资决策，所以他们或许不会遵循与自有资金投资相同的过程。然而，如果投资者对产业的印象影响投资策略，则可能会产生明显的决策缺陷。最明显的缺陷为喜欢某产业与否并不能决定对该产业投资的好坏。烟草或者军事工业可能是经济中不讨人喜欢的行业，但与讨人喜欢的产

业比如休闲和消费性电子产品产业相比，它们可能会产生更高的收益。另外一个可能的缺陷是人们喜欢与否的观念可能是一致的。这可能导致对喜欢的产业的过度投 325 资进而产生泡沫，而对不喜欢的产业投资不足，但这些产业可能在经济中扮演着非常重要的角色。

巴尔伯、希斯和奥丁（Barber，Heath，and Odean，2003）支持了投资者会基于情感进行投资的观点。在一项对 78 000 个证券账户的研究中，他们发现投资者倾向于大量投资于“受尊敬的公司”（基于《财富》杂志每年对公司的受尊敬程度的排名）。作者发现个人投资者 56％的买入集中在前 30％的受尊敬的公司。他们还发现这些投资的收益总体上是较差的。后 70％的公司或者不怎么受尊敬的公司的收益要超过前 30％的受尊敬的公司。实际上，1983—2006 年这 23 年中，由后 10％的公司组成的投资组合（他们称之为“受轻视的公司”）的收益高于前 10％公司组成的投资组合（Statman，Fisher，and Anginer，2008）。

菲乐、齐普拉科夫和道拉夫瑟夫（Fehle，Tsyplakov，and Zdorovtsov，2005）在考察美国橄榄球超级杯大赛广告是否影响投资和股票价格的研究中为印象和情感影响投资提供了间接的支持。他们发现在 19 场超级杯大赛过程中的广告时段推销自己（即提升公司形象而非推销公司产品）的公司会获得超常的正收益。每场超级杯进行至少两次提升形象而非推销产品的广告的公司在超级杯后 20 天的累计超额正收益为 2.01％。这些公司股票的购买压力主要来自小投资者，他们更容易受到情感直觉推断的影响，知识信息的欠缺导致他们在进行股市投资时面临更大的“未知风险”。高调的广告造成的正面印象更容易影响小额投资者对这些公司的潜在风险和收益的评估。

概要和结论

除了在金融环境下描述、分析和评价与惯性、自我欺骗以及情感相关的偏向外，本章还论证了少数不能简单分开进行考察的心理偏向（如果存在）。自我欺骗部分充分说明了这一点，该部分表明过度自信并非“独立的”，相反，自我归因偏向决定了过度自信。金融研究中各种行为偏向之间存在深层次的相互作用，这为深入和全面了解投资者的决策过程提供了可能。

讨论题

1. 在现状偏向部分，与金融相关的讨论主要与养老金计划相关。投资者行为的哪些其他方面还会受到现状偏向的影响？

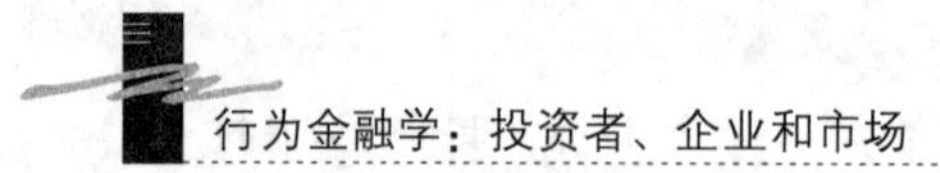

2. 对有偏自我归因的讨论主要集中在其导致糟糕的投资决策方面。投资者如何克服这种偏向的负面影响？

326 3. 禀赋效应和有偏自我归因部分引用了近期关于不同文化背景的影响的研究。若应用对美国投资者的金融研究成果来了解不同文化中的投资者行为，那么这样做存在哪些局限？

4. 本章的最后部分讨论了情感会影响风险和收益的观点，甚至高调的广告宣传会影响情感反应。广告和其他媒体为什么会影响投资者决策？

参考文献

Ackert，Lucy F.，and Bryan K. Church. 2006. Firm image and individual investment decisions. *Journal of Behavioral Finance* 7：3，155－167.

Agrawal，Anup，Jeffrey F. Jaffe，and Gershon N. Mandelker. 1992. The post-merger performance of acquiring firms：A re-examination of an anomaly. *Journal of Finance* 47：4，1605－1621.

Alhakami，Ali，and Paul Slovic. 1994. A psychological study of the inverse relationship between perceived risk and perceived benefit. *Risk Analysis* 14：6，1085－1096.

Baker，Malcolm，Joshua Coval，and Jeremy C. Stein. 2007. Corporate financing decisions when investors take the path of least resistance. *Journal of Financial Economics* 84：2，266－298.

Barber，Brad M.，Chip Heath，and Terrance Odean. 2003. Good reasons sell：Reason-based choice among group and individual investors in the stock market. *Management Science* 49：12，1636－1652.

Barber，Brad M.，and Terrance Odean. 2001. Boys will be boys：Gender，overconfidence，and common stock investment. *Quarterly Journal of Economics* 116：1，261－292.

Barber，Brad M.，and Terrance Odean. 2002. Online investors：Do the slow die first? *Review of Financial Studies* 15：2，455－487.

Barberis，Nicholas，Andrei Shleifer，and Robert Vishny. 1998. A model of investor sentiment. *Journal of Financial Economics* 49：3，307－343.

Bell，David E. 1982. Regret in decision making under uncertainty. *Operations Research* 30：5，961－981.

Bernard，Victor L.，and Jacob K. Thomas. 1990. Evidence that stock prices do not fully reflect the implications of current earnings for future earnings. *Journal of Accounting & Economics* 13：4，305 - 331.

Billett，Matthew T.，and Yiming Qian. 2008. Are overconfident CEOs born or made? Evidence of self-attribution bias from frequent acquirers. *Management Science* 54：6，1037 - 1051.

Bischoff，Ivo. 2008. Endowment effect theory，prediction bias and publicly provided goods：An experimental study. *Environmental and Resource Economics* 39：3，283 - 296.

Boonen，Lieke H.，Frederik T. Schut，and Xander Koolman. 2008. Consumer channelling by health insurers：Natural experiments with preferred providers in the Dutch pharmacy market. *Health Economics* 17：3，299 - 316.

Braun，Michael，and Alexander Muermann. 2004. The impact of regret on the demand for insurance. *Journal of Risk and Insurance* 71：4，737 - 767.

Brown，Jeffrey R.，Nellie Liang，and Scott Weisbenner. 2007. Individual account investment options and portfolio choice：Behavioral lessons from 401（K）plans. *Journal of Public Economics* 91：10，1992 - 2013.

Campbell，W. Keith，and Constantine Sedikides. 1999. Self-threat magnifies the self-serving bias：A meta-analytic integration. *Review of General Psychology* 3：1，23 - 43.

Choi，Darwin，and Dong Lou. 2007. A test of self-serving attribution bias：Evidence from mutual funds. Working Paper，Yale School of Management.

Chui，Andy C. W.，Sheridan Titman，and K. C. John Wei. 2009. Individu- 327
alism and momentum around the world. *Journal of Finance*，forthcoming.

Connolly，Terry，and Jochen Reb. 2003. Omission bias in vaccination decisions：Where's the "omission"? Where's the "bias"? *Organizational Behavior and Human Decision Processes* 91：2，186 - 202.

Coval，Joshua D.，and Tyler Shumway. 2005. Do behavioral biases affect prices? *Journal of Finance* 60：1，1 - 34.

Daniel，Kent，David Hirshleifer，and Avanidhar Subrahmanyam. 1998. Investor psychology and security market under-and overreactions. *Journal of Finance* 53：6，1839 - 2885.

Deaves，Richard，Erik Lüders，and Guo Ying Luo. 2009. An experimental test of the impact of overconfidence and gender on trading activity. *Review of Finance* 13：3，555 - 575.

Desai，Hemang，and Prem C. Jain. 1997. Long-run common stock returns following splits and reverse splits. *Journal of Business* 70：3，409 - 433.

Dodonova，Anna，and Yuri Khoroshilov. 2005. Applications of regret theory to asset pricing. Working Paper, University of Ottawa.

Dreman, David, Stephen Johnson, Donald G. MacGregor, and Paul Slovic. 2001. A report on the March 2001 investor sentiment survey. *Journal of Psychology and Financial Markets* 2: 3, 126-134.

Dunning, David, Chip Heath, and Jerry M. Suls. 2004. Flawed self-assessment: Implications for health, education and the workplace. *Psychological Science in the Public Interest* 5: 3, 69-106.

Edwards, Ward. 1968. Conservatism in human information processing. In *Formal Representation of Human Judgment*, ed. Benjamin Kleinmutz, 17-52. New York: JohnWiley & Sons, Inc.

Einhorn, Hillel J. 1980. Overconfidence in judgment. *New Directions for Methodology of Social and Behavioral Science* 4, 1-16.

Fama, Eugene F. 1998. Market efficiency, long-term returns, and behavioral finance. *Journal of Financial Economics* 49: 3, 283-306.

Fehle, Frank, Sergey Tsyplakov, and Volodymyr M. Zdorovtsov. 2005. Can companies influence investor behaviour through advertising? Super Bowl commercials and stock returns. *European Financial Management* 11: 5, 625-647.

Feng, Lei, and Mark S. Seasholes. 2005. Do investor sophistication and trading experience eliminate behavioral biases in financial markets? *Review of Finance* 9: 3, 305-351.

Finucane, Melissa L., AliAlhakami, Paul Slovic, and Stephen M. Johnson. 2000. The affect heuristic in judgments of risks and benefits. *Journal of Behavioral Decision Making* 13: 1, 1-17.

Fox, Shaul, Aharon Bizman, and Oren Huberman. 2009. Escalation of commitment: The effect of number and attractiveness of available investment alternatives. *Journal of Business and Psychology*, forthcoming.

Frank, Richard G., and Karine Lamiraud. 2009. Choice, price competition and complexity in markets for health insurance. *Journal of Economic Behavior and Organization* 71: 2, 550-562.

Gervais, Simon, J. B. Heaton, and Terrance Odean. 2002. The positive role of overconfidence and optimism in investment policy. Working Paper, Rodney L. White Center for Financial Research.

Gervais, Simon, and Terrance Odean. 2001. Learning to be overconfident. *Review of Financial Studies* 14: 1, 1-27.

Griffin, Dale, and Amos Tversky. 1992. The weighting of evidence and the determinants of overconfidence. *Cognitive Psychology* 24: 3, 411-435.

Harter, Susan. 1993. Causes and consequences of low self-esteem in children and adolescents. In *Self-esteem: The puzzle of low self-regard*, ed. Roy F. Baumeister, 87 – 116. New York: Plenum.

Heider, Fritz. 1958. *The psychology of interpersonal relations*. New York: 328
JohnWiley & Sons. Heine, Steven J., and Takeshi Hamamura. 2007. In search of east Asian self-enhancement. *Personality and Social Psychology Review* 11: 1, 4 – 27.

Hilary, Giles, and Lior Menzly. 2006. Does past success lead analysts to become overconfident? *Management Science* 52: 4, 489 – 500.

Hirshleifer, David, and Tyler Shumway. 2003. Good day sunshine: Stock returns and the weather. *Journal of Finance* 58: 3, 1009 – 1032.

Hofstede, Geert. 2001. *Culture's consequences: Comparing values, behaviors, institutions, and organizations across nations*. Beverly Hills, CA: Sage Publications.

Hong, Harrison G., and J. C. Stein. 1999. A unified theory ofunderreaction, momentum trading and overreaction in asset markets. *Journal of Finance* 54: 6, 2143 – 2184.

Hsu, Yenshan, and Cheng-Yi Shiu. 2007. The overconfidence and self-attribution bias of investors in the primary market. Working Paper, National Chengchi University and Taiwan National Central University.

Kahneman, Daniel, Jack L. Knetsch, and Richard H. Thaler. 1990. Experimental tests of the endowment effect and the Coase theorem. *Journal of Political Economy* 98: 6, 1325 – 1348.

Kahneman, Daniel, and Amos Tversky. 1973. On the psychology of prediction. *Psychological Review* 80: 4, 237 – 251.

Kamstra, Mark J., Lisa A. Kramer, and Maurice D. Levi. 2003. Winter blues: A SAD stock market cycle. *American Economic Review* 93: 1, 324 – 343.

Kempf, Alexander, Christoph Merkle, and Alexandra Niessen. 2009. Low risk and high return—How emotional attitudes shape stock expectations. Working Paper, University of Cologne.

Kempf, Alexander, and Stefan Ruenzi. 2006. Status quo bias and the number of alternatives: An empirical illustration from the mutual fund industry. *Journal of Behavioral Finance* 7: 4, 204 – 213.

Knetsch, Jack L., and Wei-Kang Wong. 2009. The endowment effect and the reference state: Evidence and manipulations. *Journal of Economic Behavior and Organization* 71: 2, 407 – 413.

Koszegi, Botond, and Matthew Rabin. 2006. A model of reference-dependent preferences. *Quarterly Journal of Economics* 121: 4, 1133 - 1165.

Kruger, Justin. 1999. Lake Wobegon ge gone! The "Below-Average Effect" and the egocentric nature of comparative ability judgments. *Journal of Personality and Social Psychology* 77: 2, 221 - 232.

Lakonishok, Joseph, and Theo Vermaelen. 1990. Anomalous price behavior around repurchase tender offers. *Journal of Finance* 45: 2, 455 - 477.

Lerner, Jennifer S., Deborah A. Small, and George Loewenstein. 2004. Heart strings and purse strings: Carryover effects of emotions on economic decisions. *Psychological Science* 15: 5, 337 - 341.

Lin, Chien-Huang, Shih-Chieh Chuang, Danny T. Kao, and Chaang-Yung Kung. 2006. The role of emotions in the endowment effect. *Journal of Economic Psychology* 27: 4, 589 - 597.

Lin, Yueh-Hsiang, Shing-Yang Hu, and Ming-Shen Chen. 2005. Managerial optimism and corporate investment: Some empirical evidence from Taiwan. *Pacific-Basin Finance Journal* 13: 5, 523 - 546.

List, John A. 2004. Neoclassical Theory Versus Prospect Theory: Evidence from the Marketplace. *Econometrica* 72: 2, 615 - 625.

Loewenstein, George, Troyen Brennan, and Kevin G. Volpp. 2007. Asymmetric paternalism to improve health behaviors. *Journal of the American Medical Association* 298: 20, 2415 - 2417.

Loomes, Graham, and Robert Sugden. 1982. Regret theory: An alternative theory of rational choice under uncertainty. *Economic Journal* 92: 368, 805 - 824.

Lord, Charles G., Lee Ross, and Mark R. Lepper. 1979. Biased assimi-
329 lation and attitude polarization: The effects of prior theories on subsequently considered evidence. *Journal of Personality and Social Psychology* 37: 11, 2098 - 2109.

Loughran, Tim, and Jay R. Ritter. 2002. Why don't issuers get upset about leaving money on the table in IPOs? *Review of Financial Studies* 15: 2, 413 - 443.

MacGregor, Donald G. 2002. Imagery and financial judgment. *Journal of Psychology and Financial Markets* 3: 1, 15 - 22.

MacGregor, Donald G., Paul Slovic, David Dreman, and Michael Berry. 2000. Imagery, affect, and financial judgment. *Journal of Psychology and Financial Markets* 1: 2, 104 - 110.

Madrian, Brigitte C., and Dennis F. Shea. 2001. The power of suggestion: Inertia in 401 (K) participation and savings behavior. *Quarterly Journal of Eco-*

nomics 116：4，1149－1187.

Malmendiera，Ulrike，and Geoffrey Tate. 2008. Who makes acquisitions? CEO overconfidence and the market's reaction. *Journal of Financial Economics* 89：1，20－43.

Marquis，M. Susan，and Martin R. Holmer. 1996. Alternative models of choice under uncertainty and demand for health insurance. *Review of Economics and Statistics* 78：3，421－427.

Michaely，Roni，Richard H. Thaler，and Kent Womack. 1995. Price reactions to dividend initiations and omissions. *Journal of Finance* 50：2，573－608.

Michenaud，Sebastien，and Bruno Solnik. 2008. Applying regret theory to investment choices：Currency hedging decisions. *Journal of International Money and Finance* 27：5，677－694.

Miller，Dale T.，and Michael Ross. 1975. Self-serving biases in the attribution of causality：Fact or fiction? *Psychological Bulletin* 82：2，213－225.

Mullen，Brian，and Catherine A. Riordan. 1988. Self-serving attributions for performance in naturalistic settings：A meta-analytic review. *Journal of Applied Social Psychology* 18：1，3－22.

Nicolosi，Gina，Liang Peng，and Ning Zhu. 2009. Do individual investors learn from their trading experience? *Journal of Financial Markets* 12：2，317－336.

Odean，Terrance. 1998. Are investors reluctant to realize their losses? *Journal of Finance* 53：5，1775－1798.

Samuelson，William，and Richard Zeckhauser. 1988. Status quo bias in decision making. *Journal of Risk and Uncertainty* 1：1，7－59.

Shefrin，Hersh，and Meir Statman. 1985. The disposition to sell winners too early and ride losers too long：Theory and evidence. *Journal of Finance* 40：3，777－790.

Simonson，Itamar. 1992. The influence of anticipating regret and responsibility on purchase decisions. *Journal of Consumer Research* 19：1，105－118.

Skaalvik，Einar M. 1994. Attribution of perceived achievement in school in general and in maths and verbal areas：Relations with academic self-concept and self-esteem. *British Journal of Educational Psychology* 64：1，133－143.

Slovic，Paul. 1987. Perception of risk. *Science* 236：4799，280－285.

Slovic，Paul. 2000. *The Perception of risk*. London：Earthscan.

Slovic，Paul，Ellen Peters，Melissa L. Finucane，and Donald G. MacGregor. 2005. Affect，risk，and decision making. *Health Psychology* 24：4，S35－S40.

Sokol-Hessner, Peter, Ming Hsu, Nina G. Curley, Mauricio R. Delgado, Colin F. Camerer, and Elizabeth A. Phelps. 2009. Thinking like a trader selectively reduces individuals'loss aversion. *Proceedings of the National Academy of Sciences of the United States of America* 106: 13, 5035-5040.

Statman, Meir, Kenneth L. Fisher, and Deniz Anginer. 2008. Affect in a behavioral assetpricing model. *Financial Analysts Journal* 64: 2, 20-29.

Stewart, Alan E. 2005. Attributions of responsibility for motor vehicle crashes. *Accident Analysis & Prevention* 37: 4, 681-688.

Thaler, Richard. 1980. Toward a positive theory of consumer choice. *Journal of Economic Behavior and Organization* 1: 1, 39-60.

Thaler, Richard, and Shlomo Benartzi. 2004. Save more tomorrow: Using behavioral economics to increase employee saving. *Journal of Political Economy* 112: 1, S164-S187.

330 Thaler, Richard, and Cass Sunstein. 2009. *Nudge*. London: Penguin Books.

van de Ven, Niels, Marcel Zeelenberg, and Eric van Dijk. 2005. Buying and selling exchange goods: Outcome information, curiosity and the endowment effect. *Journal of Economic Psychology* 26: 3, 459-468.

Weinstein, Neil D. 1980. Unrealistic optimism about future life events. *Journal of Personality and Social Psychology* 39: 5, 806-820.

Zeelenberg, Marcel. 1999. Anticipated regret, expected feedback and behavioral decision making. *Journal of Behavioral Decision Making* 12: 2, 93-106.

Zhang, Donghang. 2004. Why do IPO underwriters allocate extra shares when they expect to buy them back? *Journal of Financial and Quantitative Analysis* 39: 3, 571-594.

Zhu, Rui, Xinlei Chen, and Srabana Dasgupta. 2008. Can trade-ins hurt you? Exploring the effect of a trade-in on consumers' willingness to pay for a new product. *Journal of Marketing Research* 45: 2, 159-170.

Zuckerman, Marvin. 1979. *Sensation seeking beyond the optimal level of arousal*. Hillsdale, NJ: Erlbaum.

作者简介

迈克尔·道林（Michael Dowling）是中央兰开夏大学兰开夏商学院的金融学讲师。他在爱尔兰都柏林三一学院获得博士学位并完成了关于情绪影响投资者决策的博士后研究。他发表的研究成果主要考察情绪和其他行为因素是否与股票定价和波动性相关。

布莱恩·卢西（Brian Lucey）是爱尔兰都柏林三一学院金融学副教授。他在斯特林大学获得博士学位。他在同行评议出版物上发表的 70 多项研究成果涉及行为金融、经济一体化、国际金融、贸易和发展等方面。它是《金融评论》和《跨国金融管理杂志》的副主编，也是中西部金融协会的学术主任。

第三篇　资产定价的行为方面的因素

331

第18章　市场无效 333

拉夫海文达·罗（Raghavendra Rau）
剑桥大学金融学院伊芙琳·德·罗斯柴尔德荣誉教授

引　言

在金融研究的历史中，研究者们关注的是理性投资者及其在信息出现时的决策。如果投资者确实是理性的，那么通过将投资者选择同基本信息相联系的数学模型，可以理解和分析投资者的决策选择。对理性投资者的关注使得研究者们做出了这样的基本假设：市场是有效率的，且价格反映了基本价值。进一步地，研究者们认为，即使投资者存在非理性，他们也不存在系统性的偏误。换句话说，因为不同投资者的偏误是多样化的，这些偏误会在投资者的横截面上相互抵消。另外，即使投资者的偏误是系统性的，那些无偏的理性投资者也应该能够利用这些偏误获利，而非理性投资者最终会被排除出市场，就如同适者生存的规律一样。

在过去的二十年中，研究者们却记录下了很多不符合有效市场假说的现象，比如在种种公司活动——从兼并到股份回购再到股票拆分——发生之后，往往能够观察到公司收益方面的异象。也就是说，在这些类型的公司活动发生后，公司的收益是可预测的。举例而言，有证据表明，股份回购伴随着此后显著为正的长期超额收益，而股票融资兼并则伴随着此后显著的超额损失。为什么理性的投资者不对这些可预测的模式加以利用，从而消除这些超额收益/损失呢？

本章回顾了关于市场无效的文献，以考察行为偏误是否会影响管理者与投资者的行为，并指出，有效市场背后的两个假设没有一个是正确的。投资者偏误是系统性的，且预测他们在不同情境下的表现是完全可能的。然而，即使这些偏误是系统性的和可预测的，套利限制也仍然阻止了套利者利用这些偏误获利并恢复市场的有效性。

有效市场假说的简单回顾

数学上，有效市场假说（Efficient Markets Hypothesis，EMH）认为，证券
334 的现期价格 P，同持有该证券获得的未来所有现金流的预期价值相等。

资产定价的行为方面

$$P = E[P^{\gamma *}] \tag{18—1}$$

这里 $E[P^*]$ 是证券的基本价值，定义如下：

$$E[P^*] \equiv \sum_{t=1}^{\infty} \frac{E[CF_t]}{(1+E[R])^t} \tag{18—2}$$

$E[CF]$ 是在 t 期投资者得到的现金流，$E[R]$ 是得自预期收益模型的折现率。

有效市场假说并没有说明为什么选择以上的指标作为 $E[R]$ 或 $E[CF]$，它仅指出市场所使用的就是“正确的”，亦即，有效市场假说主张 P 同市场参与者使用给定的“信息集”可以做出的最佳估计的 P^* 相等。

有效市场假说背后的经济原理是什么呢？图 18—1 描述了该理论中的市场价格 P，它是供给和需求共同决定的结果。有效市场假说可以被认为是一种针对供给和需求曲线形状或相对位置的假设。供给曲线作为证券现期价格的函数，跟踪市场上所供给的数量。供给由公司在一级市场设定。为了简化，往往假设供给在短期内是固定的。总需求曲线作为价格 P 的函数，追踪了投资者全体需求的数量，加总了每个投资者的需求。而日常价格运动通常反映的是总需求的波动。总需求（AD）曲线是所有投资者个人需求曲线的水平加总。现期的市场价格 P，是供给曲线和投资者总需求曲线的交点。

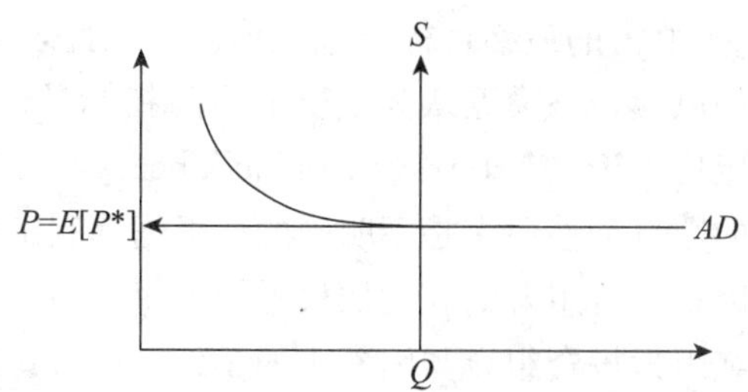

图 18—1　总供给和总需求曲线

注：这一图形表明一个证券的价格如何依照总供给和总需求曲线的交点决定。

有效市场假说认为 AD 曲线同供给曲线 S 在 AD 曲线的特殊点相交，这一点上 AD 曲线是水平的。使用这一框架，在以下三点成立时能够保证市场有效。

1. 所有投资者是理性的。理性投资者给证券的估价同其预期折现现金流的价值相等。他们准确地使用所有信息来决定 $E[P^*]$。如果 $P < E[P^*]$，则每个理性投资者需求更多；如果 $P > E[P^*]$，则他们需求更少（需求甚至可能为负，335
即，投资者卖空）。因此总需求曲线在 $P = E[P^*]$ 处是平坦的。

2. 某些投资者是非理性的，但他们不相关的误解相互抵消。如果某些"乐观主义者"认为 $P < E[P^*]$ 且一个同等数量的"悲观主义者"认为 $P > E[P^*]$，则他们可以相互交易而不影响 P。所以，假定 $P = E[P^*]$ 仍然准确。

3. 套利是无限的。套利者可被认为是现金不受约束的理性投资者，他们知道 $E[P^*]$ 的具体值，当 $P \neq E[P^*]$ 时就会大量交易以套利。所以，即使某些投资者是系统性地非理性的，这些套利者也仍然可能促使市场有效。如果套利者数量足够庞大，那么他们能有效地使总需求曲线保持水平。

检验市场无效

检验市场无效最简单的方法是，使用一个给定的信息集，检验证券是否在一个任意基准上获得"异常"收益（即，收益超出正常的 $E[R]$）。而正确的基准 $E[R]$ 又是什么呢？

所有的资产定价模型均强调风险与收益之间的权衡。它们认为虽然预期收益可能更高，但是高风险会使得投资者的价格相应较低。不同的资产定价模型强调不同的风险。资本资产定价模型（Capital Asset Pricing Model，CAPM）是最流行的收益预期模型，其做出了关于投资者的多个假定：投资者是理性的，喜好高收益、低方差的投资组合；他们选择最优的多样化水平，在无风险资产和市场的投资组合间分配不同比重。资本资产定价模型强调的合适的风险指标是一种证券与所有投资者持有的整体市场组合的价值的协方差。消费资本资产定价模型（Consumption

CAPM，CCAPM）认为财富的最终目标是金融消费。因此，一种证券的风险取决于它施加给最终消费的风险，该模型认为重要的风险指标是证券收益（β）和最终消费的协方差。套利定价理论（Arbitrage Pricing Theory，APT）假设许多因素为证券带来收益，因素的数量和性质多是不明确的。根据套利定价理论，股票的预期收益是负载于若干纯因素投资组合的 β 的加权平均，每个因素的权重是一个投资组合的预期收益，这些纯因素投资组合与因素 j 的 β 是 1 且与其他因素的 β 是 0。

以上每种模型的假设都存在争议，没有一个是“贴近真实的”，不过它们也许是最好的可行选择。另外，每个模型在应用操作层面也有各自的问题。在资本资产定价模型中，市场组合是不明确的。在消费资本资产定价模型中，消费很难衡量，而且消费的风险溢价同样不明确。套利定价理论中，因素和因素的风险溢价都难以确定。三个模型之中没有一个真正解释了变化的 β。由于在寻求完美的基准指标的过程中存在诸多问题，因此检验市场无效所面临的总是一个联合检验问题：检验必须在弄清楚市场是否真正无效的同时，证明超额收益的模型是否合适。

法玛（Fama，1970）提出了有效市场的三种形式。弱式有效（weak-form efficient）市场包括了过去价格中的所有信息。这表明技术分析规则，例如“如果一
336 只股票的价格一周内下降了 10%就购买它；如果上升了 10%就将其卖出”，是不能获得异常收益的。检验这种形式的有效性需要回归基于预期收益模型的证券收益与先前的证券收益。如果市场是弱式有效的，那么之前的收益在预测未来收益时应该是无关紧要的。早期对弱势市场有效的检验普遍支持了弱式有效市场假说。而也有一些论文（参见 Brock，Lakonishok and LeBaron，1992；Lo，Mamaysky and Wang，2000）发现了使用技术交易规则时收益可预测的证据，这些规则的赢利能力往往是转瞬即逝的（Needly，Weller and Ulrich，2009），甚至在纳入交易成本之前就是如此，而在大部分情况下，在交易成本包含进来后赢利也就消失了。

半强式有效（semi-strong efficient）市场包含了所有公共信息。因为公共信息涵盖了过去的历史价格，半强式有效市场也必定是弱式有效的。用以检验半强式有效市场的经典方法被称为事件研究法。事件研究法有一套完善的标准（参见，例如，Brown and Warner，1980），在此处不再涉及。这一方法的首次问世，源自法玛、费雪、詹森和罗尔（Fama，Fisher，Jensen and Roll，1969）对 940 例股票拆分事件的研究。同半强式有效市场相一致，法玛等人发现拆分后的异常收益近似为零。换句话说，他们发现一旦股票被拆分成为公共信息，关于股票拆分的交易规则就不能够带来异常收益。研究者们使用事件研究法来研究多种多样的公司活动后的短期反应，而结果压倒性地相似——在大多数公司活动后并不存在超额收益，市场对任何新信息的反应均迅速而且相当准确。巴斯和格林（Busse and Green，2002）在他们对 CNBC（Consumer News and Business Channel）的早间和午间信息速递的研究显示，价格对于新信息的反应惊人地迅速。在这两档节目中，分析师报道关于某些个股的观点，且这些看法在开市时被广播。他们的研究显示，在初次提及这

些报道的几秒钟内，价格对报道做出了回应。

检验半强式市场有效的另一种方法是检验共同基金经理的表现。共同基金经理主要依赖于公共可获得的信息。由詹森（Jensen，1968）开始，一个流行的研究视角是：共同基金的收益恰当体现了其风险吗？或者说，经理们的“α”（一种异常收益的特定估计量）是正的吗？詹森检验了 1945 年至 1964 年这一期间 115 支共同基金。他使用资本资产定价模型模拟出 $E[R]$，进行了 115 个回归，得到 115 个 α，发现大多数的 α 约为零。

总而言之，早期的检测支持了半强式有效市场假说。大多数事件研究发现市场对消息做出了准确的反应。并没有系统性的反应过度或反应不足，因此不存在简便的交易规则（能保证获利）。即便有着高超技巧的投资者（共同基金经理）使用公共信息也无法得到异常收益。然而，“联合检验问题”对这些结论始终是一个警示。

最后，强式有效市场包含了公共和私人的所有信息。在这一条件下，即使是内部人员也无法得到异常利润。然而，早期的许多研究，比如西亨（Seyhun，1988）发现内部交易是有利可图的，表明市场并非强式有效。

市场无效的证据 337

除了推论出市场并非强式有效外，过去二十年中，研究者也记录了对弱式和半强式市场有效的明显背离。

对弱式有效市场假说的背离

最早得到确认的对弱式有效市场的背离，是在日历模式中显现出来的。研究者们报告了平均收益在公历年内似乎有着系统性的不同。例如，本兹（Banz，1981）记录了在纽约证券交易所（NYSE）上市的小型资本公司获得了比由资本资产定价模型预测的显著更高的收益，瑞格纳姆（Reinganum，1983）指出，许多小型公司在一月的前两个星期出现异常收益（一月效应）。库珀、麦康奈尔和奥臣尼科夫（Cooper，McConnell and Ovtchinnikov，2006）研究表明一月份的收益对本年度后 11 个月的市场收益有预测能力（另一种一月效应）。弗伦奇（French，1980）记录下了标准普尔（S&P）综合投资组合在 1953 年到 1977 年这一时期的周末有显著为负的平均收益（周末效应）。麦康奈尔和徐（McConnell and Xu，2008）发现 1926 年到 2005 年中，在选定的 35 个国家中，有 31 个国家的投资者（就平均而言），除了在月份改换时之外，并没有得到与市场风险相匹配的报酬。圣塔—克拉拉和瓦尔卡诺夫（Santa-Clara and Valkanov，2003）认为，民主党执政时期股票市场的平均超额收益高于共和党执政时期。在许多这样的例子中，虽然有了大量的相关研究和不同的研究角度，但这些模式的预测能力仍然是一个谜。

其他违背弱式市场有效的例子可见于价格模式中。这其中的一个例子是短期动量：个股异常收益在 3 个月到 12 个月的范围内显著正相关（Jegadeesh and Titman，1993）。这种模式的量级惊人地大。换言之，形成于过去 12 个月的动量基础上的高动量和低动量投资组合之间的平均收益差距是每月 1.5%。这不仅仅归因于高动量股票有着更高的风险。杰格迪什和蒂特曼（Jegadeesh and Titman）指出了低动量输家的 β 要比高动量赢家更高。在更长的时期中，以上讨论的短期动量消失了，且事实上存在反转。德邦特和塞勒（DeBondt and Thaler，1985）比较了在早先五年测度的极端“赢家”和“输家”股票的未来表现，他们发现在 3～8 年的范围内，长期异常收益呈现出显著的负自相关。

对半强式有效市场假说的背离

学者们也记录了对半强式有效市场假说的明显背离。第一种类型的背离基于公司特征，比如规模、账面市值比（B/M）、销售增长、盈余价格比（E/P）、应计项目以及资产增长。相关的文献表明，这些特征似乎可以用来确认哪些公司获得了超过其基准预测水平的收益。这些特征中的多数都同基本的戈登增长模型相关。举例而言，B/M 和 E/P 这两个比率都以戈登增长模型为基础：

$$P = \frac{E_1(1-d)}{(r-g)} \tag{18—3}$$

此处 E_1 是下一期盈余，d 是派息率，r 是预期折现率，而 g 是增长率。这就是资金和对冲基金经理“价值”投资概念背后的基础。价值投资者假设证券的价格比
338 方程右边预测的要低。这一想法在于市场不知为何曲解了上述方程中的增长率或折现率。即便是在与戈登增长模型不存在直接联系的特征上，这种看法也普遍存在。举例来讲，应计项目因素的基本思路是：投资者“过度执著”于总盈余水平，以至于无法从当期盈余的现金流所包含的信息中区分出应计项目的部分（Sloan，1996）。

法玛和弗伦奇（Fama and French，1992）发现了规模效应和账面市值比（B/M）效应的证据——相对于市场股票有着低市场资本和高账面股票价值的公司获得了比资本资产定价模型预测的显著更高的收益。正如之前提到的，这也同一月效应相一致，在一月之外，小型公司效应并不显著。拉考尼肖科、施莱弗和维斯尼（Lakonishok，Shleifer and Vishny，1994）将这一想法拓展至基于过去的 B/M、现金流比价格（C/P）、E/P 及销售增长的投资组合，他们发现，“价值”投资组合（在这些基准上形成的）显著优于“魅力”投资组合（由低 B/M、低 C/P、低销售增长或低 E/P 测度而得）。斯隆（Sloan，1996）发现股票价格没有反映应计项目和现金流在持续性上的差异。在形成未来收入预期时，相较于现金流，投资者倾向于高估应计项目的权重，而在两者最终发布后，投资者系统性地感到惊讶，以至于和

预期相比，应计项目影响的持续性较弱，而现金流影响的持续性则较强。这样导致的结果就是，应计项目较低的公司在未来往往获得正的异常收益。库珀、葛兰和希尔（Cooper，Gulen and Schill，2008）发现资产增长率对未来异常收益有着很强的预测能力，甚至在控制了账面市值比、公司资本、滞后收益、应计项目及其他以上描述的因素之后也是如此。

是什么导致了这些效应？一个可能的原因是，它们都与困境风险（distress risk）有关。研究者使用过去的收益计算资本资产定价模型中的β，因此，如果这些收益没能捕捉到金融困境发生的可能性的增加，那么资本资产定价模型的β相对于“真实的”β较低。然而，拉考尼肖科等（Lakonishok et al.，1994）的研究显示，在他们研究的所有情境中，价值型投资组合表现较好且在更坏的情境中（即市场下行时）其优势愈发突出。换句话说，价值型投资组合在基本面上的风险并没有更加突出。丹尼尔和蒂特曼（Daniel and Titman，1997）认为高账面市值比的公司并没有显著地承担任何共同风险因素，这表明公司的特征要比收益的协方差结构在解释这些公司的收益方面更为重要。

对半强式有效市场假说第二种形式的背离在于投资者对新闻事件的反应。当研究者在更长一段时期中检验公司活动时，事件研究法显示，市场的反应不再像其在短期中那样高效。鲍尔和布朗（Ball and Brown，1968）发现当公司宣布了其盈余信息后，“好消息”公司和“坏消息”公司分别出现了向上和向下的累积超额收益（Cumulative Abnormal Returns，CARs），这表明在盈余公告发布的那一时刻，市场并未做出充分的反应。研究者们广泛研究了盈余公告发布后的价格漂移（Post-Earnings-Announcement Drift，PEAD）。伯纳德和托马斯（Bernard and Thomas，1989）依据公司的标准化未预期盈余（Standardized Unexpected Earnings，SUE）将公司分为十类，实际盈余和预测盈余的差值则通过预测误差的特定偏误实现标准化。他们使用一阶自回归模型来预测盈余，结果发现盈余公告发布后，未预期的盈余能够带来显著的价格增长。最高SUE组别中的多方和最低SUE组别中的空方会得到一个约为18%的年化超额收益。此外，这种价格漂移在接下来的盈余公告发 339
布日同样显著。投资者似乎存在对公司盈余公告的反应不足。

其他市场无效的例子包括投资者对其他公司新闻事件的反应。里特（Ritter，1991）发现首次公开发行（IPOs）的公司，与一系列在规模和行业分类上相类似的公司相比，其运行显著更差。投资者投资一个首次公开发行的公司，较投资类似公司的所得要低17%左右。洛克伦和里特（Loughran and Ritter，1995）将这一结果拓展到了新股增发（SEOs）上。他们发现如果投资者在每起IPO或SEO发生时，立刻对该公司投资1美元，那么在五年时间里，他们所能得到的收益只有投资规模相似的公司的70%。而回购则与股票发行恰好相反。伊肯伯里、拉考尼肖科和维尔马伦（Ikenberry，Lakonishok and Vermaelen，1995）表明，出现回购的公司，在其初次公告后的平均四年期买入持有的异常收益高达12.1%。对于价值型股票，由于价值被低估，公司更可能回购股份，平均异常收益甚至高达45.3%。

洛克伦和维（Loughran and Vijh，1997）的研究显示在收购发生后的五年中，完成股票融资兼并的公司会遭受－25%的显著超额损失，而完成现金出资要约收购的公司将得到62%的显著超额收益。除了洛克伦和维所记录的支付效应的方法外，罗和维尔马伦（Rau and Vermaelen，1998）还证明了账面市值比效应的存在。以低账面市值比为特点的魅力投标物，平均得到－17%的负异常收益，而价值投标物则胜过有着相似规模和账面市值比的其他公司，得到在统计上显著的超额收益，要约收购为15.5%，兼并为7.64%。

对以上大多数论文的一个警示是，它们在解释为什么投资者做出不正确的反应时并不一致。举例来讲，洛克伦和里特（Loughran and Ritter，1995）认为投资者的过度反应解释了新股增发后长期负的异常收益。他们的这一结论基于公告了一次新股增发的公司在过去的优异表现。然而他们却忽视了投资者对新股增发所传达的负面消息的反应（Myers and Majluf，1984）。伊肯伯里等（Ikenberry et al.，1995）认为投资者反应不足解释了股份回购后的长期异常收益，这一结论以股份回购所传达的信息为基础。他们在做出投资者反应不足解释了长期正收益趋势的推断时，忽视了投资者对公告股份回购的公司之前的糟糕表现的反应。

卡迪亚拉和罗（Kadiyala and Rau，2004）讨论了如果投资者的确对新闻事件反应不足（或过度反应），那么他们对一个事件的不充分反应在下次公司活动发生时将会有所体现。他们检验了四种不同类型的公司活动：新股增发、股票融资收购、股份回购，以及现金出资收购。早先出现负面消息后宣布公司活动的公司，其表现差于先前发布积极消息后公告同类事件的公司，无论这一公司活动本身传达的消息是好还是坏。总之，卡迪亚拉和罗（Kadiyala and Rau）表明投资者反应不足似乎解释了对公司活动反应的大部分类型。

第三种背离的形式在于投资者对非新闻事件的反应。半强式有效市场假说下，
340 价格应该对只作用于 $E[P^*]$ 的新闻反应迅速且准确。卡特勒、波特巴和萨默斯（Cutler，Poterba and Summers，1989）发现了违背这一说法的证据。他们着眼于1941—1987年间的重大事件以及S&P指数变化的一致性。发生重大事件（比如珍珠港爆炸和刺杀肯尼迪）的日子的指数的标准差为2.08%。而日平均水平是0.82%。如果每天都像主要事件发生日那样有报道价值，那么年收益标准差会是32%，而实际的年标准差只有13%，表明有关公司经营的新闻事件并非对股票标准差的唯一解释。[①]

然而，在卡特勒等（Cutler et al.，1989）检验价格是否仅对新闻事件做出反应的过程中，许多情况下他们难以确认与S&P指数的主要移动相一致的新闻事件有哪些。沿着同样的思路，罗尔（Roll，1984）研究了冰冻橘汁期货市场的有效

① 不相关的新闻同样具有解释力。——译者注

性。在半强式有效市场假说下，大部分日常价格变化可归因于奥兰多天气新闻。虽然天气是重要的，但他却发现了同基本面无关的“超额”波动。

天气对于普通股票价格的预测似乎也十分重要，即使它同基本的公司活动毫无关系。赫什莱佛和沙姆韦（Hirshleifer and Shumway，2003）检验了 26 个国家在 1982 年到 1997 年间其首要股票交易所所在城市的清晨阳光与日间市场指数收益的关系。他们发现了阳光和股票收益间存在强而显著的相关性。卡姆斯特拉、克雷默和莱威（Kamstra，Kramer and Levi，2003）证明了，股票市场回报显示出周期性，这同周期性情感障碍对投资者风险厌恶的影响相一致。可见天气以外的因素也可能影响投资者的“情绪”，从而影响价格。埃德蒙斯、加西亚和努尔利（Edmans，Garcia and Norli，2007）使用国际足球比赛结果作为一个情绪变量，发现了输掉球赛后存在显著市场下滑的证据。例如，一次世界杯淘汰阶段的失利会导致第二天一49 个基准点的异常股票收益。

投资者行为影响价格的方面

在标准的金融和经济学课堂中，如果投资者能够形成理性的预期，且在之后依据这些预期最大化自己的期望效用，那么可以认为这个投资者是“理性的”。与此相反，一个“行为的”投资者并不知道证券的基本价值 $E[P^*]$。投资者对未来现金流的非理性预期，可能是导致这一错误估计的原因。他或她也可能有奇怪的偏好。比如，他或她可能依赖直觉推断，因而未做出预期效用最大化的决策。

然而，回想一下，如果投资者的失误相互不存在联系，那么市场仍然会是有效率的。但是根据巴尔伯、奥丁和朱（Barber，Odean and Zhu，2009）提出的证据，投资者的失误之间并不一定不相关；个人交易是高度相关且持续的。此外，个人投资者的系统性交易是由其个人决策（自己开启的交易）所驱使的，而非对机构羊群效应的被动反应。如果个人投资者这个月是一只股票的净买家，那么他们下个月更有可能是这只股票的净买家。换句话说，虽然投资者可能在任何时点都对资产价值产生异议，但他们更倾向于从总体层面判断一条信息的好坏。[①]

为什么投资者看法可能相互关联？有这样两个可能的原因——处理能力（决定 341
如何理性地处理信息）局限与注意力局限（决定什么信息是足够重要的，需要处理）。两者都是极其困难的工作。

首先考虑处理能力局限。为了保证价格的有效性，至少某些投资者必须能够计算 $E[P^*]$。即使假定投资者知道折现率 $E[R]$（其实很可能并不知道），他或她仍然需要能够写下所有可能的现金流收入（CF_t），且对每个现金流收入附上概率来

① 故而在较长的时间内维持对一只股票进行投资的策略。——译者注

计算 $E[CF_t]$。如果新信息到来，则投资者还要使用贝叶斯法则来调整概率。

个人如何计算概率？考虑下面的例子。所有的公司支付分红或者没有分红。基于历史数据，一个公司在任何季度决定不分红（没有提前警告）的非条件概率是0.5%。一个明星分析师，依其声誉他在99%的时间中是正确的，预测了公司X下一季度不会支付分红。投资者应该怎样更新他或她认为的公司不会给付分红的概率？实验中，大部分给定了这一信息的被试者十分自信公司不会给付分红，这是因为他们聚焦于分析师在99%的时间是准确的。贝叶斯法则指出正确的概率是33%。换句话说，特定的个人倾向于忽略事件的低基线概率。事件越罕见，则对这一事件会发生的判断越可能产生错误。贝叶斯法则是有用的，因为它是一个理性的基准，并且能做出精准的预测。然而，人们不太可能在现实生活中使用贝叶斯法则，因为当他们做出概率判断时倾向于使用“直觉推断”或者“经验法则”（可见第4章对直觉推断的进一步讨论）。

可得性直觉推断（availability heuristic）是指，投资者通过头脑中类似事件可回忆起的容易程度来估算概率。当“可获得性”和实际频率出现偏离时，偏误将会产生。举例来讲，克里巴诺夫、拉蒙特和魏兹曼（Klibanoff，Lamont and Wizman，1998）指出，某些国家的戏剧性的新闻影响了封闭式国家的基金价格对资产价值的反应。在随后的一周内，价格对基本面变化反应不足。当《纽约时报》（*New York Times*）头版刊登特定国家的新闻时，价格的反应则更为激进。代表性直觉推断（representativeness heuristic）以心理层面的印象（stereotypes）为基础。投资者基于X有多么像原型Y来估测事件X属于集合Y的概率。这里，忽略先验概率（基础比率）使得偏误发生。局部代表性直觉推断（local representativeness heuristic）显示，在个人的期望中随机数据应该没有任何特征，人们往往不仅将这一点套用于整体序列，而且对局部的序列提出这一要求。一个局部序列可能系统性地偏离随机概率，使得投资者察觉到虚假的非随机性[①]，因此引发偏误。这种偏误的一个经典例子就是赌徒谬误。资金涌入近来打败均值的共同基金。资金向表现较好的股票移动，且从表现较差的股票移出，助长了短期动量。

当投资者以一个初始价值（锚）为基准开始估计时（且这个初始价值会影响最终判断的时候），锚定效应产生。锚可能受到问题的提法的暗示，也可能完全与其
342 无关。当调整不足或者过于保守时偏误出现。贝克、潘和伍格勒（Baker，Pan and Wurgler，2009）指出，兼并和收购的出价受到目标公司52周中最高股票价格的高度影响。许多投标恰好提供这一价格，表明投标者和目标公司将其作为谈判中的参考点。高于52周最高价的出价间接提高了交易成功的概率。此外当投资者设定的主观置信区间过于狭窄时，将表现出过度自信倾向。令人惊奇的是，这些偏误（倾向）出现的频率非常之高。当信念在乐观层面上出现偏误时，乐观偏误将会出现。

① 从而推断整体序列也是非随机的。——译者注

乐观主义者倾向于产生控制幻觉，亦即，他们往往夸大自己掌控命运的能力，且低估随机概率的作用。

乐观和过度自信偏误在金融市场上可能尤为重要。对投资能力过度自信的人更可能寻找作为交易者的工作或者在其账户积极交易。幸存者偏误也为此提供了支持。过去成功的投资者可能高估他们对自身成功的贡献，并更加过度自信。奥丁（Odean，1999）指出，投资者存在过度交易，平均而言，他们的收益随交易的次数增加而减少。这其中有显著的性别差异，男性会比女性更加过度自信，而这使得他们受到损失。巴尔伯和奥丁（Barber and Odean，1999）的研究显示，男性比女性的交易次数多 45%，因此相对于女性的 1.72 个百分点，过度交易使男性的收益率下降了 2.65 个百分点。同样过度自信也可能影响公司政策。马尔门迪尔和塔特（Malmendier and Tate，2005）根据经理的个人期权执行决策，将过度自信的经理进行归类，结果显示由过度自信的 CEO 经营的公司，其投资支出对内部现金流更为敏感。马尔门迪尔和塔特（Malmendier and Tate，2008）的研究还显示，过度自信的 CEO 更可能从事那些事实上有损公司价值的收购活动。戴什穆克、高尔和豪（Deshmuk，Goel and Howe，2009）证明了因为过度自信的 CEO 更自信其公司价值被低估，他们并不情愿增加外部融资。他们还指出，在由过度自信的 CEO 经营的公司中，红利的支付水平也更低。

接下来分析注意力局限。任何一个人，如果想要将所有公共信息处理得快速而准确，那么恐怕需要无限的注意力和认知能力。人类的注意力局限可能就是直觉推断的根源，尤其是对可得性直觉推断而言，对局部代表性偏误可能也是如此。拉什斯（Rashes，2001）检验了市场资本约 200 亿美元的电信巨头 MCI 通信公司的股票（纳斯达克股票代码：MCIC）与以约 2 亿美元公司债券作为资产的封闭基金万通企业投资者的股票（纽约证券交易所：MCI）在 1996 年到 1997 年两家公司进行兼并协商时的联动关系。他发现两家公司的收益、交易量以及收益波动存在高度联动，尤其是兼并信息发布日的前后。

有限注意力对价格和投资组合配置有着显著影响。巴尔伯和奥丁（Barber and Odean，2008）表明投资者的投资组合选择集中于那些引人注意的股票，比如那些出现在新闻中的股票。休伯曼和雷格夫（Huberman and Regev，2001）记录了《时代周刊》（*Times*）周日所刊载的关于具有治愈癌症潜力的新药的文章造成了药物公司股价的上涨，即便这一消息几个月前就已经在《自然》（*nature*）上被报道过了。科温和科夫努尔（Corwin and Coughenour，2008）发现，专家在金融市场活动频繁时期，仅仅将其精力分配于那些最为活跃的股票，从而导致了高交易成 *343*
本，并对那些撤回注意的股票产生了不利的流动性影响。莫拉、罗和霍拉纳（Mola，Rau and Khorana，2010）的研究显示，失去了所有分析师报道的公司，与那些在财务特征上类似但被报道的公司相比，更可能被从证券市场上剔除。

有限注意力造成的一个结果是类型化。投资者倾向于将相似但不完全相同的资产归为一组，并且按照这一群组分类来估计/更新其信念。这种分组有革命性的好处，因其降低了复杂性并提高了信息的处理速度，个人可以对整个类别做出反应，而不是针对每个单独的项目。投资者省去了新目标的学习过程，因为只要这一目标可以有效地被分组至之前存在的类别，他们就能够利用这一类别已有的知识来推断其属性。巴贝尔斯和施莱弗（Barberis and Shleifer，2003）表明个人的确会进行分类——同一类型的资产，比如增长和价值类似的资产有较多联动，而不同类型的资产的联动很少。

分类对公司行为也有影响。如果投资者，无论出于什么原因，对特定的类别分配更大的价值，那么公司则会努力转换至这些类别。这类行为最为清晰的例证出现于名称变更领域。从金融学观点来看，改换名字本质上是毫无意义的，并未传达任何关于公司基本价值 $E[P^*]$ 的信息。然而依据库珀、迪米特罗夫和罗（Cooper，Dimitrov and Rau，2001）的文章，将名称更换为同互联网相关的名称的公司，可以获得公告约 10 天内近 74%的累积异常收益（CARs），且不考虑这一公司实际涉及互联网的程度有多高。库珀、霍拉纳、奥索博夫、帕特尔和罗（Cooper，Khorana，Osobov，Patel and Rau，2004）表明互联网泡沫破灭后，名称互联网化的速度出现了戏剧性的降低，同时伴随了迅速的名称去互联网化现象。泡沫破灭之后，投资者对从其名字中移去网络相关词汇的公司的名称变化做出了积极的反应，删除公告后的约 60 天内，公司得到了近似 64%的累积异常收益。

根据库珀、葛兰和罗（Cooper，Gulen and Rau，2005）所述，共同基金更改其名字以迎合潮流后的那一年时间里，基金价格出现了 28%的平均累积异常流量，却并未在业绩上有所提高。无论基金的持仓是否与其新名称一致，其在价格上的提高都是相似的，可见投资者是"非理性的"且容易被表面的装扮所影响。贝克和伍格勒（Baker and Wurgler，2004）证明了这些迎合激励也实质上影响了公司政策。经理人在分红政策上会迎合投资者的偏好——当投资者对分红公司的股份存在溢价时，公司倾向于分红；而当投资者更偏好不分红的公司的股票时，经理人也更倾向于不分红。当对于分红股票的需求足够强烈时，不分红的公司会改变其决策。

这些异象为什么持续？

至此，证据似乎显示投资者的确是非理性的，而且他们的偏误不能彼此抵消。为了表明市场是无效的，还需要进一步确定套利者不能恢复市场有效。

斯科尔斯（Scholes，1979，p. 179）认为："一家公司卖出的股票并非独特的艺术作品而是对不确定收入流的抽象权利，为此，关系密切的对手直接或间接地通过不同类型资产的联系而存在。"因此，利用套利机会应该是较容易的。套利者买
344 入被低估的资产，获得中间的现金流。他或她因确信 $P \leqslant E[P^*]$ 而认定存在高收

益。相应地，套利者也可以借入他或她并不拥有的那些价格被高估的资产，然后卖出，最后通过回购资产弥补且将之还给贷方。当套利者在 $P \geqslant E[P^*]$ 的信念下认定存在低收益时，他选择负的现金流。如果套利正确完成，那么中间现金流的两方会恰好相互抵消。如同斯科尔斯所描述的，多空套利简单而富有吸引力。它不需要预付资本，即付利润，且是低风险的。对于这样利润丰厚的交易的激烈竞争，斯科尔斯认为，其会保持总需求曲线的平缓。斯科尔斯从价格对大量销售的反应出发，估计了总需求曲线的斜率。他报告了一个很高的负的需求价格弹性——如果价格上涨百分之1（高于 $E[P^*]$），那么总需求下降 3 000%。这一近乎平坦的总需求曲线支持了有效市场假说且使得斯科尔斯推断的多空套利在此背景中发挥着作用。

正如以上提到的，近期的证据表明投资者需求的转移（没有关于 $E[P^*]$ 的新闻）影响价格，为什么套利者不利用这些机会？一个原因是确认一个套利机会的出现并不是一个直接的过程。例如，假设沃尔玛（WMT）在伦敦股票交易所报价 30 英镑，在纽约证券交易所报价为 49 美元。美元和英镑间的现期汇率为 1.67 美元/1 英镑。在纽约的一股可以以 49 美元的价格买下且以 50 美元在伦敦卖出，得到 1 美元利润。以 20 000 股 WMT 股票执行这些交易，可获得无风险收益 20 000 美元。

这是否真的是一个套利机会并不清楚。在以上利润计算中，也需要考虑直接和间接的交易费用。应归于经纪人的佣金是多少？51 美元的伦敦标价是投资者可以卖出的吗？50 美元的纽约证券交易所卖出价是投资者可以购买的吗？当投资者想要交易大数量的股票时，股票价格会变动吗？也许只有前 100 股能够按 49 美元获得，有 100 美元的净利润，接下来的 900 股可能每股要花费 49.5 美元——仍然值得，但不再那么有利可图。购买剩下的 19 000 股可能需要花费 50 美元或者更多。也许价格或汇率在投资者在纽约购买股票的时刻与他或她在伦敦卖出股票的时刻之间有所变化。如果这样的执行时机风险存在，那么这就并非纯粹的套利，因为存在负流出的可能性。

这一例子描述了现实世界套利者的多种考虑。一般而言，即使（在交易期间内）预期的超额收益不高，伴随着较大的风险，在套利者交易期很短的情况下，套利者的存在也很难作为有效市场假说的有效支撑。

一个套利者面临的最大风险是噪声交易者风险。如果噪声交易者导致了错误定价，那么噪声交易可能会持续很长一段时间，甚至会恶化。若套利者的交易期较短（比如，仅有有限的资本来支付追加保证金，或者如果他或她是一个套期保值基金经理，而投资者并不理解这一交易会最终带来利润），且错误定价非常严重，那么他或她可能被迫叫停一个好的交易。德朗、施莱弗、萨默斯和瓦尔德曼（Delong，Shleifer，Summers，and Waldmann，1990）提出了一个关于系统性噪声交易者风险如何提高均衡预期收益的正式模型。

弗鲁特和戴博拉（Froot and Dabora，1999）实证研究了“连体婴儿”证券（“Siamese twin” securities）。这些证券有同样的现金流（没有“基本的”风险）， 345

价格却不同。一个"连体婴儿"公司的实例是皇家荷兰石油公司和壳牌石油公司，皇家荷兰石油公司在荷兰上市而壳牌石油公司则在英国上市。皇家荷兰石油公司主要在荷兰/美国交易而壳牌石油公司在英国交易。依据 1907 年的兼并协议，所有现金流被有效地分为 60∶40。根据有效市场假说，皇家荷兰石油公司的平均股价应该是壳牌石油公司的 1.5 倍。然而在现实中，当美国市场相对于英国市场上涨时，皇家荷兰石油公司（相对而言更多地在纽约交易）的价格相对于其"双胞胎"壳牌石油公司（相对而言更多地在伦敦交易）的价格，同样倾向于上涨。类似地，当美元相对英镑升值时，相对于壳牌石油公司，皇家荷兰石油公司的价格出现上涨趋势。伍格勒和朱瑞夫斯卡亚（Wurgler and Zhuravskaya，2002）认为，不存在相近替代品的股票经历着比 S&P 500 指数所包含的更高的价格跳跃。他们证明了在缺少相近替代品的股票中，套利机制更弱，错误定价可能更频繁而且更严重。

套利限制解释了为什么许多异象持续存在。考虑账面市值比（B/M）效应。如果账面市值比效应确实是对错误定价的修正，那么随后的收益预测应该在较高套利风险的股票中最为清晰。高套利风险的股票与在其他方面类似的股票相比，更可能被错误定价（极端的 B/M 不太可能反映了不寻常的股票账面价值 B，而更可能反映了不寻常的价格 M），而在有效市场假说下应该没有联系。阿里、黄和特伦布雷（Ali，Hwang and Trombley，2003）发现账面市值比效应对于异质收益波动更大、交易成本更高及投资者老练程度更低的股票更大。高波动股票的账面市值比效应在大多数年份中超过了低波动股票。类似地，马什如瓦拉、罗基戈帕和谢弗林（Mashruwala，Rajgopal and Shevlin，2006）指出，斯隆（Sloan，1996）记录的应计项目异象集中于高异质股票收益波动的公司，使得风险厌恶套利者建仓存在极端应计项目的股票是有风险的。门登霍尔（Mendenhall，2004）表明盈余公告价格趋势（PEAD）的量级与套利风险的水平高度相关。

除了噪声交易者风险，另一个风险来源是卖空成本。许多证券不能卖空。另外，虽然贷方在一次价格上升后召回股票贷款的风险较低，但在投资者观点存在分歧时，这一风险也增加了（D'Avolio，2002）。

不能卖空会导致极端的价格错配（Lamont and Thaler，2003）。一个例子涉及 3Com——一家销售电脑网络系统的盈利的公司且其业务包括制造掌上电脑的 Palm。在 2000 年 3 月，3Com 通过 Palm 的首次公开发行向普通公众卖出了它 Palm 所有权的一部分。在这次被称为股票拆分上市的交易中，3Com 保持了 95% 的股票所有权；3Com 股票持有者对于他们拥有的 3Com 的每一股，会收到约 1.5 股 Palm。由于除了其他商业资产外，3Com 以现金及证券形式持有的股票价值高于一股 10 美元，故人们应该期望 3Com 的价格会远高于 Palm 价格的 1.5 倍。Palm 首次公开发行前一天，3Com 收市报 104.13 美元每股。第一天交易后，Palm 收市报 95.06 美元每股，意味着 3Com 的价格应该提高到至少 145 美元。然而

3Com 反而降至 81.81 美元，3Com 的"自有价值"（3Com 拥有的非 Palm 资产和生意的隐含价值）是 63 美元。换句话说，股票市场正说明 3Com 拥有的非 Palm 的商业价值是－220 亿美元。

概要和结论 346

为了保证市场有效性，投资者应是理性的。如果他们是非理性的，则其偏误至少应该是不相关的。如果他们的偏误是相关的，那么就需要使理性的套利者能进行大量的抵消交易来恢复市场的有效性。这一章论证了投资者偏误是系统性的且可预测的。然而，虽然有这样的可预测性，但套利限制意味着套利者不能利用这些偏误并且恢复市场的有效性。噪声交易者风险和有限套利解释了违背有效市场理论的多种异象。

讨论题

1. 为什么市场有效如此重要？为什么有"正确"定价的证券如此重要？

2. 考虑以下交易。德国政府债券（bund）期货在 LIFFE（伦敦）和 DTB（法兰克福）交易所交易。期货合同有相同条款涉及在时间 T 交付 250 000 欧元面值的债券。一名投资者观察到 LIFFE 合同交易 240 000 欧元同时 DTB 合同交易 245 000 欧元。利用这一状态建立一个套利交易。这是完美套利吗？涉及的风险是什么？

3. 一名研究者进行了一个关于最终失败的所有兼并的事件研究。兼并公告日后，在几个月的时间内，价格大大下降直到兼并最终失败。投资者能够利用这一发现来建立一个套利机会吗？

参考文献

Ali，Ashiq，Lee-Seok Hwang，and Mark A. Trombley. 2003. Arbitrage risk and the bookto-market anomaly. *Journal of Financial Economics* 69：2，355－373.

Baker，Malcolm P.，Xin Pan，and JeffreyWurgler. 2009. The psychology of pricing in mergers and acquisitions. Unpublished working paper，Harvard Business School.

Baker，Malcolm，and Jeffrey Wurgler. 2004. A catering theory of dividends.

Journal of Finance 59：3，1125 - 1165.

Ball，Ray，and Philip Brown. 1968. An empirical evaluation of accounting income numbers. *Journal of Accounting Research* 6：2，159 - 178.

Banz，Rolf W. 1981. The relationship between returns and market value of common stocks. *Journal of Financial Economics* 9：1，3 - 18.

Barber，Brad M.，and Terrance Odean. 2001. Boys will be boys：Gender，overconfidence，and common stock investment. *Quarterly Journal of Economics* 116：1，261 - 292.

Barber，Brad M.，and Terrance Odean. 2008. All that glitters：The effect of attention and news on the buying behavior of individual and institutional investors. *Review of Financial Studies* 21：2，785 - 818.

Barber，Brad M.，Terrance Odean，and Ning Zhu. 2009. Systematic noise. *Journal of Financial Markets*，forthcoming.

Barberis，Nicholas，and Andrei Shleifer. 2003. Style investing. *Journal of Financial Economics* 68：2，161 - 199.

Bernard，Victor，and Jacob Thomas. 1989. Post-earnings-announcement drift：Delayed price response or risk premium? *Journal of Accounting Research* 27：1，1 - 36.

Brock，William，Josef Lakonishok，and Blake LeBaron. 1992. Simple technical trading rules and the stochastic properties of stock returns. *Journal of Finance* 47：5 1731 - 1764.

347 Brown，Stephen J.，and Jerold B. Warner. 1980. Measuring security price performance. *Journal of Financial Economics* 8：3，205 - 258.

Busse，Jeffrey A.，and T. Clifton Green. 2002. Market efficiency in real time. *Journal of Financial Economics* 65：3，415 - 437.

Cooper，Michael J.，Orlin Dimitrov，and P. Raghavendra Rau. 2001. A rose. com by any other name. *Journal of Finance* 56：6，2371 - 2388.

Cooper，Michael J.，Huseyin Gulen，and P. Raghavendra Rau. 2005. Changing names with style：Mutual fund name changes and their effects on fund flows. *Journal of Finance* 60：6，2825 - 2858.

Cooper，Michael J.，Huseyin Gulen，and Michael J. Schill. 2008. Asset growth and the crosssection of stock returns. *Journal of Finance* 63：4，1609 - 1651.

Cooper，Michael J.，Ajay Khorana，Igor Osobov，Ajay Patel，and P. Raghavendra Rau. 2004. Managerial actions in response to a market downturn：Valuation effects of name changes in the dot. com decline. *Journal of Corporate Finance* 11：1 - 2，319 - 335.

Cooper, Michael J., John J. McConnell, and Alexei V. Ovtchinnikov. 2006. The other January effect. *Journal of Financial Economics* 82: 2, 315-341.

Corwin, Shane A., and Jay F. Coughenour. 2008. Limited attention and the allocation of effort in securities trading. *Journal of Finance* 63: 6, 3031-3067.

Cutler, David M., James M. Poterba, and Lawrence H. Summers. 1989. What moves stock prices? *Journal of Portfolio Management* 15: 3, 4-12.

Daniel, Kent, and Sheridan Titman. 1997. Evidence on the characteristics of cross sectional variation in stock returns. *Journal of Finance* 52: 1, 1-33.

D'Avolio, Gene. 2002. The market for borrowing stock. *Journal of Financial Economics* 66: 2-3, 271-306.

DeBondt, Werner F. M., and Richard Thaler. 1985. Does the stock market overreact? *Journal of Finance* 40: 3, 793-808.

DeLong, J. Bradford, Andrei Shleifer, Lawrence H. Summers, and Robert J. Waldmann. 1990. Positive feedback investment strategies and destabilizing rational speculation. *Journal of Finance* 45: 2, 379-395.

Deshmuk, Sanjay, Anand Goel, and Keith Howe. 2009. CEO overconfidence and dividend policy: Theory and evidence. Unpublished working paper, De Paul University.

Edmans, Alex, Diego Garcia, and Øyvind Norli. 2007. Sports sentiment and stock returns. *Journal of Finance* 62: 4, 1967-1998.

Fama, Eugene F. 1970. Efficient capital markets: A review of theory and empirical work. *Journal of Finance* 25: 2, 383-417.

Fama, Eugene F., Lawrence Fisher, Michael C. Jensen, and Richard Roll. 1969. The adjustment of stock prices to new information. *International Economic Review* 10: 1, 1-21.

Fama, Eugene F., and Kenneth R. French. 1992. The cross-section of expected stock returns. *Journal of Finance* 47: 2, 427-465.

French, Kenneth R. 1980. Stock returns and the weekend effect. *Journal of Financial Economics* 8: 1, 55-69.

Froot, Kenneth A., and Emil Dabora. 1999. How are stock prices affected by the location of trade? *Journal of Financial Economics* 53: 2, 189-216.

Hirshleifer, David A., and Tyler G. Shumway. 2003. Good day sunshine: Stock returns and the weather. *Journal of Finance* 58: 3, 1009-1032.

Huberman, Gur, and Tomer Regev. 2001. Contagious speculation and a cure for cancer: A non-event that made stock prices soar. *Journal of Finance* 56: 1, 387-396.

Ikenberry, David, Josef Lakonishok, and Theo Vermaelen. 1995. Market underreaction to open market share repurchases. *Journal of Financial Economics* 39: 2-3, 181-208.

Jegadeesh, Narasimhan, and Sheridan Titman. 1993. Returns to buying winners and selling losers: Implications for stock market efficiency. *Journal of Finance* 48: 1, 65-91.

348 Jensen, Michael C. 1968. The performance of mutual funds in the period 1945-1964. *Journal of Finance* 23: 2, 389-416.

Kadiyala, Padma, and P. Raghavendra Rau. 2004. Investor reaction to corporate event announcements: Under-reaction or over-reaction? *Journal of Business* 77: 2, 357-386.

Kamstra, Mark J., Lisa A. Kramer, and Maurice D. Levi. 2003. Winter blues: A SAD stock market cycle. *American Economic Review* 93: 1, 324-343.

Klibanoff, Peter, Owen Lamont, and Thierry A. Wizman. 1998. Investor reaction to salient news in closed-end country funds. *Journal of Finance* 53: 2, 673-699.

Lakonishok, Josef, Andrei Shleifer, and Robert W. Vishny. 1994. Contrarian investment, extrapolation, and risk. *Journal of Finance* 49: 5, 1541-1578.

Lamont, Owen A., and Richard H. Thaler. 2003. Can the market add and subtract? Mispricing in tech stock carve-outs. *Journal of Political Economy* 111: 2, 227-268.

Lo, Andrew W., Harry Mamaysky, and JiangWang. 2000. Foundations of technical analysis: Computational algorithms, statistical inference, and empirical implementation. *Journal of Finance* 55: 4, 1705-1770.

Loughran, Tim, and Jay R. Ritter. 1995. The new issues puzzle. *Journal of Finance* 50: 1, 23-51.

Loughran, Tim, and AnandM. Vijh. 1997. Do long-term shareholders benefit from corporate acquisitions? *Journal of Finance* 52: 5, 1765-1790.

Malmendier, Ulrike, and Geoffrey Tate. 2005. CEO overconfidence and corporate investment. *Journal of Finance* 60: 6, 2661-2700.

Malmendier, Ulrike, and Geoffrey Tate. 2008. Who makes acquisitions? CEO overconfidence and the market's reaction. *Journal of Financial Economics* 89: 1, 20-43.

Mashruwala, Christina, Shivaram Rajgopal, and Terry Shevlin. 2006. Why is the accrual anomaly not arbitraged away? The role of idiosyncratic risk and transaction costs. *Journal of Accounting and Economics* 42: 1-2, 3-33.

Mendenhall, Richard R. 2004. Arbitrage risk and post-earnings announcement drift. *Journal of Business* 77: 4, 875 - 894.

McConnell, John J., and Wei Xu. 2008. Equity returns at the turn of the month. *Financial Analysts Journal* 64: 2, 49 - 64.

Mola, Simona, P. Raghavendra Rau, and Ajay Khorana, 2010. Is there life after the end of analyst coverage? Unpublished working paper, Purdue University.

Myers, Stewart C., and Nicholas S. Majluf. 1984. Corporate financing and investment decisions when firms have information that investors do not have. *Journal of Financial Economics* 13: 2, 187 - 221.

Neely, Christopher J., Paul A. Weller, and Joshua M. Ulrich. 2009. The adaptive markets hypothesis: Evidence from the foreign exchange market. *Journal of Financial and Quantitative Analysis* 44: 2, 467 - 488.

Odean, Terrance. 1999. Do investors trade too much? *American Economic Review* 89: 5, 1279 - 1298.

Rashes, Michael S. 2001. Massively confused investors making conspicuously ignorant choices (MCI-MCIC). *Journal of Finance* 56: 5, 1911 - 1927.

Rau, P. Raghavendra, and Theo Vermaelen. 1998. Glamour, value and the post-acquisition performance of acquiring firms. *Journal of Financial Economics* 49: 2, 223 - 253.

Reinganum, Marc R. 1983. The anomalous stock market behavior of small firms in January: Empirical tests for tax-loss selling effects. *Journal of Financial Economics*, 12: 1, 89 - 104.

Ritter, Jay R. 1991. The long-run performance of initial public offerings. *Journal of Finance* 46: 1, 3 - 27.

Roll, Richard. 1984. Orange juice and weather. *American Economic Review* 74: 5, 861 - 880.

Santa-Clara, Pedro, and Rossen Valkanov. 2003. The presidential puzzle: Political cycles and the stock market. *Journal of Finance* 58: 5, 1841 - 1872.

Scholes, Myron S. 1972. The market for securities: Substitution versus price pressure and the effects of information on share prices. *Journal of Business* 45: 2, 179 - 211.

Seyhun, H. Nejat, 1988, The information content of aggregate insider 349
trading. *Journal of Business* 61: 1, 1 - 24.

Sloan, Richard G. 1996. Do stock prices fully reflect information in accruals and cash flows about future earnings? *Accounting Review* 71: 3, 289 - 315.

Wurgler, Jeffrey, and Ekaterina V. Zhuravskaya. 2002. Does arbitrage flatten

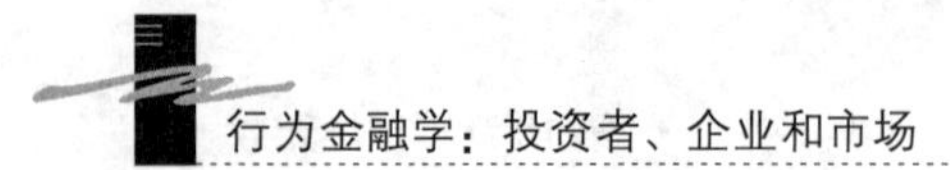

demand curves for stocks? *Journal of Business* 75：4，583－608.

作者简介

拉夫海文达·罗（Raghavendra Rau）是剑桥大学金融学伊芙琳·德·罗斯柴尔德荣誉教授。罗教授的主要研究集中于市场参与者如何获取并且使用信息。他曾在普渡大学、加州大学伯克利分校、加州大学洛杉矶分校（UCLA），及巴黎政治学院（Institut d'Etudes Politiques de Paris）等学校教授金融学。他曾获得多项教学奖，包括克兰纳特杰出本科教学奖（Krannert's Outstanding Undergraduate Teaching Award）、院长杰出 MBA 教学奖（Dean's Outstanding MBA Teaching Awards）、约翰和玛丽威利斯青年教师学者奖（John and Mary Willis Young Faculty Scholar Award）。此外，罗教授还曾获商业金融竞争奖（Competitive Award for Business Finance）、金融管理学会颁发的最优奖（the Best of the Best Award from the Financial Management Association）及欧洲金融协会颁发的巴克莱全球投资者奖（Barclays Global Investors Award from the European Finance Association）等。2008 年，罗教授作为一名研究者在巴克莱全球投资者公司（Barclays Global Investors）工作。该公司是世界上最大的资本经营者，且规避了量化基金的崩溃。

致　谢

作者感谢贾菲·伍格勒（Jeff Wurgler）在章节编排方面的有益讨论。

第19章　基于信念和偏好的模型 351

亚当·斯茨卡（Adam Szyszka）
波兰波兹南经济大学副教授

引　言

新古典主义经济理论的基础是各种强假设，包括决策理性、风险规避、无摩擦的完全市场——没有交易成本或税收、市场参与者具有完全信息。尽管新古典主义经济理论的许多假设是不现实的，但金融学家还是率先接受了这样的理论，因为其预测似乎符合现实。此外，这种复杂同时条理清晰的新古典理论由于是由数学方程与函数所构成的，因而可以提供标准化的预测。

任何理论只有在这些过程实际发生时，才能被证明其解释或预测能力是好的。然而，在 20 世纪 80 和 90 年代的各种实证研究结果却与传统关于资本市场的看法不一致。作为对越来越多地发生的异象的回应，行为金融学诞生了。行为金融学对这些异象和投资者的心理偏向的高度直观和令人信服的解释已经在专业人士和学者中大受欢迎了。

然而，行为金融学也正在被一种典型的质疑所影响，即它过于年轻并且几乎没有高深领域的知识。也就是说，行为金融学的大量研究进行得并不顺利，而且断断续续的成果很难统一成一个全面的理论。投资者的行为方式和其对资产估值的影响这一问题无疑是复杂的。因此，研究者们在描述发生在资本市场中的现象时，在厘清其因素和相互关系的过程中遇到了很多困难。然而，对市场的关注过于片面化导致了行为模型往往显得碎片化，而且往往只适用于少数特定的情形。

本章旨在解决这些问题并填补现有的缺口。随后的一节介绍了早期基于市场参与者信念与偏好的行为建模的尝试。一些模型并不能经验性地描述所观察到的市场中的所有现象。每个模型都可以很好地解释某些具体的方面，但是欠缺描述其他具有独特性的市场行为的能力。接下来，将介绍广义资产定价的行为模型（GBM）。
352 这个模型开发出了一种带有普遍性的手段，可以广泛应用于在市场中观察到的现象。GBM 识别出了关键性的心理驱动因素，并且描述了这些因素如何决定定价，以及收益回报产生的过程。最后一节将进行概括，并得出结论。

基于信念的模型

早期基于信念的模型是巴贝尔斯、施莱弗和维斯尼（Barberis，Shleiferand Vishny，1998）建立的关于投资者感情的模型，丹尼尔、赫什莱弗和苏布拉马尼亚姆（Daniel，Hirshleifer and Subrahmanyam，1998）建立的关于过度自信的知情交易者模型，以及鸿和斯坦（Hong and Stein，1999）建立的基础交易者和动量交易者差异模型。

投资者感情模型

在巴贝尔斯、施莱弗和维斯尼（Barberis，Shleifer and Vishny，1998）提出的模型中，投资者的情感态度与文献中的两种行为模式相对应。根据第一种模式，投资者相信每一个公司的盈利能力都是围绕着某一个特定的平均值上下浮动的，因此，如果公司最近处于高盈利期，那么未来盈利情况恶化的结果应当被预期到。反过来，第二种模式正好相反——企业的盈利能力具有持续同向变化的趋势。

一方面，一个确信第一种行为模式有效的投资人在金融调查中会反应消极，因为他们会担心一个高的或低的上期收益是偶发性的，并且在下一个阶段中就会消除。因此，在这一模式下针对新信息产生的价格调整是延迟的，而且回报的收益会定期随着一个特定的趋势值而延续。巴贝尔斯等（Barberis et al.，1998）认为这些投资者行为是爱德华兹（Edwards，1968）等人在文献中所述的认知保守主义。

人们因为新信息而改变过往认知的这一过程总是缓慢和谨慎的。要想完全改变过去的观点，则那些原始的市场信号需要被长期连续不断的观察所确信，而这往往需要很长的时间。

另一方面，那些认同第二种行为模式的投资者高度重视最新的收益结果并且过度地将其推及未来。在这种情况下，巴贝尔斯等（Barberis et al.，1998）把这种态度与这种现象看做心理学家通常所称的代表性直觉推断（Kahneman and Tversky，1973；Tversky and Kahneman，1974；Grether，1980）。在代表性直觉推断下，一个人对特定事件概率大小的判断会根据其和已知样本的相似程度来决定，而不考虑总体本身（参见第 14 章）。代表性直觉推断偏误带来的一个结果是，符合某一特定模式的个体特征的重要性被过分夸大，而真实的统计分析的重要性将被低估。在对代表性信息信号进行感知时，这类人往往会由于缺乏足够的观察（即所谓的短序列残差）而得出不成熟的结论，他们甚至会从完全随机的数据集合中去寻找规律。

想象一个公司被报道出在最近的会计年度里一直在有条不紊地提高利润。从代
表性直觉推断的角度感知这种情形，投资者可能会夸大最新的积极收益成果的重要 353
性。他们可能会轻率地得出这样的结论：公司近期发展盈利的积极态势会反映出其长期的变化趋势，证明其未来的高增长潜力。而事实上，近期良好的财务业绩可能只是巧合。这将导致的结果是，公司的股票可能被高估，而当预期的未来的利润增长实际上未发生时，股票的价格可能会被调整到低于预期的水平。

在巴贝尔斯等（Barberis et al.，1998）的模型中投资者是同质的，即模型假定在一个给定的时间内，所有投资者的想法都是相似的。他们要么认为公司的财务业绩符合第一种模式，要么确信第二种模式是对的。他们认为投资者往往一开始更相信第一种模式的正确性，这通常会导致对新信息的反应不够充分。然而，一系列的观测表明，趋势的延续将导致投资者转而相信第二种模式。而这种判断反过来又使趋势一直延续，直到未来某一时刻交易者们意识到他们将趋势过度外推了。然而，投资者信念的变化只会发生在预期的结果不同于实际的观察结果以后。换句话说，投资者对他们过去认可和采用的模式是感情用事的。因此，他们延长了从一种模式过渡到另一种模式这一过程。

根据巴贝尔斯等（1998）的理论，上述机制，即对财务业绩的感知的两种模式之间转化的普遍延迟，也许可以解释那些同时发生的短期市场反应不够有力和长期市场过度反应的现象。投资者感情模型表明趋势的逆转应该从长远角度观察。

然而，文献实例显示，既存在长期的逆转又存在长期超额收益的延续情形，出现在关于股票分割（Ikenberry，Rankine and Stice，1996）、股息政策的变化（Mich-aely，Thaler，and Womack，1995）和股份回购案例（kenberry，Lakonishok and Vermaelen，1995；Mitchell and Stafford，2000）等的文献中。巴贝尔斯等（1998）提出的投资者行为模式理论还无法解释这些现象。

DHS 模型

丹尼尔、赫什莱佛和苏布拉马尼亚姆（Daniel，Hirshleifer and Subrahmanyam，1998）假设投资者可以被分为两类：消息灵通的和不知情的。根据他们的观点，不知情的交易者的行为不会对市场产生重大影响，然而，消息灵通的交易者通过他们的过度自信可能会影响市场。他们高估了自己的分析能力，低估了自己可能出现的错误。通常，他们能感知到的误差幅度太窄。换句话说，这些投资者经常成为所谓校准偏误的牺牲品。其具体含义是，一个人的个人分析起的作用越大，产生的误差也就越大。人们高估了私人信息相比公开信息的精确程度，同时也夸大了私人信息相比公开信息的重要性。他们通常认为自己分析的结果是比常见的市场信息更可靠的。

一方面，投资者经常强调他们自己对获得积极收益结果所起到的贡献，即使这种积极结果的出现只是偶然的。另一方面，他们低估了事件不向他们预测的方向发展的可能性，同时也很少去注意自己的错误。人们总是试图把这些失败归因于其他因素。

354 如果一个投资者对某个公司做出积极的评估，并且这一评估结果在随后通过良好的财务表现或更高的股票报价得到证实，那么投资者对自己的评估能力的信心通常会大大增强。这样的情形不管是在经过大量分析后得出正确预测时，还是只是偶然做出正确的预测（如，这一预期结果的发生是源于投资者之前并没有意识到的其他因素）时都会发生。

在相反的情况下（即，如果一个特定公司不符合预期），投资者通常会寻求借口而不是从自身找错误。投资者们通常会认为是外生因素或第三者在起误导作用。投资者会经常忽视或低估那些否定了之前判断的不利信号。例如，投资者会认为他或她正在经历一个短时的震荡，这一震荡将很快结束，先前的预期结果将会出现。只有在汇集了多个与其判断相矛盾的公共信号之后，并且通常是在一段持续的时间之后，才可能压过私人信息信号，让投资者改变最初的观点。

丹尼尔等（Daniel et al.，1998）提出了一个模型，在这个模型中，投资者过度自信导致对私人信息的过度反应，而对事件的错误归因这一扭曲现象则是对公共信号反应不够强烈引起的。他们表明，这些投资者行为可能导致股票回报率的短期延续和长期反转。

在这方面，丹尼尔等（1998）的模型与巴贝尔斯等（1998）的观点是相似的。但巴贝尔斯等（1998）的模型假设了投资者对一系列与先前看法相一致的信息信号有过度反应，而对与先前的看法相矛盾的新信息反应不足，而丹尼尔等人的模型在区分反应过度和反应不足时则依据的是信息是私人的还是公共的。这样，丹尼尔等人不仅能够解释短期延续和长期反转，而且还可以解释在某些情况下观察到的长期性的延续。在这一模型下，投资者的反应在新信息刚发布时会不充分，因为他们更

加重视之前他们的私人评估信息，而不是与他们的个人观点不一致的公共信息信号。他们的观点只有在收到进一步的公共信息时才会变化。保持原有观点不变的时间取决于公共信息的积累速度以及新公共信息的重要程度。

根据丹尼尔等（1998）的模型预测，所有“选择性事件”都会导致延续效应的发生，所谓的选择性事件也就是指因对公司错误估值而发生的事件。同时，该文献中还介绍了部分对公告信息的原始反应显著区别于在该信息公布后的长期回报的案例，其中一个案例是关于首次公开发行的。丹尼尔等人的模型很难解释这类情形。

鸿和斯坦的模型

鸿和斯坦（Hong and Stein，1999）提出了这样一个假设，即投资市场由两类投资者组成：（1）基本面分析的支持者，这些人谨慎地遵循那些可能会影响公司价值的信息进行投资（“观察消息者”）；（2）动量交易者，他们主要重视短 *355*
期价格趋势的发展。每一种投资者都具有有限理性的特征，即使他们对信号的平均评估是正确的，那也只能让他们对所有可得到的信息中很少的特定一部分进行分析。观察消息者的局限性起因于他们只会把注意力集中在与该公司未来前景有关的信息和其公司价值上，而彻底忽略了由历史价格波动所产生的信号。此外，鸿和斯坦还假设基本面的信息在这些投资者中间是分散的，这会引起整个市场范围内一定的反应延迟。与之相反，动量交易者只观察价格波动而不注意基本面信息。

基于上述假设，鸿和斯坦（1999）的研究表明，当市场由观察消息者占主导时，价格将逐渐适应新的信息，市场的反应通常会轻微延迟。而随着基本面信息的完全扩散，会产生持续的收益，趋势也会延续。而这反过来将成为动量交易者的一个信号，他们会迅速消除可能出现的对基本面信息的价格调整不足，他们还会将资产价格调整到接近它们的内在价值的水平。然而动量交易者从根本上并不知道资产价格的合理水平，因为他们的信息只来自观察股票价格和寻找价格趋势。因此，到达基本面信息信号应有的收益拐点并不会构成任何对动量交易者交易活动的障碍。相反，他们的行为将受越来越明显的价格变化的刺激，而这将引发市场的过度反应。而股票价格偏离其内在价值越大，越多的观察消息者会脱离市场。越来越严重的错误定价会促使观察消息者离开市场。而观察消息者的脱离行动将会变得越来越多，以至于会到达价格的临界点，最终观察消息者的行动将压过动量交易者的行动。于是，一次价格的转折就会发生，市场价格变化的总体方向将会发生逆转。

与上面讨论的巴贝尔斯等（1998）的模型和丹尼尔等（1998）的模型相似，鸿和斯坦（1999）提出的模型可以适当而合理地解释清楚短期延续和长期反转。和其他模型的情况一样，解释选择性事件发生后长期收益的公告后漂移是这个模型的一个重要难点。例如，股票分拆后的回报模式或者股息政策方面的变化都与这一模型所预测的结果相矛盾。这是因为这些事件通常都伴随着同方向的价格变动，不管是在消息正式公布以前，还是在信息公布期间和公布之后。

基于偏好的模型

转移风险偏好的模型

巴贝尔斯、黄和桑托斯（Barberis，Huang and Santos，2001）提出了一个由三个主要观点组成的模型。首先，投资者关心的是金融财产价值的波动，而不只简单的总消费水平。其次，他们对财富减少远远比对财富增加敏感（Kahneman and Tversky，1979）。最后，人们在获得收益之后会变得更加喜欢追逐风险，而在遭受损失后会愈发厌恶风险（Thaler and Johnson，1990）。

356 一个积极的基本面信号将产生高的股票回报，这个事件会减轻投资者的风险厌恶情绪，因为任何未来损失都可能只是在缓冲之前的收益。因此，投资者对未来股息流赋予了一个更低的贴现率，这将给股票价格上涨提供一个助推的作用。一个类似的机制也适用于糟糕的基本面信号。它会产生一个负的股票回报，减少之前的收益或增加之前的损失。投资者变得比以前更厌恶风险，使用更高的贴现率，这将拉低股票价格。这种效应的一个结果是，股票收益会比股息变化更不稳定。通常情况下，这种模式可能被视为向初始利好或利空消息展示市场的过度反应。在这种情况下，股票收益是由两个“合理”的成分组成的：一个归因于基本面信号，另一个则归因于风险厌恶的变化。

巴贝尔斯（Barberis et al.，2001）证明了他们的模型非常符合一些经验性的观测值。价格股息比率与未来股票收益负相关。这些回报率在时间序列中是可预测的，与消费水平弱相关，有一个较高的平均值。股权溢价是合理的，因为规避损失的投资者需要较高的收益作为持有高风险或过度波动的资产的回报。

巴贝尔斯（2001）对一个只有单一的风险资产的经济体进行了研究。他们的研究成果在资本市场的总体水平上是适用的。巴贝尔斯和黄（2001）对模型进行了进一步的详细阐述，集中关注了企业层面的收益。在一个损失厌恶和风险态度转变取决于前一期收益产出的框架中，他们比较了在狭义构架下投资者表现不同的两个经济体：一个经济体中投资者们厌恶所有的由股票投资组合的波动可能带来的风险损失（投资组合心理核算）；另一个经济体中投资者们只是对他们自己持有的股票组合存在风险厌恶（个人股票心理核算）。在两种狭义框架下都有一个较高的收益平均值时，收益是非常不稳定的，也是可以通过使用滞后变量的时间序列加以预测的。然而，由于投资者们的决策框架从选择股票扩大到了选择证券投资组合，个人股票的收益发生了相当大的变化：收益的均值下降，收益变得更加稳定，收益之间的相互关联更多，横截面数据的可预测性逐渐消失。总体而言，该狭义框架模型中假设个人股票收益水平的部分与实际的数据更加吻合。

虽然巴贝尔斯等（2001）的模型以及巴贝尔斯和黄（Barberis and Huang，2001）对模型的具体阐述阐明了许多实证现象，但是他们并未直接解释市场反应不足的问题。由贴现率变化产生的额外收益部分可能与过度反应有关，会导致过度的 357
波动。然而，短期的反应不充分也可以被纳入这些模型，即假设风险态度的转变是滞后的，贴现率只在有相当大的价格波动之后才会变化。在这样的情况下，对基本面信号的反应不足可能会持续一小段时间。

概率误解模型

在达西和杰隆卡（Dacey and Zielonka，2008）提出的一个模型中，一些投资者在追求主观效用最大化的过程中犯了两类错误。首先，错误可能源自不正确的对事件概率的初始估计。其次，错误也可能源自给待估计事件的概率分配了错误的权重，正如卡尼曼和特维斯基（Kahneman and Tversky，1979）在前景理论中提出的权重函数一样。

达西和杰隆卡（Dacey and Zielonka，2008）区分了市场中的两类投资者。一类是准理性投资者，他们在市场中占大多数，会错误地估计或转换概率。另一类是理性投资者，他们在市场中只占少数，能够准确地评估概率。非常重要的是，这个模型还假设了这两类投资者都具有相似的偏好，并且他们的偏好可以用卡尼曼和特维斯基（Kahneman and Tversky，1979）的前景理论中的效用函数进行描述。所有的投资者都在参考点基础上最大化自身的主观效用，参考点通常以特定股票的购买价格（对于那些已经投资的人）或以最近一次的报价水平（对于那些还在考虑是否购买的人）的形式存在。真正区分不同投资者的是他们分配给各种金融工具未来价格变化的概率值。实际上，这个区分因素是投资者对未来回报收益的信念，它决定了一个投资者是否要购买、持有或出售资产。

可以对这个模型进行简化。在一个给定的时期中，只有两种情况可能发生：价格可能在 P 的概率下出现 H 的上升，或者是在 $1-P$ 的概率下出现 H 的下降。因此，这个模型并不能解释价格变化的多元情景。同时，它也不能解释低概率下高价格增长和高概率下价格略微下降的情形。此外，该模型还假定随后的价格变化将不会高于前面观察的时期价格变化的绝对值。

他们的模型不允许界定远期价格变化方向的概率临界值，而这将决定一个投资者在之前的价格变化之后是否会继续投资。如果在之前的观察期间赢得利润，投资者估计下一波价格上升的可能性小于 P_{GAIN} 临界值，那么投资者就会决定卖出股票。反过来，如果出现亏损，投资者估计的价格上升的可能性超过了 P_{LOSS} 临界值，那么投资者总是会决定继续投资。

达西和杰隆卡（Dacey and Zielonka，2008）证明了对于任何理性和有限理性

的投资者来说 P_{GAIN} 临界值都比 P_{LOSS} 临界值高。这个结果源自“S”形值函数的特性，这个函数根据模型的假设对任何投资者都是适用的。这个函数在收益部分是凹的（$V''(x)<0$，$x>0$），在损失部分是凸的（$V''(x)>0$，$x<0$）。同时，典型有限理性投资者的权重函数决定了他们会低估相对高的概率值和夸大相对低的概率值。因此，临界概率值在有限理性投资者的情况下比在完全理性投资者的情况下更为极端。上面所描述的关系可以由以下不等式概括：

$$0<P_{LOSS_{QR}}<P_{LOSS_{R}}<0.5<P_{GAIN_{R}}<P_{GAIN_{QR}}<1 \tag{19—1}$$

358 QR 代表有限理性投资者，R 代表完全理性投资者。

通过实证应用刚萨雷斯和吴（Gonzalez and Wu，1999）所得的经验估计权重和价值函数参数，达西和杰隆卡（2008）提出，在收益之后的临界概率值大概是 0.70，而损失之后的临界概率值大概是 0.35。因此，一方面，为了做出在股票价格上升后继续持有的决定，投资者必须评估进一步上涨的概率至少为 70%；另一方面，如果要继续维持之前的损失后的投资，则投资者只需要对上涨的概率怀有低得多的信念，也就是说，只要有约 35%的水平就会决定继续投资。

在个人投资者决策层面，达西和杰隆卡（Dacey and Zielonka，2008）的模型提供了一个良好的对意向效应的解释。这个模型可以精确定义这种应用概率与可能性的效应，也可以对价格变化进行预测，而不是用缺乏特色的时滞相关术语加以定义和解释。现有文献通常将这种意向效应定义为一种投资者的投资倾向，即太快地卖出赚钱的股票，而持有引起损失的股票太长时间（Shefrin and Statman，1985）。与此同时，达西和杰隆卡（Dacey and Zielonka，2008）还将意向效应定义为一种倾向，即当理性投资者认为继续投资引起价格进一步上升的可能性大于他们心中的继续投资的临界值时，根据有限理性投资者的观点，价格继续上升的可能性小于他们心中的继续投资的临界值，即

$$P_{GAIN_{R}}<P_{GAIN_{QR}} \tag{19—2}$$

同样，当理性投资者认为在遭受了损失后继续投资引起价格回升的可能性小于他们心中的继续投资的临界值时，根据有限理性投资者的观点，价格回升的可能性大于他们心中的继续投资的临界值，即

$$P_{LOSS_{QR}}<P_{LOSS_{R}} \tag{19—3}$$

然而，对于股价正在上升的股票，如果估计进一步上升的概率低于临界值 $P_{GAIN_{R}}$，就不会造成意向效应的结果。同样，对于经历了损失的股票，如果估计中价格回升的概率高于临界值 $P_{LOSS_{R}}$，那么也不会造成意向效应。

在总体统计水平上，这个模型考虑到了要解释清楚短期收益的延续性，尤其是在投资出现亏损时。在初始的价格水平下降后，即使评估未来股票价格回升的概率

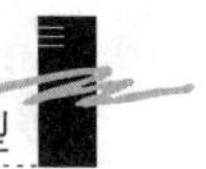

相对降低，也已经足够让投资者决定继续持有股票了。在过度自信效应的背景下，心理学已经证实过这样不切实际的乐观和一厢情愿的想法了。因此，一个投资者至少在开始的时候，通常会很容易不相信负面信息，而是继续期待未来价格的上升。而如果这种态度是普遍性的，那么其会导致那些价格正在下降的股票的市场供应量不足，进而导致短时期内的定价过高。当预期中的价格逆转并未发生，投资者开始降低他们关于股票未来乐观前景的估计概率时，定价过高将逐渐消除。最终，投资者将决定卖出股票，即使会蒙受损失。

这个模型解释短期内持续良好收益的能力稍差。这是因为这个模型需要一个额 *359*
外的假设，即市场是由那些仅仅相信趋势延续性的交易者所左右的。那些购买了价格已经在上涨的股票的动量策略支持者，倾向于给后续价格上升一个高概率估计值。这很可能成为一个自我实现的预言，并在实际上转化为价格的进一步上升。

直接将模型应用于短期延续和长期逆转是不可能的。为此需要确定模型的参数，即投资者对概率的估值怎样随时间的变化而改变。

广义的行为资产定价模型

模型的假设

广义的行为模型（GBM）的逻辑起点由斯茨卡（Szyszka，2009）提出，即基本价值遵循随机游走的假设。

$$\widetilde{F}_t = \widetilde{F}_{t-1} + \widetilde{V}_t \tag{19—4}$$

在这里，$\widetilde{V}_t$ 是一个平均值为零的独立随机变量，其值与流入的新信息有关，会影响基本价值，基本价值的随机性正是来自这个过程。公司价值的变化是那些不可预测而又随机产生的新信息的流入引起的。该模型有一个假设，即基本价值是可以被估计的，虽然估计的只是一个近似值。即使在完全有效市场，价格也不是必须要完全反映基本价值，正如法玛（Fama，1965，p. 36）所说："……在一个充满了不确定性的世界里，固有内在价值并不能被完全反映出来。"尽管如此，有效市场价格也是最接近基本价值的：

$$\widetilde{P}_t = \widetilde{F}_t + \widetilde{\xi}_t \tag{19—5}$$

这里的 $\widetilde{P}_t$ 代表在 t 时刻一项资产的市场价格，而 $\widetilde{\xi}_t$ 则是一个平均值为零的随机变量。

到目前为止，这个模型是与新古典经济理论相一致的，但是基本价值和以这样的方式确立的价格仅仅充当一个基准。接下来，由于非理性投资者的行为，资产价格至少可以暂时性地脱离其基本价值。这个模型将集中关注偏离基本价值的幅度并将它们和心理因素相联系。因此，这个行为模型补充而不是取代了新古典经济主义的资产定价模型。在这样的理解下，证券价格由下式决定：

$$\widetilde{P}_t = \widetilde{F}_t + \widetilde{B}_t + \tilde{\xi}_t \tag{19—6}$$

360 这里的 $\widetilde{B}_t$ 代表由行为因素引起的偏误。根据定义，$\widetilde{P}_t > 0$，资产溢价的最大值（$\widetilde{B}_t <$ 0）不能高于基本价值减去残差项：

$$-\widetilde{B}_t < \widetilde{F}_t + \tilde{\xi}_t \tag{19—7}$$

资产过高估价的最大值（$\widetilde{B}_t > 0$）从理论上讲是无穷大的。

市场上被认为存在两类投资者：新古典经济理论意义上的理性交易者和非理性的交易者，他们受心理学上的直觉推断和偏误的支配。这两个类别的市场投资者一直都是共存的。尽管做出了错误的决策，但随着时间的推移，这些非理性的投资者并没有被这个市场所淘汰。他们并不是一直都在损失他们的资产而让理性投资者们获益。这是因为行为的错误定价本身就是另一个随机变量，而这个随机变量并未纳入理性投资者运用的新古典经济学理论的考虑范围。同时，理性投资者手头只有不完美的工具，与实际市场情况并不完全一致。因此，在最好的情况下，这些理性投资者做出的决策也是次优的。由非理性投资者产生的偏误并不一定意味着他们得到的投资结果会比理性投资者们更糟。

哪些因素构成了行为的错误定价？一篇由斯茨卡（Szyszka，2007）所发表的深入分析认知心理学和行为金融学主体内容的文献，提出了三类由非理性投资者所犯下的最主要的偏误。正是这三种偏误的共同影响，部分地阻碍了理性投资者的套利行为。由于这个原因，该模型包含了一种用以解释市场自我调整能力的方法。

因此，在这个市场中任何 t 时刻发生的对基本价值的偏离是一个随机变量，可以用以下等式加以描述：

$$\widetilde{B}_t = (\widetilde{\varepsilon_1}(x_t) + \widetilde{\varepsilon_2}(x_t) + \widetilde{\varepsilon_3}(x_t)) \cdot (1 - A) \tag{19—8}$$

对于一个发生在 t 时刻的随机事件 x_t，等式中的 $\widetilde{\varepsilon_1}$ 代表由在新信息加工处理过程中产生的总体误差所造成的随机变量，等式中的 $\widetilde{\varepsilon_2}$ 代表由总体代表性误差所造成的随机变量，等式中的 $\widetilde{\varepsilon_3}$ 代表由投资者偏好的偏见所造成的随机变量，同时，$A \in [0, 1]$，是一个衡量市场的自我调整能力的参数。

资产定价的过程可以据此用上述等式的广义行为模型的形式来加以描述：

$$\widetilde{P}_t = \widetilde{F}_t + (\widetilde{\varepsilon_1}(x_t) + \widetilde{\varepsilon_2}(x_t) + \widetilde{\varepsilon_3}(x_t)) \cdot (1 - A) + \tilde{\xi}_t \tag{19—9}$$

在任意 t 时刻，有 N 个投资者活跃在市场上。$\widetilde{\varepsilon_1}$、$\widetilde{\varepsilon_2}$、$\widetilde{\varepsilon_3}$ 的值取决于在一个特定

时刻市场参与者的偏误对股票价格的影响方向及程度，以及他们所持有的相对财富。如果 w_n 代表投资者 n 所持有的投资组合 W_n 占整个市场投资组合总价值的份额，即

$$W_m = \sum W_n$$ 361

也就是说

$$w_n = \frac{W_n}{\sum W_n}$$

那么

$$\widetilde{\varepsilon_1}(x_t) = \sum\nolimits_n w_n \widetilde{\varepsilon_{1n}}(x_t) \tag{19—10}$$

$$\widetilde{\varepsilon_2}(x_t) = \sum\nolimits_n w_n \widetilde{\varepsilon_{2n}}(x_t) \tag{19—11}$$

$$\widetilde{\varepsilon_3}(x_t) = \sum\nolimits_n w_n \widetilde{\varepsilon_{3n}}(x_t) \tag{19—12}$$

如果所有投资者都是理性的，那么 $\widetilde{\varepsilon_1}$、$\widetilde{\varepsilon_2}$、$\widetilde{\varepsilon_3}$ 的值均为零。当投资者产生的偏误只是发生在个体层面时，在总体聚合层面上，那些相反方向的偏误就都互相抵消了，也会得到和投资者都是理性的这种情况一样的结果。在这种情况下，市场在信息的意义上是有效的。但需要记住的是，行为金融学的一个主旋律就是假设投资者是不够理性的，而且他们的偏误从本质上看是系统性的，所以不会相互抵消。因此，在给定的 t 时刻，个人投资者不存在偏误且他们的偏误彼此间相互抵消的可能性应当被视为接近于零：

$$P(\widetilde{\varepsilon_1}(x_t)) = \sum\nolimits_n w_n \widetilde{\varepsilon_{1n}}(x_t) = 0) \approx 0 \tag{19—13}$$

$$P(\widetilde{\varepsilon_2}(x_t)) = \sum\nolimits_n w_n \widetilde{\varepsilon_{2n}}(x_t) = 0) \approx 0 \tag{19—14}$$

$$P(\widetilde{\varepsilon_3}(x_t)) = \sum\nolimits_n w_n \widetilde{\varepsilon_{3n}}(x_t) = 0) \approx 0 \tag{19—15}$$

非理性的投资者同质的行为越多（由于认知偏误），他们在整个市场投资组合中的份额就会越大，他们所发挥的作用也就越显著。换句话说，基于认知偏误的聚合可以驱动价格偏离基本价值的过程。

聚合的 $\widetilde{\varepsilon_1}$、$\widetilde{\varepsilon_2}$、$\widetilde{\varepsilon_3}$ 的值可以在相同或相反的方向同时产生影响。定价的误差偏离的最终值是在给定的时刻由每个个体不同强度和方向的聚合所共同产生的。此外，最终偏离的比例取决于市场进行即刻自我纠错的能力，而这是通过 A 值进行衡量的。

影响 $\widetilde{\varepsilon_1}$、$\widetilde{\varepsilon_2}$、$\widetilde{\varepsilon_3}$ 值的误差的因素将在稍后进行讨论。 362

信息处理中的误差

信息的处理误差（其影响通过 $\widetilde{\varepsilon_1}$ 的值进行衡量）有时会导致反应不足，有时候会导致市场的过度反应。对积极信息的反应不足或对坏消息的过度反应会导致资产价格被低估（$\widetilde{\varepsilon_1}<0$）。相反，对积极信息的过度反应或对坏消息的反应不足会导致资产价格被高估（$\widetilde{\varepsilon_1}>0$）。可能出现的反应不足和反应过度并不是相互排斥的。投资者完全可能在对一类信息反应不足的同时对另一些信息反应过度。所以 $\widetilde{\varepsilon_1}$ 的值是由对新信息的反应过度和反应不足所共同决定的。

可能会导致市场反应不足的关键心理现象，包括在目前的价格水平的锚定（Tversky and Kahneman，1974），对新的公开信息信号的认知保守主义（Edwards，1968），以及一种证实性偏见。这种证实性偏见是一种潜意识的寻找信息来确认之前的假设的行为，同时尽量避免任何与自己的观点相左的事实（Wason，1966；Lord，Ross，and Lepper，1979）。新信息与投资者之前的预期和信念差别越大，导致的市场反应不足就越明显。

投资者倾向于展现不切实际的乐观（Olsen，1997；Montgomery，1997；Barberis and Thaler，2003）和一厢情愿的想法（Buehler，Griffin，and Ross，2002）。此外，投资者还有一种强烈的损失厌恶，导致他们不愿亏本后进行平仓（Kahneman and Tversky，1979）。这些行为的直觉推断说明了市场可能会出现反应不足，尤其是在面对负面信息时。

信息的准确度、质量和表达的方式也对 $\widetilde{\varepsilon_1}$ 值的确定有很大的影响。即使是高度可靠的明确信息，如果需要额外的解释，而没有以一种清晰或者全面的方式（例如，数字化显示）展现，那么通常也会诱发市场反应的延迟。

从另一方面看，市场反应过度可能来源于行为的直觉推断，比如可得性偏误（Tversky and Kahneman，1973；Taylor，1982）、带有校准效应的过度自信（Lichtenstein，Fischhoff，and Phillips，1982；Yates，1990；DeBondt，1998），以及真理的错觉（Reber and Schwarz，1999）。在判断一个事件的概率时，人们通常在他们的记忆中搜寻相关的信息。然而，并不是所有的记忆都是同样“可用的”。最近发生的和突出的事件将占据最多，而这可能会产生有偏误的估计。由于过度自信和校准偏误，人们会低估出错的概率，并赋予其过窄的置信区间。他们确信的某些事件有时并不发生，同时他们认为不可能会发生的事情实际上可能发生。真理的错觉是另一种偏见，通过这样的方式扭曲了认知过程——人脑通常以一种简单的方式接受信息，而拒绝信息的原因则是很难阐明的，他们会忽视信息的内容到底是真是假。

363 不切实际的乐观和一厢情愿的想法会导致在积极信息的情况下市场的反应过度更常出现。投资者通常会对以描述性方式表达并对大众传播媒体广泛宣传的信息反应过度，即使这些信息并不是被充分认证或者确认过的（例如，谣言、媒体的讨论、分析师的评论）。这些信息的实际品质难以检验，往往会使人们过高估计其准确性和对其给予过度的重视。

代表性误差

在代表性误差中，两个现象——短序列效应和所谓的赌徒谬误——对资产定价发挥了最大的影响。每个现象都对股票市场存在相反的影响。

短序列效应发生在当一个投资者过早基于有限的观察得出结论并由此建立起一些无确实根据的规则或规律时。心理调查显示，这种情况会在当决策者不知道规则的构建需要连续的观察时发生（Bar-Hillel，1982；Gilovich，Vallone，and Tversky，1985；Shefrin，2000）。此外，如果一个随机过程的分布是众所周知的，那么对样本容量的重要性的低估可能会导致所谓的赌徒谬误，即一种错误的信念，认为即使在小样本的情况下，产出结果的数量也应当符合概率分布。

在资本市场中，短序列效应会导致投资者试图在价格变化的随机序列中发现任何规律性变化。一些交易者可能将一个完全随机的、相对较短时间的价格的上升和下降解释为一个新的趋势延续的初始化过程。

正如谢弗林（Shefrin，2000）和斯茨卡（Szyszka，2007）的调查中发现的，在个人投资者群体中，某一趋势应当是延续的这一观点是更广为接受的。将增长趋势进行过度外推将会导致对资产的过高估价（$\widetilde{\varepsilon_2} > 0$），而一次持久的衰退可能会导致对资产价格的低估（$\widetilde{\varepsilon_2} < 0$）。因为人们往往过于乐观，所以出现增长趋势时对基本价值的偏离可能会变得更明显。

在任意的 t 时刻，通过 $\widetilde{\varepsilon_2}$ 值进行衡量的代表性误差对资产评估的最终影响，一是导致投资者们总是期待趋势的延续，二是导致他们将砝码都压在趋势反转上。谢弗林（Shefrin，2000）在一项观测中表明，$\widetilde{\varepsilon_2}$ 的值可能与在 t 时刻个人非理性投 364
资者相对于专业投资者非理性的程度有关。

偏好

在偏好非理性理论发展的过程中，其中一种投资者行为对证券的错误定价起了重要作用，它就是卡尼曼和特维斯基（Kahneman and Tversky，1979）提出的前景理论（见第 11 章）。在评估不同的投资选择时，投资者们通常并不是把注意力集中在总的最终价值上，而是首先考虑他们的投资针对某一参考点的价值的改变。这些参考点可以是资产的购买价格，与其他投资者的投资业绩的比较，或者是某个特定的市场基准。如果这些投资者认为他们的处境比其选择的参考点更好，他们就会显露出风险厌恶。相反，如果投资者认为他或她的处境比参考点更糟，那么投资者就会被强烈的动力驱动去改变这样的状况。投资者会选择冒更多风险，他们相信最终的损失可以避免、减少，或至少推迟。对潜在收益的满意程度和损失带来的痛苦程度是不对称的。通常来说，发现自己在参考点之下的痛苦会比发现自己在参考点之上的满足感更为明显。换句话说，投资者厌恶损失的程度远远超过他们对收益的渴望程度。

风险厌恶程度越高，一项投资在参考点之上的价值就越大。因此，在投资者的资产最近大量增值（如，由最新的积极的基本面信息引起）时，一个通常的推论是，投资者会试图去保护既得利益，并且开始出售资产并退出市场。这些投资者决定出售资产获得利润，这往往会产生额外的市场供给，这会导致对积极的基本面信息的反应不足和对资产价格的暂时低估（$\widetilde{\varepsilon_3} < 0$）。

然而，如果投资结果高于他们既定的参考点，导致对于基本面好消息的反应低于预期并不一定意味着对价格的低估。此外，这群投资者的风险厌恶程度增加之后，他们就会需要更高的预期收益（风险溢价）。因此，这些投资者会以一个更高的折现率折现，即使传来利好消息，股票的升值空间也会缩小。

在资产的价格下跌的情况下（例如，由于新的利空基本面信息），情形是不同的。持有这些资产的投资者在出售资产时将不得不承担一个最终确定的损失。对亏本出售的强烈厌恶，伴随着希望损失只是暂时的、很快就会恢复的心态，将鼓励投资者进一步冒险和持仓。这会导致股票的市场供应不足。这种情况导致针对最初利空基本信息的价格反应会弱于预期。这导致的结果是对资产的暂时定价过高（$\widetilde{\varepsilon_3} > 0$）。

发现自己处于参考点之下的这群投资者，风险规避程度会下降，甚至可能转变成主动承担风险的倾向。在这种情况下，人们经常谈论损失厌恶而不是风险厌恶。那些希望避免最终损失的投资者现在只要求一个较低的预期收益。他们在资产估值
365 时会使用更低的贴现率。从他们的角度看，客观上对利空基本信息的反应不足并不一定意味着现在的资产价格是被高估的。

在衰退中对资产暂时性估价过高的程度远远高于在资产价格上升过程中暂时性估价过低的程度。这是因为投资者对损失的厌恶远远超过他们对收益的渴望。当发现自己处于参考点之下时风险规避程度的下降幅度，会比当一个人认为自己处于参考点之上时风险规避程度的上升幅度大得多。这已经被经验调查所证明——利空事件后公告后漂移现象会更为显著（Szyszka，2002），或者根据动量策略证券投资组合空头的盈利能力更强（Jegadeesh and Titman，2002）。

市场的自我修正能力

有效市场假说的一个关键前提是，投资者的非理性行为对错误定价的影响，会通过理性投资者的套利行为而立即消除。行为金融学本身并不质疑套利机制本身或其对纠正资产定价的有利影响。然而，行为金融学指出了各种可能阻止理性套利者

立即采取行动调整价格的因素。

最重要的对套利的限制包括基本面风险、噪声交易者风险（De Long，Shleifer，Summers and Waldmann，1990，1991；Shleifer and Summers，1990）、同步风险（Abreu and Brunnermeier，2002），以及实施成本和机构或监管障碍（Shleifer and Vishny，1997）。

在给定的 t 时刻，由 $\widetilde{\varepsilon_1}$、$\widetilde{\varepsilon_2}$、$\widetilde{\varepsilon_3}$ 的值表示的定价的误差越大，由理性套利者参与并将价格推动到基本价值以上的潜在趋势就越强。然而上述对套利的限制抑制了这种趋势。因此，在等式（19—8）和等式（19—9）中 A 的值是由错误定价的值（$\widetilde{\varepsilon_1}$、$\widetilde{\varepsilon_2}$、$\widetilde{\varepsilon_3}$ 的值的和）和理性投资者因为种种障碍没有利用或没有充分利用错误定价的机会所共同导致的结果。

因此，A 的值是一个衡量市场自我修正能力的参数，甚至可以被看成衡量市场效率的参数。$A=0$ 意味着在某一特定的 t 时刻，市场自我调节的机制失灵了，并且行为的偏误 B 会导致价格偏离基本面。反过来，$A=1$ 反映了市场具有立即消除非理性因素的影响的能力。这种关系表明，市场的自我调节能力越强（$A\to 1$），由行为所驱使的偏误对资产定价的影响会越小（$B_t\to 1$）。

自我校正在套利机制有效工作时是有可能的。这可以由发达的资本市场（来自各种经济领域的大量公司都可以上市，并且股票卖空是容易的）培育出。此外，衍生品市场的发展是很重要的，因为它可以提供充足的业务形式，从而充当基础金融工具的替代品。另外，市场需要大量财力雄厚的专业交易者，并且套利策略不能过多受限制。使用更长的时间跨度来评估资产管理经理的工作，有利于鼓励他们利用 366
错误定价提供的机会。这样一来在非理性的噪音交易者的活动增强之后，专业交易者们将有更多的时间来等待价格回到基本价值。而要想降低交易成本，特别是持有空头头寸的成本，还应提高市场的信息效率。

错误定价和投资回报

投资 i 在（$t-1$，t）时间段的收益 R_i 来自资产价格 P 的变化或者是在该时间段内对持有者的支付 D（例如股息）。对数化的收益可以用如下式子加以定义：

$$R_i=\ln\left(\frac{P_t+D_t}{P_{t-1}}\right) \tag{19—16}$$

而算术化的收益则是

$$R_i=\frac{P_t-P_{t-1}+D_t}{P_{t-1}} \tag{19—17}$$

在这样的讨论下，需要假设投资不产生任何定期支付，即 $D=0$。

在一个有效的市场中，收益率的变化都是由资产基本价值 F 的变化造成的。

而残差部分的改变，虽然在本质上是完全随机的，而且期望值也为零，但是也可能影响收益率。然而，考虑到这一参数的重要性可以忽略不计，它将不被列入进一步的讨论之中。行为金融学认为，资产价格可能因为一些市场参与者的系统性认知偏误而偏离基本价值。在这种情况下，投资 i 在（$t-1$，t）时间段的收益不仅取决于基本价值 F 的变化，而且取决于错误定价的值 B。于是将等式（19—6）代入到等式（19—16）和等式（19—17）中，可以得到

$$R_i = \ln\left(\frac{F_t + B_t}{F_{t-1} + B_{t-1}}\right) \tag{19—18}$$

或者使用算术化的收益：

$$R_i = \frac{F_t + B_t - (F_{t-1} + B_{t-1})}{F_{t-1} + B_{t-1}} \tag{19—19}$$

将 b 定义为一个测量相对错误定价的参数：

$$b_t = \frac{B_t}{F_t} \tag{19—20}$$

b 的绝对值越大，行为偏误相对于市场价值对当下市场价格的发展的影响就越大。
367 b 的相对值的变化应当以不同的方式进行解释，而如何解释则取决于市场是处于高估还是低估状态。如果 $B>0$，那么在该时间段内参数 b 的值上升就意味着资产正被高估得越来越多。而在资产被低估，即 $B<0$ 的情况下，b 的相对值的上升（即在本例中绝对值下降）可以视为对定价水平的改进。

使用在这里介绍的参数 b，可以将等式（19—18）改写为

$$R_i = \ln\left(\frac{F_t + b_t F_t}{F_{t-1} + b_{t-1} F_{t-1}}\right) = \ln\left(\frac{F_t \cdot (1 + b_t)}{F_{t-1} \cdot (1 + b_{t-1})}\right) \tag{19—21}$$

根据对数函数的性质，它满足

$$R_i = \ln\left(\frac{F_t}{F_{t-1}}\right) + \ln\left(\frac{1 + b_t}{1 + b_{t-1}}\right) \tag{19—22}$$

上述等式的第一部分代表了在有效市场中的收益：

$$R_{i,efficient} = \ln\left(\frac{F_t}{F_{t-1}}\right) \tag{19—23}$$

第二部分代表了错误定价在（$t-1$，t）时间段内给相对价值带来的改变：

$$R_{i,behavioral} = \ln\left(\frac{1 + b_t}{1 + b_{t-1}}\right) \tag{19—24}$$

根据条件（19—7）和定义（19—20）可以推断出，$b_t>-1$ 对任何 t 都是适用

的。因此，对数函数（19—24）中的自变量总是正的。

同时，通过定义 $b_t=\dfrac{B_t}{F_t}$，还可以推导出算术形式的收益的定义：

$$R_i=\frac{F_t+b_t F_t-(F_{t-1}+b_{t-1}F_{t-1})}{F_{t-1}+b_{t-1}F_{t-1}}=\frac{F_t\cdot(1+b_t)-F_{t-1}\cdot(1+b_{t-1})}{F_{t-1}\cdot(1+b_{t-1})}$$

$$=\frac{F_t}{F_{t-1}}\cdot\frac{1+b_t}{1+b_{t-1}}-1 \tag{19—25}$$

通过算术形式的收益的定义可以看出，在有效市场的条件下：

$$R_{i,efficient}=\frac{F_t}{F_{t-1}}-1 \tag{19—26}$$

因此，将（19—26）代入（19—25）中，可以得到 368

$$R_i=(1+R_{i,efficient})\left(\frac{1+b_t}{1+b_{t-1}}\right)-1$$

$$=(1+R_{i,efficient})\left(\frac{1+b_{t-1}+b_t-b_{t-1}}{1+b_{t-1}}\right)-1$$

$$=(1+R_{i,efficient})\left(1+\frac{b_t-b_{t-1}}{1+b_{t-1}}\right)-1 \tag{19—27}$$

因此，行为部分的算术收益是

$$R_{i,behavioral}=\frac{b_t-b_{t-1}}{1+b_{t-1}} \tag{19—28}$$

$$R_i=(1+R_{i,efficient})(1+R_{i,behavioral})-1 \tag{19—29}$$

无论使用对数或算术的方式定义收益，都可以观察到一些常见行为因素对收益的影响。第一，如果市场是有效的并且行为因素完全不会影响资产价格，这意味着在初始阶段（即在 $t-1$ 时刻）和结束阶段（即在 t 时刻），资产被正确地定价 $(B_{t-1}=B_t=0)$，那么 $b_{t-1}=b_t=0$。这样的结果是，等式（19—24）和（19—28）的值为 0。第二，如果错误定价的值不等于 $0(B_t\neq 0)$，但是错误定价的值 B 随基本价值 F 成比例地变化（错误定价与基本价值相比的值是常数），那么所观察到的收益和市场是完全有效的时是一样的。$R_{i,\ behavioral}$ 的值不管是在对数还是在算术形式的对收益的定义中都为零，而且 $R_i=R_{i,\ efficient}$。如果参数 b 的值增加了 $(\Delta b>0)$，那么 $R_{i,\ behavioral}>0$，这样在这项资产上的收益 R_i 就会比仅仅由基本价值变化带来的收益高。这种情况可能发生在市场普遍高估的趋势上升和普遍低估的趋势下降时。相反的情况发生在参数 b 的值下降 $(\Delta b<0)$ 时。那样，收益率就会低于基本价值的变化。而这在当前的定价过高的趋势相对减弱或者当证券价值越来越被低估时是可能发生的。

对广义的行为资产定价模型推测的总结

GBM 模型假设资产的价格水平受基本价值和三种行为偏误——信息信号处理误差、代表性误差和不稳定偏好——所产生的行为变量的共同影响。投资者们所犯下的偏误可能会导致价格对基本价值的显著偏离，从而出现暂时的对资产价值的高估或低估。错误定价的最终规模和程度取决于市场的自我调整能力。这种能力通过
369 参数 A 的设置而被该模型所引入。该模型还设立了会影响随机变量值并且与这些行为偏误种类相对应的影响因子。

在 GBM 模型中所提出的心理因素可以扭曲资产定价和影响投资收益，而后者是由两个部分组成的：理性部分（$R_{i,\ efficient}$）和行为部分（$R_{i,\ behavioral}$）。行为偏误的逐渐增加和减少可能会导致投资收益趋势的延续或者反转。收益趋势的延续并不一定是由于一开始市场的反应不足而产生的。同样，任何的趋势反转也不一定是由之前市场的过度反应而造成的。此外，行为部分（$R_{i,\ behavioral}$）的正值（或负值）也不一定明确意味着资产价格是被高估（或低估）的。

GBM 模型不仅可以用来描述投资收益趋势的延续或者反转，而且还可以解释其他市场异象。行为偏误 B 的强度变动可能会导致资产价格的过度变动。行为因素的暂时增强可以用来解释日历效应。分散在不同市场或资产之间的不同强度的行为偏误可以用来解释某些违反一价定律的现实表现和一些未利用潜在套利机会的情形。最后，对于不同的资产类型，不同强度的行为因素会引起不同类型公司投资收益水平的不同（例如，公司规模效应和账面市值比效应）。

行为偏误 B 的波动可能被视为一个额外的系统性风险因素。在这样的背景下，理性投资者应当对那些特别易受非理性投资者的行为影响的类型的资产要求更高的风险溢价。一个逐渐扩大的行为偏误可能会导致理性投资者期望投资回报率上升，以作为对市场的不可预知性提高的补偿，还可能因此降低资产的基本价值。行为的和理性的估值之间的矛盾会逐步加大，直到非理性因素的影响减小，或者被市场的自我调整能力所抵消。就这样，GBM 模型解释了各种各样的市场狂热和短期投资潮以及它们后来的调整与修正。

概要和结论

早期的基于偏好与信念的模型在描述一些市场现象方面很成功，但对于一些特定事件缺乏解释能力。GBM 模型提供了一个可以解释大量市场异象的方法。然而，这个模型依然具有高度概括性的特征。这是一种必要的妥协，为的是形成一个包含人类复杂行为的影响资产定价的并以一种多方向和多层次的方式展开的综合模型。

GBM 模型在其特征上是描述性多于规范性的。它量化了心理因素、投资者行为和资产估值间的相关关系。这个模型可以用来描述市场现象的过程，也可以在事后对某些事件进行解释，但是它不能直接应用到定价或者精确的事前预测上。这是行为模型的一个典型缺陷，特别是在与通常可以提供规范预测的新古典经济理论相比时尤为明显。在这个意义上，新古典主义经济理论和行为金融学也许可以被视为是互补的。新古典模型提供了一种市场应当如何表现的预测标准，而行为模型解释了为什么实证检验结果和新古典模型的预测不同。

讨论题 370

1. 试比较行为金融学和新古典金融学对资本市场的建模方法。
2. 基于信念的模型的主要假设、贡献以及缺陷分别是什么？
3. 试解释信息处理中的误差会怎样对资产价格产生影响。
4. 两类主要的代表性偏误分别是什么？它们分别会对投资者的行为产生怎样的影响？
5. 哪些市场现象可能是投资者的不稳定偏好所导致？

参考文献

Abreu，Dilip，and Markus K. Brunnermeier. 2002. Synchronization risk and delayed arbitrage. *Journal of Financial Economics* 66：2－3，341－60.

Barberis，Nicholas，and Ming Huang. 2001. Mental accounting，loss aversion，and individual stock returns. *Journal of Finance* 56：4，1247－92.

Barberis，Nicholas，Ming Huang，and Tano Santos. 2001. Prospect theory and asset prices. *Quarterly Journal of Economics* 116：1，1－53.

Barberis，Nicholas，Andrei Shleifer，and Robert Vishny. 1998. A model of investor sentiment. *Journal of Financial Economics* 49：3，307－43.

Barberis，Nicholas，and Richard Thaler. 2003. A survey of behavioral finance. *In Handbook of the economics of finance* (*eds.*) George M. Constantinides，Milton Harris，and René M. Stulz，Volume 1B，1051－121. Amsterdam：North-Holland.

Bar-Hillel，Maya. 1982. Studies of representativeness. In *Judgment under uncertainty：Heuristics and biases*，(*eds.*) Daniel Kahneman，Paul Slovic，and Amos Tversky，69－83. Cambridge：Cambridge University Press.

Buehler, Roger, David Griffin, and Michael Ross. 2002. Inside the planning fallacy: The causes and consequences of optimistic time predictions. In *Heuristics and biases: The psychology of intuitive judgment*, (eds.) Thomas Gilovich, Dale Griffin, Daniel Kahneman, 250 - 70. Cambridge: Cambridge University Press.

Dacey, Raymond, and Piotr Zielonka. 2008. A detailed prospect theory explanation of the disposition effect. *Journal of Behavioral Finance* 9: 1, 43 - 50.

Daniel, Kent, David Hirshleifer, and Avanidhar Subrahmanyam. 1998. Investor psychology and security market under-and overreactions. *Journal of Finance* 53: 6, 1839 - 85.

DeBondt, Werner F. M. 1998. A portrait of the individual investor. *European Economic Review* 42: 3 - 5, 831 - 44.

De Long, Bradford J., Andrei Shleifer, Lawrence H. Summers, and Robert J. Waldmann. 1990. Noise trader risk in financial markets. *Journal of Political Economy* 98: 4, 703 - 38.

De Long, Bradford J., Andrei Shleifer, Lawrence H. Summers, and Robert J. Waldmann. 1991. The survival of noise traders in financial markets. *Journal of Business* 64: 1, 1 - 19.

Edwards, Ward. 1968. Conservatism in human information processing. In *Formal representa-tion of human judgment*, (*ed.*) Benjamin Klienmuntz, 17 - 52. New York: John Wiley & Sons, Inc.

Fama, Eugene F. 1965. The behavior of stock-market prices. *Journal of Business* 38: 1, 34 - 105.

Gilovich, Thomas, Robert Vallone, and Amos Tversky. 1985. The hot hand in basketball: On the misperception of random sequences. *Cognitive Psychology* 17: 3, 295 - 314.

Gonzales, Richard, and George Wu. 1999. On the shape of the probability weighting function. *Cognitive Psychology* 38: 1, 129 - 66.

Grether, David M. 1980. Bayes' rule as a descriptive model: The representativeness heuristic. *Quarterly Journal of Economics* 95: 4, 537 - 57.

371 Hong, Harrison, and Jeremy C. Stein. 1999. A unified theory of underreaction, momentum trading and overreaction in asset markets. *Journal of Finance* 54: 6, 2143 - 184.

Ikenberry, David L., Josef Lakonishok, and Theo Vermaelen. 1995. Market underreaction to open market share repurchases. *Journal of Financial Economics* 39: 2 - 3, 181 - 208.

Ikenberry, David L., Graeme Rankine, and Earl K. Stice. 1996. What do stock splits really signal? *Journal of Financial and Quantitative Analysis* 31: 3, 357-75.

Jegadeesh, Narasimhan, and Sheridan Titman. 2002. Cross-sectional and time series deter-minants of momentum returns. *Review of Financial Studies* 15: 1, 143-57.

Kahneman, Daniel, and Amos Tversky. 1973. On the psychology of prediction. *Psychological Review* 80: 4, 237-51.

Kahneman, Daniel, and Amos Tversky. 1979. Prospect theory: An analysis of decision under risk. *Econometrica* 47: 2, 263-92.

Lichtenstein, Sarah, Baruch Fischhoff, and Lawrence D. Phillips. 1982. Calibration of probabilities: The state of the art to 1980. In *Judgment under uncertainty: Heuristics and biases*, (eds.) Daniel Kahneman, Paul Slovic, and Amos Tversky, 306-34. Cambridge: Cambridge University Press.

Lord, Charles G., Lee Ross, and Mark L. Lepper. 1979, Biased assimilation and attitude polarization: The effects of prior theories on subsequently considered evidence. *Journalof Personality and Social Psychology* 37: 11, 2098-109.

Michaely, Roni, Richard H. Thaler, and Kent L. Womack. 1995. Price reactions to dividend initiations and omissions: Overreaction or drift? *Journal of Finance* 50: 2, 573-608.

Mitchell, Mark L., and Erik Stafford. 2000. Managerial decisions and long-term stock price performance. *Journal of Business* 73: 3, 287-329.

Montgomery, Henry. 1997. Naturalistic decision making. Working Paper, Conference on Subjective Probability, Utility and Decision Making, Mannheim.

Olsen, Robert A. 1997. Investment risk: The experts' perspective. *Financial Analysts Journal* 53: 2, 62-6.

Reber, Rolf, and Norbert Schwarz. 1999. Effects of perceptual fluency on judgments of truth. *Consciousness and Cognition* 8: 3, 338-42.

Shefrin, Hirsh. 2000. *Beyond greed and fear. Understanding behavioral finance and the psychology of investing*. Boston: Harvard Business School Press.

Shefrin, Hirsh, and Meir Statman. 1985. The disposition to sell winners too early and ride losers too long: Theory and evidence. *Journal of Finance* 40: 3, 777-90.

Shleifer, Andrei, and Lawrence H. Summers. 1990. The noise trader approach to finance. *Journal of Economic Perspectives* 4: 2, 19-33.

Shleifer, Andrei, and Robert W. Vishny. 1997. The limits of arbitrage. *Journal of Finance* 52：1，35－55.

Szyszka，Adam. 2002. Quarterly financial reports and the stock price reaction at the Warsaw Stock Exchange. Discussion Paper，European Finance Association，2002 Berlin Meeting.

Szyszka，Adam. 2007. *Valuation of securities on the capital market in light of behavioral finance*. Poznań：Poznań University of Economics Press.

Szyszka，Adam. 2009. Generalized behavioral asset pricing model. *ICFAI*，*Journal of Behavioral Finance* 6：1，7－25.

Taylor，Shelley E. 1982. The availability bias in social perception and interaction. In *Judgment under uncertainty*：*Heuristics and biases*，(*eds.*) Daniel Kahneman，Paul Slovic，and Amos Tversky，190－200，Cambridge：Cambridge University Press.

Thaler，Richard，and Eric Johnson. 1990. Gambling with the house money and trying to break even：The effects of prior outcomes in risky choice. *Management Science* 36：6，643－60.

Tversky，Amos，and Daniel Kahneman. 1973. Availability：A heuristic for judging frequency and probability. *Cognitive Psychology* 5：2，207－32.

Tversky，Amos，and Daniel Kahneman. 1974. Judgment under uncertainty：Heuristics and biases. *Science* 185：4157，1124－31.

372 Wason，Paul C. 1966. Reasoning. In *New horizons in psychology*，(ed.) Brian M. Foss，131－51. Harmondsworth，Penguin.

Yates，Frank J. 1990. *Judgment and decision making*. Englewood，NJ：Prentice Hall.

作者简介

亚当·斯茨卡（Adam Szyszka）是一位来自波兰波兹南经济大学的金融学和经济学副教授，波兹南经济大学是波兰商学院的领军者。亚当·斯茨卡教授曾是富布赖特项目的博士学者和科学基金会在纽约哥伦比亚大学的博士后研究员。他曾参加多次研讨会并在很多国际知名的高等教育机构进行演讲，包括哈佛商学院、柏林自由大学、北京清华大学和澳大利亚阿德莱德大学。他同时还担任了普华永道的顾问，千禧年银行的投资银行家，以及由他参与共同建立的 AT INVEST 的合伙人。他同时还在数个组织中担任非执行董事，其中还包括在华沙证券交易所上市的公司。斯茨卡教授是波兰商业估价师协会的董事会成员，并且还是金融与资本市场领域的众多其他专业组织的活跃成员。他拥有经济学博士学位和法律硕士学位。

第四篇　行为公司金融

第20章 基于采访研究对公司决策行为的解释 375

休·施瓦茨（Hugh Schwartz）
乌拉圭共和国大学客座教授

引 言

大多数关于公司决策制定的分析都是基于实验数据或公开可用信息的。几乎所有这些研究都只是反映决策的制定过程。只有很少一部分研究是基于调查者对决策者进行开放式采访并探寻决策背后的推理过程的。虽然这些采访分析有多个目标，但其主要目的是将研究者的关注点集中于现有关于公司决策制定的研究假设中最有研究价值的那一个。在一些案例中，他们提出了更贴近现实的商业行为理论。本章集中介绍这些基于与决策者实时接触并探寻决策背后的推理过程的少数研究。接下来的部分详细介绍了研究细节，希望以此鼓励更多类似的着重于金融的研究。本章对现有研究中涉及的金融事件加以注释。内容主要参照施瓦茨（Schwartz，2006）的文章。

近期的两项研究采用传统的家户调查的方式与受访者进行个人接触，并对所有受访者询问同一组问题。第一个是罗康坦尼·瓦尔斯滕和许（Recanatini，Wallsten and Xu，2000）为世界银行的十年进程调查做的报告。第二个是美国联邦储备委员会前副主席及其几个同事（布林德、卡内蒂、勒博和路德（Blinder，Canetti，Lebow and Rudd，1998））基于采访分析得出的报告，他们讨论了现有理论中哪个能更好地解释价格黏性（stickiness of prices）。

布罗姆利（Bromiley，1986）采用了不同的调查方法，他的研究分析基于对少数公司进行的高度结构化的采访，但允许后续开放式的评论。以研究一般均衡理论著称的经济学家比尤利（Bewley）采访了公司和劳工领袖，目的是了解经济衰退时向下的工资黏性。比尤利（Bewley，2002）的研究包含了他为解释价格形成而对大量公司进行分析得到的初步观察。施瓦茨（Schwartz，1987，1998，2004，
376 2006）则主要侧重于产业发展。这些研究中有的是以企业经济学家及公司领导人为采访对象，并试图找出几种决策背后的推理过程的真谛。

世界银行的调查方法

罗康坦尼等（Recanatini et al.，2000）的研究目的是增强世界银行对公司调查的一致性，并为其运营和政策分析提供数据。他们的调查强调宏观经济现象背后的微观经济数据的重要性。作者呼吁世界银行的调查应使用标准问卷评估公司绩效以获得产量、盈利能力和生产率的一致性数据。他们建议估计生产函数以确定金融受限公司的效率是否低于那些金融不受限公司。其讨论的内容大体包括公司治理、人力资本、技术、市场结构、交易分析、政府的角色和宏观经济的微观基础，尤其是投资和经济增长之间的关系。调查询问受访者面对各种问题的态度以及对过去事件的回忆。罗康坦尼等建议这些调查应尽量避免不适当的和模棱两可的措辞、含有多重目的的问题、操纵信息、不恰当的强调和情绪化用词。同时他们还建议避免某些会让持相同意见的人做出不同回答的问题，以及让持不同观点的人可以做出相同回答的问题。

罗康坦尼等还讨论了反应尺度、排序的影响、“不知道”的回答、过滤和分类、上下文的影响，例如特定问题和一般问题的顺序，以及敏感问题的使用。他们提出了预先测试的重要性，并列出了经验教训。除了关于如何检查数据质量的一般性问题外，他们不认为事后审查可评估不同类别数据的准确度。如果没有这样的指导方针，研究人员就会困惑于该用哪一类数据去分析和解释经济关系。虽然其中一项调查得出结论认为缺乏金融资源是限制一个国家工业活动发展的最严重的瓶颈，然而随后施瓦茨（Schwartz，1993）在他的开放性调查中指出，缺乏金融资源有一定的重要性，但在实际考虑时只是次重要的（second order）。调查原则上希望采访员采

用逐步深入式的询问方法。然而受时间限制、调查涵盖主题较多以及采访员大多缺乏经验等问题都降低了这种逐步深入式询问的可行性。无论是哪种情况，金融受限问题在后续国家的调查报告中都没有最初的调查报告显示的那么重要。

布林德（Blinder）的价格黏性研究

布林德的研究基于开始于 1990 年而结束于 1992 年的采访。布林德等（Blinder et al.，1998）解释了采用一个调查为何不仅询问商业领袖们实际的信息，而且询问他们已经做过哪些评估的两点理由。首先，作者认为，计量经济学的调查无法回 377
答哪一种或哪些理论对价格黏性有最好的解释。其次，作者认为决策者了解自己的推理过程。该研究也承认，因为价格黏性的真正原因深埋在潜意识里，通过采访不大可能揭示它。布林德等通过反复核对的方法来应对采访结果不可靠的争议。他们意识到回答存在的很多问题，并表示应用自由式的采访可以缓解其中一些问题。

布林德等考量了 12 种价格黏性理论，包括商人在预调研中提出的一种理论。作者剔除了几种似是而非的理论，因为他们认为这样的理论可能诱导受访者给出模棱两可的答案，或因为理论太复杂而很难以一个商人容易理解的方式进行表述。被选择的理论是以成本、需求、合同及市场互动的实质为基础的，不考虑勾结、不完全信息和大型公司的层次结构等因素。当被询问是否有其他重要因素时，受访者没有提供任何因素，这可能是由于采访本身已经提供了大量的理论或者没有特定的后续问题以及采访的时间较短。

布林德等检视了之前 11 项研究，他们认为其中最早的霍尔和希契（Hall and Hitch，1939）的研究，是唯一一项对经济学家的思想有重大影响的研究。虽然霍尔和希契的研究存在一些方法论的缺陷，但是它提出了四种黏性价格的可能解释。最初的时候，第一作者布林德只打算对 20 家左右公司进行自由式的采访，并为每家公司量身设计采访问题。然而，后来他决定将数目扩大到 200 家，做成整体国内生产总值（GDP）（实际上是私营、非农业、盈利性组织构成的 GDP）的随机抽样调查样本，以得到统计上显著成立的结论。在所有联络过的公司中有 61%同意受访，对规模较小的公司的采访通常由首席执行官参加，而对规模较大的公司则由次一级的主管参加。

研究结果发现，价格具有黏性，尤其在低通货膨胀时期。在构成 GDP 的私营、非农业、盈利性组织样本中，有 78%的受访者表示最多会每季重新定价一次，有些频率更低，50%的受访者甚至表示他们一年才重新定价一次；近 25%的受访者认为，改变价格会使客户反感或对客户造成困扰；约 15%的受访者表示不改变价格是因为竞争压力，另外 15%的受访者则提到价格变化会造成客户的成本上升，而且客户自己的成本不常改变。布林德等无法找到证据证明一般观念上的提高价格比降价更快发生，以及相较需求冲击，公司能更迅速地对成本冲击做出反应。大型公司表示它们改变价格的频率略高于同行的小型公司，且不同部门价格变动的频率差异很大。50%的公司声称它们从来没有考虑过通胀的总体水平。尽管许多受访者表示不习惯从弹性（elasticity）的角度思考，但还是有近50%的受访者相信自己产品的需求量对价格不敏感；大部分受访者表示其对自己产品的边际成本可以很好
378 地估算，但很难区分固定成本和可变成本；近50%的受访者声称，其产品的边际成本基本上是不变的；而40%的受访者指出，其（边际）成本下降，这让我们质疑教科书上的“U”形成本曲线。

在12种解释价格黏性的理论中，布林德等（Blinder et al.，1998，p. 269）发现第一热门的理论支持协调失败（coordination failure），总结如下：“协调失败可能导致价格刚性（price rigidity）。如果预计其他公司将调整价格，则所有公司都将这样做；但若预期其他公司不会改变价格，那么所有公司都将保持价格不变。”第二热门的理论是定价以成本为基础（即公司的价格对成本变化的反应有滞后）。第三热门的理论是非价格竞争。另一种相对重要的理论是隐性契约（implicit contract）的使用。与一般预期相反，这一研究认为经济理论更能解释向上的价格黏性，而不是向下的价格黏性。

这项研究唯一明确涉及行为经济学的地方是在隐性契约理论中关于公平的讨论，布林德等坚持标准经济研究工具无法区分各种可替代的解释价格黏性的理论，他们认为采访可能提供了一条更可靠的途径。事实上，深入采访可能得到更全面的理论清单以解释价格黏性。例如，涨价时应考虑价格变动或者大公司已经取得定价权使市场缺乏价格变动。许多公司希望能开发一个或多个可以让公司享有市场定价权的产品。当这些公司享受定价权时，市场上的产品的价格就可能具有刚性。最明显的一点是，在竞争市场中，随着技术进步，产品价格可能会下降，但是这些享有定价权的公司不需要降价这么多。然而，协调失败理论不太可能解释这种缺乏价格弹性的状况，虽然此研究发现协调失败是价格刚性的主要解释理论。除此之外，全球化和新的供应不断增加（即使价格不涨）等因素也在某些市场中抑制了价格上涨，尤其是那些中低等科技含量市场。商人应该有很多分析方法解释价格为什么具有向上刚性。这些分析方法应该得出各种相互矛盾的答案，而此类答案可能会出现在对私营公司的深度采访中。此外，应该考虑引入心理因素来解释价格变动，特别是所有的金融活动。

布罗姆利对四个大型公司的采访

除了模拟和计量经济学研究结果外，布罗姆利（Bromiley，1986）还将其1979年到1982年间进行的采访数据一体化。在本书的前言中，西蒙（Simon）称

赞该研究揭示了高级主管该如何面对决策中的有限理性。布罗姆利从财富 1 000 强
公司（Fortune 1000 companies）中挑选四家公司进行了多重采访，目的是了解公 379
司规划及投资流程，并根据其中一家公司的规划过程建立模型，然后再将其他三家公司采访的数据纳入这个模型，计算这几家公司投资的计量估计值。布罗姆利研究推断出资本投资决定因素的概念性框架，他建议应进一步采访以检验这些假设，也建议在后续研究中采用大样本。

布罗姆利总结了他在以下几方面的实证研究发现：(1) 资本投资的程序（总规划、项目批准和实行、问题的结果）；(2) 现金流量公式；(3) 最低可接受费率 (hurdle rates) 的变化；(4) 债务限额；(5) 公司预测；(6) 销售或收入低于预期时的资本支出不对称反应；(7) 投资限制；(8) 跨期差异；(9) 公司间差异；(10) 调查策略。施瓦茨（Schwartz，2006）针对这些研究结果进行了更详尽的说明。

根据布罗姆利的概念框架，规划涉及投资欲望、执行能力和财务限制。他的“多重限制”框架使用了许多经济理论中的标准变量，但他认为这些变量需要以非常不同的方式组合。通过采访、广泛收集数据和相关内容掌握的信息都协助他建立该框架。布罗姆利认为实质上的系统性的跨公司与跨期变化量对于决定投资可能是重要的。他暗示了公司实务、公司管理调查和公共政策之间的差异。布罗姆利的概念框架关注规划过程的细节，足以令人满意地预测投资，至少他所调查的为数不多的几个公司是这样。然而，他没有试图指出观察到的公司的做法和传统经济模型决策两者的差异中，哪些反映了当时境况下最优选择的经验法则，哪些象征着次优决策。

比尤利（Bewley）的工资向下刚性分析

比尤利（Bewley，1999）的重大突破显示了深度采访的潜力。他在 1995 年和 1998 年发表了工资分析的初步报告，并在 20 世纪末提出了最终版本的报告。

在比尤利尚在进行中的有关价格研究以及工资向下刚性的著作中，比尤利 (Bewley，2002，p. 343) 评论道：“一种了解动机、限制和决策过程的明显方式是直接询问决策者。”他观察到，一个研究障碍是受访者认为很多种决策都属于高度机密信息。虽然这阻碍了我们精确还原（决策过程），但其他研究人员仍可以使用相同的通用方法进行类似的研究。鉴于关系网络可能导致研究出现一定的偏误，所以他直接接触最有可能的受访者。此外，在可能更敏感的定价研究方面，比尤利完全依靠关系网络。

比尤利（Bewley，2002）强调了使用各种方法探究各类型受访者所处环境与
所给回应之间的联系的重要性。他观察到，透露机密信息会限制调查者接触更广泛 380
的商务实体，同时也阻碍了其他调查者的进入。鼓励受访者谨慎回答的另一个原因

是司法当局可以要求学术调查者在法庭上作证。

正如比尤利（Bewley，2002，p.346）所陈述的，“如果采访目的是检测已给定的理论，那么你应该确保采访涵盖了与这些理论相关的问题。如果采访目的是了解一个普遍现象的构成以提出新的理论，那么采访的结构化程度应降低，以期让受访者提出预期外的描述和论据”。比尤利认为，虽然系统性地依照一个固定的问题清单会导致更多不一致和矛盾，但是这样的缺陷可以通过对重要问题多次在不同时间以不同形式提问而部分弥补。他也建议采用更随意轻松的语言，但是要让讨论的内容尽可能地具体，如询问特定案例并把讨论范围限定在受访者的实际经历。

为了保持事务繁忙的受访者的兴趣，比尤利（Bewley，2002）强调眼神接触和不低头看笔记的重要性。他观察到人们喜欢调查者以幽默的语气提问。需要注意的是，对于需要多次采访的调查，电话会谈可能是有优势的。公司的突发紧急事务经常让受访者不方便在预定采访时间接受采访。假如通过电话采访，那么调查者可以将采访推迟到受访者方便的时间。如果采访安排在另一座城市，那么受访者可能会更克制自己去更改相关安排，但这样也可能会给受访者带来更多不便，结果可能导致受访者不太愿意接受后续跟踪采访，因为这样的采访可能过度限制了他们的活动，此外他们也会因给调查者带来某些不便而感到不安。

比尤利（Bewley，2002）指出了询问背景问题的重要性，例如公司的性质和受访者在公司中的职务。他（第 347 页）强调：“主要问题都必须与受访者的决策问题相关：决策的目标、可能采取的行为、行为中的限制、做出的决策、如何做出这些决策以及决策如何随情况变化而改变。最后，你可能会问受访者如何获得他们的知识，他们是否受经验或公司文化的影响。”比尤利没有使用录音机，因为他考虑到这可能会抑制受访者，但在更敏感的定价研究中，他却使用录音机，而且似乎很少有受访者受此干扰。尽管如此，采访者应该随时准备好关掉录音机，而不只是在受访者要求时才这么做。受访者有时会被冲昏头脑而开始谈到之后他们可能会为此后悔的内容，调查者最好不要使用这些内容。

比尤利（Bewley，2002）建议将采访记录或笔记编组为两种文件——电子数据表和问题表。他强调检查受访者所处环境和所给回应之间的关系的重要性，因为这会揭示环境中影响决策的因素。这种观点与吉仁泽和泽尔滕（Gigerenzer and Selten，2001）一致，后者强调了成功决策的启发因素与环境或领域的相关程度。

比尤利（Bewley，2002）分析发现，在相似情况下不同受访者之间呈现出数
381 量惊人的一致性，但同时承认难以确定此一致性背后的基本原理。这可能是当时形势下的普遍逻辑或是商界文化或某一特定行业文化所致。他表示，分歧往往反映了无法确定何为正确决定的模棱两可。此外，他认为由于经济世界充满不确定因素，因此如何实现利润最大化或如何最好地保护公司利益并不总是明确的。至于受访者是否坦诚，比尤利承认调查者最多只能期望受访者阐述的动机和限制间的相互作用是前后一致的。

首先，比尤利（Bewley，2002）建议调查者不应仅仅接受别人对自己行为的字面描述，还应在条件允许的情况下观察他们的行为。有些批评者认为不应相信采访数据，因为这些数据会导致对非理性行为的强调，然而理性是联结起经济理论的共同之处。比尤利观察到，采访可揭示理性与非理性。他驳斥了理论假设无相关性的著名论证，并声称在条件改变或出于政策意图而解读现象的情况下，如果想要成功预测就要更深入地了解。比尤利（Bewley，2002，p. 352）认为调查者应以一种"大街经济学"（main street economics）的方式（如通过采访）获取数据，来取代现有的标准统计数据来源。

比尤利（Bewley，1999）在他的工资行为研究中有四个目标。最重要的是，他给出了在 20 世纪 90 年代早期经济萧条时对美国东北部（主要在康涅狄格州）公司老板、工会官员、就业辅导员和公司顾问的 336 项采访成果。虽然他最关心的是工资刚性，但他也调查了有关就业的许多影响因素。这些因素包括公司的风险厌恶、内部和外部薪酬结构、新员工的雇佣薪酬、裁员、遣散福利、自愿性离职（voluntary turnover）、失业者处境、劳工谈判和士气。他认为需要了解造成失业的机制才能确定如何减少失业。

其次，比尤利（Bewley，1999）给出了论证反对低结构化的开放式采访——采访者只带着采访问题和关注议题的记录清单去听公司受访者的回答，但并不是所有问题都必须询问所有的受访者。虽然比尤利的方法避免了对所收集的数据进行统计分析，但他在研究中采用了许多其他统计分析，从而设置了评估采访结果的框架。

再次，比尤利（Bewley，1999）描述并评论了当下解释工资刚性的主要理论，并根据采访结果和其他证据评估了这些理论。他认为只有一种理论解释与他的证据似乎一致。该理论研究了员工士气以及管理者（依据自身对士气的影响的判断）制定决策的重要性。他的分析试图处理难以准确定义的士气概念，分析的基础是有关士气的现有理论，同时他也借鉴了采访数据和自我反思。

最后，比尤利（Bewley，1999）为未来的研究方向提出了建议，这包括通过调查检验他的强化理论与其他工资刚性理论。他引用了很多采访中的原话，并参考了大量与就业相关的理论和实证分析。

比尤利（Bewley，1999）的采访结果只支持那些强调减薪对士气的影响的工 382
资刚性经济理论，而无法印证其他的理论。这是因为其他理论都是建立在不切实际的心理假设的基础上的，他们认为一个人的能力不受其精神状态影响。比尤利（Bewley，1999，p. 2）一开始就申明："工资刚性是更复杂的员工行为，鉴于此，经理不愿减薪也是合理的。"他在后面补充道："抓住工资刚性本质的模型必须考虑员工认同公司和将公司目标内部化的能力。"比尤利认为，索洛（Solow，1979），阿克洛夫（Akerlof，1982），阿克洛夫、罗斯和耶伦（Akerlof，Rose，Yellen，1988）以及阿克洛夫和耶伦（Akerlof and Yellen，1990）都认为提高工资

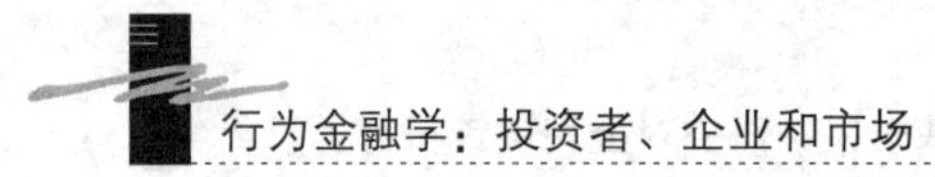

标准会鼓舞士气从而对生产力有正向作用。

比尤利（Bewley，1999，p.7）指出："决策者的理性程度取决于约束他的条件。"他通过调查和对已得信息与官方数据、计量经济学的信息和其他研究的信息做比较进行讨论。他观察到动机可能是无意识的。也就是说，人们可能不知道主导他们的行为的原则是什么。他举出隐性契约（未特别说明，但相互理解的协议）的例子。

比尤利（Bewley，1999）在研究过程中发现，减薪对就业几乎没有影响。同时用较低的工资雇用新员工，将会引起新员工反抗；对在职员工减薪会影响他们的工作态度；裁员相较减薪的优势在于，至少裁员可以把麻烦赶走。接受采访的雇主中，没有人称他们的公司曾经让员工选择裁员或减薪。（在当前的经济衰退中，一些雇主是通过减少工作时数来减薪，同样也是不给员工选择的权利。）比尤利的采访显示，劳工在经济衰退期间是超额供给的（与一些著名宏观经济模型的论证相反）并且雇主会避免聘用资历过高的员工。工资有一定程度的向下弹性，比尤利发现此弹性体现在证券交易二级市场中离职率高且多兼职员工等方面。

虽然比尤利最初是依靠纽黑文商会（New Haven Chamber of Commerce）和人脉关系得以安排采访的，但大部分受访公司都是他打电话恳求来的。比尤利（Bewley，1999）希望样本差异性大但又特别想找那些经历过大规模裁员的公司。他发现随机性和采访质量之间有一种权衡机制。他逐渐改变了采访重点，由最初的强调工资和薪酬结构改为后来的强调士气和资历过高的问题。比尤利本人进行了所有采访（通常是一个半小时到两个小时）和一些后续的电话采访。他认为按照固定问题清单式的采访没有那些更自由发挥式的采访成功。他把采访重点放在了了解公司经历上并避免在提问中使用经济术语。他将理论问题留到采访结尾，且更强调实际问题，对于解释性问题也没有直接询问。比尤利没有试图避免可能会令受访者不安的话题（如忍受商业勾结），同布林德等（Blinder et al.，1998）的研究做法一致。然而，他避免了收集精确的量化数据。

比尤利（Bewley，1999）发现，经理们认为士气对生产率、招聘和留住员工至关重要。他认为员工士气高昂的特点是共同追求与公司一致的目标、相互合作、快乐或容忍不愉快、工作有热情、行为道德、相互信任、沟通融洽。在讨论哪些因素会影响士气时，他强调了群体意识、对公司行为和政策的理解、对公司公平行为的信念，除此之外还有员工的情绪状态、工作中的自我满意度、对同事和公司管理层的信任。他的受访者表示，士气低落会导致生产效率低、客户服务不佳、离职率高和招募困难。比尤利没有详细说明有关士气的影响因素间的权衡，他也没详细说
383 明士气对生产率的确切影响以及以士气为基础的生产率对持续性工资相对刚性的作用。

比尤利（Bewley，1999）认为只有公司内部的薪酬结构对于内在和谐氛围及

员工士气、工作绩效及离职率是重要的。他的研究结果显示：基层部门新员工的工资刚性源于他们对内部薪酬结构的考虑。研究结果显示，加薪不只是合同要求，管理者还将加薪视为为员工提供激励和动机的重要手段。无论经济衰退时期还是经济繁荣的时候，公司利润、生活成本、其他公司加薪、产品市场竞争、劳动力市场竞争都是驱动加薪的共同因素。公司因为担心重要员工的离职而不会延迟加薪。经理们因为怕影响士气、生产率和导致优秀员工离职，会在经济衰退期间抗拒减薪。这些因素发挥出了比工会施压更大的作用。

雇主偏向裁员胜过减薪，因为他们认为后者对剩下员工的士气和生产率有更加负面的影响。此外，数据显示劳动力成本占总成本的小部分（因此减薪只能带来小幅度降价），同时相比劳动成本，劳动需求更缺乏弹性。当认为竞争对手不会跟着减薪或者竞争基础不局限于价格时，雇主倾向裁员胜过减薪。当销售水平在产业整体中较低时或公司财务困难属于中等程度（因为此时还有福利支出，所以减薪不会大幅缓解财务困难）时，他们也倾向于裁员。在考虑到技术变革、有机会改变作业程序和消除组织懈怠、增加未被开除员工的工作量等因素时，雇主也会倾向裁员。比尤利（Bewley，1999）发现，义务遣散费不高，因为雇主不在乎员工权益。公司很少用更廉价的劳动力取代员工，因为他们发现这种行为将导致低技能和低士气。经理人知道裁员会给那些被解雇的人带来沉重的打击，但他们的发现是：心理影响并不会蔓延至余下的员工。

对劳工官员的采访显示，经济学家在一些解释工资刚性的理论中所假设的信息
不对称意义不大。调查者也不认为逃避理论（shirking theory）（该理论认为如果 384
员工工资高于必要值，那么他们一旦不符合某一标准时就会被解雇）可解释工资刚性。调查结果显示，任何效率工资理论都不能解释工资刚性。

比尤利（Bewley，1999）大概列出了对参考理论的主要批评点。他谈到了劳动供给理论，这一理论认为工资具有向下的刚性，因为当工资减少时，人们会撤回他们的劳动供给。采访和其他数据显示：在经济衰退期间，自愿辞职的人不会增加，反而会大幅减少。虽然不同失业者在比较休闲与工作的重要性时观点并不一致，但实际上，能找到第二份工作的失业者通常会保留这份工作以维持收入。

员工谈判理论（worker bargaining theories）认为员工的谈判力量会导致向下刚性，但采访结果也不支持这个理论可解释工资刚性。同样，垄断工会模型（monopoly union model）也不可行，因为有工会的公司数量较少，且抵抗减薪的一线力量通常都来自管理层。无工会的雇主与员工进行讨价还价的情况很少发生，对此类现象进行观察可发现，其结果与“内部人—外部人”模型（insider-outsider model）也不符合，因为通常内部人与外部人在减薪方面是不存在冲突的。

在回顾与市场互动有关的理论证据时，比尤利（Bewley，1999）关注了搜寻模型（市场错觉理论和包含交易方法的理论）和“要挟”（holdup）问题（指一小群人就可以阻止整体谈判的进展）的相关理论以及凯恩斯相对工资问题的相关理

论。同时他也检视了将工资行为归因于公司行为的理论和经济萧条理论（从劳工重新配置的角度）。第一组理论包括隐性合同（隐性保险合同模型、道德义务和隐性合同模型）、效率工资理论、假设信息非对称的模型、逆向选择模型、菜单成本理论和认为失业带来耻辱感的理论。比尤利从逻辑和实证角度批评了所有这些理论和劳工重新配置理论。他发现士气和公平工资模型最能解释工资向下刚性。

比尤利（Bewley，1999）在用他的士气理论解释工资刚性成因的过程中也总结了他从采访中收集的证据。该模型保留了传统经济分析的效用最大化原则。他认为雇主之所以会关注员工士气以及员工士气对生产率的影响，是因为他们关注生产率对利润的影响。尽管如此，但他在士气模型中还是引入了他的精神和肉体有意识或无意识地感受到的目标和成本。他建议进一步研究和检验假设。他提出了一些问题并坚持认为只有通过个人直接采访收集到的数据能给出最好的答案。

虽然比尤利（Bewley，1999）的研究是一个开创性的工作，但仍有一些需要适当注意的地方。他承认，在财务困难的公司中，工资具有更大的向下弹性，特别是当员工认清形势后。而这个形势是与当今的经济形势息息相关的。这就衍生出一个问题：若经济衰退持续时间足够长（如 20 世纪 90 年代的日本），或者足够严重（如 2008 年年初美国和全球的经济衰退，或 20 世纪 30 年代的大萧条），工资刚性
385 是否会受到严重影响，或者甚至被消除？同样，如果整个行业或地区面临的逆境足够严重，那么工资刚性是否会大幅减弱？似乎存在某一临界点，超过该临界点，工资刚性会瓦解，而比尤利从一些受访者的回答中捕捉到了这“瓦解的种子”。

还有一点必须注意的是，比尤利（Bewley，1999）确认，裁员的不利心理影响不会延伸到仍在职的员工。与 1990—1991 年相比，2008—2009 年似乎不是这样的。当然，很多员工会担心自己将来会被裁员。因此，裁员相比减薪的心理影响优势可能会随着经济衰退的严重程度的减轻或时间的缩短而减轻。

比尤利（Bewley，1999）的采访和其他有用的研究为否定大多数解释工资刚性的理论提供了余地，这些理论之所以被否定很大程度上是因为它们的假设不切实际。尽管如此，比尤利士气理论的一些推理过程也只是推测性的。然而，他的显著贡献在于证实了通过采访可以获得关于决策的数据，并有助于解释决策原因的动机假设。这些数据不仅有丰富的细节，而且同时也与经济学家的自省和其他局限于传统实证方法的分析存在很大不同。

比尤利（Bewley，1999）将采访中收集的信息按照以下特点进行区分：对动机、限制的揭示和对决策过程的理解。他承认一些采访回答的可靠性是不确定的，同时也对如何检验和处理前后矛盾的问题提出了建议。虽然关于潜在动机的信息是准确的，但是制定一些决策的推理过程可能还涉及其他方面的考虑。决策者可能至少在几个月内还会轻松记得这些，特别是如果当时的情况让决策者偏离了其习惯准则。而要回答更久之前的事件，则可能需要额外的辅助材料，可能包括提示决策者当时某一特定的行为或者他较早之前的推理。

施瓦茨对工业发展的面谈

施瓦茨（Schwartz，1987）采访了美国、墨西哥和阿根廷的几个区域内共 113 家金属加工公司以探究特定行业的决策过程。施瓦茨（Schwartz，1998）着眼于一个国家的大量行业，但侧重于小范围的议题。在这项研究中，施瓦茨和其同事采访了乌拉圭 36 家公司，调查厂商在乌拉圭与巴西、阿根廷和巴拉圭提高工业整合度之前的几个月所做出的决策。施瓦茨（Schwartz，2004）从长达一年的采访过程中大约每月整理一份报告，这些报告包含与十几位商业经济学家的采访内容，主要目的是识别这些经济学家在准备分析时偏离传统最优化计算的程度有多大，以及他们选择经验法则时选了哪些，对经验法则中偏误的容许程度或改进经验法则的努力程度又有多大。

对金属加工公司的采访 386

施瓦茨（Schwartz，1987）于 1976 年 9 月—1977 年 6 月间采访了美国、墨西哥和阿根廷三个地区的 113 家金属加工公司和 9 个贸易协会。他请求贸易协会推荐关注度高并且财务状况良好的公司。其中有 80%的公司同意参与这项研究。施瓦茨采访了所有的公司，并对大多数公司都进行了二次采访，还对其中 10 家公司进行了后续观察。分析基础是采访期间做的笔记以及采访之后立即做的笔记。大多数的采访持续 2 到 3 个小时，观察期为 3 小时到 3 天。采访所选行业的特点是技术相对稳定、经济规模适中，以及大多数生产线的市场力量相对较小。

这项研究的主要假设是：从广义上讲，公司会低估它们寻求利润最大化的程度，但是，它们在解决具体问题时会表现出最优化行为倾向。由于所有的经济参与者都是这样，因此商人并不总能准确地获得数据。在这项研究中，经济认知指的是商人认知的技术、市场、公共政策数据的数值可能与真实值有所不同。经济判断指的是评估理解技术、市场和公共政策数据可能带来的经济结果的过程。经济判断还包括优化技术、直觉推断法以及可能很大程度上比较靠直觉的“凭感觉的”回应。

整体结果和假设如下：

•商人并不能发现多数金融和经济数据的小的（边际的）差异。通常要更大的差异，他们才会列入考虑范畴——一些心理学家称之为“刚好可注意到的差别”(just noticeable difference)。

•商人往往没有认识到小样本不具备大样本的特性，并可能错误地回归到平均值。

•商人多采用锚定法（anchoring）和调整直觉推断法（adjustment heuristic）

（参见第 4 章）。

•商人对市场激励和公共政策激励的反应都呈边际递减。特别是公共政策刺激，超强的激励可能会导致与预期相反的负面结果，最终激励撤回或大幅减少。

关于经济认知的主要结果和假设如下：

•决策者暴露了自己认知各类数据的能力差异，特别是对于新的金属加工技术和投入成本、国产和进口商品的价格差异，以及设备成本的数据。除了交易参与者的信息差异（非对称信息）之外，类似地，不同人对相同数据的认知能力差异（认
387 知不对称）也存在。每个人的货币幻觉不同，反映了不同人对某类相同信息的认知不同。

•为什么对经济数据的认知会不同？部分原因是专业背景不同，相似数据的公开频率不同，以及机构因素（如历史悠久的成本会计传统）。

关于经济判断的主要结论和初步假设如下：

•小型和中等规模的公司很少用与现有水平有明显差异的价格估计市场需求。

•对一些投入价格的不准确认知加上不完全的财务记录会导致许多小公司误判机会成本。急剧上升的通货膨胀更加剧了这一趋势。

•很多公司不仔细计算产出的构成，因此无法确定现行的产品组合是否是最盈利的。

•锚定和调整直觉推断法是库存决策的重要决定因素。

•没有公司管理学位（或实质的商业经验）的小公司经理人关于不生产第二或第三代产品的理由通常是站不住脚的。

•生产经理通过直觉推断法评估产品的缺陷，而不是通过仔细计算，尤其是对只在内部使用的组件。

•接受采访的公司在采访当时通常没有进行系统性努力来改善运作效率。它们一般只会对逆境或预期的逆境做出反应。

•有关特殊折旧和投资补贴问题的回答大体上都符合已公布的财务准则，或许很大程度上是因为请了专业顾问进行解释。

有关信息采集和处理的首要发现是：公司会选择不接收有庞大数据量的信息，即使这些信息是现成的且廉价的。这往往与其对盈利的兴趣相背。这种趋势随着市场竞争的加剧而减弱了（毫无疑问的是，与现代相比，20 世纪 70 年代末选择少接受此类信息的情况在一定程度上更为普遍。这与数据处理方式有关，而处理方式在过去几十年间并没有太大的变化。）

至于公司的目标和动机，研究结果显示，被大多数公司提到的高利润目标不会导致持续的最优行为。受访者陈述的目标和暴露出的目标存在不一致，一方面是因为未能达到过程完全最优化，另一方面是因为实现目标困难（尽管付出了很多努力）。然而，两家公司通过提高对经济数据的认知，使其收益创纪录地高出十年前的收益，甚至在降低利润目标的情况下也是如此。

总之，施瓦茨（Schwartz，1987）发现，决策者有时无法准确认知数据。因此，在这种情况下，他们关注的问题并不是实际上他们所面临的问题。决策者经常使用直觉推断法，导致往往得不到最优化计算得出的结果。决策者的目标通常比简单的利润最大化或其他方面的最大化更复杂。这种多方面的目标与传统的优化计算是不一致的。 388

施瓦茨（Schwartz，1987）将研究的结果分为三种类别：与传统经济分析很一致的、与传统分析不一致但影响有限的、与传统经济分析不一致且影响较大的。在所有的采访结果中，要想获得对生产者行为的必要的深入理解，通常是需要直接向参与者询问的，最好是在他们自己的环境中观察他们的行为，要求他们给出开放式的说明。依赖行为问卷中“是”或“否”的回答往往是不够的。基于假设本质的实验室数据可能无法向任何情况下的商业行为提供可靠的指示。此外，事后市场的证据往往反映了太多变量的变化而不能确定决策到底可归因于哪种特定的激励。

对乌拉圭公司的采访

施瓦茨（Schwartz，1998）报告了 1994 年对乌拉圭制造业的 36 个公司的采访结果，目的是调查厂商在乌拉圭与巴西、阿根廷和巴拉圭提高工业整合度之前，它们所做出的决策。取得联系的公司中大约有 3/4 同意参加研究。2/3 的公司是乌拉圭国有公司，其余为跨国公司。超过 2/3 的公司从事出口，但只有 10 个公司认为在未来的整合计划中它们会没有实质困难地与同行竞争。这项研究提供了对行为假设的初步验证，从而有助于制定政策以促进公司在经济自由化和一体化的激励下做出更有效的反应。这项研究深入探讨了决策背后的推理过程，作者承认使用了传统经济分析方法，并解释了在给定思考框架下任何可供选择的行为的推理过程。

需要进一步检验的主要结果包括：

• 决策者的推理通常涉及直觉推断而非仔细计算。尤其普遍的是用过去的经验进行类比推断。

• 竞争压力会影响公司对利润最大化目标的重视程度。结果显示，必须有竞争压力才能促进实现成本最小化和利润最大化。

• 公司自己也承认它们并不总是采取与利润最大化这一目标相一致的操作，特别是在搜索信息时。

• 在动态环境中，损失厌恶和风险厌恶的态度与实验经济学研究报告的结果在一定程度上不同。 389

• 能否准确认知数据的问题几乎与数据缺乏的问题一样重要。增强公司内部协调性往往可克服一些由经济认知导致的最严重的问题。

• 搞清楚商人对“认为什么会构成障碍”这一问题的回答方式很重要，这与找出障碍一样重要，这样才能找出最有效的方式来减轻不利后果和制定政策。

对企业经济学家的采访

施瓦茨（Schwartz，2004，2006）历时超过一年与十多位企业经济学家进行了大约每月一次的采访。参与的经济学家中有11位最近被财富1 000强公司雇用或刚刚退休，其中有一位是重要金融机构的终身咨询顾问。一半多的被邀请者同意参加研究。研究目的是确定企业经济学家使用最优化法的程度和使用直觉推断法的程度。如果是后者程度更高，研究会试图找出经济学家是如何形成这些直觉推断以及如何引入相关偏见的。

所有接受采访的企业经济学家都表示他们相信市场效率，并认为自己属于新古典主义学派。然而，在某些情境中，他们会毫不犹豫地直接使用行为经济学方法。他们往往将直觉推断法（经验法则的术语）和更多的传统方法纳入分析中。许多因素会迫使他们寻求经验法则的帮助。这些因素包括时间压力、缺乏数据（或取得缺少的数据需要支付成本）、技术变革以及在转折点对可替换框架的需求。在大多数情况下，他们也承认自己所使用的直觉推断法与贝叶斯分析不一致。然而，他们几乎从来不使用几种常见的（而且通常更有偏误的）直觉推断法，这些直觉推断法常见于消费者行为中，或被用于制定公共政策。很多受访者相信他们的做法体现了西蒙（Simon，1982）的程序理性。最强调这一点的是那些坚持理性具有多重特性的观点的经济学家们。他们引入经济和社会因素，也引入了他们所描述的不同性格类型下的理性行为。这些因素反映了他们对公平和情绪状态的考虑。

即使是私营公司，它们向经济学家寻求最多的信息也是宏观的而非微观的。采访结果显示，公司将很多微观经济的分析交给非经济学家。那些不是经济学家的人一旦将经济学原理列入考虑范围，他们制定的决策差异就会很大。经济学家们在不同程度上试图教导和影响公司员工以经济学原理为基础去思考问题。多数经济学家认为，他们的公司有懈怠问题，这反映出资源即使被有效分配了，也不会被有效利
390 用。然而，通常来讲，这些经济学家不会仔细观察这些懈怠行为，因此也不能帮助缓解这一问题，此外，他们也没有提出帮助别人减少懈怠行为的指导方案。

虽然大多数经济学家意识到一些会计准则与经济原则的不一致，但是他们也没有积极地想办法缓解这个问题，比如促进作业制会计法（activity-based accounting）的发展。类似地，他们虽然否认沉没成本谬误（sunk cost fallacy），但他们并不总是在想办法克服这个问题。此外，经济学家会在事后提出生产率趋势报告和在项目中提出预测生产率假设，但却没有提供降低成本和改善持续生产力的准则。除了少数特例外，大部分经济学家并不参与公司风险管理准则的编制或用直觉评估最低资本回报率的决策。

当自己的经济学观点与重要的公司领导人的意志不同时，或者他们认为表达这样的观点会降低他们在其他领域的影响力时，许多企业经济学家会放弃自己的经济学观点。最后，虽然经济学家一般会详细记录优化的计算过程，但他们通常不记录

计算时用到的直觉推断、经验法则的情境和涉及的偏误大小。

或许企业经济学家能给出的最有用的建议是：大学和 MBA 的经济学课程应该更关注理论经济学的应用和如何对非经济学家讲述经济概念。应用方面可能包括当需要标准计算技术以外的方法时，通过直觉推断法如何增加收益。

概要和结论

深入的采访分析通常比其他类型的研究需要更多时间，并且会受到一些其他方面的限制。这类研究很具有潜力，但是金融分析者们在很大程度上忽略了它们。

第一，开放式回答可以揭露以模型为基础的假设无法较好地指出决策背后的推理过程的不足之处。考虑深入采访的结果后，分析师可避免用于检测那些偏离人类实际行为的心理假设的资源浪费。鉴于依据交易结果模型设定的金融计划的记录往往差强人意，因此采访研究更应被广泛关注。

第二，尽管新的金融假设和经济行为对于提供基础稳固、数量合理的采访研究是很有必要的，但是单独的研究也可能会发现别人忽视的解释。因此，这些采访研究可能会带来更好的金融和经济行为假设。此外，案例研究反映了学者对决策制定的进一步理解，从而可能会激发更多成功的金融和经济行为。

第三，采访研究可能有助于理解和修改阻碍成功决策的行为。 391

第四，深入的采访研究有助于了解如何更好地处理与直觉推断法有关的偏误，如何在不同情况下应用直觉推断法，在缺乏时间、数据，技术变化不确定或其他动态因素阻碍最优化计算的情况下，该如何提高绩效。

第五，通过关注现实生活中的思考过程，深入采访研究可能有助于更好地落实优秀分析提出的建议。

讨论题

1. 解释说明公司是否应当主要根据市场信息或其他来源的信息判断公司决策。

2. 采访研究得到的答案是否会因差异过大而不能用统计方法进行分析？

3. 当下世界经济的很多数据都给出了相反的证据，那么提出对工资向下刚性的研究是否有价值？

4. 由于最近几年的技术进步，数据和程序的成本大幅降低，进行优化分析变得更加易行了，那么公司的决策是否比以前更好预测了？

参考文献

Akerlof，George A. 1982. Labor contracts as partial gift exchange. *Quarterly Journal of Economics* 97：4，543－69.

Akerlof，George A.，and Janet L. Yellen. 1990. The fair wage-effort hypothesis and unemployment. *Quarterly Journal of Economics* 105：2，255－83.

Akerlof，George A.，Andrew K. Rose，and Janet L. Yellen. 1988. Job switching and job satisfaction in the U. S. labor market. *Brookings Papers on Economic Activity* 17：2，495－582.

Bewley，Truman F. 1999. *Why wages don't fall during a recession*. Cambridge，MA：Harvard University Press.

Bewley，Truman F. 2002. Interviews as a valid empirical tool in economics. *Journal of Socio-Economics* 31：4，343－53.

Blinder，Alan S.，Elie R.D. Canetti，David E. Lebow，and Jeremy B. Rudd. 1998. *Asking about prices：A new approach to understanding price stickiness*：New York：Russell Sage Foundation.

Bromiley，Philip. 1986. *Corporate capital investment：A behavioral approach*. Cambridge，England：Cambridge University Press.

Gigerenzer，Gerd，and Reinhard Selten（eds.）. 2001. *Bounded rationality：The adaptive toolbox*. Cambridge，MA：MIT Press.

Hall，R. L.，and C. J. Hitch. 1939. Price theory and business behavior. *Oxford Economic Papers* 2：May，12－45.

Recanatini，Francesca，Scott J. Wallsten，and Lixin Colin Xu. 2000. *Surveying surveys and questioning questions：Learning from World Bank experience*. World Bank Policy Research Working Paper ＃2307. Washington，DC：World Bank.

Schwartz，Hugh. 1987. Perception，judgment and motivation in manufacturing enterprises. Findings and preliminary hypotheses from in-depth interviews. *Journal of Economic Behavior and Organization* 8：4，543－65.

392 Schwartz，Hugh. 1993. Bottlenecks to industrial development in Uruguay. Manuscript. Montevideo，Uruguay.

Schwartz，Hugh. 1998. Acase study：Entrepreneurial response to economic liberalization and integration. Appendix C in Schwartz，*Rationality gone awry? Decision making inconsistent with economic and financial theory*. Westport，CT：Praeger.

Schwartz，Hugh. 2004. The economic analysis underlying corporate decision making：What economists do when confronted with business realities—and how they might improve. *Business Economics* 39：3，50 - 9.

Schwartz，Hugh. 2006. In-depth interviews as a means of understanding economic reasoning：Decision making as explained by business leaders and business economists. In *Handbook of contemporary behavioral economics*：*Foundations and developments*，(ed.) Morris Altman，356 - 375. Armonk，NY，and London，England：M. E. Sharpe.

Simon，Herbert A. 1982. *Models of bounded rationality*：*Behavioral economics and business organization*，Volume 2. Cambridge，MA：MIT Press.

Solow，Robert M. 1979. Another possible source of wage stickiness. *Journal of Macro-economics* 1：1，79 - 82.

作者简介

休·施瓦茨（Hugh Schwartz）于耶鲁大学取得经济学博士学位，曾在堪萨斯大学、耶鲁大学和凯斯西储大学任教。施瓦茨博士曾在美洲发展银行（IDB）担任经济学家，作为富布莱特基金赞助讲师去乌拉圭和巴西，在这两个国家和墨西哥蒙特雷技术学院财务金融学系担任客座教授。在美洲发展银行，施瓦茨博士为其编辑了成本效益分析和制造业出口卷册。他发表了许多学术论文，出版了三本著作。其中两本是有关行为经济学的；近期的一本为《行为经济学入门》（*A Guide to Behavioral Economics*，2008），是由位于美国弗吉尼亚州福尔斯彻奇市的高等教育出版商（Higher Education Publications）所出版。2009 年 7 月，他在两场位于加拿大新斯科舍省哈利法克斯市由行为经济学发展学会（SABE）与国际经济心理学研究协会（IAREP）举办的研讨会上担任事务委员会成员。

393 第21章 融资决策

贾思明·吉代尔（Jasmin Gider）
伯恩大学博士生

德克·哈克巴特（Dirk Hackbarth）
伊利诺伊大学副教授

引 言

关于代理人问题的模型大多假设代理人是理性的，且具有同质的期望。然而，越来越多的实验经济学领域的研究显示，现实中的人往往背离这种传统模式，且表现出过度乐观和自信的倾向（Taylor and Brown，1988）。这也就是说，人们对未来的预期往往要比实际情况更加乐观，而且还常会高估自己的预测的准确性。这两种特质在公司高管身上相当常见。学术界普遍认为，这种偏误能够在一定程度上影响公司的融资决策。因此，了解这些特质如何具体作用于融资和股东福利就显得尤为重要。这一章主要探讨行为公司金融研究中，有关非理性管理者如何应对理性市场方面的前沿理论，此外还将特别强调融资决策的重要地位。

在本章中，假定资本市场中的每一个投资者都具有同质的理性预期，可以透过股权定价来洞察管理者行为的含义。同时假定管理者除了对公司前景的认识存在非理性外，在其余方面都是理性的。信念上的偏误来自部分管理者对公司未来的乐观或过度自信，但这只是个别现象，并非所有公司乃至整个市场的特点。具体而言，乐观的管理者高估公司的预期盈余（价值），过度自信的管理者则低估了与之相伴的风险。本章还将介绍另外一种不同的思路：管理者的集体理性导致了市场的无效率，并进一步引出非理性投资者在行为公司金融中的重要意义（Stein，1996；Baker，Ruback，and Wurgler，2007）。

基于这个简单的框架，本章首先回顾纯粹的融资和破产决策，以解释管理者特质的重要作用，此处并不考虑其他因素的摩擦。随后将把以上决策过程与标准的包含破产费用和公司税的权衡模型相结合，进一步探讨管理者偏误的影响。这一思路 394
承认了传统理论的利益冲突与行为偏误之间存在交互作用。具体来说，本章将讨论管理者特质对管理者和股东之间的冲突的影响，其中涉及了詹森（Jensen，1986）提出的自由现金流问题，以及迈尔斯（Myers，1977）指出的投资不足问题。

总体而言，管理者特质理论在资本结构分析中引入了个性因素，从而丰富了权衡理论。因此，该理论并没有背离传统的资本结构理论，而是在其基础上的完善和发展。然而，这还说明偏误的程度和组合情况决定了管理者在债务与股权间的偏好。具体来说，管理者特质理论中乐观管理者的选择与优序（pecking order）融资理论①的标准预测相一致，但或许会令人惊讶的是，在对过度自信的管理者的认识上两种理论存在分歧。按照标准的优序融资理论，相较外部融资管理者更偏好内部融资，股权融资更偏好债务融资。这可以追溯到迈尔斯和迈吉鲁夫（Myers and Majluf，1984）的论文，他们认为这种资本结构的偏好源自投资者和管理者之间的信息不对称。通过对资本结构检验方法的重新构建和解读，管理者特质理论完善了权衡理论的内容。令人惊讶的是，即便在引入更多传统的利益冲突的情况下，管理者轻度的信念偏误仍然对公司价值（从而提高股东福利）起到了积极作用。

实证证据表明，管理者特质理论可以解释公司内部和公司之间的盈余变化。伯特兰和舍布尔（Bertrand and Schoar，2003）指出管理者对公司的融资决策存在固有影响，从而引出了诸多问题：为什么在不同的经济环境中管理者会有不同表现，环境对管理者的影响是否源于乐观和过度自信等特质？等等。为此，一些实证研究检验了管理者特质对融资决策的影响，利用间接的实证代理变量（如，

---

① 优序融资理论（Pecking Order Theory）放宽了 MM 理论完全信息的假定，以不对称信息理论为基础，并考虑交易成本的存在，认为权益融资会传递企业经营的负面信息，而且外部融资要多支付各种成本，因而企业融资一般会遵循内源融资、债务融资、权益融资这样的先后顺序。

Malmendier and Tate，2005a，2005b；Malmendie，Tate and Yan，2007）或者直接调查（如，Ben-David，Graham and Harvey，2007；Puri and Robinson，2007）来识别管理者的乐观及过度自信。在本章的结尾将会回顾这些研究的成果。其中，马尔门迪尔（Malmendier）等和本—戴维德（Ben-David）等分析了管理者偏误对融资决策的具体影响，坎贝尔、约翰逊、卢瑟福和斯坦勒（Campbell，Johnson，Rutherford and Stanley，2009）研究了偏误与股东福利的利害关系。总的来说，这些研究结果都认可了这一预测——管理者的偏误会影响公司的融资决策，并且可能增进股东的权益。

本章其余部分的编排如下：第二部分将介绍这些模型及其预测，第三部分概述实证检验的结果，最后一部分则进行总结，并提出一些今后可能的研究方向。

理　论

这一部分介绍了关于管理者偏误影响融资决策的理论。首先，我们将在不考虑其他因素的情况下，分析管理者的乐观和过度自信如何决定其融资偏好。此后，将会引入税收优惠和破产成本等因素，研究在存在利益冲突，即管理者与股东以及债
395 权人与股东存在利益冲突时管理者偏误的影响。对以上每一种情形的分析，都包括理论预测的实证结果以及产生这种结果的内在机制，从而阐明偏误对股东福利的具体影响。行为领域的相关文献引入了多种过度自信的概念，本章将会遵循凯尔和王（Kyle and Wang，1997）、奥丁（Odean，1998）和哈克巴特（Hackbarth，2008）对管理者过度自信和乐观主义的定义：过度自信是第二时刻的偏误，更准确地说是对风险的低估；而乐观主义表现为对预期价值的高估，是第一时刻的偏误。

纯财务决策

以下论述很大程度上以希顿（Heaton，2002）和马尔门迪尔等（Malmendier et al.，2007）的研究为基础，希顿首次通过模型建立起了管理者偏误与融资决策之间的联系。他模拟了这样一种情况，即乐观的管理者相信资本市场低估了其公司的股价，因此其偏好表现为标准的优序偏好。本章将扩展这一思路，以分析过度自信的影响。

原则上，管理者的乐观主义和过度自信对融资决策的影响不尽相同，这一点在股权融资和债券融资的选择上尤其明显。两种特质间的区别带来了有趣的差异。与乐观主义不同，过度自信这种特质既可能产生标准的优序偏好，又可能产生相反的结果。

乐观管理者的融资决策

考虑这样一个简单的两期模型，假设所有代理人都是风险中性的。无风险利率

被标准化为 0。在第 0 期，管理者针对一个投资项目做出融资决策，该项目包括一笔初始投资 K，并将在未来的第 1 期产生一个不确定的现金流：其中项目得到高收益（V_H）的概率为 p，得到低收益（V_L）的概率则为 $1-p$。模型假设该项目是合乎社会需求的，即

$$\mathrm{E}[V]=p\cdot V_H+(1-p)\cdot V_L>K$$

有三种融资选择：通过内部资金的内部融资或无风险债券融资、风险债券融资、股权融资。债务合同就是通过承诺在未来支付固定数额的资金，以换取当下现金的一种融资证券。无风险债券的回报是确定的，即收回的概率为 1。而风险债券所承诺的固定回报无法偿付的概率严格为正，当项目的收益小于所承诺的回报时，风险债券就将无法偿付。如果公司破产，作为违约的补偿，债权人将获得项目的控制权。与债券不同，股权是一种可以在第 1 期收回公司所有剩余现金流的证券。面对如此种种，管理者将会选择在自己看来成本最小、收益最大的融资方式。到目前为止，我们的讨论并没有涉及税收和财务困境等因素。

为了理解风险债务，我们假设当外界环境不利时，项目的回报不足以支付承诺给债权人的固定回报 K，即 $V_L<K$。理性的投资者能够准确预期不同项目收益的概率，并有效地制定价格。而一个乐观的管理者会高估出现良好结果的概率，即 $p_B>p$，其中下标 B 表示该参数带有偏误；她/他赋予了良好结果太高的权重，而赋予不良结果的权重则太低（见图 21—1）。 396

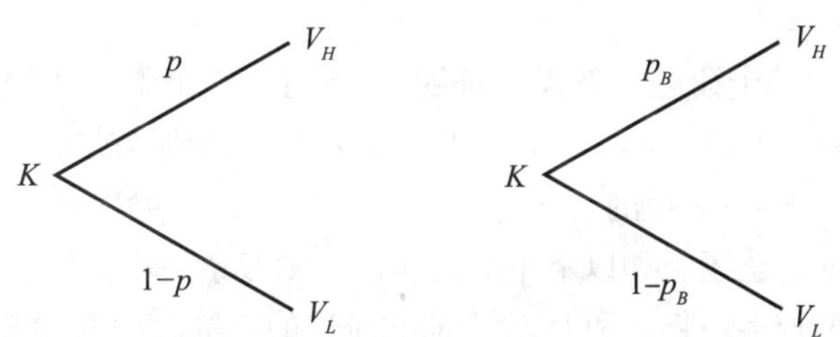

图 21—1　理性的和乐观的管理者信念

注：本图展示了理性的管理者和乐观的管理者对投资项目的未来现金流的不同预期及其概率。乐观的管理者会高估出现良好情况的概率，同时低估出现不良情况的概率。

融资成本的计算公式为 $c=X/K-1$，X 表示投资者的预期回报，内部融资和无风险债券融资的成本的计算公式为

$$c_I=K/K-1=0$$

现在考虑股权融资的成本。投资者收到公司股权的份额 s 作为初始投资 K 的交换。理性的投资者预期的公司未来价值为

$$E[V]=p\cdot V_H+(1-p)\cdot V_L$$

因此，作为对预先支付的 K 的回报，投资者要求的公司价值的比例 $s=K/E[V]$。而在乐观的管理者看来，公司的未来价值为

$$\mathrm{E}[V_B]=p_B\cdot V_H+(1-p_B)\cdot V_L>\mathrm{E}[V]$$

其结果就是，管理者愿意支付的比例小于理性投资者的要求，即 $s_B=K/E[V_B]<s$。有偏误的管理者认为股权融资的成本为

$$c_E=s\cdot E[V_B]/K-1$$

接下来，让我们考虑债券融资的成本。债权人需要风险调整利率 i 至少达到预期中的收支平衡点：

$$K=p\cdot K\cdot(1+i)+(1-p)\cdot V_L$$

397 那么在管理者看来，风险债券的融资成本就是

$$c_D=[p_B\cdot K\cdot(1+i)+(1-p_B)\cdot V_L]/K-1$$

命题 1 对于乐观的管理者，$p_B>p$，故表现出标准的优序偏好：(1) 比起风险债券融资更偏好内部融资；(2) 比起股权融资更偏好风险债券融资。

证明：

1. 风险债券融资比内部融资成本更高，相当于 $c_D>0$。根据风险调整利率 i 的条件，整理出 i 的表达式，代入 c_D 的表达式中，由对乐观的管理者的假设，知 $p_B>p$，可证明 $c_D>0$。

2. 为了证明第二个命题，就需要证明 $c_E>c_D$。这个不等式等价于 $s[p_BV_H+(1-p_B)V_L]>p_BD+(1-p_B)V_L$，其中 s 表示为了达到收支平衡，理性的股东所要求的作为对投资 K 的回报的公司份额，$D\equiv[K-(1-p)V_L]/p$ 表示理性股东要求的包含利息的本金偿还。如以上不等式所示，则股票在不良情况下支付较少，而在良好情况下支付较多。将 s 和 D 代入前文所述的不等式中并整理得到 $[p_BV_H+(1-p_B)V_L]\cdot K/[pV_H+(1-p)V_L]>(p_B/p)\cdot K+(1-p_B/p)\cdot V_L$，两边同时除以 $(p_B/p)\cdot K$ 并乘以 $p[pV_H+(1-p)V_L]$，得到 $(p-p_B)K>(p-p_B)\cdot[pV_H+(1-p)V_L]$。对于乐观的管理者而言，$(p-p_B)<0$，所以结果为 $K<[pV_H+(1-p)V_L]$，与假设条件一致。

这个简单的模型表明，由于在乐观管理者眼中内部和外部融资的成本存在差距，其表现出对资本结构的优序偏好。内部融资对信念偏误因素最不敏感。为了满足优序偏好，比起股权融资，乐观的管理者更喜欢发行高风险债券。这个结果背后的含义是：与风险债券相比，股权融资对偏误更加敏感。这是因为风险债券同时具备固定的回报（会降低敏感度），及或有索取权（会提高敏感度）。因此，乐观的管理者对股权融资的低估要比对风险债券更加严重。该模型预测，一个乐观的管理者会努力降低公司对外部资本市场的依赖程度，比如，通过在公司内部留存较多现

金、降低负债率以及通过现金流的对冲降低财务赤字发生的概率等。综上所述，管理者偏误可以作为迈尔斯和迈吉鲁夫（Myers and Majluf，1984）所提出的信息不对称之外，解释优序偏好的一种新视角。这两种视角都认为管理者会最小化自己眼中的融资成本。但不同的是，管理者偏误理论认为，优序偏好的产生是因为实际融资成本和管理者所感知到的融资成本间存在差别，而信息不对称理论则认为是由于投资者而非管理者们的信念存在偏误。

值得一提的是，管理者偏误并不一定导致标准的优序偏好。马尔门迪尔等 398
（Malmendier et al.，2007）指出，具体的融资偏好取决于偏误的确切性质。依照哈克巴特（Hackbarth，2008）对乐观主义和过度自信的明确区分，接下来将把过度自信引入模型。

过度自信的管理者的融资决策

与乐观主义特质不同，过度自信对未来价值的预期和理性预期保持一致，过度自信偏误不是存在于概率估计层面，而是存在于不同（好与不好）情况下对项目价值的估计层面（见图 21—2）。在过度自信的管理者看来，该项目在良好情况下的价值是 V_H-b/p，在不良情况下的价值为 $V_L+b/(1-p)$，其中 $b>0$。因此，不论是过度自信的管理者还是理性投资者，其所预期的公司未来价值都是 $\mathrm{E}[V]=p\cdot V_H+(1-p)\cdot V_L$。现在考虑杠杆公司的股权价值，杠杆公司指的是有未偿还的风险债务的公司。假设一项投资的融资方式包括面值 $V_L<F<K$ 的风险债券和承担投资费用 $K-F$ 的股权融资。理性投资者希望通过面值为 F 的债券换取 $pF\cdot(1+i)+(1-p)\cdot V_L$ 的回报，意味着总利率 $1+i=[F-(1-p)V_L]/(pF)$。债权人和过度自信的管理者对不良情况下回报的预期不一致。债权人的预期回报是 V_L，而过度自信的管理者则为 $V_L+b/(1-p)$。假设 b 足够小，那么在过度自信的管理者眼中，良好情况下的公司价值仍会高于不良情况下的公司价值，且足够小的 b 保证了 $V_L+b/(1-p)<F$，即预期在不良情况下公司依然会对债务违约。

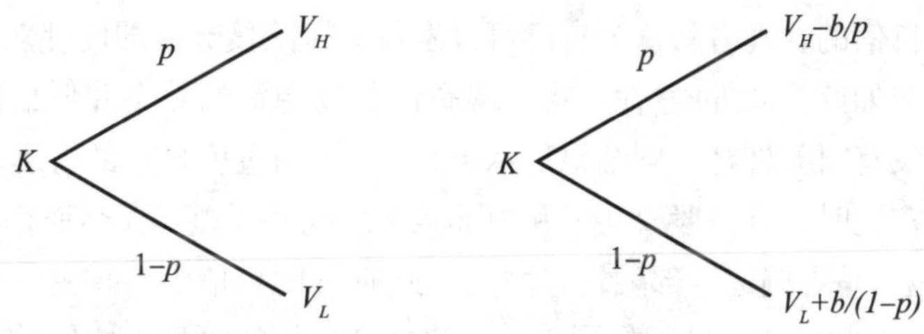

图 21—2　理性的和过度自信的管理者的信念

注：本图展示了理性和过度自信管理者所预期的投资项目的未来现金流和概率。过度自信的管理者低估了良好情况下的现金流，而高估了不良情况下的现金流。①

① 原文疑有误，原文为“高估了良好情况下的现金流，而低估了不良情况下的现金流”。——译者注

过度自信的管理者在自己预期的基础上考虑债券持有人的盈亏平衡条件，其预计实际支付给债券持有人 $pF(1+i)+(1-p)V_L+b=F+b$，而非仅支付 F。股权是受到有限责任保护的剩余索取权。因此，股东的份额是满足债权人要求之后剩余的部分。对股东来说，最坏的情况是公司违约而全部资产都被用来补偿债权人，此时他们将一分钱也得不到。综合来看，股东的预期回报为 $s\cdot E[max\{V-F(1+i),0\}]=s(p[V_H-F(1+i)]+(1-p)\cdot 0)=sp[V_H-F(1+i)]$。代入前文关于利率 i 以及预期公司价值 $\mathrm{E}[V]$ 的表达式，替代后得到预期回报等于 $s\cdot[\mathrm{E}[V]-F]$。理性的股东要求的份额为 $s=(K-F)/(E[V]-F)$。然而，在过度自信的管理者看来，公平份额要相对更低，为 $s_B=(K-F-b)/(E[V]-F)$。

399 **命题 2** 存在财务杠杆的公司中，过度自信的管理者的融资偏好与标准优序偏好相反，表现为：(1) 比起风险债券融资更偏好内部融资；(2) 比起内部融资更偏好股权融资。

证明：

1. 该模型必须体现 $c_D>0$。理性债权人要求利率 $i=[(F-(1-p)V_L)/(pF)]-1$。在过度自信的管理者看来，风险债券的融资成本为 $c_D=[pF(1+i)+(1-p)V_L+b]/F-1=b/F>c_I=0$（依据假设 $b>0$）。

2. 这个模型必须体现 $c_E<0$。过度自信的管理者的股权融资的成本为 $c_E=s(E[V]-F-b)/(K-F)-1=-b/(\mathrm{E}[V]-F)<0=c_I$，同样需要满足假设 $b>0$。

过度自信的管理者低估了风险债务的效率，因为她/他认为债券所有者低估了公司违约时自己所能得到的补偿。[①] 同时，她/他还会高估股权融资的效率，因为在她/他看来，股东低估了支付给债权人的比重，因此高估了自己的剩余报酬。[②] 出现这一结果是由于股权具有凸性。股权可以理解为对公司资产的看涨期权，而期权的价值随着标的资产风险的上升而增加，故股权的价值与项目收益的风险存在正相关关系。因此在有财务杠杆的公司中，相较于内部融资，低估公司风险的过度自信的管理者会严格偏好于股权融资。如果放松关于 b 的假设条件，允许 $V_L+b/(1-p)\geqslant F$，那么过度自信的管理者将认为自己可以发行无风险债券，即便理性的投资者会轻易察觉事实并非如此。此外她/他还将继续高估股权融资的效率并低估债券融资的效率。如果公司没有财务杠杆，则结果显示 $s=s_B$，说明过度自信的管理者认为股权的定价是公平的，这时她觉得股权融资和内部融资之间并无差异。然而，与风险债务融资相比，她/他总是更偏好内部融资。因此，此时过度自信的管理者呈现（弱）反转的优序偏好。[③] 至此本章已经阐释了，乐观和过度自信的管理者之间的区别会产生有趣的预测结果。不过，假设管理者完全乐观或完全过度自信不免有些片面，在现实世

① 即，过度自信的管理者实际上高估了需要支付给债券所有者的部分。——译者注

② 即，过度自信的管理者实际上低估了需要支付给股东的部分。——译者注

③ 股权融资等于内部融资，优于债券融资。——译者注

界中两种偏误往往同时存在。公司的融资偏好究竟是优序的还是反转优序的，要取决于实际中两种管理者偏误的组合情况。上述模型的直观认识还可以用来解释股权的相机投资：管理者感觉到股权被高估时，将会发行股票进行融资，而感觉其被低估时则会回购股份。

关于优序偏好的实证证据相对比较模糊。西亚姆—森德和迈尔斯（Shyam-Sunder and Myers，1999）的发现支持了标准的优序偏好，但弗兰克和戈亚尔（Frank and Goyal，2003）却无法找到证据作为支撑，法玛和弗伦奇（Fama and French，2002）也得到了不确定的结果。特别是后两项研究还发现，相比债券融资，股权 400
融资更受成长型小公司青睐，尽管理论预测在这类公司中信息不对称问题会更加严重。[①] 上述内容都支持了以下观点：融资结构的偏好可能取决于管理者的乐观主义和过度自信的程度及这两种特质的组合情况。

纯粹破产决策

破产意味着所有权的转让，债权人将取得公司的控制权。由于要承担直接的费用（例如审计费、法律费）和财务困境导致的间接费用（如供应商不愿意继续与该公司有业务往来，或者由于管理人员的精力被迫集中到破产事件上而导致运营效率低下），在违约发生时公司将会贬值。在模型中，违约既可能是外生的，也可能是内生的（Leland，1994）。外生违约是在诸如公司价值跌到远低于其面值的水平的时候，由契约以及其他外生限制条件（比如资本监管要求）所引发的违约。但是通常即使股权净值已经处在相当低的位置，公司仍然会选择继续经营。在这种情况下，管理者也有可能主动选择破产，以最大化公司的股权价值，这种行为即为内生违约。股权可以看成一种对公司资产价值的看涨期权。当公司股权价值已经低到再跌一点就将变成负值的水平的时候，管理者的最优选择就是破产，这一点上的股权价值即破产的内生临界点。比如，这一临界点会随着公司的债务水平的提高而提高[②]，随着公司风险的升高而降低。

哈克巴特（Hackbarth，2008）指出，在做出融资决策时，乐观的管理者选择的违约临界值较低，而过度自信的管理者的违约临界值则较高。这种区别具体表现为，存在乐观偏误的管理者更有可能较晚宣布违约（当项目收入实在太低时），而过度自信的管理者正好相反。这具有直观意义，因为在财政困难的情况下，债券和股权都表现出期权的特点，受到收入的风险而非均值的驱动。因此，管理者特质将会导致管理者的违约政策与理性股东的偏好产生分歧。

当管理者同时进行融资和破产决策时，结果将会不同。在连带决策的情况下，

① 传统理论认为，信息不对称是导致标准优序偏好的主要原因，即信息的不对称性越强，就应该越偏好债券融资。——译者注

② 由于债权人的分配先于股东，因此债券融资越多，留给股权的份额就越少。——译者注

乐观的、过度自信的以及两者兼具的管理者都会选择较高的违约水平。就乐观的管理者而言，理论的预期与哈克巴特在既定债务水平下的观察结果相反：乐观的管理者选择的债务水平较高[1]，由于违约水平[2]与债务水平正相关，她/他所选择的违约水平也应该更高。需要明确的是，在公司实际运营过程中，管理者的破产和融资决策都不是单独做出的。

权衡模型：破产成本和税收优惠间的平衡

前面几节关于管理者的破产和融资决策的分析，并没有考虑到债券和股权融资的其他优缺点。在接下来的例子中，选择股权还是债券的唯一决定因素是对错误定价的不同理解。莫迪利安尼和米勒（Modigliani and Miller，1958）曾指出，在不存在破产成本和税费的无摩擦世界中，资本结构决策是无关紧要的。接下来，本章
401 将探讨管理者偏误与传统权衡理论中的资本结构决定因素的交互作用，从而实现对权衡理论的扩展。

在前文中，如果不存在偏误，那么股权融资和债券融资对于管理者来说并无区别。现在让我们扩展这一假设：相较于股权融资，债券融资能够带来税收优惠和破产成本。前者使债券融资变得更有吸引力，而后者使得尽数采用债券融资并不可取。在财务困境风险较小的前提下，管理者通过发行债券进行融资，减少应税收入，可以增加公司价值。违约发生时，债券持有人有权控制和清算公司资产。假设清算是有成本的，因此无法将公司的全部资产变现。公司的杠杆率越高[3]，违约的可能性也就越大。所以公司融资决策实质上是在无杠杆资产、税收优惠以及破产费用三者之间的权衡取舍。

与希顿（Heaton，2002）类似，马尔门迪尔等（Malmendier et al.，2007）在公司融资模型中引入了税收优惠和破产成本。在他们的模型中，破产成本是固定的，不随债券融资额变动。依据税收优惠相对于破产成本的高低，一个理性的管理者会在全债券融资和全股权融资之间做出选择。乐观的管理者认为公司证券（包括债券和股权）被市场低估，故而外部融资成本过高。因此，只有当资金储备和无风险债券的额度耗尽时，她/他才会选择发行风险证券。如果内部融资充足，那么她/他将无法充分发挥债券融资的减税优势（因为她/他会全数选择内部融资）。如果内部融资不足，由于高估了税收优惠和股权融资的成本，乐观的管理者会更加倾向于债券融资。马尔门迪尔等（Malmendier et al.，2007）的核心结论是：（1）在有条件利用外部融资的情况下，乐观的管理者比理性的管理者更多地选择债券融资；（2）在外部融资情况不佳时，乐观的管理者在发行债券方面更加保守。总之，乐观的管理

---

① 根据前文中模型的预测，乐观的管理者相对更偏好债券融资。——译者注

② 即内生的破产临界点。——译者注

③ 风险债券比重越高。——译者注

者再次表现出标准的优序偏好。

哈克巴特（Hackbarth，2008）在一项相关研究中建立了一个互补的模型，区分了乐观主义和过度自信。他使用动态的或有索取权的方法来建立权衡模型，其中收益在均值和风险水平既定的情况下随时间呈现随机波动。乐观主义被设定为高估收益均值的偏误，过度自信则被设定为低估收益风险水平的偏误。这种做法的另一个好处是，在一个基本的权衡模型中可以做到同时分析破产和融资决策问题。假设破产成本随债券融资水平的上升而提高，随公司价值的增加而下降。那么问题的核心就是，管理者所认为的税收优惠和破产成本之间的权衡取舍将决定最优的融资结构。

该模型预测，由于相较于破产成本高估了税收优惠，存在偏误的管理者更倾向于债券融资。乐观的管理者眼中的公司盈利能力高于实际，因此在她/他看来，公司不会面临财务困境；而过度自信的管理者低估了公司所处环境的不确定性，故也低估了破产的可能性。可见，不论是乐观的管理者、过度自信的管理者还是二者兼 402
备的管理者，其选择的债务水平都要比理性管理者更高。这一机制构成了管理者偏误的杠杆效应（leverage effect）——下一节的结论一个关键的驱动因素。另外，尽管选择了较高的债务水平，但是过度自信的管理者仍然会高估股权融资的效率，并不违背上一节得出的结论。

综上所述，该权衡模型对管理者偏误的实证预测包括以下几点。

首先，有偏误的管理者选择的债务水平相对较高，这是因为乐观的管理者和过度自信的管理者都认为自己不太可能遇到财务困境，并高估债券的税收规避作用。其次，有偏误的管理者不一定表现出标准优序偏好。此外，在这种纯粹的权衡环境下（即，公司价值仅涉及无杠杆资产价值、税收优惠和破产成本之间的权衡），管理者偏误导致公司的资产结构偏离最优解（税收优惠与破产成本之间的最优均衡水平），代价相当高昂。具体而言，过高的债务水平使股东福利受损。因此，在这样的环境中，管理者的偏误不利于股东福利。

从股东福利的角度来看，偏误管理者无效率的投资行为同样可能损害公司价值，管理者的乐观主义可能导致管理者投资那些净现值（NPV）为负的项目。如果内部资金不足，且在乐观的管理者看来外部融资成本过高，那么乐观的管理者很可能也将会错过那些净现值为正的项目（Heaton，2002）。此外，即便内部资金充足，乐观的管理者也有可能由于高估项目价值而投资于那些净现值为负的项目（Gervais，Heaton，and Odean，2009）。在哈克巴特（Hackbarth，2009）的模型中，过度自信的管理者所投资的项目的净现值至少是正的，所以其危害要小于乐观主义偏误。在介绍实证检验的结果之前，本章接下来还将探讨并整合融资和投资决策的相互作用。

权衡模型：引入管理者和股东的利益冲突

资本结构决策不仅由公司税收和破产成本决定，而且同时也受到权利所有者[①]间的利益冲突的影响。下文以哈克巴特（Hackbarth，2008）的研究为基础，探讨存在权利所有者的利益冲突时，管理者特质对融资决策的影响。本节将分析管理者偏误和管理者—股东冲突的相互作用。当管理者没有将公司资源用于最大化股东利益，而用于最大化自身利益（Jensen and Meckling，1976），或任意挪用资金（Jensen，1986）时，管理者和股东之间就会发生利益冲突。由于股东不能完美地监控管理者，也难以施加有组织的管制，因此在股东看来，管理者倾向于投资净现值为负的项目。管理者是否挪用资金取决于纪律的松严，如董事会的态度或者公司控制权市场[②]的情况。管理者—股东冲突给股东造成的损失称为代理成本。管理者利用公司资源，以牺牲股东权益为代价来最大化个人效用的倾向，会随着可用自由现金流的增加而增强。由于债务能够减少自由现金流，从而限制管理者的操纵余地，因此其可以作为控制管理者—股东冲突的纪律手段。

403 现在假设管理者可以挪用一部分自由现金流用于私人消费。由此产生的代理成本会随着收益水平（相较于债务水平）的提高而提高。假设公司的资产构成需要在无杠杆资产、税收优惠、破产成本和代理成本间做出权衡。如果一家公司的管理者并非自利，或者受到严格的制约，代理成本下降为 0，那么公司的价值将会相应提高。在不考虑偏误的情况下，自利的管理者会出于扩大挪用空间的目的，降低公司的债务水平。这将会从两方面损害公司价值：一方面，债券融资的税收规避功能没有得到充分发挥，税收优惠减少了；另一方面，代理成本也提高了。

如果要引入管理者偏误对管理者—股东冲突的影响，就需要讨论偏误管理者的融资决策是否优于无偏误管理者。一个乐观的和/或过度自信的管理者会低估违约的可能，因而其预期中的破产成本相对较低。所以，她将选择较高的债务水平，从而减少了潜在的可供挪用的资金，在不知不觉中约束了自己。这一机制在上一节已经解释过了，称为杠杆效应，然而本节的论述说明杠杆效应能够降低代理成本，虽然在税收优惠层面上是次优的，但仍然有可能增加公司价值。换句话说，轻度的偏误有利于股东福利；相反，极端的偏误由于极大地提高了破产成本，达到了控制代理成本的增益所无法弥补的程度，从而很可能产生不利影响。

权衡模型：引入债权人和股东的利益冲突

管理者特质还会影响到其他类别的权利所有者冲突，比如债权人—股东冲突。

---

① 包括掌握经营权的管理者、掌握债权的债权人以及掌握所有权的股东。——译者注

② 即管理人市场，董事会在这一市场招募管理者；当该市场供给充足时，公司可以轻松地找到本公司管理者的替代人，从而约束了管理者的滥权行为。——译者注

当公司大量发行风险债券时，如果管理者最大化股权价值而非公司价值，那么这种利益冲突就会产生。具体而言，假设投资决策的制定可以滞后于融资契约的签订，那么管理者就可以在风险借债完成后，制定不利于债权人而有利于股东的投资计划。之所以会出现这种契约的不完善，是因为契约成本以及具体投资的复杂性和监管上的困难为其创造了滋生的土壤。此外，债权人—股东冲突还存在几个变种，比如债务积压、风险转移、资产剥离等。本节侧重于哈克巴特（Hackbarth，2009）重点研究的债务积压问题，接着还将延伸至其他几个变种。在下面的分析中，我们将把投资与破产和融资决策联系起来，以保证管理者可以选择不同的投资策略。

债务积压或投资不足的问题可以追溯到迈尔斯（Myers，1977）的文章，他认为以股权价值最大化（次优）而不是公司价值最大化（最优）作为目标的管理者，存在无效率地推迟投资的动机。这是因为风险债券持有者实质上分享了投资的收益，但却没有付出相应的成本（不承担投资失败的风险）。从股东的视角来看，股东为债权人承担了这部分收益所对应的成本。如果管理者以股东福利最大化为己 404
任，那么她/他可能会抵触有损股东利益的投资，从而引发投资不足现象。而风险债券持有者能够预期到管理者的行动及相应的投资不足，并将这些体现在借债成本上。这部分额外成本被称为“债务代理成本”，其随着债券融资额以及投资机会吸引力的增大而增加。高昂的债券融资成本又将会导致股权融资比例过高，从而使债权人关于无效率投资的预期自我实现。

管理者偏误会对投资不足问题产生两方面的影响：时间效应（time effect）会缓解投资不足的问题，杠杆效应则会加剧它。时间效应指的是，乐观的、过度自信的或两者兼具的管理者要比无偏误的管理者更早地投资。投资策略的目的是选择最优的时机进行投资。高估投资项目的增长速度会提高[①]等待投资的机会成本。而低估不确定性则会使管理者认为等待新信息的出现意义不大，从而低估等待投资的价值。结果是，这两种管理者偏误都会导致较早地投资，即净现值视角下的投资过度。如果忽略其他利益或成本，那么偏误管理者所选择的低效率的投资政策将会损害股东福利。

这些偏误也意味着不同的融资策略。回想前文介绍的杠杆效应，两种管理者特质都有债券融资的倾向；不论是乐观的、过度自信的还是两者兼而有之的管理者，相较于无偏误的管理者都会更多地选择债券融资。而较高的债务水平将会导致投资不足。当偏误的程度较低时，时间效应预计会盖过杠杆效应，造成过度投资。

接下来，让我们把目光转向两种效应对投资不足问题的综合影响。理性的债券持有人能够预期到，管理者有偏离公司价值最大化目标，转而采取使股权价值最大化的投资策略的动机。在债权人看来，管理者的信念偏误会导致公司的政策有利于自己：更多的投资和更早的破产。在轻度偏误的情况下，时间效应比杠杆效应更加显著。偏误管理者在最大化股权价值的时候，不自觉地选择了有利于债权人的融资

① 原文为“降低”，疑有误。——译者注

和投资策略——更多的债券融资以及更多的投资。虽然由于债券付息成本提高，股权价值会有所降低，但是发行债券也缓解了投资不足，其带来的收益远远大于损失的股权价值。因此，股东福利也得到了提升。不过极端形式的偏误会加剧债务积压，此时杠杆效应占据支配地位，股东将遭受额外的损失。

上述结论可以扩展到管理者的实物期权①的行权决策问题上来，这类决策由于在事前缺乏伸缩性，同样会造成债权人—股东冲突。例如，利兰（Leland，1998）研究了一个相似环境下的风险转移问题。假设一家杠杆公司的管理者可以在融资之后再选定投资的风险水平，那么他们将有动机通过增加风险来最大化股权价值。回想一下，杠杆公司的股权价值可以被解释为对本公司资产的看涨期权。因此，风险制造了将债权人的财富向股东转移的机会，股权价值因而增加。

资产剥离是债权人和股东之间的利益冲突的另一种变形。资产剥离是指，当财
405 务困境临近时，管理者有可能剥离该公司的部分资产，并为股东派发股息。对一家运营良好的公司的股东和债权人来说，支付股息几乎无关紧要。然而，在财务困境下情况并非如此；用变卖资产的资金为股东派息，是为股东的利益服务，而损害了债券持有者的追索权。这样一来，陷入财务困境的公司将无法满足债券持有人的索赔。依据剩余索取权的性质，除非公司不服从优先规则（债权人在利益分配时优先于股东），否则股东不应该得到任何补偿。在破产时将变卖资产获得的资金用来支付股息，使股东获得了额外的好处，这违背了债务合同优先于股权的契约优先规则（Scharfstein and Stein，2008）。

类似于债务积压，风险转移和资产剥离同样存在实物期权的行权问题。它们有什么共同点呢？管理者低水平的过度自信和乐观所带来的时间效应可以使公司的决策更接近最优决策。偏误增加了在不利环境下管理者眼中的公司期权价值，因此，乐观的和/或过度自信的管理者将会选择较低的破产（违约）临界值，这往往与公司价值最大化目标（最优）一致。

更具体地说，期权的行使通过风险转移推迟了破产，不过它只对绩效平庸的公司（即低盈利或低价值的公司）才有吸引力。乐观的管理者感知到的是较高的增长速度和较低的破产概率，这降低了推迟行权的机会成本，且由于风险转移或资产剥离等渠道的存在，也提高了期权的价值。较低的期权价值预示着投资风险的变动（因为存在事后偏误，投资风险可以在融资决策之后确定）或者资产变卖的开始（当触碰到较低的破产临界值时）。同样，过度自信的管理者所感知到的破产风险和不确定性都较低。这使得等待更多信息以获得更多价值变得可行。因此，由于等待风险转移或资产剥离的发生，期权价值也相应提高了。这样造成的结果就是，由于潜在的风险转移和资产剥离，过度自信的管理者也将选择一个较低的临界值来行权。

---

① 实物期权即为对项目的投资，实物期权的行权即管理者的投资决策，简单来说，包括投资和破产。——译者注

综上所述，管理者偏误可以改善管理者和股东的冲突及债权人和管理者的冲突，从而为杠杆公司产生积极作用。以下是相对应的实证预测：首先，理性的投资者会在劳动力市场中寻找存在轻度偏误的管理者。其次，管理者有轻度偏误的公司比同类公司价值更高。这意味着，当存在权利所有者间的利益冲突时，有偏误的管理者将获得超额收入。

检 验

本节将回顾有关管理者偏误对融资决策的影响的实证证据。在展示对上文的实证预测的直接证据之前，不妨先考虑管理者特质的代理变量。

实证研究中的代理变量

由于难以直接观测，度量管理者特质并不简单。下文讨论了相关文献提出的两种类型的识别方式：外显信念和外界看法。表 21—1 对比了实证文献所使用的方法的优缺点。对管理者特质的度量实质上是在准确把握偏误本质的严谨性和数据可得性之间的权衡取舍。调查研究虽然（结果）更为精确，但难度和成本也都相对较大，而以可得的公开数据（如高管薪酬、会计数据或媒体声明）为基础的更为间接的方式，却受到更多噪声影响。 406

表 21—1　　几种过度自信的衡量方法的比较

方法	作者	途径	理论	数据	优点	缺点
延期行权	马尔门迪尔等（Malmendier et al.，2007）	外显信念	根据投资组合多样化理论，管理者应该尽早执行期权或转让股票，若并非如此则表明管理者存在乐观主义特质	管理层持股和股票期权的执行情况	公开数据	很难区分管理者的乐观和过度自信，也很难将其与内部信息优势加以区分
媒体看法	马尔门迪尔等（Malmendier et al.，2007）	外界看法	当管理者被媒体用“自信的”和“乐观的”等词语描述的时候，则认为他们存在偏误	媒体	公开数据	假定媒体报道是无偏误的，存在语言上的模糊性：媒体表达的某一属性的含义可能与行为研究不同

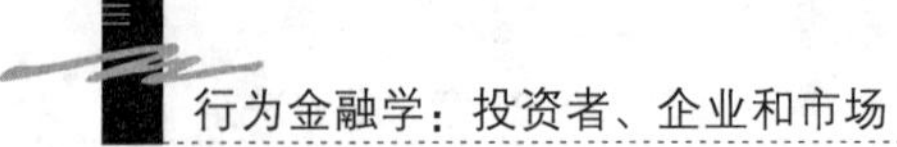

续前表

方法	作者	途径	理论	数据	优点	缺点
对股市和本公司收益的预测分布	本—戴维德等（Ben-David et al.，2007）	外显信念	预测和实际情况的对比（均值和方差）提供了鉴别乐观和过度自信的依据	调查数据	清晰地区分了乐观主义与过度自信，以及管理者对整体经济和自己公司的预测偏误的区别	获得调查数据存在困难
投资水平	坎贝尔等（Campell et al.，2009）	外显信念	偏误对投资的影响的间接衡量方法：相对于行业均值的高投资被作为偏误的衡量指标	会计数据	公开数据	由于是间接指标，因此受噪声影响较严重，没有区分出信息不对称的影响

注：这个表格比较了实证文献提出的过度自信的衡量方法，包括数据要求、优势、劣势等方面。

407 外显信念这一类偏误代理变量来源于高管薪酬、会计数据或调查结果。马尔门迪尔和塔特（Malmendier and Tate，2005a，2005b）率先提出了测量管理者偏误的方法。他们构建了一个基于管理者个人的投资组合选择的代理变量。该方法的基本理念是：由于管理者的部分薪酬是以股权的形式发放的，且其个人实质上也在公司身上投资了人力资本（掌握与该公司的运作相配套的技能和信息），因此其投资组合如果过于单一，那么将会对自身利益造成损害。即使最低程度的风险规避也会引导管理者通过行使实值期权[①]（in-the-money option）和减持公司股票的形式，多样化自己的投资组合。马尔门迪尔和塔特认为，如果管理者持有期权的时间过长，或者持有过多的本公司股票，那么就说明他对公司的前景存在乐观主义。

人们可能会认为，管理者之所以延期行权和购买额外的股票，是因为他们掌握了关于该公司真实价值的更高级的信息，而不是因为存在偏误。为了证明这种解释并不成立，马尔门迪尔和塔特（Malmendier and Tate，2005b）检验了管理者延期行权能否赚取超额报酬（即，管理者是否故意延期行权）。检验发现，平均来看，延期行权通常不会带来显著的超额报酬，而且较早行权收益更高。因此他们推断自己的方法把握了信念上的偏误，同时剔除了内部信息的影响。此外，他们还做了全面而详尽的稳健性检验，并剔除了关于延期行权的其他替代解释，如税收考虑、信

① 实值期权是指具有内在价值的期权。当看涨期权的敲定价格低于相关期货合约的即期市场价格时，该看涨期权具有内在价值。当看跌期权的敲定价格高于相关期货合约的即期市场价格时，该看跌期权具有内在价值。总的来说，实值期权就是那些行使期权能够带来正的回报的期权。

号效应和风险承受能力。

该研究剔除了信息优势的作用，把延期行权和股票净买入单纯地归因于信念偏误，这一点与公司内部人员在交易过程中会利用自身信息优势的实证证据存在矛盾（Seyhun，1986）。因此，如果能从个人层面将内部信息和乐观主义区分开来，那么将会提高马尔门迪尔和塔特（Malmendier and Tate，2005b）的方法的稳健性。

这种方法的另一个缺点是它未能考虑到过度自信。正如前文所述，过度自信的管理者认为股权被（轻微地）高估，因此可能会提前行使期权或卖出股票。

本—戴维德、格雷厄姆和哈维（Ben-David，Graham，and Harvey，2007）以 408
及普瑞和罗宾逊（Puri and Robinson，2007）以实验研究为基础，提出了一种利用调查数据来衡量过度自信和乐观的方法。利用此方法，普瑞和罗宾逊分析了个人的金融决策，而本—戴维德等人研究了偏误对公司政策的影响。因此，接下来的讨论主要来自后者。在他们的案例中，管理者即首席财务官（CFO）被要求预测标准普尔500指数的回报率以及自己公司的内部回报率，以及回报率分布的10%分位数及90%分位数。一个窄（宽）的置信区间可以反映高（低）程度的过度自信。这种方法的主要优势是能够区分乐观和过度自信，同时也可区分高估预测能力和高估对公司绩效的控制能力的不同影响。

人们可能会想到，也许狭窄的置信区间反映的是CFO的预测技巧，而非过度自信。针对这一点，本—戴维德等（Ben-David et al.，2007）检验了过度自信的CFO能否做出更准确的预测。他们对绝对预测误差（充当预测技巧的代理变量）和过度自信的代理变量进行了回归分析。结果显示，CFO[①]的过度自信与其对预测的准确性之间呈正相关关系。作者进一步指出，过度自信的代理变量涵盖了预测技巧成分，预测技巧不能完全解释管理者在实验中给出的较窄的置信区间。这一发现提供了明确区分过度自信和技巧的理论基础。有趣的是，本—戴维德等人还发现，实际收益率[②]落在管理者预测的80%置信区间的情况只占38%，证明了管理者群体具有过度自信的特质[③]。此外他们还发现，整体来看，管理者的乐观特质并不明显。总之，他们的研究认为过度自信是占主导地位的特质，并提供了区分二者的理论基础。

坎贝尔等（Campbell et al.，2009）提出了另一种以管理者外显信念为基础的方法。基于过度自信与投资正相关的预测结果，他们利用投资水平（行业调整之后的）作为度量过度自信的手段。但是由于存在对投资水平的诸多替代性解释（如项目增长前景），因此用该方法度量过度自信难免受到噪声干扰，不过可以通过稳健

① 原文此处为CEO，经查证原论文，疑有误。——译者注

② 原文此处为“管理者的预测值”，经查证原论文，疑有误。——译者注

③ 给出的区间过窄，故预测失准。——译者注

性检验来剔除噪声。

为了提高偏误度量的稳健性，马尔门迪尔和塔特（Malmendier and Tate，2005a）提出使用金融媒体对管理者的看法作为代理变量。如果管理者经常被媒体描述为“自信的”和“乐观的”，而非“可靠的”“谨慎的”“保守的”和“现实的”，那么就认为其存在偏误。这一方法的主要缺陷在于结论不够清楚，无法确定金融媒体使用这些词汇是否就是针对管理者在第一和第二时刻的偏误——均值和方差。

综上所述，一个适合的代理参数应该能够分别把握乐观主义和过度自信两种特质，并能对高级信息或预测技巧等其他因素给出完备的解释。

对实证预测的检验

伯特兰和舍布尔（Bertrand and Schoar，2003）证明了，管理者的固定效应可以部分解释公司决策的变化。而管理者特质理论为这种固定效应的存在提供了一种解释。下面将回顾并讨论前面论述的实证预测的实证证据。

马尔门迪尔和塔特（Malmendier and Tate，2005a，2005b）和马尔门迪尔等（Malmendier et al.，2007）的实证证据揭示了管理者偏误对公司决策的影响。研究显示，乐观的管理者偏好充足的现金流，常会进行不成功的兼并和收购活动，规避外部融资，当不得不从外部融资时偏好债券而非股权融资。

基于格雷厄姆（Graham，2000）的方法，他们发现乐观的管理者没有充分发挥债券融资的税收优惠作用。该方法利用纽结变量（kink variable）来测度公司所发行的债券额，看距离临界点（边际收益开始下降的点）有多大差距。纽结变量越大，表明税收规避能力发挥得越不充分。为了分析对外部融资（股/债）的偏好情
409 况，马尔门迪尔等（Malmendier et al.，2007）考虑了股权及债务的公开发行频率以及西亚姆—森德和迈尔斯（Shyam-Sunder and Myers，1999）的净融资赤字方法。后者的优势在于，不光涵盖公开发行，还加入了贷款和其他私人融资来源。此外，该方法可以从固定时点的公司固定效应中识别出过度自信的影响。两种方法结论一致，都显示乐观的管理者更愿意选择债券而非股权进行外部融资。总之，马尔门迪尔等发现，管理者的乐观主义构成了标准优序偏好的一种新的解释思路。然而，在他们的实证研究中，选择的代理变量只能衡量乐观主义特质，过度自信的作用很大程度上被忽视了。

本—戴维德等（Ben-David et al.，2007）利用调查研究得到的代理变量，研究了管理者偏误与公司政策的关系。他们发现，过度自信的管理者有以下特点：投资更多（特别是偏好收购活动）、杠杆更高（债务更多）、支付股息的可能性更小、回购股份的可能性更大。这一论证与哈克巴特（Hackbarth，2008，2009）模型中的杠杆效应基本一致。除此之外，结果并未表明管理者的乐观主义对公司决策有任何重大影响。

其中过度自信会提高回购股份的可能性的观点与哈克巴特（Hackbarth，2008）的实证模型的预测不符。哈克巴特的模型预测，单纯过度自信的管理者会高估股权融资的效率，因此更倾向于发行股票，而不是回购。只有当乐观的程度足够高时，管理者才会倾向于回购股份。通过研究乐观主义和过度自信的协方差，可以更准确地辨别两者对公司政策的不同影响。此外，将对自身公司的具体预测而非对整个美国经济的预测作为代理变量也是合意的。由于能够同时反映管理者对预测能力和公司掌控能力的高估，因此公司层面的度量所能提供的信息可能更多。

坎贝尔等（Campell et al.，2009）的研究首次涉及了管理者特质对股东福利的影响。他们检验了戈埃尔和塔科尔（Goel and Thakor，2008）的模型，该模型预测，过度自信程度适中的管理者能够最大限度地提高公司价值，因为他们减轻了管理者的风险厌恶带来的损失。同样，他们也检验了哈克巴特（Hackbarth，2008，2009）的模型，该模型预测轻度的管理者偏误对股东是有益的。

他们检验了"董事会解雇那些极端过度自信或者完全理性的管理者"这一预测，该预测的内在逻辑是：极端过度自信的管理者高估信息的准确性，对获取信息的投资不足，从而对项目投资过度，损害公司价值，所以会被解雇；理性的管理者
被解雇则是因为他们往往投资过少。作者发现，中度过度自信的管理者的被动离职 410
率最低。这一实证研究结果支持了戈埃尔和塔科尔（Goel and Thakor，2008）及哈克巴特（Hackbarth，2008）的预测——轻度的管理者偏误增加了公司价值。

由于受噪声影响小，被动离职率比公司价值更适合充当因变量。这种方法的前提是公司现有的管理系统有效运行。坎贝尔等人通过董事会的强硬程度来划分公司的管理强度，直接地解决了这一问题。他们发现，被动离职率和过度自信的关系仅存在于管理较强（董事会强势）的公司。所以，在研究中加入对权利持有人之间的利益冲突的影响是非常有意义的。

概要和结论

在心理学领域，有大量关于不确定性条件下如何做出判断选择的研究，其中已经充分证实了乐观主义和过度自信这两种人格特质的存在。本章回顾了行为公司金融领域近期的一些研究成果，分析了管理者的乐观主义和过度自信是如何影响资本结构决策的。将管理者特质引入传统的资本结构理论之中，可以有效缩小理论预测和实证之间的差距。

管理者的偏误使得其眼中的融资成本偏离实际。具体而言，乐观主义和过度自信的差异会产生以下结果：依据乐观主义和过度自信的组合和规模，标准的优序偏好与反转的优序偏好都有可能出现。可见，管理者特质理论为融资偏好提供了除信息不对称之外的另一种解释思路。在权利持有人之间存在冲突的情况下，因为管理

者偏误与融资、破产和投资决策之间存在相互作用，轻度的偏误可以缓解冲突从而提高股东福利，所以理性的投资者应该在劳动力市场雇用那些轻度偏误的管理者。这也解释了为什么有偏误的管理者能够一直存在于市场中，而不被市场淘汰。

实证研究表明，管理者特质影响融资决策的方式与理论预测一致。有证据表明，乐观主义与标准的优序偏好有关。偏误管理者与理性管理者相比更倾向于较高的债务水平。此外，事实表明，中度偏误的管理者与理性的或极度偏误的管理者相比，被动离职的可能性较低，这一点也与实证预测保持一致，轻微的偏误增加了公司价值。

这个主题为未来的理论和实证研究展示了几种思路。为乐观主义和过度自信分别建模的方法可以扩展到其他类型的公司决策，如投资、并购和派息等。而且完全理性假设过于严苛，放松该假设并把管理者特质和信息不对称理论结合起来分析融资决策问题，也很有尝试的价值。此外，明确区分高级信息和信念偏误的作用，将有助于在实证中区分信息不对称理论和管理者特质理论。想要在实证研究中取得进展，关键在于保证测度指标的稳健性。例如，厘清与其他替代性测度指标的关系，并充分考虑测度指标对公司结构的决定作用，都将有可能深化对管理者偏误的理解。

411 讨论题

1. 在纯粹的财务决策方面，管理者特质理论给出了哪些新的见解？
2. 在何种情况下管理者偏误能提高股东的福利？
3. 哪种实证手段可以用来衡量乐观主义和过度自信？
4. 哪些内部机制可以使理性的管理者变得乐观或过度自信？
5. 管理者的乐观和过度自信会带来那些好处和坏处？

参考文献

Baker，Malcolm，Richard S. Ruback，and Jeffrey Wurgler. 2007. Behavioral corporate finance：A survey. In *Handbook of corporate finance：Empirical corporate finance*，(ed.) B. Espen Eckbo，Volume 1，145 - 68. Amsterdam：Elsevier.

Ben-David，Itzahak，John R. Graham，and Campbell R. Harvey. 2007. Managerial overconfidence and corporate policies. Working Paper，University of Chicago.

Bertrand，Marianne，and Antoinette Schoar. 2003. Managing with style：The effect of managers on firm policies. *Quantitative Journal of Economics* 118：4，1169 - 208.

Campbell，T. Collin，Shane A. Johnson，Jessica Rutherford，and Brooke

W. Stanley. 2009. CEO confidence and forced turnover. Working Paper, Texas A&M University.

Fama, Eugene F., and Kenneth R. French. 2002. Testing tradeoff and pecking order predictions about dividends and debt. *Review of Financial Studies* 15: 1, 1-33.

Frank, Murray Z., and Vidhan K. Goyal. 2003. Testing the pecking order theory of capital structure. *Journal of Financial Economics* 67: 2, 217-48.

Gervais, Simon, James B. Heaton, and Terrance Odean. 2009. Overconfidence, compensation contracts, and labor markets. Working Paper, Duke University.

Goel, Anand M., and Anjan V. Thakor. 2008. Overconfidence, CEO selection, and corporate governance. *Journal of Finance* 63: 6, 2737-84.

Graham, John R. 2000. How big are the tax benefits of debt? *Journal of Finance* 55: 5, 1901-41.

Hackbarth, Dirk. 2008. Managerial traits and capital structure decisions. *Journal of Financial and Quantitative Analysis* 43: 4, 843-82.

Hackbarth, Dirk. 2009. Determinants of corporate borrowing: A behavioral perspective. *Journal of Corporate Finance* 15: 4, 389-411.

Heaton, James B. 2002. Managerial optimism and corporate finance. *Financial Management* 31: 2, 33-45.

Jensen, Michael C. 1986. Agency costs of free cash flow, corporate finance and takeovers. *American Economic Review* 76: 2, 323-29.

Jensen, Michael C., and William Meckling. 1976. The theory of the firm: Managerial behavior, agency costs, and ownership structure. *Journal of Financial Economics* 3: 2, 305-60.

Kyle, Albert S., and F. Albert Wang. 1997. Speculation duopoly with agreement to disagree: Can overconfidence survive the market test? *Journal of Finance* 52: 5, 2073-90.

Leland, Hayne E. 1994. Corporate debt value, bond covenants and optimal capital structure. *Journal of Finance* 49: 4, 1213-52.

Leland, Hayne E. 1998. Agency costs, risk management and capital structure. *Journal of Finance* 53: 4, 1213-43.

Malmendier, Ulrike, and Geoffrey Tate. 2005a. Does overconfidence affect corporate investment? CEO overconfidence measures revisited. *European Financial Management* 11: 5, 649-59.

Malmendier, Ulrike, and Geoffrey Tate. 2005b. CEO overconfidence and 412
corporate investment. *Journal of Finance* 60: 6, 2661-700.

Malmendier，Ulrike，Geoffrey Tate，and Jon Yan. 2007. Capital structure and overconfidence. Working Paper，University of California，Berkeley.

Modigliani，Franco，and Merton Miller，1958. The cost of capital，corporation finance，and the theory of investment. *American Economic Review* 48：3，261 - 97.

Myers，Stewart C. 1977. Determinants of corporate borrowing. *Journal of Financial Economics* 5：5，147 - 75.

Myers，Stewart C.，and Nicholas S. Majluf，1984. Corporate financing and investment decisions when firms have information that investors do not have. *Journal of Financial Economics* 13：2，187 - 221.

Odean，Terrance. 1998. Volume，volatility，price and profit when all traders are above average. *Journal of Finance* 53：6，1887 - 934.

Puri，Manju，and David T. Robinson. 2007. Optimism and economic choice. *Journal of Financial Economics* 86：1，71 - 99.

Scharfstein，David S.，and Jeremy C. Stein. 2008. This bailout doesn't pay dividends. *New York Times*，October 21，29.

Seyhun，Nejat H. 1986. Insiders' profits，cost of trading，and market efficiency *Journal of Financial Economics* 16：2，189 - 212.

Shyam-Sunder，Lakshmi，and Stewart C. Myers. 1999. Testing static tradeoff against pecking order models of capital structure. *Journal of Financial Economics* 51：2，219 - 44.

Stein，Jeremy C. 1996. Rational capital budgeting in an irrational world. *Journal of Business* 69：4，429 - 55.

Taylor，Shelley E.，and Jonathon D. Brown. 1988. Illusion and well-being：A social psychological perspective on mental health. *Psychological Bulletin* 103：2，193 - 210.

作者简介

贾思明·吉代尔（Jasmin Gider），波恩大学研究生院在读的经济学博士研究生。在获得波恩大学经济学硕士学位之前，她在德国拜罗伊特大学、新加坡国立大学学习哲学和经济学。她的主要研究方向是公司金融领域的实证和理论研究。

德克·哈克巴特（Dirk Hackbarth），伊利诺伊大学商学院的副教授。他在加州大学伯克利分校获得金融学博士学位。他的研究主要集中于公司金融领域的广泛议题。

第22章　资本预算和其他投资决策 413

西蒙·热尔韦（Simon Gervais）
杜克大学金融学副教授

引　言

资本预算是公司决定如何投资的过程。这个过程包括对新项目的投资决策，对现有项目已投资金的再评估，部门间的资金分配以及对其他公司的兼并。本质上，资本预算过程确定了公司实际资产的安排和规模，而实际资产带来现金流，所以资本预算最终确定了公司的盈利能力、价值和生存能力。

原则上，公司决定投资一个新项目与否取决于该项目能否增加公司股东的财富。例如，净现值（NPV）规则为公司评估投资新资本的预期价值提供了一套客观的方法。正如格雷厄姆和哈维（Graham and Harvey，2001）指出的，这条规则自从迪安（Dean，1951）正式提出后不断普及，但是它的广泛使用并没有将资本预算过程中的人为因素彻底抹去。这是因为估计一个项目的未来现金流和贴现率是一个相对主观的过程，管理者的行为特征终究还是会发挥影响。

主观概率校准方面的研究发现，人们往往是过度自信的，表现为人们倾向于高估自己的知识和所掌握的信息的准确度（Fischhoff，Slovic and Lichtenstein，1977；Alpert and Raiffa，1982）。事实上，研究证明许多领域的专业人士在判断时同样会过度自信，这方面的研究覆盖了投资银行家（Staël von Holstein，1972）、工程师（Kidd，1970）、企业家（Cooper，Woo and Dunkelberg，1988）、律师（Wagenaar and Keren，1986）、谈判者（Neale and Bazerman，1990）和管理者（Russo and Schoemaker，1992）等诸多职业。

几个因素或许能帮助解释管理者为什么也表现出过度自信，特别是在做资本预算的时候。第一，资本预算决策是复杂的。决策中常常要求预测各种不确定结果的现金流。对于这些困难的问题，人们通常会过度自信。

414 第二，资本预算决策与人们的学习机制不匹配。就像卡尼曼和洛瓦洛（Kahneman and Lavallo，1993，p. 18）提到的，学习发生在“类似的问题时常出现，特别是决策能很快产生结果并提供明确反馈的情况下”。在大多数公司，管理者很少面临重大投资决策，在得到项目结果前通常会有很长的延迟，并且收到的反馈通常都是有噪声影响的。此外，管理者往往难以拒绝这样一种观念：每种情况总在某些重要方面是崭新的，这诱使他们在面对新的决策问题时完全不考虑过去决策的反馈。在这种观念的影响下，单纯依据经验做出决策是非常不可能的（Einhorn and Hogarth，1978；Brehmer，1980）。

第三，不成功的管理者往往难以留任或升迁。那些成功的管理者由于自我归因（self-attribution）偏误可能会变得过度自信。自我归因偏误是指，大多数人会高估他们自己对成功的贡献程度（Miler and Ross，1975；Langer and Roth，1975；Nisbett and Roth，1980）。这可能会导致管理者的过度自信（Daniel，Hirshleifer and Subrahmanyam，1998；Gervais and Odean，2001）。

第四，由于选择性偏误（selection bias）的存在，管理者可能比一般人更加过度自信。造成这种偏误的原因在于，那些对自己前景过度自信和乐观的人更可能应聘像管理者这类的职位。此外，如戈埃尔和塔科尔（Goel and Thakor，2008）所做的说明那样，这种过度自信内生于公司的选拔和晋升制度中，因为过度自信的人更可能在过去已经取得了非常好的成绩。

第五，正如热尔韦、希顿和奥丁（Gervais，Heaton and Odean，2010）主张的，与理性的管理者相比，激励机制对过度自信的管理者更加有效，因此，雇用他们对公司也更有吸引力。

针对过度投资问题，过度自信可能会导致投资扭曲的观点可以追溯到亚当·斯密（Smith，1776，p. 149），他曾写道：

大多数人对自己的才能过于自负，这是一切时代的哲学家和道德家所说的老毛

> 病。大多数人对自己要走好运的荒谬臆断，却很少被人注意到。然而，如果可以这样说的话，这可能更为普遍……对于获得的可能性，每一个人都多少估计得高些。对于丧失的可能性，大多数人都估计得很低，任何一个还算健康和有精神的人所估计的价值都比实在的价值高。

尽管心理学领域终于受到经济学家的重视，并影响了奈特（Knight，1921）、庇古（Pigou，1926）和凯恩斯（Keynes，1936）等学术大家的观点，但在之后很长一段时间里，公司金融领域仍然在很大程度上与心理学"绝缘"。西蒙（Simon，1955，1959）、马戈利斯（Margoils，1958）、西尔特和马奇（Cyert and March，1963）最早倡议，有必要把心理学的研究成果纳入公司金融领域中。这些学者指出，决策在根本上是由公司内部的个人所制定的，因此他们提倡在公司决策的过程中加入有动机和偏误的人的成分。特别是，西蒙强调了将这些因素系统性地纳入分析框架的重要性——它们具体影响着人们收集、处理、解释和组织信息的方式。马奇和西蒙（March and Simon，1958）进一步指出，管理者特别是顶层管理者和首席执行官（CEO）的有限理性，很可能影响到一个公司的决策。根据卡托纳（Ka- 415
tona，1946）的观点，管理者的喜好和特征事实上直接影响着他们如何代表公司和股东做出投资决策。

在莫迪利安尼和米勒（Modigliani and Miller，1958）相关著作的影响下，（学者们）提倡利用金融市场的力量，结合流行的有效市场假说（例如，Fama，1970），内生地制定公司的实务和金融决策，这导致没有人关注公司内部的行为因素。相应地，随着公司的资本成本由这样一个与具体财务无关的理论体系推导得出，认为资本预算具有客观性的观点成了主流。这种观点一直主导着公司金融领域，直到罗尔（Roll，1986）的"自大理论"（后文详细介绍）的提出，似乎调和了在兼并和收购方面的大部分文献，使得在研究这类问题时，行为角度的方法重新回到了学术界的视野当中。就如本章下面将要讨论的，关于公司资本预算决策中的行为偏误的相关研究从那时开始显著发展，特别是在最近的五到十年间。

行为偏误通过对投资者（公司外部）和管理者（公司内部）的影响，作用于公司决策。本章后面将会专门具体地介绍管理者过度自信对公司投资决策产生的影响。这种方法的解释力是很直观的。在资本市场，存在大量的可以承受巨大风险的市场参与者，他们的存在可能会最小化有偏误的决策对股票价格、资源分配和整体市场效率的影响。然而，当偏误影响到公司内关键员工的决策时，想要调和它们就会变得更困难并且会给第三方造成损失。因此，偏误的影响力巨大而且持续。贝克、卢拜克和伍格勒（Baker，Ruback and Wurgler，2007）概述了投资者的非理性对资本预算的影响。

本章余下部分的编排如下。第一部分使用一个简单的资本预算理论模型说明管理者过度自信和乐观是如何导致过度投资的。第二部分介绍将管理者的行为特征和公司投资决策相联系的实证文献。第三部分评估和讨论一些因素如何作用于管理者偏误从而在一定程度上影响资本预算决策。最后一部分将总结并得出一些结论。

理　论

本节由一个简单地考虑了管理者过度自信和乐观因素的资本预算模型开始。这个模型及其预测结果将引导后续的讨论。

一个考虑了过度自信的资本预算模型

假设经济只有一个周期，初始时，一个纯股权（all-equity）公司必须做出一个资本预算决策。一个为股东谋求最大利益的管理者将为公司做出决策。这也就是说，管理者与股东拥有相同的价值最大化目标。公司的管理者必须决定公司是否投资一个会在期末产生现金流 $\tilde{v}$ 的新项目，其中 $\tilde{v}$ 是一个取值为 $(-\infty, +\infty)$ 的随机
416 变量，平均值是 $\bar{v}$。假设项目的成本是 $c>0$，初始时产生成本。如果这个项目恰当的一期贴现率是 $r>0$，那么从现值角度看，该公司从这个项目中可获得的利润为随机变量：

$$\tilde{p}=i\left(\frac{\tilde{v}}{1+r}-c\right) \tag{22—1}$$

其中 $i\in\{0, 1\}$ 代表项目开始（$i=1$）和项目终止（$i=0$）。换句话说，当管理者选择放弃该项目时，该项目为公司带来的利润为零。当管理者选择执行该项目时，初始投资为 c，最终收益为 $\tilde{v}$，利润为 $\frac{\tilde{v}}{1+r}-c$。

在选择 i 之前，管理者收到一个关于 $\tilde{v}$ 的私人信号，他可以利用这个信号为公司做出一个更明智的投资决策。假设这个信号按如下规则给出：

$$\tilde{s}=\tilde{\varepsilon}\tilde{v}+(1-\tilde{\varepsilon})\tilde{\eta},\text{在这里 }\tilde{\varepsilon}=\begin{cases}1, & prob.\, a\\ 0, & prob.\, 1-a\end{cases} \tag{22—2}$$

$a\in[0, 1/2]$，并且 $\tilde{\eta}$ 与 $\tilde{v}$ 独立同分布。因此管理者的信号与 $\tilde{v}$ 具有相同的无条件分布。信号 $\tilde{s}$ 等于 $\tilde{v}$ 的概率由 a 决定，a 可以解释为管理者的能力。否则（概率为 $1-a$），管理者得到的信息是纯噪声。这意味着

$$E(\tilde{v}\mid\tilde{s})=a\tilde{s}+(1-a)\bar{v}=\bar{v}+a(\tilde{s}-\bar{v}) \tag{22—3}$$

即，高于（低于）$\bar{v}$ 的 $\tilde{s}$ 将会导致随后的 $\tilde{v}$ 较高（较低）。

拉里克、伯森和索尔（Larrick，Burson and Soll，2007）发现，当人们面对一个相对困难的任务时，其表现出来的过度自信的程度与自认为强于平均水平的想法高度相关。也就是说，对于这样的任务，过度自信可以看成对个人能力的高估。热

尔韦和奥丁（Gervais and Odean，2001），热尔韦和戈尔茨坦（Gervais and Goldstein，2007），热尔韦、希顿和奥丁（Gervais，Heaton，and Odean，2010）等正是基于这一点来为过度自信构建模型的。其中过度自信与感知到的自身能力之间的相关性，同马奇和夏皮罗（March and Shapira，1987）的研究结果一致，他们发现管理者倾向于相信结果在很大程度上是可控的，并认为在他们的监督下的项目的风险比实际的要小。拉伍德和惠特克（Larwood and Whittaker，1977）发现管理者倾向于高估自己指导项目取得成功的能力，证明了相似的控制幻觉的存在。

因此，可根据管理者高估自己能力的倾向，对过度自信进行建模。更具体地说，假定管理者认为自己的能力是 $a+b$，在这里 $b\in[0, 1/2]$。当 $b=0$ 时，管理者理性并恰当地测量 $\tilde{s}$ 中含有的信息，反过来，当 b 接近 1/2 时，管理者过分高估自己已掌握的信息的精准度并过度依赖它。在这种情形下，对于他而言，

$$E_b(\tilde{v}\mid\tilde{s})=(a+b)\tilde{s}+(1-a-b)\bar{v}=\bar{v}+(a+b)(\tilde{s}-\bar{v})\qquad(22\text{—}4)$$ 417

E 的下标 b 表示这是在存在偏误的信息集中管理者的期望。因此，与理性的管理者相比，当 $\tilde{s}>\bar{v}(\tilde{s}<\bar{v})$ 时，过度自信的管理者会额外高估（低估）项目的未来现金流。

为了最大化公司价值，管理者当且仅当项目条件净现值 $\frac{1}{1+r}E_b(\tilde{v}\mid\tilde{s})-c>0$ 时，才会执行新项目。假设 $\frac{1}{1+r}E_b(\tilde{v}\mid\tilde{s})-c=0$ 存在内点解，利用式（22—4），上述条件相当于 $\tilde{s}>s_b^*$，其中，

$$s_b^*\equiv\bar{v}-\frac{\bar{v}-c(1+r)}{a+b}=\bar{v}-\frac{1+r}{a+b}\left(\frac{\bar{v}}{1+r}-c\right)\qquad(22\text{—}5)$$

s_b^* 代表决定项目可执行与否的信息临界值（大于临界值即视为可以执行）。如果 s_b^* 是一个很小的数值，那么会有较多项目可以执行（随着 s_b^* 增大，概率 $\{\tilde{s}>s_b^*\}$ 减小），等式（22—5）表明过度自信对投资的影响有两种情况，它取决于 $\frac{\bar{v}}{1+r}-c$——在没有关于 $\tilde{v}$ 的信息的情况下项目净现值的正负性。当对项目的现金流的事前期望很小（即，$\bar{v}$ 很小）或者项目成本较高（即，c 很大）时，过度自信（b 增加）将会导致过度投资，因为此时管理者使用的信息临界值 s_b^* 低于不存在过度自信条件下的临界值

$$s_0^*=\bar{v}-\frac{\bar{v}-c(1+r)}{a}\qquad(22\text{—}6)$$

而 s_0^* 才是公司股东们希望管理者去选择的。

显然，当 $\bar{v}$ 很大或者 c 很小时，过度自信也会导致投资不足。这是因为相比因正面信息比重大而决定执行的项目，管理者会因负面信息比重较大而否决更多的项

目。热尔韦等（Gervais et al.，2010）指出，当很多公司为了项目而相互竞争时，这一理论的条件往往就不成立了。项目所必需的时间耗费和信息收集成本很高，使得项目在事前看来并不具有显著的盈利性。例如，投标其他公司始终是每一个公司投资计划上的一个备选项，但是通常只有那些得到了关于协同收益的积极信号的公司才会付诸实施。也就是说，在大多数合理的情况下，$\frac{\overline{v}}{1+r}-c<0$，只有在有足够的积极信号的情况下才会执行投资。该模型因此预测过度自信常常会导致过度投资。

过度自信与乐观

过度自信与乐观（高估未来有利事件的发生概率的信念）两者的含义并不相同。研究人员通常都发现人们对未来事件有着不切实际的乐观。他们预期自己身上发生好事情的概率高于他人（Weinstein，1980；Kunda，1987）。例如，伊藤（Ito，1990）指出外汇公司会认为比起其他公司，汇率波动对自己的影响更加有利。尽管从学术角度看，过度自信和乐观确实存在区别，但在金融文献中这两种偏误的含义往往相同。在探讨资本预算时，当新投资项目的相关信息是公司估值的唯一影响因素时，可以把这两种偏误等同看待。事实上，虽然过度自信的管理者也会
418 过度强调负面信息，但这对其放弃投资这一结果并没有影响。因此，过度自信的作用是片面的，就像乐观一样。

为了说明在资本预算背景下两种偏误的相似性，管理者的乐观被模拟为在 $\tilde{v}$ 中的可被感知的一阶随机变化。作为这种偏误的结果，管理者估计 $\tilde{v}$ 的无条件平均值是$\overline{v}+\beta$，其中$\beta\geqslant 0$（不同于单独的$\overline{v}$）。他依然会系统性地高估在$\tilde{s}$条件下$\tilde{v}$的平均值，对他来说，

$$E_{\beta}(\tilde{v}\mid\tilde{s})=a\tilde{s}+(1-a)(\overline{v}+\beta) \tag{22—7}$$

随着β增加而增加。因此，乐观的管理者当且仅当$\tilde{s}>s_{\beta}^{**}$时执行项目，在这里

$$s_{\beta}^{**}\equiv\overline{v}+\beta-\frac{\overline{v}+\beta-c(1+r)}{a} \tag{22—8}$$

其中，由于$a<1$，s_{β}^{**}看起来会随着β的增大而减小。因此，和过度自信一样，乐观也会导致管理者执行更多项目。鉴于此，本章将对两种偏误做可相互替换的讨论，就像一般文献通常采用的方法一样。

值得注意的是，卡萨尔和吉布森（Cassar and Gibson，2007）发现管理者们对自己的收入预测是不乐观的，他们并不会系统地高估公司未来的现金流。然而，他们还发现同样的管理者表现出过度自信，因为他们的收入预测往往极端且不稳定。

类似地，本一戴维德、格雷厄姆和哈维（Ben-David，Graham and Harvey，2008）针对首席财务官（CFO）的调查同时测度了 CFO 的过度自信和乐观倾向。他们发现过度自信是投资的关键驱动力，而乐观对投资更多的是边际影响。

实证证据

本节将回顾关于管理者的过度自信和乐观对公司资本预算决策的影响的实证研究。

度量过度自信

想要检验公司决策中管理层偏误的存在及其影响，实证研究者所面临的第一个挑战就是设计一种看似合理的方法来度量偏误。尽管管理者的过度自信很可能导致公司过度投资，然而，仅仅把过度投资的发生率作为支持或反驳公司决策方面的行为理论的依据，通常是不够的。原因很简单，围绕着信息不对称和代理关系的众多理论同样也可以解释这种现象（Stein，2003）。因此，为了使案例能够有力地说明行为因素对资本预算的影响，学者必须建立与公司最终投资决策以及决策结果相联系的测度过度自信的方法。

很长一段时间里，公司金融领域始终没有找到度量过度自信的有效方法，特别是在涉及为公司做出决策的代理人的时候。事实上，在对资本预算方面的文献的回顾中，斯坦（Stein，2003）提到管理者的过度自信是研究公司投资决策问题“可 419
能非常有前途”的视角。他认为，有充足的心理学证据表明，人们在估计概率时往往存在偏误，且这将会影响到他们的经济决策。然而，大多数情况下，由于缺乏直接度量过度自信的方法，实证研究者难以对此类偏误在资本预算决策中的影响做出有说服力的论述。不过近年来这种情况出现了变化，因为学者已经开发出了更巧妙的方法，以度量公司中关键员工的过度自信程度。迄今为止，可以利用多种多样的数据资源来对过度自信做出估计：高管们执行股票期权和收购公司股票时的个人决策情况、杂志和报纸在描述公司 CEO 时的语气、对高管的调查以及管理人员的收入预期。

马尔门迪尔和塔特（Malmendier and Tate，2005a，2008）首次提出利用股票和股票期权数据来度量管理者的过度自信水平。这种方法的本质是依据管理者（在有能力避免的情况下）自愿保持多样化不足的倾向，将管理者进行分类。更具体地说，哪怕错过最佳行权期仍坚持持有被授予的股票期权的 CEO，以及那些不顾持续增加的非系统性风险，一直定期增持其他公司股票的 CEO，可以被划分为过度自信的管理者。

第二种方法同样归功于马尔门迪尔和塔特（Malmendier and Tate，2005a，

2008），他们转而关注热门媒体中有关 CEO 的文章（例如，《经济学人》《商业周刊》和《纽约时报》），来推断一个 CEO 是否过度自信。具体而言，他们通过对比描述一个 CEO“自信”或者“乐观”的文章的数量和把他描述为“谨慎”“保守”“不自信”或者“不乐观”的文章的数量，来实现这一目的。在给定的某一年里，如果前者超过后者，便把这个 CEO 归类为过度自信的管理者。

第三种方法是通过设计和实施调查来度量管理者的偏误，这些调查有助于推断受访者的行为特点。这样的方法起源于本—戴维德等（Ben-David et al.，2008）以及昭特纳和韦伯（Sautner and Weber，2009）。例如，本—戴维德等（Ben-David et al.，2008）询问了高级财务主管（其中大部分是 CFO）一系列关于标准普尔 500 指数的预期收益分布的问题。学者将预期收益的密集分布解释为过度自信的标志，而认为高预期收益则是乐观的迹象。

最后，林、胡和陈（Lin，Hu and Chen，2005）用管理者们对公司盈利的预测数据来估计他们的过度自信水平。具体来说，在控制了发布夸大的数据的经济激励后，如果 CEO 仍然倾向于夸大公司的预期收益，他们就推断该 CEO 是过度自信的。有趣的是，本—戴维德等（Ben-David et al.，2008）基于标准普尔 500 指数预期收益度量了 CFO 的过度自信水平，并论证了其与该 CFO 对公司现金流松紧程度的估计之间存在正相关关系，证实了以上方法的有效性。

投资对现金流的敏感性

根据经典经济学理论，一个公司的投资应该完全受盈利机会驱动。更具体而
420 言，公司价值的托宾 Q（Tobin，1969）应足以解释公司投资的水平。然而，然而，正如法扎里、哈伯德和彼得森（Fazzari，Hubbard and Petersen，1988）以及追随他们的众多学者所论证的（这方面的文献回顾，参考 Hubbard，1998），经典经济学的预测似乎没有得到实证的支撑。相比其他公司，拥有更多现金和较少依赖债务融资的公司倾向于投资更多，将更多的投资计划付诸实施。相关文献对这种结果提供了几种解释，包括逆向选择和道德风险对外部融资成本的影响以及詹森（Jensen，1986）的扩张理论（回顾可参看 Stein，2003）。另一种解释来自希顿（Heaton，2002）所建立的过度自信的 CEO 模型。过度自信的 CEO 不愿意通过发行他们感觉价值被低估的风险证券来为新的投资融资。所以充足的现金流以及进行（几乎）无风险借贷的能力，为这些 CEO 采取激进投资策略的需求创造了足够宽松的财务环境。①

马尔门迪尔和塔特（Malmendier and Tate，2005a）将投资与众多已知的能解释投资决策的要素做了回归分析，其中包括托宾 Q 理论和现金流。为了考察过度自信能否增强现金流对投资的促进作用，他们在回归中加入了现金流和他们所度量

① 所以对于过度自信的管理者而言，现金流与投资之间的正相关关系更强。——译者注

的 CEO 的过度自信水平的交互项。他们的研究结果证实了已有研究中关于投资对现金流的敏感性的发现：对投资而言，现金流的系数为正且显著。他们的研究结果与希顿（Heaton，2002）的预测相符，即过度自信的 CEO 的投资对现金流变动的反应更加强烈。在他们所有的回归中，交互项的系数都是显著为正的。

为了深化对希顿（Heaton，2002）的模型的验证，马尔门迪尔和塔特（Malmendier and Tate，2005a）针对这一点做了检验：融资受限的公司受到的 CEO 的过度自信的影响，是否比其他公司更大。根据卡普兰和津加莱斯（Kaplan and Zingales，1997）衡量公司融资约束的方法对样本公司进行分类后，他们得出结论：对融资受限的公司而言，CEO 的过度自信对投资和现金流之间的关系的影响是有限的。

其他几位学者也证实了马尔门迪尔和塔特（Malmendier and Tate，2005a）的结论，因而坎贝尔、约翰逊、拉瑟福德和斯坦勒（Campbell，Johnson，Rutherford and Stanley，2009）使用公司投资数据来代表管理者的过度自信水平。例如，利用通过不同度量方法（如上面讨论的）得出的 CEO 过度自信水平做相似的回归，马尔门迪尔和塔特（Malmendier and Tate，2005b）及林等人（Lin et al.，2005）论证了，伴随着 CEO 过度自信水平的提高，投资对现金流的敏感性会变得更强。在格莱泽、舍费尔斯和韦伯（Glaser，Schäfers and Weber，2008）的著作中可以找到一系列相关的有前途的调查。他们将马尔门迪尔和塔特（Malmendier and Tate，2005a）的研究对象扩展到一个更广泛的公司内部决策者的范围内，涵盖了 CFO 和执行监督委员会的成员。除了印证了马尔门迪尔和塔特（Malmendier and Tate，2005a）关于 CEO 过度自信对投资的影响的结论，格莱泽等还发现 CFO 的过度自信对投资没有影响或影响很小，而董事会的过度自信则在一定程度上与投资相关联。

尽管本—戴维德等（Ben-David et al.，2008）的结论并没有与投资对现金流的敏感性直接相关，但是他们的研究显示，那些 CFO 高估自身能力（预测标准普尔 500 指数的能力）的公司，其资本支出比一般公司要高 8%。有趣的是，他们的研究结果还表明，只有依据长期收益（例如，十年期收益）预期的分布情况所测度的 421
过度自信程度，而非短期收益（例如，一年期收益）预期的分布情况所测度的过度自信程度，才有助于解释资本支出的水平，这是由于绝大部分的资本支出都是长期投资。

公司的并购（mergers，acquisitions）与收购（takeovers）

在对公司控制的相关文献的回顾中，詹森和卢拜克（Jensen and Ruback，1983）总结了前人的实证证据（例如，Dodd，1980；Asquith，1983；Eger，1983）：兼并不会为投标公司带来任何收益。布拉德利、德赛和金（Bradley，Desai，and Kim，1988）以及贝尔科维奇和纳拉亚南（Berkovitch and Narayanan，1983）的后续研究表明，收购对主并公司的价值有负面影响。最近，安德雷德、米切尔和斯塔福德（Andrade，Mitchell and Stafford，2001）的研究显示，在1973年到1988年间，在兼并宣告后的三天窗口期内，主并公司经历了平均－0.7%的超额收益率。同样，莫勒、施林曼和斯塔茨（Moeller，Schingemann and Stulz，2005）根据对1980年到2001年间12 000多起兼并事件的研究，发现当收购计划（总计3.4万亿美元）宣布时，主并公司已经损失很多（总计2 200亿美元）。

为了解释收购过程中投标公司和目标公司的价格走势，罗尔（Roll，1986）提出管理者的过度自信是收购行为的重要驱动力量。他关于收购的自大假说（hubris hypothesis）（正式模型见Xia and Pan，2006）有两个主要部分。首先，由于公司股权的市场价格的存在，投标过程的结果是不对称的——如果收购公司的价值高于市场价格，则投标公司会出价；反之则投标公司不出价（自然也观察不到投标公司的估价）。也就是说，我们只能观察到投标公司高估收购公司价值的失误。显然，这并不足以得出主并公司平均支付过高的结论。其次，一个理性的投标公司需要认识到这个“赢者诅咒”（winner's curse）并确保投资收益关于收购发生的条件期望是非负的。这就是第二部分发挥作用的地方。尽管当所有市场参与者聚集起来时，我们预期市场可消除非理性个体的非系统性错误，但这不并适用于收购市场。在收购市场中，一个极端CEO的错误不会立刻被大量相互竞争的套利者纠正。相反，错误会直接导致收购发生，在这之后才会发生市场价格的调整，以整合并反映所有人的看法。因此，正如罗尔（Roll，p. 199）所写的，“收购反映了个人的决策。”

罗尔（Roll，1986）的自大假说的影响力来自它对几种有关收购的实证现象的连带解释能力。过度自信会导致价值高估，从而造成错误投标。就像罗尔（Roll，1986）所指出的，这一机制与收购宣告后投标公司的平均价值下降、目标公司平均价值上升、两者结合后的价值变化微乎其微的现实情况一致。由于罗尔（Roll，1986）的假说，公司收购市场已经成为测度管理者过度自信对公司投资决策的影响的重要（可能不是主要的）平台。

早期试图把CEO的过度自信与兼并活动联系起来的是罗文伯（Rovenpor，1993），她通过招募独立的读者基于CEO最近的演讲来评估他们的自信水平。她
422 发现CEO的自信水平可能与尝试兼并的次数、兼并完成的次数和兼并交易的美元价值正相关。观察到兼并对长期盈利（例如Ravenscraft and Scherer，1987）和股票收益（例如Agrawal，Jaffe and Mandelker，1992）的负面影响后，海沃德和汉布瑞克（Hayward and Hambrick，1997）进而根据罗尔（Roll，1986）的自大假说进行了调查，将代表CEO过度自信的三个变量——主并公司的近期表现、近期媒体对CEO的赞美和CEO的报价与次高报价之间的差额——与收购溢价做了相关性分析。在控制了各种与收购溢价相关的已知决定因素后，他们发现所有这三个过度自信变量都与收购溢价正相关。他们还发现，当CEO掌握更多的决策权时，

比如说当 CEO 兼任董事会主席或内部董事占比较大时，变量间的相关性也会更强。所有这些结果都与自大假说相符。

马尔门迪尔和塔特（Malmendier and Tate，2008）则通过股票期权的执行决策来评估 CEO 的过度自信水平，以验证自大假说。在控制了各种影响兼并的因素（包括公司规模、现金流和主并公司的托宾 Q）后，他们发现 CEO 过度自信的公司发起兼并的概率要较其他公司高出 65%。此外与希顿（Heaton，2002）的预测一致的是，过度自信的管理者更喜欢使用内部资源为一项新投资融资，特别是在现金充沛的公司中，这一现象更加显著。最后，由于过度自信的管理者往往认为他们是在为股东谋取最大利益，因此与平均水平相比，过度自信的 CEO 所领导的公司兼并带来的损失也较大。马尔门迪尔和塔特（Malmendier and Tate，2008）同样证实了这一点，他们测算了主并公司的股价变化，发现在兼并宣告后三天内，CEO 过度自信的主并公司的股票的超额损失（−0.90%）约三倍于平均水平（−0.29%）。他们还估计，在他们的样本期（1980 年到 1994 年）内，在股东遭受的 43.9 亿美元损失中，大约有 21.5 亿美元是由 CEO 的过度自信所导致的。

刘和泰弗勒（Liu and Taffler，2008）通过增加目标公司 CEO 的过度自信程度，扩展了马尔门迪尔和塔特（Malmendier and Tate，2008）的研究结果。在解释变量方面，他们同样通过 CEO 股票期权的执行决策来衡量过度自信程度。研究发现，在并购宣告的三天窗口期内，目标公司 CEO 的过度自信会给主并公司的绩效带来不利影响。他们对结果的解释与热尔韦和戈尔茨坦（Gervais and Goldstein，2007）的理论预测一致，CEO 过度自信的目标公司会要求一个更高的收购溢价，因为其 CEO 不愿意放弃他们估值很高的项目。对马尔门迪尔和塔特（Malmendier and Tate，2008）研究的另一个扩展来自克罗奇、佩特梅萨斯和沃格内斯—纳诺斯（Croci，Petmezas and Vagenas-Nanos，2009）的研究成果，他们对英国 1990 年到 2005 年间的股票期权和公司兼并数据使用相同的方法，证实了过度自信的 CEO 比他们理性的同行更容易带领公司进行有损公司价值的兼并活动。作者还证明了，商业周期并不影响这一结论，无论是在繁荣期还是在衰退期都是如此。

布朗和萨尔玛（Brown and Sarma，2007）采用媒体对 CEO 的描述来度量其过度自信程度，也论证了过度自信的 CEO 更容易参与兼并交易。此外，他们通过 423
CEO 的薪酬占公司总资产的比率来衡量 CEO 的统治地位，这种统治地位会强化 CEO 过度自信和收购频率之间的正相关关系。因此，CEO 自身的偏误加上公司决策的相对自由空间，将更有可能引发兼并活动。

最后，本—戴维德等人（Ben-David et al.，2008）发现：与 CFO 更理性的公司相比，CFO 过度自信的公司往往更多地参与收购活动。与研究资本支出时一样，只有与长期的预期收益分布相关联的 CFO 的过度自信水平才具有解释力。在宣告期收益方面，他们的结论和其他文献一致，更具体来说，他们发现在包括并购宣告日在内的三天时间里，CFO 过度自信的投标公司的收益比平均水平低 1.3%。综上

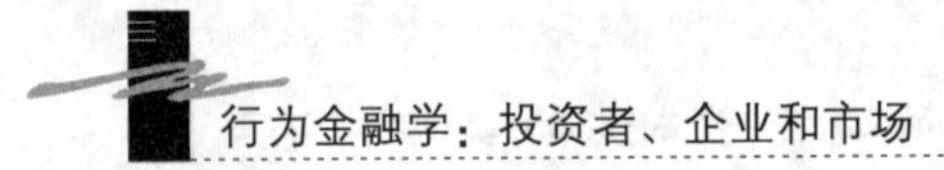

所述，CEO 和 CFO 的过度自信似乎都会影响公司兼并的频率和规模。

企业家、新市场和创新项目

有关资本预算的另一个现象是，小公司（通常是私人公司）更容易受到管理者（包括企业家）的过度自信的影响。因为在这些小公司里，资本预算过程的参与人更少，关键决策者的偏误不太可能需要经由其他人同意或经历冗长的决策过程。此外，这些小公司参与的项目或市场，往往缺少甚至没有可得的数据，致使任何统计模型都无力遏制草率的投资决策，这进一步加剧了上述现象。尽管在许多创业决策中，极大的风险使多数人闻风丧胆，然而过度自信的人却更易于接受甚至欢迎这些风险。换句话说，由于理性人往往规避高风险的创业活动，从事创业的企业家自然就更具有过度自信的倾向（De Meza，Southey，1996；Van den Steen，2004）。事实上，布森尼兹和巴尼（Busenitz and Barney，1997）论证了在大型组织中，过度自信是区分企业家和管理者的一个关键特征。因此，一些学者研究调查过度自信对创业公司的投资决策的影响也就不奇怪了。

库珀、吴和邓克尔伯格（Cooper，Woo and Dunkelberg，1988）发现企业家评估他们自己成功的几率较同行更高。例如，他们发现尽管超过一半的商业冒险都是以失败告终，但样本中却有多达 35%的企业家认为自己新冒险的成功概率为 100%。同样，科尔曼、佩莱斯和万奇尼（Corman，Perles and Vancini，1988）所调查的大多数高技术产业的企业家也认为自己的成功前景是零风险的。在另外一项对企业家的跨国调查中，克林格、明尼蒂和沙德（Koellinger，Minniti and Schade，2007）发现在企业家过度自信程度更高的国家，创业活动更多，但失败的概率也更高。

与并购活动相似，在决定是否进入一个新市场时，公司也常常会犯下重大错误。戴维斯（Davis，1985）发现，公司在新项目的预算上存在系统性的超支，80%的新公司高估他们潜在的市场份额，这些现象在高科技产业中更加严重。凯默勒和洛瓦洛（Camerer and Lovallo，1999）通过实验研究提出了“参照组忽视”（Reference group neglect）效应，这一效应指的是代理人在评估进入新市场的成功
424 前景时，不能充分考虑同行间竞争的影响。也就是说，当不得不相互竞争时，高估自己相较于同行的能力会产生非常不利的影响（参见 Svenson，1981）。

在产品层面，西蒙和霍顿（Simon and Houghton，2003）访问了计算机行业中来自即将推出新产品的小公司的 55 位管理者，他们使用内容分析法估计管理者对产品成功概率的过度自信程度，他们发现管理者过度自信程度越高，越有可能引进更具开拓性（即高风险）的产品，并往往更容易失败。同样，其他的研究还证明管理者过度自信会导致工厂扩建（Nutt，1990）和创新（Staw，1991）。

成本、计划和承诺升级（escalation of commitment）[①]

只有在现金充足的情况下，管理者的过度自信和乐观才有可能导致过度投资。这些偏误引发过度投资的另一条路径在于，有偏误的管理者有低估项目的经济成本和时间成本的倾向（Kidd，1970；Hall，1982；Lovallo and Kahneman，2003）。正如比勒、格里芬和罗斯（Buehler，Griffin，and Ross，1994，2002）所论述的，人们在预测完成任务所需时间的时候，通常表现出向下的系统性偏误。对于管理者而言，计划谬误从两方面降低了项目实现价值和公司价值（与预期价值相比）。第一，由于项目成本中的很大一部分（例如，劳动）直接与完成时间成正比，因此项目的实际成本高于预期。第二，项目的延迟完成意味着项目运营带来的正现金流也将被推迟，所以项目的实际贴现值也要小于管理者最初的预期。

另一个相关的现象是管理者往往导致公司陷入承诺升级的境地，这极大地影响了成本，进而影响了项目的盈利能力。就像大多数人倾向于不断做出提高个人努力程度的承诺一样（Staw，1976；Teger，1980；Arkes and Blumer，1985），公司的管理者们也倾向于在谈判中增加承诺（Bazerman and Neale，1992），故而想要补偿损失反而损失更多（Garland，1990；Ross and Staw，1993），以至于无法在现实的选择情境下做出最优决策（Denison，2009）。这种难以忽视沉没成本的表现，可以用罗斯和斯托（Ross and Staw）所记录的一个生动的例子加以说明：长岛照明公司决定建设和运营肖勒姆核电厂，最初的项目成本为 7 500 万美元，23 年之后，这一项目最终被废止，此时总计投入已经高达 5 亿美元。学者把这种行为归因于决策者当初的过度自信，另外由于存在自我辩护（self-serving）倾向，他们又将负面结果归因于外部力量，以至于始终坚信对未来现金流的初始预期。

乐观还有可能引发自证预言（self-fulfilling prophecy）现象，正是基于这一点，项目计划过程中的乐观精神从行为层面对公司金融产生影响（示例见 Sherman，1980）。由于设置了乐观的目标和完成期限，管理者本能地对自己和团队承诺将从项目中实现更多价值（Heath，Larrick and Wu，1999）。换句话说，他们的决心使得他们觉得自己已经接近事先的预期，即使实际上仍然远远不及。

管理者偏误作用强弱的几种影响因素 425

本节介绍有助于减轻行为偏误对资本预算的影响的几种因素，将要讨论学习、

① 承诺升级现象指的是，尽管有证据表明已经做出的决策是错误的，但是人们往往还是倾向于坚持同样的决策。造成这种现象的原因是决策后的认知失调，因为决策者不想承认他们最初的决策存在某些缺陷，于是他们不是去寻找新的替代方案，而是简单地增加他们对最初解决方案的承诺（投入）。——译者注

最低可接受回报率（hurdle rate）以及合同激励对过度自信与投资之间的关系的影响。

学习和归因倾向（attribution bias）

理论上，管理者最终应该会从他们的投资决策的结果中学习并恰当地调整他们对自己处理信息的能力的认识。如果是这样的话，那么随着时间的推移，管理者的期望应该得到校准并变得更加准确，因为减少了在投资上犯的错误。例如，如同克林格、明尼蒂和沙德（Koellinger，Minniti，and Schade，2007）所展示的，新创业者往往比已建立公司的企业家对自己技能的过度自信程度更高。然而，情况似乎并不总是如此。第一，管理者从投资决策中得到的反馈往往是不精准的，并且要经过较长的时间延迟才能收到。第二，由于管理者不经常做出重要的投资决策，因此他们很少收到高质量的反馈。第三，根据心理学的研究成果，对个人能力的学习过程常常被归因倾向——高估（低估）自己对过去的成功（失败）的责任比重的倾向——所困扰。这就正如哈斯托夫、施耐德和波莱夫卡（Hastorf，Schneider and Polefka，1970，p. 73）所写的，“我们很容易把成功归因于我们自己，而把失败归因于外部力量”（也可参见 Miller and Ross，1975；Langer and Roth，1975；Zuckerman，1979）。

随着时间的推移，管理者可能会观察之前投资决策的结果并认识到自身的能力，本章提出的资本预算模型可以轻松适应这一情况。在这个模型的跨期版本中，管理者做出一系列单期的投资决策，与热尔韦和奥丁（Gervais and Odean，2001）有关投资者自我归因倾向的模型类似。正如他们论证的，关于投资决策，管理者只能收到有延迟的、不频繁和不精准的反馈，这导致他们过度自信并长期保持如此。这实际上是与奈特（Kninght，1921，p. 231）最初的预期一致的：“对能力的可靠的评估只能来源于足够数量的实验……然而在公司管理问题上，不论从客观的视角来看，还是从描述性的视角来看，都无法找到两个相似的实例以供评估。”因此，在公司领域，对自身能力的认识很难收敛到正确的标准化的水平，并且长期的过度自信通常来自一开始的成功经历。

以上关于学习行为的理论和预测勾勒出了过度自信对管理者策略的动态影响路径，管理者们往往会遵从这种策略并将引发一系列的后果。在资本预算问题上则表现为：由过去成功的投资决策带来的过度自信会导致管理者在未来做出相似的决策。而公司收购市场又一次为检验这一理论提供了目前最好的平台。事实上，罗尔（Roll，1986，p. 206）曾写道：“在公司经历了一段美好时光之后，人们更可能自大并追求更具挑战性的目标。”这恰好是祖卡斯和佩特梅萨斯（Doukas and Petme-
426 zas，2007）与比里特和钱（Billett and Qian，2008）的主要实证发现。具体地说，这两组学者论证了完成过一次成功收购的 CEO 更加可能继续开展收购活动，而这会对公司的股票价格产生负面影响。也就是说，早期收购的成功经历导致 CEO 的

自信心膨胀，从而在后续的收购中他的表现与罗尔（Roll，1986）的自大假说高度一致。这印证了莫勒等（Moeller et al.，2005）的观点，他们发现损失惨重的交易（例如，损失超过 10 亿美元的交易）往往发生于有成功收购经历的公司。

过去决策的成功可能会导致管理者接下来做出相似但非理性的决策，这样的可能性不限于公司收购。例如，泰勒和斯廷斯玛（Tyler and Steensma，1998）论证了，当管理者认为过去的战略联盟使公司收益颇丰时，常会过度执着于同盟关系。同样，在对法国企业家的研究中，朗迪耶和泰斯马尔（Landier and Thesmar，2009）发现企业家常常保持一贯的乐观和自我归因倾向。在针对过度自信对公司的战略的影响的研究中，本—戴维德等（Ben-David，2008）指出，当过去的收益较高时，CFO 对未来市场的收益更有信心，也就是说，CFO 似乎会从总体经济的利好而不仅仅是自己公司的良好经营中获得信心。

最低可接受回报率

正如本章前面所介绍的，有关过度自信和乐观对资本预算的影响的文献指出，管理者倾向于高估项目的现金流。这将会导致过度投资，特别是当公司不采取任何控制机制来修正对现金流的估计时。一个可以抵消决策者偏误所导致的现金流膨胀的天然工具，就是计算净现值的折现率。更具体地说，用折现率计算项目净现值的方法，可以降低管理者偏误对估计现金流的影响。

鉴于管理者过度自信的普遍存在，公司的最低可接受回报率往往远高于用标准技术计算得出的资本的实际成本也就不足为奇了。例如，在关于资本预算方法的调查中，沙尔、桑德姆和加斯贝克（Schall，Sundem and Geijsbeek，1978）、吉特曼和默丘里奥（Gitman and Mercurio，1982）、波特巴和萨默斯（Poterba and Summers，1995）与迈耶和塔尔汗（Meier and Tarhan，2007）都发现公司的最低可接受回报率似乎异常高。就像多布斯（Dobbs，2009）所论述的一样，能够有效抑制现金流预测中的过度乐观的一种方法是，激励管理者去关注项目的短期盈利情况。而斯坦（Stein，1989，1996）的文章说明，融资问题迫使管理者采取更短视的投资策略。于是通过更高的折现率[①]，就能够降低在投资决策中长期现金流的比重，从而达到减轻管理者偏误的影响的目的。这种短视观点和格雷厄姆和哈维（Graham and Harvey，2001）的调查结果吻合——不考虑超出回收期的现金流的还本期限规则，作为使用率第三高的资本预算方法，在小公司中的使用频率与净现值规则相当。

合同的激励

在上文介绍的资本预算模型中，并没有对公司及其管理者加以区分，也就是潜

① 过度自信的管理者的最低可接受回报率很高保证了这一点。——译者注

427 在地假设管理者慷慨地担负起了最大化公司总价值的职责。在伯利和米恩斯（Berle and Means，1932）最先提出，罗斯（Ross，1973）、詹森和梅克林（Jenson and Meckling，1976）及霍尔姆斯特伦（Holmström，1979）的开创性文献相继问世、奠定基础之后，过去三十年间越来越多的文章将对代理理论的系统性处理引入公司决策过程之中。在伯利和米恩斯（Berle and Means，1932）的文章中，合同被设计成能激励代理人（如，管理者）为委托人（如，公司本身或它的股东）谋取最大利益的形式。传统上认为，激励机制的错配是道德风险和信息不对称所导致的。近年来，合同和激励的理论已经进一步扩展到可以为管理者的行为特征及其对代理问题的影响做出解释。

戈埃尔和塔科尔（Goel and Thakor，2008）以及热尔韦等（Gervais et al.，2010）把握住了这篇文献的要点。在他们的论文里，假设公司中风险中性的股东们聘请一个风险厌恶的管理者代表他们进行投资决策。这将会带来两方面的结果。第一个结果是，管理者的过度自信可用来降低他的风险厌恶所带来的道德风险（Jensen and Meckling，1976；Treynor and Black，1976）。也就是说，管理者的风险厌恶使他的投资决策过于谨慎，然而，过度自信提供了天然的抵抗力，它能促使管理者高估所掌握的信息和个人能力，以至于对自己控制风险的水平的估计高于实际。在这一前提下，这两篇论文都论证了一定程度上的过度自信是有益的，而过度自信程度过高所导致的过度投资则是有害的。第二个结果是关于监察机制和最优风险分担机制的。合同激励的目标之一是从风险中性的公司到风险厌恶的管理者之间的风险转移，如果管理者的投资策略是尽最大可能追求最优结果，那么合同激励的成本将会更加低廉且高效。过度自信恰好有助于促成这一点；有偏误的管理者的投资策略自发地与投资者的目标（企业价值最大化，即最优结果）一致，因而报酬的分配也会更有效率。

在相关的文献中，阿德里安和韦斯特菲尔德（Adrian and Westerfield，2009）及吉阿、哈克曼和苏布拉马尼亚（Giat，Hackman and Subramanian，2010）分析了动态委托—代理模型（dynamic principal-agent models），其中，委托人关于项目回报的观点是不同于代理人的。前者的文章论证了，当代理人比委托人更乐观时，均衡下的合同会带来更多的努力、激励、投资和产出。后者的文章中则加入了委托代理双方随着时间推移不断从计划的最终结果中学习的可能性。作者具体描述了以下两种情形：随时间推移，如果代理人与委托人相比表现出适度的乐观，那么投资预计将会增加；而当代理人的乐观程度远高于委托人时，投资则会减少。最后，吉阿等（Giat et al.，2010）将他们的模型进行修正并应用于制药研发项目的数据，证明了管理者的乐观是影响公司投资决策和价值的一个决定因素。

到目前为止，几乎没有实证证据解释合同激励、管理者过度自信和投资决策之间的相互作用。例如，尽管本—戴维德等（Ben-David et al.，2008）发现过度自信的 CFO 收到的薪酬大部分由股票期权组成，但是他们没有分析二者如何共同影响

公司的财务政策。类似地，布朗和萨尔玛（Brown and Sarma，2007）分别论证了CEO过度自信和CEO薪酬对公司收购频率的影响，但同样也没有探讨这两个解释 428
变量之间的相互作用。热尔韦等（Gervais et al.，2010）认为，在均衡状态，公司和顶层管理者之间的合同安排应做出调整，以反映行为特征的影响。事实上，研究人员已经发现在管理者过度自信和投资政策的挑战性之间存在正向联系，这似乎表明合同难免非最优或太过僵化，或者说在公司组织中的某些方面，管理者的过度自信其实也具有其价值。

概要和结论

人们倾向于过度自信，表现为高估自己已有信息的精确度和控制风险的能力。由于过度自信与他们的决策制定者身份存在内生性关联，并且在反馈不频繁且不精准的环境里很难学习、改进，因此公司管理者尤其容易产生这样的偏误。在资本预算问题中，过度自信的管理者往往会过度投资。现有的实证文献显示，过度自信导致管理者更迅速地投入自由现金流，发起更多的兼并活动，创办更多的新公司，投资更多的创新项目，并会在一个不盈利的投资政策上坚持更长的时间。学习、提高最低可接受回报率以及合同激励可以降低管理者过度自信引起的投资扭曲，但是似乎并不足以消除它们。

关于管理者偏误对资本预算的影响的文献，目前仍处于初级阶段。大多数直接将管理者过度自信的适当度量指标与公司投资政策相联系的研究都是在过去五到十年内做出的。在本章作者看来，管理者的特征为什么不断根据公司的投资政策做出系统性的且持续的调整，仍然是一个未解的难题，有待更多研究。除了更进一步探索合同激励、过度自信和投资政策之间的相互作用，一个富有成效的研究方向就是探究过度自信给一个组织带来的整体得失。也就是说，管理者过度自信带来的挑战性过高的投资政策可能是公司在其他方面获得更大利益所必要的成本。例如，最近热尔韦和戈尔茨坦（Gervais and Goldstein，2007）与博尔顿、布伦纳迈尔和维尔德坎普（Bolton，Brunnermeier and Veldkamp，2008）关于过度自信的管理者的研究似乎证明了，过度自信对于公司的内部运作是有价值的。同样，伯纳多和维尔茨（Bernardo and Welch，2001）、恩格尔迈尔（Englmaier，2006）、楚（Chu，2007）、热尔韦等（Gervais et al.，2010）的模型均表明过度自信可以提高效率、生存的可能性和经济增长水平。在这种情况下，公司内过度自信的整体净现值可能是正的，尽管它会引起资本预算方面的错误。

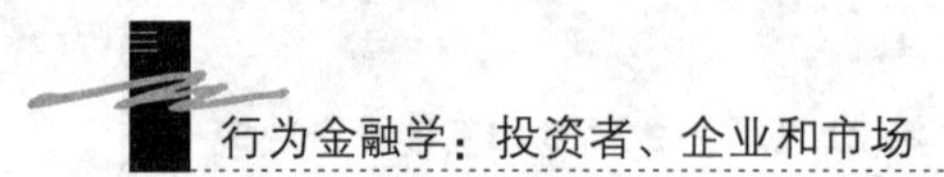

讨论题

1. 为什么在制定资本预算决策时，公司管理者可能是过度自信的？

2. 在资本预算背景下，解释为什么管理者过度自信和乐观都会导致过度投资。

3. 研究人员有什么样的实证方法去度量管理者的过度自信程度？

429 4. 解释如何检验管理者过度自信对公司投资现金流敏感度的影响，并讨论可能的结果。

5. 解释为什么当公司向管理者提供合同激励时，管理者的过度自信可能是有效率的。

参考文献

Adrian，Tobias，and Mark M. Westerfield. 2009. Disagreement and learning in a dynamic contracting model. *Review of Financial Studies* 22：10，3873–906.

Agrawal，Anup，Jeffrey F. Jaffe，and Gershon N. Mandelker. 1992. The post-merger performance of acquiring firms：A re-examination of an anomaly. *Journal of Finance* 47：4，1605–21.

Alpert，Marc，and Howard Raiffa. 1982. A progress report on the training of probability assessors. In *Judgment under uncertainty*：*Heuristics and biases*，(eds.) Daniel Kahneman，Paul Slovic，and Amos Tversky，294–305. Cambridge：Cambridge University Press.

Andrade，Gregor，Mark Mitchell，and Erik Stafford. 2001. New evidence and perspectives on mergers. *Journal of Economic Perspectives* 15：2，103–20.

Arkes，Hal R.，and Catherine Blumer. 1985. The psychology of sunk cost. *Organizational behavior and human decision processes* 35：1，124–40.

Asquith，Paul. 1983. Merger bids，uncertainty，and stockholder returns. *Journal of Financial Economics* 11：1–4，51–83.

Baker，Malcolm，Richard S. Ruback，and Jeffrey Wurgler. 2007. Behavioral corporate finance. In *Handbook of corporate finance*：*Empirical corporate finance*，(ed.) B. Espen Eckbo，145–88. Amsterdam：North-Holland.

Bazerman，Max，and Margaret Neale. 1992. Nonrational escalation of commitment in negotiation. *European Management Journal* 10：2，163–8.

Ben-David，Itzhak，John R. Graham，and Campbell R. Harvey. 2008. Managerial overconfidence and corporate policies. Working Paper, Duke University.

Berkovitch, Elazar, and M. P. Narayanan. 1993. Motives for takeovers: An empirical investigation. *Journal of Financial and Quantitative Analysis* 28: 3, 347 - 62.

Berle, Adolph, and Gardiner Means. 1932. *The modern corporation and private property*. New York: Macmillan.

Bernardo, Antonio E., and Ivo Welch. 2001. On the evolution of overconfidence and entrepreneurs. *Journal of Economics and Management Strategy* 10: 3, 301 - 30.

Billett, Matthew T., and Yiming Qian. 2008. Are overconfident CEOs born or made? Evidence of self-attribution bias from frequent acquirers. *Management Science* 54: 6, 1037 - 51.

Bolton, Patrick, Markus K. Brunnermeier, and Laura Veldkamp. 2008. Leadership, coordination and mission-driven management. Working Paper, Columbia University.

Bradley, Michael, Anand Desai, and E. Han Kim. 1988. Synergistic gains from corporate acquisitions and their division between the stockholders of target and acquiring firms. *Journal of Financial Economics* 21: 1, 3 - 40.

Brehmer, Berndt. 1980. In one word: Not from experience. *Acta Psychologica* 45: 1 - 3, 223 - 41.

Brown, Rayna, and Neal Sarma. 2007. CEO overconfidence, CEO dominance and corporate acquisitions. *Journal of Economics and Business* 59: 5, 358 - 79.

Buehler, Roger, Dale Griffin, and Michael Ross. 1994. Exploring the "planning fallacy": Why people underestimate their task completion times. *Journal of Personality and Social Psychology* 67: 3, 366 - 81.

Buehler, Roger, Dale Griffin, and Michael Ross. 2002. Inside the planning fallacy: The causes and consequences of optimistic time predictions. In *Judgment under uncertainty: Heuristics and biases*, (eds.) Daniel Kahneman, Paul Slovic, and Amos Tversky, 250 - 70. Cambridge: Cambridge University Press.

Busenitz, Lowell W., and Jay B. Barney. 1997. Differences between entre- 430
preneurs and managers in large organizations: Biases and heuristics in strategic decision-making. *Journal of Business Venturing* 12: 1, 9 - 30.

Camerer, Colin, and Dan Lovallo. 1999. Overconfidence and excess entry: An experimental approach. *American Economic Review* 89: 1, 306 - 18.

Campbell, T. Colin, Shane A. Johnson, Jessica Rutherford, and Brooke W. Stanley. 2009. CEO confidence and forced turnover. Working Paper, Texas A&M

University.

Cassar，Gavin，and Brian Gibson. 2007. Forecast rationality in small firms. *Journal of Small Business Management* 45：3，283 - 302.

Chu，Angus C. 2007. Confidence-enhanced economic growth. *B. E. Journal of Macroeconomics* 7：1，1 - 18.

Cooper，Arnold C.，Carolyn Y. Woo，and William C. Dunkelberg. 1988. Ent-repreneurs' perceived chances for success. *Journal of Business Venturing* 3：2，97 - 108.

Corman，Joel，Benjamin Perles，and Paula Vancini. 1988. Motivational factors influencing high-technology entrepreneurship. *Journal of Small Business Management* 26：1，36 - 42.

Croci，Ettore，Dimitris Petmezas，and Evangelos Vagenas-Nanos. 2009. Managerial overconfidence in high and low valuation markets and gains to acquisitions. Working Paper，University of Surrey.

Cyert，Richard M.，and James G. March. 1963. *A behavioral theory of the firm*. Englewood Cliffs，NJ：Prentice-Hall.

Daniel，Kent D.，David Hirshleifer，and Avanidhar Subrahmanyam. 1998. Investor psychology and security market under-and overreactions. *Journal of Finance* 53：6，1839 - 85.

Davis，David. 1985. New projects：Beware of false economies. *Harvard Business Review* 63：2，95 - 101.

Dean，Joel. 1951. *Capital budgeting*. New York：Columbia University Press.

De Meza，David，and Clive Southey. 1996. The borrower's curse：Optimism，finance and entrepreneurship. *Economic Journal* 106：435，375 - 86.

Denison，Christine A. 2009. Options and escalation of commitment：A behavioral analysis of capital investment decisions. *Accounting Review* 84：1，133 - 55.

Dobbs，Ian M. 2009. How bad can short termism be? A study of the consequences of high hurdle discount rates and low payback thresholds. *Management Accounting Research* 20：2，117 - 28.

Dodd，Peter. 1980. Merger proposals，management discretion and stockholder wealth. *Journal of Financial Economics* 8：2，105 - 37.

Doukas，John A.，and Dimitris Petmezas. 2007. Acquisitions，overconfident managers and self-attribution bias. *European Financial Management* 13：3，531 - 77.

Eger，Carol Ellen. 1983. An empirical test of the redistribution effect in pure exchange mergers. *Journal of Financial and Quantitative Analysis* 18：4，547-72.

Einhorn，Hillel J.，and Robin M. Hogarth. 1978. Confidence in judgment：Persistence of the illusion of validity. *Psychological Review* 85：5，395-416.

Englmaier，Florian. 2006. A strategic rationale for having overconfident managers. Working Paper，Harvard University.

Fama，Eugene F. 1970. Efficient capital markets：A review of theory and empirical work. *Journal of Finance* 25：2，383-417.

Fazzari，Steven，M.，R. Glenn Hubbard，and Bruce C. Petersen. 1988. Financing constraints and corporate investment. *Brookings Papers on Economic Activity* 1，141-95.

Fischhoff，Baruch，Paul Slovic，and Sarah Lichtenstein. 1977. Knowing with certainty：The appropriateness of extreme confidence. *Journal of Experimental Psychology* 3：4，552-64.

Garland，Howard. 1990. Throwing good money after bad：The effect of sunk costs on the decision to escalate commitment to an ongoing project. *Journal of Applied Psychology* 75：6，728-31.

Gervais，Simon，and Itay Goldstein. 2007. The positive effects of biased self- 431
perceptions in firms. *Review of Finance* 11：3，453-96.

Gervais，Simon，J. B. Heaton，and Terrance Odean. 2010. Overconfidence，compensation contracts，and capital budgeting. Working Paper，Duke University.

Gervais，Simon，and Terrance Odean. 2001. Learning to be overconfident. *Review of Financial Studies* 14：1，1-27.

Giat，Yahel，Steve Hackman，and Ajay Subramanian. 2010. Investment under uncertainty，heterogeneous beliefs and agency conflicts. *Review of Financial Studies* 23：4，1360-1404.

Gitman，Lawrence J.，and Vincent A. Mercurio. 1982. Cost of capital techniques used by major U. S. firms：Survey and analysis of Fortune's 1000. *Financial Management* 11：4，21-9.

Glaser，Markus，Philipp Schäfers，and Martin Weber. 2008. Managerial optimism and corporate investment：Is the CEO alone responsible for the relation? Working Paper，Universität Mannheim.

Goel，Anand M.，and Anjan Thakor. 2008. Overconfidence，CEO selection and corporate governance. *Journal of Finance* 63：6，2737-84.

Graham，John R.，and Campbell R. Harvey. 2001. The theory and practice of corporate finance：Evidence from the field. *Journal of Financial Economics*

60：2-3，187-243.

Hall，Peter. 1982. *Great planning disasters*. Berkeley，CA：University of California Press.

Hastorf，Albert H.，David J. Schneider，and Judith Polefka. 1970. *Person perception*. Reading，MA：Addison-Wesley.

Hayward，Mathew L. A.，and Donald C. Hambrick. 1997. Explaining the premiums paid for large acquisitions：Evidence of CEO hubris. *Administrative Science Quarterly* 42：1，103-27.

Heath，Chip，Richard P. Larrick，and George Wu. 1999. Goals as reference points. *Cognitive Psychology* 38：1，79-109.

Heaton，J. B. 2002. Managerial optimism and corporate finance. *Financial Management* 31：2，33-45.

Holmström，Bengt. 1979. Moral hazard and observability. *Bell Journal of Economics* 10：1，74-91.

Hubbard，R. Glenn. 1998. Capital-market imperfections and investment. *Journal of Economic Literature* 36：1，193-225.

Ito，T. 1990. Foreign exchange rate expectations：Micro survey data. *American Economic Review* 80：3，434-49.

Jensen，Michael C. 1986. Agency costs of free cash flow，corporate finance，and takeovers. *American Economic Review* 76：2，323-9.

Jensen，Michael C.，and William H. Meckling. 1976. Theory of the firm：Managerial behavior，agency costs and ownership structure. *Journal of Financial Economics* 3：4，305-60.

Jensen，Michael C.，and Richard S. Ruback. 1983. The market for corporate control：The scientific evidence. *Journal of Financial Economics* 11：1-4，5-50.

Kahneman，Daniel，and Dan Lovallo. 1993. Timid choices and bold forecasts：A cognitive perspective on risk taking. *Management Science* 39：1，17-31.

Kaplan，Steven N.，and Luigi Zingales. 1997. Do investment-cash flow sensitivities provide useful measures of financing constraints? *Quarterly Journal of Economics* 112：1，169-215.

Katona，George. 1946. Psychological analysis of business decisions and expectations. *American Economic Review* 36：1，44-62.

Keynes，John Maynard. 1936. *The general theory of employment，interest and money*. London：Macmillan.

Kidd，John B. 1970. The utilization of subjective probabilities in production planning. *Acta Psychologica* 34，338－47.

Knight，Frank H. 1921. *Risk，uncertainty and profits*. Boston，MA：Houghton Mifflin Company.

Koellinger，Philipp，Maria Minniti，and Christian Schade. 2007. I think I can，I think I can：Overconfidence and entrepreneurial behavior. *Journal of Economic Psychology* 28：4，502－27.

Kunda，Ziva. 1987. Motivated inference：Self-serving generation and evalua- 432
tion of causal theories. *Journal of Personality and Social Psychology* 53：4，636－
47.

Landier，Augustin，and David Thesmar. 2009. Financial contracting with optimistic entrepreneurs. *Review of Financial Studies* 22：1，117－50.

Langer，Ellen，and Jane Roth. 1975. Heads I win，tailsit's chance：The illusion of control as a function of the sequence of outcomes in a purely chance task. *Journal of Personality and Social Psychology* 32：6，951－5.

Larrick，Richard P.，Katherine A. Burson，and Jack B. Soll. 2007. Social comparison and confidence：When thinking you're better than average predicts overconfidence (and when it does not). *Organizational Behavior and Human Decision Processes* 102：1，76－94.

Larwood，Laurie，and William Whittaker. 1977. Managerial myopia：Self-serving biases in organizational planning. *Journal of Applied Psychology* 62：2，194－8.

Lin，Yueh-Hsiang，Shing-Yang Hu，and Ming-Shen Chen. 2005. Managerial optimism and corporate investment：Some empirical evidence from Taiwan. *Pacific-Basin Finance Journal* 13：5，523－46.

Liu，Yue，and Richard Taffler. 2008. Damned out of their own mouths：CEO overconfidence in M&A decision making and its impact on firm performance. Working Paper，University of Edinburgh.

Lovallo，Dan，and Daniel Kahneman. 2003. Delusions of success：Howoptimism undermines executives' decisions. *Harvard Business Review* 81：7，56－63.

Malmendier，Ulrike，and Geoffrey Tate. 2005a. CEO overconfidence and corporate investment. *Journal of Finance* 60：6，2661－700.

Malmendier，Ulrike，and Geoffrey Tate. 2005b. Does overconfidence affect corporate investment? CEO overconfidence measures revisited. *European Financial Management* 11：5，649－59.

Malmendier，Ulrike，and Geoffrey Tate. 2008. Who makes acquisitions? CEO overconfidence and the market's reaction. *Journal of Financial Economics*

89：1，20－43.

March，James G.，and Zur Shapira. 1987. Managerial perspectives on risk and risk taking. *Management Science* 33：11，1404－18.

March，James G.，and Herbert A. Simon. 1958. *Organizations*. Cambridge，MA：John Wiley & Sons，Inc.

Margolis，Julius. 1958. The analysis of the firm：Rationalism，conventionalism，and behaviorism. *Journal of Business* 31：3，187－99.

Meier，Iwan，and Vefa Tarhan. 2007. Corporate investment decision practices and the hurdle rate premium puzzle. Working Paper，HEC Montréal.

Miller，Dale，and Michael Ross. 1975. Self-serving biases in attribution of causality：Fact or fiction? *Psychological Bulletin* 82：2，213－25.

Modigliani，Franco，and Merton H. Miller. 1958. The cost of capital，corporation finance，and the theory of investment. *American Economic Review* 48：3，261－97.

Moeller，Sara B.，Frederik P. Schlingemann，and René M. Stulz. 2005. Wealth destruction on a massive scale? A study of acquiring-firm returns in the recent merger wave. *Journal of Finance* 60：2，757－82.

Neale，Margaret A.，and Max H. Bazerman. 1990. *Cognition and rationality in negotiation*. New York：The Free Press.

Nisbett，Richard E.，and Lee Ross. 1980. *Human inference：Strategies and shortcomings of social judgment*. Englewood Cliffs，NJ：Prentice Hall.

Nutt，Paul C. 1993. Flexible decision styles and the choices of top executives. *Journal of Management Studies* 30：5，695－721.

Pigou，Arthur C. 1926. *Industrial fluctuations*. London：Macmillan.

Poterba，James M.，and Lawrence H. Summers. 1995. A CEO survey of U. S. companies' time horizons and hurdle rates. *Sloan Management Review* 37：1，43－53.

Ravenscraft，David J.，and F. M. Scherer. 1987. Life after takeover. *Journal of Industrial Economics* 36：2，147－56.

433 Roll，Richard. 1986. The hubris hypothesis of corporate takeovers. *Journal of Business* 59：2，197－216.

Ross，Stephen A. 1973. The economic theory of agency：The principal's problem. *American Economic Review* 63：2，134－9.

Ross，Jerry，and Barry M. Staw. 1993. Organizational escalation and exit：Lessons from the Shoreham nuclear power plant. *Academy of Management Journal* 36：4，701－32.

Rovenpor, Janet L. 1993. The relationship between four personal characteristics of chief executive officers (CEOs) and company merger and acquisition activity (MAA). *Journal of Business and Psychology* 8: 1, 27 - 55.

Russo, J. Edward, and Paul J. H. Schoemaker. 1992. Managing overconfidence. *Sloan Management Review* 33: 2, 7 - 17.

Sautner, Zacharias, and Martin Weber. 2009. How do managers behave in stock option plans? Clinical evidence from exercise and survey data. *Journal of Financial Research* 32: 2, 123 - 55.

Schall, Lawrence D., Gary L. Sundem, and William R. Geijsbeek. 1978. Survey and analysis of capital budgeting methods. *Journal of Finance* 33: 1, 281 - 7.

Sherman, Steven J. 1980. On the self-erasing nature of errors of prediction. *Journal of Personality and Social Psychology* 39: 2, 211 - 21.

Simon, Herbert A. 1955. Abehavioral model of rational choice. *Quarterly Journal of Economics* 69: 1, 99 - 118.

Simon, Herbert A. 1959. Theories of decision-making in economics and behavioral science. *American Economic Review* 49: 3, 253 - 83.

Simon, Mark, and Susan M. Houghton. 2003. The relationship between overconfidence and the introduction of risky products: Evidence from a field study. *Academy of Management Journal* 46: 2, 139 - 49.

Smith, Adam. 1776. *The wealth of nations*. London: Methuen & Co., Ltd. (Cited from Bantam Classic edition, 2003.)

Staël von Holstein, Carl-Axel S. 1972. Probabilistic forecasting: An experiment related to the stock market. *Organizational Behavior and Human Performance* 8: 1, 139 - 58.

Staw, Barry M. 1976. Knee-deep in the big muddy: A study of escalating commitment to a chosen course of action. *Organizational Behavior and Human Performance* 16: 1, 27 - 44.

Staw, Barry M. 1991. Dressing up like an organization: When psychological theories can explain organizational action. *Journal of Management* 17: 4, 805 - 19.

Stein, Jeremy C. 1989. Efficient capital markets, inefficient firms: A model of myopic corporate behavior. *Quarterly Journal of Economics* 104: 4, 655 - 69.

Stein, Jeremy C. 1996. Rational capital budgeting in an irrational world. *Journal of Business* 69: 4, 429 - 55.

Stein, Jeremy C. 2003. Agency, information and corporate investment. In

Handbook of the economics of finance，(eds.) George M. Constantinides，Milton Harris，and René M. Stulz，111 - 63. Amsterdam：North-Holland.

Svenson，Ola. 1981. Are we all less risky and more skillful than our fellow drivers? *Acta Psychologica* 47：2，143 - 8.

Teger，Allan I. 1980. *Too much invested to quit*. New York：Pergamon Press.

Tobin，James. 1969. A general equilibrium approach to monetary theory. *Journal of Money，Credit and Banking* 1：1，15 - 29.

Treynor，Jack L.，and Fischer Black. 1976. Corporate investment decisions. In *Modern developments in financial management*，(ed.) Stewart C. Myers，310 - 27. New York：Praeger.

Tyler，Beverly B.，and H. Kevin Steensma. 1998. The effects of executives' experiences and perceptions on their assessment of potential technological alliances. *Strategic Management Journal* 19：10，939 - 65.

Van den Steen，Eric. 2004. Rationaloveroptimism (and other biases). *American Economic Review* 94：4，1141 - 51.

434 Wagenaar，Willem A.，and Gideon B. Keren，1986. Does the expert know? The reliability of predictions and confidence ratings of experts. In *Intelligent decision support in process environments*，(eds.) Erik Hollnagel，Giuseppe Mancini，and David D. Woods，87 - 107. Berlin：Springer.

Weinstein，Neil D. 1980. Unrealistic optimism about future life events. *Journal of Personality and Social Psychology* 39：5，806 - 20.

Xia，Xinping，and Hongbo Pan. 2006. The dynamics of corporate takeovers based on managerial overconfidence. *Journal of American Academy of Business* 10：1，378 - 86.

Zuckerman，Miron. 1979. Attribution of success and failure revisited，or：The motivational bias is alive and well in attribution theory. *Journal of Personality* 47：2，245 - 87.

作者简介

西蒙·热尔韦（Simon Gervais）是杜克大学富科（Fuqua）商学院金融学副教授。他于 1997 年在加州大学伯克利分校获得金融学博士学位。他的研究覆盖公司金融、行为金融和金融市场等方面，并且在金融学方面的核心期刊（包括《金融期刊》（*Journal of Finance*）和《金融研究评论》（*Review of Financial Studies*））上发表了多篇文章。更具体来说，他的研究领域包括行为偏误对金融市场和公司组织的影响，资金管理行业的结构，零售金融市场的规则，成交量的信息作用和证券交易的最佳设计等。2001 年，他获得了巴克莱全球投资者奖和《金融研究评论》颁发的迈克尔·布伦南（Michael Brennan）年度最佳论文奖。目前，他是杜克大学金融前沿中心的联合主管人之一，并担任《管理科学》（*Management Science*）和《金融中介期刊》（*Journal of Financial Intermediation*）的副主编。

435

第23章　股息政策的决策

伊扎克·本—戴维德（Itzhak Ben-David）
美国俄亥俄州立大学金融系助理教授

引　言

尽管公司向股东派发股息的历史已有四个世纪了（Baskin，1988），但在学术界，这项公司政策的动机究竟为何仍处于争论之中。在早期的研究中，布莱克（Black，1976，p. 5）发明了“股息之谜”（dividends puzzle）一词来描述对股息支付政策缺乏了解。“我们越是深入探究股息就越觉得它是谜一般的拼图，且每片拼图似乎无法拼凑在一起。”多年来，几十种理论曾试图解释股息现象，但没有达成共识。其中许多理论认为代理人是理性的，股息一方面可以作为解决代理问题的有效方式，另一方面也可以作为缓解信息不对称问题的信号工具。艾伦和马谢里（Allen and Michaely，2003），弗兰克法特尔和伍德（Frankfurter and Wood，2006），贝克（Baker，2009）以及迪安基洛、迪安基洛和斯金纳（DeAngelo，DeAngelo and Skinner，2009）精彩地回顾了这些理论和相关的实证结果。在对文献进行回顾之后，艾伦和马谢里（Allen and Michaely，2003）以及弗兰克法特尔和伍德（Frankfurter and Wood，2006）的结论是：实证证据并不支持那些以代理或信号为基础的理论，公司为什么要派发股息这个问题仍然是个谜。然而，迪安基洛等的研究结论不同，他们认为信息不对称或许可以解释股息现象。

本章回顾了关于股息的典型实例，并探讨了尝试解释这些证据的行为理论。本章从行为的角度重新审视和归类了前人用以支持理性理论的经验事实。因此，它不会取代之前关于股息的诸多研究（例如：Allen and Michaely，2003；DeAngelo et al.，2009），而是试图评估经验证据与投资者或管理者的理性背离行为是否一致。

在对股息存在的问题的解释上，行为金融理论的角色存在学术争论。米勒（Miller，1986）提出了一种反对行为理论的传统论点，他认为行为金融也许能够解释代理人的微观行为，但是理性理论足以解释公司的整体行为。弗兰克法特尔和
兰（Frankfurter and Lane，1992）以及弗兰克法特尔和伍德（Frankfurter and 436
Wood，2006）强调了股息支付的标准化问题，并呼吁用一种基于行为和社会问题的理论来解释股息政策。

本章的结构安排如下：第一部分是引言，第二部分列出了多年来研究发现的有关股息的著名经验事实。随后，第三部分至第五部分介绍了两组基于行为的解释。第一组解释在本质上是描述性的，结合各种典型事实来描述公司政策和投资者行为。第二组解释提供了投资者寻求股息以及管理者派发股息的动机。结尾是概要和结论。

股息之谜：典型事实

关于股息的典型经验事实早已取得广泛共识。下面列出的事实来自本章之前所回顾的实证文献，包含艾伦和马谢里（Allen and Michaely，2003）、迪安基洛等（DeAngelo et al.，2009）的研究。

• 四个世纪以来，股息一直是主要的支付方法。

• 股息主要由正式的公司派发。股息支付者往往是规模较大、较完善且非系统性风险较低的稳定公司。

• 股息的常见方式一直是向投资者派发现金，但是近年来，越来越多的公司将回购自家股票作为派发方法。自 1960 年以来，派发股息的公司的比例一直在下降（Fama and French，2001），不过最近几年有所回升（Julio and Ikenberry，2004）。

• 在一段时间内，股息往往具有黏性和平稳性。股息的波动幅度远低于股票价格或收益。

• 相对于股票回购，股息是向个人股东派发现金的无效率方式，因为股息受到双重课税。在 2003 年通过《就业和增长税收减免调整法》（*Jobs and Growth Tax Relief Reconciliation Act*）之前，美国个人股息所得的税率高过资本利得的税率。然而，公司所派发的大部分股息都是由个人投资者所获得。

• 投资者认为公司派发股息和增加股息是好消息（相反则是坏消息）。股价对派发股息和增加股息的公告都有正面反应（反之则有负面反应）。

• 管理者把派发股息看成具有黏性的政策，因为要撤销此政策的成本巨大，所以他们很谨慎地选择是否派发股息，他们也会更谨慎地选择是否取消这一政策。

许多文章都试图对公司为什么要派发股息以及投资者为什么喜欢股息的问题给出理性解释。艾伦和马谢里（Allen and Michaely，2003）总结了理性代理人派发股息的经济决定因素，包括税收、缓解信息不对称的信号、不完全契约（委托代理）、交易成本和机构投资者等。从税收的角度来看，公司应尽量减少股息派发，
437 因为会对个人造成较高的税务负担。在信号理论中，管理者将股息作为传递私人信息的昂贵信号（如，Bhattacharya，1979）。根据代理理论，公司持续地派发现金可以约束代理人并减少代理成本（例如，Easterbrook，1984）。股息或许是股东在管理自身资金方面降低交易成本的最佳方式。例如，股东通过售卖股票所得来支付自己的消费所需，这一行为的成本很高，所以股息对股东来说可能是有价值的。最后，公司可以通过派发股息来吸引机构投资者。由于法律的限制（例如，布拉夫和希顿（Brav and Heaton，1997）所讨论的谨慎投资原则）让股息对机构投资者产生吸引力，因此派发股息可能是鼓励这种投资的恰当方式。

对于理性理论能否解释股息，学术界仍然存在争议。艾伦和马谢里（Allen and Michaely，2003）认为理性理论的解释力弱，但迪安基洛等（DeAngelo et al.，2009）却认为，股息派发可能是缓解信息不对称问题的有效方法。为了说明这场学术争论，本纳兹、马谢里和塞勒（Benartzi，Michaely and Thaler，1997），格鲁伦、马谢里和斯瓦米纳坦（Grullon，Michaely and Swaminathan，2002）以及格鲁伦、马谢里、本纳兹和塞勒（Grullon，Michaely，Benartzi，and Thaler，2005）都发现股息变化并不能预测未来的收入增长或经营业绩改善，这与信号理论相矛盾。相反，丹尼斯和萨因（Denis and Sarin，1994）以及瓜依和哈福德（Guay and Harford，2000）都支持股息传递未来投资信息这一观点。弗兰克法特尔和麦克刚（Frankfurter and McGoun，2000）认为，为股息寻找一个基于理性的解释是经济学领域思想传染的一个例子。他们认为毋庸置疑的是金融市场上股息的出现是为了帮助投资者对一般股票进行估价。在过去的四十年中，经济学家们力争为股息现象找出一个能够契合当代主流数理经济学框架以及理性行为教义的解释。

本章中对股息的第一组解释属于描述性研究。股息的追随者效应理论表明，相较资本利得，有些投资者会更喜欢股息。这个猜想是基于观察到某类投资者更可能投资派发股息的公司而得出的。另外，生命周期理论显示派发股息是公司在成熟期

的作为。虽然这些理论描述了派发股息的公司和接受股息的投资者的特点，但并没有给出关于公司为什么派发股息或投资者为什么喜欢股息的深入见解。

第二组解释试图回答“为什么”的问题。一些行为理论认为市场非有效（投资者感情），投资者偏误和管理者偏误是股息派发的主要驱动力。股息迎合理论显示，当投资者认为派发股息的公司更有价值时，公司就会派发股息。手中鸟（bird-in-hand）理论、自我控制和心理核算理论提出，投资者是因为行为偏误（分别对应缺乏了解、后悔规避、窄框定（narrow framing））而偏好股息，从而推动了股息派发。也有一些关于管理者偏误和股息派发之间的联系的混合经验证据。一些研究发现乐观或过于自信的管理者不太可能派发股息，而其他研究认为，管理者会基于私人信号而过快承诺派发股息。有两种理论认为股息是公司和投资者群体社会发展 438
的结果。第一种理论认为，在成熟公司中，股息派发已成为一种社会规范，也就是毫无意图的行为。第二种理论认为，尽管股息不能传递未来的信息（正如实证文献大多显示的），但是因为股息传统上被当成价值评估的工具，所以投资者会对公司施加压力要求派发股息。

总的来说，虽然行为金融学可以解释股息派发的许多方面，但仍没回答公司为什么派发股息的问题。文献回顾强有力地从实证方面支持了生命周期理论，正如许多研究者发现的，拥有稳定现金流的成熟公司会开始派发股息。然而，这一理论并不能解释为什么成熟公司选择派发股息而不回购股票。未来有前景的研究方向主要是在社会规范和投资者对股息估值的需求方面。

关于股息的描述性理论

一些研究证明，股息出现在市场上某一阶段的概率大于其他阶段。这些研究尽管描述了经济上股息派发的情况，却未说明公司为什么派发股息。

追随者效应理论

这种思路表明，由于制度的特点，投资者可能会因为不同的原因而偏好股息，例如监管的要求或税率的差异，或者是行为偏好。谢弗林和塞勒（Shefrin and Thaler，1988）认为，投资者对个人生命周期的考虑决定了其对股息的偏好：年长的投资者青睐派发股息的股票，因为股息可以代替一份稳定的工作收入。

一些研究发现，证据表明在机构投资者中存在股息追随者。艾伦等（Allen et al.，2000）提出了一个模型，其中股息吸引机构投资者，因为其纳税负担轻于个人投资者，这反过来可以推动公司形成更好的治理结构。布拉夫和希顿（Brav and Heaton，1997）通过谨慎原则来解释股息派发偏好，该原则要求一些特定类型的机构投资者持有成熟且派发股息的公司的股票。达利瓦尔、埃里克森和阙泽温特

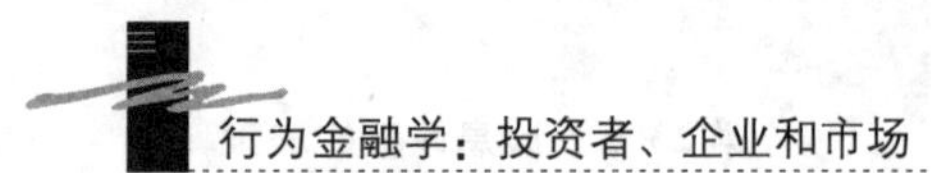

(Dhaliwal, Erickson and Trezevant, 1999）以及塞达（Seida, 2001）找到了经验证据支持以税收为基础的股息追随者的存在。佩雷斯—刚萨雷斯（P'erez-Gonz'alez, 2003）给出证据，证明了投资者的税务状况会影响公司的股息政策。霍奇基斯和洛克伦斯（Hotchkiss and Lawrence, 2002）找到了互补的证据显示，
439 若某公司拥有偏好股息的机构投资者，则在派发股息的消息宣告后，该公司将会获得更高的回报率。此外，布拉夫、格雷厄姆、哈维和马谢里（Brav, Graham, Harvey and Michaely, 2005）的报告称，根据一项对管理者的调查，在进行股息相关的决策时，管理者会考虑公司投资者对股息的偏好。

其他研究未能找到证据支持机构投资者中的股息追随者假说。格林斯坦和马谢里（Grinstein and Michaely, 2005）没有找到证据支持追随者效应理论。他们研究了机构投资者是否真的偏好有股息派发的公司，并发现有些机构投资者避免投资于不派发股息的公司，但却更偏好股息低的公司胜过股息高的公司。在最近的一份文献中，巴克利、胡德尼斯和西汉（Barclay, Holderness and Sheehan, 2009）调查了具有最低股息纳税等级的公司是否会偏好股息。与之前的研究结果相矛盾的是，他们发现股东不会诱使公司派发股息，而是更关注改善公司的运营状况。布拉夫等（Brav et al., 2005）对 384 个管理者进行了全面调查，并访谈了另外 23 家公司。他们的目标是调和管理者和一般学术理论对于股息的看法。根据他们的调查，管理者对股息和投资者中的股息追随者之间的关系持怀疑态度，并相信机构投资者不在乎其股息决策。

研究人员还发现了个人投资者中股息追随者存在的证据。格雷厄姆和库玛（Graham and Kumar, 2006）利用个人投资者的投资组合数据研究发现，相较于其他投资者，老年人和低收入个人投资者往往持有较大比例的会派发股息的股票。作者认为，年长的投资者偏好股息是由于他们对收入的渴望，而低收入投资者偏好股息是由于其个人的税务状况优势。作者还发现，这类投资者会在股息公告后购买派发股息的股票，这与行为关注假说（the behavioral attention hypothesis）中有关消息吸引投资者注意的说法是一致的（Lee, 1992; Barber and Odean, 2008）。此外，兰特普斯卡（Rantapuska, 2008）采用芬兰投资者的交易数据研究发现，税务状况是持有和买卖派息股票的重要决定因素：在获取股息上具有税务优势的投资者倾向于在除息前一天买进股票，并在除息后一天将股票卖出。相反，马谢里（Michaely, 1991）使用综合数据分析发现，在《1986 年税务改革法案》实施后，长期个人投资者的交易是不受除息日影响的。根据拜克尔、伊科维奇等（Becker, Ivkovic et al., 2007）的研究，当公司所在地理区域的投资者年纪较大且倾向于持有当地公司的股票时，公司更可能派发股息。这一证据进一步支持了股息追随者假说和投资者偏好与公司派发（股息）政策之间的关系。

公司生命周期

还有一类文献将股息派发与公司的生命周期相联系。特别值得一提的是，多篇论文观察到，派发股息的公司往往更成熟且波动更小。根据格鲁伦等（Grullon et al.，2002）的研究，公司增加（减少）股息会使得未来获利能力下降（上升）。根据这些作者的研究，缺乏投资机会的公司才会增加股息派发，因此，股息只是体现公司的成熟度而无法表明未来盈利能力。

一些文献强调股息和非系统性风险（idiosyncratic risk）之间的关联性。温卡特西（Venkatesh，1989）的报告指出，派息降低了公司的非系统性风险并减少了盈余。芬克、芬克、格鲁伦和维斯顿（Fink，Fink，Grullon and Weston，2006）证明了有股息派发的公司具有较低的非系统性波动。布拉德利、卡普扎和塞古因（Bradley，Capozza and Seguin，1998）以及察伊和苏（Chay and Suh，2008）解释了股息和选择波动性之间的联系：只有现金流不确定性较低的公司才可以心安地承诺派发股息，这与林特纳（Lintner，1956）等主张的保守管理者的观点一致。豪伯格和普拉巴哈拉（Hoberg and Prabhala，2008）判断股息消失（Fama and French，2001）与非系统性风险增加是密切相关的。

支持非系统性风险下降与公司成熟度这个观点的相关研究发现，非系统性风险 440
与公司治理指数（Ferreira and Laux，2007）和公司年龄（Fink et al.，2006）都呈负相关关系。迪安基洛、迪安基洛和斯塔茨（DeAngelo，DeAngelo and Stulz，2006）以及丹尼斯和奥苏伯吾（Denis and Osobov，2008）还发现了支持生命周期理论的证据：当公司的股本来自营运收益而不是投资者的贡献时，公司更容易派发股息。冯·伊杰和麦金森（Von Eije and Megginson，2007）对欧盟的公司进行了类似的实验，但并没有找到证据表明公司更倾向于利用收入而不是实缴资本来派发股息。

在本章所涉及的理论中，研究人员大致同意公司生命周期理论。该理论在一定程度上否定了理性理论用缓解信息不对称来解释股息的尝试，因为信息不对称的问题在成熟公司中不十分严重。尽管有证据支持这一理论，但仍不足以回答成熟公司为什么选择派发股息而不是回购股票这个根本问题。

股息的行为偏误理论

一组文献直接将股息与行为偏误联系在一起。这些文献特别提出：公司派发股息以降低非理性投资者或管理者的感知成本或提升他们的感知价值。

投资者情感与股息迎合理论

由于投资者对股息的需求随时间变化（Baker and Wurgler，2004b），因此有一种可能是：投资者的需求反映了随时间变化的风险偏好或“情感”。具体来说，在投资情感处于低潮（如经济衰退）的时候，投资者可能更喜欢“比较安全”的派发股息的股票，而在情感状态好（如经济繁荣）的时候，投资者偏好“风险较高”的股票，这些股票会将盈余用于再投资而不是派发给投资者。

龙（Long，1978）发现了证据支持投资者的股息需求随着时间变化这一假说。他以国民公用事业公司（Citizens Utility Company）的股价的时间序列作为分析对象。该公司会发行两种类型的股票，一类派发现金股息，而另一类派发股票股息。此外，这两类股票本质上的价值是相同的。根据理性的资产定价模型，派发股息的股票价格应该更低，因为投资者由于股息所得而需要承担较高的税负，相对而言，持有另一类股票的投资者只需要承担较低的资本利得税。然而，朗指出，市场仍会根据资本利得，给予股息一定的投资溢价。这个观察不仅与米勒和莫迪格利安尼（Miller and Modigliani，1961）的定理相矛盾，而且与简单的套利理论（simple arbitrage theory）（Jensen，1978）相矛盾。杰米尔（Gemmill，2005）在研究英国分流式共同基金（split-capital mutual funds）的数据时得到了类似的证据，即派发股息的股票与不派发股息的股票的交易价格不同。

由于一些投资者偏好现金形式的股息，因此公司可能迎合这些偏好。贝克和伍
441 格勒（Baker and Wurgler，2004a）提出了公司适应投资者对股息的动态偏好的股息迎合理论。在他们的模型中，投资者的股息需求随着时间的变化而变化，公司则对这种需求做出回应。因此，投资者的股息需求高时，原本不派发股息的公司开始派发股息，而投资者不喜好股息时，原本派发股息的公司倾向于更加频繁地取消派发行为。作者从以下几个方面来识别投资者对股息的需求。首先，他们使用了朗（1978）有关派发股息的股票比不派发股息的股票拥有更高溢价的研究发现。其次，作者计算了“股息的市场溢价”，即派发股息的股票和不派发股息的股票两者间的市场估值（市值账面比）差异。贝克和伍格勒发现这两个时间序列数据与开始派息的公司个数的年度时间序列正相关。李和列（Li and Lie，2006）通过对股息金额变动的研究也得到了相似的结果。

贝克和伍格勒（Baker and Wurgler，2004b）使用他们的迎合假说来解释股息随着时间推移而消失的现象，这种观点源于法玛和弗伦奇（Fama and French，2001）。他们认为股息会随着股息的市场溢价的下跌而消失。费里斯、森和尤伊（Ferris，Sen and Yui，2006）提出证据支持了股息溢价与英国派发股息的公司个数的时间序列之间的关系。之后，贝克和伍格勒等用股息溢价时间序列数据作为投资者情感的代理变量（例如，Baker，Wurgler and Yuan，2009）。

一些研究的发现与迎合假说相矛盾。迪安基洛等（DeAngelo et al.，2009）分析了股息近期的趋势，他们认为股息并没有消失反而更集中。他们发现派发股息的公司数量之所以下降，是因为一些派发小额股息的公司停止了派发活动。然而，过去派发大额股息的公司反而会增加它们目前的股息派发。丹尼斯和奥苏伯吾

(Denis and Osobov，2008）发现加拿大、英国、德国、法国和日本的公司也有类似的现象，冯·伊杰和麦金森（Von Eije and Megginson，2007）发现在世纪之交时，欧盟体制中派发股息的公司所占的比例下降了，但他们没有找到证据证明迎合假说可以解释这一现象。迪安基洛等（DaAngelo et al.，2009）认为，总体而言，股息量会随着时间而增加，他们认为投资者的需求无法解释此趋势。豪伯格和普拉巴哈拉（Hoberg and Prabhala，2009）发现：在控制住风险的替代变量后，投资者狂热的替代变量无法解释派发股息的公司的横截面数据。

公司迎合投资者的假说并不新鲜。特别是，许多研究都找到了证据支持这一假说，认为公司通过（制定）各种政策响应投资者需求。例如，李、施莱弗和塞勒（Lee，Shleifer and Thaler，1991）发现，当相对于基本净资产值（NAV），封闭式基金股票的贴现率较低时，或当投资者情绪高涨时（以小型股溢价作为评估标准），新的封闭式基金便会开始启动。同样，董、赫什莱佛、理查德森和张（Dong，Hirshleifer，Richardson and Teoh，2006），本—戴维德和洛尔斯通（Ben-David and Roulstone，2009）和一些其他学者都找到一致的证据，证明公司发起并购是对自己股票被高估的响应。巴贝尔斯和塞勒（Barberis and Thaler，2003）以及贝克、鲁巴克和伍格勒（Baker，Ruback and Wurgler，2007）进一步回顾了这个领域的研究。

投资者偏误（Investor Biases）理论 442

经济学家们已经提出了一些基于投资者心理偏误的理论以解释投资者为什么偏好股息。

手中鸟理论（Bird-in-Hand Theory）

手中鸟理论认为，投资者需要赚取财富以供消费，所以他们偏好现金股息胜过资本利得。这种说法第一次由戈登（Gordon，1959）和林特纳（Lintner，1962）正式提出，但米勒和莫迪格利安尼（Miller and Modigliani，1961）对此理论进行了辩驳。米勒和莫迪格利安尼的开创性研究显示，资本利得和股息可互相替代。因此，投资者若愿意，他们可以通过售卖股票产生“家庭自制股息”。

自我控制（Self-Control）

塞勒和谢弗林（Thaler and Shefrin，1981）以及谢弗林和斯塔特曼（Shefrin and Statman，1984）认为，投资者喜欢将股息当成一种自我控制机制。如果没有股息，投资者会受到诱惑而卖出股票并将所得款项全都用于消费，而且他们卖出的股票可能多过原本打算出售的量。在这个解释中，股息帮助投资者节制消费，避免以后对自己的过度消费感到后悔。布莱克（Black，1990）赞同此观点，他认为投资者喜欢股息，因为他们喜欢当下可用财富的概念，这使得他们不会花光自己的资本。

心理核算（Mental Accounting）

谢弗林和斯塔特曼（Shefrin and Statman，1984）提出，投资者偏好股息是因为从一次大的收益（例如，一次大的资本利得）中获得的效用不如从一系列小的收益（例如，一笔小的资本利得和股息）中得到的效用高。他们是基于前景理论（Kahneman and Tversky，1979）提出这一观点的。根据这一理论，人们在评价收益时并不会考虑其整体财富（窄框架），并且效用函数在收益区域是凹的，在亏损区域是凸的。此外，效用函数的斜率在原点附近更大。因此，把大的收益分为几个小的收益，为投资者提供了更多的乐趣，从而激起了投资者对股息的需求。

为了演示这个过程，假设一家公司一年获得10%的利润。巴贝尔斯和塞勒（Barberis and Thaler，2003）也为这个想法提供了一个例证。如果投资者具有前景理论的偏好，那么他们将从一组分开的收益中获得更大的效用，例如3%的股息和7%的资本收益组合。这样的逻辑同样适用于分析损失。对于具有前景理论偏好的人，10%的损失如果被分成3%的收益（股息）和13%的损失，那么他受到的伤害将会降低。

管理者偏误（Managerial Biases）理论

一些研究采用马尔门迪尔和塔特（Malmendier and Tate，2005）的论文中的乐观情绪的代理变量，把管理者偏误和股息联系起来。如果CEO没有卖掉股票期
443 权来分散自己持有的投资组合，或者他们在媒体上称赞自己，那么他们一般会被认为对公司的现金流是乐观的（被称为“过度自信”）。库德洛（Cordeiro，2009）发现了证据支持对公司现金流乐观的管理者不太乐于派发股息，德什缪克、戈尔和豪尔（Deshmukh，Goel and Howe，2009）论证了乐观管理者的派发率（股息收益率）较低。直观解释是：对公司未来持乐观态度的管理者偏向于把现金投资于公司项目，而不是派发给投资者。但是，鲍曼（Bouwman，2009）使用相同的对乐观的代理变量，得出的结论却相反：对未来收益乐观的管理者会派发更高的股息。她发现，控制住异常收益和股息变化这两个变量后，市场对乐观管理者发布的股息变动公告的反应更强烈。这个证据与乐观管理者会高估他们公司未来的获利能力的私人信号的假说一致。

在另一项关于管理者过度自信的研究中，本—戴维德、格雷厄姆和哈维（Ben-David，Graham，and Harvey，2009）没有发现任何证据可证明过度自信的首席财务官（CFO）不大可能派发股息。在他们的研究中，他们用管理者所感知的股市波动性来衡量过度自信。收集管理者对标准普尔指数的一年期预测和此预测的置信区间。研究发现，对预测更加有信心（即置信区间小）的管理者会实施积极的公司政策，包括提高投资额度和使用高杠杆融资。

德什缪克等（Deshmukh et al.，2009）在对股息变化公告中的选择进行控制

后发现，与较不乐观的 CEO 相比，乐观的 CEO 宣布股息增加后，市场反应的积极程度较低。有偏误的管理者派发的股息在一定程度上可以自我调节，如果对未来收益乐观导致股息太高，那么，当未来实现的收益低于预期时，有偏误的管理者可能被迫减少股息的派发。在现实中，股息派发的金额几乎从未大到足以成为制约或惩罚的因素（DeAngelo，and Skinner，1996）。

基于惯性的股息解释

股息现象的另一种解释是，公司派发股息是因为公司一直以来都有派发股息，换言之，派发股息因惯性而持续。本节从股息的起源开始探究投资者如何使用股息，以讨论这种可能性。

股息作为估值标准

四个世纪前，股息的初衷是为了让股票看起来像负债一样，为投资者提供有形的回报和计算股票价值的方式（Baskin，1988；Frankfurter and Wood，1997）。与债券收益率可以用来比较不同债券一样，股息收益率可以用来比较不同股票。股息收益率类似于价格收益率（earnings-to-price），即现金流（股息）与股票价格（扣除股息后的价格）的比值。由于股息已经成为一种普遍的支付方式，因此公司派发股息的行为很有可能成为一种社会规范，迫使管理者必须遵守（Frank-furter and 444
Wood，1997）。

投资者经常使用统计数据的比率来评估他们的投资。例如，投资者可通过比较公司的资产换手率（销售额与资产的比率）、市盈率、市值账面比等指标确定哪些公司被低估，哪些公司被高估。从业者们一般认为股息收益率（调整股价后的年度每股股息）是估值的标准，即价值的指示（Graham，Dodd and Cottle，1934；Gordon，1959；Baskin，1988）。

弗兰克法特尔和麦克刚（Frankfurter and McGoun，2000）讨论了股息在 19 世纪铁路产业中扮演的角色（根据 Ripley，1915；Clevel and Powell，1912；Withers，1915；Dewing，1921；Morgan and Thomas，1969）。投资者可以运用公司支付的股息来计算该公司的股票价值，而无须太顾虑计算盈余的会计行为。因此，公司和投资者认为股票的股息就像债券的息票一样。比如 19 世纪的铁路公司派发稳定的股息，甚至在没有盈余的年度也是如此。另外，派发股息的压力也是防止部分管理者进行会计操纵的一种有效机制。

经验证据似乎支持将股息当做股票估值标准的想法。首先，在平时就可以观察到分析师常常使用“诱人的股息收益率”来形容被低估的股票。这就是以股息收益率来衡量股票价值。其次，布伦南、库迪亚和苏布拉马尼亚姆（Brennan，Chordia

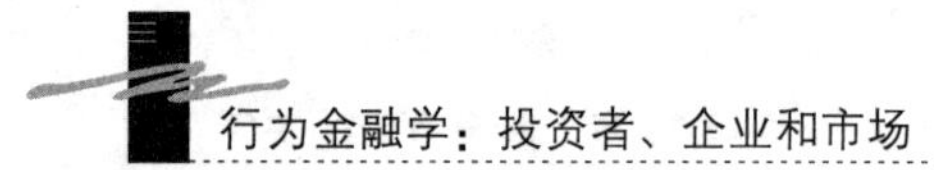

and Subrahmanyam，1998）给出经验证据，支持股息收益率可以在定价模型中被当成替代因子。再次，格雷厄姆和库玛（Graham and Kumar，2006）提供的证据可以被解释为投资者使用股息收益率作为价值衡量标准。格雷厄姆和库玛发现个人投资者偏好持有股息收益率更高的股票，这与个人投资者一般是价值投资者（Barber and Odean，2000）的观点一致。最后，本—戴维德、格鲁什科和牟索维（Ben-David，Glushkov and Moussawi，2010）指出，对冲基金在购买无股息派发的公司股票之前，需要从该公司获得更强的错误定价信号。

虽然估值标准假说和迎合假说都认为公司派发股息是为了满足投资者的需求，但两种理论之间有一个关键性的差异。迎合假说认为，当投资者比较青睐有股息派发的公司时，公司才开始派发股息，但市场不喜欢时就不会派发股息。相反，估值标准假说认为公司管理股息以帮助投资者评估公司的现金流，使自己的现金流在同一行业内与其他公司相当。

从估值标准假说可以得到一个预测，即当公司价值被相对低估时，公司开始着手派发股息；而当公司价值被相对高估时，公司就会停止派发股息。马谢里、塞勒和沃马克（Michaely，Thaler and Womack，1995）得到了与此推测一致的证据。他们针对1964年至1988年间公司派发股息状况的研究发现，宣告派发股息的一年后，派发股息的公司的表现优于市场组合，而不派发股息的公司的表现则逊于市场
445 组合。迎合假说考虑了派息公司的系统性错误定价，而估值标准假说则集中于非系统性错误定价。丹尼斯、丹尼斯和萨因（Denis，Denis，and Sarin，1994）发现，分析师在股息改变后会修正公司的收益预测，这表示股息改变可能向市场传递了某种信息。

另一个预测是，股息变化在行业内是相互关联的。如果投资者使用同一个行业内的股息收益率来评估公司，并且公司也希望自身被高估，那么当一家公司改变股息派发水平后，该行业内的其他公司也会跟着做相似的决定。福斯（Firth，1996）提出经验证据证明了行业内各公司股息变化之间的关系，这可以被看成对这一假说的支持。

为了使股息成为像戈登（Gordon，1959，1962）模型中那样的有效估值工具，公司应平稳地派发股息。马谢里和罗伯特斯（Michaely and Roberts，2007）发现，英国私人公司的股息派发行为没有大公司平稳。他们进一步指出，公有公司会派发更高的股息并且对投资机会更为敏感。里瑞和马谢里（Leary and Michaely，2008）探究了股息平滑性的决定因素。他们发现“现金牛”（cash cows）公司，也就是规模较大、拥有有形资产和股价波动较小的公司，其派息更为平稳，机构投资者持股比例高和派息多的公司也是如此。

股息是价值评估的有用工具吗？

鉴于投资者把股息作为评估股票价值的参考依据，调查股息是否包含公司未来

现金流的有用信息是重要的。根据信号理论，股息派发会透露出有关管理质量和投入水平的信号（Miller and Modigliani，1961；Bhattacharya，1979；Miller and Rock，1985；John and Williams，1985）。换句话说，公司承诺派发股息，就等于向投资者传递出公司前景一片光明的可靠的私人信息。

如果股息收益率与公司价值被高估或低估的程度是相关的，那么信号理论可能是正确的。有几项研究试图回答这个问题，但大部分结果都不具有说服力。然而，早期的研究认为没有证据显示派发股息、不派发股息和改变股息金额会传递关于公司未来现金流的信息，后来一些研究发现也支持这一假说。本纳兹等（Benartzi et al.，1997）、格鲁伦等（Grullon et al.，2002，2005）也发现股息变化和未来收益或经营业绩之间没有任何关系。

迪安基洛等（DeAngelo et al.，1996）研究了过去收益高速增长的公司的股息政策。他们发现，这些公司在收益增长期会倾向于增加派息。然而，股息增加不能作为收益增长的预测依据。作者认为，股息可能是对对未来收益持乐观态度的一种解释，这是詹森（Jensen，1993）的公司文化乐观主义论点（corporate culture optimism argument）的主旨。此外，他们发现被调查公司的股息都足够低，以确保不会对公司现金流的使用形成约束。尼森和志武（Nissim and Ziv，2001）发现，股息的变化可以传递市场和会计数据之外的关于未来收益变化的信息。丹尼斯等（Denis et al.，1994）也报告称，公司在增加股息之后会增加资本开支。

总的来说，这些研究显示了什么呢？它们在总体上都认为，尽管股息派发不能 446
预测经营业绩的变化，但是可以传达公司价值被低估的信息。

股息是一种社会规范（Social Norm）？

投资者对股息的喜爱以及观察到的股息黏性都引发了这样一个问题：股息是否已经成为一种社会规范（Frankfurter and Lane，1992；Frankfurter and Wood，2006）？此假说背后的思路是，股息的最初用途可能是缓解信息不对称等类似问题，然而，随着时间的流逝，股息派发演变成一个难以怀疑或抗拒的惯例。

巴斯金（Baskin，1988）回顾了英国和美国公司的发展史，他观察到源自投资者利益的压力让派发股息成为公司难以逃避的规范。对公司管理者的调查结果也支持了此假说。在早期的调查中，林特纳（Lintner，1956）在 7 年间（1947—1953 年）与 28 家公司的管理者进行了个人访谈，定性地考察了公司的股息政策。他得出了几个重要的观察结果。首先，他指出，管理者在考虑派息额度时会与公司现在的股息派发率基准相联系，而不会独立考虑，这符合当时的理论预测。因此，保持未来股息派发的惯性和保守主义，主导了公司的股息政策。其次，受访者认为，维持高股息派发率是他们作为受托人的义务。换言之，他们把派发股息看成股东的权益。最后，股息主要来源于长期收益。管理者认为股息应是收益的平滑函数，他们相信投资者持相同观点。

布拉夫等（Brav et al.，2005）对高级主管进行了综合调查，以找出他们如何看待公司派发股息的意图。调查结果显示，没有证据支持理性的信号理论、代理理论或股息追随者假说。相反，调查结果与股息的社会学解释一致——管理者们认为，公司派发股息是出于惯性以及避免停止派息导致的市场负面反应。

一般很难证明公司的政策是一种社会规范，因为这需要驳斥同时期影响该政策的一切经济原因。特别是，如果一个实证研究试图证明派息是社会规范，那么这需要控制影响股息派发的其他原因。本纳兹等（Benartzi et al.，2009）提供了一个试图确定规范的行为研究案例，该研究认为，在整个 20 世纪，惯性和社会规范导致新股发行价稳定在 20 美元左右。

概要和结论

既然股息是一种没有效率的现金派发手段，那么为什么公司还要派发股息？为什么投资者还是喜欢股息？本章回顾了回答这些问题的主要行为理论。一些理论给出了派发股息的决定性因素。在需求方面，股息追随者假说认为部分原因是投资者
447 对股息的偏好（导致了公司派发股息）。在供给方面，生命周期理论认为稳定和成熟的公司更容易派发股息。在时间序列方面，迎合理论显示公司会对随时间变化的投资者需求做出反应。

一些理论试图解释为什么投资者喜欢股息。行为偏误理论认为，股息是消耗资本利得，同时避免出售股票导致的心理成本的有效方式。基于社会学的理论则认为，对于很多投资者而言，股息已成为传递公司运营稳定信息的信号和评估公司价值的工具，投资者的股息需求和公司派发股息的压力由此产生了。

通过对不同理论的探讨，研究人员取得的一个广泛的共识就是生命周期理论。许多研究发现，成熟的公司更可能派发股息。在一般情况下，这些大型公司具有投资机会少、现金流稳定、管理有效得当、非系统性风险低等特征。然而，这种理论是描述性的，而不是基于经济学原理的，因为它无法解释公司为什么要派发股息。

投资者为什么偏好股息以及公司为什么要派发股息的谜仍然没有解开。尽管行为理论很引人注目，但实证的争辩尚未得出明确结论。此外，一些对投资者需求的行为解释缺乏经验证据，因此难以评价。股息是否成为公司界的社会规范以及投资者是否使用它们作为价值评估的衡量标准，是值得研究的方向。尽管几十年前提出的这些理论与一些经验事实一致，但是还需要更多的经验证据才能确定这些理论是否成立。

讨论题

1. 描述性理论，如追随者效应理论和生命周期理论的基本问题是什么？
2. 检验股息是否是一种社会规范时所碰到的实证挑战是什么？
3. 管理者偏误理论可否解释股息之谜？
4. 验证“手中鸟”“自我控制”和“心理核算”理论时的实证困难是什么？
5. 如果股息不能预测未来收益，那么估值标准假说还能成立吗？

参考文献

Allen，Franklin，Antonio E. Bernardo，and Ivo Welch. 2000. A theory of dividends based on tax clienteles. *Journal of Finance* 55：6，2499 - 536.

Allen，Franklin，and Roni Michaely. 2003. Payout policy. In *Handbook of the economics of finance*，(eds.) George M. Constantinides，Milton Harris，and Ren'e M. Stulz，Volume 1，337 - 429. Amsterdam：North-Holland.

Baker，Kent (ed.). 2009. *Dividends and dividend policy*. Hoboken，NJ： 448
JohnWiley & Sons，Inc. Baker，Malcolm，Richard S. Ruback，and Jeffrey Wurgler. 2007. Behavioral corporate finance：A survey. In *Handbook of corporate finance：Empirical corporate finance*，(ed.) B. Espen Eckbo，Volume 1，146 - 88. Amsterdam：North-Holland.

Baker，Malcolm，and Jeffrey Wurgler. 2004a. Acatering theory of dividends. *Journal of Finance* 59：3，1125 - 65.

Baker，Malcolm，and Jeffrey Wurgler. 2004b. Appearing and disappearing dividends：The link to catering incentives. *Journal of Financial Economics* 73，271 - 88.

Baker，Malcolm，Jeffrey Wurgler，and Yu Yuan. 2009. Global，local，and contagious investor sentiment. Working Paper，Harvard Business School.

Barber，Brad M.，and Terrance Odean. 2000. Trading is hazardous to your wealth：The common stock investment performance of individual investors. *Journal of Finance* 55：2，773 - 806.

Barber，Brad M.，and Terrance Odean. 2008. All that glitters：The effect of attention and news on the buying behavior of individual and institutional investors. *Review of Financial Studies* 21：2，785 - 818.

Barberis，Nicolas，and Richard Thaler. 2003. A survey of behavioral finance. In

Handbook of the economics of finance，(eds.) George M. Constantinides，Milton Harris，and Ren'e M.

Stulz，Volume 1，1053－128. Amsterdam：North-Holland. Barclay，Michael J.，Clifford G. Holderness，and Dennis P. Sheehan. 2009. Dividends and corporate shareholders. *Review of Financial Studies* 22：6，2423－455.

Baskin，Jonathan Barron. 1988. The development of corporate financial markets in Britain and the United States，1600－1914：Overcoming asymmetric information. *Business History Review* 62：2，199－237.

Becker，Bo，Zoran Ivkovic，and Scott Weisbenner. 2007. Local dividend clienteles. Working Paper，Harvard Business School，University of Illinois at Urbana-Champaign，and Michigan State University.

Ben-David，Itzhak，Denys Glushkov，and Rabih Moussawi. 2010. Direct evidence for the behavior of hedge funds when arbitrage is costly. Working Paper，The Ohio State University.

Ben-David，Itzhak，John R. Graham，and Campbell R. Harvey. 2009. Managerial overconfidence and corporate policies. Working Paper，Duke University and Ohio State University.

Ben-David，Itzhak，and Darren Roulstone. 2009. Why do small stock acquirers underperform in the long-term? Working Paper，The Ohio State University.

Benartzi，Shlomo，Roni Michaely，and Richard H. Thaler. 1997. Do changes in dividends signal the future or the past? *Journal of Finance* 52：3，1007－43.

Benartzi，Shlomo，Roni Michaely，Richard H. Thaler，and William C. Weld. 2009. The nominal price puzzle. *Journal of Economic Perspectives* 23：2，121－42.

Bhattacharya，Sudipto. 1979. Imperfect information，dividend policy，and "the bird in the hand" fallacy. *Bell Journal of Economics* 10：1，259－70.

Black，Fischer. 1976. The dividend puzzle. *Journal of Portfolio Management* 2：2，5－8.

Black，Fischer. 1990. Why firms pay dividends. *Financial Analysts Journal* 46：3，5.

Bouwman，Christa. 2009. Managerial optimism and the market's reaction to dividend changes. Working Paper，Case Western University.

Bradley，Michael，Dennis R. Capozza，and Paul J. Seguin. 1998. Dividend policy and cashflow uncertainty. *Real Estate Economics* 26：4，555－80.

Brav，Alon，John R. Graham，Campbell R. Harvey，and Roni Michaely. 2005. Payout policy in the 21st century. *Journal of Financial Economics* 77：3，

483－527.

Brav, Alon, and James B. Heaton. 1997. The economic effects of prudent man laws: Empirical evidence from stock ownership dynamics. Working Paper, Duke University.

Brennan, Michael J., Tarun Chordia, and Avanidhar Subrahmanyam. 1998. Alternative factor specifications, security characteristics, and the cross-section of expected stock returns. *Journal of Financial Economics* 49: 3, 345－73. 449

Chay, Jong-Bom, and Jungwan Suh. 2008. Payout policy and cash-flow uncertainty. *Journal of Financial Economics* 93: 1, 88－107.

Cleveland, Fredrick A., and Fred Wilbur Powell. 1912. *Railroad finance*. New York: D. Appleton and Company.

Cordeiro, Leonardo. 2009. Managerial overconfidence and dividend policy. Working Paper, London Business School.

DeAngelo, Harry, Linda DeAngelo, and Douglas Skinner. 1996. Reversal of fortune, dividend signaling and the disappearance of sustained earnings growth. *Journal of Financial Economics* 40: 3, 341－71.

DeAngelo, Harry, Linda DeAngelo, and Douglas Skinner. 2009. Corporate payout policy. *Foundations and Trends in Finance* 3: 2－3, 95－287.

DeAngelo, Harry, Linda DeAngelo, and Ren'e Stulz. 2006. Dividend policy and the earned/contributed capital mix: A test of the lifecycle theory. *Journal of Financial Economics* 81: 2, 227－54.

Denis, David J., Diane K. Denis, and Atulya Sarin. 1994. The information content of dividend changes: Cash flow signaling, overinvestment, and dividend clienteles. *Journal of Financial and Quantitative Analysis* 29: 4, 567－87.

Denis, David J., and Igor Osobov. 2008. Why do firms pay dividends? International evidence on the determinants of dividend policy. *Journal of Financial Economics* 89: 1, 62－82.

Deshmukh, Sanjay, Anand M. Goel, and Keith M. Howe. 2009. CEO overconfidence and dividend policy: Theory and evidence. Working Paper, DePaul University.

Dewing, Arthur S. 1921. *The financial policy of corporations: Volume I, corporate securities*. New York: Ronald Press Company.

Dong, Ming, David A. Hirshleifer, Scott A. Richardson, and Siew Hong Teoh. 2006. Does investor misvaluation drive the takeover market? *Journal of Finance* 61: 2, 725－62.

Dhaliwal, Dan, Merle Erickson, and Robert Trezevant. 1999. A test of the theory of tax clienteles for dividend policies. *National Tax Journal* 52：2，179－94.

Easterbrook，Frank H. 1984. Two agency-cost explanations of dividends. *American Economic Review* 74：4，650－59.

Fama，Eugene F.，and Kenneth R. French. 2001. Disappearing dividends：Changing firm characteristics or lower propensity to pay? *Journal of Financial Economics* 60：1，3－43.

Ferreira，Miguel A.，and Paul A. Laux. 2007. Corporate governance，idiosyncratic risk，and information flow. Journal of Finance 62：2，951－89.

Ferris，Stephen P.，Nilanjan Sen，and Ho Pei Yui. 2006. God save the queen and her dividends：Corporate payouts in the UK. *Journal of Business* 79：3，1149.

Fink，Jason，Kristin E. Fink，Gustavo Grullon，and James P. Weston. 2006. Firm age and fluctuations in idiosyncratic risk. Working Paper，James Madison University and Rice University.

Firth，Michael. 1996. Dividend changes，abnormal returns，and intra-industry firm valuations. *Journal of Financial and Quantitative Analysis* 31：2，189－211.

Frankfurter，George M.，and William R. Lane. 1992. The rationality of dividends. *International Review of Financial Analysis* 1：2，115－30.

Frankfurter，George M.，and Elton G. McGoun. 2000. Thought contagion and financial economics：The dividend puzzle as a case study. *Journal of Psycholo-gy & Financial Markets* 1：2，145－53.

Frankfurter，George M.，and Bob G. Wood. 1997. The evolution of corporate dividend policy. *Journal of Financial Education* 23：1，16－32.

Frankfurter，George M.，and Bob G. Wood. 2006. *Dividend policy：Theory and practice*. London：Academic Press.

Gemmill，Gordon. 2005. Catering for dividends by stripping mutual-fund portfolios. Working Paper，Warwick Business School.

Gordon，Myron J. 1959. Dividends，earnings and stock prices. *Review of Economics and Statistics* 41：2，99－105.

450 Gordon，Myron J. 1962. *The investment，financing，and valuation of the corporation*. Homewood，IL：Richard D. Irwin.

Graham，Benjamin，David L. Dodd，and Sidney Cottle. 1934. *Security analysis：Principles and technique*. New York：McGraw-Hill.

Graham，John R.，and Alok Kumar. 2006. Do dividend clienteles exist? Evidence on dividend preferences of retail investors. *Journal of Finance* 61：3，1305－36.

Grinstein，Yaniv，and Roni Michaely. 2005. Institutional holdings and payout policy. *Journal of Finance* 60：3，1389－426.

Grullon，Gustavo，Roni Michaely，Shlomo Benartzi，and Richard H. Thaler. 2005. Dividend changes do not signal changes in future profitability. *Journal of Business* 78：5，1659－82.

Grullon，Gustavo，Roni Michaely，and Bhaskaran Swaminathan. 2002. Are dividend changes a sign of firm maturity? *Journal of Business* 75：3，387－424.

Guay，Wayne，and Jarrad Harford. 2000. The cash-flow permanence and information content of dividend increases versus repurchases. *Journal of Financial Economics* 57：3，385－415.

Hoberg，Gerard，and Nagpurnanand R. Prabhala. 2009. Disappearing dividends，catering，and risk. *Review of Financial Studies* 22：1，79－116.

Hotchkiss，Edith S.，and Stephen Lawrence. 2002. Empirical evidence on the existence of dividend clienteles. Working Paper，Boston College.

Jensen，Michael C. 1978. Some anomalous evidence regarding market efficiency. *Journal of Financial Economics* 6：2/3，95－101.

Jensen，Michael C. 1993. The modern industrial revolution，exit，and the failure of internal control systems. *Journal of Finance* 48：3，831－80.

John，Kose，and Joseph Williams. 1985. Dividends，dilution and taxes：A signaling equilibrium. *Journal of Finance* 40：4，1053－70.

Julio，Brandon，and David L. Ikenberry. 2004. Reappearing dividends. *Journal of Applied Corporate Finance* 16：4，89－100.

Kahneman，Daniel，and Amos Tversky. 1979. Prospect theory：An analysis of decision under risk. *Econometrica* 47：2，263－91.

Leary，Mark T.，and Roni Michaely. 2008. Why do firms smooth dividends? Working Paper，Cornell University.

Lee，Charles M. C. 1992. Earnings news and small traders：An intraday analysis. *Journal of Accounting and Economics* 15：2－3，265－302.

Lee，Charles M. C.，Andrei Shleifer，and Richard Thaler. 1991. Investor sentiment and the closed-end fund puzzle. *Journal of Finance* 46：1，75－109.

Li，Wei，and Erik Lie. 2006. Dividend changes and catering incentives. *Journal of Financial Economics* 80：2，293－308.

Lintner，John. 1956. Distribution of incomes of corporations among dividends，retained earnings and taxes. *American Economic Review* 46：2，97－113.

Lintner, John. 1962. Dividends, earnings, leverage, stock prices and supply of capital to corporations. *Review of Economics and Statistics* 44: 3, 243-69.

Long, John B., Jr. 1978. The market valuation of cash dividends: A case to consider. *Journal of Financial Economics* 6: 2-3, 235-64.

Malmendier, Ulrike, and Geoffrey Tate. 2005. CEO overconfidence and corporate investment. *Journal of Finance* 60: 6, 2661-700.

Michaely, Roni. 1991. Ex-dividend day stock price behavior: The case of the 1986 tax reform act. *Journal of Finance* 46: 3, 845-59.

Michaely, Roni, and Michael R. Roberts. 2007. Corporate dividend policies: Lessons from private firms. Working Paper, Cornell University and Wharton School of the University of Pennsylvania.

Michaely, Roni, Richard H. Thaler, and Kent L. Womack. 1995. Price reactions to dividend initiations and omissions: Overreaction or drift? *Journal of Finance* 50: 2, 573-608.

Miller, Merton. 1986. Behavioral rationality in finance. *Journal of Business* 59: 4, S451-68.

451 Miller, Merton, and Franco Modigliani. 1961. Dividend policy, growth and the valuation of shares. *Journal of Business* 34: 4, 411-33.

Miller, Merton, and Kevin Rock. 1985. Dividend policy under asymmetric information. *Journal of Finance* 40: 4, 1031-51.

Morgan, E. Victor, andWilliam Arthur Thomas. 1969. *The London Stock Exchange*. NewYork: St. Martin's Press.

Nissim, Doron, and Amir Ziv. 2001. Dividend changes and future profitability. *Journal of Finance* 55: 6, 2111-133.

Pérez-González, Francisco. 2003. Large shareholders and dividends: Evidence from U.S. tax reforms. Working Paper, Stanford Graduate School of Business.

Rantapuska, Elias. 2008. Ex-dividend day trading: Who, how, and why? Evidence from the Finnish market. *Journal of Financial Economics* 88: 2, 355-74.

Ripley, William Z. 1915. *Railroads: Finance and organization*. New York: Longmans, Green, and Co.

Seida, Jim A. 2001. Evidence of tax-clientele-related trading following dividend increases. *Journal of the American Taxation Association* 23: 1, 1-21.

Shefrin, Hersh M., and Meir Statman. 1984. Explaining investor preference for cash dividends. *Journal of Financial Economics* 13: 2, 253-82.

Shefrin, Hersh M., and Richard H. Thaler. 1988. The behavioral life-cycle hypothesis. *Economic Inquiry* 26：4，609 - 43.

Thaler，Richard H.，and Hersh M. Shefrin. 1981. An economic theory of self-control. *Journal of Political Economy* 89：2，392 - 406.

Von Eije，Henk，and William L. Megginson. 2007. Dividend policy in the European Union. Working Paper，University of Groningen and University of Oklahoma.

Venkatesh，P. C. 1989. The impact of dividend initiation on the information content of earnings announcements and returns volatility. *Journal of Business* 62：2，175 - 97.

Withers，Harley. 1915. *Stocks and shares*. New York：E. P. Dutton and Company.

作者简介

伊扎克·本—戴维德（Itzhak Ben-David）是美国俄亥俄州立大学费雪商学院的助理教授，他的研究领域侧重于行为金融、有限套利及不动产金融等方面。本—戴维德教授在美国芝加哥大学获得硕士及博士学位，并拥有伦敦商学院金融专业硕士学位与以色列特拉维夫大学会计学学士学位、工业工程理学学士与硕士学位。

第24章 忠诚、代理冲突与公司治理

453

兰达尔·默克（Randall Morck）
阿尔伯塔大学斯蒂芬·A. 杰里斯劳斯基（Stephen A. Jarislowsky）杰出金融学教授和杰出大学教授

引 言

从行为观点研究委托代理时，需要同时考虑代理人不完全忠诚和过度忠诚的问题。只要存在人员的阶级划分——计划经济、政府、军队或公司——就会有阶级顶层的委托人负责决策，而底层的代理人则选择是否服从命令。为了提高服从度，通常会赋予代理人效忠委托人的责任，因此，职工、士兵和官员必须服从领导、军官和总统，而首席执行官（CEO）必须服从公司的合法拥有者——股东。

社会心理学关注的是代理人的过度忠诚问题，而主流金融领域则更关注代理人不完全忠诚问题。本章的目的是调和这两个领域，并评估这种调和在金融经济学方面的应用。

经济学中的代理问题

经济学中典型的代理问题是指 CEO 最大化其自身效用而非股东财富。詹森和梅克林（Jensen and Meckling，1976）假设：一个最初拥有公司全部资产的企业家开始首次公开募股（IPO），他向社会投资者出售一部分股份并保留剩余股份以继续担任 CEO。CEO 可以通过购买不必要的喷气机、雇用不合格的亲信、开展个人政治活动或为宠物慈善机构捐款，来移转公司的资源以增加其自身效用。在 IPO 之前，CEO 承担这些活动的全部成本；但 IPO 之后，股东要分摊这些成本。所以一个理性自利的 CEO 通常会在 IPO 之后挪用更多的公司资金，相应地，社会股东会预期到这个治理问题而贬低其股票价值。

在其他阶级结构中，命令和控制机制限制了代理人的操作自由。不忠诚的农民或士兵可能被五马分尸；不忠诚的官员可能会被起诉。然而监管和控制成本限制了 454
这些机制的效率，所以代理问题虽然得到缓解，但并没有被根除。公司和经济制度提供类似的机制：透明度、董事会监督、独立审计、独立董事制度等。设计、监督、执行这些机制的成本是很高的，在收益大于成本的情况下公司会选择将这些机制付诸实践。这些机制的成本和相应降低的公司价值就是詹森和梅克林（Jensen and Meckling，1976）所称的代理成本（agency cost）。正如公司估值所证明的（Shleifer and Vishny，1997），大部分有关代理问题的金融文献都认为"提高忠诚度"的机制能够有效地降低代理成本。

社会心理学中的代理问题

社会心理学中也出现了类似的术语。米尔格兰（Milgram，1974）提出了代理人转变（agentic shift）的概念：一个人基于他人的判断而对自己的行为做出行动调整，且往往会引致过度忠诚问题。例如，若纳粹卫兵对他们的元首没那么忠诚，则社会的福利便可以得到提升。这里的代理问题（agency problem）在于，卫兵服从了他们理应违抗的命令，"我当时只是服从命令"并不能成为他们在纽伦堡审判时为自己辩护的理由。此处的代理成本是过度忠诚造成的损失，即大屠杀造成的损失。

因此，社会心理学者认为董事对 CEO 的过度忠诚构成代理问题，而 CEO 对股东的不完全忠诚不属于代理问题（Morck，2008）。例如，代理人转变可能会使董事支持 CEO 明显错误的兼并计划。这将会导致公司价值下降（Morck Shleifer，and Vishny，1990；Moeller，Schlingemann and Stulz，2005），应对方案可能包括：董事们在 CEO 不参会的情况下进行会谈，或者对兼并计划进行独立的评估。然而，这些手段都是"忠诚度阻塞"机制，而非"忠诚度提高"机制。

广义代理问题

广义的代理人（agent）包含任何可期待其忠诚的人，而广义的委托人（principle）则包含任何理应接受忠诚的人。广义的代理问题是：代理人对委托人表现出非最优化的忠诚——不完全忠诚或过度忠诚。这包括公司金融中的自利代理人和社会心理学中的盲目忠诚代理人。金融经济学家的关键发现是：不管是不完全忠诚还是过度忠诚，都可能会引发行为视角下所考虑的福利损失现象，而下面将介绍的这些发现主要来自默克（Morck，2008）的研究成果。

本章结构如下：下一节介绍了社会心理学的基础实验结果，这些结果激发了关于代理问题的更广义的研究视角，并且证实了代理人过度忠诚问题的存在。本章也涵盖了关于这一结果的其他解释思路，并列举出了为什么过度忠诚在其中最具说服力。实验证据
455 显示，反抗权威的人与持异议的同事能够抵消过度忠诚，本章针对这些证据做了调查，并使用其他领域的例子揭示了如何优化制度以约束过度忠诚。倒数第二节以社会心理学为背景重谈了公司金融中的标准代理问题。最后一节概括了结论和启示。

代理问题概论

基于社会心理学理论的代理理论源自米尔格兰的实验（Milgram，1963，1974）及在此之后的重复实验（Blass，2004）。米尔格兰指出资深纳粹党员在纽伦堡受审判时为自己辩护称："我当时只是服从命令"，这引发了历史学家对"忠诚"引发的诸多暴行的观察（Laski，1919）。

米尔格兰的实验

在一个盒子上设有几个按钮，并标记与其相对应的电压伏特数。电压由"15伏特""30伏特"直到"450伏特"，并把电线连接到一位专业演员，他被称为"学习者"。实验设置了一个模仿高压电流声的噪音发生器。实验者对每个被试者谎称："学习者"是实验的被试者，这个实验研究处罚如何刺激学习，并要求他们协助操作按钮。而真正的被试者是有偿且自愿的，因此他们能够保证对米尔格兰负责，而且米尔格兰的实验工作服和耶鲁大学实验室也能让人感受到科学权威性。米尔格兰会问一系列的问题，每次演员回答错误，他就指示被试者按下更高伏特的电压按钮，而演员则会假装疼痛加剧。米尔格兰（Milgram，1974，p. 4）介绍了演员的脚本："在 75 伏特时，'学习者'发出轻哼声；在 120 伏特时他会口头抱怨；在 150 伏特时他会请求释放。随电压增加，他的抗议会加剧，情绪也更激烈。在 285 伏特时，他的反应只能描述为痛苦的尖叫。"

米尔格兰计划比较美国与德国被试者，预期德国宣扬服从的文化倾向或许能用于解释纳粹战争罪行。而令他感到很惊讶的是，在组织大学生们进行的"试运行"过程中，大学生被试者一方面尽责地电击了这些完全不认识的陌生人，另一方面却将此归结于配合耶鲁大学的研究。然而最终整个实验的结果与"试运行"非常相

似，即便普通美国人在接到命令后也会乖乖电击陌生人。

图 24—1 总结了他的主要研究结果。每个被试者都会以 135 伏特电击“学习者”，此时“学习者”会要求被试者释放他。80％的被试者会继续用 285 伏特电击，于是“学习者”痛苦尖叫。超过 60％的被试者会继续乖乖地以 450 伏特电击，尽管电压数字旁标有“严重危险”的字样。

456

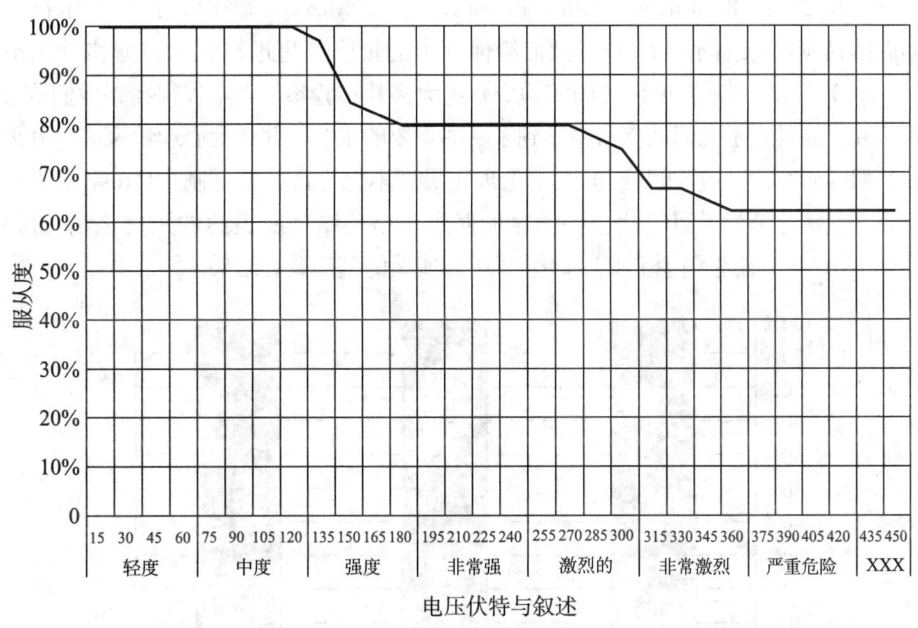

图 24—1　服从度，基准的米尔格兰实验

注：心理学家命令被试者电击完全陌生人，纵轴代表被试者的服从程度，横轴代表电压刻度与人体承受度。

资料来源：米尔格兰（1974）。

稳健性

米尔格兰（Milgram，1963，1974）用几个不同的参数重复了实验。他发现男性和女性被试者没有什么区别。他还曾将实验地点由纽黑文市转移到了布里奇波特市，但这对于结果的影响也不大。只有当要求被试者在电击时用身体压住演员时，才会发现被试者的服从度稍微降低。

许多学者，包括本章作者，都得出过与米尔格兰相似的结果。不同国家的绝大部分被试者都使用了最大电压，包括德国（Miller，1986）以及更广泛的被试者和更多样化的实验设计（Merritt and Helmreich，1996；Tarnow，2000，1998，2000，2004）。

有人认为米尔格兰的实验中被试者能感觉到演员是在演戏，所以谢里登和金（Sheridan and King，1972）采用实际电击小狗的方式。由 13 位男性与 13 位女性组成的26位被试者中，有20人完全遵守电击规定——包括7名男性和所有13名女性[①]，虽然有些人之后表现出难过的情绪（Blass，1998，2004）。

最近，博格（Burger，2009）再次证实了米尔格兰的研究结论。他将电击上限设置为150伏特（Packer，2008），并且排除了焦虑的被试者——这两项设计变更是为了避免造成被试者持久的心理伤害——这一点也是米尔格兰实验被人诟病的主要原因（Baumrind，1964；Kaufmann，1967；Fischer，1968；Mixon，1972）。有关米尔格兰实验的后续访谈结果显示，这个实验带给他同事的折磨要超过被试者。博格（Burger，2009，p.2）指出："（在他设计的实验中）绝大多数实验参与者不仅很高兴他们曾参与这项研究，而且表示他们从参与中学到了一些重要的东西，并认为心理学家应该开展更多此类型的研究。"尽管如此，但大学伦理委员会不允许再完整复制（Elms，1995）这项研究，显然这是为了回应社会科学家们对米尔格兰结果所表达的焦虑之情（Blass，

457 2000）。图24—2描述了博格（Burger，2009）实验的基准调查结果。

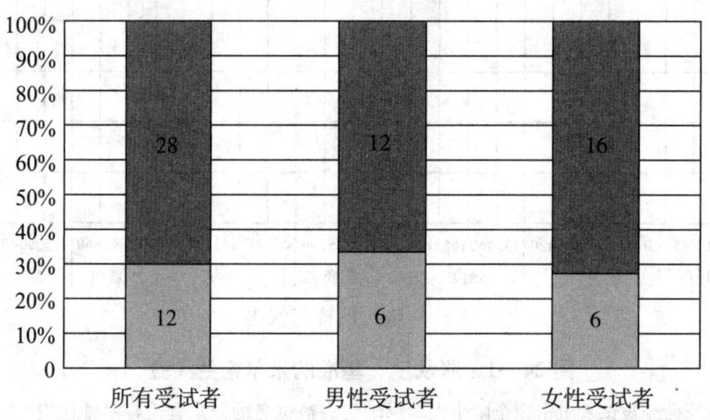

图24—2 复制基准的米尔格兰实验

注：对米尔格兰实验的最新复制将电击上限设为150伏特。由18位男性与22位女性组成40位[②]被试者。

资料来源：博格（Burger，2009）。

然而这一实验的"自然实验"版本却一直在不断重演——在自然实验中，扮演代理人角色的人会采取明显残忍或不恰当的行为。接到命令后，忠诚的士兵们会射杀陌生人，忠诚的飞行员会轰炸城市。

几种备选的解释方式

鉴于研究的稳健性，米尔格兰（Milgram，1963，1974）的结果可以用来描述

① 原文疑有误，查阅相关文献后，此处应为7名男性，而非原文所写的6名。——译者注

② 原文疑有误，查阅相关文献后，此处应为40名被试者，而非原文所写的30名。——译者注

人类本性是毋庸置疑的。我们需要心理学和经济学上的解释。米尔格兰（Milgram，1974）假定存在代理人转变：人们暂时放弃自主权，成为服从于他人的代理人，无视个人道德责任，享受"忠诚"于合法权威所带来的心理愉悦。接下来介绍米尔格兰对此现象的更进一步的解释，以及其他解释方法。

米尔格兰的代理人转变理论

米尔格兰从未在德国重复他的实验，却为他的发现感到震惊。他的结论认为人类有一种与生俱来的忠诚反应——对于服从权威的渴望（Blass，2004）。

米尔格兰（Milgram，1974）认为这种冲动具有遗传基础。群体狩猎的动物，如狼，会将自己融入阶级结构。迪·瓦尔（De Waal，2005）介绍了黑猩猩的雄性领导下的和倭黑猩猩的雌性领导下的阶级式社会结构。早期由男性（或女性）领导带领群体生活的原始人，比落单的人更容易从乳齿象口中逃生得以存活。因此，代理人转变与其他先验的（a priori）、快速的非理性行为决策一样，都可能会增加个人或团体的生存可能（Bernardo and Welch，2001）。当然，这也符合霍布斯（Hobbes，1651）的看法：有组织的暴政胜过独立的野蛮。"忠诚"会唤起心理上的幸福感，这解释了人类历史上的大量苦难和暴行，但或许也可以解释我们为何能生存至今。

在后续访谈中，米尔格兰的被试者们说，他们"做出了承诺"或觉得有责任"忠诚"（Blass，2004）。许多人表示，他们在"做别人期待他们做的事情"。实验结束后米尔格兰（Milgram，1974，p. 7）让被试者做出"道德判断"，而他们"无一例外地认为不服从是更合适的"。当被问及为什么选择服从时，他们列举了礼貌、承诺不容亵渎、（避免）冲突的尴尬、被实验的技术细节所迷惑等种种理由。

但最普遍的理由还是出于忠诚的美德。米尔格兰（Milgram，1974，p.188）
绝望地写道："我们如此高度看重的个人忠诚、纪律和自我牺牲的道德，反而是破 458
坏性战争的发动机和让人类受制于权威的恶毒系统。"而其他生物学上的刺激也可以产生同样深刻的情感，可见这种机制是得到神经科学的支持的。米尔格兰（Milgram，1974，p. 8）认为典型被试者们并没有放弃道德推理，但"相反，道德推理却被用在了一个截然不同的地方。被试者对其自身行为并没有道德上的感受，他的道德关注点反而转移到了自己迎合权威期望的程度上。"

这一点是米尔格兰的代理人转变概念的本质所在。在这一问题上，人们的关注点从经济学家所熟悉的目的论（基于结果的）决策制定框架转换到了道义论（基于责任的）框架。是与非被经济学家重新定义为，责任是否尽到。哲学一直认为责任感能够引导道德（Broad，1930）。米尔格兰（Milgram，1963，1974）从实证上支持了道义论的思考能影响人的决策，且并不需要诱导人们进行关于目的论道德的事后思考。

米尔格兰（Milgram，1974，pp. 145－146）认为，这种代理人转变是一个先前未发现的人性的基本组成部分，“代理人转变的最深远结果是：一个人觉得对指挥自己的权威负有责任，但对权威规定其执行的具体内容不用负责”。用经济学的术语说，人们抛弃了理性权衡的结果是因为“效忠”让他们感觉良好。这种行为偏误可以被模拟为一种道义层面的反射机制，即完成个人任务的本能或者在效用中包含道义的成分——忠诚能带来效用。

虐待狂现象

关于米尔格兰实验的一个常见的替代解释是：实验揭露了被试者们所具有的原始的虐待冲动，这一点让许多社会学家感到不安（Blass，2000）。这或许反映了为什么有人将米尔格兰的研究与同时期的斯坦福监狱实验（Haney，Banks and Zimbardo，1973）混为一谈，后者让学生在模拟监狱内扮演“囚犯”或“狱警”。几天之内，“狱警”迅速变得很残暴，而“囚犯”则越来越畏缩。

在监狱实验中，由于缺乏权威人士，“狱警”的残暴性被激发出来。实验者试图通过展现自己的权威来抑制“狱警”的这些行为，但失败了，他们只能断然终止了这个实验。因此，虽然这两个实验都暴露出道德限制中令人惊讶的情境灵活性以及人性中某些不好的方面，但是无法确定这两个实验是否暴露了同样的人性阴暗面。

后人在对米尔格兰实验的再扩展中，加强了对天生虐待狂冲动的控制。马丁、查普曼和斯皮兰（Martin，Chapman and Spillane，1976）修改了他的实验，改为中学男生被试者通过噪音制造器惩罚演员，在实验中他们要求被试者把噪音提高到有“50%的可能”造成永久性听力丧失的程度。因为被试者比佯装痛苦的演员更靠近噪音制造器，所以很明显他们冒着更大的风险。① 他们的发现与米尔格兰保持一致，都不认为虐待狂可以作为一种一般性的解释。此外，还是有一些被试者不服从实验安排，显示出如同感心（empathy）之类的人格特质具有异质性，有一些后续研究强调了这一方面（Blass，1991）。然而，博格（Burger，2009）发现被试者的“同感心”得分与执行电击的倾向并不相关。

459

一致性

诺斯（North，1990）把经济制度（economic institutions）定义为对人类自利行为的约束。很显然，法律和法规属于经济制度，而社会规范（Smith，1759）也不例外，它们的重要性都已经得到了实验的验证（Cialdini，Kallgren and Reno，1991；Cialdini，1998）。即使是永远不会再去的地方，人们也会给小费，人们在公交车上让座以及诚实对待陌生人——这都是因为反之将会违反社会规范。

社会心理学文献显示人们喜欢生活在群体之中。阿施（Asch，1951）请他的

① 借此，虐待冲动得到压制，实验主要考察的将是命令的服从问题。——译者注

被试者比较线的长度。如果房间里其他人都非常认同某条明显较短的线比较长，那么大部分的被试者也会趋于一致同意。阿施（Asch，1951）认为人们显然容易接受“集体共识”，即使一眼看上去就能发现共识存在明显错误。但米尔格兰基准实验的被试者并没有被分组。如果他们的服从是这种“一致性”的反映，那么“一致性”与“服从性”之间似乎就只剩下语义上的区别了。

前景转变

另一种替代解释强调米尔格兰实验中电压的小幅增加值（15 伏特）（Gilbert，1981）。这让我们想起推销员的“得寸进尺效应”（foot-in-the-door effect）：逐步提高对被试者的要求能够改变其行为（Cialdini and Goldstein，2004）。这种效应似乎来自被试者对行为前后一致性（consistency）的需求——在以 300 伏特电击后，很难拒绝以 315 伏特电击，也可能是由于被试者自我认知的转变——连续以更高电压电击让被试者觉得自己是一个忠实遵循指令的人（Burger，2009）。

这一类的解释与卡尼曼和特维斯基（Kahneman and Tversky，2000）的研究有关，他们发现决策的关键在于备选项处于何种框架之中，因此逐步增加电压会改变被试者对于问题严重性的判断基准。如果一开始就要求使用 450 伏特电击，那么被试者往往不会接受，但他们在连续情况下是否会被诱导接受这一要求，还没有得到实证检验。

信息瀑布效应[①]（Information Cascades）

然而，另一种替代性解释强调，被试者意识到米尔格兰有知识优势（Morelli，1983），而且实验的学术环境设定向被试者传达了合法性的信号。信息不对称为关于理性从众行为和信息瀑布效应的文献（Banerjee，1992；Bikhchandaqni，Hirshleifer and Welch，1992）提供了理论基础。如果信息是昂贵的，那么追随另一个可能的知情人是明智的策略。具体而言，如果信息成本超过偶尔追随到不懂装懂的人所需付出的代价，那么无知反而是理性的选择。因此，人们往往假定拥挤的餐厅的食物会更好，或者赞美那些被艺术评论家称赞的抽象艺术品。这样的信息瀑布现象在实验室的被试者中很容易被触发（Anderson and Holt，1997）。由此可知，米尔格兰的被试者可能推断米尔格兰是掌握完全信息的，合理地避免了自己亲自去探寻电击对人体生理的影响或实验的学术价值。

信息瀑布在金融上的重要性尚不明确。阿拉维、黑格和李斯特（Alevy，Haigh and List，2007）发现专业的期权交易者明显比学生更不容易发生信息瀑布

① 信息瀑布效应是指当人们的选择受到前人信息的影响时，可能会放弃自己喜好，追随前人的选择的一种现象。这是由于人们判断前人掌握了充足的信息才会如此决策，于是自己的模仿是有依据的且节省了信息成本。人们简单地模仿前人的选择，就好像瀑布顺流而下一样，故而得名。——译者注

460 现象。然而德雷曼、厄克斯勒和罗伊德（Drehmann，Oechssler and Roider，2002）的报告却指出：国际顾问公司的专家与一般人之间没有显著的差异。与信息瀑布效应的结果一致，阿米胡德、豪泽和基尔希（Amihud，Hauser and Kirsh，2003）发现以色列的 IPO 不是被大量超额认购，就是无人问津。古尔和伦德霍尔姆（Gul and Lundholm，1995）预期，无信息的行为体在通过“搭便车”获得明显的新信息之后，做出的决策高度相似。与此预期相一致，劳、格雷夫和戴维斯（Rao，Greve and Davis，2001）发现金融分析师往往全体一致地做出评级或者停止评级。在雇用员工（Kübler and Weizsäcker，2003）、艺术上的成功（Crossl and Smith，2002）以及卖座电影（De Vany and Walls，1996；De Vany and Lee，2001）等问题上都发现了关于信息瀑布效应的证据。

米尔格兰（Milgram，1983）不认为对上级信息的错误推论能够描述许多深刻且代价昂贵的过度忠诚问题。按经济学家的说法，过度服从具有负的外部性：对囚犯使用水刑的讯问者可能认为他们的领导有更高级的信息，但这个错误推论所产生的社会成本可能超过讯问者努力掌握情报的成本。同样，公司董事若因忠诚而觉得有责任私下批准 CEO 的兼并计划，则这导致的代价也可能会超过其复核 CEO 所供数据所需要的成本。总之，信息瀑布效应引发了大量的社会过度忠诚问题。

但是依照现有证据来看，信息瀑布的合理性似乎不足以解释米尔格兰的实验结果。大家都知道高压电的危险性，而实验所声称的目的——观察人如果因犯错而受罚那么是否会学得更快——很显然不是生死存亡的问题[①]。此外，马丁等（Martin et al.，1976）的被试者知道他们冒着伤害自己听力的风险，却仍不断加大噪声。天生服从的反射作用似乎更能解释这些研究发现。

话语权与忠诚：摆脱代理人转变

公司、政府和其他阶级结构充斥在现代经济体中。也许在过去，忠诚产生的效用帮助了我们的祖先存活下来，直到现在，它就像帮助阶级结构对抗自利代理人的预防针，降低了新古典经济学加诸于他们的监测和控制成本。

但是显然，这种免疫机制是不完整的。不完全忠诚的代理问题在许多重要情境下都需要大量成本的投入，这点在理论和实证上都得到了验证。

但是，如上述证据所示，过度忠诚的代理人也可能会产生重要的经济和社会成本。金融文献认为，诸如法律、法规、会计准则、社会规范等制度可以改善代理人忠诚度不足问题。或许，制度同样可以限制代理人的过度忠诚。因此，确定哪些因

① 所以发现实验手段和其声称的目的之间的不匹配是很容易的，并不需要很高的信息成本，因此并不能构成信息瀑布效应的前提。——译者注

素可以调节忠诚反应是很重要的。

意识到偏误

戈尔艮（Gergen，1973，p. 313）认为，让人们了解到他们的行为偏误可以恢
复他们的理性。尽管在 20 世纪 60 年代和 70 年代米尔格兰的实验得到了广泛的宣 461
传（之后的重复实验的被试者往往已经了解到实验中存在的行为偏误），但舒尔兹（Schurz，1985）在随后对米尔格兰的重复实验中并未发现时间变化趋势[①]。对行为偏误持“教育即解脱”观点的支持者可能低估了偏误的顽固程度。然而，伦理委员会在 20 世纪 80 年代终止了米尔格兰的实验，关于这些实验的知识也渐渐被淡忘。因此，最近复制米尔格兰实验的博格（Burger，2009）不需要对被试者隐瞒他真实的实验假设（就可以使实验得以执行）。

亲近

在米尔格兰实验的变种中，要求被试者用自己的身体将演员的双手压在电极上，此时服从性略有下降，所以靠近受害者可能会降低对权威的忠诚度。当米尔格兰（Milgram，1974）离开实验室用电话指挥实验时，被试者的服从性下降了 2/3——几个继续电击的被试者暗中调低电压，一些被试者甚至谎报电压。而当实验者重新进入实验室后，这种不服从就消失了。

米尔格兰（Milgram，1974，p. 62）总结说：“在没有与实验者面对面的情况下，被试者似乎更可能反抗实验者。权威人士亲临现场是重要的强制力。”值得注意的是，相较于靠近受害者，靠近下令施虐的权威的影响力似乎更强。

董事定期要与 CEO 会面共商大事，而与社会股东的距离则比较远。如果同样的逻辑适用，那么若授权董事会开会时不需 CEO 出席，则这样一来可能会消除会议室中 CEO 的权威，这可能比唤起对股东的责任感更能有效地逆转代理人转变问题。

持异议的同事

虽然大多数米尔格兰实验的变种都得出了相似程度的服从性，但是仍有少数例外。一个实验强调了“持异议的同事”的作用——除了扮演答题者的演员外，另外安排两位演员，一位给答题者大声朗读问题，另一位宣布答题者的答案正确与否——他们一个会在 150 伏特时提出反对意见并走出去，另一个则会在 210 伏特时提出反对意见并走出去。如图 24—3 所示，当同事提出反对意见时，继续电击的比

① 即被试者并没有学习到实验中的行为偏误，进而加以克服。——译者注

率大幅下降。米尔格兰（Milgram，1974，p. 118）指出："同事内讧对削弱实验者权威的影响令人印象深刻。"

在最新的米尔格兰实验的变种中，博格（Burger，2009，p. 8）也加入了"持异议的同事"，他的实验记录是这样的："在按下 75 伏特开关后，听到学习者的惨叫声'啊!'之前，同盟者没有表现出任何犹豫。按下 75 伏特开关后，同盟者暂停了几秒钟，然后再继续。按下 90 伏特开关和听到另一个'啊!'后，他瞥了一眼实验者说，'我不知道会这样'。实验者以一贯的提醒语气回答：'请继续'。同盟者停顿了几秒钟后说'我觉得我做不到'，然后将他或她的椅子推离桌子几英寸。然后，实验者要求真正的被试者继续接手实验。同盟者则静静地坐在一旁直到研究结束，并避免与被试者目光接触。"图 24—4 总结了研究结果。

462 阿施（Asch，1951）关于一致性的研究结果与图 24—3 一致。当其他所有人都宣称那些长短不一的线长度相等的时候，大多数被试者都表示赞同。然而，只要有一个人站出来反对这个错误的共识，便可以诱导每一个被试者支持反对意见。

让人意外的是，博格（Burger，2009）的实验没有发现"持异议的同事"效应。他设定的电压较低，而且排除了那些可能对实验感到不安的被试者，"同事"的异议表达也没那么强烈。危害程度、被试者的选择或提出异议的音量大小都可能影响米尔格兰的"持异议的同事"的效果。

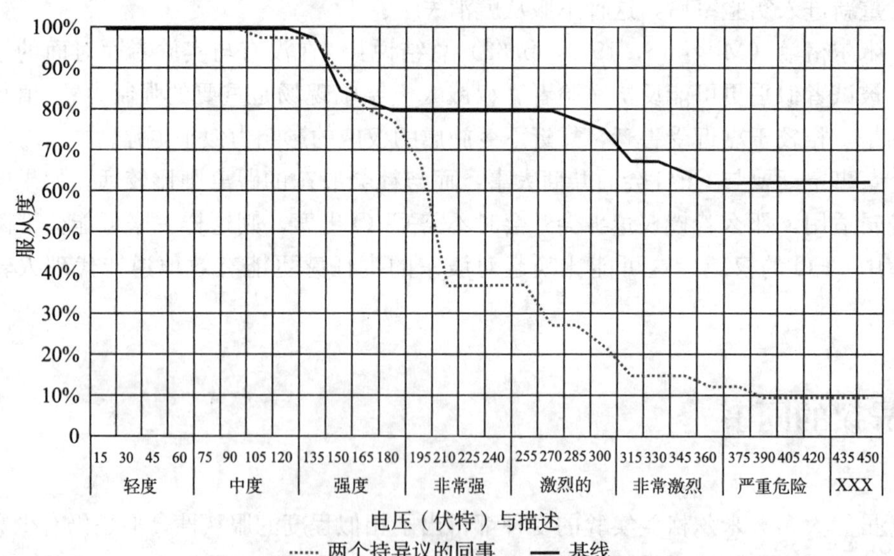

图 24—3　服从度，"持异议的同事"的实验变种

注：纵轴代表被试者在两位同事表示担忧的情况下对心理学家电击完全陌生人的命令的服从程度，横轴代表电压刻度与人体承受度。

资料来源：米尔格兰（Milgram，1974）。

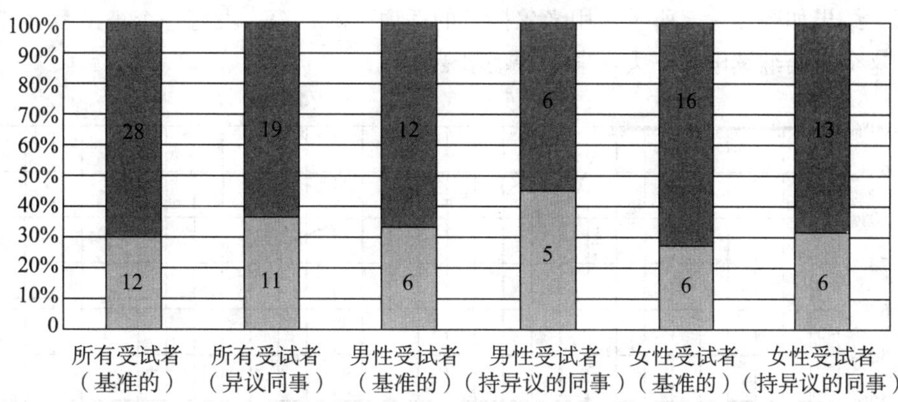

图 24—4　复制“持异议的同事”的实验

注：最近一个对米尔格兰实验的复制实验将被试者执行电击的上限定在了 150 伏特。“同事”持续增大电击程度，直到电压达到 90 伏特，演员显示出不舒服后，“同事”说出“我觉得我做不到”，然后，实验者指示被试者接手继续。40 位基准被试者与 30 位包含“持异议的同事”的被试者的结果不具有统计学上的区别。在“持异议的同事”实验组内进行比较发现，男性被试者比女性被试者具有更低的服从比率，但这种差 463
别也不具有统计学上的显著性。

资料来源：博格（Burger，2009）。

“持异议的同事”阻止了过度忠诚，这可以解释为什么专制政权对打压异议有着不同寻常的热情，也显示保护异议分子的制度可以促进决策的合理化。民主政权也有可能屈服于“群体思维”（定义为一种符合群体期望的心理倾向），以至于追求明显错误的“共识”政策：日本偷袭珍珠港、肯尼迪的猪猡湾惨败、美国的越战失败等（Janis，1972）。虽然这些失败可能源于信息瀑布效应，但是詹尼斯揭示了另一个明确的心理动机——满足他人期望的幸福感也可能是一大元凶，此外他还指出专业批评者、公正的领导人以及成立多个独立问题分析小组都可能缓解这种“群体思维”。苏罗维奇（Surowiecki，2004）进一步认为，独立和自由地表达异议可以使得群体比个人做出更好的决策，而镇压异议反而会导致“群体思维”。

“群体思维”方面的研究显然与公司金融领域相关，因为管理团队和董事会都是做出重要决策的“群体”（Shefrin，2007；Bénabou，2008）。然而，迄今为止，即使在行为学的分支领域，对“群体思维”的研究也都还远远不足。

对立的权威人士

米尔格兰（Milgram，1974，p. 105）实验的一个变种能够使服从性完全消失：当电压增加到 150 伏特时，与米尔格兰“年龄和身高大致相同的”第二位心理学家开始照本宣科地念着说词，指出必须使用更高的电压。在面对对立的权威人士的情境下，结果如图 24—5 所示，用米尔格兰的话说（p. 107）：没有一个被试者会“利用”这个机会继续电击下去，电击行动戛然而止。

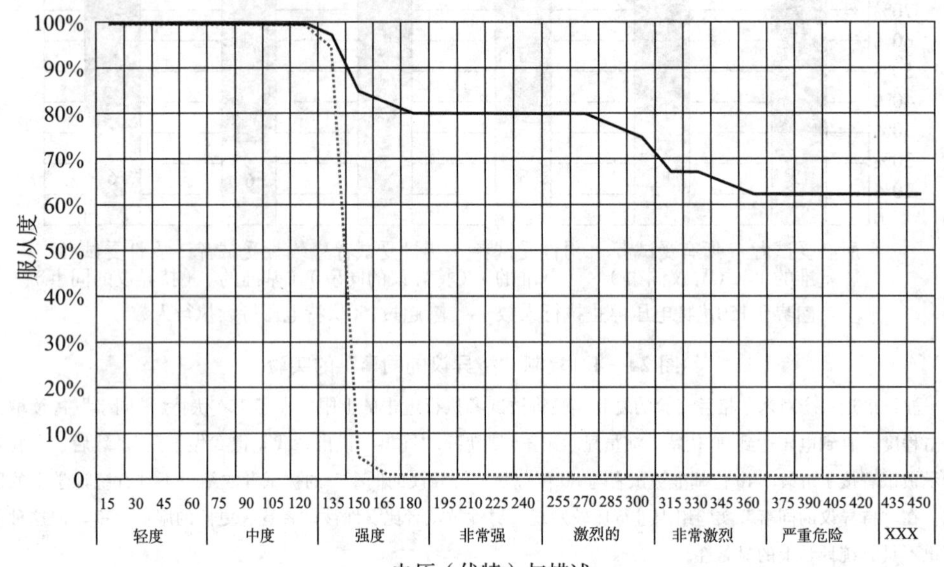

图 24—5 服从度，意见相左的权威人士的实验变种

注：纵轴表示对陌生人执行电击的被试者的比重，横轴则是相应要求的电压。依照实验者的安排，两位心理学家意见相左时，结果如图。

资料来源：米尔格兰（Milgram，1974）。

这一令人吃惊的实验变种显示，对立的权威人士可能会完全消除被试者的忠诚冲动，并唤起理性的决策。这个概念引发了一种令人困扰的可能性，如果一个对立的委托人提出足够尖锐的反对意见，那么那些忠诚于一个被误导的或犯罪的委托人的代理人所做的破坏性行为将是可以被阻止的。

经济组织中也会发生类似的问题。股东大会有可能完全沦为“走过场”，董事会的每个职位都只进行等额选举，股东们只有投赞成票或反对票的权利（无法提名候选人）（Bebchuk，2007）。这种公然缺乏替代权威的状况表明，如此的制度设计是为了提高（股东）对公司内部人的忠诚度。

对忠诚的背离

许多重要的制度似乎旨在激起人们背弃忠诚。下文将做简单介绍，有助于我们从经济学角度理解这些制度。

魔鬼代言人

1587 年教皇西斯笃五世（Pope Sixtus V）建立魔鬼代言人的宗教法庭（Holy 464
Office of the Devil's Advocate），也被称为信仰的促进者（Promoter of the Faith）。魔鬼代言人是罗马天主教阶级中的一个高级职位，由教会首席专家担任。这项早期的改革是为了净化罗马教会在文艺复兴时期册封有权人士及其亲友为圣徒的陋习。魔鬼代言人的责任就是挑战圣徒候选人的品格和事迹的可信度。就像米尔格兰实验中的第二位心理学家一样，魔鬼代言人必须大声批评所有被提名的圣徒。

魔鬼代言人的圣职一直处于教会中重要的位置，直到 1983 年约翰·保罗二世废除了此职务。此后，这位波兰出身的教皇册封的圣徒数目是 20 世纪其他所有主教加起来的五倍，这表明魔鬼代言人是圣徒的一个实质障碍。

普通法

英国及其原殖民地国家曾使用普通法，它授权法官对法律原则进行宽泛的解释。这疏远了法官与立法者，并抑制了法官对政治家的过度司法忠诚，但风险是自利的法官会滥用自己的自由裁量权。与此相反，《拿破仑法典》（*Napoleonic Code*）作为法国法律制度的根基，则强制要求法官逐条依照规定的细节执行，使其自利地滥用权力的举动和自主判断的范围得到了限制。

格莱泽和施莱弗（Glaeser and Shleifer，2002）认为，这种差异反映了法国经历过动荡不安的历史，这样的历史背景让法官更容易碰到权势者贿赂和威胁等状况，从而将不完全忠诚的代理问题升级到国家层面。英国法官较少受到这种压力，所以被给予更多的自由裁量权。豪斯特特勒（Hostettler，2006）补充说，皇
家法院的法官由国王任命，其政治化的判决引起了广泛的反感，而英国内战中议 465
会的胜利削弱了皇家法院的势力。这将英格兰的司法制度的命脉交给了相对独立的普通法法院，其法官依照以前的判例和传统进行裁决，对国王没有个人效忠的义务。因此，为了提高对国家的忠诚度，（法国的）《民法典》（*Civil Code*）法官会通过解析微小复杂的法案和研读过去的正确判决来判案。为了抑制对国王的过度忠诚，（英国的）普通法法官用一般原则，如"理性人"或"审慎者"来解释简短的法典。

法国法院采用严格的审问制度：法官传讯及讯问证人、下令调查并使法庭积极运作。一旦发现法典中恰当部分的条文，就不再需要自己判断，对立的权威也并不存在。相反，普通法法院则更多依靠主观判断，并且采用对立的庭审系统：双方律师积极挖掘对方论点的漏洞（Langbein，2006）。面对对立的权威人士，法官或陪审团就像米尔格兰的被试者般，被迫进入一种理性的决策心态。

普通法体系的国家在政治腐败、财政发展、公司所有权、融资、估值和股息政策等方面的表现都比较好（La Porta，Lopez-de-Silanes and Shleifer，2008）。也

许由于自由裁量权和理性思维，普通法法院能更有效地解决商业纠纷，而且几个世纪前设计的用来限制或提高法官忠诚度的这两种制度在现代经济中仍然有所体现。

女皇陛下忠诚的反对党领袖

威斯敏斯特模式（The Westminster Model）的议会民主赋予官方反对党领袖（Leader of the Official Opposition）明确的职责——坚持批评执政党。光荣革命（the Glorious Revolution）后，这个职务由限制国王的王权，慢慢演变成限制选举产生的首相的权力（Fourd，1964）。从18世纪以来，如果反对党领袖未能对政府政策提出足够的批评，那么往往会被视为对选民不忠（O'Gorman，1982）。

不同国家以不同的方式指定其反对党领袖，但在有效的民主政体中普遍都有这个职位。政府机关创建对立权威的制度可能有助于解释民主国家中较好的公共产品和服务。图24—5的应用范例就是形象的说明。

同行评审

经济或金融学术研讨会的发言者必须忍受另一位评论人（discussant）——负责揭露发言的错误之处的学者——后续的批评。想要发表论文的学者必须先把其成果呈现给无情的匿名审稿人（referees），审稿人有责任揭露其论文中的错误。没有通过检验的论文通常默默无闻。评论人和审稿人相当于“持异议的同事”的角色，其作用与图24—4所示情况类似。

学术期刊（Editors of *Nature*，2003）的同行评审往往因诱发了保守主义偏误
466 而受到批评（Samuelson and Zeckhauser，1988），这个批评也许是正确的。然而自从20世纪60年代大多数学科采用同行评审后，科学发展的步伐得以加快（Benos et al.，2007），当然，这可能也要归功于复印技术的发展（Spier，2002）。在同行评审制度下，杰出的研究人员仍可能较容易地发表论文，而大牌学者也不再是不容挑战的权威，而且有研究发现，在一个制药公司的研究人员发表的论文中，如果更多的是接受了同行评审的论文，那么这个公司的生产能力也将得到提升（Cockburn and Henderson，1998）。

代理人转变——作为公司金融中的一种行为因素

以上谈到的这些制度可以调节对权威的忠诚程度。虽然它们已发展了数百甚至上千年，但它们的效果还是很有限。世界上仍然有很多地方未加批判地服从宗教、

政治、司法和学术权威，因而经济发展出现了停滞。

商业公司在许多方面效仿独裁统治而非议会民主（Bebchuk，2007）。梅斯（Mace，1971）介绍了CEO如何培养董事的忠诚度，以达到排除董事会中的“持异议的同事”或对立权威的目的。当然，这种高度集中的权力反映了其历史性的生存优势，否则，其他的公司组织形式早就取而代之了。亚当斯、阿尔梅达和费雷拉（Adams，Almeida and Ferreira，2005）表示，强有力的CEO在高绩效公司可以提升公司绩效，但在低绩效公司反而会降低绩效。也许在历史上前者收获的利益要远远大于后者的损失。

但专制风格的公司仍然备受争议。詹森（Jensen，1993，pp. 862 - 863）在他的美国金融协会会长的就任致词中指出：

> 董事会的工作是任命、开除和辅助CEO，并提供高质量的提案。在过去的几十年中，很少有董事会可以在缺少外部危机的情况下尽职地做到这几点……董事会失败的原因尚未被充分认识。

米尔格兰（Milgram，1963，1974）提供了一个似是而非的理由：经济学家只看到了问题的一半——对股东的忠诚度不足，却错过了问题的另一半——对最高层内部人的过度忠诚。因此，安然公司的前任首席财务官杰弗里·麦克马洪（Jeffrey McMahon）将他丑闻缠身的公司描述如下：“公司存在一种氛围，任何人只要试图质疑安然前首席财务官安德鲁·S. 法斯托（Andrew S. Fastow）有问题的操作，就将面临被调职或失去奖金的威胁。”（Cohan，2002，p. 276。）而雪伦·瓦特金斯（Sherron Watkins，安然公司的前副总裁）描述道：“恐吓存在于公司文化中，尽管金融违规的行为已是众所周知”，但没有一个人敢于质疑高层管理者（Cohan，2002，p. 277）。安然倒下后，其各级员工都抗议道：“我们只是在做自己分内的工作。”（Cohan，2002。）

近几十年来世界已经变得更为复杂，因此，CEO办公室的集中决策所带来的收益可能不再高于其成本。阿克洛夫和席勒（Akerlof and Shiller，2009）发现下属忠诚地告诉CEO“他们想听到的话”，这样无疑会放大凯恩斯（Keynes，1936）的以“动物精神”为心理基础的经济波动，并以日益危险的方式威胁经济稳定。近几十年的公司治理运动似乎决心把“持异议的同事”和对立权威带入现代的商业公司，更多民主化的治理行为确实与公司的价值创造相关联（Gompers，Ishii and Metrick，2003）。

公司内部人仍然没有被说服，并继续要求个人忠诚（Akerlof and Yellen， 467
1986）。法玛（Fama，1980）以及法玛和詹森（Fama and Jensen，1983）的研究认为董事通过（对员工的）有效监控建立声誉。但是，如果CEO喜欢“应声虫”胜过“炮筒子”或者“麻烦制造者”的话，那么对员工的监控将不再是成功的助力（Westphal and Stern，2006，2007）。公司内的告密者，即使是那些揭露出严重欺

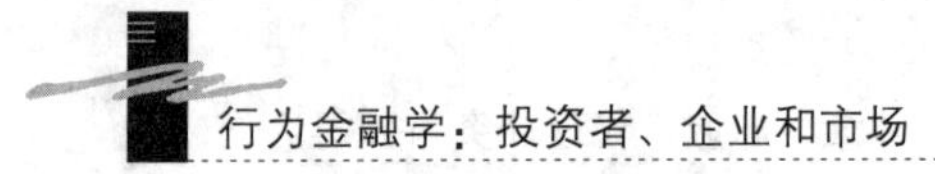

骗行为的人，也往往都惨淡收场（Alford，2000）[①]。

经济制度的演化应该在忠诚度不足和忠诚度过度之间取得更微妙的平衡。达到更佳平衡的公司或国家可以促使更持久的繁荣，它们的制度也会被仿效。公司似乎特别需要借鉴好莱坞大亨萨缪尔·葛德文（Samuel Goldwyn）的名言："我想大家跟我说实话，即使这么说会让他丢掉工作！"

忠诚的呼声

米尔格兰（Milgram，1974）的研究结果认为，对立权威和持异议的同事对于董事会的意义，类似于官方反对党领袖和学术评审者的角色。目前，这种类似的性质尚不明确，我们还不知道哪种新制度可以最有效地阻止过度的代理行为，同时又把其对经济活动的不良影响降至最小。

法规

安然和其他过度服从于被误导的权威的丑闻事件促进了公司治理改革，例如，《萨班斯—奥克斯利法案》的提出。该法案对会计行业进行了重整，要求高层主管签署财务报表以及建立内部控制系统——这样做可能是成本无效率的（Leuz，Triantis and Wang，2008；Marosi and Massoud，2007；Zhang，2007），并且这一法案很快被撤销（Romano，2005）。尽管投入了高昂的履行成本，但《萨班斯—奥克斯利法案》仍未能阻止2007年和2008年发生的第二次金融部门管理丑闻。

也许这是因为《萨班斯—奥克斯利法案》加大了对CEO和财务总监的处罚，以至于从侧面增强了他们所制定的政策的可信度（Festinger，1957），如果没有人公开指责灾难迫在眉睫，那么人们将不可能采取措施。由行为金融学所引发的更好的改革能够在这些丑闻的倒逼之下诞生出来。

董事会

有研究发现，非执行主席和独立董事的设置与CEO因表现不佳而被迫离职存在关联性，而与公司价值的提升之间则没有关联（Kang and Sorensen，1999；Hermalin and Weisbach，2003）。金融研究文献大多强调了非执行主席和独立董事制度（Herman，1981；Mace，1971；Weisbach，1988；Morck，Shleifer，and Vishny，1989；Rosenstein and Wyatt，1990）在提高董事对股东的忠诚度方面的作用。但实际上，将其目的理解为降低董事对CEO的忠诚度，将会更有帮助。

① 可见目前的公司文化对于个人忠诚的要求依然很高。——译者注

由此观点而激发的改革可能会提高对立权威在董事会中的地位。因此，亚当斯等（Adams et al.，2005）认为对立的内部人士比独立董事更能遏制 CEO 的权力，因为他们更了解公司内部的运作。这种改革会帮助对立的内部人在公司业绩萎靡时夺取 CEO 的职位（Ocasio，1994）。

这个观点也显示了以往改革失败的原因。安然公司的 CEO 并没有担任董事会董事，且在董事会中独立董事占比很高。于是，这些董事或独立董事都没有起到像米尔格兰的实验中第二位心理学家或“持异议的同事”那样的作用。希格斯（Higgs，2003）关于英国公司治理的研究报告指出了独立董事制度失败的原因：关于英国公司的独立董事和非执行主席的详细记录显示，这些通过了各种独立检测的董事大多数是 CEO 的朋友。除此之外，CEO 们还会玩“针锋相对”（tit-for-tat）的把戏（Axelrod，1984），即彼此互相担任对方公司董事会的“独立”董事。 468

要阻止对 CEO 的过度忠诚就应制定更严格的“独立”标准，排除个人或家庭关系以及金融关系，并禁止交叉任命对方的董事会董事。其他措施还包括：董事应证明自己的独立性，若谎报材料则应承担严重责任；由股东而不是由 CEO 提名董事（Shivdasani and Yermack，1999）；规定董事必须通过竞争选举等。然而不幸的是，这些改革的成本和收益都还无从得知。

股东大会

另一个可以通过降低对 CEO 的忠诚度来提高公司治理水平的组织就是股东大会。大股东，如养老基金和保险基金，可以更有效地监管 CEO（Shleifer and Vishny，1986），并且税收和管理政策也可以增加大股东的权益（Cheffins，2008）。可以设想老练的基金经理人可能会谴责表现不佳的 CEO 并组织代理权争夺战——让反对派候选人取代表现不佳的董事会（Shleifer and Vishny，1997）。有研究显示，代理权争夺战在董事会选举程序中的应用与公司价值的提升存在相关性（Bebchuk and Cohen，2005；Faleye，2007）。布莱克和科菲（Black and Coffee，1994）的研究中也利用英国公司检验了这种方法的有效性。

当然这些机制也是有成本的。通常基金经理人和 CEO 一样追求自身效用的最大化，而不一定追求投资组合的回报率最大化（Romano，1993）。而且基金经理人或许也远没有我们想象中那么老练（Lakonishok，Shleifer，Thaler and Vishny，1992）。

收购

在 20 世纪 80 年代的美国（Morck et al.，1989）和英国（Cheffins，2008），活跃的公司控制权市场改善了公司治理。收购行为可防止整个董事会对 CEO 的过度忠诚。公司的决策失当会压低公司股价，导致管理不佳的公司被“打折出售”。而侵入者会购买这些需要整顿的公司再转售他们——这是一种公司改善的方式。

从20世纪80年代后期开始，美国公司的CEO说服董事会批准了收购防御措施，如毒丸计划①和交叉董事选举，并提供资金去游说国家法律以阻碍收购行动。那些对收购更有抵抗力的公司，其公司价值往往也更低（Gompers，Ishii，and Metrick，2003）。在美国，忽视董事对于CEO的忠诚问题可能会削弱收购本身作为提升公司的治理机制的效果。

用行为偏误对抗行为偏误

上文中提到的信息瀑布是对米尔格兰（Milgram，1974）的研究结果的一种替代性解释，而这种行为偏误可能会被各种其他的偏误所打断。诺斯和韦伯（Noth and Weber，2003）认为个体非理性的过度自信会诱导代理人选择自己思考，从而
469 停止信息瀑布。屈布勒和魏茨泽克（Kübler and Weizsäcker，2004）研究发现实验被试者会不惜成本来搜寻信息，这种明显的非理性行为同样会中断信息瀑布。阿里亚、格洛弗和米滕多夫（Arya，Glover，and Mittendorf，2006）提出，在某些情况下嘈杂的信息优于明确的信号。过度自信的董事不确定CEO的想法，所以会花大价钱购买信息，他这种行为反而可能会使董事会趋于理性。

概要和结论

米尔格兰（Milgram，1974）认为人类本能就包含了对权威下意识的忠诚，面对权威，人们将自己视为代理人而不是自主决策者。这种本能使得下属和董事会支持CEO推行的错误策略，引发了过度忠诚的代理问题，且会产生高额的经济成本。

由于这种本能与道德概念相联系，如忠诚、信任和职责，所以这种服从性是很顽固的。这种道德的本能暗示人们可以公然不以道德的方式行事，并用道德概念为自己的行为辩护。因此，管理者及董事为自己默许公司的欺诈行为辩护，认为这是忠诚、信任以及对掌权者CEO的义务。

有效的改革必须同时克服标准经济学代理问题中的不完全忠诚（Jensen and Meckling，1976）和行为学代理问题中的过度忠诚。法律、政治和学术界中的一些制度平衡了这些代理问题，但是，目前的公司治理侧重于对股东的不完全忠诚问题，却忽略了对CEO的过度忠诚问题。

米尔格兰（Milgram，1974）发现远距离的权威、“持异议的同事”和对立的权威都会让被试者重新开始理性思考。因此，管理改革可以考虑模仿威斯敏斯特议会，指定独立董事代表或机构投资人作为官方的反对派领袖。迄今为止，改革（如

---

① 毒丸计划：比喻公司为避免被对方兼并而向对方索取极高代价的阻挠措施。——译者注

独立董事或非执行主席）并没能有效改善公司绩效。一种解释是，CEO 依照忠诚度选择独立董事和非执行主席。另一种解释是，对于忠诚的行为冲动难以克服。

讨论题

1. 在金融学中，代理成本和代理问题是什么意思？请各举一例并说明它可能会导致的问题。

2. 在社会心理学中，代理人转变是什么意思，它可能引起什么样的问题？

3. 什么是广义代理问题，这个概念与金融学中的代理问题以及社会心理学中的代理人转变有何关联？

4. 如何借助以效用最大化来刻画人类行为的微观经济学，来调和社会心理学中的代理人转变问题？

5. 请谈谈其他领域的调和代理人转变现象的方式，及其借鉴意义。[①]

参考文献

Adams, Renée, Heitor Almeida, and Daniel Ferreira. 2005. Powerful CEOs and their impact on corporate performance. *Review of Financial Studies* 18: 4, 1403 - 32.

Akerlof, George, and Robert Shiller. 2009. *Animal spirits*: *How human psy-* 470
chology drives the economy, *and why it matters for global capitalism*. Princeton, NJ:
Princeton University Press.

Akerlof, George, and Janet Yellen. 1986. *Efficiency wage models of the labor market*. San Diego, CA: Academic Press.

Alevy, Jonathan, Michael Haigh, and John List. 2007. Information cascades: Evidence from a field experiment with financial market professionals. *Journal of Finance* 62: 1, 151 - 80.

Alford, C. Fred. 2000. *Whistleblowers*: *Broken lives and organizational power*. Ithaca, NY: Cornell University Press.

Amihud, Yakov, Shmuel Hauser, and Amir Kirsh. 2003. Allocations, adverse selection, and cascades in IPOs: Evidence from the Tel Aviv stock exchange. *Journal of Financial Economics* 68: 1, 137 - 58.

① 原文缺少这一问，此问题为译者依据答案（书尾部分）所增补。——译者注

Anderson, Lisa, and Charles Holt. 1997. Information cascades in the laboratory. *American Economic Review* 87: 5, 847 - 62.

Arya, Anil, Jonathan Glover, and Brian Mittendorf. 2006. Hierarchical reporting, aggregation, and information cascades. *Managerial and Decision Economics* 27: 5, 355 - 62.

Asch, Solomon. 1951. Effects of group pressure upon the modification and distortion of judgment. In *Groups, leadership, and men*, (ed.) Harold Guetzkow, 177 - 190. Pittsburgh, PA: Carnegie Press.

Axelrod, Richard. 1984. *The evolution of cooperation*. NewYork: Basic Books.

Banerjee, Abhijit. 1992. A simple model of herd behavior. *Quarterly Journal of Economics* 107: 3, 797 - 817.

Baumrind, Diana. 1964. Some thoughts on ethics of research: After reading Milgram's behavioral study of obedience. *American Psychologist* 19: 6, 421 - 3.

Bebchuk, Lucian. 2007. The myth of the shareholder franchise. *Virginia Law Review* 93: 3, 675 - 732.

Bebchuk, Lucian, and Alma Cohen. 2005. The costs of entrenched boards. *Journal of Financial Economics* 78: 2, 409 - 33.

Bénabou, Roland. 2008. Groupthink: Collective delusions in organizations and markets. Working Paper, Princeton University.

Benos, Dale J., Edlira Bashari, Jose M. Chaves, Amit Gaggar, Niren Kapoor, Martin LaFrance, Robert Mans, David Mayhew, Sara McGowan, Abigail Polter, Yawar Qadri, Shanta Sarfare, Kevin Schultz, Ryan Splittgerber, Jason Stephenson, Cristy Tower, R. Grace Walton, and Alexander Zotov. 2007. The ups and downs of peer review. *Advances in Physiology Education* 31: 2, 145 - 52.

Bernardo, Antonio, and Ivo Welch. 2001. On the evolution of overconfidence and entrepreneurs. *Journal of Economics and Management Strategy* 10: 3, 301 - 30.

Bikhchandaqni, Sahil, David Hirschleifer, and Ivo Welch. 1992. A theory of fashion, custom, and cultural change. *Journal of Political Economy* 100: 5, 992 - 1026.

Black, Bernard, and Jack Coffee. 1994. Hail Britannia? Institutional investor behavior under limited regulation. *Michigan Law Review* 92: 7, 1999 - 2088.

Blass, Thomas. 1991. Understanding behavior in the Milgram obedience experiment: The role of personality, situations, and their interactions. *Journal of Personality and Social Behavior* 60: 3, 398 - 407.

Blass, Thomas. 1998. A cross cultural comparison of studies of obedience using the Milgram paradigm. Working Paper, Department of Psychology, University of Maryland.

Blass, Thomas. 2000. The Milgram paradigm after 35 years: Some things we know about obedience to authority. In *Obedience to authority—Current perspectives on the Milgram paradigm*, (ed.) Thomas Blass, 35 - 60. Mahwah, NJ: Lawrence Erlbaum.

Blass, Thomas. 2004. *The man who shocked the world: The life and legacy of Stanley Milgram*. New York: Basic Books.

Broad, Charlie. 1930. *Five types of ethical theory*. Orlando, FL: Harcourt, 471
Brace and Co.

Burger, Jerry. 2009. Replicating Milgram: Would people still obey today? *American Psychologist* 64: 1, 1 - 11.

Cheffins, Brian R. 2008. *Corporate ownership and control: British business transformed*. Oxford: Oxford University Press.

Cialdini, Robert. 1998. *Influence: The psychology of persuasion*. New York: William Morrow and Company.

Cialdini, Robert, and Noah Goldstein. 2004. Social influence: Compliance and conformity. *Annual Review of Psychology* 55: 1, 591 - 621.

Cialdini, Robert, Carl Kallgren, and Raymond Reno. 1991. A focus theory of normative conduct. In *Advances in experimental social psychology*, (ed.) Leonard Berkowitz, Volume 24, 201 - 34. San Diego, CA: Academic Press.

Cockburn, Iain M., and Rebecca M Henderson. 1998. Absorptive capacity, coauthoring behavior, and the organization of research in drug discovery. *Journal of Industrial Economics* 46: 2 157 - 83.

Cohan, John Alan. 2002. "I didn't know" and "I was only doing my job": Has corporate governance careened out of control? A case study of Enron's information myopia. *Journal of Business Ethics* 40: 2, 275 - 99.

Crossland, Philip, and Faye Smith. 2002. Value creation in fine arts: A system dynamics model of inverse demand and information cascades. *Strategic Management Journal* 23: 5, 417 - 34.

DeVany, Arthur, and Cassey Lee. 2001. Quality signals in information cascades and the dynamics of the distribution of motion picture box office revenues. *Journal of Economic Dynamics & Control* 25: 3/4, 593 - 614.

DeVany, Arthur, and David Walls. 1996. Bose-Einstein dynamics and adaptive contracting in the motion picture industry. *Economic Journal* 106: 439, 1493 - 514.

De Waal, Frans. 2005. *Our inner ape: A leading primatologist explains why we are who we are*. New York: Penguin.

Drehmann, Mathias, Jörg Oechssler, and Andreas Roider. 2002. Herding and contrarian behavior in financial markets: An internet experiment. *American Economic Review* 95: 5, 1403-26.

Elms, Alan. C. 1995. Obedience in retrospect. *Journal of Social Issues* 51: 3, 21-31.

Faleye, Olubunmi. 2007. Classified boards, firm value, and managerial entrenchment. *Journal of Financial Economics* 83: 2, 501-29.

Fama, Eugene. 1980. Agency problems and the theory of the firm. *Journal of Political Economy* 88: 2, 288-307.

Fama, Eugene, and Michael Jensen. 1983. Separation of ownership and control. *Journal of Law and Economics* 26: 2, 301-25.

Festinger, Leon. 1957. *A theory of cognitive dissonance*. Stanford, CA: Stanford University Press.

Fischer, Constance T. 1968. Ethical issues in the use of human subjects. *American Psychologist* 23: 7, 532-3.

Fourd, Archibald. 1964. *His majesty's opposition*, 1714-1830. Oxford: Oxford University Press.

Gergen, Kenneth J. 1973. Social psychology as history. *Journal of Personality and Social Psychology* 26: 2, 309-20.

Gilbert, Steven. 1981. Another look at the Milgram obedience studies: The role of a graduated series of shocks. *Personality and Social Psychology Bulletin* 7: 4, 690-5.

Glaeser, Edward, and Andrei Shleifer. 2002. Legal origins. *Quarterly Journal of Economics* 117: 4, 1193-229.

Gompers, Paul, Joy Ishii, and Andrew Metrick. 2003. Corporate governance and equity prices. *Quarterly Journal of Economics* 118: 1, 107-55.

Gul, Faruk, and Russell Lundholm. 1995. Endogenous timing and the clustering of agents' decisions. *Journal of Political Economy* 103: 5, 1039-66.

472 Haney, Craig, Curtis Banks, and Philip G. Zimbardo. 1973. Study of prisoners and guards in a simulated prison. *Naval Research Reviews* 9: 1, 1-17.

Hermalin, Benjamin, and Michael Weisbach. 2003. Boards of directors as an endogenously determined institution: A survey of the economic literature. *Economic Policy Review—Federal Reserve Bank of New York* 9: 1, 7-26.

Herman, Edward. 1981. *Corporate control. Corporate power*. Cambridge:

Cambridge University Press.

Higgs, Derek. 2003. *The Higgs report: Review of the role and effectiveness of non-executive directors*. London: United Kingdom Department of Trade and Industry.

Hobbes, Thomas. 1651. *Leviathan, or the matter, for me, and power of a commonwealth ecclesiastically and civil*. London: Andrew Crooke.

Hostettler, John. 2006. *Fighting for justice: The history and origins of adversary trial*. Hampshire: Waterside Press.

Janis, Irving. 1972. *Victims of groupthink: A psychological study of policy decisions and fiascoes*. Boston, MA: Houghton-Mifflin.

Jensen, Michael. 1986. Agency costs of free cash flow. *American Economic Review* 76: 2, 323 - 9. Jensen, Michael. 1993. The modern industrial revolution, exit and the failure of internal control systems. *Journal of Finance* 48: 3, 831 - 80.

Jensen, Michael, and William Meckling. 1976. Theory of the firm: Managerial behavior, Agency costs and ownership structure. *Journal of Financial Economics* 3: 4, 305 - 60.

Kahneman, Daniel, and Amos Tversky. 2000. *Choices, values, and frames*. Cambridge: University Press.

Kang, David, and Aage Sorensen. 1999. Ownership organization and firm performance. *Annual Review of Sociology* 25: 1, 121 - 44.

Kaufmann, Harry. 1967. The price of obedience and the price of knowledge. *American Psychologist* 22: 4, 321 - 2.

Keynes, John Maynard. 1936. *The general theory of employment, interest and money*. London: Macmillan.

Kübler, Dorothea, and Georg Weizsäcker. 2003. Information cascades in the labor market. *Journal of Economics* 80: 3, 211 - 29.

Kübler, Dorothea, and Georg Weizsäcker. 2004. Limited depth of reasoning and failure of cascade formation in the laboratory. *Review of Economic Studies* 71: 2, 425 - 41.

La Porta, Rafael, Florencio Lopez-de-Silanes, and Andrei Shleifer. 2008. The economic consequences of legal origins. *Journal of Economic Literature* 46: 2, 285 - 332.

Lakonishok, Josef, Andrei Shleifer, Richard Thaler, and Robert Vishny. 1992. The structure and performance of the money management industry. *Brookings papers on economic activity* 1, 339 - 92.

Langbein, John. 2006. *The origins of adversary criminal trial*. Oxford:

Oxford University Press.

Laski, Harold J. 1919. The dangers of obedience. *Harper's Monthly Magazine* 159: June, 1-10.

Leuz, Christian, Alexander Triantis, and Tracy Wang. 2008. Why do firms go dark? Causes and economic consequences of voluntary SEC deregistrations. *Journal of Accounting and Economics* 45: 2-3, 181-208.

Mace, Myles. 1971. *Directors: Myth and reality*. Boston, MA: Harvard Business School Press.

Marosi, András, and Nadia Massoud. 2007. Why do firms go dark? *Journal of Financial and Quantitative Analysis* 42: 2, 421-42.

Martin, John, Brian Lobb, Greg Chapman, and Robert Spillane. 1976. Obedience under conditions demanding self-immolation. *Human Relation* 29: 4, 345-56.

Merritt, Ashleigh C., and Robert L. Helmreich. 1996. Human factors of the flight deck: The influence of national culture. *Journal of Cross-Cultural Psychology* 27: 1, 5-24.

Milgram, Stanley. 1963. Behavioral study of obedience. *Journal of Abnormal and Social Psychology* 67: 4, 371-8.

Milgram, Stanley. 1974. *Obedience to authority*. NewYork: Harper and Row.

473 Milgram, Stanley. 1983. Reflections on Morelli's "Dilemma of Obedience." *Metaphilosophy*, 14: 3/4, 190-4.

Miller, Arthur. 1986. *The obedience experiment: A case study of controversy in social science*. New York: Praeger.

Mixon, Don. 1972. Instead of deception. *Journal for the Theory of Social Behavior* 22: 2, 145-77. Moeller, Sara, Frederik Schlingemann, and René M. Stulz. 2005. Wealth destruction on a massive scale? A study of acquiring-firm returns in the recent merger wave. *Journal of Finance* 60: 2, 757-82.

Morck, Randall. 2008. Behavioral finance in corporate governance: Economics and ethics of the devil's advocate. *Journal of Management and Governance* 12: 2, 179-200.

Morck, Randall, Andrei Shleifer, and Robert Vishny. 1989. Alternative mechanisms for corporate control. *American Economic Review*. 79: 4, 842-52.

Morck, Randall, Andrei Shleifer, and Robert Vishny. 1990. Do managerial objectives drive bad acquisitions? *Journal of Finance* 45: 1, 31-48.

Morelli, Mario. 1983. Milgram's dilemma of obedience. *Metaphilosophy* 14:

3/4，183－9.

Nature，Editors of. 2003. Coping with peer rejection. *Nature*，425：6959，645.

North，Douglass. 1990. *Institutions，institutional change and economic performance*. Oxford：Oxford University Press.

Noth，Markus，and Martin Weber. 2003. Information aggregation with random ordering：Cascades and overconfidence. *Economic Journal* 113：484，166－89.

Ocasio，William. 1994. Political dynamics and the circulation of power：CEO succession in U. S. industrial corporations，1960－1990. *Administrative Science Quarterly* 39：2，285－312.

O'Gorman，Frank. 1982. *The emergence of the British two-party system*：1760－1832. London：Edward Arnold.

Packer，Dominic. 2008. Identifying systematic disobedience in Milgram's obedience experiments：A meta-analytic review. *Perspectives on Psychological Science* 3：4，301－4.

Rao，Hayagreeva，Henrich R. Greve，and Gerald F. Davis. 2001. Fool's gold：Social proof in the initiation and abandonment of coverage by Wall Street analysts. *Administrative Science Quarterly* 46：3，502－26.

Romano，Roberta. 1993. Public pension fund activism in corporate governance reconsidered. *Columbia Law Review* 93：4，795－853.

Romano，Roberta. 2005. The Sarbanes-Oxley Act and the making of quack corporate governance. *Yale Law Journal* 114：7，1521－612.

Rosenstein，Stuart，and Jeffrey Wyatt. 1990. Outside directors，board independence，and shareholder wealth. *Journal of Financial Economics* 26：2，175－92.

Samuelson，William，and Robert Zeckhauser. 1988. Status quo bias in decision making. *Journal of Risk and Uncertainty* 11：1，7－59.

Schurz，Grete. 1985. Experimentelle Uberprüfüng des Zusammenhangs Zwischen Persönlichkeitsmerkmalen und der Bereitschaft zum destruktiven Gehorsam gegenüber Autoritäten. *Zeitschrift für Experimentelle und Angewandte Psychologie* 32：11，160－77.

Shefrin，Hersh，2007. *Behavioral corporate finance*. New York：McGraw-Hill.

Sheridan，Charles，and Richard King Jr. 1972. Obedience to authority with an authentic victim. *Proceedings of the 80th Annual Convention of the American Psychological Association* 7，165－6.

Shivdasani, Anil, and David Yermack. 1999. CEO involvement in the selection of new board members: An empirical analysis. *Journal of Finance* 54: 5, 1829-53.

Shleifer, Andrei, and Robert Vishny. 1986. Large shareholders and corporate control. *Journal of Political Economy* 94: 3, 461-88.

Shleifer, Andrei, and Robert Vishny. 1997. A survey of corporate governance. *Journal of Finance* 52: 2, 737-84.

Smith, Adam. 1759. *The theory of moral sentiments*. London: A. Millar.

474 Spier, Ray. 2002. The history of the peer-review process. *Trends in Biotechnology* 20: 8, 357-8.

Surowiecki, James. 2004. *The wisdom of crowds*. New York: Doubleday.

Tarnow, Eugen. 2000. Self-destructive obedience in the airplane cockpit and the concept of obedience optimization. In *Obedience to authority—Current perspectives on the Milgram paradigm*, (ed.) Thomas Blass, 111-25. Mahwah, NJ: Lawrence Erlbaum Associates.

Weisbach, Michael S. 1988. Outside directors and CEO turnover. *Journal of Financial Economics* 20: 1/2, 431-60.

Westphal, James, and Ithai Stern. 2006. The other pathway to the boardroom. *Administrative Science Quarterly* 51: 2, 169-204.

Westphal, James, and Ithai Stern. 2007. Flattery will get you everywhere (especially if you are a male Caucasian). *Academy of Management Journal* 50: 2, 267-88.

Zhang, Ivy Xiying. 2007. Economic consequences of the Sarbanes-Oxley Act of 2002. *Journal of Accounting & Economics* 44: 1/2, 74-115.

作者简介

兰达尔·默克（Randall Morck）是阿尔伯塔大学商学院斯蒂芬·A. 杰里斯劳斯基（讲席）金融学杰出教授和大学杰出教授，他也在美国国家经济研究局从事研究工作。默克教授以优异的成绩毕业于耶鲁大学，并在哈佛大学取得博士学位。他间断性地回到这两所大学从事教职，并于 2005 年被聘为哈佛大学麦肯齐·金（Mackenzie King）经济学客座教授，在 2009 年被聘为耶鲁大学金融学客座教授。他曾在公司治理、金融经济学及政治经济学等领域发表 70 余篇论文，这些论文被引用超过2 000次。

致　谢

作者在此非常感谢马尔科姆·贝克（Malcolm Baker）、尼克·巴贝尔斯（Nick Barberis）、米克·雷蒙（Mike Lemmon）、阿多夫·迪·莫塔（Adolfo De Motta）、安德烈·施莱弗（Andrei Shleifer）、伊沃·韦尔希（Ivo Welch）以及贾菲·伍格勒（Jeff Wurgler）的建议，同时感谢由哥本哈根商学院、香港科技大学、皇后大学与美国国家经济研究局联合举办的公司行为金融学术研讨会上的所有与会者。

475

第25章　首次公开募股

弗朗西斯·德里安（François Derrien）
巴黎高等商学院金融学副教授

引　言

首次公开募股（IPO）是公司从私有向公有转变的过程。在进行 IPO 之前，公司由有限个数的股东所有；在进行 IPO 之后，公司则变成了由众多股东所有。IPO 是公司生命周期中的一个重大事件，且为金融研究者们提供了一个有趣的试验场地。首先，它是市场对公司的股票第一次进行定价。其次，IPO 是公司组织、股权结构及其与资本市场间关系的一次实质性转变。亥尔沃基、皮林斯基和斯塔茨（Helwege，Pirinsky and Stulz，2007）对美国公司在进行 IPO 后其所有权的长期演变进行了描述。

有关 IPO 的文献主要关注了三个“谜题”。第一个谜题为 IPO 的发行抑价（IPO underpricing），即在大多数的时期和国家中，公司在 IPO 后的平均首日收益率通常数值较高且为正。另一个 IPO 之谜则是由伊博森和贾菲（Ibbotson and Jaffe，1975）以及里特（Ritter，1984）提出的“热点发行市场”，其表现为 IPO 的方差较大，并且在某一时期或少数行业中偶尔爆发聚集性的 IPO。美国 20 世纪 90 年代末期出现的，互联网相关行业的 IPO 活动的繁荣便是对热点发行市场的一个很好的例证。该繁荣是在 20 世纪 90 年代中期产生的，而在 2000 年年末随着纳斯达克股市指数的崩溃戛然而止。

图 25—1 表示的是，在 1960 年到 2008 年期间美国的 IPO 年度数量（左轴）及其平均首日收益率（右轴），这些数据来源于里特（Ritter，2009a，2009b，2009c）的网页数据。正如图 25—1 所示，IPO 的年度数值在 1960 年到 2008 年期间呈现出剧烈的波动。在 1974 年（样本年份中“最冷”年度），美国仅有 9 家公司上市，与之相比较，在 1986 年（这一时期中的“最热”年度），则有 953 家公司上市。 476

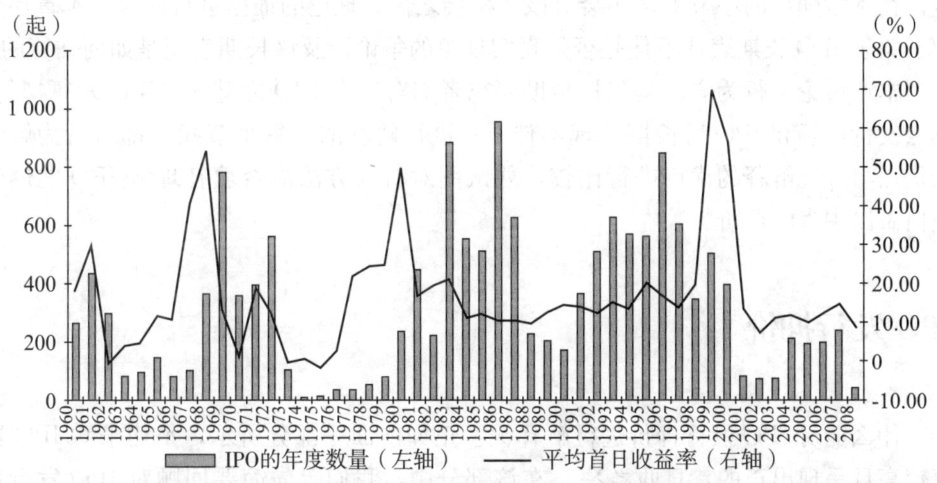

图 25—1　1960 年 1 月至 2008 年 12 月间美国 IPO 的年度数量与平均首日收益率

注：图中所示为 1960 年 1 月至 2008 年 12 月间美国 IPO 的年度数量（左轴）及其平均首日收益率（右轴）。首日收益率值为上市首日开盘价与收盘价间未经调整的变化百分比。

资料来源：里特（2009a，2009b）。

图 25—1 表明，平均首日收益率普遍来看都是正的。在 1960 年到 2008 年期间，仅有三年（1962 年、1973 年和 1975 年）呈现出负的平均首日收益率。而在整个（采样）期间，首日收益率的平均值高达 16%。首日收益率也是多变的，且偶尔会达到极高值，如在 1990 年平均首日收益率高达惊人的 70%。在 20 世纪 90 年代末，当时美国的首日收益率达到空前的高水平，个别 IPO 公司的股票价格都按百分之几百的幅度上涨。例如，在 1996 年 4 月 12 日，雅虎在其首个交易日内股票价格上涨了 154%，从 13 美元的开盘价涨到了 33 美元的收盘价。里特（Ritter，2009a，2009b）的网页提供了这样一份列表，上面记录了在 1975 年到 2007 年间首

日收益率超过100%的IPO事件，其中绝大部分都发生在1999年和2000年。

对于发行者而言，发行抑价是一项巨大的成本。根据里特（Ritter，2009c）的观点，在1990年和2008年期间，发行者以IPO发行抑价的形式付出的成本达5 690亿美元。由此，我们提出一个重要的问题——为什么发行者会愿意支付这一成本。本章我们将通过一些行为解释来帮助我们理解IPO发行抑价，尤其是IPO发行抑价达到高度不正常的情况。本章还关注了经济基本面或投资者非理性（因素）能否更好地解释某时期或某行业的IPO聚集现象的问题。

最后一个IPO之谜是，在公司进行其IPO后的三到五年内会出现较低的股票收益率。里特（Ritter，1991）率先给出了针对这一现象的大样本学术研究。他发现，美国1974年到1985年间上市的公司，接下来的三年表现得比基准水平更差，且更差的程度达到45%。他认为，IPO表现不佳是因为投资者向上市公司管理者表现出来的一时狂热或偶然打开了“机会之窗”，而管理者则会以公司上市作为反应。在本章随后的小节中，还会对该“机会之窗”理论的证据进行回顾。本章还介绍了关于IPO长期表现不佳是否是真实现象的争论以及该长期表现是如何估算的。

本章讨论了行为方法是怎样帮助研究者们对三个IPO之谜——IPO发行抑价、
477 热点发行市场和IPO后长期表现不佳——进行解释的。每小节我们都对行为解释的优点与理性解释的优点进行比较，并试图对行为方法能否填补理解IPO之谜的空白做出中肯的评价。

IPO发行抑价

什么能对IPO发行抑价进行解释呢？正如前面一部分所示，平均来看IPO数值较高且呈现出正的首日收益率。在该部分中，我们首先简要回顾对IPO发行抑价的理性解释。接下来，则主要关注基于发行者目标函数的解释以及乐观的噪声交易者对IPO发行抑价的影响。

对IPO发行抑价的理性解释

该部分简要回顾了有关IPO发行抑价的主要的“理性”解释。詹金森和永奎斯特（Jenkinson and Ljungqvist，2001）给出了更为详尽的回顾。长期以来，研究者们就将较高的首日收益率看成是新上市公司自愿发行抑价的直接结果。在对发行抑价的解释中，有着很多的“理性”观点。很大一部分学者对发行抑价的解释都是基于信息不对称，即信息不对称现象存在于IPO中的两个或更多的行为者（如发行者、承销商和投资者）之间，并且发行抑价是这些信息不对称的直接结果。罗克（Rock，1986）认为，一些投资者掌握的信息要比另一些投资者更多，为了维持平均的盈亏平衡则需要IPO发行抑价。根据本维尼斯特和史宾德（Benveniste and

Spindt，1989）的观点，投资者在整体上要比承销商和发行者掌握更多的信息，而承销商和发行者要从投资者那里提取信息则必须支付成本。根据艾伦和福尔哈贝尔（Allen and Faulhaber，1989）、格林巴特和黄（Grinblatt and Hwang，1989）以及维尔茨（Welch，1989）的观点，股票发行公司比投资者掌握更多的信息，高质量的公司要向市场发出信号表明它的质量则必须付出发行抑价的成本。经验证据通常都支持了这一观点，即由公司的年龄、规模或其他的公司特征来衡量的公司层面的信息不对称会对首日收益率产生正向影响（Booth and Smith，1986；Koh and Walter，1989；Carter and Manaster，1990）。与本维尼斯特和史宾德的信息提取理论的预测相一致的是，汉利（Hanley，1993）认为，承销商仅部分地调整 IPO 价格来反映从 IPO 过程中所获得的信息。

维尔茨（Welch，1992）提出了一个模型，在这个模型中羊群行为会导致发行者自愿发行抑价。巴隆和赫姆斯特姆（Baron and Holmström，1980）以及巴隆（Baron，1982）则将发行抑价归因于负责设定 IPO 价格的发行者与承销商之间的代理冲突。蒂尼奇（Tinic，1988）以及劳里和舒（Lowry and Shu，2002）认为，发行抑价是发行者为减小诉讼风险所采取的一种方式。鲁德（Ruud，1993）认为，首日收益率的平均值为正，是因为这是由承销商提供的价格，其首日收益率分布的左半部分被削减掉了。另一流派则将发行抑价看成一种途径，它可以使发行者实现其所欲求的 IPO 后的公司所有权结构（Booth and Chua，1996；Brennan and Franks，1997；Stoughton and Zechner，1998）。

总而言之，这些对于 IPO 发行抑价的传统解释，可以很好地解释中等的首日
收益率（10%到 15%）。然而，它们同样无法很好地解释如在互联网泡沫期间发生 478
的高额的 IPO 发行抑价。那么，行为解释可以帮助我们更好地理解这一现象么？

发行者的目标函数以及 IPO 发行抑价

洛克伦和里特（Loughran and Ritter，2002）提出疑问，面对以 IPO 发行抑价的形式付出的高额成本，为什么发行者不会感到心烦意乱？两位作者基于前景理论给出了答案：在上市之前，股东不会单独将 IPO 发行抑价归结为财富损失；相反，他们会根据 IPO 带来的期望财富，来衡量总体财富的变化，该变化等于发行抑价损失与后期股票价值增长的总和。在 IPO 之前的几天内公布的价格范围的中位数就是对于 IPO 前期望价值的良好估计值。而有着较高 IPO 发行抑价（相对于价格范围的中位数而言）的公司，通常其新股的发行价格也较高（Hanley，1993）。因此，IPO 发行抑价的公司股东们会在 IPO 前付出一定成本，但他们一般情况下能从留存的股份中获得巨额收益。根据净值计算，总体上这些股东得到的收益证明了他们留存的股份是足够的，且留存股份相对 IPO 的规模并不会太大——这是典型的 IPO 情况。

与洛克伦和里特（Loughran and Ritter，2002）的解释一致，克瑞格曼、肖和

沃玛克（Krigman，Shaw and Womack，2001）发现，那些在IPO和首次股权再融资（SEO）期间更换承销商的公司比保持同一承销商的公司的平均首日收益率更低。在一个比洛克伦和里特（Loughran and Ritter，2002）更为直接的检验中，永奎斯特和威廉（Ljungqvist and Wilhelm，2005）构建了一个IPO前股东清偿的代理变量，这一变量等于抑价发行损失与感知收益（由价格范围中位数与IPO后公司股票价格之间的差值决定）的总和。他们认为，在洛克伦和里特看来使股东达到满意的公司，更不可能会为了SEO而更换之前的IPO承销商。

即使该证据与观点——只要发行者认为财富增长足以抵消发行抑价的损失，就会接受高额发行抑价——相一致，它也仍然没有解释为什么发行抑价在初期就很高。洛克伦和里特（Loughran and Ritter，2002）认为，那些承销商之所以自愿IPO抑价发行是因为如下几个原因。第一，根据巴隆（Baron，1982）的核心观点，募股时低定价有助于股票的发行。第二，之所以会出现IPO发行抑价，是因为承销商可以从大幅度的发行抑价中间接获利。承销商获得的补偿由两个部分组成：直接费用，在大部分IPO中为7%（Chen and Ritter，2000）；间接费用，寻租人将自身从抑价发行的IPO中所获得的一部分短期收益返还给承销商。这些返还可以通过增加交易佣金的形式来实现（Reuter，2006；Nimalendran，Ritter and Zhang，2007）。

还有一些学者认为，IPO首日收益率之所以较高，是因为最大化发行价格并不是在IPO之前股东们的唯一目标。洛克伦和里特（Loughran and Ritter，2004）认
479 为，在20世纪90年代所观察到的平均IPO首日收益率的剧烈变化来自发行者目标函数的变化。他们认为，在这一时期，发行者越来越关注分析师对于首次公募的报道，且愿意支付更高的成本以获得额外的报道。根据洛克伦和里特的观点，发行者目标函数变化的原因在于，分析师的报道对于维持高额股票估价（如20世纪90年代所观察到的）是非常必要的。经验证据与发行者认为分析师的报道是很关键的这一观点是高度一致的。克利夫和丹尼斯（Cliff and Denis，2004）认为，IPO抑价发生与公司收到的分析师对于股票的报道是正相关的，尤其是在经济泡沫时期。他们还得出结论，公司会购买分析师对于发行抑价的报道。克瑞格曼等（Krigman et al.，2001）对首席执行官（CEO）和首席财务官（CFO）进行了调查，发现他们在IPO和SEO期间更换承销商的原因在于想获得更正面的分析师的报道。

乐观投资者和IPO发行抑价

另一个相关文献的流派将精力主要放在乐观投资者对IPO的影响上。米勒（Miller，1977）认为，鉴于投资者间存在的观点分歧和卖空的限制，乐观主义者会设定金融资产的价格。基于米勒的观点，德里安（Derrien，2005）以及永奎斯特、楠达和辛格（Ljungqvist，Nanda and Singh，2006）建立了模型，其中，乐观

投资者将会影响 IPO 价格和 IPO 后的收益。在两个模型中，感情投资者在 IPO 时期内愿意为公司股票支付更多，这将导致较高的 IPO 价格，以及 IPO 公司股票的长期表现不佳。这两个模型也需要解释热门 IPO 市场的另一特征，即较高的首日收益率。为了解释这一现象，德里安和永奎斯特等人都假设，感情投资者在 IPO 后不久就会消失，驱使 IPO 公司的股票价格降低到其基本价值上。该假设的结果是，承销商会乐观地选择比基础股票价值更高，但是低于在 IPO 时期内感情投资者所愿意支付的价格的 IPO 价格。

根据德里安（Derrien，2005）的观点，信息是由私人信号和公开信号组成的：(1) 根据本维尼斯特和史宾德（Benveniste and Spindt，1989）模型的思想，承销商必须从掌握信息的投资者那里才能获取关于公司基础价值的私人信号。(2) 感情投资者为公司股票带来价格的公开信号。负责决定 IPO 价格的承销商必须提供二级市场价格的支持，并且如果股票以低于 IPO 的价格进行交易则承销商提供的支持成本会很高。因此，承销商通过从掌握信息的投资者那里汇集私人信号，来设定高于公司每份股票的基础价值但低于感情投资者愿意支付的价格的 IPO 价格。由于感情投资者从二级市场购买公司股票，这平均说来会导致价格猛涨。

永奎斯特等（Ljungqvist et al.，2006）用稍有不同的假设得到了相似的结论。在他们的模型中，承销商将 IPO 公司股票在理性的机构投资者间进行配置。这些理性投资者会对感情投资者的需求进行观察，并逐步将自己的股票卖给他们。理性投资者面临着在抛售所有（定价过高的）股票前感情投资者的情绪就已经消失的风险。为了补偿 IPO 投资者的这一风险，承销商会根据感情投资者愿意支付的价格而对 IPO 公司股票进行抑价发行。

这些模型包含以下要素：感情投资者、卖空限制和一些防止发行者充分利用乐观投资者的机构摩擦。这些模型可以解释热门市场中观察到的高额的首日收益率， 480
并且可以预测热门市场中上市公司的过高定价（相对于公司的基础价值而言）。那经验证据的表现与这些预测是一致的吗？

在对该理论进行的检验中遇到的问题之一在于识别感情投资者并且观察他们在 IPO 中的交易行为。相比机构交易者，个人交易者没有那么复杂，因此可作为该理论中感情投资者的优质的候选人。一些研究对这些投资者的 IPO 相关行为进行了分析。德里安（Derrien，2005）观察了法国 IPO 样本中个人投资者的需求。他认为，通过使用在股票发行期间可得的公共信息（近期的股票市场收益）可以对个人需求进行很好的预测，并且个人需求与 IPO 价格和首日收益率间呈正相关关系，与长期收益呈负相关关系。这些结论表明，强烈的投资者感情（以强烈的个人需求为代理变量）会导致在 IPO 期间的过高定价。科尔内利、戈德赖希和永奎斯特（Cornelli，Goldreich and Ljungqvist，2006）以及多恩（Dorn，2009）在一些欧洲国家期货（发行期的）市场中用个人交易来推测个人需求得到了相似的结论。此外，库克、凯斯切尼克和范·内斯（Cook，Kieschnik and Van Ness，2006）还表明，对 IPO 公司的媒体报道同样预测了 IPO 价格和首日收益率。他们认为，媒体报道是承销商为吸引感情投资者而对 IPO 进行宣传投资的结果。奥弗克和理查森（Ofek and Richardson，2003）则将焦点集中在互联网泡沫时期的互联网公司上，并认为机构对与互联网相关（公司）股票的持有量要显著低于对同时期的其他可交易股票的持有量。

普尔纳南达姆和斯瓦米纳坦（Purnanandam and Swaminathan，2004）采用了另一种实证方法。他们对比了 IPO 的平均估价（基于其 IPO 价格）和与其资质相当的已上市公司使用各种估价乘数的平均估价。基于这样的对比，他们认为相对于同等社会地位的公司而言 IPO 定价过高了，并且被高估程度最高的 IPO 往往首日收益率最高且长期表现最差。

德里安（Derrien，2005）和永奎斯特等（Ljungqvist et al.，2006）的非理性 IPO 模型的一项预测结果表明，与投资者感情相关的公共信息对 IPO 价格和首日收益率起了推动作用。与该预测相一致的是，洛克伦和里特（Loughran and Ritter，2002）以及洛利和施韦尔特（Lowry and Schwert，2004）发现可观测变量（如近期市场运动）与首日收益率呈正相关关系。这表明，在承销商设定 IPO 价格时，他们仅需部分地考虑股票发行期间可得的公共信息。

积极的感情投资者的存在是上述理论发挥作用的必要因素。而使这一模型发挥作用的另一必要因素，是卖空限制的存在，这似乎也是现实存在的。德·阿沃利奥（D'avolio，2002）证明了卖空限制在小额、流动的股票中起了主导作用，但学术界对该观点存在较大的分歧。杰兹、马斯托和里德（Geczy，Musto and Reed，2002）认为，IPO 卖空的确是很困难而且成本相对过高的，但是在过高估价的情况下，这些约束可能并不足以限制 IPO 卖空。

爱德华兹和汉利（Edwards and Hanley，2008）使用近期 IPO 的实际卖空活动的相关数据证明了，卖空现象在 IPO 过程中同在已经上市的成熟型公司中几乎都是同样盛行的，并且通常首日收益率最高的 IPO，其卖空量也是最大的。爱德华
481 兹和汉利认为，该结论与解释 IPO 抑价发行（存在卖空限制的情况下）的模型是一致的。另一种可能的解释是，所观察到的高首日收益率的 IPO，其卖空水平尽管较高，但是并没有高到足以将二级市场价格向其基础价值推动的程度。同样，这些结论都是建立在 2005—2006 年的 IPO 样本之上的，但是上文所讨论的大部分证据使用的都是互联网泡沫时期的样本。这表明，投资者感情模型仅在最为极端的情况下才有效。

除了强烈的投资者感情以外，在泡沫时期还存在别的特征么？永奎斯特和威廉（Ljungqvist and Wilhelm，2003）比较了该时期的 IPO 和其他时期的 IPO，发现相比其他时期而言泡沫时期 IPO 的 CEO 其所有权更弱且二级市场股票出售的份额更小。这或许可以解释为什么 CEO 在泡沫时期更愿意接受极端的抑价发行。另一种可能的解释是，自我选择偏误使得有着强 CEO 所有权的公司会在泡沫时期推迟

IPO，并且二级市场股票的出售量相对之前更小是 IPO 前股东对于预期较高的抑价发行的最优反应。

为什么公司要上市?

在本部分中，我们将讨论热点发行市场现象，即短时期内的 IPO 聚集与较高的平均首日收益率发生在同一时期的典型现象。与之相关且更为广义的问题是，为什么公司会选择上市。本节也关注了另一问题——是基础原因还是行为原因促使公司做出发行股票的决策，尤其是通过上市首次发行股票。一般来说，当需要为自身发展而融资时，如果公司选择股权融资，则此时是出于基础原因而发行股票。如果基础原因可以解释 IPO 浪潮，那么 IPO 浪潮应当与整个经济体或某一行业的经济增长浪潮相一致。另一假设认为，大多数公司会在其所处行业被高估时，决定上市。这便是里特（Ritter，1991）所谓的“机会之窗”假设。这建立在两个假设的基础上。第一，市场价格会偶尔偏离基础价值。第二，管理者知道市场何时对于公司价值的评估是过度乐观的，并且可以通过向投资者卖空估价过高的股票来利用错误定价。

从经验上来看，我们把做出上市决策的原因分别归于基础原因或行为原因是困难的，这是因为发展机会和定价过高都是难以衡量的。例如，市值账面比率（市账比）可以作为股票市场用来感知公司未来增长机会的指标，也可以作为市场价值偶尔与基础价值偏离的条件下，衡量股价高估程度的指标。同样，对可能导致股价高估的投资者感情进行衡量也是困难的。贝克和伍格勒（Baker and Wurgler，2007）提出了另一种方法来衡量投资者感情，他们的早期成果（Baker and Wurgler，2006）中将他们认为可以反映投资者感情的六个因素进行综合，从而衡量投资者感情。有趣的是，这六个与投资者感情有关的因素中，有一个便是 IPO 的数量及平均首日收益率。

研究者们采取了若干方法来解释公司选择上市的决定性因素。其中最自然的方法，可能就是询问公司管理者。格雷厄姆和哈维（Graham and Harvey，2001）用的就是该调研法。当被问及公司被低估或高估是否是其发行股票决策的重要因素 482 时，67%的公司 CFO 都给出了肯定的回答。他们发行股票决策的第二重要因素，是市场对公司的估值。类似地，布劳恩和福西特（Brau and Fawcett，2006）通过对 CFO 的调查发现，CFO 们声称，总体市场环境是决定他们何时执行 IPO 的影响因素中最为重要的一个。

了解公司为何要上市的另一方法，是分析私人公司样本（其中一些公司决定上市）。莱纳（Lerner，1994）以风险投资支持下的公司为样本，对其中一些公司的上市决策进行了分析。他发现，该决策的主要驱动因素是同行业中资质相当的上市公司的估值。帕加诺、帕内塔和津加莱斯（Pagano，Panetta and Zingales，1998）使用1982年到1992年间共66个意大利上市公司的大样本进行研究，发现对于上市决策的主要驱动因素是同行业已上市公司的平均市账比。该证据可能表明，公司仅在预期会被高估时才选择通过股市进行融资，当然也可能表明，那些最具增长潜力的公司就是选择上市的公司。

区别上述两种解释的方法是对公司IPO后的运营状况进行分析。帕加诺等（Pagano et al.，1998）发现公司IPO后的运营状况变差，并认为这主要是由于此前市场对公司的高估。这一观点与杰恩和基尼（Jain and Kini，1994）以及迈克尔森、帕奇和沙（Mikkelson，Partch and Shah，1997）一致，他们研究了大量的美国IPO样本，发现在IPO后公司的运营状况会变差。例如，杰恩和基尼发现，在IPO前一年与IPO后两年间公司的平均营业资产收益率下降了约10%（行业调整后的营业资产收益率约为8%）。

德乔治和泽克豪瑟（Degeorge and Zeckhauser，1993）对反向杠杆收购的公司的运营状况进行分析，也得到了同样的结论。彻曼努、贺以及楠迪（Chemmanur，He and Nandy，2007）对比了进行IPO后的公司和资质相当的但仍维持私人所有的公司的运营状况，也得出了类似的结论。德乔治和泽克豪瑟与彻曼努等一样，都证实了公司在其运营状况最好的时候选择上市，也就是在近期运营状况增长后且下降前。这表明，公司选择在其看起来最具吸引力的时候上市，而投资者则会错误地认为近期的收益在未来能够持续。

张、维尔茨和王（Teoh，Welch and Wong，1998）则对这一现象进行了另一种解释，并同样认为投资者对信息进行了错误处理。他们认为，决定上市的公司会在进行IPO时对其收益进行管理。与他们的预测一致的是，那些在上市时对收益管理得最积进的公司往往其股票的长期表现最差。帕斯特、泰勒和韦罗内西（Pastor，Taylor and Veronesi，2009）对所观察到的IPO后的盈利能力下降现象提出了另一种解释。在他们的模型中，管理者决定上市的决策取决于分散股权的成本与收益间的权衡。当公司为私人所有时，管理者即所有者，可享有私人掌控带来的利益。当公司为股东所公有时，管理者可在一段时期内将其财富分散化，消费平稳
483 化。根据模型的预测，当公司的公有价值高于其私有价值时，即公司的预期未来收益较高时，公司会决定上市。此外，当管理者观察到公司具有高于预期的盈利能力时，也必然会决定上市。在IPO后，盈利能力则会恢复到预期水平。

海尔维奇和梁（Helwege and Liang，2004）则用了略有不同的方法。他们比较了在热门市场上市与冷门市场上市的公司。他们发现，这两个公司集合在其公司特征或所处行业方面并没有明显差别，但其市账比则差别很大。该证据表明，市场周期是由股票价值中的市场性波动引起的，而不是个别行业范围内的革新引起的。

另一个衡量经济基本面和投资者感情对公司上市决策的相对影响的方法，是用经济基本面和投资者感情变量对IPO发行量的时间序列变化进行解释。洛克伦、

里特和吕德奎斯特（Loughran，Ritter and Rydqvist，1994）用该方法分析了 15 个国家的 IPO 发行量的决定因素。研究发现，当前的股市水平对 IPO 发行量波动的解释能力要远远大于未来 GNP 增长率（在 2 年的范围内）。他们认为，发行者们在当他们可从其所有的公司股份中获得较高的价值时，决定公司的上市时间。这与李、施莱弗和塞勒（Lee，Shleifer and Thaler，1991）的结论是一致的，他们认为由投资者感情引起的封闭式基金的折价与 IPO 发行量是显著相关的。

劳里（Lowry，2003）用若干种衡量经济基本面和投资者感情的变量对 IPO 发行量进行解释，得出了综合的结果。未来的销售增长率与 IPO 发行量是正相关的，而未来的 GDP 和投资的增长率以及美国国家经济研究局（NBER）下季度开支缩减的虚拟变量都与 IPO 发行量无显著关系。而对于感情变量而言，她发现未来股市收益率与近期封闭式基金的折价都跟 IPO 发行量呈负相关关系，这也进一步支持了投资者感情假说。贝克和伍格勒（Baker and Wurgler，2000）从总体水平论证了，新发行的股票（包括 IPO 和股权再融资）与未来市场的收益率呈负相关关系。

由于精确衡量整个经济体的基本面存在困难，因此这些整体性的经济研究也受到了限制。一部分能由投资者感情衡量的指标捕捉到的信息，或许刚好就是经济基本面的整体性指标（如 GDP 增长率等）所无法捕捉到的信息。德里安等（Derrien et al.，2009）通过对那些经济基本面比较容易被衡量的行业（即加拿大的石油与天然气业）进行研究来解决该问题。他们发现，在该行业 IPO 发行量中经济基本面的解释力要远远强于前面提及的整体性经济研究，同样也强于投资者感情。

上述研究表明，热点发行市场发生在股票估值较高时。部分学者将这种高估值归因于投资者感情，而将 IPO 浪潮归因于公司管理者的择时能力。或者，将高市场估值与 IPO 发行量间的联系也用理性予以解释。帕斯托和韦罗内西（Pastor and Veronesi，2005）建立了一个模型，其中私人公司的所有者兼管理者持有公司上市的期权。当市场环境有利时，这一期权的价值高。所谓的市场环境有利也就是说，预期盈利能力强、预期的市场收益率低或者先前的不确定性大。在本弗尼斯特、布诗达和威廉（Benveniste，Busaba and Wilhelm，2002）的模型中，承销商为了分散很多公司信息成本，可以在 IPO 浪潮中将这些公司进行捆绑 IPO，其中有些公司可能会选择维持私人所有。本弗尼斯特、布诗达、威廉和于（Benveniste，Ljungqvist，Wilhelm and Yu，2003）为这一理论提供了经验证据。

一些经验证据证明了，IPO 浪潮不是公司择时上市能力所导致的结果。舒尔茨和扎曼（Schultz and Zaman，2001）通过对 1996 年至 2000 年间互联网公司的 IPO 样本进行研究，分析了这些公司所有者的行为。他们发现，这些持有者的行为与 IPO 前公司持有者会利用非理性投资者的观点不一致。例如，IPO 前这些互联网公司的持有者在募股中出售的股票数量要少于其他 IPO 公司的股东。他们用自己在募股中挣得的现金来实施并购，这吻合了在新兴且竞争充分的行业中，IPO 前公司 484

所有者往往利用 IPO 树立自身地位的观点。劳里和施沃特（Lowry and Schwert，2002）研究了热点发行市场的时间序列，即平均首日收益率的自相关关系和首日收益率与未来 IPO 发行量间的相关关系。他们发现，在 IPO 过程中所获得的信息可以在很大程度上解释这类现象。

总的来说，经验证据表明公司在其股价高的浪潮中选择上市。但存在争议的是，这一模式是由于公司要利用过高估价还是公司选择了其发展的最佳时机。这两种观点都有实证证据支持。

IPO 长期表现之争

IPO 的长期表现大概是三个 IPO 之谜中最具争议且最难以理解的一个。而且直到近期学术界才正式开始对这一问题的研究。里特（Ritter，1991）研究了大量美国 IPO 的样本，发现从首日交易价格起，IPO 公司在其募股后的三年里表现不佳，各种指标下降达 45%。该结论明显违背了有效市场假说。如果市场是有效的，那么近期 IPO 价格应当会随其基础价值迅速调整。例如，即便天真的投资者被发行者的一些行为（比如在公开上市前操纵公司收益）所迷惑，这些投资者也应该能够通过学习获知实际情况且最终能够懂得如何对 IPO 前的公司收益进行折价。因此，为了解释 IPO 后公司的表现不佳，我们必须从行为的角度入手。

与上述永奎斯特等（Ljungqvist et al.，2006）的理论一致，对 IPO 长期表现不佳的主要解释在于市场有时会给发行者提供“机会之窗”，这些发行者会抓住股票被高估的时机让公司上市。这些理论与 IPO 的三个谜题（首日收益率高，热点发行市场，以及 IPO 长期表现不佳）在以下几方面是相符的：当（至少有一些）投资者准备对一些或全部上市公司支付更多金钱时，IPO 首日收益率会比较高。这会引来大量的 IPO 候选者，并由此形成热点发行市场。当感情投资者意识到他们的错误后，近期 IPO 的股价会下降至其基础价值，从而导致 IPO 表现不佳。上述
485 一些经验证据与“机会之窗”的解释一致。例如，德里安（Derrien，2005）论证了在互联网泡沫期间发生的 IPO 的长期表现不佳。里特（Ritter，1991）也给出了类似的经验证据。在多元回归的背景下，他发现公司在上市时的 IPO 发行量与其在之后三年的收益率呈负相关关系。

IPO 长期表现不佳还有另一种解释，即长期表现并没有得到正确的计算。当我们对公司重大事件后的一组股票样本的长期表现进行估计时，不存在非正常表现的零假设实际上是一个综合的假设：长期表现与零并无差异，且用于估计“正常”长期表现的模型是正确的。例如，假设我们发现三年内，IPO 的表现低于纳斯达克指数。这可能是由于从风险的角度上，平均的 IPO 公司与平均的纳斯达克公司是不同的。除了这个“错误模型”问题以外，巴尔伯和里昂（Barber and Lyon，1997），科萨里和华

纳（Kothari and Warner，1997），巴尔伯、里昂和蔡（Barber，Lyon and Tsai，1999），布拉夫（Brav，2000）以及洛克伦和里特（Loughran and Ritter，2000）还分析了长期表现估计量的统计特征，并认为它们可能存在许多偏误问题。

基于他们的建议，一些研究已经对 IPO 长期表现不佳的问题进行了重新考虑。布拉夫和冈珀斯（Brav and Gompers，1997）采取了多种衡量长期表现的方法，包括将 IPO 与公司规模、市账比相当的证券组合进行匹配以及法玛和弗伦奇（Fama and French，1993）的三因素回归法。在布拉夫和冈珀斯的检验中，除了那些规模小且无创业投资支持的 IPO，大部分之前表现不佳的 IPO 在后来情况都有所改善。布拉夫、杰兹和冈珀斯（Brav，Geczy and Gompers，2000）用相似的方法证实了，长期表现不佳的 IPO 集中于规模小且市账比低的子样本中。冈珀斯和莱纳（Gompers and Lerner，2003）分析了 1935 年至 1972 年间美国完成的 IPO。大部分结果都表明，在那段时期内 IPO 并没有明显的表现不佳情况。此外，与里特（Ritter，1991）不同的是，他们并没有发现 IPO 在热门市场与冷门市场间的差异。冈珀斯和莱纳得出结论，即 IPO 长期表现不佳可能仅是特定时期的现象而非 IPO（必然）现象。

艾克博和努尔利（Eckbo and Norli，2005）观察到近期 IPO 的公司往往具有相对较高的营业额和较低的杠杆率。他们认为，考虑到这两个附加因素后，这些公司的长期收益率就不会那么低了。艾克博和努尔利还注意到，与资深的纳斯达克上市公司相比，IPO 样本中包含了更多的表现极好的公司。这表明，之前所观察到的 IPO 长期表现不佳的现象可能是一个“比索问题”（peso problem）。也就是说，由于 IPO 样本数量有限，事后观察到的表现极好的公司的样本数量比投资者所预期的少。但是，恩、顾和霍克伯格（Ang，Gu and Hochberg，2007）对此进行了检验并推翻了这种可能性。舒尔茨（Schultz，2003）基于不存在长期收益错误估算的观点，认为 IPO 的长期表现并非不正常的。如果在价值高时会有更多的公司发行股票，则 IPO 发行量将会恰好在市场拐点前变得非常大，按事件时间估算的话，长期 IPO 收益率会为负。基于该观点，舒尔茨建议按日历时间来估算长期的 IPO 收益率，并证实通过这种方法，IPO 长期表现不佳的现象消失了。

那么这一问题的现状如何呢？即使关于 IPO 长期表现不佳的争论并没有（并且可能永远不会）结束，但一些规律似乎已经出现了。从三到五年的时间跨度来
看，某些公司（如规模小且市账比低）在某些时间段（如互联网泡沫时期）的表现 486
往往会比基准水平更差。我们很难用理性观点解释这种表现不佳的状况。

概要和结论

本章讨论了所谓的 IPO 三大谜题（高 IPO 首日收益率、热点发行市场和 IPO

后长期收益回报不佳），以及行为解释如何帮助我们更好地理解这三大谜题。IPO发行抑价是一个复杂的现象，其受很多因素的影响，如信息不对称、代理人问题，以及IPO市场的机构特征。有时，发行过度抑价以至于只能依靠行为观点来解释。一种较自然的解释为，感情投资者会偶然将二级市场价格推到高于公司基础价值的水平。在这些感情强烈的时期，承销商会将IPO价格设定在高于基础价值，但低于感情投资者愿意支付的价格的水平上。因此，受感情影响强烈的IPO表现的特征往往为高IPO价格、高短期收益率以及接下来伴随感情需求消失的价格反转。实证研究对个人投资者在IPO时及IPO后的行为进行了分析，且提出了有力的证据表明，个人投资者的行为与基于投资者感情的理论中投资者的行为是类似的，尤其是在20世纪90年代的互联网泡沫时期。当然，在该时期以外投资者感情是否是导致IPO发行抑价的主要原因尚不确定。

如果公司可以辨别出投资者感情高昂的时期，例如，通过观察高IPO价格以及首日收益率，则可以充分利用感情投资者给公司提供的这一“机会之窗”。这将会导致热点发行市场现象和糟糕的长期表现，尤其是对于那些在热门市场期间上市的公司。关于这两个IPO谜题的经验证据是混合在一起的。市场顶峰往往也是IPO聚集的时候，但该现象也可以解释为，公司因需要开拓增长机会而进行融资上市，而在股市顶峰时往往能获取更多的融资。IPO长期表现不佳出现在某些时间段（如互联网泡沫）的某些公司（如规模小且市账比低）身上，但长期表现不佳是否是普遍的IPO现象仍存在争议。

讨论题

1. 认为感情投资者是导致随时间变化的高额首日收益率、热门市场以及IPO的长期表现不佳的原因，这一理论的必要条件是什么？

2. 在缺少感情投资者的强烈需求的情况下，我们还能观察到热点发行市场现象吗？为什么？

3. 由于2001年爆发的互联网泡沫，询价圈购（bookingbuilding）形式的发行机制受到了冲击。询价圈购指的是决定IPO定价的过程。承销商记录下投资者愿
487 意支付的每股价格。询价一结束，承销商就通过分析这些报价给出发行价格。因此，这样的IPO机制留给承销商很大的定价权和IPO股票的分配权。反对者认为承销商的决策权过大，因此询价圈购的形式是不公平的。从1999年开始，WR Hambrecht公司开始在美国向所有投资者公开拍卖IPO（对于这些拍卖的具体描述和情况分析，参见德乔治、德里安和沃玛克（Degeorge，Derrien and Womack，2010）以及劳里、奥菲斯和施沃特（Lowry，Officer and Schwert，2010）的研究）。请讨论在有感情投资者存在的情况下，拍卖的优势和不足。

4. 个人投资者是否应该被排除在 IPO 活动之外？为什么？

参考文献

Allen，Franklin，and Gerald F. Faulhaber. 1989. Signalling by underpricing in the IPO market. *Journal of Financial Economics* 23：2，303－23.

Ang，Andrew，Li Gu，and Yael Hochberg. 2007. Is IPO underperformance a peso problem? *Journal of Financial and Quantitative Analysis* 42：3，565－94.

Baker，Malcolm，and Jeffrey Wurgler. 2000. The equity share in new issues and aggregate stock returns. *Journal of Finance* 55：5，2219－57.

Baker，Malcolm，and Jeffrey Wurgler. 2006. Investor sentiment and the cross-section of stock returns. *Journal of Finance* 61：4，1645－80.

Baker，Malcolm，and Jeffrey Wurgler. 2007. Investor sentiment in the stock market. *Journal of Economic Perspectives*21：2，129－51.

Barber，Brad M.，and John D. Lyon. 1997. Detecting long-run abnormal stock returns：The empirical power and specification of test statistics. *Journal of Financial Economics* 43：3，341－72.

Barber，Brad M.，John D. Lyon，and Chih-Ling Tsai. 1999. Improved methods for tests of long-run abnormal stock returns. *Journal of Finance* 54：1，165－201.

Baron，David P. 1982. A model of the demand for investment banking advising and distribution services for new issues. *Journal of Finance* 37：4，955－76.

Baron，David P.，and Bengt Holmström. 1980. The investment banking contract for new issues under asymmetric information：Delegation and the incentive problem. *Journal of Finance* 35：5，1115－38.

Benveniste，Lawrence M.，Walid Y. Busaba，and William J. Wilhelm Jr. 2002. Information externalities and the role of underwriters in primary equity markets. *Journal of Financial Intermediation* 11：1，61－86.

Benveniste，Lawrence M.，Alexander Ljungqvist，William J. Wilhelm Jr.，and Xiaoyun Yu. 2003. Evidence of information spillovers in the production of investment banking services. *Journal of Finance* 58：2，577－608.

Benveniste，Lawrence M.，and Paul A. Spindt. 1989. How investment bankers determine the offer price and allocation of new issues. *Journal of*

Financial Economics 24：2，343－61.

Booth，James R.，and Lena Chua. 1996. Ownership dispersion，costly information and IPO underpricing. *Journal of Financial Economics* 41：2，291－310.

Booth，James R.，and Richard L. Smith II. 1986. Capital raising，underwriting，and the certification hypothesis. *Journal of Financial Economics* 15：2，261－81.

Brau，James C.，and Stanley E. Fawcett. 2006 Initial public offerings：An analysis of theory and practice. *Journal of Finance* 61：1，399－436.

Brav，Alon. 2000. Inference in long-horizon event studies：A Bayesian approach with application to initial public offerings. *Journal of Finance* 55：5，1979－2016.

Brav，Alon，Christopher Geczy，and Paul A. Gompers. 2000. Is the abnormal return following equity issuances anomalous? *Journal of Financial Economics* 56：2，209－49.

Brav，Alon，and Paul A. Gompers. 1997. Myth or reality? The long-run underperformance of initial public offerings：Evidence from venture and nonventure capital-backed companies. *Journal of Finance*52：5，1791－821.

488 Brennan，Michael J.，and Julian Franks. 1997. Underpricing，ownership and control in initial public offerings of equity securities in the UK. *Journal of Financial Economics* 45：3，391－413.

Carter，Richard，and Steven Manaster. 1990. Initial public offerings and underwriter reputation. *Journal of Finance* 45：4，1045－67.

Chemmanur，Thomas，Shan He，and Debarshi Nandy. 2007. The going public decision and the product market. Working Paper，Boston College.

Chen，Hsuan-Chi，and Jay R. Ritter. 2000. The seven percent solution. *Journal of Finance* 55：3，1105－31.

Cliff，Michael T.，and David J. Denis. 2004. Do initial public offerings purchase analyst coverage with underpricing? *Journal of Finance* 59：6，2871－901.

Cook，Douglas O.，Robert Kieschnick，and Robert A. Van Ness. 2006. On the marketing of IPOs. *Journal of Financial Economics* 82：1，35－61.

Cornelli，Francesca，David Goldreich，and Alexander Ljungqvist. 2006. Investor sentiment and pre-IPO markets. *Journal of Finance* 61：3，1187－216.

D'avolio，Gene. 2002. The market for borrowing stock. *Journal of Financial Economics* 66：2，271－306.

Degeorge，Franc，ois，Francois Derrien，and Kent L. Womack. 2010. Auctioned IPOs：The U.S. evidence. *Journal of Financial Economics*，forthcoming.

Degeorge，Francois，and Richard Zeckhauser. 1993. The reverse LBO decision and firm performance: Theory and evidence. *Journal of Finance* 48: 4, 1323 – 48.

Derrien, Francois. 2005. IPO pricing in "hot" market conditions: Who leaves money on the table? *Journal of Finance* 60: 1, 487 – 521.

Derrien, Francois, and Ambrus Kecsk, es. 2009. How much does investor sentiment really matter for security issuance activity? *European Financial Management* 15: 4, 787 – 813.

Dorn, Daniel. 2009. Does sentiment drive the retail demand for IPOs? *Journal of Financial and Quantitative Analysis* 44: 1, 85 – 108.

Eckbo, B. Espen, and Oyvind Norli. 2005. Liquidity risk, leverage and long-run IPO returns. *Journal of Corporate Finance* 11: 1, 1 – 35.

Edwards, Amy K., and Kathleen Weiss Hanley. 2008. Short selling in initial public offerings. Working Paper, U. S. Securities and Exchange Commission.

Fama, Eugene F., and Kenneth R. French. 1993. Common risk factors in the returns on stocks and bonds. *Journal of Financial Economics* 33: 1, 3 – 56.

Geczy, Christopher C., David K. Musto, and Adam V. Reed. 2002. Stocks are special too: An analysis of the equity lending market. *Journal of Financial Economics* 66: 2, 241 – 69.

Gompers, Paul A., and Josh Lerner. 2003. The really long-run performance of initial public offerings: The pre-Nasdaq evidence. *Journal of Finance* 58: 4, 1355 – 92.

Graham, John, and Campbell Harvey. 2001. The theory and practice of corporate finance: Evidence from the field. *Journal of Financial Economics* 60: 2, 187 – 243.

Grinblatt, Mark, and Chuan Y. Hwang. 1989. Signalling and the pricing of new issues. *Journal of Finance* 44: 1, 393 – 420.

Hanley, Kathleen. 1993. The underpricing of initial public offerings and the partial adjustment phenomenon. *Journal of Financial Economics* 34: 2, 231 – 50.

Helwege, Jean, and Nellie Liang. 2004. Initial public offerings in hot and cold markets. *Journal of Financial and quantitative Analysis* 39: 3, 541 – 69.

Helwege, Jean, Christo Pirinsky, and Ren'e M. Stulz. 2007. Whydo firms become widely held? An analysis of the dynamics of corporate ownership. *Journal of Finance* 62: 3, 995 – 1028.

Ibbotson, Roger G., and Jeffrey F. Jaffe. 1975. Hot issue markets. *Journal of Finance* 30: 4, 1027 – 42.

Jain, Bharat A., and Omesh Kini. 1994. The post-issue operating performance of

IPO firms. *Journal of Finance*49：5，1699 - 726.

Jenkinson，Tim J.，and Alexander Ljungqvist. 2001. *Going public：The theory and evidence on how companies raise equity finance*，2nd ed. Oxford and New York：Oxford University Press.

489 Koh，Francis，and Terry Walter. 1989. A direct test of Rock's model of the pricing of unseasoned issues. *Journal of Financial Economics* 23：2，251 - 72.

Kothari，S. P.，and Jerold B. Warner. 1997. Measuring long-horizon security price performance. *Journal of Financial Economics* 43：3，301 - 39.

Krigman，Laurie，Wayne H. Shaw，and Kent L. Womack. 2001. Why do firms switch underwriters? *Journal of Financial Economics* 60：2，245 - 84.

Lee，Charles M. C.，Andrei Shleifer，and Richard H. Thaler. 1991. Investor sentiment and the closed-end fund puzzle. *Journal of Finance* 46：1，75 - 109.

Lerner，Joshua. 1994. Venture capitalists and the decision to go public. *Journal of Financial Economics* 35：3，293 - 316.

Ljungqvist，Alexander，Vikram Nanda，and Radjeep Singh. 2006. Hot markets，investor sentiment，and IPO pricing. *Journal of Business* 79：4，1667 - 702.

Ljungqvist，Alexander，and William J. Wilhelm Jr. 2003. IPO pricing in the dot-com bubble. *Journal of Finance* 58：2，723 - 52.

Ljungqvist，Alexander，and William J. Wilhelm Jr. 2005. Does prospect theory explain IPO market behavior? *Journal of Finance* 60：4，1759 - 90.

Loughran，Tim，and Jay R. Ritter. 2000. Uniformly least powerful tests of market efficiency. *Journal of Financial Economics*55：3，361 - 89.

Loughran，Tim，and Jay R. Ritter. 2002. Why don't issuers get upset about leaving money on the table in IPOs? *Review of Financial Studies* 15：2，413 - 43.

Loughran，Tim，and Jay R. Ritter. 2004. Why has IPO underpricing changed over time? *Financial Management* 33：3，5 - 37.

Loughran，Tim，Jay R. Ritter，and Kristian Rydqvist. 1994. Initial public offerings：International insights. *Pacific-Basin Finance Journal* 2：2/3，165 - 99.

Lowry，Michelle. 2003. Why does IPO volume fluctuate so much? *Journal of Financial Economics* 67：1，3 - 40.

Lowry，Michelle，Micah S. Officer，and G. William Schwert. 2010. The variability of IPO initial returns. *Journal of Finance* 65：1，425 - 465.

Lowry，Michelle，and G. William Schwert. 2002. IPO market cycles：Bubbles or sequential learning? *Journal of Finance* 57：3，1171 - 98.

Lowry，Michelle，and G. William Schwert. 2004. Is the IPO pricing process efficient? *Journal of Financial Economics*71：1，3－26.

Lowry，Michelle，and Susan Shu. 2002. Litigation risk and IPO underpricing. *Journal of Financial Economics*65：3，309－35.

Mikkelson，Wayne H.，M. Megan Partch，and Kshitij Shah. 1997. Ownership and operating performance of companies that go public. *Journal of Financial Economics* 44：3，281－307.

Miller，Edward M. 1977. Risk，uncertainty，and divergence of opinion. *Journal of Finance* 32：4，1151－68.

Nimalendran，M.，Jay R. Ritter，and Donghang Zhang. 2007. Do today's trades affect tomorrow's IPO allocations? *Journal of Financial Economics* 84：1，87－109.

Ofek，Eli，and Matthew Richardson. 2003. DotCom mania：The rise and fall of internet stock prices. *Journal of Finance* 58：3，1113－37.

Pagano，Marco，Fabio Panetta，and Luigi Zingales. 1998. Why do firms go public? An empirical analysis. *Journal of Finance* 53：1，27－64.

Pastor，Lubos，and Pietro Veronesi. 2005. Rational IPO waves. Journal of Finance 60：4，1713－57.

Pastor，Lubos，Lucian Taylor，and Pietro Veronesi. 2009. Entrepreneurial learning，the IPO decision，and the post-IPO drop in firm profitability. *Review of Financial Studies* 22：8，3005－3046.

Purnanandam，Amiyatosh K.，and Bhaskaran Swaminathan. 2004. Are IPOs really underpriced? *Review of Financial Studies*17：3，811－48.

Reuter，Jonathan. 2006. Are IPO allocations for sale? Evidence from mutual funds. *Journal of Finance*61：5，2289－324.

Ritter，Jay R. 1984. The "hot issue" market of 1980. *Journal of Business* 57：2，215－40.

Ritter，Jay R. 1991. The long-run performance of initial public offerings. *Journal of Finance* 46：1，3－27.

Ritter，Jay R. 2009a. Available at http://bear.cba.ufl.edu/ritter/ipodata. 490
htm. Contains data on IPO counts and first-day returns in the United States.

Ritter，Jay R. 2009b. Available at http://bear.cba.ufl.edu/ritter/Runup7507.htm. Contains a list of U.S. IPOs with first-day returns of 100 percent or more in the period 1975－2000.

Ritter，Jay R. 2009c. Available at http://bear.cba.ufl.edu/ritter/IPOs2008 Factoids.htm. Contains data on U.S. IPO in the period 1990－2008.

Rock，Kevin. 1986. Why new issues are underpriced. *Journal of Financial*

Economics 15：1，187－212.

Ruud，Judith S. 1993. Underwriter price support and the IPO underpricing puzzle. *Journal of Financial Economics*34：2，135－51.

Schultz，Paul. 2003. Pseudo market timing and the long-run underperformance of IPOs. *Journal of Finance*58：2，483－518.

Schultz，Paul，and Mir Zaman. 2001. Do the individuals closest to internet firms believe they are overvalued? *Journal of Financial Economics* 59：3，347－81.

Stoughton，Neal M.，and Josef Zechner. 1998. IPO mechanisms，monitoring and ownership structure. *Journal of Financial Economics* 49：1，45－78.

Teoh，Siew Hong，Ivo Welch，and T.J. Wong. 1998. Earnings management and the long-run market performance of initial public offerings. *Journal of Finance* 53：6，1935－74.

Tinic，Seha M. 1988. Anatomy of initial public offerings of common stock. *Journal of Finance* 43：4，789－822.

Welch，Ivo. 1989. Seasoned offerings，imitation costs，and the underpricing of initial public offerings. *Journal of Finance* 44：1，421－49.

Welch，Ivo. 1992. Sequential sales，learning and cascades. *Journal of Finance* 47：2，695－732.

作者简介

弗朗西斯·德里安（François Derrien）于2002年在巴黎高等商学院拿到了金融学博士学位。之后的五年，他在多伦多大学罗特曼管理学院担任助教。自从2007年开始，他便在巴黎高等商学院任副教授。他的研究方向为公司金融，感兴趣的领域包括IPO、股票行为分析、金融中介在股票发行中的作用，以及投资者对公司政治的了解程度。他参与了多个研究项目，包括：探索当前IPO机制的有效性、在IPO活动中股票分析师的作用，以及金融中介之间的认购竞争。德里安教授的研究已发表在包括《金融学期刊》（*Journal of Finance*）、《金融研究评论》（*The Review of Financial Studies*）以及《金融经济学期刊》（*The Journal of Financial Economics*）在内的金融类期刊上。

第26章　兼并与收购 491

董明（Ming Dong）
约克大学金融系副教授

引　言

股票市场价格会影响企业间并购活动的观点已不新奇。纳尔逊（Nelson，1959）的研究发现，兼并活动集中于股票市场价格较高且支付方式多为股票交换之时。布莱雷和迈尔斯（Brealey and Myers，2000）着眼于“每股收益引导博弈”（earnings-per-share bootstrap game）理论——相传流行于20世纪60年代的混合兼并浪潮。然而，股票市场错误估价驱动收购市场的观点在学术领域仍然不受关注（Andrade，Mitchel and Stafford，2001；Holmström，and Kaplan，2001）。[①]

施莱弗和维斯尼（Shleifer and Vishny，2003）提出了并购理论——在非有效市场（inefficient markets）

① 作者感谢 David Hirshleifer 对他的有益评论。

中的理性管理者，会利用错误估价进行运作。他们假设：兼并只是单纯地受股票市场错误估价的驱动，合并双方并不存在协同效应（synergies）。尽管假设有些极端，但这一模型将许多关于收购行为和特征的实证研究结论统一起来了。因此该模型甫一见刊，便引发了众多学者对市场错误估价影响收购活动的研究热潮。

此外，研究者们还注意到管理者的行为偏误会对收购活动产生影响。越来越多的研究表明，管理者的个人特点（如过度自信）影响着收购决策。特维斯基和卡尼曼（Tversky and Kahneman，1974）的前景理论（prospect theory）对并购领域的研究起到了引领作用。

贝克、卢拜克和伍格勒（Baker，Ruback and Wurgler，2007）将并购行为的研究归纳为两个分支。第一个分支就是施莱弗和维斯尼（Shleifer and Vishny，2003）提出的，假设管理者是理性的，市场是非有效的。第二个分支则截然相反，假设管理者是非理性的，市场是有效率的。

本章的结构如下：接下来的五个部分回顾了第一个分支的文献。第一部分以施莱弗和维斯尼（Shleifer and Vishny，2003）的模型展开，因为此模型有助于读者理解市场错误估价驱动收购的原理。第二部分介绍了主并公司和目标公司的收购特征，虽然已有数据广泛地证明了市场错误估价的假设，但是其中很多数据也间接地
492 验证了另一替代理论——托宾 Q 理论（基于收购的新古典主义理论），因此我们将这两个理论进行了比较。除此之外，我们还在此部分回顾了因主并公司与目标公司管理水平不同而导致的激励效应。第三部分回顾了关于主并公司股票长期表现情况的实证研究结果。第四部分着眼于总体市场（aggregate market）或者行业层面的兼并浪潮。在回顾完投资者错误估价对上市公司收购行为的影响后，我们又在第五部分讨论了股价对于非上市公司收购行为的影响。在第六部分我们回顾了上述第二个分支的文献——管理者行为偏误对企业并购过程的影响。最后进行了总结。

施莱弗和维斯尼的模型

施莱弗和维斯尼（Shleifer and Vishny，2003）的原理和框架模型（后文简称SV 模型）阐述了股票市场的非有效性如何影响收购行为的原理和框架。模型一方面假设金融市场是非有效的，并且一些公司被错误地估价；另一方面假设管理者是充分理性的，他们知道哪些公司被错误估价以及被错误估价的程度，并且通过兼并行为利用市场的这种非有效性，并从中获利。此假设不同于后文提到的罗尔（Roll，1986）的主并公司自大假设（hubris hypothesis）。

假设主并公司和目标公司分别拥有 K_1 和 K 单位的资产。两家公司都上市交易，当前市场单价分别为 Q_1 和 Q，并且 $Q_1>Q$。如果这两个公司合并，那么合并后每单位股票的短期市场价格为 S，所以合并后公司的市场价格为 S（K_1+K）。

S 反映了市场的“可感知的协同效应”（perceived synergy），在模型中相当于一个编造出来的故事，是用来促使投资者相信主并公司合并这家公司是有充分理由的。合并后公司全部资产的长期市场单价为 q。这个假设意在表明兼并活动并没有带来任何真正的协同效应。

投资者相信市场是有效率的，他们的市场信念由 Q、Q_1 和 S 决定。这个模型忽略了收购的“信号传递效应”（signaling effects）——收购公告和支付方式（现金或者股票）的选择不传达任何有关公司股价的信息（Myers and Majluf，1984）。相反的是，管理者是完全理性和消息灵通的。他们知道 Q、Q_1 和 S 反映了公司资产的短期错误估价，以及所有资产的长期单价为 q。最后，假设主并公司以单价 P 购买目标公司的资产。模型的主要结果如下：

• 合并后公司通过兼并获得的短期市场盈余为 $S(K+K_1)-K_1Q_1-KQ$，对目标公司市场价格的短期影响为（$P-Q)K$，对主并公司市场价格的短期影响为（$S-P)K-(S-Q_1)K_1$。

• 合并后公司通过兼并获得的总的长期市场盈余为 0。

• 如果是现金要约，那么兼并对目标公司股价的长期影响为 $K(P-q)$，对主并公司股价的长期影响为 $K(q-P)$。

• 如果是股票要约，那么兼并对主并公司股价的长期影响为 $qK(1-P/S)$，对目标公司股价的长期影响为 $qK(P/S-1)$。

• 这一模型有着丰富的含义和预见性。其预见性体现在以下几个方面。

• 主并公司在股票要约中用被高估的资产收购相对被低估的资产，从而获 493
益。因此，在股票兼并中主并公司的股价应该被高估，并且应该会表现出被高估的迹象。

• 为什么目标公司管理者理性地接受了被高估的主并公司的资产？主要有两点原因。第一点，如果 $Q<P<S$，那么短期内目标公司的股东会因为股票的市场溢价而获益，但是在长期内会亏损，因为市场溢价没有完全补足目标公司股价被低估的部分。所以，短视（short horizons）的目标公司管理者可以通过卖出其持有的股票而获益。第二点，目标公司管理者可以通过变现其非现金的股票和认购的股权而获益，同时也可能从主并公司那里获得单边支付（side payments）。

• 主并公司在现金要约中通过获得被低估的目标公司的资产获益。因此，现金要约中目标公司的资产应该是被低估的。

• 在股票要约中，主并公司的股价趋于被高估，因此预计主并公司的长期收益会较低。然而，如果交易带来的溢价小于主并公司相对于目标公司的股价优势（如 $P<S$），那么主并公司仍能从兼并中获益。

• 因为在现金要约中，目标公司趋于被低估，所以如果交易带来的溢价低于目标公司的内在价格（intrinsic value）（$P<q$），那么目标公司管理者为了股东的利益最好是拒绝主并公司的出价。

• 在整个市场或者某一行业层面，自身股价被高估激励着公司去收购股价相对被低估的公司。因此，收购（特别是股票收购）更容易发生在整个市场股价或者某一行业股价较高的时候或者各公司间股价分散度更高的时候。

• 当市场或某一行业的股价较低时，有可能会出现现金收购价格被低估的资产的浪潮。但是，如后文所言，我们有理由相信股价高估对收购活动的影响要远远大于股价低估对收购活动的影响。

接下来的3个部分为上述假设提供了依据，介绍了一些在SV模型的基础上做了不同修改和延伸的研究。例如，模型忽略了兼并公告的信号传递效应，并且可感知的协同效应S很难事前估计，因此，对于公告的短期效应，模型没有一个可经得起检验的明确预测。引入信号传递效应可以预测公告期主并公司和目标公司的收入（Dong，Hirshleifer，Richardson and Teoh，2006）。

主并公司和目标公司的股价如何影响收购特征?

这一部分回顾了有关市场价格对某一横截面收购活动特征可能影响的实证研究。以下三小节的绝大部分讨论都是延续了董等（Dong et al.，2006）的研究。他们的研究检验了两种收购理论：基于SV模型并考虑了直觉因素的市场错误估价假
494 设，以及基于布雷纳德和托宾（Brainard and Tobin，1968）的Q理论并融合了代理理论（agency theory）的Q假设。

就如施莱弗和维斯尼（Shleifer and Vishny，2003）和董等（Dong et al.，2006）所论述的，市场错误估价假设认为信息完全的管理者在非有效市场下运作并且主并公司和目标公司的错误估价会影响收购特征。罗德克罗普夫和维斯瓦纳桑（Rhodes-Kropf and Viswanathan，2004）用与SV模型中略有不同的论据得到了另一个关于市场错误估价影响兼并行为的模型（以下简称RV模型）。在他们的模型中，除了公司特有的影响因素以外，错误估价还有一个市场或行业领域的影响因素，但是管理者获取的信息不完全，他们不能区分错误估价信息的来源。当市场价格较高时，因为股价和协同效应之间存在正向关系，目标公司的管理者理性地接受了主并公司的兼并要约。由此看来RV模型与CV模型有相似的实证预测。RV模型的一个特点是它不需要假设目标公司管理者持有短期目标。就如后文提到的，管理者持有短期目标的实证证据是很充分的。

另一个理论是收购的Q假设，它将协同效应驱动收购的新古典主义理论与代理理论（agency theories）相结合。新古典主义理论认为收购过程有效调动了目标公司的资产（Martin，1996；Mitchell and Mulherin，1996；Jovanovic and Rousseau，2002）。代理理论认为主并公司的收购动机是消除目标公司的浪费行为（Lang，Stulz，and Walkling，1989；Morck，Shleifer，and Vishny，1990；Servaes，1991）。Q 假设则引入了管理者与股东之间存在的代理问题这一更为广泛的情况（如 Jensen，1986）。区分市场错误估价假设和 Q 假设这两种假设的一个困难之处在于，这两种理论对于（收购）要约特征的一些解释相同。接下来的 3 个小节为每种假设提供了实证依据，表 26—1 总结了这些依据。第 4 和第 5 小节分析了主并公司和目标公司管理者的动机，并进一步证明了主并公司的股价会被高估。

表 26—1　　主并公司和目标公司股价以及收购特征之间的关系概述 495

结果	文献	市场错误估价假设下的解释	托宾 Q 假设下的解释
(1) 主并公司股价高于目标公司。	Gort (1969), Andrade, Mitchell, and Stafford (2001), Javanovic and Rousseau (2002), Rhodes-Kropf, Robinson, and Viswanathan (2005), Dong, Hirshleifer, Richardson, and Teoh (2006), Ang and Cheng (2006)	在股票要约的情况下，股价被高估的主并公司通过收购股价相对被低估的目标公司获利。在现金要约的情况下一样。	公司的股价高预示着有较好的增长机会和管理水平。Q 比率高的主并公司收购 Q 比率较低的目标公司创造了协同效应。
(2) 在股票要约的情况下，主并公司与目标公司的股价差异相比现金要约更显著。	Dong, Hirshleifer Richardson, and Teoh (2006)	一个盈利的股票要约，要求主并公司股价相对于目标公司是被高估的，然而一个盈利的现金要约仅要求目标公司的股价是被低估的。	相比敌意的现金股权要约，善意的股票兼并中主并公司获利的可能性更大。
(3) 股票要约的主并公司与目标公司的股价都高于现金要约。	Martin (1996), Rau and Vermaelen (1998), Rhodes-Kropf, Robinson, and Viswanathan (2005), Dong, Hirshleifer, Richardson and Teoh (2006), Ang and Cheng (2006)	股价被高估的主并公司更倾向于用股票作为廉价货币来收购目标公司的资产。当股价被低估的目标公司不愿意被收购时，主并公司可以用现金要约加快交易的达成。目标公司股价被高估的程度越大，主并公司越倾向于利用股票购买目标公司被高估的资产。	具有高 Q 比率和更多增长机会的主并公司应当通过发行股票降低杠杆效应。股价高的目标公司通常伴随着更大的不确定性，从而激励主并公司用股票来分担价格风险。

496 续前表

结果	文献	市场错误估价假设下的解释	托宾 Q 假设下的解释
(4) 较低的目标公司股价通常伴随着一个更激进的收购要约和更低的交易达成的可能性。	Schwert (2000), Dong, Hirshleifer, Richardson and Teoh (2006)	股价被低估的目标公司反对低于其真实股价的报价，因此降低了交易达成的可能性。持有股价被高估的股票的目标公司管理者更愿意将资产变现。	经营不善、Q 比率较低的目标公司管理者为了防止被解雇而拒绝收购报价。
(5) 较低的目标公司股价通常伴随着较高的投标溢价和公告期收益。	Walkling and Edmister (1985), Lang, Stulz, and Walkling (1989), Dong, Hirshleifer, Richardson, and Teoh (2006)	被低估的程度越高，越激励目标公司争取一个更高的投标溢价。较高的投标溢价和对先前被低估的股价的修正，给被低估的目标公司带来了更高的公告期收益。	管理不善的目标公司有着更大的提升空间，因此主并公司愿意为一个低 Q 比率的目标公司支付更高的投标溢价。
(6) 较高的主并公司股价通常伴随着较高的投标溢价和公告期收益，特别是在股票要约的情况下。	Dong, Hirshleifer, and Teoh (2006)	股价被高估的主并公司觉得为较高的出价融资很轻松，或者能够利用被高估的资产承担较高的出价。在股票要约的情况下，目标公司要求更高的投标溢价来平衡主并公司被高估的股价。	Q 比率较高的主并公司可以通过收购创造更大的价值，也可以通过较高的投标溢价与目标公司分享部分收益。
(7a) 较高的主并公司股价通常伴随着更高的收购公告期收益 (1990 年之前)。	Lang, Stulz, and Walkling (1989), Servaes (1991)	与市场错误估价假设不一致。	运营良好的主并公司可以通过收购运营不善的目标公司来获取更大的收益。

续前表

结果	文献	市场错误估价假设下的解释	托宾 Q 假设下的解释
(7b) 较高的主并公司股价通常伴随着更低的收购公告期收益（1990 年之后）。	Dong, Hirshleifer, and Teoh (2006)	市场更倾向于相信被高估的主并公司支付过多。收购公告期收益倾向于修正主并公司先前的错误估价。	与托宾 Q 假说不一致。

主并公司与目标公司的相对股价 497

在接下来的研究中，作者们用了不同的方法衡量错误估价，包括股票市盈率（P/E）、托宾 Q（市值账面比率）、市净率（P/B、M/B）。除了市净率，董等（Dong et al.，2006）以及昂和程（Ang and Cheng，2006）还采用了市价与剩余收入模型价值的比率（P/V），其来源于奥尔森（Ohlson，1995）的股价模型，具体应用见（Lee，Myers and Swaminathan，1999）。最后，罗德克罗普夫、罗宾逊和维斯瓦纳桑（Rhodes-Kropf，Robinson and Viswanathan，2005）将账面净值比率分解成错误估价和增长期权（growth options）两部分，建立了回归估值模型。

第一个不变的事实是主并公司的股价平均高于目标公司的股价（结果 1）。关于主并公司和目标公司的股价的研究可追溯至戈特（Gort，1969），他根据 20 世纪 50 年代的一组完成收购的小样本数据，发现了主并公司的市盈率（P/E）总体上高于它们的目标公司。安德拉德等（Andrade et al.，2001）发现在 1972 年至 1988 年间，66%的主并公司的托宾 Q 比率高于它们的目标公司。约万诺维奇和卢梭（Jovanovic and Rousseau，2002）认为一直以来主并公司的 Q 比率总体上都高于目标公司的 Q 比率。罗德克罗普夫等（Rhodes-Kropf et al.，2005）、董等（Dong et al.，2006）、昂和程（Ang and Cheng，2006）以 20 世纪 80 年代的现金兼并浪潮和 20 世纪 90 年代的善意股票兼并浪潮以及世纪之交的数据对上述推论进行了实证检验。

结果 1 与市场错误估价假设和托宾 Q 假设均一致。在市场错误估价假设中，在股票要约的情况下，股价被高估的主并公司通过收购股价相对被低估的目标公司获取利益。在现金要约的情况下，股价被高估也使主并公司能够筹集资本来进行现金要约，从而使主并公司也能通过收购股价被低估的目标公司来获取利益。在托宾 Q 假设中，Q 比率高的公司应该有较好的增长机会（growth opportunities）和管理水平，而且 Q 比率高的主并公司收购 Q 比率较低的目标公司会创造更大的协同效应。

董等（Dong et al.，2006）发现在股票要约的情况下，主并公司与目标公司的股价差异相比现金要约时更为显著（结果 2）。基于市场错误估价假设的解释是，在股票要约的情况下，只有在主并公司股价相对于目标公司是高估的时，主并公司才能盈利；然而在现金要约的情况下，只要目标公司的股价是被低估的，主并公司就能盈利。基于托宾 Q 假设，善意的股票兼并相比敌意的现金股权要约，主并公司获利的可能性更大，并且股票兼并中主并公司与目标公司的股价差异更大。

一些研究发现相比现金要约，股票要约的主并公司和目标公司的股价都更高（结果 3）。基于托宾 Q 假设，马丁（Martin，1996）做出了解释——具有高 Q 比
498 率和更多增长机会的主并公司应当通过发行股票降低杠杆效应。股价高的目标公司伴随着更多的不确定性从而鼓励主并公司用股票来分担股价的风险（Hansen，1987）。基于市场错误估价假设的解释是，股价被高估的主并公司更倾向于用股票作为廉价货币来购买目标公司的资产。除此之外，当股价被低估的目标公司不愿意被收购时，主并公司可以用现金来促进交易的达成。因此，目标公司股价被高估的程度越大，主并公司越倾向于利用股票购买目标公司被高估的资产。

目标公司的股价和收购特征

董等（Dong et al.，2006）发现目标公司股价较低通常伴随着更激进的收购要约、更高的股权要约（tender offers）的可能性和更低的交易达成的可能性（结果 4）。施沃特（Schwert，2000）根据较早的一些样本得出了一个相似的结论。一方面，基于市场错误估价假设，股价被低估的目标公司拒绝低于其真实股价的报价，因此降低了交易达成的可能性。而另一方面，持有股价相对被高估的目标公司的股票的管理者更愿意将资产变现。基于托宾 Q 假设，管理不善、股价低的目标公司的管理者更倾向于拒绝收购要约来防止自己被解雇。

结果 5——目标公司股价较低通常伴随着较高的投标溢价（bid premium）和公告期收益。而这一结论与之前沃克林和埃德米斯特（Walkling and Edmister，1985）以及朗等（Lang et al.，1989）的研究结果一致。并且董等（Dong et al.，2006）利用近期的样本数据对这一结论进行了验证。基于市场错误估价假设，股价被低估的程度越高，越会激励目标公司争取一个更高的投标溢价。较高的投标溢价和对被低估的股价的修正，给股价被低估的目标公司带来了更高的公告期收益。基于托宾 Q 假设，管理不善的目标公司有着更大的提升空间，因此主并公司愿意为一个 Q 比率低的目标公司支付更高的溢价。

主并公司股价和收购特征

主并公司股价较高通常伴随着较高的投标溢价和目标公司公告期收益（结果 6），这与市场错误估价假设一致。股价被高估的主并公司能够更轻松地为较高的出价筹集资金，或者能够利用被高估的资产给以较高的出价。除此之外，在股票要约的情况下，目标公司会要求更高的投标溢价来平衡主并公司被高估的股价。这一点

也解释了为什么结果 6 在股票要约的情况下更为显著。基于托宾 Q 假设，Q 比率较高的主并公司可以通过收购创造更大的价值，也可以通过较高的投标溢价来与目标公司分享部分收益。尽管如此，但托宾 Q 假设还是没有解释为什么这种效应在股票要约的情况下更为显著。

主并公司股价与公告期收益的关系对于区分市场错误估价假设和托宾 Q 假设有一定帮助。基于托宾 Q 假设，股价高的主并公司要通过收购获取更大的总收益进而获取更高的收购公告期收益。这就是朗等（Lang et al.，1989）和瑟韦斯（Servaes，1991）利用 1990 年前的数据研究得到的结果（结果 7a）。基于市场错误估价假设，市场应当对股票要约产生负面反应，因为主并公司股价的高估程度要大于目标公司，从而收购的真实损失被高估了。从另一角度来讲，不考虑支付方式，如果收购引起主并公司股价更为谨慎的变动，那么被高估的主并公司的股价会趋于向下矫正，参考类似的关于收购期效应的文章（Skinner and Sloan，2002；Ali，Hwang，and Trombley，2003）、关于独立股价的讨论（Bhagat，Dong，Hirshleifer，and Noah，2005）以及赫什莱佛（Hirshleifer，2001）的更为深远的探讨（结果 7b）。主并公司股价较高通常伴随着更低的收购公告期收益，与结果 7a 相反，它支持了市场错误估价假设。（之后的章节会论证：股价高的主并公司的长期效益不佳，特别是在 20 世纪 90 年代后期。）

主并公司和目标公司管理者的激励和眼界

哈策尔、奥弗克和耶马克（Hartzell，Ofek，and Yermack，2004）通过研究 1995 年到 1997 年之间的交易样本，发现目标公司的 CEO 会与主并公司协商，要求更多的以奖金或者黄金降落伞（golden parachutes）形式支付的现金要约。这些支付形式使目标公司的 CEO 更愿意放弃在主并公司中的执行官职位并且接受较低的投标溢价。这些结论与目标公司 CEO 短视的观点一致，与在主并公司里的长期 499
职位相比，他们会选择接受现金。加斯帕、马萨和马托斯（Gaspar，Massa，and Matos，2005）发现股东短视的公司更愿意接受收购和较低的溢价。这一观点也与之前的分析相一致，股东短视的目标公司通常更愿意接受较低的溢价，从而获取现金资产。

蔡和维（Cai and Vijh，2007）发现目标公司和主并公司的首席执行官的股票和期权都是非流动的，而收购给目标公司首席执行官提供了一个使资产变现的平台，从而消除了非流动性资产的折价，以及他们所持有的股票的收购无限价与无收购执行价的差别。除此之外，主并公司 CEO 的非流动性资产折价促使了他们用被高估的股票去购买相对被低估的目标公司股票，从而提高了所持有的股票的长期价格。在 1993 年到 2001 年间的所有公司中，控股额越高（即非流动性资产折价越高）的首席执行官，越愿意发起收购（被收购）。在 250 起完整的收购交易中，控股额高的目标公司的 CEO 接受了较低的溢价，并且更易接受收购要约，并且在收购之后更多地选择了离职。另外，控股额越高的主并公司的CEO会愿意支付更高的投标溢价，从而更主动地加快收购进程，并且他们更多地利用股票进行多元化收购。

这些基于1993年之后的样本得出的结论支持了SV模型（市场错误估价假设）的论点，目标公司管理者目光短浅，并且通常利用收购作为一种资产变现的机会。蔡和维（Cai and Vijh，2007）的观点也与SV模型的论点相符，他们指出，主并公司利用被高估的股票来收购相对被低估的股票从而提高资产的长期价格。

其他关于主并公司股价被高估的论据

埃里克森和王（Erickson and Wang，1999）探讨了在进行股票要约前，主并公司收益管理的特征。顾和列弗（Gu and Lev，2008）对股价高估驱动收购行为进行了研究，发现这样的交易往往会造成主并公司在收购完成后的几年内商誉受损，这也暗示了很多交易都是受主并公司股价被高估所驱动的。宋（Song，2007）发现在1997年到2000年的市场火爆（hot market）时期，主并公司在发起收购前（不考虑支付方式），内幕交易活动骤增。除此之外，一些研究证实了与其他可比公司相比，合并后的公司的长期超额收益普遍偏低（Loughran and Vijh，1997；Rau and Vamaelen，1998；Agrawal and Jaffe，2000）。他们的结果都与SV模型大体一致，即主并公司股价高估驱动着收购行为。

为什么主并公司要用股票收购股价相对被低估的资产而不是被高估的资产？贝克、科沃尔和斯坦（Baker，Coval，and Stein，2007）提出了一个基于投资者惯性的理论。许多投资者选择最容易的方法，就是被动地接受主并公司的股权，即使他们还没有购买此股票的增发新股。这一理论解释了法玛和弗伦奇（Fama and French，2005）的实证结果——兼并活动导致的股票数量增加是增发新股时的40倍。

500 从长期来看，主并公司能否从市场驱动的收购活动中获益？

根据SV模型，无论是对于主并公司还是目标公司，收购活动的短期和长期影响都是不同的。数据表明，自私的目标公司CEO采取任何行动都是为了个人财富增长。关于主并公司持股人在长期能否从收购活动中获利存在相当大的争议。

最先发表的关于长期收益的研究表明，结果往往对所采用的实证研究方法、交叉事件收益相关系数（cross-event return correlations）以及样本时间段非常敏感（Barber and Lyon，1997；Fama，1998；Mitchell and Stafford，2000；Loughran and Ritter，2000）。洛克伦和维（Loughran and Vijh，1997）、罗和维尔马伦（Rau and Vermaelen，1998）、阿格拉沃尔和贾菲（Agrawal and Jaffe，2000）对

1992年之前的样本进行了分析，论证了主并公司在股票兼并之后的三到五年时间内异常收益为负，特别是账面市值比较低的热门主并公司股票，而现金股权收购的主并公司在此期间的异常收益为正。然而米切尔和斯塔福德认为这一结论与所采用的交叉事件异常收益相关系数有关。鲍曼、富勒和纳安（Bouwman，Fuller，and Nain，2009）发现在事件时间内购买持有股票的方式和日历时间回归法（calendar-time regression approach）的不同可能得出不同的关于主并公司异常绩效的结论。

鲍曼等（Bouwman et al.，2009）基于20世纪90年代的样本，论证了现金要约的主并公司的绩效优于20世纪80年代的控制样本，但长期绩效为负。宋（Song，2007）得出了一个相关的结论，在1997—2000年的"火爆市场"时期，无论是股票还是现金要约，主并公司都会在发起收购之前，通过内幕交易卖出其持有的股票。然而，一些研究达成共识：根据20世纪90年代末购买并持有股票的异常收益额，得知在并购期间股票要约的主并公司绩效为负（Moeller，Schlingemann，and Stulz，2005；Song，2007；Bouwman et al.，2009；Savor and Lu，2009；Fu，Lin，and Officer，2010）。

评估收购活动对于主并公司收益的长期影响的第二个难点在于计算主并公司无收购活动的基准收益——无收购活动情况下主并公司的收益情况。比较有代表性的方法是，用参考公司或者公司规模和账面市值比等特征相当的公司组合的收益情况作为基准收益。但是这些指标只是一定程度上使得主并公司与参考公司的错误估价程度相匹配，所以异常收益的测量问题存在争议。

因此，研究者们关于收购活动对主并公司的长期影响的结论经常不统一，这是意料之中的事情。昂和程（Ang and Cheng，2006）发现股票要约的主并公司在收购后的三年内其表现优于规模和账面市值比相当的公司。这一结果与蔡和维（Cai and Vijh，2007）的结论一致，主并公司CEO的行为目标是使长期股东的价值最大化。莫勒等（Moeller et al.，2005）、宋（Song，2007）和弗等（Fu et al.，2010）论证了股价高估程度最大的主并公司在收购后的几年内的绩效明显不如规模和账面市值比与之相当的公司。这与詹森（Jensen，2005）的结论一致，股价被高估促使公司为了使股价维持高估价位，做出破坏股价稳定的投资。哈福德和李（Harford and Li，2007）更深入地解释了主并公司CEO相对于机构投资者更偏好收购的原因。平均来讲，相对于资本支出，主并公司首席执行官能通过收购获取更多利益，因为收购之后他们会被授予新股和认股权。

正如施莱弗和维斯尼（Shleifer and Vishny，2003）提出的，预期股票要约的 501
主并公司绩效不佳，是因为它们的股价倾向于被高估。萨韦尔和卢（Savor and Lu，2009）通过检测一组因外生因素导致收购失败的样本，得到了一个巧妙回避内生性问题的方法。他们发现股票要约失败的主并公司的长期收益显著低于股票要约成功的主并公司。他们用未成功收购的主并公司，代表未发生收购活动的（那些成功收购的）主并公司，由此得出了结论，股票收购为长期股东创造了价值。他们还发现股票兼并失败的消息公告对于主并公司的收益有正的影响。而这与托宾 Q 假设不一致，基于新古典主义的视角，取消能使股价提高的兼并活动，对于主并公司收益的影响应该是负的。

即使主并公司并没有从一些收购活动中获益，这也不能证明 SV 模型是错误的。无论如何，施莱弗和维斯尼（Shleifer and Vishny，2003）详细说明了主并公司能够长期获益的条件（如 $P<S$）。就如代理方面的考虑可以被包含进新古典主义的协同效应驱动兼并理论，代理问题也可以适应 SV 模型——一些 CEO 是为了股东的权益，然而另一些是为了个人收益（Jensen，2005；Harford and Li，2007）。

最后，马萨和张（Massa and Zhang，2009）发现主并公司可以通过收购一个更热门的目标公司从而保持市场高价。利用共同基金流动数据构成的股票热门程度测量方法，他们发现在那些“粉饰性兼并”（cosmetic mergers）中，兼并了更热门的目标公司的主并公司，在之后的 6 到 36 个月内，表现会优于那些没有兼并的可比公司。他们的发现尽管与施莱弗和维斯尼（Shleifer and Vishny，2003）的角度不同，但是本质上迎合了 SV 模型的主旨——即使没有创造真正的协同效应，管理者也有可能参与到有益于主并公司股价的兼并活动中。

市场错误估价是否会驱动兼并浪潮？

关于整体市场的错误估价是否会驱动兼并浪潮的实证证据存在争议，主要有以下几点原因。第一，整个市场或者某一行业层面的兼并浪潮的数据要远远少于某一横截面交易的数据。第二，对于兼并浪潮的分类和市场价格的水平，研究者们有各自的衡量标准。第三，整个市场范围的错误估价可能受宏观经济或者行业因素的影响。

对历史上兼并浪潮的实证分析结果与施莱弗和维斯尼（Shleifer and Vishny，1993）的模型预测是保持一致的。就如纳尔逊（Nelson，1959）观察到的，兼并活动多集中发生于整个市场价格偏高并且支付方式多为股票的时期。而且，最近三次兼并浪潮与其模型相当契合。在 20 世纪 60 年代的集团兼并浪潮中，市场低迷期过后主并公司纷纷用股票支付的方式抢购其他行业股价被低估的目标公司资产，可能原因是跨行业股价分散度要高于行业内股价分散度。在 20 世纪 90 年代的大规模兼
502 并浪潮中，特别是在这一时期后半段，主并公司大量兼并股价相对被低估的目标公司，甚至是同一行业领域，并且通常都是用股票支付。

沃特（Verter，2003）利用长期的收购数据，更系统地证明了，兼并事件量随着整体市场价格和价格分散度的提高而增加，而股票支付热潮过后通常会迎来一个

市场低收益期。

另外两个研究为整体市场价格影响兼并活动的假设提供了更为深远的支持。贝克、福利和伍格勒（Baker，Foley and Wurgler，2009）讨论了输出国和东道国（source and host country）的股票市场价格对外商直接投资（FDI）的影响。他们发现 FDI 流入量与输出国的市场价格呈正相关关系，特别是预期未来市场收益为负的市场价格中的错误估价成分。而且，当资本账户限制了其他跨国套利途径时，这种正相关关系更为显著。他们的结果暗示了输出国会利用廉价融资收购东道国的资产。拉蒙特和斯坦（Lamont and Stein，2006）发现比起公司层面价格，公司收购和股票发行总体来说对于整体市场价格更为敏感。在一定程度上，整体的市场运动相比个别公司的股价波动能反映更多的非根本性因素（Campbell，1991；Vuolteenaho，2002），这一结论与整体市场错误估价影响公司收购行为的观点一致。

此外，哈福德（Harford，2005）证明了经济、监管和科技的冲击会驱动行业兼并浪潮，但是，当且仅当总资本流动充足时。一旦流动性因素被考虑进去，市场时机变量就几乎不能再预测兼并浪潮的发生。一个能减弱市场时机效应的因素是，在市场低迷时期，例如 20 世纪 80 年代，较低的市场价格会驱动现金收购。相反，在市场活跃时期，如 20 世纪 90 年代，较高的市场价格也可能会驱动一些现金要约，特别是对于未上市的目标公司。基于哈福德对于兼并浪潮的定义，罗德克罗普夫等（Rhodes-Kropf et al.，2005）发现即使所属行业遭受了经济冲击，大部分主并公司的错误估价程度仍排在前 20%。这与市场时机至少会部分地驱动兼并活动的说法一致。

鲍曼等（Bouwman et al.，2009）对比了高市场价格时期与低市场价格时期的收购特征。他们发现市场价格高时的收购通常伴随着较低的长期收益，即使公告期收益较高。作者得出结论，市场价格高时的收购其长期表现不佳，这与放牧管理（managerial herding）制度一致，但与市场时机理论相背。这篇文章与其他文章得出的结论之所以不同可能是由于之前提到的一些因素，包括高市场价格时期和低市场价格时期的区分方式。

综上所述，数据证明市场错误估价极有可能影响整体兼并活动，尽管其他经济因素也有可能驱动兼并浪潮。在 SV 模型中，股票市场价格的高估和低估都有可能给主并公司带来有利的收购机会。然而，实验数据表明，股价高估对于收购活动的影响要强于股价低估（Verter，2003；Lamont and Stein，2006；Baker et al.，2009）。横截面效应与错误估价的影响机制相似。此机制可有以下解释：第一，在 503
一个股价高估的市场中，主并公司融资更加容易，特别是股票融资。第二，股价低估驱动现金要约，能更好地解决目标公司拒绝收购和低成功率的问题。第三，在一个高估的市场中，首席执行官持有股票和股权的激励效应更加显著。

非上市公司的收购

正如我们前文所探讨的，SV 模型适用于上市公司之间的交易。当收购双方的股份被交易时，主并公司和目标公司的股价对收购的影响程度最大——股价被高估的主并公司利用股票来收购股价相对被低估的目标公司；不考虑主并公司股价如何，主并公司利用现金收购股价被低估的目标公司从而获益。与此模型一致的是，上市公司间的交易中，相比现金收购，股票收购的主并公司的公告期收益更低（Travlos，1987；Brown and Ryngaert，1991；Fuller，Netter，and Stegemoller，2002；Moeller，Schlingemann，and Stulz，2004；Dong et al.，2006）。

至于非上市公司间的收购活动，支付方式所传达的信息与上市公司不同。一些研究证明了主并公司收购私人公司或者子公司时会获得正收益，即使是股票收购也会如此。富勒等（Fuller et al.，2002）通过对一组主并公司重复收购非上市目标公司的样本的研究发现，主并公司获得正的公告期异常收益。莫勒等（Moeller et al.，2004）根据美国的样本，法西奥、麦康奈尔和斯托林（Faccio，McConnell，and Stolin，2006）根据非美国样本都得出了一致的结论。常（Chang，1998）提出，在对私人公司的股票收购中，主并公司的公告期收益是否为正，与目标公司股东在成为主并公司大股东后的监管行为有关。然而，奥菲斯（Officer，2007）证明非上市公司经常被折价出售。母公司亏损的子公司通常折扣更低（例如长达一年异常收益为负的母公司最终不得不折价出售子公司），表明被收购的目标公司股价被低估。富勒等（Fuller et al.，2002）发现，与上市公司间收购有所不同的是，对私人公司和子公司的收购中，主并公司公告期的正收益通常会随着主并公司对目标公司相对规模比值的增加而增加，这与非上市目标公司通常被以较优惠的股价出售的观点一致。考虑到目标公司的组织形式对于主并公司公告期收益的影响，在上市和非上市目标公司都包含的情况下，分析主并公司的收益情况时要更加仔细。

库尼、莫勒和斯泰格莫勒（Cooney，Moeller，and Stegemoller，2009）为主并公司收购私人公司所产生的正财富效应提供了另一种解释。在一组对有估值历史（初始股价是为了公开发行后撤出所设定的价格）的私人公司收购样本中，主并公司公告期收益为正主要是由于目标公司的收购价格高于之前的估价。一种解释是，当主并公司的投标价格较之前价格更高时，目标公司更倾向于接受收购，不再争取更高的价格。另一种解释是，主并公司预期价格与先前价格的任何一点偏误，都会造成主并公司的不确定性，倾向于对预期价格进行局部调整。这两种解释都与卡尼曼和特维斯基（Kahneman and Tversky，1979）的前景理论一致，该理论指出以过去的某一价格作为参考点会对现在的价格产生影响（Baker，Pan，and Wurgler，2009）。

504 最后，当主并公司是非上市公司时，它不能便利地用高估的股票作为收购的支付工具。巴格隆、史林格曼、斯塔茨和祖特（Bargeron，Schlingemann，Stulz，and Zutter，2008）证明上市主并公司比私人主并公司会支付更高的投标溢价，特别是当上市主并公司的管理者持股较少时。尽管作者没有讨论这个问题，但是另一个结论与之一致，即当主并公司可以利用股票资产（特别是股价被高估的股票资产）收购时，主并公司能支付更高的溢价。

管理者过度自信、前景理论和妒忌效应

以上回顾的文献大多假定了理性的主并公司和目标公司管理者在一个非完全有效市场中运作。而行为金融领域的另一研究方法是假定非理性的管理者在有效市场中运作。在这两种方式中，代理考虑（agency consideration）可能是将两种方法叠加，从而做出更深远、更符合现实的预测。

意识到没有明确证据表明收购活动总体上能产生额外价值，罗尔（Roll，1986）提出主并公司管理者们受自身的“自大心理”影响从而对交易的协同效应过于乐观。希塔拉、卡普兰和罗宾逊（Hietala，Kaplan，and Robinson，2003）提出了一些因管理者的自大而影响收购的例子。比里特和钱（Billett and Qian，2008）提出管理者过度自信是后天养成的，并且随着完成的交易量越大而越严重。阿克塔什、博特和罗尔（Aktas，De Bodt，and Roll，2007）以及克拉萨和斯泰格莫勒（Klasa and Stegemoller，2007）给出了另一种解释。

马尔门迪尔和塔特（Malmendier and Tate，2008）证明了，管理者过度自信有助于解释收购决策。他们发现过度自信的管理者会完成更多的收购，特别是当他们能利用内部融资并且兼并活动多样化的时候。当过度自信的管理者发出收购要约时，市场反应是消极的。作者认为管理者过度自信对于收购的影响不应该包括主并公司和目标公司错误估价的影响。蔡和维（Cai and Vijh，2007）的文章也表明他们通过控制 CEO 过度自信的影响，使研究结果更加稳健了。

管理者过度自信影响收购市场的观点适用于更广泛的框架——管理者个人特点影响公司活动。伯特兰和舍布尔（Bertrand and Schoar，2003）证明了管理者固定效应（manager fixed effects）对于公司很多方面的决策非常重要，包括兼并收购和分散投资。格雷厄姆、哈维和普瑞（Graham，Harvey，and Puri，2008）证明个人特点如风险厌恶、乐观主义与公司政策有关，将管理者特点与公司类型进行匹配有助于解释公司行为的持久性。

贝克等（Baker et al.，2009）提出兼并公司时，应该用目标公司 52 周内的最高股票价格作为投标价格的参考。在一组对上市公司收购的样本中，投标价格集中于 52 周内的最高价。当目标公司的股价远低于其 52 周内的最高值时，以此价格投标的主并公司受到了负面的公告期影响，表明投资者认为主并公司“买亏了”。以

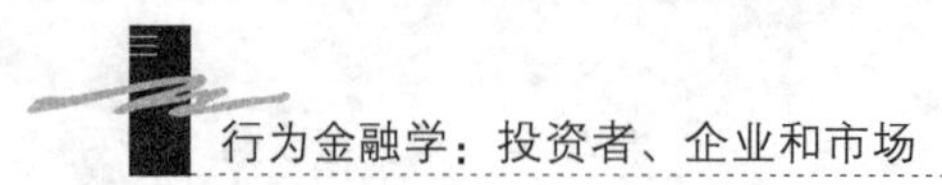

高于目标公司52周内股价最高值收购，目标公司更易于接受。这些发现生动地证
505 明了市场参与者利用参考点来进行战略决策的特点，这也与特维斯基和卡尼曼（Tversky and Khaneman，1974）以及卡尼曼和特维斯基（Khaneman and Tversky，1979）的前景理论一致。

戈埃尔和塔科尔（Goel and Thakor，2009）提出了一个理论，认为主并公司CEO的妒忌心理导致了兼并浪潮。因为CEO的报酬会随着公司规模以及收购后的公司规模的扩大而增加。即使是在缺少实际经济波动和市场错误估价的情况下，妒忌心理也能导致兼并浪潮。该模型预测（通过实证检验）兼并浪潮中的初期收购相比末期收购，协同效应更大，包含更小规模的目标公司，并且执行补偿收益（executive compensation gains）更高。此模型也做出了其他一些预测，但没有涉及我们在第三部分中回顾的程式化（stylized）事实，如主并公司与目标公司的相对股价，以及股价与收购特征之间的关系。

概要和结论

本章中涉及的文献，无论是非理性投资者还是理性投资者的研究方法都为并购研究提供了除Q理论之外的新鲜视角。这些行为研究方法也得到了大量的实证研究的支持。特别是非理性投资者的研究方法帮助我们将众多关于主并公司和目标公司股价、收购特征、管理者眼界、主并公司长期表现以及兼并浪潮的研究结果联系起来。因为无论是管理者还是投资者都有可能是非完全理性的，将两种方法结合起来能扩大关于收购行为模型的研究领域。

当然，新古典主义和其他合理理论都有它们各自的有效程度。收购交易有时真的会带来效率的提高（如，Maksimovic and Phillips，2001；Shleifer and Vishny，2003；Bhagat et al.，2005）。我们发现20世纪90年代的样本比20世纪80年代的样本更强有力地证明了市场错误估价假设，也表明了多重力量影响收购市场。将其他重要影响因素如协同效应和代理考虑效应纳入行为研究框架，可能会产生新的理论和实证分析视角来帮助我们更好地理解收购过程。

讨论题

1. 在施莱弗和维斯尼（Shleifer and Vishny，2003）的模型中，股价被高估的主并公司用股票购买股价相对被低估的目标公司。为什么目标公司会同意接受股价被高估的主并公司的股票？实证证据是什么？

2. 收购研究中，关于区分市场错误估价假设和Q假设的困难是什么？什么实证证据可以解决这个问题？

3. 总结股价被高估的主并公司兼并股价相对被低估的公司的原因。股票市场驱动收购是否会给主并公司带来长期收益？

4. 检验关于兼并浪潮的理论存在什么困难？股票市场驱动兼并浪潮的证据是什么？

5. 股票市场驱动收购理论在应用于收购双方均为上市公司时与涉及非上市目标公司时有什么不同？

参考文献 506

Agrawal，Anup，and Jeffrey F. Jaffe. 2000. The post-merger performance puzzle. In *Advances in mergers and acquisitions*，（eds.）Cary Cooper and Alan Gregory，Volume 1，7－41. Amsterdam：Elsevier.

Aktas，Nihat，Eric De Bodt，and Richard W. Roll. 2007. Corporate serial acquisitions：An empirical test of the learning hypothesis. Working Paper，University of California，Los Angeles.

Ali，Ashiq，Lee-Seok Hwang，and Mark A. Trombley. 2003. Residual-income-based valuation predicts future stock returns：Evidence on mispricing versus risk explanations. *Accounting Review* 78：2，377－96.

Andrade，Gregor，Mark L. Mitchell，and Erik Stafford. 2001. New evidence and perspectives on mergers. *Journal of Economic Perspectives* 15：2，103－20.

Ang，James S.，and Yingmei Cheng. 2006. Direct evidence on the market-driven acquisitions theory. *Journal of Financial Research* 29：2，199－216.

Baker，Malcolm P.，Joshua Coval，and Jeremy C. Stein. 2007. Corporate financing decisions when investors take the path of least resistance. *Journal of Financial Economics* 84：2，341－72.

Baker，Malcolm P.，C. Fritz Foley，and Jeffrey Wurgler. 2009. Multinationals as arbitrageurs：The effect of stock market valuations on foreign direct investment. *Review of Financial Studies* 22：1，337－69.

Baker，Malcolm P.，Xin Pan，and Jeffrey Wurgler. 2009. A reference point theory of mergers and acquisitions. Working Paper 15551，National Bureau of Economic Research.

Baker，Malcolm P.，Richard Ruback，and Jeffrey Wurgler. 2007. Behavioral corporate finance：A survey. In *Handbook of corporate finance：Empirical corporate finance*，（ed.）B. Espen Eckbo，Volume 1，145－86. North Holland：Elsevier.

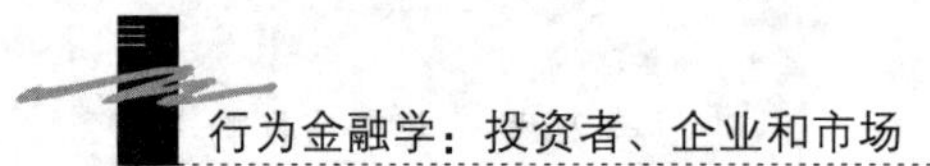

Barber, Brad M., and John D. Lyon. 1997. Detecting long-run abnormal stock returns: The empirical power and specification of test statistics. *Journal of Financial Economics* 43: 3, 341 - 72.

Bargeron, Leonce L., Frederik P. Schlingemann, Ren'e M. Stulz, and Chad J. Zutter. 2008. Why do private acquirers pay so little compared to public acquirers? *Journal of Financial Economics* 89: 3, 375 - 90.

Bertrand, Marianne, and Antoinette Schoar. 2003. Managing with style: The effect of managers on firm policies. *Quarterly Journal of Economics* 118: 4, 1169 - 208.

Bhagat, Sanjai, Ming Dong, David Hirshleifer, and Robert Noah. 2005. Do tender offers create value? New methods and evidence. *Journal of Financial Economics* 76: 1, 3 - 60.

Billett, Matthew T., and Yiming Qian. 2008. Are overconfident CEOs born or made? Evidence of self-attribution bias from frequent acquirers. *Management Science* 54: 6, 1037 - 51.

Bouwman, Christa, Kathleen Fuller, and Amrita Nain. 2009. Market valuation and acquisition quality: Empirical evidence. *Review of Financial Studies* 22: 2, 633 - 79.

Brainard, William C., and James Tobin. 1968. Pitfalls in financial model building. *American Economic Review: Papers and Proceedings* 58: 2, 99 - 122.

Brealey, Richard A., and Stewart C. Myers. 2000. *Principles of corporate finance*. New York: McGraw-Hill.

Brown, David T., and Michael D. Ryngaert. 1991. The mode of acquisition in takeovers: Taxes and asymmetricinformation. *Journal of Finance* 46: 2, 653 - 69.

Cai, Jie, and Anand M. Vijh. 2007. Incentive effects of stock and option holdings of target and acquirer CEOs. *Journal of Finance* 62: 4, 1891 - 933.

Campbell, John Y. 1991. Avariance decomposition for stock returns. *Economic Journal* 101: 405, 157 - 79.

Chang, Saeyoung. 1998. Takeovers of privately held targets, methods of payment, and bidder returns. *Journal of Finance* 53: 2, 773 - 84.

507 Cooney, John W., Thomas Moeller, and Mike Stegemoller. 2009. The underpricing of private targets. *Journal of Financial Economics* 93: 1, 51 - 66.

Dong, Ming, David Hirshleifer, Scott Richardson, and Siew Hong Teoh. 2006. Does investor misvaluation drive the takeover market? *Journal of Finance* 61: 2, 725 - 62.

Erickson, Merle, and Shiing-wu Wang. 1999. Earnings management by acquiring firms in stock for stock acquisitions. *Journal of Accounting and Economics* 27：2，149－76.

Faccio，Mara，John McConnell，and David Stolin. 2006. Returns to acquirers of listed and unlisted targets. *Journal of Financial and Quantitative Analysis* 41：1，197－220.

Fama，Eugene F. 1998. Market efficiency，long-term returns and behavioral finance. *Journal of Financial Economics* 49：3，283－306.

Fama，Eugene F.，and Kenneth R. French. 2005. Financing decisions：Who issues stock? *Journal of Financial Economics* 76：3，549－82.

Fu，Fangjian，Leming Lin，and Micah S. Officer. 2010. Acquisitions driven by stock overvaluation：Are they good deals? Working Paper，Loyola Marymount University.

Fuller，Kathleen，Jeffry Netter，and Mike Stegemoller. 2002. What do returns to acquiring firms tell us? Evidence from firms that make many acquisitions. *Journal of Finance* 57：4，1763－93.

Gaspar，Jose-Miguel，Massimo Massa，and Pedro Matos. 2005. Shareholder investment horizons and the market for corporate control. *Journal of Financial Economics* 76：1，135－65.

Goel，Anand，and Anjan V. Thakor. 2009. Do envious CEOs cause merger waves? *Review of Financial Studies*，forthcoming.

Gort，Michael. 1969. An economic disturbance theory of mergers. *Quarterly Journal of Economics* 83：4，624－42.

Graham，John，Campbell Harvey，and Manju Puri. 2008. Managerial attitudes and corporate actions. Working Paper，Duke University.

Gu，Feng，and Baruch Itamar Lev. 2008. Overpriced shares，ill-advised acquisitions，and goodwill impairment. Working Paper，SUNY-Buffalo and New York University.

Hansen，Robert G. 1987. A theory of the choice of exchange medium in mergers and acquisitions. *Journal of Business* 60：1，75－95.

Harford，Jarrad. 2005. What drives merger waves? *Journal of Financial Economics* 77：3，529－60.

Harford，Jarrad，and Kai Li. 2007. Decoupling CEO wealth and firm performance：The case of acquiring CEOs. *Journal of Finance* 62：2，917－49.

Hartzell，Jay，Eli Ofek，and David Yermack. 2004. What's in it for me? CEOs whose firms are acquired. *Review of Financial Studies* 17：1，37－61.

Hietala，Pekka，Steven N. Kaplan，and David T. Robinson. 2003. What is the price of hubris? Using takeover battles to infer overpayments and synergies. *Financial Management* 32：3，1－32.

Hirshleifer，David. 2001. Investor psychology and asset pricing. *Journal of Finance* 56：4，1533－97.

Holmstrom，Bengt R.，and Steven N. Kaplan. 2001. Corporate governance and merger activity in the U. S.：Making sense of the 1980s and 1990s. *Journal of Economic Perspectives* 15：2，121－44.

Jensen，Michael C. 1986. Agency costs of free cash flow，corporate finance，and takeovers. *American Economic Review* 76：2，323－9.

Jensen，Michael C. 2005. Agency costs of overvalued equity. *Financial Management* 34：1，5－19.

Jovanovic，Boyan，and Peter L. Rousseau. 2002. The Q-theory of mergers. *American Economic Review* 92：2，198－204.

Kahneman，Daniel，and Amos Tversky. 1979. Prospect theory：An analysis of decision under risk. *Econometrica* 47：2，263－91.

Klasa，Sandy，and Mike Stegemoller. 2007. Takeover activity as a response to time-varying changes in investment opportunity sets：Evidence from takeover sequences. *Financial Management* 36：2，19－43.

508 Lamont，Owen A.，and Jeremy C. Stein. 2006. Investor sentiment and corporate finance：Micro and macro. *American Economic Review* 96：2，147－51.

Lang，Larry H. P.，Ren'e Stulz，and Ralph A. Walkling. 1989. Managerial performance，Tobin's Q，and the gains from successful tender offers. *Journal of Financial Economics* 24：1，137－54.

Lee，Charles M. C.，James Myers，and Bhaskaran Swaminathan. 1999. What is the intrinsic value of the Dow? *Journal of Finance* 54：5，1693－741.

Loughran，Tim，and Jay Ritter. 2000. Uniformly least powerful tests of market efficiency. *Journal of Financial Economics* 55：3，361－89.

Loughran，Tim，and Anand M. Vijh. 1997. Do long-term shareholders benefit from corporate acquisitions? *Journal of Finance* 52：5，1765－90.

Maksimovic，Vojislav，and Gordon Phillips. 2001. The market for corporate assets：Who engages in mergers and asset sales and are there efficiency gains? *Journal of Finance* 56：6，2019－65.

Malmendier，Ulrike，and Geoffrey Tate. 2008. Who makes acquisitions? CEO overconfidence and the market's reaction. *Journal of Financial Economics* 89：1，20－43.

Martin，Kenneth J. 1996. The method of payment in corporate acquisitions， investment opportunities, and management ownership. *Journal of Finance* 51: 4, 1227 - 46.

Massa, Massimo, and Lei Zhang. 2009. Cosmetic mergers: The effect of style investing on the market for corporate control. *Journal of Financial Economics* 93: 3, 400 - 27.

Mitchell, Mark, and Harold J. Mulherin. 1996. The impact of industry shocks on takeover and restructuring activity. *Journal of Financial Economics* 41: 2, 193 - 229.

Mitchell, Mark, and Erik Stafford. 2000. Managerial decisions and long-term stock price performance. *Journal of Business* 73: 3, 287 - 329.

Moeller, Sara B., Frederik P. Schlingemann, and René M. Stulz. 2004. Firm size and the gains from acquisitions. *Journal of Financial Economics* 73: 2, 201 - 28.

Moeller, Sara B., Frederik P. Schlingemann, and René M. Stulz. 2005. Wealth destruction on a massive scale? A study of acquiring-firm returns in the recent merger wave. *Journal of Finance* 60: 2, 757 - 82.

Morck, Randall, Andrei Shleifer, and Robert W. Vishny. 1990. Do managerial objectives drive bad acquisitions? *Journal of Finance* 45: 1, 31 - 48.

Myers, Stewart C., and Nicholas S. Majluf. 1984. Corporate financing and investment decisions when firms have information that investors do not have. *Journal of Financial Economics* 13: 2, 187 - 221.

Nelson, Ralph. 1959. Merger movements in the American industry. New York: NBER. Officer, Micah S. 2007. The price of corporate liquidity: Acquisition discounts for unlisted targets. *Journal of Financial Economics* 83: 3, 571 - 98.

Ohlson, James A. 1995. Earnings, book values, and dividends in equity valuation. *Contemporary Accounting Research* 11: 2, 661 - 87.

Rau, P. Raghavendra, and Theo Vermaelen. 1998. Glamour, value and the post-acquisition performance of acquiring firms. *Journal of Financial Economics* 49: 2, 223 - 53.

Rhodes-Kropf, Matthew, David T. Robinson, and S. Viswanathan. 2005. Valuation waves and merger activity: The empirical evidence. *Journal of Financial Economics* 77: 3, 561 - 603.

Rhodes-Kropf, Matthew, and S. Viswanathan. 2004. Market valuation and merger waves. *Journal of Finance* 59: 6, 2685 - 718.

Roll, Richard. 1986. The hubris hypothesis of corporate takeovers. *Journal of Business* 59: 2, 197 - 216.

Rosen, Richard J. 2006. Merger momentum and investor sentiment: The stock marketreaction to merger announcements. *Journal of Business* 79: 2, 987 - 1017.

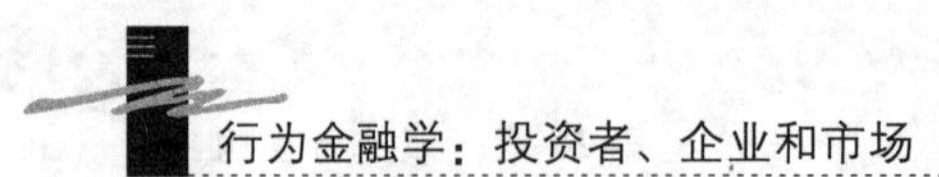

Savor, Pavel G., and Qi Lu. 2009. Do stock mergers create value for acquirers? *Journal of Finance* 64: 3, 1061–97.

Schwert, G. William. 2000. Hostility in takeovers: In the eyes of the beholder? *Journal of Finance* 55: 6, 2599–640.

509 Servaes, Henri. 1991. Tobin's Q and the gains from takeovers. *Journal of Finance* 46: 1, 409–19.

Shleifer, Andrei, and Robert W. Vishny. 2003. Stock market-driven acquisitions. *Journal of Financial Economics* 70: 3, 295–311.

Skinner, Douglas J., and Richard G. Sloan. 2002. Earnings surprises, growth expectations, and stock returns *or* don't let an earnings torpedo sink your portfolio. *Review of Accounting Studies* 7: 2–3, 289–312.

Song, Weihong. 2007. Does overvaluation lead to bad mergers? Working Paper, American Finance Association, 2007 Annual Meeting.

Travlos, Nickolaos G. 1987. Corporate takeover bids, methods of payment, and bidding firms' stock returns. *Journal of Finance* 42: 4, 943–63.

Tversky, Amos, and Daniel Kahneman. 1974. Judgment under uncertainty: Heuristics and biases. *Science* 185: 4157, 1124–30.

Verter, Geoffrey. 2003. Timing merger waves. Working Paper, Harvard University.

Vuolteenaho, Tuomo. 2002. What drives firm-level stock returns? *Journal of Finance* 57: 1, 233–64.

Walkling, Ralph A., and Robert O. Edmister. 1985. Determinants of tender offer premiums. *Financial Analysts Journal* 41: 1, 27–37.

作者简介

董明（Ming Dong）是加拿大约克大学舒立克商学院的金融系副教授。他博士毕业于俄亥俄州立大学金融系，硕士研究生毕业于约克大学物理系。他的主要研究领域包括所公司金融和行为金融。董教授致力于收购、公司股息政策和股票估价模型的研究。他近期关注 IPO（首次公开募股）的估价和市场表现，股票保险，公司多元化，以及股票市场错误估价对于公司投资、发行新股和收购的影响。

第五篇　投资者行为

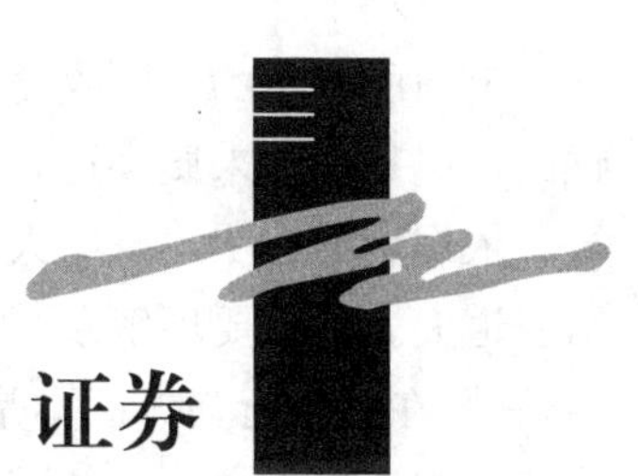

第27章 信任行为：证券市场的重要基础

513

林恩·A. 斯托特（Lynn A. Stout）
加州大学洛杉矶分校法学院公司和证券法普衡（讲席）教授

引 言

伯特·罗斯（Burt Ross）于1965年毕业于哈佛大学。在他作为股票经纪人工作了几年之后，他参加了新泽西州利堡市的市长选举并成功当选。结束市长任期后罗斯转战商业地产。在2013年，他决定卖掉部分房产（其数额超过500万美元），并用此收入进行投资。罗斯认为他已经为退休准备好了。他一直是这样认为的，直到2008年的11月份，他才意识到他“篮子里的鸡蛋”几乎全部被用来投资如今臭名昭著的庞氏阴谋家伯纳德·麦道夫（Bernard Madoff）所经营的基金，而那之后，这些钱都消失了。

罗斯从没有见过麦道夫。他是听取了一个朋友的建议才投资麦道夫基金的。当收到会计报表时，他相信了

报表上面所展示的丰厚收益。虽然他非常疑惑麦道夫是如何在恶化的市场环境下赚钱的，但是他从未质疑过收入的来源，也没有担忧过基金的运作方式。

依靠后见之明，有些人可能认为罗斯过于愚蠢才会把他篮子里的鸡蛋尽数委托给麦道夫。然而要理解现代证券市场如何运作，很重要的一点在于，认识到这种"愚蠢"在投资行为方面不是特例，而是普遍的现象。人们对自己存款所信托的个体和机构（投资顾问、共同基金、养老基金）往往除了粗略的调查之外，很少做出更多的努力。诚然，大部分人通常都不知道他们的积蓄具体被投资于何处。像大部分投资者一样，罗斯依从自己的信念进行投资。信念——或者更准确地说，信任——是成功建立公共证券市场的重要基础。

本章通过检验从行为学实验中所得到的有关信任的知识，来探索投资者信任在证券市场中所发挥的作用。本章将以论证投资者信任是证券市场繁荣的基础作为开端。在辨析信任的性质和意义之后，将会转向信任的实验证据，尤其是一个名为"信任博弈"的实验的结果。信任博弈证明了，信任是一种令人惊讶的普遍行为。
514 然而它们也表明了，信任由对信誉（trustworthiness）的预期所决定，对信任的滥用最终将导致信任的瓦解。最后，本章以这些实验发现对规范证券市场的启示作为收尾。

理性预期投资者之谜

理解信任对于证券市场繁荣的必要性，需要从一个基本问题开始：为什么投资者认为购买公司股票和债券有利可图？为什么他们反而不相信那些不道德的经纪人和理财顾问、手脚不干净的共同基金经理以及贪婪的公司高管和董事，会去窃取和滥用他们的投资？

对于那些坚持"理性预期"分析的经济学家或金融理论家来说，大部分的投资行为都是令人困惑且难以解释的。理性预期的概念给博弈论和许多其他领域的经济分析奠定了基础。它假设投资者都是冷静的、精于计算的以及纯粹自利的行动者。更重要的是，理性预期假定了投资者相信其他人——包括公司经理和投资专家，例如麦道夫——是冷静的、精于计算的及纯粹自利的行动者。相应地，理性选择也预示着投资交易好比国际象棋的棋局一样。一个理性的投资者应该假设公司内部人员和投资专家如果一有机会就会从自己身上进行偷窃，就像一个理性的棋手需要假设他或她的对手一有机会就会吃掉己方的女王。

就逻辑而言，这意味着当今证券市场上的绝大部分投资者都不可能是理性预期的投资者。如果一个投资者预期公司经理和投资专家会说谎、作弊、偷窃和渎职，那他就需要时刻确认这些人受到了足够的约束，这将使得投资变成一个极度繁琐的过程，往往是不值得的。可能除了收益极大的投资组合之外，这个过程所需要负担的信息成本都实在是太过高昂了。

不妨想象这样一种情况，一个人考虑借助投资顾问（比如麦道夫）选择适度且多样化的公司证券投资组合。在投资之前，这个人需要调查麦道夫公司的大部分人中，都有谁有职权窃取自己的财产。这些人包括麦道夫、他的秘书和助理，乃至几乎公司里的每一个人。一个理性选择的投资者需要确认，每一个有窃取能力的个体，其劣行能够被完全制止，并且有充足的激励保证所有人全力以赴、各尽其职。这意味着他不仅需要熟悉证券法律与投资顾问守则（包括相关的程序与惩罚机制）， 515
而且需要了解所有的公司雇佣合同与合规体制的细节。回到国际象棋的类比，如果不排除对方棋手对这一格的威胁，那么一个理性预期的棋手是不会把自己的皇后移动到那个位置的。同样，一个理性预期的投资者在完全确定投资经理不会偷取自己的财产之前，也不会把财产委托给对方。

调查投资公司只是第一步。假设投资公司使用资金去购买公司股票和债券，这个理性预期投资者还必须假设股票和债券的发行公司充斥着不道德、机会主义的代理人——董事、高级职员和员工，这些人一定会抓住机会渎职乃至欺诈。因此，理性预期的投资者将不仅需要调查所有投资了的公司，而且需要调查公司法、证券法以及作用于所有这些公司的雇佣合同和合规体制。

有人可能会认为，一个理性预期投资者并不需要如此“全知全能”再进行投资，因为他或她可以依靠审计公司、评级机构、证券交易委员会（Securities Exchange Commission，SEC）以及其他的“看门人”与监管机构来监控投资顾问和所投资的公司的内部人员。但是这个论点仅仅让问题退了一步而已，如果理性预期投资者没有花时间调查看门人和监管者的激励和约束机制，那么他或她为什么要相信有合宜的激励和约束机制保证这些看门人和监督者尽职尽责呢?

因此，光是为了确定自己的财产不被窃取，一个理性预期投资者就需要进行相当大规模的调查。当然，这仅仅只是评估投资的开始，为了明确这些基金或证券到底是不是明智的投资选择，理性预期投资者所要做的远不止于此。因此，“理性预期投资者”这个词接近于一个自我矛盾的概念。一个理性预期投资者在确认投资证券市场足够安全之前，需要竭尽全力持续收集、核实和分析信息。相比之下，把钱塞在床垫底下也许会是一个更好的并且压力更小的退休策略。

从逻辑上可以看出，大部分投资于公共证券市场的个人都不可能是“理性预期”的投资者。至于更进一步的证据，不如站在投资者的立场做简单的自我反思。一个投资者也许会对自己提出如下问题：“我之前做了哪些调查，我完成了哪些调查，我需要什么样的证据来证明我投资的基金仍在正常运转?”投资者坚信自己的投资的主要原因很可能是文件抽屉里陌生人寄来的季度报表，上面显示钱还在。如此一来，像麦道夫这样处心积虑的骗子很可能仅仅通过邮寄虚假的季度报表，就能诱使投资者们相信自己的投资依然“健在”。尽管如此，大多数投资者还是更愿意依据这些报表做出判断。

为什么人们对自己的投资报以如此的信心？这是因为他们事实上并不是时刻担心自己上当受骗的“理性预期”投资者。相反，他们中的大多数是“信任投资者”。

516 “信任投资者”

在区分理性预期投资者和信任投资者时需要注意的是，信任投资者并非一般意义上的非理性投资者。不如说，他们在一定程度上放弃了理性预期投资者对人们的假设预期，即认为其他人总是冷静的、精于计算的、不道德的且纯粹自利的个体。信任投资者乐于相信至少有一些人和一些机构是“值得信任的”。换句话说，信任投资者会相信一些特定的人和机构能够克制住自利的冲动，而不去利用投资者的信任为己牟利，即使他们并不知悉究竟如何限制此类滥权行为。而这种信任，往往是建立在极低程度的调查和了解的基础之上的。

据此，可以认为这种被称为“信任”的行为具有以下三种基本特性。第一，信任意味着在知情的情况下，使自己处于对另一方不加防备的状态。若没有这一点，就没有信任存在的基础。第二，信任需要人们认识到，受托人可以利用他人的无防备为自己牟利。第三，信任需要双方都相信，虽然受到自利动机的诱惑，但受托人不会利用自己的优势地位谋取私利。换句话说，人们预期受托人会克制自己不去利用这种无防备状态，即使他或她可以这么做（Blair and Stout，2001）。

这就意味着在信任的那一方（“委托人”），信任行为是与自利动机相一致的。但是，此时委托人必须要相信被信任的一方（“受托人”）不完全受自利动机的驱使。用社会学的语言来说，就是委托人相信受托人至少在一定程度上是“利他主义”（关心他人）的，而非纯粹的“利己主义者”（只关心自己）。

如果说证券市场这样复杂且庞大的经济系统，是以人们之间普遍的相互信赖作为基础的，那么对于一些人，尤其是那些受过经济学专业训练的人来说，恐怕是很难接受的。然而，这个想法获得了大量且不断增加的实证支持。近年来，信任现象已经吸引了心理学家、经济学家、社会学家、政治科学家和法律学者的关注。目前也有大量的理论和实证角度的文献在探索这一现象。本章主要聚焦于其中使用“实验博弈”（experimental gaming）研究方法的研究成果。

信任、投资与“信任博弈”

实验博弈在实验心理学、行为经济学和实验经济学中有诸多不同的名称。无论如何称呼，其基本的技术都是相同的。研究者让被试者在处于实验控制的情境下进行“博弈”，然后观察人们的实际（really）行动，而不局限于构思一些关于人们应

当如何表现的抽象理论（理性自利行为就是一种抽象理论）。

研究者已经使用这种技术研究了人类行为中一系列令人奇怪的方面，其中一个就是信任。最近几年，有一个特定的实验博弈被全世界的研究者广泛使用和借鉴，衍生出了许多不同的版本，用来测试在不同的环境下被试者对他人的信任情况（Johnson and Mislin，2008）。这一博弈被称为“信任博弈”，有趣的是，它有时也 517
被称为“投资博弈”（Berg，Dickhaut and McCabe，1995）。

在一个典型的信任博弈实验中，每一个被试者都被分配了一定数量的钱（比如，10 美元）。然后被试者两两一组。每一组中有一人被要求扮演“委托人”的角色，并且被告知他需要做出选择：他可以保留全部的钱，或者他可以选择将一部分甚至全部的钱交给另一个人，这个人被称为“受托人”。被试双方都被告知：无论委托人将多少资金交给受托人，（“投资的”）金钱的量都会变成原来的三倍；此外，如果委托人选择把钱给受托人（投资给受托人），那么受托人将会面临自己的选择：他/她可以选择自己保留已经翻了三倍的资金，也可以选择将一部分甚至全部资金返还给委托人。

遵守理性预期理论的被试者会如何选择是非常清楚明了的。委托人会选择拒绝投资任何资金给受托人，因为理性预期的委托人知道，如果他这么做的话，那么一个理性的和纯粹自利的受托人绝对不会将钱返还。然而，现实的信任博弈中人们的选择并非如此。

现实生活中，人们经常会选择相信他人，而被信任的个人往往也选择表现得值得信任。这一现象首次被正式提出，是在伯格等（Berg et al.，1995）于 1995 年进行的信任博弈实验里。在 32 对被试者中，有 30 个委托人选择信任（也就是说，至少将自己一部分钱财给了受托人）。而且，大部分的受托人也会投桃报李。其中，24 个受托人至少返还了部分资金，并且大部分人返还的比他们最初从委托人手中得到的要多，以此确保了双方都从委托人的“投资”中获利。

证券市场中的信任

这类结果在很多研究中反复出现，可见现实中人们的为人处世不同于国际象棋棋盘上的钩心斗角，无情地利用自己的每一点优势。相反，现实中的人往往准备好了去相信别人，在别人面前呈现无防备的状态，并预期对方的自利心能够被约束且值得信任。虽然这与“理性预期”并不一致，但却相当合乎理性。就像信任博弈中所展示的，当受托人用良好的信誉回报委托人的信任时，双方皆能获利。因此，如果人们表现得可靠且值得信任（在信任博弈的实证结果中，这基本是一种常态），那么信任行为就是合情合理的。

这些观察结果对理解投资过程意义重大。尤其是它意味着信任可能是成功的公共证券市场的基本要素。就像前面所介绍的，逻辑本身表明，如果大多数投资者坚持“理性预期”，那么现代证券市场是不可能达到如今的规模和范围的。投资者的内省视角（至少对于那些主要通过一纸文件来了解自己的投资状况的人）也显示信任行为构成了大部分投资的基础。此外越来越多的正式的证据正不断地涌现出来。圭索、萨皮恩泽尔和津加莱斯（Guiso，Sapienza，and Zingales，2008）的研究显示，个人的信任意愿与其投资行为之间存在直接的联系。他们在实验中向被试者提问：“你觉得大多数人都值得信任，还是说在与人打交道的过程中要足够审慎小
518 心?”，依据被试者的回答区分出那些更愿意相信别人的被试者，而结果显示这类人群购买股票的概率显著更高。

如果在现代证券市场中，投资确实主要以信任而非理性预期作为基础，那么接下来也许应该思考这样一个问题：为什么以及在什么情况下人们愿意相信他人？虽然对这一复杂问题的研究刚刚起步，但是实验博弈的诸多成果至少告诉了我们以下两点：第一，许多人有强烈的信任倾向，甚至会去相信陌生人，哪怕是在陌生的环境中，哪怕只进行了很少或者没有进行调查。第二，这种信任的意愿既不是非理性的，也并非无穷无尽。它以对他人信誉的理性计算作为基础，一旦受托人滥用委托人的信任为己牟利，双方互利的局面就会被打破，那么信任也将烟消云散。

信任博弈经验一：信任的普遍性

在信任博弈中，实验者最想观察的一点是人们的信任水平。依据我们的经验，相信自己的朋友和家人似乎是天经地义的事情。不过实验博弈的数据所揭示的信任意愿及其运行机制，要比这些经验主义深刻得多。比如，信任博弈实验中的被试者彼此之间是陌生的。而且，正如伯格等（Berg et al.，1995）最初的研究所揭示的，信任是一种普遍现象而非特例。

即便实验参与者们通过计算机平台或者交换工作表实现匿名的互动，这一结论也依然得以证实。有的实验甚至在参与者的收益中插入随机变量，以此确保他们的决策不会被其他被试者乃至研究者所辨认。然而这个双盲协议也并没有改变实验的结果（Johnson and Mislin，2008）。大部分人仍然选择信任他人。

其实大部分人不仅会相信其他人，甚至还相信非人的事物。特别是，在一个有趣的实验中，被试者被要求参与“社会两难”（social dilemma）博弈（信任博弈基础上的一种变形）。在典型的信任博弈中，一个被试者（委托人）先决定是否信任，而另一个人（受托人）随后决定如何回应。而在社会两难博弈中，所有被试者同时决定是否向公共池中“投资”。研究者承诺让公共池中的资金加倍增长，并且会把最后的资金重新平均分配给被试者，无论被试者最初贡献的资金有多少。因此在该博弈中，被试者需要同时决定是否信任他人和是否回报他人的信任。让这个特殊的社会两难博弈变得有趣的并非被试者所处的两难境地——有关社会两难境地的研究甚至可能比信任博弈实验更多——让其变得有趣的是博弈的对象由不同的人类扩展到了不同种类的计算机。信任仍然是实验所关注的中心。基斯勒、沃特斯与斯普劳尔（Kiesler，Waters，and Sproull，1996）发现，大部分（90%左右）人类被试者

在通过实验计算机（beige-box computer）进行实验的过程中，不论对方是计算机程序还是其他人类，都表现出了相似的合作和信任行为。然而有趣的是，却很少有被试者（仅有约 40%）愿意相信在显示器上展现一张人脸并模仿人类声音的“欺 519
骗性的”电脑。

这些结果说明大部分人不仅愿意信任熟悉的人，而且愿意信任陌生人，甚至像电脑这样非人类的事物，或者像公司或“市场”这样的机构也都可能赢得人们的信任。不过虽然信任如此普遍，但它也并非一成不变。人们的信任同样存在取舍（比如，他们会相信一个人的家庭医生，但是不会相信一个误诊自己姐夫的庸医）。对待机构也是如此（比如，信任毒品控制中心，不信任当地汽车经销商；信任简单的计算机，不信任模仿人类的计算机）。这就引致了从信任博弈实验中观察到的第二个重要经验：对特定个人和机构的信任似乎在很大程度上取决于历史经验。

信任博弈经验二：历史的重要性

信任博弈研究中最重要的发现之一就是信任行为存在显著的“历史效应”（Berg et al.，1995）。比如，虽然在信任博弈中大部分被试者都表现出信任倾向。然而当进行重复博弈的时候，若委托人发现某些同伴的表现辜负了自己的信任，那么他的信任行为也会减少（Fehr，2009）。类似地，在一个叫做“礼品交换”的信任博弈变形中，研究者发现被赋予委托人角色的被试者，更愿意相信那些在之前博弈中证明了自己信誉的人。

在我们之前提到的社会两难博弈的数据中也能观察到相同的行为模式。其中最一致的发现是，当进行重复博弈时，如果合作玩家[①]发现其他玩家存在“欺骗”（即自己不向或少向公共池里投资），那么合作率（相互信任与可信行为的比率）将会随时间降低，然后之前的合作玩家甚至也会选择欺骗。相反，如果被试者发现其他人的表现值得信任，那么他们自己在下一轮博弈中会更乐于相信对方并处于无防备的状态。

这一结果说明，如果历史数据和经验显示信用良好，那么大部分人将会对信任的安全性充满信心，相应地对自身无防备状态的接受程度也高得出奇。相反，不愉快的经历（比如，信任曾遭遇背叛）会使被试者变得不再轻易信任他人，不愿意向别人呈现无防备的状态。因此，信任显然存在学习过程。

以上论述点出了理性预期投资者和信任投资者的另一个本质区别——前者“瞻前”，后者“顾后”。换句话说，在一个理性预期投资者的预期中，自己始终面临着被欺诈、利用的风险。相应地，他或她始终放眼未来，像棋手一样尝试预测其他投机主义的玩家的行动。反之，信任投资者关注过去，如果一些人或事在过去一直表现出某一特定的行为，那么信任投资者就会假设这些人或事在未来会继续有相似的

① 将全部资金或大部分资金投资到公共池中的被试者。——译者注

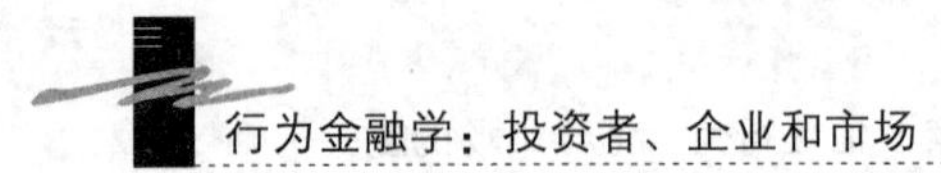

表现，而不会关心其继续的原因。一些经济学家将这种后顾关注称为“适应性预
520 期”，以区别于博弈论和其他经济分析分支中的“理性预期”概念。恰如本书第 14 章中所讨论的，行为金融学者也许会将这种关注称为外推偏误（extrapolation bias）或者代表性偏误（representativeness bias）。

关于信任的经验在证券市场的应用

这些从信任博弈中学到的经验可以帮助我们理解投资过程和证券市场的运行机制。首先，比起理性预期投资，证券市场可能更多地建立在信任投资的基础之上。这种可能有助于解释很多费解的市场现象。例如，让我们考虑价格泡沫——在特定时期中某一种资产（20 世纪 90 年代的信息技术股票，21 世纪早期的房地产）价格，上升到远远高于经济基础所能支撑的水平（Stout，2002）。对此，信任投资者的行为模型可以做出以下解释：在泡沫产生时，投资者们所关心的并不是经济基础，而是历史数据。当一种资产的价格持续上升时，无论出于什么原因，依赖历史数据的信任投资者都将猜测这个趋势将会延续，而不会自找麻烦跑去调查这一猜测的现实基础。当然，这个进程也可以解释相反的情况。比如在 2000 年科技股票崩盘和 2008—2009 年房地产市场破灭的过程中，信任投资者对历史数据的学习同样发挥了作用。在巨大的泡沫形成后，如果出现价格的下跌（由于某些事件，比如外来冲击），那么投资者很可能会外推，从而认为趋势将一直延续，进而选择撤出混乱的市场，泡沫因此“蒸发”。

此外，信任行为还有助于解释经验老到的投资者，比如伯特·罗斯（本章之前提及的哈佛毕业生、前股票经纪人、成功的商人）为什么也会遭受欺骗。理性预期投资者往往从一开始就拒绝投资，时刻警惕以防被别人欺骗和利用，而罗斯虽然经验丰富，却轻易地相信了别人。信任投资者之所以更容易被愚弄，是因为比起眼下他们更倾向于利用历史经验来做判断。如果在投资者的经验中，证券市场足够规范，欺骗和渎职受到了充分的约束，那么他们自然也更倾向于“信任”市场，并且相信部分的不规范并不会对证券市场的整体安全造成威胁。罗斯受骗很可能就是出于这一原因。大部分投资者通过付钱给投资顾问，来实现多样化的证券投资组合。这部分投资者都依赖于共同基金这种受到政府严格控制的、高度规范化的投资公司，在这里大规模的诈骗几乎不可能。但是罗斯所投资的并非共同基金，而是麦道夫的对冲基金产品——一种只对更富有的、“经验老到的”投资者开放的，相对新颖且不规范的投资工具。在罗斯的设想中，也许以为像共同基金一样，也存在保护对冲基金投资的规则机制。在财产尽数蒸发后，他才发现自己的设想大错特错。

对于当今的证券市场，信任行为的实验数据的第三个启示就显得尤其重要：虽然像罗斯这样的信任投资者会被利用和欺骗，但是在下一次投资的过程中，他将会变得不愿相信别人。投资者的信任并非取之不尽用之不竭。以信任为基础的投资取
521 决于历史信息，尤其是投资专家和证券市场整体的表现。不幸的是，在过去几十

年，美国的投资者见证了数不清的金融丑闻，比如安然（Enron）、世通（WorldCom）和麦道夫。更糟糕的是，很多人甚至开始认为，投资的结果（如果有什么区别的话）还不如把钱塞在床垫下来得保险。如果真的像实验数据所展示的一样，信任确实受到历史的影响，那么恐怕不难预期投资者的信任将会逐渐被耗尽。也许有一天床垫真的会取代金融市场，赢得更多投资者的青睐。

怎样才能恢复证券市场中投资者的信任？实验证据提供了一个清晰的答案，信任不是一种受虐心理，也不是某种非理性，相反，它是建立在对委托人和机构延续可信表现的合理预期之上的。如果想要获得持续的信任，那么首先就要证明自己值得信赖。

建立一个可信赖的市场是一项浩大的工程，这方面的讨论已经超出了本章的范围。关于对监管与信任的探讨，可阅读卡林、多罗班图和维斯瓦纳坦（Carlin，Dorobantu and Viswanathan，2009）的论文。人们为什么会在背信有利可图时选择坚守，这是一个复杂的问题，在这方面众多学者做了详尽的论述（Blair and Stout，2001）。然而，信任博弈实验的警示非常清楚地表明，也许信任是否构成证券市场的基础尚存争议，但是毫无疑问，信任的基础就是信誉。整个市场的信誉一旦破灭，市场的崩溃恐怕也在所难免。

概要和结论

美国证券市场是我们最大和最重要的经济机构之一。直到 2007 年，超过 9 100 万个人投资者持有超过 15 万亿美元的公司债券和股票，其中既包括直接持有的证券，也包括养老基金、共同基金（U. S. Census Bureau，2009，Tables 1161 and 1171）的投资。正是因为信任为投资提供了基础，如此盛况才成为现实。投资者们不需要相信每个证券专家和企业内部人员是诚实和可靠的，但是他们至少对整个“系统”报以信任。因此，即使不确定自己在买什么或者是从哪里购买的，他们也仍然愿意投资数以万亿元的证券。

当然，有经验的立法者和商人，以及有经验的骗子，比如麦道夫，非常清楚信任是解释投资者行为的有效力量。学者们应当将这个想法结合到他们的分析中去。为了真正理解证券市场的运作机制，对信任行为更加完整全面的理解是非常必要的。

讨论题

1. 信任的三个基本特性是什么？

2. 信任是非理性的吗？

3. 人们信任的动机是什么？

4. 没有信任的证券市场可能存在吗？

522 参考文献

Berg，Joyce，John Dickhaut，and Kevin Mc Cabe. 1995. Trust，reciprocity，and social history. *Games and Economic Behavior* 10：1，122－42.

Blair，Margaret M.，and Lynn A. Stout. 2001. Trust，trustworthiness，and the behavioral foundations of corporate law. *University of Pennsylvania Law Review* 149：6，1735－1810.

Carlin，Bruce Ian，Florin Dorobantu，and S. Viswanathan. 2009. Public trust，the law，and financial investment. *Journal of Financial Economics* 92：3，321－41.

Fehr，Ernst. 2009. On the economics and biology of trust. Institute for Empirical Research in Economics，University of Zurich，Working Paper No. 399.

Guiso，Luigi，Paola Sapienza，and Luigi Zingales. 2008. Trusting the stock market. *Journal of Finance* 43：6，2557－600.

Johnson，Noel D.，and Alexandra Mislin. 2008. Cultures of kindness：A meta-analysis of trust game experiments. Available at http://ssrn.com/abstract=1315325.

Kiesler，Sara，Keith Waters，and Lee Sproull. 1996. A prisoner's dilemma experiment on cooperation with people and human-like computers. *Journal of Personality and Social Psychology* 70：1，47－65.

Pulliam，Susan. 2008. "Uncle Bernie" and his angry clients：Former mayor，millions lost，describes how he was lulled. *Wall Street Journal*，December 20，p. A1.

Stout，Lynn A. 2002. The investor confidence game. *Brooklyn Law Review* 68：2，407－37.

U. S. Census Bureau. 2009. 2009 *Statistical Abstract of the United States*.

作者简介

林恩·A. 斯托特（Lynn A. Stout）是加州大学洛杉矶分校法学院的公司和证券法的普衡（律师事务所）讲席教授。她是公司治理、证券规则、法经济学、行为经济学和亲社会行为领域的一位国际公认的专家。关于这些主题，斯托特教授出版了相当数量的书籍并发表了大量文章。她担任加州大学洛杉矶分校—斯隆商学院关于商业组织的基础研究项目的主要研究者、美国法律和经济联盟董事、美国法学院协会经济与法部门主席、美国法学院协会商业部门主席，以及华盛顿布鲁金斯学会的客座学者。她还是普林斯顿大学的最优等文学士和公共事务硕士，也是耶鲁法学院的法律博士。

523

第28章　个人投资者交易

朱宁（Ning Zhu）
上海高级金融学院副院长，加州大学戴维斯分校和野村国际（公司）金融学副教授

引　言

金融市场上异常频繁的交易体现了金融领域的主要挑战。纽约证券交易所（NYSE）的数据显示，在21世纪早期年度股票换手率已接近100%，总交易量每年达到约3 500亿股。对每笔交易成本的合理估计显示投资大众每年自愿向金融中介机构缴纳数十亿美元。国际市场，尤其是亚洲的许多股票市场甚至出现了更高的换手率（Barber，Lee，Liu，and Odean，2009；Feng and Seasholes，2004）和交易成本。这种典型事实与许多金融领域的理论模型完全相反，例如奥曼（Aumann，1976）、米尔格罗姆和斯托基（Milgrom and Stokey，1982）构建的理论模型认为在这些市场上根本就不应该有交易存在。

学者们不断开展新的研究，以理解投资者尤其是个人投资者进行交易的原因，理解个人投资者的交易对金融市场的影响。本章有三个主要目标。首先，本章将总结个人投资者交易的主要动机，并对针对交易动机相关假设所进行的检验给出经验证据。证据显示基于行为的解释能够有效阐释关于个人投资者交易的许多有趣的现象。

其次，本章侧重个人投资者交易的三个重要方面：(1) 意向效应；(2) 交易邻近地区股票的倾向；(3) 个人投资者在投资过程中对其投资技能进行了解的能力。尽管理性预期可以解释每种现象中的一部分，但是现存文献大多认为可以用行为偏向来解释这三种现象。

最后，本章回顾了投资者交易活动如何影响金融市场。证据表明个人投资者以异常相似的方式进行交易。这种存在相关性的交易活动对下述传统观点提出了质疑，即个人投资者是“噪声交易者”，且他们的交易活动相互抵消，对市场没有影响。事实上，最近的一些研究提供了令人信服的证据，显示散户投资者的交易活动不仅在当期，而且在未来各期都会影响资产价格。除了回顾个人投资者对资产价格 524
形成的影响外，本章还将审视个人投资者在交易过程中产生的交易成本和时间成本。

本章的余下部分将做如下安排。第一部分概述个人投资者交易的动机。第二部分主要关注个人投资者交易的三个方面（已经对其进行了大量的学术研究），即意向效应、本土偏向、个人投资者的学习能力。第三部分就个人投资者交易对资产价格形成和社会福利评估两方面的影响进行了评价。最后一部分总结了主题。

个人投资者交易概述

本部分对个人投资者交易的理性解释和行为解释进行了概述。

理性解释

在传统的金融经济学文献中，关于个人投资者的交易有几个重要的理性原因。例如，格罗斯曼和斯蒂格利茨（Grossman and Stiglitz，1980）认为当交易的边际收益大于或至少等于它的成本时，投资者将进行交易。特别地，他们认为信息，或更加明确地说私人信息，应该是投资者进行交易的一个主要动机。

当然，在一个更现实和动态的市场中还有其他的交易动机。例如，在一些股票的价格大幅上升或下降后，个人投资者可能需要交易，以此再平衡他们的投资组合，从而改变投资组合的权重。这些股票交易可以使他们维持其偏好的资产配置结构。另外，个人投资者可能需要变现部分股权投资，为消费目的筹措所需的现金。

此外，如果有人相信莫迪利安尼和布伦伯格（Modigliani and Brumberg,

1963）的生命周期假说，那么其就会认为理性经济人会根据对终生收入的预期，合理安排投资和借贷，以平滑其消费。这意味着投资和交易决策应该取决于投资者的生命周期。相比简单静态模型所做的预测，这种跨期借款/消费决策也会导致更多的交易活动。

最后，鸿、科比克和斯坦（Hong，Kurbik and Stein，2004）提出，社会互动可能在一定程度上引发股票市场上的参与及交易行为。他们的模型预测，任何给定的“社会性”投资者发现越多人参与的市场，越具有吸引力。使用健康和退休研究项目的数据，他们为其假设提供了有力的支持，即那些与社区有更多社会互动（即去教堂，与邻居交谈）的家庭，越有可能参与股票市场和从事股票交易。

525 税收动机

个人投资者进行交易的另一个显著原因就是对税收的考虑。鉴于税法对投资收益的不同组成部分如利息、股息和资本利得有不同规定，面临纳税义务的理性投资者期望通过交易来实现避税的目的。巴尔伯和奥丁（Barber and Odean，2004）利用券商账户数据分析了美国个人投资者的税收意识。他们发现投资者更愿意使用退休账户资金购买债券和共同基金，在应税账户中更愿意在年末时坐实股票亏损，这支持了下述观点，即个体在做投资决策时是考虑税收的。然而，巴尔伯和奥丁也发现投资者在他们的应税账户上交易活跃，相比亏损他们更频繁地变现收益，并且他们把相当大部分的债券放在应税账户中，这有损于他们的税后收益。

格林巴特和凯洛哈留（Grinblatt and Keloharju，2004）通过对芬兰股票市场的研究发现在投资决策中存在同等重要的税收考虑。他们发现，芬兰的个人投资者到 12 月底坐实的亏损多于收益。此外，芬兰投资者回购最近出售的相同的股票。回购率取决于先前损失的大小。这种可预测的交易模式会产生税收—亏损型净购买压力，这种压力年关之前为负，之后为正。格林巴特和凯洛哈留还得出以下结论，即这种税收驱动的交易活动有助于解释元月效应和年末股票收益的横截面特征。

行为解释

相对于理性模型，奥丁（Odean，1998b），热尔韦和奥丁（Gervais and Odean，2001），以及丹尼尔、赫什莱佛和苏布拉马尼亚姆（Daniel，Hirshleifer and Subrahmanyam，1998）提出了一些金融市场理论模型，这些理论模型解释了投资者容易出现的行为偏向，如过度自信和自我归因。在这些模型中投资者不能准确地评估他们的投资能力，并且随着时间的推移对其投资能力变得越来越过度自信。这些模型的一个有吸引力的特征是它们得出的预测和实证发现相符，即个人投资者存在过度交易活动。

奥丁（Odean，1999）发现许多投资者的交易不仅不能补偿交易成本，甚至还会造成交易成本之外的损失。他的行为解释——例如过度自信、意向效应以及错误相信逆向投资或动量——有助于理解这种令人惊讶的发现。

巴尔伯和奥丁（Barber and Odean，2001，2002）的研究给过度自信角度的解释提供了进一步的支持。特别地，巴尔伯和奥丁（Barber and Odean，2001）的证据揭示了男性投资者和女性投资者在利润和业绩方面的差异。上述证据显示女性在她们的个人股票投资上优于男性，而男性对其总体交易能力比女性更有信心，由此作者得出结论，即过度自信会导致更多的交易但是会有损投资业绩。在后续研究 526
中，巴尔伯和奥丁（Barber and Odean，2002）发现，与选择不转向在线投资的投资者相比，选择转向在线投资的投资者以前的业绩更好。然而，进行在线交易后，这些决定转向在线投资的投资者发现他们的业绩恶化了，尤其是在净收益率方面，实际上其业绩要差于那些决定不转向的投资者。再一次地，作者把这种业绩转变归因于过度自信和由此导致的轻率交易。

对于美国以外的国家，格林巴特和凯洛哈留（Grinblatt and Keloharju，2009）利用一个有趣的数据源分析了过度自信、寻求刺激与交易之间的关系，该数据源合并了投资者的股票交易、税收申报、驾驶记录和心理状况的数据。主要控制变量包括财富、收入、年龄、股票拥有数量、婚姻状况、职业，作者发现过度自信投资者和那些最愿意寻求刺激的投资者更加频繁地交易。因此，他们也支持过度自信可以有效解释高交易活动水平的假设。

个人投资者交易的其他异常可以追溯到其他行为基础，如易得性和代表性。巴尔伯和奥丁（Barber and Odean，2008）测试和证实了下述假设，即个人投资者是引人注意的股票的净购买者。由于很难在成千上万的股票中进行搜索，个人更有可能投资于吸引其注意力的那些股票。相比之下，个人投资者在出售时不会面临同样的搜索问题，因为他们往往只出售他们已拥有的股票。作者认为许多投资者只考虑购买首先吸引其注意力的股票，他们暗示注意力决定选择集合，之后偏好决定选择。格林巴特和凯洛哈留（Grinblatt and Keloharju，2001）也证实了这些发现，他们利用芬兰股票市场的综合交易记录发现，过去的收益和历史价格模式，比如月度新高或新低，会影响不同类型投资者的交易。

达尔、高兹曼、谢泼德和朱（Dhar，Goetzmann，Shepherd and Zhu，2005）提供了一个例子，通过研究股票拆分前后的交易活动，说明了投资者会关注其可得到的更为显明的信息和事件。他们发现拆分后更高比例的交易是由不成熟的投资者进行的。股票拆分后个人投资者总的购买活动会增加，而专业投资者的购买活动会减少。这种行为支持了股票拆分会吸引新的投资者并提高股票流动性的普遍认识。但是，鉴于在股票拆分除权日前后几乎没有新信息，因此明显的是，事件本身和其他不重要的计价单位效应（如股票的数量加倍和价格因此减半）会诱发个体去交易。

另一个关于注意力（被误导）的有趣例子是拉什斯（Rashes，2001）关于代号相似的股票联动的文章。对于这样的一对公司，虽然它们的基本价值的相关性很

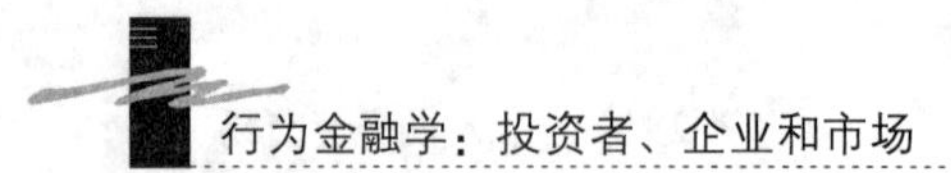

弱，但是短期在收益、交易量上存在显著的相关性。这种异象提供了一个例子，表明噪声交易者将其注意力集中在最容易得到但有瑕疵的信息上。它表明噪声交易者对股票价格的影响独立于信息和预期的变化。

总之，以上研究表明传统理性解释之外的因素有助于解释金融市场上观察到的许多交易活动。

527

个人投资者交易的三个方面

本部分概述了投资者交易行为的三个主要方面：意向效应、本土偏向和投资者在交易中的学习能力。

意向效应

意向效应，是指过久持有亏损股票、过早抛售获利股票的倾向，被认为是研究最多的个人投资模式之一。大约 20 年前，谢弗林和斯塔特曼（Shefrin and Statman，1984）发现了一个有趣的模式，显示个人投资者会根据股票的前期业绩在不同的时期持有其投资组合的不同部分。

最近，奥丁（Odean，1998a）利用来自某大型低佣金券商的一个个人投资者大样本发现了意向效应存在的证据。此外，奥丁发现这种行为很可能不是被理性原因驱动的，因为事实是在个人投资者售出股票后，前期盈利股票的表现要比亏损股票好，表明交易结果有悖常理。相反，他认为此发现与前景理论相符，人们对同等数量的收益和损失有不同的估值。诺夫辛格（Nofsinger，2007）认为实现利润允许个人维护自尊，而坐实亏损会使人含蓄地承认自己进行了错误的投资决策，因此会避免坐实亏损。

考斯蒂亚（Kaustia，2004）在首次公开发行（IPO）市场环境下提供了对意向效应的另一个检验，考虑了参照价格效应。因为发行价是公众的购买价格，意向效应显然是可识别的。考斯蒂亚发现在股价低于发行价时成交量是较低的，而当股价第一次超过发行价时成交量有一个急速的增加。此外，股价达到新高或新低时，成交量也会有明显增长，这些再次表明存在参照价格效应。这样的研究加深了对交易原因的一般理解，但校准特定模型，使之能有观测到的交易量规模，有助于建立对交易活动的完整的理解。

关于现存意向效应的研究的一个突出方面是不同类型市场上意向效应的稳健程度。例如，韦伯和凯默勒（Weber and Camerer，1998）设计了一项特别的实验，考察被试者是否存在意向效应。在其实验室实验中，被试者买卖六种风险资产。资产价格在每一个时期都会波动。与贝叶斯优化相反，被试者倾向于出售盈利股票并持有亏损股票。如果股票在各期末自动出售，则意向效应会大大降低。

实验室实验以外，希斯、哈达特和朗（Heath，Huddart and Lang，1999）证

实美国员工期权行权过程中存在意向效应。使用基于 7 个公司的 50 000 名员工的数据，他们发现员工的股票期权行权与股票过去的业绩紧密联系。当股票价格超过前一年达到的最高价格时，员工的行权活动大约增加了一倍。在另一项研究中，金索夫和迈尔（Genesove and Mayer，2001）发现在波士顿的公寓房交易存在同样的特点。他们发现遭受名义损失的公寓业主会设定更高的要价（高出部分为房产预期销售价与初始购买价格之差的 25%到 35%），而这些业主在挂牌出售其房产时不如其他卖家成功。 528

有越来越多的研究表明在美国以外的市场普遍存在意向效应。下面回顾了一小部分人的研究。在使用芬兰数据库对交易活动进行的全面研究中，格林巴特和凯洛哈留（Grinblatt and Keloharju，2001b）证实了意向效应的存在。他们还发现存在参照价格效应，在这种效应下如果股票价格达到前一个月的高点，那么个体更可能出售。冯和西豪斯（Feng and Seasholes，2005）以及陈、金、诺夫辛格和瑞（Chen，Kim，Nofsinger and Rui，2007）在来自中国的个人投资者样本中发现了意向效应，夏皮罗和威尼斯（Shapira and Venezia，2001）在来自特拉维夫股票交易所的一个代表性投资者样本中发现了意向效应。

尽管事实上意向效应在市场层面上被广泛记录，但是达尔和朱（Dhar and Zhu，2005）发现在个人投资者层面上意向效应有相当多的变化。为了调查意向效应，他们分析了一个重要的低佣金券商的交易记录，试图解释不同投资者表现出的横截面差异。基于实验经济学和社会心理学的发现，作者假设投资者在金融市场素养和交易频率上的差异可以部分解释个体意向效应的变化。其研究使用人口和社会经济变量作为投资者素养的代理变量，发现的实证证据表明，更富裕的个体和受雇于专业岗位的个体表现出更弱的意向效应。与实验经济学一致，交易频率也倾向于降低意向效应。

达尔和朱（Dhar and Zhu，2005）的另一个发现是，在其样本中某些投资者未表现出意向效应，在许多情况下甚至表现出与意向效应相反的交易模式。这样的结果会促进未来的研究，进一步仔细研究意向效应背后的原因，而不仅限于存在已久的前景理论解释。

巴贝尔斯和熊（Barberis and Xiong，2009）在一个理论框架中使用前景理论偏好来分析投资者的交易行为。基于对前景理论最简单的运用，作者们发现这些偏好和意向效应之间的联系并没有先前猜测的那么强。他们发现前景理论有时预测出与意向效应所描述的相反的行为，这取决于收益和损失的大小以及投资者评估业绩的频率。这给前景理论和意向效应的新探索提供了一些新的视角，并有可能激发围绕这一话题的进一步研究。

本土偏向

科沃尔和莫斯卡维兹（Coval and Moskowitz，1999）揭示了美国机构投资者

529 在投资过程中如何偏好地理上临近自己的公司。这些发现表明，宏观经济文献中存在的本土偏向（倾向于投资国内而非国际股票）并不仅限于国际背景，在国内投资选择中也是普遍存在的。

遵循科沃尔和莫斯卡维兹（Coval and Moskowitz，1999）有关机构投资者的研究，朱（Zhu，2005）、伊科维奇和韦斯本纳（Ivkovich and Weisbenner，2005）分别研究了个人投资者倾向于投资临近地域股票的问题。朱更多地关注个人投资者的交易活动，而伊科维奇和韦斯本纳主要研究个人投资组合的持有情况。虽然这两项研究都证实了存在本土偏向，即表明个体更可能投资于离家更近的企业，但对于本土偏向产生的原因他们并未达成一致意见。伊科维奇和韦斯本纳发现在个人投资者的投资组合中本地股票的业绩要优于非本地股票。相反，朱发现，虽然个人投资者与被投资公司总部之间的距离不同，但投资的业绩并无显著差异。

西豪斯和朱（Seasholes and Zhu，2008）最近的一篇论文指出，基于伊科维奇和韦斯本纳（Ivkovich and Weisbenner，2005）的投资组合状况得出的推断，即个人投资者对于本地投资信息灵通，是存在缺陷的，因为它未考虑股票收益率横截面中的同期相关，因此扩大了结果的统计显著性。更重要的是，西豪斯和朱发现适当调整本地基准后，个人投资组合中的本地股票的业绩不如非本地股票，因此对伊科维奇和韦斯本纳的信息假说提出了质疑。

与全球市场上越来越多的关于意向效应的证据相似，国际研究也支持个人投资者交易中存在本土偏向这一观点。格林巴特和凯洛哈留（Grinblatt and Keloharju，2001a）发现投资者更可能购买、出售，并持有下述芬兰公司的股票，即在地理位置上临近投资者，用投资者母语交流以及与首席执行官有相同的文化背景的公司。与家庭和不精明的机构相比，这种效应在更加精明的投资机构中并不怎么盛行。冯和西豪斯（Feng and Seasholes，2004）用中国投资者样本证实投资者对投资邻近企业更感兴趣。此外，他们发现区位因素在系统层面上影响个人的交易决策。来自同一地区的投资者的买入和卖出交易表现出惊人的相似特征。这些发现强调地理位置如何影响个人投资者交易以及这种相关的地区性交易如何影响资产价格。

随着时间学习

鉴于越来越多的证据表明在个人投资者交易中存在行为偏向，因此调和这种程式化事实与金融经济学文献中的主流理性范式变得十分重要。理性范式之下，行为人理性是传统假设，该假设简化了与约束优化问题相关的决策过程，允许我们用数学模型分析经济现象。这一假设的一个重要判断是行为人不可能系统地犯错。例如，萨金特（Sargent，1993）认为理性预期假设并非不允许预测错误，只是排除了以下可能性，即这些错误会持续在一个方向发生。虽然该观点确实有吸引力，但是它未必是事实。

530 相比之下，热尔韦和奥丁（Gervais and Odean，2001）以及丹尼尔、赫什莱佛和苏布拉马尼亚姆（Daniel，Hirshleifer and Subrahmanyam，2001）的行为金融理论认为，投资者，尤其是个人投资者，以一种不对称的方式学习，即个体倾向于将投资成功归因于他们自己的信息或能力而将投资失败归咎于运气。如果该理论确实描述了个体如何在其投资期内学习，则这意味着大多数投资者是过度自信的，并相信自己是比实际上更好的投资者。如果这种现象在市场上普遍存在，那么人们会看到诸如股市过度交易和波动等“谜团”。

因此在行为金融文献中，个人投资者是否及多久才能了解其能力就成了一个重要的话题。尼科洛西、彭和朱（Nicolosi，Peng and Zhu，2009）实证检验了个人投资者是否能从自己的交易经历中了解其股票筛选能力，以及他们随后是否会相应地调整其交易行为。他们发现事实的确如此。相比前期业绩令人失望的个体，有更好的前期业绩的投资者更有可能增加未来交易。尼科洛西等发现，相比业绩较差的投资者，该证据在整体业绩更好的投资者身上更加明显。此外，他们发现尽管投资者对前期收益和亏损都有反应，但是他们对前期收益的反应（提高后续的交易强度）要比对前期亏损的反应（降低后续的交易强度）更强烈。因此，他们认为投资者的学习行为要比任何单一理论（理性理论或行为偏向理论）预测的更复杂。相反，个体的学习活动似乎更符合有限理性假设。

塞鲁、沙姆韦和斯托夫曼（Seru，Shumway and Stoffman，2009）使用来自芬兰的为期 9 年的一个大样本的个人投资者记录分析了意向效应和交易业绩在投资者的生命周期中如何变化。每多一年经验，中位数投资者的意向效应会减少约 4%，这使得这些投资者增加了约 5%的收益。通过控制幸存与否和未观测到的个体异质性，作者们发现总体上投资者在一定程度上通过耗损来学习，但是在个人层面上的学习也很重要。另一个重要的发现是不成熟的投资者和交易更多的投资者会更快地了解自己的能力，并且个人投资者在获得更多交易经验和对自己的能力有更多理解后，他们会随着时间的流逝改变他们的交易风格。

个人投资者交易的含义

个人投资者交易和资产价格

传统经济学和金融学文献通常假设那些不了解基本面信息的投资者（即噪声交易者）的交易对资产价格或市场稳定没有实质性影响，因为他们的交易规模很小并且他们产生的影响会相互抵消，使得他们的交易对市场没有影响。

德朗、施莱弗、萨默斯和瓦尔德曼（Delong，Shleifer，Summers and Waldmann， 531
1990a，1990b，1991）提出了一个理论框架，表明噪声交易者——那些基于噪声而非信息进行交易的人——如何对金融市场和资产价格产生重大影响。他们的理论框架的一个关键特征是噪声交易可以累积并使得资产价格偏离（超出）其基本价值很长一段时间。这种价格运动在开始可能没有基本面支持，但其有可能改变基础投资者的信念进而改变他们的后续决策。

诺夫辛格和西亚斯（Nofsinger and Sias，1999）发现机构持股变化和当期收益之间存在正相关性，即在机构持股方面经历正（负）变化的股票产生正（负）超额收益。尽管这种结果的产生有许多可能原因，但他们认为某类投资者的交易活动确实可以对股票价格产生影响。

巴尔伯、奥丁和朱（Barber，Odean，and Zhu，2009）对来自某大型低佣金券商的66 465户家庭和来自某大型零售经纪商的665 533名投资者的交易记录进行了分析，发现个体的交易间高度相关并且相关性异常持久。个人投资者的这种系统性交易模式并非主要由下述因素驱动：对机构羊群效应的被动反应、风险厌恶程度的系统性变化、税赋。心理偏向可能导致了个体交易的相关性。巴尔伯等人还发现这些偏向会导致投资者系统性地购买近期表现强势的股票，避免出售持有的亏损股票，使得他们以异常高的交易量成为股票的净买家。

巴尔伯、奥丁和朱（Barber，Odean，and Zhu，2009）的这些发现对于行为金融类文献有重大意义，因为他们为个人投资者在金融市场中影响资产价格的形成构建了必要的条件。个人投资者倾向于在同一时点或时段有相同的行为偏向，这些投资者的行动很可能不会相互抵消。相反，个人投资者的行动有可能会叠加。如果是这种情况，那么个人投资者就不能仅仅被看成噪声交易者，就他们对市场的潜在影响而言他们更像一个巨大的机构。

库马尔和李（Kumar and Lee，2006）发现了支持这个猜想的证据。他们利用来自同一大型低佣金券商的数据发现，对于散户持有较多的股票（例如小市值、价值型、机构持股少、价格较低的股票），系统性的散户或零售交易可以解释其收益联动，特别是在这些股票的套利成本较高时。宏观经济新闻和盈利分析师的预测修正无法解释这些结果。总的来说，这些研究支持了投资者情绪在收益形成中所起的作用。此外，作者发现了个人投资者的交易活动与同期股票收益正相关的证据，即在个人投资者行动的相同时期，他们大量买进的股票的业绩超过大量卖出的股票。这些发现支持了个人投资者与其交易活动会影响资产价格的观点。

532 最近的一些研究仔细考察了个人投资者交易与未来（而非当期）股票收益之间的关系。卡尼尔、萨尔和蒂特曼（Kaniel，Saar and Titman，2008）利用纽交所股票的大型截面数据考察了个人投资者净交易与股票短期收益之间的动态关系。他们指出，投资者倾向于购买在前一个月下跌的股票而出售前一个月上涨的股票。此外，他们发现在个体大量买进后一个月内的超额收益为正，卖出后的超额收益为负，这是与之前的发现（即过去的收益或成交量能够正向预测未来收益率）不一致。卡尼尔等认为研究结果与以下观念相符，即风险厌恶型个体会为机构提供流动性以满足机构的迫切需求。

巴尔伯等（Barber et al.，2009）和韦德杰（Hvidkjaer，2008）的论文表明个人投资者交易的不平衡确实可以预测在很长一段时间内未来股票收益的截面特征。巴尔伯等使用某大型低佣金券商的数据，同时使用来自交易和报价数据库（TAQ）的市场层面数据以及证券市场研究所（ISSM）的交易数据，考察了 1983 年到 2001 年间个人投资者交易活动间的关系。作者发现从券商数据和 TAQ/ISSM 数据的市场层面小型交易中观察到的交易不平衡之间存在惊人的相似性。这些发现证实了先前的猜测，即交易规模是个人投资者交易的一个合理的代理变量。

与他们早期的研究一致，巴尔伯等（Barber et al.，2009）基于 TAQ/ISSM 数据也发现订单不平衡表明个体交易间存在强相似性。个人投资者在同一时间主要买进（卖出）相同的股票。此外，个人投资者像上周（月）一样每周（月）主要买进（卖出）相同的股票。更重要的是，作者发现，个人投资者在每只股票上的买卖不平衡正向预测了随后一周或月的股票截面收益，但在长期内，比如一年，负向预测了股票截面收益。对于个人投资者积极交易的股票以及难以套利的股票而言，这种结果尤其明显。作者认为他们的发现与噪声交易框架的文献密切相关。

在另一篇相关论文中，韦德杰（Hvidkjaer，2008）在个体交易不平衡和股票未来截面收益之间发现了相同的模式。此外，韦德杰提供的证据表明，在评估小额交易方面，个体交易不平衡在不同时段的预测能力是很稳健的，并且对于小盘股和小额交易占主导的股票，其预测能力可以持续三年。

个人投资者交易的福利评价

交易损失和成本

除了关心个人投资者对资产定价的影响外，对于个人投资者交易的福利影响，学者和监管者也很感兴趣。这些问题，例如个人投资者是否获得了（非正常）收益或者个人投资者是否应该从事主动型交易，已经受到越来越多的关注。

现有的证据表明，个体交易似乎有损个人的金融财富。相比简单遵循买入并持有指数型基金策略，个体是否会获得超额收益，现有大部分研究并未找到支持的证据。与其他几篇基于相同数据来源的论文一致，科沃尔、赫什莱佛和沙姆韦（Coval，Hirshleifer and Shumway，2005）发现，当风险敞口被适度控制后，相比 533
市场指数，约 5%的个人投资者获得了非正常的收益。换句话说，大多数个人投资者无法击败市场。

使用相同的数据，巴尔伯和奥丁（Barber and Odean，2001）得出的结论是，交易活动给投资于普通股票的个人投资者带来了巨大的成本。他们发现，对于来自美国某大型低佣金券商的样本投资者而言，如果他们交易越多则获得的净收益就越低。具体来说，相比 17.9%的市场收益率，交易频率最高的投资者赚得 11.4%的年收益率。对于是否鼓励个体交易而言，他们的发现，即交易更多的投资者获得更低的净收益，为监管机构和经纪公司提供了重要的信息。尤其重要的是，自该研究之后，由于技术的发展和日益激烈的竞争，交易佣金和交易费用明显下降了。然而，这项研究的关键信息是，个人投资者对自己的投资技能过度自信，随后会根据噪声而非真实信息进行交易，导致了交易亏损和交易费用的浪费。

运用中国台湾所有投资者的完整交易历史，巴尔伯、迪恩和朱（Barber，Dean and Zhu，2007）发现个人投资者的交易活动不是很合理并且不能获得可观的回报。他们发现所有个体的总投资组合面临每年 3.8 个百分点的业绩损失。个人投资者的亏损相当于中国台湾 GDP 的 2.2%或者个人收入总额的 2.8%。有趣的是，他们发现对个人投资者损害最大的交易是其最为激进的交易。相比之下，机构享受每年 1.5 个百分点的业绩增长，并且机构的激进和被动交易都是有利可图的。这项研究不仅给出了个人投资者在国家层面面临的巨大的损失，而且对个体为什么获得如此令人失望的业绩提供了一些具体的线索（如行为偏向和流动性需求）。

继巴尔伯等（Barber et al.，2007）之后，对于是什么驱动不同类型的投资者进行交易这一问题，格林巴特和凯洛哈留进行了一项重要的调查。使用来自芬兰的全面涵盖市场所有投资者的一个独有数据集，针对不同投资者阶层和不同成熟度的投资者，该研究分析了过去的收益如何决定买卖倾向。作者发现外国投资者趋向于做动量投资者，买进过去盈利的股票并卖出过去损失的股票。国内投资者，尤其是个人投资者，趋向于以相反的方式行动，买进过去亏损的股票并卖出过去盈利的股票。这与巴尔伯等以及格林巴特和凯洛哈留所发现的一致，即外国投资者的投资组合业绩似乎优于个人投资者，即使在控制了行为差异后仍然如此。现有研究把上述来自美国和国外金融市场的证据放在一起，证实了个体交易会有损个人投资者的财务收益。

个体交易和时间成本

对于与个人投资者交易相关的某个方面的成本，研究人员没有进行充分的研
534 究。除了个体执行交易支付的成本外，他们还不得不花时间对交易活动进行研究。虽然发现个体在交易前未必仔细处理相关信息，但是他们可能花时间尝试去收集事前有用的信息。个体花在研究和交易上的时间可以用来做一些其他在生命中有价值的活动，例如职业发展和家庭责任。

朱（Zhu，2007）通过考察具有不同时间成本的家庭对共同基金投资工具的采用情况，研究了上述话题。该研究利用两个不同的数据源，即消费者金融状况调查（SCF）和来自某大型低佣金券商的投资组合选择和交易数据，得到了相似的结论。使用 SCF 数据，朱发现家庭的时间成本越高，它就越有可能投资于共同基金，并且投资组合中通过共同基金投资的比例会更高。家庭从事的职业的专业性程度越高，其投资组合中的共同基金投资比例越高。其他条件不变时，家庭年收入每增加 10 000 美元或者户主从事专业性工作的家庭，其在共同基金中的投资会增加 7%到 9%。因为这类投资者有更高的职业责任和更忙碌的时间表，该发现支持了朱的假设，即时间成本更高的家庭进行直接股票交易的可能性更小。

与该假设一致，朱还发现下述家庭，即户主已婚或与配偶/伴侣共同生活，或自己拥有主要居所的家庭，在所有股权投资中分别多投资了 6%到 15%在共同基金上。这些家庭忙于国内活动因而没有多少时间进行直接投资。这一发现为有更高时间影子成本的投资者（即因为工作职责或家庭活动而忙碌的家庭）更可能投资于共同基金的假设提供了支持。

最后，朱发现有更多/更少闲暇时间的家庭倾向于在共同基金上投资更少/更多。户主已经退休的家庭在共同基金上的投资会减少 19%，而两位成年人都是全职工作者的家庭在共同基金上的投资会增加 12%，这提供了进一步的证据证明时间成本会影响家庭在直接和间接股票投资上的选择。

使用大型低佣金券商数据进行的分析证实了消费者金融状况调查的结果。此外，这些补充分析证实了，时间成本更高的家庭投资普通股票的可能性确实更小并且投资组合的换手率较低。

概要和结论

本章总结了关于个人投资者交易活动的现存研究。正如本章表明的，理性理论无法简单地解释很大一部分的个人投资者的交易活动。

另外，个人的行为模式似乎对个人投资者交易的许多结论提供了更多可能的解
释。尽管个体的许多交易模式似乎有损他们的财务状况，但是一些研究（Calvet， 535
Campbell and Sodini，2007）表明，个体行为偏向造成的总体福利损失实际上可能是非常有限的。虽然关于个体是否因其交易活动遭受巨大损失的问题仍然有待商榷，但是更多的研究似乎证实其交易活动对于资产价格的形成具有重要影响。因此，与传统的假设（即个人投资者是不重要的噪声交易者）不同，未来的金融和经济学研究必须更谨慎地对待个人投资者，并对个人投资者的交易活动给予更多关注。

讨论题

1. 列出并解释与个人投资者交易相关的主要谜团。
2. 讨论导致个人投资者交易偏向的主要心理原因。
3. 解释个人投资者是否能在交易过程中打败市场。
4. 识别并讨论个人投资者的交易成本。

参考文献

Aumann，Robert. J. 1976. Agreeing to disagree. *Annals of Statistics* 4：6，1236 - 9.

Barber，Brad M.，Yi-Tsung Lee，Yu-Jane Liu，and Terrance Odean. 2009. Who loses from trade? Evidence from Taiwan. *Review of Financial Studies* 22：2，609 - 32.

Barber，Brad M.，and Terrance Odean. 2000. Trading is hazardous to your wealth：The common stock investment performance of individual investors. *Journal of Finance* 55：2，773 - 806.

Barber，Brad M.，and Terrance Odean. 2001. Boys will be boys：Gender，overconfidence，and common stock investment. *Quarterly Journal of Economics* 116：1，261 - 92.

Barber，Brad M.，and Terrence Odean. 2002. Online investors：Do the slow die first? *Review of Financial Studies*15：2，455 - 87.

Barber，Brad M.，and Terrance Odean. 2004. Are individual investors tax savvy? Evidence from retail and discount brokerage accounts. *Journal of Public Economics* 88：1 - 2，419 - 42.

Barber，Brad M.，and Terrance Odean. 2008. All that glitters：The effect of attention and news on the buying behavior of individual and institutional investors. *Review of Financial Studies*21：2，785 - 818.

Barber，Brad M.，Terrance Odean，and Ning Zhu. 2007. Systematic noise. *Journal of Financial Markets*，forthcoming.

Barber，Brad M.，Terrance Odean，and Ning Zhu. 2009. Do retail trades move the market? *Review of Financial Studies*22：1，151 - 86.

Barberis，Nicholas，and Wei Xiong. 2009. What drives the disposition effect? An analysis of a long-standing preference-based explanation. *Journal of Finance* 64：2，751 - 84.

Calvet，Laurent，John Campbell，and Paolo Sodini. 2007. Down or out：Assessing the welfare cost of household investment mistakes. *Journal of Political Economy* 115：5，707 - 47.

Chen，Gong-meng，Kenneth Kim，John Nofsinger，and Oliver Rui. 2007. Trading performance，disposition effect，overconfidence，representativeness bias，and experience of emerging market investors. *Journal of Behavioral Decision Making* 20：4，425 - 51.

Coval, Joshua, and Tobias J. Moskowitz. 1999. Home bias at home. *Journal of Finance*, 54: 6, 2045-73.

Coval, Joshua, David Hirshleifer, and Tyler Shumway. 2005. Can individual investors beat the market? Working Paper, Harvard University.

Daniel, Kent D., David Hirshleifer, and Avanidhar Subrahmanyam. 1998. Investor psychology and security market under-and over-reactions. *Journal of Finance* 53: 6, 1839-86.

Daniel, Kent D., David Hirshleifer, and Avanidhar Subrahmanyam. 2001. O- 536
verconfidence, arbitrage, and equilibrium asset pricing. *Journal of Finance* 56: 3, 921-65.

DeLong, J. Bradford, Andrei Shleifer, Lawrence H. Summers, and Robert J. Waldmann. 1990a. Noise trader risk in financial markets. *Journal of Political Economy* 98: 4, 703-38.

DeLong, J. Bradford, Andrei Shleifer, Lawrence Summers, and Robert J. Waldmann. 1990b. Positive feedback investment strategies and destabilizing rational speculation. *Journal of Finance*45: 2, 375-95.

DeLong, J. Bradford, Andrei Shleifer, Lawrence Summers, and Robert J. Waldmann. 1991. The survival of noise traders in financial markets. *Journal of Business* 64: 1, 1-20.

Dhar, Ravi, William Goetzmann, Shane Shepherd, and Ning Zhu. 2005. The impact of clientele change: Evidence from stock splits. Working Paper, Yale University and University of California.

Dhar, Ravi, and Ning Zhu. 2005. Up close and personal: An individual level analysis of the disposition effect. *Management Science* 52: 5, 726-40.

Feng, Lei, and Mark Seasholes. 2004. Correlated trading and location. *Journal of Finance* 59: 5, 2117-44.

Feng, Lei, and Mark Seasholes. 2005. Do investor sophistication and trading experience eliminate behavioral biases in finance markets? *Review of Finance* 9: 3, 305-51.

Genesove, David, and Chris Mayer. 2001. Loss aversion and seller behavior: Evidence from the housing market. *Quarterly Journal of Economics* 116: 4, 1233-60.

Gervais, Simon, and Terrance Odean. 2001. Learning to be overconfident. *Review of Financial Studies*14: 1, 1-27.

Grinblatt, Mark, and Matti Keloharju. 2000. The investment behavior and performance of various investor types: A study of Finland's unique data. *Journal of Financial Economics* 55: 1, 43-67.

Grinblatt, Mark, and Matti Keloharju. 2001a. How distance, language, and culture influence stock holdings and trades. *Journal of Finance* 56: 3, 1053-73.

Grinblatt, Mark, and Matti Keloharju. 2001b. What makes investors trade? *Journal of Finance* 56: 2, 589-616.

Grinblatt, Mark, and Matti Keloharju. 2004. Tax-loss trading and wash sales. *Journal of Financial Economics*71: 1, 51-76.

Grinblatt, Mark, and Matti Keloharju. 2009. Sensation seeking, overconfidence, and trading activities. *Journal of Finance* 64: 2, 549-78.

Grossman, Stanford, and Joseph Stiglitz. 1980. On the impossibility of informationally efficient markets. *American Economic Review* 70: 3, 393-408.

Heath, Chip, Steven Huddart, and Mark Lang. 1999. Psychological factors and stock option exercise. *Quarterly Journal of Economics* 114: 2, 601-27.

Hong, Harrison, Jeffrey Kurbik, and Jeremy Stein. 2004. Social interaction and stock market participation. *Journal of Finance* 54: 1, 137-63.

Hvidkjaer, Soeren. 2008. Small trades and the cross-section of stock returns. *Review of Financial Studies*21: 3, 1123-51.

Ivkovich, Zoran, and Scott J. Weisbenner. 2005. Local does as local is: Information content of the geography of individual investors' common stock investments. *Journal of Finance* 60: 1, 267-306.

Kaniel, Ron, Gideon Saar, and Sheridan Titman. 2008. Individual investor trading and stock returns. *Journal of Finance* 63: 1, 273-310.

Kaustia, Markku. 2004. Market-wide impact of the disposition effect: Evidence from IPO trading volume. *Journal of Financial Markets* 7: 2, 207-35.

Kumar, Alok, and Charles M. C. Lee. 2006. Retail investor sentiment and return comovements. *Journal of Finance* 61: 5, 2451-86.

Milgrom, Paul, and Nancy Stokey. 1982. Information, trade, and common knowledge. *Journal of Economic Theory*26: 1, 17-27.

Modigliani, Franco, and Richard Brumberg. 1963. The "life cycle" hypothesis of saving: Aggregate implications and tests. *American Economic Review* 53: 1, 55-84.

537 Nicolosi, Gina, Liang Peng, and Ning Zhu. 2009. Do individual investors learn from their trading experience? *Journal of Financial Markets* 12: 2, 317-36.

Nofsinger, John. 2007. *The psychology of investing* (3rd ed.). New York: Prentice Hall.

Nofsinger, John, and Richard Sias. 1999. Herding and feedback trading by institutional and individual investors. *Journal of Finance* 54: 6 2263-95.

Odean，Terrance. 1998a. Are investors reluctant to realize their losses? *Journal of Finance* 53：5，1775 - 98.

Odean，Terrance. 1998b. Volume，volatility，price，and profit when all traders are above average. *Journal of Finance* 53：6，1887 - 934.

Odean，Terrance. 1999. Do investors trade too much? *American Economic Review* 89：5，1279 - 98.

Rashes，Michael. 2001. Massively confused investors making conspicuously ignorant choices (MCI-MCIC). *Journal of Finance* 56：5，1911 - 27.

Sargent，Thomas. 1993. *Bounded rationality in macroeconomics*. New York：Oxford University Press.

Seasholes，Mark，and Ning Zhu. 2008. Is there information in the local portfolio choices of individuals? Working Paper，University of California.

Seru，Amit，Tyler Shumway，and Noah Stoffman. 2009. Learning by trading. *Review of Finance Studies*，forthcoming.

Shapira，Zur，and Itzhak Venezia. 2001. Patterns of behavior of professionally managed and independent investors. *Journal of Banking and Finance* 25：8，1573 - 87.

Shefrin，Hersh，and Meir Statman. 1984. The disposition to sell winners too early and ride losers too long：Theory and evidence. *Journal of Finance* 40：3，777 - 90.

Weber，Martin，and Colin Camerer. 1998. The disposition effect in securities trading：An experimental analysis. *Journal of Economic Behavior and Organization* 33：2，167 - 84.

Zhu，Ning. 2005. The local bias of individual investors. Working Paper，University of California，Davis.

Zhu，Ning. 2007. Search costs and household choice between direct and delegated portfolio management. Working Paper，University of California，Davis.

作者简介

朱宁（Ning Zhu）是上海高级金融学院的副院长、加州大学戴维斯分校的金融学副教授、北京大学光华管理学院的特聘教授。朱教授是行为金融、投资和亚洲金融市场领域的专家。他已经在顶尖金融经济学、管理学和法学领域发表了数十篇文章。除了他的学术研究之外，朱教授还通过广泛的咨询项目给予资产管理公司帮助。在 2008 年他离开加州大学期间，他把自己的研究付诸实践，在香港的雷曼兄弟和野村国际（被顶尖机构调查评为一流公司）领导量化策略和投资顾问团队。在设计投资组合和交易策略以及为大型机构客户和内部自营交易者提供建议方面，他有着丰富的经验。朱教授在北京大学获得经济学学士学位，在康奈尔大学获得硕士学位，在耶鲁大学获得博士学位。

第29章　个人投资者投资组合 539

瓦莱丽·博科夫尼申科（Valery Polkovnichenko）
得克萨斯大学达拉斯分校金融学助理教授

引　言

现代投资组合理论可以追溯到马科维茨(Markowitz，1952a)，该理论是建立在投资者的目标可由期望效用（EU）函数来描述这一假设之上的。这个假设对于最优投资组合有很强的规范性意义，并且形成了两个原则性理论认识。第一个理论认识被称为投资组合分离定理，该定理声称所有的投资者根据自身的风险承受能力，选择相同的充分分散化的风险投资组合，然后在该风险投资组合和无风险资产之间选择总体最优投资组合。第二个理论认识是不管风险厌恶程度怎样，只要有正的期望风险溢价，投资者就应该投资一部分在最优风险投资组合上。这两个关键理论原则，塑造了有关资产组合选择的金融学理论研究与实践框架。金融顾问经常建议在同类资产内和跨资产类别间进行分散化投

资，并且分散化为共同基金行业的存在提供了一个理论基础。大部分学术研究都接受分散化的最优性，并集中研究了在代表不同资产类别的投资组合间如何进行资产配置决策。

本章有两个目标。第一个目标是展示许多个人投资者并未遵循上述两个规范性要求的实证证据。基于消费者金融状况调查，本章发现许多家庭不参与股票市场，其中包括一些有巨额储蓄的投资者。此外，许多投资者的投资不是充分分散化的，而是持有一个混合投资组合，即部分投资于分散化的股权基金且大量投资于少数几只不同股票。本章给出的证据表明这种理论与现实之间的偏离是广泛而持久的，并且这意味着显著的效率损失或在标准模型框架下的非理性偏向。因此，就形成了这样一个认识，即这些偏离不可能仅仅是由错误和偏向造成的。

第二个目标是要阐明观察到的投资组合符合替代目标函数假设下的最优选择。排序依赖型期望效用（RDEU）（Quiggin，1982；Yaari，1987）和累积前景理论（CPT）（Tversky and Kahneman，1992）对此进行了证明，对于合理的模型参数，这些效用函数下的最优投资组合选择与经验观察一致。研究人员设计这些效用函数来解释在实验室实验中观察到的与期望效用不一致的行为。这些效用模型为解释投
540 资组合选择提供了重要的非实验支持，表明了在实验室中观测到的选择模式可以扩展到现实金融决策中。

许多实证研究都发现了个体的投资组合与标准规范要求的偏离。布卢姆和弗兰德（Blume and Friend，1975）可能是最早强调投资组合集中度的学者，之后是凯利（Kelly，1995）以及最近的高兹曼和库马尔（Goetzmann and Kumar，2008）。这些研究表明典型个体的股票投资组合投资于1到3个不同公司的股票。此外，博科夫尼申科（Polkovnichenko，2005）发现许多家庭的投资组合中有分散化和非分散化部分共存的现象，并且分散化的缺乏具有持续性。卡尔韦、坎贝尔和索迪尼（Calvet，Campbell and Sodini，2007）使用瑞典数据做的一项研究证实了对美国的主要研究结果，相比他们的美国同仁，瑞典家庭更多地进行分散化投资，并且更广泛地参与股票市场。

为了解释非分散化的投资组合，现存文献中的大多数论文采取了两种路线。第一种路线求助于各种心理偏向，如熟悉度或过度自信。第二种路线是引进信息成本或其他约束。例如，对于退休计划中提供的投资选项，支持使用隐性投资建议（Benartzi and Thaler，2001；Choi，Laibson，Madrian and Metrick，2006）。休伯曼（Huberman，2001）、格林巴特和凯洛哈留（Grinblatt and Keloharju，2001）为熟悉偏向提供了支持。奥丁（Odean，1999）、巴尔伯和奥丁（Barber and Odean，2001）、高兹曼和库马尔（Goetzmann and Kumar，2008）认为在经纪账户中观察到的投资组合选择符合过度自信。莫顿（Merton，1987）提出了一个关于信息收集成本的模型，模型里投资者未注意到其中的一些投资选项，因此无法正确地进行分散化投资。虽然偏向在某些情况下可能影响投资组合决策，但是定量地

评估这种影响是很困难的。本章提出的基于偏好方法的一个优势是它提供了可检验的量化预测。

最近的两篇论文运用一种新的方法表明在存在杠杆限制时，投资组合分离定理可能失效。刘（Liu，2008）表明，要求投资者维持高于一定水平的消费意味着存在一个多层优化投资组合。第一层由无风险证券构成以确保最低消费。然后，投资者将剩余资金分配在具有最高期望收益率的风险资产上，直到达到某个阈值。随着财富的增加，投资者会加入更多具有较低期望收益率的风险资产，投资组合会逐渐变得分散。这种投资组合结构之所以出现，是因为在期望效用理论中，期望收益对效用有一阶影响而风险（方差）只有二阶影响。杠杆限制意味着如果投资者不能使用有效投资组合来实现所需水平的期望收益，则持有具有更高期望收益的非分散化的资产可能对投资者有益。

另一篇论文（Roche，Tompaides and Yang，2009）考虑了人类财富的作用，表明当投资者无法根据人力资本借贷并进行有效率的投资时，他们可能倾向于持有期望收益最高的资产投资组合，因为总财富的大部分受到限制，只能获得相对较低的期望收益。虽然动机不同，但刘（Liu，2008）和该论文强调的权衡抉择在理念上类似并且很重要。如果部分总财富被限制在低收益资产上且杠杆也被限制，则投 541
资者可能为了更高的期望收益牺牲投资组合的效率。用杠杆限制解释低分散化的局限在于，它不能解释个人投资组合中被广泛观察到的分散化组合和非分散化组合共存的现象。

在实证和理论文献中，有限的股票市场参与也得到了广泛的重视。曼昆和泽尔德斯（Mankiw and Zeldes，1991）首先发现，1989 年，只有不到 25%的美国人投资了股票，远低于标准经济理论假定的 100%。他们还评估了有限参与对股权溢价的影响。随后，大量的文献探讨了有限股票市场参与背后的原因，以及其对投资组合筛选、储蓄和总体经济活动的含义。此类文献常用的策略是引入股票市场参与的固定成本。要解释不参与现象，所需的一次性成本大约是家庭年收入的 5%（Gomes and Michaelides，2005；Paiella，2007）。这种成本可以解释大部分贫穷家庭的不参与现象，但无法解释富裕家庭的不参与现象。而基于偏好的解释同时适用于贫穷家庭和富有家庭。当效用函数有一阶风险厌恶的属性时，个体会避免有正风险溢价的风险投资（Segal and Spivak，1990）。几位作者最近在投资组合选择问题中引入了一阶风险厌恶。例如，昂、贝卡特和刘（Ang，Bekaert and Liu，2005）使用了失望厌恶效用（Gul，1991），爱普斯坦和施耐德（Epstein and Schneider，2007）使用了递归多重先验效用（Epstein and Schneider，2003）。总体上，这些一阶风险厌恶效用并不意味着非分散化的投资组合。此外，具有排序依赖型决策权重的效用函数也是一阶风险厌恶的，并且在不同参数下能够使得分散化和有限股票市场参与变得合理。

关于风险厌恶和风险承担行为共存的理论文献可以追溯到弗里德曼和萨维奇

(Friedman and Savage，1948)。他们在效用函数中引入了一个凸段来解释同时对保险和赌博的需求。随后，其他作者也提出非公理性的效用来适应风险态度的变化；例如，罗伊（Roy，1952）的安全第一理论和马科维茨（1952b）的通用财富理论（customary wealth theory）。一些后续研究对这些理论在投资组合选择上的应用进行了探索（Telser，1955；Pyle and Turnovsky，1970；Arzac，1974；Bawa，1978；Arzac and Bawa，1977）。一些学者将前景理论应用在投资组合选择和资产定价中（Benartzi and Thaler，1995；Barberis and Hung，2001；Barberis，Huang and Santos，2001；Gomes，2005）。为了便于处理，他们没有考虑排序依赖型概率加权。巴贝尔斯和黄（Barberis and Huang，2008）、莱威和莱威（Levy and Levy，2004）用全功能累积前景理论分析了静态均衡模型。谢弗林和斯塔特曼（Shefrin and Statman，2000）融合罗伊的安全第一理论和等级依赖型决策权重发展出了一个行为投资组合理论。博科夫尼申科最早探讨了RDEU和前景理论在投资组合选择上的应用（本章对其进行了概述）。查普曼和博科夫尼申科使用某些一阶风险厌恶效用函数（包括RDEU），在一般均衡中分析了异质偏好行为人之间的互动。在一个代表性消费者的动态模型中，爱普斯坦和齐恩（Epstein and Zin，1990）运用RDEU研究了股权溢价之谜。

542 本章的余下内容包括以下四个部分。第一部分对分散化和参与的实证证据进行了回顾。第二部分在标准假设下评估了观察到的投资组合隐含的福利损失和偏向。第三部分用排序依赖型效用模拟了最优投资组合选择。最后一部分总结评述了未来个人投资组合选择研究面临的挑战。

股票市场参与和投资组合分散化：实证证据

在个人投资者组合中观察到的最普遍的模式是，有限的股票市场参与和股票投资组合的低分散度。许多低成本金融产品允许个人投资股票市场，并使得分散化即使对于不成熟的投资者也是可行的。尽管如此，个人投资者数据通常显示上述现象在不同时期、国家和不同数据集中持续存在。为了展示相关的典型事实，本章考察了美国可得的最新数据，该数据来自美联储理事会2004年度消费者金融状况调查（SCF）。使用此前1998年和2001年的SCF数据集进行了补充。

为了展示数据，根据流动性金融资产（FA）数额将所有家庭分为四个组。这些金融资产包括支票、储蓄、货币市场账户、CDs、公开交易股票、共同基金、债券（政府和企业）、养老金和信托、退休金资产账户等资产，这些资产家庭可以支取或用做抵押品。各组的阈值定义如下：（1）$0 < FA \leqslant 10\ 000$ 美元；（2）$10\ 000$ 美元 $< FA \leqslant 100\ 000$ 美元；（3）$100\ 000$ 美元 $< FA \leqslant 1\ 000\ 000$ 美元；（4）$FA > 1\ 000\ 000$ 美元。除了财富组别外，如果家庭通过共同基金和养老金计划进行股权投资或直接持有股票，那么它就被归类为持股人。直接持股人是持股人（持有个体公司股票的人）的一个子集。表 29—1 显示了每个财富组的持股人和非持股人持有的流动性金融资产的中位数。除了最富有的组，一般而言，持股人积累了更多的金融资产。对于不富裕的组，持股人和非持股人在金融资产上的差别更为明显。

表 29—1　　家庭金融财富及其分布（根据持股状况分类） 543

SCF年度	组别	金融资产（中位数，美元）			家庭（人口百分比，%）	
		非持股人	持股人	总体	持股人	直接持股人
1998	0<FA≤10 000 美元	776	4 212	41.9	10.1	1.9
	10 000 美元<FA≤100 000 美元	25 868	34 294	33.5	24.0	8.1
	100 000 美元<FA≤1 000 000 美元	243 754	288 543	14.6	13.3	8.1
	1 000 000 美元<FA	1 752 793	1 865 099	1.4	1.4	1.2
	全部	1 656	41 463	91.4	48.9	19.2
2001	0<FA≤10 000 美元	1 200	6 000	41.4	11.1	2.4
	10 000 美元<FA≤100 000 美元	36 500	53 200	31.8	23.1	7.5
	100 000 美元<FA≤1 000 000 美元	271 000	327 800	17.5	16.0	9.9
	1 000 000 美元<FA	4 056 200	2 787 000	1.7	1.7	1.4
	全部	1 490	69 650	92.4	52.0	21.2
2004	0<FA≤10 000 美元	1 100	6 800	43.1	9.4	2.0
	10 000 美元<FA≤100 000 美元	38 000	60 330	30.3	23.0	8.0
	100 000 美元<FA≤1 000 000 美元	224 500	352 000	17.4	16.2	9.4
	1 000 000 美元<FA	5 265 000	2 861 000	1.7	1.6	1.2
	全部	1 200	84 500	92.6	50.3	20.7

注：如果家庭通过共同基金、养老金计划或个人退休金账户（IRAs）持有股票，那么其就被归类为持股人。

资料来源：消费者金融状况调查。

无论是直接持有还是通过共同基金和养老金计划持有，持有股票的人口比例一直在稳步增长。在 2001—2002 年科技股泡沫破裂以后，股票市场参与程度有所降低，主要是在最不富有的组。这种变化可以归因于经济衰退期间的投资组合清算或者投资组合再平衡。有趣的是，人口中直接持股人占比下降的幅度要小于持股人整体，这可能归因于直接持股人的风险容忍度更高。

可以从表 29—1 中推断出两个重要的观察结果。第一个是有限股票市场参与在所有的财富组中是一个普遍现象。教科书中的投资组合模型暗示所有个体，不论风险厌恶程度如何，都应该持有一定的有正风险溢价的风险资产。因此，解释有限的参与度需要假定存在某种固定成本，其可以来自信息收集或其他摩擦（例如，详见 Gomes and Michaelides，2005；Paiella，2007）。然而，数据表明这种解释是不完全的。虽然大多数非持股人都集中在穷人群体中，但是也有相当多且稳定的富人家庭会避免持有股票。大多数财富等级较高的家庭在金融机构建立了投资账户，对于这些家庭而言，重新配置股票投资组合的成本是微不足道的。因此，即使假设高于平均水平的风险厌恶和某些参与成本，这种行为也仍显得异常。另外，基于一阶风险厌恶偏好的投资组合模型可以解释这一行为。

来自表 29—1 的另一个观察结果是在每个财富组别中有许多家庭直接投资于个股。过去，高昂的共同基金费和交易费用可以解释直接投资与低分散化投资组合的合理性。然而，在过去 20 年出现的一些指数型交易所交易基金（ETFs）的费用比率低于 20 个基点（甚至在 10 个基点以下），这使得由于高共同基金费用而持有个
544 股的观点没有了说服力。尽管这些金融产品的增加允许更高程度的分散化，但是直接购买股票的家庭所占的比例随时间而保持稳定。这种行为与标准规范处方是相矛盾的，该处方认为投资者应该根据个体的风险承受能力将财富分配在充分分散化的风险投资组合和无风险证券上。虽然获得分散化投资组合的成本可能使得某些投资组合无效率，但是这无法完全解释低分散化在时间上的持续性。一个重要的相关问题是直接股权在风险证券投资组合以及总金融资产中的显著性。

SCF 数据提供了家庭投资组合中直接持有的股票的总值，但没有具体到每只股票的配置，只报告了家庭直接持股的不同公司的数量。表 29—2 显示了直接持有股票占股票总额和金融资产总额的比例。如果家庭不直接持股，则该数值被设为缺失值，不在汇总统计中报告。这样做是为了避免掩盖直接股权持有者低分散化的程度。直接股权在股票投资组合和总金融资产中占据一个很大的比例。直接持股占股票投资组合的中位数的比例为 26％到 100％，占总金融资产的比例为 12％到 34％。在 2001 年至 2004 年间，因为这一时期的股票市场下跌，直接持股比例在所有财富组中都下降了。除了最富有的组别，典型的直接股票投资组合被配置在 1 到 4 个不同公司中。尽管 SCF 数据的局限性不允许构建详细的投资组合集中度指标，但是来自其他数据集的对有经纪账户的家庭的观察表明直接股票投资组合的集中度可能很高（Goetzmann and Kumar，2008；Kumar，2009）。

来自表 29—2 的一个有趣的观察结果是，直接持股通常会与基金的分散化投资相结合。这种模式并不符合经典的投资组合理论，至少在家庭平均而言能正确地评估期望收益和个体股票风险的假设下，该模式不符合经典理论。然而，在某些替代假设下，投资者可能直接持有股票，因为他们存在偏向或过度自信，并且错误地认为直接持有股票会获得较高的“α”。虽然这确实有可能，但是为了产生观察到的投资组合，并保持时间

上的持续性，同时对于学会在市场衰退中生存下来无动于衷，偏向程度必须很大。除了偏向和无知（错误）外，实证证据表明其他因素也可以解释直接持有股票的决策。

博科夫尼申科（Polkovnichenko，2005）考察了某些人口统计因素、财富和风险态度如何影响直接股权配置。与各次 SCF 调查数据一致，结果强烈显示家庭意识到了直接持有股票的风险更高，但仍然进行投资。对于观察到的行为，该证据提出了基于偏好的解释。另一个与投资组合直接股权配置相关的有趣发现是，投资组合中的直接股本比例是财富的非单调函数。直接持股的中位数比例（包括在股票投资组合和在总金融财富中的比例）对于最不富有的组而言是最高的；对于金融资产少于 1 000 000 美元的组别，该比例下降，之后又上升。这种模式在时间上有持续性，并且在所有早期的 SCF 数据中都是如此（见表 29—2）。

表 29—2　　家庭投资组合中的股权 545

SCF 年度	组别	直接投资组合		股权相对于金融资产的比例		
		直接投资在所有股权中的比例	股票数量	所有股权	间接股权	直接股权
1998	0<FA≤10 000 美元	1.00	1	0.45	0.43	0.33
	10 000 美元<FA≤100 000 美元	0.50	2	0.54	0.47	0.19
	100 000 美元<FA≤1 000 000 美元	0.39	4	0.60	0.44	0.18
	1 000 000 美元<FA	0.51	15	0.70	0.39	0.33
	全部	0.49	2	0.53	0.46	0.21
2001	0<FA≤10 000 美元	1.00	1	0.46	0.43	0.34
	10 000 美元<FA≤100 000 美元	0.41	2	0.54	0.49	0.17
	100 000 美元<FA≤1 000 000 美元	0.29	4	0.66	0.49	0.15
	1 000 000 美元<FA	0.50	14	0.70	0.33	0.26
	全部	0.40	3	0.57	0.48	0.18
2004	0<FA≤10 000 美元	1.00	1	0.42	0.37	0.33
	10 000 美元<FA≤100 000 美元	0.38	2	0.47	0.42	0.13
	100 000 美元<FA≤1 000 000 美元	0.26	4	0.55	0.43	0.12
	1 000 000 美元<FA	0.46	15	0.59	0.34	0.22
	全部	0.37	3	0.49	0.42	0.14

注：该表报告的是中位数值，金融资产和组别分类同文中定义。仅根据拥有非零数量的特定类型股权（直接或间接持有）的家庭计算中位数。

资料来源：消费者金融状况调查。

投资组合分散化过程中观察到的无效率程度有多高?

本部分使用标准投资组合模型量化了分散化过程中的无效率。为了测量偏向程度需要考虑两个方面。首先，使用均值—方差分析量化投资组合无效率带来的确定性等价损失，并研究该损失在各家庭中的分布。其次，评估对理性信念假设的偏向(这种偏向有可能产生观察到的投资组合配置)。证据显示，从标准模型角度来看，投资组合无效率程度越高，要产生此种无效投资组合配置要求的偏向程度也越高。基于这种分析和现存的实证证据得到的结论是，无知或偏向造成的投资错误似乎不足以解释数据中存在的持续低分散度现象。

546

均值—方差度量

在标准的均值—方差框架下，非分散化的投资组合是无效率的且会产生福利成本。通过模拟，布伦南和托洛斯（Brennan and Torous，1999）表明这种成本可能是很大的，并且与次优资产配置相关的损失相比，它要大得多。马尔布莱克(Meulbroek，2005）也表明在401（k）计划中投资于雇主股票会产生巨大的投资组合效率和福利损失。卡尔韦（Calvet，2007）等运用瑞典数据研究福利损失，发现不论是从百分比损失还是从绝对数额损失来看，损失都可以很小，但也可以很大。

为了量化次优分散化产生的损失，考虑某位投资者，其将财富分配在风险资产和无风险资产上以最大化均值—方差偏好。这位投资者的无差异曲线由下面的公式给出：

$$r_{CE}=Er-\frac{\gamma}{2}\sigma_r^2$$

r_{CE}是确定性等价收益率，γ是风险厌恶系数，Er是总投资组合的期望收益，σ_r^2是收益率的方差。如果这位投资者的风险投资组合R是无效率的，且一个有更高夏普比率的有效率的投资组合D可得，则从使用R的最优投资组合向使用D的最优投资组合的转换会导致确定性等值的增加，其由下面的公式给出：

$$\Delta r_{CE}=\frac{\alpha_R\sigma_R}{2S_R}[S_D^2-S_R^2] \tag{29—1}$$

其中α_R是观察到的总投资组合中风险投资组合R的比例，σ_R是风险投资组合的标准差，S_R和S_D分别是风险投资组合与有效率的分散化投资组合的夏普比率。该确定性等价损失可以用总财富的百分比表示，但也可以用相对于股权投资部分的比例来表示，形式如下：

$$\Delta r_{CEE}=\Delta r_{CE}/\alpha_R$$

需要注意的是，Δr_{CEE}测度的是与效率损失等值的一个假想的股票型基金费用比率。在某些估算假设下，我们利用 2004 年的 SCF 数据对两种测度方式都进行了计算。

假定分散化股票投资组合的期望收益为 $Er_m=8\%$，每年收益率的标准差为 $\sigma_m=18\%$，与资产涉及范围广泛的美国市场指数的收益和标准差大致相当。假定投资组合的非股权部分赚取无风险利率 $r_f=1\%$。假定个股的期望收益与分散化投资相同，但是年标准差为 $\sigma_s=45\%$。任意个股与其他股票的协方差，以及与通过基金持有的分散化股票组合之间的协方差被假定相同，即 $\sigma_m^2=0.0324$。另一个假设是除了雇主股票，直接持有的股票的权重相同。雇主股票在投资组合中的权重通过数据中报告的实际股票价值来计算。当持有雇主股票的投资者被剔除时计算结果是相似的。如果投资组合是集中的，则等权重假设会高估分散化程度（Blume and Friend，1975；Goetzmann and Kumar，2008；Kumar，2009）。

表 29—3 显示了每一组的中位数和四分位数。低分散化产生的百分比损失随财富变化而显著变化。与之前讨论所预期的一致，更富有的投资者的投资组合分散化程度更高，并且平均而言损失相对较小。两个最富有组别的中位数损失大约是总资产的 0.1%。若表示为股票投资组合的比例，则最高两组中每组的中位数损失是 0.22%。然而，这两组的上侧四分位数损失超过股票投资组合价值的 0.9%和 1.16%。这些损失对于较低财富组更为明显，中位数损失占总金融资产的 2.7%和 0.44%，占股票投资组合价值的 9.9%和 1.3%。以美元计，两个较低财富组的中位数损失分别是 143 美元和 301 美元。两个低财富组的尾部损失非常大。其中最不富裕组的上侧四分位数损失是 18%，稍富裕组别的损失是 5.7%。对于这两组而言，该损失大大超过了潜在的基金费用。

表 29—3　　**次优分散化的估算福利成本**　547

	Δr_{CE}百分位数			Δr_{CEE}百分位数			美元损失百分位数		
金融资产（美元）	25	50	70	25	50	70	25	50	70
0<FA≤10 000	1.04	2.73	7.20	3.80	9.19	18.38	55	143	
10 000<FA≤100 000	0.05	0.44	2.01	0.15	1.31	5.67	36	301	
100 000<FA≤1 000 000	0.02	0.11	0.45	0.03	0.22	1.16	75	472	
1 000 000≤FA	0.03	0.11	0.48	0.06	0.22	0.91	821	4018	

注：根据均值—方差框架进行估计。估算假设在正文中进行了探讨。Δr_{CE}和 Δr_{CEE}是从分散化获得的确定性等价收益率，分别为占总金融资产和股票投资组合的百分比。美元损失通过 Δr_{CE}乘以家庭金融资产价值求得。

资料来源：消费者金融状况调查，2004 年。

这些数字表明，对于较低财富组中的大多数家庭和富裕组中相当一部分家庭，投资组合的分散化程度远达不到基于标准均值—方差度量的最优结果。毫无疑问，一些家庭错误地做出了糟糕的投资决策。然而，低分散度的持续性（即使在股票市场下跌的灾难性后果中，投资组合过度集中的危险尤为明显时仍然持续）表明，错误或无知不能完全解释观察到的投资组合。结合以下事实，即通常发现分散化选择与代理风险态度的人口统计学变量相关，实证证据表明个体风险偏好是分散化决策中的一个重要因素。

548 偏向和分散化

存在几个可能很重要的心理现象会导致非分散化的投资组合。与分散化相联系的最常被提及的是熟悉度和过度自信所造成的偏向。在保持期望效用的假设下持有低分散度的投资组合，个体的偏向程度应该多大，本部分对此问题进行了量化。

出于简化，假设投资者可以获得两种资产：一个充分分散化的市场指数和一个有相同期望收益的非分散化的投资组合（或股票）。相同收益率的假设不会影响结论，因为对风险的偏向可以等价地表述为对期望收益的偏向。在表示资产的期望收益（ER）和标准差（σ）时，用下标 I 表示指数，下标 S 表示非分散化的投资组合（股票）。同时用 β_S 表示股票相对于指数的 β 值，它代表个体的信念。假定投资者的效用函数由某个一般期望效用的二阶近似给出：

$$U=u(ER_p)+\frac{u''(ER_p)}{2}\sigma_p^2 \tag{29—2}$$

ER_p 和 σ_p 是投资组合 p 的期望收益和收益标准差，且 u（·）是严格递增并二次可微的效用函数。用 α 表示投资于市场指数的比例。那么，因为股票和指数的期望收益相同，一阶条件由以下公式给出：

$$\frac{u''(ER_p)}{2}\frac{\partial\sigma_p^2}{\partial\alpha}=0 \tag{29—3}$$

假定 u''（ER_p）$\neq 0$，我们可以将投资于指数的最优比例表示为

$$\alpha^*=\frac{\sigma_S^2-\beta_S\sigma_I^2}{\sigma_I^2+\sigma_S^2-2\beta_S\sigma_I^2}=\frac{v-\beta_S}{1+v-2\beta_S} \tag{29—4}$$

这里 $v=\frac{\sigma_S^2}{\sigma_I^2}$，从上面的公式发现，要实现股票的非零配置（$\alpha^*<1$），则不论方差比率 v 的值是多少，投资者都必须相信 $\beta_S<1$。这与单一指数 CAPM 模型（其意味着 $\beta_S=1$）矛盾，因为假定股票和指数的期望收益是相等的。当 $\alpha^*\neq 0.5$ 时，β 的偏向程度可以用下面的公式表示：

$$1-\beta_S=(v-1)\frac{1-\alpha^*}{2\alpha^*-1} \tag{29—5}$$

为了量化该偏向，假设投资者对 v 的合理估计为

$$v=\frac{0.36^2}{0.18^2}=4$$

那么为了实现 20％的资金配置于股票且 80％配置于指数，那么投资者必须相信$\beta_S=0$，并且相信股票所有的风险溢价都是由其 α 产生。即使投资者相信股票并不比指数的风险更大，比如认为 $v=2$，相同配置所要求的 β 也仍然大幅偏向于 2/3，意味着股票风险溢价的 1/3 是由 α 所造成的。 549

将投资组合的分散化程度解释为投资者偏向和无知（错误）的结果，面临几个方面的严峻挑战。首先，偏向和错误不得不持续很久并且不会通过学习而随着时间慢慢消除。在股票市场衰退时期这尤其让人困惑，因为此时低分散度的隐患会暴露无遗。在市场欣欣向荣的时期，偏向可能在增加直接持股方面扮演重要角色，但是一些投资者仍然会“忠诚”于低分散度策略而不管股票市场所处阶段。

其次，如果偏向是对风险的误解导致的，则其无法解释为什么受教育程度更高且更富有的投资者会降低（但不完全消除）投资组合中低分散度部分的比例（Polkovnichenko，2005）。最后，正如卡尔韦等（Calvet et al.，2007）用瑞典数据，博科夫尼申科用 SCF 数据所显示的，低分散度的“普及性”和某些与风险态度相联系的人口统计学变量相关，例如家庭的规模（被赡养者的数量），创业状况以及自我报告的承担金融风险的意愿。如果低分散度是错误导致的，则这些统计上显著的特征为什么出现，其背后的基本原理是不清楚的。鉴于这些事实，以下解释似乎更可信，即低分散度投资者在做一个有意识的且知情的选择，通过押注投资组合中少许几只股票来获得高但不太可能的收益率。下一部分将阐明这样的行为与偏好的排序依赖型模型一致。

排序依赖型偏好和投资组合选择

本部分回顾了排序依赖型偏好，并表明此类效用预示的投资组合选择可以引发股票市场的低分散度和非参与行为。这里使用了两个模型：排序依赖型期望效用（RDEU）（Quiggin，1982；Yaari，1987）和累积前景理论（CPT）（Tversky and Kahneman，1992）。两种效用都使用非线性决策权重函数，但是累积前景理论强调了损失和收益结果之间的差异。

首先考虑 RDEU，一个与期望效用结构相似的较简单的模型。用 $i=1$，…，N 标示可能的财富结果 w_i，对其由低到高进行排序。每个结果被赋予一个决策权重 π_i。RDEU 函数由下面的公式给出：

$$V_{RDEU}=\sum_{i=1}^{N}\pi_i u(w_i) \tag{29—6}$$

550 其中u（·）是各结果的效用。下面的模拟使用幂指数型效用$u(w)=\frac{w^{1-\alpha}}{1-\alpha}$，$\alpha>0$。决策权重$w_i$用一个严格递增函数构造[1]，$Q(\cdot)$：[0，1]→[0，1]，s. t. $Q(0)=0$且$Q(1)=1$，定义在结果的累积概率P_i上，定义如下：

$$w_i=Q(P_i)-Q(P_{i-1})\quad i=1,\cdots,N,w_0=0,w_N=1 \tag{29—7}$$

当$Q(P)=P$时，RDEU和期望效用一致。Q的形状决定了个体的风险态度，实验证据得出了一个反"S"形函数。例如，特维斯基和卡尼曼（Tversky and Khaneman，1992）、吴和冈萨雷斯（Wu and Gonzalez，1996）使用下面的设定：

$$Q(P)=\frac{P^{\gamma}}{(P^{\gamma}+(1-P)\gamma)^{\frac{1}{\gamma}}},0<\gamma\leqslant 1 \tag{29—8}$$

相对于客观概率，此加权函数为分布的尾部结果赋予了过高的权重。这意味着对不利结果的风险厌恶行为，与此同时还使得较高但可能性小的收益结果更可取。为了更容易地看到这一点，注意决策权重可以表示为

$$w_i=\frac{Q(P_i)-Q(P_{i-1})}{P_i-P_{i-1}}(P_i-P_{i-1})=\frac{Q(P_i)-Q(P_{i-1})}{P_i-P_{i-1}}p_i\approx Q'(P_i)p_i \tag{29—9}$$

其中p_i是事件i的客观概率。因此，如果$Q'(P_i)>1$，则决策权重大于客观概率，反之则小于。对于反"S"形加权函数，在分布的尾部导数是远大于1的。

上述加权函数被用在CPT模型中，但是还强调了损失和收益的区别。前景理论假定值函数依赖于相对于某个参考点w_0的收益或损失x（$=w-w_0$）：

$$u(x)=\begin{cases}x^{\alpha}, & 如果\quad x\geqslant 0\\ -\lambda(-x)^{\beta}, & 如果\quad x<0\end{cases} \tag{29—10}$$

其中$\lambda>1$反映了损失厌恶，即强调损失多过收益的倾向。在模拟中，选择的参考点等于初始财富加上无风险收益。正如稍后所讨论的，参考点的假设对于CPT是重要的。特维斯基和卡尼曼（Tversky and Khaneman，1992）估计出该值函数的参数是$\alpha=\beta=0.88$，$\lambda=2.25$。在后面的模拟中，固定λ项为估计值，而改变α和加权函数的参数γ。合并的值函数是所有可能的收益（+）和损失（−）的加权平均：

$$V_{CPT}=\sum_{i\in gains}\pi_i+v(x_i)+\sum_{i\in losses}\pi_i-v(x_i) \tag{29—11}$$

收益和损失的权重分别由下面的公式定义：

---

① 疑有误，决策权重应为π_i，后面公式符号应做相应修改。——译者注

$$\pi_i \pm = Q(P_i) - Q(P_{i*})$$

其中，$\overline{P}_i$ 是至少与 i 一样好（坏）的所有结果出现的概率，$\overline{P}_{i*}$ 是严格优（差）于 551
i 的所有结果的概率。注意每组收益和损失的决策权重之和为 1。

最优投资组合配置是通过模拟股票和指数基金的对数正态收益分布来计算的。假定一年期，股票和指数的期望对数收益率为 $\mu=8\%$。假定提供给投资者的无风险资产的收益率为 2%。设指数基金的对数收益标准差为 $\sigma_I=18\%$，那么模拟收益为

$$r_I = e^{\mu+\sigma_I Z_0 - \frac{\sigma_I^2}{2}}, Z_0 : N(0,1)(i.i.d.)$$

通过在指数基金收益上添加一个因个体而异的成分 σ_e 来计算股票收益，如下：

$$r_S = e^{\mu+\sigma_I Z_0 - \frac{\sigma_I^2+\sigma_S^2}{2}}, Z_1 : N(0,1)(i.i.d.)$$

两个模拟使用抽取到的相同 Z_0。对于因个体而异的波动性，模拟计算时使用以下数值 $\sigma_e \in \{\sigma_I,\ 2\sigma_I,\ 3\sigma_I,\ 4\sigma_I\}$，并仅报告该范围端点值的结果。因此，对每组效用参数，报告结果提供的是模拟得到的边界（见图 29—1）。

凯默勒和霍（Camerer and Ho，1994）、特维斯基和卡尼曼（Tversky and Kahneman，1992），以及吴和冈萨雷斯（Wu and Gonzales，1996）进行的实验估计使用了更广范围的效用参数。对于 RDEU，$\gamma \in [0,\ 2,\ 1]$，$\alpha \in [0,\ 3]$。对低波动性和高波动性的股票，图 29—1 展示了不同 RDEU 参数条件下的最优投资组合份额。当 $\gamma=1$ 时，RDEU 与期望效用一致，最优投资组合仅涉及指数和无风险资产。当 γ 的值较低时，投资组合的分散化程度变得更低，股票取代了指数基金。当股票波动性较高时替代是渐进的，而股票波动性较低时替代更为迅速。波动性低的股票在本质上更加分散化，起到了替代指数基金的作用。当 γ 的范围在 0.6 到 0.8 之间时，会大量投资于股票。当 γ 的范围在 0.4 到 0.6 之间时，投资组合会同时包含基金和股票。无风险资产的投资会随着效用函数的曲率 α 自然地上升。有趣的是，当 γ 值较低时，也会大量投资于无风险资产，这表明当产出效用为凹时，在左尾区域，强调尾部事件概率的效应占主导。

图 29—2 展示了 CPT 的最优投资组合，γ 的取值范围和 RDEU 相同，α 的取值范围为 $[0,\ 1]$。对于更大参数取值范围，投资者的投资组合中没有对低波动性股票的需求。只有投资者接近于风险中性（$\alpha=1$）时，在低 γ 值区域才会有对股票的部分需求。同样，对于低波动性股票的情形，存在一些参数值使投资者不持有风险资产。这些参数是使无风险资产在资产组合中的份额达到 1 的参数。对于高波动性股票的情形，其需求会更为明显，因为高异常收益会吸引投资者。对于特维斯基和卡尼曼的估计值，$\gamma \in [0.6,\ 0.7]$，$\alpha=0.88$，高波动性股票在投资组合中的份额是 20%到 40%。对于这些参数值，因个体而异的波动性的中间数值会产生股

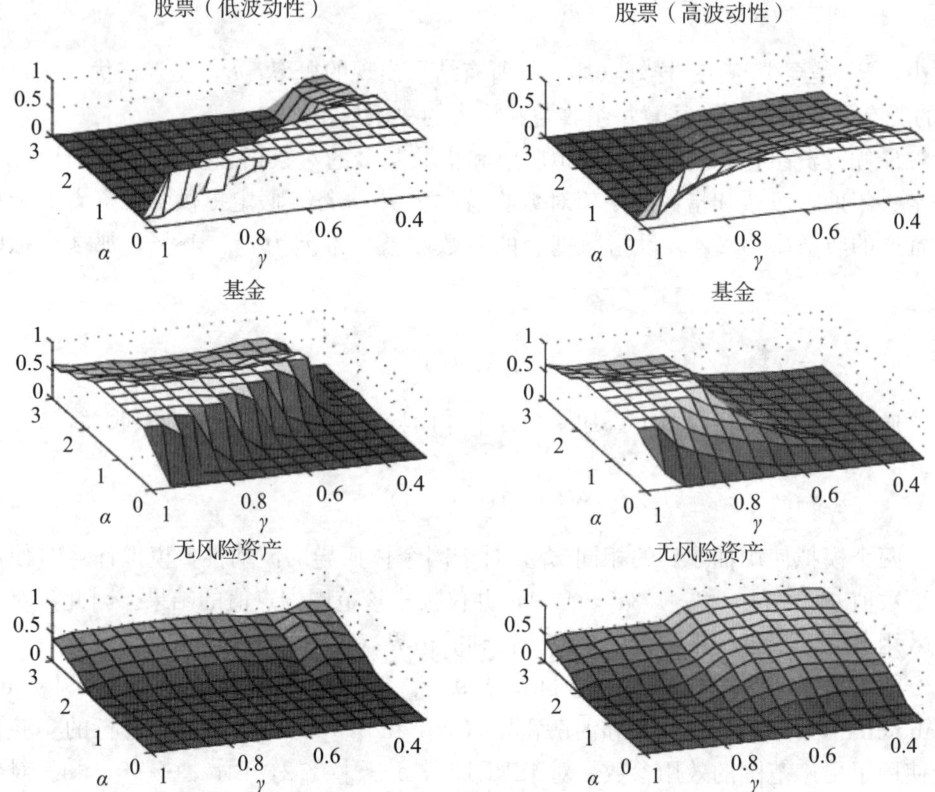

图 29—1　不同参数条件下排序依赖型期望效用的最优投资组合配置

注：该图显示了模拟获得的最优投资组合份额。投资组合由单只股票（高波动性和低波动性）、分散化指数和无风险资产组成。使用对数正态分布模拟风险资产的收益。

票在投资组合中的一系列份额，从 0（低波动性模拟）到 40%（高波动性模拟）。还需要注意的是，当参数接近于特维斯基和卡尼曼的估计范围时，投资组合中的基金份额相对较小。然而，随着效用函数的曲率增大（较低的 α）并且随着加权函数接近线性（较高的 γ），基金的配置会显著提高。

CPT 和 RDEU 的结果表明，若在排序依赖型决策权重条件下最大化目标函数，则低分散化投资组合的出现会是合理的结果。决策加权函数高估了高收益的概率，使得非分散化资产对投资者更具吸引力。在一系列合理的假设下，RDEU 和 CPT 也能产生有限的股票市场参与度。对于 CPT，造成不参与的关键问题与参考点有关。前面的结果报告的是以下情况，参考点被设置为初始财富加上无风险利率。一个合理的替代是选择初始财富作为参照。在这种情况下，投资组合变得更加保守，对高波动性和低波动性股票这两种情况，存在更广的参数范围可以产生不参与股票市场的现象。这是由 CPT 投资者的损失厌恶造成的。值函数在参考点的左侧是凸的，并且斜率比收益侧更陡峭。随着参考点变高，损失区域的凸度为通过投资于高风险投资组合来避免损失提供了激励。因此，参考点足够低的 CPT 投资者

553

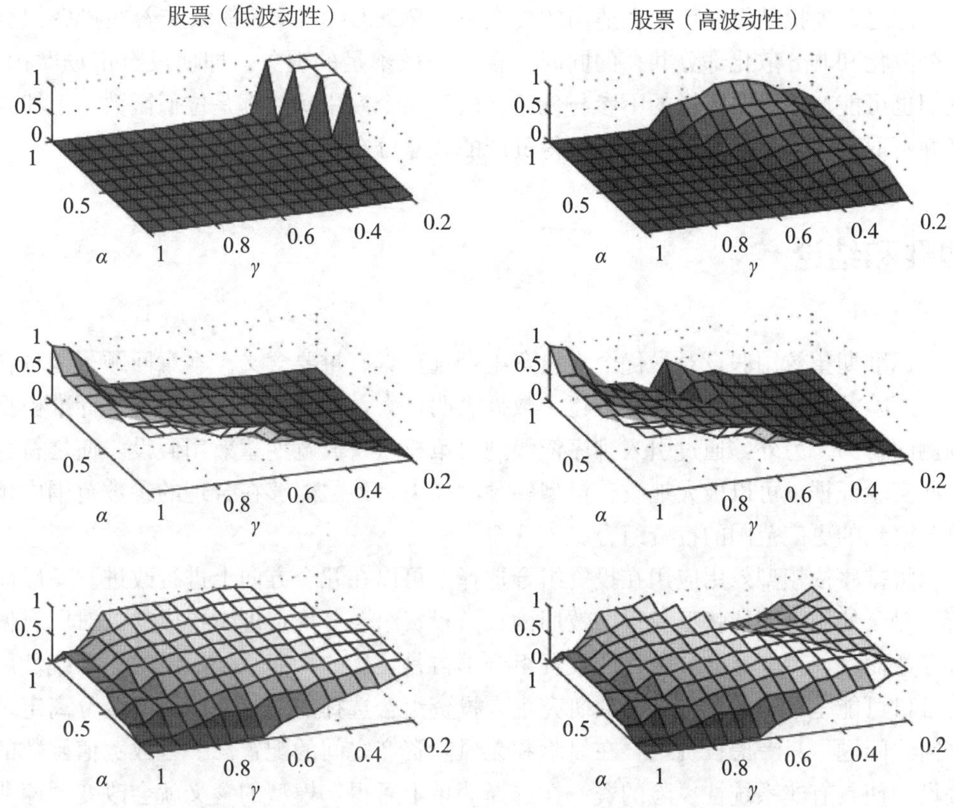

图 29—2 不同参数条件下累积前景理论的最优投资组合配置

注：该图显示了模拟获得的最优投资组合份额。投资组合由单只股票（高波动性和低波动性）、分散化指数和无风险资产组成。使用对数正态分布模拟风险资产的收益。

可能选择不参与股票市场。相反，未达到其参考点的投资者会采取激进的行为实现目标。

在使用反"S"形加权函数对 RDEU 的模拟中，不存在对应的参数组合使得投资组合仅投资于无风险资产。即使当效用函数曲率 α 超过 3（图 29—2 展示的最高数值）时，最优投资组合仍然包括一些风险资产。然而，RDEU 属于一阶风险厌恶效用类别，这通常意味着一些风险容忍能力低的投资者会避免风险溢价不够高的风险投资。通过强调分布的左尾区域的事件的概率，反"S"形加权函数预示着这种类型的行为，但它同时也强调右尾。这种效应抵消了放弃股票的想法。模拟中使用的对数正态分布的偏度为正，而总的来说 RDEU 意味着股票投资为正。如果加权函数只强调左尾，比如 $Q(P)=P^{\Phi}$，$0<\Phi<1$，那么对于一些较低的 φ 值，投资者会选择放弃股票。也可以考虑负偏分布的反"S"形加权函数。可能的是，对于充分负偏的分布，对左尾区域概率的过度加权会超过右尾区域。然而，这只能解释投资者为什么会避开收益负偏的股票。为了产生稳健的不参与股票市场的现象，仍需要考虑替代型加权函数。 554

总之，模拟结果显示，在适当的参数下，RDEU 和 CPT 都意味着在投资组合中分散化和非分散化部分共存的同时，存在分散不足的现象。即使没有市场摩擦，它们也可能产生股票市场的不参与现象。由于两个效用函数都是位似函数，上述含义并不取决于财富，而是取决于可得资产的收益分布和偏好参数。

概要和结论

标准期望效用假设对最优个人投资组合选择具有重要含义。本章回顾了两种含义：风险资产的市场参与和分散化。数据表明，大量的投资者明显偏离了标准模型预测的行为。另外，通过引入排序依赖型决策权重来放宽期望效用假设，使之符合某些实验证据，可以极大地改善模型的预测能力，使之能够在合理的参数范围内预测观察到的更广范围的投资组合。

将排序依赖型效用应用在投资组合选择上可以在几个方向上进行改进。一般而言，对于使用排序依赖型权重的效用函数，投资组合分离定理不再成立。对所有偏好参数而言，持有充分分散化的投资组合不再是最优的，而承受一定的非系统性风险敞口可能是可取的。绝大多数研究个人投资组合选择的文献使用两资金分离定理来简化问题，只考虑投资组合在风险和无风险资产之间的配置。一旦放宽值函数的假设，使具有非系统性风险的资产在选择菜单上可得，模型的含义就会改变。谢弗林和斯塔特曼（Shefrin and Statman，2000）使用罗伊（Roy，1952）的具有排序依赖型权重的安全第一模型，在完全市场的假设下考虑了最优投资组合问题。对该研究路线的可能扩展是，使用风险资产的通用菜单，在排序依赖型偏好条件下进行规范性的投资组合分析，有无损失厌恶均可，并且不一定非要在完全市场的环境下进行。有价值的扩展还包括进行某些一般投资组合的比较静态分析，并把最优投资组合策略与收益分布的性质和决策加权函数联系起来。

此外，分析分散化和参与的动态变化也很重要。卡尔韦等（Calvet et al.，2006）和其他人的实证证据表明，随着投资人年龄的增长，投资组合变得不那么分散化，但是该效应因为总体风险敞口的降低而有所减弱。这些结果为检验模型提供了其他角度，并不一定局限于本章考虑的静态投资组合角度。在动态环境下，RDEU 确定性等值可以融合爱普斯坦和齐恩（Epstein and Zin，1990）的递归效用，他们的模型曾被应用于无限期的代表性行为人经济中。对可投资于非系统性风险资产的生命周期投资组合选择模型的分析，会为分散化和参与的最优动态提供新
555 的启示。另一个关于该模型的有趣问题是探究财富与分散化之间的联系。因为RDEU 和 CPT 都是位似效用，因此当投资者的总财富流动时，二者在该问题上都束手无策。因此，研究还应该在非流动性财富（其来自人力资本、私人企业和住房）环境下考虑分散化决策。

对排序依赖型偏好的整体含义的研究仍然是相对较新的研究领域。只有少数论文在一般均衡的框架下考虑了 RDEU，例如爱普斯坦和齐恩（Epstein and Zin，1990）以及查普曼和博科夫尼申科（Chapman and Polkovnichenko，2009）。这两篇论文分析的都是相对简单的模型；前者是一个两状态动态代表性行为人模型，而后者是一个多状态静态两行为人模型。在资产定价方面，现有的所有对 CPT 的动态应用，比如巴贝尔斯等（Barberis et al.，2001），为了处理的简便都忽略了排序依赖型权重。巴贝尔斯和黄（Barberis and Huang，2008）以及莱威和莱威（Levy and Levy，2004）在静态经济中对资产定价应用 CPT 时，考虑了 CPT 的所有特征。总之，在决策科学中积累的大量关于排序依赖型效用的知识，与其在金融和经济问题中的应用程度之间存在不匹配。这种不匹配在未来的研究中需要更加关注。

讨论题

1. 标准的规范性投资组合理论有哪两个主要含义与个人投资组合持有数据不符？讨论相关的实证证据。

2. 各种心理偏向和合理的参与成本为什么不能完全解释分散化不足和股票市场的有限参与现象？

3. 允许排序依赖型效用和前景理论能够预测更符合现实的投资组合的主要机制是什么？

参考文献

Ang，Andrew，Geert Bekaert，and Jun Liu. 2005. Why stocks may disappoint. *Journal of Financial Economics*76：3，471 - 508.

Arzac，Enrique R. 1974. Utility analysis of chance-constrained portfolio selection. *Journal of Financial and Quantitative Analysis*9：6，993 - 1007.

Arzac，Enrique R.，and Vijay S. Bawa. 1977. Portfolio choice and equilibrium in capital markets with safety-first investors. *Journal of Financial Economics* 4：4，277 - 88.

Barber，Brad，and Terrance Odean. 2001. Boys will be boys：Gender，overconfidence，and common stock investment. *Quarterly Journal of Economics* 116：1，261 - 92.

Barberis，Nicholas，and Ming Huang. 2001. Mental accounting，loss aversion， and individual stock returns. *Journal of Finance* 56：4，1247－92.

Barberis，Nicholas，and Ming Huang. 2008. Stocks as lotteries：The implications of probability weighting for security prices. *American Economic Review* 98：5，2066－100.

Barberis，Nicholas，Ming Huang，and Tano Santos. 2001. Prospect theory and asset prices. *Quarterly Journal of Economics*116：1，1－53.

Bawa，Vijay S. 1978. Safety-first，stochastic dominance，and optimal portfolio choice. *Journal of Financial and Quantitative Analysis* 13：2，255－71.

Benartzi，Shlomo，and Richard H. Thaler. 1995. Myopic loss aversion and the equity premium puzzle. *Quarterly Journal of Economics* 110：1，73－92.

Benartzi，Shlomo，and Richard H. Thaler. 2001. Naive diversification strategies in retirement saving plans. *American Economic Review* 91：1，79－98.

Blume，Marshall E.，and Irwin Friend. 1975. The asset structure of individual portfolios and some implications for utility functions. *Journal of Finance* 30：2，585－603.

556 Brennan，Michael J.，and Walter N. Torous. 1999. Individual decision-making and investor welfare. *Economic Notes* 28：2，119－143.

Calvet，Laurent E.，John Y. Campbell，and Paolo Sodini. 2007. Down or out：Assessing the welfare costs of household investment mistakes. *Journal of Political Economy* 115：5，707－47.

Camerer，Colin F.，and Teck-Hua Ho. 1994. Violations of the betweenness axiom and nonlinearity in probability. *Journal of Risk and Uncertainty* 8：2，167－96.

Chapman，David，and Valery Polkovnichenko. 2009. Preferences heterogeneity and asset markets outcomes. *Journal of Finance*，forthcoming.

Choi，James J.，David Laibson，Brigitte C. Madrian，and Andrew Metrick. 2006. Saving for retirement on the path of least resistance. In *Behavioral public finance：Toward a new agenda*，（eds.）Edward McCaffrey and Joel Slemrod，304－351. New York：Russell Sage Foundation.

Epstein，Larry G.，and Martin Schneider. 2003. Recursive multiple-priors. *Journal of Economic Theory*113：1，32－50.

Epstein，Larry G.，and Martin Schneider. 2007. Learning under ambiguity. *Review of Economic Studies*74：4，1275－1303.

Epstein，Larry G.，and Stanley E. Zin. 1990. "First-order" risk aversion and the equity premium puzzle. *Journal of Monetary Economics* 26：3，387－407.

Friedman，Milton，and L. J. Savage. 1948. The utility analysis of choices involving risk. *Journal of Political Economy*56：4，279－304.

Goetzmann, William N., and Alok Kumar. 2008. Equity portfolio diversification. *Review of Finance* 12: 3, 433-63.

Gomes, Francisco J. 2005. Portfolio choice and trading volume with loss-averse investors. *Journal of Business* 78: 2, 675-706.

Gomes, Francisco, and Alexander Michaelides. 2005. Optimal life-cycle asset allocation: Understanding the empirical evidence. *Journal of Finance* 60: 2, 869-904.

Grinblatt, Mark, and Matti Keloharju. 2001. How distance, language, and culture influence stock holdings and trades. *Journal of Finance* 56: 3, 1053-73.

Gul, Faruk. 1991. A theory of disappointment aversion. *Econometrica* 59: 3, 667-86.

Huberman, Gur. 2001. Familiarity breeds investment. *Review of Financial Studies* 14: 3, 659-80.

Kelly, Morgan. 1995. All their eggs in one basket: Portfolio diversification of U. S. households. *Journal of Economic Behavior and Organization* 27: 1, 87-96.

Kraus, Alan, and Robert Litzenberger. 1976. Skewness preferences and the valuation of risk assets. *Journal of Finance* 31: 4, 1085-1100.

Kumar, Alok. 2009. Who gambles in the stock market? *Journal of Finance*, forthcoming.

Levy, Haim, and Moshe Levy. 2004. Prospect theory and mean-variance analysis. *Review of Financial Studies* 17: 4, 1015-41.

Liu, Hong. 2008. Portfolio insurance and underdiversification. Working Paper, Washington University, St. Louis.

Mankiw, Gregory N., and Stephen P. Zeldes. 1991. The consumption of stockholders and nonstockholders. *Journal of Financial Economics* 29: 1, 97-112.

Markowitz, Harry. 1952a. Portfolio selection. *Journal of Finance* 7: 1, 77-91.

Markowitz, Harry. 1952b. The utility of wealth. *Journal of Political Economy* 60: 2, 151-8.

Merton, Robert C. 1987. A simple model of capital market equilibrium with incomplete information. *Journal of Finance* 42: 3, 483-510.

Meulbroek, Lisa. 2005. Company stock in pension plans: How costly is it? *Journal of Law and Economics* 48: 2, 443-74.

Odean, Terrance. 1999. Do investors trade too much? *American Economic Review* 89: 6, 1279-98.

Paiella, Monica. 2007. The foregone gains of incomplete portfolios. *Review of Financial Studies* 20: 5, 1623-46.

Polkovnichenko, Valery. 2005. Household portfolio diversification: A case for rank dependent preferences. *Review of Financial Studies* 18: 4, 1467-502.

557 Pyle, David H., and Stephen J. Turnovsky. 1970. Safety-first and expected utility maximization in mean-standard deviation portfolio analysis. *Review of Economics and Statistics* 52: 1, 75-81.

Quiggin, John. 1982. A theory of anticipated utility. *Journal of Economic and Behavioral Organization* 3: 4, 323-43.

Roche, Hervé, Stathis Tompaidis, and Chunyu Yang. 2009. Asset selection and underdiversification with financial constraints and income: Implications for household portfolio studies. Working Paper, McCombs School of Business, University of Texas at Austin.

Roy, Andrew D. 1952. Safety first and the holding of assets. *Econometrica* 20: 3, 431-49.

Segal, Uzi, and Avia Spivak. 1990. First order versus second order risk aversion. *Journal of Economic Theory* 51: 1, 111-25.

Shefrin, Hersh, and Meir Statman. 2000. Behavioral portfolio theory. *Journal of Financial and Quantitative Analysis* 35: 2, 127-51.

Telser, Lester. 1955. Safety first and hedging. *Review of Economic Studies* 23: 1, 1-16.

Tversky, Amos, and Daniel Kahneman. 1992. Advances in prospect theory: Cumulative representation of uncertainty. *Journal of Risk and Uncertainty* 5: 4, 297-323.

Wu, George, and Richard Gonzalez. 1996. Curvature of the probability weighting function. *Management Science* 42: 12, 1676-90.

Yaari, Menahem E. 1987. The dual theory of choice under risk. *Econometrica* 55: 1, 95-115.

作者简介

瓦莱丽·博科夫尼申科（Valery Polkovnichenko）是得克萨斯大学达拉斯分校的一名金融学助理教授。博科夫尼申科教授在西北大学获得了金融学博士学位，在莫斯科物理和技术研究所获得了应用数学和物理学的硕士学位。他之前在明尼苏达大学双城校区任教。博科夫尼申科教授的研究兴趣在于金融经济学中跨越资产定价和投资组合选择，专注于投资者的异质性以及非期望效用偏好。他最近的研究考察了生命周期中储蓄和投资组合配置之间的关系，下行风险对金融证券风险溢价的影响，以及投资者异质性在宏观经济中的作用。他的研究曾发表在顶级学术期刊上，比如《金融学期刊》（*Journal of Finance*）、《金融学研究评论》（*Review of Financial Studies*）和《动态经济学评论》（*Review of Economic Dynamics*）。

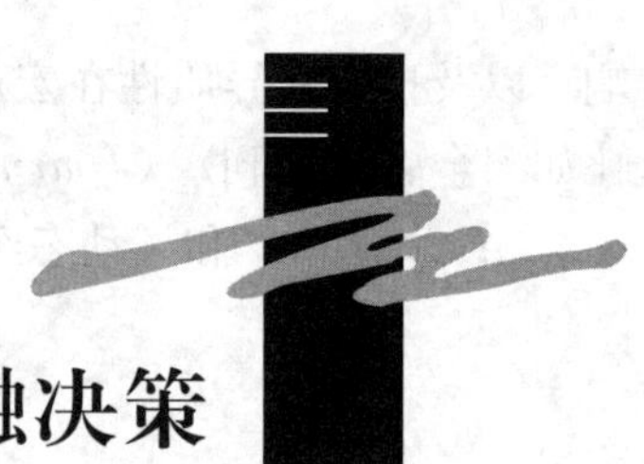

559 # 第30章　认知能力和金融决策

乔治·M. 科尔尼奥蒂斯（George M. Korniotis）
迈阿密大学商学院金融学助理教授

阿洛克·库马尔（Alok Kumar）
切萨拉诺（Cesarano）学者，迈阿密大学商学院金融学教授和得克萨斯大学奥斯坦分校麦克布斯商学院金融学副教授

引　言

本章主要讨论股票投资决策方面一个重要的且前人未加注意的决定因素——认知能力。乍一看，智力或认知能力显然应与金融决策的成功密切相关。然而，由于同时包含衡量认知能力和金融表现的数据集很难获得，所以直接建立这种联系是很困难的。即使有丰富的数据集，认知能力对金融决策的影响也可能难以量化，因为两者之间的关系是复杂且多方面的。例如，如果想要预测随着年龄的增长，投资决策的质量是改善还是恶化，

那么很多问题就会随之而来。虽然年长的投资者通过投资经验的积累，掌握了更多有关投资的基本原则的知识，但同时他们持续下降的认知能力也会阻碍这些原则的有效应用。如果认知老化的不利效应超过了经验的积极效应，那么年长的投资者的投资组合的表现将劣于一般的基准绩效。

同样，我们在事前也很难确定，更聪明的人是将遵循投资组合理论的规范化方法，还是采取积极的投资策略。一方面，由于更精明，他们能意识到很难长期持续地战胜市场。因此，这些人可能会选择一个多样化的投资组合，并遵循被动“买入—持有”策略。另一方面，同样由于智力水平较高，他们可能会觉得自己更有能力，也更有可能采取活跃的交易策略，以期超越各种被动策略的基准收益。

例如，（由于能力和信息优势）具有较高认知能力的投资者可能会扭曲他们的
投资组合，并持有集中的投资组合，活跃交易或者偏重本地股票。进一步地，这些 560
组合扭曲可能对投资组合的绩效产生积极的影响。相反，当认知能力较低的个体遵循这些类型的扭曲组合时（更大程度上是由偏误所导致的），他们往往会失败，并因此获得较低的平均绩效。因此，通过衡量认知能力的高低，可以更好地量化对规范化方法的偏离给投资者绩效带来的影响。

尽管有这些困难，然而越来越多的行为金融学文献已在直面挑战，并试图建立智力与投资组合决策之间的联系。本章首先对研究认知能力和广义的金融决策（如是否参与股票市场）之间的联系的文献进行了综述。第二部分中我们将考察，在投资者做出参与股票市场的决定后，投资者智力对投资组合决策的影响。这两方面的研究中最重要的是以下两个主题：第一，年长的投资者较差的投资决策是否是认知衰老的负面作用造成的；第二，当投资者不遵循投资组合理论的规范化方法并扭曲他们的投资组合时，认知能力对投资组合绩效有多大的影响。接下来的部分概述了一个有关认知能力的实证模型，它建立起了不同的人口统计特征和认知能力之间的联系。在最后一部分，本章回顾了许多尚处于发展中的理论，这些理论研究了在其他金融环境中认知能力的作用。

认知能力与广义的金融决策

最近的几项研究表明，认知能力的水平会影响股票市场参与决策、广义的经济决策以及金融决策。这些研究使用的数据集往往只包括家庭的总财富以及关于无风险资产和风险资产的投资组合的整体头寸数据，而不包含家庭的金融投资组合中不同资产的详细信息。

本杰明、布朗和夏皮罗（Benjamin，Brown and Shapiro，2006）收集的数据来自1979年国家青年纵向调查（NLSY）。1980年之后，大多数NLSY受访者参

加过兵种倾向综合检验（Armed Services Vocational Aptitude Battery，ASVAB）。基于他们在 ASVAB 测试中的表现，每个受访者都会被分配一个百分比分数，这代表着他们的认知能力水平。NLSY 测试还包括两个与金融决策有关的问题。为了评估资产积累的水平，会询问受访者他们的净资产是正数、零还是负数，除了退休账户，他们是否直接持有金融资产。在控制了收入和家庭背景之后，本杰明等发现，在认知能力和累积净资产为正的可能性之间存在很强的相关性。他们还指出，聪明的受访者倾向于更多地参与股票市场。

凯斯蒂和威利斯（Kezdi and Willis，2003）使用 1992—2000 年美国的健康和退休调查（HRS）来研究股票市场的参与问题。作为研究的一部分，他们计算了 HRS 家庭的认知能力指标，并将其加入参与率的回归方程中。他们将认知指标分
561 为四组：智商（IQ）、记忆力（基于单词回忆）、计算能力（通过计算七的倍数），以及痴呆（基于 TICS 采访问题）。其中认知状况的电话采访（TICS）包括一些简单的问题，比如说出美国总统和副总统的名字。他们的分析表明高智商的家庭更有可能参与股票市场。在样本里一开始不参与股票市场的家庭中，聪明的投资者更有可能在最后选择进入股票市场。此外，如果一开始就持有股票，那么更聪明的投资者退出股市的可能性也较小。

麦克阿代尔、史密斯和威利斯（McArdel，Smith and Willis，2009）也使用了 HRS 的数据。根据心理学方面的文献，他们结合各种问题构造了测量计算能力、记忆力、语言流畅性和精神状况的指标。与凯斯蒂和威利斯（Kezdi and Willis，2003）类似，有关精神状况的问题来源于 TICS。作者认为，总财富、金融总财富和金融财富在总资产中的比重，会随着受访者的计算能力的增强而上升。比如，计算能力指标得分最高的受访者，其家庭总财富和金融总财富要分别高出大约 20 000 美元和 7 000 美元。他们还发现记忆力得分高的家庭会积累更多的总财富和金融财富。

在最近的一项研究中，斯坦戈和津曼（Stango and Zinman，2008）集中研究了一个特定形式的计数认知损伤，即指数增长偏误现象。这种偏误是指，在没有计算器的帮助下进行计算时，个体存在系统性地低估指数序列的增长或下降的倾向。为了测量这种偏误，他们利用来自 1987 年消费者财务状况调查（SCF）的两个问题（询问了受访者有关某假设的贷款的偿还总额并要求他们推测该贷款的年利率）。斯坦戈和津曼发现指数增长偏误和股票资产持有比例之间呈负相关关系。尤其是，他们的结果表明，偏误会引起持有股票的比例减少 18%～55%。他们还表明，有更多偏误的家庭更倾向于借多存少。综上所述，使用美国家庭层面的数据进行的研究发现了，认知能力和股票市场参与决策之间有很强的相关性。

克里斯特利斯、亚佩利和帕杜拉（Christelis，Jappelli and Padula，2010）利用欧洲健康、衰老和退休调查（SHARE）数据，得出了相似的结果，该调查的对象是 11 个欧洲国家的 50 岁及以上的人群。除了人口学和金融方面的信息，调查中

还包括一个完整而准确的认知能力指标体系，这个指标体系测量了语言流畅性、计算能力和记忆力。克里斯特利斯等发现认知能力与直接股票市场参与水平及总体股票市场参与水平之间高度相关，其中总体股票市场包括互惠基金和托管投资账户。他们发现，在控制已知的股票市场参与的决定因素（如年龄、健康状况、婚姻状况、收入、财富和社会活动）后，在计算能力、语言流畅性和记忆力方面一个标准差的增加分别导致总体股票市场参与水平提高 1.8%、1.7%和 1.3%。总之，这些研究都表明，认知能力能够影响是否参与股票市场的决策。

年龄越大，投资决策越好？

由于可获得的数据有限，关于家庭进入股票市场后认知能力的影响方面的研究
也相对较少。这一节和下面几节主要总结这一方面的两项研究。在第一篇论文中，562
科尔尼奥蒂斯和库马尔（Korniotis and Kumar，2009）探讨了年长的投资者的投资决策，并将在认知老化的框架内解释它们。在第二篇论文中，科尔尼奥蒂斯和库马尔（Korniotis and Kumar，2008）检验了在认知能力和有关散户投资者的最近的文献中报告的三个令人费解的结果之间是否存在某种关系。

心理学上的证据

科尔尼奥蒂斯和库马尔发现，大量的心理学证据显示身体机能和认知能力，尤其是记忆力，会随着年龄的增加而下降（例如 Horn，1968；Salthouse，2000；Schroeder and Salthouse，2004）。记忆力的衰退减弱了个人的信息处理能力，同时导致老年人感知条件概率的能力下降（Spaniol and Bayen，2005）。此外，由于注意力的下降，老年人更容易分心，并难以分辨有用的和无用的信息。

心理学方面的证据也表明，随着年龄的增长，人们有可能经历基本智力水平的下降。衰老过程通过两条不同的渠道影响基本智力水平。第一，由于记忆力和注意力方面受到衰老的负面影响，基本智力水平随年龄的增长呈现下降趋势（例如 Lindenberger and Baltes，1994；Baltes and Lindenberger，1997）。第二，感官（视觉和听觉）功能随着年龄增长而衰退，而且会伴随着更低的智力水平。70 岁之后智力的下降更加急剧（Baltes and Lindenberger，1997），但由于频繁练习的原因，这种不利影响在人们各自的专业领域的作用相对较弱（Masunaga and Horn，2011）。

除了生理和心理因素之外，诸如教育、收入、财富、人种、族裔和性别等社会经济和人口学因素也会加剧认知老化的不利影响。比如，受过高等教育、资源更丰富（比如，有更高的收入和财富）以及从事启发性思考工作的人，其认知能力衰减相对较慢，因为他们能够积极弥补老化的不利影响（Baltes and Lang，1997；Cagney and Lauderdale，2002）。相比之下，年龄增长引起的认知能力下降在老年妇女（Shanan and

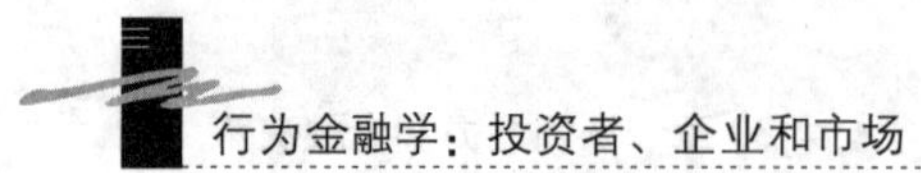

Sagiv，1982）以及年长的非裔美国人和西班牙裔身上体现得更加明显（Black，2004）。

总的来说，心理学的研究证据表明，年纪大的人对新信息反应不当，因为他们通常会较慢且不太有效地处理和整合新信息。因此，年龄增长可能对人们做出有效投资决策的能力产生不利影响。

虽然认知老化会带来消极作用，但同时，经验积累这一积极的渠道，也促使年长的投资者有可能做出更好的投资决策。具体来说，年长的投资者可能比年轻的投资者掌握更丰富的投资经验以及对投资的基本原则有更深刻的认识。这个假设受到了个人投资方面研究的实证证据的启发，这些实证研究显示，年长的投资者的意向效应（Disposition effect）更弱（Dhar and Zhu，2006），持有的投资组合更分散
563 （Goetzmann and Kuman，2008），并且表现出较低程度的过度自信（Barber and Odean，2001）。此外，随着投资者学习和获得更多的经验，这些行为偏误将会被削弱（如 List，2003；Feng and Seasholes，2005）。年长的投资者也更不易于在股票市场上进行赌博式活动（Kumar，2009）。综上所述，有关认知老化和学习的研究中的证据显示，老化和学习过程同时发挥影响。

可检验的假设和数据描述

受到这些证据的启发，科尔尼奥蒂斯和库马尔猜想，由于具有更丰富的投资经验，年长的投资者会积累更多关于投资的基本原则的知识。然而，他们的认知能力的减弱会阻碍这些原则的有效应用。如果老化的不利影响盖过了经验的积极影响，那么年长的投资者的投资组合的表现会劣于普通绩效标准。

利用一家美国大型券商提供的散户投资者月底持有的投资组合和交易情况的数据，科尔尼奥蒂斯和库马尔实证检验了这个二重猜想。他们的样本期是 1991 年到 1996 年。在研究所使用的零售数据库中，有 77 995 户家庭持有普通股，或交易其他有价证券，如共同基金、期权和美国存托凭证（ADRs）。他们的研究所关注的是其中 62 387 名交易过普通股的投资者的投资行为。关于这些家庭的人口统计信息如年龄、收入、财富、职业、婚姻状况和性别都是可以获得的。对这些人口统计信息（年龄、收入、婚姻状况、家庭规模）的测度由信息库有限公司（Infobase Inc.）在样本期结束后几个月（1997 年 6 月）编制完成。有关这个投资者数据库的更多细节可以在巴尔伯和奥丁（Barber and Odean，2000）的研究中找到。

投资经验的积极作用

科尔尼奥蒂斯和库马尔首先检验了年长的投资者是否拥有更多投资知识。具体来说，他们关注投资组合决策中反映了一般投资的“拇指规则”① 的几个重要维

① 拇指规则，又叫“经验法则”，是一种可用于许多情况的、简单的、经验性的、探索性的但又不是很准确的原则。——译者注

度。首先，他们检验了年长的投资者是否更能识别分散投资的潜在好处。其次，作者研究了年长的投资者是否会由于意识到自己无法通过活跃的交易提高收益，从而选择降低自己的交易频率。最后，他们研究了年长的投资者是否更可能进行年终税损卖盘（Tax-loss selling）[①]，这需要的更多是金融投资意识而非技能。

在他们的第一组结果中，科尔尼奥蒂斯和库马尔利用投资者所持有的股票种类，来评估年长的投资者是否更能意识到分散投资的潜在好处。他们发现年长的和更有经验的投资者持有的投资组合包含的股票种类更多。尤其是，即便存在各种控制变量，年龄和投资经验也仍是对持有股票只数的显著的解释变量。

接下来，科尔尼奥蒂斯和库马尔分析了年长的投资者的交易是否更加频繁。他们用资产组合的月度转手率来衡量这一点。在分析中，作者发现，年龄和经验与转手率呈显著的负相关关系。这项证据表明，年长的投资者的交易行为更可能遵循另 564
一个关键的投资原则，即不频繁交易。

最后，科尔尼奥蒂斯和库马尔检验了年长的投资者是否更倾向于年终税损卖盘。具体而言，他们检验了年龄和12月份卖出的“失败者”（投资者遭受损失的股票投资）的比例之间的关系。分析表明，既年长又经验丰富的投资者更有意愿在12月份卖出他们亏损的股票。

认知老化的不利影响

既然年长的投资者，尤其是那些更有经验的，表现出了遵循一般投资的拇指法则的较强倾向，那么利用这些原则能否使得他们的投资决策更加高效？为了回答这个问题，科尔尼奥蒂斯和库马尔研究了年龄、投资经验与投资技巧之间的关系。

图30—1显示了年龄与投资技巧之间的单变量关联性，是丹尼尔、格林巴特、蒂特曼和威尔莫斯（Daniel，Grinblatt，Titman and Wermers，1997）通过计算整个样本期特征调整后的绩效水平所得到的。该图的两个特点值得我们注意。第一，随年龄增长，投资绩效表现为倒“U”形，峰值大约为42岁。驼峰形状反映出了经验和老化的联合作用。这个情况与阿加瓦尔、德里斯科尔、加贝克斯和莱布森（Agarwal，Driscoll，Gabaix and Laibson，2009）的调查结果一致，他们发现在不同的信贷市场上的家庭贷款利率也呈现出倒“U”形的特点。

第二，在大约70岁的时候，投资绩效表现出突然且显著的下降。年龄对绩效的这种非线性作用与心理学上的研究结果相符，心理学研究证明了70岁以后人们的认知能力下降迅速。总的来说，图30—1反映了，老化会对那些年长的更有经验的投资者的绩效产生显著的负面影响。

① 年终税损卖盘表现为，很多投资者会在年末卖出股票，由此引起的股票抛压。造成这一现象的原因是，在美国，股票等投资的损失是可以抵扣应税收入的，因此很多投资者在年末缴税期之前出售这些亏损的股票，以减少损失。——译者注

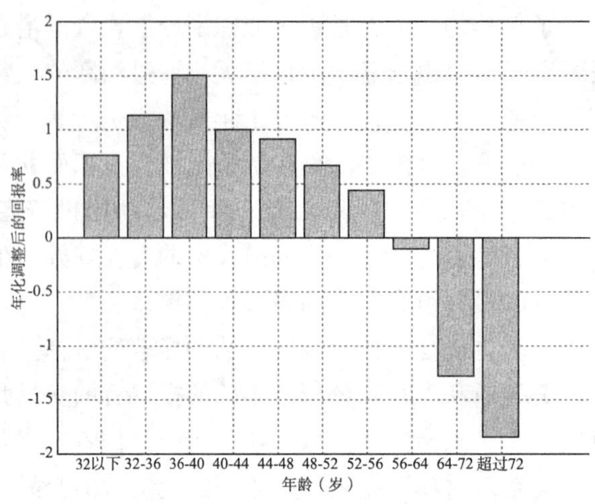

图 30—1　投资者年龄与投资组合回报

注：该图显示了按年龄分类的投资者组别的平均风险调整后的收益水平（年化调整后的回报率）。样本期从 1991 年到 1996 年。

资料来源：投资者数据来源于美国一家大型券商。

科尔尼奥蒂斯和库马尔通过估计“技巧”的回归方程，进一步探索了年龄和经验对绩效的影响。在这些横截面回归中，投资技巧的衡量指标被设定为因变量。在这里作者关注的投资技巧主要有两种：“投资多样化技巧”（由月度投资组
565 合的夏普比率表示）和选股技巧（由月度投资组合的 α 值表示）。他们的猜想是，虽然年长的投资者持有投资组合的股票种类较多，但由于精确感知相关性的能力会随着年龄的增长而下降，他们可能并不具备相应的“投资多样化技巧”。此外，由于认知老化会对有效处理新信息的能力产生负面影响，投资者的选股技巧也会随着年龄增长而下降。相反，投资经验的积累对于这两种能力又都具有一定的促进作用。

技巧的回归结果显示，在其他变量（包括投资经验）得到控制的条件下，年龄对投资技巧有负面影响。此外，结果还表明，其他条件不变时，一个不属于低收入（末尾 1/5）、低教育程度（末尾 1/5）或少数民族群体的投资者，其年龄每增加一个标准差，年化绩效相应下降 0.61%。这表明，当一个投资者的年龄由 30 岁增长到 65 岁退休年龄的时候（年龄 3 个标准差的变化），其年度绩效将遭受 1.84%的损失（在风险调整基础上）。

总之，技巧的回归估计说明了，由于学习的积极作用，投资技巧会随着经验的积累而提高，但是由于认知老化的负面效应，它最终表现出随年龄增长下降的趋势。在属于少数群体的受教育程度较低而且不富有的年长的投资者中，技巧的退步更加迅速。

认知能力，投资组合扭曲和绩效

关于散户投资者的最新研究得出了三个令人费解的结果，在第二篇论文中，科尔尼奥蒂斯和库马尔检验了认知能力是否与这三个结果存在关联。其中第一个令人费解的结果是，散户投资者的投资组合往往仅包含少数几只股票，呈现出高度集中的特点（例如，Barber and Odean，2000），这违背了传统投资组合理论的规范化方法。这些投资者仅持有很少的几种股票，是不是由于他们相对不成熟并存在更严重的行为偏误，目前尚不完全清楚（Goetzmann and Kumar，2008）。然而，造成这种现象也可能 566
是由于散户投资者表现出对偏态的偏好（Mitton and Vorkink，2007），或者他们掌握的资源更加丰富，能够收集到关于这些股票的更优质的信息。

第二个令人费解的结果是，散户投资者普遍存在过度交易，而非遵循“买入—持有”的策略。同样，活跃的交易可能是由行为偏误所引起的。例如，过度自信的投资者要么高估了自己掌握的私人信息的质量，要么高估了自己解读信息的能力，因而引发交易过度（Odean，1999；Barber and Odean，2000）。另外，过度交易也可能是由自我感知较高的个人才能（Graham，Harvey and Huang，2009）或者是对于兴奋感的追求（Grinblatt and Keloharju，2009）所导致的。此外，投资者激进的交易还可以反映出他们想要利用高质量的、高时效性的私人信息获利的企图（例如，Kyle，1985；Holden and Subrahmanyam，1992）。如果他们的信息真的兼具高质量和高时效性，那么活跃的交易也可能是最优的，且并不存在过渡性。

第三个令人费解的结果是，散户投资者表现出对本地股票的偏好，即在他们的股票投资组合中，那些地理位置上与他们相近的公司的股票占了相当大的比重。这种偏好可能是由于熟悉度（例如，Huberman，2001；Grinblatt and Keloharju，2001）的缘故，也可能是因为投资者对于那些坐落在附近的公司所掌握的信息的质量更高（例如，Ivkovich and Weisbenner，2005；Massa and Simonov，2006）。

由于传统金融学（理性的）和行为金融学不同的解释思路，故而究竟是什么引发了这三种结果，在学术界存在相当大的争论。科尔尼奥蒂斯和库马尔为此提供了一个简洁的解释，可以同时涵盖理性的（基于信息的）和行为角度的解释。他们猜想，具有较强认知能力的投资者的投资决策是更优质的信息的反映，而认知能力较弱的投资者的决策更有可能来自行为（或心理）偏误的诱导。这一猜想受最近的行为经济学研究的启发（例如，Frederick，2005；Benjamin et al.，2006；Dohmen，Falk，Huffman，and Sunde，2007；Oechssler，Roider，and Schmitz，2008），研究发现低水平的认知能力与更“异常”的偏好和更严重的行为偏误（如，更急躁以及对于股票的更高的短期风险厌恶水平）相关。

认知能力的实证模型

为了验证这一猜想，科尔尼奥蒂斯和库马尔采用填补法（imputation method）建立了一个认知能力的实证模型，此方法普遍用于连接多个不同的数据集（Browning and Leth-Petersen，2003）。具体而言，他们估计了一个认知能力的实证模型，利用一系列可观测的人口统计变量（如年龄等）来预测个体的认知能力。在估算这一模型所使用的信息库中，既包含了个人认知能力的直接度量指标，也包括各种人口统计变量。而后，他们将该模型应用于券商数据库，以得到样本中散户投资者的认知能力（或智能水平）的代理变量。在这里作者之所以使用填补法，是由于在美国没有哪个数据库同时涵盖了投资者认知能力的直接度量指标和投资组合决策这两类数据。

在实证模型中，对认知能力的直接度量指标作为因变量。自变量则是认知心理
567 学文献中认定的能够影响认知能力的关键因素。参照卡格尼和劳德代尔（Cagney and Lauderdale，2002）的方法，科尔尼奥蒂斯和库马尔选取年龄、受教育程度、收入和财富作为自变量。此外，他们在卡格尼和劳德代尔的模型的基础上进行扩展，加入了一个“超过70岁”的虚拟变量，因为有证据显示认知能力在70岁以后会显著衰退（Baltes and Lindenberger，1997）。他们的认知模型中包括一个社会网络代理变量。由于社会活动的水平和活动类型会随着退休改变，他们的认知能力模型还加入了一个退休的虚拟变量。

认知能力的解释变量中还包括了三个虚拟变量之间的三个交叉项。它们被定义为“70岁以上×受教育程度低”“70岁以上×低收入”“受教育程度高×高收入”。这些交叉项能够检验这一预测，即学历更低和资源更匮乏的年长的投资者，其认知能力相对更弱（Baltes and Lang，1997）。

科尔尼奥蒂斯和库马尔使用了2005年度的欧洲健康、衰老和退休调查（SHARE）数据，来估计这一模型。这项调查针对的是11个欧洲国家的50岁及以上的人口。SHARE的数据包括对超过21 000个家庭的认知能力的三个直接而标准的度量指标（语言能力、数学能力和记忆力）。这些测度是基于纸质调查的结果所构建的。SHARE数据集还包括人口统计变量如年龄、收入、财富、教育、性别以及一个社会网络代理变量。社会网络代理被定义为一个家庭进行社会活动的平均水平，包括体育、政治和社区活动以及宗教活动。这里的研究假设，参加更多社会活动的人将拥有更广的社交网络。

科尔尼奥蒂斯和库马尔的认知能力回归估计与心理学方面的研究证据相符合。认知能力随年龄增加而下降，而且年龄极大（大于70岁）的个体其认知能力会更低。此外，认知能力也会随着受教育程度的提高和社交网络的规模的增加而提高。基于之前研究的证据（Brown and Reynolds，1975；Zagorsky，2007），认知能力和教育之间的强正相关关系符合我们的直觉，并与以往研究的证据保持一致。作者

还发现，尽管量级很小，但财富和收入的估计系数显著为正。在控制年龄和教育的条件下，认知能力和收入/财富之间的相对较弱的关系，也与前人（Cagney and Lauderdale，2002）一致。

总之，认知能力模型的估计显示，这些人口统计特征可以解释人们在认知能力上的大部分横截面差异。特别是，年龄、教育、社会网络和财富与认知能力之间都存在强相关关系。科尔尼奥蒂斯和库马尔（2008）的研究还显示，即使使用 HRS 的美国数据估计该模型，结果仍然稳健。

认知能力与三个令人费解的发现

在接下来的主要的实证分析中，科尔尼奥蒂斯和库马尔关注三种投资组合扭曲现象：投资组合集中、过度交易倾向和投资本地股票的倾向。投资组合集中度是指样本期内投资组合中股票种类的平均数。投资者的交易倾向则由月投资转手率（买入和卖出的平均转手率）衡量。投资者对本地股票的投资倾向则通过构建本地股票 568
偏好（LP）的代理指标衡量，定义 $LP=1-D_{act}/D_{portf}$。其中，D_{act} 是投资者所在地和投资组合中股票之间的平均距离，而 D_{portf} 是投资者所在地和投资者未持有的其他特征满足的投资组合之间的平均距离。

作者利用这三个投资组合扭曲指标，来评估投资者是否遵循传统投资组合理论的规范化方法（比如，持有多样化的投资组合以及不频繁交易）。他们猜想，如果投资者都遵循规范化方法，那么较强的认知能力将不会带来显著的优势。然而，当投资者背离这些规范化方法并有意识地扭曲他们的投资组合时，认知能力的差异应该显著影响投资组合的绩效水平。具体地说，如果投资者的投资组合扭曲是由心理偏误所引起的，那么其投资组合所实现的绩效将低于典型的基准绩效。相反，当投资组合扭曲体现的是更高质量信息的时候，这些组合会产生风险调整后的超额收益。

为了验证猜想，科尔尼奥蒂斯和库马尔使用填补法所得的认知能力估计值和投资组合扭曲的三个度量指标，对投资者进行分类。针对这三个度量指标，他们分别计算了当扭曲水平低（最低的 1/5）和高（最高的 1/5）的时候，认知能力强（最强的 1/5）和弱（最弱的 1/5）的投资者组别的平均投资组合绩效。

他们使用特征调整后的股票收益数据，来计算不同能力—扭曲程度分组的绩效水平（Daniel et al.，1997）。科尔尼奥蒂斯和库马尔测度了每个能力—扭曲程度类别的月度绩效，并据此计算了时间序列内的绩效平均值，以获得不同投资者组别的样本期绩效。图 30—2 的小组 A 展示了，利用特征调整后的总（gross）收益计算得出认知能力强和认知能力弱的投资者在不同投资扭曲程度下的平均绩效水平。如图 30—2 所示，当投资组合的扭曲程度很低时，聪明的投资者的投资组合（特征调整后的）年化收益，平均只比相对愚蠢的投资者高出 1%。但是当投资组合的扭曲程度高时，聪明的投资者的收益要高出大约 6%。

当科尔尼奥蒂斯和库马尔使用巴尔伯和奥丁的方法，考虑交易成本并用净收益来衡量不同扭曲程度下的绩效差异时，不论认知能力强弱，投资者的绩效水平都将降低（见图 30—2 的小组 B）。强认知能力的正向作用在其中两种情况（投资集中和

569

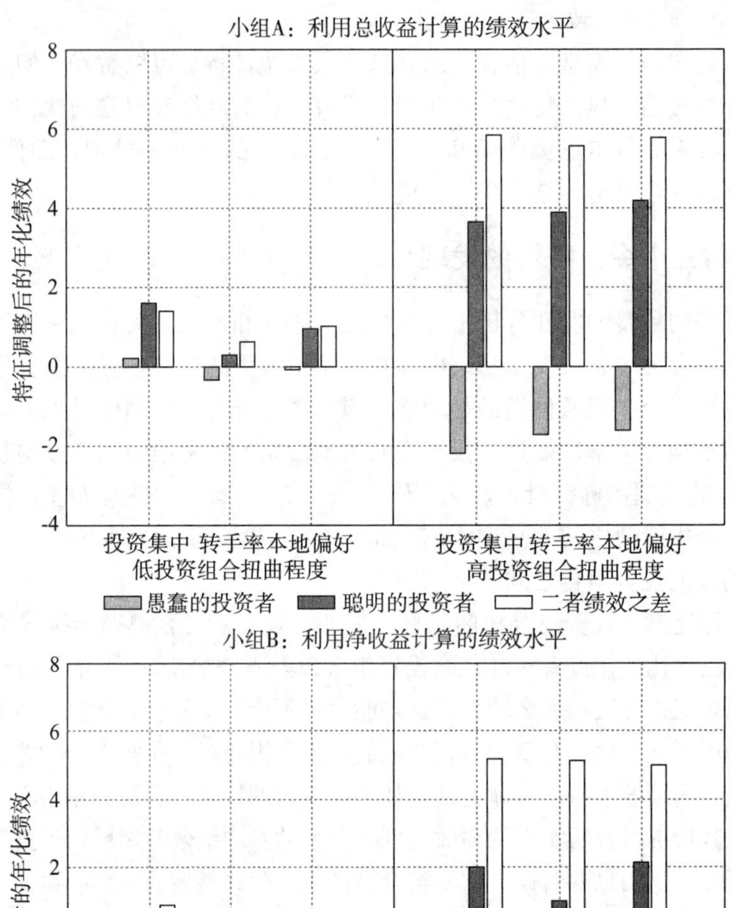

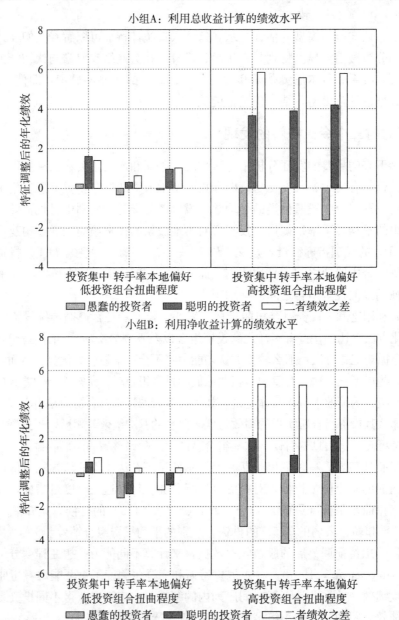

图 30—2　认知能力、投资组合扭曲和投资组合绩效

注：该图显示了依照能力—扭曲程度分组的不同投资者类别的样本期平均年化特征调整回报率。小组 A（小组 B）展示了用总（净）收益估计的绩效水平。特征调整的收益依照丹尼尔、格林巴特、蒂特曼和威尔莫斯的方法计算得出。一个认知能力的实证模型被用来度量投资者的认知能力。其中认知能力最强的 5%（最弱的 5%）投资者被认定为认知能力强（弱）的投资者。投资组合扭曲采用相同方法分类，其中对扭曲程度的度量方式为以下三种：投资组合集中度、投资组合转手率和本地股票偏好。

本地偏好）下在 0.05 的检验水平下显著；而当扭曲由转手率衡量时，也在 0.10 的检验水平下显著。在三种情况下，弱认知能力的负面作用都在 0.05 的水平下显著。进一步地，认知能力强和认知能力弱的投资者组别在三种不同的扭曲条件下的绩效差异（≈5%）都保持正向且显著。综上，图 30—2 中的结果显示，资产组合的扭曲程度和认知能力共同决定了投资组合的绩效。此外作者还应用了一系列多元横截面回归加以证明。

来自芬兰的证据 *570*

在相关的两项研究中，格林巴特、凯洛哈留和林纳因玛（Grinblatt，Keloharju and Linnainmaa，2009a，2009b）选择了芬兰的一个综合数据库，来调查高智商投资者是否更多地参与股票市场，以及他们的表现是否比低智商的投资者更加出色。他们选取的数据库非常独特，整合了多个来源的不同数据集合。具体来说，他们的智商（IQ）指标来源于芬兰武装部队（Finnish Armed Forces，FAF）的智力分数数据。这些数据是当个人于 19 岁或 20 岁左右加入军队时，FAF 通过测试获得的。FAF 的数据随后与来自芬兰中央证券托管（Finnish Central Security Depository，FCSD）登记处的数据归并，FCSD 数据涵盖了 1995—2002 年芬兰家庭投资者每天的资产组合和交易的信息。

格林巴特等（Grinblatt et al.，2009a）利用 FAF 和 FCSD 的数据证明了，高 IQ 得分的人最有可能参与到股票市场中。具体来说，他们发现在控制已知的股票市场参与的其他决定因素的条件下，IQ 最低的个体在参与率上要比 IQ 最高的个体低 17.6%。此外，即使是在他们的样本中最富有的个体之间，IQ 与参与度的关系也保持强健。

此外，格林巴特等（Grinblatt et al.，2009b）还调查了高智商投资者是否在更高质量信息的基础上进行交易。不同于科尔尼奥蒂斯和库马尔估算每一个投资者的绩效水平，他们测算了在特定日期内，按智商分类的投资者组别的所有股票买入（卖出）的平均绩效。他们随后进一步检验了高智商投资者买入（卖出）的股票在不久后的收益是否会更高（更低）。为了检验这个关键假设，他们进行了股票层面上的法玛—麦克白（Fama-MacBeth）回归，其中因变量是第 t 天的股票收益，自变量加入了在不久以前买入或卖出股票的投资者的平均智商水平。他们的分析表明，高智商投资者的股票购买预示了在接下来的一个月股票价格上升，而高智商投资者的卖出并没有与随后的价格下降显著相关。基于这些发现，他们以投资者的不同分类（高智商和低智商）为基础构建投资组合，结果显示依照高智商投资者前一天买入的股票构建的投资组合，相较于依照低智商投资者前一天买入的股票构建的投资组合，存在 10%的超额收益。这个结果印证了科尔尼奥蒂斯和库马尔的研究，表明在高能力和低能力投资者的股票投资组合收益之间的差异为正，且在经济学意义上显著。

格林巴特等（Grinblatt et al.，2009b）还调查了高智商投资者是否在安排交易方面更具技巧性，从而承担较低的交易费用。他们的主要目标是探究高智商投资者支付的交易费用是否比低智商投资者的更低。为了实现这一目标，他们把赫尔辛基交易所（Helsinki Exchanges，HEX）的微观结构数据整合到他们的以投资者为单位的数据库中。HEX 的数据包括了提交给 HEX 的统一的限价指令簿的每一个指令。他们又一次进行了股票层面上的法玛—麦克白回归，其中股票收益是通过比较交易的实际成交价格和成交时或几分钟后的平均买入、卖出价格得到的。作者发现，高智商投资者的市场订单所面对的买卖价差，明显低于平均智商水平的投资者
571 （证明其在当时承担的交易成本更低）。这个结果完善了科尔尼奥蒂斯和库马尔的发现，当投资组合的扭曲程度如图 30—2 的小组 B 所展示的那样高的时候，即便考虑交易成本，能力强的投资者也仍旧胜过能力较弱的投资者。

总之，格林巴特等的研究结果表明，高智商的投资者拥有更强的选股能力，且在投资过程中也表现得更富技巧性，具体表现为他们比低智商投资者承担的交易成本更低。

其他相关文献

在本章前面的内容中，关注点都集中在认知能力和投资决策之间的关系上。而本节将总结那些在其他经济背景下有关认知能力影响的研究成果。

在一个早期的研究中，谢瓦利埃和埃里森（Chevalier and Ellison，1999）考察了基金表现和基金经理特征之间的关系。他们使用的样本包括了 492 名在 1994 年至 1998 年期间曾独自负责一个基金的基金经理。作者还从晨星公司（Morningstar，Inc）收集了这些基金经理的自传性特征（biographical characteristics）。他们的结果显示，即使在控制了其他各种管理因素之后，年龄和绩效之间也仍呈现负相关关系。他们对这一结果感到费解，并把它归因于经理人的职业生涯担忧[①]（career concerns）。然而，他们的这一结果与科尔尼奥蒂斯和库马尔的结果是一致的，即投资技巧与年龄成反比。谢瓦利埃和埃里森还发现，就读大学时的学术能力评估测试（SAT）成绩更好的经理人所管理的共同基金有更高的超额收益。由于 SAT 分数可以作为 IQ 的代理变量（Kanazawa，2006），所以他们的结果也符合这样的

① 在职业生涯早期，为了建立良好的声誉和知名度，采取相对激进的投资策略，且那些成功了的经理人在其职业生涯初期一定是成功的，故绩效较好；而在其职业生涯后期，有名望的基金经理往往相对保守，避免犯错，绩效也就相对差些。——译者注

假设，即内在能力强的经理人拥有更强的股票选择或市场择机能力，从而可以获得更高的收益。

不同于他们对经理人基金业绩的关注，在另一项研究中，格林巴特、艾卡赫玛和凯洛哈留（Grinblatt，Ikaheimo，and Keloharju，2008）检验了共同基金投资者的选择。使用来自芬兰的数据，他们从 IQ 测试中收集共同基金投资者的智商分数。在控制收入和财富的条件下，他们发现，高智商投资者支付的基金费用并不显著低于低智商投资者。然而，高智商投资者似乎更有技巧，因为平均来看，他们更多地避开那些通过零售网络销售的平衡基金[①]，而这类基金所需要承担的相关费用是最高的。

阿加瓦尔等（Agarwal et al.，2009）选取人们为金融服务所支付的价格作为切入点，例如房屋抵押贷款、汽车贷款和信用卡等。借助专有的数据他们发现，比起年轻人和老年人，中年人能以更低利率获得贷款且支付的费用也更低。此外，在 10 项研究中，达到绩效峰值的平均年龄是 53 岁。在考虑了各种其他的解释思路之后，他们认为在不同年龄组，经验和认知能力的差距是对结果的最合理的解释。作者认为，年轻人金融决策的经验不足，因而最终为金融服务支付得也更多。老年人同样由于与年龄相关的认知能力衰退而处于劣势。阿加瓦尔等的结果表明，认知能力较弱的个体在金融决策上存在潜在的劣势，因为他们要么不了解可供自己购买的金融产品有哪些，要么不能完全理解这些金融产品的条款。

为了进一步分析消费者的弱点，曼斯菲尔德和平托（Mansfield and Pinto，2008） 572
集中研究了存在发育性障碍的个体——这类人伴有严重的认知损伤。通过亲身采访，他们发现受访者们对消费者信用卡的理解非常有限。第一，仅有 20%的受访者表示他们现在或曾经拥有信用卡。第二，即使是这些信用卡持有者，也不知晓信用卡的完全正确的定义。这与苏乔、克莱尔、霍兰德和沃森（Suto，Clare，Holland，and Watson，2005a）的研究成果一致，他们发现轻度智障的人与普通人以及更有能力的人相比，金融决策的能力较差。在一个相关的研究中，苏乔、克莱尔、霍兰德和沃森还得出一个结论，即智能障碍和金融基本知识之间存在直接关联。

认知能力的影响还与赢者诅咒——在不同的拍卖环境下竞标成功者存在系统性的过高出价和经济损失——相关。卡萨里、汉姆和凯格尔（Casari，Ham，and Kagel，2007）进行了一个拍卖实验，以研究参与者的 SAT/ACT 分数与他们在实验中的表现之间的关系。他们发现，掌握拍卖技巧的参与者，若其 SAT/ACT 分数也较高，那么他们避免赢者诅咒的能力要强于没有拍卖技巧的参与者。作者还发现了一个非对称效应：SAT/ACT 分数低于中位数的参与者与 SAT/ACT 分数高的参与者相比，更容易受赢者诅咒的影响。他们的研究结果表明，经验对低能力的弥补存在极限，因为 SAT/ACT 分数低的参与者，即使是经验丰富的竞标者，仍

① 采取固定方式对普通股、优先股和债券进行投资的一种基金。

然会受赢者诅咒的影响。

概要和结论

本章研究了认知能力对金融决策的影响。来自行为金融学文献的现有证据说明，认知能力强的人更有可能参与股票市场。而在金融市场中，认知能力不同的投资者做出的决策也存在差别，导致不同能力组别之间显著的绩效差异。特别是，投资能力随年龄（影响认知能力的一个关键因素）的增长而下降，且对于收入低、受教育程度低的投资者来说，由于难以弥补老化的不利影响，这一下降趋势更加明显。

这一实证结果在以下几个方面为蓬勃发展的家庭金融研究作出了重要贡献。第一，理论模型通常很难解释极端年龄组别的参与率（例如，Gomes and Michaelides，2005）。一个猜想是年轻的投资者远离股票市场是由于他们缺乏投资经验，而年长的投资者不太乐意参与则是因为他们感知到了自己认知能力的下降。第二，之前的理论模型已经通过风险厌恶的路径，研究了老化对股票市场行为的总体影响（例如，Bakshi and Chen，1994；Poterba，2001）。但是年龄还可能通过另一路径影响
573 资产收益。具体说来，如果年长的投资者意识到他们的投资技能下降，那么他们所感知到的股市参与成本就会增加，而这些投资者在决定是否投资时会要求更高的溢价（以至于降低了股票市场的参与率）。

最后，根据这些证据，直接参与股票市场对于认知能力弱的投资者来说，可能并非最优的策略。通过共同基金和委托投资管理等形式的间接投资可能更加合适。同样，在探讨社保体系的私有化尝试时，考利考夫（Kotlikoff，1996）以及米切尔和泽尔德斯（Mitchell and Zeldes，1996）都指出，在一个完全私有化的体系下，投资决策不够“明智”的家庭可能会受到福利损失。与他们的担忧一致，本章所回顾的论文也认为，如果允许将退休财富直接投资在股票市场的话，那么认知能力弱的家庭可能会做出很差的投资决策（并因而蒙受损失）。在评估完全私有化社会保障体系的时候，也应该考虑这一点。

讨论题

1. 怎样把经验和认知老化的混合效应纳入传统的投资组合选择模型中？
2. 本章介绍的券商数据库是否代表了普通的美国投资者？为什么？
3. 随着年龄增长，投资者会减少他们承担的风险吗？请结合研究证据讨论。
4. 本章的认知能力模型主要是是利用 SHARE 数据库来估计的，其中包括了

欧洲家庭的信息。这样一个模型适用于美国家庭吗？为什么？

5. 本章采用的方法是，利用人口统计特征的线性组合来计算认知能力的估计量。如果分别使用每一个人口统计特征作为投资者智能水平的分类依据，那么聪明的和愚蠢的投资者的收益会有怎样的差异呢？

参考文献

Agarwal, Sumit, John C. Driscoll, Xavier Gabaix, and David Laibson. 2009. The age of reason: Financial decisions over the lifecycle and implications for regulation. *Brookings Papers on Economic Activity* 2009: 2, 51 - 117.

Bakshi, Gurdip S., and Zhiwu Chen. 1994. Baby boom, population aging, and capital markets. *Journal of Business* 67: 2, 165 - 202.

Baltes, Margaret M., and Frieder R. Lang. 1997. Everyday functioning and successful aging: The impact of resources. *Psychology and Aging* 12: 3, 433 - 43.

Baltes, Paul B., and Ulman Lindenberger. 1997. Emergence of a powerful connection between sensory and cognitive functions across the adult life span: A new window to the study of cognitive aging? *Psychology and Aging* 12: 1, 12 - 21.

Barber, Brad M., and Terrance Odean. 2000. Trading is hazardous to your wealth: The common stock investment performance of individual investors. *Journal of Finance* 55: 2, 773 - 806.

Barber, Brad M., and Terrance Odean. 2001. Boys will be boys: Gender, overconfidence, and common stock investment. *Quarterly Journal of Economics* 116: 1, 261 - 92.

Benjamin, Daniel J., Sebastian A. Brown, and Jesse M. Shapiro. 2006. Who is "behavioral"? Cognitive ability and anomalous preferences. Working Paper, University of Chicago and Harvard University.

Black, Sheila. 2004. Cognitive functioning among African American older 574
adults. *African American Research Perspectives* 10: 1, 106 - 18.

Brown, William W., and Morgan O. Reynolds. 1975. A model of IQ, occupation, and earnings. *American Economic Review* 65: 5, 1002 - 7.

Browning, Martin, and Soren Leth-Petersen. 2003. Imputing consumption from income and wealth information. *Economic Journal* 113: 488, F282 - 301.

Cagney, Kathleen A., and Diane S. Lauderdale. 2002. Education, wealth, and cognitive function in later life. *Journal of Gerontology* 57B: 2, 163 - 72.

Casari, Marco, John Ham, and John Kagel. 2007. Selection bias, demographic effects, and ability effects in common value auction experiments. *American Economic Review* 97：4，1278－304.

Chevalier，Judith，and Glenn Ellison. 1999. Are some mutual fund managers better than others? Cross－sectional patterns in behavior and performance. *Journal of Finance* 54：3，875－99.

Christelis，Dimitris，Tullio Jappelli，and Mario Padula. 2010. Cognitive abilities and portfolio choice. *European Economic Review* 54，19－39.

Daniel，Kent D.，Mark Grinblatt，Sheridan Titman，and Russell Wermers，1997. Measuring mutual fund performance with characteristic－based benchmarks. *Journal of Finance* 52：3，1035－58.

Dhar，Ravi，and Ning Zhu. 2006. Up close and personal：An individual level analysis of the disposition effect. *Management Science* 52：5，726－40.

Dohmen，Thomas，Armin Falk，David Huffman，and Uwe Sunde. 2007. Are risk aversion and impatience related to cognitive ability? IZA Discussion Paper No. 2735.

Feng，Lei，and Mark S. Seasholes. 2005. Do investor sophistication and trading experience eliminate behavioral biases in financial markets? *Review of Finance* 9：3，305－51.

Frederick，Shane. 2005. Cognitive reflection and decision making. *Journal of Economic Perspectives* 19：4，2542.

Goetzmann，William N.，and Alok Kumar. 2008. Equity portfolio diversification. *Review of Finance* 12：3，433－63.

Gomes，Francisco，and Alexander Michaelides. 2005. Optimal life-cycle asset allocation：Understanding the empirical evidence. *Journal of Finance* 60：2，869－904.

Graham，John R.，Campbell R. Harvey，and Hai Huang. 2009. Investor competence，trading frequency，and home bias. *Management Science* 55：7，1094－106.

Grinblatt，Mark，Seppo Ikaheimo，and Matti Keloharju. 2008. Are mutual fund fees competitive? What IQ-related behavior tells us. Working Paper，UCLA Anderson School of Management.

Grinblatt，Mark，and Matti Keloharju. 2001. How distance，language，and culture influence stock holdings and trades. *Journal of Finance* 56：3，1053－73.

Grinblatt，Mark，and Matti Keloharju. 2009. Sensation seeking，overconfidence，and trading activity. *Journal of Finance* 64：2，549－78.

Grinblatt，Mark，Matti Keloharju，and Juhani Linnainmaa. 2009a. IQ and stock market participation. Chicago Booth Research Paper No. 09－27.

Grinblatt，Mark，Matti Keloharju，and Juhani Linnainmaa. 2009b. Do smart investors outperform dumb investors? Chicago Booth Research Paper No. 09－33.

Holden，Craig W.，and Avanidhar Subrahmanyam. 1992. Long-lived private information and imperfect competition. *Journal of Finance* 47：1，247－70.

Holtzman，Ronald E.，George W. Rebok，Jane S. Saczynski，Anthony C. Kouzis，Kathryn Wilcox Doyle，and William W. Eaton. 2004. Social network characteristics and cognition in middle-aged and older adults. *Journal of Gerontology：Psychological Sciences* 59B：6，278－84.

Horn，John L. 1968. Organization of abilities and the development of intelligence. *Psychological Review* 75：3，242－59.

Huberman，Gur. 2001. Familiarity breeds investment. *Review of Financial Studies* 14：3，659－80.

Ivkovich，Zoran，Clemens Sialm，and Scott Weisbenner. 2008. Portfolio 575
concentration and the performance of individual investors. *Journal of Financial and Quantitative Analysis* 43：3，613－56.

Ivkovich，Zoran，and Scott Weisbenner. 2005. Local does as local is：Information content of the geography of individual investors' common stock investments. *Journal of Finance* 60：1，267－306.

Kanazawa，Satoshi. 2006. IQ and the wealth of states. *Intelligence* 34：6，593－600.

Kezdi，Gabor，and Robert Willis. 2003. Who becomes a stockholder? Expectations，subjective uncertainty，and asset allocation. Working Paper 2003－039，University of Michigan Retirement Research Center.

Korniotis，George M.，and Alok Kumar. 2008. Do portfolio distortions reflect superior information or psychological biases? Working Paper，University of Texas at Austin.

Korniotis，George M.，and Alok Kumar. 2009. Do older investors make better investment decisions? *Review of Economics and Statistics*，forthcoming.

Kotlikoff，Laurence J. 1996. Privatizing social security at home and abroad. *American Economic Review* 86：2，368－72.

Kumar，Alok. 2009. Who gambles in the stock market? *Journal of Finance* 64：4，1889－933.

Kyle，Albert S. 1985. Continuous auctions and insider trading. *Econometrica* 53：6，1315－35.

Lindenberger，Ulman，and Paul B. Baltes. 1994. Sensory functioning and intelligence in old age：A strong connection. *Psychology and Aging* 9：3，339－55.

Lindenberger, Ulman, and Paul B. Baltes. 1997. Intellectual functioning in old and very old age: Cross-sectional results from the Berlin aging study. *Psychology and Aging* 12: 3, 410 - 32.

List, John A. 2003. Does market experience eliminate market anomalies? *Quarterly Journal of Economics* 118: 1, 41 - 71.

Mansfield, Phylis M., and Mary Beth Pinto. 2008. Consumer vulnerability and credit card knowledge among developmentally disabled citizens. *Journal of Consumer Affairs* 42: 3, 425 - 38.

Massa, Massimo, and Andrei Simonov. 2006. Hedging, familiarity and portfolio choice. *Review of Financial Studies* 19: 2, 633 - 85.

Masunaga, Hiromi, and John Horn. 2001. Expertise and age-related changes in components of intelligence. *Psychology and Aging* 16: 2, 293 - 311.

McArdel, John J., James P. Smith, and Robert Willis. 2009. Cognition and economic outcomes in the health and retirement survey. IZA Discussion Paper Series, No. 4269.

Mitchell, Olivia S., and Stephen P. Zeldes. 1996. Social security privatization: A structure for analysis. *American Economic Review* 86: 2, 363 - 67.

Mitton, Todd, and Keith Vorkink, 2007. Equilibrium under-diversification and the preference for skewness. *Review of Financial Studies* 20: 4, 1255 - 88.

Odean, Terrance. 1999. Do investors trade too much? *American Economic Review* 89: 5, 1279 - 98.

Oechssler, Jörg, Andreas Roider, and Patrick W. Schmitz. 2008. Cognitive abilities and behavioral biases. IZA Discussion Paper No. 3481.

Poterba, James M. 2001. Demographic structure and asset returns. *Review of Economics and Statistics* 83: 4, 565 - 84.

Salthouse, Timothy A. 2000. Aging and measures of processing speed. *Biological Psychology* 54: 1 - 3, 35 - 54.

Schroeder, David H., and Timothy A. Salthouse. 2004. Age-related effects on cognition between 20 and 50 years of age. *Personality and Individual Differences* 36: 2, 393 - 404.

Shanan, J., and R. Sagiv. 1982. Sex differences in intellectual performance during middle age. *Human Development* 25: 1, 24 - 33.

Spaniol, Julia, and Ute J. Bayen. 2005. Aging and conditional probability judgments: A global matching approach. *Psychology and Aging* 20: 11, 165 - 81.

576 Stango, Victor, and Jonathan Zinman. 2008. Exponential growth bias and household finance. *Journal of Finance*, forthcoming.

Suto, W. M. I., Isabel Clare, Anthony Holland, and Peter Watson. 2005a. Capacity to make financial decisions among people with mild intellectual disabilities. *Journal of Intellectual Disability Research* 49, 199 - 209.

Suto, W. M. I., Isabel Clare, Anthony Holland, and Peter Watson. 2005b. The relationships among three factors affecting the financial decision-making abilities of adults with mild intellectual disabilities. *Journal of Intellectual Disability Research*, 49: 3, 210 - 17.

Zagorsky, Jay L. 2007. Do you have to be smart to be rich? The impact of IQ on wealth, income and financial distress. *Intelligence* 35: 5, 489 - 501.

作者简介

乔治·M. 科尔尼奥蒂斯（George M. Korniotis）是迈阿密大学商学院的金融学助理教授。他在塞浦路斯大学取得学士学位，于耶鲁大学获博士学位。2003 年到 2006 年，在美国圣母大学门多萨商学院担任助理教授。2006 年到 2010 年，他在华盛顿特区联邦储备局任职，政治职责包括风险管理问题和对大宗商品市场的监控。他的研究兴趣涉及实验资产定价、行为金融和计量经济学。他的研究成果曾发表于《商业和经济统计期刊》（*Journal of Business and Economic Statistics*）、《经济与统计评论》（*Review of Economics and Statistics*）和《金融研究评论》（*Review of Financial Studies*）等刊物上。

阿洛克·库马尔（Alok Kumar）是切萨拉诺（Cesarano）学者，在迈阿密大学商学院任金融学教授，并兼任得克萨斯大学奥斯坦分校麦克布斯商学院的金融学副教授。在此之前，曾任美国圣母大学门多萨商学院金融学助理教授。库马尔教授在克勒格布尔（Kharagpur）的印度理工学校拿到机械工程学硕士学位，在康奈尔大学取得经济学博士学位，此外还分别于达特茅斯大学和耶鲁大学取得遥控学和管理学高级学位。库马尔教授的研究兴趣在于金融学和心理学的交叉领域。他已经发表了诸多关于个人投资者、股票分析师和博弈论等方面的论文，主要发表于《金融学期刊》（*Journal of Finance*）、《金融研究评论》（*Review of Financial Studies*）、《金融和定量分析期刊》（*Journal of Financial and Quantitative Analysis*）、《金融市场期刊》（*Journal of Financial Markets*）、《金融研究》（*Review of Finance*）以及《计算经济学》（*Computational Economics*）等刊物上。他的研究获得过《华尔街日报》（*Wall Street Journal*）、《纽约时报》（*New York Times*）、《华盛顿邮报》（*Washington Post*）、《蒙特利尔公报》（*Montreal Gazette*）、《福布斯》（*Forbes*）和《财智月刊》（*Smart Money*）等的报道。库马尔教授还承接了来自共同基金、Postnieks 资本管理公司和 Validea 公司的咨询项目。

577 第31章 养老金参与行为

朱莉·理查森·阿格纽（Julie Richardson Agnew）
威廉和玛丽学院梅森商学院金融学和经济学副教授

引 言

过去的25年间，美国见证了养老金覆盖率的巨大变化（概述参见 Poterba，Venti and Wise，2008）。多年来，社会保障制度和固定收益计划为很多退休雇员提供了有保障的支持。在上述两种情况中，艰难的储蓄和投资决策不是这些计划参与者所应承担的责任。现在，情况发生了巨大变化。虽然政策制定者对社会保障制度的长期偿付能力仍然争论不休，但固定缴款计划已经成为最普遍的养老金提供方式。从雇主的角度看，这种变化是有利的，因为养老金固定缴款计划的管理费用较低，而且将投资组合风险完全转移给了雇员。从雇员的角度来看，养老金固定缴款计划在操作上更为方便，但是其中也牵涉做出关键储蓄决策的个人的责任。对许多人来说，由于金融知识、兴趣和时间的缺乏，这些新的

具有挑战性的财务决策是十分复杂且难以应付的。这些转变的一个不经意的结果是，它为学者研究行为金融学理论提供了一个丰富的案例库。在过去的 10 年里，研究领域的拓宽加深了我们对投资心理学的理解，为各种理论提供了有力的支持，并且导致了退休计划设计的显著改变，改善了整体的储蓄水平。本章的目的是总结涉及行为金融学这一领域的最重要的发现，并突出已经奏效的计划设计变动。

这一章包括六个主要部分。前五部分强调行为方面，涉及投资者在退休计划中必须做的五个重要的金融决策：（1）是否参与该计划；（2）定期缴纳多少；（3）如何配置资产；（4）何时进行配置调整；（5）一旦他们退休，如何处理他们积累的总额。最后一部分讨论在这些决策中，金融素养和兴趣的缺乏会如何增大偏向和直觉推断的影响。

参与决策

当雇主首次引入固定缴款计划时，雇员通常在自愿登记安排下加入退休计划。这意味着他们必须有意识地通过“选择参加”这一行为来加入。早期的研究主要集中在对不参与的理性解释上。研究通常使用 401（k）管理数据或调查证据来研究计划特点和个人特征的作用。研究者常常发现，计划设计元素——例如雇主匹配份额，以及如年龄、工资、种族和工作任期这样的个人特征——对参与率都有影响。芒内尔、桑登和泰洛（Munnell，Sundén and Taylor，2001，2002）为这个早期工作提供了一个简洁的综述。到 20 世纪 90 年代末，学者们开始对不参与的行为原因越来越感兴趣，得出的研究证据支持某些行为偏向。时至今日，退休储蓄决策显然是一系列复杂因素的函数。除了从个人理性角度出发的解释外，行为偏向在雇员不参与固定缴费计划中也扮演了重要角色。 578

一项来自马德里恩和谢伊（Madrian and Shea，2001）的著名研究导致了（养老）计划设计的大范围变动。作者分析了一个 401（k）计划从自愿（选择参加）登记安排到自动（选择退出）登记安排的过渡。根据理性选择理论，如果个体有良性偏好，那么在登记方法上的这一变化应该对参与程度没有影响，因为一个人总是会最优化自己的状况并选择最优选项（Johnson and Goldstein，2003）。与这种预期相反，作者发现，当引进自动登记时，工作任期相似的雇员的参与程度显著提高，从 37%变为 86%。此外，不同人群的参与率相当。作者仔细分析并确保所有的经济特征，像行权计划、投资选择的数量、贷款的获得以及与雇主的匹配程度，在研究中没有变化。因此，他们的结论强烈指向行为解释。马德里恩和谢伊为几种能够解释他们的研究结果的行为理论提供了一个全面的总结，并突出强调拖延是导致这一结果的最有可能的原因。

那么，是什么导致个体在做出关于长期经济福利的重要决策时会拖延呢？开始

这可能很令人费解，但是这些决策的复杂性和高风险是这些个体最有可能推迟决策的重要原因。奥·多诺霍和拉宾（O'Donoghue and Rabin，2001）的模型预测，个体所面对的选择越重要，选择选项越多，个体越会表现出拖延的倾向。此外，工人们对金融的兴趣缺乏和知识欠缺，进一步加重了此类决策在感知上的复杂性，这将在这一章的最后一部分讨论。

拖延现象也可能受到个体对自我控制问题的清醒认识程度的影响。时间不一致的行为，如忽视为养老储蓄，会在个人缺乏自控能力、追求即时满足而忽略长期利益时发生（Thaler and Shefrin，1981）。奥·多诺霍和拉宾的模型显示，人们对自己的自我控制能力越无知，越有可能拖延。莱布森（Laibson，1997）以及戴蒙德和科赛吉（Diamond and Koszegi，2003）也对时间不一致行为和退休进行了研究，其中他们特别关注了双曲线和准双曲线贴现的问题。

马德里恩和谢伊（Madrian and Shea，2001）还提到现状偏向可能会影响他们
579 的研究结果。现状偏向是个人什么都不做或维持他们当前或先前决定的倾向。在萨缪尔森和泽克豪瑟（Samuelson and Zeckhauser，1998）对这个现象的实验检验中，他们发现即使没有意识到偏向的存在，被试者也明显受到了现状的影响。他们认为，理性原因包括交易成本（如信息搜索成本）、不确定性以及认知误解（比如损失厌恶和锚定效应）。他们还提到，心理承诺如后悔厌恶也有一定作用。显然，这些因素中的每一个都可能在退休决策中发挥作用。因此，马德里恩和谢伊发现的不同的参与率也与此理论相符。

个人必须做出选择的数量也会导致不参与行为。如前所述，奥·多诺霍和拉宾的模型预测，额外的选择会增加拖延的可能性。在 401（k）计划的情况下，如果个人选择参与，那么他或她随后会面临几个额外的决策，如储蓄多少以及如何在多样化的投资选择中配置他或她的投资组合。这可能导致所谓的选择超载。

一项新颖的研究（Iyengar and Lepper，2000）通过现场实验和实验室实验，利用消费品检验了选择超载理论。实验中，他们向超市购物者展示 24 种国外的果酱（广泛的选择条件）或 6 种国外的果酱（有限的选择条件）。尽管他们发现更多的人被吸引到有广泛选择的展示中（60%对 40%），但观看有限选择展示的人实际上比观看广泛选择展示的人更有可能购买果酱（30%对 3%）。因此，该研究认为，太多的选择会使人失去动力。

为了测试基金选择数量对退休计划参与状况的影响，塞斯—艾扬格、休伯曼和江（Sethi-Iyengar，Huberman and Jiang，2004）使用了由 Vanguard 提供的 401（*k*）管理数据。他们发现，随着投资选单上基金数目的增多，参与的可能性下降。他们的分析表明投资选单上每增加 10 只基金，参与的可能性就下降 1.5 到 2 个百分点。

除了计划的特点，同群效应也会影响参与。卢萨尔迪和米切尔（Lusardi and Mitchell，2006）以及范·罗伊、卢萨尔迪和阿莱西（van Rooij，Lusardi and

Alessie，2007）的调查研究报告表明，有很高比例的受访者在做金融决策时与家人和朋友商量。迪弗洛和塞斯（Duflo and Saez，2002）对一所提供延税账户的大学的员工进行了研究，在其对参与率和投资决策的分析中，他们发现了存在同群效应的证据。使用管理数据集，他们发现当一个部门的参与率提高1个百分点时，这个部门中个体的参与概率提高了0.2个百分点。

在另一篇论文中，迪弗洛和塞斯（Duflo and Saez，2003）通过现场研究考察了社会互动的作用，他们邀请那些没有参与大学退休计划的人参加一个鼓励参与的福利展览会。他们承诺给出席的受邀者20美元的奖励。作者从随机的部门子集里选择“获奖”个体来估计社会互动效应的作用。结果显示，奖励显著影响了福利会 580
议的出席率。获奖个体参加福利会议的可能性是对照样本的五倍。此外，迪弗洛和塞斯注意到一个显著的社会溢出效应。未受邀请但与获奖者在同一部门工作的人参加展览会的可能性是控制组部门未受邀员工的三倍。奖励还影响了计划参与率。获奖部门有了更高的参与率。有趣的是，个体是否收到邀请信不影响参与决策：重要的是这个人是否在获奖部门中。迪弗洛和塞斯的结果显示，小额奖金和/或同群效应会显著影响重要的决策，比如退休储蓄。

信任也影响参与。研究表明，对金融机构的信任缺失会影响整体金融行为，特别是社会和经济地位较低的家庭。比如，一些研究（Szykman，Rahtz，Plater，and Goodwin，2005；Bertrand，Mullainathan and Shafir，2006）表明，贫困的人有意识地避免与金融机构交易，因为他们对金融机构缺乏信任。此外，还有研究（Guiso，Sapienza and Zingales，2008）发现缺乏信任能解释为什么一些人不投资于股票市场。

为了探究信任在401（k）参与中的作用，有一项研究（Agnew，Szykman，Utkus and Young，2009）使用了一个数据集，其结合了调查数据与来自三个计划的管理数据，其中两个有自动登记的特点，一个是自愿登记。他们发现，对金融机构的信任的缺失降低了参与自动登记计划的可能性。基于数据样本，对于一个有一般人口统计特征的已婚男性，低水平的信任导致参与可能性下降15%。

综上所述，非经济或行为动机会影响参与率。支持塞勒和桑斯坦的自由家长主义理念的人认为，在不去除选择自由的条件下，私人和公共机构有责任引导人们做出促进福利的选择（Thaler and Sunstein，2003；Sunstein and Thaler，2003）。在退休计划中，计划设计和登记技术近期所发生的重大改变表明，许多计划发起人是依照这一理念行事的。

退休计划中最显著的变化是自动登记被广泛采用。在马德里恩和谢伊研究该问题的时候，这个功能还是相对少见的，但是在2007年，美国利润分享/401（k）委员会估计53%的大型计划是自动登记参与的（Wray，2009）。计划设计中的这种改变引起了参与率的显著上升。尽管自动登记普及的趋势仍在继续，但一些公司发起人仍然抵触这种改变，而更喜欢自愿登记的方法。幸运的是，对此类计划支持者

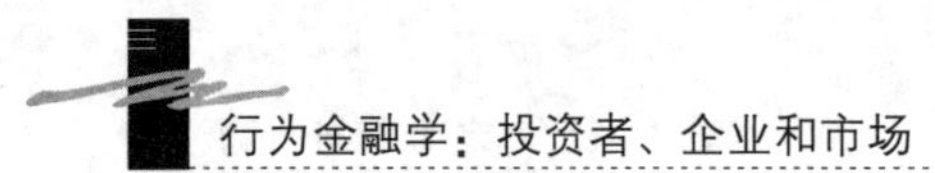

而言，由于对行为金融学理解的加深，已经产生了一些与自愿计划相辅相成的新方法。虽然下面讨论的三种方法是成功的，但是没有一个将参与率提高到自动登记的水平。

第一种方法是主动选择，它设立了最后期限，要求员工们决定是否参加。没有默认选项，员工们必须就缴存率和配置方式做出明确决策。在主动选择下，卡罗
581 尔、邹里、莱布森、马德里恩和梅特里克（Carroll，Choi，Laibson，Madrian and Metrick，2009）发现三个月后，与自愿安排相比，登记率提高了28%。他们还表明，如果个体有可能拖延并且有不同的最优储蓄率，则这种方法是社会最优的。

第二种方法使用社会营销来提高参与率。卢萨尔迪、凯勒和凯勒（Lusardi，Keller and Keller，2008）采用问卷调查、焦点小组讨论和深度访谈的方式来确认参与者进行储蓄的三个障碍。考虑到这些障碍，他们制订了一个援助计划，帮助有风险担忧的新员工克服自我控制问题。在第一次干预的三十天后，他们发现被帮助的新员工的参与率与对照组相比提高了两倍。

邹里、莱布森和马德里恩（Choi，Laibson and Madrian，2009）研究了一项由翰威特咨询公司制定的程序，名为快速登记（Quick Enrollment™），这是第三种方法。这种方法要求员工只考虑参加或不参加这两种选择，而将缴存率和资产配置设置为默认，因而降低了决策的复杂度。他们发现，三个月后，快速登记使新员工的参与率变为401（k）的三倍，并且以前雇员中参与的人数增加了10%到20%。然而，他们发现了与缴存率和资产配置相关的默认偏向的证据。

缴存率

一旦员工参与了这个计划，接下来就会有一些重要的决策需要他们去做。对于那些已经自愿登记的人，他或她必须决定为该计划缴纳多少薪水。研究表明，缴存率通常为几个点。本纳兹和塞勒（Benartzi and Thaler，2007）对此进行了解释，认为这表明个体会运用不同的储蓄直觉推断法则。他们基于这些常见的集群描述了几种直觉推断法则，包括“五倍数直觉推断”“最大缴存直觉推断”“雇主匹配直觉推断”。

与自愿登记的参与者相反，自动登记的参与者不需要选择缴存率，因为有可用的默认比率。对于自动登记的参与者，研究人员通常观察到强烈的默认偏向，缴存率会锚定在默认水平。邹里、莱布森、马德里恩和梅特里克（Choi，Laibson，Madrian，and Metrick，2004）的研究强调了默认偏向的影响，他们发现有80%的自动登记参与者同时接受了默认储蓄率和默认的投资基金。他们发现，与现状偏向和惯性（inertia）一致，三年后，超过半数的参与者维持这些默认选项。鉴于计划提供者通常设置的默认缴存率很低，这就成为自动登记为数不多的缺陷之一

(Nessmith，Utkus and Young，2007)。

邹里、莱布森、马德里恩和梅特里克（Choi，Laibson，Madrian and Metrick，2009）发现，一旦个体设定或接受一个缴存水平，天真型学习强化经验法则可能导致缴存水平的后续变化。根据此种经验法则，个人会增加使其经历成功的策略在决策过程中所占的权重，即使从逻辑上来说未来的成功与过去的经历并不相关。作者们利用管理数据发现，相比其他有不同经历的人，401（k）计划中储蓄有正产出的投资者（高平均收益或低收益方差）的储蓄率提高。

为了提高缴存水平，特别是鉴于自动登记已经导致很多人锚定在低缴存率上，
一些计划融入了一些新特征以利用从投资者心理所获得的信息。由塞勒和本纳兹 582
（Thaler and Benartzi，2004）设计的明天储蓄更多计划（SMarT）将自我控制问题纳入了考虑范围。因此，项目要求员工提前很久承诺提高缴存率。这种“未来锁定”是用来克服参与者的自我控制问题的，其在促使个人选择“应”做的而非“想”做的方面是很有效的（Rogers and Bazerman，2008）。SMarT会随着未来工资的增加而及时提高缴存率，这样做也缓解了参与者的亏钱感。惯性对参与者有利，因为一旦做出了加入计划的决策，次优决策就可以改变。这也意味着，与自由家长主义相一致，员工可以随时退出项目。

首次实施方案的结果显示，对SMarT参与者来说，储蓄有显著的提高。此外，正如现状偏向理论预测的，很少人退出。在第四次涨薪之后，SMarT参与者的平均缴纳率为13.6%。相比之下，那些咨询顾问的缴存率为8.8%。当与那些未选择咨询财务顾问（6.2%）或拒绝参加SMarT计划的人（5.9%）的缴存率比较时，对照更鲜明。

资产配置决策

一旦一个人确定或接受某个缴存率后，他或她就必须决定如何配置投资组合。这具有挑战性，因为研究表明个体可能没有定义明确的对投资组合的偏好（Benartzi and Thaler，2002）。毫不奇怪，对于是否参与和如何确定缴存率等决定，默认值有一定影响力（Choi，Laibson，Madrian，and Metrick，2002，2004）。正如前面提到的，邹里等（Choi et al.，2004）的研究发现，80%的自动登记参与者接受默认的投资基金。同样，在一项对50个退休计划的分析中，内史密斯等（Nessmith et al.，2007）发现自动登记计划中的新雇员将他们所有的缴存放入默认投资基金的可能性是自愿计划中新雇员的三倍。他们还发现51%的人在两年后仍保持计划的默认值。

虽然默认值的影响显然很大，但证据显示通过坚定和持久地鼓励主动选择可以克服默认偏向。其中最有趣的例子是瑞典的养老金系统。在瑞典的养老金计划下，

个人可以投资于多达 5 只基金，它们可从含有超过 400 只基金选择的选单中选出。在 2000 年，即计划实施的第一年，瑞典政府进行了一次提高公众选择意识的大型广告宣传活动。在系统实施的第一年，大比例的民众做出了积极型的基金配置（67%）。因此，最初的表现似乎是瑞典投资者受默认偏向的影响要大大小于美国投资者（Engstrom and Westerberg，2003）。然而，到 2003 年，广告宣传水平降低
583 了，91.6%的新参与者选择了默认的基金（Cronqvist and Thaler，2004），这说明默认偏向不只限于在美国投资者中产生作用，并且没有持续的努力是无法克服这种偏向的。

除了默认偏向，其他行为偏向也会影响配置。公司股票投资提供了一个优秀的研究案例。多样化的好处众所周知，但令人疑惑的是，投资者大额投资于一种证券，特别是一种与他们自己的人力资本高度相关的证券。几项研究详述了与公司股票投资相关的潜在的高额福利成本问题（Muelbroek，2002；Poterba，2003；Even and Macpherson，2008）。尽管有这些成本，但参与者仍然将他们的投资组合集中在本公司股票上，最近的研究表明，行为偏向可能是罪魁祸首。

例如，休伯曼（Huberman，2001）指出，熟悉偏向可能影响投资选择。他断言，一些投资者不基于风险和回报来优化他们的投资组合而是选择投资到他们了解的地方。休伯曼在与美国地方性贝尔运营公司相关的投资模式中找到了此类证据。同样，科恩（Cohen，2009）指出忠诚度可能发挥作用。他发现，独立公司的员工比企业集团的员工在公司股票上的投资多 10%。

本纳兹（Benartzi，2001）认为，当雇主将雇主配资额限制在本公司股票上时会有背书效应。对于雇主为什么会用本公司股票匹配缴存额，布朗、梁和韦斯本纳（Brown，Liang and Weisbenner，2006）提供了更多研究结果。与理性预期相反，本纳兹发现，当把雇主配资额投资于本公司股票时，参与者会在这种证券上配置更多自己的缴存额（18%对 29%）。他认为员工将公司股票匹配作为含蓄的投资建议。使用混合截面数据，布朗、梁和韦斯本纳（Brown，Liang，and Weisbenner，2007）发现了相似的证据。然而，当他们控制企业层面的固定效应时，发现匹配策略和员工将缴存额投资于公司股票之间的关系消失了。

过度推断也可能影响本公司股票的配置。本纳兹发现，10 年期股票业绩最差的公司将自主缴存部分投资于其股票的比例要比业绩最好的公司低（10.4%对 39.7%）。其他研究还发现了过去公司股票的回报与公司股票持有之间的联系（Choi et al.，2004；Huberman and Sengmueller，2004；Agnew，2006；Brown et al.，2007）。

研究表明除了公司股票配置决策外，过度推断也可以在其他资产选择中发挥作用。回到瑞典养老金计划的例子，在他们的基金选择过程中，投资者可能会利用基金过去 5 年的收益情况作为决策的辅助。在计划的第一年，一只技术和医疗基金创造了所有 456 只基金中 5 年基金业绩的最好纪录。给所有参与者的一个信息小册子

上报告了这些业绩。有趣的是，除去默认基金，这只基金得到了缴存资金池的最大比例（4.2%）（Cronqvist and Thaler，2004）。不幸的是，对那些选择这只基金的人而言，到 2003 年互联网泡沫破裂时，这只基金已经损失了 69.5%的价值。这个例子是一个有关使用简单配置直觉推断的潜在危险的警世故事。

过去的研究还表明投资选单会影响资产配置。本纳兹和塞勒（Benartzi and Thaler，2001）发现一些证据表明个体遵循天真型多元化策略，称为“$1/n$ 推断法则”。基于这条经验法则，投资者在 n 个可行的选择中平均配置他们的缴存额。根 584
据基金选单，这种策略很容易导致与投资者风险偏好不一致的投资组合，并导致像作者所记录的大额事前福利损失。随着基金选择数目的增加，这种经验法则似乎变得不那么受欢迎。休伯曼和江（Huberman and Jiang，2006）发现，对于一个有大量基金的选单，个体遵循一种稍微不同的直觉推断方式，他们称之为“条件型 $1/n$ 规则”。阿格纽（Agnew，2006）也发现证据验证了“条件型 $1/n$ 规则”。根据条件规则，参与者将资金平均配置在他们选择的基金中。选择的基金数量并不一定等于提供的总的基金数量。休伯曼和江指出这可能不是非理性的策略。

布朗等（Brown et al.，2007）为选单驱动效应提供了更进一步的证据。他们使用综合数据，并发现投资选择的数量和组合显著影响缴存额的配置。他们估计，将股权基金份额从 1/3 提高到 1/2，会使整体参与者的股权基金配置提高 7.5%（2006）。采用个体层面的管理数据，阿格纽也发现了当本公司股票存在时心理核算（Kahneman and Tversky，1984；Thaler，1985，1999）起作用的证据。在条件型 $1/n$ 推断法则的一个变化形式中，阿格纽发现，个体将缴存部分配置到本公司股票上，然后将剩余部分平均配置到其他持有的资产上。从这些结果可以看出，参与者明显把本公司股票作为单独的资产类别。这个发现支持了本纳兹和塞勒（Benartzi and Thaler，2001）早期的研究结论。最后，邹里、莱布森和马德里恩（Choi，Laibson and Madrian，2008a）发现当员工不能选择自己对资产的配置时，心理核算会起作用。

本纳兹和塞勒（Benartzi and Thaler，2007）报告了与投资表格设计的微妙变化相关的令人惊讶的结果，再次强调了选择结构的重要性。他们检验基金选择表格的行数是否会影响参与者投资的基金数目。在一个使用晨星网站的实验中，他们要求参与者在八只假定的基金中配置资金。参与者收到了两个可能的计算机表格之一，一个有四行和一个超链接，可以投资超过四只基金，另一个有八行。行数的确显著影响其行为。面对四行表格的人仅有 10%选择了超过四只基金，而面对八行表格的人中这一比例则达到了 40%。本纳兹、皮莱格和塞勒（Benartzi，Peleg and Thaler，2008）提供了更多关于选择结构的讨论。

本研究有助于计划发起人认识到配置决策的复杂性和员工在做配置选择时依赖简单直觉推断法则的倾向。作为回应，401（k）提供者已经主动改善计划设计并引进新的产品，以简化流程并提高储蓄回报。目标日期基金（有时称为生命周期基金）是近期这种类型的新产品的一个例子。自从 2006 年养老金保护法案授权这些基金可以作为默认选项之后，它们迅速成为 401（k）选单上的一个常见的选项。内史密斯、乌特库斯（Nessmith and Utkus，2008）估计，2007 年参与者在这些基金上投资了 1 830 亿美元，81%的自动登记计划使用这些基金作为它们的默认选
585 项。虽然并非没有争议，但是这些基金理论上是一个有效工具，帮助个体在长期内维持一个合适的投资组合。这些基金的一个优势是它们为投资者降低了配置决策的复杂性，因为参与者只需要选择一个日期接近于他或她的预期退休日期的基金即可。一旦一个参与者决定投资于一个目标日期基金，现状偏向和惯性就会使参与者的投资决策保持在正轨上。维塞瑞亚（Viceria，2008）提供了关于第一代这些产品的更多细节，涉及资产配置的学术模型和未来产品的改进建议。

虽然是一个创新的、防止错误产生的解决方案，但目标日期基金用于个人投资组合的实际方式是令人费解的，并且表明个体可能并没有完全理解这种日益增长的资产类型。内史密斯、乌特库斯发现只有一半的目标日期基金投资者是“纯”投资者，即在提供多种产品时他们只持有单只目标日期基金，而其余群体代表“混合”投资者，即他们将目标日期基金与其他投资选择相结合。在对一个基于风险偏好的类似基金（称之为生活型基金）的分析中，阿格纽（Agnew，2007）发现了类似的“混合”投资组合结果。在其样本参与者中，36%持有至少一种生活型基金，而且此群体中将近一半（47%）的人投资于多种生活型基金。

这些“混合”投资组合是由于参与者最优化他们的整体投资组合还是只是简单决策的结果尚不清楚。然而，越来越多的证据表明，对这些新产品缺乏金融了解可能驱动这种行为，这是在后面的金融素养部分讨论的。除了金融素养外，内史密斯、乌特库斯还对混合投资组合做出了一些理性和行为方面的解释，包括简单多样化、惯性和雇主匹配效应。更进一步的研究需要验证所有这些理论。然而，现存证据表明，默认选项可以鼓励纯“单一选择”投资。米切尔、莫托拉、乌特库斯和山口（Mitchell，Mottola，Utkus，and Yamaguchi，2008）发现，当默认选项是一个目标日期基金的时候，参与者更有可能成为“纯”投资者。如果个体有良性偏好，那么默认的存在应该不是问题。

关于本公司股票投资的问题，基于行为金融原则，本纳兹和塞勒（Bernatzi and Thaler，2003）正在制订一个类似于之前讨论的 SMarT 计划的新的计划。这个计划的结果还有待测试。

交易

一旦退休参与者进行资产配置，那么随着时间的流逝，他们必须决定是否及如何调整他们的投资组合。不像零售经纪账户，401（k）计划中的交易特点是具有

极端的惯性（Odean，1999；Ameriks and Zeldes，2001；Madrian and Shea，2001；Agnew，Balduzzi，and Sundén，2003；Mitchell，Mottola，Utkus，and Yamaguchi，2006）。阿格纽等（Agnew et al.，2003）发现，投资者总体上每3.85年交易一次。米切尔等（Mitchell et al.，2006）发现，他们研究的120万名员工中几乎80%的人在超过两年的时间里没有交易。这种行为与有实际交易成本的最优投资组合选择模型的启示一致。然而，这样的行为是否是由拖延造成的也需要考虑。例 586
如，如果默认某个参与者投资于和他的风险特征不符的基金，那么其最佳行为将是卖出基金。

这种惯性似乎会持续下去，即使是在市场动荡的时期（Mottola and Utkus，2009）。然而，有证据表明，极小一部分个体可能会对市场回报做出回应。莫托拉和乌特库斯发现，在2008年持续数月的极端市场衰退中完全放弃股票的投资者数目达到了峰值。不过，交易者的数量只占样本一个非常小的比例。这种交易符合正反馈交易策略，投资者购买上升的资产而出售下降的资产。仅使用一个401（k）计划的数据，阿格尔等发现了会延迟一天的正反馈交易的证据。通过使用一个代表了在5年里有150万名参与者的更全面汇总的退休资产流动数据集，阿格纽和碧桃丝（Agnew and Balduzzi，2009）发现了关于当天反馈交易的额外证据。综合考虑这些证据会产生某种担忧，因为它表明一些投资者会对一天的市场收益产生反应，从而可能偏离他们的长期投资目标。

401（k）交易计划的交易也被证明会受访问互联网的影响。邹里、莱布森和梅特里克（Choi，Laibson，and Metrick，2002）的研究发现，接触并进行网上交易18个月后，人们的交易频率几乎是没有接触的控制组的两倍。之所以出现这一结果可能是由于网络交易减少了所消耗的时间和其他交易成本。米切尔等还发现，最活跃的交易者使用互联网。山口、米切尔、莫托拉和乌特库斯（Yamaguchi，Mitchell，Mottola，and Utkus，2006）发现，活跃交易不会导致更高的风险调整收益率，但是平衡型生命周期基金的被动调整可以做到。考虑到记录在案的惯性和再平衡调整的好处，计划发起人引入了生命周期基金，它随时间自动调整投资组合份额以及托管账户的服务。

分配阶段

虽然许多研究者投入时间去研究在积累阶段行为因素如何影响决策，但只有非常少的研究者研究这些影响因素如何在退休后影响个体的投资和消费决策。对于大多数固定缴款计划，默认的是投资者超过一定年龄后一次性取回他们的资金。此时，参与者面临复杂的决策。年金应该在他们的退休资产组合中发挥作用吗？他们应该如何配置资产，以及他们应该消费多少才不会花光他们的钱？

针对这些问题，理论家认为，简单付费型终生即期年金[①]应该在退休资产组合中发挥重要作用。然而，这些产品的实际市场相对狭小，这困扰了学者们，因为他们的理性行为模型预测了对这些产品应该会有更大的需求。理论家即使扩展了基本模型，比如考虑了逆向选择和遗赠动机，也无法解释实际市场的规模较小。这个著名的事实通常被称为“年金之谜”。布朗（Brown，2008）对过去的理论和实证文献进行了详尽且深入的总结，并且对研究者的未来研究提出了挑战，要求他们考虑
587 行为解释。对于年金之谜，他提出了措辞、复杂性、心理核算、损失厌恶、误导性直觉推断、后悔厌恶和控制幻觉等可能的行为解释。

最近胡和斯科特（Hu and Scott，2007）的一项研究探讨了几种行为理论如累积前景理论、损失厌恶和心理核算如何解释对即期年金的低需求。他们找到了领取年限保证型终生年金[②]流行的行为原因。

两项新的研究调查了措辞在年金决策中的作用。阿格纽、安德森、盖拉赫和塞克曼（Agnew，Anderson，Gerlach，and Szykman，2008）使用一个大规模的实验室实验来研究负面消息措辞。特维斯基和卡尼曼（Tversky and Kahneman，1981）对措辞效应的研究工作，健康沟通领域的新近研究文献对正面和负面消息如何影响所推荐的有关健康行为的研究，推动了他们的研究工作（Block and Keller，1995）。阿格纽等要求参与者用真实货币玩一个有关退休的游戏，他们必须在年金和投资之间做出选择。在他们做决定之前，参与者会看到三个简短的陈述之一：(1) 通过强调投资于市场和永久资源所伴随的潜在损失来支持年金的选择；(2) 通过强调购买年金后过早死亡的潜在损失来支持投资的选择；(3) 哪个选择都不支持。这些陈述都是真实的但是利用了参与者对损失的厌恶。阿格纽等发现信息表述方式会产生相当大且十分重要的影响。

使用不同的表述方式，布朗、克林、穆拉伊纳丹和罗贝尔（Brown，Kling，Mullainathan，and Wrobel，2008）也发现措辞影响年金的吸引力。他们使用网络调查阐明了养老金的需求会受到下述因素影响，即消费者是从狭窄的投资框架看待年金还是从更宽泛的消费框架看待年金。他们向人们展示各种产品选择，例如年金和竞争性的非年金类产品（比如储蓄账户）。一些参与者从投资框架角度看产品选择，即根据账户价值和收益来讨论产品选择。如果给其他参与者提供相同的产品，但是在消费框架下讨论产品选择，此时对每个选项的讨论围绕着消费者各期可以花费的数量展开，那么作者发现，消费框架下的个体对年金的偏好更甚于其他非年金产品，而投资框架下则相反。例如，布朗等发现，在消费框架下72%的参与者偏好终生年金胜于储蓄账户，而在投资框架下该比率为21%。

---

① 此种年金是形式最简单的年金，与保险公司签约后，投保人提前一次性支付给保险公司一笔钱（称为保费），保险公司承诺在投保人的余生定期支付特定数额。——译者注

② 此类年金合约保证至少支付一段时期的年金，例如5年或10年，即使投保人在此段时间死亡。——译者注

最后，最近的文献表明，年金化决策（即是否投资于年金的决策）可能还受到过去市场收益率的影响。使用管理数据，查尔莫斯和罗伊特（Chalmers and Reuter，2009）以及普雷维泰拉（Previtero，2010）发现，过去市场收益率与年金化的概率之间呈反向关系。阿格纽、安德森和塞克曼（Agnew，Anderson and Szykman，2010）使用实验室实验发现了类似的证据。

这些早期的研究结果表明，利用行为金融学解释年金需求是未来研究中一个很有前途的领域。随着对决策背后的心理了解得越来越多，计划提供者有机会来设计产品和程序以使年金更有吸引力。然而，正如布朗所指出的，年金决策的不可逆性使这成为一个更具挑战性的任务。例如，因为决策不可逆或不可反悔，所以在积累阶段使用的简单计划解决方案，比如选择最优默认值，在年金情况下更难实施。

金融素养 588

个体可能屈服于行为偏向的一个原因是他们缺乏金融素养，随后理所当然地被他们面临的决策所压倒。广泛的证据表明，在美国和其他国家都存在金融素养的实质性缺乏（Lusardi and Mitchell，2007）。如果人们不理解他们的金融选择或不能掌握一般的金融概念，那么他们很容易犯错误并且更可能依靠简单的直觉推断法则进行决策。

对于本公司股票投资和“混合”目标日期投资而言，这很可能属实。本章前面的部分提出了这些资产配置问题。在这两种情况下，证据表明，个体可能不了解这些资产。一些研究表明，个体通常不会意识到投资本公司股票的风险比投资市场大（例如，Agnew and Szykman，2005；Lusardi and Mitchell，2008）。报告说，晨星调查中 84%的受访者犯了这个错误。此外，Envestnet 最近的一项研究发现，在一个小调查中 40%的受访者强烈同意或有点同意目标日期基金提供了回报保证，而 30%的人认为他们使用这些工具会存更少的钱但是仍然会有足够的退休资金（Behling，2009）。其他研究展示了人们对其他基本产品的误解。

然而不仅一般金融知识对养老金参与者来说很重要，而且个人在多大程度上理解自己的计划的特点对养老金参与者来说也很重要。邹里、莱布森和马德里恩（Choi，Laibson and Madrian，2008b）发现，在他们的样本中，缴存率低于匹配阈值的参与者中有 21%知道他们的匹配率，而相比之下，在匹配阈值之上的参与者中有 41%。根据陈和史蒂文斯（Chan and Stevens，2006），理解计划特点的个体对计划特点做出反应的数量是一般个体的五倍。

计划发起人面临的一个问题是，某些旨在帮助投资者的努力，比如简化投资的说明资料或减少计划选择，可能对金融文盲是无效的。例如，阿格纽和塞克曼（Agnew and Szykman，2005）使用实验室实验来测试投资选择的数量和信息披露如何影响决策。尽管减少选择的数量会降低那些金融素养高于平均水平的人的信息超载感，但是它对那些素养低于平均水平的人没有什么作用。他们仍然不堪重负。毫不奇怪，在阿格纽和塞克曼的研究中，个人金融知识水平低于平均水平的人与知识水平高于平均水平的人相比更有可能选择默认选项（20%对 2%），这表明低知识水平可能使个体更容易受偏向的影响。

鉴于向固定缴款计划的转变仍在继续，提高金融素养变得越来越重要。然而，当前的教育所做出的努力是否成功仍有待商榷。尽管雇主发起的研讨会表明个体出席后有良好的愿望来改善储蓄行为，但越来越多的证据表明，他们并没有坚持实现自己的愿望（Clark and d'Ambrosio，2008）。邹里等（Choi et al.，2002）发现，在研讨会后，几乎每一个未参加计划的员工都表明了他们加入的意图，但是只有14%的人真的做到了。此外，个体似乎并没有吸取其他人的经验。邹里、莱布森和
589 马德里恩（Choi，Laibson and Madrian，2005）发现即使当安然公司员工因投资本公司股票而失去其退休金的时候，在其他 401（k）计划中的公司员工持股也几乎没有改变。

教育家们也必须考虑个人对于财务问题或理财计划越来越没有兴趣的趋势，这常常导致重视不够。麦克法兰、马可尼和乌特库斯（MacFarland，Marconi and Utkus，2004）发现在被调查的退休老年人投资者样本中，至少有一半的人对于目前的财务教育课程缺乏兴趣。除此之外，卢萨尔迪和米切尔（Lusardi and Mitchell，2006）发现了样本中只有 18.5%的人有能力决定他们需要存多少钱，从而制订一个存钱的计划并且严格地执行它。而其他一些人甚至可能没有意识到他们缺乏财务知识进而需要相关协助。阿格纽和塞克曼（Agnew and Szykman，2005）认为某一特定人群（例如，低收入者）对自身知识水平的感知和他们读写的测试分数是缺乏相关关系的。针对老年人，卢萨尔迪和图法诺（Lusardi and Tufano，2009）也找到了类似的证据。

这意味着教育家们必须意识到心理偏向，从而应该用创造性的方式来教学。图法诺和施耐德（Tufano and Schneider，2008）提供了一个对现存金融素养提高项目的回顾，包括了针对中低收入家庭的新的、富于创造性的方法。此外，卢萨尔迪（Lusardi，2008）为在美国更有效地实行该项目提出了一些建设性意见，福克斯、巴塞洛米和李（Fox，Bartholomae and Lee，2005）给出了关于金融教育评价的重要性的相关信息。

概要和结论

大量退休研究文献为行为偏向影响与退休相关的财务决策提供了强有力的证据。考虑到缺乏财务知识以及对退休计划缺少兴趣，那些背负沉重压力的投资者经

常采取简单直觉推断来分析退休者的投资意愿。文献中的发现清楚地指出，计划设计过程中即使是最微妙的细节也会影响投资者的行为。在这个领域中实践者与理论学者之间良好的工作关系导致了计划设计的诸多变动，最终增加了储蓄量。尽管目前在这个领域有大量的文献，但是仍然有许多工作需要做，尤其是与退休金分配阶段以及与年金作用相关的问题。此外，将已知的行为偏向和投资者心理合并考虑，能够使得财务知识教育更有效。考虑到个人在自己退休问题上承担的责任在逐渐增加，行为方向的文献在今后几年中应该会继续快速增长。

讨论题

1. 已知参与者在退休决策中存在行为偏向，那么计划发起人和政策制定者是应该专注于自动型的计划设计，从而避免计划参与者所犯的常见错误，还是应该专注于改善财务知识的教育水平？

2. 直到最近，有关退休资金分配阶段，尤其是年金方面的行为研究很少。请 590
讨论一些合理的行为理论来解释年金之谜。

3. 一个人很大一部分财富投资于他受雇的公司的股票，这是违背投资原则的。请尝试用合理的行为理论来解释这个有争议的投资行为。

4. 请举出三个成功的例子，通过改变计划设计从而提高储蓄水平，进一步解释这些例子与行为金融理论的关系。这些计划设计的缺陷是什么？

参考文献

Agnew, Julie R. 2006. Do behavioral biases vary across individuals? Evidence from individual level 401（k）data. *Journal of Financial and Quantitative Analysis* 41：4，939－61.

Agnew, Julie R. 2007. Personalized retirement advice and managed accounts：Who uses them and how does advice affect behavior in 401（k）plans? Working Paper, College of William and Mary.

Agnew, Julie R., Lisa Anderson, Jeff Gerlach, and Lisa Szykman. 2008. Who chooses annuities：An experimental investigation of gender, framing and defaults. *American Economic Review* 98：2，418－22.

Agnew, Julie R., Lisa Anderson, and Lisa Szykman. 2010. An experimental study of the effect of prior market experience on annuitization and equity allocations. Working Paper, College of William and Mary.

Agnew, Julie R., and Pierluigi Balduzzi. 2009. The reluctant retirement trader: Do asset returns overcome inertia? Working Paper, College of William and Mary.

Agnew, Julie R., Pierluigi Balduzzi, and Annika Sundén. 2003. Portfolio choice and trading in a large 401 (k) plan. *American Economic Review* 93: 1, 193 - 215.

Agnew, Julie R., and Lisa R. Szykman. 2005. Asset allocation and information overload: The influence of information display, asset choice, and investor experience. *Journal of Behavioral Finance* 6: 2, 57 - 70.

Agnew, Julie R., Lisa Szykman, Steve Utkus, and Jean Young. 2009. Literacy, trust and 401 (k) savings behavior. Working Paper, Center for Retirement Research at Boston College, Boston College.

Ameriks, John, and Stephen P. Zeldes. 2001. How do household portfolio shares vary with age? Working Paper, Columbia University.

Behling, Ellie, 2009, Planadvisor website: http://www.planadviser.com/research/article.php/4285, May 6.

Benartzi, Shlomo. 2001. Excessive extrapolation and the allocation of 401 (k) accounts to company stock. *Journal of Finance* 56: 5, 1747 - 64.

Benartzi, Shlomo, Ehud Peleg, and Richard H. Thaler. 2008. Choice architecture and retirement savings plans. Working Paper, UCLA.

Benartzi, Shlomo, and Richard Thaler. 2001. Naïve diversification strategies in retirement savings plans. *American Economic Review* 91: 1, 79 - 98.

Benartzi, Shlomo, and Richard Thaler. 2002. How much is investor autonomy worth? *Journal of Finance* 57: 4, 1593 - 616.

Benartzi, Shlomo, and Richard Thaler. 2003. Using behavioral economics to improve diversification in 401 (k) plans: Solving the company stock problem. Working Paper, UCLA.

Benartzi, Shlomo, and Richard Thaler. 2007. Heuristics and biases in retirement savings behavior. *Journal of Economic Perspectives* 21: 3, 81 - 104.

Bertrand, Marianne, Sendhil Mullainathan, and Eldar Shafir. 2006. Behavioral economics and marketing in aid of decision making among the poor. *Journal of Public Policy and Marketing* 21: 2, 8 - 23.

Block, Lauren, and Punam Anand Keller. 1995. When to accentuate the negative: The effects of perceived efficacy and message framing on intentions to perform a health-related behavior. *Journal of Marketing Research* 32: 2, 192 - 203.

591 Brown, Jeffrey R. 2008. Understanding the role of annuities in retirement planning. In *Overcoming the saving slump: How to increase the effectiveness of*

financial education and savings programs，(ed.) Annamaria Lusardi，178－208. Chicago：University of Chicago Press.

Brown，Jeffrey R.，Jeffrey R. Kling，Sendhil Mullainathan，and Marian V. Wrobel. 2008. Why don't people insure late-life consumption? A framing explanation of the underannuitization puzzle. *American Economic Review* 98：2，304－09.

Brown，Jeffrey R.，Nellie Liang，and Scott Weisbenner. 2006. 401 (k) matching contributions in company stock：Costs and benefits for firms and workers. *Journal of Public Economics* 90：6－7，1315－346.

Brown，Jeffrey R.，Nellie Liang，and Scott Weisbenner. 2007. Individual account investment options and portfolio choice：Behavioral lessons from 401 (k) plans. *Journal of Public Economics*91：10，1992－2013.

Carroll，Gabriel D.，James Choi，David Laibson，Brigitte C. Madrian，and Andrew Metrick. 2009. Optimal defaults and active decisions. *Quarterly Journal of Economics* 124：4，forthcoming.

Chalmers，John and Jonathan Reuter. 2009. How do retirees value life annuities? Evidence from Public Employees. Working paper.

Chan，Sewin，and Ann Huff Stevens. 2006. What you don't know can't help you：Pension knowledge and retirement decision making. Working Paper，New York University.

Choi，James J.，David Laibson，and Brigitte Madrian. 2005. Are empowerment and education enough? Underdiversification in 401 (k) plans. *Brookings Papers on Economic Activity* 2，151－98.

Choi，James J.，David Laibson，and Brigitte Madrian. 2009. Reducing the complexity costs of 401 (k) participation through Quick Enrollment™. In *Developments in the economics of aging*，(ed.) David A. Wise，57－82. Chicago：University of Chicago Press.

Choi，James J.，David Laibson，and Brigitte C. Madrian. 2008a. Mental accounting and portfolio choice：Evidence from a flypaper effect." Working Paper，Harvard University.

Choi，James J.，David Laibson，and Brigitte C. Madrian. 2008b. $100 bills on the sidewalk：Suboptimal investment in 401 (k) plans. Working Paper，Harvard University.

Choi，James J.，David Laibson，Brigitte C. Madrian，and Andrew Metrick. 2002. Defined contribution pensions：Plan rules，participant decisions and the path of least resistance. In *Tax policy and the economy*，(ed.) James M. Poterba，67－113. Cambridge，MA：MIT Press.

Choi, James J., David Laibson, Brigitte C. Madrian, and Andrew Metrick. 2004. For better or for worse: Default effects and 401 (k) savings behavior. In *Perspectives on the economics of aging*, (ed.) David A. Wise, 81 - 121. Chicago: University of Chicago Press.

Choi, James J., David Laibson, Brigitte C. Madrian, and Andrew Metrick. 2009. Reinforcement learning and savings behavior. *Journal of Finance*, forthcoming.

Choi, James J., David Laibson, and Andrew Metrick. 2002. How does the internet affect trading? Evidence from investor behavior in 401 (k) plans. *Journal of Financial Economics* 64: 3, 397 - 421.

Clark, Robert, and Madeleined' Ambrosio. 2008. Adjusting retirement goals and savings behavior: The role of financial education. In *Overcoming the saving slump: How to increase the effectiveness of financial education and savings programs*, (ed.) Annamaria Lusardi, 237 - 56. Chicago: University of Chicago Press.

Cohen, Lauren. 2009. Loyalty-based portfolio choice. *Review of Financial Studies* 22: 3, 1213 - 45.

Cronqvist, Henrik, and Richard H. Thaler. 2004. Design choices in privatized social security systems: Learning from the Swedish experience. *American Economic Review* 94: 2, 424 - 28.

Diamond, Peter, and Botond Koszegi. 2003. Quasi-hyperbolic discounting and retirement. *Journal of Public Economics* 87: 9 - 10, 1839 - 72.

592 Duflo, Esther, and Emmanuel Saez. 2002. Participation and investment decisions in a retirement plan: The influence of colleagues' choices. *Journal of Public Economics* 85: 1, 121 - 48.

Duflo, Esther, and Emmanuel Saez. 2003. The role of information and social interactions in Retirement Plan Decisions: Evidence from a randomized experiment. *Quarterly Journal of Economics* 118: 3, 815 - 42.

Engstrom, Stefan, and Anna Westerberg. 2003. Which individuals make active investment decisions in the new Swedish pension system? *Journal of Pension Economics and Finance* 2: 3, 225 - 45.

Even, William E., and David A. Macpherson. 2008. Pension investments in employer stock. *Journal of Pension Economics and Finance* 7: 1, 67 - 93.

Fox, Jonathan, Suzanne Bartholomae, and Jinkook Lee. 2005. Building the case for financial education. *Journal of Consumer Affairs* 39: 1, 195 - 214.

Guiso, Luigi, Paola Sapienza, and Luigi Zingales. 2008. Trusting the stock market. *Journal of Finance* 63：6，2557－600.

Hu，Wei-Yin，and Jason S. Scott. 2007. Behavioral obstacles to the annuity market. *Financial Analysts Journal* 63：3，71－82.

Huberman，Gur. 2001. Familiarity breeds investment. *Review of Financial Studies* 14：3，659－80.

Huberman，Gur，and Wei Jiang. 2006. Offering versus choice in 401 (k) plans：Equity exposure and number of funds. *Journal of Finance* 61：2，763－801.

Huberman，Gur，and Paul Sengmueller. 2004. Performance and employer stock in 401 (k) plans. *Review of Finance* 8：3，403－43.

Iyengar，Sheena S.，and Mark R. Lepper. 2000. When choice is demotivating：Can one desire too much of a good thing? *Journal of Personality and Social Psychology* 79：6，995－1006.

Johnson，Eric J.，and Daniel Goldstein. 2003. Do defaults save lives? *Science* 302：5649，1338－9.

Kahneman，Daniel，and Tversky，Amos. 1984. Choices，values and frames. *American Psychologist* 39：4，341－50.

Laibson，David. 1997. Golden eggs and hyperbolic discounting. *Quarterly Journal of Economics* 112：2，443－377.

Lusardi，Annamaria (ed). 2008. *Overcoming the saving slump：How to increase the effectiveness of financial education and savings programs*. Chicago：University of Chicago Press.

Lusardi，Annamaria，and Olivia S. Mitchell. 2006. Financial literacy and planning：Implications for retirement wellbeing. Pension Research Council Working Paper，PRCWP2006－1，The Wharton School.

Lusardi，Annamaria，and Olivia S. Mitchell. 2007. Financial literacy and retirement preparedness：Evidence and implications for financial education. *Business Economics* 42：1，35－44.

Lusardi，Annamaria，and Olivia S. Mitchell. 2008. Planning and financial literacy：How do women fare? *American Economic Review* 98：2，413－7.

Lusardi，Annamaria，and Peter Tufano. 2009. Debt literacy，financial experiences，and overindebtedness. Working Paper，Harvard Business School.

Lusardi，Annamaria，Punam Anand Keller，and Adam M. Keller. 2008. New ways to make people save：A social marketing approach. In *Overcoming the saving slump：How to increase the effectiveness of financial education and savings programs*，(ed.) Annamaria Lusardi，209－36. Chicago：University of Chicago Press.

Lynch，Anthony W.，and Pierluigi Balduzzi. 2000. Predictability and transaction costs：The impact on rebalancing rules and behavior. *Journal of Finance* 55：5，2285－309.

MacFarland，Donna M.，Carolyn D. Marconi，and Stephen P. Utkus. 2004. "Money attitudes" and retirement plan design：One size does not fit all. In *Pension design and structure*：*New lessons from behavioral finance*，(eds.) Olivia S. Mitchell and Stephen P. Utkus，97－120. New York：Oxford University Press.

Madrian，Brigitte C.，and Dennis F. Shea. 2001. The power of suggestion：Inertia in 401 (k) participation and savings behavior. *Quarterly Journal of Economics* 116：4，1149－87.

Mitchell，Olivia S.，Gary R. Mottola，Stephen P. Utkus，and Takeshi Yamaguchi. 2006. The inattentive participant：Portfolio trading behavior in 401 (k) plans. Pension Research Council Working Paper，PRC WP 2006－5，The Wharton School.

593 Mitchell，Olivia S.，Gary R. Mottola，Stephen P. Utkus，and Takeshi Yamaguchi. 2008. The dynamics of lifecycle investing in 401 (k) plans. Pension Research Council Working Paper，PRC WP 2008－01，The Wharton School.

Mottola，Gary R.，and Stephen P. Utkus. 2009. Flight to safety? Market volatility and targetdate funds. *Research Note* March，1－4.

Muelbroek，Lisa. 2002. Company stock in pension plans：How costly is it? Working Paper 02－058，Harvard Business School.

Munnell，Alicia H.，Annika Sundén，and Catherine Taylor. 2001/2002. What determines 401 (k) participation and contributions? *Social Security Bulletin* 64：3，64－75.

Nessmith，William E.，and Stephen P. Utkus. 2008. Target-date funds：Plan and participant adoption in 2007. Vanguard Center for Retirement Research，Volume 33.

Nessmith，William E.，Stephen P. Utkus，and Jean A. Young. 2007. Measuring the effectiveness of automatic enrollment. Vanguard Center for Retirement Research，Volume 31.

Odean，Terrance. 1999. Do investors trade too much? *American Economic Review* 89：6，1279－98.

O'Donoghue，Ted，and Matthew Rabin. 2001. Choice and procrastination. *Quarterly Journal of Economics* 116：1，121－60.

Poterba，James M. 2003. Employer stock and retirement savings accounts. *American Economic Review* 93：2，398－404.

Poterba, James M., Steven F. Venti, and David A. Wise. 2008. The changing landscape of pensions in the United States. In *Overcoming the saving slump: How to increase the effectiveness of financial education and savings programs*, (ed.) Annamaria Lusardi, 17 - 46. Chicago: University of Chicago Press.

Previtero, Alessandro. 2010. Stock market returns and annuitization. Working Paper, UCLA Anderson School of Management.

Rogers, Todd, and Max H. Bazerman. 2008. Future lock-in: Future implementation increases selection of "should" choices. *Organizational Behavior and Human Decision Process* 106: 1, 1 - 20.

Samuelson, William, and Richard Zeckhauser. 1988. Status quo bias in decision making. *Journal of Risk and Uncertainty* 1: 1, 7 - 59.

Sethi-Iyengar, Sheena, Gur Huberman, and Wei Jiang. 2004. How much choice is too much? Contributions to 401 (k) retirement plans. In *Pension design and structure: New lessons from behavioral finance*, (eds.) Olivia S. Mitchell and Stephen P. Utkus, 83 - 95. Oxford University Press.

Sunstein, Cass R., and Richard H. Thaler. 2003. Libertarian paternalism is not an oxymoron. *University of Chicago Law Review* 70: 4, 1159 - 202.

Szykman, Lisa, Don Rahtz, Michael Plater, and Greg Goodwin. 2005. Living on the edge: Financial services for the lower socio-economic strata. Working Paper, College of William and Mary.

Thaler, Richard H. 1985. Mental accounting and consumer choice. *Marketing Science* 4: 3, 199 - 214.

Thaler, Richard H. 1999. Mental accounting matters. *Journal of Behavioral Decision Making* 12: 3, 183 - 206.

Thaler, Richard H., and Shlomo Benartzi. 2004. Save more tomorrow: Using behavioral economics to increase employee saving. *Journal of Political Economy* 112: 1, 164 - 87.

Thaler, Richard H., and Hersh M. Shefrin. 1981. An economic theory of self-control. *Journal of Political Economy* 89: 2, 392 - 406.

Thaler, Richard H., and Cass R. Sunstein. 2003. Libertarian paternalism. *American Economic Review* 93: 2, 175 - 9.

Tufano, Peter, and Daniel Schneider. 2008. Using financial innovation to 594
support savers: From coercion to excitement. Finance Working Paper No. 08 - 075, Harvard Business School.

Tversky, Amos, and Daniel Kahneman. 1981. The framing of decisions and the psychology of choice. *Science* 221: 4481, 453 - 8.

VanRooij, Maarten, Annamaria Lusardi, and Rob Alessie. 2007. Financial literacy and stock market participation. NBER Working Paper Number 13565.

Viceria, Luis M. 2008. Life-cycle funds. In *Overcoming the saving slump: How to increase the effectiveness of financial education and savings programs*, (ed.) Annamaria Lusardi, 140 – 77. Chicago: University of Chicago Press.

Wray, David. 6/12/2009. Telephone Conversation with President of the Profit Sharing/401k Council of America. *Source of Statistics*: Annual Surveys of Profit Sharing and 401 (k) Plans. The Profit Sharing/401k Council of America.

Yamaguchi, Takeshi, Olivia S. Mitchell, Gary R. Mottola, and Stephen P. Utkus. 2006. Winners and losers: 401 (k) trading and portfolio performance. Pension Research Council Working Paper, PRC WP 2006 – 26, The Wharton School.

作者简介

朱莉·理查森·阿格纽（Julie Richardson Agnew）是威廉和玛丽学院梅森商学院（The Mason School of Business, The College of William and Mary）的金融学和经济学副教授，同时担任跨学科行为金融学研究中心（The Center for Interdisciplinary Behavioral Finance Research, CIBFR）的主任。她的主要研究领域是行为金融学和行为金融学与制订个人退休金计划的决策之间的关系。她运用美国401（k）退休计划的数据及模拟实验所做的研究论文发表在世界顶级学术杂志上。她经常在美国及其他国家的学术和从业者会议上发表演讲，并且经常被商业评论引用。她担任美国教师退休基金会（TIAA-CREF）研究所研究员，是弗吉尼亚州退休金体系的固定供款计划咨询委员会（DCPAC）中的成员，也是波士顿大学退休金研究中心的助理研究员。阿格纽博士在威廉和玛丽学院获得经济学学士学位，之后在波士顿大学获得金融学博士学位。在新加坡担任富布莱特（Fulbright）学者后，她开始从事投资银行的工作，在所罗门兄弟公司（Salomon Brothers）和维克特证券国际（Vector Securities International）开展股权的研究。

第32章 机构投资者

595

塔伦·拉马杜拉伊（Tarun Ramadorai）
牛津大学、牛津人学会和欧盟经济政策研究中心（CEPR）的金融学学者

引 言

对有效市场假说的一个重要证明是理论预测的“套利者”所起的作用。特别地，在金融市场上当价格偏离基本价值的时候，有经验的、有充足资金的投资者将进入市场，采用大仓位来从偏离中获利。这里使用的“套利”概念（行为金融领域讨论中更一般的概念）不仅涉及对保本保收益的赌局的公理化定义，而且是一个更加宽泛的描述，涉及消除基本价值和价格之间的偏误的任何尝试。这些聪明且富有的人的行动，使得理论预测价格将会很快回归基本价值。这些人的行动的结果是消除价格的异常行为。

尽管这个逻辑在理论上很吸引人，但仍存在很多问题。第一，很明显的问题是，这些套利者在实际金融市

场中是指哪些人？其他重要的问题包括哪些方面？第二，套利者能否在第一时间很容易地发现基本价值和价格之间的偏离，特别是在他们没有盯市的时候？第三，当这些价格上的偏误被辨认出来时，投资者是否真的具有足够的资金去进行相应的交易？第四，所有权和控制权在聪明投资者与外部资金提供者之间的分离是否会使理论上预测的交易活动难以进行？第五，交易成本是怎样阻碍套利者有效地完成他们的工作的？第六，如果套利者在短期内能够通过扩大定价偏误来获利，那么他们会这样做吗？

大多数金融经济学家对第一个问题的本能回答是机构投资者扮演了实际金融市场上的理性套利者的角色。这将产生更深层次的问题，因为将机构投资者看成一个整体掩盖了它们之间重要的异质性。养老金、共同基金和对冲基金有不同的清晰的投资授权，并且，正如大量的实证文献证明的那样，它们有着不同的运行特征。这些不同点是十分重要的，本章在开始部分考察两种类型的机构投资者——共同基金
596 和对冲基金——的不同运行特点。然后考察某些研究机构投资者持股和交易数据的文献，与业绩测度研究不同，这种将机构投资者视为一个整体的视角常常被研究者采用。有关持股的文献研究的目的主要是理解机构套利者是否在资本市场上明显低效，它们是否对资产价格有着稳定或不稳定的影响。

作为重要的一方，个人投资者集合是机构投资者的补充，他们的行为在本书的其他章节中进行过讨论。机构投资者和个人投资者有着两个明显的不同（忽略例外情况）。第一，机构投资者人均控制的财富超出个人投资者的财富控制水平。第二，机构以结构化的方式采纳决定，而个人投资者未必是这样。

本章在开头讨论关于机构投资者行为的广泛的经验证据（尤其关注最近的研究工作），主要讨论股权资本市场。讨论被分为四类，从而使读者们能够更加广泛地理解作者们所采取的不同方法。后续部分有选择性地进行了一个理论总结，重点关注几篇论文，这些论文概述了哪些激励会促使机构投资者以破坏稳定的方式行事。特别地，可能存在下述一些情况，相比努力尝试将价格恢复到基本价值，机构投资者能够从破坏稳定的行为中获得更多的回报。

对机构投资者的实证研究

机构投资者的经验行为已经被广泛地研究过。这个领域的研究主要被分为四类。第一，一个直接检验有效市场假说的方法是，通过检查机构投资者群体（例如共同基金或者对冲基金经理）的投资组合的回报，来看它们是否获得了比一般水平更高的风险补偿。如果它们能够做到，那么说明市场可能不是信息有效的，因为经纪人能够利用这种无效率来获得利润。第二，学术机构利用公开的低频率数据集（季度数据或年度数据）来调查机构投资者的持股情况。这些研究的目的是具有双

重性的。持股可以从另一种角度更加精确地测量在管理费用支付之前机构投资者的收益率，并允许考察机构对价格是产生稳定还是不稳定的影响（例如，破坏价格稳定可能与机构的趋势跟随行为有关）。第三，最近，研究者已经用更高频率的数据来分析机构投资者的交易行为。第四，几个学者讨论了申购和赎回行为对机构投资者的投资决策的影响。

机构投资管理者的收益率：共同基金

有关共同基金投资经理的投资行为的研究文献很多。特雷纳（Treynor，1965）、夏普（Sharpe，1966）和詹森（Jensen，1968）（后者是当前最标准的方法的先驱者），在 19 世纪 60 年代首先开始了这方面的研究。詹森建立了一个单因素 597
模型，对 1945 年至 1964 年期间的与标准普尔 500 综合指数同时代的 115 只共同基金的回报进行了回归，用截距（α）测量了基金经过风险调整后的平均收益。这是第一次运用此类方法对投资经理的业绩进行系统评估。詹森得出的结论是，在扣除管理费用之前，基金的 α 为负 40 个基点（扣除管理费用后，这个数字甚至低至 -1.1%），此悲观结论随后成为大量学术再考察和激烈辩论的主题。

继初始的有关共同基金的平均业绩研究后，亨德里克、帕特尔和泽克豪瑟（Hendricks，Patel and Zeckhauser，1993）首先在方法论上有了重大的转变，他们研究共同基金的有条件业绩，而不是简单地研究共同基金的无条件业绩。他们并不是首次研究共同基金业绩的持久性现象的学者，同时期的高兹曼和依博森（Goetzmann and Ibbotoson，1994）开展了一个类似的研究。但是，亨德里克等首先发现了关于 1974 年至 1988 年共同基金业绩持久性的重要证据，证明了其基本上是一种短期现象。他们使用的方法目前已经成为标准方法，具体来说就是基于基金的事后表现对它们进行排序，在事后的评估期跟踪这些基金的表现。他们发现，相对于承受的系统性风险水平，过去短期内有最高（最低）回报的基金在评估期能够继续胜出（表现不佳）。

卡哈特（Carhart，1997）对亨德里克等（Hendricks et al.，1993）的结论进行了更深入的研究，他发现成功或失败的基金持续的优异表现或不佳表现能够通过引入一个“动量”因子来解释，该因子是一个做多近期高收益股票和做空近期低收益股票的投资组合。这一系列论文是有借鉴意义的，因为在这些有关研究机构投资管理者业绩的文献中，揭示优异表现证据的新方法伴随着风险调整的新方法，可以揭示优异表现的来源。下一步通常是创造一种金融产品，通过投资于导致投资经理表现优异的因子来模仿所发现的新的投资策略。

在这些有关共同基金的早期论文之后的研究中，不断使用复杂的方法和大型共同基金数据库来估计机构投资者的风险调整收益率。这些研究有时采用复杂的计量技术，它们得出了一个重要的结论，即一些共同基金不断提供卓越的风险调整业绩。

费尔森和沙特（Ferson and Schadt，1996）引进了一种新的研究共同基金的方法，影响了后续研究者对条件业绩评估概念的使用。这种方法使用公开可得的变量作为条件信息来建模，表示随时间而改变的共同基金风险敞口。本质上，费尔森和沙特（Ferson and Schadt，1996）建模表示的基金风险敞口随着时间而变化并以宏观经济变量为条件。在 1968 年至 1990 年期间，他们运用这种方法对 68 个共同基金样本进行了研究，发现这些基金的表现普遍是中性的，而不是像詹森（Jensen，
598 1968）所认为的那么消极。尽崎、史皮格和张（Mamaysky，Spiegel and Zhang，2008）的最新研究表明了采用此类模型的趋势，使用了共同基金含随时间变化的因子的风险敞口。他们的模型引入了一个复杂的基于卡尔曼（Kalman）滤波的模型来发现难以观测的因素，而共同基金含随时间变化的因子的风险敞口可能依赖于这些因素。他们发现，在证券价格研究中心（CRSP）共同基金数据库中，用其模型可以得出，有 1/5 的基金具有显著的时机选择能力。

另一篇采用复杂计量方法的最新论文是科索夫斯基、蒂默曼、威尔莫斯和怀特（Kosowski，Timmerman，Wermers and White，2006），其中采用了自举（bootstrap）分析方法。在由 1975 年至 2002 年所有开放式共同基金组成的横截面数据中，他们尝试运用此方法区分运气和技能。他们发现了一些令人信服的证据，前 10%的共同基金经理有着在统计上显著的正业绩。此外，这些基金经理经风险调整的业绩有持续性，这与卡哈特（Carhart，1997）的证据是矛盾的。

其他得出相似结论的新近论文是博伦和巴斯（Bollen and Busse，2005）以及阿夫拉莫夫和威尔莫斯（Avramov and Wermers，2006）。但是，法玛和弗伦奇（Fama and French，2009）以及巴若斯、斯佳丽和威尔莫斯（Barras，Scaillet and Wermers，2009）基于最近的数据提出了相反的观点，他们没有发现有关业绩持续性的证据。巴斯、戈亚尔和沃尔（Busse，Goyal and Wahal，2009）使用退休计划、捐赠和基金会的投资管理数据，也发现没有多少证据支持风险调整业绩为正或业绩持续性的结论。

对于这个问题，出现的日益复杂的技术和新数据发现了重要的新证据，这些证据支持共同基金获得正的风险调整业绩的结论。然而，这必须面对一系列实证文献的广泛共识，这些文章支持詹森（Jensen，1968）的初始结论，即找到共同基金获得正的风险调整业绩的支持证据异常困难。解释此现象的一种方法是市场是如此有效以至于中介机构无法获得显著的风险调整利润。总的来说，这样意味着这些中介机构没有足够高的技能水平来产生市场整体无法获得的洞察力。

然而，关于该结论能否使用这种方式解释存在很大争议。格罗斯曼和斯蒂格利茨（Grossman and Stiglitz，1980）在理论上提供了一个重要的驳论。如果市场是信息有效的，那么没有任何一个经纪人会有充分的动机来获取信息并利用这种信息

来制定价格。从某种意义上说，与投资管理相关的产业的出现是市场非信息有效的证据。波克和格林（Berk and Green，2004）提供了另一个有用的观点。他们认为，如果理性的投资者竞相寻找有天赋的投资经理，并且经理人在实施他们的策略时面临能力约束，那么在均衡时，即使出众的投资能力确实存在，也不会检测到业绩的持续性，结果必然是扣除管理费用后 α 为 0。

机构投资管理者的收益率：对冲基金

这一部分是考察对冲基金的收益率。在投资管理工具中，对冲基金是一种相对较新的形式。这些中介机构拥有相对较少的管制和很高的交易灵活度，在做多的同时能够进行卖空。它们通常向投资者承诺 α（从业者的行话指“绝对收益”），在 599
产生高于基准的收入后通常能收到很高的奖励费用。对冲基金的这些特点理所当然地导致以下预期，即它们的风险调整业绩优于共同基金，同时业绩的持续性在这些中介机构中也应该更加普遍。

对对冲基金业绩的研究受到两个问题的困扰。第一，不像共同基金数据，对冲基金数据缺乏统一的报告标准。例如，对冲基金经理可以选择是否报告业绩；如果报告，那么他们能够决定向哪些数据库汇报。他们也可以酌情选择停止报告。这种自主报告能力会使得对冲基金的收益率偏高（Fung and Hsieh，2000；Liang，2000），这增加了人们的担忧，即业绩测度研究的结果是否真正代表了对冲基金的实际业绩。给定这些局限，研究者采取了一些措施来控制此类数据问题。这些尝试包括运用组合统计技术（利用收益率并结合陈旧报告和数据库退出行为来建模，见 Jagannathan，Malakhov，and Novikov，2009）和常识方法（使用对冲基金组成的多元投资组合，被称为基金型基金，而非采用个体对冲基金来测度行业业绩，见 Fung，Hsieh，Naik and Ramadorai，2008）。

第二，对冲基金同时面临两种考验，即由于采用动态交易策略面临标的资产风险敞口的快速变化，同时由于使用证券衍生品面临资产的非线性风险敞口。此问题催生了大量研究文献，它们关注开发更适合于了解对冲基金业绩的风险调整模型（例如，Fung and Hsieh，1997，2004a，2004b；Ackermann，McEnally and Ravenscraft，1999；Liang，1999；Agarwal and Naik，2004；Kosowski，Naik，and Teo，2007；Chen and Liang，2007；Patton，2009；Bollen and Whaley，2009；Patton and Ramadorai，2009）。这些模型都包含线性和期权型因子的组合，并且在最近几年，解释了对冲基金在这些因子上风险敞口随时间的变化。

这些技术考虑了潜在的数据偏误以及对冲基金的非线性风险敞口，此后利用这些技术对对冲基金业绩进行测量，结果估计出了较低的风险调整收益率。尽管收益率下降了，但在对冲基金上似乎仍然存在很多证据表明高技能水平的存在。冯等

（Fung et al.，2008）发现基金型基金平均而言不会产生高 α。然而，在 1994 年至 2004 年的超过 1 000 只基金的样本中，大约有 20%的基金的 α 在统计上显著为正、数值较大且具有持续性。贾甘纳坦等（Jagannathan et al.，2009）也发现了在他们研究的基金中排在前几名的基金持续保持着正 α。科索夫斯基等（Kosowski et al.，2007）使用贝叶斯方法和自举技术支持了这一结论，这些作者还发现根据事前业绩对对冲基金排名后，顶部和底部基金在事后业绩上会存在很大差距。另外的一些研究（例如 Fung and Hsieh，1997，2001，2002，2004a，2004b；Agarwal and Naik，2004；Hasanhodzic and lo，2006）也得出了相似的结论。然而，正如下面要讨论的，使我们相信 α 的估计值可能是短期的是有原因的。尤其是投资者对 α 的追求行为与对冲基金策略实施中的能力约束相结合，预示着在未来 α 会明显下降。

600

机构投资管理者的持股和交易：低频数据

这一部分分析的是机构投资者的持股行为。对共同基金收益的分析，虽然有用处，但是并不能提供多少关于基金能力的信息，因为基金经理会以管理费用的形式消耗掉产生的租金（Berk and Green，2004）。考虑到这种情况，格林巴特和蒂特曼（Grinblatt and Titman，1989）考察了共同基金的持股情况。利用共同基金所持股份外推的收益率测度，他们发现了一些证据，这些证据表明一些基金会获得显著为正的风险调整业绩。

在该早期论文之后，关于机构持股情况的研究文献发展出一些新的方向。第一，研究者们开始研究共同基金以外的其他机构，在前面部分强调的其他类型的中介机构上重复上述收益率分析。例如，兰考尼肖科、施莱弗和维斯尼（Lakonishok，Shleifer and Vishny，1992）考察了养老基金的行为，诺夫辛格和西亚斯（Nufsinger and Sias，1999）研究了标准普尔定义的机构型股权所有者，金和诺夫辛格（Kim and Nofsinger，2005）考察了机构对日本企业集团的年度持股情况，很多最近的论文研究了按季度向美国证券交易委员会递交 13—F 报告的所有机构。①

第二，相关文献考察了机构投资者持有的股票的特征，而非仅仅考察其随后的收益率。例如，冈珀斯和梅特里克（Gompers and Metrick，2001）与班尼特、西亚斯和斯塔克斯（Bennett，Sias and Starks，2003）利用机构是否持股对个体股票的特征进行横截面回归，发现机构偏好持有大盘股和高流动性的股票。

第三，研究者对于机构的持仓变动情况（即它们的资金流向而非持股情况）越

---

① 根据美国证券交易委员会的规定，符合指定条件的某些美国机构投资者必须在每个季度后的 45 天内填写规定表格 13—F，报告自己投资组合的头寸和类别等情况。——译者注

来越有兴趣。季节性的机构资金流向似乎与滞后期的资金流向正相关（Sias，2004），与当期的股票季度收益率正相关（Grinblatt，Titman，and Wermers，1995；Wermers，1999，2000；Nofsinger and Sias，1999；Bennett et al.，2003），与未来的股票季度收益率正相关（Daniel，Grinblatt，Titman and Wermers，1997；Wermers，1999；Chen，Jegadeesh and Wermers，2000）。班尼特等对更广泛的系列机构的研究、诺夫辛格和西亚斯对年度频率数据的研究得出了相似的结果。

其他人广泛研究了季度性的机构资金流向和滞后期的股票季度收益率之间的关系，得出了某些不确定的结论。伯奇和斯瓦米纳坦（Burch and Swaminathan，2002）发现机构资金流向和收益率之间存在正相关关系，但是其他学者发现这个结论只适用于机构买入而不适用于机构售出（Cai and Zheng，2004），或者只适用于机构新的股票头寸（Badrinath and Wahal，2002），或者只适用于过去收益高的股票（Grinblatt et al.，1995）。在另一项最近的研究中，冈珀斯和梅特里克（Gompers and Metrick，2001）发现一旦控制了市值，过去的季度收益率和机构资金流向之间就呈负相关关系。

对这些实证结果有不同的解释。传统行为理论模型，例如德朗、施莱弗、萨默斯和瓦尔德曼（DeLong，Shleifer，Summers and Waldmann，1990），鸿和斯坦（Hong and Stein，2003），丹尼尔、赫什莱佛和苏布拉马尼亚姆（Daniel，Hirshleifer and Subrahmanyam，1998），以及巴贝尔斯和施莱弗（Barberis and Shleifer，2003）认为，当一群投资者遵循简单正反馈策略时，股票价格会偏离其基本价值。诺夫辛格和西亚斯（Nofsinger and Sias，1999）发现许多证据支持这类模型，这些证据表明机构投资者会进行此类正反馈交易，并且在股票出现高收益后，机构的羊群聚集效应会增强。但是，科恩、冈珀斯和沃提纳奥（Cohen，Gompers and Vuolteenaho，2002）发现机构不是简单地遵循价格—动量策略，从而驳斥了这一 601
发现。相反他们发现，在没有关于潜在资金流向的消息的情况下，若股票价格升高，则机构将向个人出售股票。

当然，为了解决机构交易策略改变是否以收益高低为条件而非现金流信息为条件的问题，研究机构投资者在盈余公告发布（公布公司现金流信息的节点）前后时期的行为是有必要的。不幸的是，在这点上，这些对于机构资金流向的研究受到可获得数据的频率过低的限制。尽管一些国家，例如芬兰（Grinblatt and Keloharju，2000a，2000b）和韩国（Choe，Kho and Stulz，1999）几乎连续地记录机构的持股行为，但美国的报告数据仅仅是季度性的。这使得确定机构是否对股票价格变动做出反应或者造成价格变动变得困难，因为没有办法解决机构资金流动和收益率之间的季度内协方差。研究者们在测量季度内协方差方面已经取得了一些进展。例如，西亚斯、斯塔克斯和蒂特曼（Sias，Starks and Titman，2006）指出结合月度收益率数据与季度性持有数据至少可以对现金流向和收益率之间在月度上的超前/滞后关系做出一些推断。博耶和郑（Boyer and Zheng，2009）将这个方法应用到由基金账户资金流入产生的股票持有数据上。而西亚斯等用巧妙的方法从季度数据中提取额外的信息，但这最多只适用于研究月度的超前/滞后关系，并且几乎不能解释比月度更高频的数据的超前/滞后关系。

在现金流相关信息发布的时点上考察机构行为的需要使得这类研究与众所周知的盈余公告后价格漂移现象联系在一起。该现象是指在盈余公告发布后 60 天内，股票价格与意外盈余变动方向存在相同的趋势（意外盈余变动为正，价格上涨，意外盈余变动为负，价格下降）。该现象已经为人所知很长时间了（至少始于 Bernard and Thomas，1989 等相关文献的发表），所以人们会认为像机构这样精明的投资者会利用它来交易。为了支持这个猜想，一些学者（Bartov，Radhakrishnan and Krinsky，2000）发现盈余公告发布后的价格漂移在机构持股低的企业中表现得最明显。像之前提到的，科恩等（Cohen et al.，2002）发现，在没有关于潜在资金流向的消息的情况下，若股票价格升高，则机构将向个人出售股票。对于如何测度关于资金流向的消息，他们借鉴了坎贝尔和席勒（Campbell and Shiller，1988）早期的研究成果，对未预期到的股票收益进行向量自回归分解。另外，肯和拉玛林乔戛达（Ke and Ramalingegowda，2004）认为交易活跃的机构投资者通过使其股票持有情况与预期外盈余同向变动，在接下来的几个季度里会赚取异常收益。尽管这些结果表明机构投资者会利用盈余公告发布后的价格漂移，但它们的精度在某种程度上受到了低频数据的限制。要说明在盈余公告发布前后几天，机构投资者是否对股票价格变动做出了反应或者是否造成了股票价格变动，采用季度频率数据使得这一讨论变得更复杂。这引出了下一部分讨论的话题，换句话说，就是以更高的频率分析机构投资管理者的行为。

602 机构投资管理者的持股和交易：高频数据

最近的论文采用了专有数据库来测度高频率的机构行为。一些研究（Froot，O'Connell，and Seasholes，2001；Froot and Ramadorai，2005；Froot and Teo，2008）运用道富公司（the State Street Corporation）的保管数据，在多个国家发现了资金流向存在持续性的证据，并且发现机构的周资金流向与股票投资组合收益率之间存在正的双向格兰杰因果关系。鲁特和拉马杜拉伊（Froot and Ramadorai，2008）采用日货币数据以及与科恩等（Cohen et al.，2002）相似的分析方法，发现金融机构的行为类似于短期内推动货币价值远离基本价值，但在长期内约束货币价值趋于基本价值。李和奎师那（Lee and Radhakrishna，2000）以及诺夫辛格（Nofsinger，2001）研究了交易、订单、报告和报价数据库（TORQ），这是一个拥有市场参与者完整身份信息的交易样本。琼斯和利普森（Jones and Lipson，2003）采用了来自纽约证券交易所的审计跟踪数据，同时，巴尔伯和奥丁（Barber and Odean，2008）采用了来自 Plexus（一项针对部分货币管理者的交易成本测量服务）的周数据。格里芬等（Griffin et al.，2003）研究了专营个人投资者或机构投资者交易业务的纳斯达克经纪商的交易行为。他们发现机构会购买那些最近上涨的股票，不仅会每天购买，而且会每天购买多次。相关文献运用专有数据来测量个人投资者的交易行为（这是对机构投资者交易的补充）。例如，卡尼尔、萨尔和蒂特曼（Kaniel，Saar and Titman，2008）采用审计跟踪数据，发现个人投资者在股票收益正向（负向）变动之前购买（售出）股票。奥丁（Odean，1998，1999）、巴尔伯和奥丁（Barber and Odean，2000，2001，2008）使用一个低佣金券商的数据，发现个人投资者似乎交易过度并且业绩不佳。

这些结果有一些重要的局限性。例如，这些样本典型地受限于机构投资者的涵盖范围、所考虑的股票横截面大小、所调查的时间跨度或这些因素的某些组合。如果机构自主选择是否加入交易成本测量服务或保管数据集，那么专有数据也可能受到自选择偏误的影响。对于机构投资者的高频交易行为，为了获得更具代表性的结果，学者们尝试采用来自纽约证券交易所的公开数据（Kraus and Stoll，1972；Holthausen，Leftwich and Mayers，1987；Madhavan and Cheng，1997；Ofek and Richardson，2003；Bozcuk and Lasfer，2005），很多其他学者则采用大宗交易作为机构参与股票交易的一种测量方法。此类研究的主要工作是估计大宗交易对价格的影响，研究发现大宗的售出会临时压低股票价格。更进一步地，陈和兰考尼肖科（Chan and Lakonishok，1993）以及凯姆和马德哈万（Keim and Madhavan，1995）采用专有数据时也发现，机构的买入和售出会对价格产生非对称影响。

但是，大宗交易仅仅是成交量的一小部分。最近几年里，纽约证券交易所的交易和报价（TAQ）数据库允许学者们考察更小规模的股权交易行为。这个数据库记录了从1993年开始的纽约证券交易所所有股票的每一项交易和报价。通过李和瑞艾迪（Lee and Ready，1991）的步骤，即比较交易价格与挂牌买入价和卖出价 603
的关系，TAQ数据库中的大部分交易都能够被确定为是买入还是售出。通常程序是按照交易数额（美元）将买入和卖出分类，将超过临界值上限（下限）的订单识别为机构的（个人的），同时中间缓冲区的中等规模交易不进行分类。李和奎师那（Lee and Radhakrishna，2000）在TORQ数据集中评估了几种截断点确定规则的表现。例如，他们发现对于小盘股，20 000美元的临界值能够有效区分机构交易。韦德杰（Hvidkjaer，2006）、马尔门迪尔和俊德丸（Malmendier and Shanthikumar，2007）也采用了相似的方法。他们采用李和奎师那（Lee and Radhakrishna）的临界值将TAQ数据区分为小型、中型和大型交易。这些学者认可李和奎师那（Lee and Radhakrishna）的识别规则，即将小额交易识别为个人而将大额交易识别为机构，但是在描述结果时他们更倾向于将它们称为“小额交易者”和“大额交易者”。

李（Lee，1992）、巴恰塔亚（Bhattacharya，2001）和俊德丸（Shanthikumar，2004）都采用了李和奎师那（Lee and Radhakrishna，2000）方法的变化形式来研究

在盈余公告发布前后的机构高频交易。例如，俊德丸发现，在盈余公告后第一个月，小额买入和售出之间的差额对意外盈余的变动方向没有反应。相较而言，大额买入和售出之间的差额与意外盈余有相同变动方向。俊德丸这样解释这一发现：大额交易者有信息优势并尝试利用盈余公告发布后的价格漂移。与一般的关于资金流向和收益率的文献相似，一些论文再次研究了个人的行为。韦德杰、迈尔斯和泰（Hvidkjaer，Myers and Teoh，2008）采用来自低佣金经纪服务商的专有周数据，发现不论是正的还是负的意外收益，之后个人投资者都是净买家。他们没有发现证据表明个人净交易对未来股票的异常收益有预测能力。

个人的小额交易和机构的大额交易的识别方法是吸引人的，因为在区分投资者类型时财富约束是有效的区分机制。但是这样的方法不可避免地由于错误的分类而产生误差。坎贝尔、拉马杜拉伊和施瓦茨（Campbell，Ramadorai，and Schwartz，2008）（更早的研究如 Campbell，Ramadorai，and Vuolteenaho，2005）通过将 TAQ 数据和机构投资者按季度递交的 13—F 报告数据相结合来处理这个问题。采用这两个数据库他们发现了一个函数关系，将其应用在季度内不同规模的买入和卖出两类交易上，能最佳地预测 1993—2000 年纽交所大量股票的机构持股的季度变动。估计出的函数有这样的属性，即最小额的交易能够提供关于机构交易方向的信息，这对常将小额交易与个人交易活动相联系的做法提出了质疑。然后他们将该函数用在按日分类的买入和售出量上，生成了一个机构订单流量的日测度指标，进而考察盈余公告发布前后机构的行为。研究结果显示，其机构订单流量测度指标预测了意外盈余，以及公告发布后的价格漂移幅度的大小，证明了机构投资者对于现金的流向确实信息灵通。

关于机构交易行为的证据明显表明机构对与现金流向相关的消息是十分清楚
604 的。但是，在一个更为广泛的背景下审视这些结果是十分重要的。尽管机构投资者很可能是消息灵通的，但他们对交易没有完全决定权，因为他们的资金是来自外部投资者。这是下一部分讨论的主题。

机构投资者面临的申购和赎回行为

学者们详尽研究了机构投资者面临的申购和赎回行为。一些论文发现对于共同基金而言，申购与其过去业绩正相关（Ippolito，1992），并且两者关系的图形是凸的，即表现最好的基金从外部投资者那里获得不成比例的资金份额（Sirri and Tufano，1998）。谢瓦利埃和埃里森（Chevalier and Ellison，1997）强调资金流向的此类行为会对基金经理产生激励，促使他们根据年初至今的收益率增加基金所面临的风险。资金流的这种业绩追逐行为对投资管理者的未来业绩有重要意义。例如，尽管发现一些对冲基金获得了正的风险调整业绩，但冯等（Fung et al.，2008）发现流向对冲基金的资金会同时追求对冲基金过去的收益率和过去的 α。由此产生的后果是，获得这些资金流入的高业绩对冲基金的未来业绩将会变差，这与波克和格林（Berk and Green，2004）的模型假设大体一致（也可以参见 Zhong，2008；Teo，2008）。另外，学者们还发现资金流会追逐有较高管理费用估算 delta 值（imputed managerial deltas）的基金[①]，表明投资者对未来面临高业绩激励的基金管理者更加有兴趣（Agarwal，Daniel and Naik），2009）。这些发现预测未来对冲基金的风险调整业绩将会下滑，因为配置给这些对冲基金的竞争性资本为对冲基金策略的实现增添了负担。

外部投资者还可以通过另一种途径影响基金业绩。这来自最近几篇重要文献的观点，这些文献认为，外部投资者从金融中介撤资，可能导致金融中介降价甩卖资产，进而对标的资产价格产生影响（Shleifer and Vishny，1992；Pulvino，1998；Brunnermeier and Pedersen，2009）。在最近的一篇重要文献中，科沃尔和斯塔福德（Coval and Stafford；2007）使用了一种新的方法，以显示这种思路在经验观察上对共同基金行为的重要性，进而对美国股票定价的重要性。他们提供的证据表明，受来源于基础投资者的资金冲击，共同基金和对冲基金经常被迫偿还投资。当这种强制性赎回（或者“降价甩卖”）在持有特定股票的机构间存在相关性的时候，他们发现此类股票的价格显著下降（尽管是暂时的）。这种降价甩卖渠道是金融经济学家们正在研究的主题（例如，Acharya，Schaefer and Zhang，2009；Aragon and Strahan，2009；Jotikasthira，Lundblad and Ramadorai，2009），也是一个很重要的主题，尤其是鉴于在最近的金融危机中出现的中介机构突然撤资事件。

机构投资者总是负责任地行事吗？ 605

截至目前，在为投资者创造收益的过程中，我们的讨论隐含地假设机构投资者尝试对明显的市场无效进行套利。但是，仍然存在许多情况，此时机构投资者（或者更一般地说，套利者）有激励与错误定价“共舞”而非通过交易消除错误定价。例如，如果他们希望错误定价程度在短期内提高，那么套利者就有激励随大流而不是通过交易消除错误定价。布伦纳迈尔和纳格尔（Brunnermeier and Nagel，2004）发现在2000年纳斯达克崩盘前的技术泡沫期间存在这种效应。他们发现对冲基金在上升期一直做多科技股，但是对于价值下降的股票减少了持仓量，如此做以设法避过衰退期。格里芬等（Griffin et al.，2003）的证据也支持这一观点，他们发现

---

① 本质上，对冲基金的收费模式是相对于管理资产的看涨期权。管理业绩越好，期权的价值越高。因此，期权式的收费模式会对对冲基金经理产生激励。通常将基金收益每提高1%，对冲基金可以提取的管理费用作为这个“看涨期权”的 delta 值。——译者注

机构投资者在纳斯达克泡沫期间以高频率追随纳斯达克100股票指数的趋势。

一篇相关文献发现的证据表明，当投资者在国际市场而非国内市场进行交易时存在趋势追随行为。在很多情况下，这些研究利用机构投资者的数据进行研究（参见Grinblatt and Keloharju，2000a；Choe et al.，1999；Fung et al.，2001；Kim and Wei，2002）。埃迪森和沃尔诺克（Edison and Warnock，2008）发现跨国界的资金流动会追随股息收益率的变化趋势，而不仅仅是股票收益率的趋势，这表明国际资金流动的趋势追随行为可能与基本面预期有关，而不仅仅是正反馈交易或与泡沫“共舞”行为。

布伦纳迈尔和皮得森（Brunnermeier and Pedersen，2009）描述了另一类情况，即机构投资者尝试不断加剧价格和基础价值之间的偏离。他们研究了“掠夺性交易”，其在得知其他投资者需要减少持仓头寸后出现。特别地，如果某些投资者得知其他投资者需要平仓，则这些投资者有很强的激励抛售股票，随后回购该资产。恰好在交易者寻求流动性时，这种行为导致了价格对基本面的更大偏离，并且造成了更严重的流动性不足。

概要和结论

针对机构投资者的研究文献汗牛充栋。其中研究者们试图回答的两个主要问题包括：(1) 机构投资者是否拥有可检测的、一贯卓越的投资能力？(2) 机构投资者的行为是否会约束金融市场的价格？对于第一个问题的回答似乎是一些机构拥有优越的投资能力，但是这种能力难以检测并且是短暂的。对于第二个问题的回答似乎是机构恰好在现金流相关消息公告出现前后进行交易。

我们需要慎重看待这种表面上的维稳行为，原因有三。第一，盈余公告发布后的价格漂移异象和其他异象在股票市场仍然是一种持久的现象，这一事实表明，即使机构投资者的交易就如同它们在约束价格一样，但它们也明显做得不够。第二，机构面临的申购和赎回行为对它们投资时的自主性起到了重要的约束作用。资本的突然撤出可能迫使它们交易，并且机构面临的申购和赎回与基金过去的业绩之间是
606 非线性关系，这是另一个重要的扭曲，影响了机构投资者像套利者一样操作的激励。第三，存在某些情况，此时机构投资者具有很强的激励来从事正反馈或掠夺性交易，这些对价格的稳定会产生破坏性影响。

讨论题

1. 一个个人投资者会因为将他的资产组合委托给一个机构投资者管理而感到

心安吗？这样能否保证投资者从这样的委托中获得高的风险调整收益呢？

2. 对冲基金似乎是一贯表现优异的投资管理者。投资于对冲基金会存在什么风险？特别地，投资者是否完全理解对冲基金的投资策略呢？

3. 相比个人投资者，机构投资者的投资行为明显更加“聪明”，背后的原因是什么？如果个人简单地以团体而非个人形式进行投资，那么他们是否能够做出更好的投资决策？

4. 考虑到机构投资者相比个人投资者有更好的表现，个人证券投资总量是否会减少到零（例如，完全授权）？如果这种情况发生，那么对价格、收益和市场无效性会产生什么影响？

5. 当泡沫形成时，机构投资管理者是否应该为没有“逆势而为”而承担责任？是否存在一些方法来监管他们的行为或创造某些激励让他们提供此类公共物品？

参考文献

Acharya，Viral，Stephen Schaefer，and Yili Zhang. 2008. Liquidity risk and correlation risk：A clinical study of the General Motors and Ford downgrade of 2005. Working Paper，New York University.

Ackermann，Carl，Richard McEnally，and David Ravenscraft. 1999. The performance of hedge funds：Risk，return and incentives. *Journal of Finance* 54：3，833 - 74.

Agarwal，Vikas，Naveen Daniel，and Narayan Y. Naik. 2009. Role of managerial incentives and discretion in hedge fund performance. *Journal of Finance*，forthcoming.

Agarwal，Vikas，and Narayan Y. Naik. 2004. Risks and portfolio decisions involving hedge funds. *Review of Financial Studies* 17：1，63 - 98.

Aragon，George，and Philip Strahan. 2009. Hedge funds as liquidity providers：Evidence from the Lehman bankruptcy. Working Paper，Boston College.

Avramov，Doron，and Russ Wermers. 2006. Investing in mutual funds when returns Are predictable. *Journal of Financial Economics* 81：2，339 - 77.

Badrinath，Swaminathan G.，and Sunil Wahal. 2002. Momentum trading by institutions. *Journal of Finance*57：6，2449 - 78.

Barber，Brad M.，and Terrance Odean. 2000. Trading is hazardous to your wealth：The common stock investment performance of individual investors. *Journal of Finance* 55：2，773 - 806.

Barber，Brad M.，and Terrance Odean. 2001. Boys will be boys：Gender， 607 overconfidence, and common stock investment. *Quarterly Journal of Economics* 116：1，261－92.

Barber，Brad M.，and Terrance Odean. 2008. All that glitters：The effect of attention and news on the buying behavior of individual and institutional investors. *Review of Financial Studies*21：2，785－818.

Barberis，Nicholas，and Andrei Shleifer. 2003. Style investing. *Journal of Financial Economics* 68：2，161－99.

Barras，Laurent，Olivier Scaillet，and Russ Wermers. 2009. False discoveries in mutual fund performance：Measuring luck in estimated alphas. *Journal of Finance*，forthcoming.

Bartov，Eli，Suresh Radhakrishnan，and Itzhak Krinsky. 2000. Investor sophistication and patterns in stock returns after earnings announcements. *Accounting Review* 75：1，43－64.

Bennett，James，RichardSias，and Laura T. Starks. 2003. Greener pastures and the impact of dynamic institutional preferences. *Review of Financial Studies* 16：4，1199－234.

Berk，Jonathan B.，and Richard Green. 2004. Mutual fund flows and performance in rational markets. *Journal of Political Economy* 112：6，1269－95.

Bernard，Victor L.，and Jacob K. Thomas. 1989. Post-earnings-announcement drift：Delayed price response or risk premium? *Journal of Accounting Research* 27：1，1－36.

Bhattacharya，Nilabhra. 2001. Investors' trade size and trading responses around earnings announcements：An empirical investigation. *Accounting Review* 76：2，221－44.

Bollen，Nicolas P. B.，and Jeffrey A. Busse. 2005. Short-term persistence in mutual fund performance. *Review of Financial Studies* 18：2，569－97.

Bollen，Nicolas P. B.，and Robert E. Whaley. 2009. Hedge fund risk dynamics：Implications for performance appraisal. *Journal of Finance*，forthcoming.

Boyer，Brian，and Lu Zheng. 2009. Investor flows and stock market returns. *Journal of Empirical Finance*16：1，87－100.

Bozcuk，Aslihan，and M. Ameziane Lasfer. 2005. The information content of institutional trades on the London stock exchange. *Journal of Financial and Quantitative Analysis* 40：3，621－44.

Brunnermeier，Markus K.，and Stefan Nagel. 2004. Hedge funds and the technology bubble. *Journal of Finance*59：5，2013－40.

Brunnermeier，Markus，and Lasse Pedersen. 2009. Market liquidity and funding liquidity. *Review of Financial Studies*22：6，2201－38.

Burch，Timothy R.，and Bhaskaran Swaminathan. 2002. Are institutions momentum traders? Working Paper，University of Miami.

Busse，Jeff，Amit Goyal，and Sunil Wahal. 2009. Performance and persistence in institutional investment management. *Journal of Finance*，forthcoming.

Cai，Fang，and Lu Zheng. 2004. Institutional trading and stock returns. *Finance Research Letters*1：3，178－89.

Campbell，John Y.，Tarun Ramadorai，and Allie Schwartz. 2008. Caught on tape：Institutional trading，stock returns，and earnings announcements. *Journal of Financial Economics* 92：1，66－91.

Campbell，John Y.，Tarun Ramadorai，and Tuomo Vuolteenaho. 2005. Caught on tape：Institutional order flow and stock returns. Working Paper，National Bureau of Economic Research No. 11439.

Campbell，John Y.，and Robert J. Shiller. 1988. The dividend-price ratio and expectations of future dividends and discount factors. *Review of Financial Studies* 1：3，195－228.

Carhart，Mark. 1997. On persistence in mutual fund performance. *Journal of Finance* 52：1，57－82.

Chan，Louis K.，and Josef Lakonishok. 1993. Institutional trades and intraday stock price behavior. *Journal of Financial Economics* 33：2，173－99.

Chen，Hsiu-Lang，Narasimhan Jegadeesh，and Russ Wermers. 2000. The 608
value of active mutual fund management：An examination of the stock holdings and trades of fund managers. *Journal of Financial and Quantitative Analysis* 35：3，343－68.

Chen，Yong，and Bing Liang. 2007. Do market timing hedge funds time the markets? *Journal of Financial and Quantitative Analysis* 42：4，827－56.

Chevalier，Judith，and Glenn Ellison. 1997. Risk taking by mutual funds as a response to incentives. *Journal of Political Economy* 105：6，1167－200.

Choe，Hyuk，Bong-Chan Kho，and René M. Stulz. 1999. Do foreign investors destabilize stock markets? The Korean experience in 1997. *Journal of Financial Economics* 54：2，227－64.

Cohen，Randolph，Paul Gompers，and Tuomo Vuolteenaho. 2002. Who underreacts to cashflow news? Evidence from trading between individuals and institutions. *Journal of Financial Economics*66：2－3，409－62.

Coval，Joshua，and Erik Stafford. 2007. Asset fire sales (and purchases) in equity markets. *Journal of Financial Economics*86：2，479－512.

Daniel，Kent，Mark Grinblatt，Sheridan Titman，and Russ Wermers. 1997. Measuring mutual fund performance with characteristic-based benchmarks. *Journal of Finance* 52：3，1035－58.

Daniel，Kent，David Hirshleifer，and Avanidhar Subrahmanyam. 1998. Investor psychology and security market under-and over-reactions. *Journal of Finance* 53：6，1839－86.

DeLong，J. Bradford，Andrei Shleifer，Lawrence Summers，and Robert J. Waldmann. 1990.

Positive feedback investment strategies and destabilizing rational speculation. *Journal of Finance*45：2，379－95.

Edison，Hali J.，and Francis E. Warnock. 2008. Cross-border listings，capital controls，and equity flows to emerging markets. *Journal of International Money and Finance* 27：6，1013－27.

Fama，Eugene，and Kenneth French. 2009. Mutual fund performance. Working Paper，University of Chicago.

Ferson，Wayne E.，and Rudy W. Schadt. 1996. Measuring fund strategy and performance in changing economic conditions. *Journal of Finance* 51：2，425－61.

Froot，Kenneth A.，Paul O'Connell，and Mark Seasholes. 2001. The portfolio flows of international investors. *Journal of Financial Economics* 59：2，151－93.

Froot，Kenneth A.，and Tarun Ramadorai. 2005. Currency returns，intrinsic value and institutional investor flows. *Journal of Finance* 60：3，1535－66.

Froot，Kenneth A.，and Tarun Ramadorai. 2008. Institutional portfolio flows and international investments. *Review of Financial Studies* 21：2，937－72.

Froot，Kenneth A.，and Melvyn Teo. 2008. Style investing and institutional investors. *Journal of Financial and Quantitative Analysis* 43：4，883－906.

Fung，William，and David A. Hsieh. 1997. Empirical characteristics of dynamic trading strategies：The case of hedge funds. *Review of Financial Studies* 10：2，275－302.

Fung，William，and David A. Hsieh. 2000. Performance characteristics of hedge funds and CTA funds：Natural versus spurious biases. *Journal of Financial and Quantitative Analysis* 35：3，291－307.

Fung，William，and David A. Hsieh. 2001. The risk in hedge fund strategies：Theory and evidence from trend followers. *Review of Financial Studies* 14：2，313－41.

Fung, William, and David A. Hsieh. 2002. Asset-based style factors for hedge funds. *Financial Analysts Journal*58: 5, 16 - 27.

Fung, William, and David A. Hsieh. 2004a. Hedge fund benchmarks: Arisk based approach. *Financial Analysts Journal*60: 5, 65 - 80.

Fung, William, and David A. Hsieh. 2004b. Asset-based style factors for hedge funds. *Financial Analysts Journal*60: 5, 65 - 80.

Fung, William, David A. Hsieh, Narayan Naik, and Tarun Ramadorai. 2008. Hedge funds: performance, risk and capital formation. *Journal of Finance* 63: 4, 1777 - 803.

Goetzmann, William N., and Roger G. Ibbotson. 1994. Do winners repeat? Predicting mutual fund performance. *Journal of Portfolio Management* 20: 2, 9 - 18.

Gompers, Paul A., and Andrew Metrick. 2001. Institutional investors and 609
equity prices. *Quarterly Journal of Economics*116: 1, 229 - 60.

Griffin, John M., Jeffrey Harris, and Selim Topaloglu. 2003. The dynamics of institutional and individual trading. *Journal of Finance* 58: 6, 2285 - 320.

Grinblatt, Mark, and Matti Keloharju. 2000a. The investment behavior and performance of various investor-types: Astudy of Finland's unique data set. *Journal of Financial Economics* 55: 1, 43 - 67.

Grinblatt, Mark, and Matti Keloharju. 2000b. What makes investors trade? *Journal of Finance* 56: 2, 589 - 616.

Grinblatt, Mark, and Sheridan Titman. 1989. Mutual fund performance: An analysis of quarterly portfolio holdings. *Journal of Business* 62: 3, 393 - 416.

Grinblatt, Mark, Sheridan Titman, and Russ Wermers. 1995. Momentum investment strategies, portfolio performance, and herding: A study of mutual fund behavior. *American Economic Review*85: 5, 1088 - 105.

Grossman, Sanford J., and Joseph E. Stiglitz. 1980. On the impossibility of informationally efficient markets. *American Economic Review* 70: 3, 393 - 408.

Hasanhodzic, Jasmina, and Andrew W. Lo. 2006. Can hedge-fund returns be replicated? The linear case. Working Paper, Massachusetts Institute of Technology.

Hendricks, Darryll, Jayendu Patel, and Richard Zeckhauser. 1993. Hot hands in mutual funds: Short-run persistence of relative performance, 1974 - 1988. *Journal of Finance* 48: 1, 93 - 130.

Hirshleifer, David A., James N. Myers, Linda A. Myers, and Siew Hong Teoh. 2008. Do individual investors drive post-earnings announcement drift? Direct evidence from personal trades. Working Paper, University of California Irvine.

Holthausen, Robert W., Richard W. Leftwich, and David Mayers. 1987.

The effect of large block transactions on security prices: A cross-sectional analysis. *Journal of Financial Economics* 19: 2, 237 - 67.

Hong, Harrison, and Jeremy C. Stein. 2003. Differences of opinion, short-sales constraints, and market crashes. *Review of Financial Studies* 16: 2, 487 - 525.

Hvidkjaer, Soeren. 2006. A trade-based analysis of momentum. *Review of Financial Studies* 19: 2, 457 - 91.

Ippolito, Richard A. 1992. Consumer reaction to measures of poor quality: Evidence from the mutual fund industry. *Journal of Law and Economics* 35: 1, 45 - 70.

Jagannathan, Ravi, Alexey Malakhov, and Dimitry Novikov. 2009. Do hot hands exist among hedge fund managers? An empirical evaluation. *Journal of Finance*, forthcoming.

Jensen, Michael C. 1968. The performance of mutual funds in the period 1945 - 1964. *Journal of Finance* 23: 2, 389 - 416.

Jones, Charles M., and Marc L. Lipson. 2003. Are retail orders different? Working Paper, Columbia University.

Jotikasthira, Pab, Christian Lundblad, and Tarun Ramadorai. 2009. Asset fire sales and purchases and the international transmission of funding shocks. Working Paper, University of North Carolina.

Kaniel, Ron, Gideon Saar, and Sheridan Titman. 2008. Individual investor trading and stock returns. *Journal of Finance* 63: 1, 273 - 310.

Ke, Bin, and Santhosh Ramalingegowda. 2004. Do institutional investors exploit the postearnings-announcement drift? Working Paper, Pennsylvania State University.

Keim, Donald B., and Ananth Madhavan. 1995. Anatomy of the trading process: Empirical evidence on the behavior of institutional traders. *Journal of Financial Economics* 37: 3, 371 - 98.

Kim, Kenneth, and John R. Nofsinger. 2005. Institutional herding, business groups, and economic regimes: Evidence from Japan. *Journal of Business* 78: 1, 213 - 42.

610 Kim, Woochan, and Wei, Shang-Jin, 2002. Foreign portfolio investors before and during a crisis. *Journal of International Economics* 56: 1, 77 - 96.

Kosowski, Robert, Narayan Y. Naik, and Melvyn Teo. 2007. Do hedge funds deliver alpha? A Bayesian and bootstrap analysis. *Journal of Financial Economics* 84: 1, 229 - 64.

Kosowski, Robert, Alan Timmerman, Russ Wermers, and Halbert White.

2006. Can mutual fund stars really pick stocks? New evidence from a bootstrap experiment. *Journal of Finance* 61：6，2551-95.

Kraus，Alan，and Hans W. Stoll. 1972. Price impacts of block trading on the New York stock exchange. *Journal of Finance* 27：3，569-88.

Lakonishok，Joseph，Andrei Shleifer，and Robert Vishny. 1992. The impact of institutional trading on stock prices. *Journal of Financial Economics* 32：1，23-43.

Lee，Charles M. C. 1992. Earnings news and small traders：An intraday analysis. *Journal of Accounting and Economics* 15：2-3，265-302.

Lee，Charles M. C.，and Balkrishna Radhakrishna. 2000. Inferring investor behavior：Evidence from TORQ data. *Journal of Financial Markets* 3：2，83-111.

Lee，Charles M. C.，and Mark J. Ready. 1991. Inferring trade direction from intraday data. *Journal of Finance* 46：2，733-46.

Liang，Bing. 1999. On the performance of hedge funds. *Financial Analysts Journal* 55：4，72-85.

Liang，Bing. 2000. Hedge funds：The living and the dead. *Journal of Financial and Quantitative Analysis* 35：3，309-26.

Madhavan，Ananth，and Minder Cheng. 1997. In search of liquidity：Block trades in the upstairs and downstairs markets. *Review of Financial Studies* 10：1，175-203.

Malmendier，Ulrike，and Devin Shanthikumar. 2007. Are small investors naive about incentives? *Journal of Financial Economics* 85：2，457-89.

Mamaysky，Harry，Matthew Spiegel，and Hong Zhang. 2008. Estimating the dynamics of mutual fund alphas and betas. *Review of Financial Studies* 21：1，233-64.

Nofsinger，John R. 2001. The impact of public information on investors. *Journal of Banking and Finance* 25：7，1339-66.

Nofsinger，John R.，and Richard W. Sias. 1999. Herding and feedback trading by institutional and individual investors. *Journal of Finance* 54：6，2263-95.

Odean，Terrance. 1998. Are investors reluctant to realize their losses? *Journal of Finance* 53：5，1775-98.

Odean，Terrance. 1999. Do investors trade too much? *American Economic Review* 89：5，1279-98.

Ofek，Eli，and Matthew Richardson. 2003. Dot-com mania：The rise and fall of internet stock prices. *Journal of Finance* 58：3，1113-38.

Patton，Andrew. 2009. Are “market neutral” hedge funds really market neutral? *Review of Financial Studies* 22：7，2495－530.

Patton，Andrew，and Tarun Ramadorai. 2009. Onthe dynamics of hedge fund risk exposures. Working Paper，Duke University.

Pulvino，Todd C. 1998. Do asset fire sales exist? An empirical investigation of commercial aircraft transactions. *Journal of Finance* 53：3，939－78.

Shanthikumar，Devin. 2004. Small and large trades around earnings announcements：Does trading behavior explain post-earnings-announcement drift? Working Paper，Harvard Business School.

Sharpe，William F. 1966. Mutual fund performance. *Journal of Business* 39：1（part 2），119－38.

Shleifer，Andrei，and Robert W. Vishny. 1992. Liquidation values and debt capacity：A market equilibrium approach. *Journal of Finance* 47：4，1343－66.

Sias，Richard. 2004. Institutional herding. *Review of Financial Studies* 17：1，165－206.

Sias，Richard，Laura T. Starks，and Sheridan Titman. 2006. The price impact of institutional trading. *Journal of Business* 79：6，2869－910.

Sirri，Erik，and Peter Tufano. 1998. Costly search and mutual fund flows. *Journal of Finance* 53：5，1589－622.

611 Teo，Melvyn. 2008. Hedge fund capacity constraints，liquidity，and hierarchy costs. Working Paper，Singapore Management University.

Treynor，Jack L. 1965. How to rate management of investment funds. *Harvard Business Review* 43：1，63－75.

Wermers，Russ. 1999. Mutual fund herding and the impact on stock prices. *Journal of Finance* 54：2，581－622.

Wermers，Russ. 2000. Mutual fund performance：An empirical decomposition into stockpicking talent，style，transaction costs，and expenses. *Journal of Finance* 55：4，1655－95.

Zhong，Zhaodong. 2008. Why does hedge fund alpha decrease over time? Evidence from individual hedge funds. Working Paper，Rutgers University.

作者简介

塔伦·拉马杜拉伊（Tarun Ramadorai）是牛津大学赛德商学院金融学教授。拉马杜拉伊教授获得了威廉姆斯学院的数学和经济学学士学位，剑桥大学伊曼纽尔学院的经济学硕士学位和哈佛大学的企业经济学博士学位。他是欧盟经济政策研究中心（CEPR）的助理研究员，并且是从事定量金融学研究的牛津人学会执行委员会中的一员。拉马杜拉伊教授在诸多学术期刊上发表了多篇论文，例如在《金融学期刊》(*Journal of Finance*)、《金融经济学期刊》(*Journal of Financial Economics*）和《金融研究评论》(*The Review of Financial Studies*)。他的主要研究领域是资本市场、国际金融和对冲基金。

613 第33章 衍生品市场

彼得·洛克（Peter Locke）
得克萨斯基督教大学教授

引 言

多年来，衍生品市场提供了许多优质数据。之前已经对套利、对冲、做市商的库存管理、代理人问题（由于双重身份交易而产生）与交易量和波动性之间的关系进行了深入研究。自从行为经济学融入金融研究之后，来自期货市场的丰富数据对我们加深对这一领域的认知是非常有益的。在金融领域，涉及违背期望效用理论的行为经济学议题，主要集中在与措辞表述有关的框架问题上。迄今为止，顶尖的金融期刊发表了许多重要论文，来发展理论或者为行为金融在衍生品市场上的影响提供经验证据。

如同大多数学术文献一样，关于行为金融对衍生品市场的影响程度，存在不同的实证结果。多数文献研究的是期货场内交易者或者做市商。令人振奋的是，最新的研究显示这些交易者似乎并没有受到轻率的情绪化交易的过度损害，比如厌恶损失或过度自信。如果这些专业交易者受到较强的行为偏向支配，则这些市场价格的形成将受到过多的噪音的影响。这些研究对政策和监管制度的制定有着重要的意义，但是到目前为止，似乎没有监管预警的需要。

其他文献研究了对冲以及套利者和投机者的行为偏向在理论上对价格的影响。传统的对冲模型，例如最小方差套期保值比率模型等，可能会受到行为条件的影响。因为这些模型通常是前瞻性的，所以会涉及后悔厌恶和过度自信的概念而非事后的损失厌恶问题。这些理论文献还有待实证的检验，如果研究者们能够获得适合的数据，那这些理论或许会非常有趣。

本章从理论和实证重点讨论了有关衍生品市场的行为金融学文献。本章余下的部分包含了五个主要的部分。第一部分介绍了大部分数据的产生过程，此后的大量实证分析都使用了此类数据。这一部分涉及期货的交易架构或者微观结构。至少从历史上看，非常开放和透明的交易市场产生了丰富的期货数据。第二部分考察了交 614
易者在衍生品市场上不愿坐实亏损的问题。这通常被称为意向效应，并且与卡尼曼和特维斯基（Kahneman and Tversky，1979）的（符合某些参数的）前景理论一致。期货市场是一个寻找这些效应的极好的地方，因为其以对称的方式对多头和空头进行处理，并且交易者整体上交易频繁，产生了大量的可以用于分析的数据。第三部分考察了先前的交易结果的影响，主要考察上午收入对下午交易的影响。在考察先前结果时考虑了三种类型的行为：(1）损失厌恶，更确切地说是累计损失厌恶或盈亏平衡效应；(2）每日收入目标，这曾被用来对劳动供给建模，特别是对出租车司机的行为；(3）赌场盈利效应或者说使用新获得的收入进行过度投机，新获得的收入被分成两部分——合理收益和剩余（赌场盈利）。第四部分考察了其他行为问题，包括过度自信和失望厌恶。第五部分是归纳和总结。

期货场内交易

在着手回顾和期货交易行为相关的行为文献之前，描述期货交易策略的基准模型是至关重要的。特别是，这样的描述对于理解期货场内交易者的功能及实践操作是必要的，大量的实证研究也是从他们身上获取数据的。尽管对这个领域的研究有限，但通常具有一致性。在探索行为偏离的证据之前，有必要阐明现存的基准实证结论，确立常见的以及或多或少是理性的模式。

在中国台湾、澳大利亚或美国的期货市场中，行为证据通常会检验期货场内交易者或电子交易系统的交易记录。对于期货交易所的成员或承租人（主要执行自有账户交易），用“场内自营交易者”（local）这个词来描述此类个体是恰当的。他们位于这个区域或交易机器的场内，在此区域执行其他成员发出的来自客户和期货经纪人的订单。另一个有点贬义的术语是“黄牛”。基本的看法是这些场内交易者拥有独一无二的途径接触来自客户的订单汇总并且可以对一个订单“剥牛皮”，更客气的说法是“剪羊毛”。他们通过自有账户以略低于均衡价格的价格买入，然后以一个略高的价格卖出。在一些微观结构文献中，这就是做市商的买（bidding）和卖（offering）。在期货市场上，做市通常是允许在交易大厅进行自营交易所产生的内生结果。许多业内人士对个人交易的描述都有不同的阐释。

关键的是，这些场内自营交易者是期货交易活动的中枢，他们直接地观察期货客户订单的执行。他们有能力即刻买入或卖出，并执行自营交易，但是没有义务去
615 买与卖，甚至没有义务出现在交易大厅里。所有的期货交易都具有极高的透明度，因为交易所是所有交易的担保人。除非是在开放且具有竞争性的系统里（历史上的交易大厅或电子交易平台），否则很少有机会在法律意义上执行期货交易。特殊的例外情况是跨账户的转移和转现货交易，其本质上是对非常规产品合约的交割。

研究者们通常假设场内自营交易者承担的风险是极为特殊的。无论他们交易猪腩、黄金、原油还是股指期货，在任何特定的时间点上，交易者在他们各自独立的交易位置进行交易。当然，正如基泽格和洛克（Kuserk and Locke，1994）讨论的那样，他们并非管理某个以日内交易为基础的多样化投资组合。场内交易的布局是场内自营交易者位于交易站/池（pit），其处于众多电话工作台（phone desk）的下方，电话工作台收到客户的买卖订单，作为经纪人的场内交易员从电话工作台获取可见的手势信号。① 随着电子订单提交和手持终端在交易站的出现，这一情形已经发生了巨大的变化。尽管如此，但与股票交易的做市庄家（specialist）不同，场内自营交易者看不到任何私人或是汇总的限价指令簿。典型的期货场内交易是一种完全开放的、连续的双向口头拍卖，下文中引用的大量数据主要来自此类交易场所。在此情况下，来自非会员例如“顾客”、会员公司以及场内自营交易者交易的订单相互作用形成了有时看似混乱的局面。

即使在场内没有正式的限价指令簿，交易规则也建立在价格和时间优先的基础上，通过喊话和手势产生。电子交易在某种程度上对此进行了编码，依交易架构而有所不同。电子交易和场内交易有可能同时进行，这会明显掩盖优先级别。一方面，交易者为持有纸质订单的顾客或会员公司执行交易，并尝试通过顾客的指示来执行交易，例如执行限价指令或市价指令。另一方面，场内自营交易者可以在任何时候自由买或卖（或者不卖）。他们的交易只不过是对于当前市场状况、交易者的直觉和仓位、个人预期的自发反应，并不要求这些交易者必须出现在场内，更不用说保持市场有序了。

① 早期的期货场内交易一般是这样安排的：交易场所四周是租给各个会员公司的电话工作台，接收来自客户的期货订单；中间在较低位置有几个盆地一样的交易池，自营交易者在此区域买卖做市；电话工作台的订单可以通过传送员交给下面自己的场内经纪人，也可以从电话工作台直接用手势传送给他；这个经纪人再喊话报价给场内自营交易者。——译者注

作为经纪人的场内交易者通过执行每位顾客的指令来获得些许交易佣金，场内交易者的自营收入是来源于期望的低买高卖。因此一个被执行的交易可能是两名顾客、两名场内自营交易者，更常见的是一名顾客和一名场内自营交易者指令的“不谋而合”。在不存在对交易的其他限制时，在期货市场上的价格可能快速波动。当存在数额巨大的单方订单流时，场内交易者不会停止交易，价格只是进行调整。场内交易者们会达成协议并执行交易，然后交易所调节或匹配交易。交易所还会记录并同时在全球发布交易的价格序列。尽管越来越多的期货以电子交易的形式来交易，但在许多国家包括美国在内，场内交易仍然是一个充满活力的职业。此类交易的当前以及历史交易记录成为微观结构研究的一个重要数据来源，对于现在进行的分析，也就是行为研究而言，这尤为重要。

若数据可得，则这些个体的自营交易就为无数组实验提供了数据。在沃金（Working，1967）和其他人的早期研究中，证明这些交易者的交易策略总体而言都在做市范围内。沃克是第一个接触并理解场内交易者个人交易记录的丰富性的学者。

西尔伯（Silber，1984）研究了此类交易策略——为客户订单提供流动性—— 616
如何发挥作用，为交易时机选择和盈利能力提供了一些较早的见解。他发现在超过某个盈利时间窗口的界限后，交易盈利能力会随时间而下降。因此，盈利策略是当有大额客户卖（买）单时买（卖），并在行情逆转后快速退出。如果行情没有突然逆转，那么迅速退出仍然是最佳策略，以此来限制交易带来的潜在损失。换句话说，客户订单可能会“提供信息”，例如在价格提高之前的买单，或许是受“流动性”驱使，即并没有什么灵通的消息。这两种类型的订单与场内交易者的相互作用影响了买卖策略，更重要的是影响了适当的交易退出策略（该策略经常会被忽略）。

基泽格和洛克（Kuserk and Locke，1993）使用一个包括多种期货合约的大型数据库进行了一次深入的分析。他们的发现支持了沃金（Working，1967）和西尔伯（Silber，1984）的初步调查结果。特别地，基泽格和洛克（Kuserk and Locke）发现为自有账户交易的期货场内交易者，相对较少地进行交易，保留相对较少的库存。此外，从单个合约上看，期货场内交易员在每个合同交易中仅获得几美元的收入。在大多数交易活跃的期货合约中，该收入相比合约的最小价格变动来说要小得多。

举一个例子，欧洲美元期货价格在其样本中的最小价格变动是 25 美元，但是期货交易者每个合同获得的收入少于 5 美元。如果这些交易者能够简单地进行买卖差价交易，按买价购买，按卖价出售，则每个合约他们能够获得 25 美元，或者获得最小的报价单位。很明显，这些做市商采取的策略是不同于传统的微观结构假设的。

马纳斯特和曼（Manaster and Mann，1996）还考察了诸如场内交易者对仓位的控制之类的问题。令人惊奇的是，他们发现，交易者的买价和卖价与交易者的仓位正相关，而根据非库存控制模型的预测，二者负相关。因此，当场内交易者是多头时，平均价格升高，当场内交易者是空头时，平均价格下降。

基泽格和洛克（Kuserk and Locke，1993）以及马纳斯特和曼（Manaster and Mann，1996）的结果表明，相比微观结构理论的机械指令处理过程，场内自营交易者的交易即使不是冒险性的，也是非常具有挑战性的，并且更适合行为研究。事实上，洛克和曼（Locke and Mann，2005）发现场内交易者的个人交易似乎风险很高，将近50%的期货场内交易者的自营交易会产生损失。所有这些研究表明，相比所冒风险，平均收入水平较低，该结论与这些市场上较小的买卖价差相符。

其他最近的研究与期货场内交易一些有趣的方面相关。例如，科沃尔和沙姆韦（Coval and Shumway，2001）考察了声音和期货交易。他们记录期货交易场所的分贝，并且将它们与成交量和波动性相关联。库罗夫（Kurov，2005）考察了期货交易场所交易的相对执行成本，包括场内自有账户交易者和顾客的成本，以及限价指令和市价指令的成本。

大部分涉及期货交易数据的文献是基于隐含的或者明确的关于信息的假设，这
617 与股票微观结构模型是相似的。总的说来，期货市场可能是价格发现的竞技场，因此一些信息可能通过期货交易进行传递。夏普（Sharpe，1991）认为期货市场应该扮演重要角色并提高市场的有效性，他为这种论点提供了支持。如果期货起到了价格发现的作用，那么一些期货交易将会是信息驱动的。在实验环境下，波特和史密斯（Porter and Smith，1995）发现在经济中加入期货市场将显著降低投机（噪声）对市场价格的不利影响。同样，这时假定一些基础信息例如库存信息、天气信息等，会通过期货价格传递。场内自营交易者处于期货交易的焦点位置，并且可以完全处理这些信息流，因此他们的行为趋向对于这些重要市场的效率是关键的。李斯特和黑格（List and Haigh，2005）对交易者群体的研究表明，相对于学生对照组，期货交易者似乎更接近于期望效用最大化者。综合来看，这些发现显示出期货市场在价格发现中起着重要的作用。此外，场内自营交易者是市场的核心交易者，起到了做市商的作用，他们有着复杂的交易策略。因此，这个基准的做市模型对于研究期货场内交易者的潜在行为偏向搭建了一个很好的研究框架。

损失厌恶和意向效应

许多交易忠告主要是劝导人们遵守交易纪律并克服不愿坐实亏损的意向。这种不情愿是普遍的，同时也可能是代价高昂的。在本部分，期货交易与这种不情愿的关系得到了更进一步的研究。

意向效应的经验证据和前景理论

相对而言，不愿坐实亏损（即意向效应），通常与卡尼曼和特维斯基（Kahneman and Tversky，1979）的前景理论相联系。例如，谢弗林和斯塔特曼（Shefrin and Statman，1985）将此理论直接引入金融研究中，首次创造了“意向效应”这一术语。但是，很多论文无法清楚地区分这两种行为模式，即意向效应和前景理论。巴贝尔斯和熊（Barberis and Xiong，2009）、考斯蒂亚（Kaustia，2009）为这种联系提供了新的见解，认为一些与意向效应一致的经验证据并不符合前景理论。因此，这里所考虑的逻辑主要是，本章引用的研究衍生品交易的论文中提供的压倒性的关于意向效应的经验证据，不应同时被看成有害的前景理论支配交易者的证据。换句话说，意向效应本质上是一种统计现象，本身并不是功能失常行为的证据。

不论讨论何种怪异行为，要发现一般的问题行为模式，其关键都是确定这种行为会产生显著的成本，该成本可以通过跟行为相关的现象来计算。如果没有成本，则某些看似异常的经验证据可能并无害处，或者可能是特定的制度结构所产生的结果（而数据是这些制度产生的）。因此大部分的行为研究集中考察个体在表现出某种“异象”诸如意向效应时，将多少钱留在了桌上（即损失程度）。从这个角度来 618
说，累积的证据明显倾向于以下阵营，即在期货市场上存在看似无成本的意向效应，其并不是多么严重的行为问题。更深入的理论或经验研究能够确定意向效应的来源，其非常有可能与期货场内交易者偶然的市场时机选择有关。在此方面，弗格森和曼（Ferguson and Mann，2001）、库罗夫（Kurov，2005）、洛克和曼（Locke and Mann，2005）的分析应该是有帮助的，因为他们提供了期货交易与市场时机选择相关的证据。

在奥丁（Odean，1998）的论文发表后，行为金融学论文急剧地增加。这篇论文引发了一系列的研究，这些研究旨在寻求进一步的证据证明散户和职业交易者在处理盈利交易与亏损交易时是不同的。奥丁所研究的交易者表现出意向效应的典型特征：出售盈利的股票和持有亏损的股票。但更为重要的是，奥丁发现此种交易模式会产生巨大的成本，即卖出股票的平均价格进一步上涨，持有股票的平均价格进一步下跌。因此，存在显著的交易成本的证据表明，对于存在意向效应的散户交易者而言，其确实是一个行为问题。

在实证文献中，奥丁（Odean，1998）的论文似乎代表普遍一致的看法，即个体非常不情愿割肉止损，但愿意将收益落袋为安。陈、马哈德温和桑托斯（Chen，Lakshminaranan and Santos，2006）进行的一项新近研究揭示的证据表明，对于坐实亏损的厌恶心理在卷尾猴身上也存在。人类对坐实亏损的厌恶心理或许是一种遗留下来的推断法则，如果不受到有意的交易纪律约束，则其可能会对交易者行为造成普遍和消极的影响。在交易中通过有意识地服从交易纪律，更好地克服意向效应这种内在倾向，职业交易者或许会生存下来。在其他条件不变的情况下，若决策时交易的意向随着与交易相联系的盈亏的变化而变化，则这可以被解释为发现了意向效应。例如，假设原油期货的价格是每桶60美元，一个交易者在原油期货上是多头。进一步假设，市场和交易者的预期为该价格在某种意义上是一个有效价格，并且交易者资本充足，进而与该交易相关联的风险是最小的。当原油期货价格是55美元（交易的账面收益是5美元）或65美元（交易的账面亏损是5美元）时，是继续持有还是平仓的决策不应取决于交易者是否建立了头寸。但是，在实证上来看，情况似乎并不是这样。

谢弗林和斯塔特曼（Shefrin and Statman，1985）将意向效应与卡尼曼和特维斯基（Kahneman and Tversky，1979）提出的前景理论联系在一起。这就是在参照收益和损失域上著名的“S”形效用曲线，而非在财富域上的传统效用曲线。假设交易者受前景理论支配（设定收益和损失的参考点时缺乏远见），而非受期望效用支配，那么该假设与人们不愿意将亏损头寸平仓是一致的。如果交易的执行符合前景理论，那么这将会违反期望效用理论。通常认为期望效用理论在某种程度上具有规范性。也就是说，其应该是理性交易者分析交易决策的方式。违反期望效用的行为，其可能由前景理论引起，会导致套利者进行利用性交易。

就前景理论而言，其诱发的行为可能成本高昂，因为交易者不恰当地赋予沉没
619 成本（交易的初始价值）某种当期价值。例如，根据环境的不同，交易者可能关注股票的买价，或者年底的估值，或者盘中的变化，而非当前的市场状况。意向效应本质上是这样一种实证发现，即相对于盈利交易投资者会更多地持有亏损的交易。通常这样推断，意向效应是因为交易者根据前景理论不愿割肉止损。然而，交易理性与否只能通过寻找与意向效应相联系的成本显著与否来揭示，例如奥丁（Odean，1998）通过估计由于售出盈利和亏损交易而放弃的利润计算了相关成本。

期货交易、意向效应和相关成本

因为自营交易者的交易比较频繁，并在多头和空头上有对称的支出，所以他们的交易为检测意向效应提供了良好的数据。费里诺、约翰斯通和郑（Frino，Johnstone and Zheng，2003）考察了悉尼期货交易所的场内交易者对盈利和亏损交易的非对称处理。他们研究了股指期货、澳大利亚三年和十年期债券期货和银行承兑票据期货。除了自营交易者，费里诺等还使用了一个由外部客户组成的对照组的交易数据。与洛克和曼（Locke and Mann，2005）的研究相似，他们考察了交易发起与平仓之间的市场状况。他们计算了“账面”的收益和损失，洛克和曼称其为盯市损益。因此，对于交易者而言，使用的是移动核算，而非根据实际交易日期核算。奥丁（Odean，1998）排除了这些“假设”场景，仅关注交易者真正进行交易的日期。

费里诺等（Frino et al.，2003）发现相比盈利交易，交易员倾向于对亏损交易

持有更长时间。令人惊讶的是，他们还发现多数时候持有亏损交易是一个事后有利可图的策略。这种情况表明，意向效应未必是成本高昂的。他们发现该结论对自营交易者成立，但对非自营交易者的对照样本并不成立。因此，在意向效应的来源方面，职业交易员和普通客户存在不同。费里诺等人将此差异归因于自营交易者的知情交易，该观点得到了弗格森和曼（Ferguson and Mann，2001）以及洛克和奥纳耶夫（Locke and Onayev，2005，2007）的支持。

这是很有可能的，即期货的微观结构方面的大量“信息”是半基本面的，而非更为传统的基本面信息。洛克和奥纳耶夫（Locke and Onayev，2007）认为与期货交易相关的信息是短期的，符合订单流/流动性现象。场内交易者是期货交易的中枢，顾客买卖订单通过此中枢相互作用。知情交易是一个潜在的问题，表明某些抢先交易可能会发生。查克拉瓦蒂和李（Chakravarty and Li，2003）认为场内交易者的此类以信息为基础的交易不一定是欺诈。换句话说，没有确凿的证据证明平均而言自营交易者会抢先普通客户进行交易。

洛克和曼（Locke and Mann，2005）借鉴奥丁（Odean，1998）的方法，将其应用于期货场内交易。因此，他们使用退出交易和此类历史交易以及同期市场状况
来确定以下问题，即场内交易者是否会因为交易历史不同而产生行为问题，即被分 620
类为收益或损失是否会影响交易平仓的时机选择。洛克和曼还进行了一些假设分析，例如，如果交易员在更好的价格上更早地对交易进行了平仓，那么情况会怎么样？在平仓退出后市场的价格将会如何？他们考察了芝加哥商品交易所的四个不同的合约。总的说来，洛克和曼发现，若交易者持有交易更长时间，则他们往往会亏钱。他们将该证据与交易者交易不会产生高昂成本相结合，将上述整体效应解释为缺乏纪律。

来自交易文献中的大量轶事证据显示，懂得如何快速亏钱是一种有价值的品质。虽然看上去这似乎是一个奇怪的逻辑，然而该论断实际上是说交易有时会导致糟糕的结果，一个自律的交易者不会害怕承认交易失败，只要退出这次交易并继续前行即可。因此，发现的以下结论，即这些交易者通常表现出意向效应，似乎说明他们并未全心全意地遵循建议。然而，洛克和曼（Locke and Mann，2005）发现，那些不倾向于持有亏损交易过长时间的交易者会更加成功。希望在纪律和成功这个层面进行更多的研究。

与奥丁（Odean，1998）相反，洛克和曼（Locke and Mann，2005）以每一项交易为基础的研究没有发现类似结论，相比那些将交易平仓的交易者，那些持有亏损交易更长时间的交易者并未产生巨额损失。洛克和曼提供的其他证据表明，意向效应程度的大小只能证明缺乏纪律，并不是因为坚持前景理论所产生的结果。因此，没有证据显示交易者是非理性地不愿坐实亏损。相反，意向效应是由于缺乏纪律而产生的，并且某些交易员与其他人相比更有纪律性。这个发现给职业交易者的收入增加了噪声因素，但不会如奥丁和费里诺等（Odean and Frino et al.，2003）

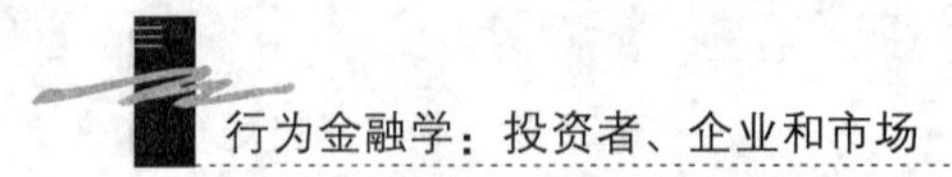

对散户投资者进行的研究那样产生系统性的损失。

周和珠荣（Choe and Eom，2009）在韩国指数期货市场上发现了意向效应的证据。他们发现，相比机构或外国（非韩国）的投资者，小型散户投资者更多地表现出此效应。另外，与洛克和曼（Locke and Mann，2005）的发现相似，对职业交易者（机构和外国账户）而言，经验和老练倾向于抑制意向效应。与奥丁（Odean，1998）的研究结论相似，意向效应的倾向与散户投资者的成功负相关。

同样研究期货场内交易者，黑格和李斯特（Haigh and List，2005）进行了一个实验，在实验过程中，他们在交易时段结束后接触芝加哥期货交易所的交易员们，并将他们的实验交易结果与一个学生对照组相比较。他们考察了职业交易者受短视型失误影响的程度大小，以及损失厌恶的程度。短视是指个体只关注短期或小样本而非大局。研究者通常将此现象解释为关注最近的收益或损失。如果短视与损失厌恶相结合，则由此产生的交易者行为可能是成本高昂的。基于该实验证据，黑格和李斯特发现，相比学生样本，职业交易者更容易受到短视型损失厌恶的影响。另外，阿列维、黑格和李斯特（Alevy，Haigh and List，2007）在实验中将学生与职业交易者进行对照，发现只有学生对收益/损失域表现出次优响应，该证据表明，应对损失职业交易者会产生心理自律。

621 意向效应的其他证据

扩大分析的范围，考察做市商之外的期货客户，其所需要的数据通常非常稀缺。海斯勒（Heisler，1994）发现相比盈利交易，期货市场上的小客户更倾向于更长时间持有亏损交易，这与费里诺等（Frino et al.，2003）的研究结果是一致的。周和珠荣（Choe and Eom，2007）还研究了意向效应对交易者的业绩的影响。他们发现，相比机构，个人交易者账户有更强的表现出意向效应的倾向。一个额外的发现是经验会抑制意向效应，减轻意向效应的程度并降低相关成本，这与洛克和曼（Locke and Mann，2005）的观点是一致的。

楼（Low，2004）发现研究者可以使用期权价格来推断行为问题。特别地，楼发现风险（标普 100 指数的隐含波幅）和同期的标准普尔 100 指数的收益之间的关系是不对称的。相反，隐含波幅随着价格下降而上升，随着价格上升而下降。楼认为这意味着普通投资者不愿意坐实亏损。

列恩（Lien，2001）考察了损失厌恶如何影响对冲。如果预期的期货价格变动不是零，例如在存在现货溢价或期货溢价的情况下，则损失厌恶会影响风险厌恶型交易者的对冲策略。如果预期的期货价格变动为正，则对冲者将会购买更多的期货合约进行对冲。当预期的期货价格变动为零时，损失厌恶不会影响对冲。

类似地，在韩国期货市场上，周和珠荣（Choe and Eom，2007）发现意向效应会对价格和波动性产生影响。对于意向效应他们构建了一个总体性的横截面测度：给定某一天，每个交易者都有账面收益或亏损，总体的意向效应是两个数字之差，即变现盈利的交易者数量与潜在盈利者（有账面盈利的交易者数量加上变现盈利的交易者数量）之比，减去坐实亏损的交易者数量与潜在亏损者（有账面亏损的交易者数量加上坐实亏损的交易者数量）之比。另外，意向效应如果集中在多头交易者身上，那么会对价格产生向下的影响。

马托斯、加西亚和彭宁斯（Mattos，Garcia and Pennings，2008）也研究了期货市场的损失厌恶和对冲问题。他们加上了概率加权的扭曲。他们发现，只有存在概率加权时，损失厌恶才会产生影响。这似乎与列恩（Lien，2001）的发现是相似的，即当期货市场存在期货或现货溢价时，损失厌恶会产生影响。马托斯等认为，相比损失厌恶水平的改变，概率加权有可能产生更大的影响。另外，当先前结果影响行为时，对冲将主要受到影响风险态度的先前结果的影响。相比因概率加权变化产生的影响，这种影响较小。

先前结果和期货交易者的行为

当过去发生的（无关）事件影响当前决策时，某种行为问题就会产生。在这一部分，将考察先前结果和期货交易行为之间的关系。

累积损失厌恶 622

与洛克和曼（Locke and Mann，2005）及费里诺等（Frino et al.，2003）的研究相似，科沃尔和沙姆韦（Coval and Shumway，2005）考察了期货市场上职业期货交易者的自有账户交易。不同于考察交易的意向效应，科沃尔和沙姆韦考察了总体的或者累积的效应。在他们的分析中，早晨存在累积损失的交易者在下午会增加承担的风险。此外，最有趣的可能是，早晨存在损失的交易者进行过度激进的交易，增加了下午市场价格的噪音。因为这些发现是针对职业交易者的，所以科沃尔和沙姆韦的发现补充了黑格和李斯特（Haigh and List，2005）的结论，同时对以下观点提出了挑战，即成功的职业交易者会抑制可能导致高成本行为的情绪。科沃尔和沙姆韦似乎确实发现交易者行为会对整个市场产生影响。

尽管科沃尔和沙姆韦（Coval and Shumway，2005）以及洛克和曼（Locke and Mann，2005）的论文都使用了丰富的职业期货交易者交易层面的数据，但对于交易者行为的理性程度，他们得出了不同的结论。因为不同的结论的存在，讨论这两篇论文的特定研究方法和结果是有所帮助的。

以每一项交易为基础，洛克和曼（Locke and Mann，2005）对交易者进行了如下考察：相比收益，他们是否更加不愿意将亏损交易平仓？对于每一项交易，他们是否持续盯市，随时测度交易的账面亏损或盈利？因此，与奥丁（Odean，1998）和费里诺等（Frino et al.，2003）的文章相似，洛克和曼直接检验了谢弗林

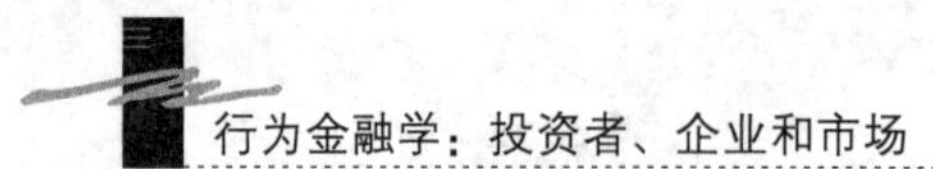

和斯塔特曼（Shefrin and Statman，1985）所描述的意向效应。

另外，科沃尔和沙姆韦（Coval and Shumway，2005）考察了累积盈利对随后行为的影响。在他们构建的框架中，当交易者在早上经历损失时，对每日潜在损失的非理性厌恶会导致交易员在下午产生成本较高的行为。实际上，科沃尔和沙姆韦发现当交易者当天面对将会产生损失的前景时，他们会采取高成本的非理性行为。前期累积收入通过扭曲之后收益和损失的感知价值来影响下一步每笔交易的意向。事实上，科沃尔和沙姆韦发现：（1）早晨存在损失的交易者会在下午执行更多的交易；（2）增加的交易执行效果较差，加剧了下午价格的波动；（3）早晨存在损失的交易者在下午将承担异常高的风险。因此，科沃尔、沙姆韦（Coval and Shumway，2005）和洛克、曼（Locke and Mann，2005）之所以得出了不同结论是因为使用了不同的分析方法。

每日收入目标

洛克和曼（Locke and Mann，2009）也考察了先前结果（早晨收入）对交易者行为的影响。沿着科沃尔和沙姆韦（Coval and Shumway，2005）的基本架构，洛克和曼考察了科沃尔和沙姆韦的基本发现是否是因为参照依赖型行为（柯塞格和拉宾（Koszegi and Rabin，2006）曾对此类行为建立过模型）。例如，如果交易者头脑中有每日收入目标，并且在中午时他们还没有达成这个目标，则他们就可能在
623 下午调整他们的努力程度来尝试实现这个目标。早晨出现损失后所增加的任何努力都可能不是因为非理性或有害的对损失的恐惧，而是因为要努力赚到每天必须赚的钱。在这样的框架下，下午增加的努力不是非理性的，也未必会对市场产生影响。

与科沃尔和沙姆韦（Coval and Shumway，2005）的结论类似，洛克和曼（Locke and Mann，2009）发现下午增加努力程度的交易者早上获得的平均收入较低。确实，洛克和曼通过使用一个关键的指标，还发现“价格决定型”交易的数量会增加，这些交易本质上是执行效果很差的交易——交易者在高价买入并在低价售出。但是，洛克和曼发现，在交易者早上出现亏损后，此类价格决定型交易的数量作为所有交易的一个百分比并未增加。换句话说，作为对早晨收益少于平均盈利的反应，交易员倾向于在下午增加交易活动；随着交易活动的增加，他们会执行更多的价格决定型交易。但是，没有证据表明异常行为有所增加。另外，洛克和曼也没有发现足够的证据来证明，在经历早晨的亏损后，交易员下午的风险调整收入下降。结合洛克和曼（Locke and Mann，2005）的结果可知，职业交易者不易受黑格、李斯特（Haigh and List，2005）和科沃尔、沙姆韦发现的过度行为偏向的影响。

赌场赢利

先前收入的另一个影响可能是赌场赢利（house money）效应。赌场赢利是由

塞勒和约翰逊（Thaler and Johnson，1990）首创的一个学术术语，它被应用于下述情形：个体在一段时间内有过多的收入，并且将该收入视为盈余或者不属于自己的收入。在赌博情形下，假设一名赌博者从100美元开始，然后赢了50美元。现在这个赌博者或交易员有150美元，其中100美元是他自己的，而50美元是“庄家”的钱或赌场赢利。在此框架依赖行为中，财富被分为过剩和非过剩两种，该赌场赢利促使个体增加承担的风险，因为他们将部分财富视为盈余。塞勒和约翰逊在一个实验环境中对该假设进行了考察，发现了赌场盈利效应的证据。

费里诺、格兰特和约翰斯通（Frino，Grant and Johnstone，2007）在悉尼期货交易所（SFE）考察了场内自营交易者的赌场盈利效应。他们将早晨的收入分类为损失和收益，然后将早晨有亏损的日子和早晨有收益的日子区分处理。规定的午餐时间会中断悉尼期货交易所的交易，这提供了一些进行反思的时间，应该会对下午的交易与因上午交易产生的先前结果之间的关系造成不利的有偏影响。费里诺等发现的证据表明，在早晨盈利的日子里，交易者下午会承担更多的风险，他们认为这是赌场盈利效应的证据。但是，他们发现此效应的有害程度较低。一些交易员承担了额外的风险但是实际上增加了收入。这尤其适用于不易受赌场盈利效应影响的交易者。然而，那些在早晨盈利，然后在下午承担较大风险的交易者并不会盈利。

楼（Low，2004）也发现了投资者可能受到赌场盈利效应的影响。楼发现先前的亏损会导致恐惧的加深或风险厌恶，同时先前收益将导致更低程度的风险厌恶。这些都是通过期权隐含波幅来进行测算的：给定波动性，先前收益具有一定的镇静作用并且会降低隐含波幅。楼将这解释为支持赌场盈利效应的证据。

其他行为问题 624

对于期货交易，大量的潜在行为效应中有两个会在接下来的篇幅里提到，即过度自信（一个统计问题）和失望厌恶。

过度自信

与过度自信有关的问题可以追溯到德邦特和塞勒（DeBondt and Thaler，1985）。过度自信通常与统计偏误——高估平均值或低估波动性——相联系。因此，检验有些棘手，因为该假说在某种程度上是理性（与统计偏误有关）的，在某种程度上是非理性的。系统性的过度自信对宏观经济的影响被优雅地形容为“非理性繁荣”。程（Cheng，2007）扩展了过度自信分析的范围，分析了不同市场微观结构下交易者的情况，一种是模拟的电子交易环境，另一种和期货交易环境相似——这是一个创新性的检验。过度自信使得交易者选择某种他能够与其他交易者直接互动的市场，即现实的交易站/池型环境，而非更加匿名化的、电子化的环境。

失望厌恶

失望厌恶要追溯到古尔（Gul，1991）的论文。不同于损失厌恶（其假设人们的反应依赖于事后对收益或损失的武断测度），失望厌恶会预期损失，在交易开始时产生影响而不是在处置交易时产生影响。因此，交易之前的期望效用函数包含了前景理论中对收益和损失的不对称反应。此行为问题在交易开始时影响交易，而不是在平仓时。列恩（Lien，2001）表明失望厌恶的假设会增加风险厌恶型交易者的对冲行为。列恩和王（Lien and Wang，2002）进一步考察了失望厌恶对期货对冲行为的影响。他们发现，在给定风险厌恶的条件下，相较于失望厌恶程度较低的对冲者，失望厌恶程度较高的对冲者选择的最优期货头寸更接近于最小方差对冲比例。换句话说，失望厌恶似乎纠正了风险厌恶。最后，他们指出，失望厌恶型的对冲者将表现得更加保守，不会像传统的损失厌恶型对冲者那样尽可能多地利用盈利机会。列恩和王（Lien and Wang，2003）考察了失望厌恶对均衡的影响。影响大小取决于投机者或生产者的失望厌恶程度。

概要和结论

对于衍生品市场中行为的经验研究结果是矛盾的。大量的研究显示基于情绪的交易并未过分影响期货场内交易者或自营交易者。也存在一些例外，但是这些研究要么是在实验环境下进行的，要么是不完全的分析结果。需要对行为偏向对成功的长期影响进行更深入的研究，特别是在职业交易者中。在理论方面，利用套期保值
625 者、投机者的持仓情况并检查价格变化，可以对列恩等（Lien et al.，2002，2003）提出的失望厌恶效应进行检验。其他值得研究的领域，在未来几年里应该还会出现更多。

讨论题

1. 期货场内交易者的交易为何有助于对行为效应的考察？
2. 对期货场内交易中存在的意向效应及其成本而言，主要的实证结果是什么？
3. 就早晨交易结果对期货场内交易者下午交易的影响而言，主要研究结果是什么？
4. 请从对期货交易的潜在影响角度解释失望厌恶和损失厌恶的区别。

参考文献

Alevy, Jonathan E., Michael Haigh, and John A. List. 2007. Information cascades: Evidence from a field experiment with financial market professionals. *Journal of Finance* 62: 1 151 – 80.

Barberis, Nicholas, and Wie Xiong. 2009. What drives the disposition effect? An analysis of a long-standing preference-based explanation. *Journal of Finance*. 64: 2, 751 – 84.

Chakravarty, Sugato, and Kai Li. 2003. An examination of own account trading by dual traders in futures markets. *Journal of Financial Economics* 69: 2, 375 – 97.

Chen, M. Keith, Venkat Lakshminarayanan, and Laurie R. Santos. 2006. How basic are behavioral biases? Evidence from capuchin monkey trading behavior. *Journal of Political Economy* 114: 3, 517 – 37.

Cheng, Philip Y. K. 2007. The trader interaction effect on the impact of overconfidence on trading performance: An empirical study. *Journal of Behavioral Finance* 8: 2, 59 – 69.

Choe, Hyuk, and Yunsung Eom. 2007. The aggregate price impact of the disposition effect. Working Paper, Seoul National University.

Choe, Hyuk, and Yunsung Eom, 2009. The disposition effect and investment performance in the futures market. *Journal of Futures Markets* 29: 6, 496 – 522.

Coval, Joshua, and Tyler Shumway. 2001. Is sound just noise? *Journal of Finance* 61: 5, 1887 – 1910.

Coval, Joshua, and Tyler Shumway. 2005. Do behavioral biases affect prices? *Journal of Finance* 60: 1, 1 – 34.

DeBondt, Werner F. M., and Richard Thaler. 1985. Does the stock market overreact? *Journal of Finance* 40: 3, 557 – 81.

Ferguson, Michael F., and Steven C. Mann. 2001. Execution costs and their intraday variation in futures markets. *Journal of Business* 74: 1, 125 – 60.

Frino, Alex, Joel Grant, and David Johnstone. 2007. The house money effect and local traders on the Sydney futures exchange. *Pacific-Basin Finance Journal* 16: 1 – 2, 8 – 25.

Frino, Alex, David Johnstone, and Hui Zheng. 2003. The propensity for local traders in futures markets to ride losses：Evidence of irrational or rational behavior? *Journal of Banking and Finance*28：2 353－72.

Haigh，Michael，and John A. List. 2005. Do professional traders exhibit myopic loss aversion? *Journal of Finance*60：1，523－34.

Heisler，John. 1994. Loss aversion in a futures market：An empirical test. *Review of Futures Markets*13：3，793－826.

626 Gul，Faruk. 1991. A theory of disappointment aversion. *Econometrica* 59：3，667－86.

Kahneman，Daniel，and Amos Tversky. 1979. Prospect theory：An analysis of decision under risk. *Econometrica* 47：2，263－92.

Kaustia，Markku. 2009. Prospect theory and the disposition effect. *Journal of Financial and Quantitative Analysis*，forthcoming.

Köszegi，Botond，and Matthew Rabin. 2006. A model of reference-dependent preferences. *Quarterly Journal of Economics*121：4，1133－65.

Kurov，Alex. 2005. Execution quality in open-outcry futures markets. *Journal of Futures Markets*25：11，1067－92.

Kuserk，Gregory J.，and Peter R. Locke. 1993. Scalper behavior in futures markets：An empirical examination. *Journal of Futures Markets* 13：4，409－31.

Kuserk，Gregory J.，and Peter R. Locke. 1994. Market maker competition on futures exchanges. *Journal of Derivatives*1：4，56－66.

Lien，Donald. 2001. Futures hedging under disappointment aversion. *Journal of Futures Markets*21：11，1029－42.

Lien，Donald，and Yaqin Wang. 2002. Risk aversion，disappointment aversion and futures hedging. *Journal of Futures Markets* 22：2，123－41.

Lien，Donald，and Yaqin Wang. 2003. Disappointment aversion equilibrium in a futures market. *Journal of Futures Markets* 23：2，135－50.

List，John A.，and Michael Haigh. 2005. A simple test of expected utility theory using professional traders. *Proceedings of the National Academy of Sciences of the United States of America*102：3，945－8.

Locke，Peter R.，and Steven. C. Mann. 2005. Professional trader discipline and trade disposition. *Journal of Financial Economics*76：2，401－44.

Locke，Peter R.，and Steven C. Mann. 2009. Daily income target effects：Evidence from a large sample of professional commodities traders. *Journal of Financial Markets*，12：4，814－831.

Locke，Peter R.，and Zhan Onayev. 2005. Trade duration：Information and trade disposition. *Financial Review*40：1，113－29.

Locke，Peter R.，and Zhan Onayev. 2007. Order flow，dealer profitability，and price formation. *Journal of Financial Economics*75：3，857－87.

Low，Cheekiat. 2004. The fear and exuberance from implied volatility of S&P 100 index options. *Journal of Business* 77：3，527－46.

Manaster，Steven，and Steven C. Mann. 1996. Life in the pits：Competitive market making and inventory control. *Review of Financial Studies* 9：3，953－75.

Mattos，Fabio，Philip Garcia，and Joost M. E. Pennings. 2008. Probability weighting and loss aversion in futures hedging. *Journal of Financial Markets* 11：4，433－52.

Odean，Terrance. 1998. Are investors reluctant to realize their losses? *Journal of Finance* 53，1775－98.

Porter，David P.，and Vernon L. Smith. 1995. Futures contracting and dividend uncertainty in experimental asset markets. *Journal of Business* 68：4，509－41.

Sharpe，William F. 1991. Capital asset prices with and without negative holdings. *Journal of Finance*46：2，489－509.

Shefrin，Hersh，and Meir Statman. 1985. The disposition to sell winners too early and ride losers too long：Theory and evidence. *Journal of Finance* 40：3，777－90.

Silber，William. 1984. Marketmaker behavior in an auction market：An analysis of scalpers in futures markets. *Journal of Finance* 39：4，937－53.

Thaler，Richard H.，and Eric J. Johnson. 1990. Gambling with the house money and trying to break even：The effects of prior outcomes on risky choice. *Management Science* 36：6，643－60.

Working，Holbrook. 1967. Tests of a theory concerning floor trading on commodity exchange. *Food Research Institute Studies*7：Supplement，5－48.

作者简介 627

彼得·洛克（Peter Locke）是俄勒冈大学的经济学学士和德州农工大学的博士。自 1989 年至 1999 年，他是美国商品期货交易委员会的经济学家，他作为一个研究者，参与政策分析，及提供诉讼支持。在这期间，他还是美国马里兰大学的 MBA 项目兼职教授。自 1999 年至 2006 年，他任教于乔治·华盛顿大学，自 2006 年至今，他任教于德克萨斯基督教大学尼利学院。他的研究成果出现在诸多著名期刊上，例如《金融经济学期刊》（*Journal of Financial Economics*）、《金融研究评论》（*Review of Financial Studies*）、《商业期刊》（*Journal of Business*）和《财务与定量分析期刊》（*Journal of Financial and Quantitative Analysis*）等。洛克教授也是《期货市场期刊》（*Journal of Futures Markets*）和《期货市场评论》（*Review of Futures Markets*）编委会成员。

第六篇　社会影响

第34章 文化在金融中的作用 631

罗翰·威廉姆森(Rohan Williamson)
乔治城大学副教授

引 言

近些年来，关于文化在金融和经济中扮演重要角色的讨论，在金融学和经济学著作中愈发流行。推动这种现象的一个原因就是行为金融学的发展，国家、公司和投资者的行为已不能被传统的经济理论简单地进行解释。这些著作中的一个重要的问题就是，文化是通过怎样的渠道影响金融，且这种影响有多么广泛，以至于会长时间影响金融学的格局。文化的改变十分缓慢。从国家层面上来说，保护投资者权利对经济发展和增长十分重要这一点是否成立是有争论的。也有很多的证据表明金融的发展有益于经济增长(Levine，1997)。不同的国家在资本市场的重要性、公司进入外部资金市场的难度及公共贸易公司的所有权等问题上有很大的不同。在拉·博塔、洛佩斯—德—赛安斯、施莱弗和维斯尼

（La Porta，Lopez-de-Silanes，Shleifer，Vishny，2000）的著作中就展示了一个共同的因素来解释这些不同，那就是保护投资者远离管理者、控股股东和国家征用的程度。一些文章通过研究证明了国家在保护投资者权利方面可能是不同的，这可能源于文化因素在保护某些团体或某些方面的发展的重要性上产生的影响。总体说来，一个国家的文化能够影响这个国家如何看待金融市场及金融市场对社会财富的贡献。并且，文化能在公司决策和投资者水平层面产生影响。在本章中，我们将检验从国家到个人层面上文化对金融决策产生的影响。

关于文化是经济系统的一个决定因素的观点已经是一个长久的共识了，至少可以追溯到韦伯（Weber，1930）。这一传统为解释一些文化比其他文化更支持金融市场的观点提供了有力的论据。在其有影响力的著作中韦伯认为，文化的改变，即
632 加尔文主义变革，在资本主义及其制度的发展中起到了决定性作用。其他一些人，比如拉尔（Lal，1999）就强调了西方的个人主义是西方市场发展中的一个重要因素。在一篇关于文化在制度上起决定性作用的具有开创性的论文中，格里夫（Greif，1994，p. 914）比较了 11 世纪马格里比商人和 12 世纪热那亚商人，并且推断“这两种贸易社会组织结构的不同能够始终被不同的文化信仰有效解释”。

很多关于文化和制度发展的理论探索，是通过检验宗教的影响展开的。从历史上来说，宗教对债权人的权利有很多表述，而对股东的权利几乎没有涉及。正如陶尼（Tawney，1954）的研究显示，禁止高利贷是中世纪教会的基本原则。高利贷意味着普遍地对贷款收取利息，会导致被逐出教会。16 世纪的新教和天主教之间关于贷方权利的规定有巨大的不同。这就引起了关于这种不同是否已经足够充分，以至于可以帮助理解 20 世纪末期不同国家的债权人有不同权利的问题了。这就引发了对债权人权益的不同态度是否已经足够充分，以至于可以帮助理解 20 世纪末不同国家间债权人权益差异的问题。

文化会随着经济情况的改变发生适应性改变，但是这种变化是相当缓慢的。如果在一些国家的主流价值观中市场活动没有得到这么多的支持，那么，这些国家的投资者的权利将因为以下几个原因而不会得到很好的保护：第一，这个国家的公民和政治家不会敦促构造良好的氛围来保护这些权利；第二，这些国家的文化可能会孕育出一些制度，这些制度使得金融市场的价值不能得到充分的体现，比如，一些大家族的存在会限制市场机能的发挥，因为很多交易都在家族内进行，这就使得市场被排斥了；第三，这些国家的不同的经济基础也使得市场活动不那么有价值，例如，格莱泽和施肯曼（Glaeser and Scheinkman，1998）提出了一个模型，在这个模型中高利贷法起到了原始的社会保障的作用。在他们的模型中，当时的经济条件使得这样的法律起作用。然而这样的社会保障的存在也使得金融变革变得无利可图，从而减缓了金融的发展。他们也认为，如果文化能解释对投资者保护的不同，那么文化也能解释更多的不同国家之间经济基础的不同。

近期很多研究文化对金融的影响的成果，都着眼于文化在国家层面上对经济发

展的作用。从这个角度来说，文化在很多方面对金融产生影响。其中之一就是一个国家可能会对某种金融工具的使用存在信仰问题。例如，在伊斯兰国家债券是禁止使用的，因此债券就不会在经济的发展中起到应有的作用。另外，在某个特定国家，文化也可能通过团体之间的关系对贸易和经济发展产生影响。群体和跨文化互动也在跨国贸易中起到非常重要的作用。文化至少在某种程度上影响着国家之间的关系，进而影响到国家之间的贸易。有关文化影响公司制定决策的研究是关于文化和金融学研究的一个新兴的、发展中的领域。

余下的几节将会阐述下面一些内容。首先我们将对一些已经得到广泛运用的概念进行陈述，为我们的研究构建一个基础背景。这些已有的理论将包括文化影响金融的渠道。在这部分中我们将陈述如何对文化进行测量。因此，在下一部分中我们 633
将对几种测量文化的方法进行讨论。接下来的两节我们将检验文化是如何在多个层面上影响金融的。然后，我们用一节来调查文化对经济发展的影响，同时，也测量文化在公司投资者决策层面的影响。最后一部分我们将做出总结并得出结论。

为什么文化是重要的

什么是文化？我们借鉴斯塔茨和威廉姆森（Stulz and Williamson，2003，p. 314）的讨论以及诺斯（North，1990）、博伊德和里彻森（Boyd，Richerson，1985）对文化定义的推广——“可以在代际通过教育或模仿进行传递的知识、价值观等影响行为的因素”。从这个定义中我们可以着重研究文化是通过怎样的方式影响金融的。圭索、萨皮恩泽尔和津加莱斯（Guiso，Sapienza，Zingales，2006）使用过相似的文化定义，并且认为这样的定义有助于避免反向因果关系，也就是金融影响文化。为了集中研究文化影响金融的路径，我们需要先考量其对行为产生影响的源头。考量这些关系最一般的方法是通过语言、战争、种族和宗教，因为这些都是对人进行区分的基础。如果文化在金融行为中起到重要作用，那么它必然影响长期中的选择。罗兰（Roland，2004）认为文化的影响一定是缓慢的。圭索等讨论了三个可能的原因。第一个就是父母试着去告诉孩子他们自己曾受到的教训，而未曾重新考虑当时做错的原因。第二个是促进文化形成的组织可能在维系某种行为方面有既得利益，因为这会给它们带来经济效益。最后，一些文化规范可能只有很低的经济价值，但是它们可能会有其他的益处，这些益处的传播更加广泛并且很有价值，尽管它们在经济上并不是有效率的。

霍夫斯泰德（Hofstede，1980）和施瓦茨（Schwartz，1994）在他们的研究中提出了另外一种关于文化的观点。他们的研究通过调查民众对于价值的态度来测量国家民众行为，然后利用调查结果对被调查国家进行分类。我们在本章中并不会对这些不同的测量文化的方式进行探究，而把注意力集中于直接测量文化，这种测量可以在明确的国家或团体背景下解释人的行为。这个方法在解释经济行为中文化的重要性的各种方法中是最能被经济学家们接受的。例如宗教信仰直接影响一些团体的思考方式和许多地区的人的行为，因此引入宗教将有助于解释一些国家或团体中人的行为。我们首先讨论文化通过怎样的途径影响金融。

文化至少可以从三个方面影响企业层面的金融和发展。第一，一个国家或团体起主导作用的价值观依赖于它的文化。例如，收利息在一些地区可能是一种犯罪，而在另外一些地区则不是。在这种情况下，一个国家极有可能因为宗教的原因而禁止利息的出现，从而影响到公司和市场的发展。第二，文化会影响制度。例如，文化中的价值观念和对事物重要性的认知将会影响法律体系的建设。第三，文化将影响一个国家的经济资源分配。支持对教堂和武器投入资金的信仰，将会占用对制造
634 业的投资。我们将利用文化传播的源头来研究文化影响金融渠道的细节，这将使得我们的研究工作更易懂。文化信仰传播中普遍的机制就是语言、宗教，或者是同在一个社会组织或团体中的成员关系。我们将在这一分析的基础上讨论文化。

价值观

一个国家或团体的文化可以影响它的价值观念，并在较长的时间段内影响它的经济发展路径。拉尔（Lal，1999，p. 17）称“宇宙哲学信仰是文化当中的一个关键因素，它在西方的崛起及随后的政治经济发展中起到了关键作用”。例如，宗教是信仰中关键的组成部分。历史上宗教就对债权人的权利有很多表述，但是很少提到股东权利。正如陶尼（Tawney，1954）所说的，禁止高利贷是中世纪教会的基本原则。放高利贷的人将会被逐出教会，而高利贷可能仅仅是简单的对负债收取利息的行为。1274 年开办的里昂法院甚至会对任何把房子租给放高利贷的人的房东处以逐出教会的判决。中世纪的教廷意图限制那些一方可能因为更强的议价能力而占另一方便宜的经济交易。加尔文主义变革则将利息视为商业中正常的一部分，因此，现在借贷市场才得以出现和发展。在加尔文主义变革的影响下，新教和天主教国家中债权人的权利产生了巨大的差异。

这种情况就导致了一个问题，那这种对债权人权利的不同态度是否已经足以解释在 20 世纪后期不同的国家中债权人拥有不同权利的现象。诺南（Noonan，1957，p. 377）则阐述了不同的观点，因为教皇十二世曾宣布：“银行家是通过诚实劳动谋生的人。”然而，按照阿尔巴赛特（Albacete，2001）的注释，天主教的领袖们坚持认为，天主教的社会思想和新教盎格鲁撒克逊文化的区别就是他们不认为“个人财产和由其获得的经济利得是纯粹的商品。它们属于社会商品。”这就呼应了宗教在评估投资者权利的时候有很大差别这一论点。班布里奇（Bainbridge，2002，p. 13）援引某一版的教义解释道：“一个企业的责任是必须为它的行为带来的社会经济及生态后果负责，它们有责任考虑到其他人的获益，而不是仅仅考虑自身的获利。”回顾罗马教皇里昂十三世的《新事通谕》，我们会发现对自由通商主义的攻击，并且，

范范尼（Fanfani）的著作中也认为天主教与资本主义无法共存。诺瓦克（Novak，1993，p. 13）曾经说："更为普遍的拉丁天主教对资本主义有偏见。"

必须"有益于社会"已经成为一个问题，它长期严重地制约了私有产权的发展，在很大范围内影响了金融的发展。17 世纪清教徒的思想重点在于每个人都要为自己的行为负责，如果契约是他们自愿签订的，那么他们就必须履行。在这样的思想认识下，更高等级的法律或者宗教权威不能介入或改变会阻止个人签订合同的有关社会商品或法规的合同条款。

宗教变革创造了另外一个与金融息息相关的文化分水岭。尽管天主教廷是社会 635
财富的最终分配者，但是新教理念并不是这样的。新教徒认为任何个人都可以按照自己的意志决定什么是对的。这时教会就成了由彼此认同的人组成的组织，而不是传统上那个把公共物品按照层级分给大家的组织了。如果存在一种能够使整个社会普遍获益，且个人必须服从的行动，这种行动成为一种文化的核心，那么在这种情况下教会和政府将没有竞争，所以中央集权将成为最有效的制度。相反，如果遵从自身需要的独立个体行为有益于社会，那么教会间的竞争和政府的服务就是有利的了。就像法国的神学家和改革者约翰·加尔文（John Calvin，1960）在他的著作《基督教要义》（Institutes of the Christian Religion，book 4，Chapter 2，paragraphs 8 and 31）中写道："由多人运作的政府会更安全，如果一个人声称自己受到不公平的待遇，那么会有更多的监管者可以遏制他的欲望。"拉尔（Lal，1999，p. 174）认为个人主义是"西方社会独一无二的哲学信仰"。这与世界其他地区广泛流行的社群主义相反。基于这些讨论，个人主义与加尔文教徒之间的关系及个人主义与清教徒之间关系的区别是明显的。在这样的情况下，法国作家普遍倾向于认为普通法体系包含着"个人主义精神"（David，1980，p. 26）就不令人惊奇了。

圭索、萨皮恩泽尔和津加莱斯（Guiso，Sapienza and Zingales，2008）探索出了另外一条文化能够影响金融的道路。他们检验了宗教和种族特点对信任的影响，并且得出宗教和种族会影响一个社会的信任程度这一结论。继而他们研究出，社会中人们不同的相互信任程度会影响经济的产出。即使经济参与者不经常去教堂，这种宗教对信任的影响也依然存在。一个社会里相互信任的程度会影响经济的发展，国家与国家之间相互信任的程度会影响国家之间的贸易。圭索等利用欧洲国家之间的相互信任关系检验了信任程度对双边贸易的影响。检验的结果显示，相互信任的程度越高，国家间的贸易越充分。在另一项研究中，圭索、萨皮恩泽尔和津加莱斯（Guiso，Sapienza and Zingales，2003）指出，宗教信仰会在不同的群体中对储蓄行为产生至关重要的影响。

科菲（Coffee，2001）认为文化的特质有助于解释为何不同的国家，由控制权中获得的个人收益不同。尼诺瓦（Nenova，2003）发现在斯堪的纳维亚大陆法国家中控制权收益会比普通法系国家更低。科菲则认为斯堪的纳维亚大陆法传统与其他大陆法传统十分相似，因此斯堪的纳维亚大陆法国家的控制权收益更低不能用法治体系的不同来解释。科菲（p. 325）总结道："基于斯堪的纳维亚法形成的社会标准会阻碍公司控制者的剥削行为。"

制度

从前面对宗教思想发展的讨论中，我们可以预见到，新教和天主教之间对世界的不同认识必然会影响各种制度，特别是法律体系。路德教会和加尔文主义的变革
636 都认为个人可以通过阅读《圣经》做出正确的决定。加尔文主义甚至认为，如果一个人认为统治者的立法或者行为与上帝的意志相背，那么他有责任提出反对。不论这是正确的还是错误的，它都授予个人很大的权利。根据塞雷尼（Sereni，1956）的研究，这种想法与法典规范行为的法律体系格格不入，就如同拿破仑在《民法典》成文大会上对执法委员会做出的要求那样。

在 16 世纪，英格兰对法律的实践是支离破碎的，不同性质或涉及不同人的案件将会由不同的法庭进行审理。除了根据普通法，还有一些法院根据大陆法传统进行审理。大多数人的案件由普通法法庭审理，其中包括刑事案件和关于土地所有权的申述。在清教徒中使用最为普遍的是普通法法院（Berman，1993）。

实际上，大陆法和普通法国家在对合同的态度上有很大的不同。就像大卫（David，1980，p. 132）所阐述的那样："法国的法律对合同的规定是基于道德的要求，不能充分履行自己的承诺就是一种违反教规的行为，而它由精通宗教法规的人来执行。而英国的法律认为合同里所规定的一切都是一种生意，而不是一种必须执行的承诺，是另一种对合约的认识，为合同的执行付出代价的人在合同不被执行时遭到的损失才应该是被重点考虑的。"这种对合同的解释可以追溯到清教徒那里。维特曾阐述说："对于清教徒来讲最重要的伦理原则是每个人都自由地选择他的行动，他的行动会被限制在他的选择范围内，而与他的行为造成的结果并不相关。"伯曼（Berman，p. 205）援引了这种说法。

伴随着加尔文宗教改革追随者的出现，多教会成为可能，并且这些教会之间并没有能够使之统一起来的层级结构（Crottet，1995）。没有任何理由给任何人特权，因为那会导致腐败、无能或者犯罪。这样的分权化造成了深远的影响，例如通过培育竞争和限制租金价值来限制寻租行为。同样，分权制限制了腐败，官员在出售社会公共产品的时候将会面临竞争压迫（Shleifer and Vishny，1993）。但是，分权也意味着高度的信任（La Porta，Lopez-de-Silanes，Shleifer and Vishny，1997）。新教和天主教最本质的区别就是前者建立在个人信仰的基础上，而后者建立在认同的基础上。所以很自然地，建立在认同基础上的教会建立了有阶级的集权结构，即知道更多的人领导知道更少的人。

因此权力分散化限制了政客的权力。拉詹和津加莱斯（Rajan and Zingales，2003）强调，政治方面所存在的问题是一些时候政客们支持市场，而在另外一些时

候政客们就不支持市场了。在大陆法国家里，政客们可以更容易地实施巨大的变革。实际上在大陆法国家中，法律就好像是政客手中的一个工具，而在普通法法系中法律的判决往往可以约束政客。在普通法国家中法院会依据一些特殊的案例制定典型的法律。在大陆法国家中正好相反，立法机关根据立法者发布的基本原则制定法条。在大陆法国家，立法者可以用一个新的法条代替原来的法条。就像塞雷尼（Sereni，1956，p，58）所写的那样，“作为一项规则，普通法法规并没有完全取代先前存在的传统法律来约束其所涵盖的内容，也不会放弃自己的一般原则。”

文化同样影响制度的变革。共同的语言可以促进在国家内部推广一些理念。宗 637
教也在革新的传播中起到了巨大的作用。17 世纪下半叶英国对异教的态度更宽容能够在一定程度上解释为什么英国成为金融改革的温床（Neal，1990）。在分析 19 世纪末和 20 世纪初丹麦和爱尔兰的乳品工业改革的时候，欧·洛克（O'Rourke，2002）发现很多证据说明宗教信仰起到了重要的作用。特别是在爱尔兰，一些有价值的改革建议经常被拒绝，仅仅是因为提出这些建议的农民信仰不同的宗教。他还发现丹麦信奉新教的农民比爱尔兰信奉天主教的农民更容易互相信任，继而达成合作。尽管还没有类似于欧·洛克关于文化影响乳制品工业的研究那样聚焦于文化因素的金融变革研究，但是通过他们的研究我们很容易联想到，文化在金融的变革中，同样可以起作用。

在任何的国家和社会，政府和制度的好坏都将是影响经济发展至关重要的因素。拉·博塔、洛佩斯—德—塞拉斯、施莱弗和维斯尼（La Porta，Lopez-de-Silanes，Shleifer，Vishny，1999）的研究则指出，宗教和民族语言的不同是全世界政府发展情况不同的一个重要原因。兰德斯（Landers，2000）也支持文化是影响制度形成的重要因素这一观点。兰德斯在他关于欧洲国家和经济发展的书中回答了文化是怎样影响制度的这一问题：“如果我们能从历史和经济的发展中学到些什么，那就是文化使它们不同。这些影响的因素包括努力、节俭、诚实、耐力和韧劲。”

资源分配

不同的文化对金融有不同的态度。在历史上，天主教教徒曾经对一切与金融有关的东西都抱有深刻的忧虑。教廷曾经做出允许在借贷中收取利息和任职于银行并不是罪孽深重的行为的宣告，这些都表现出了天主教教徒对金融行业的疑虑。这些疑虑使得天主教国家中的最优秀人才不会进入金融行业。

不同宗教间在支持教堂活动的资源分配上有很大的不同。根据经验，层级结构的教堂会消耗更多资源。艾克隆德、赫伯特、托利森（Ekelund，Hebert，Tollison，2002）对新教革命进行了研究，并且把重点放在罗马教会高昂的宗教服务费上。他们指出，罗马的天主教会通过价格歧视的方法拓展市场势力、最大化收入，而新教则作为被他们称为宗教服务业市场的新进入者。

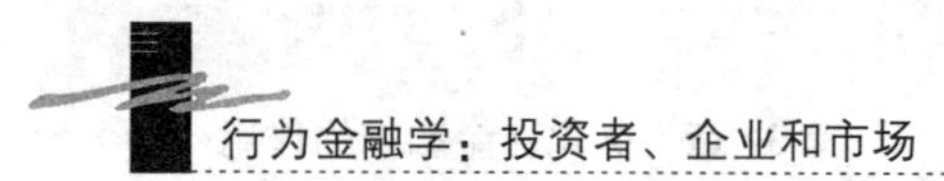

测量

本部分检验对文化的测量方法，并研究它是如何应用到研究领域的。以上的讨论都是基于一个认识，那就是文化被某种指引行为的因素决定着。之前的许多著作都基于这个定义，它们选取语言、种族、战争、民族区域、信仰等因素来测量文
638 化。圭索、萨皮恩泽尔、津加莱斯（Guiso，Sapienza and Zingales，2009）的研究表明这些方法的优势在于人们通过这些渠道传承他们的行为，而并不会反过来受到太多的约束。另外，这些因素在分析文化和成果方面具有很好的可用性和可测性。这些测量使讨论和测试变得更加简单，在以往的文献中还有一些得到了广泛应用的方法，它们也是值得一提的。

在各种文献中，被最为广泛应用的测量文化的方法都是基于霍夫斯泰德（Hofstede，1980）提出的方法。霍夫斯泰德对文化的测量方法是基于对 1967 年到 1973 年之间 117 000 名雇佣工人的调查提出的。基于此项调查发展出了五个测量文化的维度。这五个维度可以总结如下：（1）权力距离，这涉及社会如何处理不公平；（2）不确定性规避，这涉及当人们在社会中有不确定性未来的时候会承受的压力；（3）个人主义和集体主义，这涉及个人如何组成集体；（4）男性气质和女性气质，这涉及感情中男女所扮演的角色；（5）长期判断和短期判断，这涉及人们更注重未来还是更注重现在。施瓦茨（Schwartz，1994）批评了霍夫斯泰德对文化的测量方式，并且构建了一系列相似的测量方式来进一步表明他的批判。相比霍夫斯泰德的测量方法，施瓦茨的测量方法更注重产出，或者是过去因素对现在行为的影响。这些测量会被一个人的宗教信仰、语言、种族、民族或其他本人不可控的历史因素影响。这些测量也可以被一些短期的因素影响，比如社会资本（Becker，1996），因此，它们会在人的一生之中发生变化。这些因素会因为短期影响而发生改变这一事实，就是对霍夫斯泰德的测量方法及其他相似的测量方法的一种批判。

近期，其他一些测量文化的方法出现了，并且这些测量方法被应用于测量文化对金融的影响。本章在接下来的部分将对这些测量方法进行讨论。这些测量方法包括信任和平均主义。路透社 2009 年提出了一个关于文化测量及文化测量如何影响文化研究的综合讨论。

文化和经济发展

文化在两个层面上对金融产生影响。首先，文化在整个宏观经济发展层面影响金融，其次，文化也在企业和投资者的决策层面影响金融。政府的一个重要责任就

是促进国家的经济发展。在文献中我们可以发现，莱文（Levine，1997）指出金融的发展会潜在地影响经济的进步。一种文化中对金融市场不同方面的不同认识将影响金融市场在该方面的发展。

在一个 11 世纪和 12 世纪马格里比商人和热那亚商人的案例研究中，格里夫（Greif，1994）认为文化在经济发展中有重要作用。这个案例研究检验了文化的重要性及制度对一个社会经济发展的影响。尽管每个国家都十分关注经济发展，但是它们在接受能够刺激增长和经济发展的制度上的反应十分不同。格雷夫坚持认为马格里比商人是穆斯林，并且他们是“集体主义者”，他们很少接受制度的作用，更 639
加依赖个人关系进行交易活动。而热那亚商人则更加“个人主义”，他们更加依赖制度促进贸易。在长时间中，不同的视角将影响不同群体的经济发展。

在对于相互信任的研究中，拉·博塔等（La Porta et al.，1997）认为信任是社会机构发展的重要因素。普特南（Putnam，1993）认为信任是通过数百年间人群中的“水平关系网”形成的。现在他认为，信任的来源可能是长时间的社会构架，比如宗教。例如，普特南主张天主教及随之而生的结构对信任的产生具有反向作用。然后，拉·博塔等用人口中信仰某宗教的人数所占的百分比和这种宗教的典型结构——比如这种宗教的结构更水平还是更垂直——来研究一个国家的制度的形成。研究结果显示，如果一个国家内存在比较主导的宗教，并且这种宗教具有等级体系，那么这个国家的制度效率就会比较低下。

为了检验信任在各种经济成果中所扮演的角色，圭索等（Guiso et al.，2006，2009）研究了信任怎样影响经济态度及股票市场的参与度。在 2006 年的研究中，他们使用世界价值观调查中的数据建立了宗教信仰程度和经济态度之间的关系，并且通过对个别国家进行单独分析来控制国家固定效应。他们认定六个相关变量会影响经济增长：(1) 信任和合作；(2) 女性；(3) 政府；(4) 法律；(5) 市场和市场的公平性；(6) 节约。尽管信奉不同宗教的国家对制度有不同的态度，但是，总体说来，有宗教信仰的国家比没有宗教信仰的国家更加信任他人、政府和法律系统。宗教信徒比非宗教信徒更少违反法律，同时，信徒们也更愿意相信市场分配的结果是公平的。这就解释了我们之前发现的现象，总体说来，宗教的存在有利于发展更有力的制度，并且宗教对自由市场的态度是积极的。此外，这一研究表明，宗教信仰是与“积极的”经济态度或有助于取得更高的人均收入和增长的态度联系在一起的，尽管在不同的教派间这一影响不尽相同。更具体说，圭索（Guiso，2006）的研究表明，基督教更有可能在民众中产生有利于经济增长的态度，而穆斯林则会导致最为反市场的态度。但是，这些研究还不能对哪种宗教最有利于经济增长做出定论。

圭索等将注意力集中于广泛的信任和个人间的信任如何影响股市的参与度。因为投资于股票市场需要投资者相信股市系统的公平性和可靠性，所以我们可以预期，只有那些具有很高的信任等级的投资者才会投资于股票市场。投资者越信任股票系统，他们的最优资产配置中就会有越大部分投资于股市。研究还提出，增加一项参与的固定成本会降低因不信任而远离股票市场的人的数量。圭索等调查了 1 943 个荷兰家庭，调查问题包括信任、风险态度、模糊厌恶和乐观精神。通过控制其他参数，他们的研究可以表明相互信任可以直接增加 6.5%的股市直接参与的可
640 能性。为了研究对促进股市运行的机制的不信任是怎样降低股市参与度的，作者对 1 834 个意大利家庭进行了调查。在这个对普遍不信任情况的案例研究中我们发现，对机构的不信任会对股票市场的参与度产生巨大的负面影响，同时不信任的情况也会降低个人财产中风险资产的比例和股票投资的比例。

根据现有文献，文化会在很多方面影响制度，进而影响经济发展。斯塔茨和威廉姆森（Stulz and Williamson，2003）检验了文化在投资者保护方面的影响。他们认为在检验不同国家投资者保护差异的时候文化差异不可忽视（用不同的宗教或者语言做代理变量）。利用一个国家的主导宗教作为横截面变量来预计其债权人权利比利用一个国家的对外贸易的自然开放程度、语言、人均收入或法律体系更好。对于某些宗教这种情况更加明显，天主教国家对债权人权利的保护明显不如新教国家。斯塔茨和威廉姆森同时发现一个国家的对外贸易的自然开放程度可以缓解其宗教对债权人权利的影响。文化代理变量同样有助于理解不同国家对投资者权利的执行。

这些研究表明文化通过影响投资者保护制度来影响经济发展。这种对经济发展的影响可以回溯数百年，因此其形成是长期的历史因素所致，会持续很长时间并且需要克服那些短暂的、投资者可控制的因素。另外，文化影响一个国家的人民对制度的信任，这种影响会继而影响股市的参与度及其他增长因子。下一个段落将检验文化对跨国贸易和投资的影响。

文化和贸易

文化对经济的影响不局限于内部增长，还有跨国贸易和对外投资，以及国家对贸易的开放程度和发展。圭索（Guiso，2009）检验了文化因素怎样影响国家间的经济交换。他的研究立足于欧洲国家之间的双边信任数据。研究者发现相关国家地理上靠近或者使用同一语系的语言将明显影响国家间的互信程度。这说明文化的共性是信任的主要影响因素。研究者使用宗教作为一个国家文化传统的代表进行研究发现，如果两个国家 90%的公民拥有相同的宗教信仰，那么两个国家间的互信程度将比没有共同信仰的国家高出 1/4 个标准差。在确定了对双边信任有极大影响的因素之后，影响国际贸易和投资的因素还需要继续探索。圭索等发现，双边信任程度低就会导致两国间的贸易更少，特别是当交易中包含质量可以有很大变动空间的差异化产品时，其对贸易的降低作用更强。研究也表明，不信任也会导致更少的间接投资和直接投资。

西格尔、里希特和施瓦茨（Siegel，Licht，Schwartz，2008）使用了对平均主

义的测量，他们认为这种测量表达了社会对滥用市场力量和政治力量的忍耐程度。它也反过来影响公司与其他市场参与者之间的交互关系。他们表示，自己对平等主义的测量是基于外生的社会因素，比如宗教、社会分化或者战争经历等。不平等的程度影响资产、信用的跨境流动和公司兼并重组。

这些研究都支持了文化在一个国家的制度发展和不同市场间的贸易活动中扮演 641
了重要的角色的结论。总之，投资者会选择与拥有相同信仰、语言的人或同种族的人做生意。文化很明显在贸易活动中扮演了重要的角色，并进而影响了国家的发展。下面我们要研究文化在公司和投资者层面上的影响。

文化对公司和投资者行为的影响

近期有越来越多的文献研究文化对公司和投资者行为的影响：这些文献对文化影响公司投资行为及投资者决策的现象进行了研究。按照以往的研究我们已经知道文化在制度发展中扮演重要角色，那么接下来我们发现文化可以影响管理者和投资者就不那么让人惊讶了。格林巴特和凯洛哈留（Grinblatt，Keloharju，2001）的研究显示，芬兰的投资者只喜欢持有和买卖本地公司的证券，这些公司使用与投资者相同的语言进行沟通，并且这些公司还会雇用与投资者具有相似文化背景的首席执行官。他们的研究成果展现了一个关于“家乡偏好”的新维度（详见第 15 章），并且显示出选择异地公司证券也可以说是一个地区的文化的组成部分。

文化也会影响交易策略。一些文化的特点就是比其他文化更富于冒险精神。秉承着这种观点，崔、塔特曼和魏（Cui，Titman，Wei，2009）发现文化差异会影响动量投资策略的收益。霍夫斯泰德（Hofstede，2001）利用这种文化差异测量得出，在更具个人主义风气的国家会有更大的交易量和波动性，在有这种特性的市场中更容易利用市场的动量获利。他们认为自我性与过度自信和自我归因偏向紧密相关（具体见第 13 章）。

现阶段正在进行的研究也注意到了对文化影响公司决策的研究。希拉里和辉（Hilary，Hui，2009）研究了一个由美国公司和全国的宗教活动组成的样本，调查一个公司的宗教活动参与度在何种程度上影响公司的决策。他们通过研究得出，在宗教信仰更强的地区，公司会表现出更强的风险规避性，在投资之前要确认更高的内部收益。因此，这些公司在长期会经历较低的增长率。研究也显示出有更高级别的宗教属性的公司对投资和金融决定有更积极的反应，因为当投资回报率较高的时候，这些公司会有积极的行动。最后，CEO 们也愿意加入跟他们上一家公司所在地区有相似的宗教参与度的地区的公司，由此我们可以知道公司文化会影响 CEO 在各公司间的分布情况。

文化同样也在其他方面影响公司的决定。拉米雷斯和塔德斯（Ramirez，Ta-

desse，2007）的研究显示文化与公司持有的现金量具有相关性。研究显示有更强
642 的不确定规避性的国家的公司，也就是在一些国家公司面对不可预测的未来时会受到更大社会压力，那么，这些公司就会持有更多的现金以规避不希望出现的状况。符合这个论点的研究（Chui，Lloyd，Kwok，2002）利用 22 个国家 5 591 家公司的样本进行了分析，结论显示文化对公司的资产结构有很大的影响。文化对公司股息政策和分红也会产生影响，这说明文化在公司决策上有巨大影响力（Shao，Kwok，Guehami，2008；Fidrmuc，Jacob，2008；Breuer，Salzmann，2008）。

文化在金融活动的很多方面扮演着重要角色，比如投资者对投资组合的决策及一个公司的管理决策。文献中对这个观点的论证越来越丰富。文献中关于公司和投资者层次的研究的最大不同在于对文化的测量。研究者在文化维度测量上的分歧要大于在文化偏见来源上的分歧。在研究文化对金融的影响的问题上，很多有关国家、公司和个人金融决策的东西仍然有待我们进一步分析和探索。

概要和结论

文化在很多方面影响金融，很多影响已经被我们所熟知，比如通过影响法律和政策来影响金融的很多方面。社会决定要沿着怎样的法律和制度体系发展，但是这个决定必然会受到前期已经存在的文化偏好的影响，比如宗教信仰、战争、语言、民族和很多其他因素，这些已存在的因素都会影响现在的行为。那些不会轻易和迅速改变的文化是现阶段行为决定的基础。因此，文化偏见将会影响法律的发展及法律的执行力度，同样，也会影响制度和资本市场。法律和金融市场又直接影响一个国家经济的发展。

文化不仅会影响宏观经济的发展，而且会直接影响公司和投资人的行为。那些影响一个国家中发展体系的因素同样会影响微观层面的决策。

讨论题

1. 文化通过什么渠道影响一个国家的金融和经济发展？

2. 在讨论跨国贸易、投资及信任如何影响跨国贸易和跨国投资的内容中，我们也探讨了芬兰投资者如何做投资决策和信任如何影响跨国投资，那么，这一结论在研究本土偏好时能起到怎样的作用呢？

3. 在文献中，测量文化及文化价值如何影响产出成了一个难题。那么，各种测量文化的方法存在哪些潜在的问题？

参考文献

Albacete，Lorenzo. 2001. America's hispanic future. *New York Times*，June 19，p. A27.

Bainbridge，Stephen M. 2002. The bishops and the corporate stakeholder debate. *Villanova Journal of Law and Investment Management* 4：1，3 – 28.

Becker，Gary. 1996. Preferences and values. In *Accounting for taste*，(ed.) Gary Becker，3 – 23，Cambridge：Harvard University Press.

Berman，Harold J. 1993. *Faith and order*：*The reconciliation of law and* 643
religion. Emory University Studies in Law and Religion. Atlanta：The Scholar's Press.

Boyd，Robert，and Peter J. Richerson. 1985. *Culture and the evolutionary process*. Chicago：University of Chicago Press.

Breuer，Wolfgang，and Astrid Salzmann. 2008. Cultural dimensions of corporate governance systems. " Working Paper，Aachen University. Available at SSRN http://ssrn. com/abstract=1260746.

Calvin，John. 1960. *Institutes of the Christian religion* (1559 translation edition). Westminster：John Know Press.

Chui，Andy，Allison Lloyd，and Chuck Kwok. 2002. The determination capital structure：Is national culture a missing piece to the puzzle? *Journal of International Business Studies* 33：1，99 – 127.

Chui，Andy C. W.，Sheridan Titman，and K. C. John Wei. 2009. Individualism and momentum around the world. *Journal of Finance*，forthcoming.

Coffee，John C. 2001. Do norms matter? A cross-country examination of the private benefits of control. *University of Pennsylvania Law Review* 149：6，2151 – 77.

Crottet，Bernard. 1995. *Calvin*. Paris：J. C. Lattés.

David，Rene. 1980. *English law and French law*. London：Steven & Sons.

Ekelund，Robert B.，Jr.，Robert Hébert，and Robert D. Tollison. 2002. An economic analysis of the Protestant reformation. *Journal of Political Economy* 110：3，646 – 72.

Fidrmuc，Jana P.，and Marcus Jacob. 2008. A cultural explanation of agency model of dividends. Working Paper，Warwick Business School and European Business School International University. Available at SSRN http://ssrn. com/abstract = 1102591.

Glaeser, Edward L., and Jose A. Scheinkman. 1998. Neither a borrower nor a lender be: An economic analysis of interest restrictions and usury laws. *Journal of Law and Economics* 41: 1, 1 - 36.

Greif, Avner. 1994. Cultural beliefs and the organization of society: A historical and theoretical reflection on collectivist and individualist societies. *Journal of Political Economy* 102: 5, 912 - 50.

Grinblatt, Mark, and Matti Keloharju. 2001. How distance, language, and culture influence stock holdings and trades. *Journal of Finance* 56: 3, 1053 - 73.

Guiso, Luigi, Paola Sapienza, and Luigi Zingales. 2003. People's opium? Religion and economic attitudes. *Journal of Monetary Economics* 50: 1, 225 - 82.

Guiso, Luigi, Paola Sapienza, and Luigi Zingales. 2006. Does culture affect economic outcomes? *Journal of Economic Perspectives*20: 2, 23 - 48.

Guiso, Luigi, Paola Sapienza, and Luigi Zingales. 2008. Trusting the stock market. *Journal of Finance*63: 6, 2557 - 600.

Guiso, Luigi, Paola Sapienza, and Luigi Zingales. 2009. Culture biases in economic exchange. *Quarterly Journal of Economics*124: 3, 1095 - 131.

Hilary, Gilles, and Kai Wai Hui. 2009. Does religion matter in corporate decision making in America? *Journal of Financial Economics*, forthcoming.

Hofstede, Geert. 1980. *Culture's consequence*. New York: Sage Publications.

Hofstede, Geert. 2001. *Culture's consequence, 2nd ed*. New York: Sage Publications.

La Porta, Rafael, Florencio Lopez-de-Silanes, Andrei Shleifer, and Robert W. Vishny. 1997. Trust in large organizations. *American Economic Review* 87: 2, 333 - 8.

La Porta, Rafael, Florencio Lopez-de-Silanes, Andrei Shleifer, and Robert W. Vishny. 1999. The quality of government. *Journal of Law, Economics and Organization* 15: 1, 222 - 79.

La Porta, Rafael, Florencio Lopez-de-Silanes, Andrei Shleifer, and Robert W. Vishny. 2000. Investor protection and corporate governance. *Journal of Financial Economics* 58: 1 - 2, 3 - 27.

Lal, Deepak. 1999. *Unintended consequences: The impact of factor endowments, culture, and politics on long-run economic performance*. Cambridge: MIT Press.

644 Landes, David. 2000. Culture makes almost all the difference. In *Culture*

matters, (eds.)

Lawrence E. Harrison and Samuel P. Huntington. New York: Basic Books.

Levine, R. 1997. Financial development and economic growth: View and agenda. *Journal of Economic Literature* 35: 2, 688 - 726.

Neal, Larry. 1990. *The rise of financial capitalism*. Cambridge: Cambridge University Press.

Nenova, Tatiana. 2003. The value of corporate votes and control benefits: A cross-country analysis. *Journal of Financial Economics* 68: 3, 325 - 51.

Noonan, John T., Jr. 1957. *The scholastic analysis of usury*. Cambridge: Cambridge University Press.

North, Douglass. 1990. *Institutions, institutional change and economic performance*. Cambridge: University Press, Cambridge.

Novak, Michael. 1993. *The Catholic ethic and the spirit of capitalism*. New York: The Free Press.

O'Rourke, Kevin H. 2002. Culture, politics and innovation: Evidence from the creameries. CEPR Working Paper No. 3235, London.

Putnam, Robert. 1993. *Making democracy work: Civic traditions in modern Italy*. Princeton: Princeton University Press.

Rajan, Raghuram G., and Luigi Zingales. 2003. The great reversals: The politics of financial development in the twentieth century. *Journal of Financial Economics* 69: 1, 5 - 50.

Ramirez, Andres, and Solomon Tadesse. 2007. Corporate cash holdings, national culture, and multinationality. Working Paper, William Davidson Institute.

Reuter, Charles-Henri. 2009. A survey of culture and finance. Working Paper, European School of Management.

Roland, Gerard. 2004. Understanding institutional change: Fast moving slow moving institutions. *Studies in Comparative International Development* 38: 4, 109 - 31.

Schwartz, Shalom H. 1994. Beyond individualism/collectivism: New cultural dimensions of values. In *Individualism and collectivism: Theory, method and application*, (eds.) Uichol Kim, Harry C. Triandis, Cigdem Kagitcibasi, Sang-Chin Choi, and Gene Yoon, 239 - 250. Newbury Park: Sage Publications.

Sereni, Angelo P. 1956. The code and case law. In *The code Napoleon and the common-law world*, (ed.) Bernard Schwartz, 55 - 79. New York: New York University Press.

Shao，Liamg，Chuck C. Y. Kwok，and Omrane Guedhami. 2008. Is national culture a missing piece of the dividend puzzle? Working Paper，University of South Carolina.

Shleifer，Andrei and Robert W. Vishny. 1993. Corruption. *Quarterly Journal of Economics* 108：3，599 - 618.

Siegel，Jordan I.，Amir N. Licht，and Shalom H. Schwartz. 2008. Egalitarianism，cultural distance，and foreign direct investment：A new approach. Working Paper，Harvard Business School. Available at SSRN：http://ssrn.com/abstract=899082.

Stulz，René M.，and Rohan Williamson. 2003. Culture，openness，and finance. *Journal of Financial Economics*70：3，313 - 49.

Tawney，Richard H. 1954. *Religion and the rise of capitalism*. Harcourt，Brace & World，Inc.，New York.

Weber，Max. 1930. [1904]. *Protestant ethic and the spirit of capitalism*. London：Allen & Unwin.

645 作者简介

罗翰·威廉姆森（Rohan Williamson）是乔治城大学麦克唐纳商学院金融和史托坎普研究会的副教授。他在俄亥俄州立大学获得博士学位。威廉姆森教授致力于国际金融、公司治理、公司投资决策和风险管理方面的研究。他的研究成果已经在很多金融杂志上发表，其中包括《金融学刊》《金融经济学刊》《金融研究评论》。他也出版了几本专著，其论文在各种研究型会议上被宣读。他的作品也出现在非学术期刊上，比如《应用公司金融周刊》和《国家经济研究局系列文选》。威廉姆森成为 1999 年迈克尔·詹森《金融经济学刊》公司金融和公司组织方向最佳出版论文及 2003 年威廉·夏普《金融和数量分析杂志》最佳论文奖的获奖者之一。

第35章　社会互动与投资 647

马克·S. 希豪斯（Mark S. Seasholes）
香港科技大学副教授

引　言

社会互动是怎样影响投资行为的呢？这个问题的答案涉及范围广泛的诸多领域的金融经济学研究。投资决策可能会因为观察其他人的投资决策行为而被影响，以至于一些人会忽略自身的个体信息。投资者的选择可能依赖于其他人的行为和选择。个体偏好会依赖于其他行为人的选择，对财富和消费的估量也与其所在群体中其他人的财富和消费有关。社会互动会对投资者的福利有积极的或消极的影响。当一个人的同事都加入储蓄计划的时候，这个人就更愿意储蓄。另外，个人也可能会跟随其他人投资表现不佳的资产。

大量的研究文献中包含理论模型、实验室实验、现场实验和经验研究。本章的开头将简要介绍已经获得比较充分的发展的理论，包括羊群效应、信息瀑布和偏

好。紧接着考虑主体核心内容——对近期关于羊群效应和关联交易的经验研究的讨论。本章的目的并不是对已有的理论研究进行简单概括，而是把注意力集中在大量有关邻居效应、同事效应、信息扩散的经验研究，以及对投资决策领域中社会资本的研究上。

本章会以经验研究者在研究社会互动和投资行为时所面临的挑战作为结尾。比如考虑对羊群行为进行假设研究时会遇到的挑战。金融经济学家会注意到纽约市的投资经理在 1996 年 4 月是 IBM 股票的净买家。如果在时序维度扩展研究范围，那么金融经济学家可能会发现在大多数时间内，纽约的投资经理作为一个研究群体，他们要么是 IBM 股票的净买家，要么是 IBM 股票的净卖家。投资经理经常进行同方向交易这一发现成了羊群行为的实证。收集的数据所涵盖月份越多，金融经济学家在统计意义上就愈加相信纽约的基金经理在 IBM 股票上表现出羊群效应。

基本上，金融经济学家都对资产定价十分感兴趣。因此，很多论文对时序维度上的净买入与时序维度上的股票回报是否相关进行了研究。假设在纽约基金经理对
648 IBM 股票的不均衡交易（买入减卖出）以及股票回报之间我们发现了正相关关系，那么金融经济学家该如何解释这种正相关关系？投资者买入和卖出的差值在文献中有很多名称，包括不均衡交易、订单余额、净交易、净买入等。其中“订单余额中”的订单一般指履约订单，所以它与不均衡交易是一个意思。

很多论文认为交易不平衡和股票回报正相关可以作为羊群行为推动股价的证据。当我们研究月度数据的时候是否可以做出这样的因果判断？是否可以说净买入“推高”了股价，净卖出“拉低”了股价？在股价和不均衡交易的同期影响之外，还可能存在不均衡交易和上一期的股票回报之间的正相关（正反馈交易）。研究人员也发现在不均衡交易和未来报酬之间也存在正相关（如果之后回报没有反转，那就可以作为知情交易的证据）。

为什么纽约的共同基金经理愿意对一只股票进行同向交易？这里面可能有几个原因，例如，投资经理可能以他的同事作为参照，或者会对当地因资源短缺而价格上升的商品进行套利交易，或者通过获取当地类似的新闻、与当地的公司进行讨论、与同事进行交谈等途径来掌握相似的信息。最终，基金经理可能只是简单地遵循一些基本法则，比如“买入上个月表现优异的”。由此看来在不均衡交易和回报之间建立联系并非易事。

为了回答在引言中提出的问题，本章后面内容的结构如下：首先回顾羊群效应和信息瀑布。接下来我们讨论偏好、相对财富和导致投资者集中交易的间接原因。然后我们概述大量有关关联交易的文献（也被理解为羊群效应）。随后我们依次回顾邻居/同事效应、信息传播及社会资本。接下来的部分我们讨论把社会互动和投资行为纳入因果关系的难处，并回顾几篇讨论相关问题的论文。章末为概要和总结。

羊群效应和信息瀑布

投资者选择资本组合作为他们未来消费的储蓄计划的一部分。传统的资产定价模型假设投资者在选择最优的资产组合时仅仅考虑风险和回报。他们希望在增加财产的同时可以规避经济条件恶化，特别是当他们将要退休的时候。在传统的无摩擦的市场中每个投资者都知道每一只股票的预期收益率。投资者也知道股市回报的协方差矩阵，在无摩擦市场中投资者可以自由地分析和交易所有的资产。在这样的市场中观察其他人的行为基本没有任何益处。

但是，当信息无法自由流动时，或者当投资者的效用方程依赖于别人的选择和行动时，情况如何？有一本关于羊群效应与信息瀑布的著作可以帮助我们回答这些 649
问题，该著作已有20年历史，内容翔实且理论完备。这部著作发展得十分成熟，以至于我们可易于获得大量全面深入的文献综述（包括 Devenow，Welch，1996；Bikhchandani，Hirshleifer，Welch，1998；Bikhchandani，Sharma，2001；Hirshleifer，Teoh，2003）。这些综述文章涵盖了这一领域中非常著名的论文（包括 Banerjee，1992；Bikhchandani，Hirshleifer，1992；Welch，1992；Welch，1992）。

理论模型

赫什莱佛和张（Hirshleifer，Teoh，2003）的论文提供了一种对不同行为有用的分类方法并介绍了它们的定义，同时对相关文章进行了评述。如图35—1所示，赫什莱佛和张分类概述了双层收敛方法。矩形代表四个嵌套的观察等级。覆盖面最广的是“A层：羊群效应/分散效应”。范围最小的是“D层：信息瀑布”，它的含义是一个人观察他人的行为可导致其忽视自身的个体信息。

额外的因素，比如收益的外部性可能会导致羊群行为。移动通话和收发短信在过去的十几年中随着手机的普及而变得越来越流行。假设所有的个人最初在购买第一部手机的时候具有相同的边际价值，那么伴随着越来越多的人拥有手机，拥有一部手机的边际价值就会上升，于是更多人有理由去选择购买一部手机，这就是羊群行为的一种形式。

对信誉的关心可能会导致经济主体采取相似的行为。沙契夫斯坦和斯坦（Scharfstein and Stein，1990）研究了公司管理者由于担心他们在劳动市场的信誉而发生的羊群行为。研究者用关于信誉的类似概念研究了股票分析专家的建议。谢瓦利埃和埃里森（Chevalier，Ellison，1999），格雷厄姆（Graham，1999）和鸿、库比克和所罗门（Hong，Kubik，Solomin，2000）注意到，如果被视为与其他分析师意见不同并不会使自身得到更高的评价，那么股票分析人员就会缩小预测和评论的差异。

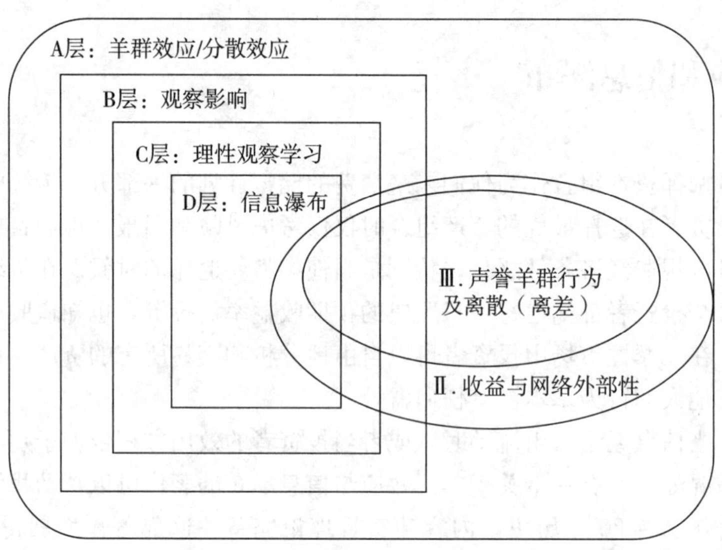

图 35—1　赫什莱佛和张的分类法

注：本图展现了赫什莱佛和张关于羊群效应、报酬和信誉互动、社会学习及瀑布效应的分类法。矩形代表观测到的等级并且描绘了羊群效应的信息源。其中最大的矩形是覆盖面最广的种类。

650 最近，欧泽索立维（Ozsoylev，2006，2007）在两篇论文中对传统的理性预期框架，即投资者能从公众可观测的价格中获取信息进行了拓展。在欧泽索立维的框架中投资者可以通过观察其他一些投资者的需求来获得额外的信息。作者展示了一系列的有向图表来定义不同的社交网络（即某些人可以观察哪些人的行为）。这些图表把不同的社交网络与资产定价联系到一起，结论就是当初始信息是私人的且分散的时候，社交活动可以削弱信息聚集的影响。

实验结论

实验经济学可以被很好地应用到信息瀑布的研究中。研究人员可以精确地控制一个私人信息集。安德森和霍尔特（Anderson and Holt，1997）设计了一个实验，在该实验中参与者轮流观察一个有色的石块，这个石块是从两个瓮中的一个拿出来的。每个参与者需要独立做出决定，判断该石块是从哪个瓮中拿出来的。一个传播者会把决定告知其他参与者。如果选对了石块的来源，那么参与者将会得到奖赏。后做选择的个体拥有知晓前人选择的权利。安德森和霍尔特写道："一些选择顺序会导致反向的信息瀑布，一个误导信号会导致一系列不正确的决策，之后接收到的正确的信号也很难打断这个决策链条。"作者发现大约在75%的时间中发生正向信息瀑布，这是发生反向信息瀑布的概率的两倍。

塞伦和卡瑞文（Celen and Kariv，2004）通过区分羊群效应（一群人做相同的决策）和信息瀑布（行为主体忽略自己的个人信息而做出与他人相同的决策）拓展了实验结果。作者通过应用截点诱导技术获得被试者的想法并通过实验区分以上两种行为。他们发现在 36%的情况下会发生羊群行为，而在羊群行为中有 97%是正确的，同时在 35%的情况下会发生瀑布效应，这大大超出了塞伦和卡瑞文的模型预测结果。

斯普瑞亚尼和瓜里诺（Cipriani，Guarino，2005）研究了金融/实验室市场，其中的被试者接收有关资产价值的私人信息并依次与经纪人进行交易。理论预期羊群效应不会形成并且作者的实验结果也支持这一观点。有趣的是，在一些情况下被试者会忽视他们的个人信息并且拒绝交易。

经验结论

现在已经有了很多对于羊群行为的经验研究。最早研究这种行为的学者包括兰考尼肖科、施莱弗和维斯尼（Lakonishok，Shleifer and Vishny，1992），他们对 769 只免税基金的持有情况进行了研究。持有量按季节变化反映了给定基金的净交易量，并且可以一股一股地进行衡量。假设平均有 50%会增持。作者发现在他的研究中会有 52.7%的基金管理者同方向增加持有量，同时有 47.3%的基金管理者向相反方向改变持有量。尽管这种不平衡看起来是很小的（距离 50%只有 2.7%的 651
差距），但是在样本中他们持有 1 240 亿元的基金（或者说是积极管理的退休基金总量的 18%）。当不均衡测量值达到上部的 20%范围内时，股市的额外收益率会达到 1.81%。当不均衡测量值在下部的 20%范围内时，股市的额外收益率会是－0.31%。作者解释了净交易和股市收益率之间的正相关关系，并将其作为羊群效应推动股票价格的证据。理解已经观察到的交易和回报之间是否具有因果关系仍然是金融经济学中最具挑战性的问题之一。

之后我们将在更深的层次上回顾关联交易（羊群）。羊群行为和股票价格运动之间的正相关关系会被更进一步解释。另外本章还会特别关注在解释价格运动和交易之间的因果关系方面存在的内在困难。

偏好、相对财富和间接影响

投资者除了因为观察其他人的行为而被直接影响外，还会受到间接影响。例如，习惯形成模型介绍了投资者可能会关心现在消费和过去消费的关系。这些假设与传统的模型不同，传统的模型假设投资者只关心他们自己的消费水平和发生的变化，而不关心他们过去的相对消费水平。

阿贝尔（Abel，1990）提出“赶上邻居们”偏好，假设投资者现在的效用取决于他或她现阶段的消费相对于过去同层次人的平均消费水平。如果其他人消费的商品增多了，那么即使本人消费的产品（真实价值）不变，他的效用也难免下降。举例来说，在 1990 年的圣弗朗西斯科拥有保时捷的效用就是比较低的，因为互联网泡沫使得很多人有机会拥有相同的或更好的车。值得注意的是阿贝尔的外部习惯模型使得它很容易考虑其他人的行为如何间接影响投资者的决定，即其他人过去的消费提高了习惯的整体水平。康斯坦丁尼德斯（Constantinides，1990）提出内部习惯模型并不一定有助于研究社会互动，因为投资者仅仅是用自己现在的消费与自己过去的消费（习惯）做比较而已。

随着经济学家寻求在观察到的股市回报和大幅股价波动中的调和总体消费水平，习惯形成模型越来越广泛地被用于宏观资产定价上。考虑一组投资者在过去的二十年都有相似的消费，那么在未来的日子里，一旦计划消费更靠近或者远离其习惯的消费水平，每一美元的边际消费就都会造成巨大的波动。坎贝尔和柯查恩（Campbell，Cochrane，1999）利用习惯形成模型和边际价值波动模拟了一些资本市场的特点。

缺乏本地资源也会导致个人的投资选择被他所在群体的其他投资者的选择影
652 响。德马佐、卡尼尔和克雷默（Demarzo，Kaniel，and Kremer，2004）提出了一个理性一般均衡模型，该模型指出投资者对于有限的本地资源的竞争导致了对本群体中相对财富的关心。例如，一个希望在瑞士退休的投资者就会关心瑞士的医疗服务的费用，而对其他地方的医疗费用不太关心。如果瑞士的资源稀少，那么投资者就会意识到未来的竞争，进而改变现在的投资组合。群体的影响使得投资者有动力采取羊群行为，并且选择相似的投资组合。另外，在德马佐的文章中还有另一层含义：小部分交易者的行为偏误通过影响一个群体的投资者进行相似的交易，会在非常大的程度上影响资产价格。

德马佐、卡尼尔和克雷默（Demarzo，Kaniel，and Kremer，2008）进一步研究了对相对财富的关切和金融泡沫之间的关系。即使在每个个体都只关心自己的消费的时候，群体效应也依然会影响资产价格。就如同作者所说，在标准的资本资产定价模型中，价格扭曲时进行反向交易是可以获利的，并且可以通过这种交易消除价格扭曲。在他们的论文中，行为主体对群体中其他人的财富是敏感的。与人群做反向交易会增加相对财富风险，因此，投资者可能会不情愿卖掉被过高估价的资产，并且买入价值被低估的资产。最终资产泡沫就会形成。理性的投资者会很不情愿与泡沫做反向交易。

关联交易

对于每一份股票的买入，都一定有相应的卖出。这种加总约束使得对于任何股票在任何时期内的全市场范围内交易的总和（买入减去卖出）一定为零。考虑一组界定明确的投资者，比如共同基金。在一段时间内，如一天、一周、一个月或一个季度，这组投资者的买入量和卖出量不是均衡的，因为还有其他投资者参与进来。

我们再次研究界定明确的投资者后，非均衡的交易成为可能的羊群行为的证据。因此，任何对于交易之和不为零的非均衡交易的经验研究都可以被认为是为羊群行为寻找证据。从技术上说，加总约束适用于股票。许多羊群行为的测度都与投资者同时购买和卖出股票有关。如果所有的投资者交易相同数量的股票，那么，对股票不平衡的计数就等于对投资者不平衡的计数。即使当投资者所交易的股票的数量不相等时，股票量的不均衡也与投资者的不均衡高度相关。

前面一段中提到的加总约束使得金融经济学家至少对两组市场参与者的行为进行了分析。如果共同基金在 1996 年 4 月被认为是 IBM 股票的净买方，那么另一组我们可以称之为“非共同基金”的投资者必然是同一时期的净卖方。如果在共同基金中发现了羊群行为，则“非共同基金”投资者中也必然存在羊群行为。

正如前文所述，在兰考尼肖科、施莱弗和维斯尼（Lakonishok，Shleifer，and Vishny，1992）的研究之后，出现了对经验羊群效应的财富研究。其中许多研究中都采用相同的羊群效应测度方法（由于最早提出者的姓氏，因而该方法被称为“LSV 羊群效应测度法”）。对于一组指定的投资者，在时间 t 内交易股票 i，LSV 羊群效应按照如下方法测度。如果没有羊群效应，则该衡量数值为 0。

t 作为对时间的衡量，可以是任何长度，比如一天、一个星期、一个月或一个 653
季度。

$$LSV_{it} = |p_{it} - \overline{p}_{it}| = E|p_{it} - \overline{p}_{it}| \tag{35—1}$$

其中

$$p_{it} = \frac{Buys_{it}}{Buys_{it} - Sells_{it}} \tag{35—2}$$

通常，$Buys_{it}$ 是在时间 t 内增加自己股票 i 的持有量的投资者的人数，$Sells_{it}$ 是在时间 t 内减持股票 i 的投资者的人数。公式里包含的 $\overline{p}_{it}$ 项是用来描述投资者群体在所有的股票中进行买入或卖出所经历的时间节点（例如，大型共同基金流入从而导致大量的管理者开始买入股票的时刻）。作为 $\overline{p}_{it}$ 的代表，许多研究者使用指定组别投资者中在时间 t 内进行买入交易的比例。公式的最后一项是调整因子，因为数据集合中的噪声使第一项的结果不为零，即使平均来讲买者与卖者的数量是相等的。文章经常会提出平均 LSV 值，对这些平均值的衡量贯穿整个时间区间和所有股票。

总体来说，经验研究发现了低强度的机构羊群效应（机构投资者同时购买股票的比例接近一半）。然而，一个小的非均衡也代表着数百万美元的超额买卖。除了对机构投资者的羊群效应研究，近年来对个人的羊群效应研究也越来越多。对个人投资者的羊群效应的测度方法比对机构投资者的羊群效应的测度方法要多得多。表 35—1 提供了一个对不同 LSV 羊群测度的荟萃分析或元分析（meta-analysis）。这个表格最初出现在冯和希豪斯（Feng and Seasholes，2004）的工作草稿中。附注的表格说明对于如何理解这些测量及在原文献中找到它们是十分重要的。尽管

LSV 测量并不高明，但是在研究中它十分常见。

654 表 35—1　羊群效应测度的比较

标号	研究者	年份	国家	投资团体	数据频率	LSV 羊群效应测度
a.	格林巴特等	1995	美国	共同基金	季度	0.025 0
b.	冯和希豪斯	2004	中国	个人	日	0.025 5
c.	LSV	1992	美国	养老基金	季度	0.027 0
b.	冯和希豪斯	2004	中国	个人	周	0.029 3
d.	威尔莫斯	1999	美国	共同基金	季度	0.034 0
e.	周 等	1999	韩国	外国投资者	日	0.036 5
f.	金和魏	2002	韩国	外国机构	月度	0.043 4
g.	多恩 等	2008	德国	个人投资者	日	0.048 0
g.	多恩 等	2008	德国	个人投资者	周	0.054 0
g.	多恩 等	2008	德国	个人投资者	月	0.064 0
g.	多恩 等	2008	德国	个人投资者	季度	0.083 0
h.	金和魏	2002	韩国	外国个人	月	0.111 7
i.	罗朋和塞拉	2006	葡萄牙	共同基金	季度	0.135 4
j.	周 等	1999	韩国	外国投资者	日	0.212 4

注：本表通过不同的研究比较了兰考尼肖科、施莱弗和维斯尼（Lakonishok，Shleifer，and Vishny，1992）或“LSV 羊群效应测度”。测度方法在他们的论文及本章公式（35—1）和（35—2）中给出定义。

a. 羊群效应的统计来自全部 274 只基金和所有的季度。

b. 来自冯和希豪斯（Feng and Seasholes，2004）的一篇工作论文，标注日期为 2002 年 9 月，其中的 LSV 羊群效应测度不是最后出版的版本。

c. 对所有案例的羊群效应进行统计的平均值。

d. 包括所有基金从 1975 年到 1994 年的数据（有五笔以上交易）。

e. 这个研究提出了一个更低的估计边界，0.036 5 这个值是危机前和危机中所有 50 个报告的平均值。

f. 数据来自非居民机构，并且数据是整个平稳时期数据、危机前期数据及危机时期数据的平均。0.043 4 的结论来自三个时期的平均，三个时期的数值分别为 0.057 81、0.046 90、0.025 53。

g. 所有数值来自平均 LSV 羊群效应测度。

h. 数据来自非居民机构，并且数据为整个平稳时期数据、危机前期数据及危机时期数据的平均。0.111 7 是三个时期数据的平均值，三个时期的数据分别是 0.132 41、0.118 60、0.084 22。

i. 数据源自 1998 年至 2000 年，包含同时期多于五只基金的交易数据。

j. 此项研究提供了估计的上限。数值 0.212 4 是危机前期和危机中 50 个有代表性的记录数据的平均值。

最后，很多研究同时包括正反馈交易（买进过去表现好的，卖出过去表现差的）及羊群效应。如果一组投资者被发现普遍进行正反馈交易，那么金融经济学家将会期望发现羊群行为。这种机械的关联源于每只股票都只有唯一历史价格走势的事实。我们考虑一组投资者因为过去在股票上挣钱了而买入它。如果近期收益为正，那么投资者就会在现期买入，这就是羊群效应。

机构交易 655

格林巴特、蒂特曼和威尔莫斯（Grinblatt，Titman，and Wermers，1995）研究了十年的共同基金交易数据。作者同时关注正反馈交易和羊群效应两种现象。格林巴特等测度出的 LSV 从众指数为 2.5，这意味着“如果在既定的股票中有 100 只基金在进行交易，那么相较于预期水平（这些基金的买卖方向随机分布，50%与市场同向，50%相反），与市场方向相同的基金要多出 2.5 只”。通过对共同基金的研究发现，在买入过去的盈利股时，会比买入过去遭受损失的股票，更容易出现羊群效应。当样本被限制在每季度至少 5 或 10 笔交易时，羊群效应会显著增强。作者通过测度参与正反馈交易的基金和基金业绩之间的相关程度得出结论。

西亚斯和斯塔克斯（Sias and Starks，1997）检验了机构投资者持股程度和股票收益之间的自相关关系，他们发现不论是单只股票的收益自相关还是投资组合的收益自相关都随着机构投资者持股程度的上升而上升。他们把注意力集中在持股程度而不是交易上。持股程度的意思是所有过去购买的总和减掉所有过去卖出的总和。同样，机构在同一只股票上具有相似的高持有度，基本就意味着在过去其有相似的购买水平。

威尔莫斯（Wermers，1999）发现在小盘股和成长型基金交易中存在较强的羊群效应。他的研究采用了从 1975 年到 1994 年共计 20 年的数据样本。一个由表现出明显买方羊群效应的股票所构成的投资组合，不论在现期还是下一季度都会有明显的超出平均水平的正收益。相反，由表现出明显卖方羊群效应的股票构成的投资组合则在现期及未来的三个季度中都会表现出负收益。由于未来季度的收益会表现出一定的持续性（即它们不会自己逆转），所以威尔莫斯得出结论，基金交易可以加速股票向基础价格的回归。

诺夫辛格和西亚斯（Nofsinger and Sias，1999）也研究了正反馈交易及羊群效应。他们的研究结果与其他论文中的结论一致。具有较强的买入或卖出羊群效应的股票会在同一时期带来明显的正向或负向的收益。作者从机构持有的股票数量中获得数据。机构的留存比例被简单地定义为机构所持有的股票占所有发行的股票的比例。接下来作者定义个人留存比例为 1 减去机构留存比例。诺夫辛格和西亚斯给出结论：“收益与机构持有的相关性十分显著，而且相关关系既是正向的又是同步的。”由于这篇文章中存在加总性约束，我们还可以很容易地得出结论：收益与个人持有股权变化呈强烈的负相关关系，并且这种负相关关系具有同时性。

西亚斯（Sias，2004）尝试通过分解跨季度机构购买的部分来理顺正反馈和羊群效应。就像本部分开头提到的，如果金融机构使用正反馈交易策略，那么金融经济学家就可能发现明确的羊群指标。在这篇论文中西亚斯使用的是线性回归的方法。左侧变量是在给定的季度中增加仓位的机构所占的比重。右侧的两个变量一个是上一个季度中增加仓位的机构（秉承自己策略的机构），另一个是上一个季度的回报（反馈交易/跟随其他人的交易）。西亚斯把交易数据按交易者类型分为五种，分别是：银行、保险公司、共同基金、独立顾问和其他。把投资者分为五类意味着任何两类投资者不会因为加总效应而直接联系到一起。当然在给定的一段时间内五组的净交易加总还是要为零。西亚斯得出结论，机构投资者遵循自己的交易，同时这种效应可以较好地解释之前观测到的羊群行为。

个体的羊群效应

周、库和斯塔茨（Choe，Kho，and Stulz，1999）的论文是第一批证明个人投资者之间存在高度关联交易（羊群效应）的文章之一。尽管论文的重心是外国机构在亚洲金融危机中的行为表现，但是也衡量了个人交易的不均衡。

656 当研究交易层面数据的时候，研究人员应该避免重复计算一些个人交易。假设一个金融经济学家正在构建一个日羊群指数。简单的加总购买和卖出交易可能会夸大羊群效应，这是因为一些个人投资者会把一笔交易分成很多部分，继而在一天内持续交易。换句话说，如果一个投资者把一个 1 000 股的买入指令变成 10 个 100 股的买入指令，那么其看起来就会更容易表现出羊群行为（实际是一种“自我羊群效应”），因为有更多的买入指令了。为了防止过度衡量羊群效应，所有同一交易人同一交易日的交易都应该被加总起来。

表 35—1 展示了对可能存在的自我羊群效应进行控制的结果。周等（Choe et al.，1999）把每一次买入都当做不同投资者购买的时候，平均的外国投资者 LSV 羊群测度为 0.212 4，这意味着 79%的交易者都在做同方向交易。当外国投资者第一次根据居住地被分成 658 组，并且同一组的所有交易都按照股票和日期被加总到一起时，LSV 羊群效应测度就变至更合理的 0.036 5 等级。

亚洲金融危机为金和魏（Kim and Wei，2002）提供了研究个人羊群行为结果的韩国环境。作者计算了国外机构和外国个人的 LSV 羊群效应测度。他们分三个时期计算了这个指标：1996 年 12 月到 1997 年 5 月（平稳期）、1997 年 6 月到 1997 年 10 月（前危机时期）、1997 年 11 月到 1998 年 6 月（金融危机爆发时期）。作者在危机爆发前的外国投资者中发现了极强的羊群效应。令人惊讶的是在危机爆发之后，羊群效应有所下降。金和魏认为，外国投资者并没有破坏价格稳定。

冯和希豪斯（Feng and Seasholes，2004）专门研究了个人投资者的关联交易。作者研究了中华人民共和国的经纪账户数据。他们在基金账户层面加总交易，使得个人的所有交易得到整合，即使这个人控制不同的股票账户。他们利用中华人民共和国经纪公司的机构特点，帮助确定关联交易的源头。因为这是为数不多的几篇聚焦识别问题的文章之一，我们将在本章的后续部分进行进一步讨论。

库马尔和李（Kumar and Lee，2006）做出了一个关于美国零售（个人）投资者交易不平衡的比较完整的研究。作者研究了 62 387 户家庭，这些家庭在 1991 年到 1996 年平均每天要做 1 244 笔交易。库马尔和李在每个股票月中进行了一项用买入减掉卖出的计算。他们的计算就是用购买所用的美元减掉卖出得到的美元，再除以购买用的美元加卖出获得的美元。这样就有证据表明在市场范围内的交易不平衡，更重要的是这个买卖差的指数有助于解释最小五分位数上的股票回报。

安德拉德、常和希豪斯（Andrade，Chang and Seasholes，2008）测试了一个多资产版本的格罗斯曼和米勒（Grossman and Miller，1988）模型。如果个人交易是非信息性的，并且市场的风险承受能力有限，那么这个模型预计交易可以导致短期的价格逆转。购买会推高今天的价格，但是价格的走势会在未来的几天、几周或几个月内发生逆转。这个模型也预计一只股票的交易可能通过流动性提供方的套利行为影响其他股票。作者使用了中国台湾的个人数据，发现价格逆转的幅度和持续 657
性都是惊人的。每周，作者将股票按照净购买分成五分位数。起始周，买入股票（第一组）和卖出股票（第五组）之间的收益差异是 2.37%。在接下来的十周内价格开始收敛。第一周就收敛了 52 个基准点（这个数字结合了大于 26%的每年可预测性短期收益）。

卡尼尔、萨尔和蒂特曼（Kaniel，Saar and Titman，2008）并没有直接研究羊群行为，但是他们研究了纽约股票交易所的个人交易。他们的研究表明非零交易失衡可以引申为个人交易者普遍同时进行买入或卖出交易（即羊群效应）。有趣的是，他们关于个人交易失衡和股票收益的结论与其他论文中提出的结果不同。纽交所的个人交易为其他直接需要流动性的人提供了流动性。卡尼尔等的研究表明，在价格下跌的时候个人投资者更倾向于做一个净买入者，价格上升的时候个人投资者更倾向于做一个净卖出者。伴随密集的个人交易而来的可预测性收益是巨大的。在个人买入强度较高的一个交易月中，市场调整收益会比平均值高 0.80%。在个人高强度卖出之后的一个交易月中，市场调整收益会比平均值低 0.33%。

多恩、休伯曼和森格莫勒（Dorn，Huberman and Sengmueller，2008）研究了 37 000 多位来自德国一家最大的贴现机构的零售客户。作者对投机交易和其他交易做了区分。作者还对市场订单和限价订单做了区分。多恩等在论文中使用了 LSV 羊群效应测度。于是作者发现德国的个人投资者在单个交易日、一周、一个月和一个季度的交易频率上都存在羊群行为。

巴尔伯、奥丁和朱（Barber，Odean and Zhu，2009）研究了一家贴现经纪机构名下的 66 456 个家庭和一家零售经纪机构名下的 665 553 个投资者。在同一时间，个人投资者表现为股票的净买者（这是一个截面效应的羊群效应结论）。在时间序列维度的考量中，在一个月中具有正向交易不均衡的股票很容易在未来同样表现出正向的交易不均衡。这种情况可能会持续 24 个月。有趣的是，作者发现个人投资者倾向于购买过去收益高的股票（正反馈交易）。这个结果是惊人的，因为早前的研究显示机构有进行正反

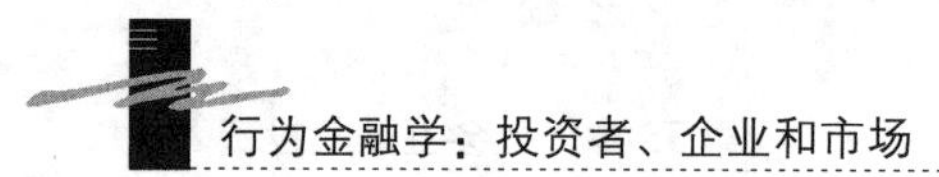

馈交易的习惯。加总约束使得不可能所有的投资者都是正反馈交易者。

邻居和同事

近期，一系列论文研究了邻居和同事在经济决策中扮演的角色。将注意力集中在邻居或同事身上是研究社会互动的一个自然方向。迪弗洛和塞斯（Duflo and Saez，2002）研究了个人参与延迟纳税储蓄计划的决定。这项研究中的参与者都是大学雇员，研究人员询问了部门同事的决策是否影响了其他人的参与决定，并且影响了对服务商的选择（在选择加入的前提下）。大学中 11 个图书馆的工作人员对这项活动的参与率从 14%到 73%不等，但他们的薪水与任期都是极其相似的。这样大范围的参与率分布说明了同事对投资行为的影响。

迪弗洛和塞斯（Duflo and Saez，2002）认识到一个团体中的许多决定之所以
658 是相关的并不是因为个人简单模仿其他人的行为。比如，一组有相似年龄的投资者会有相似的消费和储蓄需要。作者通过对 12 500 名大学雇员进行研究来抨击这个问题。个人投资者被分为不同的部门，他们共享相同的储蓄计划和收入计划。作者通过横向研究不同部门的平均参与率来避免具有相似特性的投资者选择相似部门这一问题。他们发现部门的参与率每增加 1 个百分点，个人的参与率增加 0.2 个百分点。分配给每个服务商的贡献份额每增加 1 个百分点，个人参与率增加 0.5 个百分点。迪弗洛和塞斯在这篇论文结束的时候依然留下了疑问：这种观察到的行为到底是源于学习效应还是源于对服从社会常态的渴望呢？

迪弗洛和塞斯（Duflo and Saez，2003）通过在学校雇员中构建一个随机试验继续了他们之前的研究。这一试验使得作者揭示了信息及社会互动在雇员参与延税账户的决定中所起的作用。

迪弗洛和塞斯（Duflo and Saez，2003）的研究使用了下面的设计：作者对大学雇员中随机选出的小组发送投资洽谈会邀请。这些雇员是从大学中随机选择出来的。这种研究设计（被称为“经典的激励设计”）使得研究人员可以研究邀约对投资活动的影响。被邀约的个人投资者去参与这个活动的可能性是不被邀约的人的 5 倍。这个试验设计也允许衡量参加洽谈会对决定参与储蓄计划的因果影响（和社会影响）。从随机组成部门中选出的个人投资者，明显比从未被随机处理的部门中选出的投资者更乐于参与储蓄计划。在一个部门中并未发现明显的不同。

鸿、库比克和斯坦（Hong，Kubik and Stein，2004）发现了并不显著的证据，这些证据表明，经常与邻居交往或者加入了教会的人更容易参与股票市场。他们在 1992 年密歇根大学调查研究了 7 500 个家庭。作者很敏锐地意识到，一些读者会担忧这篇论文的社会变量（比如参加教会）并不能反映社会相互作用的影响，这仅仅是一种个人的特点。很显然，未被观察到的全社会范围内的效应同样令人烦恼。

鸿、库比克和斯坦（Hong，Kubik and Stein，2005）研究了在相同城市中的共同基金管理者的决策。鸿等的主要结论如下：“当同城其他基金的其他管理者增加购买某只股票1%的时候，一个指定的管理者对该只股票（作为其投资组合的一部分）只增加0.13%的持有量。”在不显著的社会行为影响投资选择的同时，研究只能依赖于有限的数据。研究中有八个季度的持有数据，因此可以得出七个时期的持有量变化（净交易）。更进一步说，69.4%的资产被三个城市（纽约、波士顿和洛杉矶）的基金所有者持有。

布朗、伊科维奇、史密斯和韦斯本纳（Brown，Ivkovic，Smith and Weisbenner，2008）意识到内生问题是影响经济学家回答社会关系是否影响投资行为这一问题的关键。布朗等解释道：“因为个人投资者并不是随机选择群体的，所以我们 659
观察到的持有股票的个人和他的社交圈之间的关系可以反映很多不可观察的影响，甚至在控制了可观测的特性后这些影响仍导致了很多有欺骗性的关系。”作者执行了一个工具变量策略。

布朗等（Brown et al.，2008）在研究中首先定义了“本地投资者”这一属性，这些“本地投资者”在他们的投资生涯中一直住在同一个社区，并且他们现在仍然住在他们出生的州。这样的“本地投资者”就成了一种对本地平均所有权的衡量工具，他们可以对比出周围所有权滞后的“非本地投资者”（出生于不同的社区或者不同的州）。结果是令人震惊的。一个社区10%的平均所有权增长会导致个人投资者购买股票的可能性上升4%。

伯德那瑞克（Bodnaruk，2009）试图通过检验瑞典的投资者从一个地方搬家到另一个地方，来确定社区的影响。在对这个投资组合的研究中，他先假定投资者会对家乡的股票有所偏好。在搬家后持有原本被认为是家乡股票的平均数量将会下降（这些股票不再被认为是家乡股了）。而且搬家后投资者在构建他的投资组合时开始倾向于选择新家附近的股票。但是，这就很难判断投资组合的改变是不同的公共/地方新闻还是投资者个人与新社区成员的交流所导致的。

克努弗（Knupfer，2008）的一篇工作论文研究了个人投资者的社会交往和其对本地股票偏好之间的关系。他发现社交活动更多的投资者比社交活动较少的投资者有更强的地域偏好。

信息传播

在信息传播领域有一部分规模尚小且有待发展的文献。对致力于研究社会互动的金融经济学家来说，试着去测度信息怎样在投资者之间传播应该是一个很自然的课题。席勒和庞德（Shiller and Pound，1989）采用调查问卷的方式，调查了机构和个人投资者。他们发现直接的人与人之间的交流在投资决策的制定过程中至关重要。不幸的是，在那之后就很少有进一步研究信息传播的论文了。

在研究信息传播的过程中有一个重要的难点，那就是投资者的信息集是不可观测的。现阶段还几乎没有方法可以确定一个投资者已经接触到了什么信息。金融经济学家也无法知道一个投资者已经拥有了怎样的信息。进行实验室研究为研究信息集提供了一种可能。但是，不幸的是在实验室中研究信息传播不一定可行，因为设计和构建一场大规模实验是十分困难的。如果可能，那么实验设计方法应该是让研究者将信息“放置”在一部分人当中，然后研究信息怎样从这部分人传播到其他人当中去。

在一篇早期研究信息传播的论文中，伯尼施和珍（Boness and Jen，1970）描述了一个“股市中的动态调整机制。交易者对自己持有股票获得的新近信息做出反
660 应，会调整市场的出清价格”。在实际中，这是一个包含联立方程组的计量经济学模型。其对信息与股价的关联及预先决定投资者感知新信息并做出调整的行为模式有外生的决策价值。

鸿和斯坦（Hong and Stein，1999，p. 2145）在他们研究股价动量效应和反转效应的时候假设“私人信息沿着人群逐步传播”。他们并不是研究信息传播本身。另外还有鸿、利姆和斯坦（Hong，Lim and Stein，2000）及道卡斯和麦克奈特（Doukas and Mcknight，2005）研究了股票的动量现象是否是信息传播缓慢的结果。这些论文并没有对缓慢的信息传播进行测验。为了完成他们的研究，后两组作者使用了残差分析来代表信息传播率。

最后，伊科维奇和韦斯本纳（Ivkovic and Weisbenner，2007）研究了家庭股票购买和邻居购买的关系。作者使用1991年到1996年巴尔伯和奥丁在一个大型贴现经纪人名下的交易数据集合。在邻居购买指定的行业股票增长10%的情况下，家庭对该类股票的购买量上升了2%。作者使用术语“信息传播”来描述家庭投资和邻居投资之间的关系。选择相似可能是因为口口相传、大家具有相似偏好或大家对新闻的共同反应。确定这个潜在的原因是一项困难的任务。

社会资本

投资决策和社会资本之间的联系，是另一个正在兴起的研究领域。社会资本由迪帕斯奎尔和格莱泽（DiPasquale and Glaeser，1999，p. 355）定义为“市民之间的社会联系”。圭索、萨皮恩泽尔和津加莱斯（Guiso，Sapienza and Zingales，2004，p. 528）把其定义为“人们通过成为某种团体的成员获得的优势及机会”。人们可以认为社会资本是一种改善一个人的社交圈的激励。在公共物品上的投资可以形成社会资本。

迪帕斯奎尔和格莱泽（DiPasquale and Glaeser，1999）证明了美国的房屋拥有

者比无房者在社会资本上投资更多。正如迪帕斯奎尔和格莱泽指出："房屋所有权是一个内生变量，它可能与个人的其他特性相关，从而一起决定了一个好的公民的特质。"作者使用个体平均住宅自有率的四分位数作为衡量所有权的工具。他们发现这个工具增加了房屋所有权对衡量公民权的影响。

圭索等（Guiso et al.，2004）研究了社会资本在国家资本发展中所扮演的角色。这一经验研究测算了意大利的社会资本在不同层面的差异。圭索等发现"在高社会资本层面的交际圈中人们更常用支票，比较少投资在现金上，而更多地投资在股票上，他们更容易获得机构贷款而不需要走非正规借贷这条途径。"对社会资本的主要测度是投票人数/参与投票率和无偿献血。在意大利北部（阿尔卑斯山以南）参加选举的比例最高，南方最低（特别是卡拉布里亚和西西里）。

本章介绍了很多论文，它们涉及的领域从社会心理学到金融经济学。通常而言很少有研究把社会学的方法和金融经济学联系起来。为什么金融经济学家不会研究更多的与社会学相关的领域，是一个值得思考的问题。大概这两个领域之间的目标 661
有区别吧。

维基百科（http://en.wikipedia.org/wiki/Economics）把经济学定义为"一种研究物品和服务如何生产、分配和消费的社会科学"。也有另一个概念能够概括现代经济学的特点，它由莱昂内尔·罗宾森在 1932 年的文献中提出："经济学是研究人类在目标和稀缺资源之间进行调配的行为的科学。"

维基百科（http://en.wikipedia.org/wiki/Sociology）定义社会学为"一个社会科学的分支，它使用系统的经验调查方法和批判性的分析来发展和精炼关于人类社会结构及活性的知识体系，有时它也应用这些知识去追求社会福利。它的课题范围从面对面互动的微观层级一直到整个社会的宏观层面"。

从上面的定义上来看两门学科有大范围的交集，特别是在社会福利领域。赫兹（Hertz，1998）研究了不同人群在上海股票交易所的交易行为。他的工作成为完美结合以上两门学科的典范。毫无疑问，进行社会学和经济学的交叉研究还是非常有潜力的。然而，对不同人群的调查主要依赖于采访和深入的案例研究。这种研究在顶级的金融杂志上是很少见的。

因果关系和鉴别

本章强调了在社会互动和投资行为之间建立因果关系的困难之处。更多的社会互动真的影响投资吗？或者社会个体会同时做出对于社会行为和投资的偏好选择吗？第二个问题也可以这样讲，是否有潜在因素决定了一个人参与社会行为和投资的偏好。这些因素可能包括个体间生理上的异同。例如，有相似风险规避等级的人会选择比较靠近的住址，并且持有相似的投资组合。这些没有被观察到的因素也包括社区范围的影响，比如最近的工厂倒闭或其他影响社区财富的冲击。

在过去的十几年间，金融经济学家对回答社会互动和投资之间是否有因果关系这一问题的兴趣越来越浓厚。要成功地回答这一问题，必须在个人的社会活动层级上有一个独立变量。然而找出这一独立变量是困难的。

实验室实验为确定因果关系提供了一种方法。研究人员可以设计一个可控设置，这使得被试者可以独立地改变社会互动中某一个主体的层级。实验室研究有一个好处就是可以将实验反复进行多次。因此，实验室能够产生独立的数据样本。进行实验室研究的困难在于重现个体所面临的投资选项。世界的股票市场规模庞大
662 (大约有 30 万亿美元的资本)。债券、货币、商品和房地产市场的规模也是巨大的。一个基金经理进行 1 000 万美元的投资必定会与实验室里进行 10 美元的投资有不同的表现。

现场实验为金融经济学家提供了确定社会互动和投资行为因果性的第二种选择，比如迪弗洛和塞斯（Duflo and Saez，2003）构建的那个实验。很多大学的院系都是相似的，这就使得作者有机会可以对一些院系进行“探讨”，而非其他学院。作者的研究设计也使得在同一个院系内部可以只“探讨”一些个体，而非他人。这种随机处理使得研究人员可以在感兴趣的关键变量上创造独立变量。

工具变量法是确定社会互动和投资行为的因果关系的第三种方法。布朗等（Brown et al.，2008）使用社保号码来确定该估计中人们的出生地。然后，他们就可以把投资者分为“本地投资者”（在样本时间段内居住于同一个社区，并自出生起居住于同一个州）和“非本地投资者”（在不同的社区和州出生的人）。作者的目的是测试社区影响和投资行为的因果关系。为了进行这个测试必须用一个变量作为工具，这个变量只通过社区效应影响股票的购买，不会因为任何其他渠道而对股票的购买产生影响。作者对邻居的影响问题得出结论：“一个人的邻居加入股市的可能性越大，则这个人参与股市的可能性也越大。”

利用市场结构

利用市场结构是第四种确定因果关系的方法，并且可能解释羊群效应。这种鉴别方法有时被称为“自然实验”。把它称为“实验”就意味着研究人员可以改变关键参数。因为研究人员很少有这种能力，所以这一部分中我们会有节制地使用这个专业名称。

冯和希豪斯（Feng and Seasholes，2004）质疑一个在很多研究羊群效应的文献中被提出的结论，这个并不显著的结论就是：羊群行为影响股价。作者首先提出了一个理性的期望均衡模型，在这个模型中投资选择（交易）和股票回报是同时被决定的。这个模型基于布伦南和曹（Brennan and Cao，1997）的分析和假设。模型中假的投资者对总部设在本地的公司比总部设在偏远地区的公司有信息优势。在接受新消息的时候，投资者对原本拥有较少信息（先验扩散）的公司的未来预期相

比对原本拥有较多信息（先验收敛）的公司的未来预期会发生更为显著的变化。在均衡中，投资者有不同的事前几率这一点就会导致一些投资者成为买入者而另外一些投资者成为卖出者。因此，关于公司的正面新闻会同时导致四个效应：(1) 所有投资者对未来股票分红抱有更大的预期；(2) 股票价格走高；(3) 拥有更少信息的投资者是净买入者；(4) 拥有更多信息的投资者成为净卖出者。这就是说，如果有一天股价走高，那么本地投资者会成为净卖出者，同时，外地投资者会成为净买入者；当股价走低的时候相反的预测就会发生。

冯和希豪斯（Feng and Seasholes，2004）发现了中国证券公司的一个特点： 663
一个投资者只能在其最开始开立账户的分公司进行交易。因为在进行研究的时候电话交易和电脑交易都并不多见，所以这一规则意味着一个指定的投资者必须要到某个证券公司完成交易。在中国证券公司是大的开放式房间。

图 35—2 展示了证券公司的布局，这个布局是十分有利于关联交易（羊群行为）的。投资者在观看电子显示器上的价格更新的时候可以自由地讨论关于股票的事情。许多短线交易者、退休人员和无业主妇整天待在证券公司。

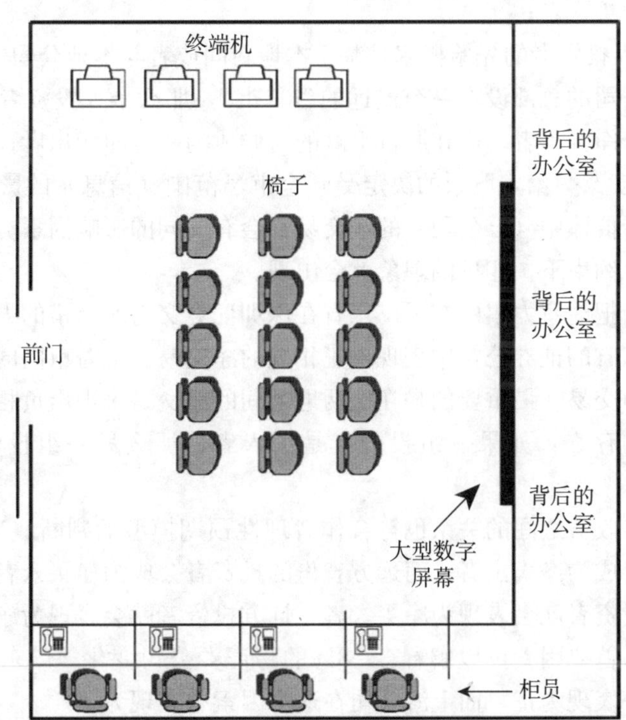

图 35—2　中国典型的证券公司布局

资料来源：改编自冯和希豪斯（Feng and Seasholes，2004）。

冯和希豪斯使用证券公司地点来辅助分类投资者的信息集。他们的数据来自上海的四个分公司（标记为 A、B、C、D）和广东的三个分公司（标记为 E、F、

664 G)。同一个省（市）内的证券公司相距数公里，广东和上海相距 1 650 公里。中国证券公司的规定允许冯和希豪斯做出如下假设：

a）如果人们会被周边的人直接影响，那么金融经济学家就会在一个分公司里发现非零的买卖差（不平衡）；

b）如果羊群效应只在一个分公司里出现，那么没有先验理由会在同一天里的不同分公司内看到相同的明显非均衡。所以对于一只股票的交易不平衡在不同的分公司之间应该是不相关的；

c）如果个人投资者在省（市）级范围内受影响，那么研究者就会发现某一只股票在同一天的同一个省（市）范围内存在高度相关的不均衡交易；

d）如果个人投资者之前拥有的信息是由当地新闻或与本地公司的员工讨论得来的，那么同一只股票同一天在一个省（市）内交易不平衡的相关性会很强；

665 e）如果个人投资者事先拥有的信息是基于当地新闻或者与当地公司员工的讨论，而且如果这个公司的总部是以证券公司的形式设置在同一个省（市）中，那么当股票价格上升的时候，当地投资者会成为净卖出者，而当股价下跌的时候，当地投资者会成为净买入者；

f）如果个人投资者的先验概率是基于本地新闻或者与本地公司的员工的讨论，并且如果上市公司的总部设在一个遥远的省（市），那么个人投资者会在股价上升的时候成为一个净买入者，而在股价下跌的时候成为一个净卖出者；

g）如果买卖某只给定股票的决定受到全市场范围（信息）的影响，那么在相互隔离的投资者群体中（分公司）的净交易都会有共同的影响因素。在这些共同因素的影响及加总约束下，相反的现象就会出现。

冯和希豪斯把注意力集中在了广东省在深圳证券交易所上市的大盘股。某只给定的股票在广东省的证券公司中表现出正相关的净交易。上海市内的证券公司也表现出正相关的净交易。最重要的是在这两地之间的净交易表现出负相关。负相关反映了加总约束的存在：如果一组投资者是买入者，那么另一组投资者必然是卖出者。

交易和股票收益之间的关系也符合作者理性预期模型的判断。当股价走高时，本地投资者就会成为净卖出者，而远方省份的投资者会成为净买入者。当股票价格下跌时，本地投资者就会表现为净买入者，远方投资者就会表现为净卖出者。有一个很强的净交易首要因素可以解释 31.8%的跨证券公司变化。广东省的证券分公司在首要因素中表现为正，而上海公司在这个因素中表现为负。

冯和希豪斯研究了一种市场环境，其中的研究者希望事前在同一分公司的投资者内发现羊群效应。相反，作者发现有明显的证据表明交易行为和股票收益可以被理性预期均衡模型解释。作者的研究和设计使得他们可以按照信息集划分投资者，并得出令人惊讶的结论。最重要的是理性预期模型预测羊群效应不会驱动股价。相反，持有和改变持有量共同决定了股价均衡。

概要和结论

本章我们始终在探讨一个问题："社会互动是怎样影响投资行为的?"在这方面金融经济学中有很多领域都尝试着给出答案。例如，已经发展了二十多年的羊群效应理论和信息瀑布效应理论。在过去的十余年间研究人员已经尝试在实验室实验中用这两个理论做出预测。

本章的重点是最近对关联交易（羊群效应）、邻居和同事效应、信息传播和社 666
会资本与金融发展之间的关系的实证研究论文。在关于基金经理、证券分析人员和公司投资管理者的羊群效应研究中我们也引用了二十年前的旧文献。新近的研究专注于邻居和同事对个人投资决策的影响。

本章也讨论了确定社会互动和投资行为之间的因果关系的难点。一些论文研究了社会互动变量和投资行为变量两者之间不太显著的相关性。例如，加入了教会的个人投资者更容易参与股票投资。无论如何，关于因果关联的研究在未来还有很大空间可以探索。本章我们以回顾四种现阶段应用于因果关系鉴别的策略来作为结束：(1) 实验室实验；(2) 现场实验；(3) 工具变量法；(4) 利用市场结构（也叫自然实验）。

讨论题

1. 如果一组投资者倾向于共同买入或卖出，那么这些投资者是表现出了"羊群行为"吗? 详述原因。

2. 金融经济学家如何测度投资者之间的信息传播呢?

3. 为什么很少有把社会学和金融学结合起来进行研究的论文，特别是研究社会互动和投资的时候?

4. 如果一组投资者倾向于同时进行买和卖，那么在净交易和同期收益不相关的情况下，金融经济学家是否应该研究他们的行为? 详述原因。

参考文献

Abel, Andrew B. 1990. Asset prices under habit formation and catching up with the Joneses. *American Economic Review* 80: 2, 38-42.

Anderson, Lisa R., and Charles A. Holt. 1997. Information cascades in the laboratory. *American Economic Review* 87：5，847 - 62.

Andrade，Sandro，Charles Chang，and Mark S. Seasholes. 2008. Trading imbalances，predictable reversals，and cross-stock price pressure. *Journal of Financial Economics* 88：2，406 - 23.

Banerjee，Abhijit V. 1992. A simple model of herd behavior. *Quarterly Journal of Economics* 107：3，797 - 817.

Barber，Brad，Terrance Odean，and Ning Zhu. 2009. Systematic noise. *Journal of Financial Markets*，forthcoming.

Bikhchandani，Sushil，David Hirshleifer，and Ivo Welch. 1992. A theory of fads，fashion，custom，and cultural change as informational cascades. *Journal of Political Economy* 100：5，992 - 1026.

667 Bikhchandani，Sushil，David Hirshleifer，and Ivo Welch. 1998. Learning from the behavior of others：Conformity，fads，and informational cascades. *Journal of Economic Perspectives* 12：3，151 - 70.

Bikhchandani，Sushil，and Sunil Sharma. 2001. Herd behavior in financial markets. *IMF Staff Papers* 47：3，279 - 310.

Bodnaruk，Andriy. 2009. Proximity always matters：Local bias when the set of local companies changes. *Review of Finance* 13，629 - 656.

Boness，James A.，and Frank C. Jen. 1970. A model of information diffusion，stock market behavior，and equilibrium price. *Journal of Financial and Quantitative Analysis* 5：2，279 - 96.

Brennan，Michael J.，and H. Henry Cao. 1997. International portfolio investment flows. *Journal of Finance* 52：5，1851 - 80.

Brown，Jeffrey R.，Zoran Ivkovic，Paul A. Smith，and Scott Weisbenner. 2008. Neighbors matter：Causal community effects and stock market participation. *Journal of Finance* 63：3，1509 - 31.

Campbell，John Y.，and John H. Cochrane. 1999. By force of habit：A consumption-based explanation of aggregate stock market behavior. *Journal of Political Economy* 107：2，205 - 51.

Celen，Bogachan，and Shachar Kariv. 2004. Distinguishing informational cascades fromherd behavior in the laboratory. *American Economic Review* 94：3，484 - 98.

Chevalier，Judith A.，and Glenn Ellison. 1999. Career concerns of mutual fund managers. *Quarterly Journal of Economics* 114：2，389 - 432.

Choe，Hyuk，Bong-Chan Kho，and René M. Stulz. 1999. Do foreign investors destabilize stock markets? The Korean experience in 1997. *Journal of Financial Economics* 54：2，227 - 64.

Cipriani，Marco，and Antonio Guarino. 2005. Herd behavior in a laboratory financial market. *American Economic Review* 95：5，1427 - 43.

Constantinides，George M. 1990. Habit formation：A resolution of the equity premium puzzle. *Journal of Political Economy* 98：3，519 - 43.

DeMarzo，Peter M.，Ron Kaniel，and Ilan Kremer. 2004. Diversification as a public good：Community effects in portfolio choice. *Journal of Finance* 59：4，1677 - 715.

DeMarzo，Peter M.，Ron Kaniel，and Ilan Kremer. 2008. Relative wealth concerns and financial bubbles. *Review of Financial Studies* 21：1，19 - 50.

Devenow，Andrea，and Ivo Welch. 1996. Rational herding in financial economies. *European Economic Review* 40：3 - 5，603 - 15.

DiPasquale，Denise，and Edward L. Glaeser. 1999. Incentives and social capital：Are homeowners better citizens? *Journal of Urban Economics* 45：2，354 - 84.

Dorn，Daniel，Gur Huberman，and Paul Sengmueller. 2008. Correlated trading and returns. *Journal of Finance* 63：2，885 - 920.

Doukas，John A.，and Phillip J. McKnight. 2005. European momentum strategies，information diffusion，and investor conservatism. *European Financial Management* 11：3，313 - 38.

Duflo，Esther，and Emmanuel Saez. 2002. Participation and investment decisions in a retirement plan：The influence of colleagues' choices. *Journal of Public Economics* 85：1，121 - 48.

Duflo，Esther，and Emmanuel Saez. 2003. The role of information and social interactions in retirement plan decisions：Evidence from a randomized experiment. *Quarterly Journal of Economics* 118：3，815 - 41.

Feng，Lei，and Mark S. Seasholes. 2004. Correlated trading and location. *Journal of Finance* 59：5，2117 - 43.

Graham，John R. 1999. Herding among investment newsletters：Theory and evidence. *Journal of Finance* 54：1，237 - 68.

Grinblatt，Mark，Sheridan Titman，and Russ Wermers. 1995. Momentum investment strategies，portfolio performance，and herding：A study of mutual fund behavior. *American Economic Review* 85：5，1088 - 105.

Grossman，Sanford J.，and Merton H. Miller. 1988. Liquidity and market structure. *Journal of Finance* 43：3，617 - 33. 668

Guiso，Luigi，Paola Sapienze，and Luigi Zingales. 2004. The role of social capital in financial development. *American Economic Review* 94：3，526 - 56.

Hertz，Ellen. 1998. *The trading crowd：An ethnography of the Shanghai stock market*. Cambridge：Cambridge University Press.

Hirshleifer，David，and Siew Hong Teoh. 2003. Herd behavior and cascading in capital markets：A review and synthesis. *European Financial Management* 9：1，25－66.

Hong，Harrison，Jeffrey D. Kubik，and Amit Solomon. 2000. Security analysts' career concerns and herding of earning forecasts. *Rand Journal of Economics* 31：1，121－44.

Hong，Harrison，Jeffrey D. Kubik，and Jeremy C. Stein. 2004. Social interaction and stockmarket participation. *Journal of Finance* 59：1，137－63.

Hong，Harrison，Jeffrey D. Kubik，and Jeremy C. Stein. 2005. Thy neighbor's portfolio：Word-of-mouth effects in the holdings and trades of money managers. *Journal of Finance* 60：6，2801－24.

Hong，Harrison，Terence Lim，and Jeremy C. Stein. 2000. Bad news travels slowly：Size，analyst coverage，and the profitability of momentum strategies. *Journal of Finance* 55：1，265－95.

Hong，Harrison，and Jeremy C. Stein. 1999. A unified theory of underreaction，momentum trading，and overreaction in asset markets. *Journal of Finance* 54：6，2143－2184.

Ivkovic，Zoran，and Scott Weisbenner. 2007. Information diffusion effects in individual investors' common stock purchases：Covet thy neighbors' investment choices. *Review of Financial Studies* 20：4，1327－57.

Kaniel，Ron，Gideon Saar，and Sheridan Titman. 2008. Individual investor trading and stock returns. *Journal of Finance* 63：1，273－310.

Kim，Woochan，and Shang-Jin Wei. 2002. Foreign portfolio investors before and during a crisis. *Journal of International Economics* 56：1，77－96.

Knupfer，Samuli. 2008. Does social interaction amplify behavioral biases? Evidence on local bias. Unpublished Working Paper，London Business School.

Kumar，Alok，and Charles M. C. Lee. 2006. Retail investor sentiment and return comovement. *Journal of Finance* 61：5，2451－86.

Lakonishok，Josef，Andrei Shleifer，and Robert W. Vishny. 1992. The impact of institutional trading on stock prices. *Journal of Financial Economics* 32：1，23－43.

Lobão，Júlio，and Anna Paula Serra. 2006. Herding behavior evidence from Portuguese mutual funds. In *Diversification and portfolio management of mutual funds*，（ed.）Greg N. Gregoriou，167－97. New York：Palgrave-MacMillan.

Nofsinger，John R.，and Richard W. Sias. 1999. Herding and feedback trading by institutional and individual investors. *Journal of Finance* 54：6，2263－95.

Ozsoylev，Han N. 2006. Rational expectations and social interaction in financial markets. Unpublished Working Paper，University of Oxford.

Ozsoylev，Han N. 2007. Asset pricing implications of social networks. Unpublished Working Paper，University of Oxford.

Scharfstein，David S.，and Jeremy C. Stein. 1990. Herd behavior and investment. *American Economic Review* 80：3，465－79.

Shiller，Robert J.，and John Pound. 1989. Survey evidence on the diffusion of interest and information among investors. *Journal of Economic Behavior and Organization* 12：1，47－66.

Sias，Richard W. 2004. Institutional herding. *Review of Financial Studies* 17：1，165－206.

Sias，Richard W.，and Laura T. Starks. 1997. Return autocorrelation and institutional investors. *Journal of Financial Economics* 46：1，103－31.

Welch，Ivo. 1992. Sequential sales，learning，and cascades. *Journal of Finance* 47：2，695－732.

Wermers，Russ. 1999. Mutual fund herding and the impact on stock prices. *Journal of Finance* 54：2，581－622.

作者简介 669

马克·S. 希豪斯（Mark S. Seasholes）是香港科技大学的副教授。他在卫斯理大学获得了文学学士学位，在此期间他获得了优异的物理学成绩，加入了美国大学优秀学生全国荣誉性组织（Phi Beta Kappa）并且获得了大学荣誉学位（University Honors）。他在哈佛大学获得了文学硕士和博士学位。希豪斯的研究专注于世界各地的交易行为和资产价格。在跨国资产投资、个人投资者的羊群行为及损失规避方面他已经有很多著述。现阶段他的研究集中于流动性和资产定价。工作经历方面，他曾经在华尔街及欧洲中、东部的新兴市场工作多年。他在洪都拉斯完成了很有意义的工作，他参与了伦敦劳埃德保险公司的重组，并在中国讲授一系列课程。希豪斯在美国伯克利大学哈斯学院获得了三个教学奖项，分别是全日制 MBA 教学、毕业研究计划和伯克利—哥伦比亚经理 MBA。他分别对西北大学、欧洲工商管理学院、伦敦商学院进行过访问，并且在圣塔克拉拉大学任教。

671 第36章　心情

泰勒·沙姆韦（Tyler Shumway）
密歇根大学金融学教授

引　言

人们的心情有好有坏。有不少心情影响行为的例子，有时还是影响行为的重要方面。事实上，很多心理学研究解释了情绪和心情是如何影响行为的（参见 Schwarz and Clore，1996）。这些心理学研究很多都是通过进行心情引导调查来完成的。在这些调查中，人们会在心情被引导或者用各种手段改变后被提问。虽然，这些证据很令人感兴趣，但它们经常被那些主张心情不会影响重要的现实生活决策的经济学家所摒弃，比如，在决定买入还是抛售股票时。

经济学家花费了数十年时间去建立和检验模型，以此来考察人们是如何做出重要决策的。几乎所有的这些模型都假设，人们理性地做出使他们得到最大化利益的决策。因为经济学家质疑心情的重要性，且心情的模型化可能也是很复杂的，因此，这些“预期效用”模型典型地忽视了心情和情感的影响。经济学家愿意相信人们是基于长期思考而做出重要决策的。因为心情和情感经常波动，它们不应该影响可能会产生长期效果的决策。即使一些投资者容许心情影响他们的决策，其他人也应该采取迥然不同的交易手段来消除这样的行为对定价产生的影响。这种逻辑导致大部分的经济学家断定股票市场是有效且不受心情影响的。

尽管经济学家持有这样的观点，但是许多市场参与者长期以来一直认为投资者的心情可能会影响决策和定价。凯恩斯（Keynes，1936，p. 162）有一个广为流传的观点，他认为金融市场是由动物精神所推动的，他把这种精神定义为“……是一种自发怂恿的行动，而不是无动于衷，以及不是量化的概率乘以量化的收益的加权平均值”。最近，阿克洛夫和席勒（Akerlof and Shiller，2009）论述了情感以及其他无形的因素，如对一些机构的信任、对货币的本能的幻想或对受到不公正对待的感觉，这些都可能影响人们对于借贷、消费、储蓄和投资所做的决策。同时，艾伦·格林斯潘和席勒也曾明确地表示，市场参与者可能会经受非理性繁荣（Shiller，2000）。许多灵活的商人通过模糊地参考投资人的心情和心理来评判他们 672
的市场策略。鉴于过去几年股票价格的大幅波动，传统的观点认为市场周期性地受到泡沫的影响，通常推测市场是由一些更类似情感和心情的东西，而非使预期效用最大化的方式所创建和维持的。

一些饱受争议的行为金融学研究试图去检验投资者的心情是否会影响价格。心情研究存在的争议是，如果所提出的心情效应存在，则存在有利可图的交易策略，而这似乎并不符合市场效率的论据。这个观点引发争议的原因是，它与行为金融学的一些核心概念相近，认为并非预期的未来收益和风险影响股票市场定价。如果心情和情感会影响决策，那么经济学家还有很多工作要做。

本章包含如下几个部分。下面的一部分讨论任何好的心情测量应满足的几个性质。其后的一部分，探讨几个不同的心情变量以及它们与市场收益的相关性，包括天气、日照的时长和体育赛事结果。之后讨论为什么心情可能会关系到投资收益。最后一部分给出概要和结论。

测量心情

调查投资者心情对市场收益的影响，需要对投资者的心情进行测量。一个好的心情测量值应该具有以下几个性质。首先，测量应该明显地对大量的市场参与者或者一个被明确定义的市场参与者的子集产生影响。它应该能够以一种可预测的方式来改变这些参与者的心情，使他们系统地感到沮丧或者高兴，或相对地倾向于承受风险或规避风险。其次，一个好的心情测量应该相对简单或明晰以便在较长的时间段内进行观测或计算。

最后，最佳的心情测量与金融市场之间应该会有清晰的因果关系。一些潜在的心情测量与市场价值关系密切，这类测量就给了解心情测量结果的变化能否导致市场收益的变化，以及市场或者一些相关变量的变化是否会导致心情测量值的变化增加了难度。举个例子，消费者信心指数似乎就是一个自然的投资者心情测量值，但是市场收益和其他相关宏观经济形势的变量可能部分地决定该指数的值。因此，消费者信心和收益之间的一个相关性的记录不能表明感情和心情影响了收益。换句话说，一个好的心情测量值可以给出也可以给不出清晰的收益波动的缘由，但是却不存在收益是心情测量值波动缘由的情况。

心情和收益间的相互关系研究

几个重要的心情变量包括天气、日照的时长和体育赛事的结果。已提出的其他心情变量还包括月亮周期和宗教节日。本部分讨论与上述每个变量相关的例证。本章的重点在于解释例证，因此，没有给出金融学文献中全面的关于心情的论文的所有清单。

673 天气研究

在过去的几十年中，心理学家已经发现并记录了暴露于日光之下与行为间的关系。举个例子，缺少阳光已经与抑郁症（Eagles，1994）和自杀（Tietjen and Kripke，1994）联系在了一起，当人们接触到更多阳光的时候，他们似乎感觉更好。阳光同样也与财政决策相联系，如在餐馆付给服务员小费，日照更足会导致人们支付更多的小费。林德（Rind，1996）做了一个实验，在这个实验中，餐馆里的人都被告知了当前的天气情况（真实的或不真实的）。他发现对日照量的信念甚至会使人们支付的小费更多。如果阳光让人乐观，那么投资者可能更倾向于在阳光明媚，而不是阴天或者下雨的日子购买股票。这种额外的需要可能会使阳光与股票收益率之间呈正相关关系。

桑德斯（Saunders，1993）提供了有关投资者心情与股票收益的最早研究之一。他利用 1927 年至 1990 年纽约市的日照测量值做了几个股指每日收益的回归。他证明了统计上显著而稳定的关系，表明在阳光更充沛的日子里，来自证券价格研究中心（CRSP）数据库的道琼斯工业平均指数（DJIA）和纽约证券交易所/全美证券交易所（NYSE/AMEX）指数都有更高的正收益。

一些金融经济学家认为桑德斯（Saunders，1993）的成果是一个伪造结果的例子，是可以通过数据挖掘得到的。毕竟，各种天气变量包括气温、阳光、风速和降水，都可能与收益相互关联。克莱默和润德（Kramer and Runde，1997）等研究者在很大程度上不理会桑德斯的结果，他们认为桑德斯做了大量的回归，但是，只发布那些碰巧在统计上不为零的相关性。

解决数据挖掘问题的最好方法就是用一个新的样本进行假设检验。赫什莱佛和沙姆韦（Hirshleifer and Shumway，2003）采用这种方法估算了在26个不同国家中阳光与股票收益的关系。与桑德拉相似，他们发现了天气与收益间存在稳定而显著的关系，阳光充沛的日子与更高的股票市场收益相关联。他们进一步探究了，是不是根据有关日照的天气预报进行交易将是一个有利可图的策略。赫什莱佛和沙姆韦得出结论，只有有着非常低的交易成本的交易者能够利用“阳光效应”来赚取收益。

几个后续的研究探究了阳光效应。常、倪、杨和杨（Chang，Nieh，Yang，and Yang，2006）以及恽和康（Yoon and Kang，2009）等研究人员已经证实了在其他时段或者国家的天气效应。还有其他人扩展或进一步完善了阳光效应。例如，曹和魏（Cao and Wei，2005）认为温度有不同于云层的效应。洛克伦和舒尔茨（Loughran and Schultz，2004）发现虽然交易似乎是区域的（影响公司总部附近地区的变量似乎会影响公司股票的交易），但是当地的天气却不太会对记忆产生影响。高兹曼和朱（Goetzmann and Zhu，2005）发现纽约的天气会影响交易成本，从而可能会影响股票经纪人，但是当地的天气似乎并不影响个人投资者。

根据这些研究提供的证据，研究结果表明，阳光和市场收益之间存在正向历史相关性。尽管一些人可能会认为这种相关性是由数据挖掘得到的虚假的相互关系，但许多研究者认为这是相当有力的证据，证明心情会影响定价。除样本之外，有些 674
文献已表明在各种市场上都存在这种正相关关系。这个事实表明，阳光效应是有一定道理的。

作为一个心情变量，阳光满足所有上述好的测量值的标准。许多心理学研究论文证明了阳光对于心情和行为的影响。而且，政府时时在世界许多地方都对日照进行测量。最重要的是，没有合理的方式能说明市场收益能够影响天气，所以“反向因果关系”的说法是无稽之谈。考虑阳光作为一个心情变量，需记住的一个重要的事实就是未来每日的阳光在特定的地点是很难预测的，而且在某个特定的日子一些国家会是晴朗的天气，而另一些国家会是其他天气。因此，阳光效应并不意味着一个巨大的套利机会。此外，它不代表一个套利机会的事实使阳光效应相对更为可信。与科沃尔和沙姆韦（Coval and Shuwmay，2005）的发现一致，阳光效应似乎会在短期内对定价产生一定影响。从长期来看，交易者似乎不会根据天气交易产生的潜在收益进行套利。

季节性情感失调研究

心理学的实验研究记录了抑郁症与风险规避情绪增强之间的直接关系（Carton，Jouvent，Bungener and Widlocher，1992），包括一些金融性质（Eisenberg，Baron，and Seligman，1998）。研究者还将抑郁症与季节性情感失调（SAD），即一种日照的时长变短影响许多人的情况，联系起来（参见 Molin，

Mellerup，Bolwig，Scheike，and Dam，1996；Young，Meaden，Fogg，Cherin，and Eastman，1997）。温和情况下的SAD通常被称为“冬季抑郁”。这一源自心理学的结果支持了与日照的时长缩短有关的抑郁情绪，可能会转变为对更大程度上的风险规避情绪的预测，从而得到了有关季节与股票市场收益的可检验的假设。

两个早期的有关投资者心情和市场收益的研究考察了SAD是如何影响定价的。卡姆斯特拉、克莱默和莱威（Kamstra，Kramer and Levi，2003）发现来自世界各地的收益似乎与全年日照的时长的变化相互关联。他们发现南半球的国家的收益与位于北半球的国家的收益存在六个月的相位差。距离赤道更远的国家表现出更强的SAD影响。加内特、卡姆斯特拉和克莱默（Garrett，Kamstra，and Kramer，2005）用允许定价风险随日照的时长变化的均衡资产定价模型，考察了上述影响。他们得出的结论是，SAD的影响与可预测的随时间变化的风险规避情绪一致。在一篇相关的论文中，卡姆斯特拉、克莱默和莱威（Kamstra，Kramer，and Levi，2000）表明，夏令时变化对应的那些天也符合可预测的收益模式。

和天气影响的研究类似，这项研究可以与一部宏大的心理学著作紧密地联系在一起，这部著作记录了日照的时长和夏令时变化对行为的显著影响。日长是容易观测的，而且市场收益影响日长的概念也是不可信的。然而，不同于日常的云层，夏令时和日照的时长几乎完全可以预测，甚至可以提前数年预测，而且它们几乎与国
675 家完全相关。此外，SAD效应的大小似乎是按照每年10%的规律产生影响，似乎足够客观到可以进行套利。股票收益率随季节变化可能有几个原因，包括税收方面的考虑（可能与一月效应有关）、消夏假日以及统计上的人为造假。皮恩哥（Pinegar，2002）和马奎瑞英（Marquering，2008）批评这些研究成果是潜在虚假的。一场场对上述评论和回应的辩论接踵而至。

有关体育赛事的研究

第三个与市场收益相关的心情变量是体育赛事的结果。埃德蒙斯、加西亚和努尔利（Edmans，Garcia and Norli，2007）指出，国际性体育赛事的结果会影响市场收益。根据他们的实证研究结果，在世界杯淘汰赛上失利的国家，转天会遭遇约0.5%的股市亏损。体育赛事的影响不仅仅局限于足球比赛，还有国际性的板球、橄榄球和篮球比赛。埃德蒙斯等讨论了几个记录了体育比赛结果对情绪的影响的心理学研究。他们认为比赛结果满足作为一个好的心情测量值的所有条件：比赛结果会影响人们，易于测量，且不是由市场收益产生的。作者还表明他们的结论对于比赛之外的人是不敏感的。有趣的是，输似乎导致了消极的收益，但是，赢却不会引起类似的积极收益。

另有其他几位作者证实了比赛结果在世界各地产生相似的影响。波瑞门、杰兰和厄于特艾克（Berument，Ceylan，and Ogut-Eker，2009）表明了在伊斯坦布尔，三支土耳其足球队是如何通过他们狂热的球迷的行动，部分地影响市场收益的；博

易度和法萨诺（Boido and Fasano，2006）表明了意大利足球比赛结果是如何影响收益的；波瑞门、厄于特艾克和多安（Berument，Ogut-Eker，and Dogan，2007）表明，土耳其足球比赛的结果也会影响货币汇率。

这些关于体育赛事的影响的论文中，没有明确地考虑到一个基于上述影响的交易策略。这些影响的大小以及重要体育赛事的频率，暗示了根据比赛结果进行交易来大幅跑赢市场会比较困难。任何基于体育赛事影响的策略，还可能涉及对体育比赛结果的隐式投注。另外，有关体育赛事的影响表明，球迷们可能会通过押注于对手国家的球队来在自己的失望与体育相关市场亏损二者间进行对冲。体育迷们不大可能表现出这种行事方式。

其他心情测量

两项研究推测月相与市场收益也具有相关性。迪切夫和简斯（Dichev and Janes，2003）以及袁、郑和朱（Yuan，Zheng，and Zhu，2006）的研究表明月相是满月的那几天的收益，要低于月相是新月的那几天的收益。然而，有关月相的心理学文献则显示出各种不同的结论。例如，麦克莱、戴罗和哈默（McLay，Daylo and Hammer，2006）探寻医院精神科和急诊室接诊的月相效应的一些研究，则一无所获。此外，月相与日照的时长相似，在几个国家是相同的，并且是完全可以预测的。

弗雷德和苏布拉马尼亚姆（Frieder and Subrahmanyam，2004）考察了宗教节 676
日对收益和交易量的影响，并记述了哈桑纳节以及犹太赎罪日对这两方面的影响。交易量在这两个节日都相对低迷，很可能是与犹太交易者在这几天不参与市场有关。平均收益在哈桑纳节——犹太人盛大的新年节庆——之后马上变得异常高。然而，这两项指标在犹太人反省自己过去的错误的赎罪日之后的日子里，变得异常低迷。这些影响似乎如这些节日中可能被引发的心情所带来的影响一致。

心情和情感

一部金融经济学的长篇巨著涉及了周围投资者的情绪。当情感和心情基本上是同一个概念时，有关情感的学术研究通常用来解释具有与市场或经济紧密联系的变量的月度回报，如封闭式基金折价或对经济状况调查的解读。这一研究令人感兴趣的地方在于，它关系到一些显然对市场收益非常重要的数据，比如，封闭式基金的贴现率以及投资者和消费者对经济持何态度的调查数据。然而，得出有关的结论，如这些情绪指标是否确实影响了收益，或者这些指标和收益是否均被某些其他变量如流动性或宏观经济的力量所影响，却并非易事。

有关心情影响的研究通常采用频率更高且与市场联系不太紧密的数据和变量，如天气或比赛结果。使用这样的变量一般能够避免搞不清是变量使得收益波动，还是收益使得变量波动的问题。不过，它们对市场的影响通常相对较小。

为什么心情这么重要

有几种关于心情为何可能会影响经济决策的解释。如上所述，心理学家已经收集到很多有关心情对各类决策产生影响的证据。心情对收益产生影响的一个简单的解释就是心情会对风险规避产生影响。一些证据也与此推测一致（Kliger and Levy，2003）。更一般地说，心情对市场的影响是由如天气或体育赛事结果这样的外部现象所导致的，这种影响可能与错误归因偏向（misattribution biases）或认知局限性有关。

卢西和道林（Lucey and Dowling，2005）总结了有关心情和经济行为之间的联系的研究。他们用于解释心情效应的心理学理论是心情错误归因（mood misattribution）。根据这一理论，人们在做出大部分决策时，都会把自己的心情当成信息。坏心情会让决策者认为他或她目前的状况出了问题，使他或她更理性地、辩证地考虑这一决策。好心情则与不太谨慎的决策联系在一起。虽然这种直觉推断的决策方法在某些日常的决策中可能行得通，但是错误归因理论则预言，心情甚至会影响那些与心情毫无关系的决策。比如，买入或卖出股票的才智似乎未必与任何当前的心情有关。认可与决策无关的心情影响决策，这被心理学家们称为心情错误归因。

677 还有一种相关的对心情效应的解释是由罗文斯坦（Loewenstein，2000）提出的本能因素的影响。罗文斯坦认为强烈的情绪比人们通常所认为的更为有力地决定了短期的行为。他还认为本能因素的影响在人们做出跨期一致性的选择时，给他们制造了困难，因为这些因素会随着环境的改变而频繁变化。在做出当前的决策时，决策者们很难预测这些会影响他们的未来福利的本能因素。如果心情与罗文斯坦所提出的本能因素有关的话，那么发现心情与股票市场有关则不足为奇。

概要和结论

许多证据表明投资者的心情会影响股票市场收益。几项研究记述了每天的日照的时长情况与市场收益的联系。季节性的日照的时长、夏令时的变化以及体育赛事的结果同样与回报有关。尽管这些结果与许多心理学上的证据一致，但是它们与现代金融模型以及有效市场假说相左。

尽管有证据显示心情有一定的影响，但是大多数的心情效应似乎并不特别显著。因为市场参与者通常在利用短期错误定价上，面临巨额的交易成本，而眼前的关于心情效应的经验证据并不能暗示投资者会“在桌面上留下很多钱”①。找到投资者根据心情变量交易而获得巨大收益的证据，应该并非易事，因为大多数心情变量都很容易观察甚至预测到。有关心情的文献并未显示市场中存在大量的套利机会，这一事实实际上令心情的结果更加可信。若有文献断言心情效应会带来大量的获利机会，那么怀疑论者将有理由质疑：为何专业的货币经理人无法利用这些获利机会。

即使难以用于套利，心情效应也不应该存在于资产定价中。在收益上存在哪怕微小的心情效应也意味着，有些市场参与者会根据他们的心情进行交易。这些市场参与者几乎必定无法做出最优的决策。因此，尽管心情效应可能不会对专业的资金经理人产生显著的影响，但对于会产生这种效应的交易员却不可忽视。如果这些交易员能够判断出他们在随着自己的心情而进行交易的话，那么他们也许能够做出正确之举，并避免一些错误的决策。

讨论题

1. 如何检测出是更有经验的人还是更缺乏经验的人易随心情进行交易呢?

2. 除了天气、季节以及体育赛事结果，还有哪些变量可能是合适的心情变量?说明理由。

3. 假设某人的效用函数同时取决于他的总财富值以及当前的天气。从模型，如跨期资本资产定价模型的角度来看，此人应持有什么样的投资组合呢?

4. 随心情而交易是否更可能导致损失？为什么呢?

参考文献 678

George A. Akerlof and Robert J. Shiller. 2009. *Animal spirits*: *How human psychology drives the economy*, *and why it matters for global capitalism*. Princeton, NJ: Princeton University Press.

Berument, M. Hakan, Nildag Basak Ceylan, and Gulin Ogut-Eker. 2009. Soccer, stock returns and fanaticism: Evidence from Turkey. *Social Science Journal*, forthcoming.

Berument, M. Hakan, Gulin Ogut-Eker, and Burak Dogan. 2007. Football

① leave much money on the table 是一个比喻，意思是，市场有许多漏洞，人们可以轻而易举地赚钱。——译者注

and exchange rates: Empirical support for behavioral economics. *Psychological Reports* 101: 2, 643-54.

Boido, Claudio, and Antonio Fasano. 2006. Football and mood in Italian stock exchange. Working Paper, University of Salerno.

Cao, Melanie, and Jason Wei. 2005. Stock market returns: A note on temperature anomaly. *Journal of Banking and Finance* 29: 6, 1559-73.

Carton, Solange, Roland Jouvent, Catherine Bungener, and Daniel Widlocher. 1992. Sensation seeking and depressive mood. *Personality and Individual Differences* 13: 7, 843-49.

Chang, Tsangyao, Chien-Chung Nieh, Ming Jing Yang, and Tse-Yu Yang. 2006. Are stock market returns related to weather effects? Empirical evidence from Taiwan. *Physica A: Statistical Mechanics and its Applications* 364: 15, 343-54.

Coval, Joshua, and Tyler Shumway. 2005. Do behavioral biases affect prices? *Journal of Finance* 60: 1, 1-34.

Dichev, Ilia, and Troy Janes. 2003. Lunar cycle effects in stock returns. *Journal of Private Equity* 6: 4, 8-29.

Eagles, John M. 1994. The relationship between mood and daily hours of sunlight in rapid cycling bipolar illness. *Biological Psychiatry* 36: 6, 422-424.

Edmans, Alex, Diego Garcia, and Oyvind Norli. 2007. Sports sentiment and stock returns. *Journal of Finance* 62: 4, 1967-98.

Eisenberg, Amy E., Jonathan Baron, and Martin E.P. Seligman. 1998. Individual differences in risk aversion and anxiety. Working Paper, University of Pennsylvania.

Frieder, Laura, and Avanidhar Subrahmanyam. 2004. Nonsecular regularities in returns and volume. *Financial Analysts Journal* 60: 4, 29-34.

Garrett, Ian, Mark Kamstra, and Lisa A. Kramer. 2005. Winter blues and time variation in the price of risk. *Journal of Empirical Finance* 12: 2, 291-316.

Goetzmann, William N., and Ning Zhu. 2005. Rain or shine: Where is the weather effect? *European Financial Management* 11: 5, 559-78.

Hirshleifer, David, and Tyler Shumway. 2003. Good day sunshine: Stock returns and the weather. *Journal of Finance* 58: 3, 1009-32.

Jacobsen, Ben, and Wessel Marquering. 2008. Is it the weather? *Journal of Banking and Finance* 32: 4, 526-40.

Kamstra, Mark, Lisa A. Kramer, and Maurice Levi. 2000. Losing sleep at the market: The daylight saving anomaly. *American Economic Review* 90: 4, 1005-11.

Kamstra, Mark, Lisa A. Kramer, and Maurice Levi. 2003. Winter blues: A SAD stock market cycle. *American Economic Review* 93: 1, 324-43.

Keynes, John M. 1936. *The general theory of employment, interest and money*. London: Macmillan.

Kliger, Doron, and Ori Levy. 2003. Mood-induced variation in risk preferences. *Journal of Economic Behavior and Organization* 52: 4, 573-84.

Kramer, Walter, and Ralf Runde. 1997. Stocks and the weather: An exercise in data mining or yet another capital market anomaly? *Empirical Economics* 22: 4, 637-41.

Loewenstein, George. 2000. Emotions in economic theory and economic behavior. *American Economic Review Papers and Proceedings* 90: 2, 426-32.

Loughran, Tim, and Paul Schultz. 2004. Weather, stock returns, and the impact of localized trading behavior. *Journal of Financial and Quantitative Analysis* 39: 2, 343-64.

Lucey, Brian M., and Michael Dowling. 2005. The role of feelings in 679
investor decisionmaking. *Journal of Economic Surveys* 19: 2, 211-37.

McLay, Robert N., Amado A. Daylo, and Paul S. Hammer. 2006. No effect of lunar cycle on psychiatric admissions or emergency evaluations. *Military Medicine* 171: 12, 1239-42.

Molin, Jeanne, Erling Mellerup, Tom Bolwig, Thomas Scheike, and Henrik Dam. 1996. The influence of climate on development of winter depression. *Journal of Affective Disorders* 37: 2-3, 151-55.

Pinegar, J. Michael. 2002. Losing sleep at the market: Comment. *American Economic Review* 92: 4, 1251-56.

Rind, Bruce. 1996. Effects of beliefs about weather conditions on tipping. *Journal of Applied Social Psychology* 26: 2, 137-47.

Saunders, Edward M., Jr. 1993. Stock prices and Wall Street weather. *American Economic Review* 83: 5, 1337-45.

Schwarz, Norbert, and Gerald L. Clore. 1996. Feelings and phenomenal experiences. In *Social psychology: Handbook of basic principles*, (eds.) Arie W. Kruglanski and E. Tory Higgins, 385-407. New York: Guilford Press.

Shiller, Robert. 2000. *Irrational exuberance*. Princeton, NJ: Princeton University Press.

Tietjen, Glenn H., and Daniel F. Kripke. 1994. Suicides in California (1968-1977) —Absence of seasonality in Los Angeles and Sacramento counties. *Psychiatric Research* 53: 2, 161-72.

Yoon, Seong-Min, and Sang Hoon Kang. 2009. Weather effects on returns: Evidence from the Korean stock market. *Physica A: Statistical Mechanics and Its Applications* 388: 5, 682 - 90.

Young, Michael A., Patricia M. Meaden, Louis F. Fogg, Eva A. Cherin, and Charmane I. Eastman. 1997. Which environmental variables are related to the onset of seasonal affective disorder? *Journal of Abnormal Psychology* 106: 4, 554 - 62.

Yuan, Kathy, Lu Zheng, and Qiaoqiao Zhu. 2006. Are investors moonstruck? Lunar phases and stock returns. *Journal of Empirical Finance* 13: 1, 1 - 23.

作者简介

泰勒·沙姆韦（Tyler Shumway）是密歇根大学罗斯商学院的金融学教授。沙姆韦教授于 1996 年在芝加哥大学商学研究生院获得博士学位，并在《金融学期刊》以及《金融研究评论》上发表了多篇有关行为金融学的文章。他与约书亚·科沃尔合作的题为“行为偏向是否影响定价”的文章获得了《金融学期刊》2005 年度为最佳论文设立的史密斯·布里登（Smith Breeden）奖。

各章讨论题的答案

681

第 2 章　传统金融学与行为金融学

1. 基于工具实证主义（instrumental positivism）的理念，一个理论的价值在于证明其有预测现象的能力。对那些试图描述整个世界的科学家来说，即使理论的假设是错误的，能够预测结果的理论也是非常有用的。每个理论模型都会设定一些错误的假设，以便在易于操作的研究设置中，将注意力集中在一些令人感兴趣的变量和力量上。经济学家在他们的模型中也设定了很多错误的假设，例如：不存在交易成本、市场中交易者的数量无穷多，以及正态分布的变量。只有当假设使相关理论的预测失效时，假设条件缺乏现实性才会成为一个问题。

2. 实证主义哲学家，如卡尔·波普尔（Karl Popper），对科学家的行为方式的理解是不切实际的（且不可预测的）。虽然具有明显糟糕的预测能力的理论不会赢得很多支持，但行为主义研究者以及传统主义研究者都可以指出各自领域中的许多成功预测之处，以及对方理论预测的失败之处。即使研究人员只关心理论的预测能力以及简便性，我们也仍不能确定大量的研究是否会改变他们的信念。学生从老师那里学习知识，教职人员要么向其同事学习要么说服其同事接受自身的观点，并且获取资源的途径也取决于社会联系。所有这些互动都具有社会性的特点，这与研究者理论的预测力是相互独立的。

3. 行为金融学不太可能迅速地总结出一个足够简洁、有效、易于处理且有足够预测力的理论以战胜传统金融学家并让他们抛弃传统的经济人（Homo economicus）假设。然而，来自会计部门的经验表明，只要行为金融学家能够对被公认为无法约束个体非理性行为的制度进行研究，那么行为主义者和传统主义者就可以在有限的互动与一定程度的紧张氛围下实现共存。在会计学界，这种策略使得那些被降级到二流机构中的运用行为主义方法的学者，竭力在顶尖的杂志上发表论文。今天，很多顶级的金融研究部门开始接纳行为主义者，行为主义者的研究成果也可以发表在最具威望的金融学杂志上。行为金融学可以同传统金融学并存，并且同样蓬勃发展。这一情况是可以实现的，只要那些处于顶级研究机构的学者能够成功地解
682 释在某些制度中行为因素如何对群体行为产生比在其他制度中更大的影响。同时，其他学者则致力于研究约束力更弱的市场制度，这就使得在约束力较强的制度下（金融市场），无论行为主义者的观点多么不受关注，他们仍然可以继续发表自己的研究成果。除非这些约束力更弱的制度相对于金融市场获得足够的声望，否则这些研究者可能需要竭力维持其在顶尖研究部门中的地位。

4. 金融学者普遍对总体结果更感兴趣，例如市场价格、成交量及流动性、资本流动速度以及整个企业和整个经济体的资本结构。个人的决策可以影响到这些总体的结果，但制度的结构也很重要。即便是简单的制度（例如平均分析师预测）也能消除人类个体特质对总体结果的冲击，使人类个体特质给行为带来的变动达到近似随机化的程度。高度竞争的市场制度甚至可以更有效地抵消来自简单人类行为模型的个体行为偏误带来的冲击。通过关注制度如何大量（尽管不是完全）抵消复杂的人类行为所带来的影响，以及关注那些制度下的总体结果是如何受到一两种特别明显的行为力量的影响的，行为金融学理论可以变得简单。

第 3 章　行为金融学：在商科教育及培训中的应用与教学法

1. 在课堂上讲授的行为金融学，与传统的金融学教学有很大的不同，因为这两个领域的理论范式具有不同的理论结构和基础。行为金融学立足于认知心理学，甚至在某种程度上是基于神经科学。传统金融学则建立在期望效用最大化以及有效市场假说之上。行为金融学关注决策到底是如何做出的（实证金融学）（positive finance），而传统金融学则关注应该如何做出决策（规范金融学）（normative finance）。为了保证传统金融学中优雅简洁的数学模型可以成立，必须采用很严格的假设，即决策者可以像计算机一样进行大量复杂的运算。行为金融学中却并不是这样，它认为人类受到身体、心理以及情绪的限制。因此，行为金融学和传统金融学

使用完全不同的方法来阐述自己理论体系中的基本定义、概念及参数，也使用不同的方法向经理人、投资者和消费者提供策略建议。比如，风险的概念以及其在决策过程中所发挥的作用就是这样一个例子。传统的经济学家认为，风险是一种一维现象（one-dimensional phenomenon），且风险被定义为围绕某种预期收益均值波动的方差或协方差。对于行为金融学家而言，风险是多维的人生经验，诸如直觉推断、偏向、情感以及框架效应等自然心理现象都会影响个人决策的过程。

2. 这个问题的答案既对又不对。总的来说，教给学生和专业人员一些行为金 683
融学知识肯定好过一点相关知识都不教。一方面，不教给学生行为金融学的知识，就相当于使他们没有机会了解公司经理人、投资专家和消费者在实际生活中是如何做出决策的。另一方面，因为行为金融学的快速发展，该领域已经积累了足够稳健的理论内容，行为金融学可以作为一门独立的课程进行教学。

3. 鉴于金融决策的本质包含了定性和定量的分析，有效的行为金融学案例就应当覆盖两个维度。一些教科书的结尾部分通常会有一些小的案例分析。这些案例在金融决策制定的定性和定量方面都提供了很好的学习经验。考虑到行为金融学当前的发展阶段，这一领域中的综合教材和案例要相对少于传统金融学。教授行为金融学课程和教授传统金融学课程也有一定的相似之处，因为这两门课程都涉及决策分析，无论它们是用数学来构造模型进行分析还是从认知角度构造模型进行分析。

4. 学者们对于制定金融相关决策方面的人类行为的了解是呈指数增加的。股票价格运动“异象”的轶事证据已经在金融学课本中强调了 30 年以上。在特维斯基和卡尼曼（Tversky and Kahneman，1971）及卡尼曼和特维斯基（Kahneman and Tversky，1979）所做的开创性工作之后的几十年内，很多传统教材都在选读章节中介绍了认知心理学对投资者和经理人的金融决策行为的影响。现在，神经科学的最新进展也被充分融入了行为金融学的研究中。传统金融学分析能力的不足为上述研究提供了充足的空间，学者们可以将认知心理学和神经科学的发现与金融学的概念、原理和理论整合到一起。这充分证明了将综合的行为金融学这门课整合进金融学课程中是正当的。然而，这种对金融学课程的补充，意义并不在于传统观念认为的以金融为导向，而是制定良好金融决策的复杂性确实需要金融学专业的学生去认识真实的世界，从而使未来的经理人、分析师和投资者在制定决策时少受偏向、直觉推断以及框架效应的影响。

第 4 章　直觉推断或经验法则

1. 直觉指的是一种非正式的且没有特定结构的推理模式，而不是一个有意识地进行一步一步思考分析的过程。直觉有助于直觉推断，并且当面临很大的不确定性时，直觉对于直觉推断具有重要的意义。最近对于直觉推断的研究焦点发展到将其视为一种解释某些推理过程的工具，这些推理过程其实本质上是认知活动，虽然它们与正式的理性选择理论显著不同。直觉来源于一种潜意识的过程，即将联想和

经验以一种很难被解释的方式结合在一起考虑分析的心理过程。在某种程度上，直
684 觉推断代替了理性选择理论，但它是可以进行分析的，且它导致了普遍存在的可预测的偏误，其中“直觉”因素起次要作用。

2. 经济学家和金融分析师们曾经认为，大多数成功的个人倾向于使用一种和理性选择理论相似的方法来制定决策。他们也坚信那些成功者同那些相对不是特别成功的人所犯的错误是不存在特定的模式的。这部分体现了传统微观经济学和金融学分析演绎推理的本质。关于直觉推断的最近研究是来源于西蒙（Simon）和其追随者的早期研究工作，它强调了人类计算能力的限制以及考虑有限理性的必要性。这些研究描述了人类真实的决策过程，并且确认人们采用基于概率分析这类客观标准的直觉推断法所产生的偏误是可以由人类心理学方面的理论来解释的，并且这种偏误也是相对可预测的。这些发现将经济学和金融学分析扩展到更多地依靠归纳法进行研究的领域中。

3. 情绪可以激发认知推理过程，特别是当期望结果很不理想或者没有过分的时间压力时。此外，决策者必须识别出人们实际是如何做出决策的。在某种程度上，情绪因素导致了很大程度的偏误，指出这些偏误的方向和大小是解决那些可能由直觉推断法导致的有问题的结果的第一步。

4. 尽管关于处理偏向的指南是有用的，但这些指南主要针对的是一般的直觉推断。虽然这些指南对于特定的直觉推断问题也具有一定的适用性，但是对于那些日常决策中需要经常使用的直觉推断方法，如何识别及处理它们所带来的偏误的归因则是非常困难的。相对于学者而言，从业者可能对处理特定直觉推断法造成的偏误的指南更加感兴趣。一些组织有内部的指南，但可以理解的是，它们不愿意与其他人分享这些指南。此外，对特定直觉推断法的研究可能不会为其他研究者提供有价值的材料。这可能是造成此类研究资金缺乏的主要原因。

第 5 章　神经经济学和神经金融学

1. 神经经济学使用诸如神经成像（neuroimaging）、激素试验（hormone assays）以及基因测试（genetic tests）等方法，来探索观察到的人类行为的生物学机制。特别是，许多研究人员对决策过程进行预测式的研究，得到了具有因果关系的解释（与相关分析相比）。由于对非最优金融行为的生物学驱动机制的理解，调解或改变经济决策者的潜在神经生物系统的干预措施已经被研究出来了。

2. 本章讨论了主要的神经激励系统：奖赏方法系统（the reward approach system），即负责评估奖赏及寻求机会；损失规避系统，即负责探测及避免威胁。本
685 章也描述了一些影响神经系统的化学物质的影响，例如多巴胺（刺激性的）以及血清素（抗焦虑的）的影响。使用含有苯二氮和β—受体阻断剂的药物以及滥用大麻和含酒精的药物会改变人们对金融风险的态度，促使其采取更冒险的行动。

3. 神经经济学为人们的冒险行为提供了很有趣的见解。为了使经济活动参与

者在制定各自的决策时充分应用这些经验，首先他们必须培养自我意识，充分了解当他们做出最好和最坏决策时他们自身的思想、感情、生活和行为。建立一份决策日记可能也十分有益。记日记可以使其比较当前面临的决策选择与过往的经验，并确认神经经济学的经验（例如依靠其他“专家”的意见，而使自己少做一些工作）是否适用于当前的状况。应用行为金融学最初的研究成果（例如框架和禀赋效应）时也是同样的方法。

4. 对神经经济学家的批评通常指向样本量小、缺乏可复制性、噪声数据（noisy data）（特别是在 fMRI 实验中），以及将不同研究线索拼凑在一起而引起的解释的简化（reductionism）。

第 6 章　情绪金融学：潜意识行为在金融决策中的作用

1. 情绪金融学可以被视作行为金融学的一个分支，其试图直接阐明情绪在金融活动中的重要作用。它借助精神分析学中对大脑如何运转的理解，清晰地表明了潜意识行为对人类投资决策具有强有力的影响，并揭示了这一影响的后果。相比之下，“认知”行为金融学（“Cognitive” Behavioral Finance，CBF）则应用了实验认知心理学家（experimental cognitive psychologists）的观点，例如将其应用于对金融市场的研究。CBF 关注人类的判断过程，以及在存在风险和不确定性的环境下的金融决策。CBF 强调了投资者的认知局限对其投资决策及相关决策的影响，以及那些能够导致人们决策错误的直觉推断及判断误差的范围。重要的是，CBF 认为投资者在经过“学习”之后在本质上是“理性”的，而情绪金融学则强调了投资活动中的潜意识行为。然而，由于认知活动和情绪会共同影响所有的金融决策，所以，认知行为金融学和情绪金融学在研究金融市场以及投资者行为时，彼此之间是一种互补的关系。

2. 情绪金融学试图探索潜意识过程对金融决策和市场行为的影响。它利用了精神分析学中对大脑如何运转的理解，为情感如何影响投资者行为的相关研究提供了更系统化的见解。下面是它的一些重要观点：

• 金融市场（的未来）是如何内在具有不确定性（uncertain）的，该不确定性引起了投资者在神经和心理层面的情绪反应，主要是焦虑→压力。 686

• 未意识到的情绪或幻想如何深深影响人类决策，以及怎样引起那些潜意识层面的冲突而使得人们要通过“分裂”和“理想化”来解决这些冲突。对这些问题的思考有助于我们更好地理解心理学对投资、投资过程，以及从市场到市场参与者的重要意义。

• 人们是怎样在两种摇摆不定的基本心理状态之间做出判断的。投资决策都是基于对现实的不同认识所做出的，在整合的（或抑郁的［D］）精神状态下，积极和消极信息以及一定程度的不确定性都进入意识之中。另外，它可以在一种分裂（divided）（偏执分裂［PS］）的精神状态下被处理，此时疑虑是被“分裂”出去的，投资被潜意识地理想化了（全为好）或被诋毁了（全为坏）。情绪金融学认识到金融市场创造了一个强大的环境，这些相互竞争的潜意识过程都可以在其中被表现出来。

• 什么样的投资可以代表一个幻想对象（phantastic object），即，它可以在潜意识的幻想中带来额外的兴奋感并转变意义（如网络公司股票、担保债务凭证，以及对冲基金）。情绪金融学告诉我们，所有的投资都有潜力成为投资者主观或心理现实中的幻想对象，即使在正常的市场条件下也是如此。

• 个人在群体（市场）中如何行动，这取决于他们如何认识现实。一方面，工作群体（work groups）在追寻共同的目标时，会使用创造性的基于现实的思考/行为。另一方面，基本假设群体（basic assumption groups）旨在为其成员提供舒适和良好的感觉，他们会集体地且潜意识地拒绝其成员不愿意知道的事情。这种情况下分裂的精神状态将占据主导地位。例如，贾尼斯（Janis，1982）详细描述过的群体思维（groupthink）现象，在金融市场的信贷危机爆发之前，群体思维显然起了重要作用，政治家、中央银行家和监管者，似乎都陷入了同样的幻想。

3. 情绪金融学是金融学的一个新领域，目前还处在发展的早期阶段。相反，行为金融学的一些早期论文最早出现在 40 年前。本章提供了一些显示其潜在应用价值的案例。例如，情绪金融学有助于解释风险和不确定性对投资者的潜意识的影响，市场势头变化可能部分是由于投资者的情绪需求，为什么“市场对坏消息反应不足”似乎已成为一种稳健的异象，以及人们为什么觉得恰当安排养老金投资是很困难的。最重要的是，情绪金融学有助于理解为什么有些系统性事件会重复发生，例如资产价格泡沫，以及幻想对象和市场性的分离的精神状态起主要作用的市场现象。另外，情绪金融学可以帮助市场参与者更有效地应对不确定的、复杂的、竞争的市场环境（使他们在其中更能意识到情绪因素的作用），以及在投资决策中经常由潜意识的焦虑和压力引发的功能性失调。在这种情况下，专业投资者进行有效的管理和组建团队的价值是显而易见的。尽管如此，金融经济学家们显然还处在这一
687 漫长旅途的开始阶段，他们的最终目标是正式完全理解情绪以及金融市场运作和投资者行为之间的关系。如果情绪金融学要被传统金融学者接受，那接下来的工作就需要采取更多的实证研究方法。

4.“对冲基金”是一个通用的术语，涵盖了广泛的投资策略和工具，原则上绝对回报是它们的主要投资目标。情绪金融学有助于理解对冲基金对投资者的吸引力，尽管对冲基金存在以下缺点：高概率的损失以及高概率的收益并存、收益模式不清晰、常常缺乏透明度、具有高度的复杂性，并且由于这些投资工具具有不可调控和不受约束的性质，所以投资者无法追索。在金融学理论中，适当地管理和调控对冲基金在多样化的投资组合中具有重要的意义。然而，越来越多的投机者和名人都可能在潜意识中成为投资者心中的幻想对象，伴随着对无风险的异常收益的不切实际的期望，尽管正是这些因素引发了长期资本管理公司（LTCM）、“不落之花”

(Amaranth)、Peleton 和贝尔斯登（Bear Stearns）等公司的内部崩溃。事实上，对冲基金只向高净值的个人投资者（成熟的能够“承受”损失的投资者）开放，这也是其吸引力的一部分。只有被选中者能加入，于是对冲基金作为某些人的幻想对象其价值提高了。对冲基金代表了分离（PS）的对现实的认识（现实观）。然而，在综合（或 D）的精神状态中，对冲基金只是一种与其他资产类别相关性较弱的投资工具——而不是魔术。

伯尼·麦道夫（Bernie Madoff）是对冲基金幻想对象的标志性人物，他向其投资者暗中承诺了无风险的高回报机会，且似乎将永远持续下去。毫不奇怪的是，每个人都想加入这种狂喜的状态之中，在这种状态下投资者显然会潜意识地将对冲基金幻想化进而认为其没有下跌的风险。这种对幻想对象的信仰的力量使得任何质疑麦道夫所承诺的回报的真实性的尝试都失败了。没有人希望这场盛大的狂欢结束。这种对幻想对象可转换本质的潜意识信仰导致了群体思维，甚至连证券交易委员会似乎也牵涉其中。当这起 650 亿美元的诈骗案最终被揭开时，之前的愉悦不可避免地变为了恐慌，甚至那些从中获利最多的人，以及该对冲基金的支线基金，都将自己视为受害者。

5. 情绪金融学认为市场中的投资者对其所投资的资产都包含着情绪依附。这种观点超越了标准金融学中对待风险和回报的传统观念。情绪金融学的拥护者相信，当投资者情绪由分离（或“偏执分裂”[PS]）的精神状态统治时，情绪依附便是资产价格泡沫产生的基础。在互联网狂热的情形中，与泡沫联系在一起的术语“狂热”表明，投资者普遍陷入了一种类似于观看希腊悲剧时的情绪之中。

特别是，情绪金融理论将网络公司股票视为幻想对象，这种投资在个体的潜意识现实之中具有额外的令人兴奋的含义及革命性，作为某种寄托着个体内心最深处欲望的事物的心理象征而作用于潜意识。因此，网络公司股票的估值便以一种极端 688
的方式偏离了其基本价值。同样，与“新经济”相关的想法可以被看成一个表面上貌似可信的封面故事，使现实到幻想的转化过程合理化。投资者直到心理防御最终被现实打败时才会承认相关的潜意识的内疚和恐惧（这导致了恐慌、崩溃、愤怒、屈辱、内疚和指责），并且开始憎恨幻想对象。最终，投资者认为，互联网行业和股票市场在几年内都被污染破坏了。

第 7 章　实验金融学

1. 金融学中的实验与经济学中的模型的作用十分相似。模型和实验都对一些复杂的设置进行了必要的简化，使研究者可以更清楚地分析他感兴趣的变量如何影响人们的行为。这些简化使得我们可以在被检验的设置中进行清晰的因果推论（很强的内部有效性），但总是存在这种风险，即我们无法从更复杂的设置中得出这些推论（很弱的外部有效性）。一个单独的实验或模型不可能有很强的外部有效性，但一系列实验或模型却可以有力支持关于市场中自然发生的现象的假设。研究者可以从更复杂的环境中获取数据来对这些假设进行计量检验。

2. 对经济模型的实验检验会冒着使用极复杂的设置来证明金钱偏好的风险，用此复杂的设置来表明人们总是偏好拥有更多的钱而非更少的钱。研究人员可以通过放松模型的结构假设、行为假设或均衡假设来避免这一问题。例如，模型可能做出人们可以无限制地处理信息的行为假设；实验也可以检验市场的总体行为是否真的如经济学家假设的那样。在实验室设置中几乎从来没有使用过均衡假设，所以对含有多重均衡的模型进行检验是非常有益的。

3. 并不是每个实验都需要检验经济模型的精确预测。自然科学中的实验就从来不这么做，恰恰相反，它们依靠直觉或先前的实验结果来构造假设。在金融学中，直觉来源于比实验室中构造的制度更简单的模型，也来源于更为复杂的真实世界。在发展新的理论和可验证的预测时，如此有探索性的工作是很有意义的。

4. 金融和经济学中的很多实验室研究不是在进行实验，而是在试图演示相关的理论及假说。因为研究者无法操纵实验中的变量，所以批评人士质疑其研究结果，认为实验任务的任何方面、被试者群体或实验环境都可能影响实验结果。操纵一个变量就可以降低以上因素引起实验局间差异的可能性，除非有理由相信它和被操纵的变量之间存在交互作用。

第 8 章 风险心理学

1. 风险和不确定性的区别是判断和决策领域的一个主要问题。面对风险，基
689 于“所有预期结果都是确定的”这一假设条件，投资者会依据标准分布曲线的形状做出判断。而在存在不确定性的情形下，投资者做决策时并不知道所有潜在结果的精确预测，因为决策者并不清楚这些结果的标准分布的形状。风险是可识别、可预测且众所周知的，然而，不确定性则是不可识别、无法评估的，且是人们所不熟悉的。风险的一个典型例子是普通股票投资预期回报的标准差。不确定性的代表性例子则是下个交易日股票市场究竟是会上升还是会下降。

2. 标准金融学中关于风险的观点主要来源于马科维茨（Markowitz）的现代投资组合理论（MPT）以及夏普（Sharpe）以此发展出的资本资产定价模型(CAPM)。MPT 基于这样的前提假设：在任意一个预期的投资回报水平下，投资者可以通过建立多样化的证券投资组合来最小化投资风险。其最主要的一个口号就是“不要把所有鸡蛋放在同一个篮子里”。风险和收益的正相关关系是一个最重要的假设，因为大多数投资者都是风险厌恶者（例如，相对高风险而言，投资者更偏好低风险），基于理性做出判断（例如，做出最优化选择），因而当面对额外的风险时，他们期望能够获得额外的回报。CAPM 是一个很重要的投资工具，表明股票投资的预期收益率等于无风险收益率与风险溢价之和。该模型利用某只股票的 β 值，与一般人的风险厌恶水平相结合，以计算投资者对特定股票要求的收益率。β 值是对市场风险的度量，β 值越高，股票收益对市场收益的变动就越敏感。

标准金融学中另一个重要内容是对风险的客观性的认识，例如，β值、CAPM以及MPT全都是建立在可以量化（数值化）的变量的基础上的。这些标准金融学中的观点今天已经成为众多创新投资产品的理论基础而被广泛应用在商业社会之中。

3. 行为金融学中关于风险的基本观点是前景理论以及损失厌恶。前景理论是基于这一前提假设：投资者会根据一个特定的参考点（例如，共同基金的购买价格）来评估投资的损失或收益。该假设与所谓损失厌恶的概念关系密切，因为依据损失厌恶理论，相对于收益而言投资者更看重投资造成的损失。行为金融学中的一个新兴研究主题发现，投资者感知到的风险与预期的回报率（感知到的收益）呈现相反（负相关）的关系。行为金融学在评估某种特定金融产品或服务的风险时，结合了客观因素（例如，β值、标准差和方差）和主观因素（例如，过度自信、担忧以及直觉推断法）两个方面。投资者基于自身经验进行主观判断的过程是基于有限理性的概念和行为决策理论。即使会导致决策的过度简化，人们也依然会减少备选项，以在更少的步骤内进行决策。行为决策理论则基于以下假设：一个人会根据感 690
知到的满意度进行选择，即使他最满意的选择并不是最优的决策。行为金融学所有的这些研究主题都证明，人类的判断过程是高度复杂的，并且会影响到我们最终的投资决策。

4. 因为这一问题旨在评价你的“批判性思维能力”，所以并不存在标准的正确答案。然而，在评估你的答案时，你最好问问自己下列问题：(1) 在阅读完本章之后，你对标准金融学以及行为金融学关于风险的认识是否发生了变化？(2) 基于你自身的投资经验，你当前对风险的看法更倾向于支持标准金融学还是行为金融学？(3) 你是否同意作者最后的评论，即标准金融学和行为金融学都为风险的评估作出了贡献，在某种意义上，它们之间是互补的，而非相互排斥的？形成专属于你自己的对标准金融学和行为金融学的看法是非常重要的，因为这些关于投资的概念将会有助于增进你的理解，提高你做出决策的能力，将使你受益终身。

第9章 心理因素对金融监管和政策的影响

1. 心理吸引法则将会计规则和信息披露、报告监管解释为部分政策制定者和用户的心理偏误及直觉推断的结果。一方面，政策制定者实施这些政策也许是为了帮助用户克服他们在判断和决策中的偏误。另一方面，政策制定者自身的直觉推断及偏误也会导致一些有害的政策。

2. 处理能力有限的个人通常不能及时地计算和分析所有可用的数据。披露公司的每一笔交易可能会适得其反，因为投资者不得不将有限的认知资源耗费在分离有效信息与无效信息上。整合数据并将之分门别类（如收入与支出，或者资产与负债）可以提供更为方便和有用的信息。

3. 政策制定者之所以认为衍生证券是存在内生风险的投资，或许是因为一些用户（投资者）认为衍生证券是存在内生风险的投资并向政策制定者施压。下跌风险对投资者而言更为显著，所以投资者更关注关于大额损失概率的风险披露信息，而非反映所有可能结果的概率分布的披露信息。一些要求风险披露的监管规则会鼓励企业在报告中强调发生大额损失的可能性，这类监管会加重投资者的心理偏误。

4. 媒体影响公众与金融监管者的一种途径是传播并重复那些突出的或生动的故事及图表。通过对金融事件的个性化描述，媒体刺激了公众的情绪化反应。新闻媒体选择性地强调那些在特定时间点成为公众讨论焦点的金融系统风险，从而放大了有效性级联（availability cascades）。

691 5. 在不良事件发生之后，人们喜欢寻找推诿对象。这使得人们开始呼吁监管以阻止恶人未来可能的不当行为。监管者对自身能力的过度自信也可能会导致对监管的过度信任，即相信在面对问题时必须提议监管措施进行应对，并且相信它优于市场化的解决方案。

6. 一项监管是否被采纳取决于收益对成本的相对重要性或显著性。监管者可能会采取一项净收益为负但成本分散或隐藏的监管。例如，限制投机或短期投资行为的监管有显著的（所谓的）优点——阻止价格操纵行为。同时它也阻碍了新信息融入市场价格，但它的这个潜在成本并不显著。

第 10 章　意向效应

1. 意向效应对投资者产生有害影响的原因有两个。第一，意向效应会增加投资者的税赋负担。许多投资者在大多数纳税年度只变现收益，却不会坐实亏损来抵消部分收益。这将导致税赋的增加，因为政府征收资本利得税是基于人们实现的收益而不是投资组合的总体收益。第二，意向效应会妨碍投资者理性决策。在分析一只股票的未来前景时，它的历史购买价格是无关信息。众多的研究表明，投资者继续持有的亏损股票的市场表现要差于他们售出的盈利股票。所以，在很多情况下，如果所作所为恰好与想做的相反，那么投资者的状况会改善。投资者是否是因为错误的原因而继续持有亏损股票呢？一种有效的检验方法是询问：如果你还未持有该股票，那你今天还会买它吗？

2. 如果很多投资者在某只特定的股票上盈利，则他们中的一部分人由于意向效应会非常渴望售出。这会减缓该股票在利好消息之后价格的上升趋势，因而市场价格在这种情形下会对利好消息反应不足。然而市场价格迟早会达到股票的基本价值。同样考虑许多投资者都有亏损的股票。在有关该股票的利空消息出现后，意向投资者更有可能会继续持有其股份，而不会在亏损状态售出。这会减缓股票价格下跌的速度。在这些情况下意向效应进而导致股票价格的动量，即股票价格继续沿着初始运动方向运动的倾向。

3. 如果投资者定期出售其持有的所有股票，那么，实现的收益将等于投资组合的收益。假设交易成本为零，那么即使投资者不是售出全部股票，而是随机决定卖出哪些股票，其实现的收益也会是投资组合收益的无偏预测值。然而，意向效应认为，投资者在挑选要卖出的股票时存在一种系统性的倾向，他们倾向于选择那些能够实现盈利的股票。着眼于实现的收益，就会忽略市场表现最差的股票的收益，进而实现的收益将会夸大投资组合的总收益。因此，客观的投资业绩评估不能基于实现的收益。

692

第 11 章　前景理论与行为金融学

1. 前景理论假设人类的选择行为通常是由财富的变化以及人们赋予该变化的主观价值所决定的。此外，一些学者认为，相比财富的增加，人们赋予等量损失更大的权重。这个观点在所谓的值函数中进行了详细阐述。主观期望效用假设个人关注其财富的长期状态，并未赋予财富的增加或损失不同的权重。

2. 卡尼曼和特维斯基（Khaneman and Tversky，1979）认为情绪变量是解释人类选择行为的重要因素。与此相反，西蒙（Simon，1987b）则更关注人类大脑处理信息能力的局限性和所需处理信息的不完美和不对称性。对于卡尼曼和特维斯基来说，即使不存在这些问题，引入情绪变量也会产生不符合主观期望效用理论的选择行为。

3. 股权溢价之谜涉及以下事实，即长期中股票与债券的溢价之差远不能由持有这两种金融资产的风险差异来解释。然而，如果个体行为特征有以下两个关键属性，则就可以解释股权溢价之谜：(1) 个体的风险厌恶程度达到来自实验和心理经济学的证据所示的程度；(2) 个人决策者定期在某段时间内（例如每隔一年）评估其投资收益。这被称为短视型损失厌恶。

4. 如果相比收益个体更加看重损失，则他们会倾向于厌恶风险，从而在评估投资收益时得出一个较低的收入期望值。与此相关的一个例子是确定性效应，如果某个特定收入水平的实现是确定性的，则个体会选择一个期望值较低的前景。如果确定性的结果变成一个高概率事件（例如从 100%到 95%），则个体会选择产生最大期望值的前景。此外，个人投资者可能会过快售出升值的资产以确保实现收益，而过久持有亏损资产，寄希望于这些资产会升值。这两种情况都证明了损失厌恶。

5. 在奈特不确定性的世界里（风险无法被精确计算出来），以下情况——相比收益个体更加看重损失，并且关心财富变动远超过财富的最终状态，可以是理性、明智的行为。也就是说，财富最大化未必是理性的核心标准。个人或许依然会最大化效用，但是效用最大化所涉及的内容远不止财富最大化。此外，框架效应（其与前景理论直接相关）也可以是理性的，因为在一个信息不完美、非对称以及充满奈特不确定性的世界里，个体会将框架（或问题的表述方式）视为信号。

第12章　累积前景理论：使用随机占优方法的检验

693 1. 估计β值需要进行一个简单的回归，其中自变量（X）是市场收益率（用R_{mt}表示），因变量（Y）是该股票的收益率（用R_{it}表示）。因此斜率系数就是该股票的β值：

$$R_{it}=\alpha+\beta_i R_{mt}+\varepsilon_t$$

要融合卡尼曼和特维斯基的决策权重，需要这样做：

（1）根据R_{mt}和R_{it}的符号，即根据正值和负值，将它们进行分类。

（2）使用卡尼曼和特维斯基累积前景理论（CPT）中的累积概率公式12—5，将结果概率$p_i(1/n)$转化为卡尼曼和特维斯基的决策权重$w_i(1/n)$。

$$\begin{cases} w^{*-}(p)=\dfrac{p^{\delta}}{[p^{\delta}+(1-p)^{\delta}]^{1/\delta}} \\ w^{*+}(p)=\dfrac{p^{\gamma}}{[p^{\gamma}+(1-p)^{\gamma}]^{1/\gamma}} \end{cases}$$

其中实验得出的参数估计值为：$\gamma=0.61$，$\delta=0.69$，p为累积（客观）概率，$w^*(p)$为累积决策权重，$w^{*-}(p)$适用于负结果，$w^{*+}(p)$适用于正结果。

（3）回归过程中将卡尼曼和特维斯基的决策权重$w_i(1/n)$当做概率来使用。

2. 是的，PSD仍然成立，此类占优独立于财富水平。G仍旧占优于F，因为两个累积分布都向右平移了相同的幅度。举个例子，图12—1（b）给出了实验1中任务IV的累积分布[①]，根据PSD，G^*占优于F^*，出于比较原因，其同样展示在图12—1（a）中，将两个分布同时平移10 000美元并不会改变以下计算结果：

$$\begin{cases} \int_{-\infty}^{y}[G(t)-F(t)]\,\mathrm{d}_t\geqslant 0,\text{对所有的 } y\leqslant 0 \text{ 成立} \\ \int_{x}^{+\infty}[G(t)-F(t)]\,\mathrm{d}_t\geqslant 0,\text{对所有的 } x\geqslant 0 \text{ 成立} \end{cases}$$

694 这表明G依旧占优于F。图12—1（b）对此进行了阐释。

3. 参考图12—5（a）和12—5（b）。假设X是一个随机变量，取值可以为X_1或X_2。设p为X_1发生的概率，$(1-p)$为X_2发生的概率。因此，可计算出平均值$\bar{X}$：$\bar{X}=p\times X_1+(1-p)\times X_2$。在图12—5（a）和12—2（b）中[②]，期望效用

① 疑有误，此题目中的图12—1（a）和12—1（b）应为图12—6（a）和12—6（b）。——译者注

② 疑有误，从图12—5（a）和12—5（b）无法直观看到相关结论，请读者根据关于风险态度的基本理论自己想象相应图形。——译者注

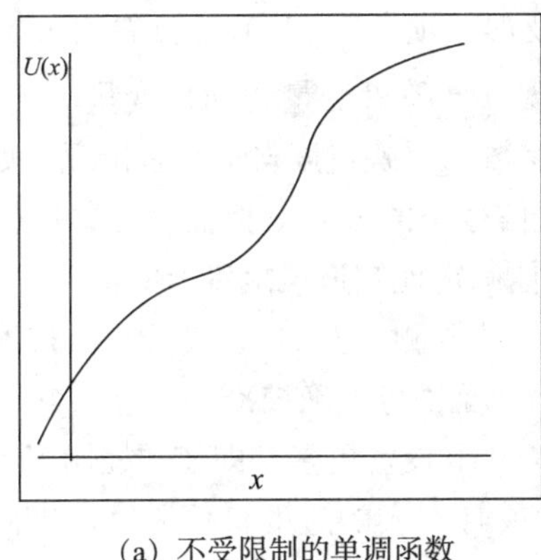

(a) 不受限制的单调函数

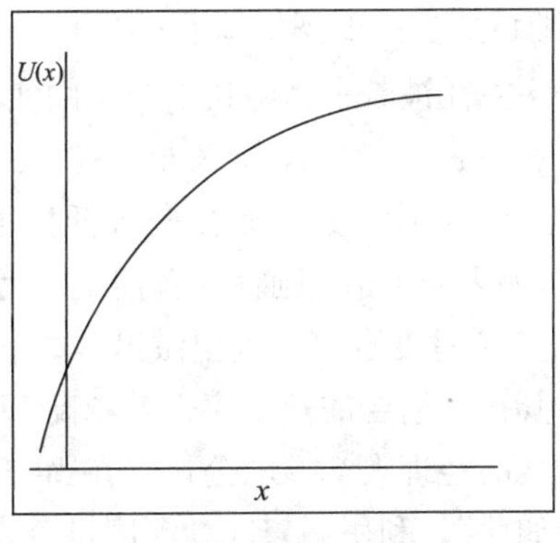

(b) 风险厌恶函数

由 D 点表示，它位于连接点 A 和 B 的弦上。效用函数上的点 C 是确定性等价 (certainty equivalent)，其效用同点 D 的效用相等（即等于期望效用）。使用这种方法，我们可以得到一个关于效用函数 $U(\bar{X})$ 曲率的结论。如果点 C（确定性等价）位于点 $D(\bar{X})$ 的左边，如图 12—5（a）所示，则效用函数为凹函数，代表风险厌恶型投资者。如果点 C（确定性等价）位于点 $D(\bar{X})$ 的右边，如图 12—5（b）所示，则效用函数为凸函数，代表风险偏好型投资者。然而，如果随机变量 X 可取三个或更多结果，那么便无法得出关于效用函数曲率的结论。让我们回到有两个结果的情形中，连接 AB 两点的弦只有一条，点 D 一定位于该弦上。当有三个或更多结果时，情形会有所不同，因为点 D 并不一定位于其中的某条弦上，因此并不能得出关于效用函数曲率的结论。

4. 可以进行与本研究所做实验相似的选择实验，其中前景使用不相等且较小的概率。设 F 和 G 是所研究的两种选择的累积分布，并构造出如下情形：在使用决策权重条件下 F 要 PSD 占优于 G。对做出的选择进行考察。如果大部分被试者偏好选择 F，则结果支持 CPT。如果大部分被试者偏好 G，则 CPT 被否定。

第 13 章　过度自信

1. 研究人员必须设计调查问卷，询问例如 20 个常识性问题。对其中每一个问题，都要求被试者提供该问题 90% 置信区间的上限和下限。然后研究者统计那些落在这些区间之外的正确答案的数量。此“意外数量”（正确答案落在正确校准者 695 提供的区间之外的题目数，该数量通常大于 2）就是一个人的过度自信程度。这些个体过度自信分数的平均值即该组被试者的错误校准程度。

2. 过度自信通常被建模表示为高估私人信息的精确性。在投资者交易模型中，风险资产不确定的变现价值被表示为随机变量的实现。假设变现价值 v 是正态分布的一次实现，其均值为 0，方差为 σ_v^2，即 $\tilde{v} \sim N(0,\ \sigma_v^2)$。一些或全部投资者会收到私人信息信号 s。这些信号包含了信息，但也包含噪声，即它们含有随机误差

ε。假定随机变量（变现价值 $\tilde{v}$ 的分布以及误差项 $\tilde{\varepsilon} \sim N(0, \sigma_v^2)$ 的分布）是独立的，信号 s 往往被表示为随机变量 $\tilde{s}$ 的实现，该随机变量为随机变量 $\tilde{v}$ 与 $\tilde{\varepsilon}$ 之和，即 $\tilde{s}=(\tilde{v}+k \cdot \tilde{\varepsilon}) \sim N(0, \sigma_v^2+k^2 \cdot \sigma_v^2)$。参数 k 反映过度自信是否出现。如果参数 k 的取值区间为（0，1），则投资者低估了信号 s 的方差（换而言之，低估了误差项方差）。如果 $k=0$，则投资者甚至认为他确定地知道风险资产的价值。

3. 融合了过度自信的模型做出了如下一些预测，例如，“投资者的过度自信程度越高，其投资组合的换手率也就越高”，或者“与正确校准的经理人掌控的公司相比，乐观的经理人掌控的公司会在固定资产上投资更多，即使在控制了其他因素之后依旧如此”。利用调查问卷测度投资者或管理人的过度自信程度，进而可以对这些假说进行检验。可以用投资组合换手率或公司投资额作为因变量，人们的过度自信测度指标和控制变量作为自变量进行回归来检验上述假说。

4. 过度自信可以用来解释以下现象：个人投资者的过度交易、股票市场中的异象如动量效应、厂商固定资产过度投资等。

第 14 章　代表性直觉推断

1.

序列	第一天	第二天	第三天	第四天	第五天	第六天
(a)	−	+	−	+	−	+
(b)	−	−	−	+	+	+
(c)	+	+	−	+	−	−

这阐明了当人们在处理由随机过程产生的事件序列时可能会遇到的问题，相信观察到的事件模式与其背后的随机过程具有相同的特征（也就是对随机性的误解）。在这个问题里，由于股票价格遵循一个近似的随机游走过程，上述三个价格变动序列（a）（b）（c）发生的概率都相等，均为 1/64[$(1/2)^6$]。然而，通常有超过一
696 半的受访者在被问及这个问题时认为序列（c）最有可能出现，因为其似乎最具代表性地表现了一个随机过程的特征，也就是说，它看似不存在任何系统模式。事实上，受访者大多误以为这些较短的随机事件序列都存在明显的模式。了解到这些序列应该是随机的之后，他们就会寻找哪个序列在直觉上最能“代表”他们认可的随机序列。正确答案是序列（a）（b）（c）发生的概率都相等。

2. 代表性直觉推断是基于事件和类别之间的相似性进行判断的方法。它引导人们假设物以类聚，并且依据肤浅的典型模式来进行主观概率评估。特维斯基和卡尼曼（Tversky and Kahneman，1974）描述了代表性偏向的不同方面：

• 对先验信息的不敏感性（Insensitivity to prior information）：忽视了事件的先验概率和基础概率。

• 对样本量大小的不敏感性（Insensitivity to sample size）：仅仅基于代表性评估概率。

• 对可能性的误解（Misconception of chance）：在随机事件中发现了系统模式，以及过度相信少数观测值的代表性，即相信“小数定理”（law of small numbers）。

• 对可预测性的不敏感性（Insensitivity to predictability）：仅仅基于代表性进行判断，忽视了预测的潜在（缺乏）准确性。

• 回归均值（Regression toward the mean）：期望极端结果之后出现更极端的结果。

• 有效性幻觉（The illusion of validity）：把对判断的信心视为代表性程度的函数，而不是决策环境基础特征的函数。

3. 与代表性直觉推断有效性相关的研究证据大多基于简单、抽象、与情境无关的实验室实验，使用缺乏必要技能的决策者如大学本科学生作为被试者。即使那些表面上有明显效度的实验使用专家作为被试者，并且他们做出了“不正确”的判断，也不能用这些结果推断出这些“错误”一定是由代表性偏向导致的。这是因为在现实世界决策环境中，这些被试者会借助自身的知识和专业技能来直接解决他们要处理的特定问题，而不仅仅依靠自身的直觉。此外，对代表性直觉推断的研究主要关注个体不受其他决策者影响做出的判断。而这在现实生活中并不会经常发生。

市场是由大量久经世故的熟练投资者组成的，他们进行真实的、异常复杂的决策，这些决策在一个高度社会化的环境下会产生严重的后果。因此，没有多少理由相信市场行为会拟人化。在典型的心理学实验室环境下，将天真个体表现出的简单主观概率评估错误推广到现实金融市场环境和专业投资者身上，正如行为金融学经常做的，通常存在很大的问题。可笑的是，自身易受代表性偏向影响的行为金融学的支持者们常常这样做。虽然如此，但在实际应用中，如果投资者和其他金融决策 697
者们意识到他们进行判断时有所谓的代表性直觉推断倾向，那么这可能会使得决策者在决策过程中减少潜意识的行为，更加深思熟虑。这应该会降低结果出错的可能性。

4. 要在现实金融市场里观察到代表性直觉推断法在起作用，即使不是不可能，也是非常困难的。这是由于金融市场异常复杂，并且有很多因素决定了资产价格，这很可能会挫败直接检验直觉推断有效性的尝试。因此，研究人员不得不依赖间接的“自然实验”（natural experiments）来寻找与代表性偏向相关的证据。在本章讨论的相关研究案例中，与代表性直觉推断一致的案例包括：

• 投资者对网络股票和共同基金名称变动以及共同基金广告的反应；

• “好公司（好管理），好股票”偏向混淆了公司管理的质量与公司作为投资品的价值；

• 投资者如何基于对市场收益率、共同基金业绩或股票价格趋势的不适当的外推来制定投资决策；

• 代表性偏向如何解释“账面/市价”（book/market）异象；

• 除去其他原因，卖方分析师在股票推荐方面的糟糕表现如何用他们在投资判断过程中易受代表性偏向影响来解释；

• 在决定是否雇用基金经理时，投资计划负责人如何受外推偏向影响，错误地用他们前期的投资业绩来代表其未来可能的业绩。他们也可能受到类似于在求职面试中会出现的代表性偏向的影响，即将个人的吸引力与能力混为一谈。

• 在对卖方的明星分析师或明星 CEO 的研究中所发现的相关证据；

• 市场参与者们对技术分析的看重可能更多地受代表性偏向的影响，而非技术分析的预测价值得到了基础实证证据的支持。

这些证据与代表性理论一致，但这并不意味着代表性直觉推断确实解释了这些异常的市场行为。它所能做的只是观察到事后确定性的投资者及市场行为规律并没有违背代表性直觉推断的预测。这完全不同于直接检验金融市场实际参与者在进行判断时是否存在代表性偏向。

5. 在进行投资决策时，意识到自身行为存在代表性偏向的倾向，这是更多依赖反省性判断、较少依赖需要付出较少努力的反射性判断的第一步——进而有希望产生不易出错或不存在偏向的决策。本章特别建议投资者不要被高度翔实的情境所误导，而应尽可能地留意基础概率，意识到时运是不会自我纠正的，并且不应该忽视向均值的回归。然而，这些只是决策者在进行财务判断时需要防范的代表性行为
698 的几个方面。关键是要了解某些特定判断是如何得出的以及其得出的原因，还要知道推动这些判断的潜在过程。在决策过程中，如果人们想要利用已经了解到的关于代表性的知识，那么依赖自我反省而非直觉进行判断是问题的关键。

第 15 章　熟悉偏向

1. 用基于模型的方法来测度熟悉偏向始于国际资本资产定价模型（ICAPM）的预测，它认为投资者应按各类资产占世界市场总市值的比例持有它们。将实际资产组合权重与模型给出的权重进行比较，理论和观测权重之差代表熟悉偏向程度。这种方法存在的问题是对 ICAPM 的实证检验一再失败。因此，理论与实际投资组合权重之间的任何差异或许无法证明熟悉偏向，只是表明了模型的错误设定。

基于数据的方法通过均值—方差最优化分析来确定最优的投资组合权重。该方法存在的问题是，它需要事前测度期望收益和收益方差。虽然收益方差可以被相对精确地估计，但使用历史数据预测资产收益率在很多方面则是无效的尝试。此外，资产收益间的相关性很强，这会导致一个近似不可逆的收益协方差矩阵。因此，即使期望收益的很小的变动也会导致基于数据方法得到的最优投资组合权重产生很大的变动。

2. 在驳斥交易成本能够解释熟悉偏向方面，泰萨和韦尔纳（Tesar and Werner, 1995）是最早的研究之一，根据他们的估计结果，国外股票的换手率实际上高于国内

股票。如果国外资产具有更高的交易成本，那么应该预期国外资产的交易量会更低，而不是更高。其他的研究，例如格拉斯曼和瑞迪克（Glassman and Riddick，2001）和捷斯克（Jeske，2001），考虑到分散化投资的较低风险和更高收益，计算了使观察到的国内股票持有份额看起来合理的国外股票交易成本。这些研究估计出的交易成本都远远高于合理的度量结果，表明存在其他因素限制了分散化投资。

虽然使观察到投资组合权重看起来合理所需的交易成本远高于任何对外国股票实际成本的估计，但仍可能存在较难观察到的成本限制了分散化投资。购买国外的或不熟悉的资产会使投资者资产面临被内部人或政府侵占的风险。实际上，斯塔茨（Stulz，2005）发现，在那些对小股东保护较弱或被政府侵占风险较高的国家，国外对本国资产的持有比例较低。

3. 如果投资者不能廉价获取不熟悉资产的相关信息，那么他们就不太可能购买这些资产。理论上投资者会使用所有可得信息来预测资产收益和风险。如果一种资产的信息比另一种少，则对其预测的误差可能会更大，因此购买该资产就要求获得更高的期望收益。大量研究认为信息不对称可以用来解释熟悉偏向。布伦南和曹 699
（Brennan and Cao，1997）发现购买国外资产的投资者表现出的追求收益行为（收益高时买收益低时卖）意味着信息有限。其他研究发现，信息流动的代理变量，如投资者和资产发行国之间的距离、语言差异、重叠的交易时段和双向电话业务量等都是熟悉偏向的显著决定因素。对于老练程度不高的投资者，这些变量似乎更为重要，因为他们在制定投资组合配置决策时更有可能依赖特定国家而不是特定公司的信息。马萨和西蒙诺夫（Massa and Simonov，2006）发现，职业变动或迁徙使熟悉偏向程度下降，表明这些投资者不再了解本地知识（这些知识使得投资于熟悉资产成为理性的选择）。最后，正如一些研究所表明的那样，信息（以距离作为代理变量）会影响投资业绩。

虽然理论上很有吸引力，但不对称信息可能并不是熟悉偏向的唯一解释。首先，仅当投资者预测国内资产收益要高于外国资产时，有限信息的解释才能和数据相符。当投资者预测国外资产有更高的收益时，他们的投资组合中应该更倾向于外国资产。然而，由于熟悉偏向在时间上相对稳定，这种情况并没有出现。

其次，通过分散化投资可以获得巨大收益表明，一个能够更好地传播远距离金融市场相关信息的市场本应发展起来。与之密切相关的是，随着信息技术的进步，信息流动的障碍减少了。但是熟悉偏向的持续存在表明，虽然投资者有机会接触到“不熟悉资产”的信息，但他们没有充分利用它。这一观点得到了邹里、莱布森和马德里恩（Choi，Laibson，and Madrian，2005）的研究的支持，他们发现，就过度投资于本公司股票的危害而言，虽然安然公司的破产发出了清晰且令人恐惧的警告，但公司员工仍然继续投资于本公司的股票。[①] 因此对于观察到的熟悉偏向来

① 原文为“公司员工仍然继续投资于安然公司股票”，疑有误。——译者注

说，信息不对称可能解释了一部分原因，但并不是全部。

4. 相比分散化的资产组合，大量投资于自己所属公司的股票会让投资者遭受更大风险。这有以下两个原因：首先，相比分散化的资产组合，投资于单一资产存在更多的个体风险；其次，公司股票的收益通常同劳动收入高度相关。如果公司破产，那么其员工将面临收入和储蓄的双重损失。通过对其他公司股票的分散化投资，员工们可以更好地避免劳动收入风险对自身消费的影响。

投资于本公司的股票也有几种可能的理性解释。第一，员工们投资于本公司股票时会获得某些税收优惠，例如对这些收益按照资本利得税税率征税而非按普通收入所得税税率征税。然而，来自本纳兹、塞勒、乌特库斯和桑斯坦（Benartzi，Thaler，Utkus and Sunstein，2007）的调查证据显示，只有10%的员工意识到了这一收益。第二，员工们可能拥有关于本公司业绩的内部信息。虽然这在理论上很有吸引力，但是员工在投资于本公司股票时必须有很大的信息优势，才能补偿估计出的50%的损失（Muelbroek，2005）。

调查证据显示，员工们错误计算了投资于自己所属公司股票的风险，经常将雇
700 主根据雇员贡献大小给予公司股票的决策看成对公司股票的一种隐式担保。即使在诸如安然等公司公开宣布破产期间，员工仍然持续低估本公司股票的风险。这表明在投资于本公司股票时，员工可能受到了过度自信行为偏向的影响。

5. 对熟悉偏向的一个可能解释是过度自信。巴尔伯和奥丁（Barber and Odean，2001）发现过度自信的投资者倾向于更多地投资于他们熟悉的资产，即使对这些资产他们并不具有信息优势。高兹曼和库马尔（Goetzmann and Kumar，2008）、郝和雷伊（Hau and Rey，2008）发现年轻的、受教育程度较低的投资者倾向于更加过度自信。最后，卡尔森和诺顿（Karlsson and Nordén，2007）使用瑞典养老金数据发现熟悉偏向程度最高的是那些受教育程度较低的老年单身男性，这可能是由于男性更加过度自信（Barber and Odean，2001）。

6. 面对关于金融市场的有限信息，投资者在评估某资产的风险和收益时可能被迫使用更宽泛的法则。例如，假定某个法国投资者正在考虑投资于两只股票，一只是法国股票，另一只是意大利股票。如果投资者无法获得关于两只股票的公司特有信息，那么他可能更偏好于投资法国股票，这仅仅是因为相比意大利公司，他感觉更有信心评估法国公司的风险。随着关于两种资产的公司特有信息的增加，该法国投资者更有可能基于基本面分析进行投资决策，而不是基于熟悉度对风险进行一般化的评估。

第16章　有限注意力

1. 可以影响个人对某特定信息的关注度大小的心理因素包括注意力分散类刺激的存在、信息的显明性、信息的易得性和处理信息的难易程度。

2. 研究表明在如下几种情况下会产生对公共信息的反应不足：当投资者的关

注度较低时（如，周五、非交易时段、当同一天之内发布很多其他公告时），当相关信息是定性的、不显明并且难以处理时，以及当交易量很低时。这些结论表明投资者的关注度较低是市场反应不足的合理解释。

3. 公司经理倾向于在投资者关注度较低时披露坏消息，倾向于使用剔除某些费用后的预估盈利，倾向于通过盈余管理或者引导盈余预测以超出市场预期，倾向于策略性地选择会计方法。因此，经理人会通过交易使个人账户获益，通过在有利的条件下发行股票来获益。他们需要小心地在管制期外（在管制期有很多公司会自发地施加影响以免违反内部人交易法）进行交易。

4. 由于有限的处理能力，个体也许会在更广的范围内考虑问题，在范围较窄的背景下表述决策。有限注意力也意味着个体倾向于使用简化的直觉推断法则，因为这样他们就能减少处理成本。拥有有限注意力的个体不会考虑结果的分布，而是 701
利用参考点将决策问题简化为离散选择问题，通常二分为两个选项。

第 17 章　其他行为偏向

1. 除非有其他特别说明，否则一个基本前提假设是现状偏向会影响所有投资者的行为。例如：

• 不变更开户券商账户、股票投资顾问以及基金管理者。

• 尽管投资者的需求在变化，但他一生中投资于股票、债券和货币市场账户的比例相同。

• 对于好投资或坏投资的观点保持不变。

上述讨论可以与其他部分讨论的惰性相联系，尤其是其中的保守主义以及它为什么能与代表性共存。有时现状会瓦解。例如，在很多人几乎同时改变他们对好坏投资的看法时，这种情况就会发生。

2. 正如在本章所讨论的，有偏自我归因有多种心理调节器。如果投资者能主动意识到这些心理调节器的话，那么他们应该能减轻这种偏向的负面影响。例如，一项非常重要的任务会导致更强的有偏自我归因。如果投资者把每项投资决策作为众多投资决策中的一个，那么有偏自我归因就能减轻个体任务的感知重要性。同样，自尊心强、出色的前期表现和经验都会引起有偏自我归因。投资者可以培养自己去观察之前的投资结果，跟适当的基准（如基本的资本资产定价模型）相比，这可以降低不合理的强自尊心和对前期的优异表现感知的影响。

3. 应用对美国投资者的金融研究成果来了解不同文化中的投资者行为，这样做是有局限性的。如果文化和心理观念不同，则用以美国为中心的心理学理论来研究全世界投资者的行为对于这种理论的全球适用性而言过于草率。或许有必要对理论尤其是行为金融理论进行重新评价以反映这类新出现的文献。讨论时可以围绕本章关于文化差异的参考文献进行详细探讨。

4. 这种讨论主要关注情感直觉推断中的“未知”风险元素。研究表明，当存在一个较大的未知风险元素时，情感直觉推断在决策中会更具有影响力。在投资时，小型个人投资者相比专业投资者会经历更高水平的未知风险。因此，这类投资者的情感反应会在更大程度上影响他们的投资决策。尽管本章泛泛地涉及这一主题，但我们还是可以将讨论扩展到对有限理性和投资者决策之间的关系的探讨。例
702 如，投资者的有限理性水平是否会决定决策中他们所依赖的情感水平？某些类型的媒体是否以不同的方式影响投资者？相比风格稳重的《华尔街日报》对其读者的情感所产生的影响，风格活跃的 CNBC 主持人吉姆·克莱默①是否会对电视观众决策时的情感产生更大的影响？

第 18 章　市场无效

1. 价格对最优风险配置有重要影响。合适的价格会促进有效的风险分担。可以承担更大风险的实体会承担风险。而如果价格是错误的，那么对风险的定量分析以及制定良好的资产组合决策就比较困难。如果价格是正确的，那么只要普通投资者进行多样化投资，他们在选股票时就不会犯错。如果他们承担了高风险，那么他们会得到高的（期望）收益作为补偿。然而，如果价格不正确，那么单纯的交易者（不懂游戏规则的人）会亏损。更一般来说，非理性的价格能任意地影响经济体中财富的分配。价格是任意的这种想法会使得信息不足的投资者离开股票市场。较低的投资者参与度会致使金融市场流动性降低，反过来，会导致公司难以集资，不能制定最优的无约束的投资决策，并导致经济增速的普遍下滑。

错误的价格对公司影响也很大。正确的价格能对如经济增长预期、贴现率和波动性等商业计划因素提供有用信息。相反，错误的价格会损害商业和消费者计划。例如，我们考虑公司的投资决策。一个简单的投资规则可能涉及计算托宾 Q 值，其中 Q 为现有资本的市场价值与重置成本的比率。若市场价格（比率的分子）是正确的，那么 Q 值能够有效引导资本配置决策。“若 $Q>1$，则增加投资；若 $Q<1$，则减少投资”这个规则类似于采取所有正的净现值投资。不过若价格是错误的，那么 Q 值会给出错误的信号。最后，如果价格是正确的，那么股票价格会增强公司治理的作用。通过对表现不好的公司的关注，价格的下滑会帮助股东在公司经营不善时及早对公司进行干预。不正确的价格会阻碍这种作用。

2. 多空套利策略（long-short arbitrage strategy）涉及卖出 DTB 期货和买进 LIFFE 期货。这样就可以在 T 时刻形成完全对冲。然而，投资者需要支付保证金：3 000 欧元（伦敦）和 3 500 欧元（法兰克福）。因此这并非教科书上教的套利行为，因为交易成本既不是零也没有收到任何预先的利润。假定交易发生在时间 t_1 $(t<t_1<T)$，会发生以下两种情况中的任意一种：

① 吉姆·克莱默是美国电视名人、畅销书作家，曾经做过基金经理，是 CNBC 节目“疯狂的金钱”的主持人。——译者注

案例一：价格收敛于 242 500 欧元。投资者能拿回保证金并获利 5 000 欧元。

案例二：价格进一步偏离。DBT 合约从 245 000 欧元变到 250 000 欧元。投资者接到 5 000 欧元的出资请求，用以维持其仓位。这偏离了课本中的套利，因为投资者未来的债务并不为零。

3. 这并非套利机会，因为它是基于事后信息的。在发布公告时，我们不知道合并最终是否会失败。因此，这种情况无法构建套利机会。

第 19 章　基于信念和偏好的模型 703

1. 新古典金融学理论是建立在很多不现实的强假设基础之上的。然而，为了使用数学工具进行分析，这些假设又是非常必要的。新古典模型通常具有量化和规范性的特征。因此，使用市场数据对其加以检验是可行的。不幸的是，实际观察到的市场经常严重偏离新古典主义理论的预测。

行为金融学所提出的模型通常更加直观并且不太正式。它们更多的是描述性内容，很难进行经验检验。行为金融学模型在事后对市场异象具有很强的解释力，但是很难利用其进行事前预测。

在这个意义上，新古典金融学和行为金融学可能会被视为彼此互补的关系。新古典模型提出了市场应该如何运行的标准，而行为金融学模型则解释了为什么经验结果不同于新古典的预测。

2. 巴贝尔斯、施莱弗和维斯尼（Barberis，Shleifer and Vishny，1998）提出的投资者感情模型，假设在某个特定时刻，所有的投资者要么相信市场趋势会向均值回归，要么相信趋势会延续下去。根据观察到的不同于预期的市场情况，投资者的信念从一个模式转换到其他模式，但这种转换是存在延迟的。投资者感情模型预言投资者感情会同时存在短期惯性和长期反转的特征，但无法解释股票回报率长期持续存在的现象。

丹尼尔、赫什莱佛和苏布拉玛尼亚姆（Daniel，Hirshleifer，and Subrahmanyam，1998）提出的模型假设投资者可以被划分为两种类型：消息灵通的和不知情的。只有消息灵通的交易者可能会影响到市场。因为存在过度自信，他们过高估计了私人信息的作用，因此对事件作用的不正确认识使得他们对公共信息反应不足。丹尼尔等提出的模型预言短期中存在惯性，长期中惯性和反转的可能性都存在。这个模型不能解释一些市场事件之后出现的长期反转。

在鸿和斯坦（Hong and Stein，1999）的模型中，存在两种类型的投资者：使用基本面分析的“消息观察者”和追踪短期股价变动趋势的动量交易者。该模型表明这两种类型的交易者的存在会导致市场从反应不足变为过度反应，并且解释了短期惯性和长期反转的存在。该模型难以解释选择性事件发生后的长期的公告后漂移。

3. 信息处理过程中的误差有时会导致反应不足，有时也会导致市场过度反应。对新的正面信息的反应不足或对负面信息的过度反应都会低估资产价格。相反，对

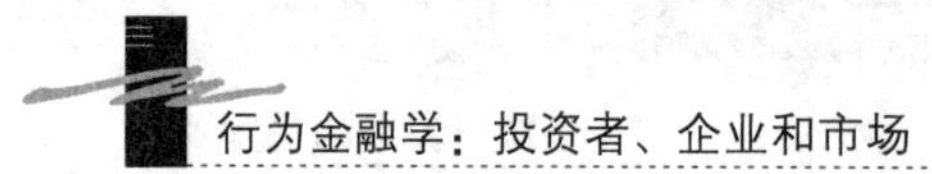

正面信息的过度反应和对负面信息的反应不足都会高估资产价格。投资者可能对某一特定类型的信息反应不足，同时对另一些信息反应过度。

一些可能引起市场反应不足的重要的心理学现象是锚定效应、认知保守主义和
704 证实性偏见。由于不切实际的乐观主义、一厢情愿和损失厌恶，市场可能会反应不足，特别是在面对负面信息的时候。

市场过度反应可能是因为可获得性偏误、与校准效应并存的过度自信和真理的错觉。在这种情形下，不切实际的乐观主义和一厢情愿会导致市场对正面信息的过度反应更为频繁。

4. 当投资者根据有限的观察得出不成熟的结论时，就会发生短序列效应。在决策者并不了解产生连续观测的规则时，这种情形也会发生。

与之形成鲜明对比的是，如果非常了解一个随机过程的分布，那么低估样本量大小的重要性会导致所谓的赌徒谬误，这是一个不合理的信念，怀有这种信念的人认为即使在小样本的情况下，最终结果也应符合概率分布。

在资本市场中，短序列效应会使投资者试图去发现价格在随机序列中变动的趋势。赌徒谬误是导致期望收益过早反转的一个原因。寻找趋势是更为典型的个人投资者行为，而预期反转在专业人士间更常见。

5. 取决于参考点的风险厌恶程度的变化对所谓的意向效应有很大影响，意向效应是倾向于“过快”卖出盈利股票，持有亏损股票的时间“过长”。意向效应可能导致资产价格暂时被低估或高估。

持有最近价值大幅上涨的股票的投资者想安全地实现利润。他们表现出了较高的风险厌恶程度以及适用较高的贴现率。当他们决定卖出股票将收益变现时，会产生额外的股票供应，导致价格暂时被低估。

持有已经发生损失的资产的投资者并不想在发生明显的亏损时平仓。他们表现出更低的风险厌恶程度。他们由风险厌恶转变为损失厌恶。因为当他们决定继续持有资产时，该资产的供给便受到了限制。因此，便有可能出现股价暂时被高估的情况。

第 20 章　基于采访研究对公司决策行为的解释

1. 考虑到普遍需求和特殊背景，市场显示出不同公司的决策结果。这种信息是事后信息，对了解公司如何决策并没有太大的帮助。为了了解公司如何决策，需要使用另一种方法来预估公司可能的决策。开放式的深度采访研究也许是一种值得
705 尝试的可选方法，它不仅有助于理解个体公司的理性，而且也能提出更为可信的市场行为假说。

2. 开放式采访与统计分析的结果并不具有充分的可比性。然而，它们却能提供更为充分的解释，让人们更好地理解为什么公司会如此行事。尽管每个受访者不可能回答所有问题而且关键因素互不相同，但是这种方法仍然有可能产生更好的行

为假说。同样，至于那些无法回避的回答差异性问题，虽然有悖于统计分析的可靠性要求，却为我们提供了另一种宝贵的实证工具。

3. 一些研究（如 Bewley，1999）发现了工资刚性的趋势，并且为这种现象提供了一个基本解释。然而，相同的研究却发现在特定的条件和环境下，工资刚性会被削弱，有时这种削弱还十分明显。甚至在 2008—2009 年，工资刚性在当时的经济环境下被削弱了，这似乎比更容易预期的严密逻辑分析缺乏灵活性。经济产出和就业水平急剧下降，但是有些人的工资下降很少，而有的甚至根本没有下降。

4. 技术进步使得数据和程序的成本降低，数据处理程序从而得以普及，这使得估算比以前更为可行。然而，由于仍然存在时间约束、某些不确定性和其他的问题，最优化仍然难以获取，决策者必须在计算时进行直觉推断。在做判断时不可能没有它们。虽然衡量技术、数据和程序的成本及可获得性都有所提高，但是金融学预测和经济学预测的准确性在近年却没有得以改进。如果说最近决策变得更容易被预见，那么它也主要表现在个人或公司的层面上。此外，在微观层面预测精度的提高可能是因为决策者如今更倾向于使用直觉推断法，并且比先前更了解直觉推断的趋势以及解决直觉推断偏误的方法。

第 21 章　融资决策

1. 管理者特质理论对权衡理论做出了补充。乐观主义和过度自信为异质性提供了另一种来源，因此可能解释了为什么尽管公司和行业特点相当，但融资决策却不同的原因。此外，对于检验标准融资优序理论，存在很多模棱两可的证据，管理者特质理论为此提供了新的解释。偏误可以解释标准的和反转的优序偏好的共存现象。

2. 在权利持有人间存在冲突的情况下，有偏误的管理者与无偏误的管理者相比，会做出更少的次优决策。在管理者和股东间存在冲突的情况下，理性的管理者不充分地使用债务以维持挪用资金的自由裁量权，然而有偏误的管理者会选择较高的债务水平。这样的管理者会在不知不觉中限制自己不去挪用资金，并使股东福利增加。投资不足问题，其实就是公司债券持有人和股东间冲突的一个变形。与理性 706
的管理者相比，乐观或过度自信的管理者会更早投资。其结果是，投资不足的问题被缓解，股东的福利增加。如果权利持有人之间没有任何冲突或管理者偏误过于极端，那么偏误可能会损害股东的福利。

3. 依据调查测量的逻辑，对预测和现实进行比较，人们就可以基于管理预测和实际的销售额、利润和现金流来构造测量方法。会计数据的管理预测往往是公开信息，相比调查方法，数据的可得性提高了。

此外，还可以基于对乐观主义和过度自信的来源的分析，研究出对乐观和过度自信的处理方法。潜在的决定因素有年龄、性别、任期、文化背景和教育等。伯特兰和舍布尔（Bertrand and Schoar，2003）发现，出生年代较早的管理者更加谨慎行事，而拥有 MBA 学位的管理者更加积极冒险。

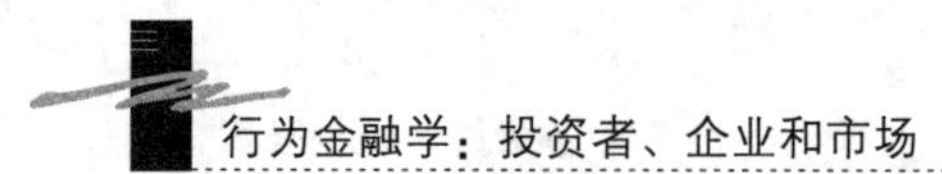

4. 不对称的激励方案，即超比例奖励成功和低比例惩治失败，这可以使管理者行为看起来似乎分别是乐观的或过度自信的。这些激励机制可以通过补偿合同得到执行。另外，这些激励机制还可以通过企业文化得到增强，例如，强调机会而忽视内部沟通的风险。

内部晋升比赛会选择过度自信的人进入高层职位。鉴于选择过程是以对过去行为的观察为基础的，因此当与其他理性的管理者（Goel and Thakor，2008）竞争时，过度自信的管理者被晋升为首席执行官的概率最高。另外，现有的对偏误来源的认识都与个人特质有关，也许股东招募的管理者在一开始就是存在偏误的。

5. 正在考虑雇用有偏误的管理者的董事会成员除了考虑关于融资决策的问题之外，还必须考虑到全范围的潜在利益和成本。偏误可以是有益的，因为它们可能会降低管理者风险厌恶（Goel and Thakor，2008）的不利影响。过度自信程度为中等时，有偏误的管理者的行动将接近那些风险中性管理者的行动，从而使更多的风险净现值为正的项目被接受。研究表明，乐观的和过于自信的人有更好的社交技巧。特别是，他们很可能会更快乐、更受欢迎、更愿意帮助别人、更忠诚、更愿意长时间工作，并有更强的创造性地解决问题的能力（Taylor and Brown，1988；Puri and Robinson，2007）。

管理者的偏误，也可能有成本。有偏误的管理者倾向于利用公司资源进行过度投资或从事破坏性的兼并和收购，使企业资源低效运作。有偏误的管理者更可能不从自己的错误中吸取教训，因为他们将失败归咎于运气不好，而不是自己决策的无效性。同样的道理，他们也可能不听取外部的反馈和建议。

707

第22章　资本预算和其他的投资决策

1. 管理者在做资本预算时更可能倾向于过度自信，主要有以下几个原因。第一，资本预算决策是很困难的，人们在面对复杂问题时更容易过度自信。第二，因为管理者并不会频繁制定关键资本预算决策，并且从过去决策中得到的反馈通常不准确，所以他们很难从中学习和纠正自身判断的偏误。第三，有可能留任或升职的管理者通常都有着非常成功的经历。因为人们通常会高估自己对于成功的贡献程度，所以管理者们往往过度自信。第四，过度自信的个人也会因为高估其未来的工作提升前景，而被管理职位所吸引。第五，公司可能偏好于雇用过度自信的管理者，因为与理性的管理者相比，所需付出的激励成本更小。

2. 过度自信的管理者给自己所掌握的信息赋予过高的权重。当他们的私人信息表明一个项目的盈利性比最初预期的情况要好时，他们就会高估该项目；否则将会低估该项目。公司之间的竞争促使管理者快速地执行那些最明显的有盈利性的项目，因此（剩下的）大多数可获得的项目其盈利性往往不显著。这样造成的结果就是，大多数的项目都不得不在搜集信息方面付出很大努力，并且管理者需要得到一个足够积极的信号才会选择执行该项目。也就是说，无论管理者是否存在过度自信从而过于看重自己的私人信息，关于项目的消极信号都足以促使管理者选择放弃。相反，当管理者的过度自信使得某项目看起来具有足够优势时，这个积极信号通常会导致过度投资。换言之，管理者的过度自信单方面地通过强化其对积极信号的判断偏误来影响公司的投资决策。类似地，乐观的管理者对所有项目感觉到的盈利性都比其实际的盈利性要高。因此，这样的管理者也倾向于投资那些理性同行不会考虑的项目。

3. 度量管理者的过度自信程度的第一种方法是使用股票和股票期权的数据进行分析。过度自信的首席执行官（CEO）们会在最优行权时机过后仍然持有手中的股票期权，并且不考虑非系统性风险持续增加而一直定期增持其他公司的股票。第二种方法则借助大众传媒描述 CEO 的口吻来判断。那些被描述为“自信”“乐观”的 CEO 通常比那些被描述为“谨慎”“保守”的 CEO 更可能受到过度自信的影响。第三种方法是对 CEO 直接实施调查，包括询问一些可以用于推断受访者的行为特征的问题。比如说，CEO 对未来市场收益的预测呈现密集分布，便表明其存在过度自信的倾向。第四种方法利用的是他们对公司盈利的预期数据。当管理者倾向于高估公司的预期收益时，他们可以被划分到过度自信之列。

4. 根据古典经济学理论，一个公司的投资应该完全受盈利机会驱动，如托宾 708
Q 值。然而，研究者发现，即使把 Q 值作为解释变量，一个公司的现金流仍会与投资呈现正相关关系。研究者通过假设投资和现金流之间的相关关系会随着管理层的过度自信而发生改变，检验了管理人员的过度自信对这种关系的影响。例如，可以通过增加一个额外的解释变量，即现金流和管理人员过度自信程度的交互项来进行上述检验。根据希顿（Heaton，2002）的研究，过度自信的管理者往往不愿意通过发行风险证券来为新的投资融资，而充沛的现金流则提供了较松的融资约束，允许这些管理者追求其充满挑战性的投资策略。马尔门迪尔和塔特（Malmendier and Tate，2005a）则发现该交互项显著为正。也就是说，当管理者过度自信时，现金流对投资的冲击会更强。

5. 当公司中风险中性的股东们雇用一名管理者，并允许其自主决定公司的投资决策时，管理者的过度自信可以缓解风险厌恶引发的道德风险问题。也就是说，管理者的过度自信使其认为他能控制的风险远远高于其实际水平，很自然地抵消了风险厌恶所带来的保守主义倾向。在这一前提下，管理者的过度自信是非常有益的，因为其减弱了激励和风险分担之间的矛盾，这种矛盾是风险中性的委托人与风险厌恶的代理人之间的合同关系所固有的。由于过度自信的管理者会自发地执行更符合公司所有者需求的投资策略，所以没必要像风险转移那样重新调整管理者的激励。结果是这两者间的合同安排将会变得更加高效。

第 23 章　股息政策的决策

1. 问题在于这些理论具体描述了股息之谜，但没有帮助解决“公司为什么会派发股息”的基本问题。股息追随者假说提出，有些类别的投资者对股息有更强烈的偏好，因此迫使公司派发股息。潜在的投资者可以按其自身特性分为偏好派发股息的投资者和无此偏好的投资者。此外，该理论也能解释为什么一些投资者会比别人对股息有更大的兴趣。然而，该理论并没有对最基本的问题，即为什么人们会对股息有需求给出清晰的解释。

公司生命周期假说同股息追随者假说在某种意义上很相似，它帮助人们识别出那些更有可能派发股息的公司，如大型、成熟、稳定的公司。这些公司有稳定的现金流，投资机会可能会相对较少，但也因此积攒了大量可以派发给投资者的现金。因此，该理论解释了不同特征的股息派发者的不同股息支付政策情况。该理论并没有解释为什么公司初始会决定派发股息，而不是通过股票回购来分配资金。

709 2. 股息也可能是一种社会规范，也就是说公司派发股息是因为“所有公司都在这么做”。检验该假说的主要问题是它需要排除所有可供选择的经济学解释。例如，假设一些公司派发股息是因为它缓解了不对称问题，而其他公司认为它是一种社会规范。

识别社会规范的运行方式需要将它从其他混淆的因素中分离出来，也就是说，要证明派发股息不是出于任何特殊的经济目的。这非常具有挑战性，因为只有少数公司才会出于这个目的分配股息。另一种方法是证明在社会规范改变时，公司的股息政策也会发生改变。至少对一些公司而言，社会规范可能开始于一些基本原理。因此，我们很难从没有任何经济原理的股息派发中分离出初始原理。

3. 不能。管理者偏误理论解释了为什么一些公司比其他的公司要派发更多的股息，以及为什么有的公司尽量避免派发股息。这些理论并没有解释，也没有尝试解释为什么投资者喜欢股息，以及为什么股息是非常有用的。

4. 这些理论解释了投资者喜欢股息的基本原因。从新古典模型来看，这些理论中的投资者行为没有实现自身利益的最大化。在“手中鸟”理论中，投资者不懂得对于自己而言，股息与资本利得的实际价值是一样的。在自我控制理论中，投资者会产生负罪感，从而在需要为消费融资而卖出股票投资时承受负效用。在心理核算中，投资者使用前景理论的效用函数，在估计投资回报时不受自身总财富的影响。在这样的效用函数下，投资者会很重视很小的正面回报（股息），因此，收到这些回报对他们来说是非常有益的。

为了理解股息需求的来源，实证检验这些理论的困难之处在于，需要准确识别出投资者所经历的心理过程。在实验室中，这通常是可行的，但是使用历史数据时就很难实现，例如，进入投资者的思考过程就是非常困难的。

5. 是的。估值标准假说表明投资者之所以偏好股息是因为它有助于评估公司价值。然而，很多经验证据表明股息对于未来收益并没有很强的解释力。因此，由于回报率存在很多噪声，所以股息并不是一个实用的评估工具。尽管股息不是一个实用的评估工具，但是投资者还是会像使用其他那些并不是特别有用的信息（如

52 周价格新高、市盈率、过去的收益）一样，使用股息对公司价值进行评估。

710

第 24 章　忠诚、代理冲突和公司治理

1. 代理是指一个人（代理人）被期望会收敛其自主权，而以另一个人（委托人）的利益为标准来行事的情况。在金融领域，一个典型的代理框架是：CEO 作为代理人，股东作为委托人。因为 CEO 被期望能够不顾及任何私人利益的冲突，努力经营企业，使公司股东财富最大化。

对于代理问题的看法，传统金融学与微观经济学有着一个根本性的差异。这一差异在于人们追求自身效用最大化，而企业追求价值最大化，而价值通常被定义为当前及未来现金流的预期现值。这一差异导致了一个根本性的冲突：企业的高层管理者能否做出恰当的决策，以便同时实现自身效用和企业价值的最大化？

微观经济学假设企业的高层管理者都是值得信赖的代理人，他们放弃了自身的效用最大化目标，而选择使企业价值最大化，因为他们负有为委托人——企业的所有者（股东）——谋取利益的责任。金融学则推断高管会最大化自身效用，从而企业的价值最终会比微观经济学预测的结果要低。企业价值的下降被称为代理成本，并且这一根本性的冲突被称为代理问题或委托—代理问题。

一个相关的例子可能是某个 CEO 会利用企业的资金建造一栋富丽堂皇的公司总部大楼，或购买奢侈的公务机，或进行其他能增加自身效用但会减少股东未来股息的支出。其他的例子还包括某个 CEO 会出于自己的偏好或政治因素，将企业资金投入亏损的项目中，或根据自己偏好的某些特征（如种族和性别）而不是公司需要的技能来雇用员工。

2. 在金融学领域中，社会心理学中的代理人转变出现在当一个代理人被期望会收敛其自主权并以另一个人的利益为标准行事时。一个典型的例子是一位士兵被抱以不顾自身利益而在军队中服从上级命令的期望。当士兵不再思考他自身行动可能导致的结果，而纯粹反射性地遵从命令时，代理人转变就会发生。如果该命令是不合法或不道德的，那么这一转换就会造成很多问题。

一个在社会心理学中被普遍引用的案例是忠诚于执行大屠杀（Holocaust）命令的德国士兵。在金融学领域，如果一个企业的主管、董事、中层管理人员和普通员工，都忠诚执行 CEO 坚持要求的明显错误的、非法的或不道德的任务，那么代理人转变就可能会造成很多问题。在以上两种情形下，代理人所做的辩护——“我只是执行命令”——在事后看来非常无力。

3. 正如本章所描述的，如果代理人表现出的忠诚，对于社会而言并非最优的，那么广义的代理问题就会产生。这一概念包括两种情形，分别是：在标准金融学的代理问题中 CEO 对股东的社会性忠诚不足；由代理人转变造成的企业主管、董事、中层管理者和普通员工对 CEO 的不合适的、不道德的或不合法的命令的社会性过度忠诚。

4. 这种调和可以通过几种方法做到。一种是将代理人转变视为在信息成本高
711 昂时的使效用最大化的理性行为。追随一个看似知情的前辈要比花费大量时间使自己成为知情人更有效率。这种行为被称为信息瀑布效应，并且只要不知情的人去模仿那些在他看来知情的人，该现象就会发生。

另外，从属于一个行政管理系统或其他等级结构，也可能为人民带来效用。在人类进化的进程中，相比顽固的个人主义，从属于良好的组织时的生存概率会更高，人类的本性中可能就包括这一特质。

米尔格兰对离职者进行的访谈研究支持后一种观点，这表明社会心理学代理人转变的发生是因为代理人从忠诚、恪尽职守、满足他人对自己的期望方面获得了真正的效用。这表明人们从“忠诚”“恪尽职守”和类似行为中获得了正效用。“义务”和“忠诚”这类使人情绪饱满的概念与“温暖而光辉”的人类情绪是一致的。

5. 米尔格兰的实验表明，如果被试者同权威人士完全隔离，那么代理人转变会轻微减弱；如果被试者注意到其同事提出不同意见，则代理人转变会显著减弱；如果被试者注意到权威人士之间的对立情况，则其服从行为甚至会完全消失。在先前讨论的问题框架中，这些情形都会损害尽忠职守为被试者带来的效用。

在金融领域，CEO 具有权威地位，如果能发现某种降低企业主管、董事、中层管理者和员工对 CEO 的不恰当的、不合法的或不道德的策略的忠诚度的方法，那么社会福利也会随之增加。比如，核心董事会下的小组委员会排除 CEO 的参与，使委员会成员与 CEO 之间存在一定的距离，也许能削弱代理人转变对他们的影响。如果独立董事真的独立于 CEO，那么独立董事也能在董事会或董事委员会会议中发挥“持异议的同事”的作用。独立董事对企业政策提出必要的质疑，也会显著地削弱会议里充斥的代理人转变问题，促使每个出席者去思考备用方案的真实价值。如果董事会主席是独立的，对 CEO 一无所求，并能够公开反对 CEO 的意见，那么他就可以作为董事会议里潜在的权威人士，并且其与 CEO 的不一致可能会完全消除代理人转变的影响。这种消除使得董事会里的每个人都丧失了从属于行政管理体系的舒适感，且不得不承受评估双方冲突的认知和其他成本。

当然，无止境的辩论会增加决策成本，所以对全社会而言，有效率的结果是激励异议直到其成本等于其带来的价值增加值。不幸的是，我们并不清楚这一最优点的具体位置。例如，若一个员工发现了一些非常严重的错误，然后表现得像“告密者”一样去把公司犯错的证据泄露给新闻界或是交给政府，那么这种情形往往会令人非常愤怒。而这些告密者，通常是那些权力相对较小的底层员工，将会面临被骚扰、迫害或被列入黑名单的境遇。现在很多国家都有保护告密者的法律，尽管这是
712 非常必要的，但这些法律有时仍会被批评，因为它赋予了那些不满分子、情绪不稳定的员工，甚至是敲诈勒索者过大的力量。这一争议强调了从消极的异议中区分建设性建议的重要性。

其他领域的例子也很丰富。在政治上，民主政治下存在反对党和一个特定的反

对党领袖，其职责是批评政府的政策。在英国式的议会民主制下，反对党被称为“忠诚的反对党”，最大的反对党领袖被称为“忠诚的反对党的领袖”。在这种情况下，“忠诚”这个词语体现了对国家的忠诚，对政府持续公开的批评则是这种忠诚的表现。

在现代普通法的法律体系下，每个律师阐述的都是自己的一面之词。这使得对立的权威人士要站在法官和陪审团面前进行辩护，而法官和陪审团需要自己独立判断案件的是非曲直。相比之下，中国或俄罗斯的法律体系通常赋予法官更大的责任。国家任命的法官可以要求调查证人，拷问目击者，最后做出判断——这一切没有任何争议，除非被告人抗议自身无罪。

学术研究人员如果试图在拥有很高声望的科学期刊上发表文章，就必须面临同行的评审。杂志编辑将可能发表的文章提交给一个或多个与作者同领域的研究人员。这些同行评审将明确指出该研究暴露出的缺陷。然后杂志编辑会仔细权衡作者对这些同行所提意见的回应，再来决定是发表或还是拒绝这一文章。

这些不同领域的例子都介绍了一些有效消除金融领域里代理人转变问题的方法。也许在董事会中也应该存在一个“忠诚的反对党领袖”——比如首席独立董事——持续公开地质疑那些违背股东利益的决策。一般而言，公开批评公司政策的董事往往会被迫辞职。但其实与此相反，也许包容这类董事并允许他们长期参会才是正确的做法。当董事会面临着艰难的决策时，或许他们应该继续容忍这些董事履行异议者的职责——就像阐述自己一面之词的双方律师一样。而全体董事会成员就像在刑事案件中的陪审团一样，在听取不同的观点之后再做出决定。董事们也可能会关心那些错误的但是正在执行的企业政策，聘请独立的顾问来扮演学术同行评审的角色也许是一种可行的方法。

当然，议会式民主制国家、普通法法庭和学术同行审查都对辩论有所限制。为了争论而进行无休止的争论，恐怕无法提高最后的决策质量，公司董事会中可能也会发生同样的情况。议会、法院和杂志编委会都制订了复杂的制衡措施，在争论有益时鼓励争论，在争论有害时则限制争论。公司治理机制的改革，也需要在董事会议上寻求更好的平衡。

713

第 25 章　首次公开募股

1. 这个问题涉及米勒（Miller，1977）的论点和德里安（Derrien，2005）的模型，以及永奎斯特、楠达和辛格（Ljungqvist，Nanda，and Singh，2006）的研究。为了使模型体现出三个 IPO 之谜，一方面，投资者（例如，感情投资者在高价格时的强烈需求）和卖空限制之间存在的不一致是必要条件。另一方面，由于投资者感情浓烈时的首日收益率会很高，因此此时需要有另外一种力量来阻止发行者将 IPO 价格设定为感情投资者所认为的价格。这种力量可以来源于 IPO 市场本身的制度特点（请参考第 25 章中的“乐观投资者和 IPO 发行抑价”小节以获取更详细的内容)。

2. 投资意愿强烈导致股市的定价过高，相当于为公司提供了机会之窗，而公司很有可能利用被高估的时机选择上市。因此，随时间变化的投资者的感情变化可以解释随时间变化的 IPO 发行量，特别是热点发行市场的 IPO 发行量。另外，经济基本面原因也可能导致热点发行市场的出现，比如当集中在某个产业或整个经济体的大量公司都需要为了发展而融资时。帕斯托和韦罗内西（Pastor and Veronesi，2005）的论文证明，私人公司持有上市的期权。当预期盈利高时，该期权的价值也更高，因此更多的公司决定上市。本弗尼斯特、布诗达和威廉（2002）的研究表明，当承销商为了分担成本而将来自同一个新兴行业的许多公司进行捆绑 IPO 时，热点发行市场现象也会出现。

3. 通过拍卖的 IPO 才是实质上的 IPO，其中承销商的作用是有限的。这个问题相当于质疑了在感情投资者大量存在的传统 IPO 过程中，承销商所发挥的作用。有很多有力的证据表明，在 20 世纪 90 年代末的互联网泡沫期间，承销商自愿降低了 IPO 定价，这与本章所提供的投资者感情模型的预测相一致。据估计，当不存在承销商时，IPO 的价格会更高，这至少在短期内有利于发行者。但这种情况会真实发生的条件是，在 IPO 过程中感情投资者不会给参与报价的知情投资者带来消极影响。

4. 只有当个人投资者影响到 IPO 的市场定价过程时，才应该将他们排除在 IPO 活动之外，例如给机构投资者参与某些新股的 IPO 带来消极影响。但目前没有证据表明这种情况会发生。这一观点并不令人惊讶，因为至少在本章所讨论的投资者感情理论中，IPO 的所有其他参与者（发行者、承销商和机构投资者）都从感情投资者的存在中受益。个人投资者通常并不像机构投资者那样经验丰富，他们更可能受到感情因素的影响。因此，针对感情因素对 IPO 的影响的相关实证研究都集中在个人投资者的行为上。然而，无法保证所有的个人投资者都是感情投资者，而机构投资者都不是。此外，事实上个人投资者确实被排除在 IPO 活动之外。在典型的 IPO 过程中，承销商将大部分股票分配给机构投资者。根据第 25 章所讨论
714 的投资者感情模型，个人投资者对二级市场交易的作用很有限，但可能会间接地影响 IPO 定价。

第 26 章　兼并与收购

1. 这存在两个相关的原因。第一，如果 $Q < P < S$，那么目标公司股东短期内会获益，但从长期来看利益会受到损害。因此，短视的目标公司管理者可以通过出售交易中获得的股票来获利。第二，目标公司管理者可以利用兼并交易的机会来使其持有的非流通股或股票期权变现，同时也可能从主并公司那里获得单边支付。

哈策尔、奥弗克和耶马克（Hartzell，Ofek and Yermack，2004）对 1995 年至 1997 年发生的交易样本的研究发现，目标公司的首席执行官们（CEOs）会收到来

自主并公司的特殊奖金或者“黄金降落伞”（golden parachutes）形式的单边支付。这一发现表明，目标公司的CEO们通常都是短视的，他们更愿意得到现金支付而不是长期参与到主并公司的经营中。蔡和维（Cai and Vijh，2007）发现，那些持有很高的非流通折扣的股票和期权的目标公司的CEO们都接受了一个很低的溢价，他们很难抵制主并公司的诱惑，并且在获得之后都很快离开了公司。这些发现也支持了施莱弗和维斯尼（Shleifer and Vishny，2003）的观点，即目标公司管理者通常都是短视的，将收购看成一个套现的机会。

2. 正确区别错误定价假说和Q假说的一个困难是，这两种假说都认为投标行为存在一些相同的含义。表26—1总结了主并公司与目标方的估值如何影响投标行为的实证研究。虽然大多数的研究结果都与这两个假说一致，但有三点关于收购方收益的发现有助于区分这两种假说。

主并公司估值和主并公司公告收益之间的关系有助于区分错误定价假说和Q假说。在Q假说下，被高估的主并公司能从收购中获得更大的总收益，因此投标回报就更高。在1990年之前的收购案例中，郎、斯塔茨和沃克林（Lang，Stulz and Walkling，1989）以及瑟韦斯（Servaes，1991）发现的证据与Q假说一致。根据错误定价假说，市场对股票的高报价应做出消极的反应，因为它高估了主并公司的股票价值而不是目标公司的价值。另外，收购要约可能使主并公司在评估时更加谨慎，主并公司高估的价格也应该被纠正。董、赫什莱佛、理查森和张（Dong，Hirshleifer，Richardson and Teoh，2006）的研究发现公告收益显著低于主并公司提出的高估值，支持了在20世纪90年代收购交易市场定价普遍错误的观点。

估值较高的主并公司，特别是那些20世纪90年代的主并公司，所购买的股票的长期表现都不理想，这也和错误定价假说一致。

萨韦尔和卢（Savor and Lu，2009）的研究发现收购失败的公告对主并公司的股票回报有正面影响。这同错误定价假说一致，而与Q假说不一致。根据Q假说， 715
取消有助于价值提升的收购行为将对主并公司自身价值产生负面影响。

总之，上面列出的关于主并公司收益的证据都支持了错误定价假说，特别是对20世纪90年代的收购者而言。

3. 根据错误定价假说，被高估的主并公司从相对被低估的目标公司那儿获得被高估的股票。股票价格被高估也使主并公司能够更容易地筹集资金进行现金收购（所以仍然可以观察到相对被高估的主并公司进行现金收购），现金主并公司从收购被低估的目标中获取利润。

关于主并公司是否会在长期中获益则非常有争议。多数研究发现，主并公司在收购之后长期表现不佳，特别是估值过高的主并公司（Loughran and Vijh，1997；Rau and Vamaelen，1998；Moeller，Schlingemann and Stulz，2005；Song，2007；Fu，Lin and Officer，2010）。我们所面临的一个挑战是如何确定“没有进行收购活动”的主并公司的真实价值标准。昂和程（Ang and Cheng，2006）以及萨韦尔和卢（Savor and Lu，2009）提供的证据表明，主并公司在长期内确实获得了正的收益。即使主并公司没有从一些收购活动中获益，这也不一定是用来反驳施莱弗和维斯尼（Shleifer and Vishny，2003）提出的模型（该模型可以识别主并公司在长期获益的条件，例如，$P<s$）的证据。此外，代理理论可以被纳入错误定价假说里面：一些 CEO 为自己的股东工作，而另一些则为自己工作（Jensen，2005；Harford and Li，2007）。在后一种情形下，收购活动可能使 CEO 获益，而不是主并公司的股东们。

4. 检验那些关于总体收购活动的理论非常具有挑战性，主要是由于以下几个原因。首先，反映市场或行业总体水平的可用数据要远少于横截面的交易数据。其次，这些检验的结果对公司兼并浪潮和市场估值水平的分类方法十分敏感。最后，总体层面的错误定价可能与宏观经济或产业冲击相关。

纳尔逊（Nelson，1959）指出，收购活动一般集中发生在股票估值较高的时期，特别是当支付手段主要为股票时。近三次收购活动浪潮主要出现在 20 世纪 60 年代、80 年代和 90 年代，这与施莱弗和维斯尼（Shleifer and Vishny，2003）提出的研究框架十分契合。沃特（Verter，2003）提供了更为系统的证据表明，收购活动的总规模随着总的市场定价以及定价的分散程度的提高而增大，并且在高价股票的收购活动之后紧接着的是低市场收益。拉蒙特和斯坦（Lamont and Stein，2006）以及贝克、福利和伍格勒（Baker，Foley and Wurgler，2009）的研究进一步支持了市场总体估值水平会影响收购活动的结论。

另外，哈福德（Harford，2005）提供的证据表明，当整个资本市场有足够的流动性时，经济、监管和技术冲击将推动着行业兼并浪潮。一旦涉及流动性因素，市场—时机变量对兼并浪潮就基本没有预测价值。鲍曼、富勒和纳安（Bouwman，Fuller，and Nain，2009）对比研究了在市场整体估值偏高和偏低时期收购活动的特征，认为在高估值收购之后，主并公司的长期业绩不佳与管理者羊群效应一致而和市场时机理论不一致。

716 总体上看，相关研究证据表明市场估值错误很可能会影响到总体收购活动，尽管其他的经济因素也可能影响兼并浪潮。

5. 施莱弗和维斯尼（Shleifer and Vishny，2003）（SV）模型是基于上市公司间的交易。当这两家要合并的公司的股票都被交易时，估值较高的主并公司会用自身股票去购买估值相对较低的目标公司，主并公司再使用现金购买被低估的目标公司并从中获利。一个不变的事实是，相比公共交易中使用现金的主并公司，股票主并公司的公告收益更低。这符合 SV 模型的预测。

与之相比的是，目标公司为非上市公司时其收购支付手段传达了不同的信息。即使以股票方式收购私人或目标子公司也往往会获得正的公告收益。奥菲斯（Officer，2007）发现，未上市的目标公司通常是打折出售的。富勒、尼特和斯泰格莫勒（Fuller，Netter and Stegemoller，2002）发现，收购非上市公司通常会使主并公司的公告收益为正，并且一般随着目标公司与主并公司的相对规模的增大而增加，这与非上市公司通常以便宜价格出售的观点一致。最后，库尼等（Cooney et al.，2009）为主并公司收购私人公司实现的财富效应提供了另一种解释。以历史上一个很有价值的私人公司收购事件为样本进行的研究表明，主并公司之所以获得正的公告收益主要是因为其收购的目标公司的价值超过之前的估价。这与卡尼曼和特维斯基（Kahneman and Tversky，1979）提出的前景理论一致，即过去的一个参考点可以影响公司当前价值的评估。他们认为，当对股票价格不适用的非上市目标公司进行估值时，先前的估值参考点十分重要。

第 27 章　信任行为：证券市场的重要基础

1. 信任有三个特性。第一，施与信任的人（信托人）必须有意识地使他自己对于其他人或机构（受托人）处于易受损的状态。第二，信托人必须清楚受托人可以通过背叛信托人的信任来为自身牟取私利。第三，虽然如此，但是信托人必须预期受托人将不会利用他以及违背他的信任。

2. 如果信托人在相信受托人是值得信任的时候是理性的，那么信任就是相对理性的。更深层的一个问题是，相信另一个人的行为是无私的且值得信赖的，这是否是理性的。即使这一想法同用来解释所有人类行为的经济人（Homo economicus）假设不一致，它也得到了信任博弈中人类真实行为的实证证据的充分支持。因此，信任可能常常是理性的。

3. 自私地追求自身收益的渴望也可以激发信任。正如之前讨论的，信托人相信受托人的行为实际上是值得信赖的这一观点是理性的。正如信任博弈所示（至少在股票市场的某些时期），信任能够增加个人收益。

4. 如果没有信任行为，那么证券市场很可能会成为当今盛况下的一小片“荒 *717*
凉之地”。逻辑、反省法以及新出现的宏观数据都表明信任是一个庞大而繁荣的市场不可或缺的要素。

第 28 章　个人投资者交易

1. 主要的谜团是为什么投资者会如此频繁地交易。交易的次数超过了任何传统的理性模型所预测的数量。在分析这类交易时，有证据表明这一谜团在以下事实中显得更加难以理解，即频繁交易比单纯买入并持有策略所产生的收益要低。除了存在过度交易之外，个人投资者还表现出意向效应、本地偏向以及个人自我学习缓慢。

2. 本章中所讨论的两大类偏向是过度自信/自我归因和直觉推断。过度自信导致过度交易和风险承担。有很多种类型的直觉推断，如显明性、代表性偏向和外推偏向。这些直觉推断影响了投资者对风险和预期收益的信念，导致他们表现出本地偏向和意向效应，并降低了他们从自身所犯的错误中学习的能力。

3. 与市场的平均业绩相比，个人投资者的投资普遍表现较差。这种情况表明个人投资者中只有很少一部分可以战胜市场，而其中的主要原因也可能被解释为运气因素。在考虑交易成本和适当的风险之后，投资者的业绩会变得更差。这种业绩不佳的原因之一是，心理偏向常常使得投资者做出错误的决定。

4. 最显而易见的买卖成本是交易费。符合传统经济理论的一种不太明显的成本是机会成本。然而，投资者心理偏向影响投资决策的成本可能是最大的。

第 29 章　个人投资者投资组合

1. 第一个含义（被称为投资组合分离原理）是，投资组合的选择可以分为两个步骤：(1) 选择最优的风险资产组合；(2) 在风险和无风险投资组合上配置资金。最优风险投资组合是充分分散化的，并且对不同风险承受能力的投资者而言是相同的。第二个含义是，如果最优风险投资组合具有正的风险溢价，则在该组合上应该配置正的资金量。

第一个含义与实证观察结果不一致，实证观察到的是个人投资者仅对少数几家不同公司的股票进行大量的直接投资。投资者经常既利用共同基金进行分散化投资，同时也直接投资于股票资产组合。第二个含义与有限的股市参与不一致，即许
718 多家庭的投资组合中基本没有股票或股票基金。这种缺乏对股票市场参与的现象主要集中在贫困家庭。然而，许多相对富裕和受过良好教育的投资者也可能选择不投资于股票。

2. 虽然偏向有助于解释投资者行为的某些方面，但也存在一些缺点。首先，偏向的程度必须很大才能解释观测到的投资组合配置。其次，对投资组合选择进行定量预测是非常困难的。再次，偏向在市场周期中必须具有持久性，投资者在长期中无法通过学习来避免这种偏向。最后，家庭特征显著影响投资组合的选择，这意味着用基于偏好的方法来解释投资组合选择的问题是合理的。

参与成本可以解释为什么多数贫穷的投资者都不持有股票。然而，如果成本可以完全解释此现象，那么在一定财富门槛之下的所有投资者都不会持有股票，而高于该门槛的所有投资者则会选择持有股票。实证证据表明所有财富组别都存在有限参与现象。成本并不能解释为什么有投资账户的相对富裕的投资者和家庭会选择避免股票投资。

3. 排序依赖型效用和累积前景理论中都涉及决策权重，该权重可能不同于结果的客观概率。实验证据表明相对于其自身的客观概率，位于分布尾部的事件会被赋予更大的权重。通过强调尾部事件，这些效用函数能够同时对以下两者进行建模：投资者关注左侧尾部的不利结果（风险厌恶）以及对有利的高收益的渴望（风险逐求）。因此，这些效用函数预测的最优组合同时包括分散化和非分散化部分，正如所观察到的数据那样。

第 30 章　认知能力和金融决策

1. 一种方法是允许投资经验和认知老化影响感知到的股票市场参与成本。具体来说，年轻的投资者可能会因为没有经验而不参与股票市场，而年长的投资者可能也会由于认识到自己的信息处理能力和股票选择能力已经退化，从而退出股市。因此，有限参与模型可以被简单扩展，将参与成本作为关于年龄的“U”形函数纳入模型之中。

如果学习受到年龄和经验的影响，那么学习的过程也可以被明确地引入投资组合选择模型中。具体而言，学习可以是经验的凹函数，随着人们年龄的增长，认知能力降低，学习能力将会下降：

$$Learn = c_1 + c_2 f(experience),\ c_1 = g(age),\ \frac{\partial c_1}{\partial age} < 0$$

学习很重要，因为更丰富的经验和知识可以帮助投资者更好地估计投资收益。 719
例如，学习水平可以决定投资者对风险估计的精确度。学习水平越高，对风险的估计就越精确。这一直觉上的推断可以被引入均值—方差最优化问题中，这类问题中投资者对收益的方差—协方差矩阵的估计至关重要。

2. 零售数据集合的各个方面都表明该数据对美国投资者具有代表性。首先，与现有的证据一致（例如，Poterba，2001），投资组合的平均规模随投资者的年龄的增加而增大，同时没有证据表明年长的投资者会减小其股权投资的规模。事实上，无论按占其财富总量的比例还是按占其年收入的份额来计算，年长的投资者投资在股票市场的比例都更大。

样本中财富和收入的横截面差异与更具代表性的美国消费者金融调查报告（SCF）中相应的横截面差异的匹配度良好。例如，与波特巴（Poterba，2001）的证据一致，财富水平在 65～69 岁达到峰值。此外，年收入也在 47～52 岁达到峰值，这也与生命周期模型的预测一致。

3. 科尔尼奥蒂斯和库马尔（Korniotis and Kumar，2009）发现，即使投资者没有随着年龄的增长而减少其持有的高风险资产，他们也会将自己的财富转移到低风险的资产上。特别是，他们估计了一个面板多元回归模型，来分析不同年龄组的投资组合的特征。在该回归模型里，每一个年龄组的总资产组合中分配给一只股票的额外权重是因变量，平均回报、异质波动率、偏度、峰度和股票价格是主要的自变量。在 t 月分配给股票 i 的额外权重由下面的公式决定：

$$EW_{ipt} = (W_{ipt} - W_{imt})/W_{imt}$$

其中 W_{ipt} 是股票 i 在 t 月的小组投资组合 p 中的真实权重，W_{imt} 是股票 i 在 t 月的市场总投资组合中所占的权重。小组投资组合由特定年龄组 p 的所有投资者的投资组合所构成。此外，在上述回归中，他们还加入了以下控制变量来刻画投资者选择股票的偏好：（1）市场β值，利用过去60个月的数据估计而得；（2）公司规模；（3）账面市值比；（4）短期动量（过去一个月的股票收益）；（5）长期动量（过去十二个月的股票收益）；（6）关于S&P 500指数的虚拟变量，如果该股票是S&P
720 500的权重股，则该变量取值为1，否则为0；（7）每月的成交量；（8）年度股息率。回归的估计结果表明，年长的投资者相对年轻人而言更青睐低风险股票。具体来说，年长的投资者对那些波动性更大、市场β值更高、资本总额较少以及价格相对较低的股票的偏好，要弱于更年轻的投资者。此外，年长的投资者对高偏态的股票也表现出较弱的偏好，这表明他们不太可能去冒险寻求极端的正收益。

4. 科尔尼奥蒂斯和库马尔（Korniotis and Kumar，2008）基于SHARE的模型对2004年度健康与退休研究（HRS）数据同样适用，能够据其有效预测个人的认知能力。与SHARE的数据相似，HRS的数据集中包含约4 000户50岁以上的美国家庭样本的财务状况信息。2004年度HRS的数据中也包括对认知能力的直接测度，科尔尼奥蒂斯和库马尔使用这种对认知能力的直接测度进行了一次样本外检验。在该检验中，他们首先应用基于SHARE得到的模型，使用人口统计学数据来估算出HRS样本中个体智能水平的代理变量。然后，作者计算了估计得到的智能水平和HRS中所包含的个人智能水平之间的相关性。他们发现两者之间的相关性很强，超过了50%。这一样本外检验的结果并不令人特别惊讶，因为认知能力与相关因素间的关系已被证明在不同的国家和文化中都存在高度的相似性。

5. 为了识别由每个投资者的自身特性（认知能力的高低）所导致的投资绩效差异，科尔尼奥蒂斯和库马尔（Korniotis and Kumar，2008）分别选取不同的投资者自身特征作为认知能力的代理变量，计算在不同扭曲程度下，认知能力不同的投资者之间的绩效差异。绩效差异用特征调整后的收益差额来衡量。

在科尔尼奥蒂斯和库马尔的报告中，如果仅用收入作为认知能力的代理变量，那么投资组合的高度扭曲将给高认知能力的投资者带来正的绩效差异（≈2%）。当他们使用社会网络作为代理变量时，结果在性质上高度一致，虽然影响相对较弱。不过上述两种情况下，估计结果在0.10的水平下的统计显著性并不稳定。而当他们使用教育代理变量或年龄作为认知能力的代理变量时，绩效差异很大（大约为2.75%），且统计学上的显著性也明显改善。

接下来，科尔尼奥蒂斯和库马尔构建了一个包含标准化收入、教育代理变量、年龄和社会网络（年龄对其有负面影响）的等权重线性组合。在这基础上，他们发现当投资组合的扭曲程度很高时，绩效差异也较大（≈3.25%）。但是与预期的一样，如果选用填补法的实证模型计算出的认知能力的估计值，作为认知能力的代理变量，那么得到的结果的说服力更强。采用这种方法，在投资组合高度集中、转手率高和本地偏好强的情况下，绩效差异分别达到5.83%、5.56%和5.77%，且都在0.05的置信度下显著。这些证据表明，虽然个体认知能力的决定因素或其简单的线性组合能有效地区分掌握信息的投资者和存在偏误的投资者，但是认知能力估计值的区分能力还是要强很多。

第 31 章　养老金参与行为 721

1. 关于这个问题的答案，专家之间并没有达成共识。一些人认为文献证实的缺乏金融素养（Lusardi and Mitchell，2007）以及大量关于退休决策行为偏向的例子表明，计划发起人应尽可能使计划决策自动化，也应尽可能地帮助参与者避免犯错，以避免这些错误损害他们为保障退休而储蓄的能力。他们还指出，一些投资者缺乏兴趣（MacFarland，Marconi，and Utkus，2004）也进一步支持了他们的观点。

另外，如果一个人不知道在他们的职业生涯中如何做出正确的投资决策，那他们也没有为以后生活中的相关金融决策做好准备。目前，多数退休金计划未关注退休金分配阶段的简化或自动化，所以这种情况是可能的。许多专家相信，金融教育，加上利用自动操作元素对计划进行深思熟虑的设计将是最优的选择。

显然，在金融教育领域中需要做更多的工作，来设计和评估旨在提高参与者的金融决策能力的项目。此外，还需要更多的研究来检验以下结论，即在人们了解金融知识的条件下他们在退休决策上是否会显著减轻行为偏向，以及设计出的项目是否可以帮助一些人克服兴趣的缺乏所带来的弊端。在这一点上，这个问题更容易回答。

2. 行为金融与年金决策有多相关是一个新兴的研究领域。布朗（Brown，2008）概述了几种有助于加深对年金之谜的理解的行为金融理论。他提供了一些行为原因，如心理核算、措辞方式、损失厌恶、懊悔厌恶和控制幻觉来解释对该产品的低需求。此外，胡和斯科特（Hu and Scott，2007）的研究表明，累积前景理论、损失厌恶和心理核算可以影响个人对年金的需求。阿格纽等（Agnew et al.，2008）和布朗等（Brown et al.，2008）进一步证明了措辞方式的潜在影响。

3. 学者们已经提出了几种理论来解释为什么有人会投资自己所属公司的股票。这些理论包括熟悉偏向（Huberman，2001）、忠诚（Cohen，2009）、背书效应（Benartzi，2001；Brown et al.，2007）和过度外推（Agnew，2006；Brown et al.，2007，Choi et al.，2004；Huberman and Sengmueller，2004）。

4. 养老金计划设计的一个最成功的改变是引入了自动登记系统。将登记方法由选择参加变为选择退出后，居民的养老金参与率显著提高（Madrian and Shea，2001）。如果人们是理性投资者，那么这一很小的改变应该对居民的参与率没有影响，但它确实有影响。这一现象的产生部分是现状偏向和拖延导致的。该方法存在的一个缺点是，当一个人被自动登记加入时，其经常被锚定在很低的默认缴存率和默认投资工具上，而这些工具过于保守。

养老金计划设计的另一个成功改变是通过诸如 SMarT 的项目自动提高储蓄比率，这也提高了储蓄数量（Thaler and Benartzi，2004）。养老金计划的设计者运用投资者心理学的知识设计出了该项目。相关的设计师——理查德·塞勒（Richard 722

Thaler）和什洛莫·本纳兹（Shlomo Benartzi）——通过未来锁定，克服了参与者的自我控制问题。他们根据工资的增加及时提高缴存率以最小化损失厌恶，并能够使得惯性在参加项目后以有利于参与者的方式起作用。

精心设计的默认选项是第三个重要的计划特征。个人在参与并投资于退休金计划时容易受默认偏向的影响。知道了这一点，计划提供者可以设计出最适合其参与者的默认选项。

最后，即使不存在设计上的问题，目标日期基金在理论上也是一个很好的投资工具，可以帮助投资者在长期内更好地配置资产。这些资金将自动实现平衡调整，克服个人投资的惯性和现状偏向。

第 32 章　机构投资者

1. 虽然要找到积极型投资管理者业绩出众的证据非常困难，但最近利用复杂的计量技术发现了一些证据表明共同基金有此能力。一小部分对冲基金也表现出正的风险调整业绩。然而，扣除管理费用后很少观察到业绩出众（在平均意义上）的基金，但这并不一定意味着投资管理者没有能力。如果资本供给市场是充分竞争的，那么均衡时应该就是这种结果（Berk and Green，2004）。此外，机构的投资行为似乎表明，对于未来现金流向，他们会比个人掌握更多的信息。

然而，当个人投资者考虑是否要将自己的投资组合委托给机构时，他们面临一个困难的选择，因为机构投资者会收取较高的费用，可能会抵消其卓越的投资能力所带来的收益。合理解决该难题的一个方案可能是将大部分投资组合委托给低成本的被动型基金。

2. 对冲基金投资中存在大量隐藏的风险。一种风险是，对冲基金的回报率与虚值看跌期权十分相似，即在非危机时期持续为正，危机期间是非常大的负值。另一种风险是，在评估对冲基金的投资时，投资者往往不考虑其运营风险（基金的日常业务运行风险）。然而，投资者应该考虑运营风险，因为忽略它们会造成严重的不良影响。投资者似乎并不完全了解对冲基金的投资策略，尤其是考虑到这些投资工具缺乏透明度并且没有强制性的信息披露要求。

3. 个人投资者和机构投资者之间的一个差异是机构比个人拥有相对更多的平均财富。拥有更多资金的机构有能力与证券的卖方讨价还价，从而降低交易成本。另一个差异是机构投资者拥有更优的组织结构，这可能会使投资过程具有更严格的纪律性。在这一点上，尚不清楚一组个人会不会有效地成为一个组织。如果这种组
723 织对合作制定了严格的规则，汇集了其所有资源，那么其就可以享有与机构投资者同样的优势。

4. 机构投资者持有的证券占整个证券市场的份额在稳步上升，在美国市场这一份额已超过了 50%。考虑到日间短期交易日益盛行，目前尚不清楚这个份额是否会达到 100%。对收益的动态影响目前也不清楚。一种可能的情况是，随着机构

投资者的持有量变大，市场会变得更加有效。学者应该批判性地看待这种“更有效”的情形，因为观察到以下现象，即投资管理者面临的申购和赎回行为会对其投资决策产生实质性影响。最终还是由个人投资者决定资本的流动方向。

5. 由于来自个人投资者的申购和赎回行为对基金经理的投资决策会造成重大影响，因而让机构投资经理为资本市场上偶尔出现的不稳定完全负责是不合理的。对冲基金用以控制这种风险的一种创新机制是设置锁定期，防止投资者在特定的时期内抽离资金。虽然这项措施有助于控制对冲基金面临的减价甩卖压力，但也遭到了部分基金投资者的批评，特别是在危机发生期间。

第 33 章　衍生品市场

1. 进行自营交易的期货交易者通常被视为做市商。这可以追溯到沃金（Working，1967）、西尔伯（Silber，1984）、基泽格和洛克（Kuserk and Locke，1993）等的研究。如最近的证据（如 Kurov，2005；Locke and Mann，2005）等展示的，场内交易者的交易策略相当复杂。因此，不同于纽约证券交易所中受到限制的做市庄家，期货的场内交易者仅仅是一个投机者。交易是对称的，多头和空头的成本大致相等。在可观察到的一个很短的时期内，场内交易者会频繁交易。

2. 费里诺、约翰斯通和郑（Frino，Johnstone，and Zheng，2003）以及洛克和曼（Locke and Mann，2005）都发现了意向效应存在的证据。也就是说，相比盈利交易，进行自营交易的期货场内交易者会持有亏损交易更长的时间。洛克和曼发现这一效应不会产生成本，而费里诺等发现，平均而言，持有亏损交易更长时间在长期会盈利。周和珠荣（Choe and Eom，2009）使用韩国股指期货交易账户数据进行研究也发现了意向效应存在的证据。类似于奥丁（Odean，1998）的发现，散户交易者似乎存在与意向效应相关的成本。黑格和李斯特（Haigh and List，2005）发现，在受控实验中，一些场内交易员比商学院的学生更易受损失厌恶的影响。

基于费里诺等（Frino et al.，2003）以及洛克和曼（Locke and Mann，2005）所使用的大数据集，可得出的结论是，黑格和李斯特（Haigh and List，2005）的发现是由于其使用了实验数据而不是真实世界数据，或者是由于参与实验的人主要是经纪人，而非自营交易者。

3. 科沃尔和沙姆韦（Coval and Shumway，2005）检验了累积损失厌恶理论。 724
他们发现，当交易员在早晨出现亏损后，在下午他们倾向于进行非理性交易。当交易员早晨发生亏损后，下午他们会执行更多的交易和价格决定型交易。交易的执行效果很糟糕。洛克和曼（Locke and Mann，2009）发现事实未必如此。实际上，他们发现在早晨出现亏损后，价格决定型交易以及执行效果糟糕的交易所占的百分比并不会增加。洛克和曼提出了一种解释，即每日收入目标，这类似于研究出租车司机的行为的文献所提出的解释，即出租车司机会基于早些时候的收入来调整稍后的工作时间。

4. 损失厌恶是关于财富变化的“S”形效用函数的结果，正如卡尼曼和特维斯基（Kahneman and Tversky，1979）提出的前景理论中那样。如果一个交易员在某点建仓，而该仓位具有正的收益，那么该交易员可能会立即平仓，因为持有更长时间的边际效用很小，一旦价格反转，潜在的效用损失就会很大。如果交易员持有的交易处于亏损状态，那么交易员可能会选择继续持有，因为价格进一步下跌的效用损失很小，但是一旦价格上升，就会获得巨大的正效用。

失望厌恶与损失厌恶在事前常常结合在一起。因此，失望厌恶常常会影响开仓决策，而不会影响平仓决策。开仓时，这可能会影响所有交易者，例如对冲者。在对冲的相关文献中，有一些文献讨论最优对冲。相对于风险厌恶型交易者，失望厌恶型交易者会更接近最优对冲。

第 34 章　文化在金融中的作用

1. 文化建立在社会的共同信仰之上。这些共同信仰会影响价值观，而社会正是根据这些价值观来制定法律，并驱使管理者和投资者做出决策。一系列的文化信仰和价值观也在推动着制度的发展，加强法律的力量，促进市场的发展。最后，它也会影响一国内的资源分配。资源配置会受国家文化的影响，进而决定了哪些领域应该重点发展以及怎么样发展（这些领域对经济发展至关重要）。

2. 关于“本土偏见”的文献关注的是，投资者会过度投资于本国或本地区的证券。这种本土偏见既可能存在于跨国投资中，也可能存在于某个具有区域性“地方偏见”的国家内部特定投资中。关于文化的文献表明，信任或许能解释本土偏见。投资者偏好投资于他们所信任的、与其文化信仰更接近的企业或证券，从而导致了地理意义上的投资偏见。

3. 一种度量文化的作用的方式是专注于研究文化信仰的基础（宗教、语言或某个地区的种族），以及其会如何影响最终的结果。该方法存在的一个问题是，世界各地的宗教都是不一样的，所以在将国家进行分类时可能出现问题。另一种方法侧重于研究行为结果，以及该行为如何影响国家或企业的行为。这种方法的缺点是
725 很难决定应该测量什么行为，以及如何处理该行为随着时间变动发生的变化。大多数研究通常都使用前一种方法构建理论基础进行理论分析，使用后一种方法对大多数文化问题进行实证研究。

第 35 章　社会互动与投资

1. 图 35—1 展示了基于赫什莱佛和张（Hirshleifer and Teoh，2003）所提出的羊群分类，该组投资者可以被称为“羊群”。不幸的是，投资者倾向于一起购买和出售的原因目前是未知的。他们可能会受到以下因素的影响：对别人行为的观察、学习或者信息瀑布，以及网络外部性和/或对声誉的关注。观察一组投资者一起买入和卖出股票的行为很有趣，但需要进一步调查研究。

2. 测度信息的扩散是非常复杂的，因为金融经济学家们无法观察到投资者的信息集。研究者需要测量投资者信息集的变动来作为信息在人群中的扩散行为。未来的两个研究方向是实验室实验和自然实验。前者可能十分昂贵，而后者则需要创新。如何设计测量信息扩散的方案是一个开放性的研究领域。

3. 这是一个目前无法回答的问题。在社会学领域里，对人类学的研究通常依赖于访谈工作和深入的案例分析。案例分析在商学院中是一个十分流行的教学工具，而顶级金融学期刊通常不会发表基于案例分析的研究论文。

4. 正是因为净交易（买的减去卖的）与同期收益不是密切相关的，所以人们不应该忘记检查交易是否与过去的和/或未来的收益相关。与未来收益的相关性令金融经济学家特别感兴趣。净交易量和未来收益之间的正相关关系也许可以表明投资者拥有与价值相关的信息。他们选择在股票价格上涨之前买入，在价格降低之前卖出。

有人可能会问为什么净交易量与同期收益不相关。因为冲突少吗？或者，有人可能问会为什么投资者会一起交易。与周围的人选择同一交易方向会使投资者效用增加吗？最后，检查投资者的初始交易占交易量的比例可能是有价值的。如果大多数交易都是初始交易，并且投资者都选择相同的交易方向，那么这可能有助于观察投资者如何处理信息，以及他们如何选择要购买的股票。

第 36 章　心情

1. 研究人员可以使用个人投资者的数据，比如来自某个股票经纪人的数据，
这些数据提供了丰富的信息，可能包括年龄、受教育程度、投资经验、收入或财富 726
等合适的变量。研究人员能够由此调查投资人在他们所在地区，在不同光照程度或者不同季节的交易行为。因此，投资者的老练程度可能和其心情敏感度相关。

2. 全国性的新闻（只要与经济活动无关）也可以作为很好的心情变量。其他的心情变量包括月运周期、与蕴含于文化中的幸运数字一致的日期，以及市场不打烊的节假日，比如情人节。

3. 这样的人应该持有以下的投资组合：传统的市场投资组合和一个对冲天气变化的证券组合。这意味着那些对天气变化更敏感的股票可能承受一个天气风险溢价。在阴沉天气下，这种天气对冲投资组合将会增加投资者的财富，由此保障投资者的福祉，降低其效用的波动性。

4. 由心情而定的交易有可能是代价高昂的。由于心情变量能预知回报，依心情而定的交易将影响价格变动。人们在心情好的情况下马上买进股票，于是推高股价，这也许就导致了在相对高价的买进。当他们同时卖出时，他们会以相对低的价格出售，这实际上提高了他们的交易成本。如果一个交易者能够准确预测自己的心情波动，就像预测天气那样，那么就能减少其中的一些成本。

索引

727

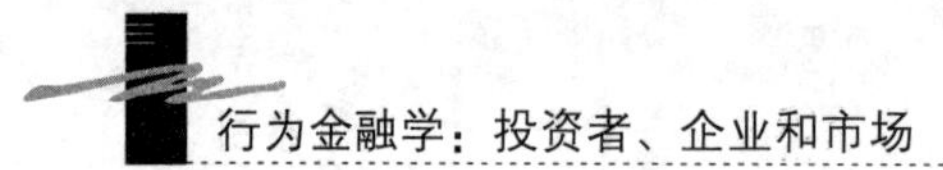

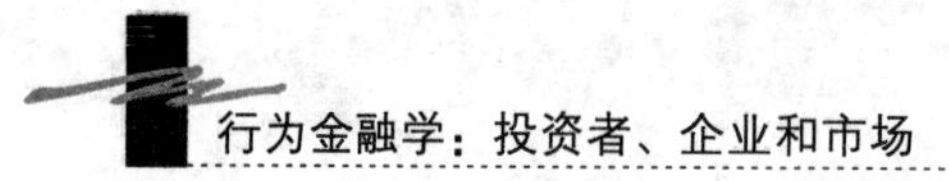

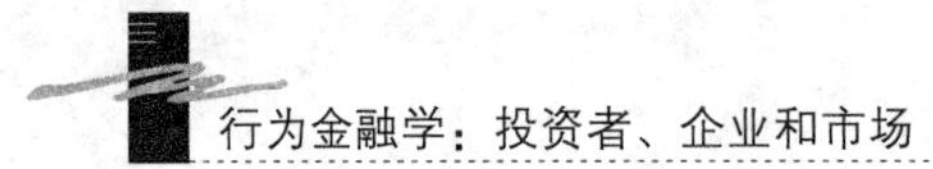

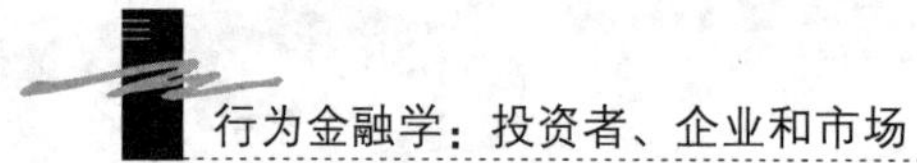

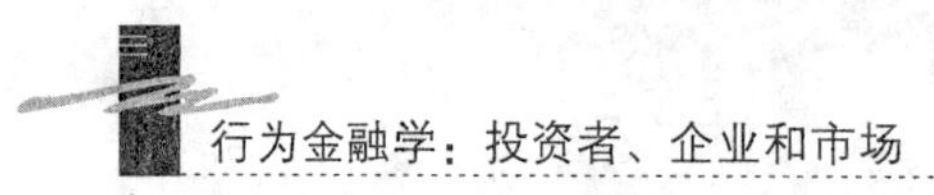

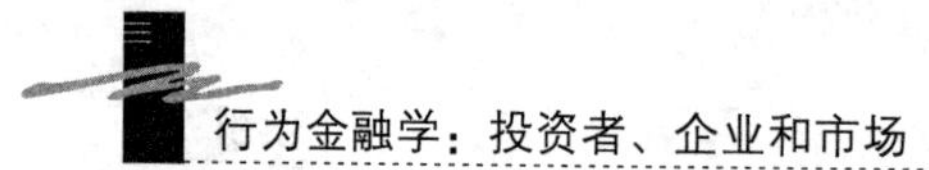

致谢

《行为金融学：投资者、企业和市场》凝聚了许多人的心血。这本书是由一批杰出的学者和实践者完成的，他们在写作和修订各自的章节时贡献了他们丰富的才智。当然，在每章中还有许多对行为金融学这一领域有所贡献的学者也是值得特别提及和引述的。我们还要感谢那些对各章给予评述以及良多建议的人们，特别是美国大学的梅根·奈史密斯（Meghan Nesmith），以及琳达·贝克（Linda Baker）。

我们要感谢我们在 John Wiley & Sons 的出版团队，尤其是劳拉·沃尔什（Laura Walsh）、珍妮弗·麦克唐纳（Jennifer MacDonald）、梅丽莎·洛佩斯（Melissa Lopez），以及鲍勃·科尔布（Bob Kolb），感谢他们将这本书纳入罗伯特·W. 科尔布的金融学丛书系列。特别要感谢美国大学柯格德（Kogod）工商管理学院的理查德·杜兰德（Richard Durand）院长和资深副院长凯西·盖茨（Kathy Getz），感谢他们对这一项目的支持。最后，我们要衷心地感谢我们的家人，特别是琳达·贝克（Linda Baker）和安娜·诺夫辛格（Anna Nofsinger）。正因为有这些陪伴者的鼓励、耐心和支持，这本著作才得以问世。

Behavioral Finance：Investors，Corporations and Markets，by H. Kent Baker，John R. Nofsinger
ISBN：9780470499115

图书在版编目（CIP）数据

行为金融学：投资者、企业和市场/H. 肯特·贝克（H. Kent Baker），约翰·R. 诺夫辛格（John R. Nofsinger）编著；贺京同等译. —北京：中国人民大学出版社，2017.8

（行为和实验经济学经典译丛）

书名原文：Behavioral Finance：Investors，Corporations and Markets

ISBN 978-7-300-24967-4

Ⅰ.①行… Ⅱ.①H… ②约… ③贺… Ⅲ.①金融行为-研究 Ⅳ.①F830.2

中国版本图书馆 CIP 数据核字（2017）第 219774 号

"十三五"国家重点出版物出版规划项目

行为和实验经济学经典译丛

行为金融学：投资者、企业和市场

H. 肯特·贝克（H. Kent Baker）
约翰·R. 诺夫辛格（John R. Nofsinger） 编著

贺京同 高 林 贺 坤 李宝伟 等 译

贺京同 校

Xingwei Jinrongxue：Touzizhe、Qiye he Shichang

出版发行	中国人民大学出版社		
社　　址	北京中关村大街 31 号	**邮政编码**	100080
电　　话	010－62511242（总编室）		010－62511770（质管部）
	010－82501766（邮购部）		010－62514148（门市部）
	010－62515195（发行公司）		010－62515275（盗版举报）
网　　址	http://www.crup.com.cn		
	http://www.ttrnet.com（人大教研网）		
经　　销	新华书店		
印　　刷	涿州市星河印刷有限公司		
规　　格	185 mm×250 mm　16 开本	**版　　次**	2017 年 10 月第 1 版
印　　张	54.75　插页 2	**印　　次**	2017 年 10 月第 1 次印刷
字　　数	1 128 000	**定　　价**	128.00 元